明代宫廷史研究丛书

主编 李文儒 宋纪蓉 执行主编 赵中男

明代宫廷教育史

上

谢贵安 谢盛 著

故宫出版社

故宫博物院学术出版项目
2015年度湖北省社会科学基金资助项目

总序

宫廷史是历史研究中一个非常重要而又比较特殊的内容。故宫即紫禁城是中国明清两代的皇宫，在长达491年的岁月中，先后有24位皇帝在这里生活和执政。始建于明永乐时期的紫禁城，虽然在清代有过不少改建、重建和新建，但总体上仍保持着初建时的格局，并保存有部分明代建筑与明宫文物。因此，研究明清宫廷史是故宫博物院的优势和责任。但长期以来，我们在清宫史研究方面成果比较显著，而对于明宫史的研究则相对薄弱。从故宫学的视角和要求来看，深入开展明宫史研究，不仅对于研究中国历史很有益处，而且对于发掘故宫的丰富内涵，推动博物院事业的发展，也有着十分重要的意义。因此，从2005年开始，故宫博物院采取多种措施加强明代宫廷史的研究，《明代宫廷史研究丛书》就是其中的一项重要成果。

“明代宫廷史研究”是故宫博物院于2005年确定的重点科研项目，对明代宫廷史中的18个重要课题进行探讨，研究成果以丛书的形式集中发布。经过将近5年的不懈努力，这套丛书将在故宫博物院建院85周年之际，陆续与读者见面。

《明代宫廷史研究丛书》是一项规模较大的学术工程，它在内容、作者、研究方法等方面，具有以下几个特点：

一是内容较为丰富，结构较为整齐。它将明宫史中凡是可以相对独立的内容逐一列出，共计18个专题：既有传统的研究项目，如明代宫廷书画史、建筑史、宦官史、陶瓷史；也开辟了一些新的研究领域，如明代宫廷宗教史、戏剧史、工艺史；还涉及部分相对少见的课题，如明代宫廷教育史、图书史、财政史，等等。可以说，这套丛书内容之丰富、全面，结构之严谨、整齐，在史学研究中并不多见。虽然它还无法囊括明宫史的全部内容，但以目前的书目阵容，应该说基本上涵盖了其中的主要部分。

二是作者阵容较强，研究范围较广。丛书作者几乎都是故宫内外、海峡两岸的知名专家，在各自的学术领域成果斐然。同时，作者队伍还超越了传统的明史范围，其中许多人都是跨学科的学者，由此形成了宫廷史研究向多个领域延伸，再以丛书形式组合在一起的研究格局。

三是研究方法较为独到，撰写体例较为新颖。丛书的特色之一，就是传统的史学研究与文物研究并重。书中关注的已不仅仅是单纯的历史个案，也不再是一件或一类文物，而是包含其背后诸多因素的发展过程。其研究方法，在一定程度上做到了文物与文献相结合，学术探索与实地考察相结合，局部研究与系统研究相结合，既发挥了故宫博物院以“物”见长的优势，又拓展了研究的深度与广度。

四是结合相关活动，服务学术研究。自“明代宫廷史研究”课题正式立项和《明代宫廷史研究丛书》的策划、组稿、撰写方案具体落实以来，书稿的撰写就围绕明宫史及相关的重大问题，同故宫博物院内外的展览、宣传、实地考察、学术研讨等活动紧密结合，并在其中发挥了重要作用。与此同时，这些活动也促进了丛书的成书进程。

目前，《明代宫廷史研究丛书》的撰写工作已取得初步成果，这主要反映在以下几点：

第一，填补了明宫史研究领域的一些空白，即首次从宫廷史的角度，对明代宫廷史进行分门别类、系统全面的研究，取得了较为丰富、具有创新意义的成果。

第二，推动了故宫学的发展，促进了故宫博物院自身业务活动的开展，同时也在一定程度上增加了故宫的社会影响力，拓展了故宫与社会相关机构的合作空间。

第三，逐步确立和提高了明代宫廷史相对独立的学术地位，有助于推动相关领域的深入研究，并将促进中外宫廷研究方面的交流与合作。

当然从整体上看，明代宫廷史研究还处于起步阶段，对于许多重要问题仅仅是开始探索，尚未达到全面深入，更未达到如有些领域那样成熟的研究水平。《明代宫廷史研究丛书》尽管已达19种之多，但仍不能说涵盖了明宫史的全部内容。还有一些题目和内容需要列入或补充，即使已经列入丛书的部分，也存在着一定的不足。对此我们将在今后的工作中，有计划地采取一些针对性措施，继续加强明宫史研究工作，以求逐步克服这些不足。

这套丛书是故宫内外众多学者通力合作的成果。故宫博物院对于项目研究和丛书的撰写，始终予以高度重视，曾多次召开会议专门研究、部署和落实，有力地保证了这项工作的顺利进行。在这一过程中，李文儒副院长作为丛书的总策划、主编和整个项目的主持人，对项目的实施和丛书的撰写付出了大量心血。《故宫博物院院刊》编辑部赵中男编审具体组织协调，从落实项目到处理庞杂，竭尽全力，坚持不懈。丛书的编写与出版，也离不开全院相关部门的支持与配合。正是由于他们的不懈努力，才使这套丛书乃至整个项目，有了一个良好的开端并取得了可喜的成就。

在《明代宫廷史研究丛书》陆续面世之际，我们要诚挚地感谢与故宫博物院密切合作的海峡两岸学者，感谢故宫内外所有热情参与、为此付出努力的人们！没有他们的大力支持和艰辛努力，这套丛书的撰写和明宫史的研究项目是无法完成的。

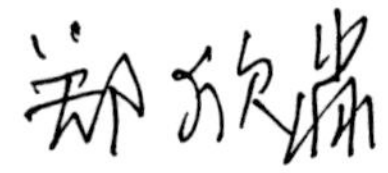

2010年7月于紫禁城

目录

第一章
总论

一　明代宫廷教育史的概念、对象和研究方法

（一）明代宫廷教育史的概念

明代宫廷教育史，属于断代宫廷专史，是以明代宫廷中生活的人（帝王、太子、皇子、后妃宫女和宦官）为教育对象的教育史，由于这些教育对象属于特殊的政治人物和集团，因此该史又具有很浓厚的政治史特色。明代宫廷教育史发生的时代是明朝（1368－1644年），发生的地点是大明皇宫及其禁苑，并涉及各地王宫，教育的对象是明代皇族集团及其附属成员，因此其教育的性质属于特殊的上层贵族教育。

本书使用的宫廷教育的“教育”一词，并非仅仅以今之概念衡量古代事物，而是在明代就曾使用过。据《明太祖实录》载，马皇后病重交代后事时，对太祖说道：“陛下当求贤纳谏，明政教以致雍熙，教育诸子使进德修业。”[1]这里使用的“教育”，特指对皇室子弟的教育。明人潘希曾劝孝宗“勤圣学”，“伏望陛下勤诣灵几，躬礼宗庙，近思先帝教育之恩，远念祖宗累积之德”。这里就使用了“教育”

[1] 《明太祖实录》卷一四七，洪武十五年八月丙戌。

一词，指宪宗对孝宗的教育与培养。在使用“教育”一词后，紧接着就建议孝宗要举行讲学活动，“至于讲学一事，尤帝王图治之本，从容便殿之中，讲论片时之会，与视朝御膳等尔”[1]。反映其“教育”与讲学之间的联系性。宫廷教育活动使用“教育”一词，一直延续到清代。乾隆曾下谕道：“皇子教育宫中，俱服四团龙补服；及分封之后，其服用各视见在爵秩。”[2]因此，本书的宫廷教育史概念，是在继承古代含义的基础上，与今日概念相结合而后提出来的。

（二）明代宫廷教育史的对象与内容

明代宫廷教育史的研究对象，包括皇帝本人的继续教育、太子的东宫教育、皇子皇孙的教育、后妃宫女与公主的教育、宦官的教育等。

明代宫廷教育史的具体对象和内容包括以下诸多方面：其一，明代宫廷教育的发展历程，如前、中、后期的过程及其特点；其二，明代皇帝的教育，如成年皇帝的继续教育，冲龄皇帝的启蒙教育，经筵日讲制度及其执行情况；其三，明代太子的教育，如太子的东宫教育体系（春坊、詹事府），封闭、压抑的东宫教育环境，太子教学的内容和效果；其四，明代皇子的教育，如皇子教育的机构、内容和效果；其五，明代后妃宫女与公主的教育，如后妃、宫女、公主教育的形式、内容和效果；其六，明代宦官的教育，如宦官教育的机构——内书堂，宦官教育的内容、效果与宦官专权；其七，明代宫廷的教育内容与教科书，如教科书“五经”、“四书”、《通鉴》、《帝鉴图说》等教科书及其内容，经学教育与统治之术，以史为鉴的史学教育，文学与艺术教育，真人示范的性教育；其八，明代非制度性的宫廷教育与教育实践，如提不上讲桌的耳提面命（朱元璋对朱标的荆棘之教等），桃李不言的示范教育，教育实践与体验（太子监国等）；其九，明代

---

[1] 程文德：《程文恭公遗稿》卷二一《大司马竹涧潘公传》，明万历十二年程光裕刻本。
[2] 王先谦辑：《东华续录·乾隆》五〇，清光绪十年长沙王氏刻本。

宫廷教育中的社会关系，如师傅与皇帝的特殊师生关系，东宫师傅与太子的特殊关系，翰臣与内书堂宦官的师生关系，伴读与同学，宫廷教育中师生关系对明代政局的影响；其十，明代宫廷教育的成败得失，如明代宫廷教育的成功之处和失败之处的总结等，均属明代宫廷教育史的对象和内容。

(三) 明代宫廷教育史的研究思路和理论方法

明代宫廷教育史研究的思路，是从史料上加以开拓，从理论上进行探索。史料上的搜集与整理，笔者打算在自己长期从事帝王实录研究和宫廷制度、宫廷娱乐研究时所搜集的史料的基础上，进一步扩大搜集范围，广泛吸纳更多的明代宫廷教育史料，利用现代网络数据库《中国基本古籍库》、《文渊阁四库全书数据库》等进行检索，从《明实录》、《明宫史》等专史和明代文人文集、笔记等史籍中，尽量竭泽而渔地查找宫廷教育的史实，以期在丰厚的史料基础上提炼出明代宫廷教育的重要史料，并对这些史料进行去粗取精和去伪存真的甄别，再撰写可信的明代宫廷教育史专著。

理论上的思路，是必须寻绎宫廷教育的特殊性，然后加以探讨。明代宫廷教育史研究的是皇帝本人的继续教育、太子的东宫教育、皇子的教育、后妃宫女与公主的教育、宦官的教育等内容，在传统教育体系中属于特殊的贵族教育，不能用一般的教育史模式来加以规范。对它的研究，既要探求古代教育史的一般性，又要找到宫廷教育的特殊性，因此，既要用一般的教育理论和教育史方法去观照，又要用特殊的理论与方法加以指导。

明代宫廷教育史是宫廷史与教育史、政治史的交叉领域。需用历史学（历史考据与历史主义理论）、教育学、社会学（社会集团理论、社会分层理论）、政治学、比较方法（将明代与其他朝代进行比较）、统计方法等多种方法进行研究。

二 明代宫廷教育史的研究现状

近代以后，“新史学”兴起，帝王将相和政治史等“君史”逐步被边缘化，导致宫廷史研究成果相对薄弱，特别是明代宫廷教育史的研究，成果寥寥。据笔者目力所及，目前尚无一部专门的明代宫廷教育史专著。只有胡吉勋所撰《明代宫廷制度史》第九章《教育仪制》，是迄今为止公开出版的学术专著中较系统讨论明代宫廷教育的篇章，分四节，第一节明代的经筵、日讲与皇帝的教育，第二节明皇子、诸王及皇孙教育，第三节皇帝视学、策士仪式，第四节内书堂教育，但该章只是全书之一章，全章约4万字[1]。

除上述外，就只有三篇未刊硕士学位论文探讨过明代的宫廷教育。第一篇是2005年上海大学孟蓉所撰硕士学位论文《明代经筵日讲制度述论》，其导师朱子彦是明代宫廷史专家。该文共分为四章，第一章绪论，对明代经筵和日讲制度研究作了回顾和展望；第二章经筵日讲制度的沿革与运作，回顾和介绍了经筵日讲制度在整个中国古代历史上的缘起和沿革，重点探讨明代经筵制度作为帝王教育制度是如何承传和固定下来的，并详述经筵日讲制度举行的时间、场所、仪式、内容、讲义、讲官的选择、待遇、地位，以及经筵制度在明代各朝执行情况；第三章经筵制度与内阁的关联，指出内阁与经筵制度密切相关，阁臣多出自经筵讲官，故内阁一旦加强地位，经筵制度便得以严格执行，一旦地位削弱，经筵制度便形同虚设；第四章经筵制度在明朝历史上的作用，探讨了经筵日讲制度在提高皇帝素质上，以及为皇帝正确决策提供信息渠道上，所具有的积极和重要意义，但该章将皇太子出阁讲学视为经筵日讲制度组成部分的观点，则值得商榷，且全文为4.4万余字，难以对明代宫廷教育的诸多问题展开深入研究。

第二篇是2007年华南师范大学萧宇青所撰硕士学位论文《明朝的

[1] 赵中男等：《明代宫廷典制史》，第394－450页，紫禁城出版社，2010年。

经筵制度》，针对明代皇帝的教育制度作了较为集中的探讨，对一些具体问题进行了有益的讨论。全文分为四章：第一章明朝以前的经筵制度，第二章明朝的经筵制度，第三章经筵讲官与皇帝的关系，第四章明朝经筵制度评价。第一章谈元朝以前的经筵制度，第四章十分简略，实际上只有第二、第三两章在探讨明代的经筵制度，且全文仅4.1万字，许多问题都来不及深研和拓展。

第三篇是2009年湖南师范大学吴仕伟所撰《明代宫廷教育研究》，对明代宫廷教育史作了比较集中的研究，认为由于明代社会经济繁荣和文化教育的发达，宫廷教育具备了很高的水平，并以明代的宫廷教育为对象，分别对明代宫廷中教育的机构、内容、方式、作用和意义等做了一定的研究和探讨。同时揭示了明代宫廷教育和明代政治之间的内在联系。由于宫廷教育纷繁复杂，该文采取系统研究的方式，分为四大部分：第一章明代皇帝教育，较系统论述了明代的经筵制度，并附带提及皇太后对皇帝的家教；第二章明代皇子教育，分别论述了明代太子和亲王（未就藩）教育的机构、形式、内容、特点；第三章明代宫廷女性教育，分析了宫廷女性受教育的原因，同时介绍了明代后妃和宫女的教育状况；第四章明代宦官教育，从宦官的文化水平、教育机构和方式等方面阐述了明代宦官教育状况、特点。但该成果也只有5.6万字，且其经筵部分多有承继萧宇青论文之处，创见不甚明显。

此外，谢贵安指导的武汉大学2002届蔡波的硕士学位论文《明清经筵制度研究》和晁中辰指导的山东大学2014届唐华荣的硕士学位论文《明代皇帝学习制度》也对明代皇帝的经筵制度作过一定程度的探讨。

目前有一些有关宫廷教育的通俗性读物，涉及明代宫廷教育的内容，如毕诚、王培华的《东宫文华——中国宫廷教育》[1]和熊贤君的《雕龙刻凤盼成器——皇子教育》是较早集中探讨明代宫廷教育的书

[1] 毕诚、王培华：《东宫文华——中国宫廷教育》，云南人民出版社，1992年。

籍[1]，两书不仅属于通俗著作，而且篇幅都不大，前者约18万字，后者约17万字。

目前尚有一些明代教育史和明代宦官史的研究成果中，也涉及明代宫廷教育的某些内容，如孔华《明代历史教育研究》（安徽师范大学2007年硕士学位论文），张圣苏《明代文化宦官初探》（江西师范大学2011年硕士学位论文），但此类书籍对明代宫廷教育史的研究尚缺乏足够深入和全面的探讨，有些甚至显得浮光掠影。至于《中国教育史研究·明清分卷》[2]甚至没有涉及明代宫廷教育的研究。

因此，目前有关明代宫廷教育的研究尚缺乏有分量的学术专著，特别是缺乏通过史料的广泛搜集与整理撰写成的扎实专著。

与专著缺乏的情况相比，有关明代宫廷教育研究的论文则相对较多。论文作者依时间顺序，依次是方志远、赵映林（1989年），欧阳琛、杨业进、胡凡（1990年），王伟凯、郭文明（1994年），梁绍杰、宋秉仁（1996年），金燕、张英聘（1995年），王光宜（1999年），姜凤歧、刘蔷（2000年），樱井俊郎、汪桂海（2001年），向燕南（2002年），朱鸿林（2005年），李大鸣（2006年），朱子彦、国风、尹选波、吴琦、赵秀丽（2007年），吴仕伟（2009年），刘志琴、廖峰（2010年），连文萍、高志忠（2011年），晁中辰、文琦、魏彦红（2012年），陈时龙、许静、包诗卿（2013年），谢贵安（2014），唐华荣（2015年）等。

按类别来看，以“明代宫廷教育”为题进行研究的，以胡凡的《明代的宫廷教育》[3]一文为早，是全面讨论明宫教育的拓荒之作，但因属草创阶段，故论述较为简略。

以经筵日讲制度为中心的皇帝教育的研究论文相对较多。张英聘《略述明代的经筵日讲官》和《试论明代的经筵制度》二文，则较早探讨了明朝皇帝的教育制度，即与“圣学”相关的经筵制度，对此

[1] 熊贤君：《雕龙刻凤盼成器——皇子教育》，华中理工大学出版社，1994年。
[2] 陈学恂、周德昌等：《中国教育史研究·明清分卷》，华东师范大学出版社，1995年。
[3] 胡凡：《明代的宫廷教育》，载《江汉论坛》1990年第7期。

项制度的形成、基本情况、讲官、与国家政治生活的关系作了初步探讨[1]。杨业进的《明代经筵制度与内阁》则讨论了经筵制度与内阁之间的关系[2]。宋秉仁的《明代的经筵日讲》分定制前之讲读、讲筵体制之确立、明代讲筵特色、神宗朝之讲筵四个方面对经筵日讲作了探讨，认为儒学文臣与科道察官乃明代推动讲筵之两大力量，一以学术文章导帝读书，一以言路有责督促御讲；经筵日讲之制在明代成为定制，但并未真正落实，徒具形式。[3]

此后，出现了分朝研究明代皇帝经筵日讲的专题论文，对洪武、嘉靖、隆庆、万历和天启五朝皇帝的教育分别进行了研究。对洪武朝皇帝教育研究的论文，有朱鸿林的《明太祖的经史讲论情形》[4]。对嘉靖朝的研究，仍是由朱鸿林承担的，发表有《嘉靖皇帝与其经筵讲官的互动》[5]一文。对隆庆朝皇帝的经筵日讲的研究，有朱鸿林的《高拱与明穆宗的经筵讲读初探》[6]和《高拱经筵内外的经说异同》[7]二文，前文探讨了明代阁臣高拱任职裕邸讲官八年间以及在隆庆年间成为首辅后，负责组织和管理穆宗的经筵和日讲活动的过程，同时分析了穆宗对于经筵讲学的态度在继位前后的落差及其原因，认为除了他耽于酒色外，还有经筵本身的问题，如内容不切实际，讲官素质不高等，为此高拱主张经筵应该增加本朝“祖训”和先朝故事等内容，同时增强讲官的治国实务和进讲技能。后文则通过高拱所撰的《四书讲章》，分析了高拱经筵内外经说的异同及其原因，认为在经筵中讲授《四

---

[1] 张英聘：《略述明代的经筵日讲官》，载《邢台师专学报》1995 年第 4 期；《试论明代的经筵制度》，载《明史研究》第 5 辑，黄山书社，1997 年。

[2] 杨业进：《明代经筵制度与内阁》，载《故宫博物院院刊》1990 年第 2 期。

[3] 宋秉仁：《明代的经筵日讲》，载《史耘》1996 年第 2 期。

[4] 朱鸿林：《明太祖的经史讲论情形》，第 141－172 页，载《中国文化研究所学报》第 45 期，2005 年。

[5] David Robinson, ed., Zhu Honglin, *The Jiajing Emperor's Interaction with His Lecturers in Culture, Courtiers, and Competition: The Ming Court (1368-1644)*. (Cambridge, Mass: Harvard University Asia Center, 2008), 186－230.

[6] 朱鸿林：《高拱与明穆宗的经筵讲读初探》，载《中国史研究》2009 年第 1 期。

[7] 朱鸿林：《高拱经筵内外的经说异同》，第 127－138 页，载曾一民编：《林天蔚教授纪念文集》，文史哲出版社，2009 年。

书》，仍然以朱子之学为本；但他离开朝廷后开始了自己的思索，出现了驳斥朱学的倾向。在分朝专题研究中，以对万历朝经筵日讲研究的论文为最多。日本学者樱井俊郎在《万历初期的经筵日讲与〈历代帝鉴图说〉》中率先对万历朝的经筵日讲展开研究，描述了首辅张居正在选择帝王教材《帝鉴图说》时表现出来的君臣秩序的思想。[1]此后，朱鸿林的《申时行的经筵讲章》，从讲官和讲义的角度探讨了万历朝的经筵状况[2]。他的另一篇论文《明神宗经筵进讲书考》，则从讲筵教材角度探讨了万历朝经筵日讲的进展及其效果[3]。尹选波的《培养君德，开导圣学——张居正对万历皇帝朱翊钧的早期教育述论》[4]和朱子彦的《明万历朝经筵制度述论》[5]则分别探讨了万历朝前期和整个时期经筵日讲的活动和制度。刘志琴的《张居正的君主教育何以失败》[6]则直接探究神宗经筵教育失败的原因。上述对神宗经筵日讲的个案化的研究取径，在陈时龙的《天启皇帝日讲考实》一文中继续得到体现。后者是对天启朝经筵日讲所作的首次研究[7]。

与此同时，对明代经筵日讲制度的整体探讨仍在继续。如晁中辰《明"经筵"与"日讲"制度考异》[8]和文琦《明代经筵制度新论》[9]的论文就是如此。许静在《明清经筵制度特点研究》中，将明代延伸至清代，总结出此二朝经筵制度不同于宋代的三个特点：一是经筵制度

[1] 樱井俊郎：《万历初期的经筵日讲与〈历代帝鉴图说〉》，载《大阪府立大学纪要·人文社会科学》第49卷，2001年。

[2] 朱鸿林：《申时行的经筵讲章》，载《屈万里先生百岁诞辰国际学术研讨会论文集》，第509－533页，台北"国家图书馆"2006年。

[3] 朱鸿林：《明神宗经筵进讲书考》，载《华学》第九、十辑，第1368－1378页，上海古籍出版社，2008年。

[4] 尹选波：《培养君德，开导圣学——张居正对万历皇帝朱翊钧的早期教育述论》，《广东社会科学》2007年第4期。

[5] 朱子彦：《明万历朝经筵制度述论》，载《社会科学战线》2007年第2期。

[6] 刘志琴：《张居正的君主教育何以失败》，载《博览群书》2010年第3期。

[7] 陈时龙：《天启皇帝日讲考实》，载《故宫学刊》2013年第2辑。

[8] 晁中辰：《明"经筵"与"日讲"制度考异》，载《东岳论丛》2012年第7期。

[9] 文琦：《明代经筵制度新论》，载《广东技术师范学院学报》2012年第8期。

重心的转变——从“制度化”到“仪式化”，二是经筵在帝王教育中地位的转变——由主导地位沦为次要地位，三是经筵中君臣关系的变化——从“为帝王师”到“帝王为师”的转变。[1]此外，对经筵日讲中的教材和讲章的研究，也有成果出现。向燕南《〈大学衍义补〉的撰述特点和思想分析》对明代经筵的讲章问题作了初步的探讨[2]。廖峰《顾鼎臣中庸首章经筵解读》则从训诂学和阐释学的角度出发，分析了经筵讲章旨在结合具体历史事实阐释经典的时代性和重要性问题[3]。

有关太子教育的论文，似只有姜凤歧《试论朱元璋对太子的教育》和朱鸿林的《洪武朝的东宫官制与教育》二文，前者探讨了朱元璋从幼年抓起，聘请名师，并用当朝军政大臣兼领东宫官职，以亲身经历和切身经验教训为案例，传授为君之道的太子教育过程。[4]后者则对朱元璋时代的东宫官制与太子教育问题作了深入的讨论[5]。至于宗室教育的论文，似只见谢贵安的《明代皇室子弟教育初论》一文。[6]

关于宦官教育，方志远的《论明代宦官的知识化问题》[7]，开创了明代宦官教育的研究领域，欧阳琛的《明内府内书堂考略——兼论明司礼监和内阁共理朝政》[8]，王伟凯、郭文明的《明代的宫廷教育——内书堂读书》则介绍了内书堂的情况[9]。比较重要的是梁绍杰的《明代宦官教育机构的名称和初设时间新证》一文，通过排比墓志等史料，对明代的内书堂、内书馆、内堂、内馆、司礼监书馆、禁中学馆、内

---

[1] 许静：《明清经筵制度特点研究》，载《聊城大学学报》2013年第2期。

[2] 向燕南：《〈大学衍义补〉的撰述特点和思想分析》，载《北京社会科学》2002年第2期。

[3] 廖峰：《顾鼎臣中庸首章经筵解读》，《唐山师范学院学报》2010年第3期。

[4] 姜凤歧：《试论朱元璋对太子的教育》，《辽宁师范大学学报》2000年第2期。

[5] 朱鸿林：《洪武朝的东宫官制与教育》，第95－142页，载王成勉编：《中华文化的传承与创新：纪念牟复礼教授论文集》，香港中文大学出版社，2009年。

[6] 谢贵安：《明代皇室子弟教育初论》，载《长白学刊》2014年第4期。

[7] 方志远：《论明代宦官的知识化问题》，载《江西师范大学学报》1989年第3期。

[8] 欧阳琛：《明内府内书堂考略——兼论明司礼监和内阁共理朝政》，载《江西大学学报》1990年第2期。

[9] 王伟凯、郭文明：《明代的宫廷教育——内书堂读书》，载《紫禁城》1994年第3期。

中馆、内府书堂、书堂、司礼监书堂等名目进行了细致的排比，从中寻绎各概念之间的关系，弄清了明代宦官教育机构内书堂的全称、省称和别称，并否定了明代宦官教育机构始于宣德年间的陈说，提出并证明了该机构始于永乐年间的结论[1]。然而，吴仕伟的《略论明代宫廷的宦官教育》仍持“宣德初，明宣宗在皇宫中设立了内书堂”的旧说[2]。高志忠的《明代宫廷内书堂教育与知识型宦官》则对明代宦官教育所出现的知识型宦官现象进行了探讨[3]。潘才高升的《明代内书堂考论》多承继吴仕伟的论述和史料，创见较少[4]。吴兆丰的《“有教无类”：中晚明士大夫对宦官态度的转变及其行动的意义》着重从政治文化互动的角度，探讨在明代君权专制强化而滋生发达“宦官政治”情况之下，士大夫如何因应这一政治结构和政治生态的变化，调整思维与行动的方式，施展和落实儒家的政治理想与目标的过程、言行表现及其意义。他们趋向于呼吁改变与宦官对立的关系，普遍强调宦官具备与常“人”一致的天性与善端，主张以引导和“教化”的方式令其从善。在政治现实不利和政治空间有限的情况下，明代士大夫能务实而敏锐地利用“化宦”来“格君”，以实现他们“得君行道”的理想[5]。

此外，谢贵安在《明代宫廷教育思想初论》一文中，首次对明代宫廷教育思想，如教育目的和意义、教育途径、教育与实践的关系等问题作了探讨[6]。

据上所述，有关明代宫廷教育的论文数量虽有一些，但仍然偏少，且分布不均，主要集中在皇帝和宦官教育上面，至于明代的宗王教

[1] 梁绍杰：《明代宦官教育机构的名称和初设时间新证》，载《史学集刊》1996 年第 3 期。
[2] 吴仕伟：《略论明代宫廷的宦官教育》，载《昆明学院学报》2009 年第 2 期。
[3] 高志忠：《明代宫廷内书堂教育与知识型宦官》，载《兰州学刊》2011 年第 10 期。
[4] 潘才高升：《明代内书堂考论》，福建师范大学中国古代史硕士学位论文，2012 年。
[5] 吴兆丰：《“有教无类”：中晚明士大夫对宦官态度的转变及其行动的意义》，香港中文大学博士学位论文，2012 年。
[6] 谢贵安：《明代宫廷教育思想初论》，载《求是学刊》2015 年第 2 期。

育和宫廷教育思想的论文，均仅见一篇，后妃和宫女教育的论文则付之阙如。

除了明代的宫廷教育外，学术界还对中国古代宫廷教育作过一些综合叙述，同时对各断代宫廷教育史作过一些探讨，其成果可参见本书后面所附的《参考文献》，兹不赘述。

三　明代宫廷教育史研究的意义与本书的价值

明代宫廷教育史的研究，有多种意义和价值。首先，充实明代宫廷史的研究。明代宫廷史属于上层史和政治史，在传统社会一直受到重视。但自“新史学”运动以来，“君史”遭到打压，学术界长期重视“民史”（风俗史、社会史和农民战争史），忽视了帝王作为社会最高决策者的活动，宫廷史也相应受到冷落。因此，明代宫廷教育史的研究，可望扭转对上层历史和政治史轻视的现象，加强和充实明代宫廷史的研究。

其次，充实和丰富明史的研究。明史是中国古代史的一个重要组成部分，明代史的研究内容纷呈，南炳文先生在总结二十世纪中国明史研究时，作了全面系统的罗列和缕述[1]，但其中较少涉及明代宫廷史和明代宫廷教育史的成果，说明这一领域所受关注不够。进入二十一世纪后，明代宫廷史研究有了一些成就，但明代宫廷教育史仍然成果寥寥，本书的研究，有望丰富明代宫廷教育史的研究，并进而充实明代宫廷史的研究。

其三，充实中国教育史的研究。中国教育史的研究取得了十分丰富的成果，明代教育史的研究也成果不菲，但明代宫廷教育史的研究，仍然比较缺乏，因此通过完善明代宫廷教育史，可望进一步充实中国教育史的研究。

[1] 南炳文：《二十世纪的中国明史研究》，载《历史研究》1999 年第 2 期。

其四，明代宫廷教育史的研究有一定的社会和现实意义。当下，中国父母望子成龙的愿望很强烈，为了培养孩子的智力，不惜巨资，办班延师，但效果不尽人意。通过明代宫廷史的研究，可以发现最优质的教育资源，并不一定能够培养出最好的学生，有时甚至适得其反，因此，根据不同孩子的不同特点，因材施教，才是教育的正途。

本书的撰著，除了具有上述的普遍意义外，还具有特殊的价值和意义。

首先，结束了明代宫廷教育无专史的状态，成为第一部公开出版的系统而全面的专著；同时也结束了硕士生们在该领域反复练习学位论文写作的状态，将明代宫廷教育史上升到更高的研究层面。

其次，本书探讨了前人研究较少或未曾关注的问题，如从“君史”与“民史”关系看明代宫廷教育史，明代宫廷教育史对帝王文化程度和道德修养的影响，宫廷教育与帝王游乐的关系，帝王教育中儒臣与宦官的互相角力和争斗，明代宫廷的制度性教育（经筵日讲和书本教育）与实践性教育（父兄的示范教育和“太子监国”等体验性教育）的关系，明代后妃宫女和公主的女范教育，由宫廷教育构成的特殊人脉关系对国家政治格局的影响，宫廷教育与家天下承传等，都是前人较少论述，或论述不详、不深的问题，具有独特的学术价值。

再次，本书注意理论上的应用和探讨。从社会系统、政治理论和宏观背景着眼，探讨明代宫廷教育史的各种难题和前人较少甚至没有研究的问题。从社会系统理论来看，古代社会是由小农经济基础、君主专制制度和儒家意识形态三个子系统构成，明代宫廷教育是明王朝上层建筑与意识形态整合的产物。朱明王朝为了将家天下传之万代，于是对太子和帝王进行教育，而其教育又是以儒臣为师傅，以儒家思想为基本内容。在君主专制与儒家思想的整合中，既对立又统一：君主专制制度的特性是“私天下”，而儒家的思想却有“公天下”（“大同”）品性，二者存在着暂时的利益关系，但却存在着长期的深刻矛盾，因此儒臣通过为“帝王师”，来改变和影响帝王的政策，这必然反映在宫廷教育之中。本书还从人性的角度，探讨封闭压抑的宫廷教育环境对受教育者心灵的影响和扭曲。明代有些冲龄即位的幼帝一大早就得起床接受日讲教育，特别是北京的冬天十分寒冷，对幼帝虽说是锻炼，但有时候也是一种摧残；深宫的压抑气氛和钩心斗角的环境，给宫女以真切的示范性教育，使她们的心智也日益扭曲；太子在儒臣“公天下”、“仁政”思想和父兄耳提面命的权谋说教的双重教育下，往往无所适从，甚至产生焦虑以致夭折，如太子朱标便是如此。本书还从社会学角度，对宫廷教育中的皇帝、太子、王子、后妃宫女、公主、宦官等不同的社会阶层作分层剖析，同时分析他们与师傅间盘根错节的师生关系，以及这些关系对明代政治格局的深刻影响。因此，本书不仅梳理史料，而且用较丰富的理论来分析史料，使本《明代宫廷教育史》成为史论结合的著作。

第二章

正心格非：明代宫廷教育思想

明代宫廷教育不仅包括皇帝的经筵日讲、太子的储君教育、后妃宫女和宦官教育及其繁琐的仪式、使用的教材、任命的讲官等各种具体内容，而且包括它的教育思想。中国传统社会由三个子系统组成：小农经济基础、君主上层建筑和儒家意识形态。宫廷教育思想是由作为上层建筑的代表皇帝与作为意识形态的代表儒臣共同制订和相约执行的。君主“私天下”的实质与儒家“公天下”（大同）的品格之间虽有终级目标上的分歧，但在近期目标上，却是方向一致的同路人，都强调依靠加强皇权并通过提高皇帝的仁心和素养来实行仁政，维护王朝的和平与安宁，让百姓安居乐业，达到“小康”的盛世。因此君主与儒臣在宫廷教育上，具有相同的“致君尧舜”的教育思想。对明代宫廷教育思想的研究，向来比较薄弱，尚未见有专论和专书发表。本章拟对明代宫廷教育思想所包括的教育目标、教育观念、教育方法、教育理论等一系列问题作探讨。本章所用的材料，大都属于儒臣的奏疏，有的被皇帝采纳，多数则遭到拒绝，也正是因为如此，这些材料长期未受到学者们的关注。笔者则认为，虽然这些奏章中的建议未被采纳，但其所表达的宫廷教育思想，仍然有其思想史的价值，故不揣冒昧，作一初探。

第一节　关于宫廷教育目的与意义的思想

明代教育思想家认为，宫廷教育的目的是培养合格的统治人才，通过“格正君心”和“懋修圣德”来培养君主的道德人格；而宫廷教育的意义则是强调帝王虽然天生聪明，但也必须实行后天教育，即所谓“虽云天笃其资，实由学得其大”，保证帝王“日新不已”，从而论证了宫廷教育的必然性和重要意义。

一　格正君心，懋修圣德：宫廷教育的目的

明代宫廷教育的目的，就是为朱明王朝培养合格的统治人才，以确保朱家天下的长治久安和百姓的生活安定。培养合格的统治人才，首先就是塑造道德高尚的皇帝和太子。皇帝和太子的教育是最高端的国家教育，关乎帝国的兴亡和民众的生死，因此明代儒臣乃至君主本身，都特别重视帝王的教育，尤其是道德教育。在明朝理学家看来，道德的形成，是理欲博弈的结果，理胜欲，则道德高尚，欲胜理，则道德败坏。道德败坏的君主，必然导致民心丧失。民心一失，则政权的合法性也就不复存在。

早在周初统治集团便从商代的灭亡中认识到，政权的存亡不仅在于武力的强盛，更在于文治的兴隆，人心的向背在政权的更替中占有极其重要的地位。汉代统治者认识到，可以马上打天下，但不能够马上治天下。唐代李世民集团则认识到水能载舟亦能覆舟。帝王的个人修为和政策取向，常常导致“一人兴邦”和“一人丧邦”，因此，要想王朝长治久安，必须要处理好与被统治者即人民之间的关系，同时加强对最高统治者自身的道德修养、文化程度等素质上的培养，以及用人理民、平衡内外等政策措施的培训。换言之，必须加强对统治者的教育，完善和推行制度化的宫廷教育体系。

明代建立后，作为农民出身的开国之君太祖朱元璋，更是认识到

最高统治者教育和培养的重要性，不仅自己身体力行地进行自我道德和文化的提高，而且大力兴建完善的皇帝经筵日讲教育、东宫的储君教育、皇子宗室的教育、后妃宫女的内训教育和宦官的约束性教育，逐渐形成了完善的宫廷教育体系。永乐宣德以后，随着皇帝集权的极致化，作为皇权不可分割的力量的宦官，其道德文化教育也出现了制度化的倾向。然而，在整个明代，最为重视的还是帝王太子的宫廷教育，因为皇帝和太子的教育是现任和未来最高统治者的教育，直接关系到当下和未来的政治兴衰和国力强弱。

明代宫廷教育的主要目的，是塑造君主的道德人格，格君心之非，养君德之厚。当时的儒臣使用了许多词汇，如“启沃君德”，“圣德懋修”，“修圣德”，“痛行修省”，“养心”、“正君心”、“格正君心”等。

明代宫廷教育的指导思想是儒学的新形态程朱理学。正如天启二年左副都御史马从吾所说：“周家以农事开国，我朝以理学开国也。”[1]作为大明帝国的意识形态，理学观念认为一个人的心中存在着理与欲的纠结。理代表着正，欲代表着邪。郑庆云在《务学亲贤养圣体以慰群望疏》中指出：“盖上之则无欲，次之则能寡欲，下之未免有欲，非惟不能寡，而又纵之，此其所以不同，而其效验昭昭也。然寡欲之道，惟在于正心，盖欲者邪之动，正心之道，古先圣贤皆有成论，然其最亲切紧要者，则莫如真德秀氏。德秀之言曰：‘惟学可以养此心，惟敬可以存此心，惟亲近君子可以维持此心。’盖理欲本交战，邪正每相形。真万世圣学养心之要道也！”[2]杨守陈在《讲学勤政疏》中指出如果经筵日讲和东宫讲读时“略陈训诂，未尝进一详说，以备极帝王之全道，理欲危微之辨，何自而明？知行精一之功，曷从而尽？”[3]这种理欲观，甚至影响到皇帝的思想。明太祖曾要求太

[1] 《明熹宗实录》卷二六，天启二年九月壬寅。

[2] 郑庆云：《务学亲贤养圣体以慰群望疏》，载贾三近编：《皇明两朝疏抄》卷二，明万历刻本。

[3] 黄光升：《昭代典则》卷二二《初开经筵》，明万历二十八年周日校万卷楼刻本。

子“是非不混，理欲判然”，这样“天下之事，可得而治矣！”[1]既然理欲并存于人心，而欲望又带来灾难，那么要想国家大治、政权稳固，就要“存天理，灭人欲”，即去除私欲，格君心之非，要格君心之非，使归于正，就必须讲求圣学，通过儒臣的经筵日讲，来使君主君德日厚。正统八年，侍讲刘球借雷震奉天殿的机会上疏言事，指出：“古圣王不作无益，故心正而天不违之。臣愿皇上勤御经筵，数进儒臣，讲求至道，务使学问功至，理欲判然，则圣心正而天心自顺。”[2]

在儒臣看来，只要格君心之非，使其心无邪念，不事逸乐，就能培植德性，全力为政，使国家得到很好的治理，就不会滋生动乱。因此，他们不断强调要通过讲官进行格君心之非、养君德之厚的教育。明前期的胡濙在《任贤良以隆治本疏》中特地指出：“臣闻缉熙圣学，尤先于侍讲之官，辅导储皇，亦莫先于庶子之职。盖圣学者，人君致治之本，必得正人以讲明之，而治道益隆。储君者，宗社臣民之本，必得正人以辅导之，而国本益固。侍讲之官，必择学行醇正之士，俾之横经帝幄，䌷绎古今，朝夕论思之际，以格正君心为己责，以谋谟治道为己任，如傅说论圣学于高宗是也。”[3]儒臣们认为，国家治乱系于君心，君心所养在于贤人讲明正学，因此宫廷教育的关键便在于讲正学、格君非。万历十五年，湖广道监察御史吴达可上书指出：“臣窃惟国家之理乱起于君心，君心之出入系于所养。学所以培养君心，而贤人君子则固讲明正学而维持此心，不可有一日之间断者也。”[4]

强调天人感应的儒臣们，每当天灾人祸频发时，都借上疏言事，指责皇帝没有尽到职责，出现道德有亏的局面，因此要求通过经筵日讲，格君之非，消弭灾难。嘉靖三十四年十二月十二日子时（1556年1月23日24时）发生了导致83万人死亡的关中大地震。信奉“天人感

[1]　《明太祖实录》卷八五，洪武六年九月乙卯。

[2]　张廷玉等：《明史》卷一六二《刘球传》。

[3]　胡濙：《任贤良以隆治本疏》，载张瀚辑《皇明疏议辑略》卷三七《纠劾》，明嘉靖刻本。

[4]　吴达可：《圣治宜新乞勤政学以隆治安疏》，载吴亮辑《万历疏钞》卷一《圣治类》，明万历三十七年刻本。

应”的儒臣、礼科都给事中何起鸣上奏道：“目击关中地震异常，灾害十分重大，恳乞圣明亟赐轸念，痛行修省，以回天意，以慰人心。”所谓“痛行修省”，就是要格君心之非，以达到“修圣德”的目的。他引用《中庸》曰：“致中和，天地位焉，万物育焉。”又引先儒真德秀的话：“人主修德讲学，则天下安，昆虫草木亦得其所。”然后加以阐释道：“人君一心即天地之心，而言动举止、喜怒哀乐关天地之动静，其中节与否，天地之位不位因之，如响之应声，影之从表，无毫发差也。今兹地震，夫岂无因？”因此他要求“陛下览此惕然兴思”，修德讲学，“每日视朝之后，依祖宗故事，驾诣文华殿，留心经筵，亲召辅臣，托为心膂，与之商（确)[榷]政事，勿以祈寒暑雨而间功，勿以君门万里而隔越，如此则圣德懋修，一人享安和之祉；圣心宁一，两仪收奠位之能”。[1]

儒臣普遍认为“讲学为正心之道”。明朝宣德年间，御史陈祚上疏言：“帝王之学先明理，明理在读书。陛下虽有圣德，而经筵未甚兴举，讲学未有程度，圣贤精微、古今治乱，岂能周知洞晰？”[2]武宗时，李东阳阐述了儒家的六经是“圣道”的本源，而圣道是指导君主为政的法宝，圣道是否能够起到为政指南的作用还受君主之心的左右，君主之心需要通过讲学来端正：“圣道在六经，为政必先于论道，君心理万事，讲学乃所以正心。”[3]然而，武宗时“群珰窃柄，导上佚游，媟嫚极矣”，兵部尚书许进（谥襄毅）认为不能“独攻其标”，而应治其本，即通过讲学来格正君心，于是“因经筵有见”，上疏强调帝王经筵讲学的意义：“帝王之学在养心亲贤，而经筵为首务”。胡直在读到他的这份奏疏后，也阐述道：“夫唐虞之世，天下政务不少矣，然元圣上贤交议文陛之上，则独以道心精一为授受，以兢业佚欲

[1] 何起鸣：《亟修省以回天意疏》，载张卤辑：《皇明嘉隆疏钞》卷七，明万历刻本。
[2] 张廷玉等：《明史》卷一六二《陈祚传》。
[3] 李东阳：《初开经筵谢宴赉表》，载贺复征辑：《文章辨体汇选》卷一三九，清文渊阁四库全书补配清文津阁四库全书本。

为劝戒，皇皇焉，不敢以他务先之。彼岂不欲咨实政而亟为此款言哉，诚以天下治忽之机，在人主之一心，而心之难操，又非可与众庶论也。故虽以元圣辅之，上贤犹惧罔念之为狂，而况武皇帝左右狎溺荡心伐性，且十百寻常者乎！是故公当其时，人不与适，政不与间，乃奋其衷赤，以帝王之学为言，意庶几焉。”[1]看来，儒臣认为天下治乱之机在君主一心，而人心又最为难测，因此必须用理学“诚意”“正心”和“修身”的功夫，来修理君主之心，这样就必须重视经筵日讲的举办，通过讲学来格君心之非。

格君心之非的宫廷教育，遵循的是宋明理学尊德性的路径。宫廷教育是儒家教育，儒家学术有两种倾向和路径，一是寻章摘句的考据之学，一是明道知理的经世之学，即所谓“道问学”与“尊德性”。对于宫廷教育来说，一直重视尊德性的学术路径，即以培养帝王的君道和品德为根本，不追求对儒经的考证。在明代，由于宋明理学的一统江山，因此在宫廷教育中一面倒的是对宋学的尊崇，而非对汉学的崇尚。何乔新（1427－1502年）指出“明君以务学为先，圣学以正心为要。盖学既明，则有以识治天下之道；心既正，则有以立治天下之本。苟徒事乎章句之末，而无躬行之实，夫岂人君之学哉！”[2]章句之末，是汉学的治学功夫，而躬行之实，是宋学的修身理念。

儒家虽然承认君主生而神圣，德高智睿，但也认为君主有天生的缺陷，不仅君学有缺，而且君德也有失，所以必须通过儒臣的讲学活动来“正君”和“辅养君德”。这实际上与儒家的政治观念相一致。儒家的政治模式是“民本—尊君”，一方面强调尊君，一方面也强调重民。以民的要求来看，君主必然存在着诸多缺陷，因此不管儒家将君主抬得多么高，他们也不会忘记君主的缺失，从而不断论证对君主展开教育的必要性。在儒家看来，君主天生就有缺失，因此需

[1] 胡直：《衡庐精舍藏稿》卷一八《书大司马许默斋公录襄毅公疏草后》，景印文渊阁四库全书本。

[2] 何乔新：《椒邱文集》卷二《策府·十科摘要·圣学》，景印文渊阁四库全书本。

要“正君”。考中成化二十三年进士的杨廉（1425—1525年）在科举考试中面对的策问是：“尊主庇民，士君子分内事也。尊主莫切于辅养君德，庇民莫先于讲求民瘼，以今日论之，经筵儒臣君德所系，郡县守令民瘼所关，不知陈说之间，罢行之除，果以何者为先务？试为我商略之。”他的回答是：“事君之道非一，而必以正君为要，治民之事非一，而必以爱民为本。盖正君者人臣事君之要，而爱民者居上治民之本也。失其要，虽皋、夔、稷、契无以善其谋，舍其本，虽龚、黄、卓、鲁无以行其志。是则经筵之官、郡县之职，岂不各有所当务也哉？”在他看来，君主的德并不是完善的，因此需要“辅养”，甚至需要“正”。他鲜明地指出“君德不修，则行政之失、用人之非，皆不足论”，结果会十分危险。因此他强调：“执事谓尊主莫切于辅养君德，此以正君为要也；又谓庇民莫先于讲求民瘼，此以爱民为本也。”既然“正君为要”，那么“方今经筵，儒臣奉陪清燕，列侍帷幄，君德所系，实在于此”。经筵讲官“必当开陈善道，进纳忠言，左右便佞之惑君心者，思所以绝之；射猎驰骋之荡君心者，思所以防之；声色货利之害君心者，思所以戒之；土木兵戎之蠹君心者，思所以杜之。不楚咻而齐傅，不一暴而十寒，若是则君德无不修矣。故曰事君以正君为要者，以此”。[1]由于他自己在考试时遇到过“正君”问题，因此他在主持浙江乡试时出策问题“切于君德者辅导之职，切于民隐者郡县之官。辅导以经筵为首”[2]，就暗示通过经筵对君德进行修正的意义，从而证明宫廷教育的必要性。

格正君心和懋修圣德的教育，不仅是儒臣亟盼达到的目标，也是明王朝统治集团自身想实现的目标。连世宗皇帝自己也认识到“帝王所图治，务学当为先”，“正心诚其意，志定必不迁”，“身修本心正，

[1] 杨廉：《杨文恪公文集》卷四二《策》，明刻本。

[2] 杨廉：《杨文恪公文集》卷四〇《浙江乡试策问五道》，明刻本。

家国治同然”，“万化修身始，朕念方拳拳”。[1]

二　虽云天笃其资，实由学得其大：宫廷教育的意义

明代宫廷教育的意义是，在承认帝王和太子“天纵之圣”的同时，强调后天教育的重要性，让帝王不至于因过分相信天命，而不学习、不努力、纵嗜欲、乐享受，最终导致国破家亡；而应该通过经筵日讲和东宫讲读等途径，让他们获得道德的提升和能力的培养，以确保大明王朝的长治久安。

儒家是“先知先觉”、“天才论”的倡导者，但同时也是“人人可以为尧舜”的后天教育论的提倡者。在对待皇帝教育上，明代儒臣虽然承认皇帝是天子，有“天纵之圣”，是“睿资天纵”、“英资天纵”、“睿质夙成”和“资质齐圣”，但却认为有必要由儒臣讲学传授圣人的经义，培养帝王的道德，以成就其功业。明宣德至正统间人吴节在《再陈十事疏》中论述道：“经筵讲学以养主德，资虽齐圣，不废问学，道可默契，亦须讲说。自古殿廷奏对，一事止及一事之本末，所以治其标也，惟经筵之开，其所陈说者皆帝王圣贤正心、诚意、修身、治国、平天下之实学，通此可以达彼，执一可以应万，所以治其本也，即万几纷纭，未可废学。盛暑隆寒，不当辍讲。师臣宾臣，坐而论道。勋戚贵胄，侧耳受业。朝廷之要，莫先于此。”[2]弘治十八年，胡世宁指出：“此我祖宗创业守成，共垂我亿万世无疆之休者，虽由天纵之圣，其得于讲学切要之功，不可诬也。”又称“皇上聪明睿圣，天下之书固宜尽阅，然闻帝王之学贵得其要”。[3]郑一鹏称世宗既“春秋鼎盛，睿知夙成”，又“日御经筵，缉熙兴学”，故“此大有为之基

[1] 杨一清:《杨一清集》,第 817 页,载《宸翰录》卷四《御制·听经筵官讲〈大学衍义〉》，中华书局，2001 年。

[2] 吴节：《吴竹坡先生文集》卷一《再陈十事疏》，清雍正三年吴琦刻本。

[3] 胡世宁：《胡端敏奏议》卷一《应诏陈言疏》，景印文渊阁四库全书本。

也！”[1]嘉靖万历时人叶春及称“况人君之知，惟在所养，接士夫之时多，则亲近幸之时少。天机日深，睿知日出，又非特讲习之功也”，其意是应与士大夫多作感情上的交流，以达到培养圣德的目的。[2]

儒家不排斥“生而知之”的“天才”论，但更重视后天的学习和努力，对于皇帝的圣学，特别强调后天学习的重要性和经筵日讲的必要性。嘉靖初年，时为致仕少傅兼太子太傅礼部尚书武英殿大学士的谢迁对世宗进言：“陛下圣性之睿哲，固出于生知，而圣德之成就，必资乎问学，经筵儒臣分直进讲，所以薰陶涵养者在是。燕闲之时，尤博览群籍，以广见闻。苟有疑义难明，即召劝讲之臣，面赐质问，务求通解，戒一暴十寒之失，积日就月将之功，则圣学缉熙而圣德之成，可以追踪古昔帝王之盛，近代不足言矣。”[3]神宗即位后，张居正便指出尽管“皇上睿哲天成，英明神授，动容出辞无一不中礼节，用人行政无一不当人心，诚不世出之主”，但仍然需要进学，“若再加学问之功，讲求义理，开广聪明，则太平之业可计日而待”。[4]万历间，许弘纲阐述了皇帝圣学的必要性，指出：“臣闻宪天聪明惟典于学，益人神智不外于书，故祖宗之缉熙圣学也，经筵有定期，日讲有常御”，这样做，不是要“舍深宫之燕闲，而乐殿廷之繁缛，分章奏之实览，而事书史之空谈”，而是因为“君心敬肆，治忽所关，心乘气机，必有所系”。因此，每“当是时也，格言在耳，师保在前，执法在列，一言感发，意念潜移，侍从森严，圣衷惕若，有一息之收敛，则有一息之操存，有一息之操存，则有一息之涵养”，这样才能使君主“缮性修身，崇德广业”，如果不实行经筵和日讲，“则堂陛日隔，佚欲潜滋”。他还指出：“（神宗）陛下嗣位之初，经筵首开于春月，日讲不辍于隆冬，十五年来圣德日崇，神功日就，虽云睿资天纵，

[1] 郑一鹏：《重经筵以养圣德疏》，载贾三近编：《皇明两朝疏抄》卷三《圣学类》。
[2] 叶春及：《石洞集》卷一《广圣知》，清文渊阁四库全书补配清文津阁四库全书本。
[3] 谢迁：《归田稿》卷一《谢存问疏》，清文渊阁四库全书补配清文津阁四库全书本。
[4] 《明神宗实录》卷四，隆庆六年八月辛酉。

而诗书启沃之功，亦恶能掩！”但“入春以来，经筵非不具仪也，而传免者十常八九，日讲非不备官也，而临御者月不二三，业已自密而疏，行且自疏而废”。他由此感慨“帝尧不以钦明而忘危微之戒，成汤不以圣敬而废日新之功”，如果陛下“有志于治平”，那么“舍穷理养心，奚适焉？”所以他建议“今秋序渐凉，讲幄自适，乞循故事，毋轻传免”。[1]对经筵日讲启沃君德抱有极大的期待。

万历十九年，杨起元补经筵官后，于正月初八日上疏称“经筵乃皇上论学作圣之地，讲官乃敷陈仁义、辅养圣德之官”，阐明皇帝虽然天生聪明，但也必须后学才能成就大业：“自古语帝德之盛者，必曰尧舜，语王道之盛者，必曰禹汤文武，名号之美与天无极。虽云天笃其资，实由学得其大也。”并指出：“皇上英资天纵，睿质夙成，孝敬之德，彻于天亲，仁爱之恩，被于民物。乾刚独断而不苛，委任臣工而不贰，此真大圣人聪明之资也。”然而，“夫有大圣人之聪明，必讲于大圣人之学术而后可”。他以日头来做比喻：“夫日，太阳之精也，然必丽于中天，而后光被六合。今皇上大聪明犹之日也，而大学术者乃皇上之中天也。非讲于学术，即皇上之大聪明，何所丽乎？”[2]言下之意，帝王虽然是个光芒万丈的太阳，但只有附丽中天才能普照大地，只有讲求学术的儒家才具备将太阳升到中天的本领。因此，帝王要想治理天下，是离不开儒臣的教育和培养的。

明代儒臣承认君主的英资天授，但也利用自然灾害频发的机会，让君主承担政治责任，修省养心，而修省养心的途径便是勤学（经筵日讲）和勤政。万历年间，聂应科在《陈末议以广德意疏》中指出：“近来灾异叠见，雨泽愆期”，因此虽然“皇上英资天授，睿智性成”，但是“东南频年水旱，西北异常风霾”，“天心示儆变”，他特别强调“变不虚生，感召在人”，因此皇上必须“修省而挽回之”，根本之处“在养圣心以崇昭假之实”，“所谓养圣心崇昭假之实者何？盖

[1] 许弘纲：《群玉山房疏草》卷上《水旱陈言疏》，清康熙百城楼刻本。
[2] 杨起元：《杨复所先生家藏文集》卷一《初补经筵恭劝圣学疏》，明崇祯杨见晙等刻本。

人君一心，即天地之心，其兴居言动、喜怒予夺，皆关乎天地之动静。”他提出皇帝修省的两种途径：其一是勤学，“故惟勤学可以澄定此心，皇上经筵之御，得无有昔勤而今怠者乎？愿自今以往，时御经筵，俾大臣侍从轮直进讲，凡正心、修己、敬天、勤民之讦谟，虚衷讨论，则典谟训诰皆圣心之师资，以勤学而养矣”。其二是勤政，“惟勤政可以惕励此心，皇上视朝之期，得无有昔勤而今倦者乎？愿自今以往，昧爽临朝，退御便殿召见阁部大臣，商确时事，及章奏之可否，旋赐批行，则正言谠论，皆圣心之药石，以勤政而养矣！”无论是勤学还是勤政，都在持之以恒：“而又毋以寒暑辍其功，毋以幽独堕其行。深宫大内，惧女谒盛而游幸不节，左右近侍，防谗夫昌而慎选其人，一喜怒一予夺，务与天心相合，则心正而天心未有不应者，此昭假之实。”[1]

为了让明代帝王不依赖于帝王的“天纵之圣”，儒臣从历史上寻找天才的帝王注重圣学的先例。李东阳虽然承认明武宗“天资首出，圣德躬行。能自得师，守一祖六宗之法；取人为善，合九州四海之公。家传心学于储宫，日御讲帷于便殿”，但仍需进一步加强学习，提高圣德和思想觉悟。为此，特地用帝王讲求圣学的历史加以说明：“盖自虞廷阐精一之传，商君承逊敏之戒，辟雍拜老，礼重于汉家，崇政说书，官专于宋代，愿治者用臻至化，好文者亦致小康。肆我皇明，益隆盛典，英庙九龄而伊始，先皇二纪而成章，迨先帝十八载之间，贻圣子亿万年之训。”强调武宗“聿当元祀，诞启经筵，信明君之大有为，在今日乃急先务。登延儒硕，列侍公卿。臣等非仁义不陈，夙秉孟轲之敬；无慢游是好，敢为帝舜之箴”，并要求武宗“声入心通，言以道接，不为声色货利侈其志，不以寒暑夙夜间其功”。[2]万历中期

[1] 聂应科：《陈末议以广德意疏》，载朱吾弼编：《皇明留台奏议》卷九《时政类》，明万历三十三年刻本。

[2] 李东阳：《初开经筵谢宴赉表》，载贺复征辑：《文章辨体汇选》卷一三九，清文渊阁四库全书补配清文津阁四库全书本。

的宰相申时行也列举了历史上君主典学的事例，强调君主后天教育的重要性："窃惟自昔愿治之主，咸以及时典学为先。虽日有万几，至尊匪同于韦布；然治无二道，遗迹具在于简编。非考古何以证今，必多闻乃能建事。石渠讲艺，集诸儒之异同；崇政说书，备三朝之训鉴。率皆表章经术，用以兴建治功。于赫熙朝，特崇讲幄。广厦细旃之上，言有箴规；冠带搢绅之伦，环而观听。岂徒藻饰太平之具，是惟培养君德之基！迥轶前闻，永垂后法。"他最后重申了君主虽属天才但需后天学习的教育观念："恭惟皇帝陛下，聪明首出，睿智性成，固天纵之多能，尤日新而不已。"[1]日新就是通过每天的讲学获得更多的新知识。

有的儒臣认为，天子虽然天生聪明，但不能应付无限的知识，因此圣学具有必要性。礼部尚书陆树声于万历元年十二月上疏称："窃惟方今之务，莫要于圣学。臣尝入侍经筵，仰见皇上睿哲聪明，孳孳向学，古所未见，而密勿大臣，绘图立说，因事效忠，诚有以端圣功之本矣。但臣愚以为学之为道，本无限也，见闻日广，则义理愈见其难穷，知虑日开，则趋向愈见其难定，况法筵之上，宸严所临，或一时敷对未详，则记忆岂能周悉？宜再推广德意，令史臣采摭经史。凡圣贤之懿训可为法戒，及本朝列圣创守之宏规，继述之大烈，著为谟训者，櫽括其辞，节略其要，如宋儒孙奭之上徽言，范祖禹之进帝学，辑成进御，以便省观，亦圣学缉熙之一助也。"[2]

显然，众多的明代儒臣异口同声地强调，君王虽然是天纵之圣，但也必须实行宫廷教育，才能确保王朝江山永固。这就突出了宫廷教育的重要性和特殊意义。

---

[1] 申时行：《赐闲堂集》卷七《经筵贺表》，明万历刻本。

[2] 陆树声：《敬献愚忠以隆圣治疏》，载吴亮辑：《万历疏钞》卷一《圣治类》，明万历三十七年刻本。

第二节 关于宫廷教育途径的思想

明代教育思想家们，在关于宫廷教育途径上，也有自己的思考。他们认为，宫廷教育的途径一是通过尊师重道和重视经筵日讲，提高讲官地位和经筵制度的重要性，来实现宫廷教育的目标；二是通过知行合一，既重视经筵讲学，又重视政治实践，来达到帝王教育的目的。

一 隆师好问者，君道之所当尽：尊师重道和重视经筵的思想

明代儒臣提出，宫廷教育的重要途径，就是通过君师的选择和经筵日讲制度的推行，来达到宫廷教育的目标。嘉靖间刑科给事中刘世扬上疏世宗时指出："陛下一意崇儒重道，日御经筵，虚受日讲，为涵养熏陶之助。如《洪范》所谓'视明作哲，听聪作谋，言从作乂，貌恭作肃，思睿作圣'之五者，敬事无替，使嗜欲寡，礼乐备，敬义立而身修，内令严而家齐。陛下所以尽伦理、建皇极以感化天下，端在是矣！"[1]所说"崇儒重道""视明作哲，听聪作谋"和"日御经筵，虚受日讲"，就是明代宫廷教育的重要途径：选择君师和推行经筵。

明儒们常用上古贤君皆求学于师的事例来证明选择君师的重要性，以及向贤人学习的必然性，其背后的意图是想实现自己"为帝王之师"的目标。何乔新在《经筵》一篇中，论证了君师的重要性，指出"隆师好问者，君道之所当尽"，"经筵之职，自古帝王未始不重之"。并举例说明："古昔盛时，入则有保，出则有师，有疑在前，有丞在后，以孅诏王，则有师氏之官，掌谏王恶，则有保氏之职。所亲者无非正人，所务者无非正学。此所以成德之美，致治之隆，而非后世之所能及也。"然后缕述历代帝王向儒家学习的史实，塑造出一种皇帝注重圣学、向儒臣学习的深厚传统，以影响本朝的皇帝："汉宣帝诏

[1] 刘世扬：《除邪类以建皇极疏》，载张卤辑：《皇明嘉隆疏钞》卷六，明万历刻本。

诸儒讲经于石渠，章帝会诸儒讲五经于白虎观。唐开元之后，集贤之院置而因有侍读、侍讲之名，翰林之院置而因有待诏、承旨之号。宋自太祖置讲席，太宗开经帷，景祐则讲于崇政，元祐则讲于资善。如萧望之之经术，刘向之精忠，则讲论于石渠者也；如丁鸿之至行，贾逵之博学，则讲论于白虎观者也。上六经法言而蒙金帛之赐者，若常处厚之于穆宗是也，其与进经史要录于文宗之朝而爱其精，特如郑澣者，肯多逊乎？草边将之诏而蒙宫锦之赐者，若封敖之于武宗是也，其与成关陇诏书于宣宗之朝而辞皆允，当如刘琢者，肯多逊乎？”[1]何乔新在另一篇《圣学》中讲：“稽之于古，炎帝师悉诸，轩辕师大挠，少昊师四叔，颛帝师伯夷父，帝喾师伯招，尧学于君畴，舜学于务成招，禹学于西王国，汤学于成子伯，文王学于铰时子，武王学于虢叔。”以此证明，古代帝王是不忌讳向君师学习的。当然，上述圣君向这些圣贤学习的，不仅是“汉学”功夫，“之数圣人者，曷尝稽同考异以为博哉？又曷尝摘章绘句，以为工哉？”[2]所学的是治国平天下的大道理。

何乔新还通过宋代经筵讲官得人的例子，证明君师选择的重要性：“宋之经筵尤重择人，文彦博以三朝之元老而与经筵，程伊川以一代之名儒而为讲官，他如贾昌朝、范祖禹，无非端人正士也。其所以发圣人之经，穷典籍之奥者，班班可考：以水喻政，得之《小旻》，烹鲜喻治，得之《匪风》，此学《诗》也；薄刑缓征，荒政讲之，修德承天，视祲论之，此学《礼》也；上承下施，盖取诸鼎，乱极生治，盖取诸萃，《易》学明也；《说命》三篇，特诵三句，《五子之歌》，再诵六句，《书》学深也；论鲁封疆，讲郑铸刑，此明《春秋》而知之；《大学》修身，《中庸》入德，此讲《礼记》而知之。得人如此，其有裨于君德，岂浅也哉！”[3]通过赞誉宋代宫廷教育讲官因选择正确达

[1] 何乔新：《椒邱文集》卷二《策府・十科摘要・经筵》，景印文渊阁四库全书本。
[2] 何乔新：《椒邱文集》卷二《策府・十科摘要・圣学》，景印文渊阁四库全书本。
[3] 何乔新：《椒邱文集》卷二《策府・十科摘要・经筵》，景印文渊阁四库全书本。

到的教学奇效，提醒本朝帝王也要重视君师的选择。

弘治间贺钦也论证了君师及其选择的重要性，指出“今日急务莫先于讲学，而经筵劝讲之官，所谓师友之臣，尤当访求真儒以充其任，不宜苟以俗儒厕其间”。对于讲官的选择，贺钦是十分慎重的：“所谓真儒者，学以为己，知而能行，不事空言者也。所谓俗儒者，学以为人，徒知而不行，惟务口耳词章之习者也。伏惟陛下留神致察今日经筵劝讲之臣，其为真儒耶，抑为俗儒耶？果真儒也，必能积诚感君，开导有方，涵养圣质，薰陶圣性，开发聪明，进德修业，何忧圣学之不得，君道之不尽哉！果俗儒也，亦徒备劝讲之虚文，无格君之实德，其不阿徇逢迎、谗谄面谀，亦足矣，尚何望其有补圣学之万分哉！”他最后特别强调讲官的地位：“圣学之成与不成，君道之尽与不尽，天下之治与不治，一系于经筵讲官者。如此，则陛下今日于真儒俗儒之辨，其可以不明！而进退取舍之际，其可以少差哉！伏惟陛下大施明断，天下幸甚。”[1]对于君师的重视，可见一斑。

嘉靖间福建莆田人郑一鹏奏上《重经筵以养圣德疏》，详细阐述了选择君师和讲官的意义。认为“自古人君守成业而致盛治者，莫如周成王”，因为周成王“辅养有道”，善于选择老师，“是故周公在前，史佚在后，太公在左，召公在右，则承弼之有人也。有师以导之教训，有傅以傅之德义，有保以保其身体，则辅导之有方也，日就月将，学有缉熙于光明，则积累之有渐也。故成王用能嗣守文武大训，以笃周祜，其辅养君德有此具也”。他提出世宗皇帝应该慎选讲官：“讲读之官莫难于得贤，古之人君急于得贤也，咨询岳牧，明扬侧陋，乃至假梦卜以求之，矧近者乎！”他推荐了一些称职的讲官：“窃见南京吏部尚书今起复罗钦顺，国子祭酒今养病鲁铎，翰林院修撰今谪官吕柟，道德深纯，经学蕴藉，皆负海内重望，或累荐而未起，或迁谪而未还，士类莫不惜之！乞敕吏部亟加起用，俾以旧御日侍经帏，使得

[1] 贺钦：《医闾集》卷八《辞职陈言疏》，民国四明丛书本。

尽其论思，启沃之忠。”对于那些“巧言令色便僻侧媚者，愿陛下速斥而远之，无得为善类之蠹，则左右前后莫非正人。《书》所谓小大之臣，咸怀忠良，以旦夕承弼厥辟，此之谓也”。[1]

在重视君师的同时，明人也十分重视经筵日讲的举行，认为经筵日讲是帝王教育的制度保证和重要途径。

明代教育思想家认为，只要君主意诚心正，举行经筵，学习圣人先贤治国之道，天下种种困难都能够迎刃而解。因此，特别重视“讲明正学，涵养德性”的经筵日讲制度。郑一鹏阐述了经筵日讲制度应该遵循的准则之一是勤于问难：“一学问之功莫先于论辨。臣闻太祖时，宋濂等讲经义，从容赐坐，咨及时事。太宗时，杨士奇等日造扆前，承顾问，漏下十数刻始退。孝宗御经筵，每有疑难，曲加延访。”对当前经筵制度徒具形式提出了批评：“今经筵讲读数行，俨然而退，情意略不相接，而望辅养之益，不亦难哉！”他请求“于劝讲之际，圣心有所疑者，无耻下问，或宫中所看书史，圣意有未透彻处，即赐延访。夫治乱存亡，备在史书，为万世人君鉴戒。今讲官讲治不讲乱，讲存不讲亡，人主何所儆省？乞命讲官临文讲诵，无有隐讳。如汉文帝以崇俭守法、听言宽征而治，成哀帝以溺酒色、弃忠贤、近便佞、任外戚而亡。光武以崇儒纳谏而兴，桓灵以锢善类、亲小人而替。隋炀帝以任刑罚、拒忠谏、兴土木、穷征伐而灭，唐太宗以任德教、纳忠谏、息营建、宽征徭而盛。玄宗初年任姚崇、宋璟、张九龄、韩休则治，末年任李林甫、杨国忠则乱。大要于一代之中，某君如何而治，某君如何而乱，一君之中，某事如何致治，某事如何致乱，下至闾阎艰难、生民疾苦，务令详究敷陈，使治乱存亡之迹，常触于目，儆于心，自然知所鉴戒。《中庸》所谓‘好问好察，执其两端，用其中于民者’，此之谓也”。他还提出经筵日讲制度应遵循的准则之二是贵在坚持，必须持之以恒：“一学问之功莫贵于有恒。切见孝宗皇帝御经

---

[1] 郑一鹏：《重经筵以养圣德疏》，载贾三近编：《皇明两朝疏抄》卷三《圣学类》。

筵至十二月方才传免。近年率以十月传免。夫天理人欲不容并立，日与圣贤相对，则道心常存，而鉴戒企慕之念自生；日与贤士相亲，则敬心常存，而规诲弼直之语时闻，即此心而充之，则可以参天地、赞化育，而合德祖宗矣。”并要求世宗乘“今天时尚未甚寒，伏愿不必传免，或别于便殿温和去处，令讲官日逐进讲。既得以调摄圣躬，又得以辅养圣德，使天下晓然知陛下好学乐善、崇儒重道之意，出于天性，非徒循故事、崇虚文而已。《大学》所谓‘苟日新，日日新，又日新’，此之谓也”。[1]

河南仪封人张卤（1523—1598年）在隆庆间所上《勤朝讲重延纳以臻新政熙降疏》中，阐释了经筵日讲的意义，对皇帝停止经筵日讲表达了不同意见，提出停止经筵仪式，但保留比较简约的日讲仪式的建议。文中对经筵日讲的意义多有阐述，提倡“励经筵以资启沃”，认为“帝王之学，虽于韦布不同，见闻之功，由于积累则一。盖人心易危，道心易微，一日之暴，良不足以胜十日之寒。接贤士大夫之时多，犹不足以胜其接宦官宫妾之时少”，所以必须持之以恒，乃能有获：“故必功不间断者，而后可懋其修为。”经筵日讲的讲学之功，必须依次详陈，备述始末，才能懂得许多道理：“又经以载道，固所以尽帝王之心法，而一帝一皇一王一霸又各自有心法之不同；史以载事，固所以尽古今之治乱，而一代一朝一人一事又各自有治乱之不一。讲学之功，必次第详陈，始末悉述，则知乱生于治而图治为难，否多于泰而保泰为难，邪间于正而去邪为难，善杂于恶而从善为难。其用以昭鉴戒而启经纶，故必义不间越者，而后始综其条贯，学资君德，诚非易易。”他还在本朝祖宗那里寻找讲学的依据：“我祖宗披荆棘，擐甲胄，于时之至难学，而学者莫先于二祖，自是勤学一事，为累朝世守家法。在先帝初年，其辅臣颂之有曰：‘忧勤惜大禹之寸阴，始终念高宗之旧学。大极典谟之奥，细包史册之繁。’可谓修为条贯，备

[1] 郑一鹏：《重经筵以养圣德疏》，载贾三近编：《皇明两朝疏抄》卷三《圣学类》。

极无余。至遗诏谆切，犹以废学为恨。”并对今上穆宗初御经验时的认真态度表示赞赏：“今皇上初御经筵，宥密凝神，恭默体道，于诸臣所进奏讲章直讲，必谛观详听，灼有心得。其人心鼓动所望以绍圣学，而基至治者何如也！”

但是张卤话锋一转，对穆宗停止经筵的行为表示了不满和谴责：“夫何经筵方启而即罢，日讲间日而数罢。近复蒙宣谕经筵日讲俱暂罢停，臣愚以为励精之初，即其如此，寖循以后，更将若何？讲筵经幄之臣，必有为皇上言者，经今数日，杳不一闻。夫近代人主有能开听纳，复御经筵，则史必特书以示褒与，皇上何如主也，讵可谓成命已颁，即默不以告，臣故以是切望皇上速为改图。”为了减轻穆宗重开经筵日讲时的沉重负担，鼓励他尽早推行讲学之举，张卤提出了略低的要求：“然臣所望者，非欲皇上竟日穷年以下同于韦布，亦非欲分章限卷以苦偪于章程，惟望于礼部所请经筵日讲之日，俱有定期矣，非关遇大朝会典礼，其功不宜少停，累朝所御经筵日讲之书，俱有定名矣，不可趋为简捷，避忌其义，辄为间越，且内殿清凉，亦不侵炎暑，纵以盛夏将临、经筵难于具仪，宜且暂罢，其日讲之仪，固殊为简便，仍乞宣谕，照旧施行。于日讲之官，更乞量加员数。当讲之际，更乞亲赐讨论。至于经筵事宜，亦更乞一裁定。是后宁期简约而常行，无苦仪文而暂废，所以收启心沃心之实功！”[1]反映出张卤在经筵日讲上注重实效和持久、不图仪式隆重的主张。

在明代宫廷教育思想家的心中，尊师重道和举行经筵，是实现帝王教育目标的重要途径，通过教师的讲授和经筵的举行，可以让君王德修业立。当然，他们也认为，讲官的精选和经筵的实效，才是宫廷教育途径得以顺畅的保证。

---

[1] 张卤：《勤朝讲重延纳以臻新政熙降疏》，载贾三近编：《皇明两朝疏抄》卷二《君道二》，明万历刻本。

二 知行合一，学体治用：实现宫廷教育与政治实践统一的思想

明代宫廷教育思想家既是皇明的大臣，又是理学的信徒，特别推崇知行合一和学体治用之说。他们并不单纯地主张推行经筵日讲制度，而是倡导经筵日讲与现政治实践的学用结合，重视圣学与圣治的联系。

弘治元年，杨守陈在《讲学勤政疏》中指出，如果经筵日讲和东宫讲读时仅仅“略陈训诂，未尝进一详说，以备极帝王之全道，理欲危微之辨，何自而明？知行精一之功，曷从而尽？”[1]言下之意，就是要求经筵讲读时学一些有助于现实政治的学问，达到“知行精一”之功。

何乔新则提倡“圣学”的体用结合。指出：“存养之功深，而心之体所由立；省察之学至，而心之用所由行。观于兢兢业业，则尧舜之心为何如也；栗栗翼翼，则汤文之心为何如也；惟危惟微，惟精惟一，则大禹之学固以存心为先；无有作好，无有作恶，则武王之学亦以正心为本。此五帝三王之治，所以为不可及也。”[2]心之体靠存养而立，心之用靠省察而立，存养了心体后，再施之于省察，便使心体产生了心用。他更加明确地提出：“有圣学之体，有圣学之用，格物致知，诚意、正心、修身其体也，齐家、治国、平天下其用也。本诸身而体既立，施诸事而用既行，宗庙社稷之福，天下生民之幸，莫大乎此也！”[3]很显然，在明代儒臣看来，皇帝诚意、正心和修身是圣学之体，而齐家、治国和平天下是圣学之用，所以皇帝只要能够按照宋明理学的要求去正心修身，则必然会产生治国平天下的效用。这样既证明了圣学的意义，也阐明了圣学的体用关系。

明代儒家对皇帝圣学的设计，并不单单限于讲学，而是把讲学与实践相结合，把经书中的道理与现实中的政治相结合。他们提出，皇

[1] 黄光升：《昭代典则》卷二二《初开经筵》，明万历二十八年周日校万卷楼刻本。
[2] 何乔新：《椒邱文集》卷二《策府·十科摘要·圣学》，景印文渊阁四库全书本。
[3] 何乔新：《椒邱文集》卷二《策府·十科摘要·圣学》，景印文渊阁四库全书本。

帝的圣学，必须“得于内”而“资于外”。所谓得于内，便是内心体会，并通过儒臣的讲授领会其中的奥妙；资于外便是与贤臣们密切交往，从中体会到为政致治之方。杨守陈指出：“夫尧舜之道一也。《书》曰：‘人心惟危，道心惟微，惟精惟一，允执厥中。’此尧舜之得于内者深，而为出治之本也。又曰：‘询于四岳，辟四门，明四目，达四聪。’此尧舜之资于外者博，而为致治之纲者也。”他对皇帝在东宫讲读时“俨然端拱，朗诵经书，未尝降一睿问，以第究圣贤之奥旨”，而讲官也照本宣科的做法，提出批评，认为如此则难以达到知行合一的效用，因此直言“陛下之得于内者，未若尧舜之深也”。同时，他根据皇帝“朝之所接见者，惟大臣之风仪而已，至于君子小人之情状，小官远臣之才貌，何由识之？退朝之所阅览者，惟百官之题奏而已，至于诸司之条例、群吏之情弊，何由见之？宫中之所听信者，惟内官之语而已，至于千官百职之正论，六军万姓之烦言，何由闻之？”这样做，“贤才不能以自达，聪明时有所偏蔽”，因此直言“陛下之资于外者，未若尧舜之博也”。如此“内得未深，外资未博”，就像“木之方植而易摇，如泉之始导而易塞”一样，容易意志动摇，不能“始终如一”：“倘或锐志少懈，欲心渐滋，则今日之所屏弃者，异时欲收而爱之；今日之所放远者，异时欲召而亲之；今日之所登用者，异日欲憎而黜之；今日之所听纳者，异日将厌而拒之；今日之所勤览者，异日将嫌而麾之”，其结果是不能“纯乎尧舜之道！”[1]

杨守陈希望孝宗“陛下遵用祖宗旧制，仍开大小经筵以讲学，常御早午二朝以听政”。在他眼中，开大小经筵和御早午二朝，便是学用的结合。他对有助于“得于内”的经筵的设计是：

> 其大小经筵，则必择端介博雅之儒臣侍班进讲。陛下听讲之际，凡所未明，辄赐清问，若复有疑，更加详诘。讲官

[1] 黄光升：《昭代典则》卷二二《初开经筵》，明万历二十八年周日校万卷楼刻本。

或讷，则侍班诸臣佐之而覆解详释，旁引曲谕，必待圣心洞然明悟而后已。凡圣贤之旨、帝王之道，与夫理欲危微之所以辩，知行精一之所以尽，以及人臣何者为贤，何者为否，政事何者为得，何者为失，天下因何而治乱，历代为何而兴亡，若此之类，皆必讲之，明而无疑，乃可行之，笃而无懈。凡四书、五经、祖宗典训及历代诸史、百官题奏，皆当聚之文华殿后。日轮内阁大臣一员，讲官二员，使居前殿之右厢。陛下退朝常御前殿或后殿，以养心穷理，裁决庶务，一遇经书题奏，或有奇字奥义，则录示讲官使解，或召问使对。一日之间，陛下居文华殿之时多，处乾清宫之时少，则欲寡而心清，惑少而理明。当夫万机闲暇之际，旦气清明之时，湛然凝思，常恐欲心长而理心微，邪佞进而忠良退，以致政事多失，天下不安。凡一念之萌，一事之作，惕然警省，必务除人欲而循天理，远小人而亲君子，以致政事皆得，天下久治，心常得其正，事常执其中，则陛下之得于内者，深如尧舜，而出治之本立矣。

他对有助于“博于外”的上朝的设计是:

至若午朝，则陛下御文华门，而五府、六部、都察院堂上官并六科各轮番列侍，其御史、郎中等官，有事已具本者，皆先用揭帖略节口奏，陛下询其事情条例而裁决之；镇守官、巡抚、巡按方面及府、卫正官有自任所来见者，皆条列地方之事，亦略节口奏，陛下令有司承旨而议行之；有见辞赴任者，随其地方职任而谕戒之。若有大政，则陛下御文华殿，召内阁及府部院寺大臣会议，使人各尽其谋，而勿相推避，事各求其当，而无苟且，议若未当，则许谏官驳正，必得正当归一之论，陛下更审处而行之。其余具本进者，召内阁大臣面议可否，而批答之。凡文武大小官员当奉事之余，见辞之际，陛下必俯降辞色，或询时政，或询贤才，以及诸司之利弊，兵民之休戚，年岁之丰凶，下至五方之风俗，四夷之情状，俾各从实以对。言有忠谠切实者，辄议行之；其谗佞谄谀者，则斥逐之；愚憃狂直者，则容恕之；謇讷不能言者，令具本奏之。俾贤才常集于目前，视听不偏于左右，天下之耳目为一己之聪明，则陛下之资于外者博如尧舜，而致治之纲举矣！

上述便是杨守陈对于学与用结合的教育思想。他最后特别强调："若谓精一执中为腐谈，询岳达聪为迂说，谓经书不必与儒臣问答，谓政事不必与群臣面议，但如近世之听日讲以示虚文，御午门以应故事，凡百题奏皆付内监诸臣调旨批答，谓可以致治，则岂有不立其本而末能茂，不举其纲而目能张者哉！"[1]

正统时，刘球上《十事疏》，前二事一是"勤圣学以正心德"，一是"亲政务以总权纲"。也反映了讲学与政治结合的用意。在论述"勤圣学以正心德"时，指出："自古圣哲之君，动与天合，而雨旸寒暑无不时若，以能专志问学，于一切无益之事悉屏不御，所以私欲尽去，天理昭著，心得其正，而天不违。《中庸》所谓'致中和，天地位焉，万物育焉'，是也。臣愿皇上以古圣哲之心为心，视朝之暇，御经筵之日多，居宫苑之时少，所谓无益之事悉置意外，惟数进儒臣讲求至理，笃尽精一之功，推极修齐治平之道，使学问功至，理欲判然，则圣心正而天心无不顺矣。"在论述"亲政务以总权纲"时，指出："夫政自己出，则权不下移，故太祖、太宗每早朝罢，及晚午二朝，必进大臣于左顺门或便殿，亲与裁决庶政，或事有疑则召机务之臣商确之，而自折其衷，所以权归于上。皇上临御九年，事体日熟，

[1] 黄光升：《昭代典则》卷二二《初开经筵》，明万历二十八年周日校万卷楼刻本。

愿守二圣之成规，复亲决之故事，庶几权纲有归，而政惟一矣。”[1]

明代文臣代武宗拟写的策试诰制中，称“《大学》一书有体有用，圣学之渊源，治道之根柢也”。将圣学与治道相提并论。又称：“朕初嗣位，经筵儒臣首以进讲其书（《大学衍义》），大纲有二，先之以帝王为治之序，次之以帝王为学之本。”也是将为治与为学相提并论。并特别指出：“夫学体也，治用也。由体达用，则先学而后治，可也。”其实也有“治先于学”的现象。又称读《大学衍义》是为了用“古帝王之学，以增光我祖宗之治”。也是强调学治统一之意。但是当前“用人理财之效，视古犹歉，岂所以为治者未循其序，为学者未得其本乎？”[2]通篇表明了学体治用和学治合一的精神。

嘉靖初，王鏊不仅奏上《谢存问献讲学亲政疏》，而且还撰写了《讲学》和《亲政》两篇文章。在王鏊看来，至治之隆的盛世局面是由圣君和贤相共同促成的，圣君和贤相之间的联系和交往是由讲学和亲政来实现的：“窃念古之圣君贤相共成至治之隆者，盖起上下之交，而近世之交，其道有二：一曰讲学，二曰亲政。”他认为世宗“陛下践阼以来，时御经筵，圣学勤矣”，但仍然忧虑“工夫或间断而不洽”，因此期望皇帝在“清燕之间，广厦细旃之上，时召文学侍从，从容讲论。凡古帝王为政之大经大法日陈于前，万几之暇，惟是观书。观书之暇，静以养心，则自内及外，无非进学之地”。至于亲政，他认为世宗“陛下昧爽视朝，圣政勤矣”，但仍然忧虑“堂陛太悬绝而不亲”，因此希望“视朝之暇，时御便殿，公卿大臣、侍从、台谏逐日轮对，从容咨询生民疾苦，政事得失，使得日陈于前，总揽乾纲，不治微细，接见忠贤，不隔疏远，则自朝至暮无非修政之时”。他总结说“讲学则圣心日明，亲政则圣政日修，君臣上下日周旋于一堂之上，又安有间隔之患哉！”他在奏疏的最后说“其《讲学》、《亲政》二篇，附奏

[1] 刘球：《十事疏》，载张瀚辑：《皇明疏议辑略》卷一《君道一》明嘉靖刻本。
[2] 张朝瑞：《皇明贡举考》卷六，明万历刻本。

以闻”。[1]嘉靖三年五月，陕西道试监察御史王泮也认为如果世宗既能够“御经筵，以讲论道化，而深戒逸欲”，又能够“日召臣僚，以咨访治理，而重防壅蔽，引申触类，不举一而遗二，励精化理，不勤始而怠终”，那么就会“正臣日亲，正言日进，圣政日新，圣业日隆”。[2]这也是对学用合一和知行合一的倡导。

明代儒臣强调圣学与圣治，道统与治统，学习与实践和讲学与为政的二位一体性，二者不可分割。宜兴人吴达可（1541－1621年）万历年间上疏，在肯定了“我皇上即位以来，以三、六、九日为临御之期，余为日讲之期，辅臣侍侧，儒臣进言，讲论经史，寒暑不废，勤于学”的勤学行为，以及“皇上御朝视事，未明而兴，郊庙必亲，虔诚祗肃，一念地方灾荒，则遣部臣赈恤，一念京军苦寒，则发帑金赉赐。德意所孚，群情欢洽，勤于政”的勤政行为后，对学与政作出了高度的概括和总结：“夫政与学，非有二也，必学之功纯，而后政之用善。一日废学，是一日荒政也。”因此，他强调将经筵日讲与实际政治（御朝）联系起来：“请自今伊始，经筵照旧举行外，每旬日内，以三日御朝，余日侍讲，燕闲温习经史，无间寒暑，无分朝夕，凡帝王之大经大法，必反而求之身心，遇灾而撤乐减膳，不徒赈给已也，祷祀而秉志斋心，不徒遣祭已也。”认为“凡此皆学之实，可以养君德，亦可以保圣躬”。也就是说，不仅要从经筵讲堂和书本上学习，还要施诸现实政治之中，使讲学成为实学。既然学政合一，那么皇帝除了讲学外，还要召对群臣，商谈国事。他对今上“至于召对之典，屡经诸臣疏请，未见举行”提出诘难，并分析道：“意者皇上以事机未彻，恐纶音之发难于悉中乎？意者以诸臣闻见未周，恐玉音之降难于登对乎？臣以为此不必虑也。召对原为商（确）[榷]国事而设，非必其言之一发即中也。唐虞诸臣有都俞，亦有吁咈，期于共济国事

[1] 王鏊：《谢存问献讲学亲政疏》，载贺复征辑：《文章辨体汇选》卷一一〇，清文渊阁四库全书补配清文津阁四库全书本。

[2] 王泮：《贤纳谏以御变图治疏》，载张卤辑：《皇明嘉隆疏钞》卷八，明万历刻本。

而已。今廷臣中岂无晓畅事机、通达国体者乎？我皇上于日讲之暇，辅臣见在，即将本日章奏面商可否。经筵之暇，部院大臣及科道官见在，即将各衙门事宜面议从违。倘圣心有疑，不妨反复问辩，倘圣体稍倦，不妨暂息再兴。略仪文之末，穷理道之原，援古证今，必求至当。将见义理讲习则明，治体讲求则定，不必更举召对之仪，而君臣道合，上下心孚，纷纭异同之论，渐归于一，偏党好恶之私，悉化于中矣。太和之气蒸彻宇宙，尚何灾变之不弭乎？”[1]吴可达竭力阐明讲学与议政相统一的辩证关系。

万历间张辅之（1547－1629年）在《请御朝讲疏》中，认为克服国家治乱安危存亡的要素有二：“一曰讲学所以镜往而戒来，一曰视朝所以竭情而尽下。”并认为“古帝王之转乱为治、易危为安而国家之常存不亡者，用此道也”。实有讲学与御朝并重、学习与政治结合之意。

隆庆时王治在所上《议举典礼以隆圣德疏》中，“议朝讲之礼以图治安”，所谓“朝”是指“亲政”和“勤政”，“讲”是指“勤学”和“讲学”。他阐述了勤学与勤政之间的密切联系，指出：“自古帝王勤学好问，视朝亲政汲汲遑遑，无敢暇豫者，岂好为是劳苦哉？盖天工人代，一日二日有万几焉，非讲学无以明其理，非勤政无以周其应。”他又用“陛下尝阅《资治通鉴》，古人成败具在此书”为例，指出：“试观前古，有纵逸豫而不蹈灾危者乎？有励明作而不享治安者乎？则勤学亲政，断断乎不容已也。”然后用本朝的例子说明勤学与亲政并行不悖的关系：“我祖宗创业守成，稽古作则，如御殿、御门各有成规，午、朝两朝各有旧制，经筵有礼，日讲有官，与夫前后左右妙选宿儒，大臣奏事面相可否，所以重熙累洽之治，近代莫及者，非偶然也。”然后建议今上“山陵事毕，祔庙礼成，则陛下孝思可以少宽，朝讲所宜并举矣。臣愚以为朝讲之仪，似宜预定，斯陛下

[1] 吴达可：《圣治宜新乞勤政学以隆治安疏》，载吴亮辑：《万历疏钞》卷一《圣治类》，明万历三十七年刻本。

便于以时举行，群臣得以如期趋侍。伏乞敕下该部稽考旧章，条列仪注，或删去虚文，或增补未备。于讲也，务有启沃圣智之良规；于朝也，务有谨议取舍之实事。尤望陛下朝夕勤政，始终典学，毋惮于难，毋怠于易，毋因一人一言一事偶然不当圣意，遂兴轻厌之心。庶乎盛典不为虚文，则圣德日崇，圣功日起，而万世治安可坐致也！”[1]

天启二年九月，钟羽正论证了经书讲习与政治实践的密切关系，指出：“学者，学其所仕者也；仕者，仕其所学者也。贤传圣经，总是治平之具；官守言责，孰非性命之精！若判而二之，岂士之学经，徒为俯拾青紫，一登仕路，便可弁髦经传，而噤口讲习之功耶？学之不讲，是吾忧也。”他认为明朝“祖宗设讲学之官，崇顾问之位”就是为了“勤圣学以为臣民之法”。有人认为“国家多事，兵寇相仍，讲学似为不急”，而钟羽正则“独以为文事武备，原本一宗！”[2]这就阐明了讲学（文事）与政治（仕、武备）相统一的关系。

崇祯十二年冬，左懋第上疏论述了讲学与政治、道统与治统二位一体的关系，指出：“追忆皇上前谕旨，有‘诚正功疏，治平罔效’之语，圣学粹精，将使治统、道统合而为一。”[3]

明代儒臣还对君主学与做、言与行不一的情况提出了批评，强调知行合一，言行合一，学做合一。何乔新便对君主帝学（圣学）不讲，或讲而未纯的行为作了数落，指斥他们学一套，做一套。他说：“自圣王不作，而帝学不讲，武帝尝从儿宽受《尚书》矣，然事征伐，兴土木，何怪帝学之不杂？宣帝尝会诸儒讲经石渠矣，然任恭显，慕神仙，何怪帝学之不荒？元帝师事望之，而望之卒见杀于内竖；成帝师事张禹，而禹终阿党于外戚。光武讲论经理可谓勤矣，然未底乎王道之纯；明帝尊事老更可谓美矣，然徒事乎仪文之末。至于数幸太学讲论经史者，唐之太宗也，然推刃同气，于亲亲之道何如？更日侍读质

---

[1] 王治：《议举典礼以隆圣德疏》，载贾三近编：《皇明两朝疏抄》卷一七，明万历刻本。
[2] 邹元标：《邹忠介公奏疏》卷五《附左佥都御史钟羽正疏》，明崇祯十四年林铨刻本。
[3] 左懋第：《萝石山房文钞》卷一《应诏陈言疏》，清乾隆四十六年左尧勋刻本。

问疑义者唐之玄宗也，然闺门无礼，于正家之道何若？甚而燕泥庭草，争工臣下，金花玉麟，侈咏风物，斯果人君之学乎？宋之诸君多称好学，然以太宗之勤而惟务博览，不究义理；以高宗之勤而喜攻书翰，无关身心；神宗之世有二程而不能知其贤，孝宗之世有朱子而不能行其道，则其学亦可知矣！然则后世之不如古，岂特世道之降哉，良由圣学不讲故也！”[1]上述帝王学一套，做一套，实际上是“圣学不讲”的结果，即没有学习到位，领会到精神实质。明嘉万时人叶春及在《广圣知》一文中则分析和批评了学、治分离的不正常现象，指出：“三代而下圣王之学不明，世之俗儒遂以学为呫毕之能，而治为法令之具。当其学也，不出于编简之中，及其治也，不知有学问之益。此其弊起于求之太浅，是以至于支离决裂而不相入。彼以呫毕足以尽学，故于治不必讲求，以法令足以为治，则不复以学为事亦宜也。”他认为“圣王之学”应是学、治合一，“其道相须而其功不可间”。并指明“圣王之学”就是所谓“大学”，“其道在于格物致知，诚意、正心、修身、齐家、治国、平天下，是天子、士大夫之所共也。有家国天下之责，则家国天下之人无一日而不与吾相亲，吾之知意心身无一日而不与家国天下之人相接，如此，则所以究切其意之善恶、心之邪正、身之修否、家国天下之理乱，以格至天下之物，而致极吾心之知者，可一日间哉！”[2]在大学之道上，学与治、理论与实践是相统一的。

有些儒臣的要求并不止于视朝和经筵，他们还要求在视朝和经筵之外，需召见臣属，进行讲论，这其实是要求对现实政治进行探讨，把学与用进一步结合。嘉靖时，南京礼科给事中丘九仞奏称：“今日视朝、经筵之外，中外分隔，真仰云霄，大小同心，徒切葵藿。虽率见之奏章，得言者无几。”因此他“伏乞视朝、经筵外，不时临御诸门便殿，悉召文武大臣及翰林科道等官，曲赐慈颜，一咨讲论，陛下

[1] 何乔新：《椒邱文集》卷二《策府·十科摘要·圣学》，景印文渊阁四库全书本。
[2] 叶春及：《石洞集》卷一《广圣知》，清文渊阁四库全书补配清文津阁四库全书本。

运乾刚之明，凡有所见，一断自圣心，所言所得，揭若日月”。[1]

以儒臣为主要成分的明代教育思想家认为，宫廷教育的目的是培养合格的统治人才，通过“格正君心”和“懋修圣德”来培养君主的道德人格；而宫廷教育的意义则是强调帝王虽然天生聪明，但也必须实行后天教育，即所谓“虽云天笃其资，实由学得其大”，保证帝王“日新不已”，从而论证了宫廷教育的必然性和重要意义；认为宫廷教育的途径是尊师重道和重视经筵日讲，通过慎选讲官和严格执行经筵日讲制度，实施对帝王的教育；指出宫廷教育的方法是学用结合和知行合一，通过既重视经筵讲学，又重视政治实践的方法，实现明代帝王教育的目的。

第三节　关于豫教太子的思想

一　对豫教太子重要性和必要性的认识

豫教太子是帝王之学和宫廷教育的重要组成部分，因为太子是未来的国君，属于“国本”，对太子进行启蒙和早期教育，可以为王朝培养合格的统治人才，使帝国的统治更加稳固。

豫教太子的思想，是明代君主与儒臣的共同认识。洪武三年朱元璋对皇太子朱标说道：

> 天子之子与公卿士庶人之子不同，公卿士庶人之子系一家之盛衰，天子之子系天下之安危。尔承主器之重，将有天下之责也。公卿士庶人不能修身齐家，取败止于一身一家，若天子不能正身修德，其败岂但一身一家之比，将宗庙社稷有所不保，天下生灵皆受其殃，可不惧哉！可不戒哉！[2]

[1] 丘九仞：《因天灾以图治道疏》，载张卤辑：《皇明嘉隆疏钞》卷七，明万历刻本。
[2] 《明太祖实录》卷五四，洪武三年七月戊子。

在朱元璋看来，太子作为天子之子，身系天下安危，所以应该像天子一样重视“正身修德”，注意德育。而明代的儒臣更是重视太子的教育，对于太子之学的意义也有深刻的认识。胡濙认为，“储君者，宗社臣民之本，必得正人以辅导之，而国本益固”[1]。宪宗册立皇太子后，有官员奏请为太子择辅导官员，宪宗回答道：“一人元良，万国以贞。预教太子，实所以绵宗社而福生民也。”[2]明确指出太子的教育关系到“万国以贞”和“绵宗社而福生民”。嘉靖时，周冕也强调：“重太子所以重宗庙社稷也，教太子所以教天下万世也。蚤一日之教，则天性之明蚤开一日，非独臣之愿也，是天下之至愿也！臣愚伏望圣明思祖宗之业，皇太子继之，天下之大，皇太子理之，亿万年之统绪，皇太子系之。”[3]万历年间，杨守勤（1570－1630年）在《请东宫出阁讲学疏》中明确提出太子是天下根本，太子教育为天下之首务，必须及时且持之以恒的观点：

> 储宫，天下之大本也；储教，天下之首务也。自古论有道之长，必曰豫教太子。夫教而曰豫，岂非以在一年当有一年之修，在十年当有十年之积，贵及时也。[4]

而王祖嫡（1531－1592年）则直接指出帝王之学的根本是太子之学，并清醒地分析了“帝王之学”（包括太子之学）与“韦布之学”的区别，指出：

> 帝王之学与韦布不同，韦布之学其取声利者，既以词章

[1] 胡濙：《任贤良以隆治本疏》，载张瀚辑：《皇明疏议辑略》卷三七《纠劾》，明嘉靖刻本。
[2] 徐学聚：《国朝典汇》卷八《朝端大政・东宫》，明天启四年徐与参刻本。
[3] 周冕：《出阁讲学以养圣功疏》，载贾三近编：《皇明两朝疏抄》卷三《储贰类》，明万历刻本。
[4] 杨守勤：《宁澹斋全集》文集卷一《请东宫出阁讲学疏》，明末刻本。

雕缋为工，而知自立者，亦不免弊精力于训诂著述之所。若夫太子者，上而宗社亿万年之统，下而臣民亿万年之仰实寄焉。则夫辅养睿德以为作圣之地者，可不豫哉！[1]

万历时天水人胡忻曾上《请开经筵暨皇太子讲学疏》，论述了开经筵和东宫讲学的意义。指出："讲筵不可久虚，储教不可久旷。"开经筵是为了"以懋圣学"，东宫讲学是为了"以端国本"，并强调"皇太子四海所属，百姓之望，春秋正富，志业当成，固宜日亲宫僚，承弼引翼，使之见王事，闻正言，行正道，克端元良之度"。[2]黄洪宪也说过："皇太子开阁讲学，固天下之大本也。顾元良系万国之贞，蒙养实圣功之本。"[3]也对太子教育的重要性做出肯定。

明代儒臣重视太子教育的思想，来源于汉代贾谊的《保傅篇》。嘉靖间御史周冕就明确指出："臣尝闻汉儒贾谊《保傅篇》有曰：'天下之本系于太子，太子之善在于早谕教，选左右。'又曰：'教得而左右正，则太子正，太子正而天下定矣。'后世莫不首举以为定论。"[4]万历间胡忻在要求神宗让太子早受教育时，称："奈何不令端人正士朝夕与处，使之熟闻善言耶？贾谊之论教太子也，曰'选左右，蚤教谕最急'。皇太子睿龄已逾弱冠，即教谕不可言蚤，而闭阁不出，虽有孝弟博闻道术之士，安所关其忠？"[5]黄洪宪也称："臣某题为东宫讲学以隆储教事。臣闻贾谊曰：'天下之命系于太子，太子之善在于早谕教与选左右。'后世论储教者，靡不述此。"[6]看来是渊源有自。

明代儒臣还对太子教育的必要性作了阐述，认为太子虽然天资聪

[1] 王祖嫡：《师竹堂集》卷二九《拟陈东宫讲学要务疏》，明天启刻本。

[2] 胡忻：《欲焚草》卷三《请开经筵暨皇太子讲学疏》，清康熙四十二年胡恒升刻本。

[3] 黄洪宪：《碧山学士集》卷二一《拟条陈东宫讲学要务疏（馆课）》，明万历刻本。

[4] 周冕：《出阁讲学以养圣功疏》，载贾三近编：《皇明两朝疏抄》卷三《储贰类》，明万历刻本。

[5] 胡忻：《欲焚草》卷三《请开经筵暨皇太子讲学疏》，清康熙四十二年胡恒升刻本。

[6] 黄洪宪：《碧山学士集》卷二一《拟条陈东宫讲学要务疏（馆课）》，明万历刻本。

颖，生而知之，但也必须实行后天教育。周冕指出，皇太子虽然“岐嶷之质得于天成，以尧继尧，以舜继舜，似若无待于教”，但是连皇上都需要学习，何况“皇太子生长春宫之中，隔远天颜，不得行问安视膳之礼，而事亲之道，谁则陈之？不得接士大夫于左右，而临下之体，谁则启之？不得睹稼穑之艰难，而所其无逸之言，谁则告之？不得见闾阎之疾苦，而祈寒暑雨之怨咨，谁则闻之？使不及时为学，礼乐名物何自而知？治乱兴亡何自而识？君子小人何自而辨？”因此，与其“日处于深宫，孰若文华殿之清严？与其日侍以宦官，孰若士大夫之为师保？与其日逸于休养，孰若诗、书、礼、乐之为熏陶？”结论是“此蒙以养正之功，在今日所不可一日缓者矣！”他还用启蒙教育的成例，说明太子豫教的必要性：“且古者人生八岁，自王公以下至于庶人之子，皆入小学，以收其放心。及其十有五岁，皆入大学，以养其德性。况皇太子之年有以过入小学之期，而将近入大学之时乎！”[1]胡忻也强调：“纵皇太子天资聪明，无损令德，我皇上之自为国本计，当不若是之疏矣。夫漆室之女尚能忧鲁，恤纬之嫠犹知虑周。臣僭爵食禄，区区之念，顾敢出妇人女子下哉！”[2]也从天资不能代替后学以及前人启蒙教育之成例、普通妇女尚且重视教育子女的角度，强调了太子教育的必要性。

二　对太子教育形式与内容的探讨

明代儒臣还通过古今对照，缕述了太子教育不同阶段和不同形式。嘉靖间周冕曾说过：“盖古昔王者之教，太子也。未生则有胎教，既生则有保傅襁褓之教。及其有识，则有诗、书、礼、乐之教。”[3]王祖

[1] 周冕：《出阁讲学以养圣功疏》，载贾三近编：《皇明两朝疏抄》卷三《储贰类》，明万历刻本。

[2] 胡忻：《欲焚草》卷三《请开经筵暨皇太子讲学疏》，清康熙四十二年胡恒升刻本。

[3] 周冕：《出阁讲学以养圣功疏》，载贾三近编：《皇明两朝疏抄》卷三《储贰类》，明万历刻本。

嫡详列了古人在太子教育上面行之有效的各种形式，如胎教、襁褓之教、童稚之教、出齿太学之教、孟候之教、三公之教和膳宰谏鼓诵诗诵箴之教，指出：

臣尝稽之经史，考之载籍，知古之教太子者甚严且备，是故未生则有所谓胎教，甫生则有所谓襁褓之教，能行立则有所谓童稚之教，少长则有所谓出齿太学之教，十八则有所谓孟候之教，既立则有所谓三公之教，既冠则有所谓膳宰、谏鼓、诵诗、诵箴之教。[1]

这些各式太子教育的根本目标是遏止太子的私欲，使其养成勤俭恭敬的性格，和熟悉军国民间事务的能力："是其仪若甚繁，而其事若甚劳焉者，无非渐摩其德，防制其欲，习于勤俭恭敬之懿，谙于军国闾阎之务，如水源之澄而流莫御，木根之培而长不穷者也。"

明代儒臣认为，对太子教育的形式，最重要的是两种，即言传和身教。王祖嫡对太子之学，既重视言传，更重视身教，并区别了"身讲之学"（身教）和"言讲之学"（言教）的差异：

臣窃惟明君之务，莫急于讲学，然有身讲之学，有言讲之学。此最不可不辩也。

何谓身讲？其人有忠孝廉节之行，素孚于人，其发于讲也，不惟其辞之剀切明畅，闻者惕然，而其温厚恻怛之诚，庄敬严毅之状，自溢于言外，所谓有德者必有言。如是，而日侍储宫，虽不日谆谆于编简之间，而其益不可胜言矣。其人有便嬖邪佞之行，素恶于人，其发于讲也，不惟其辞之浮靡迁就，闻者易入，而其容悦脂韦之态不觉尽逞，所谓有言

[1] 王祖嫡：《师竹堂集》卷二九《拟陈东宫讲学要务疏》，明天启刻本。

者未必有德。如是，而日侍储宫，虽极口尧舜周孔，而其损不可胜言矣。此最不可不辩也！中人之产为子延师，亦必谋之交游，询其行谊，而况主器之重，可以匪人参之耶？臣愚以为例讲之臣，固多正士，然岩穴隐逸之中，岂无卓行伟识、重于乡评者？贾谊所谓博选孝悌行谊之士，其所指盖广也。今独不可行乎！

至于日讲之书，已有规制，似难别议。但孝莫大于法祖，德莫美于纳谏，斯虽二者，固可以该众美也。如我太祖之《储君昭鉴录》，成祖之《文华宝鉴》，宣宗之《帝训》，宪宗之《文华大训》，及我世宗之《钦天敬一》诸书，咸切于身心治理之术，是不可不反复而诵绎焉者。至于纳谏之美，秦汉迄宋毋论其君之何如，但能优容言官，不惮改过，可以为法者，日讲一二条；刚愎自用，优柔不断，蒙于壅蔽，覆败不悟，可以为戒者，亦日讲一二条。至于六曹职掌，别为修纂，务为明白简切，如财用困乏，民业艰难，武备积隳，士风不振，其它吏弊国蠹，分条附见，专备询览，交儆互诫，必诚必恒，将见睿资日启，令德日崇，下陋汉唐，迈成周而独盛矣！[1]

王祖嫡的身讲之学，黄洪先也有论述。后者在《拟条陈东宫讲学要务疏》中称之为“慎身教之则以导其趋”。黄洪宪先引明太祖朱元璋谕皇太子的话“君道以事天爱民为重，其本在敬身”，然后指出：“敬身之道，必自君始，夫有师以导之教训，有傅以傅之德义，有保以保其身体，然而太子之所为观法者，惟君身耳。故有祗德之禹，而后有典则之贻，有日新之汤，而后有风愆之儆。陛下盛德，天纵固足以垂裕后昆矣。然东宫开讲之后，一言一动，皆足垂

[1] 王祖嫡：《师竹堂集》卷二九《拟陈东宫讲学要务疏》，明天启刻本。

法，尤不可不慎焉者。故欲导之勤则吾早朝而宴寝，欲导之正则吾远色而去淫，欲导之学则吾日昃而听讲，欲导之虚则吾纳谏而信言，恐其淫于逸也，不作无益之观，恐其溺于奢也，不为时诎之费，恐其赎于货也，不采珠玉不殖私藏，如是则一言一动，皆足垂法而转移。化导之要，实在此矣！”[1]

除了对太子教育的形式作了讨论外，明代儒臣还对太子教育的内容也作了一些探讨。黄洪宪在《拟条陈东宫讲学要务疏》中，提出了六条建议，其中包括了教育的内容。其一，是要进行德育，“慎德义之闲以一其行”。先引明太祖谕梁贤等人的话“范金砻玉，所以成器，尊师重傅，所以成德。朕命卿等辅导太子，必先养其德性，使进于高明，自无非僻之干”，然后指出：“今惟仰遵祖训，使朝廷宫闱合为一体，凡东宫起居动息，皆得与闻而裁制之，如服御居舍必崇俭朴，毋令见奇衺以开奢侈之渐；保姆阿监必委长年，毋令见少丽以犯未定之戒。庶淫巧靡丽不接于耳目，而至德要道日闲于心志矣。”其二，是要进行历史传统教育，“观古今之迹以大其识”。先引太祖谕杨训文等人的话“朕教太子，必使讲求圣贤之道，兼习文武之事，涉历艰难，广其智识，通达古今，能谋能断，庶几任天下之重”，然后指出：“今东宫讲读，自六经、四书及先朝谟训外，别命儒臣修纂《六曹职掌》，今时要务如财用困乏、民业艰难、武备积隳、士风日卑及他一切利弊国蠹，分条附见，务令剀切，不必宏深，勒成一书，专备询览。陛下时时考论，观其进否，而稍抗法于左右，必令晓畅而后已，则能明治乱之原，通古今之故，而天下之治可掌运而成矣。”其三，实践教育，“经世务之故，以广其见”。先引太祖谕侍臣的话“朕诸子不出宫掖，虽颇习诗书，终不如视见民间疾苦，故使之少御徒旅，纵观郡邑，咨询民隐，拜谒祖宗园陵，问其故旧，与朕用兵艰难之由”，然后指出：“今亦体此意而行之，使之时见臣（寮）[僚]以动其威仪，瞻

[1] 黄洪宪：《碧山学士集》卷二一《拟条陈东宫讲学要务疏（馆课）》，明万历刻本。

肃之容，或随谒陵寝以起其尊祖敬宗之念，或临阅武备以壮其克诘张皇之图，或间行郊陌以观夫流离饿莩之状，则生虽逸乐，而念切艰难，身处深宫，而虑周四表。”最后作出如下总结：“是数者皆祖宗之成规，东宫之要务。及今昉而行之，勿目为弥文而因循故事，勿视为缓图而虚糜岁时，则太子正而大本定，万世有道之长，端在是矣！”[1]

在太子的阶段性教育及其匹配的形式和内容上，儒家的思想确实具有建设性，特别是身讲与言讲的区别和协调的理论，对于太子教育具有重要的理论价值和现实意义。太子是未来的君国，关系政局的走向和国家的未来，对其教育的阶段性和不同形式的讨论，以及对其道德、历史传统和政治实践教育内容的设计上，均反映了儒家的远见卓识。

三　选择东宫师傅、隔离邪佞之人的主张

明代君臣对太子师傅的选择都十分重视，认为太子生长深宫，为宦官宫妾所包围，因此应该选择儒家出身的师傅，将他从上述包围中挽救出来，使之与邪佞相隔离。洪武七年朱元璋特召太子宫臣，谕之道：“商彝周鼎者，此非重器也。太子者，天下之重器，人有彝鼎尚知宝爱，太子承主器之重，岂得不宝爱之乎？宝爱之者，必择端人正士以为辅翼，朝夕与居，使其熟闻善言，不迩诐行，自然渐渍以成其德。若惟委之于便嬖近习，是委重器于涂，而不知宝爱之矣！汝等日辅太子，讲论诵说之时，必导之以正，使其道明德立，才器充广，庶几他日克胜重任，可以副朕所望。”[2]儒臣胡濙认为“辅导储皇，亦莫先于庶子之职”。“若夫庶子之官所以辅导储君之职，而储君一身又系于左右庶子之正。左右正，则所见者正事，所闻者正言，所行者正道，如周公之辅成王是也。夫侍讲庶子之官所系之重如此！此古昔圣

[1] 黄洪宪：《碧山学士集》卷二一《拟条陈东宫讲学要务疏（馆课）》，明万历刻本。

[2] 《明太祖实录》卷八七，洪武七年正月乙亥。

帝明王所以必求贤良以任之也。”[1]

嘉靖时人周冕要求“博选天下之有道义、多闻、孝弟忠良之士，旦夕与居，使之日陈正道，日讲正言，日行正事，其前后左右侍御仆从，必选小心端悫之人”，如此则“圣功可养，国本可端”。[2]

王祖嫡还指出了太子教育面临的两大问题：一是不能持久，二是身处深宫，经常被宦官、保姆和宫女所包围，见贤人士大夫的机会少：“孟轲氏之告齐王曰：‘一日暴之，十日寒之，未有能生者也。’而宋儒程颐之告其君亦有‘一日之间，见宦官宫妾之时多，见贤士大夫之时少’。”王祖嫡认为这就是“治乱之源”，并担忧道：

> 储宫虽天姿英迈，然生于深宫大内之中，长于保姆阿监之手，寒之至而见之（熟）[热]，是不可以不谨也。必也委老成畏慎之人，加开导维持之力，毋见少丽以犯未定之戒，毋见奇衺以长奢侈之端，以天下为臣而毋有私人，以四海为富而毋蓄私货，谦抑节俭之说闻之习熟，他日血气既定，游息既安，虽有快己之事，放心之图，亦弗能入矣。此《易》之所谓养正，《学记》之所谓豫也。讲学要务，莫先于此。[3]

黄洪宪在《拟条陈东宫讲学要务疏》中也提出了慎选东宫师傅和隔离宦官宫妾的主张。他提议“求端良之士以善其则”。先引太祖对詹同说的话“朕今立东宫官，惟老成旧人动有典则，若新进之贤者，亦皆选择参用，辅导得贤，人各尽职”，然后指出：“今选择宫僚，凡坊局谕赞之臣，必清方直亮，通明该练者充之，勿急才藻以长浮华，勿狥虚名以滋躁（兢)[竞]，使前后左右罔非正人，由是朝夕

[1] 胡濙:《任贤良以隆治本疏》,载张瀚辑:《皇明疏议辑略》卷三七《纠劾》,明嘉靖刻本。

[2] 周冕：《出阁讲学以养圣功疏》，载贾三近编：《皇明两朝疏抄》卷三《储贰类》，明万历刻本。

[3] 王祖嫡：《师竹堂集》卷二九《拟陈东宫讲学要务疏》，明天启刻本。

与游，出入与俱，折柳有规，剪桐有戒。凡一言一动，无不道之以归于正，则义理以讲习而明，德性以熏陶而善，而元良之德成矣。”选择东宫师傅是为了隔离宦官宫妾对太子的不良影响，所以他指出“戒比昵之习以防其渐”，先引祖训“宦官止供守门传命、洒扫使令之役，不使干预政事”，随即指出“今宜令东宫日出文华，朝夕与保傅同起居，及入卧内，必选内侍之贤者，宁侗而毋爱其儇，宁缓而毋爱其捷，宁椎无能而不必其有技，宁目不知书而不必其多识，使贽御仆从，罔非端士，则心不夺于外诱，志益进于光明。异日者总揽乾刚，无复倒持之祸矣”。[1]

慎选东宫师傅与隔离宦官宫妾是二位一体的，也是上至皇帝，下至儒臣的一致追求。

明代儒臣对皇太子豫教思想，根基于虚拟的三代保傅制度，及汉代贾谊《保傅篇》建构的理论基石，并多有发挥，虽然在晚明太子教育实践上因受皇帝的阻挠和消极应付而成效甚微，但在教育思想史上却有其一席之地。

第四节　讲学与游乐对立的观念

明代理学盛行之际，对皇帝的教育主要是“正心格非”，而所正所格的对象就是皇帝的“私欲”，特别是奢靡游乐的欲望。只有通过经筵讲学，才能启沃圣心，根除欲望。然而一旦游乐心生，则会妨碍进学，因此讲学与游乐是对立的。正如天启朝兵科给事中胡永顺所说的那样：“夫人主一心不能无所寄，寄于讲读，严惮之意自生；寄于戏愉，警惕之事遂忘。”[2]显然，在儒家和儒臣眼里，皇帝的经筵日讲与游乐宴玩是对立的，皇帝之所以游乐，往往与宦官的诱导密切相关，因此将佞幸宦官视作破坏宫廷教育的重大因素，为皇帝厌倦经筵日讲

[1] 黄洪宪：《碧山学士集》卷二一《拟条陈东宫讲学要务疏（馆课）》，明万历刻本。
[2] 《明熹宗实录》卷五九，天启五年五月丁卯。

寻找替罪羊。

英宗时，李贤也将讲学与游乐对立。提出“勤圣学”的主张。要求皇帝“以正心修身为要务，以居敬存诚为大本”。指出“前代贤君以警戒为龟鉴，以宴安为鸩毒，是以君德日隆，多福自至”。要求英宗“防过于未然，禁欲于将萌，则意无不诚，心无不正”。在提倡“勤圣学”的同时，还提出“戒嗜欲”和“绝玩好”，戒嗜欲，声称“夫宴乐，乃害心之鸩毒；酒色，实伐性之斧斤。伏望绝嗜欲之私，养清明之德，以成中兴之业，以慰祖宗之心”。绝玩好，建议“于内侍之中，择读书知义理者，置之左右。凡珠玉犬马、珍奇禽兽一切玩好之物，严以斥之。心得其职，不牵于彼，则行无不谨，身无不修”。[1]成化时，吕雯明确要求宪宗“不事游观，不迩声色”、“经筵日讲，圣政日新”。[2]

王鏊在弘治年间担任经筵日讲官时，便针对宦官导帝游乐的行为，展开了坚决的抵制和抗争。明人邓元锡所记：“以学士日讲，至天理人欲、君子小人之辨，必反复尽启沃。上游后苑，左右谏不听，鏊进讲文王不敢般于游畋。上为罢游。讲罢，诏诸近幸戒之曰：‘今日讲官所指，殆为若等，好为之。’”[3]这里的近幸，指的是宦官李广等。关于此事，王世贞所载尤详：

> 经筵日讲，公每进讲至天理人欲、君子小人之互胜，辄拳拳致详。上有所幸中贵人广，颇导游西苑，左右谏不听。公为讲文王不敢畋游章。上罢讲，以谓广曰：“讲官所指殆若曹耶！好为之。”自是游益省矣。[4]

[1] 李贤：《中兴正本疏》，载张瀚辑：《皇明疏议辑略》卷一《君道一》，明嘉靖刻本。
[2] 吕雯：《修德弥灾疏》，载张瀚辑：《皇明疏议辑略》卷七《修省下》，明嘉靖刻本。
[3] 邓元锡：《皇明书》卷一八《臣谟·弘治谟》，明万历刻本。
[4] 王世贞：《弇州史料》后集卷二四，明万历四十二年刻本。

据文征明给王鏊写的传记中称："弘治初，充经筵展书官，寻充讲官，每进讲必分天理人欲、君子小人至治乱用舍之际，必反复开导，务裨时政。时中官李广用事，公隐然有所指陈。上退，谓左右曰：'若知今日讲官之意乎？'大抵谓广也。方春上出游后苑，公讲文王盘于游田，词严意畅。上为悚听，自是绝不复出。"[1]在王鏊眼中，讲学与游乐是对立的，游乐往往是宦官诱导的，而讲学则是儒臣将皇帝拉向正途的重要方式，因此在经筵日讲中，抨击宦官诱导的游乐行为。

明武宗时，大学士刘健指责皇帝"近日以来，视朝太晚，免朝太多，奏事渐晚，游戏渐广"，导致"经筵日讲，俱各停止"。他故意表示不解，称："不知陛下宫中何以消日？奢靡玩戏，滥赏妄费，非所以崇俭德；弹射钓猎，杀生害物，非所以养仁心；鹰犬狐兔、田野之兽，不可育于朝廷；弓矢甲胄，战斗不祥之象，不可施于宫禁。夫使圣学久旷，正人不亲，直言不闻，下情不达，而此数者交杂于前，则圣贤义礼何由而明？古今治乱何由而知？民生困苦而莫伸，政事弊坏而不救，其所关甚大！臣等实切忧之。"他强烈要求武宗"惕然省悟，奋发乾刚，恭己敬德，励精图治。平旦视朝，依期奏事，屏去玩戏，放逐鹰犬，万几之暇，将旧日所进讲章直解，不时省阅，以开广聪明，穷究理义"。这样才可以"消弭灾变，导迎和气，上回天意，下慰民心"。[2]

王阳明在一封《自劾不职以明圣治事疏》中，阐述了亲近儒臣，听经筵讲学，远离游乐的观点，要求武宗"日近儒臣，讲论道德，涵泳义理，以培养本原，开发志意，则耳目月以聪明，血气日以和畅，穷天地之化，尽万物之情，优游泮涣，以与古先神圣为伍，此亦天下之至乐矣！陛下苟知此，则将乐之终身而不能以须臾舍，奚暇游戏之

---

[1] 文征明：《甫田集》卷二八《传二首·太傅王文恪公传》，景印文渊阁四库全书本。
[2] 刘健：《灾变修省疏灾变修省》，载陈子龙等编：《明经世文编》卷五三，中华书局，1962年。

娱乎”。然后话锋一转，直斥武宗“自即位以来，经筵之御未能四五，而悦心于骑射疲劳之事”，虽然归咎于自己“不能备陈至乐以易陛下之所好”，[1]实际上却在痛斥皇上对游乐之好的偏迷。

武宗时任侍读学士的刘忠在《戒逸游以崇圣德疏》中对皇帝经筵日讲时断时续，表示不满，特别是听说武宗“退朝之后，数出深宫，微服游幸，或张弓挟矢以弹射鸟雀，或临流投竿以从事鱼钓。上为酷日之所暴灼，下为炎暑之所熏袭，神惫形烦，所系已为不轻”深感忧虑，指出这样做，一是可能“暑毒内侵，少乖调摄”，二是“从事渔射之时，未免褰衣扬袂以便作事，左右恐未免亵言戏谈以助欢悦，则上以损万乘尊严之威，下以启群小狎侮之心”。他特别强调：“且玩绎书史，心清体逸，诚美事也。而反以为劳荒耽游，观损志劳神，诚非美事也，而反以为乐！”显然，他是希望皇帝以玩绎经史取代耽游贪玩。为了推销其以经史学习取代游乐的主张，他用宋哲宗时的例子加以说明。当时起居舍人王岩叟因侍讲奏曰：“陛下退朝无事，不知何以消日？”哲宗回答：“看文字。”王岩叟马上表示赞赏：“陛下以读书为乐，天下幸甚！”刘忠阐述道：“圣贤之学在于积累，积累之要在于专勤，屏绝他好，始可谓之专；久而不倦，始可谓之勤。此自古帝王治天下之成法也！”他要求武宗“远遵哲宗之言，近守圣祖之法，俯察愚臣之心，罢绝游幸，专意讲学”。他建议：

> 即今初秋少凉出御讲筵，仍旧讲读，非有大不得已则不必暂免，虽有大寒暑亦不必停止，又于万几之暇，时取臣等所进经史直解细读，务求融会于心。倘有一言一字之益，得以施行于政，则泽得以下及于民。庶皇上所学不为徒学，而臣等亦得少塞其责。不然，恐议者以为皇上非有意于学，但欲应故事、美外观，而臣等亦非有功于讲学，但能具员数、

[1] 周汝登：《王门宗旨》卷五《王阳明先生语抄之五》，明万历刻本。

窃廪饩，非但臣等之羞，亦为圣学之累！

然左右近侍亦必屏去轻靡谀佞之徒，慎选老成安重以充任使，敢再有仍前以游幸之事导启者，必置于法而无赦！如此，则非言非行不接于前，而皇上进学修德之功亦得以专心一虑而不夺于外诱矣！[1]

嘉靖元年六月，湛若水在《初入朝豫戒游逸疏》中称自己“久以险艰退废山泽”，世宗登极后“以人言起臣草野之中，置诸劝讲之列”。他“观讲官进讲之时，圣容渊穆，圣听专精”，燃起了他“圣学缉熙之望”，但是“迩者以暑月暂辍讲事”又使他产生忧虑。他解释了自己担心的理由：

人之心无所用则放，有所儆则存，故废于讲学，则或继以逸欲，不可不豫戒也。孟轲曰：“虽有天下易生之物，一日暴之，十日寒之，未有能生者也。”言人主不可一日不亲贤讲学也。《书》曰：“惟圣罔念作狂，惟狂克念作圣。”圣狂远矣，乃系于一念之微，可不寒心哉！夫天下之事禁之于未然者易，救之于既坏者难。此臣所以日夜念此至切也。夫以大舜之圣，其臣犹戒之罔游于逸，罔淫于乐，无若丹朱傲，惟慢游是好，傲虐是作，罔昼夜頟頟，罔水行舟，朋淫于家，用殄厥世。言虽圣不可以不念也。不念则怠荒，怠荒则傲，傲则慢游，慢游则暴虐，暴虐则朋淫而殄世也。夫殄世极矣，其起于一念之微，可不寒心哉！周公作《无逸》戒成王，首陈殷三宗、周文王之无逸，而享年有永。其后嗣王生则逸，逸欲愈甚而享年愈促。继自今嗣王其无淫于观、于逸、于游、于田。无皇曰：今日耽乐，乃非民攸训，非天攸

[1] 刘忠：《野亭刘公遗稿》卷二《戒逸游以崇圣德疏》，明崇祯刻本。

若。言不可不念勤恤，戒游逸，以永命也。夫不惟勤恤是念，则观逸游田之事兴，观逸游田之事兴，则耽乐之心胜，故下绝于民，上逆乎天也。夫天民邈矣，其弗训弗顺，乃生于一念逸欲之微，可不寒心哉！

湛若水要求世宗“俾此心无异于经筵日讲之时，稍萌逸欲即为禁止”，使“外则有辅相之贤，内则有侍从之正，出则有正学之程，入则有游息之规”，特别要“存儆戒之心，励无逸之教”。嘉靖元年六月初十日，奉圣旨：“这本所言豫戒游逸、召问大臣并择内臣老成忠厚的给侍左右，朕已知道了。”[1]明代万历间儒臣胡忻特别强调讲学与游乐、外朝大臣与内朝宦官宫妾间的对立：“夫宦官宫妾之狎昵，孰与贤士大夫之晋接，可以爽我精神？声色货利之湛乐，孰与经史图书之玩绎，可以清我志气？臣愿陛下之幡然省悟也。”[2]试图将皇帝从后宫的娱乐场上拉回到经筵日讲的课堂。

儒臣与宦官在讲学与游乐上的争执，实质上是权力的争夺。宦官利用游乐将皇帝拉向愉悦的空间，而儒臣则利用经筵将皇帝束缚在庄严的场所。嘉靖元年，浙江道掌道事山东道监察御史程启克等称：“国是渐摇，初政渐改，正人渐远，谗巧渐近，旨由中出而内阁不知，则是任贤之贰；奸党狱成而曲为庇护，则为去邪之疑。讲学废于经筵，视朝循乎故事。谏臣斥逐，耳目有壅蔽之虞，大臣疏远，股肱有痿痹之患。司礼之权重于宰相，枢机之地委于宦官。”故要求“陛下仰畏天明，俯从众听，正大礼以隆圣孝，亲大臣以辅圣德，齐宫府之体以肃圣化”[3]。儒臣最为担心的是宦官通过游乐的手段，紧紧抓住皇帝的身心，导致“司礼之权重于宰相”。

[1] 湛若水：《湛甘泉先生文集》卷一九《初入朝豫戒游逸疏》，清康熙二十黄楷刻本；又载黄训编：《名臣经济录》卷一一《保治》，景印文渊阁四库全书本。

[2] 胡忻：《欲焚草》卷三《请开经筵暨皇太子讲学疏》，清康熙四十二年胡恒升刻本。

[3] 程启克：《严交修以答圣心疏》，载张卤辑：《皇明嘉隆疏钞》卷六，明万历刻本。

因此儒臣们认为讲学与游乐不可调和，不进则退。他们将经筵日讲与声色玩好相对立，经筵日讲意味着与儒臣相接，而声色玩好则象征着与宦官宫妾相近。前者为正，为天理，后者为邪，为人欲。在此观念支配下，便放弃了探讨寓教于乐的可能性，而一意扼杀帝王的所有娱乐行为，使得外朝与内臣严重对立。万历十三年十月，王学曾在《乞赐停取以光圣德疏》中，谏止神宗让河南抚按官献上麒麟，指出："仍乞皇上自今以往，不迩声色，终惟其始，不嗜玩好，久而勿替，不闻亦试，常存布衣祈祷之心，不见是图，永坚停操减造之节。"并且强调："移此念以接贤人君子，则所闻皆正言，所见皆正行，移此念以就日讲经筵，则所闻皆帝典，所见皆王谟，至于内臣之语，有益身心者始听之，凡涉于嗜欲者必黜之。"[1]

万历十二年，沈汝梁担心"人君之身在殿廷之时少，而在宫禁之时多"，因为"虚灵之天易惕于讲筵之顷，而易逸于闲居之际"。要求"皇上日御经筵，讲求至理"时，不要间断，以免声色游玩等嗜欲乘虚而入，指出"计岁时寒暑，除去四月，中间朝祭亦有妨误，一年之中，弗讲过半，况乎深居九重，固儒臣所不得亲，侍从所不得陈，少有放逸，是所以熙圣学者尤未纯也"，因此要求"自今以后，每遇经筵之时，则当假之温颜，举凡治乱兴衰，不嫌忌讳，使讲臣得尽言以输其忠。至于万机闲暇之时，尤当常阅经史，举凡声色游玩一切屏绝，使此心湛然悉归于正，则积习久而启沃日多，涵养深而聪明日开，其所以为盛德之助，岂少补哉！"[2]显然是想让经史学习尽可能填满皇帝的所有时间。

万历十五年，御史吴达可论述了经筵日讲对于屏除嗜欲和游乐的重要意义。经筵若不能经常举办，则日讲应该起到这一作用："经筵

---

[1] 王学曾：《乞赐停取以光圣德疏》，载朱吾弼编：《皇明留台奏议》卷三《好尚类》，明万历三十三年刻本。

[2] 沈汝梁：《直抒愚见少助修省疏》，载朱吾弼编：《皇明留台奏议》卷二《修省类》，明万历三十三年刻本。

大典举于春秋，而时举时辍，所赖以启沃君心，使无间断者，惟是日讲耳。”由于“去冬以来，圣体违和，御讲稀少”。但现在“圣体既康，方春且煦，可不亟为讲学亲贤计乎？”他按照自己的理解指出：“人之精神不著于经史，则著玩好，人之学问不日进，则日退，未有一无所著，而亦无所进退者也。故日新又新，日就月将，古圣贤于学且不废焉。我祖宗朝历圣相承，英君谊辟，岂少于学哉？然礼贤有馆，弘文有馆，日召文学儒臣讲论经理不辍，盖不以已修者自足，而以未至者自歉，未尝一日不勤于学也。皇上天纵聪明，儒臣讲习已久，圣学固渊且邃矣。一有间断，安保其不他有所著乎？又安保其进而不退乎？”[1]

万历间华亭人张鼐在《拟讲读官请皇太子暑月宫中视学笺》中声称“帝王养正，预谨其蒙，而贤圣缉熙，必成于习”。虽然“皇太子殿下，仁孝性生，徇齐天纵”但是“欲对天地祖宗之望，须读帝王贤圣之书，在晋接固宜对之羹墙，在深宫亦无忘其夙夜”。指责神宗借口“炎蒸”而使东宫“辍经帏之进讲”，这样“一暴易寒”会使“叡德暂弛而不张”。因为“宦官宫妾之在御，非复臣等讲读之开陈；声色玩好之熏心，非复臣等诗书之讨绎。且时难得而易失，肯消驹隙之光；抑心易放而难收，宁就燕闲之适”。言语间也表达了对儒臣主持的经筵日讲与宦官宫妾诱导的声色玩好之间形成对立的忧虑。[2]

儒臣将经筵与游乐对立，用前者否定后者，其理论依据既来源于儒家经典，又依据先朝的古圣帝王和当朝的祖宗教诲，以及前贤的议论。李贤提出勤圣学、戒嗜欲、绝玩好时，多引古代君王和前贤的例子为证：“臣闻益之戒舜曰：‘罔游于逸。’皋陶之戒舜曰：‘无教逸欲有邦。’仲虺作诰以戒成汤曰：‘惟王不迩声色，不殖货利，用人惟已，改过不吝。’伊尹述训以戒太甲曰：‘敢有恒舞于宫，酣歌于室，时谓

---

[1] 吴达可：《圣治宜新乞勤政学以隆治安疏》，载吴亮辑：《万历疏钞》卷一《圣治类》，明万历三十七年刻本。

[2] 张鼐：《宝日堂初集》卷三《拟讲读官请皇太子暑月宫中视学笺》，明崇祯二年刻本。

巫风；敢有殉于货色，恒于游畋，时谓淫风。’召公之戒武王曰：‘玩物丧志，不矜细行，终累大德。’周公之戒成王曰：‘无淫于观，于逸，于游，于田，以庶邦惟正之供。’张蕴古作《大宝箴》戒唐太宗曰：‘乐不可极，乐极生哀。欲不可纵，纵欲成灾。’范祖禹讲《五子歌》戒宋哲宗曰：‘内作色荒，外作禽荒。甘酒嗜音，峻宇雕墙，有一于此，未或不亡。’此前代圣贤之君能受人臣之戒，而不敢流于嗜欲。”在论述“绝玩好”时，也引召公恐成王受西旅之獒的话：“不役耳目，百度惟贞。”然后阐述道：“谓心无所主，反为耳目所使。若心得其职，则百度无不正矣。”[1]当然，儒臣们还用当朝祖宗的言行为据。刘忠称：“我太祖高皇帝谓侍臣曰：前代庸君暗主，纵恣荒宁，不亲政事。又曰：人君日理万几，怠心一生，则庶务壅滞，贻患不可胜言。此我朝圣祖治天下之家法也！”[2]在此基础上，儒臣们根据自己的观察和思考，对君王讲学与游乐的对立关系作了详尽说明，并期待产生此长彼消的效果。

然而，也有人对用经筵日讲屏绝游乐的做法产生质疑，试图作一些改良或改进。嘉万时长洲人张凤翼（1527—1613年，字伯起）在一封《答徐侍读书》的信中指出：“盘游之虑，真得大臣之体。愚见宜查先朝名臣议中，有欲于经筵日讲之仪，稍寓游息之意，无为圣体所苦，且令下情得以上通。”[3]要求将经筵日讲的仪式与游乐结合起来，寓教于乐，是一个新的思维。张居正曾要求小皇帝神宗将翰墨之娱与皇帝教育结合起来，不让游乐有机可乘。可惜，这种思路或因不受重视，或因无法满足皇帝娱乐需求，而未能发展起来。设想将皇帝的工作与娱乐结合起来，并以此达到良性和谐的努力并未奏效，是因为绝大部分道学先生和“理学名臣”决心为帝王之师，“指导并要求皇帝积极负起国家兴盛的责任，远离逸乐，自然与皇帝的娱乐本性发生冲

[1] 李贤：《中兴正本疏》，载张瀚辑：《皇明疏议辑略》卷一《君道一》，明嘉靖刻本。
[2] 刘忠：《野亭刘公遗稿》卷二《戒逸游以崇圣德疏》，明崇祯刻本。
[3] 张凤翼：《处实堂集》续集卷二《甲乙稿·答徐侍读书》，明万历刻本。

突”。另一方面，“协助皇帝治国平天下的外朝大臣，与负责皇帝饮食起居生活的内朝宦官之间，由于分工不同，利益迥异，因此很难在皇帝的工作与娱乐之间加以协调”，他们相互角力，“儒臣想将皇帝拉向经筵日讲的课堂，向其灌输治国理念，而宦官则竭力将皇帝拉向游乐场上，以此固宠专权”。于是，儒臣与宦官展开了激烈的皇帝争夺战。“阴险狡诈的宦官诱使意志薄弱的皇帝，一边倒地堕入声色犬马的逸游深渊，而正义凛然的儒臣也走向另一极端，将宫廷娱乐的合法性一笔勾销。”[1]形成宫廷教育史上的特殊现象。

总而言之，虽然针对皇帝和太子的宫廷教育思想比较丰富，但这并不意味着明代皇帝和太子教育的成效卓著。相反，其宫廷教育思想是在儒臣逼迫皇帝和太子接受教育的过程中发展起来的，皇帝的消积怠学和怠政（影响到太子），使得明代宫廷教育的成效比较低下。这说明了在皇帝专制制度和儒家意识形态的博弈中，皇帝拥有政治权力的强大优势，可以对儒学思想阳奉阴违或拒不执行，儒臣对此也常无可奈何。但是，皇帝一旦将儒臣的苦口婆心当做耳旁风后，其个人的失德、太子的失教和政治的败坏就愈演愈烈，最终导致江河日下，不可收拾。虽然末帝崇祯比较勤学（重视经筵日讲）和勤政，但其父祖和兄长相反的行为，却早已埋下了王朝灭亡的深刻动因。

[1] 参见谢贵安：《论儒臣与宦官对明代皇帝娱乐的影响及较量》，载《故宫博物院院刊》2008 年第 6 期。

第三章

绵延不绝：明代宫廷教育的发展历程

明代长达276年，其宫廷教育绵延不绝，其间形成了不同的发展阶段，每一阶段则形成各自的特色。揭示这些不同的阶段及其相应特色，是深化明代宫廷教育史研究的重要一环。明末清初查继佐对明代宫廷教育历史作过缕述："明之初造，所为圣学扬榷可否，必准于义，名曰考古，切于时务；渐而因事曲譬，多效规献；渐而因文守训，循故事，稍远妇寺；渐或弃业堕志，即于游荒；渐或深宫养安，旷阙期日。及其后非，不尊古据经，颇审大义，而务气示严，意主诘责，情指不洽，等于仇雠，则明经筵之所为盛衰也。此其病本于诸臣之以学为党者，好形上之非，于是义益枘凿不入。嗟乎，古格心之法，其犹有传者乎！"[1]这种对明代宫廷教育阶段性的评述虽然过于简略，但却鞭先一着。关于明代宫廷教育的发展阶段问题，从未见今人进行过探讨，本章试作一探。

[1] 查继佐：《罪惟录·志》卷一七《经筵总论》，四部丛刊三编景手稿本。

第一节 太祖至宣宗：明前期宫廷教育及其特点

一 太祖时从自我教育到宗室子弟教育制度的初建

明太祖时期，是大明王朝的草创阶段，这一时期的帝王教育，重视自我教育和培养。对于太子和皇子教育，则重视耳提面命和实际能力的培养。这一阶段的教育，受儒生唯书是瞻和本本主义的影响相对较弱。

明太祖朱元璋在独立反元之后，开始了自我教育的历程。在建立吴国之前到建立大明之后的相当长一段时间内，他都用《汉书》和汉代历史作为自我学习和教育的榜样，处处以汉初布衣将相格局的成功经历为激励，鼓舞自己和大臣们重塑西汉的成功。这一时期，历史教育超过了经学教育的影响。[1]查继佐将此事视作明代经筵的起源："太祖初起义兵，虽军中尝令儒者陈说古人书义，资其智识，此明经筵所自始也。"[2]这里的陈说古人书义，主要是指《汉书》。

在讲《汉书》的同时，君臣们也开始讲授其他经史。早在戊戌年(1358年)，"太祖于宁越府招致隐逸叶仪、范祖干等，许元、叶瓒玉、胡翰、汪仲山、李公常、金信、徐孳、童冀、吴履、张启敬、孙履会食行中书省，日二人进讲经史，敷陈王道"。[3]明代俞汝楫指出："高皇帝干戈未戢，文德先陈。军旅之际，延召名儒……会食宁越行中书省，日令二人进讲经史，敷陈王道。即位之后，大开讲筵，靡间寒暑，时发宏议，覃为吁谟，有老师闻人所不能窥一斑者。"又如洪武三年二月，太祖驾御东阁，翰林学士宋濂、待制王祎等进讲《大学》传之"有土有人"章，朱元璋听后大发言论道："人者，国之本，德者，身

[1] 参见谢贵安:《朱元璋偶像崇拜与政策走向》,载《安徽史学》1993年第2期;谢贵安:《明代的〈汉书〉经典化与刘邦神圣化的现象、原因与影响》,载《长江大学学报》2008年第2期。

[2] 查继佐:《罪惟录·志》卷一七《经筵总论》，四部丛刊三编景手稿本。

[3] 查继佐:《罪惟录·志》卷一七《经筵志》，四部丛刊三编景手稿本。

之本。人主有德，则人归之，如就父母。有土有财，自然之理。德不足以怀众，虽有财何用哉！”[1]但以上的讲读，都不是正规的经筵和日讲制度。直到洪武十三年，桂彦良奏上《太平治要十二条》才建议建立经筵制度。其第六条是“开经筵”，指出：“自昔圣主贤臣，治天下之大经大法具载《六经》，垂法万世，不可以不讲也。讲之则理明而心正，措之政事，无不得其当。今当大兴文教之日，宜择老成名儒于朔望视朝之际，进讲经书一篇，敷陈大义，使上下耸听，人人警省，兴起善心，深有补于治化也。”[2]虽然朱元璋对桂彦良大加赞赏，但并未接受他的建议。十六年，太祖御谨身殿，“吴沉等进讲《周书》”。太祖听后多有感慨：“有小人必败君子。”又曰：“小人善于牵合附会，察之不易，所以自古曰知人为难，而知言亦不易。”十八年，太祖御华盖殿，“朱善进读《心箴》”。太祖说：“人心道心有倚伏之几，常恃此心，不为物欲所蔽，则至公无私，自无我累。”二十年，他又御华盖殿，“语讲臣为善无福，为恶无祸，特时未至耳。人惟修其在己，以听于天”。二十六年，太祖“遣秀才张宗濬等随东宫官入值文华殿讲筵毕，诵说民间疾[苦]，往古良懿”。二十八年，“讲《尚书·无逸篇》”，上曰：“此篇久书殿壁，朝夕省览，今闻之愈益警惕。”[3]看来，虽然朱元璋没有建立正式的经筵和日讲制度，但实际上却在不断地延师讲授各种经史。

在进行自身教育的同时，朱元璋也注重对世子（后立为太子）等人进行教育，并成为当时宫廷教育的主要内容。

查继佐认为“庚子（1360年），置儒学提举，世子受经，此东宫讲读所自始也”[4]。与请儒臣授经相比，朱元璋更注重对世子进行耳提面命式的教育。吴元年八月，太祖祭祀山川毕，教育世子等人“贵而

[1] 俞汝楫：《礼部志稿》卷六七《经筵进讲·洪武朝进讲》，景印文渊阁四库全书本。
[2] 万表：《皇明经济文录》卷一《开国》，明嘉靖刻本。
[3] 查继佐：《罪惟录·志》卷一七《经筵志》，四部丛刊三编景手稿本。
[4] 查继佐：《罪惟录·志》卷一七《经筵总论》，四部丛刊三编景手稿本。

不骄，逸而知劳，知周万物，心体众情”，这样“斯为人上之道”！并要求不乘轿子，步行回宫。[1]十月，朱元璋遣世子朱标、次子朱樉往临濠谒陵墓，让他们像商高宗和周成王那样“旧劳于外，知民疾苦”，“闻无逸之训，知稼穑之艰难”，鉴于他们“生于富贵，未涉艰难，人情习于宴安，必生骄惰”，要求他们“于旁近郡县，游览山川，经历田野，因道途之险易以知鞍马之勤劳，观小民之生业以知衣食之艰难，察民情之好恶以知风俗之美恶，即祖宗陵墓之所访求，父老问吾起兵渡江时事，识之于心以知吾创业之不易”。[2]十一月，朱元璋趁出观圜丘的机会，让左右引导从行的世子“遍历农家，观其居处饮食器用”，以此教育朱标要“知农之劳”和民间疾苦，“使之不至于饥寒，方尽为上之道”。[3]

明朝建立后，朱元璋对太子的教育开始步入制度化的时代。洪武元年正月，诏以左丞相宣国公李善长兼太子少师，右丞相信国公徐达兼少傅，平章录军国重事鄂国公常遇春兼少保，其他官各分别兼任右詹事、同知詹事院事、副詹事、詹事丞、左右率府使、同知左右率府使、左右率府副使、谕德、宾客等。朱元璋对人解释道：“朕今立东宫官，取廷臣勋德老成兼其职，老成旧人动有典则，若新进之贤者亦选择参用。”他不专设东宫官，而是让政府各员兼任，是在“军旅未息”的形势下方便太子监国。[4]九月，太祖任命梁贞、王仪为太子宾客，秦镛、卢德明、张易为太子谕德，对他们说道：“范金砻玉，所以成器，尊师重傅，所以成德[5]。朕命卿等辅导太子，必先养其德性，使进于高明，于帝王之道、礼乐之教及往古成败之迹、民间稼穑之事，朝夕与之论说，日闻谠言，自无非僻之干，积久以化，他日为政，

[1]《明太祖实录》卷二四，吴元年八月丙寅。

[2]《明太祖实录》卷二六，吴元年十月乙丑。

[3]《明太祖实录》卷二七，吴元年十一月甲午。

[4]《明太祖实录》卷二九，洪武元年正月辛巳。

[5]“尊师重傅，所以成德”二句，实录所无，据徐学聚《国朝典汇》卷八《朝端大政·东宫》（明天启四年徐与参刻本）所补。

自然合道。卿等勉之！”[1]太祖还常召东宫及王府官属，向他们训话：“汝等辅导诸子，必匡其德义，明其善恶，使知趋正而不流于邪。”[2]四年闰三月，太祖对省台大臣说道：“朕诸子日知务学，必择端谨文学之臣兼宫僚之职，日与之居，讲说经史，蓄养德性，博通古今，庶可以承藉天下国家之重。”[3]特别重视宫僚师傅的选择。

在建立东宫和王府官制的同时，太祖还建立大本堂，对太子、诸王进行课堂教育。洪武元年，“上建大本堂，取古今图书充其中，延四方名儒教太子、诸王，分番夜直，选才俊之士充伴读。上时时赐宴赋诗，商（确）[榷]古今，评论文字无虚日”。十一月辛丑，太祖“宴东宫官及儒士”，“命诸儒作《钟山龙蟠赋》，置酒欢甚”，并“各赐冠服”。[4]大本堂所教的课程，仍然包括《汉书》。洪武元年正月，太祖在文楼上问太子“近与儒臣讲说经史何事”？太子回答道：“昨讲《汉书》七国叛汉事”。[5]当然，大本堂中也少不了讲授经书。二年四月，太祖“命博士孔克仁等授诸子经”，这时，扩大了教育范围，“功臣子弟亦令入学”。太祖指出：“至于子弟，有美质不求明师教之，岂爱子弟不如金玉邪？盖师所以模范学者，使之成器，因其材力，各俾造就。朕诸子将有天下国家之责，功臣子弟将有职任之寄。教之之道，当以正心为本，心正则万事皆理矣。”要求对太子、诸王和功臣之后这些“高干子弟”“辅以实学，毋徒效文士记诵词章而已”。[6]七年十一月，“皇太子临大本堂，召东宫赞读及诸王府伴读”，说已向皇上请准，允许他们回家扫墓。[7]直到十八年，太祖还“于大本堂延四方名儒，教太子、诸王，分番夜直，每每赐宴赋诗”。[8]

[1] 《明太祖实录》卷三五，洪武元年九月乙未。

[2] 《明太祖实录》卷五一，洪武三年夏四月丙寅。

[3] 《明太祖实录》卷六三，洪武四年闰三月己未。

[4] 《明太祖实录》卷三六上，洪武元年十一月辛丑。

[5] 《明太祖实录》卷二九，洪武元年正月丙戌。

[6] 《明太祖实录》卷四一，洪武二年夏四月己巳。

[7] 徐学聚：《国朝典汇》卷八《朝端大政·东宫》，明天启四年徐与参刻本。

[8] 查继佐：《罪惟录·志》卷一七《经筵志》，四部丛刊三编景手稿本。

在宫廷教育制度建立后，朱元璋仍然不忘对太子和诸王进行亲身教育。洪武二年九月，太祖将忧患意识传授储君，谕皇太子曰："自古帝王以天下为忧者，唯创业之君、中兴之王及守成贤君能之，其寻常之君不以天下为忧，反以天下为乐，国亡自此而始。"提醒"守成继体之君，常存敬畏，以祖宗忧天下之心为心，则能永受天命"。[1]三年七月，太祖教导皇太子："天子之子与公卿士庶人之子不同，公卿士庶人之子系一家之盛衰，天子之子系天下之安危。尔承主器之重，将有天下之责也。公卿士庶人不能修身齐家，取败止于一身一家，若天子不能正身修德，其败岂但一身一家之比，将宗庙社稷有所不保，天下生灵皆受其殃，可不惧哉！可不戒哉！"[2]直到二十四年三月，太祖仍然亲自教育皇太子和诸王道："人君之有天下者，当法天之德也。天之德刚健中正，故运行不息。人君体天之德，孜孜不倦，则庶事日修，若怠惰侈肆，则政衰教弛，亏损天德，而欲长保天位者，未之有也。"[3]

同时，朱元璋还对太子朱标进行政治实践教育。洪武六年九月，太祖"命诸司今后常事启皇太子，重事乃许奏闻"，并对皇太子说："人君统理天下，人情物理必在周知，然后临事不惑。"并指出："虑事贵明，处事贵断。"[4]八年十月，太祖"命皇太子、秦王、晋王、楚王、靖江王出游中都，以讲武事"，进行实际训练。十一月，"皇太子既过中都，乃往游"濠梁古迹涂、荆二山。事毕，遂还京师。[5]为了进一步培养太子朱标的实际能力，十年六月，太祖"命群臣自今大小政事皆先启皇太子处分，然后奏闻"。[6]二十四年八月，太祖"命皇太子巡抚陕西"，考察天下形势以便为建都作选择。要求他"汝可一游，

[1]《明太祖实录》卷四五，洪武二年九月己亥。

[2]《明太祖实录》卷五四，洪武三年七月戊子。

[3]《明太祖实录》卷二〇八，洪武二十四年三月癸卯。

[4]《明太祖实录》卷八五，洪武六年九月乙卯。

[5]《明太祖实录》卷一〇一，洪武八年十月壬子、十一月壬申。

[6]《明太祖实录》卷一一三，洪武十年六月丙寅。

以省观风俗，慰劳秦民”，并叮咛皇太子道：“尔自幼至长，未尝出远……尔宜慎举动，节饮食，严宿卫，亲君子，远小人，务在存仁养性，施恩布惠，以回天意。”[1]但是，也就是这次锻炼，使朱标感染重病，最终不治而亡。朱元璋培养太子的一生心血，付诸东流。

朱元璋死后，其皇太孙朱允炆继位，史称惠帝或建文帝。王叔英（？－1402年）在建文帝继位后，上“资治八策”，其一便是“务学问”，提出“宜仿前代置经筵，以有识儒臣为经筵官，听政之余，使之朝夕以经史善恶治乱之说，讲陈于左右”[2]。建文元年二月，建文帝“升侍讲方孝孺为侍讲学士，同学士董伦侍经筵，备顾问”。方孝孺“德望素隆，遇帝好文，日与学士讲论《周官》法度，处便殿，凡将相大臣等议辄咨询之”。[3]看来，朱允炆也重视延请文人讲经，对于王叔英的建议还是比较重视的，但是否从制度上建立了经筵和日讲制度，尚无充足的材料证明。

朱棣篡位后，重塑其父讲读好学的历史。永乐四年，他指出：“朕皇考太祖高皇帝膺君师亿兆之任，正中夏文明之统，复衣冠礼乐之旧，渡江之初，首建学校，亲祀孔子，御经筵讲书，守帝王之心，法继圣贤之道，学集其大成以臻至治。”[4]这里所说的“御经筵”显然不是事实，只是后世在追溯时所做的一种增饰。

二　太宗时宫廷教育中心的南北分离

推翻建文帝统治的明太宗朱棣，在推行宫廷教育时，似乎更多的是执行其父朱元璋的路线，重视对太子太孙的亲身教育和实际锻炼，但是，由于他对皇太孙和北京感情更深，对皇太子和南京感情疏离，

---

[1] 《明太祖实录》卷二一一，洪武二十四年八月乙丑、乙亥；徐学聚：《国朝典汇》卷八《朝端大政·东宫》，明天启四年徐与参刻本。

[2] 王叔英：《静学文集》卷三《赤城论谏录·资治策·一务学问》，民国嘉业堂丛书本

[3] 涂山：《明政统宗》卷六，明万历刻本。

[4] 雷礼：《国朝列卿纪》卷三九《郑赐》，明万历徐鉴刻本。

因此采取了将皇太孙带在身边，放在北京培养，而将皇太子放在南京培养的方式，使得永乐间的宫廷教育呈现出南北分离的倾向。

朱棣从永乐四年（1406年）开始营建北京，然后建设文华殿和大本堂，作为宫廷教育的场所。永乐十九年（1421年）正式迁都北京，但此前，北京宫殿已成为与南方并立的宫廷教育之所了。

永乐元年正月和三月，群臣纷纷上表请立太子，但朱棣不想立长子朱高炽，于是采取拖延之术，敕曰："欲正元良，宜预成其学问。姑缓之。"[1]最终禁不住群臣的坚持，只好于二年四月册立世子朱高炽为皇太子。由东宫僚属杨溥等对其进行辅导和教育。"东宫观《汉书》，称张释之。"杨溥告诉他："释之诚贤，非文帝宽仁亦未得行其志。"于是"采文帝事编类以献，东宫大悦"。[2]

朱棣对太子没有亲近感，不愿意带在身边培养，而是采用太祖培养太子朱标那样的实践性教育方式，让太子在南京监国。此举名为锻炼其能力，实则眼不见，心不烦。永乐七年，朱棣准备"巡北京"，"命皇太子监国"，命吏部尚书、詹事府等官蹇义、金忠、黄淮、杨士奇"辅导皇太子监国"，告谕蹇义等人道："居守事重，今文臣中简留汝四人辅导监国，若唐太宗简辅监国，必付房玄龄等。汝宜识朕此意，敬恭无怠！"[3]虽然他对太子不大喜爱，但在大臣面前，还是维护儿子的威信。是年二月，朱棣告谕右春坊大学士黄淮、左谕德杨士奇道："朕命尔等辅东宫监国，东宫天性仁厚，识见端正……朕时甚喜其学问有进。尔等其尽心辅之。"[4]四月，朱棣从北京"赐书谕皇太子"说道："朕命尔监国，凡事务宽大，戒躁急。文武群臣皆朕所命，虽有小过，勿遽折辱，亦不可偏听以为好恶。育德养望，正在此时。天下机务之重，悉宜审察而行，稍有所忽，累德不细。其敬之

[1] 徐学聚：《国朝典汇》卷八《朝端大政·东宫》，明天启四年徐与参刻本。

[2] 徐学聚：《国朝典汇》卷八《朝端大政·东宫》，明天启四年徐与参刻本。

[3] 徐学聚：《国朝典汇》卷八《朝端大政·东宫》，明天启四年徐与参刻本。

[4] 《明太宗实录》卷八八，永乐七年二月戊寅。

慎之！”因为此前朱棣听说皇太子谴责了刑部尚书刘观，故写信告诫。[1]八年二月，身在北京的朱棣又写信诫谕皇太子：“前命尔审覆重囚，尔奏乞贳其死，见尔重惜人命，然十恶不可宥，其余杂犯死罪以下，悉准所言。国家用刑，贵在得中，过则滥，不及则弛。自今尤宜尽心。”[2]显然不满朱高炽的优柔寡断。在南京，东宫辅臣用《易经》加强太子的教育。辅太子监国的杨士奇认为：“《易》固为卜筮作，然文王、周、孔所系辞，凡修齐治平之道悉具”，所以“请编辑以备观览”。朱高炽同意了这一建议。于是杨士奇将朱子阐述《易经》的本义，纂其要旨，编成《周易直指》一书进呈。[3]

虽然朱高炽为人低调仁慈，但成祖还是担心太子势力坐大，对太子有所提防。永乐十二年闰九月，成祖以皇太子所遣使者迎车驾迟缓，且奏书失辞为由，决定对太子的辅导官下手，敲山震虎，“遂征（在）[右]春坊大学士兼翰林院侍读黄淮等”。黄淮先至，“行在六部、都察院、大理寺、通政司交奏其罪，遂下狱”。两天后，左春坊左谕德兼翰林院侍讲杨士奇及司经局正字金问亦至。朱棣说：“杨士奇姑宥之。朕未尝识金问，何以得侍东宫？”命法司鞫问。又将杨士奇召至跟前，亲问东宫事。杨士奇叩首言：“殿下孝敬诚至，凡所稽违，皆臣等之罪。”朱棣“悦而罢”，但“行在六部、都察院、大理寺、通政司、十三道监察御史交章奏士奇罪不宜独宥，乃下锦衣卫狱系之”。未几，特宥复职。又“征司经局洗马杨溥、芮善相继下狱，皆以金问辞连之”。[4]显然，朱棣对东宫教育是十分不满的。有人认为“是时上北征还，高煦日夜谋夺嫡，复造飞语，动摇监国，并中伤淮等，故皆逮下狱”[5]，其实未能言中朱棣处理此事的内心想法。十五年三月，太宗再次“巡北京，命皇太子监国”。令吏部尚书蹇义、翰林院杨士奇、

[1]《明太宗实录》卷九〇，永乐七年四月庚寅。

[2]《明太宗实录》卷一〇一，永乐八年二月乙巳。

[3] 徐学聚：《国朝典汇》卷八《朝端大政·东宫》，明天启四年徐与参刻本。

[4]《明太宗实录》卷一五六，永乐十二年闰九月甲辰。

[5] 徐学聚：《国朝典汇》卷八《朝端大政·东宫》。

侍读梁潜辅之。尽管如此，朱棣对太子仍不放心。十六年六月，遣礼部侍郎胡濙巡江浙诸郡，临行前，太宗面谕道："人言东宫所行之不当，至南京可多留数日，试观何如，密奏来。奏字须大，晚至，我即欲观也。"胡濙至南京，"凡见东宫所行善，退即记之"，然后密报太宗。太宗这才放心，"自是不复疑皇太子"。虽然不疑太子，但仍然借故打击太子身边的师傅。七月，"赞善梁潜以辅导有阙，逮下狱"，最终被杀[1]。

永乐十八年九月，北京宫殿建成，决定明年正月初一启用。于是遣夏原吉赍敕召皇太子、太孙北上，拟于十二月底到达北京。十月，皇太子过滁州，登琅琊山，游览醉翁亭故址。十一月，皇太子过凤阳，谒祭皇陵。此前，太宗告诉夏原吉，让"东宫缓行"以便多观民疾。夏原吉便在凤阳道上迎候太子，让太子从容"询访沿途军民利病、政事得失，备顾问"。过邹县时，太子看见有男女持筐在路边拾草，便驻马问何所用？他们跪着回答，说是岁荒以为食。皇太子感恻，便下马入民舍观察，见"男女皆衣百结，灶釜倾仆"，叹道："民隐不上闻至此乎！"让宦官赐钞于民，并令山东布政使石执中"速发官粟赈之"。十二月，皇太子及皇太孙将至北京行在。夏原吉先入奏，太宗问："东宫来何速？"夏原吉巧妙回答："陛下慈孝之深，东宫孝思不得不切。"在见到太宗后，太子奏告在山东赈济饥民一事，太宗表示赞同。其实，朱棣也正是期望以此来培养朱高炽的实际理政能力。自正式建都北京后，朱棣仍然经常让太子监国，继续培养他的治国能力。二十年三月，太宗北征蒙古，命皇太子监国，诫谕道："军国之务重，当明恕勤慎以处之，明则能照物，恕则能体物，勤则无怠事，慎则无败事，修是以率下，庶几其可！"五月，太宗驻跸威虏镇。皇太子遣人驰进蔬果。朱棣赐书谕曰："尔以朕躬劳在外，遣人远进蔬果，固出于孝心。然朕此行本为安民，顾以口腹劳民，非朕志矣！且朕付尔

[1] 徐学聚：《国朝典汇》卷八《朝端大政·东宫》，明天启四年徐与参刻本。

宗社之重，但乐善亲贤，杜谗去佞，以保民为务，称朕付托之意。尔孝至矣，奉养之物继今勿进。”二十二年七月，太宗亲征蒙古，车驾驻跸翠微冈，对大学士杨荣、金幼孜等说道：“东宫历涉年久，政务已熟，还京后军国事悉付之。朕惟优游暮年，享安和之福矣。”当时太宗已染病在身，人之将死，其言也善。次月，朱棣便在归途中死于榆木川。他对太子朱高炽的培养，在矛盾和别扭中结束。太宗对他的这位长子并不待见，“太子危者数矣。文皇以太子妃有贤德，太孙又英武，故得不废。”[1]

朱棣对太子培养的矛盾心态表现在，一方面通过监国来培养太子的实际执政能力，一方面又安排眼线监督太子并打压其师傅。十九年正月，礼部尚书吕震就向太子告密，说：“殿下前在南京，数遣中官江保进奏牍，每至辄以殿下过失上闻。”江保就是太宗监视太子的眼线。同时，太宗还打压太子身边的东宫师傅。九月，逮杨士奇、吕震、蹇义下锦衣卫狱，“以士奇辅导有阙；震壻、户部主事张鹤朝参失仪，皇太子以震故曲宥之，而义在侧不言故也”[2]。

既然不喜欢朱高炽，朱棣就开始培养皇长孙朱瞻基。永乐五年四月辛卯，皇长孙出阁就学。朱棣亲自“御奉天殿，文武群臣称贺”。然后召太子少师姚广孝、翰林院侍诏鲁瑄、郑礼等，谕之曰：“人之学问，常以先入之言为主。朕长孙天资明睿，尔等宜尽心开导。凡经史所载孝弟仁义，与夫帝王大训，可以经纶天下者，日与讲究，浸渍之久，涵养之深，则德性纯而器识广，他日所资甚大。不必如儒生绎章句、工文辞为能也。”姚广孝等“稽首受命”。太祖特“赐金织罗衣各一袭，命大官给日暮酒馔”。[3]为培养皇长孙真是不惜资财。朱棣给皇太孙教育定下的基调就是涵养德性、增广器识，而不是像一般儒生那样仅仅寻绎章句和工擅文辞。

[1] 徐学聚：《国朝典汇》卷八《朝端大政・东宫》，明天启四年徐与参刻本。
[2] 徐学聚：《国朝典汇》卷八《朝端大政・东宫》，明天启四年徐与参刻本。
[3] 《明太宗实录》卷六六，永乐五年四月辛卯。

八年二月，时在北京的朱棣将“亲征胡虏”，命户部尚书夏原吉“辅导皇长孙”镇守北京，敕谕夏原吉道：“朕长孙虽幼龄，而克勤学问，正当涵养德性，充其大器。尔其勉尽乃心，朝夕辅导，俾智识益广，道德有成，将绍承有赖。尔亦与有光荣。”并赐原吉米二十石，钞一千贯，仍命兼行在吏、户、兵三部事。同时，朱棣也“命赵王高燧整理北京城池军马，令广平侯袁容、泰宁侯陈圭辅之”。[1]

永乐九年十一月，朱棣“御奉天殿，立皇太子嫡长子为皇太孙，冠于华盖殿”[2]。正式确立了朱瞻基未来储君的地位。十年八月，朱棣对兵部尚书金忠等说：“皇太孙年长有志略，朕令其学问之暇，兼讲武事。”下令金忠“遣人往直隶应天府及江北凤阳、滁、和等府州，北京、山东、山西、陕西、河南、四川、湖广境内，选民间子弟年十七至二十勇健有才艺者，官给路费廪食，送京师，俾充随从”。[3]十月，朱棣“命皇太孙演武于方山”。是日，甘露降方山，遂采以进，群臣表贺。[4]

十一年二月，朱棣再次“幸北京，皇太孙从。命尚书蹇义、黄淮、谕德杨溥及洗马杨溥辅皇太子监国”。[5]仍然把朱高炽丢在南京，而将爱孙带在身边，亲自培养。五月，朱棣在北京“命礼部侍郎仪智侍皇太孙讲读”。此前，上命吏部、翰林院“简择老成正大儒者侍皇太孙”。蹇义、杨士奇共举仪智。朱棣喜道：“得之矣。此人虽老，识朝廷大体。能直言不阿。向之元旦日食，吕震等皆欲行贺礼，惟此老与杨士奇言免贺。是朕从之。智可用。”遂令仪智“侍皇太孙授经”。[6]朱棣不仅把皇太孙带到北京，而且将他带在身边一起出征，随时教导。永乐十二年三月，“车驾发北京，皇太孙从行”。稍早的时候，朱棣对

[1] 《明太宗实录》卷一〇一，永乐八年二月辛丑。

[2] 徐学聚：《国朝典汇》卷八《朝端大政·东宫》，明天启四年徐与参刻本。

[3] 《明太宗实录》卷一三一，永乐十年八月丙辰。

[4] 《明太宗实录》卷一三三，永乐十年冬十月丁卯。

[5] 徐学聚：《国朝典汇》卷八《朝端大政·东宫》，明天启四年徐与参刻本。

[6] 徐学聚：《国朝典汇》卷八《朝端大政·东宫》，明天启四年徐与参刻本。

侍臣说："朕长孙聪明英锐，勇智过人。今肃清沙漠，令侍行，俾知用兵出奇之法，亦使躬历行阵，见将士之劳苦，知征伐之不易。"又要求学士胡广、庶子杨荣、谕德金幼孜"每日营中闲暇"时，"即以经史于长孙前讲说，文事武备，不可偏废"。[1]是月戊戌，驻跸宣府时，朱棣坐帐中，让皇太孙侍侧，"从容语以前代得失事及君臣相与保全之艰"，皇太孙所对"皆合上意"。朱棣喜，对侍臣说："人必务学，乃能增长智识。适与长孙语，其所对悉有权度，非寻常意见所及，亦其比来学问进矣。"侍臣叩首相贺："太孙殿下资识超越，他日必为太平天子。宗社生民之福也！"朱棣说："朕尝命东宫官属协心辅之，尔等皆须尽诚。"四月丁卯，车驾发清水源，皇太孙从行。朱棣在马上"指示山川险易及将士之勤劳"，问太孙："汝知吾所以为此者乎？"太孙对曰："陛下岂为图其土地，利其资畜而勤远略哉！顾此虏禽兽之性，虽施以天地大恩，不知感戴，暂服而遽叛，非狝薙之，久亦难制。昔禹之征苗，文王之伐崇密，皆非得已也。陛下尊居天位，享四海之奉，岂不自乐？而仰劳圣躬跋涉远外者，无非欲驱此除此虏于遐荒绝漠，令一迹不敢近塞下，使子孙臣民长享太平之福耳！"然后下马叩头。朱棣叹道："孙之语，吾之心也！"[2]赏识之情溢于言表。五月一日，驻跸杨林茂，朱棣阅武之暇，对侍侧的皇太孙"语及创业守成之难"，指出："前代帝王多有生长深宫，狃于富贵安逸，不通古今，不识民难，于经国之务，瞢然弗究，而至于亡者。朕常以之为戒！汝将来有嗣统之责，须勉力学问，于凡天下之事不可不周知，人之艰难不可以不涉历，闻见广而涉历多，自然心胸开豁，于万几之来，皆有以处而不差矣。如此，非惟不负祖宗之付托，亦有福泽被及下人矣。汝勉之勉之！"乖巧的皇太孙叩首道："圣训不敢不勉！"[3]

永乐十七年八月癸未，朱棣敕谕皇太孙朱瞻基，说他既然年已长

[1]《明太宗实录》卷一四九，永乐十二年三月庚寅。

[2]《明太宗实录》卷一五〇，永乐十二年四月丁卯。

[3]《明太宗实录》卷一五一，永乐十二年五月癸酉朔。

大，正宜读书明理以成大器。自古帝王未有不读书明理而能齐家治国平天下的。[1]对他期许甚高。十二月丁亥，又敕谕皇太孙道：“立身之道，莫先于孝、弟、忠、信，四者之行立于身，推而可达之于国家、天下。尔为朕嫡长孙，必以此体之于身，明君臣之义，笃父子之亲，厚兄弟之爱，尽长幼之序，信以服众，仁以抚下，恕以待物，非正言不发，非正道不履，亲仁贤，远邪佞，节嗜欲，戒荒淫，振纲纪，别淑慝，明赏罚，使人心悦而诚服，则天地祖宗鉴悦，天下之人皆想望风采，仰尔之贤德，传尔之令名，将为国家神器之主，系宗社悠久之托，为天下生民之福。尔其勉之！”又说：“比闻出郊围猎，一军害民即惩之以法，使田里皆安，毫发无犯，人传尔之善至于北京。朕闻之甚喜，此可验尔勤学之效矣。大抵兵民相须抚恤惟均，苟有所怨，今尔于此一事，使百姓之感德，军士知畏法，足为善行矣。今日行一善，尔虽不自觉，而善名自然播之，天下将有不令而从，不言而信者矣。自今更宜夙夜勤励，读书明理，以广其智识，将来德成业就，为天下所瞻仰，亦不负朕期望之意。”[2]仁宗朱高炽继位后不到一年便病死了，皇太孙朱瞻基终于如其祖父之愿登上了皇帝宝座。朱棣对他的培养，总算没有白费心思。

当然，朱棣在进行太子太孙教育的同时，也没放弃对自己的教育。永乐二年八月，“大学士解缙等进《大学·正心章》讲义”，朱棣再三览之，说：“人心不可有所好乐，一有好乐，泥而不返，则欲必胜理。若心能静虚，事来则应，事去如明镜止水，自然纯是天理。朕每朝退默坐，未尝不思管束此心。又思为人君者，但于宫室车马、服食玩好无所增加，则天下自然无事。”[3]

同时，太宗朝还首次在宫中设立宦官培训机构，宦官阮浪和梁端都曾受到这一机构的培养。阮浪十余岁时被选入宫中，“太宗见而奇

[1] 《明太宗实录》卷二一五，永乐十七年秋八月癸未。

[2] 《明太宗实录》卷二一九，永乐十七年十二月丁亥。

[3] 俞汝楫：《礼部志稿》卷六七《经筵进讲·永乐朝进讲》，景印文渊阁四库全书本。

之，冀成其才，命读书于内馆”[1]。

综观太宗时的宫廷教育，出现了教育中心南北分离的格局：在南京以令其监国的手段培养皇太子，在北京以耳提面命的形式培养皇太孙，但都以锻炼其实际能力为主要目的。对皇太孙的培养充满爱意，对皇太子的培养则深怀疑虑。当然，在培养太子、太孙的同时，也没忘记对自己的教育和对内朝近侍的培养。

三　仁宣时经筵日讲制度开始奠基

仁宗继位后，于永乐二十二年十月，立皇太孙朱瞻基为太子。朱瞻基在东宫时“圣学缉熙，诏翰并精，尤喜举业，宫中每得试录，辄指摘瑕病，手摽疏之，以示宫臣，往往确当”。曾得意地对大臣们说：“使我应举，岂不堪作状元天子耶！”仁宗选东宫官，“以安远侯柳升等为太子保傅等官”。[2]洪熙元年四月，仁宗赐皇太子图书，并书谕道：“尔，朕嫡长子，皇考太宗皇帝嫡长孙也。自幼岐嶷粹美，皇考最所钟爱，鞠育提训朝夕膝下，诚以尔为远大之器，而可付以社稷人民之重者也！故随事垂训，皆圣人之至道，帝王之大经，恩德广厚，譬诸天地之化，岂易名言！”仁宗还回忆起“永乐甲辰之春，亲征北虏，车驾将发，子孙咸在”，当时太宗“天颜穆清”，指着朱瞻基对朱高炽说：“古之令主于盘盂剑几皆有铭，用自警也。人之行莫大于中正，况为人之上者乎！吾以‘人主中正’四字为宝押。师还，制以赐之，俾之自勉。”但当六师凯旋时，“不幸皇考宾天”。仁宗收住回忆对朱瞻基说：“朕已承遗命，正大统，册尔为皇太子。皇太子者，天下之本，系主器之重，必有令德，用克钦承。惟中与正为德之本，谨遵皇考成志，制为宝押以授尔，懋敬之。其笃念朕皇考与朕所亲爱期

[1] 李贤：《御用监左少监赠御用监太监阮公浪墓表》，第 5 页上，载焦竑辑：《国朝献征录》卷一一七《寺人》，上海书店 1987 年影印。

[2] 徐学聚：《国朝典汇》卷八《朝端大政·东宫》，明天启四年徐与参刻本。

望之心，而敬服膺之，以系宗社生民之望于永远哉！”[1]开始将皇太子朱瞻基当做未来的君主培养。

朱瞻基继仁宗之位，是为宣宗。宣宗对自我教育更是重视。宣德二年三月，他“御文华殿”，听到讲臣讲“二老归养西伯”一事，问“同归何以所见各异？”讲官回答：“太公以救民为心，伯夷重君臣之义。”宣宗总结道：“如是终是两见。吾以太公之心在当时，伯夷之心在万世，无非为天下生民计。”是年十月，他又听到讲臣讲“《易》观大象”，遂问：“古巡狩，后世何以不行？”讲臣以秦废大典回答。宣宗说：“不然。时势不同也。虞舜五载一行，成周以十二年，何况后世！扈从不已而卫御，供亿不已而征求，岂能轻出？果能选任抚绥，何事拘牵古典三年？”讲官“进讲《春秋》”时，宣宗问：“孔子作此书，专主尊周。孟子乃以王天下劝齐梁，其旨同异？”儒臣的回答“称旨”。宣宗道：“圣贤之心，总为斯民，扶周将以定乱贼。孟子时不有王者，乱贼万不能免。”此次与讲官的互动，令宣宗十分满意，“遂赐讲官以坐，赐果又赐冠服绯袍金带”。他还“间掷金钱”，但李时勉“独正立，不行俯拾”。宣宗心是之，“以袖中余钱授之。后遂以为例”。[2]

宣德二年十二月，侍臣进讲《贞观政要》。宣宗指出：“唐太宗致治之美，庶几成、康，实本乎此。予谓安天下必先正其身，未有身正而影曲，上理而下乱者。治国如栽树，本不摇，枝叶茂盛，君道清静，则百姓安乐。”三年二月，宣宗御文华殿，听“儒臣讲《舜典》”，认识到万世君臣为治之道不出乎《尚书》的“二典三谟”。十月，他又听“儒臣进讲《春秋》”毕，认为“圣人匡世之功，忧世之心，备见此书”。他“遂赐讲官坐，命左右赐果茗”。[3]四年，宣宗驾幸文华殿参加讲筵，与廷臣谈论典谟，宣宗兴起，赋诗出示廷臣。臧懋循代表

[1] 徐学聚：《国朝典汇》卷八《朝端大政・东宫》，明天启四年徐与参刻本。

[2] 查继佐：《罪惟录・志》卷一七《经筵志》，四部丛刊三编景手稿本。

[3] 俞汝楫：《礼部志稿》卷六七《经筵进讲・宣德后历朝进讲》，景印文渊阁四库全书本。

廷臣，写了一篇华丽的谢表呈递皇上[1]。

宣德六年正月，御史陈祚“劝帝经筵进讲《大学衍义》，坐讥讽下狱”[2]。虽然宣宗没有采纳建立经筵制度的建议，但仍然坚持进行类似于经筵日讲的宫中自我教育。是年三月，宣宗视朝，退御便殿，“命翰林儒臣进讲《大学》‘平天下’章”，讲毕，宣宗谈体会道：“治天下国家不可无财用，即如生之者众四语，行之不必暴征横敛，而国用有余矣。”又说：“《秦誓》曲尽君子小人情状。人君审乎此，则好恶用舍当矣。”黄佐称赞说：“盖列圣真有得乎学问，思辨而后见之躬行，以施于治，非惟徒事口耳而已。若进讲之际，上无所问，下无所陈，徒美观听，非所谓圣学也。”[3]九年十二月，宣宗听“翰林侍臣讲《周书》毕”，有所感悟，于是论周之王业及成、康治效：“当时皆以周之不造及成王定奄平淮，东土始宁，继得罪人，又大雷电以风，王迎周公归，迁殷顽民，而王室以安。自是刑措四十余年，历代八百，则知始之震撼，正天以维持巩固之也。譬如人之身，不幸有疾，加意调治，所以培固元气，克臻寿考。天之所定，岂偶然哉！”[4]以上史实可证，宣宗十分重视通过儒臣的讲读，来培养自己的历史知识和历史认识，以此提高治国理民的统治素质。

宣宗时，也重视对皇太子的东宫教育。宣德三年二月朱祁镇被册立为皇太子。九年三月，群臣第一次朝见皇太子，在奉天门向宣宗道贺，称“皇太子龙姿凤表，天命人心所在，国祚隆长之庆，天下生民之福”。宣宗则说：“太子虽美天资，尤须学问，尚赖卿等赞辅以成其德。”[5]

继太宗和仁宗之后，宣宗也在宫廷教育中加上了宦官培养的内容。

---

[1] 臧懋循：《负苞堂文选》卷一《拟上御文华殿谈典谟有感成诗示廷臣谢表》，明天启元年臧尔炳刻本。

[2] 查继佐：《罪惟录·志》卷一七《经筵志附皇太子讲读》，四部丛刊三编景手稿本。

[3] 黄佐：《翰林记》卷九《御前讲论经文》，景印文渊阁四库全书本。

[4] 俞汝楫：《礼部志稿》卷六七《经筵进讲·宣德后历朝进讲》，景印文渊阁四库全书本。

[5] 徐学聚：《国朝典汇》卷八《朝端大政·东宫》，明天启四年徐与参刻本。

黄泽曾称宦官是“刑余之人，其情幽阴，其虑险谲”，上言要求“远嬖幸”，宣宗“虽嘉叹，不能用也。其后设内书堂，而中人多通书晓文义。宦寺之盛，自宣宗始”。[1]

第二节　英宗至世宗：明中期宫廷教育及其特点

一　英宗、代宗与宪宗时经筵日讲和宦官教育的制度化

宣宗崩逝后，年方九岁的太子朱祁镇继位，是为英宗。英宗有前后两个年号，分别是正统和天顺。

英宗即位后，以“三杨”为代表的文官集团，乘着皇帝年幼，将经筵日讲制度化、固定化。同时，宦官集团也通过控制小皇帝而将宦官教育纳入宫廷教育体系，使内书堂教育也形成制度化。

礼部尚书、内阁学士杨溥，当“裕陵（英宗）即位，昭皇后临朝”时，首先倡言：“圣帝明王莫不务学。先帝在时，屡谕臣等劝学东宫，遗音尚在，灵鉴如临。皇上肇登宝位，必明尧舜之道以图唐虞之治，乞蚤开经筵，预择讲官，必得学识平正、言行端谨、老成重厚达大体者数人，以共其职。及选宫中左右朝夕侍从之人，涵养本源，辅成德性。”昭皇后喜。[2]终于使经筵日讲制度得以正式确立。

正统元年正月朔，英宗“御经筵，以张辅知经筵，士奇、荣、溥同知经筵。王直、王英、李时勉、钱习礼、陈循、苗衷、高谷、马瑜、曹鼐并充讲官”[3]。当时英宗年幼，“太后专虔讲官”，便让“英国公辅知经筵，大学士杨士奇等同知经筵，少詹事王直等、讲读学士李时勉等、侍读苗衷、侍讲高谷、修撰马愉等，并充经筵讲官，九卿掌印官侍班，给事、御史各二员侍仪”。对于讲官都是翰林臣的格局，

[1]《明史》卷一六四《黄泽传》。

[2] 周圣楷：《楚宝》卷三《大臣·杨溥》，明崇祯十四年刻本。

[3] 涂山：《明政统宗》卷一一，明万历刻。

孙太后下内旨云："经筵何不预一外臣？"于是让部臣刘球"亦参讲职"。[1]但对于经筵，考功司郎中李茂弘却感到不满，"茂弘以君臣之情不通，经筵亦虚文也，遂抗章致仕。"[2]关于李茂弘对英宗初经筵的不满，《昭代典则》有更详细的记载："丙辰正统元年春正月，帝御经筵。时中官王振用事，考功郎中李茂弘尝言：'可忧者，君臣之情不通。今经筵进讲不过应故事以粉饰太平，而暌隔蒙蔽，未必无意外之虞也。'遂抗章致仕去。"[3]

明人认为："国朝经筵之设，实自英宗皇帝之初。其制以儒臣二人进讲，必以给事中、监察御史各二人侍班。"[4]

与儒臣们对小皇帝英宗进行经筵日讲教育不同，宦官王振试图将皇帝教育转向武备。"时辅臣方议开经筵，而振首以武事导帝。"这种举动引起了太皇太后张氏、杨士奇、杨荣和杨溥等人的不满。张氏曾以严厉的手段警告王振："汝侍皇帝多不法，今当赐汝死！"后因英宗跪请才得赦免。[5]但随着三杨和张氏去世，英宗为王振所主导，御驾亲征，导致土木堡事变发生。英宗被蒙古人所俘，失去帝位。

英宗复辟后，有所反省，开始重视东宫教育。他首先慎择宫僚。天顺元年正月，英宗"令翰林院官有带东宫官衔者，俱改别职，以景泰易储故也"。这些东宫僚属，都是代宗立其子朱见济时任命的，因此英宗要对其进行大换血。四月，英宗复立长子朱见深为皇太子。天顺七年，李贤推荐给事中孔公恂和赞善司马恂二人"宜辅导太子"，前者字宗文，是"至圣后"，为孔子的第五十八代孙；后者是北宋司马光之后。英宗"喜，同日超拜少詹事，侍东宫讲读"。回后宫对皇贵妃周氏说："吾今日得圣贤子孙为汝子傅。"于是"贵妃具冠服拜

[1] 查继佐：《罪惟录》志卷一七《经筵总论》，四部丛刊三编景手稿本。
[2] 涂山：《明政统宗》卷一一，明万历刻。
[3] 黄光升《昭代典则》卷一五《英宗睿皇帝》，明万历二十八年周日校万卷楼刻本。
[4] 吴宽：《家藏集》卷四三《经筵侍班倡和诗序》，四部丛刊景明正德本。
[5] 万斯同：《明史》卷四〇五《宦官传·王振传》，清抄本。

谢”。宫中传为盛事。[1]

天顺二年正月，“礼部请皇太子出阁读书”，英宗召李贤等商讨东宫读书的处所：“东宫读书当在文华殿。朕欲避此，往居武英殿，但早晚朝太后不便。姑以左廊居太子。”并让李贤“定拟讲读等官”，又问他太子应该“先读何书”？李贤回答道：“《四书》、经史次第讲读，宜先《大学》、《尚书》。”英宗说：“《书经》有难读者。”李贤回答道：“如二典、三谟、《太甲》、《伊训》、《说命》诸篇，明白易晓，可先讲读。”英宗说：“然写字亦须用心。朕初习字，侍书者不曾开指下笔法，任意写毕，令其看视，又不校正，以此写字不佳。”李贤说：“写字亦不必求佳，但点画不苟且率易为善。”英宗称善。“及定拟讲读等官将二十人，上一一品其人物高下，皆当其才。”[2]可见，天顺年间，已经制定了东宫讲读的处所、内容和讲官标准。

然而，英宗在天顺年间比较排斥针对自己的经筵教育，《明英宗实录》等史籍中未见这方面的记载。

在正统和天顺之间，是代宗的景泰年号。英宗在土木堡战役中被蒙古俘虏，由其弟郕王朱祁钰代立为帝，改元景泰。八年后，三十岁的代宗因病崩逝。

与英宗相比，代宗更重视经筵教育。景泰元年正月朔，“初开经筵，命宁阳侯陈懋知经筵，内阁陈循、高谷同知经筵，江渊、商辂及侍郎仪铭、俞山、俞纲、祭酒萧镃、侍讲刘铉、谕德赵琬皆兼经筵官”。[3]仪智在代宗即位后，“以潜邸恩授礼部右侍郎。明年兼经筵官。帝每临讲幄，辄命中官擲金钱于地，任讲官遍拾之，号恩典。文臣与

---

[1] 陈鹤：《明纪》卷一七，清同治十年江苏书局刻本。

[2] 徐学聚：《国朝典汇》卷八《朝端大政・东宫》，明天启四年徐与参刻本。这段记载，查继佐理解有误，他在《罪惟录・志》卷一七《经筵总论》中称：“天顺中，上以东宫读书多在文华殿，意欲就文华，而令东宫移武英殿之左廊。”以左廊居之，是将文华殿左廊（即东廊）给太子作讲读之用，而不是指武英殿左廊。

[3] 涂山：《明政统宗》卷一二，明万历刻本。

者，内阁高谷等外，惟铭与俞山、俞纲、萧镃、赵琬数人”。[1]代宗沿袭了其父宣宗撒钱于地以赐讲官的惯例，但是高谷年老不能俯身，便由其他讲官代为拾取。“景泰元年，初开讲筵，宁阳侯知经筵，内阁陈循、高谷同知经筵，尚书侍郎祭酒及讲读学士皆兼经筵，遵例赐金钱，高谷老不能俯，同官拾与之，后遂以赐钱为虐。”[2]据注文得知“钱系剪金为之”。看来赏赐不菲，但却有损讲官尊严。是年四月，御史许仕上疏请于经筵之余，日延儒臣讲论经史。而“帝亦优诏褒答”。[3]接着，翰林官周洪谟也上疏劝代宗“勤经筵以明圣学，谨内治以敦正本”。[4]十一月，国子监祭酒萧镃乞求致仕，监丞鲍相并国子监生三千人挽留。最终代宗不仅留下了他，而且“寻命经筵讲官”。[5]景泰二年九月，以陈文为云南右布政使。“文与商辂系学士曹鼐选侍英宗经筵展书，寻侍讲。至是，大学士高谷荐文为吏部侍郎，王直格不行，出升外省。”[6]

夺门之变后，英宗复辟，七年后崩逝。英宗的继位者宪宗，同样重视宫廷教育。继位不久，便举行经筵日讲。天顺八年八月“御经筵，锡讲官学士柯潜白金、文绮、宝钞”[7]。成化初，“经筵月三举，皆以二日”。但是由于礼部尚书李希安是乐舞生出身，“尝预经筵”，因此“赐扇赐袍带之典不行，并免‘先生们酒饭’一语”。[8]五年八月，宪宗“复御经筵，视午朝”[9]。六年三月，翰林编修陈音“请择儒臣讲学，降佛子法王真人位号，不报”。[10]陈音的这份奏疏，被称为《弥灾

[1] 《明史》卷一五二《仪智传》。
[2] 查继佐：《罪惟录》志卷一七《经筵总论》，四部丛刊三编景手稿本。
[3] 《明史》卷一百六十四。
[4] 《今献备遗》卷二十七。
[5] 涂山：《明政统宗》卷一二，明万历刻本。
[6] 涂山：《明政统宗》卷一二，明万历刻本。
[7] 涂山：《明政统宗》卷一三，明万历刻本。
[8] 查继佐：《罪惟录》志卷一七《经筵总论》，四部丛刊三编景手稿本。
[9] 涂山：《明政统宗》卷一四，明万历刻本。
[10] 黄光升：《昭代典则》卷一八，明万历二十八年周日校万卷楼刻本。

保治疏》，提出“养君德”的主张：“一曰养君德。臣闻养德之要，莫先于讲学。讲学之功，莫要于好问。大舜之圣，犹好问好察；成汤之圣，仲虺犹告之曰好问则裕。今陛下虽日御经筵以勤圣学，然势分尊严，上下情隔，上虽有所疑而未尝问，下欲有所陈而不得尽。臣愿陛下退朝之隙，早膳之后，择一二儒臣有学行者，日引对便殿，或从容赐坐，或旁立咫尺，搜采经典，有疑辄问，务使圣心涣然，如天开日皎，则以之正心，以之齐家，以之正百官、正万民，而亿万年太平之业基于此矣！”[1]他希望通过讲学来代替皇帝对异端宗教的崇信。十年九月十八日，“文华殿讲毕，讲官皆退”，宪宗“留三阁老少俟，亲授以旨意指帖”。[2]看来仍然在坚持经筵讲读。

宪宗对东宫教育也比较重视。成化十一年十一月，册立皇太子。十三年十二月，刑科给事中赵良奏：“太子天下根本，所辅贵乎得人。乞预求贤德忠良之士，博闻有道之人，使朝夕与居，涵养德性，讲求治道。”道兴左卫指挥使周广也提出相同的建议。礼部覆奏后提请施行，宪宗颁谕道：“一人元良，万国以贞。预教太子，实所以绵宗社而福生民也。所言良是。明岁其亟行之。”十四年二月，“皇太子出阁讲学”。宪宗诏令挑选“儒臣为东宫官”，于是“命万安、刘珝、刘吉提调各官讲读，王瓛、黎淳、谢一夔、汪谐、郑环、罗璟更番侍班，彭华、江朝宗、刘健、程敏政、周经、陆釴、张升、张顺更番讲读”。[3]当时在经筵仪式中已取消了“先生们吃酒饭”一语，但在东宫讲读中，时为太子的“孝宗在东宫出阁就讲，必使左右迎请讲官。讲毕，仍用‘先生吃茶’一语。或以经筵此语可不必，典玺局郎覃吉进曰：‘尊师重傅，礼当如是。’”[4]。说明宪宗时的教育气氛还是不错的。

---

[1] 陈音：《弥灾保治疏》，载郑岳《莆阳文献列传》卷一三《奏议》，明万历刻本。

[2] 尹直：《謇斋琐缀录》卷二，第1267－1268页，载邓士龙辑：《国朝典故》卷五三，北京大学出版社1993年。

[3] 徐学聚：《国朝典汇》卷八《朝端大政·东宫》，明天启四年徐与参刻本。

[4] 查继佐：《罪惟录·志》卷一七《经筵总论》，四部丛刊三编景手稿本。

二 孝宗时经筵日讲制度达到明前中期的高峰

孝宗即位后，以身作则，重视经筵日讲，开创了明代宫廷教育的鼎盛局面。有人指出："对经筵态度最积极的无疑是孝宗弘治皇帝。"[1]仙游人郑纪（1438—1513年）于"孝宗皇帝登极时"奏上《劝御经筵以勤圣学疏》，孝宗览后称"这本所言，朕当体行"。[2]孝宗初期的日讲，不仅是二至五月和八至十一月举行，而且常至岁末，正如刘健所说"伏睹先帝初年，日讲常至岁暮不辍"[3]。

孝宗即位不久，巡按直隶监察御史汤鼐便于成化二十三年十一月上疏，要求孝宗"视朝之余，宜御文华殿，择侍从之官，端方谨厚如少詹事刘健、右谕德谢迁，通敏直谅如右谕德程敏政、右谕德吴宽等置之左右，少降辞色，自《皇明祖训》、《祖训条章》而始，命其讲解敷析，间取典谟训诰及《贞观政要》、《通鉴纲目》、《大学衍义》等书，日命讲说二三篇，考验历代帝王兴衰治乱存亡之由，以为鉴戒"。孝宗回答："《祖训》诸书，朕常敬览。"并下其奏于所司。[4]不久，孝宗便任命詹事刘健为礼部侍郎，兼翰林学士，入阁预机务，寻进礼部尚书。因为刘健"曾充东宫讲读，受知于上，遂有是命"。[5]显见孝宗十分重视在东宫讲读时的经历和感觉。由于对讲读颇有好感，因此孝宗乐于接受专为皇帝开设的经筵和日讲制度。

孝宗还接受了贺钦和杨守陈的讲学建议。在举行经筵日讲之前，给事中、拟任陕西左参议贺钦，于弘治元年正月陈奏四事，第一事便是"资真儒以讲圣学"，指出："今日急务，莫先于讲学，而经筵劝

---

[1] 胡吉勋：《教育仪制》，第408页，见赵中男等：《明代宫廷典制史》第九章，紫禁城出版社，2010年。

[2] 郑纪：《东园文集》卷二《劝御经筵以勤圣学疏》，清文渊阁四库全书补配清文津阁四库全书本。

[3] 《明武宗实录》卷六，弘治十八年十月己卯。

[4] 《明孝宗实录》卷七，成化二十三年十一月辛亥丁巳。

[5] 夏燮：《明通鉴》卷三五，清同治刻本。

讲之官，尤当访求真儒以充其任，不宜苟以俗儒厕其间”。他推荐陈献章“或任内阁，俾参大政，或任经筵，使养君德”。[1]杨守陈于“弘治元年春，请开小经筵讲学、御午朝听政疏”，指出：“陛下御极以来，屏弃珍玩，放远奸邪，登用正人，听纳忠谏，躬览题奏，日勤政务，持此不懈，可几尧舜！臣愚过虑，革故而正始犹易，持久而保终实难”。杨守陈回忆“臣昔忝陪宫僚，伏睹陛下俨然端拱，朗诵经书，未尝降一睿问。儒臣肃然进退，略陈训诂，未尝进一详说”，因此提出“伏望陛下退朝，则请御文华殿讲学，日轮内阁大臣一员，领讲官二员进讲，听讲未明，即赐清问，必求明悟，不惮咨询人才，孰是为贤、为不肖，政事孰是为得、为失，天下为何治乱，历代为何兴亡，讲之明而无疑，乃可行之笃而无懈”。贺钦和杨守陈的建议为开明的孝宗所采纳，“自是，上御经筵，次日即御文华殿进讲《尚书》、《大学衍义》”。[2]的确，孝宗“嗣登大宝”后，坚持“每月三御经筵，令翰林儒臣讲读经书，以隆圣学”[3]。据《吾学编》所述，孝宗接纳杨守陈“御经筵”意见的时间，是在弘治元年三月，“上是公言，下礼部。三月，御经筵”[4]。王世贞在奏疏中指出孝宗“御极十八年，贡献裁损殆尽，行幸稀简，昧爽视朝，退御经筵，咨询治道，暇则召大学士刘健、李东阳、谢迁、尚书刘大夏、都御史戴珊等相与讲析政要，较求画一，以故圣聪日启，万机益练”[5]。可见孝宗是一个能够自觉接受经筵教育的君王。

接纳杨守陈的建议后，孝宗于弘治元年三月十二日，“初开经筵”。是日早朝毕，“上御文华殿，太傅兼太子太师英国公张懋暨六部都察院通政司大理寺正官国子监祭酒俱盛服侍班，少傅兼太子太师吏部尚

---

[1] 黄光升：《昭代典则》卷二二《孝宗敬皇帝》，明万历二十八年周日校万卷楼刻本。

[2] 尹守衡：《皇明史窃》卷四九，明崇祯刻本。

[3] 马文升：《端肃奏议》卷一《恭请皇太子御经帷以隆睿学事（弘治十五年）》，景印文渊阁四库全书本。

[4] 郑晓：《吾学编·名臣记》卷一三《尚书杨文懿公》，明隆庆元年郑履淳刻本。

[5] 王世贞：《弇州史料》后集卷二九《应诏陈言疏》，明万历四十二年刻本。

书谨身殿大学士刘吉讲《大学》经首一节，礼部右侍郎兼翰林学士刘健讲《尚书·尧典》首一节，悉如仪。讲毕，赐宴于左顺门，并赐知经筵、同知经筵、侍班大臣及进讲、展书、书讲章、执事等官白金、宝钞、彩叚表里有差。自是，每月三旬遇二日辄开讲”。经筵举行的第二天，开始举行日讲：（十二日）“丁丑，始命儒臣日讲。是日早朝毕，上御文华殿，大学士刘吉等率詹事府少詹事兼翰林侍讲学士程敏政等讲读经书。敏政与太常寺少卿兼侍读陆釴、周经、左春坊左庶子兼侍讲谢迁轮日进讲。吉与大学士徐溥、学士刘健侍班，日为常”[1]。所讲的内容，明人涂山另有记载：“早进读《尚书》、《孟子》，午进读《大学衍义》，自后为常。讲毕赐茶，上皆呼先生而不名。”孝宗不仅热衷于经筵，对讲官也十分尊敬，称先生而不直呼其名。这是他在东宫受教时就已形成的习惯。不过，孝宗对经筵和日讲的热情随着时光流逝而逐渐减淡。五年二月，右谕德王华进劝学疏，大意是：“讲学贵缉熙于光明，今每岁经筵不过三四御，而日讲之设，或间旬月而始一二行，则缉熙之功无乃亦有间与？虽圣德天健，自能乾乾不息，而宋儒程颐所谓‘涵养本源，薰托德性’者，必接贤士大夫之时多，而后可免于一暴十寒之患也。”虽然有责备之意，但孝宗居然“然之”。[2]

十年二月，侍讲学士王鏊“侍经筵，讲文王不敢盘于游畋”。孝宗听后“悟纳之”。当时正值春天，“上游后苑，左右谏不听”，等到王鏊讲毕，孝宗“出召佞幸李广”，戒之曰：“今日讲官所指，殆为若辈。好为之！”最后“竟罢游”。三月，孝宗来到文华殿，“经筵罢”，召辅臣徐溥、刘健、李东阳、谢迁等议政事，“命左右取群臣章奏付溥等看详，相与议定批词，以次陈奏”。对此景象，明代史家盛称：“是日经筵罢，有此召，因得以窥天质之明睿，庙算之周详，盖庶几都俞吁咈之气象。”[3]十五年，孝宗下诏准许将《大学衍义》作为

[1] 张元忭：《馆阁漫录》卷七，明不二斋刻本。
[2] 涂山：《明政统宗》卷一六，明万历刻本。
[3] 涂山：《明政统宗》卷一七，明万历刻本。

经筵的讲章。大约弘治十七年，当“讲孟子责难二语”时，孝宗与学士刘机讨论文中“陈”字义作何解？甚至“经筵次日”又与刘健讨论“陈”字的意思。孝宗还要求讲官刘机讲学时不要有所忌讳，“善者可法，恶者可戒，只要说得透彻，此是书上有的，不是纂订，何得忌讳”？[1]

在一次经筵中，讲官讲到《通鉴纲目》时，无意中涉及唐代宦官李辅国攀附张皇后乱政一事，有影射之嫌，左右咋舌，讲官省悟后惊慌失措，但孝宗“绝无一言”。后下令停讲《纲目》，改讲《易经》。学士张元祯为日讲官时，由于身材矮小，孝宗“命设低几就听”。[2]十八年三月，掌詹事府太常卿兼学士张元祯“上疏劝经筵讲《太极图》、《西铭》及《性理》诸书，东宫兼讲《孝经》、《小学》”。孝宗“嘉纳之”。[3]五月，南京刑部主事胡世宁上疏言六事，第一事便是“勤学问”，指出：“乞以《大学衍义》一书尝备经筵讲读，中间如辨人才、察民情、严内治、教戚属四者，尤乞加详玩。”孝宗“命所司知之”。[4]工科给事中陶谐也曾推荐《大学衍义》，称其“简而明，约而尽，乃治道之指南，请以是书一置经筵，以备进读，一置宫禁，以备退览”，结果礼部指出“《衍义》一书，已命儒臣于经筵进讲”，并建议“不独外而经筵，虽内而宫禁，亦置一编，用备观览”，孝宗“纳之”。[5]可见，孝宗在接受经筵和日讲教育方面，算是前中期皇帝中的佼佼者。尽管也曾有过每年只举办三四次经筵，或每月只举行一两次日讲的时候，但在总体上与明代其他皇帝相比，已经相当不错了。

孝宗虽然执行经筵教育比较严格，但对于东宫教育，则较为忽视。

[1] 查继佐：《罪惟录》志卷一七《经筵总论》，四部丛刊三编景手稿本。《罪惟录》记此事在弘治“十五年”，但涂山《明政统宗》卷一八、雷礼《皇明大政纪》卷一八皆作“十七年”，今从之。

[2] 查继佐：《罪惟录》志卷一七《经筵总论》，四部丛刊三编景手稿本。

[3] 陈建：《皇明通纪法传全录》卷二六，明崇祯九年刻本。

[4] 涂山：《明政统宗》卷一八，明万历刻本。

[5] 俞汝楫：《礼部志稿》卷六七《圣学备考·圣览》，景印文渊阁四库全书本。

弘治四年，皇子朱厚照诞生，次年三月册立为皇太子。十一年三月初六，“皇太子出阁讲学”，孝宗“命侍读学士等官刘机、杨廷和、梁储、刘忠、江澜、张灿、王华、田钺等日侍讲读”。四月，大学士谢迁上疏劝皇太子“亲贤远佞、勤学戒逸”。孝宗“嘉纳之”。[1]但自十一年三月初六第一次出阁讲学，一直到弘治十五年四月，太子都未再到文华殿接受过教育。为此，“东宫保傅”马文升和傅珪等上疏指出：“自弘治十一年三月初六日，皇太子初出读书于文华殿，获睹睿颜之后，至今五载，止是正旦、冬节及每月朔望日于文华殿门外朝参”，相去颇远，难以接近太子。他们提醒孝宗：“今皇太子当进学之时，虽日出读书，止在左春坊与二三内阁大臣及东宫并翰林院讲读等官相接，且去处颇狭，未甚从容”，他们根据“古者帝王之教，太子行步居处，太傅在前，太保在后，入则有师，出则有保，盖欲左右前后罔非正人，出入起居罔有不钦，此所以教谕而成德”的惯例，建议“请皇太子照皇上御经筵故事，每月三次，初六、十六、二十六出御文华殿，令臣等、六部、都察院、大理寺、通政司、鸿胪寺掌印正官并二品以上官，同内阁大臣、东宫讲读等官侍班讲书；其侍卫将军等项，比皇上御经筵之日减半”。这样才能使“臣等得睹皇太子之睿颜，而皇太子亦识臣等之愚貌”，通过讲读“收敛身心，严威渊穆，相接日久，自然度量益宏，识见益广”。[2]但这次奏请，据清官修《明臣奏议》卷一〇载：“疏入，帝不纳。”十二年十月，由于“皇太子讲学少间”，詹事吴宽率僚属上疏指出：“东宫讲学，自寒暑风雨朔望令节外，一岁之中不过数月，一日之内不过数刻，况其间又多间歇。”又说道：“借曰习读于内，终不若出就外傅，亲近儒臣，讲习治道所得为多也。”十四年正月，南京佥都御史林俊上疏“乞录正人以教东宫，因荐谢铎、储瓘、杨廉等堪为辅导”。十五年二月，建昌伯张延龄上奏：“皇太子

[1] 徐学聚：《国朝典汇》卷八《朝端大政·东宫》，明天启四年徐与参刻本。
[2] 马文升：《端肃奏议》卷一《恭请皇太子御经帷以隆睿学事（弘治十五年）》，景印文渊阁四库全书本。

正位东宫已经十载，宜敕随侍儒臣朝夕辅翼，谕以善道。”孝宗此时终于松口：“辅养储德，诚为重事。皇太子年渐长成，正宜及时进学。卿言具见忠爱。今后辅导等官，务宜逐日进讲，毋得虚旷岁月。”[1]十八年五月，南京刑部主事胡世宁上疏言六事，最后一事是“慎辅导”，要求“乞妙选老成之士为东宫官，其所讲读固宜称尧舜、述周孔，而圣祖开创之难、前代兴衰之故及边境艰危之状、闾阎穷苦之情，亦宜一一备述，庶法戒兼存而聪明日广”。孝宗“命所司知之”。[2]看来，在弘治朝后期，孝宗对东宫教育的态度有所转变，善于接受大臣们的建议。在孝宗重视东宫讲学的形势下，太子展现出了积极的学习态度。据《明武宗实录》记载，朱厚照出阁读书时，诸儒臣轮番入讲，太子从早至午，虽“坐讲筵辄移时”，却“容仪庄重，未尝少肆”。讲官离开时，太子必礼貌地张拱作揖。第二天“掩卷诵所授书甚习”。不出数月，太子对翰林、春坊那些讲读的官员“皆识其姓名”。如果讲官偶尔因故缺席，他就会向左右问明缘由。然而，由于孝宗对太子过分宠爱，每当“有所游幸，必从行；有所见，必随事启迪”，使其养成了游乐的习惯，即位后不久，便置经筵日讲于不顾，开始了嬉游无度的荒唐生活。[3]

三　武宗与世宗时经筵日讲的先兴后废

孝宗临死时，曾对顾命辅臣刘健等人称赞太子朱厚照“质之美”，让刘健等人“以勤学辅成圣德”。因此武宗即位之初，受到辅政大臣的约束，在经筵日讲上尚能接受大臣们的安排，这一制度得以延续，可没曾想朱厚照坐稳皇位后走向了另一条道路，纵欲贪玩，游乐无

[1] 徐学聚：《国朝典汇》卷八《朝端大政・东宫》，明天启四年徐与参刻本。

[2] 涂山：《明政统宗》卷一八，明万历刻本。

[3] 参见谢贵安：《逐步突围——明武宗娱乐生活的阶段性特征（上）》，载《紫禁城》2010年第8期。

度，不仅没有成为圣德之君，反而成了荒淫无道的典型，经筵制度日渐废弛。

武宗于弘治十八年五月十八日即位，年方15岁。是年十月己卯，内阁大学士刘健等人提出“人君之治天下，必先讲学明理，正心修德，然后可以裁决政务，统御臣民”。他根据“皇上昔在春宫，日勤讲学，尧、舜、孔子之道，固已得其大纲”的情况，怕武宗“圣心未有所系”，打算“开经筵”，但因为“天气向寒”，以及“礼仪繁盛，仓猝之间，似难举事”，所以决定经筵“姑俟明年”，但又恐“旷日持久，有误圣学”。因此“拟于十一月初三日为始”举行日讲，要求武宗“遵照先朝事例，每日御文华殿暖阁，令臣等两次进讲”。至于“经筵事宜，俟明春别请”。这次只“将日讲仪注条上”。刘健等人所条仪注，根据武宗在东宫时讲读《论语》、《尚书》各未终卷的情况，规定“于每日接续讲读，先读《论语》五遍，次读《尚书》五遍”。然后练习书法，由大臣等恭看。近午初时，讲《大学衍义》、《历代通鉴纂要》。武宗回答说：“朕以哀疚，故久辍讲。今闻卿等述先帝顾命，知讲学诚不可缓，其如期举行。”[1]

第二年改元正德。由于武宗的地位未稳，因此必须每日到文华殿暖阁听讲两次，读《尚书》、《论语》、《大学衍义》、《通鉴纂要》等书。有时早朝结束，天还没有大亮，就点燃蜡烛听讲，未尝厌倦。他还赐内阁及诸讲官冠带衣履。大学士刘健等人面谢时，武宗说：“先生们劳苦，朕甚念之，所以慰藉儒臣。”他表面的恭谦好学把大臣们都欺骗了。实际上，在近侍太监刘瑾等人的诱导下，他在宫中如饥似渴地玩乐，出现了怠政现象。正德元年六月，大学士刘健、李东阳和谢迁指责这位新君“近日以来，视朝太迟，免朝太多，奏事渐晚，游戏渐广”，甚至“经筵日讲俱各停止”，要求武宗“平旦视朝，依期奏事，屏去玩戏，放逐鹰犬，万几之暇，将旧日所进讲章直解不时省阅，以

[1] 《明武宗实录》卷六，弘治十八年十月己卯。

开广聪明，穷究理义”。[1]然而，武宗对大臣们的话没太在意，使矛盾日益激化。

正德元年十月，武宗与大臣们的矛盾终于爆发。内阁及文官群体准备除掉刘瑾等“八虎”，结果刘瑾等人联合武宗，抢先下手，夺得了实际的权力。从此，武宗对于经筵日讲愈见疏离。这惹得文臣不断上疏提请。吕柟就曾在“正德初，逆瑾窃柄”时，“疏请上御经筵，亲政事，以潜消祸乱”。[2]正德二年二月，阁臣李东阳等上经筵日讲疏，不报。[3]

武宗的废学，引起了侍读学士刘忠的不满，他指出皇上此前“其所授经书，于一日之间，少或数十字，多或百余字。一月之内，或暂免一日，或暂免三二日。计其一月之功，其授读不过千余字”，而现在却“以天时向炎传旨停免，待秋来说”，这种做法并不妥当，要求武宗坚持经筵日讲之学。[4]正德三年，武宗被迫“御经筵讲书”。根据惯例，讲“解书义毕，则必献讽谏之语”。是日，少詹事杨廷和、学士刘忠“直讲既罢”，武宗对刘瑾说道：“经筵讲书耳，何添出许多说话？”于是将杨、刘二讲官“打发南京”，“虽若升之，实远之也”。[5]此后，武宗便经常罢讲经筵。六年八月，吏部尚书杨一清疏言：“经筵讲期甫临，辄闻报罢。伏望仍举行日讲故事。天下至乐，无以逾此，而百凡好尚，皆不能夺之矣。”[6]武宗不理。九月，因为“储位久虚”，国子监祭酒石珤疏请“择宗藩亲且贤者育宫中，代行温凊烝尝之礼”，武宗也不报。[7]七年三月，大学士李东阳等上《经筵日讲疏》，不报。[8]但武宗禁不住群臣催促，不得不偶尔为之。八年四月，翰林修撰何瑭

[1] 刘建：《灾变修省疏》，载陈子龙编：《明经世文编》卷五三，明崇祯平露堂刻本。
[2] 吴瑞登：《两朝宪章录》卷一〇，明万历刻本。
[3] 涂山：《明政统宗》卷一九，明万历刻本。
[4] 刘忠：《野亭刘公遗稿》卷二《戒逸游以崇圣德疏》，明崇祯刻本。
[5] 陈洪谟：《继世纪闻》卷一，第 76－77 页，中华书局 1985 年。
[6] 涂山：《明政统宗》卷一九，明万历刻本。
[7] 徐学聚：《国朝典汇》卷八《朝端大政·东宫》，明天启四年徐与参刻本。
[8] 涂山：《明政统宗》卷一九，明万历刻本。

“进讲经筵，直言纳讲，忤旨，谪开州同知”。武宗“因瑭直言，为之动容，数日不怿。佞幸乘隙讪之，故有旨外补”。[1]武宗举行经筵很不情愿，一旦参加，便对讲官横挑眉毛竖挑眼，进行刁难。此后，就再也没能见到武宗参加经筵日讲的记载。

世宗时的宫廷教育，与武宗一样，也是先兴后废。与武宗不同的是，世宗前期的经筵日讲达到了相当高的程度，首次完善了春讲和秋讲制度。嘉靖前期（十三年以前），世宗的经筵日讲基本上分为三个阶段：一是从即位至嘉靖四年，“大礼议”使得世宗对杨廷和等阁臣产生厌倦，进而对其组织的经筵和日讲比较抵触，是为被动参与；二是从嘉靖五年至十年七月，世宗在“大礼议”中获胜，心情大好，对经筵和日讲产生了一些兴趣，与讲官们有互动的表现；三是从嘉靖十年八月无逸殿建成起，直至嘉靖十四年，世宗对经筵日讲充满热情；四是从嘉靖十五年至二十一年，世宗对经筵日讲感到倦怠，拖延并最终废辍。

武宗死后，14岁的世宗从湖北安陆州入京继帝位。在杨廷和等内阁大臣的约束下，接受了经筵日讲制度。至此，这一被武宗废置多年的宫廷教育制度才得以恢复。正德十六年八月，世宗“初御经筵。先是，敕礼部曰：‘朕惟讲学修德，帝王首务。八月初二日宜御经筵。’至是行之”。[2]接着，御文华殿举行日讲，但经筵却未能坚持。嘉靖二年，南京陕西等道监察御史苏信等奏称：“陛下文华殿之讲固有日矣，今则经筵之辍已久，而赐召之命未闻，则修德无其本。”[3]世宗只得坚持经筵和日讲。三年，修撰吕柟“预经筵，适兴献忌辰，柟请君臣袍服宜素淡”[4]。有人针对世宗过早停止经筵的情况，指出“功贵有恒，昔敬皇帝御经筵，至十二月乃暂辍，今率十月而遽辍，且时未甚

[1] 雷礼：《皇明大政纪》卷二〇，明万历刻本。
[2] 涂山：《明政统宗》卷二一，明万历刻本。
[3] 苏信：《实修省以回天意疏》，载张卤辑《皇明嘉隆疏钞》卷七，明万历刻本。
[4] 查继佐：《罪惟录》卷一七《经筵总论》，四部丛刊三编景手稿本。

寒。愿少留圣心”。奏章被发往有关衙门商议。[1]

“大礼议”后，世宗开始转变对经筵日讲的被动态度。嘉靖六年六月（吴瑞登《两朝宪章录》卷三系之于六年五月己酉），世宗谕内阁：“令翰林讲官日轮一员，将经书、《通鉴》撮其有关君德政事与修省之道者，直录其义，以赞所未晓，庶心得其旨而理自通。”大学士杨一清等提出：“自古经史大义，尽具宋儒真德秀所撰《大学衍义》一书中，请修先朝故事，日令儒臣进讲。”世宗回应道：“《大学衍义》可令直解，参以时事，以开朕学。若日逐进览，恐不得精。宜五日一讲，不以寒暑废，庶得探索精研，不徒劳精神，虚延日月。”杨一清等复请：“于经筵讲官内，与日讲官各分为两班，每逢三、八日，以次轮讲。臣等仍日轮一员侍班，至于春秋月日，和煦凉爽之时，经筵日讲俱照旧规，惟三、八日专讲《大学衍义》。”世宗说：“讲学为治之首，君道当先，朕虚怀以受卿等及讲官尽心讲说，开诚启沃，以资朕学。卿一清等侍班，贾咏等日轮一员，如有召论，不在此例。至于春秋之时，不必于三、八日，可以该朝两宫之日，既免日讲，只于午后进讲《衍义》，庶并行而无废。”于是命侍郎温仁和、桂萼、张璁、詹事董玘、侍读学士徐缙、祭酒严嵩、庶子穆孔晖、谕德顾鼎臣、张璧、许成名、洗马张瀚、赞善谢丕更直进讲。[2]六月癸丑，世宗令“重刊《大学衍义》”。次日，世宗“听经筵讲毕，御制五言古诗一章并序一首，写示内阁杨一清，依韵恭和以进”。世宗览毕，赐玺书有“忠诚垦到”之褒，及勉以协恭辅导，总集成一册，名曰《翊学诗》。[3]六年七月，命少詹事兼侍讲学士方献夫、霍韬俱充经筵日讲官，讲《大学衍义》。霍韬“自以南人，语音多讹，辞免日讲，请撰《古今政要》及《诗书叙略直讲》以进”。世宗“嘉其忠，尽许之，命侍

[1] 吴瑞登：《两朝宪章录》卷二，明万历刻本。

[2] 俞汝楫：《礼部志稿》卷六七《经筵进讲·宣德后历朝进讲》，景印文渊阁四库全书本。

[3] 吴瑞登：《两朝宪章录》卷三，明万历刻本。

经筵如故”。[1]

世宗对讲课内容和讲官都有要求。六年十月，世宗“以日讲《论语》曾子有疾章，谕诸臣无忌，还当补讲。又以讲官董玘行立无让之体，令辅臣谕之。玘自是见上屏息。上谓其知改，令供职。既，侍读汪佃讲《洪范》九畴不称旨，上亲讲解其义，谓辅臣曰：‘人君尽伦理于上，万姓化于下，伦序明而道大备，福将自至。’以佃讲读迟钝，令吏部改调外任。因命内阁选择翰林诸臣称职者留用，不称者量材除他官”。[2]八年，陆深因对经筵讲章事前必送内阁裁定这种做法提出质疑，而被世宗认为其“夸诈险恶，敢于欺罔”，指出他“进讲已三日，语多悖谬谄矣”，结果外谪为福建延平府同知。[3]世宗还对其他讲官进行苛求：“庶子盛端明词气迫促，调南尚宝卿。”他也对魏校进行了责难。国子祭酒魏校“充经筵讲官”后，对“经筵进讲，先呈讲章于政府”的旧例表示“不然”[4]。嘉靖八年八月，魏校“经筵进讲《书经》罪疑惟轻章”时，世宗批曰：“桂萼荐校善解经义。朕昨观其讲章，并未有过人者。且其前后率多谀词，难居近侍。着吏部调南京用。”于是将他改为太常少卿。[5]

嘉靖十年九月，世宗以无逸殿、豳风亭建成为契机，将经筵日讲发展到一个新的高度。他经常在无逸殿举行经筵和日讲，并制订相应的仪注。他还亲自“制文记之”，并驾御豳风亭，召翟銮、李时、汪鋐同观庄稼收获的表演。世宗对他们说：“农之劳苦，见于纸上，不如亲见之为真。我圣祖尝有训曰：衣帛当思织妇之劳，食粟当念农夫之苦。以此观之，果为粒粒皆辛苦也。”然后给诸臣赐宴，宴毕，率众人来到无逸殿东室，指出：“无逸殿之作，虽以劝农，而讲学亦在

[1] 涂山：《明政统宗》卷二二，明万历刻本。
[2] 俞汝楫：《礼部志稿》卷六七《经筵进讲·宣德后历朝进讲》，景印文渊阁四库全书本。
[3] 涂山：《明政统宗》卷二三，明万历刻本。
[4] 张大复：《昆山人物传》卷六《魏校》，明刻清雍正二年重修本。
[5] 徐学聚：《国朝典汇》卷二五《朝端大政·经筵日讲》，明天启四年徐与参刻本。

其中。经筵日讲官，仍各进讲《十月》诗、《无逸》书各一篇。”[1]夏言曾在嘉靖十年对世宗早期的经筵日讲情况作过描述：“恭惟皇上懋勤圣学，夙闻大道，经筵日讲未尝暂辍，又于文华殿东室钦奉三皇、二帝、三王并周公、孔子神位，春秋开讲，祭告月朔，躬行瞻谒，以尽企慕之诚。近于西苑无逸殿落成，命大学士坐讲《豳风》、《无逸》等篇，以端风化之美。是盖我皇上右文崇道之心，躬行笃践之实也。”[2]十年四月，世宗再次“幸西苑，御无逸殿，命大学士李时、翟銮坐讲”，由李时“进讲《书·无逸篇》，銮进讲《诗·豳风·七月》之章，武定侯郭勋及九卿大臣皆侍讲”。讲毕，世宗在豳风亭赐宴郭勋、辅臣和翰林儒臣。十二年十月，礼部尚书夏言“以学士进讲”。世宗制《闻过篇》赐之。[3]

嘉靖十五年以后，世宗对经筵日讲的兴趣逐渐消失。十六年，给事中沈瀚上奏称：“文华殿修饬将完，秋气渐爽，请上时御经筵，日令儒臣进讲，商（确）[榷]治道。”世宗“以瀚有所欲言，何待经筵？责令对状”。沈瀚只得“具疏伏罪”，世宗下诏“降调外任”，竟“谪浙江布政司照磨”。[4]终于在二十年四月“戊寅经筵，己卯日讲”，不久世宗复谕礼部道：“朕旧疾未脱，连日祭告，火动牙疼，口渴耳鸣，盖当食闻变，致加诸疴。经筵暂罢。”[5]此后，再未见到有关世宗举行经筵日讲的记载。

世宗连自身的经筵日讲都由兴转废，对太子的教育更是在大臣推动下勉强进行。

嘉靖十六年五月，礼部请册立时年仅一岁的朱载壡为东宫太

[1] 高汝栻：《皇明法传录嘉隆纪》卷二，明崇祯九年刻本；沈国元：《皇明从信录》卷二九，明末刻本。

[2] 夏言：《夏桂洲文集》卷一二《请幸太学疏》，明崇祯十一年吴一璘刻本。

[3] 《明世宗实录》卷一五五，嘉靖十二年十月壬申。

[4] 以上所引俱见徐学聚：《国朝典汇》卷二五《朝端大政·经筵日讲》，明天启四年徐与参刻本。

[5] 夏浚：《月川类草》卷二《请御门行奉慰礼疏》，清抄本。

子。世宗表彰他们“请册立，具悉忠爱”后，表示“可少待之”。此前，御史余光上言：“今者圣嗣诞生，异日正位东宫，统临大宝，宗庙社稷、天地生灵所关非小，而其本则在于蚤谕教而已。祖宗设东宫官属，如詹事府、左右春坊、司经局等官，皆为辅导而置，请博选鸿儒，充师保、宾客之任，以立教于豫。”部议“皇储为天下本，当慎蒙养”，要求先“预访人材”。这两次奏请都没达到目的，最终确定十八年二月一日册立太子。前一月，吏部上言：“册立东宫在迩，宜慎选宫僚以裨圣学。”世宗命辅臣夏言、顾鼎臣遴选，“勿论卿贰、台谏、郎官、致仕、闲居，一体拔用”，结果“一时奔竞之徒，内外蜂起，已而选定温仁和等三十七人，中多不惬人望者”。给事周琓对此提出非议，奏章下吏部复议，因为当时“将巡承天，姑寝未覆”。二月一日，正式册立皇子载壡为皇太子，封三子载垕为裕王，四子载圳为景王。[1]但是，由于太子尚幼，还无法出阁讲学。

二十三年五月，太子已经九岁，南京礼科给事中游震得“奏请东宫出阁讲学”，因条陈五事：第一，根据《大明集礼》，皇太子加元服，参用周文王、成王冠礼之年，近则十二，远则十五，“若出阁讲学，皆年八岁，则犹未及元服也”。“今东宫出阁未及冠期，宜加便服，以从安适。俟年十二以上，始行冠礼，则讲学不至过时。”第二，出阁讲学之后，宜习宫廷朝参之礼，及临见群臣、参决机务等事。第三，“皇太子始出就学，礼文宜从简便，令讲读儒臣更番陪侍，随事纳忠，不必尽拘讲筵之礼，庶可使之好学不倦”。第四，国初所定皇太子答拜礼，非人臣所敢当，宜延聘有德望大臣且致仕年七十以上者，使为宾客，不烦以职事优之，拜礼乃为得宜。第五，“仁宗、宣宗在东宫，皆监国视事，故备诸官属。及宪宗、孝宗皆八九龄，故司直以下皆不备官。今皇太子犹冲年讲读之外，似不必备设，宜渐简正士储之翰林，察其德业修举者，以次推补”。事下礼部。部言“请俟出阁之日，备

[1] 徐学聚：《国朝典汇》卷八《朝端大政·东宫》，明天启四年徐与参刻本。

查累朝旧典，参酌诸事宜以闻”。世宗“然之”。[1]太子出阁讲读一事，已提到议事日程。

二十四年二月，世宗谕礼部道：“朕皇太子当冠并习讲读一应礼仪，宜查照祖宗时旧例，一一举行，即各拟至当。”礼部尚书费寀等“既上皇太子冠读礼仪”，已奉旨允行，此时，复言“前项仪节繁多，东宫未易尽习”，根据周制，文王年十二而冠，成王十五而冠。《大明集礼》参用文、成冠礼，近则十二，远则十五。以此衡量，“今日东宫加冠，似为太早”，提议“将冠暂敕进止，先以童服出就讲读”。世宗于是下令暂止冠礼，“仍预习内读之仪。”既然太子不行冠礼，不出阁讲学，勋辅大臣们便附和“内读”之议，他们说：“其习读事宜，皇太子既未便出阁，乞命司礼监慎选老成端厚、知书内侍，恭伴读书习字，兼演习礼仪。俟睿性渐开，礼节日熟，然后出阁讲读。”但是，礼科给事中周寀等却反对推迟冠礼和出阁讲读，认为如果因为冠礼和出阁讲读仪式繁琐，导致年幼的太子不能举行的话，可以将其“斟酌简要，另具仪节”。世宗“以其言为然”，对礼部尚书费寀“切责”罚俸。此后，严嵩提出改良方案：“东宫时已十岁，今冠读之谕一出，中外欣传，合无是日稍辍冠礼，或以童服出就儒臣，时习讲读。”但世宗坚持冠礼必须举行。三月，世宗谕辅臣严嵩道：“东宫冠读已闻中外，只可移取通利之辰，不宜暂罢。”决定冠礼和庙见等仪“待秋爽举未迟”。然而，由于世宗的朝令夕改，太子的冠礼和出阁讲读仪被拖延下去。二十五年，御史周冕“奏请东宫出阁讲学”，世宗“怒，以典礼自上出，非外事可得建白。冕轻妄奏渎，令降杂职极边用。有再言者，加罪之”，将周冕贬谪为云南通海县典史。[2]《罪惟录・帝纪》卷一二也载，是年正月，“御史周冕请东宫讲学，谪云南典史”[3]。直

[1] 《明世宗实录》卷二八六，嘉靖二十三年五月甲辰。俞汝楫《礼部志稿》卷六七《储宫备考・储教下・东宫出阁讲学五事》、徐学聚《国朝典汇》卷八《朝端大政・东宫》所载皆同，唯《国朝典汇》将“近则十二”误作“近则十三”。

[2] 徐学聚：《国朝典汇》卷八《朝端大政・东宫》，明天启四年徐与参刻本。

[3] 查继佐：《罪惟录》帝纪卷一二，四部丛刊三编景手稿本。

到二十八年三月，才举行皇太子冠礼。因为“至是，上以太子年浸长，当出阁读书，命先行冠礼”。然而才过两天，太子病死，时年十四岁。[1]

朱载壡死后，大臣们又开始提请新立太子。嘉靖三十年二月一日，礼部尚书徐阶称“今皇子年已十五，选婚、讲学实惟其时”。世宗问大学士严嵩的意见，严嵩也认为“今二王殿下年已及时，选婚、习读皆所当举者”，但世宗“竟不行”。[2]虽然没有同意立太子，但仍然注意对诸王的教育与培养。三十一年，“命翰林院编修高拱等充二王讲读等官。裕王府侍读：拱与检讨陈以勤；伴读：改国子监助教尹乐舜、郑守德俱翰林院待诏；侍书：中书舍人吴昂、吴应凤。景王府讲官：翰林检讨孙世芳、林濂；伴读：改国子监助教潘静深、邢台县教谕李秀俱翰林院待诏；侍书：中书舍人丛恕、吴自成”。[3]三月一日，裕王、景王行冠礼。礼成，世宗谕辅臣道：“卿等以朕二子当婚请，今已冠矣，当先举读习半载，正合婚期。”礼部尚书徐阶疏请选宫僚，具仪节，以钦天监所择四月二十五日吉期上。世宗一开始同意了这一提请，但随后又改变了主意：“又逼夏月，能行几日？不如七月末举行为实用。”但尚书孙承恩掌詹事府事，“自以宫臣职在辅养，乃援前旨固请”。礼部尚书徐阶等也说：“今皇子年十有六，选婚、讲学实维其时。”[4]

在群臣的坚持之下，二王的讲读终于开启了。世宗一旦同意，便倾注关怀。嘉靖三十二年二月，世宗谕大学士严嵩等道：“二王讲读，朕闻昨秋止将《尚书》过口二三，岂成学业？还要自书入经，先读《大学》，熟记彻讲，方还以《中庸》等接读（将）［讲］去。卿等点字若何？昔仰荷皇考恩教于至慈之中，朕不用力，今日何事克善？兹不令力学，可不又误矣！”严嵩等回答道：“皇上追念皇考训恩，欲令二王殿下及时力学，臣等不胜钦仰！臣等切惟先书入经，乃古昔圣

---

[1] 《明世宗实录》卷三四六，嘉靖二十八年三月丁亥。

[2] 《明世宗实录》卷三七〇，嘉靖三十年二月己未朔。

[3] 《明世宗实录》卷三八八，嘉靖三十一年八月甲子。

[4] 徐学聚：《国朝典汇》卷八《朝端大政·东宫》，明天启四年徐与参刻本。

贤教人为学次第，臣等昨秋所进书程，据旧仪以《大学》与《尚书》，每日并读并讲，兹谨当遵论而行。殿下所书字仿，臣等每日圈点笔画，端楷日有进益。臣等又惟皇上圣资本由天纵，而皇考慈教兼至，是以圣学夙成，动为世则。今殿下正当务学之年，蒙皇上恩教之切，睿质涵养自然日就月将而益进乎高明矣！”[1]四月，礼部言：“二王讲读旧规，开以二月、八月初旬，辍以五月、十一月初旬。今有闰三月，请于四月辍讲，不为例。内侍书官每日启王温肄，仍日书百字送内阁圈注。讲读等官每半月恭诣各府启请，因致劝学之意，如王更欲授书进讲及质问疑义字法，各官亦得自效。”诏可。[2]但此后，再也未见东宫讲读的记载。

世宗时，对宫中女眷的教育比较重视。世宗生母蒋太后“昔在藩邸，尝著一书，名曰《女训》”。世宗生父献皇帝“亲洒奎章，冠诸卷首”，蒋太后“亦自序于其次”。世宗说他“几务之暇，因阅旧笥积册，乃获，遂出示辅臣暨日讲礼官等”，于是决定与《孝慈高皇后传》、仁孝文皇后《内训》一起“刊授皇后，颁之天下”。嘉靖九年十二月，礼部奏称“恭刻圣母《女训》成”，世宗亲自作序。“圣母亲授于皇后张氏。”世宗对生母蒋太后十分敬重，称“朕严慈之圣德非言可名之也。考母之教育，非言可酬之也”。[3]因此他要求皇后以下的妃姬宫女都要学习蒋太后的《女训》。

第三节　穆宗至思宗：明后期宫廷教育及其特点

一　穆宗时经筵日讲和东宫讲学的被迫举行

隆庆朝的经筵日讲和东宫讲读，是在大臣们的逼迫下一步步实行

[1]《明世宗实录》卷三九四，嘉靖三十二年二月丁卯。

[2]《明世宗实录》卷三九七，嘉靖三十二年四月戊寅；徐学聚：《国朝典汇》卷八《朝端大政·东宫》，明天启四年徐与参刻本。

[3]《明世宗实录》卷一二〇，嘉靖九年十二月乙亥。

的。朱鸿林指出："明代著名阁臣高拱，在明穆宗为裕王时，任职裕邸讲官长达八年，隆庆年间成为首辅后，又负责组织和管理穆宗的经筵和日讲活动。穆宗对于经筵讲学的态度则前后不一，在藩邸时显得热心，即帝位后每下愈况。"认为"穆宗之荒于经筵，其原因除了他耽于酒色的私人生活之外，还有经筵所讲的内容不切实际，讲官的学术和知识能量不足以胜任等方面"。[1]

穆宗于嘉靖四十五年十二月继位，本可赶上隆庆元年的春季经筵，但他却并无此意。隆庆元年正月，给事中石星提议"讲圣学，愿即将经筵及时举行"，但却触怒了穆宗，命杖之六十，黜为民。[2]五月，给事中张卤也上疏指责穆宗"经筵日讲多辍"，结果疏被"留中"。[3]虽然穆宗抵触经筵日讲，但这些臣工的不断催促还是产生了效果。穆宗开始任命吏部右侍郎兼翰林学士林爌为日讲官，祭酒王希烈、编修王锡爵为经筵讲官，并决定于秋季举行经筵和日讲。

隆庆元年八月十一日，穆宗"初御文华殿日讲"，十二日"甲午，经筵开讲"。[4]先开比较随便的日讲，后开更为隆重的经筵。此事另有记载称："八月，上御经筵。先是，徐阶请经筵讲学，令使敕行。既而命大学士张居正同知经筵事。至是，先御文华殿日讲，次日始开经筵。"[5]本月当穆宗"首御讲幄"时，张四维"充经筵日讲官"，"盟心登对，多所开发，庄皇帝尝竦意听之"[6]。十月乙酉，穆宗"日讲毕"，曾与徐阶等人商议石州陷落后，应选将调兵加意防守之事。这是将日讲与政事相结合的做法。[7]然而，由于气候"如盛夏，雷震次日，大

[1] 关于穆宗朝经筵日讲，朱鸿林《高拱与明穆宗的经筵讲读初探》(《中国史研究》2009 年第 1 期）曾有研究，可参考。

[2] 涂山：《明政统宗》卷二九，明万历刻本。

[3] 涂山：《明政统宗》卷二九，明万历刻本。

[4] 吴瑞登：《两朝宪章录》卷一九，明万历刻本。

[5] 涂山：《明政统宗》卷二九，明万历刻本。

[6] 申时行：《赐闲堂集》卷二〇《光禄大夫柱国少师兼太子太师吏部尚书中极殿大学士赠太师谥文毅张公神道碑铭》，明万历刻本。

[7] 吴瑞登：《两朝宪章录》卷一九，明万历刻本。

寒如严冬。夜将半，雷震达旦”，因此穆宗“命辍经筵日讲”。徐阶、王好问疏请继续举行经筵，但穆宗“不报”。[1]徐阶在疏中指出：“先朝停免经筵日讲，各有故事。弘治元年于十二月二十五日始停日讲，嘉靖元年于十一月二十五日始停日讲。今天道尚未严寒，视前日期则为太早。宜以圣学为重，祖宗为法。”但穆宗不听。[2]显然，穆宗又借口天寒，罢辍了经筵日讲。次年春天，穆宗又被迫开了经筵和日讲。隆庆二年二月壬辰，“经筵开讲”；五月，“上御经筵日讲”[3]。“时经筵日讲或以冬夏辄免”，殷士儋“上疏请日讲如祖宗故事，四时不辍。又请进讲《祖训》、《昭鉴》诸书，及《大学衍义》、《贞观政要》”，穆宗“皆称善，从之”。[4]但此后，较少见到穆宗举行经筵日讲的记载。

隆庆朝关于东宫教育，也多有周折。

隆庆二年正月，礼部尚书高仪等请册立东宫，穆宗不理。为了不让宫中宦官耽误皇子的教育，礼科给事中张卤上疏指出：“皇子方在睿龄，外庭讲读事尚有待。惟内侍之臣所系尤重，宜敕司礼监慎选左右，口授书史，陈说民情利害，动作举止必导以正，他日亲贤讲学，基命成德之助，端在于此。”穆宗“是其言”。[5]同时高仪以皇长子已经六岁为由，继续逼迫穆宗立太子，这一次穆宗同意了。三月，他御皇极殿传制册立皇子为太子，但却未安排太子出阁讲学。

三年正月，高仪等疏：“皇上蚤建皇储，海内欣戴已逾一载。今东宫睿龄滋长，英识渐开，正趋向未定之时，非肄习诗书，亲近儒贤，不足以收敛身心，熏托德性。且臣庶子弟年及七龄，无不延师就塾，习读章句，矧天子之元子，系国家大本，固可不及时就学以隆教

---

[1] 高汝栻：《皇明法传录嘉隆纪》卷六，明崇祯九年刻本。

[2] 吴瑞登：《两朝宪章录》卷一九，明万历刻本。

[3] 涂山：《明政统宗》卷二九，明万历刻本。

[4] 于慎行：《光禄大夫少保兼太子太保礼部尚书武英殿大学士赠太保谥文庄棠川殷公士儋行状》，载焦竑辑：《国朝献征录》卷一七《内阁六》，明万历四十四年徐象橒曼山馆刻本。

[5] 见徐学聚：《国朝典汇》卷八《朝端大政·东宫》，明天启四年徐与参刻本。

养之功哉！”疏入，穆宗下旨：“待十龄来说。”殷士儋等人逼迫穆宗让太子出阁讲学：“时今上在东宫，睿质长成，公两上疏，以国家旧制，东宫讲学不出八龄，请以时出阁。臣等规画仪节以奏。上以东宫方少，未即从。其后二年，乃出阁如故事。以公预请故也。”[1]五年九月，礼部尚书潘晟等以皇太子出阁在即，“请命所司预择讲读官，及计处应用官校、仪仗、典籍之类”。穆宗报可。[2]

五年十二月，穆宗宣布“皇太子明春讲读”，并决定此前应先行冠礼，要求礼部择日具仪以闻。[3]这一下点燃了儒臣们的热情，纷纷为经筵日讲献计献策。王祖嫡赞扬道：“恭惟我皇上见高千古，登极二年，即建储宫以定天下之本，预示出阁之期。兹者睿算十龄，复俞礼官之请，首加元服，次出讲学，内而百官，外而氓庶，莫不欣欣相告。”[4]六年正月丁亥，科道官张国彦、李采菲、张崇伦和杨邦宪等“以东宫出阁，各疏陈辅导事宜”。章下礼部，尚书潘晟将“诸臣献议”作了概括，认为大意有十点：“曰慎选官僚，曰久任辅导，曰精择近侍，曰亲近师友，曰内崇孝敬，曰外敦齿让，曰仁体天地，曰俭法祖宗，曰钦崇正训，曰躬垂圣教。”他指出：“宫僚在阁臣、吏部遴选，得人上请；久任左右近习在司礼监审择。质疑问难，亲接儒臣，一切孝敬仁俭有关储教者，在皇太子遵修古谊，以光睿德。至于燕闲之际，质问所业，时加诲迪，则惟皇上加意。”议上，报可。[5]是月辛未，御史张克家等奏称：“教太子之道，莫先于尊师重傅。宜下礼官，考古世子齿学之制，兼准《大明集礼》裁定礼仪，毋袭近日常规，俾不失古意。”并引宋儒程颐坐讲之说为请。穆宗览奏后，怒曰：“东宫

[1] 于慎行：《光禄大夫少保兼太子太保礼部尚书武英殿大学士赠太保谥文庄棠川殷公士儋行状》，载焦竑辑：《国朝献征录》卷一七《内阁六》，明万历四十四年徐象橒曼山馆刻本。

[2] 《明穆宗实录》卷六一，隆庆五年九月己巳。

[3] 《明穆宗实录》卷六四，隆庆五年十二月乙未。

[4] 王祖嫡：《师竹堂集》卷二九《拟陈东宫讲学要务疏》，明天启刻本。

[5] 《明穆宗实录》卷六五，隆庆六年正月丁亥。

讲读礼仪，祖宗自有成规。克家等乃敢辄议变更，殊为狂肆。”乃命降张克家二级，调外任，余各夺俸二年。[1]这显示出明代皇权专制主义的严厉，拒不接受大臣“坐讲”的要求。

随着讲读的日期临近，穆宗开始为太子朱翊钧“出阁讲学”配备官员。六年二月庚戌，任命太子少保礼部尚书兼翰林院学士高仪、吏部左侍郎兼翰林院学士张四维、司经局洗马兼翰林院修撰余有丁、右春坊右赞善兼翰林院编修陈栋充侍班官，詹事府少詹事兼翰林院侍读学士马自强、陶大临、翰林院编修陈经邦、何洛文、检讨沈鲤、张秩充讲读官，检讨沈渊、许国充校书官，制敕房办事大理寺左寺正马继文、徐继申充侍书官。此前，大学士高拱等“请选东宫辅导官僚，会同吏部推举”。穆宗下旨：“宜加慎选，不必备员。”于是高拱等“疏名以闻”，穆宗“从之”，仍谕“拱、居正提调各官讲读”。[2]其中张四维在太子“出阁讲学”、穆宗“慎简宫僚”时，“充侍班官，协理詹事府，寻掌府事”，此事在其神道碑中也有记载。[3]

隆庆六年三月，太子正式出阁讲学，接受儒臣们的教育。然而，讲学一事很快便遭到停辍：四月二十一日“丙子，东宫辍讲”。礼科都给事中陆树德提出异议：“自四月至八月，为时旷远，除大寒大暑，余日尚宜讲读。”但穆宗不理，礼部只得退求其次，要求太子在“宫中暇日，宜加温绎，不离正业”。穆宗“是之”。[4]礼部见提议被皇帝认可，便趁热打铁，将都给事中雒遵等人“东宫辍讲之月，除宫中温习外，宜于朔望日令辅导讲读等官，恭诣文华殿，启请半月内课程疑义，庶养正之功，缉熙无间”的奏书复议后递交皇上，穆宗只得赞同。[5]六月，穆宗病死，他的太子也落到了强悍阁臣张居正手中，开始了明

[1] 《明穆宗实录》卷六五，隆庆六年正月辛未。

[2] 《明穆宗实录》卷六六，隆庆六年二月庚戌。

[3] 申时行：《赐闲堂集》卷二〇《光禄大夫柱国少师兼太子太师吏部尚书中极殿大学士赠太师谥文毅张公神道碑铭》，明万历刻本。

[4] 《明穆宗实录》卷六九，隆庆六年四月丙子。

[5] 《明穆宗实录》卷七〇，隆庆六年五月庚寅。

代历史上最为严厉且卓有成效的宫廷教育。

二　神宗时宫廷教育的盛极而衰

穆宗死后，太子朱翊钧继位，是为神宗，改元万历。神宗登极时年方10岁，在其母李太后和辅臣张居正等人的严格管教下，将经筵和日讲制度执行得认真而有序。但随着张居正病死，神宗变得懒散和怠学，消极对待经筵和日讲教育，万历十七年二月以后，非但不举行经筵和日讲，甚至拒见大臣之面。[1]因此，神宗朝的宫廷教育呈现出明显的前扬后抑和先盛后衰的局面。

对于神宗朝的宫廷教育情况，朱子彦曾有探讨，指出："万历初年，神宗好学，经筵大为盛行，其时朝政清明，万历中后期，神宗怠政，对经筵毫无兴趣，其制已形同虚设，明朝亦由盛转衰。可见，经筵是否认真执行与明代的治乱兴衰是息息相关的。"[2]

万历初期经筵日讲制度的完善，与张居正的执行得力有密切的关系。张居正取代高拱成为首辅后，获得李太后的绝对信任，负担起对小皇帝实施严格教育的历史重任。

万历元年正月，张居正等人在代皇帝拟好的赐知经筵官朱希忠及张居正、同知经筵官吕调阳的敕谕中，强调了皇帝教育的重要性："朕惟古昔帝王临御天下，未有不以务学为急者。我祖宗列圣遹崇是道，经筵日讲，岁岁举行，二百余年，治教休明，超轶隆古。"神宗"以冲渺"继承大位，夙夜兢兢，当先皇下葬，哀疚方殷时，"即以去秋躬御日讲，虽值隆冬，罔敢暇逸"。但是，仅从事日讲还不够，"惟是经筵之典尚有待焉"。于是决定"将以二月初二日举行，命尔希忠与大学士张居正知经筵事，大学士吕调阳同知经筵事，侍郎兼侍读学

[1] 对于神宗教育的失败，刘志琴在《张居正的君主教育何以失败》(《博览群书》2010年第3期）中曾有述论，可参考。

[2] 朱子彦：《明万历朝经筵制度述论》，载《社会科学战线》2007年第2期。

士王希烈等充经筵官，分直侍讲。居正、调阳并大临、士美、经邦、雒文、鲤、国日侍讲读”。该敕谕特别指出：“夫君道以讲学亲贤为要，臣职以责难陈善为恭。朕方亹亹咨询，求多闻而建事。卿等尚孜孜纳诲，明正学以沃心。凡经史所载理欲消长之端、政治得失之故、人才忠邪之辨、统业兴替之繇，务明白敷陈，委曲开导，毋曲说以狥好，毋避讳以为嫌，俾学缉熙于光明，治允跻于清穆！”[1]

张居正请慈圣李太后暂居乾清宫，监护皇帝起居，从宫中对神宗“守着看管”，“使非礼之言不得一闻于耳，邪媟之事不敢一陈于前”，“帝或不读书，即召使长跪”，或有过错，也“召帝长跪，数其过，帝涕泣请改乃止”。同时，太后也借神宗对张居正的畏惧之心，经常吓唬不听话的神宗：“使张先生闻，奈何！”[2]这种“宫府一体”的机制，“为万历朝经筵与日讲制度的严格执行提供了有力保障，亦使有明一代经筵制度进入了全盛时期”，“有明一代，万历朝是经筵日讲制度贯彻实施得最好的时期”。[3]

隆庆六年六月，张居正上疏神宗，建议八月中旬秋凉时，择日于文华殿先行日讲，然后于明年春天再举行经筵会讲。

万历初年，张居正亲自安排神宗的经筵与日讲，制订了视朝和讲读的日程表，每月之中凡逢初三、初六、初九、十三、十六、十九、二十三、二十六、二十九日为皇帝上朝时间，其余的21天时间则为驾临文华殿举行讲读活动的时间。除严寒酷暑外，皇帝不得无故停辍讲读。神宗在张居正的奏疏上朱批道：“今后除大礼大节，开朔望升殿，及遇有大事不时宣召大臣咨问外，每月定以三、六、九日御门听政，余日俱免朝参，只御文华殿讲读。”[4]日讲也是在文华殿举行。隆庆六年八月十三日张居正上《拟日讲仪注疏》，对日讲仪式作了规定。与

[1] 《明神宗实录》卷九，万历元年正月丁未。

[2] 《明史》卷一一四《后妃传》。

[3] 朱子彦：《明万历朝经筵制度述论》，载《社会科学战线》2007年第2期。

[4] 张居正：《张文忠公全集》卷二《请酌定朝讲日期疏》。

经筵略有区别，只有讲官和内阁学士侍班，仪式远较经筵仪式简单。

万历元年（1573年）正月五日，神宗传谕内阁："初七日开日讲。"正月十日，张居正又上疏请开经筵。十六日，神宗宣谕二月初二日举行经筵。五月二日，神宗颁旨道："经筵，春讲，二月初二日起，至五月初二日免；秋讲，八月十二日起，至十月初二日免。永为定例，不必一一提请。"[1]幼帝在张居正和讲官们的诱导下，全神贯注地听讲。某日，上朝毕，神宗御文华殿，对张居正道："昨日经筵讲《大学》的讲官，差了一字，朕欲面正之，恐惧惭。"[2]四年二月，胡宥在疏中提到过神宗"登极以来，日御经筵，辅相大臣尤能善体圣意，相与朝夕论思，惓惓以兴道勤政为务"[3]。

然而，首辅张居正死后，被压抑很久的神宗获得解放，不仅清算了曾经的恩师，而且对经筵日讲也逐渐厌倦和懈怠。万历十一年八月，吏科给事中邹元标上疏劝神宗"宜箕日举行召对盛典，或先行经筵，始摘一二事，与大臣咨询"[4]。十四年九月十六日以后，神宗因贪恋酒色生病，连日免朝。到了十五年二月，神宗遂传谕内阁辍停经筵。有人称"今朝讲久不举行。此典希绝矣"。[5]万历十五年正月，申时行"念久辍朝讲，恐沿为例，疏言太祖年七十余，犹进讲经史，皇祖临御四十五年，经筵未尝停"。神宗回答："朕知之。"次年二月，"遂御经筵。论唐太宗、魏征君臣得失甚悉"。[6]当时神宗"经筵毕"，"览《贞观政要》"后说道："唐太宗有惭德。臣魏征大节有亏，其勿备经筵。"此后因为"静摄深宫，一概堕废，以致经筵二字以为希遘，言

---

[1] 《明神宗实录》卷一三，万历元年五月辛巳。

[2] 《万历起居注》，万历元年二月三日甲申。

[3] 胡宥：《乞矜释言官以崇国体疏》，载朱吾弼编：《皇明留台奏议》卷一一《援直类》，明万历三十三年刻本。

[4] 邹元标：《直抒肤见以光圣德以奠民生疏》，载吴亮辑：《万历疏钞》卷二《圣德类》，明万历三十七年刻本。

[5] 沈德符：《万历野获编·补遗》卷一，《文华殿》。

[6] 黄汝亨：《寓林集》卷一六《特进光禄大夫左柱国少师兼太子太师吏部尚书中极殿大学士赠太师谥文定申公墓表》，明天启四年刻本。

及者口噤”。[1]十七年二月以后，再未出御讲筵。

虽然神宗不愿举行经筵日讲，但仍有大臣不断上疏提请。十七年四月，次辅王锡爵请求神宗“勤御朝讲，日亲外臣，使睟穆之天颜、缉熙之圣学，人人得以望下风而承休问”[2]据另一记载称，是年四月，辅臣“请上御经筵、时召对”，因为“上自二月以来，仅一出朝送潞王，再出行太庙时享礼，其余常朝日期，尽行传免，经筵日讲久已不开，诸疏留中，经时不发，册建吉查无明示，而深居高拱之端，自此始矣”。对于辅臣的这一次提请，神宗虽然“报闻”，但并未听从。[3]十八年八月，阁部诸臣“恭请上御经筵日讲”[4]。但一直到“万历末年，帝怠于政事，章奏一概不省”[5]，经筵更是完全废止。万历十八年以后，神宗还接受日讲官进呈的讲章，四十三年以后，日讲讲章的进呈也宣告终止。

神宗对自身的经筵和日讲教育辍而不举，对太子的东宫教育也特别消极。他本想立郑贵妃之子朱常洵为太子，但迫于群臣的压力，最终极不情愿地将朱常洛册立为太子。因此，在太子出阁讲学一事上，不断与群臣相抗。皇太子举行大婚之后的万历三十年二月，神宗虽然也“增选东宫讲读官”[6]，但在第二年，便“停东宫讲学”。三十六年四月，范汝梓“请东宫讲学”，结果被“降三级调外”。[7]三十七年七月十五日，东宫讲学尚未重开，王以宁上奏请及时恢复，称“青宫讲学久旷，恳乞圣明及时举行，以培国本”，皇太子虽然“睿质夙成，固足克绍前烈”，但是如果“不法朝讲夕诵之勤”，对于至德“不无

[1] 查继佐：《罪惟录》志卷一七《经筵总论》，四部丛刊三编景手稿本。
[2] 沈国元：《皇明从信录》卷三六，明末刻本。
[3] 高汝栻：《皇明法传录嘉隆纪》卷三，明崇祯九年刻本。
[4] 沈国元：《皇明从信录》卷三六，明末刻本。
[5] 赵翼：《廿二史札记》卷三五《明言路习气先后不同》，第805页，中华书局1984年。
[6] 高汝栻：《皇明续纪三朝法传全录》卷六，明崇祯九年刻本。
[7] 查继佐：《罪惟录》帝纪卷一四，四部丛刊三编景手稿本。

少损”。[1]三十八年，叶向高“请东宫讲学，时辍讲凡七年”。[2]他指出：“七年以来，大小臣工奏牍山积，即阁揭亦百道不止，何以慰天下之仰望？”但是神宗仅仅是“报闻”。[3]四十年，御史杨鹤疏请东宫讲学，不报。[4]除了万历四十四年东宫开讲过一次外，直到四十八年神宗去世，都未再见有东宫讲读的记录。

虽然在太子教育上乏善可陈，但万历年间的宗室教育则有可圈可点之处。为了解决宗藩繁衍过盛、禄米不继的突出问题，朝廷决定允许宗室子弟参加科举考试，为此决定在各王府设立宗学，对“世子、长子、众子、将军、中尉”十岁以上且“年未弱冠者”，统一教授《皇明祖训》、《孝顺事实》、《为善阴骘》、《四书》、《五经》、《通鉴》、《性理大全》等内容，“王府长史、纪善、伴读、教授等官择学行优长者除授”教师。[5]这一措施，促进了宗室教育的发展。

三 光宗、熹宗时宫廷教育的局限性和程式化

光宗和熹宗父子两代的宫廷教育，都局限在经筵日讲上。由于神宗偏爱郑贵妃儿子福王朱常洵，光宗在继位之前，太子地位一直岌岌可危，儿子的教育自然难以顾及。等到他好不容易登上皇位，却在一月之间撒手人寰，还来不及实施东宫教育。而其子熹宗虽然即位七载，却没有子嗣，也谈不上皇子和东宫教育。

在经筵日讲教育上，光宗继位后未及施行便驾崩了；熹宗冲龄继位，内阁按照惯例对其展开了较为完整的经筵日讲教育。

光宗继位伊始，儒臣便打算启动经筵日讲制度。“光宗初立，吏

[1] 王以宁：《王以宁奏疏》卷一《请东宫讲学疏》，明万历刻本。
[2] 王世贞：《明朝通纪会纂》卷三《明纪》，清初刻本。
[3] 查继佐：《罪惟录》帝纪卷一四，四部丛刊三编景手稿本。
[4] 陈鹤：《明纪》卷四七，神宗万历四十年，清同治十年江苏书局刻本。
[5] 《明史》卷六九《选举志一》。

部李如桂奏五事，有经筵第四，不及行”[1]。八月二十五日，“大学士刘一燝、韩爌充经筵日讲”[2]，但根本来不及实施，光宗便在泰昌元年八月因误服红丸而驾崩，其16岁的儿子熹宗即位，以明年起改元天启。

熹宗的经筵日讲教育，仅从形式上看，是明代皇帝中相当完善的宫廷教育。据笔者统计，从泰昌元年至天启七年，熹宗在位的八年间总共举行过19次经筵和160次日讲。他的经筵日讲始于泰昌元年（1620年）十月十六日，大学士方从哲等奏上《讲读仪注》，规定“《四书》起《大学》，《尚书》起《尧典》。每日讲读，先读《大学》，次读《尚书》。”[3]十月十八日，日讲官孙承宗开始为熹宗讲《尚书·虞书·尧典》的“曰若稽古帝尧”一章。二十一日，孙承宗续讲《尧典》“克明俊德以亲九族”一章。[4]

天启元年正月一日，在熹宗御殿，群臣贺岁时，大学士刘一燝等便“请开经筵日讲”。熹宗下旨“于十二日开讲”。[5]另一处记载称，“大学士刘一燝请开经筵日讲。上以十二日开讲，经筵于二月内举行”[6]。

上述记载表明正月十二日先开日讲，二月再举行经筵。是年，邹元标曾肯定熹宗“陛下自即位以来，日讲经筵，孳孳向学”[7]的行为。二年二月二十七日，熹宗首“举经筵”。给事中侯震旸以“圣学骤辍可骇，辅臣将顺非宜，祈皇上自为悚惕，亟谕辅臣经筵日讲立刻举行，毋以训诂了事，直取从前祸败之故，从后修缉之方，奏听施行。庶君心可清，而君德克修”。[8]六月，日讲官盛以弘“请以《帝鉴图说》随

[1] 查继佐：《罪惟录》志卷一七《经筵总论》，四部丛刊三编景手稿本。
[2] 陈建：《皇明通纪集要》卷四一《光宗贞皇帝》，明崇祯刻本。
[3] 《明熹宗实录》卷二，泰昌元年十月己未。
[4] 孙承宗：《高阳集》卷一四。
[5] 陈建：《皇明通纪集要》卷四三《熹宗悊皇帝》，明崇祯刻本。
[6] 高汝栻：《皇明续纪三朝法传全录》卷一〇《熹宗哲皇帝纪帝》，明崇祯九年刻本。
[7] 邹元标：《邹忠介公奏疏》卷五《救郭中翰疏》，明崇祯十四年林铨刻本。
[8] 陈建：《皇明通纪集要》卷四七，明崇祯刻本。

经书进讲”，从之。[1]九月，钟羽正论证了书本讲学与政治实践的密切关系，要求熹宗“陛下笃志向学，缉熙惕励，亲日讲御，经筵讲读之臣，谆谆进说，文武卿佐，序列充庭，皇上潜心听纳，日就月将”[2]。十月二十七日，翰林院修撰文震孟“敬陈勤政讲学之实”，指责熹宗“经筵日讲，临御有期，于学非不讲矣，而讲学之实未见也。史臣进讲，铺叙文辞，第如蒙师之诵说，无少开悟”，要求加以改进，起到实际的作用。[3]三年二月，经筵讲官、国子监祭酒蔡毅中进《字学要览》，声称“为皇上经筵日讲之供”，得旨：“奏进《字学要览》有裨考证。原本留览，仍旧刊板布行，该部知道。”刊成后，“上呈御览二十部，供皇上颁示经筵日讲诸臣讲读之用”。[4]熹宗的经筵日讲一直延续到天启七年四月十四日：“上御文华殿讲读。”[5]

熹宗讲读的内容，陈时龙发现，从泰昌元年（1620年）到天启六年（1626年），《四书》部分讲了《大学》、《论语》，《五经》部分的教材则主要是一部《尚书》，可能还有《诗》。

据陈时龙研究来看：“天启皇帝不是一个勤于日讲的皇帝。他在泰昌元年十月十八日开始日讲，十月二十一日再讲，之后似乎便传旨暂免，以至于大学士方从哲在十一月初四日上疏请求恢复日讲，但也没有得到批准，直到次年即天启元年正月十二日始恢复日讲；日讲过程中皇帝的表现也不主动，只是履行仪式性的职责，而与成年的嘉靖帝、崇祯帝总是在日讲中对讲官进行诘难相差甚远。”[6]这表明，熹宗的经筵日讲虽然比较频繁，但只是迫于无奈，并未用心听讲，使这一重要的宫廷教育活动流于程式化。

---

[1] 《明熹宗实录》卷二三，天启二年六月甲申。

[2] 邹元标：《邹忠介公奏疏》卷五《附左佥都御史钟羽正疏》，明崇祯十四年林铨刻本。

[3] 陈建：《皇明通纪集要》卷五一，明崇祯刻本。

[4] 沈国元：《两朝从信录》卷一七《癸亥》，明崇祯刻本。

[5] 《明熹宗实录》卷八三载，天启七年四月庚戌。

[6] 关于熹宗朝的宫廷教育，陈时龙在《天启皇帝日讲考实》（《故宫学刊》2013年第2辑）中有详细的论述。

四 崇祯时期宫廷教育的回光返照

熹宗死后，由其17岁的弟弟信王朱由检继位，改元崇祯。崇祯帝（后称思宗、毅宗等）迫切希望重振大明山河，锐于求治，急于求成，对经筵日讲也十分重视。宫廷教育在崇祯时出现了回光返照的局面。

崇祯帝与经筵日讲官们在经书的教学和现实的探讨上，都有良好的互动和交流。崇祯元年（1628年），给事中宋鸣梧奏请将《大学衍义补》作修订和补充，以便更合时宜，“帝准奏”。[1]崇祯初年的日讲官罗喻义，所撰讲稿《尚书》中有“左右之者不得其人”的话，并有对京营兵制“有所兴革”的劝谏。讲稿呈内阁首辅温体仁审阅，温令其修改，罗则反讥温首辅。温体仁乃上疏崇祯帝为自己辩解：“故事，惟经筵进规多于正讲，日讲则正多规少。今（罗）喻义以日讲而用经筵之制，及令删改，反遭其侮。”[2]崇祯初年任用的日讲官还有刚毅严正的文震孟，在进讲《论语》“君使臣以礼”一节时“反复规讽”，为蒙冤下狱的大臣鸣不平。崇祯帝受到感动，讲筵才结束“即降旨”，将大臣乔允升和胡世赏释放出狱。[3]孟绍虞在崇祯改元后，“上初御经筵”时，“以巨奸未殄，每进讲引古帝王明断寓讽”。思宗“敛容称善”。[4]何吾驺在崇祯初“晋左春坊，充经筵讲官。尝进讲（《大学》）畜马乘二节，至‘无如之何’句，吾驺正色起奏”，思宗“嘉叹之”。[5]

崇祯二年二月，“讲官姜曰广讽勿任情，勿信用小人”，显然也是在经筵或日讲上所作的发挥。遇到特殊情况，经筵或日讲才暂免。七年冬，“御经筵，遇雪，不辄。八年正月，地震皇陵，上免经筵，素

[1] 谈迁：《国榷》卷八九，第176－177页，中华书局，1958年。

[2] 《明史》卷二一六《罗喻义传》。

[3] 《明史》卷二五一《文震孟传》。

[4] 张自烈：《芑山诗文集》卷一七《明资政大夫孟公绍虞传》，清初刻本。

[5] 陈澧：《（光绪）香山县志》卷一三《列传·何吾驺》，清光绪刻本。

服避殿。已而中外多故，专任召对，上严，多所诘责”[1]。九年二月十二日，“经筵届期，诸臣俱候于文华门外而大雪不止。至午后，上不出，传免”。[2]

思宗朝的经筵日讲一直延续到崇祯中后期。崇祯十年冬，杨廷麟“充讲官兼直经筵”，他想将讲官一职让给黄道周，未获批准。十一年二月，“帝御经筵”时问杨廷麟：“保举考选，何者为得人？”杨回答：“保举当严举主”，并抨击推举唐世济、王维章的温体仁和王应熊。“帝为动色”。[3]是年三月，黄道周在经筵中看见有丧在身的杨嗣昌穿“吉服应召”[4]。崇祯帝还体谅讲官记忆力差的苦衷，允许借助讲章来提示。十五年八月二十二日，思宗“御文华殿日讲”。当时只有皇帝前面的案几上有讲章，讲官案上则无，讲官韩四维屡次遗忘，思宗“以矜凛宽之”，并要求日讲也可照经筵例，在讲官案上置讲章，如果皇帝有所疑，可据以问难，而讲官也不至于遗忘。[5]显然，思宗的经筵日讲一直坚持了下来。

崇祯朝，不仅皇帝的经筵日讲制度执行得好，而且皇太子甚至亲王的宫廷教育也贯彻始终。崇祯十一年，东宫出阁讲学时，“阁臣初侍三日，以后遇三、八日全进，余日一人轮侍”。此前一年，“礼部请太子出阁讲读，上定明年二月，遂以戊寅正月冠，二月初七日出阁。己卯八月，兵部选东宫侍卫人员，于五府卫所子弟选一等名带刀舍人一百五十六员名，二等名控马侍卫一百二十员名。开讲朝贺之日，在文华门外侍立”。[6]当皇太子将出阁时，杨廷麟“充讲官兼直经筵”。[7]吴伟业也在崇祯时“充东宫讲读官”[8]。浙江瑞安人林增志于崇

[1] 查继佐：《罪惟录》志卷一七《经筵总论》，四部丛刊三编景手稿本。
[2] 杨士聪：《玉堂荟记》卷二，民国嘉业堂丛书本，吴兴刘氏1918年版。
[3] 秦镛：《（崇祯）清江县志》卷八《人物志中》，明崇祯刻本。
[4] 黄道周：《黄石斋先生文集》卷二《论杨嗣昌疏》，清康熙五十三年刻本。
[5] 佚名：《明内廷规制考》卷二，清借月山房汇抄本。
[6] 佚名：《明内廷规制考》卷二，清借月山房汇抄本。
[7] 秦镛：《（崇祯）清江县志》卷八《人物志中》，明崇祯刻本。
[8] 赵尔巽等：《清史稿》卷四八四《吴伟业传》，第13325页，中华书局，1976年。

祯元年考中进士，后“特迁东宫讲读”。因为当时国事日非，言路壅塞，他“乃进《易卦》讲章，隐为讽谏，触当道忌，中以他事，降三级”。[1]方拱乾“丰容貌，有威仪，声音清壮，辨析明达”，思宗感到“竦异”，于是升其为“詹事府少詹事、东宫讲官，历经筵日讲官”。[2]直到十五年正月，阁臣还奏进“东宫讲仪”，一共五条，即览史以佐经、省读以进业、对句以致知、问辨以去疑、时习以基圣。[3]

崇祯时还重视王子的教育，在皇极门外西庑设有书堂。崇祯十五年正月，皇子定王出阁。十六年八月，永王出阁，崇祯“皆命吏部选新进士为简讨、国子助教等官，为待诏充讲读，以两房两殿中书充侍书”，每遇出讲，二王从皇极门之左宏政门出，至皇极门下舆，趋过西，复上舆至书堂，“读《四书》、《书经》各五遍，讲《四书》、《书经》各二遍”[4]。

总之，崇祯朝的经筵、日讲和太子讲读及亲王的书堂教育，都坚持了下来。思宗在经筵日讲上，还与讲官们讨论现实问题，对讲官也比较尊重。但其刚愎自用的性格也在讲堂上表露出来。崇祯十一年二月，经筵日讲官、詹事府少詹事兼翰林院侍读学士黄道周“幸从经筵之后，得逢召对，冒昧陈言”，但是却惹得思宗大怒。三月，黄道周不得不回奏辩解，说自己“以前十二日从事经筵，亲睹圣主问察之勤，诸臣敢言之盛”，所以才贸然上奏，未料受到皇帝的切责，“惶怖欲死”。[5]同年春河南孟津人王铎和饶平人黄锦因讲课效果不好，引起思宗的不满。经筵讲官王铎讲《聪明睿智》一章，“分疏敬信悦字，反语太多，言时事又有白骨如麻等语”。思宗指责其“敷衍数语，支吾了事”，不能发挥精义，结果吓得他“出案前待罪”。黄锦讲《尚书》

---

[1] 陈鼎：《留溪外传》卷一八《缁流部・二雪和尚传》，清康熙三十七年自刻本。
[2] 李长祥：《天问阁文集》卷二《和宪先生桐城方公墓志铭》，民国求恕斋丛书本。
[3] 孙承泽：《天府广记》卷二五《附载》，清抄本。
[4] 佚名：《明内廷规制考》卷二，清借月山房汇抄本。
[5] 黄道周：《黄石斋先生文集》卷二《补牍陈言疏》、《遵旨回奏疏》，清康熙五十三年刻本。

时，“声细而哀，无一字可辩。上不怿而罢”[1]。

崇祯帝自杀后，南明政权仍然坚持经筵制度。永历政权在颠沛流离中，依然设经筵日讲官。揭阳人郭之奇就曾担任此职。他是崇祯元年进士，“永历三年，赴行在，拜礼部右侍郎，充经筵日讲官”，但是，在“东西交警，百官多散去”[2]的动荡局势下，南明的经筵制度不可能贯彻下去，只能成为最后的绝响。

综观明代列帝的宫廷教育史，有高潮有低谷，有的取得了很好的成效，有的则徒具形式。明人曾对本朝的宫廷教育史有不同的勾勒和评价。晚明朱国桢指出：“太祖最好学，海内宿儒，征聘殆尽。临朝，侍左右，每事咨访；退即与之讲解，甚至互为辨难。又设大本堂教皇太子。其诸王、诸王孙皆亲加督课，且日与诸儒相上下。故太宗、仁宗皆优于文事，而建文尤为赡敏。太宗又推此意教皇太孙，命姚广孝等讲读华盖殿，故宣宗（时）[诗]文，妙绝今古，而绘事尤精。虽圣神天纵，要之，预教之功不可少也。”他又对此后的皇帝教育作了评价：“英宗即位之元年，少傅杨士奇等请开经筵。时年方十岁，行礼甚肃。历代因之，定以初二、十二、廿二，而尤勤于日讲。至武宗时，始不免作辍。世宗励精于先，倦勤于后。神宗初立，张太岳亦尽抖擞从事；后御朝日稀，不复举行，虽日讲进稿不废，要之皆成故事故纸矣。”[3]至于天启和崇祯朝则未及叙述，但已基本上勾画出了明代宫廷教育史的大致轮廓。

---

[1] 杨士聪：《玉堂荟记》卷二。

[2] 温睿临：《南疆逸史》卷二二《郭之奇传》，清传傅氏长恩阁抄本。

[3] 朱国祯：《涌幢小品》卷二《讲读》，第 26 页，文化艺术出版社，1998 年。

第四章

启沃君心：明代皇帝的教育

明代宫廷教育的核心是皇帝的教育。皇帝教育的基本形式是经筵和日讲。儒臣通过这两种基本形式的实施，对皇帝进行儒家思想的灌输。按照儒家的思路，君主是现实社会的政治领袖，维护君主的统治才可能维护社会稳定，进而推行仁政，达到治国平天下的目的。另一方面，儒家又认为，君主固然在政治层面地位最尊，但还有比君主更为尊崇的东西，那就是“道”。他们在坚持维护君主权力独尊的同时，也坚守“道高于君”的政治信念，坚信自己的使命就是“为帝王之师”，就是要教导帝王成为儒家所期待的明君和仁主，因此他们以“启沃君心”为皇帝教育的根本任务。按儒家的设计，明代皇帝的教育是在太子教育的基础上进行的继续教育和终身教育。然而，作为成年的皇帝，常常因公事繁忙和懒于学习，而将这种制度拖延和搁置，这就引起儒臣们的抗拮。杨士奇在《请开经筵疏》中所说：“以兴唐虞三代之治，则宗社永安，皇图永固……其根本在致力于圣学。自古圣贤之君，未有不学而能致治者。”[1]对皇帝进行圣学教育、启沃君心是明代儒臣孜孜追求的教育目标。

---

[1] 杨士奇：《请开经筵疏》，载《明经世文编》卷一五。

第一节　明代皇帝教育的本质和特点

明代宫廷教育最重要的内容就是皇帝的教育。皇帝的教育是通过经筵日讲等制度进行的以伦理思想和政治内容为主的教育。这种教育有其自身的本质、特点和规律。

明代皇帝教育的本质是，君主和儒臣共同培养明王朝的最高统治者，实现皇帝文化水平和统治能力等素质最大限度的提高。明代皇帝教育的基本形式是经筵日讲教育，这一制度的建立，实际上是作为上层建筑的君主制度与作为意识形态的儒家思想结合的结果。传统社会系统由三个子系统构成，即以小农为主的经济基础、以君主为核心的上层建筑和以儒学为中心的意识形态。三个子系统相互整合，形成稳固的社会系统。明代皇帝宣布程朱理学为帝国的正统意识形态，而明代儒臣们则通过程朱理学的纲常伦理，确立朱明家天下的合理性和合法性，于是各得其所，彼此接纳，构成皇帝独裁和文官分治的政治制度和官僚体系。以程朱理学为核心的意识形态与以朱明皇帝专制为核心的上层建筑的整合成果之一，便是经筵日讲制度的建立。儒臣希望通过经筵日讲制度，对朱家皇帝进行儒学灌输和仁君教育；而朱明皇帝则通过该制度提升自己的统治能力。因此，经筵日讲制度，便成为程朱理学与朱明帝制结合的有效黏合剂。

然而，朱姓的家天下与儒家的公天下属性之间，在短期内尚属于同道，而在远期目标上，将会分道扬镳，渐行渐远。短期内，儒臣借助君主的权威和力量，实行仁政，达到尊君爱民的目的，但从长期看，儒家要从“小康”进入“大同”，实现尧舜那样的禅让制度和“人不独亲其亲、不独子其子”的社会理想，则显然要抛弃一家一姓的永久统治和“货力为己”的私有制度。因此，儒臣们要通过帝王之师的身份来对君主进行教化，使其先行仁政，实现小康，伺机再实现大同。因此他们宣称“道高于君”，“以道事君”、“从道不从君”等主张，力图掌握教化君主的大权，不遗余力地为建立完善而有效的经筵和日讲制度而不懈地努力。

明代皇帝教育实施得早，持续的时间长，形成了若干特点：

第一，教育对象特殊。明代教育的对象不仅是“九五之尊”的皇帝，而且是废宰相后将皇权强化到极致的朱明皇帝，他们虽是“道统”上的学生，但却是“治统”上的绝对君主，故有高高在上的心态，使教育措施难以完全贯彻，甚至打乱既定的教育计划，自己参与经筵日讲教材的选择。如神宗便放弃《贞观政要》，而改选《礼记》。当阁臣上疏推荐《孝经》、《实录》和《宝训》等课时，神宗均置之不理。万历二十一年，首辅王锡爵等请讲《孝经》，因为“孝为德教所先，以此进讲，庶乎博而有要，可以羽翼诸经，日新圣学”。但神宗“不报”。[1]二十五年和三十年，内阁分别提出直接讲读《明实录》和《大明宝训》的主张，还充分阐明了进读二课的道理，但神宗均不予接纳。[2]

第二，教育目的特殊。明代帝王教育的目的是培养治国御天下之才，与培养平民百姓、经生学士不同。明代将皇帝的教育称为“帝王之学”，指出它与“韦布之学”和“经生之学”有异。所谓韦布之学，是指平民百姓之学。明代讲官不断强调帝王之学与韦布之学不同。隆庆四年刑科给事中查铎指出：“臣惟帝王之学与韦布不同，得其旨趣则嗜好自笃，循其故套则厌斁易生。”[3]万历二年，儒臣在代神宗出的殿试策论中也指出“帝王之学与韦布不同，盖不在章句间也”。[4]四十五年，方从哲强调“帝王之学与韦布不同，区区星日之说，有不必尽拘”[5]。这三条分别是说，帝王之学的特点，重点在得其旨趣，不是死记硬背的学问；帝王之学不重视章句等学术小问题；帝王之学不像百

---

[1]《明神宗实录》卷二六〇，万历二十一年五月丁卯。

[2]《明神宗实录》卷三〇七，万历二十五年二月癸亥；《明神宗实录》卷三六九，万历三十年闰二月辛酉。

[3]《明穆宗实录》卷四三，隆庆四年三月辛未。

[4]《明神宗实录》卷二三，万历二年三月庚寅。

[5]《明神宗实录》卷五五九，万历四十五年七月壬辰。

姓那样相信星象迷信。

所谓经生之学，是指儒生或书生所治学的学问。明代讲官不断强调帝王之学与经生、书生之学不同。文震孟指出："帝王之学与经生学士不同，必以经术经世，乃为实用。反复开陈，未尝不与时事相关切也。"[1]杨一清也认为："帝王之学与书生异，不必求诸文辞之幽深，不徒事夫章句之寻摘，要在继其功、得其要而已。"[2]

由于教育对象的特殊，因此明代皇帝教育的目的便不是研习诸如章句、书法等问题的学术，而是学习治术。明穆宗指出："夫君以修德为要，宜勤讲学，明理之功；臣以辅德为忠，务尽责难陈善之实。"要求讲官"端志竭诚，稽于古训，启沃朕心"，"引君当道，辅成上德"，其主要任务是："凡经史所载理欲消长之端，政治得失之故，人才忠邪之辨，统业兴替之由，明白开陈，毋有所隐，务俾学缉熙于光明，治允跻于隆盛"，上要对得起"皇天祖宗"，下要对得起"海宇黎庶"。[3]熹宗曾说过："讲学，政治之本！"[4]儒臣们也深知此理。宣德初，陈祚疏言："帝王之学先于明理，明理在于读书，读书贵乎知要。惟真德秀所著《大学衍义》载圣贤格言、古今治乱，而且要切，乞常御经筵讲说。"[5]周朝瑞指出："臣闻帝王之学与韦布不同，非但寻章摘句而已。治乱之理，揆及于文，方讲究明而后推行力。"[6]万历二年，张居正针对神宗沉溺书法的倾向，指出皇上的书法虽然"前代人主善书者，无以复踰"，"但帝王之学当务其大"。所谓"大"，就是修德行政和治世安民："自尧舜至于唐宋英贤之主，皆以修德行政、治世安民，不闻有技艺之巧也。"并以汉成帝知音律，能吹萧度曲，六朝梁

[1] 文震孟：《讲筵已辍疏》，载陈子龙编《明经世文编》卷五〇〇。

[2] 杨一清：《关中奏议》卷一八《献愚忠以答圣眷事疏》，景印文渊阁四库全书本。

[3] 《明穆宗实录》卷七，隆庆元年四月癸巳。按：徐学聚《国朝典汇》卷二五《朝端大政·经筵日讲》称"五月，命成国公朱希忠、大学士徐阶知经筵事。大学士李春芳、郭朴、高拱、陈以勤、张居正同知经筵事"，误，当在四月。

[4] 《明熹宗实录》卷三，泰昌元年十一月丁丑。

[5] 王鏊：《(正德）姑苏志》卷五二《陈祚》，景印文渊阁四库全书本。

[6] 金日升：《颂天胪笔》卷六《赠荫·赠太仆寺卿周公》，明崇祯二年刻本。

元帝、陈后主、隋炀帝、宋徽宗、宁宗，“皆能文章善画，然无救于乱亡”为例，指出：“可见君德之大，不在技艺间也。”要求皇上“及时讲求治理，以圣帝明王为法”，至于“写字一事，不过假此以收放心，虽直逼钟王，亦有何益？”[1]张居正还指出：“帝王之学，要在讲明义理，知古今治乱安危之所由，不在句读。”[2]可见，帝王之学是忽略学术而重视治术。

而培养治术，又必须修炼心术。弘治元年右庶子王臣指出：“自古帝王负高世之资者，未尝不急于天下之治，急于天下之治者，未尝不勤于帝王之学。盖四海之广，万几之繁，莫不仰治于一人，而取决于一心，必养之以义理，资之于讲论，学问之功，无少间断，使此心虚明洞彻，则于是非邪正之辨了然不惑，而事至来随，所应而无不当矣。”[3]三年，户科给事中屈伸指出：“古昔帝王，无日非讲学之时，无往非讲学之地。”孝宗回应道：“帝王之学以养心为要。经筵日讲所以涵养此心，诚不可以寒暑辍。”[4]

对于帝王之学中心术和治术的关系，明代阁臣认为是体用关系。万历三十三年，内阁代神宗撰拟的《重刊大学衍义补序》中指出：“朕惟帝王之学，有体有用。”并阐述道：“自仲尼作《大学》一经，曾子分释其义，以为十传，其纲明德新，民止至善，其目格致诚正，修齐治平，阐尧舜禹汤文武之正传，立万世帝王天德之绳准。宋儒真德秀因为《大学衍义》，掇取经传诸史之言以实之，顾所衍者，止于格致诚正修齐，而治平犹缺。”并指出弥补致治之缺的是《大学衍义补》。孝宗时丘濬“继续引伸，广所未备，为《大学衍义补》，揭治国、平天下、新民之要，以收明德之功”[5]。显然，他们这里所说的“帝王之学，有体有用”，体是养心，用是致治。

---

[1] 《明神宗实录》卷三三，万历二年闰十二月丁亥。

[2] 《明神宗实录》卷八二，万历六年十二月甲午。

[3] 《明孝宗实录》卷一三，弘治元年四月壬戌。

[4] 《明孝宗实录》卷三六，弘治三年三月丁巳。

[5] 《明神宗实录》卷四一六，万历三十三年十二月壬戌。

第三，实施的是终身教育。不管是年幼的皇帝还是成年皇帝，都终身接受着以儒家学说和思想为主要内容的教育和熏陶。在儒臣们看来由于教育对象是人所竞趋的最高统治者，各种邪欲和谄佞会乘虚而入，因此必须对君主实施教育，一刻也不能松懈。杨一清指出："人君一心，万化之本原也。然方寸之微，而众欲攻之，苟无诗书理义以维持之，百凡声色、货利、狗马、奇珍之物，游观、畋猎、骑射、俳优之技，与凡异端邪术之流，投间抵隙，皆足以动摇吾心，而谗谄面谀之人又从而从（谀之)[趋附]，日积月累，几何不荡荡然而陷溺于物欲之中乎！既为物欲之所溺，则于天下之事安能真知其是非得失之所在、务决去而必得之哉！此谓讲学所以为人君图治之第一义也！"[1]因此对皇帝的教育必然是终身的教育。从朝廷所建的经筵日讲制度上看，皇帝只要想维持一天的政权和统治，就得接受一天的教育。帝王教育的时间长，从早到晚，从生到死，从寝殿到朝堂，从读书到观剧，一举一动，皆有规程，一言一行，均有礼度。稍有不慎，便受规谏。皇帝成年后的终身教育，是今日"继续教育"制度的先声，对当今的继续教育和终身教育有一种启示意义。

第四，教育目标被专制君主所裹挟。尽然儒臣们以儒家的"大同"理想和"公天下"信念试图对朱姓皇帝进行潜移默化的影响，但明朝皇帝则将这种教育局限在如何"创业守成"、维护朱明天下上面。《礼记·礼运》中的"大同"和"天下为公"目的，实际上不可能成为基本的教育内容。在明代皇帝的经筵日讲中，除了神宗外，几乎从未以《礼记》作为讲读的教材[2]。万历十九年，内阁首辅王家屏曾将"《礼记》《王制》上下、《文王世子》、《礼运》共四本"讲章，装潢后进呈神宗。[3]但神宗于两年前已经不再出御讲筵，因此是否阅览了载

[1] 杨一清：《关中奏议》卷一八《献愚忠以答圣眷事疏》，景印文渊阁四库全书本。

[2] 朱鸿林《明神宗经筵进讲书考》指出：神宗所进讲的"《礼记》、《易经》、《春秋》等书，尤为明朝帝王讲读活动中所少见"。文载《华学》第九、十辑，第1374页，上海古籍出版社，2008年。

[3] 《万历起居注》第三册，第809—810页。

有“大同”内容的《礼运》篇，不得而知。即使学了，也未必领会，更不会应用。因此，明代经筵日讲所讲授的基本内容，仍属“小康”范畴的学问，即《礼记·礼运》所说的禹、汤、文、武、成王、周公“谨于礼”“以著其义，以考其信，著有过，刑仁讲让，示民有常”的小康时代治天下的模式。小康时代属于“家天下”时代，统治者学习的最高目的就是为了掌握维护朱明王朝长治久安的治国之道。正如张居正所指出的那样：“盖帝王之学与韦布之学不同，惟在融会其意义，体贴于身心，固不在区区章句间也。”[1]帝王将相之学要融会儒家经典中的王道纲常之义，而不必纠缠于文字句章层面的“小学”问题，至于“大同”的理想，根本不是皇帝必欲实现的政治蓝图。

第五，皇帝教育与程朱理学相结合。明代儒臣在对皇帝进行经筵和日讲教育时，基本上是用儒家的程朱理学进行灌输。当时所用教材以《四书》为首，《五经》反倒处于第二的位置，对于南宋理学名臣真德秀的《大学衍义》和明朝丘濬的《大学衍义补》十分推崇。儒臣们常用心的修养和理的培植来指导皇帝教育。杨廷和针对嘉靖元年“经筵甫毕”世宗便“传旨并日讲暂免”的决定，表示反对，指出：“人主一心，关系甚重，声色货利，一动于中，即妨政事。乞宫中无事，不废诗书，以养此心。”这就是用理学的思想来教化世宗。湛若水眼见世宗“以暑月撤经筵，上疏豫戒游逸以谨君德”，指出：“愿圣明常以端居静思为本，以温习寻求为业，以敬亲事天为职分，以勤政亲贤为急务，随处操存，体认天理，俾此心无异于经筵日讲之时，稍萌逸欲，即为禁止。”[2]天启二年九月，左副都御史马从吾题奏道：“我二祖开基，表章六经，颁行天下。天子经筵讲学、皇太子出阁讲学，讲学二字，昔为厉禁，今为功令。是周家以农事开国，我朝以理学开国也。”[3]说明了明代皇帝教育与程朱理学的紧密关系。

[1] 《万历起居注》第一册，第 142 页；《明神宗实录》卷二一，万历二年正月四日庚辰。

[2] 徐学聚：《国朝典汇》卷二五《朝端大政·经筵日讲》，明天启四年徐与参刻本。

[3] 《明熹宗实录》卷二六，天启二年九月壬寅。

第六，明代皇帝的经筵日讲，善始善终者少，虎头蛇尾者多。帝王教育自有皇家气象，但表面上轰轰烈烈，只是一时的热闹。不管跪拜师礼多么隆重，嘴上说得多么虔诚，实际情况是“善始者多，克终者寡”。[1]明代在经筵日讲上最具有代表性的世宗和神宗，也都是初期具有很大的热情，而后期则心生倦怠，甚至完全弃之不顾。

第七，明朝皇帝的教育还因人而异，因年龄而异，成年皇帝和冲龄皇帝的教育各呈现不同的特色。下面将对此问题展开讨论。

第二节　成年皇帝的继续教育

大明王朝的继位皇帝，有两种情况，一是成年时继承皇位；一是冲龄即位。即位年龄的不同，反映在皇帝的教育上，会出现两种不同的情况：冲龄即位的皇帝，在早期的宫廷教育时，会出现启蒙教育与成人继续教育二者合一的状况；而成年皇帝的教育，则已经完成了启蒙教育，只需接受成人的继续教育即可。作为帝国的决策者，成年皇帝的继续教育受到特别的重视，从帝国的制度设计来看，皇帝必须不断从事经筵日讲的教育，直到生命的终止。

若以今天18岁为成年标志的话，明代16个皇帝太祖朱元璋（41岁即位，下同）、惠帝朱允炆（22岁）、太宗朱棣（42岁）、仁宗朱高炽（46岁）、宣宗朱瞻基（27岁）、英宗朱祁镇、代宗朱祁钰（21岁）、宪宗朱见深（18岁）、孝宗朱祐樘（18岁）、武宗朱厚照、世宗朱厚熜、穆宗朱载垕（30岁）、神宗朱翊钧、光宗朱常洛（39岁）、熹宗朱由校、思宗朱由检中，10个都是成年继位，只有英宗（9岁）、武宗（15岁）、世宗（14岁）、神宗（10岁）、熹宗（15岁）和思宗（17岁）6位皇帝是未成年即位。

明朝10位成年即位的皇帝，他们的教育大致分为两种情况，一是

[1] 周世范：《论帝王教育的特殊性与一般规律》，载《海南大学学报》1999年第1期。

开国皇帝朱元璋的自我教育；二是其他后嗣君主在经筵日讲制度下的继续教育。

一　开国皇帝的自我教育

朱元璋是濠州钟离（今安徽凤阳）的贫农子弟，无缘接受学校教育，在反元起义过程中，进行自我教育，并依靠这种教育，获得了较为丰富的知识，奠定了作为国家领导人应有的学养和见识。

作为开国之君，朱元璋在争夺天下的时候，便开始注意对自己进行教育，提高认识水平和个人修养。朱元璋的自我教育，在史学上主要是通过对《汉书》的学习和对刘邦君臣的模仿式学习，在实践中获得修正和完善，从而掌握了一套行之有效的打天下和治国的知识和经验。[1]在经学上，主要是学习《四书》中的《大学》，《五经》中的《尚书》、《春秋》、《周易》等。明人俞汝楫指出："高皇帝干戈未戢，文德先陈。军旅之际，延召名儒，如戊戌之春即召儒士许元、叶瓒玉、胡翰、汪仲山、李公常、金信、徐孽、童冀、吴履、张启敬、孙履会食宁越行中书省，日令二人进讲经史，敷陈王道。"[2]另有记载说是己亥年（元至正十九年，1359年）正月，太祖朱元璋攻克婺州，置中书分省，召诸名儒会食省中，"日令二人进讲经史，敷陈治道，此论道讲学之始也"。朱元璋当上吴王后，"则设博士厅，令博士许存仁等日讲《尚书》等书"。[3]

建立大明王朝后，在学习上尝到甜头的朱元璋，仍然注重自我教育和提高，探讨义理的最高境界和致用的最佳方案。"及有天下，令文学侍从之臣，每于御前讲说经史无定日，亦无定所。寻设华盖、文

[1] 参见谢贵安:《朱元璋偶像崇拜与政策走向》，载《安徽史学》1993 年第 2 期;谢贵安:《明代的〈汉书〉经典化与刘邦神圣化的现象、原因与影响》，载《长江大学学报》，2008 年第 2 期。

[2] 俞汝楫 :《礼部志稿》卷六七《经筵进讲・洪武朝进讲》，景印文渊阁四库全书本。

[3] 黄佐 :《翰林记》卷九《御前讲论经文》，景印文渊阁四库全书本。

华、武英等殿，说书以儒士沈德辈为之。其后惟本院及殿阁大学士专其事，罢诸殿说书官。然圣学缉熙甚力，每进讲必反复讨论以求义理之极致。讲毕，必及政事以为常。”这是在进行探索皇帝的自我教育之道，“当是时，未有经筵之名也”。[1]有人发现，太祖“即位之后，大开讲筵，靡间寒暑，时发宏议，覃为吁谟。有老师闻人所不能窥一斑者”[2]。

这种自我教育的实质，是皇帝的积极和主动投入，皇帝甚至主导整个教育的走向和实施。每次进学，作为受教育者，太祖都主动参与讨论。洪武三年二月，朱元璋御东阁，“学士宋濂、待制王祎等进讲《大学》传之十章，至‘有土有人’，濂反复言之”。朱元璋回应道：“人者国之本，德厚则人怀，人安则国固，故人主有仁厚之德，则人归之如父母，人心既归，则有土有财，自然之理也。若德不足以怀众，虽有财，亦何用哉！”说明他通过宋濂等人的讲授，学到了《大学》的精髓。十六年八月，朱元璋御谨身殿，“东阁大学士吴沉等进讲《周书》‘罔有立政憸人’”，朱元璋学习后谈体会：“有小人必败君子，故唐虞任禹稷必去四凶，鲁用仲尼必去正卯。”吴沉指出：“《书》云‘去邪勿疑’，所以深致其戒。”朱元璋答道：“国家不幸，有小人如畜毒药，不急去之，必为身患。小人巧于悦上，忍于贼下，君若但喜其顺适已意，任其所为，而不问（辟）[譬]如犬马伤人、人不怨畜犬马者乎？”[3]看来，朱元璋在接受儒臣讲读的同时，也开始有了自己独到的体会。二十年五月，太祖“御华盖殿，侍臣进讲，因论人之善恶感召，不得其常”。太祖则认为：“为恶或免祸，然无可为之恶；为善或未蒙福，然无不可为之善。人惟修其在已，祸福听天，彼不然者，时未至耳。”二十八年十二月，“侍臣进讲《尚书·无逸》”，太祖体会到：“国家以勤兴，以逸废。勤与逸，理乱所系。成王时天下宴然，

[1] 以上引文皆见黄佐：《翰林记》卷九《御前讲论经文》，景印文渊阁四库全书本。
[2] 俞汝楫：《礼部志稿》卷六七《经筵进讲·洪武朝进讲》，景印文渊阁四库全书本。
[3] 以上引文皆见黄佐：《翰林记》卷九《御前讲论经文》，景印文渊阁四库全书本。

周公作是书，上自天命，下至生民，闾里怨诅莫不具载。朕每反复详味，求古今之用心，书于殿壁，朝夕省阅，以为鉴戒。今日闻之，愈益警惕。”[1]朱元璋悟性较好，能够从学习中产生心得。“高帝尝御华盖殿，文渊阁大学士朱善进读《心箴》毕，上曰：‘人心道心有倚伏之几，盖仁爱之心生则忮害之心息，正直之心存则邪诐之心消，羞恶之心形则贪鄙之心绝，忠悫之心萌则巧伪之心伏，故人常持此心不为物欲所蔽，则至公无私，自无物我之累矣。’”对此，黄佐感叹不已：“呜呼，大哉！圣人之言乎！帝王万世心学之要旨，不外乎此。他如读经及史，见于四朝《宝训》者，俱有评骘，不可悉记。今进读之制寖，已渝昔矣。”[2]洪武十八年九月，朱元璋御文华殿，“命文渊阁大学士朱善讲《周易》”，讲至“家人”时，太祖参与了讨论，并讲出了自己的心得：“齐家、治国，其理无二，使一家之间，长幼内外各尽其分，事事循理，则一家治矣。一家既治，达之一国，以及天下，举而措之耳！朕观其要，只在诚实而有威严。诚则笃亲亲之恩，严则无闺门之失。”朱善对曰：“诚如圣谕。”后来，大学士李贤对此评论道：“高庙看书议论，英发驾宋儒而上之。每儒臣进讲，必有辩说，因讲‘攻乎异端，斯害也已’，辩曰：‘攻是攻城之攻，已，止也。孔子之意，盖谓攻去异端，则邪说之害止，而正道可行也。宋儒乃以攻为专治而欲精之，为害已甚，岂不谬哉！’如此之类，所辩甚多。自汉唐以来，人君能事诗书，如此留意者，亦不多见。盖由圣资高迈，所以不袭故常，而发前贤之所未发也。”[3]

朱元璋在学习时对儒臣不耻下问，但对知识宦官比较排斥，“圣祖时，凡观书史中有句读字义未明者，必召翰林儒臣质之”。他求教的人都是文人士大夫，“虽有知书内侍、能文字人，不得近，盖因是以延接贤士大夫，不特䌷绎义理而已”。洪武二十六年七月，选秀才

[1] 俞汝楫：《礼部志稿》卷六七《经筵进讲·洪武朝进讲》，景印文渊阁四库全书本。
[2] 黄佐：《翰林记》卷九《御前讲读》，景印文渊阁四库全书本。
[3] 以上引文皆见黄佐：《翰林记》卷九《御前讲论经文》，景印文渊阁四库全书本。

张宗濬等入值文华殿，“侍讲毕，进说民间利害、田里稼穑等事，间陈古今孝弟、忠信、文学、材艺诸故事，日以为常”。对于太祖不时召见儒臣，问难解疑一事，洪武末，侍讲方希曾赋诗咏其事：“风暖彤庭尚薄寒，御炉香绕玉阑干。黄门忽报文渊阁，天子看书召讲官。”[1]

朱元璋虽然在安徽濠州老家没有受过什么教育，但在军旅中却注重个人教育和文化水平的提升，在即位后更是延请名儒进行讲读，从而获得了军事谋略和治国经验。作为成年皇帝，他通过继续教育，获得终身的益处。

但是，由于从小没有打好教育的底子，他的文字功夫、书法艺术和文化水平，都有先天的缺陷。现存流传下来的朱元璋的文字作品，很多都经过文臣们的润色。张德信指出：“朱元璋家境贫寒，生活无着，自然无力投师求学，接受系统教育。只有在他当小沙弥和尚，脱下僧袍，换上戎装，且有所发展之后，亲近士人，好学不辍，才识了些字，读了些书。尤其是成为大明王朝的开国皇帝，政务之暇，吟诗作文，留下了大量文字。而其诗文水平如何？评价起来实在困难。”他认为“朱元璋作文不多加推敲，而任凭情思流灌，故而朴野自如，常得天然之趣。但也往往看出它的草率乃至拙劣。看朱元璋所写的东西，你会发现，有的诗赋写的相当有韵味，可以说措诸名家而无愧；有的散文写的也很有章法；也有的则半通不通，大类冬烘架构。这一来是因为他半路出家未受过系统训练，文臣们又不敢轻易改他的文章。另一方面，也因朱元璋没有时间和精力精雕细刻，喜欢一种明白简朴的文风”。[2]

太祖在征召儒臣进讲经史的同时，也从现实的政治中学习了许多为政之道和权谋之术，为此不断加强皇权，废中书省和宰相，大兴文字狱，诛杀功臣，走向了法家的刑罚和权术之路，背离了儒臣的伦理

[1] 黄佐：《翰林记》卷九《讲官趋召》，景印文渊阁四库全书本。
[2] 张德信：《朱元璋诗文刍论》，载《北方论丛》1996 年第 4 期。

和诚信，与儒家的教育渐行渐远。这种矛盾也成为后世皇帝教育中的基本问题。

二　成年嗣君的继续教育

在明朝10位成年即位的皇帝中，其他9位成人皇帝，早年都曾受到过太子或宗王的教育，有较深厚的知识底蕴和文化储备，即位后，又接受了经筵日讲制度下的继续教育和终身教育，这使他们与开国皇帝朱元璋区别开来，同时又与冲龄即位的6位皇帝呈现不同的状况。那6位冲龄皇帝即位后，有些也很快长大成人，其后期的经筵日讲也具有成年皇帝受教育的特点，故一并讨论。

成年嗣君的继续教育有如下特点：

第一，以经筵和日讲为主要教育形式。

成年嗣君已经完成了东宫（或皇子）教育阶段，直接接受的是成人教育。明代皇帝的基本教育形式是经筵和日讲，在经筵日讲中，儒臣设计了比较严格而有体系的经史教育课程，成年皇帝都能够接受这种形式。在英宗形成正式的经筵日讲制度之前，太宗、宣宗等人，也自觉延请翰林儒臣从事讲经和说史活动，类似于接受了经筵日讲教育。而且，正是他们的这种教育，奠定了经筵日讲制度的基础，所以英宗即位后，才将经筵日讲固定化和制度化。

太宗朱棣幼受启蒙教育，以武力夺得皇位后，经常召儒臣进讲经书和史书。永乐二年八月，"大学士解缙等进《大学·正心章》讲义"，太宗"览之至再"。[1]他还召儒臣讲论史书："上视朝之暇，辄御便殿阅书史，或召翰林儒臣讲论。"[2]宣宗即位时已经27岁，承继父祖的教育经验，请儒臣们讲读经史。他积极地让儒臣们讲论经书。讲的内容有《四书》中的《孟子》和《大学》。宣德二年三月，"御文华殿，儒

[1] 俞汝楫：《礼部志稿》卷六七《经筵进讲·永乐朝进讲》，景印文渊阁四库全书本。
[2] 黄佐：《翰林记》卷九《讲官趋召》，景印文渊阁四库全书本。

臣讲《孟子》”。六年三月，宣宗视朝，退御便殿，“命翰林儒臣进讲《大学》‘平天下’章。’”[1]讲的内容还有《五经》中的《易经》、《尚书》和《春秋》。宣德二年十月，宣宗“御文华殿。儒臣进讲《易·观·大象》”。《易经》之外是《尚书》。宣德三年二月，在文华殿，“儒臣讲《舜典》毕”，宣宗还参与了讨论。九年十二月，翰林侍臣讲《周书》毕，宣宗“因论周之王业及成康治效”。《尚书》之外还讲《春秋》。宣德三年十月，“儒臣进讲《春秋》毕”，宣宗感叹道：“圣人匡世之功，忧世之心，备见此书。当时先王礼乐法度日废，乱臣贼子接迹而起，有此书而后，天下皆知尊周。”在讲经书的同时，宣宗还让儒臣们讲史书。宣德二年十二月，“侍臣进讲《贞观政要》”。[2]

太宗和宣宗虽然未制定经筵日讲制度，但他们经常让翰林儒臣进讲经书和史书，已经奠定了经筵日讲制度的基础，这一制度随着年幼英宗的继位，被文官集团乘机固定化和制度化，经筵日讲制度遂得以正式建立，从此确立了皇帝教育的专门制度和体系。

此后成年即位的皇帝，都不得不沿用经筵日讲制度，接受这一制度下的教育。天顺八年八月，宪宗御经筵，给他讲课的讲官是学士柯潜、李泰、刘珝等人。侍经筵的人有庶子兼侍讲徐溥、侍读倪岳、编修彭华等人。成化十二年，太常寺卿兼侍读刘珝“日侍经筵，进讲经史”。十四年四月十二日，宪宗“御经筵，进讲《中庸》二十章，退宴左顺门，宠锡稠叠”。孝宗即位后“尤重经筵”。弘治元年三月十二日，孝宗“初开经筵”，十三日早，他到“文华后殿进读《尚书》、《孟子》，及午乃进讲《大学衍义》以为常”，“读毕赐宴”和“讲毕赐茶”时，孝宗对老师们“皆呼‘先生’而不名”。七月二十日，文华后殿讲毕，孝宗让中官“赐讲臣冠带韡袍”。孝宗还对讲读官们说：

[1] 黄佐：《翰林记》卷九《御前讲论经文》，景印文渊阁四库全书本。

[2] 以上引文皆见俞汝楫：《礼部志稿》卷六七《经筵进讲·宣德后历朝进讲》，景印文渊阁四库全书本。

“先生辛苦。”讲读官一起回答：“此皆职分当为。”顿首而退。[1]弘治十五年，工科给事中陶谐上奏称：“经史繁多，难于遍览，惟宋儒真德秀《大学衍义》一书简而明，约而尽，乃治道之指南，请以是书一置经筵，以备进读，一置宫禁，以备退览。”孝宗要求礼部提出意见，礼部回复道：“《衍义》一书，已命儒臣于经筵进讲，今谐复以为言，诚以治天下之大本大端，莫要于此！伏乞圣明俯纳其言，益勤圣学，不独外而经筵，虽内而宫禁，亦置一编，用备观览。”孝宗采纳了这个建议。[2]十八年三月，张元祯上疏劝经筵讲《太极图》、《西铭》、《性理》诸书，孝宗“嘉纳之”，并索《太极图》一观，感叹道：“天生此人以开朕也！”[3]世宗成人后的早期，也主动接受经筵日讲教育。他“命儒臣进讲《大学衍义》，迨西苑无逸殿成，命辅臣及经筵日讲官、六卿、侍经筵官各撰《〈尚书·无逸〉〈诗·豳风·七月〉讲义》一道，于无逸殿进讲”。[4]嘉靖五年正月以后，时年20岁的世宗“每遇经筵日讲，召讲官顾鼎臣、谢丕及臣道南、蔡昂，赐赉无算”[5]。

成年皇帝在举行经筵日讲的同时，也利用经筵月讲（会讲）制度进行自我教育。每月初二、十二、二十二日举行会讲。弘治十年四月二日，“当会讲，以祫太庙，有旨改是月三日。至期遇雨，又改四日”，可见孝宗“圣学之勤，不以事而废如此！”[6]他们还发明了午讲制度。隆庆六年，穆宗还下令制定了午讲的仪注，以保证每日中午“进讲《通鉴节要》，后《通鉴》讲完，以《贞观政要》进讲。讲官务将前代兴亡事实，直解明白”[7]。相对于冲龄皇帝而言，成年皇帝在举行自我教育时，要主动得多。

[1] 黄佐《翰林记》卷九，《经筵恩赉》。
[2] 俞汝楫：《礼部志稿》卷六七《圣学备考·进览〈大学衍义〉》，景印文渊阁四库全书本。
[3] 俞汝楫：《礼部志稿》卷六七《经筵进讲·宣德后历朝进讲》，景印文渊阁四库全书本。
[4] 申时行等：《大明会典》卷五二《礼部十·经筵（日讲并讲〈大学衍义〉等仪附）》，明万历内府刻本。
[5] 廖道南：《殿阁词林记》卷一五《恩赉》，景印文渊阁四库全书本。
[6] 黄佐：《翰林记》卷九《经筵月讲》，景印文渊阁四库全书本。
[7] 申时行等：《大明会典》卷五二《礼部十·经筵（日讲并讲〈大学衍义〉等仪附）》。

第二，学习比较主动，与讲官产生积极的互动。

太宗朱棣在学习上十分主动，上朝的空暇，总是到便殿阅读书史，或召翰林儒臣讲论。宣宗在文华殿听“儒臣讲《舜典》毕”，还曾与讲官讨论，指出：“观二典三谟，则知万世君臣为治之道不出乎此！以闰月定四时，天道以明；奠高山大川，分别九州，任土作贡，地道以成；克明峻德，协和万邦，人道以建。九官十二牧，后世建官不同，不出乎此。当时君臣都俞吁咈，更相告戒，用图治功，气象蔼然。何后世之不及也！”宣宗听“儒臣进讲《春秋》毕”，深受教育，道：“孔子以尊周为本，孟子乃以王天下劝齐梁，何也？圣贤之心无非为天下计，孟子时不有王者兴，何以解生民之涂炭？”他还主动地“赐讲官坐，命左右赐果茗”。[1]宣德四年三月，宣宗退朝，御便殿，“与儒臣论史，因问汉唐诸君在位孰久？”儒臣们“以武帝、玄宗对”。宣德则说：“汉武末年惩过，玄宗久而恣欲，汉武犹为彼善于此。”[2]这显然是在与讲臣们讨论和互动。

孝宗在参加经筵时，也相当主动，在文华后殿进读《尚书》、《孟子》后已近中午，他还要求进讲《大学衍义》。弘治十七年九月，孝宗参加日讲，日讲官刘机讲“陈善闭邪”时，将“陈”字解释成“陈说”。孝宗认为不对，应该解释为“敷陈”。事后，他让太监李荣向内阁传达了自己的意见。然后又召见了辅臣刘健、谢迁等人，把事情经过讲了一遍。刘健回答说：“昨李荣又说，以‘善道启沃他’，‘他’字不是。”李荣的意思是，“他”字不雅，应该用“之”字来表示。孝宗微笑道：“‘他’字也不妨。大抵讲书须要明白透彻，直言无讳。道理皆是书上原有的，不是纂出。若不说尽，也无进益。且先生辈与翰林院是辅导之职，皆所当言。”刘健附和道：“臣等若不敢言，则其余百官无敢言者矣。”孝宗称是。谢迁道：“圣明如此，讲官愈好尽

[1] 以上引文皆见俞汝楫：《礼部志稿》卷六七《经筵进讲·宣德后历朝进讲》，景印文渊阁四库全书本。

[2] 黄佐：《翰林记》卷九《御前讲论经文》，景印文渊阁四库全书本。

心。”李东阳说：“今年圣学缉熙，中外臣民无不仰戴。臣等敢不仰承圣意？”辅臣们皆叩头表谢。孝宗又说：“先生辈可传与他，不必顾忌。昨所讲似有顾忌耳。”又指出：“‘他’字亦不妨，昨因话偶及此意，以为不若‘启沃之’更好，然不必深计也。”刘健、谢迁等人皆复谢而出。是日“天颜和悦”，似是孝宗“以昨所传未的，恐讲官因此有所观望，故特示详悉如此”。[1]成年的孝宗，对经筵日讲时讲官的解释、用词都提出了自己的看法，同时也以宽容的心态对待讲官的某些失误，不想挫伤他们的积极性，表现出一位成熟君主为人处世的端正态度。

成年后的世宗对经筵日讲持积极主动的态度，甚至主导了经筵和日讲的内容及方向。由于在西苑建成了无逸殿和豳风亭，他在经筵和日讲中，便特别重视对《尚书》和《诗经》相关篇章的讲读：“迨西苑无逸殿成，命辅臣及经筵日讲官、六卿侍经筵官各撰《〈尚书·无逸〉〈诗·豳风·七月〉讲义》一道，于无逸殿进讲。”[2]嘉靖十年四月，世宗幸西苑，御无逸殿，“命大学士李时、翟銮坐讲。时进讲《书·无逸篇》，銮进讲《诗·豳风·七月》之章，武定侯郭勋及九卿大臣皆侍讲，毕，上御豳风亭，赐辅臣并勋等及翰林儒臣宴亭下”。[3]这就将讲读与环境联系了起来，能够起到身临其境的作用。

世宗还参加日讲内容和程序安排的商讨。嘉靖六年六月，世宗谕内阁，“令翰林讲官日轮一员，将经书、《通鉴》撮其有关君德政事与修省之道者，直录其义，以赞所未晓，庶心得其旨而理自通”。大学士杨一清等人回复道：“自古经史大义，尽具宋儒真德秀所撰《大学衍义》一书中，请修先朝故事，日令儒臣进讲。”世宗提出自己的意见：“《大学衍义》可令直解，参以时事，以开朕学。若日逐进览，恐不得精。宜五日一进，不以寒暑废，庶得探索精研，不徒劳精神，虚

[1] 徐学聚：《国朝典汇》卷二五《朝端大政·经筵日讲》，明天启四年徐与参刻本。
[2] 申时行等：《大明会典》卷五二《礼部十·经筵（日讲并讲〈大学衍义〉等仪附）》。
[3] 俞汝楫：《礼部志稿》卷六七《经筵进讲·宣德后历朝进讲》，景印文渊阁四库全书本。

延日月。”杨一清等人“复请于经筵讲官内，与日讲官各分为两班，每逢三、八日，以次轮讲。臣等仍日轮一员侍班，至于春秋月日，和煦凉爽之时，经筵日讲俱照旧规，惟三、八日专讲《大学衍义》”。世宗回答道：“讲学为治之首，君道当先，朕虚怀以受卿等及讲官尽心讲说，开诚启沃，以资朕学。卿一清等侍班，贾咏等日轮一员，如有召论，不在此例。至于春秋之时，不必于三、八日，可以该朝两宫之日，既免日讲，只于午后进讲《衍义》，庶并行而无废。”于是“命侍郎温仁和、桂萼、张璁、詹事董玘、侍读学士徐缙、祭酒严嵩、庶子穆孔晖、谕德顾鼎臣、张璧、许成名、洗马张瀚、赞善谢丕更直进讲”。

作为成年皇帝，世宗还能发现讲官的不当之处，甚至亲自讲解。某日，他嫌“侍读汪佃讲《洪范·九畴》不称旨”，“亲讲解其义”。[1]

崇祯帝即位时虽然只有17岁，但转眼已经成年，与经筵和日讲官们在经书的教学和现实的讨论上，都能够产生互动和交流。崇祯初年日讲官文震孟在进讲《论语》“君使臣以礼”一节时“反复规讽”，为蒙冤下狱的大臣鸣不平。帝受感动，讲筵才结束“即降旨”，将大臣乔允升和胡世赏释放出狱。[2]孟绍虞在经筵上“以巨奸未殄，每进讲引古帝王明断寓讽”，崇祯帝“敛容称善”。[3]崇祯十一年，“帝御经筵”时问杨廷麟：“保举考选，何者为得人？”杨回答：“保举当严举主”，并抨击推举唐世济、王维章的温体仁和王应熊，“帝为动色”。[4]崇祯帝在参加经筵日讲时，能够当场拍板改变一些不合理的制度。崇祯十五年，思宗来到文华殿参加日讲，发现只有皇帝前面的案几上有讲章，讲官案上则无，“讲官韩四维屡次遗忘，上以矜凛宽之”，并谕辅臣道：“日讲可照经筵例，亦置讲章，朕有所疑，可据以问难，而讲官亦不至遗忘。”[5]崇祯还对讲官的讲课效果产生直接的反应。经筵

[1] 俞汝楫：《礼部志稿》卷六七《经筵进讲·宣德后历朝进讲》，景印文渊阁四库全书本。

[2] 《明史》卷二五一《文震孟传》。

[3] 张自烈：《芑山诗文集》卷一七《明资政大夫孟公绍虞传》，清初刻本。

[4] 秦镛：《（崇祯）清江县志》卷八《人物志中》，明崇祯刻本。

[5] 佚名：《明内廷规制考》卷二，清借月山房汇抄本。

讲官王铎讲《聪明睿智》一章，“分疏敬、信、悦字，反语太多，言时事又有白骨如麻等语”。思宗认为其“敷衍数语，支吾了事”，不能发挥精义，结果吓得他“出案前待罪”[1]。成年君主在经筵日讲上的这种主动和互动，是幼年皇帝所缺乏的。

第三，讲读能够激起思考，产生独有的心得体会。

冲龄皇帝在经筵和日讲时，多被动地跟随讲官读诵，讲官在讲解经书文义时，幼君也常常一知半解，而成年皇帝则常能从讲官的讲读中，激发对经史文义的理解和议论，阐发心得体会。太宗在解缙等进《大学·正心章》讲义时，读了两遍，大发议论道：“人心不可有所好乐，一有好乐，泥而不返，则欲必胜理。若心能静虚，事来则应，事去如明镜止水，自然纯是天理。朕每朝退默坐，未尝不思管束此心。又思为人君者，但于宫室、车马、服食、玩好无所增加，则天下自然无事。”[2]宣宗在听儒臣讲《孟子》后，深有感触：“伯夷、太公皆归文王，武王伐纣，太公佐之，伯夷扣马，见何不同？太公心在当时，伯夷心在万世，无非为天下计也。”他在听儒臣们进讲《易·观·大象》后说道：“古者帝王巡狩礼，后世何以不行？亦世势不同也。舜时五载一巡狩，二月东岳，五月南岳，八月西岳，十一月北岳，一年遍天下。五年又去。后世人君一出，千乘万骑，百姓供亿不亦难乎？成周十二年一巡，已与虞时不同，况后世乎予？以为治贵实效。诚如古帝王选任贤良，抚养百姓，崇德报功，毕协至公，不患制度不一，民风不振，若以后世侍卫之众，征求之广，欲行时巡之制，难矣！”看来，他不是单纯地学习，而是能够融会贯通，根据现实的情况，指出因时而变的道理。十二月，“侍臣进讲《贞观政要》”后，宣宗谈自己的学习心得：“唐太宗致治之美，庶几成康，实本乎此。予谓安天下必先正其身，未有身正而影曲，上理而下乱者。治国如栽树，本不摇，枝叶茂盛，君道清静，则百姓安乐。”宣德六年三月，宣宗再次

[1] 杨士聪：《玉堂荟记》卷二。

[2] 俞汝楫：《礼部志稿》卷六七《经筵进讲·永乐朝进讲》，景印文渊阁四库全书本。

“御便殿，命翰林儒臣进讲《大学·平天下章》”，受到启发，谈了自己的体会：“治天下不可无财用，如生之者众四语，不必征暴横敛而国用有余矣。”[1]

孝宗和世宗在经筵日讲中，均能受到启发和思索。弘治十八年三月，张元祯上疏建议经筵讲《太极图》、《西铭》、《性理》诸书，孝宗“嘉纳之”。当他索《太极图》一观后，大为惊叹：“天生此人以开朕也！”[2]显然，孝宗是受到了深刻的教育。世宗曾御豳风亭，召大学士翟銮、礼部尚书李时、右都御史汪鋐“同观收获”，复谕曰：“农之劳苦见于纸上，不如亲见之为真。我圣祖尝有训曰衣帛当思织妇之劳，食粟当念农夫之苦，以此观之，果为粒粒皆辛苦也！”李时回答说：“皇上真知稼穑之艰难！”世宗来到无逸殿东室，宣称：“无逸殿之作，虽以劝农，而讲学亦在其中。经筵日讲官，仍各进讲《七月诗》、《无逸书》各一篇。”[3]世宗在经筵日讲官讲《诗·豳风·七月》和《尚书·无逸》前，就已做了充足的功课，因此在听讲时，就有更深的体会。这种体会是年幼的皇帝所很难以到的。

第三节　冲龄皇帝的启蒙教育

一　幼君经筵日讲概览

对于未成年的皇帝，需要进行启蒙教育，即所谓“蒙养”。明人黄洪宪指出：“顾元良系万国之贞，蒙养实圣功之本。”[4]对皇帝从小进行教育，是建立万世功业的根本。当先皇帝突然驾崩时，一些小太子或皇子仓促间便被推到皇帝的位子。对于这些尚未成人的幼主，必

[1] 俞汝楫:《礼部志稿》卷六七《经筵进讲·宣德后历朝进讲》，景印文渊阁四库全书本。
[2] 俞汝楫:《礼部志稿》卷六七《经筵进讲·宣德后历朝进讲》，景印文渊阁四库全书本。
[3] 吴瑞登:《两朝宪章录》卷五，明万历刻本。
[4] 黄洪宪:《碧山学士集》卷二一《拟条陈东宫讲学要务疏》。

须将东宫的启蒙教育与皇帝的经筵日讲教育合二为一，使本为继续教育的经筵日讲也具有了启蒙的性质，产生了成年皇帝接受教育时所不曾有过的特点。

大明王朝16个皇帝当中，有6位即位时是未成年人，属于所谓的"冲龄即位"，他们是英宗（9岁）、武宗（15岁）、世宗（14岁）、神宗（10岁）、熹宗（15岁）和思宗（17岁）。由于政局的瞬间变化，命运将这些未成年君主匆匆推向了历史舞台，在他们接受太子或皇子教育尚不充分和完善的情况下，又不得不接受皇帝的经筵日讲教育，因此这些幼主的帝王教育，就具有启蒙性质，融启蒙教育与经筵教育于一身。

在英宗之前，虽然历朝皇帝都自觉地从事学习，或延请儒臣讲课，但并未形成制度。而到了英宗冲龄即位后，大臣们便利用君主幼弱之际，乘机建立了大明王朝皇帝的教育制度——经筵日讲制度。据黄佐在《翰林记》卷九《开经筵》中指出：

> 宣德末年，英宗嗣位，年才九龄，圣学未及缉熙。大学士杨士奇等始奏请开经筵，其疏略曰："去年十月内，宣宗皇帝御左顺门，召臣士奇谕之曰：'明年春暖，东宫出文华殿读书。凡内外侍从，俱用慎择贤良廉谨之臣。'臣士奇叩头对曰：'此国家第一事，正维其时。伏望皇上留心。不幸先帝上宾，哀戚之中臣未敢遽言。然此事至重，不敢久默。伏望山陵毕，早开经筵，以进圣学。'"
>
> 因具合行事宜曰："今当豫择讲官，必得问学淹贯，言行端正，老成重厚，识达大体者数人以共其职。乞豫命吏部、礼部、翰林院公同推举，具名陈奏，取自上裁。"又曰："天子就学，其事体与皇太子、亲王不同，乞先命礼部、翰林院详定讲筵礼仪陈奏。"又曰："凡起居出入，一应随侍及使用之人，皆宜选择行动端庄、立心行正当者，使在左右，如或其人举动轻佻，言语亵慢，立心行己不正者，皆宜早去之。

> 若不早去，随侍既久，情意相洽，不觉其非，言听计从，后来欲去其势，难矣！此在常人尚须决择，况天子之左右！伏望太皇太后陛下、皇太后陛下万万留意。”诏可其请。

至正统元年二月，小皇帝英宗降敕道：“朕祇奉天命，嗣承祖宗大宝，统御天下，用主神人，而即位以来，勿遑夙夜，永惟厥道，必学乃明。今以初九日御经筵，命尔翰林院、春坊儒臣分直侍讲。夫道原于天，尧、舜、禹、汤、文、武以隆政教，而周公、孔子阐明之。我祖宗世所师法，以安天下。卿等宜一心竭诚相与讨论，务归至当，毋隐而弗彰，毋曲而徇好，庶明之于心，诚之于行，以兴治化，以福苍生，用不忝天与祖宗之命。钦哉！”

于是，任用太师英国公张辅知经筵事，少傅兵部尚书兼华盖殿大学士杨士奇、少傅工部尚书兼谨身殿大学士杨荣、礼部尚书兼学士杨溥同知经筵事，詹事府少詹事兼侍读学士王直、少詹事兼侍讲学士王英、侍读学士李时勉、钱习礼、侍讲学士陈循、侍读田衷、侍讲高谷、修撰马愉、曹鼐兼经筵官。“讲官推举，实出内阁，吏、礼二部承其意而已。遂定为制”。“其后各部侍郎、国子祭酒出自本院（翰林院）者，得与焉”，即以参加侍经筵活动。然而，当时正式举行的经筵大典，只具有象征意义，在经筵上，君臣之间难以交流，“当是时，吏部郎中李茂弘已窃有‘君臣之情不通，经筵徒为文具’之叹矣”。[1]虽然年仅九岁的英宗参加这种大型的经筵活动时，并不能够深刻理解它的意义，但大臣们心里很清楚，一种实现“道高于君”的教育制度——经筵日讲制度终于确立，它将成为儒臣们对君主实施儒家教育以“启沃圣心”的重要工具。此后，明朝皇帝不断抗拒这一制度带来的束缚，但都无法完全摆脱经筵日讲或显或隐的影响。

在英宗尚未完成东宫教育的情况下，对他实施的经筵日讲教育，

[1] 以上所引史料均来自黄佐：《翰林记》卷九《开经筵》，景印文渊阁四库全书本。

实际上也负有启蒙教育的性质和任务。

正德元年，内阁为年少的武宗“开经筵”，由太师兼太子太师英国公张懋、少师兼太子太师吏部尚书华盖殿大学士刘健知经筵事，少傅兼太子太傅户部尚书谨身殿大学士李东阳、少傅兼太子太傅礼部尚书武英殿大学士谢迁等同知经筵事。“然武宗后多事宸游，经筵罕御云。”[1]

在六位冲龄即位的皇帝中，神宗的经筵日讲教育比较具有代表性。神宗即位时未及10岁，由内阁强势首辅张居正实施教育。他提出“视朝不如勤学，尤为务实”的主张，即对幼君主要实施启蒙教育，与之相比，视朝听政则并不重要。于是建议“皇上以三、六、九日视朝，其余日俱御文华殿讲读”。[2]据《万历野获编》卷二《冲圣日讲》载：“列圣经筵，每月用初二、十二、廿二，凡三日。而日讲则不拘期，一切礼仪视经筵俱减杀，仅侍班阁部大臣与词林讲官及侍书等官供事。然圣体稍劳，则不御之日居多。值日词臣依例进讲章，以备乙览而已。”该书特别指出：“今上初登大宝，江陵相建议上每日于日初出时，驾幸文华，听儒臣讲读经书。少憩片时，复御讲筵，再读史书。至午膳而后，还大内。惟每月三、六、九常朝之日，始暂免。此外即隆冬盛暑，无间焉。以故十年之中，圣学日新，坐致太平之治。”他还将神宗与英宗两位冲龄即位的皇帝作了比较：“昔英宗御极，亦在幼冲，初不闻三杨诸公有此朝夕纳诲，遂使王振得盗国柄，几危宗社。则主上早岁励精，真可只千古矣。”[3]按沈德符的理解，正是因为张居正通过经筵日讲等形式对神宗进行了启蒙教育，才避免了英宗朝未能真正实施启蒙教育、经筵“徒为具文”所带来的不良后果和严重危害。

除了英宗和神宗外，熹宗即位时年仅15岁，也属于未成年的皇帝。他的经筵日讲教育也具有启蒙性质。陈时龙根据北京大学图书馆所藏

[1] 以上非经注明者，皆见黄佐：《翰林记》卷九《经筵恩赉》，景印文渊阁四库全书本。
[2] 《明神宗实录》卷四，隆庆六年八月癸亥。
[3] 沈德符：《万历野获编》卷二《冲圣日讲》。

明人丁绍轼《丁文恪公续集》中《讲筵恭纪诗》十二首及序、天启朝日讲官的文集等史料，撰成《天启皇帝日讲考实》一文，详细叙述了天启皇帝的日讲情况。他认为天启一朝的日讲规制，“自时间与空间看，天启朝的日讲与历朝变化不大，乃在文华殿穿堂举行，至午即散；自教材看，《四书》、《五经》及《帝鉴图说》为主要的教材，最初所定仪规中所规定的《通鉴节要》、《皇明宝训》似乎并未成为讲授的内容，而且天启皇帝日讲不勤，故《四书》似仅讲至《大学》、《论语》，而《五经》仅讲了《尚书》与《诗》；自参与人员来看，宦官在天启朝的日讲中较为活跃，除正常的后勤保障之外，还与阁臣、讲臣共同议政，体现了天启一朝宦官专权的特点”。[1]用《帝鉴图说》作教材，反映了熹宗初年启蒙教育的特色。

二　未成年皇帝的教育特点

皇帝的年龄长幼各异，因此适用的教学形式就不尽相同。晁中辰认为，“因日讲重在传授知识，所以越年幼的皇帝越重视日讲；经筵重在义理，所以皇帝长大后一般先停日讲，仍保留经筵”。例如神宗十岁继位，在张居正的督导下，万历初年的经筵和日讲都能按时进行。到万历十五年则停了经筵和日讲。按照内阁首辅申时行的奏请“仍进（经筵）讲章”，以备观览。[2]

笔者根据现有史料，综合各位未成年皇帝的宫廷教育，发现有以下几个特点：

第一，由于受教育者幼弱，教育者可以自行其是，确立皇帝的教育制度。像英宗即位时，以杨士奇为首的“三杨”文官集团，便正式建立了经筵日讲制度。神宗即位之初，张居正等人也确定了春讲和秋讲的具体日子：“万历二年定：春讲以二月十二日起至五月初二日止，

[1] 陈时龙：《天启皇帝日讲考实》，载《故宫学刊》2013 年第 2 辑。
[2] 晁中辰：《明“经筵”与“日讲”制度考异》，载《东岳论丛》2012 年第 7 期。

秋讲以八月十二日起至十月初二日止，不必题请。”[1]“不必题请”则说明这一制度每到相应的日期便自动执行，不必另行奏请。也就是说，春讲和秋讲无待皇帝的批准便自动开展。

第二，冲龄即位的皇帝，其经筵日讲的课程设计，必须考虑到与其东宫时的讲学内容和进度相衔接。武宗在初开日讲时选择《论语》、《尚书》作为讲课内容，是为了与武宗在东宫学的内容相衔接。武宗即位后，内阁大学士刘健等人上《日讲仪注》，明确指出：“皇上在春宫，讲读《论语》、《尚书》，各未终卷。今合于每日接续讲读，先读《论语》五遍，次读《尚书》五遍，讲官各随即讲明。”[2]神宗初开日讲时选择《大学》与《尚书》作为讲课内容，也是为了保证与其在东宫时的教育相衔接。隆庆六年八月，张居正在《日讲仪注》中指出：“皇上昔在东宫讲读《大学》、《尚书》，今各于每日接续讲读。先读《大学》十遍，次读《尚书》十遍，讲官随即进讲。”[3]熹宗在东宫学习的内容不得而知，但他即位后在日讲中开设的课程《大学》和《尚书》，则完全模仿神宗时的讲课进程，或许是这种安排对年少皇帝奏效的缘故。泰昌元年十月十六日，大学士方从哲等上《讲读仪注》，明确规定熹宗日讲的内容有《四书》，从《大学》讲起；还有五经，从《尚书》的《尧典》篇讲起。《讲读仪注》说：“《四书》起《大学》，《尚书》起《尧典》。每日讲读，先读《大学》，次读《尚书》。”[4]

第三，将启蒙教育与经筵日讲教育相结合，考虑到小皇帝的年龄特点和文化接受程度，开设一些简单的历史课程和相对有兴趣的书法课程。

考虑到教育对象是位年幼的君主，张居正等人特地编了图文并茂的《帝鉴图说》，用看图说话的形式对皇帝进行启蒙教育。万历三年

[1] 申时行等：《大明会典》卷五二《礼部十·经筵（日讲并讲〈大学衍义〉等仪附）》。
[2] 《明武宗实录》卷六，弘治十八年十月己卯。
[3] 《明神宗实录》卷四，隆庆六年八月丙寅。
[4] 《明熹宗实录》卷二，泰昌元年十月己未。

三月四日，神宗驾御文华殿讲读，“览《帝鉴图说》，至强项令董宣事，嘉叹久之”，对辅臣张居正等说道：“彼公主也尚不私庇一奴，如此外戚家何可不守法！今戚里间，朕以慈闱故，多有委曲调停处。渠宁讵知？”[1]孙承宗和丁绍轼等人，也用《帝鉴图说》作教材，为熹宗讲授简易明了的历史故事及其背后的道理。泰昌元年十月，日讲官孙承宗与宦官王安、高时明在私下讨论时建议用《帝鉴图说》作日讲教材。他说：“讲《帝鉴图说》，指图画像如民间词话、演义之比，俾圣心与臣下日亲日熟，入而后说之，此启沃之要也。”[2]天启二年六月，《帝鉴图说》终于成为日讲内容，当时日讲官盛以弘“请以《帝鉴图说》随经书进讲”，从之。[3]丁绍轼在《讲筵恭纪诗·驾憩饮茶》中叙述说：“讲幄设于川堂，每讲《帝鉴图说》毕，上退后殿。”[4]

“随经书进讲”表明《帝鉴图说》的讲授是在《四书》与《五经》讲授之间进行。丁绍轼指出：“每讲日，先讲《四书》，次讲《帝鉴图说》，次讲《经》。”笔者以为，在《四书》和《五经》之间插入《帝鉴图说》，可以冲淡因讲经而导致的凝重气氛，有助于休息或活跃熹宗的大脑，使日讲变得生动有趣，是一种优化组合，充分考虑了少年皇帝的年龄特点。

年幼皇帝在日讲时学习的内容，还包括书法，这也是他们比较喜好的课程。小皇帝神宗练习书法的地点在文华殿。讲官于慎行见到文华殿后殿东阁东一室（即神宗“正字”处）“西壁一几，几上笔砚无甚珍异，笔皆市中所买，上贴笔匠杨彦章名，楮皆折简，一如士人所用，其朴如此”[5]。这些工具正是神宗练习书法时所用。神宗“初即位，

[1] 《明神宗实录》卷三六，万历三年三月癸卯。

[2] 钱谦益：《特进光禄大夫左柱国少师兼太子太师兵部尚书中极殿大学士孙公行状》，第 1163 页，载《牧斋初学集》卷四七，上海古籍出版社，1985 年。

[3] 《明熹宗实录》卷二三，天启二年六月甲申。

[4] 按：由于经筵在文华前殿举行，侍经筵官将要咳嗽时则要退出殿门之外。黄景昉：《国史唯疑》卷一一：“侍经筵官遇将咳嗽，得退出殿门外，候讲毕，始同行礼。”第 352 页，上海古籍出版社，2002 年。

[5] 于慎行：《谷山笔麈》卷二《记述一》，第 16 页，中华书局，1984 年。

好为大书，内使环立，求书者常数十纸，而外廷臣僚得受赐者，惟内阁讲臣数人而已。所赐江陵如‘弼予一人、永保天命’、‘尔维曲蘖’、‘汝作盐梅’、‘宅揆保衡’及‘捧日’、‘精忠’堂阁之扁，不可数计。字画遒劲，鸾回凤舞，濡毫挥洒，顷刻而成”[1]。万历二年四月，还赐吕调阳“同心夹辅”四字，六卿“正己率属”各一幅，讲臣六人“责难陈善”各一幅。[2]小皇帝朱翊钧对自己书法的自信，一发不可收拾，曾展示宫中收藏的名画，并令士大夫们赋诗，亲自书于轴中。“万历九年，御文华，出宣庙《元兔图》示辅臣、讲官，令各赋诗，亲书于轴，仍自用印记。又出永乐《四骏图》以赐辅臣。四骏者，文皇用兵所乘也。辅臣为题咏奏之。上悦，赐金。已又出永乐《驺虞》手卷赐辅臣，藏之阁中。此乃小卷，仍有一卷长数丈，铺于文华殿，仅乃竟卷。”[3]这些画上，应该也都有神宗所书大臣们的题咏。黄仁宇称，由于张居正的劝谏，1578年之后，万历皇帝的日课之中就取消了书法而只留下了经史。[4]但对于冲龄即位的皇帝来讲，练习出一手好字，对于批阅奏章是必要的。

天启初，讲官位也要求熹宗在讲读后，在文华殿后殿东房中习字。于慎行描述道：“经筵进讲，在文华前殿，日讲在殿后穿廊，正字在后殿东阁设一幄。”[5]丁绍轼《讲筵恭纪诗·传旨看字》称：“上写字在后殿之东房。”对于熹宗写的书法，儒臣们在观赏时，常以鼓励的态度予以夸赞。丁绍轼的诗写道：“宴罢重呼侍紫宸，龙蛇字画逐时新，共看御墨淋漓处，自愧清朝笔札臣。”小注云：“上写字在后殿之东房，呼阁臣看字，则出房，御殿之东边，取其朝前天井，为明显之地也。诸臣拥上几前看字，称善，行一拜三叩头礼。撤几，上起身还宫，诸臣打躬而出，诣东阁。”熹宗练字时“御笔飞动”，书毕听到阁

[1] 于慎行：《谷山笔麈》卷二《纪述二》。

[2] 于慎行：《谷山笔麈》卷二《纪述二》。

[3] 孙承泽：《春明梦余录》卷一〇《神宗遗事》，上海古籍出版社，1997 年。

[4] 黄仁宇：《万历十五年》，第 12 页，中华书局，1982 年。

[5] 于慎行：《谷山笔麈》卷二《记述一》，第 16 页，中华书局，1984 年。

臣“颇致赞词”时，“圣颜喜动点头，稍以语答”。[1]陈时龙觉得“相对于枯燥的经史讲解，天启皇帝对书法似乎更有兴趣”，这是合乎未成年皇帝的学习特点的。

第四，冲龄即位的皇帝，在经筵日讲中，处于被动的地位，很少与讲官互动。

明代章潢在批评神宗时指出：“皇上嗣祚，往在冲年，不免仅循故事。”[2]可谓道出了幼君讲读的特点。今人陈时龙发现，皇帝在日讲中的积极参与程度，取决于皇帝的年龄以及其对经史之学的兴趣。成年皇帝宣宗、孝宗、世宗和崇祯等人，在经筵日讲时便相当活跃，与讲官互动频繁，讨论问题。然而，年幼皇帝因缺乏商讨的知识储备，只能被动地完成仪式规定的言行。天启时，熹宗在日讲开始前，要祭祀先圣孔子。当阁臣代表讲官感谢前一日皇帝的恩赐时，熹宗会说：“知道了。”接着，他会跟随讲官读书或者温书。《讲筵恭纪诗·陪上讲书》称：“讲官读一句，上亦读一句；……讲官温一句，上亦温一句。”当讲官讲解经义时，熹宗“倾耳听”之而已。孙承宗对太监王安、高时明说：“民间家塾讲习，朝夕聚首促膝，群萃笑语，相习而熟。今上御讲筵，恭嘿无一问难。臣下日踧踖而退，何繇熟也！”[3]这种现象，言官在日讲举行之前已有预料，吏科给事中周朝瑞指出：“日讲将举，日益宜求。讲[者]自讲，终日讲而漠不关心，此难在上也；听者自听，终日听而学不关心，此难在下也。敬效君臣交警之规，以为上下交泰之助。”[4]丁绍轼发现，讲官在附议时政时，“今上听之，绝无难色”，无动于衷。

小皇帝不能像成年皇帝那样与讲官互动，有两个原因，其一是知识贫乏。像熹宗连“九族”的意思都不知道。孙承宗对熹宗进讲《克

[1] 孙承宗：《高阳集》，第 31 页。

[2] 章潢：《图书编》卷七一九《朝廷讲筵之礼》，景印文渊阁四库全书本。

[3] 钱谦益：《牧斋初学集》卷四七《特进光禄大夫左柱国少师兼太子太师兵部尚书中极殿大学士孙公行状》，上海古籍出版社，1985 年。

[4] 《明熹宗实录》卷二，泰昌元年十月壬戌。

明俊德章》既毕，“乃疏解以亲九族高曾祖父子孙曾玄之详”，并反复开谕道：“帝尧德为圣人，尊为天子，决不敢自恃说自家是天子极尊重了，便轻疏一家骨肉，所以要亲爱九族，处置得所。我皇上内有宫眷戚畹，外有宗室亲藩，皆九族之支属，须要同其好恶，共其富贵。凡先遗眷属，仁至义尽，无使骄恣，无俾怨恫以伤亲睦。”熹宗“端凝拱听，退而喜曰：‘我今日才知九族！’”[1]像这样的知识基础，当然无法与饱读诗书的讲臣们对话和互动了。其二是敬畏和惧怕讲官。乖巧的小神宗对张居正有着依恋和畏惧之情：“江陵相君柄政，上眷顾殊绝，古今无两。每日御讲筵，讲臣出就直庐。午漏，相君以侍书入，在文华后殿东偏，张一小幄，相君、司礼侍立，造膝密语于此见之。上顾相君有所欲语，正字即却走出殿门，少刻闻语止，乃入。一日，江陵在直庐感病，上御文华后阁，亲调椒汤，使使赐之。又盛暑御讲，上先就相君立处，令内使摇扇殿角，试其凉暄。隆冬进讲，以毡一片铺丹地，上恐相君立处寒也。上一日御讲，一中官旁侍，窃摇扇，上忽目之。还宫，召而杖之曰：‘诸先生在旁，见尔摇扇，以为我无家法也。尔不畏诸先生见耶？’”[2]

即使小皇帝能够发现讲官的错误，也多是一些低级的字词错误。万历元年正月三日，神宗对张居正等说道：“昨日经筵讲《大学》的讲官差了一字，朕欲面正之，恐惧惭。”张居正回答道：“讲官密迩天威，小有差错，伏望圣慈包容。”又称：“人有罪过，若出于无心之失，虽大亦可宽容。若出于有心犯法，虽小亦不宜姑息。前日皇上讲《舜典》宥过无大刑，故无小政，此意也。”上曰：“然。”[3]经过张居正这么一说，小神宗更不敢指出讲官的过错了。

第五，与上相反，由于皇帝幼弱，因此大臣在其讲读时，敢于

---

[1] 钱谦益：《牧斋初学集》卷四七《特进光禄大夫左柱国少师兼太子太师兵部尚书中极殿大学士孙公行状》。

[2] 于慎行：《谷山笔麈》卷二《纪述一》。

[3] 《万历起居注》第一册，第 38 — 39 页，北京大学出版社，1988 年。

纠正皇帝的错误。皇帝在讲官进读之前，会跟着身旁的宦官先期进读，遇上多音字，有时会被宦官带偏。小皇帝神宗在讲筵中，读《论语》“色勃如也”一句时，将“勃”念成“背”。张居正厉声纠正。神宗“悚然而惊”，“同列皆失色”。[1]孙承宗在为熹宗进讲时，也纠正了皇帝的发音错误。一般情况下，“凡讲官读书，近侍（宦官）皆先期进读，字韵有互异者，上高声读某字为某，讲官从之，不敢是正也”。但孙承宗面对的却是一位未成年的皇帝。“公侍上读书，至‘三百六旬有六日’，读‘六’为‘溜’。上高声读‘溜’者三，公亦高声读‘禄’者三。”熹宗不得不“改而从公，退而知‘溜’音之讹也”。他特地“戒近侍”道：“毕竟拗讲官不过。以后休错，被讲官笑！”[2]与张居正的厉声呵斥稍异，孙承宗的方法更为巧妙一些。对于成年皇帝，讲官们是不敢如此直接纠正的。

第六，相对于给成人皇帝讲课时的拘谨，给未成年皇帝授课的讲官们比较自由一些。他们可以从容观察小皇帝面部表情的变化。孙承宗在给熹宗讲《尚书》时，“讲至人主君临天下处”，他观察到“皇上耸然拱听”，“至说先皇帝，便忽另乂手，肃然改容”。[3]当而讲官们称赞皇帝书法时，熹宗则“圣颜喜动点头，稍以语答”。[4]讲官们还观察到年少的熹宗皇帝在日讲中常会有咳嗽、擦拭等动作。孙承宗进讲时：“进讲次，上嗽，以纸拭涕唾。公东向拱立，不进。上目之，东班官亦目，趣公，公拱立如故，俟上拭罢整衣，乃前讲‘出入起居，罔有弗钦’。于‘出入起居’四字，点分为读，抑扬其音节，以耸上听。备述尧舜钦明兢业及我二祖敬天家法。上肃然起敬，退谓：‘孙讲官知礼。’再讲，值上嗽，公释签以待。上益庄，不复拭唾矣。”[5]

---

[1] 谷应泰等：《明史纪事本末》卷六一《江陵柄政》，第 959 页，中华书局，1977 年。

[2] 钱谦益：《牧斋初学集》卷四七《特进光禄大夫左柱国少师兼太子太师兵部尚书中极殿大学士孙公行状》。

[3] 孙承宗：《高阳集》卷一四。

[4] 孙承宗：《高阳集》卷一四。

[5] 钱谦益：《牧斋初学集》卷四七《特进光禄大夫左柱国少师兼太子太师兵部尚书中极殿大学士孙公行状》。

与年少的皇帝面对，讲官们自己的行为也显得自由一些。天启时，讲完《帝鉴图说》后，讲臣们可以到前殿“少舒”，并可“痰嗽”。文华前殿是举行经筵日讲之所，“侍经筵官遇将咳嗽，得退出殿门外，候讲毕，始同行礼”。[1]

第七，冲龄皇帝在讲读时的一大障碍，就是贪玩。泰昌元年十月十八日，熹宗第一次开始日讲。二十一日，又进行讲读。之后，他“适九五斋”，与太监王安讨论讲读内容。[2]九五斋是文华殿中皇帝讲读后的休憩之所，当时已比较破旧。孙承宗在与太监王安、高时明商量恢复午讲时，王安表示应该修缮九五斋，而高时明则认为“何必修斋而后讲！”[3]但是，贪玩的熹宗不久便借口九五斋破损不堪，传旨暂免日讲。据《明熹宗实录》载，泰昌元年十一月初四日，大学士方从哲等人疏请恢复日讲：“先朝旧规，经筵春讲以二月十二日起五月初二日止，秋讲以八月十二日起十月初二日止，日讲原无起止。”他指出，如遇上“风雨骤寒”或者“圣节、郊祀典礼繁重”之时，日讲才可暂免，因此“停免之旨未可预传”。熹宗则回答道：“讲学，政治之本，朕已具悉。但文华殿年久未经修饬，九五斋、精一堂损坏不堪，天气渐寒，居止未便。”[4]因此本年日讲停止，直到次年即天启元年正月十二日才恢复日讲[5]。当然，与熹宗不同，神宗遇到的是作风强悍的讲官张居正，经筵日讲前后的活动都受到严格管束，不太自由。甚至业余生活，也都要围绕经筵日讲的内容展开，属于复习或温习型的活动。张居正鼓励神宗把经筵日讲中的一项内容，即书法学习，发展为个人兴趣和业余爱好。同时，张居正等人也常将小皇帝的爱好游

[1] 黄景昉：《国史唯疑》卷一一，第 352 页，上海古籍出版社，2002 年。

[2] 孙承宗：《高阳集》，卷一四，第 31 页。

[3] 钱谦益：《牧斋初学集》卷四七《特进光禄大夫左柱国少师兼太子太师兵部尚书中极殿大学士孙公行状》，上海古籍出版社 1985 年。

[4] 《明熹宗实录》，泰昌元年十一月丁丑。

[5] 《明熹宗实录》卷五，天启元年正月辛巳载：大学士孙如游奏“伏思今月十二日初开日讲，敢不力疾以侍讲幄！”

乐的天性，变成道德演练的活动。“甲戌（万历二年），上一日御讲毕，语辅臣曰：‘昨日禁中花盛开，侍母后赏宴甚欢。’盖指慈宁宫也。辅臣奏曰：‘仁圣太后处多时寂寞，惟上念之。’上起还宫，以白慈圣，即自驾往迎仁圣过大内赏花，母子传觞而饮。”[1]小皇帝神宗的爱好，便仅剩观赏金鱼了。万历初年，于慎行为日讲官，他描述道：文华殿后殿东阁“又东一室，乃上所游息”之地。于慎行“一日同二三讲臣入视，见窗下一几，几上设少许书籍，又一二玉盆，盆中养小金鱼寸许，上所玩弄也”。[2]

第八，幼主接受经筵日讲教育的惩戒较成年皇帝要多，常有来自母亲太后的责罚。“慈圣内教极严，上或宫中不读书，即召使长跽，面数之。每御讲筵入，常戏作讲臣进退之礼，进讲太后前，以验其记否。当朝日，五更至上寝所，呼曰：‘帝起，今日早朝。’即呼左右掖坐，亟取水为上沃面，挈之登车以出，故上宫中起居罔有不钦。而一二大珰，奉太后懿旨，左右夹持，时至过当。比上春秋稍长，积有所不堪，而难于发也。”[3]

明朝的冲龄皇帝，在经筵日讲的教育中，实际上是两步并作一步走，既要完成东宫的启蒙教育，又要实现皇帝的经筵日讲教育。他们处在知识贫乏和年龄幼冲的弱势地位，听任讲官的灌输和教训，往往以牺牲游乐为代价。但由于每个小皇帝的性格不同，他们在对待成年人强加的经筵日讲的态度又不完全一样。英宗被讲臣逼得亲近宦官王振，离开讲席进入校场，胆大妄为的武宗则随意停罢经筵，生性懦弱的神宗则在太后、张居正和冯保的管束中顺从地参加经筵日讲，熹宗则借口九五斋破旧暂停日讲，后来干脆罢讲不听。根据这些冲龄即位的皇帝后来的行为来看，几乎没有一个成长为英明之主，显然，这种将启蒙与继续教育合二为一的“赶超”模式，必然引起小皇帝们的反感，从而扭曲其人性，最终变得不可理喻。

[1] 于慎行：《谷山笔麈》卷二《纪述一》，第 15 页，中华书局，1984 年。

[2] 于慎行：《谷山笔麈》卷二《记述一》，第 16 页，中华书局，1984 年。

[3] 于慎行：《谷山笔麈》卷二《纪述一》，第 16 页，中华书局，1984 年。

第五章

制度确立：明代经筵日讲的演变与定型

明代皇帝最基本的教育制度就是经筵和日讲[1]。经筵和日讲是帝王讲论经史、接受儒臣教育而设的御前讲席。这一制度起于汉唐，宋代始称“经筵”，以翰林学士等员担任讲官。宋代以每年二月至端午节、八月至冬至节为经筵讲期，每逢双日入侍宫中为皇帝讲读经史，称为“春讲”和“秋讲”。此后元、明、清三代相沿不替。宋代的经筵与日讲不分，到了明代经筵为仪式性的大典，日讲为平时的讲读。清代也分为经筵与日讲，讲官为大臣兼衔，经筵于仲秋、仲春之日进讲。日讲则隔日进行。康熙一度改隔日进讲为每日进讲。明政府对经筵和日讲制度特别重视，既对皇帝开设经筵和日讲，又向出阁后的太子开设，但二者的讲官、内容均有不同。明初并未形成经筵和日讲制度，但实开此制度之先河。“祖宗时，设官侍上读书，日在左右。或

[1] 关于明代的经筵日讲制度，学界研究较多，成果丰富，如孟蓉：《明代经筵日讲制度述论》（上海大学硕士学位论文，2005 年）、萧宇青：《明朝的经筵制度》（华南师范大学硕士论文，2007 年）、胡吉勋：《教育仪制·明代的经筵、日讲与皇帝的教育》（见赵中男等:《明代宫廷制度史》第九章，第 394 — 413 页，紫禁城出版社，2010 年）、晁中辰:《明“经筵”与“日讲”制度考异》（载《东岳论丛》2012 年第 7 期）等，本文在这些成果的基础，通过对原始文献的爬梳，作出补充、改正和完善。

使进读，必谛听而折衷之。”[1]至英宗即位，内阁大臣正式确立了经筵和日讲制度，使经筵和日讲成为法定的皇帝教育制度。

第一节　经筵与日讲的界定与异同

明代皇帝的主要教育形式是经筵日讲制度。从广义上来讲，经筵包括日讲。从狭义上来讲，经筵与日讲分属二事。就狭义的“经筵”概念本身来看，实际上包括“经筵初讲”与“经筵月讲（会讲）”两层意思，而与“日讲”相区别。经筵初讲是每年春、秋二季经筵开始时举行的第一次经筵大典，即每年有两次经筵初讲，一次是二月十二日，一次是八月十二日。实录中还有“初御经筵”[2]的提法，“初御经筵”不等同于经筵初讲，它只是皇帝第一次参加的经筵大典，一生中只有一次。经筵月讲是春、秋二季中每月逢二（初二、十二、二十二日）举行的三次月讲（也称会讲）。与日讲相比，经筵月讲（会讲）也称为“经筵大讲”。弘治元年右春坊右庶子兼翰林院侍讲王臣明确指出“经筵大讲每月三次”[3]。

经筵初讲、经筵月讲和日讲三者都是为皇帝开设的御前讲席。经筵初讲的仪式最为隆重和盛大，月讲稍次之，日讲更次之。三者中，以日讲形式最为简略，方便讲官与皇帝之间的交流和沟通。

“经筵”，原为佛教讲法的一种形式，北宋时成为皇帝教育的一种制度。据北宋僧人赞宁等撰《宋高僧传》卷第六《义解篇》第二之三《唐京师崇福寺惟悫传一》载：“释惟悫……母氏昆弟归于法门，故悫从其受教……乃辞渭阳，寻师隶业，或经筵首席，或论集前驱，或参问禅宗，或附丽律匠，其志渊旷，欲皆吞纳之。”同书卷二五《读诵篇》第八之二《梁扬州禅智寺从审传》载：“释从审……咸通五年受

[1] 黄佐：《翰林记》卷九《御前讲读》，景印文渊阁四库全书本。

[2] 《明穆宗实录》卷七“隆庆元年四月丁未”条载：“上初御经筵，宴于会极门。”

[3] 《明孝宗实录》卷一三，弘治元年四月壬戌。

具戒于燕台奉福寺，律席经筵，遍知尝染。”以上所载二例，虽是宋人所撰之书记载，但一位是唐代的高僧，一位是后梁的高僧，对他们用“经筵”叙述，可能是沿袭当时的术语。于此可见“经筵”一词与佛法讲学之间的关联。汉代以来至北宋之前，皇帝经常与儒臣一起讲论经史之义，但都不叫“经筵”。“经筵”似是北宋时人借佛教讲经的术语，来指称儒臣为皇帝讲读经史的形式和制度。程颐指出：“天下重任，惟宰相与经筵，天下治乱系宰相，君德成就责经筵。”[1]

“日讲”一词，本义是每日讲。能够每日都讲的自然是清闲的佛教徒和文人士大夫。据《全晋文》卷一六〇《释氏四·毗摩罗诘提经义疏序》载：“自慧风东扇，法言流咏已来，虽日讲肆，格义迂而乖本，六家偏而不即。”《全辽文》卷八《显密圆通成佛心要集序》载：“以次后则讲堂一坐，内置须弥座，上宣金口言，日日讲经。”此是讲僧人日讲佛经。《唐宋文醇》卷九《昌黎韩愈文九·墓志铭·考功员外卢君墓》云：“（卢）君时始任戴冠，通《诗》、《书》，与其群日讲说周公、孔子。”此是文人士大夫日讲儒学。但是，后来儒臣却将这种形式推行到日理万机的皇帝的教育上，则不免发生拒斥与冲突现象。

“日讲”作为皇帝教育的一个名词和概念，并用制度加以确定，似始于明代。宋元经筵中，并未区分经筵与日讲，而到了明代正统初年，朝廷制定了经筵仪注和日讲仪注，并将二者作了明确区隔。这样才出现了“经筵”与“日讲”的不同概念。这点将在本章第三节经筵仪注和第四节日讲仪注中再予详述。

明人对经筵与日讲区分是很明显的。首先，在官制上就有鲜明的差异。明人雷礼所著的《国朝列卿记》在介绍傅瀚时称孝宗即位后“仍充经筵讲官，兼日讲”[2]。说明经筵与日讲完全是两种制度。其次，明人清楚地认识到经筵与日讲之间的区别。徐阶指出明代“祖宗列圣月开经筵，日御讲幄”[3]，从时间上辨明了经筵是每月举行的讲席，而

[1] 李焘：《续资治通鉴长编》卷三七三，哲宗元祐元年三月辛巳。

[2] 雷礼：《国朝列卿纪》卷一六《傅瀚》，明万历徐鉴刻本。

[3] 《明穆宗实录》卷六，隆庆元年三月庚辰、乙酉。

日讲是每日举行的讲课。冯琦指出："故事，经筵多献替之言，日讲衍其义耳。"[1]万历间既做过经筵讲官又担任过日讲官的李长春，曾在一份劝皇帝举行经筵和日讲的奏疏中，指出经筵与日讲的区别，还在于前者体严而后者情洽，前者可停而后者不可辍："祖宗之制，经筵寒暑可辍，而日讲终岁靡停。正以经筵体严，不若日讲情洽也。"[2]明代章潢认为"盖便殿与正朝异，日讲与经筵异也"[3]。晚明郭正域对经筵与日讲作过对比和区别：

> 大抵国家典制，经筵于殿中，日讲于殿后；经筵讲官凡十有六，词臣皆得与，日讲讲官惟六，不轻与；经筵日轮员，而日讲日轮［二］员；经筵惟月之二日，又祁寒暑雨皆罢，日讲不问寒暑；经筵讲官执讲义以进，日讲则讲官执牙签近御前口授；经筵用侍班、侍仪诸臣，日讲独阁臣与讲臣耳；经筵上称官人，日讲称先生；经筵其礼繁，其数旷，日讲其体亲，其功专，旒纩尊严，不废课诵，几务劳勚，不厌诗书，称为先生而不名，起立拱手而不为屈，直陈时事而不讳，敷奏兴衰而不为忌。[4]

这里对于经筵与日讲之间的区分讲解得比较分明，但是，忽略了"经筵"与"月讲"（会讲）的区别。

除了"经筵"、"日讲"两个概念外，明代还有"月讲"和"会讲"概念。其实"月讲"就是"会讲"，每个月举行三次，一般是每月逢二的日子举行，如初二、十二、二十二日。"月讲"也属于"经

[1] 冯琦：《宗伯集》卷一九《礼部尚书兼翰林院学士赠太子少保谥文恪余公行状》，明万历刻本。
[2] 张鼐：《宝日堂初集》卷一五《太子少保礼部尚书棠轩李公传（代萧老师）》明崇祯二年刻本。
[3] 章潢：《图书编》卷七一九《朝廷讲筵之礼》，景印文渊阁四库全书本。
[4] 郭正域：《皇明典礼志》卷一三《无逸殿讲仪》，明万历四十一年刘汝康刻本。

筵”。正如刘健等人所说：“列圣嗣位之初，必大开经筵，每月三次，令翰林、春坊讲说经史，公卿大臣分班环听。”[1]但是，必须指出的是，“经筵”包括两层意思，其一层意思是指春、秋二季开讲时举行的经筵大典，所举办的仪式是最盛大、最隆重和最完备的。其二层意思是指每月三次的会讲（或称月讲）。会讲的仪式是比照开讲的经筵大典来举行的，但礼仪有所减杀。黄佐在“经筵月讲”中指出“每月初二、十二、二十二日会讲”时举行的仪式，皆同于开讲时的经筵大典，“但各官止行叩头礼”[2]，不再像经筵大典那样行跪拜之礼。

以穆宗隆庆元年四月二日礼部所上“经筵日讲仪注”为例，该仪注中，对经筵初讲、经筵会讲和日讲的仪式作了明确的区分，可以看出三个概念的差异。

其一，经筵大典（经筵初讲）：在文华殿中设御座、御案、讲案，将《四书》一本放在御案上，另一本放在讲案上。讲官所撰的讲章两份，夹在四书（或五经）册内，分别放在御案和讲案上。等到四月二十二日开讲时，经筵大典正式举行。皇帝驾临文华殿坐在御座上，将军侍卫如常仪。鸿胪寺官引知经筵、同知经筵、侍班、讲读、展书、执事、侍仪等官于丹陛上，“行五拜三叩头”礼。还有“侍仪御史、给事中各二员”出席大典，纠察失仪。序班二员分别放置好御案和讲案。鸿胪寺官宣布进讲，展书官一员来到御案前，跪着翻开《四书》；讲官一员便开讲《四书》。讲毕，展书官跪掩御案上的《四书》。《四书》讲课就此结束。然后是讲《五经》，程序与前面完全相同。经筵结束，各官以次向皇帝行叩头礼后退出。皇帝还宫。[3]

其二，会讲（经筵月讲）：“每月初二、十二、二十二日会讲”，其陈设书籍、御案、讲案，侍班、侍卫、侍仪、执事、进讲等仪式，与经筵大典“礼同”，但各官“止行叩头礼”。[4]弘治十年，刑科给事

[1] 《明武宗实录》卷六，弘治十八年十月己卯。

[2] 黄佐：《翰林记》卷九《经筵月讲》，景印文渊阁四库全书本。

[3] 《明穆宗实录》卷七，隆庆元年四月丁亥。

[4] 《明穆宗实录》卷七，隆庆元年四月丁亥。

中杨廉指出："考之故事，经筵日期起必于月初，罢必于月终，半年之内，亦不过九举。"[1]

其三，日讲："每日进讲，上御文华后殿，止用讲读官及内阁大学士侍班，不用侍卫、侍仪、执事等官。"侍班、讲读等官入见，"行叩头礼"。[2]日讲的地点变了，在文华后殿，侍班队伍大大压缩，只剩了内阁大学士，武官护卫完全裁撤了，行礼只行叩头礼。隆庆元年，礼部尚书高仪曾说过"内阁辅臣日侍讲读"，而"六部、都察院大臣"则并不参与，因此要求"皇上不时召见"，以弥补他们不参与日讲而不能与皇帝见面的缺憾。[3]可见，日讲时仅有内阁大学士侍班，礼仪已经简略很多了。

关于经筵与日讲的区别，前揭杨廉的奏疏有说明："经筵凡十日一举，日讲无日不举。经筵，群官列侍，礼法甚严。日讲惟儒臣数人，情意稍洽，其感通之益，尤有胜于经筵者。"他还点明经筵先开，日讲后开。"且经筵开而后，日讲继之……今迟一日之经筵，则废一旬之日讲。"[4]可见弘治十年以前，经筵先开，日讲后开，如果经筵迟迟不开，则会影响到日讲的开讲。但后来，不等经筵先开，日讲就已经开讲了。由于后来春讲和秋讲制度渐渐形成，春讲的经筵初开于二月，秋讲的经筵初开于八月，为了争取时间，春季往往在正月就开始了日讲，秋季往往也在六、七月份就举行日讲。

后人不仅没有区别经筵大典（经筵初讲）与月讲的区别，甚至还将经筵与日讲混为一谈。

今人晁中辰认为人们常将"经筵"与"日讲"混为一谈的原因，一是因为二者的对象和宗旨相同。二是进讲内容的安排，二者都是先讲四书，后讲经史。只是日讲在讲完四书和经史后，还要皇帝再练习

[1] 《明孝宗实录》卷一二三，弘治十年三月乙巳。
[2] 《明穆宗实录》卷七，隆庆元年四月丁亥。
[3] 《明穆宗实录》卷七，隆庆元年四月丙午。
[4] 《明孝宗实录》卷一二三，弘治十年三月乙巳。

书法。三是《明史》中提到“经筵、日讲”者，皆未将二者用顿号断开。四是因为即使在明代，亦有人将“经筵、日讲”称之为“大经筵’、“小经筵”，从而更加使人习惯于将二者视为一回事。五是经筵和日讲都是在宫内进行，外人难得一见其真相，故使人常常将二者混为一谈。

他对经筵和日讲作了辨析和区分，指出“经筵”与“日讲”都是为皇帝特设的御前讲席，但经筵与日讲是既有联系又有区别的两种教育形式。它们之间的联系，是指二者都是针对皇帝开展的以讲学为内容的教学形式；但其区别也很明显，经筵是正式的以讲学为主的教育形式，仪式感和礼仪性强，举行的次数少，而日讲则是平常的以讲学为主的教育形式，仪式感和礼仪性淡化，突出君主与讲臣之间的沟通与交流；经筵教学比较重视经书与现实政治的联系，日讲则比较重视经书和课本内容的训释和讲解。就举行时间而言，经筵固定为一月三次，而“日讲并不全与经筵同步，可比经筵提前或延后”；就举行的地点而言，“经筵设于文华殿正殿，日讲则设于‘文华殿穿殿’”；就讲官而言，“日讲官由翰林院侍讲、侍读专任，经筵讲官则要从多个衙署中挑选”。[1]

经筵和日讲制度是否包括皇太子教育一事，晁中辰也作了辨析，指出元初大概因为太子兼任中书令，故对太子的讲席亦称经筵。例如在伐宋战争中立有大功的重臣相威，在元世祖至元二十年（1283年）被“赐东宫经筵讲读”[2]，于是有人据此推论，认为明清时的经筵、日讲亦包括皇太子。他认为“实则不然”，举《明史·礼志九》“东宫出阁讲学仪”为据，指出该文对仪式、内容、温习等的记述大异于经筵、日讲；而且在皇帝有经筵、日讲之日，则要“候帝御经筵、日讲毕，皇太子出阁升座”。又根据杨士奇所上《请开经筵疏》记载：“天子就学，其事体与皇太子、亲王不同，先命礼部、翰林院详定讲筵礼仪陈

[1] 晁中辰：《明“经筵”与“日讲”制度考异》，载《东岳论丛》2012 年第 7 期。

[2] 《元史》卷一二八《相威传》，第 3129 页，中华书局 1997 年。

奏。”断言“这都清楚表明，明经筵、日讲不含太子。太子出阁后的讲读事由詹事府和翰林院安排进行。经筵、日讲的那套礼仪在太子那里是没有的”。[1]

笔者认为，皇太子举行的讲学形式，也称为“经筵”和“日讲”。据明代王鏊称练则成“洪武中以文学膺聘，授左春坊司直郎，充东宫经筵讲官”[2]。杨士奇明确记载：“仁宗皇帝在春宫，初开经筵，选翰林春坊之明经术者，更番入讲。”[3]据《明神宗实录》载：“皇太子初御经筵，如常仪。”[4]以上记载均证明皇太子的正式讲学形式，也称“经筵”。该实录又载：“万历三十二年二月六日，以詹事府少詹事兼翰林院侍读学士黄汝良充东宫日讲官。”[5]四十五年二月十三日，“礼科等科给事中余懋孳等以东宫日讲及长孙豫教为请，疏留中”[6]。同年四月七日，大学士方从哲、吴道南“以所拟皇太子讲期初七已过”，请改在初九日。次日，“上乃以天气寒燠不和，命明日且开讲，日讲待秋爽行之”。[7]上述记载皆可证明，皇太子的日常讲学形式也称“日讲”。不过，皇太子与皇帝的经筵、日讲是两个系统，因此在举行的仪式、时间、地点、讲官、内容等方面都有差异。这将在皇太子教育一章中加以详论。至于经筵与会讲的关系，晁先生未作辨析。

总之，“经筵—日讲”是一种既有关联又相区别的皇帝教育形式与制度。二者都属于广义的经筵制度。广义的经筵，既包括狭义的经筵又包括日讲。狭义的经筵包括皇帝继位后第一次举行的经筵——经筵初讲，每年春秋两季开讲时的经筵开讲，以及每月逢二举行的三次会讲（月讲）；日讲则是将经筵初讲、开讲和月讲具体化和日常化的

[1] 晁中辰：《明“经筵”与“日讲”制度考异》，载《东岳论丛》2012 年第 7 期。

[2] 王鏊：《(正德) 姑苏志》卷五二《练纲》，景印文渊阁四库全书本。

[3] 杨士奇：《东里集·续集》卷三六《故奉议大夫卫府左长史金君墓志铭》，清文渊阁四库全书补配清文津阁四库全书本。

[4] 《明神宗实录》卷三六七，万历三十年正月壬戌。

[5] 《明神宗实录》卷三九三，万历三十二年二月丁亥。

[6] 《明神宗实录》卷五五四，万历四十五年二月戊申。

[7] 《明神宗实录》卷五五六，万历四十五年四月日辛丑。

教育形式。在明代理学盛行的背景下，理学家们试图通过经筵和日讲，将皇帝纳为道德改造的对象，而皇帝则利用经筵和日讲，与帝国的意识形态理学相配合，用以完善自身和指导行政。但讲官与皇帝之间，经常发生君道与师道之争，并贯穿于整个明代宫廷教育史。

第二节　明代经筵、日讲制度的起源与建立

一　经筵、日讲制度的起源

经筵日讲制度并非明代独有，早在宋代便有“经筵”概念及其制度了。晁中辰指出：“此称谓最早见于宋代，其制经元、明、清而日臻完善。”他认为“这种为皇帝而设的讲席导源甚早。汉代著名的石渠阁会议和白虎观会议即是儒士为皇帝进讲儒家经典。唐代则开始令设侍讲、侍读学士之职，以备随时为皇帝进讲，只是还没有形成完备的制度”。他断言：“‘经筵、日讲’制度在明代已臻完备，清代沿用不废，对明清两朝的朝政影响很大。”[1]

的确，经筵日讲制度起源甚早，似源于西汉经学盛行时期。当时皇帝曾将儒臣延入殿中讲论。汉昭帝八岁即位后，辅政大臣“选名儒韦贤、蔡义、夏侯胜等入授于前，平成圣德”[2]。汉成帝“方乡（向）学，郑宽中、张禹朝夕入说《尚书》、《论语》于金华殿中”[3]。东汉明帝时，张酺“以《尚书》教授，数讲于御前，以论难当意，除为郎”。他“为人质直，守经义，每侍讲间隙，数有匡正之辞，以严见惮”。[4]章帝建初元年，张酺与魏应、召训“亦讲禁中”。章和二年，即位伊始的和帝刘肇诏长乐少府桓郁侍讲禁中。[5]桓帝建和初，赵典因“四

[1] 晁中辰：《明“经筵”与“日讲”制度考异》，载《东岳论丛》2012 年第 7 期。
[2] 《后汉书》卷三七《桓郁传》。
[3] 班固：《汉书》卷一〇〇上《叙传》第七十上。
[4] 《后汉书》卷四五《张酺传》。
[5] 《后汉书》卷四《和帝纪》。

府表荐，征拜议郎，侍讲禁内”[1]。华阴人刘宽于“灵帝初，征拜太中大夫，传讲华光殿”[2]。杨赐少传家学，“建宁初，灵帝当受学，诏太傅、三公选通《尚书》桓君章句宿有重名者，三公举赐，乃侍讲于华光殿中”[3]。

这种为皇帝讲经的风尚，影响到南北朝。北魏永熙三年（534年）春，孝武帝“诏延公卿学官于显阳殿，敕祭酒刘廞讲《孝经》，黄门李郁讲《礼记》，中书舍人卢景宣解《大戴礼·夏小正》篇”。[4]有人举《魏书》卷八四《儒林列传》所载，北魏正光二年，孝明帝“乃释奠于国学，命祭酒崔光讲《孝经》”作为经筵之例[5]，则似有不妥。因为这种在国学命祭酒讲经的传统，直到明代仍很普遍，且独立于经筵之外，不能算做经筵制度的起源。

唐朝也重视皇帝的经典教育。给事中张玄素认为皇帝教育事关社稷安危，于贞观四年上书指出：“仍博遣有名行学士，兼朝夕侍奉。览圣人之遗教，察既行之往事，日知其所不足，月无忘其所能。”[6]高宗时，便“令弘智于百福殿讲《孝经》，召中书门下三品及弘文馆学士太学儒者并预讲筵。弘智演畅微言，备陈五孝，学士等难问相继，弘智酬应如响。高宗怡然”。[7]胡吉勋指出：“这种朝廷各级文官在皇帝几案前参加经史讲论的情形，已经和明代的经筵颇为相近。”[8]笔者则觉得，这并非是向高宗讲《孝经》，而是像佛学辩论那样，从事学术问难，因此不能算是经筵。唐代的儒臣是想建立为帝之师的制

[1] 《后汉书》卷二七《赵典传》。
[2] 《后汉书》卷二五《刘宽传》。
[3] 《后汉书》卷五四《杨震列传·孙杨赐传》。
[4] 魏收：《魏书》卷八四《儒林列传·李同轨传》。但萧宇青却称引自“魏收：《魏书》卷三六《李顺传》”，误。
[5] 萧宇青：《明朝的经筵制度》第一章第二节《明朝以前的经筵制度》，第16页，华南师范大学硕士论文，2007年。
[6] 刘昫：《旧唐书》卷七五《张玄素传》。
[7] 《旧唐书》卷一八八《赵弘智传》。
[8] 胡吉勋：《明代的经筵、日讲与皇帝的教育》，第395页，载赵中男等：《明代宫廷典制史》第九章，紫禁城出版社，2010年。

度，但皇帝则是想建立为己侍读供奉的制度。开元三年（715年），只是因为唐玄宗自己读书遇到问题，需要有人解疑，才想到设立侍读。玄宗对宰相说："朕每读书有所疑滞，无从质问，可选儒学之士使入内侍读，待以师傅之礼。"[1]这才诏"选曹儒，日一人侍读"[2]，于是以左、右散骑常侍马怀素、褚元量兼任。十三年（725年），立集贤殿书院，置侍读学士、侍读直学士，以康子元等四人充集贤侍讲学士。侍讲学士成为为皇帝讲学的专职官员。[3]长庆间，唐穆宗"召侍讲学士韦处厚、路随于太液亭讲《毛诗·关雎》、《尚书·洪范》等篇"[4]。这些讲学活动，奠定了后世经筵制度的基础。

至宋代，"经筵"不仅作为一个词汇开始出现，而且作为一种制度正式确立。胡吉勋指出："经筵的名称以及正式的经筵及进讲制度，则是到宋代才开始形成。"姜鹏认为，北宋经筵制度"已经充分成熟"，是一个"为儒学切入政治提供了制度平台的时代"。此前，太宗朝已设立翰林侍读，真宗又明确设置了侍读学士、侍讲学士职位，使得经筵制度有了雏形。[5]陈东认为，两宋经筵"形成了一套相当完善的操作程序，并被统治者正式确立为一种礼仪制度"[6]。宋代经筵制度的形成，表现在如下方面：

其一，"经筵"一词已出现并普遍使用。北宋蔡襄（1012－1067年）在代皇帝写的《吴育复资政殿学士知陕州》诰制中称："（吴育）进谋献道，蔚为岩庙之器，宣仁流化，屡更屏翰之职。向者甫毕家难，俾处经筵，庶乎咨询。"[7]他又在《回卢龙图》信中称："以道结主，推心及民，议论系本朝之纪纲，出处耸士人之观听，暂解经筵

[1] 马端临：《文献通考》卷五四《职官考八·翰林侍读学士》，清浙江书局本。
[2] 欧阳修、宋祁等：《新唐书》卷四七《百官志二》。
[3] 刘昫等：《旧唐书》卷八《玄宗纪上》；王溥：《唐会要》卷六四《集贤院》。
[4] 刘昫等：《旧唐书》卷一六《穆宗纪》。
[5] 姜鹏：《北宋经筵与宋学的兴起》第一章《前奏：太宗、真宗两朝的经筵官们》，复旦大学历史系博士论文，2006 年。
[6] 陈东：《清代经筵制度研究》，山东大学中国古代史专业博士学位论文，2006 年。
[7] 蔡襄：《端明集·莆阳居士蔡公文集》卷一一，宋刻本。

之务，遽分藩屏之雄。”[1]稍后，晁说之（1059－1129年）在书中记载：“范纯夫久在经筵，进职青琐，引疾乞归，蜀章十上，得请以待制知梓州。翌日，丞相奏事帘前，太母宣谕曰：‘范侍讲求去甚力，故勉徇其请。昨日孩儿（谓哲宗）再三留他。可谕与：且为孩儿留，未可求出。前降指挥不行。’于是公不复有请。”[2]晁说之还在《论神庙配享札子》中说：“神宗……即位之初也，独以颍邸旧书赐司马光，逮光不愿拜枢臣之命，而归洛阳，修《资治通鉴》，随其所进，命经筵读之。其读将尽，而所进未至，即诏趣之。”[3]姜鹏称：“无论是从《续资治通鉴长编》还是从《宋史》的记载来，‘经筵’这个名词的正式出现，都是在（宋）仁宗朝。”[4]胡吉勋则指出：“宋人文字中提到‘经筵’一词，也不是从仁宗才有。早在宋太宗、真宗时就有。”他举例称，宋臣宋庠《元宪集》卷三四《祭孙仆射文》已称孙奭的侍讲为“经筵”，并称赞孙奭任经筵官时“圣皇纂御，累洽重熙。入居讲劝，十稔于斯。义重师傅，多所发挥。典章礼乐，时庸稽疑。士任国用，援荐罔遗。君从人服，以其不私”[5]。

宋祁为孙奭所作的《孙仆射行状》中，叙述孙奭于“端拱二年擢九经高第”，上言“愿以本经试最”。有司言学有师法。于是以廷尉平直太学为讲员。“太宗幸上庠，诏说《尚书·说命》三篇，动容称善”。[6]宋祁在《上欧阳内翰书》诗叙有云：“闻以进读易内阁，洒然惊喜，不贺永叔之得经筵，贺经筵之得永叔也。”[7]其文集《景文集》卷三中有《初侍讲筵有感上呈经筵诸公》、《再侍经筵有感》诗，诗中有“迩英何幸奉经筵”等句。

[1] 蔡襄：《端明集·莆阳居士蔡公文集》卷二二，宋刻本。

[2] 晁说之：《晁氏客语》，宋百川学海本。

[3] 晁说之：《嵩山文集》卷三《论神庙配享札子》，四部丛刊续编景旧抄本。

[4] 姜鹏《北宋经筵与宋学的兴起》第一章《前奏：太宗、真宗两朝的经筵官们》，复旦大学历史系博士论文，2006年。

[5] 宋庠：《元宪集》卷三四《祭孙仆射文》。

[6] 《景文集》卷六一《孙仆射行状》。

[7] 《景文集》卷四九《上欧阳内翰书二首》。

其二，设立了翰林院侍读、侍讲、侍读学士、侍讲学士等职。宋太宗曾任命著作佐郎吕文仲为侍读，为其读书解疑。其后，冯元、高若讷为翰林侍读，马宗元为侍讲。真宗时又设立侍读学士和侍讲学士。咸平二年，“以杨徽之、夏侯峤为翰林侍读学士，邢昺为翰林侍讲学士，始建学士之职”。[1]当时“律鸿硕之士更直迭宿，相与从容讲论”[2]。侍读学士负责每日讲史：“[国初侍]读官初无定职，但从讲官入侍而已。宋宣献（即宋绶）、夏文庄（即夏竦）为侍读学士，始请日读《唐书》一传，仍参释义理，后遂为定制。”[3]其待遇也有规定。元丰八年十二月二十二日，哲宗“增讲读官职钱为三万”。对侍读官的名额也有限制。元四年五月四日，“诏自今侍读以三人为额”。[4]当然，这种名额会随着需要而不断变化。

其三，设立崇政殿说书一职。《傅简公佳话》曾称宋太祖少亲戎事，性好艺文，即位未几，召山人郭无为于崇政殿讲书。这是该职的起源。仁宗时置崇政殿说书，负责讲读书史，备顾问，释疑义。天圣年间，仁宗“初御崇政殿西阁讲筵，命侍讲孙奭、冯元讲《论语》”[5]。元丰改制后，“废翰林侍读、侍讲学士，不置，但为兼官，然必侍从以上乃得兼之，其秩卑资浅，则为说书”[6]。地位高的兼侍读学士和侍讲学士，地位低的则任说书。蔡绦在《铁围山丛谈》中指出：“崇政殿说书，祖宗时有之。崇宁中初除二人，皆以隐逸起。蔡宝者，以嫡子能让其官与庶兄而不出，用其学行修饬召。吕瓘者，亦以高节文学有盛名，隐居弗仕，数召不起，始起，仍遂其性。乃诏以方士服随班朝谒，入侍经筵焉。亦熙朝之盛举也。”[7]蔡绦明确指出崇政殿说书就

[1] 马端临：《文献通考》卷五四《职官考八・翰林侍读学士》，清浙江书局本。
[2] 脱脱等：《宋史》卷二九六《查道传》。
[3] 叶梦得：《石林燕语》卷二，第23页，中华书局，1984年。
[4] 徐松辑：《宋会要辑稿》职官六之五八，第2525页，中华书局，1957年。
[5] 脱脱等：《宋史》卷九《仁宗一》。
[6] 马端临：《文献通考》卷五四《职官考八・翰林侍读学士》，清浙江书局本。
[7] 蔡绦：《铁围山丛谈》卷二，第27页，中华书局，1983年。

是"入侍经筵"，说明二者实为一事。马端临根据周必大《周益公集》所载，指出"近事侍从以上兼经筵，则曰侍讲，庶官则曰崇政殿说书"。[1]《神宗正史·职官志》载："侍读、侍讲，正七品；崇政殿说书，从七品。掌讲读经史，以学士或侍从职事官有学术者充，其秩卑资浅，则为说书。"[2]经筵侍讲、侍读级别高，崇政殿说书地位低，如是而已。

其四，规定了经筵日讲的时间和期限。据《神宗正史·职官志》载："岁春二月至端午日，秋八月至长至（冬至）日，遇只日入侍迩英阁，轮官讲读。"[3]直到南宋建炎二年四月庚申，高宗在谕大臣时还复述北宋的经筵制度，指出："故事：端午罢讲筵，至中秋开。"[4]但神宗时的遇单日开讲，在哲宗时变成了双日开讲。元丰八年十二月，哲宗"诏今月十五日开讲筵，讲《论语》，读《宝训》，讲读官日赴资善堂，以双日讲读。仍留一员宿直。初讲及更旬，宰相、执政并赴[5]。

其五，北宋设置"讲筵所"，专门负责经筵讲读。据《宋会要辑稿》载："东京大内讲筵所，旧曰说书所，寓资善堂。庆历初改今名，曰讲筵所。"[6]讲筵所地址就在资善堂，这里还有迩英阁，也是北宋皇帝讲经筵之所。苏轼《东坡志林·记讲筵》称"秘书监侍讲傅尧俞始召赴资善堂，对迩英阁"，说明迩英阁就是资善堂的一个组成部分。文莹《湘山野录》卷中载："皇祐中，杨待制安国迩英阁讲《周易》至'节卦'，有'慎言语，节饮食'之句。"宋祁在《冯侍讲行状》中指出："中人驰入，明日上坐迩英阁。"陆游 在《程君墓志铭》中说："绍兴初，尚书以给事中劝讲迩英殿。"显然，资善堂中的迩英阁，就是经筵举行之地。

---

[1] 马端临：《文献通考》卷五四《职官考八·崇政殿说书》，清浙江书局本。
[2] 徐松辑：《宋会要辑稿》职官六之五八，第 2525 页，中华书局，1957 年。
[3] 徐松辑：《宋会要辑稿》职官六之五八，第 2525 页，中华书局，1957 年。
[4] 李心传:《建炎以来系年要录》卷一五，建炎二年四月庚申，景印文渊阁四库全书本。
[5] 李焘：《续资治通鉴长编》卷三六二，哲宗元丰八年十二月壬戌，景印文渊阁四库全书本。
[6] 徐松辑：《宋会要辑稿》职官六之七四《京都杂录》。

其六，规定了经筵讲读的仪式。《神宗正史·职官志》载：“轮官讲读，始至，率以履见，列墩命之坐，赐茶。(议)[讲]读毕，赐汤，乃退。”[1]另据叶梦得载：“国朝经筵讲读官旧皆坐，乾兴后始立。盖仁宗时年尚幼，坐读不相闻，故起立欲其近尔，后遂为故事。熙宁初，吕申公、王荆公为翰林学士，吴冲卿知谏院，皆兼侍讲，始建议：以为《六经》言先王之道，讲者当赐坐，因请复行故事。下太常礼院详定。当时韩持国、刁景纯、胡完夫为判院，是申公等言。苏子容、龚鼎臣、周孟阳及礼官王汾、刘攽、韩忠彦，以为讲读官曰‘侍’，盖侍天子，非师道也。且讲读官一等，侍读仍班侍讲上，今侍讲坐而侍读立，不应为二，申公等议遂格。今讲读官初入，皆坐赐茶，唯当讲，官起就案立，讲毕复就坐，赐汤而退。侍读亦如之，盖（宋真宗）乾兴之制也。”[2]在坐讲还是立讲上，反映了儒臣与君主的地位之争，二者是师生关系，还是君臣关系，争执不下。代表皇帝的人称讲读官是“侍天子，非师道”。

据以上六点，可知北宋时期，经筵日讲，既有专官，又有专所，还规定了时间，证明经筵日讲制度已经正式确立。

南宋时，恢复经筵日讲制度。“中兴后，王尚书宾为御史中丞，建请复开经筵，遂命兼侍讲。”[3]“建炎元年，诏特差侍从官四员充讲读官，遇万机之暇，令三省取旨，就内殿讲读。”[4]高宗自己觉得“朕以寡昧，遇兹艰难，知学先王之道为有益，方孜孜讲求。若经筵暂辍，则有疑无质，徒费日力”。他问大臣：“朕欲勿罢，可乎？”大臣们“皆称善”，高宗“乃诏勿罢”[5]。南宋中期，庆州（今甘肃庆阳）人王之奇（？—1173年）“权兵部侍郎寻兼侍讲经筵。故事：旧讲官开端，然后新讲官继之。盖圣朝优儒，恐未习进止。前讲一日，曹吏白故事，

[1] 徐松辑：《宋会要辑稿》职官六之五八，第2525页，中华书局，1957年。

[2] 叶梦得：《石林燕语》卷一，第13页，中华书局，1984年。

[3] 马端临：《文献通考》卷五四《职官考八·翰林侍读学士》，清浙江书局本。

[4] 马端临：《文献通考》卷五四《职官考八·翰林侍读学士》，清浙江书局本。

[5] 李心传：《建炎以来系年要录》卷一五，建炎二年四月庚申，景印文渊阁四库全书本。

公遽问大略，曰：'若止此，何必旧讲官？' 首讲《需卦》至九五爻，言：'人君历俭以立国，讵容存意于饮食间？必于日昃不遑之际，兴民情难保之思。' 或疑非先儒旧说，公笑而已。既讲，上叹赏之。次《讼卦》，言：'是卦诸爻不永所事，不克讼复。' 即命渝之。后由九五体中正之道为听讼之主，故能已讼。若此皆语含规讽，意出训诂。他皆类是"。[1]当时所讲内容是《易经》。

两宋时，经筵讲官也有兼职的情况，曾出现过以中谏官兼经筵讲官的情况，也出现过修注官兼侍进的情况，以及宫观官兼侍读的情况。但无论如何，都证明两宋时，经筵日讲制度已经确立并坚持执行着。

入金后，正大四年（1227年）于内庭置益政院，"以学问该博、议论宏远者数人兼之，日以二人上直备顾问，讲《尚书》、《通鉴》、《贞观政要》"。[2]翰林学士杨云翼"为选首，每召见赐坐而不名。时讲《尚书》，云翼为言帝王之学不必如经生分章析句，但知为国大纲足矣。因举'任贤去邪'、'与治同道'、'与乱同事'、'有言逆于汝心'、'有言逊于汝志'等数条，一皆本于正心诚意，敷绎详明。上听忘倦"[3]。

元代的经筵制度是逐步建立的。世祖一向重视向儒臣讨教治国之道。至元四年（1267年），曾向徐世隆询问尧舜禹汤为君之道，徐世隆取《尚书》所载帝王事迹以对。世祖喜曰："汝为朕直解进读，我将听之。"[4]但直到泰定元年（1324年）二月，元朝才正式建立经筵制度。当时江浙行省左丞赵简，"请开经筵及择师傅，令太子及诸王、大臣子孙受学"，泰定帝遂命翰林学士吴澄、集贤直学士邓文原等人"进讲"。[5]但这次所开经筵是针对皇太子、诸王等人，并不包括皇帝。不过，这项制度很快便将皇帝也作为讲授的对象。当时的"经筵之制，取经史中切于心德治道者，用国语、汉文两进读"，虞集"尝

[1] 蔡戡：《定斋集》卷一四《故端明殿学士王公行状》，清光绪常州先哲遗书本。
[2] 脱脱等：《金史》卷五六《百官二》。
[3] 脱脱等：《金史》卷一一〇《杨云翼传》。
[4] 宋濂等：《元史》卷一六〇《徐世隆传》。
[5] 宋濂等：《元史》卷二九《本纪·泰定纪》。

因讲罢，论京师恃东南运粮为实，竭民力以航不测，非所以宽远人而因地利也”[1]，讲授的对象便是泰定帝。泰定三年，“诏翰林侍讲学士阿鲁威、直学士燕赤译《世祖圣训》，以备经筵进讲”[2]。伯颜“知经筵日，当进讲，必与讲官敷陈格言，以尽启沃之道”[3]。至正元年（1341年）顺帝“诏选儒臣欧阳玄、李好文、黄溍、许有壬等数人五日一进讲读《五经》、《四书》”[4]。监察御史崔敬上疏顺帝：“万机之暇，则命经筵进讲，究古今盛衰之由，缉熙圣学，乃宗社之福也。”[5]元末经筵官巎巎曾经指出：“天下事在宰相当言，宰相不得言则台谏言之，台谏不敢言则经筵言之。备位经筵，得言人所不敢言于天子之前，志愿足矣”[6]。这些足以证明元代的经筵后来主要是针对皇帝开展的教育活动。

元代的经筵开始制度化。“元至中叶，经筵之制大备。以勋旧大臣知经筵，次及同知、讲、读以下，大略如今日之法，宋时所未有也”。[7]其一，设立了机构和官职。天历二年，置奎章阁学士院，设大学士、承制学士、供奉学士等官，掌进读经史。其二，确立了进讲的时间。规定是十日一讲进读，每月应该是三次：“诏开讲筵，特命宰辅台臣及选奎章翰林儒宿，十日一进讲读。”[8]其四，规定了进讲仪式。元朝经筵官讲读时，一直是坐讲，“铁木儿塔识每入番直，帝为出宿宣文阁，赐坐榻前”，但到了顺帝后期，不再给讲官赐坐。左丞相太平向顺帝建议“请赐经筵讲官坐以崇圣学”。[9]苏天爵也上奏声称“自昔讲官侍坐有仪，盖所以尊师重道，从容降接”，指出顺帝“独于讲

[1]《元史》卷一八一《虞集传》。

[2]《元史》卷三〇《泰定纪二》。

[3] 宋濂等：《元史》卷一三八《伯颜传》。

[4] 权衡：《庚申外史》卷上，《宝颜堂秘籍》本，文明书局，1922年。

[5]《元史》卷一八四《崔敬传》。

[6]《元史》卷一四三《巎巎传》。

[7] 于慎行：《谷山笔麈》卷一《典制下》，明万历于纬刻本。

[8] 苏天爵：《滋溪文稿》卷二六《章疏·经筵进讲赐座》，第764页，上海书店出版社，1994年。

[9] 以上二处引文皆见《元史》卷四〇《顺帝四》。

官尚未赐坐”，因此要求“自今以始，每进进读，赐坐设几，从容顾问”。[1]然而，元代的经筵并不成熟。一是时间不固定，二是“缺乏系统性和计划性”。[2]这一状况，在明代才得以纠正和完善。

明代之前，均未分经筵与日讲，至明代英宗以后，分别规定了经筵和日讲的各自仪式和制度，经筵与日讲才得以明确区分。

二 明代经筵日讲制度的建立

明朝初年，太祖、太宗、仁宗和宣宗都曾延请儒臣入宫为皇帝讲读四书、五经和史书，解答疑难：“圣祖时凡观经史，中有句读字义未明者，必召翰林儒臣质之。虽有知书内侍，能文宫人，不得近。盖不特䌷绎义理而已。”[3]

查继佐指出：“太祖初起义兵，虽军中，尝令儒者陈说古人书义，资其智识，此明经筵所自始也。”[4]洪武末侍讲方希直有诗描述道：“风暖彤庭尚薄寒，御炉香绕玉阑干。黄门忽报文渊阁，天子看书召讲官。”[5]当时“并非定期进行，更未形成系统（地）[的]经筵进讲制度”[6]。永乐时，“上亲朝之暇，辄御便殿阅书史，或召翰林儒臣讲论，永乐以后，盖莫不然”。[7]从太祖至宣宗时的讲读缺乏制度保障，因此要求正式建立经筵日讲制度的呼声不断出现。

洪武十四年八月癸未，朝廷定翰林院官制。“翰林院革承旨直学士，设学士一人，侍讲学士二人，侍读学士二人，孔目一人，属官侍

[1] 苏天爵：《滋溪文稿》卷二六《章疏·经筵进讲赐座》，第764页，上海书店出版社，1994年。
[2] 王风雷：《元代的经筵》，《内蒙古大学学报》1993年第2期。
[3] 廖道南：《殿阁词林记》卷一五《趋召》。
[4] 查继佐：《罪惟录》志卷之一七《经筵志总论》。
[5] 焦竑：《玉堂丛语》卷三《召对》，第57页，中华书局，1981年。
[6] 胡吉勋：《明代的经筵日讲制度的建立》，第398页，载赵中男等：《明代宫廷典制史》第九章。
[7] 焦竑：《玉堂丛语》卷三《讲读》，第57页，中华书局，1981年。

讲二人，侍读二人，五经博士五人，典籍二人，侍书二人，待诏六人。史官修撰三人，编修四人，检讨四人。”翰林院学士、侍讲学士和侍读学士都肩负经筵日讲的任务：“学士掌词翰礼文，草诰敕，备顾问，详正图书，考议制度。凡经筵日讲、修书之事，皆承命而统领焉。讲读职专讲读经史，五经博士专经讲义以佐学士。”[1]但这里的“经筵日讲”概念，是事后根据当时的经筵日讲制度的环境，使用的词汇，用以概括洪武年间的讲读，并不意味着洪武时已形成了完善的经筵日讲制度。因为第二年，就有上疏要求开经筵，则说明十四年定翰林院官制时，经筵制度并未建立。洪武十五年，致仕晋府长史桂彦良奏上包括“开经筵”在内的“太平治要”十二策，其“开经筵”建议：“经筵，自昔圣主贤臣治天下之大经大法，具载六经，垂训万世，不可以不讲也。讲之则理明而必正，措诸政事，无不得其当。今当大兴大教之日，宜择老成名儒于朔望视朝之际，进讲经书一篇，敷陈大义，使上下耸听，人人警省，兴起善心，深有补于治化也。”[2]朱元璋对桂彦良的奏疏作了批答：“彦良所陈，通达事体，方裨于治道，世谓儒者泥古而不通，今彦良可谓通儒矣。”朱鸿林指出：“太祖的经史讲论，早期在场所、时间、形式上都较为有弹性，讲员也没有固定数目。中期之后，随着桂彦良奏疏的生效，有正式经筵化的现象出现。他看书和读史时，每每也有文学侍臣随从在侧。”[3]但无证据证明，朱元璋正式采纳了桂彦良关于开经筵的主张。

建文帝继位后，王叔英上“资治八策”，其一便是“务学问”，强调人君不可不学，要学就要学古训，并提出宜效仿前代，设置经筵，以儒臣为经筵官的建议，说明当时还没有正式的经筵日讲制度。他指出：“宜仿前代置经筵，以有识儒臣为经筵官，听政之余，使之朝夕以经史善恶治乱之说，讲陈于左右。”[4]但仍未实现。

[1] 黄光升：《昭代典则》卷九《太祖高皇帝》，明万历二十八年周日校万卷楼刻本。
[2] 《明太祖实录》卷一四八，洪武十五年九月癸亥。
[3] 朱鸿林：《明太祖的经史讲论情形》，载《中国文化研究所学报》第45期，2005年。
[4] 王叔英：《静学文集》卷三《赤城论谏录·资治策·一务学问》，民国嘉业堂丛书本。

宣德时陈祚再次上疏，“劝勤圣学”，要求开经筵，以冲抵宣宗“颇事游猎玩好”的不良影响。其疏称：“帝王之学先明理，明理在读书。陛下虽有圣德，而经筵未甚兴举，讲学未有程度，圣贤精微，古今治乱，岂能周知洞悉？真德秀《大学衍义》一书，圣贤格言，无不毕载。愿于听政之暇，命儒臣讲说，非有大故，无得间断。使知古今若何而治，政事若何而得。必能开广聪明，增光德业。而邪佞之以奇巧荡圣心者自见疏远，天下人民受福无穷矣。”但是，宣宗“见疏大怒”，指斥“竖儒谓朕未读《大学》耶！薄朕至此，不可不诛！”结果是将陈祚及其家人十余口逮捕入狱，关了五年，其父也瘐死狱中。[1]显然，君主虽然需要经筵日讲的形式助其解疑答难，但并不想确立为制度，束缚自己。但是，这种抗拒，到冲龄（9岁）继位的英宗时，被儒臣撕开了口子。

英宗即位后，明代经筵日讲制度正式建立。吴宽确信“国朝经筵之设，实自英宗皇帝之初”[2]。《明内廷规制考》指出：“正统元年，始开经筵”。宣德以前的诸帝，每视朝毕，“无日不御文华殿或便殿，召大臣及儒臣讲读，时经筵未开也”。至正统元年二月，“从大学士杨士奇之请，始开经筵”。[3]正统开经筵是以杨士奇为首的“三杨”上疏提议的。关于杨士奇上疏的时间，黄佐在《翰林记》卷九《开经筵》中指出是“宣德末年，英宗嗣位，年才九龄”时，亦即未改元的时候。晚明朱国祯则称“英宗即位之元年，少傅杨士奇等请开经筵。时年方十岁，行礼甚肃”[4]。清人夏燮更是明确指出杨士奇上疏是在正统元年二月二十日[5]。其实，据《明英宗实录》知，杨士奇的这份奏疏是在宣德十年英宗即位不久呈上，由二太后及皇帝批准，但礼部制定并呈奏经筵和日讲仪注的时间，则是正统元年（1436年）二月二十日。杨

[1] 《明史》卷一六二《陈祚传》。
[2] 吴宽：《匏翁家藏集》卷四三《经筵侍班倡和诗序》，四部丛刊景明正德本。
[3] 佚名：《明内廷规制考》卷二《讲筵》，清借月山房汇抄本。
[4] 朱国祯：《涌幢小品》卷二《讲读》，第26页，文化艺术出版社，1998年。
[5] 夏燮：《明通鉴》卷二二，第889页，中华书局，1959年。

士奇所上的奏疏，被称为《开经筵疏》，是明代经筵日讲史上最重要的文献，全文过录于此：

> 伏惟皇上肇登宝位，上以继承列圣，下以统御万民，必明尧舜禹汤文武之道，以兴唐虞三代之治，则宗社永安，皇图永固，天下蒙福，永远太平！然其根本在致力于圣学。
>
> 自古圣贤之君，未有不学而能致治者也。去年十月内，宣宗皇帝御左顺门，召臣士奇谕之曰："明年春暖，东宫出文华殿读书，凡内外侍从，俱用慎择贤良廉谨之臣。"臣士奇叩头对曰："此国家第一事，正维其时！伏望皇上留心！"不幸宣宗皇帝上宾，中外皆同哀戚之心，臣未敢遽言。然此事至重，不敢久默。伏望山陵毕日，早开经筵，以进圣学。臣等深切惓惓之至！谨以合行事宜陈奏，伏惟采纳，谨具奏闻。
>
> 一、自古人君成德，必先于学，未有不学而能成德者。《尚书》曰："王人求多闻，时维建事，学于古训乃有获。"经筵侍讲之官，实为学之资，今皇上进学养德，当预择讲官，必得问学贯通、言行端正、老成重厚、识达大体者数人，以供其职，庶以上副先帝之意。乞预命吏部、礼部、翰林院公同推举，具名陈奏，取自上裁。如或其人学术不正、立心行己素无善誉者，不得滥预。盖师友之臣，即他日辅导之臣，不可不谨择。
>
> 一、天子就学，其事体与皇太子、亲王不同，乞先命礼部、翰林院详定讲筵礼仪陈奏。
>
> 一、皇上圣德，正在今日辅养本原。《书》曰："仆臣正，厥后克正；仆臣谀，厥后自圣。后德惟臣，不德惟臣。"盖言仆臣贤否，系君德重轻如此。自古圣贤之君，左右使令必用正人。今皇上富于春秋，凡起居出入一应随侍及使用之人，皆宜选择行己端庄、立心正直者，使在左右，庶不正之

> 言、不正之习，悉皆屏远，不得以上惑聪明。此事关系最重。
>
> 伏望太皇太后陛下、皇太后殿下皆留圣心，为皇上慎选左右随侍及使用之人。如或其人举动轻佻、语言亵慢、立心行己不正者，皆宜早去之。若不早去，随侍既久，情意相洽，不觉其非，言听计从，后来欲去，其势难矣。古语云：与善人处，如入芝兰之室，与不善人处，如入鲍鱼之肆。盖言慎所渐染也。此在常人，尚须谨择，何况天子之左右！伏望太皇太后陛下、皇太后殿下万万留意。臣深受国恩，无能补报，惓惓愚忠，不敢不尽。伏乞采纳，实宗社生民万年太平之福！[1]

杨士奇等人的这份奏书，很快获得太皇太后、皇太后和英宗的批准："正统元年二月，降敕曰：朕祗奉天命，嗣承祖宗大宝，统御天下，用主神人，而即位以来，勿遑夙夜，永惟厥道，必学乃明。今以初九日御经筵，命尔翰林院、春坊儒臣分直侍讲。夫道原于天，尧、舜、禹、汤、文、武以隆政教，而周公、孔子阐明之。我祖宗世所师法，以安天下。卿等宜一心竭诚相与讨论，务归至当，毋隐而弗彰，毋曲而徇好，庶明之于心，诚之于行，以兴治化，以福苍生，用不忝天与祖宗之命。钦哉！"[2]同时，"上命太师英国公张辅等推举讲读官以闻。上赐敕谕以辅知经筵事；士奇、荣、溥同知经筵事；少詹事兼侍读学士王直，少詹事兼侍讲学士王英，侍读学士李时勉、钱习礼，侍讲学士陈循，侍读苗衷，侍讲高谷，修撰马愉、曹鼐兼经筵官；翰林、春坊等衙门儒臣分直侍讲；又以太子太保、成国公朱勇，少保兼工部尚书吴中，吏部尚书郭琎，礼部尚书胡濙，兵部尚书王骥，刑部尚书魏源，都察院右都御史顾佐侍班。"[3]

---

[1] 杨士奇：《开经筵疏》，载黄训辑《名臣经济录》卷一二《内阁》，景印文渊阁四库全书本。
[2] 黄佐：《翰林记》卷九《开经筵》，景印文渊阁四库全书本。
[3] 《明英宗实录》卷一四，正统元年二月丙辰。

根据上述材料的分析，可以得知，正统初年制定的经筵和日讲制度，包含以下内容：

第一，经筵日讲有明确的教学对象、目的、意义和程式，教学对象就是皇帝，“天子就学，其事体与皇太子、亲王不同”；教学目的就是为了通过学习儒家经典成就圣学和君德，以便“宗社永安，皇图永固，天下蒙福，永远太平”；其教学意义是“国家第一事”；其程式则是上述的经筵和日讲的仪注。

第二，经筵日讲包括两个既相联系又相区分的部分，一是礼典化的经筵，一是有裨实用的日讲。根据仪注来看，显然前者十分隆重，而后者要随意得多；前者象征意义大于实际意义，“当是时，吏部郎中李茂弘已窃有‘君臣之情不通，经筵徒为文具’之叹”[1]，后者则撇开排场，追求“明白易晓”，教学双方可能因直接面对而产生讨论和交流的效果。

第三，经筵时所讲的内容，一是《四书》中的《大学》，一是《五经》中的《尚书》，日讲仪注中未说明所讲的内容，但可以推知，应该是继续讲读经筵时未讲完的《大学》和《尚书》，有更多的时间，则会讲读《四书》和《五经》中的其他内容，以及部分史书。

第四，经筵日讲有特命的服务官员。这些官员中，有领导经筵的高级官员，一般是国公和内阁大学士，如知经筵、同知经筵；有仪式性的高官，一般由九卿担任，如侍班；有服务性的低级官员，如负责打开书册的展书官，合上书册的执事官（后来也由展书官进行）；以及真正的教学官员，如在经筵大典上讲课的经筵官（也称经筵讲官）和在日讲上“分直侍讲”的日讲官。对于教学官员的学行要求极严，“必得问学贯通、言行端正、老成重厚、识达大体者数人，以供其职”，需要“吏部、礼部、翰林院公同推举，具名陈奏，取自上裁”。对于“学术不正、立心行己素无善誉者，不得滥预”。然而，“讲官推举，

[1] 黄佐：《翰林记》卷九《开经筵》。

实出内阁，吏、礼二部承其意而已，遂定为制。其后各部侍郎、国子祭酒出自本院者，得与焉”。[1]

第五，经筵日讲的地点被确定，就是在文华殿。当时在仪注中尚未区分经筵与日讲的地点，后来才形成经筵在文华殿前殿举行，日讲在文华殿穿殿或后殿举行的制度。

第六，经筵的时间也被确定。规定每月初二、十二、二十二日会讲。至于日讲的时间，未明确说明，但应该是除每月三次经筵大典外的其他应讲时间均为日讲时间。这时尚未见春讲和秋讲的概念，自然也没有将经筵日讲局限在二至五月的春讲和八至十月的秋讲范围内。日讲似乎是“每日”可讲，透露出儒臣们的雄心，但事后在执行中发现，大多数的君主对经筵日讲是抵触的，很难做到每月三讲，和每天日讲。但不论如何，明朝都有了一个可以教育皇帝的制度依凭。

从此，经筵和日讲制度在大明帝国正式确立，皇帝有了正规的进学渠道，而儒臣们有了成为帝王之师的法定机会。吴宽确信“国朝经筵之设，实自英宗皇帝之初”[2]。晚明朱国祯亦坚持此说：“英宗即位之元年，少傅杨士奇等请开经筵。时年方十岁，行礼甚肃。历代因之。”[3]从此，君主与儒臣围绕着经筵日讲，既合作又博弈，既和谐又摩擦，一直贯穿整个明代历史。

三　明代经筵日讲中的师道与君道之争

第一，坐讲、立讲之争。

儒臣在给皇帝讲课时，是老师与学生的关系，师道尊严，老师应该坐而论道，但同时皇帝与讲官的关系，又是君臣关系，臣面对君，应该站着讲课，于是便出现了经筵日讲中的坐立之争。这牵扯到“道

---

[1] 黄佐：《翰林记》卷九《开经筵》。

[2] 吴宽：《匏翁家藏集》卷四三《经筵侍班倡和诗序》，四部丛刊景明正德本。

[3] 朱国祯：《涌幢小品》卷二《讲读》，第 26 页，文化艺术出版社，1998 年。

高于君”和“为帝王之师”的问题，因此儒臣对立讲持反感态度，多有抗拮言论。

宋初，军人出身的宋太祖采用重文轻武的政策，宽待文官，因此经筵讲读官皆坐着讲课。但13岁的仁宗即位后，讲官坐读时小皇帝听不清，于是讲官站着讲读，侍经筵者坐着陪读，不料形成惯例。神宗熙宁元年（1068年），翰林学士兼侍讲吕公著等请赐讲者坐，而侍者可以站立。神宗交付礼官审议，由太常礼院详定。韩维等主张讲臣应赐坐，以便敷畅经艺，明先王之道。龚鼎臣等人却认为讲臣不过解说旧儒章句，“非有为师之实，岂可专席安坐，以自取重？”众议不决，神宗乃问曾公亮。曾公亮但称自己侍仁宗书筵时是站立的。当王安石进讲时，神宗赐他坐讲，他不敢坐，立讲遂成制度。此后，北宋理学大师程颐指出：“经筵，臣寮侍者皆坐，而讲者独立，于礼为悖。欲乞今后特令坐讲，乃与义理为顺，所以养主上尊儒重道之心。”[1]但并未改变这一制度，“颐乞坐讲，竟不行”[2]。李东阳在弘治时上奏指出：“经筵为讲道之地，与朝署不同。故凡奏对之时，虽师保大臣必行跪礼，惟讲官拜稽之后，立讲于前，以示优异。此祖宗定制。而古之大儒犹有致讥于坐立之间者，以圣贤之道在故也。”虽然圣贤之道在，但明代专制帝王一般是不让自诩为帝王之师的讲官坐而论道的。

明初，经筵日讲制度形成之前，可能出现过坐讲的情况。特别是朱元璋打天下时，延请儒生入讲经史，因为君势未尊，应该是不立讲。明朝建立后，儒臣进讲可能改为立讲，偶尔会因皇帝的心情愉悦而赐坐。宣德三年十月，翰林儒臣进讲《春秋》，宣宗与讲官进行了辩难，因为发挥得好，自己也觉得十分满意，“遂赐讲官坐，命左右赐果茗”。[3]此事在儒臣所上的《拟儒臣进讲〈春秋〉上谕以圣贤忧世之心因命赐讲官坐及茶果谢表》的文章中，也有表述：“念臣侍久，假胡床而赐

[1] 冯琦：《经济类编》卷二《圣学·程颐论经筵事》，景印文渊阁四库全书本。
[2] 李焘：《续资治通鉴长编》卷三七三，哲宗元祐元年三月辛巳。
[3] 徐学聚：《国朝典汇》卷二五《朝端大政·经筵日讲》，明天启四年徐与参刻本。

坐，出仙液以分珍。”[1]

正统以后，经筵制度确立，讲官仍然是立讲。只是偶有在为太子讲读时得以坐讲。孝宗身为太子时，讲官们立讲，孝宗也起立听讲，内阁辅臣请讲官坐讲，以免东宫立听。据《殿阁词林记》卷二〇载：“成化中，孝宗出阁，最勤学。十九年，《御制文华大训》成，少詹事彭华进讲，左中允周经预讲是书，东宫每起立拱听。内阁辅臣请坐讲，从之。”但这只是给太子讲学。

明代讲官坐讲的情况，不是发生在经筵和日讲上，而是在太学的彝伦堂中。景泰元年，萧镃任经筵讲官。“二年，景帝幸学（指太学），命坐讲。镃讲《书经·皋陶篇》天聪明一章，称旨。”[2]成化年间，谢琏“迁侍讲，进经筵。上御彝伦殿，命坐讲经，俯听甚悦”[3]。弘治元年，费訚升祭酒，“孝庙初开经筵，充讲官。车驾视学，赐坐讲彝伦”[4]。在彝伦堂不仅可以坐讲，而且可以坐听。正统元年九年三月，“大新国学成，上祇谒先圣，躬行释奠礼，幸彝伦堂，命祭酒司业以《书》、《易》进讲，从臣坐听，公（指经筵讲官钱习礼）与其列”[5]。正德元年，白钺任日讲官时，“开经筵，赐白金丝币。车驾视太学，赐坐彝伦堂”[6]。同时赐坐的还有张升，“正德元年，侍经筵”，“车驾视太学，赐坐彝伦堂”。[7]嘉靖时，赵永在“世庙登极”后，仍“直经筵兼日讲官”，“驾幸太学，赐坐讲《尚书·大禹谟》，敷陈剀切，

[1] 臧懋循编：《负苞堂文选》卷一《拟儒臣进讲〈春秋〉上谕以圣贤忧世之心因命赐讲官坐及茶果谢表》，明天启元年臧尔炳刻本。

[2] 雷礼：《资善大夫太子少师户部尚书兼翰林院学士尚约萧公镃传》，载焦竑辑《国朝献征录》卷一三《内阁二》，明万历四十四年徐象橒曼山馆刻本。

[3] 过庭训：《本朝分省人物考》卷七一《补遗·谢琏》，明天启刻本。

[4] 雷礼：《国朝列卿纪》卷一五《费訚》，明万历徐鉴刻本。

[5] 王直：《抑庵文后集》卷二四《礼部右侍郎谥文肃钱公神道碑》，景印文渊阁四库全书本。

[6] 李东阳：《掌府事尚书资政大夫太子少保礼部尚书翰林院学士掌詹事府事赠太子太保谥文裕白公钺墓志铭》，载焦竑辑《国朝献征录》卷一八《詹事府一》。

[7] 过庭训：《本朝分省人物考》卷六一《张升》，明天启刻本。

进止雍容”。[1]嘉靖十二年三月，世宗“以厘正先师祀典，再幸太学”，命顾鼎臣充分献官。“上祀毕，御彝伦堂，命祭酒、司业讲书，赐坐听讲。”[2]直到熹宗时，在太学时依然可以坐讲。天启五年，李国橧担任左谕德，管国子监司业事，“乙丑，熹皇帝幸大学，以公坐讲《易》。上方亲礼儒臣，举历朝旷典。公以德望发明天人大义。上敛容恭己以听。环桥门而观听者千万人”[3]。允许在太学坐讲，而不允许在文华殿经筵日讲课堂上坐讲，是明代极其特殊的一种制度。

真正在经筵和日讲上给讲官赐坐的，只有世宗皇帝。但举行经筵日讲的地点不是文华殿，而是无逸殿。嘉靖十年八月，“西苑豳风亭落成。上御无逸殿，命大学士李时、翟銮坐讲。时进讲《书·无逸篇》，銮进讲《诗·豳风·七月》之章，讲官顾鼎臣、谢丕、张潮、廖道南分选《无逸》、《豳风》讲章进览”。[4]顾鼎臣在上述活动中，是坐讲的。另据载：“上于西苑作无逸殿成，命鼎臣坐讲《周书·无逸篇》。”[5]讲官坐讲，而侍经筵官立听，实现了程颐等的意愿。翰林院编修张衮“寻充经筵展书官，晋讲官”，他侍进时便是站立着的，自述道：“无逸殿成，命大学士李时、翟銮为讲官，左右设红几杌子各一，令坐讲《书·无逸》、《诗·豳风》。余时以讲官序立在傍。”[6]

嘉靖十年，朝廷甚至制定了坐讲的仪注。据《皇明典礼志·无逸殿讲仪》载：“序班举御案，置御座，二举讲案，置殿内，门西东向，设座位。鸿胪寺赞进讲，大学士一员出班稽首礼，上命赐坐，承旨稽首。展书官诣前，展讲义退，讲官坐讲，毕，展书掩讲义，讲官稽首，

[1] 过庭训：《本朝分省人物考》卷一七《赵永》，明天启刻本。

[2] 陆深：《俨山集》卷八〇《光禄大夫柱国少保兼太子太傅礼部尚书武英殿大学士赠太保谥文康顾公行状》，清文渊阁四库全书补配清文津阁四库全书本。

[3] 孙承宗：《高阳集》卷一七《明光禄大夫左柱国少师兼太子太师吏部尚书中极殿大学士赠太保谥文敏李公暨元配一品夫人陈氏继配一品夫人赵氏合葬墓志铭》，清初刻嘉庆补修本。

[4] 徐学聚：《国朝典汇》卷二五《朝端大政·经筵日讲》，明天启四年徐与参刻本。

[5] 过庭训：《本朝分省人物考》卷二一《顾鼎臣》，明天启刻本。

[6] 张衮：《张水南文集》卷八《豫撰圹记并铭》，明隆庆刻本。

复班。又大学士一员出班承旨，坐讲如前仪。”[1]这只是在宫城外西苑的无逸殿中举行的仪式，而在宫中法定举行经筵和日讲的文华殿，却从来未实行过坐讲制度。

穆宗即位后，经筵和日讲又恢复到文华殿举行，坐讲制度也随之废除。为此，儒臣有心恢复坐讲制度，但只敢提议在教授太子经筵时准予坐讲，也都遭到皇帝的否决。隆庆六年正月辛未，御史张克家等奏称：“教太子之道，莫先于尊师重傅。宜下礼官，考古世子齿学之制，兼准《大明集礼》裁定礼仪，毋袭近日常规，俾不失古意。”并引宋儒程颐坐讲之说为请。穆宗览奏后，怒曰：“东宫讲读礼仪，祖宗自有成规。克家等乃敢辄议变更，殊为狂肆。”乃命降克家二级，调外任，余各夺俸二年。[2]显示出明代皇权专制主义的严厉，拒不接受大臣“坐讲”的要求。在强化皇帝权威的时代，让讲官坐着给皇太子讲课，是难以让皇帝接受的。在他们看来，这显然是触犯了皇家的权威和尊严。

万历以后，讲官皆立讲。《徐显卿宦迹图册·经筵进讲》中画的讲官徐显卿就是立讲，几案前不设座位。

万历二十八年中顺天乡试的赵维寰，在天启之后撰写的《拟上救时万言书》中指出，“主司策士首言圣学”，他自己觉得应该“学期实用，不务空文”，“学有实用，而经筵日讲正不必辍也”。如果学无实用，“纵抗坐讲之礼，进折柳之规，正心诚意，不停于耳”，也不过是“老生常谭”，无补于世。[3]可见，当时还是有人在“抗坐讲”之礼，但终明之世，都未能在文华殿举行的经筵和日讲中，为讲官争来一个座位。

第二，皇帝尊称“先生”的行与废。

儒臣在经筵日讲的仪注中，塞入了师道尊严的细枝末节，但也不

---

[1] 郭正域：《皇明典礼志》卷一三《无逸殿讲仪》，明万历四十一年刘汝康刻本。

[2] 《明穆宗实录》卷六五，隆庆六年正月辛未。

[3] 赵维寰：《雪庐焚余稿》卷三《拟上救时万言书》，明崇祯刻本。

能一以贯之地得到遵守。在与皇帝的师道较量中，常常因为儒臣内部的不团结不统一，导致失败。一般的讲臣都想得到皇帝的尊敬，但总有一些儒臣讨好皇帝，破坏尊师的惯例。在经筵仪式中，儒臣们拟定了经筵后皇帝口头表示对讲官尊重和关切的话："先生们吃酒饭！"将讲官当做老师看待。但这一良好的制度却被谄媚的刘定之所破坏。刘定之，字主静，江西永新人。正统元年会试第一，廷试第三，授翰林编修，"故事：经筵日讲毕，上辞退，口语曰'先生辈吃酒饭。'阁老、讲官并承旨叩头出。定之请以例赐，毋烦玉音。自是君臣之间，殊无一辞相接，词林之臣咎定之巽抑之过，几于容悦"。[1]

第三，君与师对经筵和日讲重要性认识的分歧与统一。

儒臣试图通过经筵和日讲制度，将皇帝拉上儒家思路的轨道，使皇帝成为儒臣的学生，接受道高于君的观念。而不少君主则力图摆脱经筵日讲的束缚。为此双方不断斗智角力。

明代某些皇帝总是想挣脱经筵日讲的束缚。正德二年，武宗"御经筵讲书"。根据惯例，"讲书毕，因致讽谏语"，就是结合现实，对皇帝进行劝谏。"是日詹事杨廷和、学士刘忠直讲"，对宦官刘瑾等人导帝逸游提出讽谏。"既罢，上谓刘瑾曰：'经筵，讲书耳，何又添出说话！'瑾因奏曰：'二人当打发南京去。'遂以廷和为南户部，忠礼部，各侍郎"。[2]《明史》在记这件事时，武宗对刘瑾说的话是这样的："经筵，讲书耳，浮词何为？"[3]二位讲官分别被升为南京户部和礼部侍郎，但其实是"若升之，实远之"[4]。明代皇帝借故传免经筵日讲的事例不胜枚举。

儒臣们除了进行直言强谏外，还通过奉承皇帝的手段，让后者相信经筵日讲的功效，对经筵日讲产生喜好。他们在经筵举行后，总要

[1] 何乔远：《名山藏》卷六五《臣林记》，明崇祯刻本。
[2] 徐学聚：《国朝典汇》卷二五《朝端大政・经筵日讲》。
[3] 《明史》卷一八一《刘忠传》。
[4] 陈洪谟：《继世纪闻》卷一。

撰文祝贺经筵的举行。如万历时申时行对神宗参与经筵日讲就写表祝贺，并在表中极尽赞美和颂扬："恭惟皇帝陛下，聪明首出，睿智性成，固天纵之多能，尤日新而不已。在高宗亮阴之际，已勤逊敏之功，当成王访落之年，懋致光明之益。观览靡疲于乙夜，讨论无间于祁寒。衹遹典章，载陈经席。华编绚烂，出周家图籍之藏；法从趋跄，列汉殿威仪之盛。谦光下济，涣渥旁敷。御醴上尊，肆侈大烹之飧；兼金袭绮，特颁内帑之珍。在渊衷听纳之方弘，故宠赉骈蕃而不靳。礼隆晋接，人知稽古之荣；道协泰交，世仰右文之治。臣等叨陪迩列，幸际冒辰，承天语之丁宁，不违咫尺，戴圣恩之高厚，莫报涓埃。敢不奉身以周旋，必先盟心而登对。绎陈善责难之义，务师师以相规；扬崇儒重道之风，举忻忻而有喜。伏愿法乾之健，体咸之虚。尊所闻，行所知，跻光大高明之域；不泄迩，不忘远，存忧勤惕励之衷。庸恢列圣之伟摹，以树百王之懿范。"[1]让神宗不好意思逃避经筵和日讲。

他们还通过代拟诏谕的手段，表达对经筵日讲的重视，使得皇帝不得不跟着附从。有些看起来是皇帝对待经筵日讲的态度，实际上是儒臣们逼皇帝表态的。明人俞汝楫在《礼部志稿》卷六《穆宗庄皇帝日讲之训》中载："隆庆元年三月，敕谕礼部曰：'朕惟讲学乃帝王进德图治之首务，兹山陵事毕，经筵日讲宜即举行。尔礼部择日具仪并合行事宜来闻。'"这被当做穆宗庄皇帝的日讲之训，其实，这是内阁首辅徐阶代穆宗撰拟的敕谕，收在其文集中，题目是《拟谕礼部开讲敕》。"[2]儒家就是通过上述手段，让皇帝与自己在经筵日讲上同台共舞，以实现为帝王之师的梦想，达到教化君主、约束皇权的目的。

第三节 明代经筵制度及其仪注

明代经筵制度，自英宗初年确立后，在制度层面上一直存续着，

[1] 申时行：《赐闲堂集》卷七《经筵贺表》，明万历刻本。

[2] 徐阶：《世经堂集》卷五《拟谕礼部开讲敕》，明万历间徐氏刻本。

但在执行层面上时断时续。在制度层面，经筵制度一直被记录在案，编入明代的法定大典中。

对明代经筵制度及其仪注进行记载，首推基本文献《明实录》和《万历起居注》，此外还有黄佐（1490－1566年）的《翰林记》、廖道南（？－1547年）的《殿阁词林记》、申时行（1535－1614年）等人所编《大明会典》、徐学聚（万历十一年进士，1583年）的《国朝典汇》、张位（1538－1605年）和于慎行（1545－1607年）编的《词林典故》、王圻（1530－1615年）的《续文献通考》、郭正域（1554－1612年）的《皇明典礼志》、俞汝楫编纂的《礼部志稿》、佚名的《明内廷规制考》等。这些典籍各自记载了当时及其以前的经筵和日讲情况，对于研究明代经筵制度有重要的史料价值。

一 英、孝、武宗时期经筵制度及其仪注

在众多的典章制度史籍中，比较具有代表性的是官方所修的《大明会典》，其《经筵》篇记载了明代各个时期的经筵制度及其变化情况，明确承认“国初经筵无定日，或令文学侍从之臣讲说，亦无定所”，并指出“正统初，始著为仪常，以月之二日御文华殿进讲，月三次，寒暑暂免。日讲于文华穿殿，其仪简”，并详细记载了“正统初定”的经筵仪注。《大明会典》所载正统初定的仪注，与本章第二节“二、明代经筵日讲制度的建立”所引《明英宗实录》卷一四“正统元年二月丙辰”中胡濙所拟定的正统初经筵仪注相比，略有差异，应该是综合了后来的一些经验所致。

《大明会典》没有《英宗实录》一开始所载的“每月初二、十二、二十二[日]会讲”，但增加了一段关于参与经筵的各级官员的情况：

> 凡经筵初开，敕勋臣一人知经筵事，内阁学士或知或同知经筵事，六部尚书、左右都御史、通政使、大理寺卿及学

士等官侍班，翰林院、春坊等官及国子监祭酒二员进讲，翰林、春坊等官二员展书，给事中、御史各二员侍仪，鸿胪寺、锦衣卫堂上官各一员供事，鸿胪寺鸣赞一员赞礼，序班四员举案。勋臣或驸马一人领将军侍卫，礼部择吉题请。

然后是关于经筵大讲前，宦官安设御案、讲案和放置书、经于案的情况。《会典》的记载与《英宗实录》基本一致，但英录直接说是放置的《大学》和《尚书》，而《会典》则称放置的是《四书》、经或史，范围比较宽泛，应是后来调整的结果。其文曰：

先期，直殿内官于文华殿设御座，又设御案于殿内御座之东稍南，设讲案于御案之南稍东。是日早，司礼监官先陈所讲四书、经史各一册置御案，又各一册置讲案，皆《四书》东，经史西。先期，讲官撰《四书》、经或史讲章各一篇，预置于册内。

关于正式举行经筵的仪式，《会典》与《英录》所载相似。英录称鸿胪寺官“引三师、三少、尚书、都御史、学士及讲读、执事等官”于丹陛上，而《会典》则称引“知经筵及侍班、讲读、执事、侍仪等官”。英录称官职，而《会典》称在经筵中担任的角色，换了一个说法，其文述曰：

是日早，上御文华殿，升御座，将军侍卫如仪。鸿胪寺官引知经筵及侍班、讲读、执事、侍仪等官于丹陛上，行五拜三叩头礼，毕，（以后每月初二、十二、二十二日止行叩头礼）以次上殿，依品级东西序立。

知经筵官序于侍班官上，侍仪御史、给事中于殿内之南分东西，北向。序班二员举御案置御座前，二员举讲案置御案之南，正中。鸿胪寺官赞“进讲”，讲官一员从东班出，一员从西班出，诣讲案前稍南，北向并立。

下面是展书官和经筵讲官出列展书和讲书的具体仪式，《会典》与《英宗实录》所载基本相同，不同之处在于，英录称展书与掩书的是“执事官”，做完工作后退至御案东西序班，而《会典》所载则是“展书官”，做完工作后退至东西铜鹤下，其文曰：

东西展书官各一员各从本班出，进至御案之南铜鹤下，东西向立。

鸿胪寺官赞“讲官鞠躬、拜、叩头、兴、平身”，毕，东班展书官进诣御案前，跪展《四书》，毕，起，退立于东鹤下。讲《四书》讲官进至讲案前，立奏讲某书，讲毕，稍退。展书官诣御案前跪掩《四书》，毕，仍退立于鹤下。

西班展书官进诣御案前，跪展经或史，毕，起，退立于西鹤下。讲经史讲官进至讲案前，立奏讲某经或某史，毕，少退，并立如初。展书官诣御案前，跪掩书毕，仍退立于鹤下。鸿胪寺官赞“讲官鞠躬、拜、叩头、兴、平身”，各退就东西班。展书官随之。序班二员举御案，二员举讲案，退至原所。

最后《会典》记载了赐酒饭的仪注，这是《英宗实录》所没有的内容。《会典》载：

鸿胪寺官赞“礼毕”，命赐酒饭。鸿胪寺官及各官皆跪承旨，出至丹陛上，行叩头礼，至左顺门酒饭。毕，入行叩头礼。[1]

[1] 申时行等：《大明会典》卷五二《礼部十·经筵》。按：《大明会典》弘治、嘉靖和万历时屡有修纂，这段记载曾被黄佐《翰林记》卷九《开经筵》照录，文字稍有改动。

上述《大明会典》所载仪注，与前引《明英宗实录》所载仪注，文字上有所不同，有的是史官删节所致，有的则是《会典》综合了后来的经验所致。两处史料可互为补充。

成化以后规定，经筵侍班官出身要纯正，“罢杂流官侍班”。成化四年二月，六科给事中、十三道监察御史皆言：“掌太常寺礼部尚书李希安，发身道士，不宜令预经筵。”宪宗指示：“经筵之设，所以讲明道学，关系甚重，故侍从皆用文学之臣。希安既非儒流，可罢侍班，但令供礼官之职。”[1]

孝宗弘治元年二月二十七日，礼部进经筵仪注，除了规定“择弘治元年三月十二日，上御经筵”外，还规定了具体的仪注，很多内容都沿袭前朝，如“前期一日，直殿内官于文华殿内设御座，又设御案于殿之东稍北，设讲案于殿之东稍南”，与英宗朝胡濙所拟仪注完全相同。英宗时规定的“行五拜三叩头礼”，在孝宗时完全未变。至于《四书》讲官和《五经》讲官及其仪式，英宗与孝宗时完全相同。关于日讲部分，日讲时“不用侍卫、侍仪、执事等官侍班”，以及仪式时只行叩头礼，先读四书、后读五经或读史的规定，孝宗时完全承袭了英宗时的仪注。

有些仪注只有细节的不同，如英宗时侍仪御史、给事中各二员规定“于殿内之南，分东西，北向立”，而孝宗时略改为“于殿门内左右，北向立”。英宗时仪注中，当鸿胪寺官赞“进讲”后，“讲官一员从东班出，一员从西班出，诣讲案前，北向并立”，而孝宗时仪注作“讲官二员出班，诣讲案前，稍南，北向并立”，是合书，只增加了“稍南”的方位。这些都算是对英宗仪注的继承。

与英宗时相比，孝宗时仪注有以下较大的变化：其一，不挑明要讲的四书五经的具体书名。“至期，司礼监官先设所讲《四书》、经书各一本于御案，各一本于讲案”，英宗时仪注直接规定所置之书为

[1] 俞汝楫：《礼部志稿》卷六七《罢杂流官侍班》，景印文渊阁四库全书本。

《大学》和《尚书》各一册，孝宗仪注只规定四书、经史各一本置案，概括性更强一些，灵活性更大一些。其二，新规定了“书讲章”的角色和职能。英宗时的仪注规定“讲官二员各撰讲义一篇，预置于册内”，而孝宗仪注则无此规定，却在侍班官中另有“书讲章”官之名。书讲章应该是讲官将讲章进呈内阁审阅修改后，由中书舍人等抄写一遍。此时，书讲章官也成为侍班官的成员。其三，经筵官员专业化或专名化。英宗仪注“鸿胪寺官引三师、三少、尚书、都御史、学士及讲读、执事等官于丹陛上”，在孝宗仪注中已改为“鸿胪寺官引知经筵、同知经筵、侍班、讲读、展书、书讲章、侍仪等官于丹陛上”，表明经筵制度更加规范，凡参加经筵的官员都有各自在经筵中的身份，而不是以普通官员的身份入侍。

其四，出现了专门的展书官。关于展书，英宗仪注规定“翰林执事官一员从东班出，进诣御案前，跪展书册。毕，退立于御案之东，稍南”。等到讲官讲完四书后，“执事官复诣御案前跪掩书册。毕，退就东班”。然后“又执事官一员从西班出，进诣御案前，跪展经册。毕，退立于御案之西，稍南”，等到讲官讲完经书后，“执事官复诣御案前，跪掩经册。毕，退就西班”。而孝宗时的仪注直接规定“展书官二员亦出班，东西相向立”。等到鸿胪寺官发出命令后，“东展书官诣御案前跪展四书，讲四书官进至讲案前亦展所讲书。展书退立，讲官讲。毕，东展书官诣御案前跪掩所展书，讲官亦掩所讲书。展书官退立，讲官亦退就原所。西展书官并讲经官展、讲进、退并如之”。二者比较后，可以发现，英宗时并无“展书官”之设，只是指定一位翰林官员展书，而孝宗时已将展书工作专业化，专门设立了“展书官”一职。

其五，英宗仪注中规定“每月初二、十二、二十二会讲”，而孝宗仪注中规定“每月初二日、十二、二十二日经筵”，不再提“会讲”。其六，英宗仪注规定日讲中只有讲读官四员和翰林院学士轮流侍班，而孝宗时却增加了“内阁大臣”：“内阁大臣及讲读官四员行叩头礼。”[1]则表明内阁对日讲也很重视，并加强控制。其七，英宗仪注中规定日讲“伴读十数遍后，讲官直说大义，惟在明白易晓”以及讲读后“侍书官侍上习书”，而孝宗仪注中全无此二项规定，说明英宗仪注是针对英宗冲龄继位的特点，当时需要背诵，同时也需要练字，而孝宗是成年继位，因此不需要背诵和练字。

英宗朝仪注规定的“每月初二、十二、二十二会讲”，弘治时并未完全执行。弘治十年三月，刑科给事中杨廉奏：“近奉旨以本月二十二日出御经筵。考之故事，经筵日期起必于月初，罢必于月终，半年之内，亦不过九举。今以月终起，以月初罢，则所举有几？”要求孝宗正视此问题。孝宗说：“朕已行之矣。”[2]

弘治之前，只规定了“每月初二、十二、二十二会讲”，但未规定春讲和秋讲制度。春讲制度的形成，似与王恕有关。弘治元年五月王恕“因侍经筵，暑汗浃背，因思圣体俨然不动，万一因暑致疾，臣子之心何安？”于是在二十四日上奏请求暂停经筵日讲，指出“祁寒盛暑之时，亦宜慎起居”，“闻祖宗时，常御经筵，遇盛寒暑则暂止”，于是要求按“天顺、成化间故事，于盛寒暑暂止经筵，保育圣躬”[3]。他的建议遭到了其他官员的强烈反对。监察御史汤鼐要求“乞以六月初一日为始，仍旧御经筵及午朝”，但孝宗仍坚持“诏待稍凉即行”。[4]从此，便出现了至五月便停讲的惯例，逐渐形成了春讲截止的界限，并进而形成了春讲制度。

武宗时的经筵仪式，与孝宗时相同。正德元年二月二日“壬子，初开经筵。是日早朝毕，上御文华殿，诸有事于经筵者俱盛服左右侍，大学士李东阳讲《大学》首章，谢迁讲《尚书·尧典》首章。讲毕，赐宴于左顺门，并赐知经筵、同知经筵、侍班大臣及进讲、展书、书

[1] 《明孝宗实录》卷一一，弘治元年二月辛酉。

[2] 《明孝宗实录》卷一二三，弘治十年三月乙巳。

[3] 《明孝宗实录》卷一四，弘治元年五月丁亥。

[4] 《明孝宗实录》卷一五，弘治元年六月乙未。

讲章、执事等官白金、宝钞、彩段、表里有差”。[1]这完全是按照孝宗时仪注进行的。此前“上将御经筵，谕礼部具仪以闻”，结果“礼部议上，悉如旧仪”，武宗“从之”。[2]因此，武宗时是没有自己特殊的经筵仪注的。

经筵制度到嘉靖以后，发生了比较大的变化。正式形成了“一学年两学期”的春讲和秋讲制度。

二 嘉靖时期经筵制度及其仪注变化

世宗时，经筵制度及其仪注发生了较大的变化。正德十六年七月，从外藩入主宫廷的世宗，在内阁的提请下，决定于八月初二日首开经筵。先由礼部制定“初御经筵礼仪”。该仪注为：

> 一、直殿内官先一日于文华殿内设御座，又设御案于殿之东稍北，设讲案于殿之东稍南。至期，司礼监官先陈《四书》、《经书》各一本置御（史）[案]，各一本置讲案。《四书》东，经书西。
>
> 是日早，上御西角门早朝后，回文华殿进膳，毕，易黑翼善冠、犀带、青素袍，出御殿，升座。将军侍卫殿外如常仪。鸿胪寺官引太傅、太保、少师、少保、少傅、尚书、学士等官及讲读官并锦衣卫、鸿胪寺堂上官，翰林院执事官，侍仪御史、给事中、序班于丹陛上，行五拜三叩头礼，毕，以次上殿，依品级东西序立。侍仪御史、给事中各二员，于殿内南分东西，北向。序班二员举御案置御座前，二员举讲案置御座南，正中。鸿胪寺官赞进讲，讲官二员出诣讲案前，稍南，北向并立。鸿胪寺官赞鞠躬、拜、叩头、兴、平

[1] 《明武宗实录》卷一〇，正德元年二月壬子。

[2] 《明武宗实录》卷九，正德元年正月戊戌。

身，翰林院执事官一员诣御案前跪展《四书》，起立于御案之东。讲官一员进至讲案前，讲《四书》毕，讲官退就原所，执事官于御案前跪掩《四书》，毕，退就班。又执事官一员诣御案前，跪展经书，起立于御案之西。讲官一员进至讲案前，讲经书。毕，讲官退就原位并立。执事官于御案前跪掩经书。毕，退就班。鸿胪寺官赞讲官鞠躬、拜、叩头、平身礼毕，退就班。序班四员举御案及讲案俱置殿东原所。鸿胪寺官赞礼毕，各官以次出丹陛上，行叩头礼，退。上还宫。

一、先期，讲读官撰《四书》、经书讲义各一篇，务要明白简当，切于正道，各预置于所讲书内。

一、会讲礼仪：每月初二、十二、二十二会讲。先期，司礼监官陈设御案如前。至期，候上御文华殿，侍卫、侍仪、执事、进讲礼同，但各官止行叩头礼一。是日，各官俱青素衣服供事。[1]

该仪注比较突出的变化是，将“初御经筵礼仪”与“会讲礼仪”作了明确的区分。指出后者“各官止行叩头礼一”，形式较“经筵初讲”的礼仪要略为简化。这就证明了明代的经筵是分不同层次的，最主要的就是“经筵初讲”，然后是“经筵会讲”（即月讲，每月三次），最后才是“日讲”。

明代万历以后俞汝楫在《礼部志稿·经筵、会讲礼仪》中，追述了嘉靖年间制订的经筵、会讲礼仪。正德十六年七月（俞汝楫误以为“嘉靖改元七月”），礼部因经筵事上奏，奉世宗敕谕：“朕惟讲学修德，乃帝王首务，兹欲于八月初二日御经筵。尔礼部其具仪并合行事宜来闻，故谕。钦此！”于是礼部会同华盖殿大学士杨廷和“议得筵官、经筵、会讲礼仪，开（坐）[列]上请”。获得世宗的批准。这次所上经

[1]《明世宗实录》卷四，正德十六年七月壬申。

筵、会讲礼仪包括：

第一，“初御经筵礼仪”。规定：“先期讲读官撰《四书》、《经书》讲义各一篇，务要明白简当，切于正道，各豫置于所讲书内。”对讲义的要求，实是沿用正统初的仪制。

第二，“会讲礼仪”：“每月初二、十二、二十二会讲。先期，司礼监官陈设御案如前，至期，候上御文华殿，侍卫、侍仪、执事进讲礼同。但各官止行叩头礼，是日，各官俱青素衣服供事。”会讲的时间，也是英宗时定下来的。[1]

以上仪注只是对正德十六年七月壬申《世宗实录》所载经筵仪注的复述。

嘉靖经筵仪注只是针对一般情况下制定的，遇有特殊情况，还会发生一些变化。《大明会典》记载了一些变异情况：“嘉靖二年，奏准八月二十二日恭遇宪宗纯皇帝忌辰，是日经筵官各具青绿花样衣服，光禄寺仍具酒饭，续更定具素服角带。”嘉靖十年十月初二日，遇孝洁皇后忌辰，“令经筵官服青绿花样，随侍人员浅淡衣服”[2]。然而，遇到世宗不喜欢的皇后去世时，则坚持让经筵讲官们穿朝服和吉服侍班。嘉靖七年闰十月，在“先是，悼灵皇后发引次日，上命经筵官俱吉服侍班。尚书方献夫等以为山陵未毕，臣子之情不忍遽尔从吉，请于经筵罢讲之后，仍令百官衣浅色衣朝参”。世宗不许，指出：“朝廷礼仪自有定制。卿等余哀未忘，许于退朝后行之。”不久，正遇遣官册封，按故例应当鸣鞭作乐，百官朝服侍班。方献夫复言：“今新有皇后之丧，大乐一作，恐圣心增感，宜暂令辍乐。”世宗“怒其违旨，命照旧行”。反映了帝王的无情和个人意志对经筵讲官着装的影响。[3]

嘉靖十年，世宗拟在新建成的西苑无逸殿和豳风亭进讲，因此又制定了《无逸殿讲仪》：

---

[1] 俞汝楫：《礼部志稿》卷六七《经筵会讲礼仪》，景印文渊阁四库全书本。

[2] 申时行等：《大明会典》卷五二《礼部十・经筵》（日讲并讲《大学衍义》等仪附）。

[3] 《明世宗实录》卷九四，嘉靖七年闰十月辛卯。

先一日，司设监官于无逸殿设御座、御案及讲案，如文华殿月讲之仪。是日质明，上具常服，乘辇至无逸殿门，众官于门外迎候。上降辇，乘板舆至殿内，降舆升御座。鸿胪寺官赞各官于殿门外入班，行一拜三叩头礼。毕，进入殿内，各照品级东西序立。序班二员举御案置御座前，二员举讲案置殿门内，西边东向，设坐位。鸿胪寺官赞进讲，讲官大学士一员出班行叩头礼。上命赐讲官坐，讲官并鸿胪寺官承旨赞叩头讫，展书官诣御案前跪展讲章，退，讲官坐讲毕，展书官诣御案前，跪掩讲章。讲官叩头讫复班。又大学士一员出班叩头，承旨坐讲，展书官一员展书，俱如前仪。序班二员举御案，二员举讲案，退至原所。鸿胪寺卿奏礼毕，有旨赐宴。众官承旨讫，退至豳风亭前迎候。上乘板舆至亭内，降舆升御座赐宴（仪具宴享）。[1]

上述《无逸殿讲仪》与王圻《续文献通考》所载几乎完全相同。[2]无逸殿讲仪基本上属于经筵会讲制度的变形。因为它是在“文华殿月讲之仪”上增减而成。以上《无逸殿讲仪》以及《讲〈大学衍义〉仪》二仪只是经筵制度的变种。

谈经筵制度，不免要谈到“经筵月讲”问题，黄佐认为除了经筵、日讲外，还有“经筵月讲”，他特地以《经筵月讲》为专题，指出：“《会典》载月讲常仪云：每月初二、十二、二十二日会讲，先期，司礼监官陈设书籍、御案如前仪。至期，候上御文华殿，侍卫、侍仪、执事、进读、赐宴礼同，但各官止行叩头礼。孝宗时，经筵虽隆冬盛暑不废。弘治十年四月二日，当会讲，以飨太庙，有旨改是月三日。至期遇雨，又改四日，盖圣学之勤，不以事而废如此。”[3]笔者遍

[1] 申时行等：《大明会典》卷五二《礼部十·无逸殿讲仪》。

[2] 王圻：《续文献通考》卷一二〇《王礼考·朝仪二·经筵日讲始末》，明万历三十年松江府刻本。

[3] 黄佐：《翰林记》卷九《经筵月讲》，景印文渊阁四库全书本。

查《大明会典》，没有发现有月讲仪注的存在，只是在记载《无逸殿讲仪》时提到“先一日，司设监官于无逸殿设御座、御案及讲案，如文华殿月讲之仪”。其实，这里所说的“月讲”，就是每月三次在文华殿正殿举行的经筵“会讲”，在无逸殿所设御座、御按和讲案，是按照经筵仪注来安排的。考《明武宗实录》载：武宗初即位，内阁大学士刘健等人指出：“列圣嗣位之初，必大开经筵，每月三次，令翰林、春坊讲说经史，公卿大臣分班环听。”[1]可见，每月三次的会讲，实际上就是“大开”的“经筵”。也就是说，“经筵”是包括月讲的。不过，刘健等人对经筵与月讲的关系未加辨明。其实，经筵包括皇帝即位后的第一次“经筵初讲”，春、秋两季开讲时的经筵开讲，以及每月逢二举行的三次会讲（即所谓月讲）。

世宗经筵制度发生的一个最大变化，还是嘉靖十年以后出现的“春讲”和“秋讲”，将经筵分成春季经筵和秋季经筵，形成所谓“一学年，两学期”制。具体过程将在本章本节“四、明代经筵的基本制度”有关经筵的“时间”中阐述。

嘉靖时期，是明代经筵制度及其仪注变化的一个重要时期。但它的变化并未结束，隆万时期，经筵制度及其仪注又有所发展。

三 隆、万以后的经筵制度及其仪注变化

穆宗时，朝廷又制定了新的经筵仪注。隆庆元年四月二日，礼部“进经筵日讲仪注”。这个仪注比较详细：

> 一、四月二十二日开讲。先一日，直殿内官于文华殿内设御座，又设御案于殿之东稍北，设讲案于殿之东稍南。
>
> 至期，司礼监官先陈所讲经书各一本置御案，各一本置

[1] 《明武宗实录》卷六，弘治十八年十月己卯。

讲案，讲官撰经书讲章各一篇，置于册内。

是日早，上御皇极门。早朝后还宫，进膳毕，常服出文华殿，升御座。将军侍卫如常仪。鸿胪寺官引知经筵、同知经筵、侍班、讲读、展书、执事、侍仪等官于丹陛上，行五拜三叩头毕，以次上殿，东西序立。侍仪御史、给事中各二员于殿门内左右，北向立。序班二员，举御案置御座前，二员举讲案置御座南，正中。鸿胪寺官赞进讲，讲官二员出诣讲案前，稍南，北向并立，展书官二员亦出班，东西相向立。鸿胪寺官赞讲官鞠躬、拜、叩头、兴、平身，东展书官诣御案前，跪展《四书》，起，退立；讲官一员进至讲案前，展讲《四书》毕，仍掩书退就原所；东展书官诣御案前跪掩所展书，毕，仍起退立；西展书官并讲经官展、讲、进、退如之。

既毕，鸿胪寺官赞讲官鞠躬、拜、叩头、兴、平身，各退就班。展书官亦退就班。序班举御案及讲案俱置殿东原所。鸿胪寺官赞（理）[礼]毕，各官以次出丹陛上，行叩头礼退。上还宫。

一、每月初二、十二、二十二日会讲。先期，司礼监官陈设书籍、御案、讲案如前。侍班、侍卫、侍仪、执事进讲礼同，但各官止行叩头礼。

每日进讲，上御文华后殿，止用讲读官及内阁大学士侍班，不用侍卫、侍仪、执事等官。侍班、讲读等官入见，行叩头礼，东西分立。讲官先讲《四书》，次讲经或讲史。讲毕，各官叩头退。[1]

这个仪注，将经筵初讲、经筵会讲和日讲作了明确区分。《大明会典》具载了“隆庆元年定”的仪注，是在正统、嘉靖间经筵仪注的

[1] 《明穆宗实录》卷七，隆庆元年四月丁亥。

基础上，增加了祭告几筵、事前彩排、礼拜孔子、讲章前两日呈览、假日停讲先期通知等内容：

> 先一日告奉先殿，告几筵。先五日，命司礼监同各官诣文华殿演礼。是日，上诣文华殿左室，展礼先圣先师。又定讲章于前两日，先进呈览。凡假日，先期传免。[1]

显然，这一改进加强了仪式的稳妥性，以及对进讲内容的控制。这些仪注，是综合了隆庆朝的实际仪注后追述的，在前揭《明穆宗实录》所载隆庆元年四月二日的仪注中并无记载。

万历初期，朝廷又对经筵制度及其仪注有所修订，如规定了春讲和秋讲的期限："万历二年定：春讲以二月十二日起至五月初二日止，秋讲以八月十二日起至十月初二日止，不必题请。"[2]这应该是对正统所定仪制的补充，也是可操作性的制度。

万历时期经筵制度及其仪注，在《万历起居注》和张位、于慎行的《词林典故》中都有反映。

《万历起居注》记载最详。万历元年正月十日，大学士张居正等上疏指出："经筵日讲皆所以仰成圣德，讲明治道，在我神宗列圣自有成规……经筵盛典亦宜次第举行……伏乞敕下礼部，遵照前旨，于二月内择日具仪，肇举令典。"[3]神宗要求"章下礼部，具仪以上"。于是礼部奏上了神宗朝的经筵仪注：

> 一、钦天监择于二月初二日巳时开讲吉。
>
> 一、直殿内官先一日于文华殿内设御座，又设御案于殿之东稍北，设讲案于殿之东稍南。至期，司礼监官先陈所讲

[1] 申时行等：《大明会典》卷五二《礼部十・经筵》。
[2] 申时行等：《大明会典》卷五二《礼部十・经筵》。
[3] 《万历起居注》第一册，第 6 — 9 页，北京大学出版社，1988 年。

《四书》、经书，各一本置御案，各一本置讲案，皆《四书》东，经书西。讲官先期撰《四书》、经书讲章各一篇，预置于所讲书内。是日早，上御皇极门早朝后，还宫进膳，毕，常服出文华殿，升御座。将军侍卫殿外如常仪。鸿胪寺官引知经筵、同知经筵、侍班、讲读、展书、执事、侍仪等官，于丹陛上行五拜三叩头礼。毕，以次上殿，依品级东西序立。侍仪给事中、御史各二员于殿门内左右，北向立。

序班二员举御案置御座前，二员举讲案置御案南，正中。鸿胪寺官赞进讲，讲官二员出诣讲案前，稍南，北向并立。展书官二员亦出班，东西相向立。鸿胪寺官赞讲官鞠躬、拜、叩头、兴、平身，东展书官诣御案前跪展《四书》，起，退立。讲官一员进至讲案前，展讲《四书》。毕，仍掩书退就原所。东展书官诣御前，跪掩所展书。毕，仍起，退立。又西展书官并讲经官展讲、进退并如之。

既毕，鸿胪寺官赞讲官鞠躬、拜、叩头、兴、平身，各退就东西班。展书官亦退就东西班。序班四员举御案及讲案，俱置殿东原所。鸿胪寺官赞礼毕，各官以次出丹陛上，行叩头礼。[1]

神宗“可其奏”。

《词林典故》记载了万历以后经筵制度的六个方面：其一，介绍了参加经筵大典的官员及承担的角色：“凡初开经筵，以勋臣一人及首位中堂充知经筵官，其余中堂俱同知经筵官，衙门自编修以上年深相应者及掌詹、祭酒，俱充讲官，修撰以下年浅者充展书官。（近年检讨亦题讲官，讲、读亦展书）礼部正卿亦有充讲官者。”这与此前的仪注相比，没有太大的区别。其二，讲明了经筵开讲前、辍讲前奏

[1] 《万历起居注》第一册，第 10 － 12 页，北京大学出版社，1988 年。

请的渠道："每岁春秋开讲、辍讲，俱请中堂作揖，朝房投贴。"这是此前仪注所没有的内容，是万历时的新举措。其三，陈述了经筵的讲期，分春秋两季："凡讲期，春间二月十二日起至五月初二日止，秋间八月十二日起至十月初二日止，逢二则讲。"

其四，讲述了经筵讲章的撰写、批准和实施的程序："讲官撰完讲章，先送中堂看定，三日前进呈。临讲先一日，须要演习精熟。"

其五，叙述了经筵讲官等人在正式举行讲读前的仪式演练情况："凡日讲官、经筵讲官及经筵展书官初题请后，俱约同官偕同赴文华殿看视讲案，询演礼仪。日讲官请同官于私宅演讲备饭，经筵官于射所演讲备椅茶。凡讲章内字音须与前辈同事者讲求校勘，务要字字明白，时常念熟，最忌误读及杂乡音。"

其六，详述了经筵开讲时举行的大典仪式，《词林典故》的作者都是经筵制度的亲身参与者，所载仪注有更为详尽的细节。如展书几页，镇纸怎样压，都有规定。《词林典故》还记载道："凡取压书上二金界尺者，取时先书脚，用右手；压时先书头，用左手。又指书牙签头尾相似，但签头略有微尖，讲官当执取收置时，须要辨认，不可倒持。"[1]

明末清初的查继佐则详细记载了明代的经筵制度，其所录仪注中，连官员所穿的衣服形制和颜色都作了规定，应该是包含了晚明的仪制。此前嘉靖时只对遇到变故时经筵官员所穿的衣服作过规定，而《罪惟录》则对经筵大典上的着装作了介绍，其文曰：

凡大经筵，讲官二，预呈讲章于内阁。

因司礼监奏闻，是日早朝毕，近侍内臣及知经筵官、总兵、大学士、学士、六部尚书、都御史、大理卿、通政使、鸿胪卿、锦衣指挥使、写讲章官，俱绣金绯袍；其展书翰林

[1] 以上引文皆出自张位，于慎行：《词林典故》，第264—266页，载四库存目丛书史部第258册，齐鲁书社，1996年。

> 官与侍御史、给事中、序班、鸣赞等，俱青金绣服。时大汉将军二十人导驾至左顺门，便更金绣蟒，立文华门外，奉宣入负东西墙立。鸿胪赞“入”，诸臣行礼毕，分殿东西，重班立。指挥立西班末，稍前。御史、给事及序班六员于中分左右，北向立。
>
> 序班二人舁御案上，又二人舁讲案置中。鸣赞唱，讲官出班，立讲案前。展书官二人对立。及赞，讲官行礼毕，东展官膝行御案地平前，展所讲书，复位。赞讲某书，讲官申讲毕，展书官复进掩书，复位。西讲官亦如东仪，并行礼回班。序班撤案，仍设东金鹤香炉之前，西向。
>
> 鸿胪官跪奏礼毕。上谕：“官人们吃酒饭！”跪承旨，兴，次出至丹陛，仍行礼出左顺门，宴文华门外西庑。以官序，惟学士坐立四品之上，重职掌也。[1]

比其他记载更详细的是，该文记载了皇帝对讲官们的关怀：“官人们吃酒饭！”并记载了宴会的地址在文华门外西庑，官员排序时，翰林学士坐在四品官员之上，为的是“重职掌”，盖因讲官都来自翰林院。关于赐酒饭之所，沈德符有叙述：“赐酒饭于左顺门，今改会极之北，实奉天门东庑也。光禄官珍（羞)[馐]、良酝二署设宴，惟此为第一精腆。讲官家人以及隶胥俱得随入挈馂，余以归先人。每自讲筵返邸寓时，余甫龀亦得尝。今朝讲久不举行，此典希绝矣。”[2]文华门外西庑，换一个方向来看，就是奉天门之东庑。

天启元年正月二十七日，礼部拟定了经筵仪注，《明熹宗实录》有详细的记载，这是官方史籍所载的天启间的经筵仪注，十分正规而枯燥。而私人所描述的经筵仪式，则生动得多。天启四年（甲子，1624年）时任少傅兼太子太傅、户部尚书、武英殿大学士的朱国桢，

[1] 查继佐：《罪惟录·志》卷一七《经筵志》，四部丛刊三编景手稿本。

[2] 沈德符：《万历野获编·补遗》卷一《列朝·文华殿》，第974页，中华书局，1959年。

经历了一次庄严肃穆的经筵大典。他详细记载了这次经筵大典的仪式细节：

甲子二月十二日，皇上御经筵。是日黎明，步入朝门，天气清朗，不着纤云，不飘微扬。同阁中诸老循会极门而东，红光荡漾，楼阁蜚胜，皆作金碧色，亘以雉堞，如束玉然。真天上五城十二楼景界也。

坐直房少选，隐隐闻跸声渐近，阁臣、部院、科道俱吉服，至文华门外，分东西班，立班首，英国公张惟贤居东，韩相公爌在西相对。时首揆叶求归不出。余东班，肩次英国。门开，传呼皇上升宝座，合班行五拜三叩头礼，分班循左右门而入，立殿门外，复行叩头礼。循左右门入，分立殿中，去宝座仅二丈余。序班四人抬大讲案，置上前；又二人抬小讲案，置其下离可三丈。

两讲官自班中分出，立小讲案下，可三尺，行叩头礼，两展书官亦分出立讲案傍，在小讲案上，可三尺。

东展书官丁乾学循砖而上，转至正中，一躬，复转东，踏上板台御案之侧，跪行一步，展书，移镇纸压定，西则一司礼对展，起，下转正中，又一躬，循砖而下，立定。东讲官成基命讲《四书》“居敬行简”二节，退下原立处。西展书官陈子壮、西讲官李康先亦如之。毕，两讲官又行叩头礼，与展书官都入原班。

玉旨亲传“官人每吃酒饭”。两班皆承旨退出殿门外，再行叩头礼。俟上下宝座，方出至午门外，赐宴。宴毕，复至会极门，叩头而退。

是日，两讲官声音嘹哓，与两展书官仪度雍容，文武大臣及近侍皆色动。天颜大喜，传言：“讲得甚好。”余退坐阁中，分付撤宴。

参加完经筵典礼后，朱国祯“人收至邸，飨先灵”，“时日方正中，明窗净几”，他感觉“如坐玉壶，恍惚天上仙界，老人何幸！”两年后，他还念念不忘，“有何德能，而躬逢其盛？”[1]

明末清初《明内廷规制考》也详载了明代经筵制度及其仪注。这个仪注应该包括了晚明的经筵形式。该书《讲筵》载：

文华殿在左顺门之东，永乐中建，其后久不临御。世宗践阼之初，谕将文华殿鼎新修建，易以黄瓦，凡斋居、经筵及召见大臣，俱御此殿。“九五斋”、“恭默室”，皆世宗手题，殿中横书一扁“学二帝治天下大法”十字，为神宗御笔。

殿中（金）[经]筵，每岁以二、八月中旬起，四、十月末旬止，月三会讲，日皆逢二。

进讲每两人，一四书，一经。

讲章皆预呈阁臣转付中书，缮录正副各二纸，隔日进司礼监官奏知。

先晚于文华殿内宝座地平之南，设金鹤香炉左右各一，于左香炉之东南设御案、讲案各一，皆西向。案上各置所讲二书，以夹讲章，各压以金尺一副。

至期銮进，近侍内臣及知经筵官、勋臣、内阁学士并讲官及六部尚书、都御史、大理卿、通政使、鸿胪卿、锦衣指挥使及四品以上、写讲章官，俱绣金绯袍，其展书翰林官与侍仪御史、给事中、序班、鸣赞等官，俱青绣服。

朝毕，驾起，御文华殿，皆随之。大汉将军凡二十名导驾，至左顺门退，易冠带便服，仍各执金瓜，而领将军或侯或伯者，则易金绣蟒衣，追越众官，进左顺门皆分班缀行，立文华门外，俟传宣云“进来”，则将军先入殿内，负东西

[1] 朱国桢：《朱文肃公集·自述行略》，清抄本。

墙立，诸官升陛，鸿胪寺官赞“入班、行礼”，毕，以次分由殿东西门入，重班立，指挥则立西一班末，稍前，御史、给事、序班六员，分于中门左右，向北立。

序班二人举御案进上，二人举讲案置中。鸣赞唱“进讲”，讲官各出班，立讲案前，展书官二员出班，对立。鸣赞、讲官并行礼，兴。东展书官进，至地平，膝行诣御案前，展《四书》、讲章。讲《四书》官亦稍前近案，展所讲书，俟展书官复位，乃先说讲某书，然后申讲。讲毕，掩书，稍退后。原展书官仍如仪进，掩书，复位。西展书官与讲经官进退俱如前仪。讲毕，仍并行礼，各回班。

序班各撤案，联置旧所。鸿胪卿中跪奏“礼毕”，上谕“官人们吃酒饭”。各官跪承旨，兴，以次出丹陛，仍行礼，乃出左顺门。

宴以官序，惟学士之坐、立，则序于鸿胪寺卿及四品以上写讲章官右，展书官坐、立亦序于四品之下写讲章官上，重职事也。[1]

《明内廷规制考》所记最晚的事，是崇祯十五年的经筵日讲，因此该书最早成书时间应该是明末清初，它所载的经筵仪注，比较完备，包含了整个明代经筵制度的形式。

明代经筵礼仪过于繁琐，为了便于记住，聪明的翰林儒臣特作韵语以助之。“词林侍殿班礼，旧有韵语曰：‘立宜边，走宜先，阶三级，足毋偏，沿廊而上，乐尽而旋，宝卓之南，于斯立焉。’传为吕文懿原撰。”黄景昉则自称有一更简便的方法：“余阅典故，直四语耳：‘闻平而起，循墙而走，见乐而避，遇毯而止。’觉更明尽。”[2]

[1] 佚名：《明内廷规制考》卷二《讲筵》，清借月山房汇抄本。

[2] 黄景昉：《国史唯疑》卷一二。

四　明代经筵的基本制度

以上介绍了每一个阶段的经筵制度及其仪注，这里则对明代经筵的基本制度作一概括。

第一，层次。

明代经筵分三个层次，即经筵初讲、春秋开讲和经筵会讲。经筵初讲是皇帝第一次参加的经筵，春秋开讲，礼仪最为隆重。每年春、秋各举行一次，仪式盛大。经筵会讲也称月讲，春秋两季中每月（逢二的日子里）举行三次，礼仪与初讲和春秋开讲相比，略有减杀。

第二，时间。

经筵进讲的时间，分春、秋两季，春季从二月十二日起，到五月初二日止；秋季从八月十二日起，到十月初二日止。每月讲三次，逢二则讲，即初二、十二、二十二会讲。春讲与秋讲被人称为“一学年，两学期制”。北宋制定的经筵讲期与明相似，但有细微的区别。《宋神宗正史·职官志》称“岁春二月至端午日，秋八月至长至（冬至）日”。显然，明朝是模仿北宋而有所改动。

然而，经筵分春秋两季，春季经筵叫“春讲”，秋季经筵叫“秋讲”的概念和制度，在明朝并非很早就有，而是出现得较晚，最早出现在嘉靖十年正月二十七日，“定春、秋开讲，告先圣先师，告文用祝式。每年春、秋开经筵之日，先期行礼”[1]。十六年七月十日，世宗自称“朕于经筵未尝少废，偶因修饬文华殿，暂辍春讲”[2]。因此，春讲和秋讲，是嘉靖十年后才有的概念和制度。

英宗正式确立经筵制度，最早的一次“上御经筵”是在正统元年三月九日[3]。当时规定“每月初二、十二、二十二会讲”，确立了“每月三旬遇二日开讲”的制度。孝宗“初御经筵”于弘治元年三月十二

[1]《明世宗实录》卷一二一，嘉靖十年正月壬子。

[2]《明世宗实录》卷二〇二，嘉靖十六年七月丁亥。

[3]《明英宗实录》卷一五，正统元年三月乙亥。

日，“是日早朝毕，上御文华殿，太傅兼太子太师英国公张懋，暨六部、都察院、通政司、大理寺正官、国子监祭酒俱盛服侍班，少傅兼太子太师吏部尚书谨身殿大学士刘吉讲《大学》经首一节，礼部右侍郎兼翰林学士刘健讲《尚书·尧典》首一节，悉如仪。讲毕，赐宴于左顺门，并赐知经筵、同知经筵、侍班大臣及进讲、展书、书讲章、执事等官白金、宝钞、彩段表里有差。自是，每月三旬遇二日辄开讲”。[1]孝宗时经筵开讲始于三月十二日，较万历制度迟了一个月。但孝宗时坚持执行的“每月三旬遇二日开讲”的制度，则为万历经筵制度提供了一个模板。

武宗时，遵循了经筵“遇二日辄开”的规定，但并未坚持做到每月执行。正德元年二月一日，大学士刘健等言：“近奉旨以二月初二日肇开经筵。”于是，二月二日“初开经筵。是日早朝毕，上御文华殿，诸有事于经筵者俱盛服，左右侍。大学士李东阳讲《大学》首章，谢迁讲《尚书·尧典》首章”。[2]元年九月二日（戊寅）“御经筵”[3]。四年三月十二日“御经筵”[4]五年二月十七日，“鸿胪寺请开经筵日讲，令至三月以闻”[5]，故本年的经筵应该开于三月的“遇二”之日。正德八年四月二十二日，“是日上御经筵”[6]。八年九月十一日“命九月十二日复开经筵”[7]。正德元年和八年是为数不多的既记载二、四月开经筵，又记载九月开经筵的记载，似是嘉靖十年形成春讲和秋讲的先声。

世宗的经筵始开于正德十六年八月初二日，他敕谕礼部“兹欲于八月初二日御经筵”[8]，是年十月二十五日“诏免经筵日讲”[9]。这两个

[1] 张元忭：《馆阁漫录》卷七，明不二斋刻本。
[2] 《明武宗实录》卷一〇，正德元年二月辛亥、壬子。
[3] 《明武宗实录》卷一七，正德元年九月戊寅。
[4] 《明武宗实录》卷四八，正德四年三月甲辰。
[5] 《明武宗实录》卷六〇，正德五年二月癸卯。
[6] 《明武宗实录》卷九九，正德八年夏四月庚申。
[7] 《明武宗实录》卷一〇四，正德八年九月丙子。
[8] 《明世宗实录》卷四，正德十六年七月丁卯。
[9] 《明世宗实录》卷七，正德十六年十月癸卯。

时间点，后来成为秋讲起始日和截止日形成的基础。嘉靖元年二月二日，世宗开经筵。此前的正月二十五日，大学士杨廷和等请早御便殿讲读。有旨："诘朝日讲，二月初二日经筵。"[1]四月二十二日，"上御经筵"[2]。五月二十二日"经筵甫毕，遽传旨并日讲暂免"[3]，则说明嘉靖元年上半年的经筵停辍于五月，这可能是后来形成的春季经筵的截止日期的先声。嘉靖元年下半年的经筵讲读，一直持续到十二月二十五日才停止。隆庆元年十月，徐阶称"嘉靖元年于十一月二十五日辍经筵"[4]。则说明嘉靖元年上下半年都开过经筵。此后，要么上半年有经筵记载，要么下半年有经筵记载。二年三月二十二日，"上御经筵，次日日讲"[5]。五年十月二十二日，"上御经筵"[6]。七年正月八日，"上御经筵"[7]。七年二月五日，"是日，上御经筵"[8]。八年三月三日，"上御经筵"[9]。八年四月二日，"上御经筵"[10]。以上记载来看，正德十六年似举行的是类似秋季经筵的讲读，而嘉靖二年至八年，举行的是春季经筵，未见秋讲的记载，似乎说明当时并未形成一年内既有春讲又有秋讲的制度。嘉靖元年虽然同时记载了上半年和下半年的经筵，但下半年的经筵一直持续到十二月二十五日，则显然与秋讲不符，应该算是冬讲了。

但自嘉靖十年"定春、秋开讲"后，便逐渐形成了春讲和秋讲制度，即一学年两学期制度。

嘉靖十年以后的春讲一般是三月开讲，或十二日，或二日；秋讲

---

[1] 《明世宗实录》卷一〇，嘉靖元年正月癸酉。
[2] 《明世宗实录》卷一三，嘉靖元年四月戊戌。
[3] 《明世宗实录》卷一五，嘉靖元年六月丁丑。
[4] 徐学聚：《国朝典汇》卷二五《朝端大政・经筵日讲》，明天启四年徐与参刻本。
[5] 《明世宗实录》卷二四，嘉靖二年三月癸亥。
[6] 《明世宗实录》卷六九，嘉靖五年十月壬申。
[7] 《明世宗实录》卷八四，嘉靖七年正月辛巳。
[8] 《明世宗实录》卷八五，嘉靖七年二月丁未。
[9] 《明世宗实录》卷九九，嘉靖八年三月戊戌。
[10] 《明世宗实录》卷一〇〇，嘉靖八年四月丁卯。

是九月十一日开讲（武宗正德八年是九月十二日，二者可能有关联）。嘉靖十一年三月十二日，“是日经筵开讲”[1]。十二年三月二日，“初开经筵”。[2]十二年九月十一日，“是日经筵开讲”[3]，十四年三月二日，“上御经筵”[4]。嘉靖十年以后的春讲和秋讲虽然大致形成，但并未定型。

穆宗时期，春讲已提前到二月十二日起始，截止于五月二十二日。起始日较世宗时提前，但开启了万历朝经筵春讲起始日期的先例。其截止日显然是遵循了世宗时的规定，比万历朝的截止日要迟。穆宗时春讲的起讫日期，有一些记载可资为证。隆庆元年，由于准备得仓促，经筵延后，春讲始开于四月二十二日，这天“上初御经筵”[5]。本年春讲的截止日是五月二十一日，“以天暑，辍经筵日讲”[6]。此后，春讲始于二月十二日、止于五月二十二日便趋于定型。隆庆二年二月十二日“经筵开讲”[7]；五月二十二日“辍经筵日讲”[8]。隆庆三年二月十二日“开经筵”[9]；五月二十二日“辍经筵日讲”[10]。但是，隆庆四年已不再严格遵守这一约定。二月十二日经筵之期未开经筵。三月四日，刑科给事中查铎指责说，皇帝自己保证“十有二日御经筵”，但是至期并未执行。[11]此后穆宗被迫参加了经筵，但五月十二日便“辍经筵日讲”[12]，提前了十天。隆庆五年二月七日“上御文华殿开日讲”[13]，但未

[1]《明世宗实录》卷一三六，嘉靖十一年三月辛酉。

[2]《明世宗实录》卷一四八，嘉靖十二年三月乙巳。

[3]《明世宗实录》卷一五四，嘉靖十二年九月庚戌。

[4]《明世宗实录》卷一七三，嘉靖十四年三月壬戌。

[5]《明穆宗实录》卷七，隆庆元年四月丁未。

[6]《明穆宗实录》卷八，隆庆元年五月乙亥。

[7]《明穆宗实录》卷一七，隆庆二年二月壬辰。

[8]《明穆宗实录》卷二〇，隆庆二年五月二辛未。

[9]《明穆宗实录》卷二九，隆庆三年二月丙戌。

[10]《明穆宗实录》卷三二，隆庆三年五月乙丑。

[11]《明穆宗实录》卷四三，隆庆四年三月辛未；徐学聚：《国朝典汇》卷二五《朝端大政·经筵日讲》。

[12]《明穆宗实录》卷四五，隆庆四年五月己卯。

[13]《明穆宗实录》卷五四，隆庆五年二月己亥。

见十二日开春讲经筵的记载，可能失载，至五月十一日“辍经筵日讲”。[1]较去年又提前了一天时间。

穆宗时的秋讲始于八月十二日，较世宗时提前，也开启了万历时秋讲起始日期的先声。其止日截止于十月六日前后，较万历间的十月二日多讲了四日。对此也有一些记载可证。隆庆元八月十二日，穆宗正式“经筵开讲”[2]，十月六日“以天气渐寒，命撤经筵”[3]。隆庆二年八月十二日“开经筵”。[4]隆庆三年八月十二日“经筵开讲”[5]。但此二年秋讲的截止日期均未见记载。隆庆四年的秋讲规矩也不再严格遵守。是年八月十八日“御日讲”[6]，但何时举行经筵，则未见记载。隆庆五年的秋讲到来时，于七月十八日“开经筵日讲”[7]，似较前提出了近一个月的时间。但什么时候停止，未见记载，只知道十二月五日有人反映此前穆宗已经辍免经筵日讲了。[8]

其实，制度的固定性有时让位于执行的灵活性。一般而言，经筵和日讲的超额举行，都是在皇帝幼弱时才能实施，一旦皇帝长大成人，或本身就是成人皇帝，则会抵制这种“破坏制度”的行为。隆庆元年十月，成年皇帝穆宗传旨，以“天气渐寒，命辍经筵日讲”。虽经首辅徐阶和给事中魏时亮、御史王好问等人要求延长，“俱以有旨报罢”。[9]

直到万历年间才形成春讲，从二月十二日起，迄于五月二日，秋季从八月十二日起，迄于十月初二日的规定。

第三，地点。

自英宗时颁布经筵制度始，经筵举行的地点都在文华殿前殿（也

---

[1] 《明穆宗实录》卷五七，隆庆五年五月壬申。

[2] 《明穆宗实录》卷一一，隆庆元年八月甲午。

[3] 《明穆宗实录》卷一三，隆庆元年十月丁亥。

[4] 《明穆宗实录》卷二三，隆庆二年八月癸未、己丑。

[5] 《明穆宗实录》卷三六，隆庆三年八月丙寅、癸丑。

[6] 《明穆宗实录》卷四八，隆庆四年八月癸丑。

[7] 《明穆宗实录》卷五九，隆庆五年七月戊寅。

[8] 《明穆宗实录》卷六四，隆庆五年十二月癸巳。

[9] 徐学聚：《国朝典汇》卷二五《朝端大政・经筵日讲》，明天启四年徐与参刻本。

称直殿）。明代皇帝的经筵之所在文华殿的前殿，有很多史料可证。尹直称：“皇朝宫殿最尚简便，自奉天、华盖、谨身三殿外，西则有武英、仁智二殿，皆画史艺士供奉豫游之所；东有文华一殿，储君所御，然上每月三次经筵，及每日阅章奏，亦御此殿。”[1]据《大明会典》载：“文华殿在会极门东稍北。东宫讲学、受朝之所。嘉靖中易以黄瓦。上讲学、致斋则御此。”[2]关于该殿的记载，以沈德符所载为详：“文华殿在奉天门，今改称皇极之东北，其制度较诸殿稍小，而加精工焉，盖至尊所尝御便殿，且为开设经筵之所。中设镀金鹤一双，东西相向立，以口衔香，乃外国所贡，状如细烛。遇开讲时，展书等官立鹤之下。及讲毕事，即知经筵大臣亦绕鹤下出。”文华殿“旧覆青琉璃瓦，嘉靖中易以黄瓦”。[3]明朝经筵与日讲都在文华殿举行，但经筵一般在文华前殿举行，日讲则在连接文华前殿与后殿之间的穿堂（也称川堂）中或后殿中举行。于慎行指出：“经筵进讲，在文华前殿，日讲在殿后穿廊，正字在后殿东阁设一幄。”[4]

第四，讲官。

经筵讲官2名。另有经筵展书官2名。讲官是经筵中的业务骨干。明代经筵一般设两位讲官，一位讲《四书》，一位讲《五经》或史书。据《罪惟录》载：“凡大经筵，讲官二。”[5]在英宗正统确立经筵制度之前，经筵形式已经存在。黄佐在《翰林记》之《讲官入直》中指出：“洪武中，令儒臣更番入直禁中，每日用一员进讲。”但“自设经筵后，讲官不复入直，惟令本院及坊局官相轮侍班”。虽然规定讲官二员，但万历元年正月十日任命了礼部左侍郎兼翰林院侍读学士王希

[1] 尹直：《謇斋琐缀录》卷一《翰林故事》，第1251页，载邓士龙辑《国朝典故》卷五三，北京大学出版社，1993年。

[2] 申时行等：《大明会典》卷一八一《工部一・内府》。

[3] 沈德符：《万历野获编・补遗》卷一《列朝・文华殿》，第974—975页，中华书局，1959年。

[4] 于慎行：《谷山笔麈》卷二《记述一》，第16页，中华书局，1984年。

[5] 查继佐：《罪惟录・志》卷一七《经筵志》，四部丛刊三编景手稿本。

烈，礼部右侍郎管国子监事汪镗，左春坊左谕德兼翰林院侍读申时行，右春坊右谕德兼翰林院侍读王锡爵、沈渊，检讨陈思育为“讲官”[1]，一共6位，超过了以前规定的2位，应该也是轮流供职的。

经筵讲官的来源，以翰林院官员如编修、修撰等为主，或由兼任翰林院修撰以上官衔的詹事府、司经局、春坊、国子监等官员充任，以及由出身翰林的各部侍郎等担任。嘉靖间陆深曾指出：“詹、翰、坊、局及国子祭酒每二员为讲官，詹事府詹事等官、各部侍郎出由翰林者仍为讲官。”[2]如景泰间，俞纲以兵部左侍郎充经筵讲官。成化间王献以左春坊左谕德兼修撰，充经筵日讲官。傅瀚曾以左谕德兼检讨，充经筵讲读官，弘治元年，进太常少卿兼侍读，仍充经筵讲官。经筵讲官原为翰林臣垄断，因为英宗时孙太后有异议，始用他官：“国初有宏文馆，在大内之西，以处博学之士。正统初，选经筵翰林院官。内批：‘如何不见居外贤良？’以旨赴宏文馆，于是刘球等自部属进次经筵。”[3]这才出现以各部侍郎等兼任经筵讲官的现象。

吴仕伟称正统初定称“经筵官”，万历初张居正秉国兼知经筵事时，正式改其称谓为“经筵讲官”，误。“经筵讲官”名称早就出现。弘治十六年五月二十七日去世的黎义的《大明御马监太监黎公墓碑铭》上，就刻有“赐进士及第、翰林院侍讲学士、奉训大夫、经筵讲官兼修国史会典、南宫白钺撰文”的字样。据费宏在其《费文宪公摘稿》卷一九《翰林院侍读学士徐君舜和墓表》一文中就有武宗“初即位……与修《孝庙实录》，去取必当，是非不谬，充经筵讲官”的记载。正德十六年去世的《御马监太监姜公墓志铭》中就刻有“赐进士出身、奉直大夫、春坊太子右谕德兼翰林院侍讲经筵讲官、同修国史、任丘李时撰”的字样。以上二例说明，至少在弘治、正德间，“经筵讲官”概念就有了。其实，“经筵官”与“经筵讲官”，不过是简称与

[1] 《万历起居注》第一册，第13—15页，北京大学出版社，1988年。

[2] 陆深：《俨山集》卷二一《经筵词》。

[3] 佚名：《明内廷规制考》卷二《讲筵》，清借月山房汇抄本。

全称的区别而已。

翰林院及坊局官员在经筵中的角色经历了一个由低到高的递进过程："久之，选为展书官，又自展书，乃得充月讲官（即经筵讲官），若日讲则用年资深而品秩尊者。"黄佐举了一个例子：正统中，修撰商辂侍班，英宗廉知其名，谕学士曹鼐等曰："商辂着展书，宜选一人与辂为对。"初选王玉，"弗称旨，选编修陈文，乃俞允"。未逾月，英宗复谕曹鼐道："商辂、陈文着讲书。"这是由侍班升为展书官，由展书官升为经筵讲官的例子，而且是皇帝亲自提拔的，"盖自后鲜出亲擢云"。[1]以后的讲官都由内阁选定，皇帝主动选择老师的情况不再发生，讲得好坏，都得听天由命，反映出阁权对皇权的某种约束倾向。

明代经筵一般设两位展书官（前期是执事官展书），从翰林院、春坊等官员中选出。一位展《四书》，一位展《五经》或史书。万历元年正月朝廷任命了"翰林院修撰罗万化，编修王家屏、陈于陛、徐显卿、张位、韩世能，检讨林偕春、成宪为展书官"。[2]则是8位展书官，远远超过以前规定的2位。这8位应该是轮流供职的。

展书官之设，从正统间经筵制度正式建立开始。正统间，商辂、陈文等担任过经筵展书官。此后，经筵展书官越来越多地见诸记载。经筵展书官与经筵讲官的关系，前者是礼仪性的职位，后者是主讲性的职位，地位较前者为高。林文俊嘉靖二年充经筵展书官，五年任经筵讲官，费寀在书写后者时，用了"进"字，表明是升任。林文俊授编修后，嘉靖癸未"充经筵展书官。乙酉，实录成，擢右春坊右赞善，赐白金文绮。丙戌，进经筵讲官"[3]。张衮于嘉靖初"召入为翰林编修，隶职史馆，续修《大明会典》，校刊《大学衍义》，分撰郊庙乐歌，寻充经筵展书官，晋讲官"。[4]说明担任经筵展书官的都是职位较低的官

[1] 黄佐：《翰林记》卷九《讲官入直》，景印文渊阁四库全书本。

[2] 《万历起居注》第一册，第13－15页，北京大学出版社，1988年。

[3] 费寀：《嘉议大夫南京吏部右侍郎赠南京礼部尚书谥文修林公文俊墓志铭》，载焦竑辑《国朝献征录》卷二七《南京吏部》，明万历四十四年徐象橒曼山馆刻本。

[4] 张衮：《张水南文集》卷八《豫撰圹记并铭》，明隆庆刻本。

员，而讲官则属于相对较高的官员。

以上只是具体讲读的业务官员的情况。如按整个经筵日讲体系而言，则许多行政和服务性的官员都算是经筵官员。知经筵和同知经筵官便属于负责主持经筵仪式和组织教学活动的行政领导。他们往往要侍经筵。

知经筵事。负责总领经筵事宜。原由一位具有师保衔的公侯勋臣担任，后增内阁首辅一员共知经筵，故知经筵官有两名。据《明内廷规制考》载："故事：勋臣一人知经筵，阁臣俱同知经筵，后至李文达贤以内阁首臣与勋臣俱知经筵，遂以为例，实非初制也。"[1]嘉靖时陆深也谓："凡经筵，例用勋臣一人知经筵事，内阁或知、或同知经筵事。"[2]由于内阁首辅的介入，知经筵事的勋臣渐成摆设，经筵事务皆由内阁安排。

担任知经筵的武臣勋戚主要是英国公张家（张辅、张懋、张溶、张惟贤;7次，其中张辅3次，张惟贤2次），其次是成国公朱家（朱勇、朱希忠;2次）和定国公徐家（徐光祚、徐文璧;2次）。文官担任知经筵的都是当时的内阁首辅。

从上记载来看，明代在英宗天顺以前，都以武臣勋贵出任知经筵官，宪宗以后，开始实行一文一武两位知经筵官制度，此后未再改变。知经筵官一般在皇帝即位之初举行经筵大典时任命，中间也会因病故或人事变动，而略有调整。

同知经筵事。为知经筵事的副职，辅助知经筵事管理经筵事务。由内阁大学士以及兼有翰林院学士衔的尚书和侍郎担任，名额二三员不等。同知经筵官多由内阁中非首辅的阁臣担任。与知经筵官固定为二名（代宗以前一名）相比，同知经筵的名额相对灵活，为一名至数名不等，而且增补替换频繁。

[1] 佚名：《明内廷规制考》卷二《讲筵》，清借月山房汇抄本。

[2] 陆深：《俨山集》卷二一《经筵词》，清文渊阁四库全书补配清文津阁四库全书本。

正统元年正月，英宗“御经筵”，以“士奇、荣、溥同知经筵”[1]。显然是以“三杨”同知经筵。其中杨士奇，初名寓，以字行，号东里，江西泰和人。英宗即位后，杨士奇“乞开经筵，选简侍从”[2]。英宗与太皇太后皆采纳其意见。“太皇太后遂诰谕公等专以择讲臣为务。”杨士奇“寻升少师，特进光禄大夫、柱国，同知经筵事”。[3]这是所见最早的同知经筵的记载。

崇祯元年春正月十日壬申，大学士来宗道、杨景辰同知经筵日讲。[4]二月十日壬寅，以大学士张瑞图、李国楷、来宗道、杨景辰为同知经筵官。[5]此后因局势动荡，加之明朝倾覆，史料散佚，事或失载，同知经筵多不可考。

侍经筵官。侍经筵有两种含义：狭义的概念专指在皇帝参加经筵时较高级别官员在侧侍班的活动，明代一般由“九卿之长及学士、祭酒等官侍班”[6]。皇帝进讲时，侍班在侧。由皇帝钦定公、侯、伯及九卿堂上官、翰林院学士和国子监祭酒等担任，名额不定。万历元年正月十日朝廷专门任命了侍班官：“彰武伯杨炳及六部、都察院、通政使司、大理寺各掌印官一员为侍班官。”[7]

广义的概念则包括所有与经筵相关的活动，如经筵侍班、经筵执事和经筵讲读等。经筵讲读，即由经筵讲官为皇帝讲读经史的活动，也常被称作“侍经筵”。如永乐后期，刘球“初为主事仪制，荐侍经筵”[8]。这里的侍经筵是指刘球担任皇帝的经筵讲官。本节的侍经筵是狭义概念，特指在皇帝经筵讲读时高级官员的陪侍活动，故侍经筵官

---

[1] 涂山：《明政统宗》卷一一，明万历刻。

[2] 唐鹤征：《皇明辅世编》卷一《杨文贞士奇》，明崇祯十五年陈睿谟刻本。

[3] 王直：《抑庵文集》卷一一《少师泰和杨公传》，清文渊阁四库全书补配清文津阁四库全书本。

[4] 《崇祯长编》卷五，崇祯元年春正月壬申。

[5] 《崇祯长编》卷六，崇祯元年二月壬寅。

[6] 陆深：《俨山集》卷二一《经筵词》。

[7] 《万历起居注》第一册，第13－15页，北京大学出版社，1988年。

[8] 焦竑：《熙朝名臣实录》卷二三《学士刘忠愍公（事长陵献陵景陵裕陵）》，明末刻本。

属于礼仪性的官员，不承担实际的教学任务。

明初的“侍经筵”多属于广义的概念，常常用来指讲官辅导皇帝讲读的意思。建文初有一位浙江金华人楼琏，字士连，曾从宋濂游学。洪武中以儒士召为宣宁、仁寿主簿和蓝田知县，擢广东道监察御史，谪戍云南。“建文君嗣位，屡下诏求贤，琏以文学举入翰林侍经筵，官至侍读。”朱棣攻入京城时，自缢而死。[1]建文初，董伦与方孝孺一起侍经筵。董伦，字安常，山东东昌恩县人，世居燕之宛平。洪武十五年征为春坊赞善大夫，出为河南左参议。“建文初，眷念旧学，屡问伦，左右多言伦可用。召拜礼部侍郎兼翰林院学士，与方孝孺入内阁，侍经筵。”“伦质直敦厚，有文学，为时所重。济时匡君之念，老而益笃。革除年间卒。”[2]另据载：“建文帝即位，眷念东宫旧臣，屡询及之，左右亦多言（董）伦可用。召至京师，慰劳备至，拜嘉议大夫、礼部右侍郎兼翰林院学士，与方孝孺同入内阁，侍经筵。御书‘怡老堂’及髹几、玉鸠杖各一赐之。”[3]南城人程南云，永乐间以能书征授中书舍人，“以才艺擢居禁近，久事先朝，恭敬有闻，侍书经筵，小心慎密，始终不渝”。[4]永乐十四年以后，胡俨侍经筵并侍皇太孙讲读。俨字若思，江西南昌人。洪武丁卯乡贡士，三十三年以翰林检讨入。“永乐十四年，以右谕德出为国子祭酒，复侍经筵及皇太孙讲读。”[5]

侍班官。“侍班”意同“侍经筵”。正统以后，正式确立了经筵和日讲制度，侍经筵一般是指在皇帝举行经筵仪式时，在旁侍立陪读的官员。正统之前，狭义的侍经筵活动就已出现。如宣德七年，王山以锦衣卫指挥同知身份侍经筵：“升太监王振侄千户山为锦衣卫世袭

[1] 屠叔方：《建文朝野汇编》卷七《侍读楼琏》，明万历刻本。

[2] 项笃寿：《今献备遗》卷五《董伦》，景印文渊阁四库全书本。

[3] 焦竑：《国朝献征录》卷三五《礼部三・礼部右侍郎兼翰林院学士董伦传》，明万历四十四年徐象橒曼山馆刻本。

[4] 夏良胜：《（正德）建昌府志》卷一七《国朝》，明正德刻本。

[5] 王世贞：《弇山堂别集》卷四五，景印文渊阁四库全书本。

指挥同知，寻命山侍经筵。”[1]正统以后，这种礼仪性的侍经筵日益普遍。正统元年正月，英宗初御经筵时规定，“九卿掌印官侍班”[2]。

天启元年正月辛丑“仍命泰宁侯陈良弼照旧侍班”。[3]此后，虽然因史料关系，经筵侍班官甚少见诸记载，但这一职位仍然存在。崇祯十年三月，黄道周在经筵中见有丧在身的杨嗣昌穿“吉服应召”[4]。杨嗣昌（1588－1641年）时任兵部尚书，应该是在侍经筵。

在侍经筵官之外，尚有侍仪官、侍卫官和执事官等，分别指掌纠察的御史和给事中，负责护卫的武职和提供勤务的锦衣卫官。他们在经筵活动中只是事务性的角色，一般不被重视，但也偶有提及。下面分别叙述。

侍仪官。景泰年间，董廷圭便在经筵仪式中担任侍仪官。董廷圭，字国器，华容人。景泰庚午乡试第一人，辛未进士，拜监察御史，“值经筵，纠论讲臣”[5]。他属于执事官中负责侍仪纠察的角色。正德间，文皓以监察御史身份担任经筵执事官。文皓（1459－1537年）字孔旸，号西泉，山西平阳垣曲人，弘治九年中进士，授平原知县。后为监察御史，正德间，“侍讲经筵，劾中官进茶迟慢，不报”。[6]可见他负责礼仪纠察。万历初，汤聘尹以给事中的身份“侍经筵”，其实是担任经筵的执事官。汤聘尹字国衡，号觉轩，祖籍南直嘉定，苏州吴县人。嘉靖四十三年中举，隆庆二年成进士，授进贤令。召为吏科给事中，“寻进工科右给事，入侍经筵”[7]。给事中属于负责经筵礼仪纠察的执事官。万历元年五月十日，陕西道御史李颐乞召还言官胡涍、雒遵、景嵩、韩必显四人，量授别职。“颐侍经筵，因讲官进讲而请

[1] 王世贞：《弇州史料》前集卷一一，明万历四十二年刻本。

[2] 查继佐：《罪惟录》志卷一七《经筵总论》，四部丛刊三编景手稿本。

[3] 《明熹宗实录》卷五，天启元年正月辛丑。

[4] 黄道周：《黄石斋先生文集》卷二《论杨嗣昌疏》，清康熙五十三年刻本。

[5] 过庭训：《本朝分省人物考》卷八〇《董廷圭》，明天启刻本。

[6] 焦竑：《国朝献征录》卷九二《河南一·河南按察司副使文公皓墓志铭》，明万历四十四年徐象樗曼山馆刻本。

[7] 申时行：《赐闲堂集》卷二九《中顺大夫广西按察司副使汤君墓志铭》，明万历刻本。

也。”[1]李颐以御史而侍经筵，属于管纠察的执事官。

侍卫官。由驸马都尉和侯伯等为侍卫官，负责经筵的保卫工作。万历元年正月“命驸马都尉许从诚为侍卫官”[2]。陆深说“侯伯一人领将军入直”[3]。侯伯领将军者一人，率领大汉将军二十名。据载：“凡遇经筵，管将军官率该班大汉将军二十人，有官者便服、乌纱帽；无官者明盔、便服、佩刀、执金瓜，于文华殿东西侍卫。”[4]成化间朱骥以都指挥使入侍经筵，应该承担的是保卫责任，属于侍卫官。朱骥（1430－1490年），字尚德，顺天府大兴人。成化二十二年“丙午，上嘉公劳勚，特诏褒奖，进都指挥使，仍掌卫事，累荷绣春刀、彩币、宝镪、时新珍味及《续纲目》诸书、御制连环诸诗之赐。每进讲经筵，辄得入侍与宴”[5]。隆庆三年二月八日，宗人府掌府事兼管大汉将军、驸马都督尉邬景和卒，实录在其附传中提及他在隆庆改元后恢复原来的爵位，“仍掌宗人府事，兼管大汉将军，侍卫经筵”。[6]同年二月二十一日，穆宗“命驸马都尉许从诚侍卫经筵”[7]，显系取代乌景和。因此许从诚担任的角色也属于经筵侍卫官。万历十年（1582年），夏国公顾承光（1527－1598年）担任经筵侍卫。承光字思谦，别号仰葵，南直江都人。其世祖顾成“历事高皇帝、文皇帝有大功，劳封镇远侯，赠夏国公”，承光于万历十年四月袭爵，“六月，特旨简公典殿前大汉将军，赐蟒衣，侍经筵，剑履上殿”[8]。用顾承光“侍经筵”，是要让他做经筵的保卫工作。

[1]《明神宗实录》卷一三，万历元年五月己丑。

[2]《万历起居注》第一册，第13－15页，北京大学出版社，1988年。

[3] 陆深：《俨山集》卷二一《经筵词》。

[4] 申时行等：《大明会典》卷一四二《兵部·侍卫》。

[5] 倪岳：《青溪漫稿》卷二二《大明故骠骑将军锦衣卫掌卫事都指挥使朱公墓志铭》，清武林往哲遗著本。

[6]《明穆宗实录》卷二八，隆庆三年二月壬午。

[7]《明穆宗实录》卷二八，隆庆三年二月乙未。

[8] 叶向高：《镇远侯顾承光墓志铭》，载焦竑《国朝献征录》卷七《侯一》，明万历四十四年徐象橒曼山馆刻本。

执事官。包括赞礼、序班。鸿胪寺“鸣赞一员赞礼，序班四员举案”[1]。“鸣赞、序班共八员为执事官。”[2]

供事官。“鸿胪寺、锦衣卫堂上官各一员供事。”[3] 锦衣卫堂上官还率领着千百户二员，校尉三十员。据《大明会典》载：“凡经筵日，（锦衣卫）本卫掌印官于文华殿侍卫。该直千百户二员、校尉三十名，于殿外听候。”[4]锦衣卫的军校虽然也负责侍卫，但既为供事官，则主要负责勤务。

侍书官。侍奉皇帝练习书法的官员，一般由翰林院侍书充任，也常以朝廷近侍衙门书法精良者兼任，如中书舍人等。侍书官名额不定，一般有多员。笔者以为，侍书官也称为正字官，专门指导皇帝写字并纠正其书法问题。万历六年十二月，辅臣张居正等人指出：“今皇上讲读后，仍该写字，则必用侍书官一员恭侍左右，开说笔法。合无容令原在东宫侍书官二员，每日轮流一员，进殿供事，并写讲章，及日讲起止等因。奉圣旨：‘是。吏部知道。钦此！’各官一向钦遵供事，昨奉面谕‘明春不进字’。所有正字官二员，既无前项执事，合无免令入殿侍班供事，止办理书写讲章并按日讲起止原务。”神宗俱“报可”。[5]可见，侍书官就是正字官。由于不再从事书法指导，正字官便仅仅负责写书讲章，并安排日讲内容的起止。天启四年，罗喻义进讲《尚书》时，先撰讲章“呈稿政府”，温体仁“不怿，使正字官语喻义令改”。[6]显然，正字官此时所做的便是代表内阁修改讲官的讲章。

书写讲章官。专门抄写经筵讲章。讲章例由讲官自己撰写，但要交内阁审定和修改。改正后，便由写讲章官抄写，同时在讲章上标记出每日讲读的起、止之处。写讲章官主要由入值制敕房和诰敕房的翰

---

[1] 陆深：《俨山集》卷二一《经筵词》。

[2] 《万历起居注》第一册，第 13 — 15 页，北京大学出版社，1988 年。

[3] 陆深：《俨山集》卷二一《经筵词》。

[4] 申时行等：《大明会典》卷二二八《上二十二卫・锦衣卫》。

[5] 《万历起居注》第一册，第 707－708 页。

[6] 《明史》卷二一六《罗喻义传》。

林院编修或中书舍人等充任。陆深称“制敕房官书写讲章”[1]。名额多员。万历元年任命“尚宝司卿兼翰林院侍书周维藩、吴自成，礼部主客清吏司郎中章子谊，仪制清吏司员外郎兼司经局正字马继文、徐继申，户部浙江清吏司员外郎黎民表，大理寺右寺副刘大武，右评事成楫为写讲章并起止官，俱两班轮流”[2]。嘉万时期，山东单父人吴君（静山），曾担任文渊阁“以内史工书有才行者供笔札”的任中书舍人，居禁中四十余年，“醇谨小心，书法精良”，因此“经筵日讲、儒臣所奏义皆为代书；国家有大典礼，若悬牓树石署书皆藉其笔”。[3]显然，他曾代抄过讲官们的经筵日讲讲章。这应该是讲官写好讲章后，进呈内阁修改，然后再由他抄缮一过。其实，担任书写讲章官的人中，还有比较高级的官员，如太仆寺卿、光禄寺卿、太常寺少卿、鸿胪寺少卿、吏礼部郎中、员外郎等。如万历十七年二月七日，以“礼部祠祭司员外郎管典籍事吴果充写讲章官”[4]。陆深称上述与经筵有关的各官“通谓之经筵官，皆得入衔”[5]。

史书对“写讲章官”记载甚少。李东阳、申时行相继主纂的《大明会典》称正统年间，凡经筵初开，“侍仪并写讲章官各（赏）银十两，经丝一表里，俱钞一千贯”[6]。这是首次提到写讲章官。明末清初的查继佐在介绍晚明经筵制度时，提到过写讲章官。“是日早朝毕，近侍内臣及知经筵官、总兵、大学士、学士、六部尚书、都御史、大理卿、通政使、鸿胪卿、锦衣指挥使、写讲章官，俱绣金绯袍”入文华殿侍经筵[7]。佚名的《明内廷规制考》卷二《讲筵》也有类似的记载。他处则很少提及。

---

[1] 陆深：《俨山集》卷二一《经筵词》。

[2] 《万历起居注》第一册，第 13 — 15 页，北京大学出版社，1988 年。

[3] 于慎行：《谷城山馆文集》卷一《送直阁吴卿致仕叙》，明万历于纬刻本。

[4] 《万历起居注》第三册，第 162 页。

[5] 陆深：《俨山集》卷二一《经筵词》，清文渊阁四库全书补配清文津阁四库全书本。又朱国祯：《涌幢小品》卷二《经筵词》，第 27－31 页，文化艺术出版社，1998 年。

[6] 申时行等：《大明会典》卷一一〇。

[7] 查继佐：《罪惟录·志》卷一七《经筵志》，四部丛刊三编景手稿本。

第五，内容。

经筵所讲的内容，基本上有两种，一是《四书》（最初是其中的《大学》），一是《五经》或史书（最初是五经中的《尚书》）。具体内容将在第十三章中详述，兹不赘。

第六，伸论。

经筵时要联系现实进行议论和伸发。

经筵讲官不仅讲读四书和经史，还在要结束前联系现实作一番申论。黄佐在《讲官陈论》中，指出经筵讲官在讲书后，可以联系当前政治的缺失陈述自己的见解："祖宗时，讲官于讲书后得言时政阙失，及陈论所见。洪武中，大学士吴沉进讲毕，进去邪勿疑之说，因曰：'小人中怀奸邪，甚似忠信，不可不察。'上曰然。宪宗在东驾时，学士刘珝讲《周书·无逸篇》'文王怀保惠鲜'章，遂及时事数十，天颜豫悦，虽不言而深有契于心。未几，嗣大位，即却贡献，减财赋，罢诸道镇守官，皆昔所论也。弘治中，侍讲学士李东阳大旱应诏，言事摘经筵所讲《孟子》中要论切于治道者，析为数条，极论其理。而时政得失，以类附焉。上嘉纳之，虽非面陈，然均之为启沃之义。"[1]徐学聚载："正德二年，上御经筵讲书。故事：讲书毕，因致讽谏语。"[2]朱荃宰指出："今制：经筵进讲章，首列训诂，次陈大义，而以规讽终焉。"[3]天启四年，温体仁指出："故事，惟经筵进规多于正讲，日讲则正多规少。"[4]进规就是结合实际规劝皇帝。看来，举行经筵时进行伸论，的确是一种惯例。

第七，恩赐。皇帝对经筵官员实行恩赐制度。

经筵讲官为皇帝讲解经史，皇帝则赐宴和赏以钱物，以示鼓励。据《明会典》载："经筵日讲，东宫讲读酒饭，俱本寺造办。"[5]李东

[1] 黄佐：《翰林记》卷九《讲官陈论》，景印文渊阁四库全书本。

[2] 徐学聚：《国朝典汇》卷二五《朝端大政·经筵日讲》，明天启四年徐与参刻本。

[3] 朱荃宰：《文通》卷一二《说书》，明天启刻本。

[4] 《明史》卷二一六《罗喻义传》。

[5] 申时行等：《大明会典》卷二一七《光禄寺》。

阳在《初开经筵谢宴赉表》中，代表众多的侍班和讲读经筵之臣，对经筵之后的赐宴表达了谢意。从表中所列来看，第一次举行经筵时参与官员人数众多，折射仪式之隆众，规模之庞大："知经筵事太师兼太子太师英国公臣张懋，少师兼太子太师吏部尚书华盖殿大学士臣刘健，同知经筵事少傅兼太子太傅户部尚书谨身殿大学士臣李东阳，少傅兼太子太傅礼部尚书武英殿大学士臣谢迁，兼经筵礼部右侍郎臣王华，詹事府少詹事兼翰林院学士臣刘机、臣江澜、臣杨廷和，太常寺少卿兼翰林院侍讲学士臣杨时畅，国子监祭酒臣张澯，翰林院侍读臣费宏，左春坊左庶子兼翰林院侍读臣毛澄，左春坊左谕德兼翰林院侍讲臣毛纪、臣傅珪，右春坊右谕德兼翰林院侍讲臣蒋冕，侍读臣罗玘，修撰臣石珤等，兹遇经筵肇启，圣学维新，讲读侍臣咸蒙宴赉，谨上表称谢。"[1]

皇帝不厌其烦地赏赐经筵官，除了激励的作用外，还有一种暗藏的目的，即抵消儒臣"为帝王师"的动机和效果，将师生关系拉回到君臣关系的层面。

明代儒臣在参加经筵大典后，也沉浸在这份荣耀中，常常忘了为帝王之师的目的。嘉靖十一年（壬辰）春，赵汉在《经筵侍仪》诗序中称："朝罢，驾诣文华殿，经筵官分两班及门，中官传旨，乃入赞拜。科官先上殿，北面御筵讲书。礼毕后，百官而出，所以侍仪也。"因为激动，因此写下了一首赞诗："朝班日上东华道，讲幄云明北极垣。清禁特传天语肃，近臣真借圣颜温。开编缕缕精微蕴，余义谆谆儆戒存。至治万年根本地，宜将勤敏间寒暄。"[2]儒臣们一方面做着帝王之师的梦想，一方面又沉浸于经筵大典和丰厚赏赐的荣幸中，到底是他们在教育皇帝，还是皇权在腐化他们，真是不得而知。

第八，经筵失仪处罚。

---

[1] 李东阳：《初开经筵谢宴赉表》，载贺复征辑《文章辨体汇选》卷一三九，清文渊阁四库全书补配清文津阁四库全书本。

[2] 赵汉：《渐斋诗草》上卷，明嘉靖三十四年刻本。

有赏就有罚。儒臣在参加经筵和日讲仪式时，如果出现失仪的情况，将会受到处罚。举行经筵大典时，由给事中、御史中各选出两名官员担任侍仪官，以弹劾失仪的官员。黄景昉称："经筵为论道之所，视朝宁异？设有侍仪官，给事、御史各二员，无纠仪之名。"[1]但却有纠仪之实。"经筵讲官及执事官失仪，旧制许令出班请罪，得面宥。嘉靖六年，以经筵乃讲学亲贤之地，一切差误，令侍仪科道退而具奏上请，免其自请。其朝参失仪官员，御史、序班纠奏，过大者，圣旨'锦衣卫拿了'。过小者，圣旨'饶他'。"[2]弹劾失仪，有时只不过是个借口，因为讲官不按朝廷的既定规矩讲课，故借机使去。嘉靖六年，盛端明"升左春坊左庶子兼翰林院侍读，充经筵讲官。故事：讲官进说，多藉之以规切时政阙失。后执政恐触讳，辄先窜定讲官所著说，遂以相沿。祭酒俨山陆公深进说，因面奏，上以其轻率，少不然之，于是陆以戆去位。至公进说，亦不遵执政所更也。台谏希执政意，劾公讲时微咳为失仪，复调为南京尚宝司卿。"[3]

由于经筵失仪的官员频频遭到弹劾，因此李东阳曾奏请对轻微失误免予纠弹："弘治初，业经李文正申请，小有遗误，免纠劾，盖累朝优礼儒臣盛意。"[4]

后来规定，经筵日讲官"凡侍班或偶咳嗽，不妨先趋出"[5]。"侍经筵官，遇将咳嗽，得退出殿门外。候讲毕，始同行礼。传昔惟兵部尚书马昂一行之。昂先为序班，习旧仪故也。以余所见处班行后，各官恒有之，原非异事"。[6]马昂一事出现在宪宗时。"成化中，文华殿经筵，户部尚书马昂以将咳，退出殿门外，俟讲毕仍同行礼。此予所

[1] 黄景昉：《国史唯疑》卷一二。

[2] 佚名：《明内廷规制考》卷二《讲筵》，清借月山房汇抄本。

[3] 孙承恩：《文简集》卷五三《太子太保礼部尚书荣简程斋盛公墓志铭》，景印文渊阁四库全书本。

[4] 黄景昉：《国史唯疑》卷一一，第352页，上海古籍出版社，2002年。

[5] 张位、于慎行：《词林典故》，第264－266页，载四库存目丛书史部第258册，齐鲁书社，1996年。

[6] 黄景昉：《国史唯疑》卷一一，第352页，上海古籍出版社，2002年。

亲见，余未见有敢先退者。盖昂初尝为序班，故尚习此例，其他见此不以为异，则以为失仪矣。”[1]

有些官员失仪后，并未受到任何处罚。嘉靖“七年二月，上御经筵，以大学士杨一清侍班咳嗽，命今后凡遇日讲免入侍；经筵日如小疾亦免。若有召问，不在此例”。[2]杨一清不仅未因侍经筵失仪而受罚，反而免去了出席令人头疼的仪式。天启四年八月十二日，时年75岁的赵南星因为年事已高，侍经筵时失仪，“今日趋侍经筵，礼毕，叩头不觉倾跌失容，踉跄而出”，他觉得“不胜惶恐”，要求致仕回家“以少存廉耻”。十五日，奉圣旨：“卿精神甚盛，偶尔倾跌，览奏具见敬慎。但何至言去？”要求他“即出视事”。[3]并未予以处分。可见皇帝对失仪官员的处罚，因心情而定，这是人治社会的普遍现象。

经筵失仪的处罚并非仅仅针对讲官和文官，有时候也针对宦官而来。成化时，山西阳城人、巡抚顺天府的右佥都御史杨继宗为维护儒臣讲官的尊严，对宦官在经筵的赐宴中，坐在皇帝所坐的中座表示强烈反对，对天寿山守备廖太监等人说道：“庆成、经筵，皇上至尊，无对中坐。文武百官东西序爵而坐，其余臣民宴客之礼，皆宾上主下，或宾东主西，此古今定礼也。近来内臣妄自尊大，在上中坐，令客东西坐，僭行君臣宴享之礼，殊失宾主之仪，无乃不可乎！”廖太监等“虽势倾中外，闻僭行宴享数语，竟莫能难”[4]。正德间，监察御史文皓“侍讲经筵，劾中官进茶迟慢”，但是武宗“不报”。[5]

以上对明代经筵基本制度的描述，是对明代历朝经筵制度概括的结果，并非所有皇帝的经筵日讲都是如此齐备和完整。事实上，明代

---

[1] 尹直：《謇斋琐缀录》卷二。

[2] 徐学聚：《国朝典汇》卷二五《朝端大政・经筵日讲》，明天启四年徐与参刻本。

[3] 赵南星：《赵忠毅公诗文集》卷二〇《衰残已不能留疏》，明崇祯十一年范景文等刻本。

[4] 吴道贤：《杨公清政录》，载焦竑辑：《国朝献征录》卷六三《都察院十》，明万历四十四年徐象樗曼山馆刻本。

[5] 焦竑：《国朝献征录》卷九二《河南一・河南按察司副使文公皓墓志铭》，明万历四十四年徐象樗曼山馆刻本。

历朝皇帝对经筵制度的执行都打过折扣，并未完全遵照制度进行，春秋两季经筵每月举行三次的规定，也停辍不时，或有始无终。

第四节　明代日讲制度及其仪注

除了礼典性的经筵制度外，明代还建立了日常性的日讲制度，并规定了相应的礼仪或仪注。明代的经筵（初讲、会讲）俗称“大经筵”，日讲俗称“小经筵”。弘治元年吏部右侍郎杨守陈首先将经筵、日讲分别称为大、小经筵：“伏望陛下遵用祖宗旧制，仍开大、小经筵以讲学，常御早午二朝以听政。其大经筵及早朝即如旧仪，若小讲则必择端介博雅之儒臣侍班进讲。”[1]杨守陈的话，在《明史》中被表述为：“大经筵及早朝，但如旧仪；若小经筵，当择博雅端介之臣以次进讲，必于圣贤经旨，帝王大道，以及人臣贤否，政事得失，民情休戚，讲之明而无疑，乃行之笃而无弊。”[2]四年，南京工部等科给事中毛理等也说：“闻陛下临御之初，吏部侍郎杨守陈请遵祖宗旧制，开大、小经筵以讲学。”又说：“臣等切念守陈之意，以大经筵则礼法竣整，早朝则侍卫森严，君臣之间难以尽情。冀于小经筵与讲官从容谕说，而午朝可与大臣款曲辩议。今小经筵与大经筵无异，午朝与早朝不殊，君臣间隔如故，岂建言者之初意乎？伏望陛下自今于小经筵，敕谕官将经史中有关于政治之大者，撮其切要明白直解。圣心若有所疑，乞加详问，于午朝敕各衙门将紧切事件口奏，仍乞少霁天颜，议其可否。朝退之后，常[御]便殿，时召讲官及大臣，讲求义理，咨访政事，如守陈之说，则经筵、午朝不为虚文，而裨益多矣。”[3]弘治十二年二月，礼部覆奏给事中吴蕣要求皇帝“勤御大、小经筵，虚心访

[1]《明孝宗实录》卷一〇，弘治元年闰正月庚午。

[2] 张廷玉等：《明史》卷一八四《杨守陈传》。

[3]《明孝宗实录》卷五五，弘治四年九月甲午。

问，务求至当”。[1]大经筵是每旬一大讲，小经筵是每日一小讲。弘治时董杰指出“经筵者，自古圣主贤君之所不废，而每日一小讲，每旬一大讲。又我祖宗之良法美制也！”[2]汤鼐也称：“经筵乃讲学第一事”，“自每日一小讲，每旬一大讲之后，士民皆喜闻乐道以为圣明之事”[3]与大经筵相比，小经筵日讲的礼仪要减杀很多，重视对皇帝的经史灌输和相互交流，正如刘健等人特别强调的那样“肇开经筵”虽然重要，但“其细密功夫必资日讲”[4]。

一 日讲制度及其仪注的变化

日讲的制度及其仪注，亦最先出现在英宗即位之初。礼部尚书胡濙等在上奏经筵仪注的同时，也奏呈了日讲仪注。

关于英宗初的日讲仪注原文，在本章第二节中已作了引述。该仪注成为后来日讲的基本规则，而为众多典章制度书籍所转引。明代最主要的官修典章制度史《大明会典》，专立《日讲仪》一目，介绍了明代的日讲仪注：

> 上御文华穿殿，止用讲读官、内阁学士侍班，不用侍卫、侍仪、执事等官侍班。讲读等官入见，行叩头礼，东西分立。先读《四书》，次读经或读史。每本读十数遍后，讲官先讲《四书》，次讲经或讲史，务在直说大义，明白易晓。讲读后，侍书官侍上习书，毕，各官叩头退。文华殿赐茶。今不行。文华门赐酒饭。[5]

黄佐在《翰林记·经筵日讲》中引用了《会典》中的上述仪注，

[1] 《明孝宗实录》卷一四七，弘治十二年二月癸巳。

[2] 《明孝宗实录》卷一四，弘治元年五月壬辰。

[3] 《明孝宗实录》卷一五，弘治元年六月乙未。

[4] 《明武宗实录》卷一〇，正德元年二月辛亥、壬子。

[5] 申时行等：《大明会典》卷五二《礼部十·日讲仪》。

止于“各官叩头退”处，其后另加数语云：“每三日一温讲，将所讲书通讲一遍。若讲官中有事故，同列代讲，其直解则讲毕补进。”[1]以上所述之仪注，基本上来自英宗初胡濙等所定的仪注。

上述胡濙所拟日讲仪注比较简单，而万历以后俞汝楫在《礼部志稿》卷六七《日讲仪》中对正统初年的仪注记载却比较详悉：

> 正统元年二月定日讲仪：
>
> 上御文华殿，内阁学士侍班，不用侍卫、侍仪等官。凡日讲官或四或六开读，初吉服，五拜三稽首，后常服，止一拜三稽首。先一日进讲义。
>
> 其日讲读官先入直房，候驾出，内官传宣入文华殿，阁臣于屏左右，讲官于东西暖阁门南，各东西立。少选阁臣进屏内，讲官进屏南，仍东西立，候上口宣“先生来”。同承旨入，稽首，东西立。读书者先至御前，一揖，向左盘旋二步，至案，展书，压金尺，或压两旁，或直或竖。执牙签。读五过，掩书，一揖退。读经者亦如之，以次进讲。进退之节，皆如读仪。讲毕，压金尺，盘旋二步，一揖，退。
>
> 文华殿赐茶，文华门赐酒饭。一拜三叩首。
>
> 酒饭后，俟进字，毕，进讲史书如前仪。
>
> 讲毕，一拜三叩首，一揖，候上出，案举手北向，一揖。时上日御文华殿诵书讲学，至午后还宫。[2]

这里的仪注如此详细，应该是综合了后来日渐完善的仪注而成。如讲官“或四或六”，就应该是万历初年的情况。

武宗初期，又制定了一个新的日讲仪注。弘治十八年十月己卯，

[1] 黄佐：《翰林记》卷九《经筵日讲》，景印文渊阁四库全书本。

[2] 俞汝楫：《礼部志稿》卷六七《日讲仪》，景印文渊阁四库全书本；又郭正域《皇明典礼志》卷三（明万历四十一年刘汝康刻本）所载基本相同。

大学士刘健等言："人君之治天下，必先讲学明理，正心修德，然后可以裁决政务，统御臣民。故累朝列圣嗣位之初，必大开经筵，每月三次，令翰林、春坊讲说经史，公卿大臣分班环听。又于每日传令儒臣讲读，使工夫接续，闻见开广，百有余年，太平功业，皆由此致。仰惟皇上昔在春宫，日勤讲学，尧、舜、孔子之道，固已得其大纲。先帝顾命臣等惓惓以进讲为念。向来梓宫在殡，圣孝方殷，万几之外不遑他务。臣等窃恐圣心未有所系，深以为忧。今山陵事毕，祔庙礼成，即欲请开经筵，但殿宇高广，天气向寒，且事体重大，礼仪繁盛，仓猝之间，似难举事。欲姑俟明年，又恐旷日持久，有误圣学。伏睹先帝初年，日讲常至岁暮不辍。臣等拟于十一月初三日为始，伏乞圣明遵照先朝事例，每日御文华殿暖阁，令臣等两次进讲，则圣学可成，太平可致，实宗社万年无疆之庆！除经筵事宜，俟明春别请。"同时刘健等人"将日讲仪注条上"：

> 一、伏睹皇上在春宫讲读《论语》、《尚书》，各未终卷，今合于每日接续讲读，先读《论语》五遍，次读《尚书》五遍。讲官各随即讲明，讲毕，各官皆退。
>
> 一、讲读后，皇上裁决政务有暇，即看字体，随圣意写字一幅，不拘多寡，俟午讲时臣等恭看进呈。
>
> 一、近午初时，讲《大学衍义》、《历代通鉴纂要》，讲毕，各退。
>
> 一、每日各官讲读毕，或圣心于书义有疑即问，臣等再用直解，务求明白。

年少的武宗朱厚照对此无可奈何，只得说："朕以哀疚，故久辍讲。今闻卿等述先帝顾命，知讲学诚不可缓，其如期举行。"[1]俞汝楫《礼部志稿》卷六七《日讲仪》所载武宗时的日讲仪式与此完全相同。

---

[1]《明武宗实录》卷六，弘治十八年十月己卯。

这次日讲仪注的制定，是充分考虑了武宗在东宫时的学习进度而制定的，因此，日讲仪注的延续性和礼典性并不重要，它会随日讲的实际需要而变化。

隆庆三年四月二日，礼部在上经筵仪注时，将日讲仪式也同时进呈。其规定是："每日进讲，上御文华后殿，止用讲读官及内阁大学士侍班，不用侍卫、侍仪、执事等官。侍班、讲读等官入见，行叩头礼，东西分立。讲官先讲《四书》，次讲经或讲史。讲毕，各官叩头退。"[1]仪式十分简单。

万历初，内阁首辅张居正奏上《拟日讲仪注疏》，指出："照得日讲期近，臣等谨查照累朝事例，酌拟仪注，开列上请。伏乞圣明裁定，敕下臣等遵行。"重新拟定了日讲的仪注，计开：

一、伏睹皇上在东宫讲读《大学》至传之五章，《尚书》至《尧典》之终篇，今各于每日接续讲读，先读《大学》十遍，次读《尚书》十遍，讲官各随即进讲，毕，各退。

一、讲读毕，皇上进暖阁少憩。司礼监将各衙门章奏进上御览，臣等退在西厢房伺候。皇上若有所咨问，乞即召臣等至御前，将本中事情一一明白敷奏，庶皇上睿明日开，国家政务久之自然练熟。

一、览本后，臣等率领正字官恭侍皇上进字，毕，若皇上欲再进暖阁少憩，臣等仍退至西厢房伺候。若皇上不进暖阁，臣等即率讲官再进午讲。

一、近午初时进讲《通鉴节要》，讲官务将前代兴亡事实直解明白。讲毕，各退。皇上还宫。

一、每日各官讲读毕，或圣心于书义有疑，乞即下问，臣等再用俗说讲解，务求明白。

---

[1]《明穆宗实录》卷七，隆庆元年四月丁亥。

一、每月三、六、九视朝之日，暂免讲读，仍望皇上于宫中有暇，将讲读过经书从容温习，或看字体法帖，随意写字一幅，不拘多寡，工夫不致间断。

一、每日定以日出时请皇上早膳，毕，出御讲读。午膳毕，还宫。

一、查得先朝事例，非遇大寒大暑不辍讲读。本日若遇风雨，传旨暂免。[1]

张居正拟定的这个日讲仪注，后来成为神宗初期举行日讲的基本仪式。《万历起居注》记载了这个仪注。隆庆六年八月十三日，张居正等题奏“日讲仪注”，考虑到皇帝幼弱，他在制订日讲计划时，指出若照先朝事例非遇大寒大暑不辍讲读，而本朝日讲时“若遇风雨，传旨暂免”。对于这个完善的方案，小皇帝“报可”。张居正拟定的这个仪注，被后来的张位和于慎行所载录。

万历四年曾做过日讲官的张位和于慎行，在私修的《词林典故》中，更为详细地介绍了日讲仪注：

凡日讲官或用四员，或用六员，初开讲之日，俱穿红，行五拜三叩头礼，以后俱常服，止一拜三叩头。遇景命之日，皆穿红（如遇皇上及两宫本命之日，皆称景命），遇忌辰皆穿青素。凡开讲、辍讲，俱诣中堂作揖。讲章撰完，先送中堂看定。先一日讲呈。每讲毕，至东阁会揖毕，光禄属官二员先揖，中堂次揖，讲官一躬，退。中堂上坐，讲官列坐，茶毕，拱手而别。

凡年终将讲过讲章，类抄送阁，装潢进呈。凡讲期，隆庆间每日视朝毕，即御文华殿讲读，冬夏则辍。今上以三、

[1] 张居正：《张太岳集》卷三七《拟日讲仪注疏》。

六、九视朝，不讲，余日皆讲，冬夏不辍。

凡进讲读，先至直房候驾出，内官传宣，即随中堂入文华殿，中堂于屏之左右，讲官于东西暖阁门南，各东西分立。少选中堂稍进屏内，讲官进至屏南，仍各东西分立。候上口宣，同躬身承旨，毕，入讲筵，行叩头礼。中堂为一班，讲官分为二班，东西退立，以次。进读《四书》者，先至御案前，离三尺许，一躬，向左盘旋二步，至案，取金尺置于案上，展开书，置起止，于书下看本日所读面叶行款，移中正尺，或旁压，或上压一尺，或一直一横。书有连叶者，或中摺，或用左手揭书角，皆随其便。执牙签读五遍，仍置牙签在书内掩书，不压金尺。仍一躬，退直本班。读经者亦如之。

然后以次进讲。其执签展书、掩书、进退皆如读仪。但讲毕，置牙签于案上书外左边，签头向上，用金尺压书，毕，仍盘旋二步，至原立所，一躬，退就本班。

候上赐酒饭。承旨毕，一拜三叩头，一躬，候上出，案举手仍向北一躬。出至文华门外，谢赐酒饭，行一拜三叩头礼。

酒饭后，俟进字毕，仍进讲史书如前仪。讲毕，一拜三叩头，一躬。候上出，案举手仍北向一躬而出。

万历九年，该内阁题免进读，仍多讲经书，亦不进字。遇有章奏系重大事情者，中堂先进后殿面讲，及讲祖宗训、录，出，仍同讲官进讲史书（万历十四年春三书一连进讲）。

凡日讲官初入讲筵，于大班叩头外，不打躬，竢班定，跪致词云："新补日讲官某官某人叩头见。"致词毕，三叩头。其升迁行取到京、考试回还等项，遇免朝之日，即于讲筵致词（万历四年讲官陈经邦，八年讲官陈于陛，给假省亲回籍，亦进讲筵面辞，辞毕，即先趋出）凡侍班或偶咳嗽，不妨先趋出，或偶患病欲给假调理，须具本奏请，病痊谢恩外，仍于讲筵致词叩头。致词云："日讲官某官臣某，钦蒙圣恩给假调理，今病痊可。”叩头谢恩。

凡日讲官初补致词，及叙劳升迁，遇免朝当讲筵致词者，或二三人及六人惟听首一位总叙，致词云：日讲官某官臣某等，钦蒙圣恩，升某官臣某为某官，某官臣某为某官，臣等不胜感戴，叩头谢恩。

凡讲官遇不时恩赉，中堂具本总谢，其随例赐鲜，同众顶门谢。惟圣节、元旦及大庆非常赉，与报名廷谢。凡遇皇太子出阁读书，用提调官，钦命中堂轮侍，用侍班官四员，宫坊以上年深者充之，用讲读官四人，宫坊以下衔门官充之。各项仪节大约与日讲同。

凡日讲官、经筵讲官及经筵展书官初题请后，俱约同官偕同赴文华殿看视讲案，询演礼仪。日讲官请同官于私宅演讲备饭，经筵官于射所演讲备椅茶。凡讲章内字音须与前辈同事者讲求校勘，务要字字明白，时常念熟，最忌误读及杂乡音。

凡取压书上二金界尺者，取时先书脚，用右手；压时先书头，用左手。又指书牙签头尾相似，但签头略有微尖，讲官当执取收置时，须要辨认，不可倒持。[1]

显然，这是最为详细的叙述明代日讲制度及其仪注的记载，应该是增加了张位、于慎行时代的仪注，是一个集大成的版本。

明熹宗泰昌元年十月十六日，大学士方从哲等“以日讲期近，进讲读仪注”，这是官修史籍最后一次详细记载明代的日讲仪式。明末清初查继佐也记载了“日讲仪制”，是对明代日讲制度的概括和勾勒。

《明内廷规制考》所载与此大同小异：“至于日讲官，凡四员日轮二员，先《大学衍义》，次《贞观政要》二书，皆不用讲章，惟各以黄票书所起止。预进先日，内臣设御案于文华殿后穿堂中，以二书并

[1] 张位、于慎行：《词林典故》，第264－266页，载四库存目丛书史部第258册，齐鲁书社，1996年。

起止置案上。至日，蚤朝毕，四讲官同阁臣随驾入至殿内，授内臣以讲日起止，俟召，乃入穿堂门内行礼，分班，北向，前后立。东班当讲者，诣御案前，内史授以牙签，右手执之，且指且讲，书则向上，初展后掩，皆属内侍。讲毕，还签，复位。西班当讲者乃进讲，悉如东仪。讲毕，上谕'先生们吃酒饭。'皆跪承旨行礼，礼前后，皆一拜三叩头。出宴于文华门外西庑。禁中谓之小经筵，亦谓之小讲。"[1]该书佚名，成书可能在明末清初，丛书集成新编本书末有"嘉庆己巳春二月昭文张海鹏较梓"。

日讲仪式中，设案与经筵不同。"经筵有二案，一在御前，一在讲官前，俱有讲章。而日讲则止一御案，第以经书置案上，讲官指书口讲，无讲章。"[2]李清《三垣笔记》也说："故事：经筵有二案，而日讲则止一御案，第以经书置案上，讲官指书口讲，无讲章也。"[3]其实，嘉靖时，曾一度为日讲官设过一案，目的是为了不让汗气熏渎皇上。当时杨一清提出进讲《大学衍义》，以五月十三日开始，一如日讲之仪，但是"于御案上背讲，切近天颜，恐汗气熏渎"，因此他要求"合无于地屏下设一小案，照经筵例，令讲官看讲"，世宗从之。[4]但随着穆宗的复古，日讲制度恢复旧样。万历时的《徐显卿宦迹图册》中有两幅图，一是《日直讲读》，一是《经筵进讲》，前者讲官前仍不设几案，后者则有。讲官前不设几案，则与皇帝共一几案，但皇帝是正对几案及其上的经史，而日讲官是站在皇帝对面，倒对几案及其上的教材。丁绍轼描述道："每读书讲书，讲官凭几倒看，手执硃红牙签，读某字某句，则签指到某字某句，讲亦如之"。并作诗吟咏道："牙签手指口披宣，抚几从容意更虔，幸得至尊倾耳听，赍心入告不徒然。"[5]尹直在《謇斋琐缀录》中所述相似："当讲者诣御案前，

[1] 佚名：《明内廷规制考》卷二《讲筵》，清借月山房汇抄本。

[2] 佚名：《明内廷规制考》卷二《讲筵》，清借月山房汇抄本。

[3] 李清：《三垣笔记·附识（中）·日置讲章》，第208－209页，中华书局，1982年。

[4] 徐学聚：《国朝典汇》卷二五《朝端大政·经筵日讲》，明天启四年徐与参刻本。

[5] 丁绍轼：《丁文恪公续集》卷六《讲筵恭纪诗·讲书》。

内侍授以牙签，右手执之，且指所讲书。”[1]则说明至迟在成化时已是如此。《徐显卿宦迹图》描绘了万历时49岁的徐显卿担任日讲官在文华穿殿为神宗讲课的情景，神宗坐在书案前，而徐显卿则站在对面，用约一尺长的牙签指着书案上展开的书讲解。日讲的这种状况，就是所谓的“倒看”和“背讲”。崇祯十五年八月二十二日，思宗御文华殿日讲，讲官韩四维屡次遗忘，思宗对辅臣说：“日讲可照经筵例，亦置讲章，朕有所疑，可据以问难，而讲官亦不至遗忘。因具揭帖进呈，即批发令传与讲官。自是遂用讲章在御前，讲官用牙签指讲。”[2]虽然设了讲章，但仍未另设几案，与经筵还是不一样。

二 进讲《大学衍义》仪及午讲仪

明代的日讲制度，还包括进讲《大学衍义》及其仪注。嘉靖六年六月，根据世宗想让翰林讲官将经书、《通鉴》中有关君德政事与修省之道的内容撮成一书进讲的思路，大学士杨一清等指出自古经史大义，都详见于宋儒真德秀所撰《大学衍义》一书中，每日令儒臣进讲即可。世宗表示采纳，但提出“若日逐进览，恐不得精。宜五日一进，不以寒暑废”。杨一清等“复请于经筵讲官内，与日讲官各分为两班，每逢三八日，以次轮讲。臣等仍日轮一员侍班，至于春秋月日，和煦凉爽之时，经筵日讲俱照旧规，惟三、八日专讲《大学衍义》”。世宗批示：“卿一清等侍班，贾咏等日轮一员，如有召论，不在此例。至于春秋之时，不必于三八日，可以该朝两宫之日，既免日讲，只于午后进讲《衍义》，庶并行而无废。”[3]于是，制定了《讲〈大学衍义〉仪》的仪注：

---

[1] 尹直：《謇斋琐缀录》，卷一，第1247页，载邓士龙辑：《国朝典故》卷五三，北京大学出版社，1993年。

[2] 佚名：《明内廷规制考》卷二《讲筵》，清借月山房汇抄本。

[3] 俞汝楫：《礼部志稿》卷六七《经筵进讲·宣德后历朝进讲》，景印文渊阁四库全书本。

嘉靖六年定，每月初三、初八、十三、十八、二十三、二十八日用经筵日讲官二员进讲，内阁学士一员侍班。讲毕赐茶，赐酒饭，俱如日讲仪。[1]

此仪注在俞汝楫《礼部志稿》中载：“嘉靖六年，每月之三日、八日，用日讲官二人，讲《大学衍义》，阁臣一人侍，赐茶酒饭如日讲仪。”[2]文中其实少了“十三、十八、二十三、二十八”十字。根据上述仪注，可知它虽然基本上是在日讲仪上建立起来的制度，但又不同于日讲制度，它不是每日都讲，而是逢三、八日进讲，与经筵会讲相比，又多了三次。因此是介于经筵与日讲之间的一种特殊的日讲制度。

除了普通的日讲制度和进讲《大学衍义》制度及其仪注外，明代出现了午讲制度及其仪注。所谓的“午讲”，并不超过中午，而是在上午十一时左右举行。[3]午讲仪式是在隆庆年间制定的。其实，午讲的设计很早，早在弘治元年就已实践过。“弘治元年三月……十三日早，文华后殿进读《尚书》、《孟子》，及午乃进讲《大学衍义》以为常。”[4]徐学聚也记述是年三月经筵举行的次日，“文华后殿早进讲《尚书》、《孟子》，及午进讲《大学衍义》。自后以为常”[5]。俞汝楫指出“弘治间孝宗皇帝每日讲二次”[6]，其中就包括午讲。弘治十八年十月己卯，大学士刘健在为武宗制定的日讲仪注中，也有“午讲”之说：“讲读后，皇上裁决政务有暇，即看字体，随圣意写字一幅，不拘多寡，俟午讲时臣等恭看进呈。”又称“近午初时，讲《大学衍义》、《历代通鉴纂要》，讲毕各退”。[7]当时的午讲似要在“近午初时”讲读

[1] 申时行等：《大明会典》卷五二《礼部十·并讲〈大学衍义〉仪》。
[2] 俞汝楫：《礼部志稿》卷六七《日讲仪》，景印文渊阁四库全书本。
[3] 朱鸿林：《明神宗经筵进讲书考》，第1368页。
[4] 黄佐：《翰林记》卷九《经筵恩赉》，景印文渊阁四库全书本。
[5] 徐学聚：《国朝典汇》卷二五《朝端大政·经筵日讲》，明天启四年徐与参刻本。
[6] 俞汝楫：《礼部志稿》卷六七《日讲仪》，景印文渊阁四库全书本。
[7] 张元忭：《馆阁漫录》卷八，明不二斋刻本。

《大学衍义》和《历代通鉴纂要》，同时武宗要将自己写好的书法交给刘健等大学士恭看，进呈给太后观赏。但正德元年，武宗便下旨免去午讲。“正德元年九月，司礼监传示欲免午讲。阁臣刘健等疏陈不可，经书固圣贤大道，《通鉴》乃古人事迹，请如旧每日进讲二次。上曰：‘已知之。’”[1]因此，午讲昙花一现，并未形成制度，也无仪注见诸记载。到了隆庆时，才正式确立了午讲的形式和仪注。据《大明会典·午讲仪》载：

> 隆庆六年定。
>
> 每日早，阁臣及讲官讲毕，各退。上进暖阁少憩。司礼监将各衙门章奏进上御览，阁臣等退西厢房伺候。上有所咨问，即召至御前，将本中事情明白敷奏。览本后，阁臣率领正字官，恭侍上进字。毕，若上欲再进暖阁少憩，阁臣等仍退至西厢房伺候；若不进暖阁，阁臣等即率讲官再进午讲，讲《通鉴节要》，后《通鉴》讲完，以《贞观政要》进讲。讲官务将前代兴亡事实，直解明白。讲毕各退，上还宫。
>
> 一、每月三、六、九视朝日，暂免讲读。上于宫中有暇，将讲读过经书，从容温习，或看字体法帖，随意写字一幅，不拘多寡。
>
> 一、每日定以日出时，上早膳毕，出御讲读。午膳毕，还宫。[2]

上述隆庆间所定《午讲仪》，王圻在《续文献通考》中所载基本上完全相同，只有“讲《通鉴节要》完，复讲《贞观政要》”一处改

[1] 俞汝楫：《礼部志稿》卷六七《日讲仪》，景印文渊阁四库全书本。
[2] 申时行等：《大明会典》卷五二《礼部十·午讲仪》。

动[1]。清人傅维鳞《明书·仪志二·讲读》中也作了过录，文字基本上大同小异："上每日螽膳毕，出御便殿，或文华穿殿，阁臣及讲官日讲毕，退，上进暖阁，司礼监将各衙门奏章进上御览，阁臣等退西厢房伺候。上有所咨问，即进至御前，将本中事情明白敷奏，览本后，阁臣率领正字官，恭侍上进字，毕，若上欲再进暖阁稍憩，阁臣［等］仍至西厢房候，若不进［暖］阁，［阁］臣［等］遂率讲官，再进午讲，或《通鉴》，或《贞观政要》诸书，讲官务将前代兴亡事实宣讲明白，讲毕，各退。上还宫。"傅维鳞接着称："后增讲《大学衍义》，如日讲仪；又于无逸殿讲书，如经筵仪。"[2]其对《大学衍义》仪注和无逸殿讲书仪注的性质判断很精准，但称"后增"则弄错了时间。这两个仪注是在此前嘉靖间增补的。午讲并非经筵大典，也属于日讲的范畴，是隆庆间继正德后增加的一种日讲形式。俞汝楫记："隆庆六年，每日早，阁臣及讲官讲毕，各退。上进暖阁少憩，司礼监将章奏进览，阁臣等进西房，候上咨问，即召至御前，敷陈疏中事情。已，乃率领正字官恭侍上还宫。"[3]实际上就是午讲仪式，可惜未作说明，易于混淆日讲与午讲的区别。

隆庆间制订的午讲仪，对于万历初年张居正拟定日讲仪中的午讲仪注部分，有直接的影响。前已铺陈，此不赘言。

三 明代日讲的基本制度

将上述日讲制度及其仪注的变化情况加以概括，可以得出明代日讲的基本制度。

第一，时间。

---

[1] 王圻：《续文献通考》卷一二〇《王礼考·朝仪二·经筵日讲始末》，明万历三十年松江府刻本。

[2] 傅维鳞：《明书》卷五七《礼仪志二·讲读》，清畿辅丛书本。

[3] 俞汝楫：《礼部志稿》卷六七《日讲仪》，景印文渊阁四库全书本。

日讲的进讲时间，与经筵大致挂钩。经筵分春、秋两季，春季从二月十二日起，到五月初二日止；秋季从八月十二日起，到十月初二日止。每月讲三次，逢二则讲，即初二、十二、二十二会讲。从制度设计上看，日讲则在此期间，除上述三天外和逢三、六、九的上朝日，每日进讲。

不过，日讲的时间也有变异，有时候并不局限在春秋两季所规定的期限内，随皇帝和权臣的兴致和需要，随时可以进讲。晁中辰指出："日讲并不全与经筵同步，可比经筵提前或延后。"孝宗时，日讲并未按制度在十月初二日停止。徐阶在隆庆元年十月指出"弘治元年于十二月二十五日始停日讲"[1]。神宗初的日讲也未按二月十二日的规定执行，而是提前到了正月。但正月有元旦（春节），按节假规定，应该在正月二十一日才开始上班，但正月初七（戊子），神宗便"御文华殿讲读"，所以史官称赞："节假例至二十一日始开。今假内御讲帷，可谓好学之笃矣。"[2]其实这并非神宗好学，而是迫于强臣张居正等人的压力。在神宗于正月初七日举行日讲后，万历元年正月十四日（乙未），礼部才"上经筵仪注"，确定二月初二日开经筵。显然，神宗的日讲已经提前了许多。如果按前述仪注所称，经筵一般开于二月十二日，日讲紧随其后，则神宗的日讲提前得更早。晁中辰得出结论说："日讲并不限于经筵的'春讲'、'秋讲'期间，而是除了元旦等假日、重大节庆和祭祀以外，全年其余的日子都可以进行日讲。当然，酷暑和严寒期间也要停讲数日。"[3]明人有载："万历后以三、六、九日视朝不讲，余日冬夏不辍。"[4]

有时，经筵的推迟，也会导致日讲的推迟。孝宗时，三月十二日举行经筵，因此日讲也就随之推迟到三月十三日，"丁丑，始命儒臣

[1] 徐学聚：《国朝典汇》卷二五《朝端大政·经筵日讲》，明天启四年徐与参刻本。
[2] 《明神宗实录》卷九，万历元年正月戊子。
[3] 晁中辰：《明"经筵"与"日讲"制度考异》，载《东岳论丛》2012 年第 7 期。
[4] 俞汝楫：《礼部志稿》卷六七《日讲仪》，景印文渊阁四库全书本。

日讲。是日早朝毕，上御文华殿，大学士刘吉等率詹事府少詹事兼翰林侍讲学士程敏政等讲读经书。敏政与太常寺少卿兼侍读陆釴、周经，左春坊左庶子兼侍讲谢迁轮日进讲。吉与大学士徐溥、学士刘健侍班，日为常”。[1]

第二，地点。

日讲举行的地点在文华殿的穿殿或后殿。

明朝的日讲虽然也在文华殿举行，但一般在后殿举行，或在连接文华前殿与后殿之间的穿殿（也称穿堂、川堂、穿廊）举行。文华殿的前、后殿，“同位于‘工’字形台基之上”[2]，陈时龙指出，川堂大约相当于“工”字中间的一竖。

孝宗时，日讲似在文华殿的后殿举行。据学士程敏政记载：“弘治元年三月……十三日早，文华后殿进读《尚书》、《孟子》，及午乃进讲《大学衍义》以为常，读毕赐宴，讲毕赐茶，上皆呼先生而不名”。七月二十日，“文华后殿讲毕，上顾中官，赐讲臣冠带靴袍”。[3]万历以后，较多地在文华穿殿举行日讲。万历《明会典》称日讲处是“文华穿殿”[4]，孙承泽《春明梦余录》称“殿后穿堂”、“殿后穿廊”[5]。丁绍轼《讲筵恭纪诗》记载：“上每御经筵则御文华前殿，日讲则坐殿后川堂……上坐地平仅三寸高，盖略除堂陛之严，或亦便讲官凭几也。”陈时龙指出，“坐地平仅三寸高”的说法，从明代的绘画作品中亦可验证，有“御座不甚高，书案亦不甚大”的记载。《罪惟录》提到日讲举行的地点，称“御座设于文华殿后穿堂中，置书其上”[6]。

皇帝在文华穿殿进行日讲前，日初出之时[7]，要到文华后殿的东

[1] 张元忭：《馆阁漫录》卷七，明不二斋刻本。
[2] 孟凡人：《明代宫廷建筑史》，第251页，紫禁城出版社，2010年。
[3] 黄佐：《翰林记》卷九《经筵恩赉》，景印文渊阁四库全书本。
[4] 申时行等：《大明会典》卷五二。
[5] 孙承泽：《春明梦余录》卷九。
[6] 查继佐：《罪惟录·志》卷一七《经筵志》，四部丛刊三编景手稿本。
[7] 孙承宗记载泰昌元年十月二十一日“卯时（五点至七点）进讲”，见孙承宗《高阳集》卷一四，第30页。

房先行祭拜，“房中旧供羲、农、黄帝、尧、舜、禹、汤、文、武九小龛于上，左周公、右孔子二龛”。[1]《明内廷规制考》载：“文华殿东室，奉皇师伏羲氏、神农氏、轩辕氏，帝师陶唐氏、有虞氏，王师夏禹王、商汤王、周文王、武王，九圣南向，左先圣周公，右先圣孔子，东西。岁向春秋开讲前一日，皇帝皮弁服，拜跪，用羹、酒、果、脯、帛行奠告礼。”[2]当皇帝对神龛三拜一叩礼时，阁臣与讲臣们则站在文华殿外的月台左栏杆边等候。《讲筵纪事诗·驾拜古圣》云：“是时，阁臣、讲臣立候月台上左栏干边，但闻呼礼声，殿檐门未启。候上行礼毕，转后殿，始开门。阁臣、讲臣始入。”设有诸圣神位的“殿东房”，又称作文华殿“左室”，嘉靖时是世宗的斋居之所，房间布置有很强的道教色彩，但到万历时已有改变。隆庆六年十月二日，万历帝“御文华殿讲读毕，出诣左室，观先圣、先师，召阁臣入，列举以问。至文王，称：‘事亲，问安视膳。’阁臣肃对。至周公、孔子，问：‘何以旁列？’对曰：‘二圣人皆人臣。’已阁臣同讲官随上至穿殿门，阁臣于屏内叩头，乃退”。[3]神宗所见到及所问到的神龛，有文王之位，且周公、孔子侍两侧。这种设置跟天启帝祭拜时的布置相同。[4]

日讲时，皇帝还要到文华殿后的九五斋暂憩。该斋嘉靖十三年九月建成，作为世宗的“祭祀斋居之所”[5]，后来成为皇帝日讲后稍事休息的场所。万历元年七月二十一日，神宗“御文华殿讲读，驾还，命中使导辅臣及讲官，诣后殿东九五斋、恭默室，阅庭中花卉诸植，赐茶而退”。[6]

日讲之所一度移至无逸殿举行。嘉靖十年（1531年）西苑无逸殿建成后，即在此举行经筵和日讲。日讲主要讲读《大学衍义》，为此

[1] 丁绍轼：《丁文恪公续集》卷六《讲筵恭纪诗·驾拜古圣》。
[2] 佚名：《明内廷规制考》卷二《讲筵》，清借月山房汇抄本。
[3] 《明神宗实录》卷六，隆庆六年十月乙卯。
[4] 陈时龙：《天启皇帝日讲考实》，《故宫学刊》2013 年第 2 辑。
[5] 《明世宗实录》卷一六七，嘉靖十三年九月丙寅。
[6] 《明神宗实录》卷一五，万历元年七月戊戌。

还专门制定了进讲《大学衍义》仪注。嘉靖后期长期不朝，亦废日讲。穆宗即位后，日讲的地点又复归文华殿。

第三，讲官。

日讲官日轮二员，一位负责引导皇帝阅读，一位负责给皇帝讲解。

日讲官一般定为四员，但随需要而有所伸缩，多时可至六人。《謇斋琐缀录》描述成化时日讲官的情况说："其号日讲官者，凡四员，日轮二员。"[1]据《罪惟录》载："定讲官四员，日值二员"，举行日讲时，"四讲官、大学士随驾入"。[2]丁绍轼的诗序中透露，日讲官有两位，"一官读，又一官讲"。日讲官中的领读官，要引导皇帝读书，新书读五遍，旧书温习读三遍。丁绍轼《讲筵恭纪诗·陪上讲书》说："所读书，讲官读一句，上亦读一句。一句每五遍，读完方讲。每讲读过三日，到第四日，将前三日书总温总讲。讲官温一句，上亦温一句，每三遍。"这在孙承泽《春明梦余录》中有所印证："按故事，日讲官一员直讲，一员直读，直读者先读五过，上随口读已，方直讲者进讲。"[3]

不过，万历元年正月任命了六位日讲官：吏部右侍郎兼翰林院侍读学士陶大临，太常寺卿兼翰林院侍读学士掌院事丁士美，翰林院修撰陈经邦、何洛文，编修沈鲤、许国，让他们"日侍讲读"[4]。六位日讲官也是轮流值讲。日讲官员和轮值制度会不断调整。从万历二年（甲戌）四月，赐"讲臣六人'责难陈善'各一"幅字来看，当时的日讲官正是六人。于慎行指明"六人者，学士丁公士美、宫坊何公洛文、陈公经邦、许公国、学士申公时行及翰撰王公家屏也"。[5]则说明申时行、王家屏取代了陶大临和沈鲤。《徐显卿宦迹图册·日直

[1] 尹直：《謇斋琐缀录》卷一，第1247页，载邓士龙辑：《国朝典故》卷五三，北京大学出版社，1993年。

[2] 查继佐：《罪惟录·志》卷一七《经筵志》，四部丛刊三编景手稿本。

[3] 孙承泽：《春明梦余录》卷九。

[4] 《万历起居注》第一册，第13－15页，北京大学出版社，1988年。

[5] 于慎行：《谷山笔麈》卷二《纪述二》，第18页，中华书局，1984年。

讲读》显示，万历十五年的讲官正是六人，东西各三人，分列阁臣之下："阁臣左右侍，讲官次阁臣下稍远，左右各三。"[1]万历以后俞汝楫指出"凡日讲官或四或六开读"[2]。至天启四年丁绍轼任日讲官时，日讲官的人数亦为六人。[3]丁绍轼在一封信中透露："近时幸与日讲之班，日对圣颜，凭几共论，五相在旁，六讲官在列。"[4]这里可见六名讲官并非"轮值"，而是日讲时同时出现。

在有些时候，日讲官是不能替代的，因此也就不能请假。嘉靖十二年七月，世宗视朝毕，御文华殿讲《大学衍义》。讲官顾鼎臣"疾不至"，大学士张璁等"入班时，见鼎臣不至，遂令学士廖道南代讲。道南以当捧敕辞，又属学士蔡昂，昂亦固推"，张璁称"夫进讲系朝廷重事，又学士本职。旧规，讲官不到者，除日讲不能代，其余俱可代讲。今鼎臣该日失悮进讲，朝廷自有处分。道南、昂互相推选，亦宜并治"。世宗下诏："鼎臣姑夺俸半年；道南、昂各降一级调外任。"于是"道南判徽州，昂判潮州"。[5]顾鼎臣、廖道南和蔡昂进讲的是《大学衍义》，具有半经筵半日讲的性质，讲官是可以代替的。如果是日讲官，就不能随意替代，如果那样，廖道南和蔡昂就不会受到处分的。

日讲官的来源，一般由资深的翰林官员或从翰林院出去且又带有翰林院官衔的卿亚担任，内阁大学士、翰林院学士、侍讲、侍读、春坊庶子、各部侍郎等均可担任。杨廉指出："古今经筵乃涵养君德之地。今制最为亲密，而易于启沃者，惟日讲为然，凡此类，以卿亚陟自翰苑者带衔为之。"罗钦顺是"卿亚陟自翰苑者"，因此担任了日

[1] 余士、吴钺：《徐显卿宦迹图·日直讲读》，第 44 页，载杨新主编：《明清肖像画》，上海科学技术出版社，2008 年。

[2] 俞汝楫：《礼部志稿》卷六七《日讲仪》，景印文渊阁四库全书本；又郭正域《皇明典礼志》卷三（明万历四十一年刘汝康刻本）所载基本相同。

[3] 按，万历朝甲戌（1574 年）四月，赐"讲臣六人'责难陈善'各一"，则万历二年时讲官亦是六人，参见孙承泽《春明梦余录》卷九。

[4] 丁绍轼：《丁文恪公续集》卷二《与张晴华郡丞》。

[5] 徐学聚：《国朝典汇》卷二五《朝端大政·经筵日讲》，明天启四年徐与参刻本。

讲官。[1]万历初，出现了翰林院修撰和编修这种低级官员担任日讲官的先例。当时修撰王家屏与编修沈一贯同任日讲官。沈一贯对此很有感慨地说“余（沈一贯自称）与公（指王家屏）同举戊辰，读中秘书，官词林，供事讲幄”，“而修撰直（日讲）者，自公始；编修直（日讲）者自余始”。[2]这是一件破天荒的大事，因此不断有人提起此事。徐象梅在介绍沈一贯生平时说，“未几，充经筵展书官，又充编纂章奏官，而日讲兼经筵之命随下。故事：日讲以正亚卿充，次亦坊局，莫及史官者。时上方向学，无日不讲，而先辈苦疲，故贯以后进充”。[3]万历十四年左右，刘元震“晋左庶子掌左春坊，充日讲官，直起居注”。不久又晋升国子监祭酒。“故事：日讲官不典成均，而先生恬之，日以黾勉率诸属。”[4]到刘元震这里，日讲官不兼祭酒的惯例也打破了。

万历时，张居正建议由日讲官担任起居注。在《议处史职疏》提出：“今日讲官密迩天颜，见闻真切，又每从阁臣后出入便殿，即有密勿谋议，非禁秘不可宣泄者，皆得知闻。宜令讲官日轮一员，专记起居，录圣谕诏敕册文及内阁题稿。其朝廷政事见诸司章奏者。另选年深文学素优史官六员编纂。”[5]即在日讲官中，日轮一人为起居注，专记皇帝言动，另选史官六人专管吏户礼兵刑工六曹的章奏编纂，在皇帝上朝时，由值班的日讲官及上述六位史官中的三位，一共四员随同上朝，记录皇帝言动。并在翰林院史馆中设置起居注馆，在馆中整理和编纂《起居注》及《六曹章奏》，将修纂好的《起居注》及《六曹章奏》藏于匮中封存，俟日后修《实录》之用。万历三年三月癸卯，

[1] 杨廉：《杨文恪公文集》卷二四《赠整庵罗先生序》，明刻本。

[2] 沈一贯：《喙鸣诗文集》文集卷一七《礼部尚书兼东阁大学士赠少保谥文端对南王公暨配李淑人神道碑铭》，明刻本。

[3] 徐象梅：《两浙名贤录》卷一四《辅弼吏部尚书中极殿大学士沈肩吾一贯》，明天启刻本。

[4] 姚希孟：《棘门集》卷三《通议大夫吏部左侍郎兼翰林院侍读学士掌詹事府事复斋刘先生墓志铭代作》，明崇祯张叔籁等刻清閟全集本。

[5]《明神宗实录》卷三五，万历三年二月丙申。

张居正推荐“日讲官丁士美等六员轮赴史馆记注起居，以修撰王家屏、徐显卿、张位、于慎行、沈懋孝、编修沈一贯编修章奏”[1]。后来这一制度影响到清代，清朝基本上就是用日讲官兼起居注，称为“日讲起居注”。

第四，内容。

日讲主要是将经筵时讲读过程常态化，因此所讲的内容基本是延续经筵时开讲的书籍，其一是《四书》，其一是《五经》或史书。孝宗时，《四书》讲《孟子》，《五经》讲《尚书》，午讲则讲《大学衍义》：“弘治元年三月……十三日早，文华后殿进读《尚书》、《孟子》，及午乃进讲《大学衍义》以为常。”[2]武宗时，日讲中的午讲要求《大学衍义》和《历代通鉴纂要》。明后期《四书》有时候讲读《大学衍义》，而史书则讲读《贞观政要》。据《罪惟录》载：“日值二员，所讲《大学衍义》及《贞观政要》二书。”[3]但是《贞观政要》被颇有悟性的神宗皇帝替换掉了：“神宗初御经筵毕，览《贞观政要》曰：‘唐太宗多有惭德，魏征大节有亏。’命以后讲《礼记》，其《贞观政要》停止。”[4]陈时龙研究了天启朝的日讲内容，指出《四书》部分只讲了《大学》与《论语》，《五经》讲了《尚书》，可能还讲了《诗》，史的部分规定要讲《通鉴节要》和《皇明宝训》，但是未见直接证据。天启二年开始讲《帝鉴图说》，并至少持续到天启四年。明人记载，日讲还讲授《训录类编》：“及讲祖宗《训录》（似指张居正等所编《训录类编》）出，仍同讲官进讲史书。”[5]

第五，伸论。

日讲主要任务是让皇帝诵习经史，晓解其意，一般不主张像经筵那样做过多的发挥和伸论，基本上是就书论书，不要求联系实际，但

[1] 《明神宗实录》卷三六，万历三年三月癸卯。

[2] 黄佐：《翰林记》卷九《经筵恩赉》，景印文渊阁四库全书本。

[3] 查继佐：《罪惟录·志》卷一七《经筵志》，四部丛刊三编景手稿本。

[4] 佚名：《明内廷规制考》卷二《讲筵》，清借月山房汇抄本。

[5] 俞汝楫：《礼部志稿》卷六七《日讲仪》，景印文渊阁四库全书本。

实际上讲官还是有所发挥。弘治四年，南京工部等科给事中毛理等指出："臣等切念（杨）守陈之意，以大经筵则礼法竣整，早朝则侍卫森严，君臣之间难以尽情。冀于小经筵与讲官从容谕说，而午朝可与大臣款曲辩议。今小经筵与大经筵无异，午朝与早朝不殊，君臣间隔如故，岂建言者之初意乎？伏望陛下自今于小经筵，敕谕官将经史中有关于政治之大者，撮其切要明白直解。圣心若有所疑，乞加详问，于午朝敕各衙门将紧切事件口奏，仍乞少霁天颜，议其可否。朝退之后，常[御]便殿，时召讲官及大臣讲求义理，咨访政事，如守陈之说，则经筵、午朝不为虚文，而裨益多矣。"[1]正是有这种声音和要求，日讲官员便经常在日讲时，联系实际，加以伸论。泰昌元年十月，孙承宗任熹宗日讲官，内阁"戒讲官讲章宜简要，讲毕勿多献替，恐上倦弗能省"。孙承宗并不买账，称："主上幼冲，在我辈六七措大，开导圣聪，讲章须详明切直，博引曲譬。若讲官听中堂为芟改，中堂又视中人为忌讳，则讲筵为无人矣。中堂当择讲官，不当择讲章。与其择讲章，宁去讲官可也。"[2]捍卫了在讲章中发挥的权力，"讲章乃得勿改"。孙承宗讲《尚书·尧典》"克明俊德以亲九族"时，"于讲义外口发一番"，讲九族及和睦亲藩外戚之义。天启皇帝听完后，问宦官王安道："今日才知九族，如何不先做在讲章？"王安回答说："这是讲官临时发明这句书。"崇祯间阁臣温体仁参劾讲臣罗喻义的疏中曾明确指出："旧例惟经筵进规多于正讲，日讲则正讲多，进规少。"但孙承泽不这么认为，指出"讲章原无定例，体仁特借以除异己"。[3]笔者认为，由于日讲次数远较经筵为多，而且仪式简单，讲官与皇帝之间接触多，因此在讲《四书》、《五经》和史书时，会有较多的发挥。事实上，在日讲的实践中也的确如此。据天启四年九月，日讲官罗喻

[1] 《明孝宗实录》卷五五，弘治四年九月甲午。

[2] 钱谦益：《牧斋初学集》卷四七《特进光禄大夫左柱国少师兼太子太师兵部尚书中极殿大学士孙公行状》，第1162页，上海古籍出版社，1985年。

[3] 孙承泽：《春明梦余录》卷九。

义“进讲《尚书》，撰‘布昭圣武’讲义，中及时事，有‘左右之者不得其人’语，颇伤执政。末陈祖宗大阅之规，京营之制，冀有所兴革。呈稿政府，温体仁不怿，使正字官语喻义令改。喻义造阁中，隔扉诮体仁。体仁怒，上言：‘故事，惟经筵进规多于正讲，日讲则正多规少，今喻义以日讲而用经筵之制，及令删改，反遭其侮，惟圣明裁察。’遂下吏部议，喻义奏辨：‘讲官于正文外旁及时事，亦旧制也。臣展转敷陈，冀少有裨益。体仁删去，臣诚恐愚忠不获上达，致忤辅臣。今稿草具在，望圣明省览。’吏部希体仁指，议革职闲住。可之。”[1]可见，日讲时，“讲官于正文外旁及时事，亦旧制”。因此，经筵和日讲仪注所规定的制度，其实往往在实践中会因需要而发生改变。

第六，恩赐。

皇帝对日讲官进行恩赐，形成制度。

日讲官为皇帝讲读《四书》和经史，皇帝则像对待经筵讲官那样，赐日讲官筵宴和钱物。其一是赐宴、食物、酒和水果。据《明会典》载：“经筵日讲，东宫讲读酒饭，俱本寺造办。凡每旬轮赐日讲官烧鹅、面饼，本寺造办。”[2]黄佐在《经筵恩赉》中介绍：学士程敏政记载了孝宗时对日讲官“多有匪颁之赉”的事实：“弘治元年三月……十三日早，文华后殿进读《尚书》、《孟子》，及午乃进讲《大学衍义》以为常，读毕赐宴，讲毕赐茶，上皆呼先生而不名。”四月二十八日以后，“屡赐鲜笋、桃杏、郁李、莲房、筥上黄封”[3]。其二是赐字幅。孝宗或题“上林苑监进乾清宫”八字，或题“上林苑海子进乾清宫”九字，或题“司苑局进乾清宫茶房上用”十一字，赐程敏政等讲官。程敏政纪之以诗：“黄封尽带乾清字，朱实平分上苑香。”[4]神宗也曾赐六位日讲官“责难陈善”书法各一幅。其三是赐宫扇。尹

[1] 《明史》卷二一六《罗喻义传》。

[2] 申时行等：《大明会典》卷二一七《光禄寺》。

[3] 黄佐：《翰林记》卷九《经筵恩赉》，景印文渊阁四库全书本。

[4] 黄佐：《翰林记》卷九《经筵恩赉》，景印文渊阁四库全书本。

直叙述道："正统以来，四月下旬经筵讲毕，赐诸执事宫扇各人一握，皆上亲授之。"天顺间，"以经筵辍，乃命中官传赐于各堂上，而学士犹与焉"。但是成化以来，"经筵虽御，而此典不复行，徒仍天顺时例，甚至学士亦间有弗与者，不独经筵诸职事也"。其四是赐冠服。尹直述曰："宣德以来，阁老及经筵日讲官间赐冠服，必绯袍金带，无问品秩。今上御经筵之初，万循吉、李文通为学士，孙舜卿、刘叔温、牛大经为少卿，两不相下。当赐衣，时牛太监右其侄，故三少卿皆赐金带绯袍，而万、李则赐青罗袍以抑之，然带犹金也。后牛败以他事，此亦坐之。"看来，在赏赐经筵日讲官员时，宦官也上下其手。成化五年冬，"王惟臣、彭彦实进日讲未久，适遇赐，虽仍绯袍，而带止素玳瑁耳。时疑文通不欲并己，说许太监临期易之"。成化九年夏四月，"复赐王、彭以素香带，阁老乃乘间言之。及端午节，赐阁老织金麒麟大红纱各一端，因并赐以镶金玳瑁带，故典始克复也"。[1]弘治元年七月二十日，文华后殿讲毕，孝宗要求宦官"赐讲臣冠带韡袍"。程敏政获赐织金云雁绯袍一对，又金带一及乌纱帽皂靴。面谢讫，孝宗顾谓讲官们说："先生辛苦。"讲官们共对道："此皆职分当为！"顿首而退。程敏政有诗纪之："日上罘罳晓殿深，湛恩稠叠驾亲临。对衣红濯天机锦，束带黄分内帑金。久幸清班容宦履，渐惭华发点朝簪。经生职分寻常事，消得君王念苦辛。"[2]

讲官恩赐是明代日讲制度中的激励机制，鼓励讲官更好地为皇帝教育尽职尽力，同时也暗含皇帝与讲官争夺经筵主导权之义，表明讲官只不过是皇帝雇来的打工者，不仅给讲官发工资，而且给他们发奖金，以冲抵讲官自以为是的"帝王之师"的感觉。

---

[1] 尹直:《謇斋琐缀录》卷一《翰林故事》,载邓士龙辑:《国朝典故》卷五三,第1250页，北京大学出版社，1993年。

[2] 黄佐:《翰林记》卷九《经筵恩赉》，景印文渊阁四库全书本。

第六章

经筵实践：明代诸帝的经筵日讲

明代经筵与日讲的制度及其仪注是皇帝教学的静态规定，而实际上皇帝的教学实践则是动态、复杂和生动的。明代在经筵日讲的实践过程中，形成了宣德以往经筵日讲制度形成前的教学探索，和正统以来经筵日讲制度形成后的教学实践两大阶段。在这两个阶段中，从太祖到崇祯的经筵日讲活动，都各具特色，或活跃，或闲散，值得回顾和总结。

第一节　经筵日讲制度形成前的教学探索

太祖朱元璋时代，经筵和日讲虽然没有形成制度，但其探索和实践活动基本上奠定了这一制度的基础和传统。

其一，从制度上已有所设计和安排。吴元年，时为吴王的朱元璋创设博士厅，令博士许存仁等日讲《尚书》等书。明朝建立后，又令文学侍从之臣“每于御前讲说经史，无定日，亦无定所”。后来“设华盖、文华、武英等殿说书”，让儒士沈德等人担任。这应该是较早的有名份的经筵讲官。[1]其后，罢诸殿说书官，由翰林院及殿阁大学士专任经史讲读。太祖还征召儒士许元、叶瓒玉、胡翰、吴沉、汪仲山、李公常、金信、徐孳、戴良、童翼、吴履、张起敬、孙履，皆会食省中，“日令二人进讲经史，敷陈治道”[2]。这应该是日讲官的先驱。

其二，讲读地点虽多有变动，但已有在文华殿举办的先例。此前，朱元璋曾在谨身殿和华盖殿等多处举行讲读。洪武二十六年七月，选秀才张宗濬等，随詹事府左右春坊分班入直文华殿侍讲，讲毕，陈说民间利害、田里稼穑等事，间叙述古今孝悌忠信、文学材艺诸故事，日以为常。这是早最在文华殿进讲的记录。不过，这里的文华殿是在南京宫中，但它为北京宫中文华殿举行经筵和日讲，开了先声。

其三，内容上主要是《四书》、《五经》和史书。这对正统后经筵日讲制度正式确立提供了样板。《四书》中的主要讲读内容是《大学》。洪武三年二月，太祖御东阁，学士宋濂、待制王祎进讲《大学》传之十章。朱元璋有感而发，说：“人者国之本，德者人之本。德厚则人怀，人怀则国固，有土有财，自然之理也。若德不足以怀众，虽有财，亦何用哉！”[3]据弘治间南京兵科给事中杨廉回忆：一日，太祖问“帝王之学，何书为要？”宋濂请读真德秀《大学衍义》。太祖读后心悦，“令左右大书两庑之壁，时睇观之”。[4]

《五经》中的主要讲读内容是《尚书》。许存仁讲《尚书·洪范篇》时，朱元璋针对“休征咎征之应”发表了自己的看法。[5]洪武十六年六月，太祖驾御谨身殿，东阁大学士吴沉等进讲（《尚书》之）《周书》“国则罔有立政用憸人”。朱元璋大发议论：“甚矣，国家不可有小人，有小人必败君子。故唐虞任禹稷，必去四凶，鲁用仲尼，必去少正卯。”吴沉对曰：“《书》言‘去邪勿疑’，所以深致其戒。”太

[1] 徐学聚：《国朝典汇》卷二五《朝端大政·经筵日讲》，明天启四年徐与参刻本。
[2] 《明太祖实录》卷六，戊戌年十二月。
[3] 《明太祖实录》卷四九，洪武三年二月辛酉。
[4] 《明孝宗实录》卷一四九，弘治十二年四月辛丑。
[5] 《明太祖实录》卷二一，丙午年八月壬子。

祖说："国家不幸有小人，如人畜毒药，不急去之，必为身患。小人巧于悦上，忍于贼下。人君若但喜其能顺适己意，任其所为而不问，以为怨将在彼，譬如犬马伤人，人不怨畜犬马者乎？"吴沉对答道："小人中怀奸邪，而其言甚似忠信，不可不察。"太祖又说："然小人善于逢迎，彼知人主所乐为者，不顾非义，乃牵合傅会，曰'是不可不为！'知人主不乐为者，不顾有益于天下国家，亦牵合傅会，曰'是不必为此！'诚国之贼也！自古以知人为难，而知言亦不易也。"[1]二十八年十一月，侍臣进讲《尚书·无逸篇》。太祖深有感触地说："自昔有国家者，未有不以勤而兴，以逸而废。勤与逸，理乱盛衰所系也。人君当常存惕励，不可少怠，以图其终。成王之时，天下宴然，周公辅政，乃作是书，反复开谕，上自天命之精微，下至生民稼穑之艰难，以及闾里小民之怨诅，莫不具载。周公之爱君，先事而虑，其意深矣！朕每观是篇，必反复详味，求古人之用心，尝令儒臣书于殿壁，朝夕省阅，以为鉴戒。今日讲此，深惬朕心。闻之愈益警惕。"[2]这是他去世前两年讲读的内容，可见直到生命的末期，他还在孜孜不倦地学习《尚书》。

《五经》中还讲《春秋》及其左氏传。洪武三年二月后的某日，太祖召宋濂讲《春秋左氏传》，讲毕，宋濂站起来说："《春秋》乃孔子褒善贬恶之书，苟能遵行，则赏罚适中，天下可定也。"此后，太祖也讲读《周易》。洪武十八年九月，朱善讲讲《周易》，至"家人"时，太祖谈体会称"齐家治国，其理无二"。[3]

此外，太祖还讲读理学名著如南宋范浚的《心箴》。洪武十八年五月，太祖驾御华盖殿，朱善进讲《心箴》。太祖听后有感而发："人心道心，有倚伏之几。盖仁爱之心生，则忮害之心息，正直之心存，则邪诐之心消，羞恶之心形，则贪鄙之心绝，忠悫之心萌，则巧伪之心

[1]《明太祖实录》卷一五五，洪武十六年六月戊戌。

[2]《明太祖实录》卷二四三，洪武二十八年十一月癸亥。

[3] 徐学聚：《国朝典汇》卷二五《朝端大政·经筵日讲》，明天启四年徐与参刻本。

伏。故人常持此心，不为情欲所蔽，则至公无私，自无我之累矣。”[1]

在读儒经还是道家杂著的选择上，儒臣与太祖产生了矛盾。某日，太祖来到端门，论黄石公《三略》，并随口解释。宋濂不以为然，指出：“《尚书》二典三谟，帝王大经大法，靡不毕其愿。陛下留意讲明之。”但太祖却说：“朕非不知典谟为治之道，但《三略》乃用兵攻取，时务所先耳。”这是儒臣较早在进讲内容上与皇帝发生冲突。[2]

太祖崩逝后，继位的建文帝朱允炆在位仅仅四年，当时的经筵日讲探索比较短暂。建文元年二月，“以侍讲方孝孺为学士，同董伦侍经筵，备顾问”[3]。

太宗借口“靖难”夺取了建文帝的皇位，对于经筵日讲的作用，不太重视，甚至认为“帝王之学，贵切己实用。讲说之际，一切浮泛无益，勿用”。他讲读的只是《四书》中的《大学》。永乐二年六月，杨士奇进呈《大学讲义》，太宗称善，道：“先儒谓《尧典》‘克明峻德’一章，一部《大学》皆具。”杨士奇对曰：“诚如圣谕！尧、舜、禹、汤、文、武数圣人，凡修诸躬，施于家国天下者，皆《大学》之理。”太宗曰：“孟子道性善，必举尧、舜，尔等于讲说道理处，必举前古为证，庶几明白易入。”[4]八月，解缙等呈《大学·正心章讲义》。太宗“览之至再”，谕解缙道：“人心诚不可有所好乐，一有好乐，流而不返，则欲必胜理。若心能静虚，事来则应，事去如明镜止水，自然纯是天理。朕每朝退默坐，未尝不思管束此心为切要。又思为人君者，于宫室居处衣食玩好无所增加，则天下自然无事。”[5]与文治相比，太宗更喜欢武功，因此其经筵日讲的实践，远不如乃父朱元璋和乃孙朱瞻基。

宣宗朱瞻基既重视武功，也重视文治，因此对于经筵日讲也多有

[1]《太祖实录》卷一七三，洪武十八年五月辛酉。
[2] 徐学聚：《国朝典汇》卷二五《朝端大政·经筵日讲》，明天启四年徐与参刻本。
[3] 徐学聚：《国朝典汇》卷二五《朝端大政·经筵日讲》，明天启四年徐与参刻本。
[4] 徐学聚：《国朝典汇》卷二五《朝端大政·经筵日讲》，明天启四年徐与参刻本。
[5]《明太宗实录》卷三三，永乐二年八月己丑。

实践，并对该制度的形成奠定了进一步的基础。

首先，在经史讲读的地点上，多有到文华殿的经历。宣德二年三月，宣宗御文华殿，翰林儒臣讲《孟子·离娄章》。宣宗听后议论道："伯夷太公皆处海滨而归文王。及武王伐纣，太公佐之。伯夷扣马而谏，所见何以不同？"儒臣回答："太公以救民为心，伯夷以君臣之义为重。"宣宗说："太公之心在当时，伯夷之心在万世，无非为天下生民计也！"[1]

其次，宣宗的讲读内容也是《四书》、《五经》和史书。《四书》中，仍然以《大学》为主要内容。宣德六年三月，宣宗视朝后退御便殿，"命翰林儒臣进讲《大学》平天下章"，讲毕，他指出："治天下国家不可无财用，即如'生之者众'四语行之，不必暴征横敛，而国用有余矣。"[2]

《五经》中，仍以《尚书》为主要讲读内容。宣德三年二月，讲官进讲《舜典》，宣宗有所感而发议论道："观二典三谟，则知万世君臣为治之道不出乎此。历象日月星辰，以闰月，定四时，天道以明；治水土，奠高山大川，分别九州，任土作贡，地道以成；克明峻德，以至协和万邦，人道以建。九官十二牧，所掌礼乐刑政及养民之道，后世建官繁简虽不同，大要不出乎此，当时君臣都俞吁咈，更相告戒，用图治功，气象蔼然。何后世之不能及也？"讲官对曰："明良相遇，故治化之盛如此。"宣宗感叹道："天生圣人，为后世法。孔子删《诗》，断自唐虞，使人知有尧舜，所谓万世帝王之师也。"[3]儒家讲《尚书》，就是要树立尧舜明君的神话，让现实中的帝王头上，永远悬着可望而不可即的圣君，作为帝王效法的榜样，以约束帝王的行为。看来，年轻的宣宗是被成功驯化了。宣德六年三月，宣宗退朝后来到便殿，与儒臣讲论经书，宣宗对他们说："（《尚书》之）《秦

[1] 《明宣宗实录》卷二六，宣德二年三月己酉。
[2] 《明宣宗实录》卷七七，宣德六年三月丙寅。
[3] 《明宣宗实录》卷三七，宣德三年二月壬申。

誓》曲尽君子小人情状，人君审乎此，则好恶用舍当矣。后世若汉唐中弃，小人幸位，妨贤病国，卒为厉民，此圣贤之言，岂非万世龟鉴哉？”[1]九年十一月，“翰林侍臣讲（《尚书》之）《周书》毕”，宣宗“因论周之王业及成康治效”。侍臣认为：“成王即政之初，三叔挟武庚以叛，周公以流言避居东都，顽民不靖，奄及淮夷煽乱。成王得保文武之业，亦不易也。”宣宗积极参与讨论，谓：“当时皆以为周之不造，及成王定奄平淮，东土始宁，罪人斯得，而天又大雷电以风，用彰周公之德。成王迎公归，诛管蔡，迁殷顽民，而后王室安。自是天下太平，刑措四十余年，历年八百，则知始之所震撼者，正天所以维持巩固之也。成王卒为守成令主，周、召为贤臣，以永一代之基业，岂偶然哉？”[2]

除了《尚书》外，《五经》中的《周易》和《春秋》，也是宣宗学习的经典。宣德二年十月，儒臣进讲《易》“观大象”，宣宗提出问题：“古者帝王有巡狩之礼，后世何以不行？”讲官回答：“古之君臣，上下往来以通礼意。至秦尊君抑臣，斯礼遂废。”宣宗则从君主的政治经验出发，指出问题的实质：“亦时势不同也。舜时五载一巡狩，观虞书所载，二月至东岳，五月至南岳，八月至西岳，十一月至北岳，一年遍天下。五年又巡。后世人君一出，千乘万骑，百姓供亿不亦难乎？成周十二年一巡，已与虞时不同能，况后世乎？予以为治贵有实效，巡狩之礼，考制度，观民风，明黜陟，此其大节也。诚能体古帝王之心，选任贤良，抚养百姓，崇德报功，毕协至公，不患制度不一，民风不振！若以后世侍卫之众，征求之广，欲行时巡之礼，难矣！”[3]宣宗还听儒臣讲读《春秋》。三年十月，翰林儒臣进讲《春秋》，宣宗听后，大发议论：“圣人匡世之功，忧世之心，备见此书。当时先王礼乐法度，日［以］隳乱废，臣贼子接迹而起，有此书

[1]《明宣宗实录》卷七七，宣德六年三月丙寅。

[2]《明宣宗实录》卷一一四，宣德九年十一月己亥。

[3]《明宣宗实录》卷三二，宣德二年冬十月壬申。

而后天下皆知尊周。”他又提出一个新问题：“孔子作此书以尊周为本，孟子乃以王天下劝齐梁之君，何也？”侍臣回答道：“孔子之时，周室虽微，天下犹知尊周。孟子之时，七国争雄，天下不复知有周矣。”宣宗：“圣贤之心无非为天下生民之计，孟子时不有王者兴，何以解生民之涂炭？”[1]

史书中，出现了讲读《贞观政要》的先例，这为正统后经筵日讲制度的形成，提供了参考的模板。宣宗“闻侍臣讲《贞观政要》”后，有感而发，指出：“唐太宗致治之美，庶几成康，实本于此。予尝反复是书，谓安天下必须先正其身，未有形正而影曲，上理而下乱者。谓治国犹栽树，根本不摇则枝叶茂，君道清静则百姓安乐。皆要语也。”[2]

通过太祖、太宗和宣宗诸朝经筵日讲的探索和实践，已经出现了经筵和日讲制度的雏形，但是上述皇帝因为惧怕自己受到束缚，都曾否决了正式建立经筵日讲制度的提议。只因幼主英宗朱祁镇的即位，使得内阁儒臣们得以寻找到一个最佳的突破口，将经筵和日讲制度正式确立。

第二节 经筵日讲制度形成后英宗迄武宗的教学实践

正统元年正月，年幼的英宗“御经筵开讲”，以英国公张辅知经筵事，大学士杨士奇、杨荣、杨溥同知经筵事，少詹事王直、王英、讲读学士李时勉、钱习礼、陈循、侍读苗衷、侍讲高谷、修撰马愉、曹鼐并充经筵讲官，九卿掌印官侍班，给事、御史各二员侍仪。礼毕，赐宴及赐金币钞锭有差。是年三月，少傅杨荣进讲《尚书·尧典》“克明峻德”章，获赐白金五十两，彩币四表里，并宴于礼部。十一年，修撰商辂经筵侍班时，英宗得知其名，谕学士曹鼐道：“商辂着

[1] 《明宣宗实录》卷四七，宣德三年十月庚寅。

[2] 《明宣宗实录》卷三四，宣德二年十二月乙卯。

展书，宜选一人与辂为对。”于是选编修陈文与之配合。未逾月，英宗又对曹鼐下令：“商辂、陈文着讲书。”从展书官升到讲书官，一般要很长的时间，但由于是皇帝亲点，因此速达。十二年二月，英宗诏选翰林院讲读以下官十人入东阁习制诰，读中秘书，与选者有侍读江渊、裴纶，侍讲杜宁、谢琏、王玉，修撰刘俨、商辂，编修陈文、吕原、李绍、刘俊，“仍命侍经筵”。[1]天顺间，复辟后的英宗对经筵并不重视。

代宗于土木堡事变后上台，对经筵日讲制度则比较重视。景泰元年正月，“初开经筵”，命太保宁阳侯陈懋知经筵事，内阁陈循、高谷同知经筵事，江渊、商辂及侍郎仪铭、俞山、俞纲、祭酒萧镃、侍讲学士刘铉、谕德赵琬皆兼经筵官进讲。但代宗对讲官却不尊重，甚至有羞辱性的举动，“相传是时每讲毕，命中官布金钱于地，令讲官拾之以为恩典。时高谷年六十余，不便俯仰，无所得。有一讲官尝拾以遗”。此事源于宣德时，宣宗“怀金钱至史馆撒之于地，令诸臣拾取”。但此时，竟将这种故事搬到了经筵日讲的场所。徐学聚在写到这件事时，指出：“金钱之事，其来已久，不知当时诸臣曾讲到‘君使臣以礼’一章否。”[2]

宪宗即位后，于天顺八年八月“御经筵”，以会昌侯孙继宗、大学士李贤知经筵事，侍郎陈文、彭时同知经筵事，学士刘定之等兼经筵官。“礼科给事中张宁请经筵讲《大学衍义》，从之。”成化三年，洗马杨守陈充经筵讲官，进讲《尚书·武成篇》，指出：“《论语》称舜无为，《周书》称武王垂拱，皆能致治。后世人主，有深拱禁中，委政内侍者，召阎乐之祸，高居无为，惟对嬖艳者，启禄山之乱，何也？盖舜、武能举相除凶，惇信明义，忧劳于先，逸安于后。后世

[1] 以上所引皆出徐学聚：《国朝典汇》卷二五《朝端大政·经筵日讲》，明天启四年徐与参刻本。

[2] 以上所引皆出徐学聚：《国朝典汇》卷二五《朝端大政·经筵日讲》，明天启四年徐与参刻本。

直安危利灾，以逸居逸，以故危亡。”当时“中官梁方及昭德万妃有宠，故守陈及之”。[1]具有讽刺之意。四年十二月，赐经筵儒臣七人袭衣、冠履。时柯潜已闻父丧，上命即其家赐之。时有乐舞生李希安积官加礼部尚书，掌太常寺事，经筵侍班，为科道所劾。得旨：“经筵之设，所以讲明道学，关系甚重，故侍从皆用文学之臣。希安既非儒流，可罢侍班。”[2]十四年十二月，宪宗御经筵，讲《论语·中庸》二十章，退宴左顺门。[3]相比较而言，宪宗的经筵日讲执行得还算不错。

孝宗是经筵、日讲制度的忠实执行者和实践者。

一是虚心接纳臣下的讲学建议。弘治元年二月，少詹事杨守陈疏论讲学听政，指出：“乞开经筵，御午朝，听讲未明，辄赐清问。必求明悟，不惮咨询。”“大抵一日之间，居文华殿之时多，处乾清宫之时少。俾贤才常接于耳目，视听不偏于左右，则内外交修，始终如一。若但如近日日讲、午朝应故事，凡百题奏，皆付司礼诸臣调旨批答，臣恐积弊未革，后患兹深。”孝宗“是之”，下其疏礼部。是年三月，孝宗御经筵时，礼部请开午朝，终于像杨守陈所奏请的那样，获得批准。十四年十月，孝宗讲学热情很高，要求“日讲添《周易》一书”，但提出“将《贞观政要》暂且停讲”。对此，内阁大学士刘健等指出：“切缘《贞观政要》所载唐太宗议论行事之迹，于帝王为治之道最为切要，况又世代相近，事体易晓，所以祖宗列圣崇重此书，每令儒臣进讲，实为有益。伏望圣明少留顷刻，俯垂天听，容臣等仍将此书照旧进讲，以裨圣治之万一。”孝宗听后“嘉纳之”。[4]十八年三月，学士张元祯上疏劝经筵，讲《太极图》、《西铭》及《性理》诸书，东宫兼讲《孝经》、小学。孝宗“嘉纳”，亟索《太极图》以观，叹

[1] 以上所引皆出徐学聚：《国朝典汇》卷二五《朝端大政·经筵日讲》，明天启四年徐与参刻本。

[2] 《明宪宗实录》卷五一，成化四年二月辛亥。

[3] 徐学聚：《国朝典汇》卷二五《朝端大政·经筵日讲》，明天启四年徐与参刻本。

[4] 《明孝宗实录》卷一八〇，弘治十四年十月甲戌。

道："天生斯人以开朕也！"[1]

二是坚持参加经筵和日讲，并善待讲官。弘治元年三月十二日"初开经筵"，是日早朝毕，孝宗御文华殿，太傅兼太子太师英国公张懋暨六部、都察院、通政司、大理寺正官，国子监祭酒，俱盛服侍班。少傅兼太子太师吏部尚书谨身殿大学士刘吉亲自"讲《大学》经首一节"，礼部右侍郎兼翰林院学士刘健"讲《尚书·尧典》首一节"。讲毕，赐宴于左顺门，并赐知经筵、同知经筵、侍班大臣及进讲、展书、书讲章、执事等官白金、宝钞、彩叚、表里有差。"自是每月三旬遇二日辄开讲。"[2]此时的经筵制度是三月逢二开讲，后来才改为二月逢二开讲。经筵举行后的次日，孝宗举行日讲。十三日"丁丑，始命儒臣日讲"。是日早朝毕，孝宗出御文华殿，大学士刘吉等"率詹事府少詹事兼翰林院侍讲学士程敏政等讲读经书。敏政与太常寺少卿兼侍读陆釴、周经，左春坊左庶子兼侍读谢迁，轮日进讲。吉与大学士徐溥、学士刘健侍班，日为常"。[3]据《国朝典汇》载，"文华后殿早进讲《尚书》、《孟子》，及午进讲《大学衍义》。自后以为常"。光讲《孟子》，就坚持了两年以上。据李东阳在弘治间充日讲官时的一封奏疏中称"近臣以经筵轮讲《孟子》两年，日讲亦用此书"[4]。孝宗每次讲毕赐茶，皆称呼"先生"而不喊名字。四月以后，屡赐桃杏梨藕等果蔬。七月，文华殿进讲，孝宗让宦官赐讲臣冠带鞾袍。当讲官们面谢后，孝宗安抚道："先生辛苦！"讲官们回答道："此职分当为。"顿首而退。当时孝宗"最重儒臣，学士张元桢短小，每进讲，上俯几听之"。[5]改变了其他皇帝只重讲官外貌的做法。孝宗还以积极主动的心态参加经筵和日讲。弘治十年四月二日，"当会讲，以享太庙，有旨改是月之三日，至期遇雨，又改四日"，孝宗并不敢借故停辍。弘治

[1] 焦竑：《熙朝名臣实录》卷二〇《太常卿张公（事裕陵茂陵泰陵）》，明末刻本。

[2] 《明孝宗实录》卷一二，弘治元年三月丙子。

[3] 《明孝宗实录》卷一二，弘治元年三月丁丑。

[4] 唐鹤征：《皇明辅世编》卷二《李文正东阳》，明崇祯十五年陈睿谟刻本。

[5] 徐学聚：《国朝典汇》卷二五《朝端大政·经筵日讲》，明天启四年徐与参刻本。

十七年九月末，他对日讲官刘机讲“陈善闭邪”时的解释提出了异议，但却以宽容的心态来鼓励讲官。[1]

三是能够接纳讲官们的批评。弘治九年闰三月，“谕德王华日讲文华殿，讲唐李辅国与张后表里用事。时内侍李广方贵幸，招权纳贿。华特以讽上”。孝宗“乐闻之，命中官赐食”。十年二月，侍讲学士王鏊侍经筵，“讲文王不敢盘于游田”。当时正值春天，孝宗“游后苑，左右谏不听”，但听到王鏊讲课后，即召宦官李广，戒之曰：“今日讲官所指殆为若辈，好为之！”孝宗也因此“竟罢游”。

然而，孝宗虽然在其他皇帝中是最重经筵的一位，但仍然不能始终坚持经筵和日讲。弘治五年二月，谕德王华进劝学疏，大致是说：“今每岁经筵不过三四御，而日讲之设或间旬月而始一二行，则缉熙之功无乃有间欤？宋儒程颐所谓涵养本原，熏托德性者，必接贤士大夫之时多，而后可免于一曝十寒之患也。”好在孝宗知错便改，“然其言”。孝宗虽然善待讲官，但他在位时，对讲官的弹劾也越来越多。弘治六年闰五月，侍讲学士李东阳针对“近日讲官小有遗误，遽遭纠劾”表示不满，指出对于讲官“朝廷优之以讲道之礼，而有司律之以奉事之仪”。这种现象是“自开设经筵以来，未尝有此”。他要求“纠劾之官，请自今凡进讲差错者，勿得纠劾，以仰成陛下优礼儒臣之盛意！”孝宗也听纳了他的意见。[2]但孝宗也有不听从臣下的合理化建议的时候。弘治七年七月，南京给事中杨廉奏：“张元祯、吴宽、李东阳、王鏊、刘戬宜备日讲，讲书宜用《大学衍义》。”孝宗不纳。[3]看来，皇帝的立场与儒臣们的观点并不可能完全一致。

武宗即位后对于经筵和日讲制度，初期未掌权时采取顺从态度，掌权后则坚决抵制。弘治十八年十月，阁臣刘健等人提议在“开经

[1]《明孝宗实录》卷二一六，弘治十七年九月丁巳。

[2]《明孝宗实录》卷七六，弘治六年闰五月甲辰。

[3]此节中关于孝宗史实的征引，除注明者外，皆出徐学聚：《国朝典汇》卷二五《朝端大政·经筵日讲》，明天启四年徐与参刻本。

筵”前，先行举办日讲，要求武宗“遵照先朝事例，每日御文华殿暖阁，令臣等两次进讲”，等到明年春天再开经筵。武宗不得已听从了。[1]改元正德后，武宗地位未稳，坚持到文华殿参加日讲，对阁臣和讲官都很和气，同时却在宫中与宦官刘瑾等玩乐无度，直接影响了经筵日讲，“经筵日讲俱各停止”。[2]正德元年十月，武宗在太监刘瑾等人的支持下，掌握了实权，便疏于经筵和日讲，引起吕柟、李东阳、刘忠等人的不满。正德三年，武宗被迫出御经筵日讲，但却对讲官十分鄙视。

正德三年，武宗“御经筵讲书”。根据惯例，“讲解书义毕，则必献讽谏之语”。于是少詹事杨廷和、学士刘忠便结合实际作了发挥。武宗对刘瑾说：“经筵讲书耳，何添出许多说话？”刘瑾便提出将“此二人当打发南京去”。于是升二人南京侍郎，“虽若升之，实远之也”。[3]此后，武宗便经常拖延或罢讲经筵和日讲。四年二月，鸿胪寺请武宗御经筵。但他说：“朕偶感微嗽，姑俟三月以闻。”[4]五年八月，“鸿胪寺请经筵期日。命俟九月以闻”[5]。六年八月，吏部尚书杨一清指出“经筵讲期甫临，辄闻报罢”[6]。但武宗也不得不偶尔为之。八年四月，翰林修撰何瑭“以经筵进讲忤旨，谪开州同知”。此后，武宗就基本上未再参加经筵日讲了。他总是改变经筵日期，但改后又不执行，正如正德十二年三月南京六科给事中孙懋等所说“陛下每遇经筵，辙闻报罢，讲读之官徒为具员”[7]。这对明代经筵日讲制度是一个极大的破坏。

[1]《明武宗实录》卷六，弘治十八年十月己卯。

[2] 刘健：《勤讲学疏》，载陈子龙编《明经世文编》卷五三。

[3] 陈洪谟：《继世纪闻》卷一，第76－77页，中华书局，1985年。此处载此事在正德三年，《国朝典汇》等书所载多在二年，似误。

[4]《明武宗实录》卷四七，正德四年二月丙子。

[5]《明武宗实录》卷六六，正德五年八月丙午。

[6] 涂山：《明政统宗》卷一九，明万历刻本。

[7]《明武宗实录》卷一四七，正德十二年三月乙未。

第三节　世宗和穆宗经筵日讲的实践

一　世宗的经筵日讲实践

到世宗前期，经筵日讲制度得到了恢复甚至发展。制定了无逸殿进讲和进讲《大学衍义》的仪注。

世宗的经筵日讲实践，仅限于嘉靖二十一年以前，此后未见其进行经筵日讲的教学记录。就前期（二十一年以前）而言，其经筵日讲也分四个阶段。第一个阶段是从即位后至嘉靖四年，由于“大礼议”的紧张气氛，世宗对经筵和日讲比较抵触，只是被动地参与。第二阶段是从嘉靖五年至十年七月，世宗在“大礼议”之争中获胜，心情较为舒畅，渐渐对经筵和日讲产生了兴趣，开始与讲官们互动。第三阶段是从嘉靖十年八月无逸殿建成至十四年，世宗对经筵日讲主动参与，甚至充满热爱。第四个阶段是从嘉靖十五年至二十一年，世宗对经筵日讲感到倦怠，拖延并最终废辍。下面逐一分述。

第一阶段，从即位始至嘉靖四年，世宗被动接受经筵日讲，甚至时有抵触。

正德十六年四月，世宗刚入京即位，吏部尚书王琼及九卿等官便上疏对他提出举行经筵日讲的要求：“愿陛下励精初政，率由旧章，取《祖训》一书，日夕观览，守以为法。退朝之暇，亲裁章奏，或召见大臣，面议可否。举经筵日讲之仪，以缉熙圣学，慎内外辅导之选，而黜远憸士。”资浅年少的世宗只得保证：“遵《祖训》，召群臣，经筵日讲，任贤黜邪，皆新政所最切。朕将勉行之！”[1]两个月后，大学士杨廷和等再次疏请“崇圣学以隆圣治”，声称：“人君之心惟在于养，养之善则日进于高明。君心日进于高明，则治化可跻于太平矣。尧舜三代之君，所以养心者，必先务学。学必待讲而后明，必资人而

[1]《明世宗实录》卷一，正德十六年四月丁未。

后成。是以立师傅保之官，专为论道讲学之职。伏惟陛下嗣登大宝一月以来，用人无不当，行政无不宜，群小远斥，积弊一清。天下闻之，皆忻忻然有太平之望。又闻视朝之暇，端拱文华殿以观书写字为事，外廷闻之，亦皆举手相贺，尧舜之圣复见于今日。只今夏日昼长，阅览章奏多有余闲，敢请日讲《祖训》一二条，臣等直说大义，明白开具揭帖，或三日，或五日，恭诣便殿进呈，以为圣学万一之助。俟武宗皇帝山陵事毕，即开经筵，慎选儒臣中学行纯正者，取经史诸书，分直进讲。遇有疑义，随赐质问，则蕴于心为圣学，有日新之功，施于政为圣治，成富有之业。”世宗只好“深然之，以疏留览”。[1]见首辅力劝新帝兴圣学，言官便接着跟进。湖广道御史方凤等上言“急大务”，指出：“请早定经筵日讲之仪，时勤圣学。”世宗“报闻”。[2]

在内阁和言官的压力下，正德十六年七月十八日，世宗不得不敕谕礼部：“朕惟讲学修德，乃帝王首务。兹欲于八月初二日御经筵。尔礼部其具仪并合行事宜来闻。”[3]于是二十三日，“礼部上初御经筵礼仪”。世宗批准了这个仪注，并且作了人事任命：“命定国公徐光祚、大学士杨廷和知经筵事，大学士蒋冕、毛纪、袁宗皋同知经筵事，尚书兼学士石珤、少詹事兼侍读周诏、祭酒赵永、侍讲学士刘龙、左谕德兼侍读顾鼎臣、温仁和、董玘、右谕德兼侍讲李时、洗马兼编修滕霄、侍读徐缙、翟銮、侍讲穆孔晖、修撰杨慎、编修严嵩、许成名、刘栋，皆兼经筵官。提督团营武定侯郭勋如例侍班”。[4]

然而，世宗对经筵日讲是比较抵触的。正德十六年十月二十五日即“诏免经筵日讲”，但遭到辅臣杨廷和等人的反对，指出：“自古帝王之治天下，未有不以讲学为先务者。皇上践祚之初，日御经筵，在廷群臣皆欣然相庆，以为复见太平气象。行之未久，忽尔传免。一暴

[1]《明世宗实录》卷三，正德十六年六月辛巳朔。

[2]《明世宗实录》卷四，正德十六年七月癸亥。

[3]《明世宗实录》卷四，正德十六年七月丁卯。

[4]《明世宗实录》卷四，正德十六年七月壬申。

十寒，古人所戒。虽先朝于隆冬大寒之[日]或亦暂免，今尚孟冬，寒且未甚，仍乞日御经筵，庶几圣学缉熙而德政修举。”世宗只得行拖延术，说“明年二月行”。[1]十一月三日，礼科给事中李锡、御史曹嘉“俱上疏言经筵不宜辍讲，请缉熙圣学”，以隆新政，但世宗仅仅“报闻”而已。[2]十二月，户部尚书孙交“请经筵日讲官讲《皇明祖训》，仍取一本，命内阁圈点句读，旁贴字义，置之便殿，朝夕省览”；世宗“以内阁见有直解，陆续进呈”。[3]

嘉靖元年正月二十五日，大学士杨廷和等“请早御便殿讲读”。世宗说：“诘朝日讲，二月初二日经筵。”之所以特别提出二月初二日经筵，是不想让内阁再纠缠不休。三天后，御史李俨上疏陈时政阙失，指出：“经筵讲官宜日使在侧，朝夕纳诲。又宜妙选端良，不得以年资序进。”向信则指责世宗“经筵辍讲之日久，内阁顾问之日疏”。世宗将其奏疏“悉下所司知之”。[4]

嘉靖元年二月二日，正式举行经筵。正月二十六日日讲已经先开，此后便顺势进行。在日讲之期，世宗遇到了特殊情况。给事中安盘等奏：“仁宗忌日，适值经筵衣绯赐宴，辍讲则废学，如仪则忘孝，请移经筵前一日。”世宗让礼部提出意见。礼部指出：“经筵礼仪，其日累朝未之有改。考之《祭义》曰：君子有终身之丧，忌日之谓也，此专指父母而言。祖父以上《礼经》未载。伏闻孝宗在位，遇宪宗忌辰，仍御经筵，凡侍班等官俱衣青（丝）［绿］花样，赐宴宜仿此行。”虽然礼部并不赞同停免，但世宗却“特旨暂免”。四月某日，世宗御经筵，修撰吕柟讲《尚书》“夙夜惟寅”章。是日，仁祖淳皇后忌辰，吕柟以书义相关，因口奏“乞存忌辰，光圣孝，以纳进讲之言”。奏未竟，世宗已不耐烦地说：“已知。”吕柟“俯伏不及承旨，已而上疏

[1]《明世宗实录》卷七，正德十六年十月癸卯。

[2]《明世宗实录》卷八，正德十六年十一月辛亥。

[3] 徐学聚：《国朝典汇》卷二五《朝端大政·经筵日讲》，明天启四年徐与参刻本。

[4]《明世宗实录》卷一〇，嘉靖元年正月癸酉、丙子。

请罪”，世宗“命姑宥之”。[1]此事另有记载：“上御经筵，当进讲，是日值仁祖淳皇后忌辰，（吕柟）因口奏宜着惨淡之服，罢酒饭之赐。朝论韪之。”[2]虽然朝论赞同吕柟，但皇帝却不以为然。

春季经筵结束的前一天，五月二十一日，户部尚书孙交提醒世宗“经筵日讲不可暂辍，请今岁寒暑无传免”，世宗假装“嘉纳之”，[3]实际上另有打算。果然，第二天，他就下诏暂免。五月二十二日“经筵甫毕，遽传旨并日讲暂免”。六月二日，内阁首辅、大学士杨廷和等人表示反对：“五月二十二日经筵甫毕，遽传旨并日讲暂免，又免午奏。臣等叨官辅导，略不与闻，心实未安，义难缄默。窃念人君一心，关系最重，养之以善则智。若声[色]货利，一或有动于中，则妨政害事，其患有不可胜言者。伏望皇上宫中无事不废读书，以涵养此心。其《大学》、《尚书》容臣等接续前日所讲读者，量进起止。仍乞选委司礼监官一二员，但遇视朝听政之后，恭侍左右，请于每书读十数遍，务令字义通晓。遇有疑惑，特御文华殿召见臣等，俯赐访问。讲读之暇，时临古人法帖，一切声色货利，不使少接于前，则圣德益新，圣治益隆矣！”世宗表面上“善其言”。[4]

但儒臣们的进攻并未停止。接着，编修湛若水“见上以暑月撤经筵，上疏豫戒游逸以谨君德”[5]，谓“经筵虽免，犹当操存此心，不使放逸。因请宣召大臣，慎择左右以为交修之助”。势单力孤的世宗不得不“报闻”。[6]七月二日，御史陈德鸣上奏指责世宗“德政不无稍怠，如传奉多踵旧辙，腹心尚寄貂珰，内阁召对不闻，经筵进讲日疏”，这样做“足以致变！”世宗将奏疏发下礼部。[7]九日，御史沈灼疏陈

[1] 以上所引，皆出徐学聚：《国朝典汇》卷二五《朝端大政・经筵日讲》，明天启四年徐与参刻本。

[2] 焦竑：《熙朝名臣实录》卷二二《侍郎吕文简公（事康陵永陵）》，明末刻本。

[3] 《明世宗实录》卷一四，嘉靖元年五月丙寅。

[4] 《明世宗实录》卷一五，嘉靖元年六月丁丑。

[5] 徐学聚：《国朝典汇》卷二五《朝端大政・经筵日讲》，明天启四年徐与参刻本。

[6] 《明世宗实录》卷一五，嘉靖元年六月丁丑。

[7] 《明世宗实录》卷一六，嘉靖元年七月丙午。

“四渐”，即“一经筵辍讲，二诘责言官，三数逮有司，四偏信内侍”。但世宗也开始反击，借口其“党护”和奏章“临文偶误”而“夺俸三月”。[1]二十四日，御史郭楠“因暑月辍经筵，请以退朝之暇，御门延访大臣，如祖宗故事”。世宗“怒诘责”，将郭楠“夺俸两月”。[2]开始暴露其刚愎自用之性。

世宗对经筵日讲的被动应付，被儒臣被看破了。嘉靖元年十一月，大学士王养上疏指出：“经筵最为盛典，然岁中风雨寒暑，停歇颇多，上下未见亲。官若日讲则亲，然体分过严，上有疑未尝问，下有见未尝（厌）[献]，似涉文具。”显然，他对当时的经筵日讲制度并不满意，要求超越制度的僵化，达到君臣之间的融洽，并举历史上的例子，“高皇甫定天下，即开礼贤馆，与宋濂、刘基讲论仁宗，设弘文馆，召文臣入直。孝宗讲筵外，复玩《太极》、《西铭》等书”，要求世宗“乞复弘文馆旧事，妙选文臣，更番入直，命一大臣领之，如杨溥例。万机暇，从容经史，政事有疑则问，有见必陈奏”。年少的世宗只得“嘉纳之”。

嘉靖二年初，怕世宗不及时举行经筵日讲，给事中安盘乘旱灾朝廷下诏求言的机会，请世宗“御经筵，咨辅弼”，皇帝不得不“报可”，[3]并于三月二十二日“癸亥，御经筵。次日日讲”。这比嘉靖元年（二月二日开经筵）整整推迟了一个多月的时间。自然引起了给事中章侨的不满，诘责世宗“奉天门奏事，徒为观听之具；文华殿讲读，略无问难之言”。他要求按祖宗故事那样，“早朝班退，许百官以次门上启事；经筵日讲，时赐清问。密勿大臣，时勤召对。仍简儒臣十数人，使更番入直便殿，以备咨访”。世宗表面上“纳其言”，[4]实际上并无改善。闰四月十一日，翰林院编修张潮又上疏责备世宗“去秋以来，经筵临讲转见疏阔，传闻圣体时或违和，不知大内何以调摄！”他要

[1] 《明世宗实录》卷一六，嘉靖元年七月癸丑。

[2] 《明世宗实录》卷一六，嘉靖元年七月戊辰。

[3] 以上所引皆见徐学聚:《国朝典汇》卷二五《朝端大政·御制》，明天启四年徐与参刻本。

[4] 《明世宗实录》卷二四，嘉靖二年三月癸亥。

求世宗“仿古帝王朝修夕访之义，讲筵临御无间寒暑，燕寝兴居必以其节，则圣体自豫，圣治日隆”。章下所司。[1]但是世宗仍然对经筵日讲时有传免之举。三年四月十九日，“是日传免经筵日讲”。御史章衮言“传免太早，请缉熙圣学，以培养德性，恢廓神智”。疏入，世宗报闻而已。[2]

四年，给事中郑一鹏疏上经筵三事：一言“起复尚书罗钦顺、请告祭酒鲁铎、被调修撰吕柟皆有行谊，通经史，可侍讲幄”。二言“上心有疑，无耻下问。宫中所览书史并赐延访，且无讳乱亡以存鉴戒”。三言“功贵有恒。昔敬皇帝御经筵，至十二月乃暂辍。今率十月而辍，时未甚寒，愿少留圣心”。对世宗按最低标准停辍经筵表示不满，认为应该像前帝那样一直讲到十二月。世宗将其奏章下所司商议。[3]看来，这一阶段世宗在经筵日讲上，与儒臣们既有合作，又十分抵触。

嘉靖初，世宗开经筵忌辰而辍讲的先例。嘉靖元年四月戊戌，世宗御经筵，修撰吕柟讲《尚书》“夙夜惟寅”章，是日为仁祖淳皇后忌辰，吕柟以书义相关，口奏乞“存忌辰，光圣孝”。奏未竟，世宗回答“已知”。五月丁巳经筵时，又遇仁宗忌辰。给事中安磐奏“是日当绯衣赐宴，避而辍讲则废学，如仪则忘孝，请移经筵前一日”。事下礼部，礼部建议：“经筵礼期，累朝未之有改。《祭议》曰：‘君子有终身之丧’，忌日之谓也。似专指父母而言，祖以上，《礼经》未载。孝皇在位，遇宪宗忌辰，仍御经筵，衣青绿花（袍）[样]，赐宴宜仿此行。”但世宗“特令暂免。遂以为例。久之，罢不复举”。朱国祯据此议论道：“大约读书、讲书是好事，自非上圣，亦有时而厌怠。人家小学生子尚然，况帝王乎？议者争此区区，因废大典。若孝皇者，真万世之圣主也！”[4]与孝宗相比，世宗在这一阶段的经筵态度，的

[1]《明世宗实录》卷二六，嘉靖二年闰四月辛亥。

[2]《明世宗实录》卷三八，嘉靖三年四月癸丑。

[3] 徐学聚：《国朝典汇》卷二五《朝端大政·御制》，明天启四年徐与参刻本。

[4] 朱国祯：《涌幢小品》卷二《经筵忌辰》，第 31 — 32 页，文化艺术出版社，1998 年。

确是相当消极的。

第二个阶段，从嘉靖五年至十年七月，世宗渐渐对经筵和日讲产生了兴趣。

其一，对待经筵日讲态度积极。开讲提前，辍讲延后。一改往日经筵日讲上的拖延和推诿，将开经筵的日子上推到正月八日。据《明世宗实录》卷八四载，嘉靖七年正月八日“上御经筵”。以前要推迟到二月二日。此外，还改进春秋开讲仪式，增加告祝先圣先师之礼。嘉靖十年正月二十七日，“定春秋开讲告先圣先师告文、用祝式。每年春秋开经筵之日，先期行礼”。[1]同时，他将结束经筵的日讲延后，以增加进讲的时间。嘉靖七年闰十月，世宗对大学士张璁说道：“朕惟今已寒月，例暂免经筵日讲，但朕以《洪范》未终其篇，故未循例暂免。又恐卿等侍朝、侍讲时久，而心有勿安。或有谓朕曰：‘为学贵有终始，亦在乎笃行，不在乎急迫与徒知也。’斯实至说。但恐中绝而不能贯通。今欲暂停经筵日讲，侍终其篇而暂止。”[2]此外，世宗对经筵日讲态度积极，还表现在让讲官专心进讲上面。他要求张璁等人“日轮一人侍班，一人侍讲，讲官该日进讲，并（顾）鼎臣亦不为例，暂免入朝参正。入讲殿进讲，庶得以从容进讲，不得使气促讲，而朕亦安听讲解，或得于领会矣”[3]。

其二，世宗积极参与教材的选择和建设。六年六月，世宗主动向内阁提议，让讲官词臣日轮一员，将经书、《通鉴》有关君德治道，录之以闻。杨一清回应道：“经书渊微，《通鉴》浩博，难于研究。将《大学衍义》日轮一员进讲，参举时务治平之要。”世宗接纳了用《大学衍义》代替另编一书的要求，但提出：“逐日进讲，恐不能遍。五日一讲，寒暑无间，可也。”杨一清请三、八日轮讲。世宗念杨一清年老体衰，准免侍班，只让贾咏等日轮一员进讲《大学衍

[1] 《明世宗实录》卷一二一，嘉靖十年正月壬子。
[2] 俞汝楫：《礼部志稿》卷六《经筵之训》，景印文渊阁四库全书本。
[3] 俞汝楫：《礼部志稿》卷六《经筵之训》，景印文渊阁四库全书本。

义》。杨一清等又提出："进讲《大学衍义》以五月十三日为始，一如日讲"，但为了避免讲官因与皇上共用御案导致汗气熏渎皇上，应该"照经筵例"，在御案对面另设一小案，"令讲官看讲"。世宗批准了这一充满关怀的建议。不久，世宗命侍郎温仁和、桂蕚、张璁、詹事董玘、侍读学士徐缙、祭酒严嵩、庶子穆孔晖、谕德顾鼎臣、张璧、许成名、洗马张潮、赞善谢丕"更直进讲"《大学衍义》。日讲毕，世宗命梓工重刊《大学衍义》。[1]此后，世宗"以《大学衍义》写刻不精，欲将经文并题语大书，诸儒并真德秀所注细书，令司礼监并题语序一篇，以申重刊之意"。大学士杨一清等因请世宗御制序文冠于该书卷首，用彰帝王之学，以垂来世。某日，世宗以《听经筵官讲〈大学衍义〉》五言古诗一章并序一首，写示内阁。杨一清等依韵恭和。世宗看后，赐"忠诚恳祷"字样的玺书，还将御制诗与杨一清等诗章集成一册，题其名曰《翊学诗》。[2]嘉靖七年五月十三日，改户部左侍郎李时为礼部左侍郎，"照旧经筵日讲，兼讲《大学衍义》"。[3]世宗对经筵日讲教材的重视，让霍韬受到鼓舞。六年十一月，霍韬被任命为詹事兼经筵时，却上奏说："臣辞日讲，欲撰述今古治乱以助圣学。今尚未完，仍辞新命，以终初志。"[4]

其三，世宗鼓励讲官改革教学内容的建议，并主动选择讲课内容；对改进教学方法的倡议也给予鼓励。嘉靖八年正月，侍讲学士许诰，上陈四事：一谓"河图洛书，万世文字之祖，宜同五经、四书进讲以明斯道之本原"。二谓"孔门授受，专在治情，后儒倡为静坐养性之说，言愈多而义愈晦。目今讲筵顾问，请无及此"。三谓"各经注疏，互有得失，宜令儒臣直陈所见，以求千古之是，不当牵于师说，反略圣经"。四谓"进讲经书，务明大旨，凡诸家小道，一切屏

---

[1] 以上所引皆出徐学聚：《国朝典汇》卷二五《朝端大政·经筵日讲》，明天启四年徐与参刻本。

[2] 徐学聚：《国朝典汇》卷二五《朝端大政·御制》，明天启四年徐与参刻本。

[3] 《明世宗实录》卷八八，嘉靖七年五月癸未。

[4] 徐学聚：《国朝典汇》卷二五《朝端大政·经筵日讲》，明天启四年徐与参刻本。

绝，然后有益于治”。世宗“嘉纳之”。他还主动选择讲课的内容，掌握教学的主导权。九年，世宗御文华殿西室，谕大学士张璁道：“卿可示蕚、銮、时、缙、鼎臣、诰、孔晖等数人，各以经书大旨一章讲解之，尤要交修之实，启沃之诚，切于身心政事、风俗民情为目前紧要者来陈，勿相通谋，人各自献其诚，庶不负朕所望。”越数日，诸臣乃各撰次讲章以进。世宗还主动批阅讲官预先进呈的进章。八年十月，讲官刘龙进《孟子》“至诚”章。世宗批云：“龙于至诚能动，乃云‘迩者黄河清是至诚之验’，未免近谀，但其末云‘谦以履盈，约以保泰’，此二句却好。”又伦以训进《论语》“阳货”章，世宗批云：“以训讲哀矜云是‘慈悲怜悯’。夫‘慈悲’二字，是释氏之教也。朕所传者二帝三王之道，所习者孔孟之学也，非释氏之教也！”[1]可见世宗强化儒学的正统地位、排斥佛教的态度。在经筵日讲中屏除异端思想，反映了专制帝王的思想意识。

世宗还主动要求不避死亡等忌讳内容。嘉靖六年十月讲毕，世宗谕辅臣道：“今日讲《论语》，又越了一篇。朕知以为曾子将死之事，故不讲。但前日已有谕，及今日又未讲。夫死人之常，何可忌之？如不可讲也，照前写来，若只忌其不佳，还当补讲。”[2]

其四，世宗主动参与经筵日讲中问题的讨论。嘉靖六年四月，讲官顾鼎臣讲《尚书·洪范》“稽疑卜兆”与蔡传异。世宗对此提出疑问，辅臣杨一清回答道：“蔡以驿为金，克为土；鼎臣以驿为土，克为金。五行序金、木、水、火、土，五事序视、听、貌、言、思，庶征序雨、旸、燠、寒、风。思通土，风亦土，则克亦土，驿居四地，四属金，克居五位，五生土。圣论以五行概五事，皆以土终之，足破讲官之疑矣。”七年闰十月，礼部尚书方献夫因日讲《尚书·洪范》，上疏谈自己的体会，道：“《洪范》九畴，五位居中，数亦居中，其象

[1] 以上所引皆出徐学聚：《国朝典汇》卷二五《朝端大政·经筵日讲》，明天启四年徐与参刻本。

[2] 俞汝楫：《礼部志稿》卷六《进讲之训》，景印文渊阁四库全书本。

在天下，则君居中，在人则心居中。故言‘人君正心之事极者，中正之的也’。曰‘皇建其有极者’，即《书》所谓‘建中于民’，《易》所谓‘中正以观天下’，《礼》所谓‘王中心无为，以守至正’是也……”世宗批答道：“卿所奏，发明皇极正心之义。朕览之，具悉纳忠至意。”[1]可见课堂上日讲还嫌不足，课后还要通过奏批来探讨。

其五，对讲官的态度，前恭后倨。由于“大礼议”之争占了上风，世宗心情大好。嘉靖五年，某日世宗参加经筵大典，大学士费宏未至，张璁遂劾其“倨慢不敬”，但世宗心情舒畅，“置不问”。[2]七月十四日，吏部右侍郎温仁和乞休，世宗挽留。不久又请归省。世宗说：“朕方缉熙向学，日御经筵。仁和职在讲读，正宜尽心启沃，何乃辄欲归省自便？所请不允。”[3]十月二十二日，世宗“御经筵”时，“展书官翰林院编修孙承恩以疾不至，具疏引罪”，世宗“命宥之，停俸一月。是日失朝者八百余人，命俱宥之”。[4]嘉靖六年四月二十日，大学士杨一清等言：“左春坊左谕德兼翰林院侍读顾鼎臣病痊复职，请仍充经筵日讲官。”世宗批准，“因命礼部右侍郎桂萼、兵部左侍郎张璁俱充日讲官，仍旧经筵”。[5]将其议礼盟友提到日讲官的位置。六年，命詹事方献夫、霍韬俱充经筵日讲官。霍韬“自以南人语音多讹，辞免日讲，请撰《古今政要》及《诗书叙略直讲》以进”。世宗“嘉其忠荩，许之，命经筵如故”，不计较他难懂的南方口音。[6]

世宗不断升擢“议礼新贵”，但始终都让他们兼任经筵日讲如故。嘉靖六年九月一日，升礼部右侍郎兼翰林院学士桂萼为吏部左侍郎，仍署刑部事，“兼官及经筵日讲、纂修副总裁俱如故”。时吏部以左侍郎员缺，例请会官推补。上命勿推，特简用桂萼。六日，以少詹事方

[1]《明世宗实录》卷九四，嘉靖七年闰十月丙子。

[2] 徐学聚：《国朝典汇》卷二五《朝端大政·经筵日讲》，明天启四年徐与参刻本。

[3]《明世宗实录》卷六六，嘉靖五年七月乙未。

[4]《明世宗实录》卷六九，嘉靖五年十月壬申。

[5]《明世宗实录》卷七五，嘉靖六年四月甲寅。

[6] 徐学聚：《国朝典汇》卷二五《朝端大政·经筵日讲》，明天启四年徐与参刻本。

献夫为礼部右侍郎，仍兼翰林院学士，“照旧经筵日讲”。十三日，升少詹事兼翰林院侍讲学士霍韬为詹事兼翰林学士，“经筵、纂修如故”。二十一日，以吏部左侍郎桂萼为礼部尚书仍兼翰林院学士，充副总裁官，“经筵侍班如故”。“尚书兼学士自萼始。萼上疏辞免，上优诏不允。”二十八日，以礼部右侍郎方献夫为吏部左侍郎，“仍兼翰林院学士、经筵日讲并讲《大学衍义》，纂修《明伦大典》如故”。[1]后来，新宠开始获得在世宗跟前经筵日讲的机会，并受到重视。九年十月十九日，“命翰林院侍读学士兼吏科都给事中夏言充经筵日讲官”[2]。九年除夕，世宗亲制“闻讲诗”御书赐夏言。先是，夏言讲《中庸》“至圣至诚”章，致理于上，故有是赐。[3]十年五月三日，世宗还“赐辅臣、日讲等官川扇”[4]。世宗还要求讲官们行礼时不要过于繁琐，指出：“每日讲书时，卿等行礼皆六叩头。自今后只是一拜三叩头。退又叩头礼，免了！”[5]

另一方面，世宗对讲官的仪态开始苛责，注重整顿经筵和日讲秩序。根据旧制：“经筵讲官及执事官失仪者出班请罪，得面宥之。”但嘉靖六年二月，鸿胪寺卿黄绅等上奏：“经筵，圣主讲学亲贤之地，非视朝听政比。一切差误，宜令侍仪科道等官退而具疏上请，免其面奏。”也就是说不给讲官当面解释的机会，而由侍仪科道官弹劾，世宗竟也“诏从之”。[6]十月，吏部侍郎董玘侍讲读，进退不如仪。世宗自亲谴责他，指出：“朕惟相让之风，自古大臣之道。朕日观侍郎董玘，讲筵之内，行立之序，行礼先后，俱无逊让之体。即此观之，其心可知……玘之事，可谕他知，俾令务礼让以尽大臣之义！”[7]董玘得知，“惶惧加慎”。数日后世宗复谓内阁曰：“玘自承谕后二三日，

[1] 《明世宗实录》卷八〇，嘉靖六年九月乙亥朔、庚辰、丁亥、乙未、壬寅。
[2] 《明世宗实录》卷一一八，嘉靖九年十月乙亥。
[3] 徐学聚：《国朝典汇》卷二五《朝端大政·经筵日讲》，明天启四年徐与参刻本。
[4] 《明世宗实录》卷一二五，嘉靖十年五月丙戌。
[5] 俞汝楫：《礼部志稿》卷六《进讲之训》，景印文渊阁四库全书本。
[6] 《明世宗实录》卷七三，嘉靖六年二月壬子。
[7] 俞汝楫：《礼部志稿》卷六《进讲之训》，景印文渊阁四库全书本。

闻似加恭谨，身容退让，已知有改，其令安心供职如故。”董玘疏谢，世宗回答：“尔职司讲读，位列大臣，岂宜失恭让之节？朕未忍斥言。特谕内阁传示尔当钦体朕意，勉修职业，以副任用！”翰林院侍读江佃“进讲《洪范》‘九畴’不称旨”，十月二十二日，世宗“亲讲解其义”，对辅臣说：“人君能尽伦理以立于上，万姓化于下，伦序明而人道备，福将自至。”并“以佃讲读迟钝，令吏部改调外任”，要求“内阁选择翰林诸臣称职者留用，不称者量材除他官”。于是大学士杨一清等言：“翰林清要之地，诚不可以匪人处之。且文学政事材各有宜，枉而用之，终无成绩。宋两制儒臣皆尝扬历州县，遂多名臣。内外均劳，自昔然已。臣请选自讲读以下其学有本原、文能华国及行义无玷者，存留供职，以备讲筵、史局之选。即文学未称而才识疏通堪理政事者，请下吏部量才外补。其丁忧在告者，并加选择以为去留。自后经筵日讲，皆精选以完其任，庶不负圣世崇儒右文之意。”世宗“报可”。不久，“调佃为宁国府通判”。[1]

刚愎自用的世宗，借“大礼议”胜利之威，对讲官们采用了更为严厉的惩罚措施。祭酒陆深因为对内阁修改其讲章不满，便遭到世宗的打压，指出：“深夸诈险恶，敢于欺罔，兹疏首献谀词，岂人臣谠忠事君之道？且其进讲已三语悖谬，谄美大臣，意在行私，吏部参究以闻。”于是吏部言：“深不敬当罪，诏降一级调外任。”遂谪延平府同知。[2] 八年四月，世宗御经筵，“左庶子盛端明讲《孟子》，词气迫促，侍班给事中刘世扬等纠奏之”。世宗毫不客气地指出：“讲官须慎选以充。如端明者，诚无益也。”令吏部别用，遂调南京尚宝司卿。[3] 八月，祭酒魏校在经筵进讲《书经》“罪疑惟轻”章，世宗批曰：“桂萼荐校善解经义，朕昨观其讲章，并未有过人者。且其前后率多谀词，难居近侍。着吏部调南京用。”十年，吏部左侍郎徐缙、詹事顾鼎臣、左庶子穆孔晖“失误日讲，各疏引罪”，世宗“诏切责，宥之。独孔

[1] 《明世宗实录》卷八一，嘉靖六年十月乙丑，丙寅。

[2] 徐学聚：《国朝典汇》卷二五《朝端大政・经筵日讲》，明天启四年徐与参刻本。

[3] 徐学聚：《国朝典汇》卷二五《朝端大政・经筵日讲》，明天启四年徐与参刻本。

晖以是日轮讲，调为南京尚宝司卿”。给事中叶红“疏留孔晖”，世宗“不听”。在这一阶段，世宗虽然对经筵和日讲有了兴趣，但对讲官处罚比较严厉。

第三个阶段，从嘉靖十年八月无逸殿和幽风亭落成，至十四年三月止，是世宗对经筵和日讲兴致最高的时期，将经筵和日讲搬到西苑的无逸殿举行，并制定了相应的仪注。当然，有时也在文华殿举行讲读，完全由世宗的兴之所至。

嘉靖十年八月二十六日，世宗谕尚书李时道：“西苑工俱告完。朕今日往视收获以观农事之终，卿可偕大学士銮、尚书铉、侍郎言同观之。”所谓“西苑工”是指无逸殿和豳风亭。世宗以极高的兴致驾幸豳风亭，观农夫获稻（即观看打稻戏）毕，复召诸臣谕曰：“农之劳苦，见纸上不如见之于真。我圣祖尝有训曰：衣锦当思织妇之劳，食粟当念农夫之苦。以此观之，委为粒粒辛苦也。”李时等复曰：“自古帝王身亲农事，未有如我皇上者。真所谓知稼穑之艰难也！”世宗命赐诸臣宴，宴毕，复召翟銮、李时二臣，说：“无逸殿之作，虽以劝农而勤学之意亦在其中，亦用宴以落成之。经筵日讲官俱与，仍各进讲《七月》诗、《无逸》书各一篇，卿等各具仪以闻。”[1]于是，李时进讲《尚书·无逸篇》，翟銮进讲《诗·豳风·七月》之章，讲官顾鼎臣、谢丕、张潮、廖道南分选《无逸》、《豳风》讲章进览，武定侯郭勋及九卿大臣皆侍讲。讲毕，世宗复御豳风亭，赐辅臣郭勋等人及翰林儒臣宴于亭下。郭勋等人事后奏谢，世宗说：“朕以无逸殿、豳风亭，虽观耕之所，亦勤学所寓，昨举落成之礼，因命辅臣进讲，赐卿等[宴]，[卿等当]协心匡辅，以跻太和。”接着，礼部侍郎严嵩进《豳风·七月》诗讲章，湛若水进《尚书·无逸篇》讲章，以及君臣同游所写的雅诗。世宗嘉其忠爱，命以讲章留览。[2]李时和翟銮进讲的时间是在九月二十二日。据《明世宗实录》载，“上幸西苑御

[1] 《明世宗实录》卷一二九，嘉靖十年八月丁未。

[2] 徐学聚：《国朝典汇》卷二五《朝端大政·经筵日讲》，明天启四年徐与参刻本。

无逸殿，命大学士李时、翟銮坐讲。时进讲《书·无逸》篇，銮进讲《诗·豳风·七月》之章，武定侯郭勋及九卿大臣皆侍讲。毕，上复御豳风亭，赐辅臣并郭勋等及翰林儒臣宴亭下。退而勋等奏谢。上曰：'朕以无逸殿、豳风亭虽观耕之所，亦勤学所寓。昨举落成之礼，因命辅臣进讲，赐卿等宴。卿等当协心匡辅，以跻太和。'"[1]

世宗通过建无逸殿和豳风亭，找到了一个既能游幸，又能讲学，还能体味耕作之艰的绝佳方式，对于这一创造性的教育形式，他自感得意和兴奋。十月四日，"赐翰林院修撰伦以训等《恭和祖德诗》及《钦天记颂》，以训等皆侍从经筵日讲，特命赐和"[2]。世宗还令内阁和礼部拟定了《无逸殿进讲仪》和《进讲〈大学衍义〉仪》，将经筵和日讲搬到了无逸殿中。

这一时期，正如夏言所说"我皇上经筵日讲未尝暂辍"[3]。世宗开经筵有较完整的记录，据《明世宗实录》载：

嘉靖十一年三月十二日，"（辛酉）是日经筵开讲"。（卷一三六）

嘉靖十二年三月二日，"乙巳，初开经筵"。（卷一四八）

嘉靖十二年九月十一日，"庚戌，是日经筵开讲"。（卷一五四）

嘉靖十三年三月五日，"辛未，命国子监祭酒王激，翰林院编修童承叙、杨维杰、欧阳衢充经筵讲书官，翰林院修撰林大叙、王汝孝、华察，编修唐顺之、陈束、杨瀹、卢淮、陈节之充经筵展书官。召原任翰林院侍读学士廖道南、蔡昂还，以原官供事，时道南、昂前坐进讲失期，左迁通判于外"。（卷一六一）

[1]《明世宗实录》卷一三〇，嘉靖十年九月壬申。
[2]《明世宗实录》卷一三一，嘉靖十年十月甲申。
[3]《明世宗实录》卷一三二，嘉靖十年十一月辛未。

嘉靖十四年三月二日，“壬戌，上御经筵。（卷一七三）

可见，直到嘉靖十四年，世宗都在坚持举行经筵大典，开春秋两讲。春讲开讲一般在三月，秋讲开讲一般在九月，但实录所载基本上都是春讲，秋讲只记载了一次。可能是秋讲未能坚持，也可能是没有记载。

在举行经筵的同时，日讲也在进行。嘉靖十四年三月七日，“上日讲毕，召辅臣张孚敬、李时见于文华殿西室”，商谈因庄肃皇后丧事更改廷试贡士日期之事。[1]

由于心情极佳，世宗主动配合讲官所讲的问题，寻求解决之道。十一年，日讲官侍读学士吴惠、郭维藩进讲，既退，上谕辅臣李时等曰：“讲官惠言‘省无益之费，停得已之役’，维藩言‘去操切更张之弊，务惇厚博大之体’者云何，卿等以朕意问之，有可补救时宜者，令条列以对。”于是，吴惠上疏说：“方今民穷财竭而宫殿兴作不已，采木烧砖大为川广苏杭之患，此宜停罢。各省岁办物料，宜敕有司准以折色解京，从宜置办，毋使民困于征解之苦，此宜节省。且谓盐法阻坏，诸边积贮空虚，宜减价惠商，疏通余盐，其轮边粮草改折，诸边积贮空虚，可仍复本色以为足国经久之计。”郭维藩上疏称：“今者士风渐漓，一切好更张以取声誉，以诪张为变通，安静为迂腐，严急为才干，宽厚为无能，好恶任情不以为耻。如此，则俗薄而政庞，非细故也。宜申饬臣工，崇本实，修职业，乞于各衙门条陈之言，择其筹虑深长、事可经久者，方赐施行。毋狥操切之谕，求人过甚，立法太严，庶几养成惇大之俗。且复庶吉士之选，以有人才停选贡之例，以疏壅滞。”世宗览奏后，“各报闻。二臣颇有所指切，上亦不罪也”。[2]十二年十月，“礼部尚书夏言以学士进讲，上制《闻过篇》赐之”。[3]表明教学是相长和互动的。

[1] 《明世宗实录》卷一七三，嘉靖十四年三月丁卯。

[2] 涂山：《明政统宗》卷二三，明万历刻本。

[3] 俞汝楫：《礼部志稿》卷六七《经筵进讲·宣德后历朝进讲》，景印文渊阁四库全书本。

情绪很好的世宗，也毫不忌讳经筵日讲中提到死亡问题。十二年五月，讲官廖道南轮讲《论语》“高宗谅阴”以下三章，当时吏部尚书汪鋐，“恳祈张孚敬改题，以其有君薨句也”。但是廖道南坚持不改。张璁（孚敬）便将讲章上呈皇帝。世宗批云：“旧者，徐缙讲孟敬子撤去二节，‘人之将死’不讲。夫死生，人道之常，何讳之有？如卿等言，则忠谠之论，何由得闻？还着照旧讲。”

陈继儒在谈到世宗与讲官顾鼎臣在经筵上的彼此互动时，指出“此不独见当时文康被遇之隆，即肃皇帝讲学不倦，出于帝王寻常万万矣！”[1]

一向对讲官严苛的世宗，这时也比较宽容。十二年七月，世宗视朝毕，御文华殿讲《大学衍义》。讲官顾鼎臣因病不至，大学士张璁遂令学士廖道南代讲。廖道南称自己当捧敕书，又让学士蔡昂代讲，蔡昂也竭力推辞。世宗下诏将顾鼎臣夺俸半年，将廖道南和蔡昂各降一级调外任，廖道南谪徽州通判，蔡昂谪潮州通判。[2]此事《明世宗实录》卷一五二有载，七月四日，“上视朝毕，御文华殿讲《大学衍义》。讲官顾鼎臣以疾不至，大学士张孚敬等上疏请罪，因言：‘臣等入班时，见鼎臣不至，遂省令学士廖道南代讲。道南以当捧敕辞。又属学士蔡昂，昂亦固推不代。夫进讲系朝廷重事，又学士本职。旧规：讲官有不到者，除日讲不能代外，其余俱可代讲。今鼎臣该日失误进讲，朝廷自有处分。道南、昂互相推避，亦宜并治。’上曰：‘经筵日讲，君德重事。朝参进讲，儒臣职分。况当谨畏天戒之时，鼎臣偷逸疾托，本当重治，念侍讲有年，姑夺俸半年。道南、昂轮当接代，故为推诿。道南又以捧敕为言，二事岂不可兼者？各降一级调外任。卿等宜安心办事。翰林侍从官少，吏部其看拟以闻。’已乃降道南直隶徽州府通判，昂浙江湖州府通判。”[3]但十三年三月，世宗在祭祀昊

[1] 陈继儒：《见闻录》卷二，明宝颜堂秘籍本。
[2] 徐学聚：《国朝典汇》卷二五《朝端大政·经筵日讲》，明天启四年徐与参刻本。
[3] 《明世宗实录》卷一五二，嘉靖十二年七月乙巳。

天上帝、社稷时，至坛门，还顾讲官，发现应该有五人跟随，“何止于三耶？”命司礼官核名以闻。张璁回答：“道南、昂外出未补，宜以祭酒王皦补之。”世宗“以侍从乏人，命道南、昂仍复原官，勿更推”。实际上撤销了对廖、蔡二人的处分。

第四个阶段，从嘉靖十五年到二十一年，世宗对经筵日讲感到倦怠，不断拖延并最终停废。黄景昉指出世宗以前“孜孜向学”，但“自嘉靖十六年以还，始稀阔耳”。[1]其实在此前一年就开始懈怠了。

在这一阶段，只见世宗任命经筵日讲官的记载，不见其参加经筵日讲的记录。

嘉靖十五年八月十七日，“以翰林院侍读学士许成名补日讲官，命吏部左侍郎兼翰林院学士温仁和仍充经筵日讲官，兵部左侍郎李廷相令兼翰林院侍读学士，充经筵讲官，礼部右侍郎谢丕令兼翰林院学士，直讲如故”[2]。十一月二日，“温仁和添注吏部，李廷相礼部，俱左侍郎，日讲经筵如旧”。[3]十六年二月一日，“升礼部右侍张璧为本部左侍郎，翰林院学士蔡昂为礼部右侍郎，俱兼翰林院侍讲学士，经筵日讲如故”。[4]

此时发生了一件事，让世宗找到了停辍经筵日讲的借口，那就是文华殿遭受到火灾。嘉靖十六年七月十日，吏科给事中沈瀚“疏请上御经筵，与儒臣商（确）［榷］政治”。世宗“览奏不悦”，指出：“瀚如有所欲言，何待经筵，即具条奏毋隐。”沈瀚只得上章引罪。世宗下旨称：“朕于经筵未尝少废，偶因修饬文华殿，暂辍春讲。瀚职具请，若有所欲言者，及令陈说。乃又不行开奏，是邀名抗违。本宜重治，姑降二级调外任。”于是贬谪沈瀚为浙江布政司照磨。[5]其实世宗此前常常到无逸殿进讲，因此文华殿火灾只是逃避经筵日讲的借口。

[1] 黄景昉：《国史唯疑》卷七。

[2] 《明世宗实录》卷一九〇，嘉靖十五年八月庚子。

[3] 《明世宗实录》卷一九三，嘉靖十五年十一月甲寅。

[4] 《明世宗实录》卷一九七，嘉靖十六年二月庚戌。

[5] 《明世宗实录》卷二〇二，嘉靖十六年七月丁亥。

此后，世宗仍然是经筵日讲官照旧任命，但经筵日讲活动照旧不参加。嘉靖十六年九月四日，升吏部右侍郎张潮为本部左侍郎兼学士，仍充经筵日讲官。[1]十九年三月九日，诏礼部尚书同掌詹事府事霍韬，礼部尚书温仁和，刑部尚书周期雍，工部尚书蒋瑶，掌通政使司事礼部左侍郎陈经，国子监祭酒王教，俱经筵侍班。同月二十七日，诏大理寺卿牛天麟、太常寺卿管国子监祭酒崔桐经筵侍班。[2]十月二十三日，升礼部右侍郎孙承恩为本部左侍郎，经筵日讲如故。[3]

上述经筵官员的任命，并不表明世宗出席过经筵日讲活动。因为嘉靖二十年二月九日，河南道御史杨爵上疏明确指出："数年以来，朝仪间阙，经筵不御，大小臣工朝参辞谢，未得一睹天颜，敷奏复遣，未得一聆天语。"这戳到了世宗的痛处，他"怒甚，命锦衣卫逮送镇抚司拷讯"，诏禁杨爵锦卫狱。[4]然而，一场天灾，使得世宗倍感紧张，承诺四月二十二日举行经筵，二十三日参加日讲。四月七日，世宗说："宗庙大变，自古所无。天意垂示，朕心默感。仪文度数，备物而已。仍于西角门视事三月，见避殿之义；十五日暂罢御殿，见撤乐之义；十六日后御奉天门如常。二十二日经筵，次日日讲。"不过，仅三天后，世宗便借故生病，罢免了经筵。十日，世宗宣谕礼部道："连日奏谢，力疾乘舆，痰火复作，项强耳鸣，卧则神惊。前者因食闻变，致加诸病，必痊乃可视事。其罢经筵。以十四日御西角门。一日、二十日御殿颁诏。"[5]此后仅有一次在任免官员时事涉经筵。二十一年正月二十四日，"命吏部左侍郎兼翰林院学士张潮教习庶吉士，仍旧经筵日讲"[6]。但并不意味着世宗有经筵日讲活动。自此以后，再也不见有关世宗经筵的记载。经筵日讲官虽未裁撤，但已徒成摆设，

[1]《明世宗实录》卷二〇四，嘉靖十六年九月庚辰。
[2]《明世宗实录》卷二三五，嘉靖十九年三月辛丑、己未。
[3]《明世宗实录》卷二四二，嘉靖十九年十月辛巳。
[4]《明世宗实录》卷二四六，嘉靖二十年二月丙寅。
[5]《明世宗实录》卷二四八，嘉靖二十年四月癸亥，丙寅。
[6]《明世宗实录》卷二五七，嘉靖二十一年正月乙巳。

仅在奉安先圣先师神位时出席一下。嘉靖三十二年二月十六日，“奉安先圣先师神位于文华殿东室，遣成国公朱希忠行礼，驸马邬景和、谢诏，安平伯方承裕，辅臣、六卿、经筵日讲官陪拜”。[1]估计世宗已从儒家修齐治平理论中，转向道家无为长生的追求上了。

二 穆宗经筵日讲的教学实践

穆宗继位后，相对而言善待儒臣，再次启动了经筵日讲制度，虽然他对该制度比较抵触，一拖再拖，一停再停，但仍然获得了“与士大夫共治”的好名声。穆宗对经筵日讲的拖延，是因为继位前游乐天性被笃信道教的父亲世宗所压抑，一直不敢乱说乱动，一旦登基，其游乐欲望便像井喷似地爆发，因此老感到经筵日讲束缚住了自己的手脚。朱鸿林指出：“穆宗在藩邸时期，讲读经史显得相当积极……但穆宗登基之后，对于经筵讲学其实并不热心。”[2]

穆宗朱载垕，嘉靖十六年正月二十三日出生，十八年十月一日册封为裕王，与庄敬太子和景王同日受册宝，宦官误将皇太子的册宝送到裕王宫，而裕王的册宝则误送入太子东宫。当时太子已有重病，不能成礼，而裕王则“丰神秀朗，举止端庄，见者以为有帝王之度”。不久庄敬太子薨逝，于是对裕王“中外系心焉”。三十一年（1552年），裕王“出阁讲读，每儒臣进说经义，必注目敛容听受之，虽风雨不辍”。[3]四十五年十二月五日继帝位，改元隆庆。

隆庆元年三月，给事中王治请定朝讲之礼，谓“经筵有礼，日讲有仪，梓宫虽未行，礼仪宜预定”[4]。三月二十五日，大学士徐阶等上奏：“自古帝王莫不以讲学为首务，至我祖宗列圣月开经筵，日御讲幄，谟训典式尤为炳然，盖以成就圣德，讲明治道，胥赖于此！仰惟

[1] 《明世宗实录》卷三九四，嘉靖三十二年二月癸亥。

[2] 朱鸿林：《高拱与明穆宗的经筵讲读初探》，载《中国史研究》1999 年第 1 期。

[3] 《明穆宗实录》卷一。

[4] 徐学聚：《国朝典汇》卷二五《朝端大政·经筵日讲》，明天启四年徐与参刻本。

皇上方建太平之业，宜勤问学之功。向以世宗皇帝梓宫在殡，未敢上请。兹山陵事毕，祔庙礼成，经筵日讲正惟其时。伏望皇上率循旧典，特举盛仪以缉熙圣学，实宗社无疆之幸。命候敕行。”三十日，穆宗便有了积极的回应：“敕谕礼部：朕惟讲学乃帝王进德图治之首务。兹山陵事毕，经筵日讲宜即举行。尔礼部择日具仪，并合行事宜来闻。”[1]四月二日，礼部“进经筵日讲仪注”。[2]

四月八日，穆宗任命了经筵官员，并发布了相关的敕谕，对经筵官员提出了要求。首先，穆宗命太师兼太子太师成国公朱希忠，少师兼太子太师吏部尚书建极殿大学士徐阶知经筵事，少保兼太子太保吏部尚书武英殿大学士李春芳、郭朴，少保兼太子太保礼部尚书武英殿大学士高拱，礼部尚书兼文渊阁大学士陈以勤，吏部左侍郎兼东阁大学士张居正同知经筵事。然后，赐诸臣敕谕，声称“帝王修齐治平之道具在经史，然必讲明之无疑，庶几推行之有效”，又回顾说“我祖宗列圣”，“经筵盛典，世世举行”，因此自己决定“将以四月二十二日御经筵”，并将任命经筵讲官的决定公开发布，其中詹事府掌府事吏部左侍郎兼翰林院学士赵贞吉，吏部右侍郎兼翰林院学士林树声，礼部左侍郎兼翰林院学士掌院事潘晟，礼部右侍郎兼翰林院学士殷士儋，国子监祭酒林燫，右春坊右谕德兼翰林院侍读吕调阳，翰林院侍读吕旻、王希烈，修撰诸大绶、丁士美、编修孙铤、张四维、林士章、陈栋充经筵官，而“阶、春芳、朴、拱、以勤、居正并晟、士儋、大绶、四维日侍讲读”。[3]

四月，穆宗“御文华殿日讲”，当大学士李春芳面奏事时，“圣容和悦”。[4]二十一日，礼部尚书高仪奏称“今山陵已毕，典礼就绪，经

[1] 《明穆宗实录》卷六，隆庆元年三月庚辰、乙酉。

[2] 《明穆宗实录》卷七，隆庆元年四月丁亥。

[3] 《明穆宗实录》卷七，隆庆元年四月癸巳。按：徐学聚《国朝典汇》卷二五《朝端大政·经筵日讲》称“五月，命成国公朱希忠、大学士徐阶知经筵事。大学士李春芳、郭朴、高拱、陈以勤、张居正同知经筵事”，误，当在四月。

[4] 徐学聚：《国朝典汇》卷二五《朝端大政·经筵日讲》，明天启四年徐与参刻本。

筵日讲复赐举行”[1]。他的奏疏别处记载得更详细一些，谓：“我朝列圣接见辅臣，燕对同游，造膝陈悃，上下交泰。皇上御门，条奏渐复旧规，而朝著尊严，情礼不洽。今山陵已毕，经筵日讲咸宜举行，便殿面议尤不可缓。乞时召六部大臣各奏章疏以决可否。”穆宗嘉纳之。[2]果然，第二天经筵大典便如期举行了。

隆庆元年四月二十二日，穆宗上台后的第一次经筵初讲开始了。“上初御经筵。赐宴于会极门，并赐知经筵、同知经筵、侍班大臣及进讲、展书、执事等官白金、宝钞、彩段表里有差。”[3]然而，仅仅举行经筵日讲不过一月，穆宗在五月二十一日便“以天暑，辍经筵日讲”[4]。这自然引起了儒臣们的不满。六月九日，兵部侍郎邓洪震以灾害迭见，上疏劝谏穆宗，指出：“臣伏见陛下临朝之时，圣容端拱，未尝时赐清问，体察民情，诸司奏章，少经御览，经筵日讲，止袭故常，未蒙虚心询访。”[5]第二天，礼科都给事中何起鸣、户科右给事中张卤等接着上疏，称：“皇上迩来视朝太晏，讲读暂辍，辅弼卿佐既未有召对之期，诸司庶僚日疏于堂陛之隔，非所为隆圣治、光新政也。请自今视朝之时，必以日初出为度，经筵虽以盛暑暂辍，尤宜仿先朝故事，仍御日讲。即以军国大事与辅臣面议处断，并召见六卿科道，咨访政务。”疏下礼部覆请施行。御史钟继英提出了继续经筵日讲的妥协方案，请“于辍讲之期，命内阁儒臣撰讲章进呈，上于宫中检阅，以资圣学”。疏上，俱报闻。[6]

在众臣的责备声中，秋季经筵日讲开始了。穆宗先开了日讲，后举行经筵。隆庆元年八月十一日，“上初御文华殿日讲”[7]。八月十

[1] 《明穆宗实录》卷七，隆庆元年四月丙午。按：徐学聚《国朝典汇》卷二七《朝端大政·召对》将此事系于五月，非是，当如实录作四月。

[2] 徐学聚：《国朝典汇》卷二七《朝端大政·召对》，明天启四年徐与参刻本。

[3] 《明穆宗实录》卷七，隆庆元年四月丁未。

[4] 《明穆宗实录》卷八，隆庆元年五月乙亥。

[5] 《明穆宗实录》卷九，隆庆元年六月壬辰。

[6] 《明穆宗实录》卷九，隆庆元年六月癸巳；徐学聚：《国朝典汇》卷二五《朝端大政·经筵日讲》。

[7] 《明穆宗实录》卷一一，隆庆元年八月癸巳。

二日，穆宗正式“经筵开讲”[1]。在本期的经筵日讲中，穆宗还算积极。十月四日，他“日讲毕”，与辅臣讨论政事，问大学士徐阶石州失陷事，并谕令选将调兵加意防守。于是，户部都给事中魏时亮上言：“比者陛下因阅御史奏而忧及虏寇，又于日讲之后问辅臣以石州事，此二事乃见我皇上之加意勤政，乃安攘之大本也！”鼓励他以后多如此行事。[2]给事中吴时来也说：“圣情留意边防如此，虏已在目中，更望历召吏、户、兵三部，问以督抚得人若何，钱粮接济若何，庶令当事臣工，人人惕厉，永保无虞。”穆宗“皆嘉纳之”[3]。但是，仅仅过了两天，这一令人鼓舞的日讲场景便结束了。

十月六日，穆宗“以天气渐寒，命撤经筵”。大学士徐阶等上疏劝谏道：“先朝停免经筵日讲各有故事。弘治元年于十二月二十五日始停日讲，嘉靖元年于十一月二十五日始停日讲经筵。即今天道尚未严寒，视前日期似为太早，宜以圣学为重，祖宗为法。”六科给事中魏时亮等、十三道御史王好问等具疏请如阁臣言。但穆宗不听。[4]当时劝谏的还有王治，“司礼监传旨暂止经讲，王治谏，不听”[5]。上引“嘉靖元年于十一月二十五日始停日讲经筵”一句，《国朝典汇》引作“嘉靖元年于十一月二十五日辍经筵”[6]。这种劝谏直到二年正月二十九日还在进行，当时吏科给事中石星上奏，对穆宗“天颜渐癯，视朝渐稀，章奏频阁，淫游屡肆”的情况提出批评，并建议“讲圣学”：“夫人君者睿智特达虽由天纵，启迪开导必资问学。我朝祖宗经筵日讲每以二月，盖春气融和，则进修为易。今经筵一事虽屡经言官请行，未见慨然俞允。窃恐岁月愈迈，德业无闻，不亦重可惜哉！伏愿陛下以务学为急，即将经筵及时举行，使圣学日就光明。”穆宗览奏

[1] 《明穆宗实录》卷一一，隆庆元年八月甲午。

[2] 《明穆宗实录》卷一三，隆庆元年十月乙酉。

[3] 徐学聚：《国朝典汇》卷二五《朝端大政・经筵日讲》。

[4] 《明穆宗实录》卷一三，隆庆元年十月丁亥。

[5] 徐学聚：《国朝典汇》卷二五《朝端大政・经筵日讲》。按：该书称王治劝谏的时间是“八月”，疑误。因为穆宗是十月才停经筵日讲的。

[6] 徐学聚：《国朝典汇》卷二五《朝端大政・经筵日讲》，明天启四年徐与参刻本。

后“怒，以为恶言讪上无礼，命廷杖六十，黜为民”。[1]看来，穆宗的好脾气已经有点变了。

隆庆二年的春季经筵开始了。据实录载：二月十二日“经筵开讲”[2]。二十二日，改南京礼部尚书赵贞吉为礼部尚书兼翰林院学士，协管詹事府事，仍为讲官。这一任命，与穆宗对赵贞吉此前经筵日讲的效果满意有关。“初，贞吉以起废，诏日侍讲读。时年六十余，然气壮甚，议论侃侃。辅臣荐其可大用，上心属焉。及迁南京，以吏部右侍郎林燫代。一日，上手诏谕辅臣，调燫南京用，而召贞吉还为讲官，添注詹事府。”[3]至五月二十二日，春季经筵到期时，穆宗立刻“辍经筵日讲”[4]，一天也不多上。秋季经筵开始后，穆宗不得不勉强上学。这次也是先开日讲，后举经筵。隆庆二年八月六日，“开日讲”。八月十二日，“开经筵”。[5]

隆庆三年二月十二日，“开经筵”[6]。五月二十二日，春季经筵一到期，穆宗毫不犹豫地“辍经筵日讲”[7]。穆宗对经筵日讲的这种敷衍态度，引起了一些臣子的不满。三年闰六月三日，南京吏部尚书吴徽上疏陈言“勤召对”，指出“经筵进讲，率循故事，无裨启沃，莫若时召近臣，相与考古论今，以求实效”。穆宗又恢复了他的好脾气，表面上还是采纳了其建议。[8]

隆庆三年的秋季经筵开始后，仍然是先开日讲，后开经筵。八月九日“开日讲”，十二日“经筵开讲”[9]。从开展日讲到举行正式的经筵中间隔了三天的时间。

[1]《明穆宗实录》卷一六，隆庆二年正月己卯。
[2]《明穆宗实录》卷一七，隆庆二年二月壬辰。
[3]《明穆宗实录》卷一七，隆庆二年二月辛丑。
[4]《明穆宗实录》卷二〇，隆庆二年五月二辛未。
[5]《明穆宗实录》卷二三，隆庆二年八月癸未、己丑。
[6]《明穆宗实录》卷二九，隆庆三年二月丙戌。
[7]《明穆宗实录》卷三二，隆庆三年五月乙丑。
[8]《明穆宗实录》卷三四，隆庆三年闰六月乙巳。
[9]《明穆宗实录》卷三六，隆庆三年八月丙寅、癸丑。

但是，到了隆庆四年二月九日，已过了穆宗自己宣布的日讲和经筵之期，却仍“未开日讲”[1]。三月四日，刑科给事中查铎上言：“近奉圣谕，春仲九日日讲，十有二日御经筵。是日偶以风雨停止，继是二次又皆以他故停止，暴少寒多，非日就月将之义。臣惟帝王之学与韦布不同，得其旨趣则嗜好自笃，循其故套则厌斁易生。今者讲臣进讲未及移时，辅臣屏息侍左右，皇上肃然而临，俨然而退。若有矜持之劳，未获开悟之益，不过视为故常，循往迹而举行之耳。宋儒谓未见意趣，必不乐学，殆是之谓也。臣愿诸臣之进讲者，务求开导之益，而不徒束缚于礼节。皇上听讲之际，亦务求体验之实效，而不徒取具于弥大。如其义未了然，时赐清问，辅臣从而发明之，则意趣可得而欲罢不能，自兹始矣。”礼科都给事中周诗亦以为言。上俱报闻。[2]穆宗勉强打起精神，参加了经筵日讲。春季经筵即将结束时，穆宗迫不及待地于五月十二日“辍经筵日讲”[3]。

隆庆四年的秋季经筵日期来临了，穆宗不得不于八月十八日“御日讲。”[4]然而，未见穆宗举行经筵大典的记载。

隆庆五年二月七日，“上御文华殿开日讲”[5]，开始了新的春季经筵日讲。三月八日，穆宗又“御文华殿日讲”。讲毕，大学士李春芳等面奏北虏封贡事宜，具言“外示羁縻，内修守备”之意。穆宗说：“卿等既议允当，其即行之。”于是廷臣知事由宸断，异议稍息。[6]这是日讲时与侍班的内阁大学士之间的时事商议。至五月中旬，穆宗决定结束春讲。五月十一日“辍经筵日讲”。这引起了刑科给事中丁懋儒的不满，请求穆宗“暑月于宫中取经史诸书定为程限，留心省览，以

[1] 《明穆宗实录》卷四二，隆庆四年二月丁未。

[2] 《明穆宗实录》卷四三，隆庆四年三月辛未；徐学聚：《国朝典汇》卷二五《朝端大政·经筵日讲》。

[3] 《明穆宗实录》卷四五，隆庆四年五月己卯。

[4] 《明穆宗实录》卷四八，隆庆四年八月癸丑。

[5] 《明穆宗实录》卷五四，隆庆五年二月己亥。

[6] 《明穆宗实录》卷五五，隆庆五年三月己巳。

缉熙圣学”。[1]穆宗虽然“报闻”，但在宫中读不读书，就与别人无关了。

由于春讲结束，闲言碎语自然不少。顶不住儒臣的压力，穆宗决定提前举行秋讲以作弥补。五年七月十八日就“开经筵日讲”[2]。但是否一直举行，就未见记载了。直到隆庆五年十二月五日，礼科给事中蔡汝贤借关心穆宗身体健康为由，劝皇帝“宫中斋居焚香，澄心涤虑，进御有常，毋令其溺志，游观有度，毋令其移情”，“以是理万几，则常朝可无免矣，以是亲经史，则经筵可无辍矣”。[3]从奏疏中可见，穆宗似乎已停辍了经筵日讲。

穆宗在位五年半，基本上一直都在执行经筵日讲制度，虽然他内心并不愿意出席这些令他厌烦的经筵日讲活动。不过，穆宗实在是个脾气好的皇帝，对于讲官可谓善待，甚至护短。隆庆元年七月一日，巡按直隶御史艾可久论劾礼部左侍郎潘晟贪冒不职，穆宗“以其所论无事实，留侍讲读如故”。[4]二年二月十日，时兼翰林院学士的潘晟上疏请假还乡，穆宗“以晟日侍讲读，特赐驰驿”[5]。对张四维也是如此。二年十月十七日，左春坊左谕德兼翰林院侍读张四维乞假归省，穆宗“以四维日侍讲读，命驰驿去”。[6]四年七月二日，升右春坊右谕德兼翰林院侍读张四维为翰林院学士掌院事，“经筵日讲如故”。[7]五年四月四日，张四维遭到河东巡盐御史郜永春的弹劾，称吏部右侍郎张四维父亲为奸商，大坏盐法，要求“罢四维”。穆宗则因张四维是日讲官而保护了他：“四维日侍讲读，素称清谨，令供职如旧。”[8]此后，张四维仕途并未受到影响，并且一直兼任日讲官。隆庆四年十月十日，升翰林院学士掌院事张四维为吏部右侍郎，兼管及经筵日讲如

[1] 《明穆宗实录》卷五七，隆庆五年五月壬申。
[2] 《明穆宗实录》卷五九，隆庆五年七月戊寅。
[3] 《明穆宗实录》卷六四，隆庆五年十二月癸巳。
[4] 《明穆宗实录》卷一〇，隆庆元年七月甲寅。
[5] 《明穆宗实录》卷一七，隆庆二年二月庚寅。
[6] 《明穆宗实录》卷二五，隆庆二年十月壬辰。
[7] 《明穆宗实录》卷四七，隆庆四年七月戊辰。
[8] 《明穆宗实录》卷五六，隆庆五年四月乙未。

故。[1]直到隆庆五年十月二十八日，张四维“再疏求去”时，穆宗才“许之”，并且“以日讲加恩，令驰驿以归”。[2]对于讲官吕调阳，穆宗则十分重视。隆庆三年四月七日，他命礼部侍郎兼翰林院学士吕调阳，“仍充经筵讲官”[3]。五月二十七日，改礼部右侍郎兼翰林院学士吕调阳为吏部右侍郎，“经筵讲官兼管如故”。[4]八月二十五日，命吏部右侍郎兼翰林院学士吕调阳，“充日讲官”。[5]从经筵讲官担任日讲官，应该是更加受到了重用。五年五月十四日，掌詹事府事吏部左侍郎兼翰林院学士吕调阳三年考满，穆宗“遣内臣赐钞锭、羊酒，以日讲官加恩也”。[6]高拱坦言他在举荐官员时，对于皇帝信任的吕调阳，不敢随便调动：“侍郎吕调阳皆是皇上日讲官，不敢动。”[7]对于林燫，穆宗既让他担任经筵讲官，又升他为日讲官。隆庆元年五月一日，升大理寺卿管国子监祭酒林燫为礼部右侍郎兼翰林院学士，“仍充经筵讲官”[8]。二年正月三十日，命吏部右侍郎兼翰林院学士林燫为日讲官[9]。对于讲官王希烈，穆宗也比较看重。隆庆二年正月三十日，命国子监祭酒王希烈“为经筵讲官”。[10]四年六月二十六日，升礼部右侍郎王希烈为本部左侍郎，“仍各兼翰林院侍读学士，经筵日讲如故”。[11]六年二月二日，穆宗特别任命“礼部左侍郎兼翰林院侍读学士王希烈充日讲官”。[12]

此外，穆宗还任命过一些人担任经筵讲官和日讲官。隆庆元年四

[1] 《明穆宗实录》卷五〇，隆庆四年十月甲辰。
[2] 《明穆宗实录》卷六二，隆庆五年十月丁巳。
[3] 《明穆宗实录》卷三一，隆庆三年四月庚辰。
[4] 《明穆宗实录》卷三二，隆庆三年五月庚午。
[5] 《明穆宗实录》卷三六，隆庆三年八月丙寅。
[6] 《明穆宗实录》卷五七，隆庆五年五月乙亥。
[7] 《明穆宗实录》卷六八，隆庆六年三月辛亥。
[8] 《明穆宗实录》卷八，隆庆元年五月乙卯。
[9] 《明穆宗实录》卷一六，隆庆二年正月庚辰。
[10] 《明穆宗实录》卷一六，隆庆二年正月庚辰。
[11] 《明穆宗实录》卷四六，隆庆四年六月壬戌。
[12] 《明穆宗实录》卷六六，隆庆六年二月庚寅。

月二十五日，改礼部右侍郎兼翰林院学士殷士儋为吏部右侍郎，仍兼学士，“经筵日讲如故”[1]。二年正月三十日，命翰林院编修王锡爵为经筵讲官。[2]四年正月二十四日，以右春坊右谕德丁士美充日讲官[3]。二十八日，又任命司经局洗马管国子监司业事马自强以原官兼翰林院侍讲，掌司经局事，“充经筵讲官”。[4]四年六月二十六日，升翰林院掌院事侍读学士诸大绶为礼部右侍郎，兼翰林院侍读学士，“经筵日讲如故”。[5]二十九日，掌后军都督府事太师兼太子太师成国公朱希忠托病辞充总督府职任。穆宗察其诚恳，予以批准，但仍令他“监修《实录》、经筵侍班如故”。[6]五年十月十九日，升左春坊左中允兼翰林院编修申时行为左谕德兼翰林院侍读，充日讲官。[7]六年闰二月八日，命掌詹事府事太子少保礼部尚书兼翰林院学士高仪侍经筵。[8]从这些人员的任命可以看出，穆宗虽然不喜欢经筵日讲活动，但仍然对之持尊重的态度。

第四节　神宗经筵日讲的教学实践

在明代列帝中，神宗的经筵和日讲教育相对而言是最完善的[9]，因而也是最典型的，对此进行剖析，有助于加深对明代经筵日讲制度的了解和认识。神宗的经筵日讲教育分为两个阶段：第一阶段是青少年时代，亲自参加经筵日讲的阶段；第二阶段是27岁以后，拒绝出

[1] 《明穆宗实录》卷七，隆庆元年四月庚戌。
[2] 《明穆宗实录》卷一六，隆庆二年正月庚辰。
[3] 《明穆宗实录》卷四一，隆庆四年正月壬辰。
[4] 《明穆宗实录》卷四一，隆庆四年正月丙申。
[5] 《明穆宗实录》卷四六，隆庆四年六月壬戌。
[6] 《明穆宗实录》卷四七，隆庆四年七月乙未。
[7] 《明穆宗实录》卷六二，隆庆五年十月戊申。
[8] 《明穆宗实录》卷六七，隆庆六年闰二月甲子。
[9] 朱子彦也认为“有明一代万历朝是经筵日讲制度贯彻实施得最好的时期”，见氏撰：《明万历朝经筵制度述论》，载《社会科学战线》2007 年第 2 期。

御经筵日讲但接受日讲讲章的阶段。在前一个阶段，神宗所上的课程比较完善，经筵的过程比较顺利；后一阶段的讲章进呈，也是延续第一阶段的相关制度而进行。在第一阶段的教育中，特别是万历十年以前的经筵日讲中，首辅张居正起到了巨大的推动作用。但张居正死后，神宗产生了明显的怠学情绪，至万历十七年二月以后，再未出御讲筵，只接受讲章的进呈。四十三年以后，连讲章也不再接受。神宗对经筵日讲经历了一个从被动但积极，到主导但消极的过程，说明阁权与皇权的消长对经筵教育产生了明显影响。

一　神宗经筵日讲的两个阶段

（一）第一阶段，被动但积极参与经筵日讲

神宗冲龄即位，遇到明朝强势的首辅张居正，虽然是被动参与经筵日讲，但却被激起了学习热情，积极投入经筵日讲的教育中。张居正为小皇帝神宗制定了几乎最高的经筵日讲标准，开展了日复一日，年复一年的经筵日讲活动。根据笔者的统计，从隆庆六年八月十八日第一次日讲开始，到万历十七年二月二日最后一次日讲截止，有史可证的经筵次数是99次，日讲是601次，总共参加经筵和日讲共计700次。实际的次数远远高于上述数字，因为《明神宗实录》相当一部分史实是据《万历起居注》编纂而成的，而后者不少篇幅都早已散失，直接影响到实录记载的缺失。如《起居注》脱万历四年正月至三月的记载，因此这三个月的经筵日讲在《神宗实录》中就十分罕见。

在神宗的经筵日讲经历中，万历三年四月是他参加经筵日讲次数最多的月份，多达16次，其中每月应举行的3次经筵无一缺席，另外还参加了13次日讲，也就是说，神宗一半以上的时间都用在读书和学习上了。本月的二十日是下雨，按规定可以“暂免讲读”的，但“上御文华殿讲读如常”，因此创下了历史最高纪录。神宗参加经筵日讲第二多的月份，是万历二年的九月，3次经筵一次不缺，另外参加了

12次日讲，共15次。换言之，他一半的时间都在读书和学习。神宗参加经筵日讲第三多的月份，是万历二年的四月、十月和十二月，三个月均参加了13次讲读，四月份参加了3次经筵，10次日讲；而十月和十二月则未参加经筵，但各参加了13次日讲，特别是十二月，属于超出春讲和秋讲之外的额外的讲读，居然也创造了13次日讲的记录。神宗参加经筵日讲第四多的月份，是万历三年十月，共参加了12次日讲。

神宗的经筵日讲，是明代皇帝中参加最多的，他并没有做到每天参加，因此所谓皇帝的经筵日讲，不可能每日都有，所谓日讲，只要每月有几次，也就算“名副其实”了。虽然神宗早年参加经筵日讲次数最多，但他在万历十一年所撰《御制重刻古文真宝前序》中也只敢自称“朕冲龄典学，缉熙有年，月御讲帷，讨论经史”[1]。这里讲“月御讲帷”，未敢声称“日御讲帷”，算是实事求是。从神宗的例子可见，帝王是很难将日讲进行到底的。万历十七年二月二日之后，虽然神宗不再赴文华殿从事经筵和日讲，但仍然接受讲官上的日讲讲章，直到万历四十三年十二月二十三日为止。这是变相的日讲，反映了神宗性格的妥协性一面。

神宗即位后不久，大学士张居正提议“宜乘此清秋，将讲读令典亟赐举行，请照弘治十八年例，于（隆庆六年）八月中旬先行日讲，其经筵会讲少俟明春”，神宗“从之”。[2]隆庆六年八月十日，确定“朝讲”日期时，张居正等认为小皇帝“日每视朝，朝后又讲，似于圣体太劳”，为此提出了针对幼君的关键性的方案：“若论有益于身心，有裨于治道，则视朝不如勤学，尤为务实”。于是建议“皇上以三、六、九日视朝，其余日俱御文华殿讲读，非大寒大暑不辍。凡视朝之日，即免讲，讲读之日即免朝”，这样圣体不致太劳，圣德可得到有益的陶冶。小神宗只得敕谕礼部：“其常朝外，每月定以三、六、

[1] 《万历起居注》第二册，第355页，北京大学出版社，1998年。按：此序由大学士张四维等代为拟写。

[2] 《明神宗实录》卷四，隆庆六年八月辛酉。

九日御门听政，余日俱免朝参，只御文华殿讲读”。[1]张居正根据幼君的特点制定的教育方案，是很有价值的。

根据先举行日讲，后举行经筵的决议，隆庆六年八月十三日，张居正等题奏“日讲仪注”[2]，小皇帝“报可”而已。

八月十四日，辅臣张居正等对增加日讲官员额提出了建议：“旧例日讲官四员，或增至五员。今讲读、写字后，又进讲《通鉴节要》，则四员似不足用，合再添二员。又讲读后仍该写字，则必用侍书恭侍左右，开说笔法，并写讲章及日讲起止。”于是“命东宫讲读官马自强、陶大临、陈经邦、何雒文、沈鲤，侍班官丁士美并为日讲官。马继文、徐继申仍为侍书官”。[3]日讲官为神宗讲解经史，侍书官则为神宗教习书法。

隆庆六年八月十八日，神宗开始了他第一次的日讲教育：“上初御文华殿讲读。”[4]隔了一天，二十日“上御文华殿讲读，遂以为常”[5]。十二月十七日，神宗在文华殿讲读后，大学士张居正率讲官进《帝鉴图说》。此前，“居正属讲官马自强等考究历代之事，撮其善可为法者八十一事从阳数，恶可为戒者三十六事从阴数，每一事为一图，后录传记本文，取唐太宗以古为鉴之意，名曰《帝鉴图说》”。这天，张居正等“具疏进”。神宗“展疏朗诵数十语”，顾谓居正等曰：“先生每起。”于是“居正前近御案，为竟读，已奉图册前”。神宗“遽起立，目左右展册。居正一一指陈大义，上应如响，其不待指陈能自言其义者十居四五”。次日，皇帝报曰：“览卿等奏，具见忠爱（垦）[恳]至。朕方法古图治，深用嘉纳。图册留览，还宣付史馆，以昭我君臣交修之义。”不久又“手谕嘉奖，赐金币有差”。自此以后，“日置图册于座右，每讲，辄命居正解说数事以为常”。[6]二十二日，张居正等

[1]《明神宗实录》卷四，隆庆六年八月癸亥。
[2]《明神宗实录》卷四，隆庆六年八月丙寅。
[3]《明神宗实录》卷四，隆庆六年八月丁卯。
[4]《明神宗实录》卷四，隆庆六年八月辛未。
[5]《明神宗实录》卷四，隆庆六年八月癸酉。
[6]《明神宗实录》卷八，隆庆六年十二月己巳。

奏：“日讲节假接上元灯假，恐圣功间断。命正月初旬即开讲。”[1]由于张居正的提醒，结果万历元年正月五日，小神宗便下谕内阁“初七日开日讲，谕卿等知之。”据称“旧例节假至正月二十一日始开，今上于假内即御讲帏，可谓好学之笃矣”。神宗并不是好学之笃，而是迫于权臣张居正等人的威势，只得响应。至“七日戊子，上御文华殿讲读”[2]。神宗继位以来，日讲进行是相当顺利的。

万历元年正月，举行经筵提到了议事日程。十日，大学士张居正等上疏指出：“经筵日讲皆所以仰成圣德，讲明治道，在我神宗列圣自有成规。去年臣等因山陵未毕，岁事将终，故请皇上先御日讲，次开经筵。荷蒙圣明即赐允行。后值隆冬，讲读不辍。兹于年节假内即已谕开日讲。臣等仰见我皇上惕厉之诚，法天行健，缉熙之学与日俱新。宗社万万年无疆之庆也。但经筵盛典亦宜次第举行，且在廷臣工久切快睹之望。伏乞敕下礼部，遵照前旨，于二月内择日具仪，肇举令典。其合用知经筵、同知经筵及侍班、讲读、执事、侍仪等官，容臣等查照旧规，议拟上请。仰候圣裁施行，庶劝讲之礼既不废于公庭，造膝之言又日陈于左右。圣功已密而益密，圣德日新而又新矣。”[3]神宗要求“章下礼部，具仪以上”。礼部便奏上了神宗朝的经筵仪注，获得批准。[4]于是，任命太师兼太子太师成国公朱希忠，少师兼太子太师吏部尚书建极殿大学士张居正为知经筵官，太子少保礼部尚书兼武英殿大学士吕调阳为同知经筵官，吏部右侍郎兼翰林院侍读学士陶大临，礼部左侍郎兼翰林院侍读学士王希烈，礼部右侍郎管国子监事汪镗，太常寺卿兼翰林院侍读学士掌院事丁士美，左春坊左谕德兼翰林院侍读申时行，右春坊右谕德兼翰林院侍读王锡爵，翰林院修撰陈经邦、何洛文，编修沈鲤、许国、沈渊，检讨陈思育为讲官，其中大临、士美、经邦、洛文、鲤、国仍日侍讲读。翰林院修撰罗万化，编

[1] 《明神宗实录》卷八，隆庆六年十二月甲戌。

[2] 《万历起居注》第一册，第1－2页，北京大学出版社，1988年。

[3] 《万历起居注》第一册，第6－9页，北京大学出版社，1988年。

[4] 《万历起居注》第一册，第10－12页，北京大学出版社，1988年。

修王家屏、陈于陛、徐显卿、张位、韩世能，检讨林偕春、成宪为展书官，尚宝司卿兼翰林院侍书周维藩、吴自成，礼部主客清吏司郎中章子谊，仪制清吏司员外郎兼司经局正字马继文、徐继申，户部浙江清吏司员外郎黎民表，大理寺右寺副刘大武，右评事成楫为写讲章并起止官，俱两班轮流。命驸马都尉许从诚为侍卫官，彰武伯杨炳及六部、都察院、通政使司、大理寺各掌印官一员为侍班官，给事中、监察御史各二员为侍仪官，锦衣卫、鸿胪寺各堂上官一员，鸣赞、序班共八员为执事官。[1]

确立了经筵日讲的日期、仪式和官员后，神宗还于正月二十六日给赐知经筵官朱希忠和张居正，同知经筵官吕调阳三人各敕一道。各敕内容大同小异，声称："我祖宗列圣遹崇是道，经筵日讲岁岁举行，二百余年治教休明，超轶隆古。"对即将举行的经筵，提出了教与学两方面的要求："夫君道以讲学亲贤为要，臣职以责难陈善为恭。朕方亹亹咨询，求多闻而建事，卿等尚孜孜纳诲，明正学以沃心。凡经史所载，理欲消长之端，政治得失之故，人才忠邪之辨，统业兴替之繇，务明白敷陈，委曲开导。毋曲说以狥好，毋避讳以为嫌，俾学缉熙于光明，治允跻于清穆。"[2]

万历元年二月一日，举行经筵大典前，神宗分别驾御奉先殿、弘孝殿、神霄殿、皇考穆宗庄皇帝几筵，"以明日开经筵告"[3]。

二日，神宗朝的第一次经筵大典正式开始，"上初御经筵"。其过程是这样的："讲官进讲《大学》及《尚书·尧典》，上端拱倾听，目不旁眴。讲毕，赐传酒饭，音吐清亮，仪度雍容。侍班诸臣相顾称叹，以为上神明夙悟，真天纵也。"[4]是日，"经筵以下各官银币钞绢有差，仍特赐二辅臣各蟒衣一袭，日讲官六员各金罗衣一袭"。[5]第二天，成

[1] 《万历起居注》第一册，第13－15页，北京大学出版社，1988年。按：起居注韩世能之"韩"误作"翰"。

[2] 《万历起居注》第一册，第24－27页。

[3] 《万历起居注》第一册，第30页。

[4] 《万历起居注》第一册，第31－34页。

[5] 《明神宗实录》卷一〇，万历元年二月癸丑。

国公朱希忠、大学士张居正、吕调阳等以经筵礼成，上表称贺。[1]

此后，经筵活动便正常展开。据《万历起居注》第一册第59页载：万历元年三月“二日壬午，上御经筵”。至万历元年五月规定，春季经筵从二月十二日开始，止于五月二日；秋季经筵从八月十二日开始，止于十月二日。据《起居注》载：万历元年五月二日，神宗御经筵。大学士张居正等题：“祖宗故事，每年经筵，惟春秋二季开讲，寒暑则免，若次次请旨开讲，次次传旨免讲，以为烦渎。合无敕下礼部，著为定例：每年春讲定以二月十二日起至五月初二日止，秋讲定以八月十二日起，至十月初二日止，各该衙门照例遵行，免致临期一一题请传奉，似为简当”。上从之。是日谕礼部：“天气炎热，经筵暂免。日讲照常行。以后经筵春讲二月十二日起，至五月初二日免，秋讲八月十二日起，至十月初二日免，永为定例，不必一一题请。”[2]因此，像万历元年二月二日举行经筵的情况，以后便推迟到二月十二日了。在春讲和秋讲期间，每月的二、十二、二十二日三天，便举行经筵活动，相沿不替。

一般担任“知经筵”一职的人只是挂名，出席经筵仪式以陪侍而已。张居正虽然也担任知经筵官，但却认真负责，使知经筵官成为经筵日讲的实际负责人，甚至直接承担日讲任务。万历元年三月四日，“上御文华殿讲读。辅臣张居正进讲《帝鉴图说》汉文帝劳军细柳事”，并奏道：“古人说：天下虽安，忘战必危。如今天下承平日久，武备废弛，将官受制文吏，不啻奴隶。夫平日既不能养其锋锐之气，临敌何以责其有折冲之勇？自今望皇上留意武备，将官忠勇可用者，稍假权柄，使得以展布，庶几临敌号令严整，士卒用命。”神宗以为然。[3]再如万历元年十月八日，“上御文华殿讲读。是日辅臣张居正进讲《帝鉴图》宋仁宗不喜珠饰事”。神宗问：“国之所宝，在于贤

[1] 《明神宗实录》卷一〇，万历元年二月甲寅。

[2] 《万历起居注》第一册，第74－75页；《明神宗实录》卷一三，万历元年五月辛巳。

[3] 《万历起居注》第一册，第59－60页；《明神宗实录》卷一一，万历元年三月甲申。

臣，珠玉之类，饥不可食，宝之何用？”居正因反复言：“古者明君贵五谷而贱金玉，虽贵饥不可食，寒不可衣，而铢两之间为价不赀，徒费民财，不适于用，故《书》言：‘不作而无益害有益，不贵异物贱用物。’良以此耳。”神宗回应道：“然。彼宫中妇女只好妆饰，朕于岁时赏赐，每每节省，宫人皆言‘用得爷爷多少’，朕云：‘今库中所积几何？’”居正因顿首曰：“皇上之言及此，社稷生灵之福也。”[1]这些记载都证明张居正对神宗的经筵日讲是亲自参加并讲授。张居正对经筵日讲的重视，与他亲历亲为的个人风格相一致。除了亲自讲读外，张居正还亲自负责讲读仪式的纠察和监督。这项工作一般是由出席经筵仪式的御史和给事中负责的。万历二年十一月二十四日，神宗御文华殿讲读时。张居正等题奏：“查光禄寺，每遇讲读日，轮差署官二员，看办臣等所赐酒饭。今查本日该署官许从切、辛汝奇，亦俱不到，合当一并惩治。”于是皇帝决定罚许从切、辛汝奇二人官俸一月。[2]

在万历初期，由于张居正的身体力行，影响到小皇帝的向学，使后者学习积极性得到极大的提高，经常主动请教。万历三年十月十七日，神宗御文华殿讲读，“命中官持《论语讲章》，指其中所引南容三复白圭一语，出问辅臣：‘白圭何诗也？’辅臣张居正回答：“此在《大雅·抑戒》中，乃卫武公自箴儆之词。”并略为解说其义。“中官领以复命”。史官赞叹道“上之究心问学如此！”[3]四年三月四日，神宗“御文华殿讲读”，主动背诵《大宝箴》。当张居正讲解时，“上皆洞其微旨，所引琼宫瑶台、糟丘酒池、开罗启祝、授琴命诗等事，能悉知其颠末”。讲到周文王小心时，神宗说：“小心当是兢兢业业之意。”讲到“纵心乎湛然之域”一条时，神宗说：“此不过言人当虚心虚事耳。”张居正于是举手贺道：“只虚心二字，足蔽此条之议矣。夫人心之所以不虚者，私意混杂故耳。诚能涵养此心，除去私欲，如明

[1]《万历起居注》第一册，第 109－110 页；《明神宗实录》卷一八，万历元年十月乙卯。

[2]《万历起居注》第一册，第 236－238 页。

[3]《万历起居注》第一册，第 351－352 页。

镜止水，则好恶刑赏，无不公平，而万事理矣。”神宗称是。[1]九年六月十日，神宗御文华殿讲读。“旧规：寒暑辍讲。上亹亹学问，虽六月必举云。”[2]反映出当时神宗积极主动的学习态度。

此时，神宗从事经筵和日讲是十分勤勉的。其辍免经筵和日讲的情况，一般发生在以下几个方面：

第一，忌辰和丧事。首先是已故父祖的忌辰。万历元年八月二十二日，“以及宪宗纯皇帝忌辰，免经筵”[3]。八年五月十日，“以太祖高皇帝忌辰，免讲读”[4]。同月十二日，以仁宗昭皇帝忌辰，免讲读。[5]其次是已故后妃的忌辰。主要是世宗的第一任皇后孝洁肃皇后陈氏的忌辰，正好处在秋讲的最后一次经筵上。万历元年十月二日，“以孝洁肃皇后忌辰，免经筵”[6]。二年十月二日，“以孝肃皇后忌辰，免讲读一日”[7]。四年十月二日，因“孝洁肃皇后忌辰，免经筵”[8]。八年十月二日，是日，以孝洁肃皇后忌辰免经筵。[9]九年十月二日，以孝洁肃皇后忌辰免经筵。[10]其三是神宗妃子的丧事，导致辍讲。九年三月二十七日，“以荣惠宜妃杨氏发引，免讲读”[11]。杨宜妃是神宗姬妾，万历六年入宫，册封宜妃。八年十二月薨，谥荣惠。经筵日讲停止后，讲官只提供讲章，这也会因妃子的丧事而停免。二十五年七月，因恭顺荣庄端静皇贵妃薨逝，“暂免日讲讲章”[12]。贵妃即李敬妃，万历二十二年封敬妃，二十五年薨，追封皇贵妃。生惠王朱常润和桂端王朱常

[1]《明神宗实录》卷四八，万历四年三月丁酉。
[2]《明神宗实录》卷一一三，万历九年六月壬寅。
[3]《万历起居注》第一册，第99页。
[4]《万历起居注》第二册，第61页，北京大学出版社，1988年。
[5]《万历起居注》第二册，第61页。
[6]《万历起居注》第一册，第108页。
[7]《万历起居注》第一册，第214页。
[8]《万历起居注》第一册，第406页。
[9]《万历起居注》第二册，第86页。
[10]《万历起居注》第二册，第176页。
[11]《万历起居注》第二册，第142页。
[12]《明神宗实录》卷三一二，万历二十五年七月乙卯。

瀛，其孙朱由榔后为南明永历皇帝。三十九年九月十七日，阁臣因光宗生母皇贵妃王氏于十三日酉时薨逝，提出："圣情伤恻，所有经筵日讲讲章似宜暂免，事毕发引之后，臣等令各讲官照常恭撰上进。"[1]

第二，异常的气候和气象。如寒冷和炎热的天气，以及雨雪天气。下雨会导致辍讲。万历四年四月二十二日，"以雨免经筵"[2]。五年闰八月三日，张居正针对"上以暑雨，朝讲稍歇"的情况，提出批评："近虽为阴雨暂辍，然恐中外不知，以为皇上勤政务学渐不如始。臣等一念惓惓，愿皇上日慎一日，朝讲非有他事相妨，及风雨所阻，不得辍罢！"神宗"深以为然"。[3]八年七月十七日，以雨免讲读。[4]下雪也会引起免讲。万历六年十一月二十八日，以雪免讲读。[5]

第三，因节假日免进讲。万历六年十二月二十五日，以正旦节，张居正、张四维、申时行等内阁辅臣题奏："查得本年十二月二十五日起放除夕假，连年节、上元假至新年正月二十日方满。先奉钦依，于正月上旬先择吉开讲一次，仍暂辍讲至二十日，以后照常日讲。"[6]

第四，因病免经筵日讲。万历七年正月神宗出疹。二十四日，张居正等题奏："伏闻圣体偶有违和，谅系小恙，必已万安。臣等犬马微衷，深切仰恋，谨此恭问起居。连日风寒，圣躬为重，自二十五日至二十八日请暂免朝讲，以静迓天和。其二十九日庆贺一节，候临期请旨施行。"神宗采纳了这个建议。"此时但闻圣体违和，不知其为疹也。"[7]二十七日，司礼监太监冯保传奉圣旨："说与鸿胪寺：朕偶患疹，欲服药静摄，自本月二十八日起至二月十五日俱暂免朝讲。"[8]神宗弟弟患病也导致免讲。七年二月二日，神宗命辅臣传谕："朕弟

[1]《明神宗实录》卷四八七，万历三十九年九月癸丑。

[2]《明神宗实录》卷四九，万历四年四月乙酉。

[3]《万历起居注》第一册，第473－474页。

[4]《万历起居注》第二册，第70页。

[5]《万历起居注》第一册，第699页。

[6]《万历起居注》第一册，第706－707页。

[7]《万历起居注》第一册，第715页。

[8]《万历起居注》第一册，第715－716页。

潞王患疹，读改于三月。”[1]是月十四日，辅臣张居正等因为神宗“出疹之后，最忌风寒劳动”，虽然前奉圣谕“暂免朝讲止于本月十五日”，但他们考虑“目下春寒未解，圣躬所系甚重，必须再加珍摄，乃为万全”，建议下谕礼部，“自十六日起，仍暂免朝讲，俟三月初旬始择吉临御”，以便身体彻底恢复。于是，神宗谕礼部道：“朕体虽安，尚须静摄。自本月十六日起，仍暂免朝讲。候三月初旬，择吉奏请。”[2]三月九日，因病未痊愈，神宗又谕：“十二日经筵。其日讲且待五月初旬行。”[3]十五年二月十一日，皇帝身边的文书官李兴“传免经筵”，申时行等“恭问起居，始知圣体连日动火，时作眩晕”。[4]十五日，文书官李恩口传：“圣体偶因动火，服凉药过多，下注于足，生有小肐膌，搔破见贴膏药，进讲暂免。”[5]十九日，申时行等题奏：“先于本月十五日该文书官口传以圣躬静摄，暂免朝讲，于今五日矣。每文书官送本到阁，臣等恭问起居，皆云万安。”[6]据此知神宗已开始假称生病来迷惑讲官，以获得免辍讲读的借口。皇帝通过示弱的方式，逃避儒臣的包围，这既是神宗个性使然，也是明代程朱理学氛围中皇帝被束缚的现实写照。

第五，辍朝。万历六年三月二十二日，“以辍朝免经筵”[7]。一般而言，辍朝正可以讲读，而此处则将辍朝作为免经筵的理由，则甚为罕见。

辍免经筵和日讲以前还只是偶尔为之，但自张居正死后，神宗在经筵日讲上开始明显松懈，不再按照春、秋两讲的时间自然展开，有时需要另外确定时间。万历十五年三月九日，文书官李浚口传圣谕：

---

[1] 《万历起居注》第一册，第 718 页。
[2] 《万历起居注》第一册，第 727 页。
[3] 《万历起居注》第一册，第 736 页。
[4] 《万历起居注》第二册，第 781 页。
[5] 《万历起居注》第二册，第 782 页。
[6] 《万历起居注》第二册，第 785 页。
[7] 《明神宗实录》卷七三，万历六年三月癸酉。

“十三日出朝经筵，日讲候另传。”[1]于是，十三日壬寅“上出朝御经筵日讲，百官各吉服朝贺，行五拜三叩头礼”[2]。经筵举行一般是每月逢二（如二日、十二日、二十二日）举行，但此次则改在了十三日举行，已打破了常规。更糟糕的是，此后经筵日讲难以为继。是年十二月二十三日，申时行等人明确指出“今岁自开讲一次之后，未蒙再御”。次日，神宗不得已回复道：“奈朕前入年以来，屡屡动火，眩晕不时，非朕偷逸自荒。又常思启沃开导，日闻谠言，乃治国之要。今已岁暮，待新春稍豫，与卿等讲习。”[3]神宗不敢直接拒绝经筵日讲，只得借口生病，拖延讲读时间。十六年正月二十一日，神宗“命改日讲于仲月上旬卜日行”[4]。次日，都察院左副都御史魏时亮上疏指出“皇上讲读原勤，过丁亥年（即万历十五年）时一传免”，要求“即圣体偶尔违和，亦勉强临御”。[5]直到八月十二日时，神宗才难得地“御经筵”。[6]万历十七年二月二日，神宗最后一次参加日讲，“己卯，上御文华殿讲读”[7]，此后再未踏进文华殿从事经筵或日讲[8]。

从此，执着的儒臣们不懈地提请皇帝举行讲读。万历十七年五月二十一日，大学士申时行等“以阁臣王家屏自蒙召用，尚未面恩，欲待秋凉请上视朝经筵，以慰大小臣工之望”。[9]还说：“时行等不睹天颜几及两月”，现今正当溽暑，不敢要求皇帝“日御经筵”，只乞求神宗“稍待秋凉未为不可”。[10]八月一日，申时行等又提出“经筵秋讲

[1]《万历起居注》第二册，第810页。
[2]《明神宗实录》卷一八四，万历十五年三月戊戌。
[3]《明神宗实录》卷一九三，万历十五年十二月丁丑。
[4]《明神宗实录》卷一九四，万历十六年正月乙巳。
[5]《明神宗实录》卷一九四，万历十六年正月丙午。
[6]《万历起居注》第三册，第80页。
[7]《明神宗实录》卷二〇八，万历十七年二月己卯；《万历起居注》第三册，第162页。
[8] 朱鸿林也认为：“万历十七年二月初二日己卯的文华殿讲读，是神宗这种活动的最后一次。”见氏撰：《明神宗经筵进讲书考》，载《华学》第九、十辑，第1372页。
[9]《明神宗实录》卷二一一，万历十七年五月丁卯。
[10]《明神宗实录》第三册，第217页。

如期举行”[1]的要求。但神宗却派文书官李文辅口传“圣体稍弱头眩，调理几日出朝讲”的口谕。申时行等却强烈要求皇帝出来上朝和讲读。[2]二十二年二月二日，大学士王锡爵等“择二月十一日御讲筵，照常日讲，以正月上旬碍于祀事，故改期”以待[3]。但是，神宗每次都一一推托，最终通过“打太极”的手法，拒绝了儒臣们将自己拉上经筵日讲讲堂的企图，不过也留下了一个“懒皇帝”的不好名声。

就在皇帝亲自参与经筵和日讲的这一阶段，已经开始于每年年终清理本年度所讲课程的讲章，类写后进呈皇帝“温习”。但其中万历十二、十三、十四年三中年都没有发现类编进呈该年讲过讲章的记载。这一现象与日讲次数稀少有关。正如申时行在十四年十二月的奏疏说出：“今通查一年之内，日讲不过数次，讲章甚少，不能成帙。”[4]到万历十七年二月以后，皇帝不再出御讲筵，但日讲则以进呈讲章的形式保持了下来，只是变成了“函授”。

（二）第二阶段，进讲章以取代经筵日讲

然而，儒臣并未放弃让皇帝接受儒家教育的企图，而是想方设法地让神宗接受哪怕是变相的打折扣的日讲教育，让皇帝在拒不讲读的情况下通过进呈经筵日讲讲章的方式，在宫内接受教育。于是，神宗的宫廷教育进入了“函授”阶段。

早在万历六年十二月二十五日，辅臣张居正、张四维和申时行建议“令原在东宫侍书官二员，每日轮流一员，进殿供事，并写讲章，及日讲起止等因”。内阁又建议侍书的正字官无需入殿侍班供事，“止办理书写讲章并按日讲起止原务”，神宗报可。[5]于是便让侍书官撰写讲章。万历十六年闰六月二日，首辅、大学士申时行等鉴于“圣体静

[1] 《明神宗实录》卷二一四，万历十七年八月丙子。
[2] 《万历起居注》第三册，第 248 页。
[3] 《明神宗实录》卷二七〇，万历二十二年二月辛亥。
[4] 《万历起居注》第二册，第 756 — 758 页。
[5] 《万历起居注》第一册，第 707 — 708 页。

摄，天气炎薰，每及讲期，多从传免”的情况，决定“拟令讲读诸臣，将逐日讲章照常撰写。虽遇免讲，仍进讲章。皇上特赐览观，就便温习，俟金秋凉爽，玉体康宁，特御讲筵，接续进讲，庶圣学无暴寒之间，而诸臣亦得效其启沃之忠”。神宗札谕申时行，解释道：“迨朕自入今春以来，心肝二经之火，屡屡发动，甚至头眩不能强起，目黑视物不真，心虽勉而不能，非朕安逸废于讲习。”决定“讲章着不论朝讲日期，日日写来进以备朝夕温览，待于秋凉，朕疾少愈，仍赴讲筵，讲章还从接续而讲”。[1]申时行等闻谕后“当即传示讲官，每日撰进讲章以备御览”，但却很不放心，怕神宗反悔，提出“可有圣谕一道，谨尊藏阁中，以彰皇上典学容言之美？”[2]申时行提出的以讲章代替辍讲的权宜之计，是一面双刃剑，虽然填补了神宗辍讲造成的讲读空隙，但却给神宗赖着不赴文华殿讲读找到了借口。十七年正月二十二日，申时行等题奏：“为日讲事，先该臣等题每年开讲日期俱于正月上旬，今岁于祭祀之期，有碍节假，以后即系下旬，容臣等于二月上旬另择日，恭请皇上开讲，以后接续日讲。奉旨‘是，钦此！’今将届期，臣等谨择二月初二日吉，恭请皇上临御讲筵，照常日讲。”得旨“是”。[3]万历十七年二月二日的这次日讲，是神宗的最后一次赴殿讲读。

万历十八年二月十二日，申时行等“以上暂免日讲经筵，请进所撰讲章以备省览”。神宗“从之”。[4]神宗回答得如此爽快，是因为所进讲章，可看可不看，儒臣根本无法监督。

不过，神宗虽然不愿意面见儒臣，但却并非完全不看讲章。他其实有喜欢阅读的习惯，曾读过《明实录》等大部头书。万历二十二年二月十六日，神宗遣文书官李浚口传：“初十日所进日讲讲章，如何与十五日进者前后互异？”表明他不仅看了讲章，而且将前后讲章作

[1] 《万历起居注》第三册，第 68 — 69 页。

[2] 《万历起居注》第三册，第 70 — 71 页。

[3] 《万历起居注》第三册，第 146 — 147 页

[4] 《明神宗实录》卷二二〇，万历十八年二月甲申。

了比较。大学士王锡爵等人只得作出解释："先年阁臣偶见圣驾希出，无便纳忠，乃题奉钦依，一面将应讲之书每日撰进以便宫中披阅，一面将未讲之书留待驾出接讲，此互异之故也。今后或仍照原题将新旧讲章各别进呈，或即将每日所撰讲章随进随讲，亦无不便。"[1]是年十二月十日，神宗又让文书官李浚口传圣旨："讲章讲了几本，与内阁说开写来看。钦此！"[2]看来他仍然是在关心讲章、阅读讲章。

由于神宗还在阅读讲章，因此儒臣仍然受到鼓舞，决定继续奏进讲章。万历二十三年三月九日，大学士赵志皋等题奏："日讲《书》、《礼》既毕，今《毛诗》见在进讲，《易》讲《序卦传》将完。臣等拟将《春秋》书预撰讲章进呈，以裨圣学。"[3]但是，神宗对进呈讲章一事开始感到厌烦。二十五年二月二日，大学士赵志皋等指出五经已经"讲"完，要求从《明实录》中"每日摘取一条进讲，以备皇上法祖通今之助"。神宗指出："《诗经》讲完时，请旨别讲他书，不得辄撰讲章！"当赵志皋等再请钦定经书为"日讲"教材时，神宗"亦不报"。[4]然而，儒臣们仍然不断要求向辍朝的皇帝进呈"日讲"的讲章。七月二十六日，赵志皋等奏"自恭顺荣庄端静皇贵妃薨逝暂免日讲讲章，今发引事毕，请接续撰进"，但神宗"不报"。[5]

倔强的皇帝仍然禁不住儒臣们的软磨硬泡，最终还是接受了讲章的进呈。万历二十八年二月二日，阁臣赵志皋、沈一贯题请："每年开讲日期常于二月上旬，择吉恭进讲章，以后接续每日进呈。"神宗"从之，择于初九日进览"。[6]三十一年二月二日，大学士沈一贯等"以日讲吉期，并撰讲章以进"。神宗"报可"。[7]情绪高涨的神宗还主动要求多进讲章。三十三年十二月三日，神宗传谕内阁："日进

[1]《明神宗实录》卷二七〇，万历二十二年二月乙丑。
[2]《万历起居注》第四册，第870－871页。
[3]《明神宗实录》卷二八三，万历二十三年三月壬午。
[4]《明神宗实录》卷三〇七，万历二十五年二月癸亥。
[5]《明神宗实录》卷三一二，万历二十五年七月乙卯。
[6]《明神宗实录》卷三四四，万历二十八年二月丙子。
[7]《明神宗实录》卷三八一，万历三十一年二月己丑。

讲章只一本（笔者案：此讲章当是《通鉴》讲章），还着照旧再添一本。应进何书讲章，先生每开具来览。”辅臣于是回奏：“《大学衍义》讲章进完，《学》、《庸》、《语》、《孟》及《易》、《书》、《诗》、《礼》俱已进过，惟《春秋》系圣人笔削之书，未经进讲，又我朝太祖高皇帝、成祖文皇帝嘉谟善政备载《宝训》，可为万世子孙法程，允宜进讲。恭请于内钦定一书，以便撰进。”神宗决定“着撰《春秋讲章》，日每进览”。[1]三十四年四月二十六日，辅臣沈鲤等指出：“皇上御极已来，日讲官原设六员，兼讲经史，后以讲筵稀御，乃进讲章二本，寻又以讲官乏人，止进《通鉴》讲章一本。顷者，皇上锐然务学，命兼讲《春秋》，日进二本如故。”为应付骤然增的工作量，沈鲤等奉命“推择儒臣资望最深者三人，在籍则尚书于慎行，在任则侍郎叶向高、杨道宾并充日讲官，与李廷机分撰《经史》讲章，总不过四员”，但是“廷机既杜门不出，于慎行辞本未下，向高、道宾尚未得旨，自春及夏，求如往时止进讲章一本，亦不可得。岂不负皇上始终典学意哉？”[2]但此时情绪又陷低落的神宗“俱不报”。

虽然皇帝热情时高时低，但儒臣们仍然继续撰进讲章。万历三十五年二月十八日，“以日讲吉期，恭进讲章”。[3]三十六年十二月二十三日，大学士李廷机、叶向高题：“谨将《通鉴纂要》制谏官言事起至张镐闻睢阳围急止一本，广平王俶起至刑部尚书颜真卿止一本，二年李光弼与李思明战于邙山起至吐蕃还围凤翔止一本，削程元振官爵起至以韩滉判度支止一本，七年卢龙将吏杀其节度使起至杨炎顿首于上前曰止一本，建中元年始作两税法起至以关播同平章事止一本，李希烈自称天下都元帅起至以陆贽为考功郎中止一本，陆贽言于上曰起至朱泚将奔吐蕃止一本，以上撰进讲章共八本，类写装潢进呈。伏望皇上万几之暇，时加观览。”[4]三十日，大学士李廷机、叶向高奏：

[1]《明神宗实录》卷四一六，万历三十三年十二月癸卯。

[2]《明神宗实录》卷四二〇，万历三十四年四月甲子。

[3]《明神宗实录》卷四三〇，万历三十五年二月辛亥。

[4]《明神宗实录》卷四五三，万历三十六年十二月丙子。

“本年十二月二十四日起，该放除夕假，连年节上元假至新年正月二十日方满，容臣等于二月上旬，另择日恭进讲章，以后接续上进。”[1]他们便按部就班地进呈讲章。三十七年十二月二十三日，“辅臣以本年撰进讲章《通鉴纂要》，自帝发梁州至遣使迎佛骨至京师共八本，类写进呈”[2]。三十九年四月十日，内阁题：“日讲《春秋讲章》进完，拟以二祖《宝训》撰述进呈。未蒙俞发，今与二讲臣议，暂将《通鉴》分撰，仍候裁。”[3]直到万历四十三年十二月二十三日，内阁仍在组织讲官进呈讲章。大学士方从哲等奏：“先该题奉钦依，每年终将讲过经书讲章，类写进呈备览。已经节次进讫。今查撰进讲章，谨将《通鉴纂要》赵宋初年四本，类写装潢进呈。乞皇上于万几之暇，时加观览，以求温故知新之益。”[4]此后，未再考见讲官进呈讲章的记载，可能神宗已决心不再接受讲章这种特殊的日讲形式了。万历朝的经筵日讲就此完全落幕。

万历朝的讲章进呈，仍然竭力维持旧有的日讲形式，重视每年的“初开日讲”。初开日讲时，虽然皇帝并不来学，但却仍然需要择吉，然后再进呈讲章，以示日讲开始。万历二十三年前后，初开日讲时所进的讲章，基本上就是《孟子》、《书经》、《礼记》讲章三条。万历二十三年二月八日，内阁大学士赵志皋、陈于陛和沈一贯“为日讲事近”，“具题开讲日期，择于本月十六日吉，恭请皇上临御讲筵”，而神宗照例下圣旨：“是，钦此！”但人实际上是不会出席的，在此答应只是配合内阁走一走形式而已。内阁虽然选中了二月十六日，但因为礼部题称“奏辽东捷音，亦于本月十六日”。赵志皋等又“查得视朝之日（指每月逢三、六、九的日子），例不御讲”，因此建议“将开讲吉期于十七日”。他们还指出：“再照每年初开日讲，该进《孟子》、《书经》、《礼记》讲章三条，已经进过数次，窃思圣明览玩已

[1] 《明神宗实录》卷四五三，万历三十六年十二月癸未。
[2] 《明神宗实录》卷四六五，万历三十七年十二月庚午。
[3] 《明神宗实录》卷四八二，万历三十九年四月己卯。
[4] 《明神宗实录》卷五四〇，万历四十三年十二月乙丑。

熟，今岁再进似觉重复。臣等欲拟于前项书内，另择三条进呈。”[1]看来，“日讲初开”的日子，进呈的讲章是象征性的，多年来只进那三本书的三条讲章。

在进呈讲章的阶段，朝廷还是按照固有的制度任免日讲官。但是，此时日讲官们从事的工作不是直接面对皇帝讲课，而是撰写讲章。日讲官撰讲章也有分工。万历三十年四月“日讲官二员：朱国祚管《通鉴》讲章，敖文祯管《大学衍义》讲章”，但因《大学衍义》讲毕，内阁“恭请续讲新书”后皇帝久不拍板，“敖讲官因在任空闲，愿将《通鉴》讲章与朱讲官对日分撰，少效目前。待新书命下之日，仍前分讲”。[2]此时，日讲官见不到皇帝，并不奇怪。

二　神宗勤学后的怠学

神宗即位之初，在张居正的鼓励和推动下，对经筵和日讲充满好奇，时常与讲官之间有交流和互动。如对于《帝鉴图说》中故事的好奇和主动询问；再如主动背诵张蕴古的《大宝箴》，对其中的典故“皆洞其微旨”，“能悉知其颠末”；主动将自己的书法作品赠送讲官。然而，随着年龄的增长，神宗学习时的天真和好奇消磨殆尽。万历十三年五月十七日，南京户部山东司主事王鏻指出：“今也日讲虽勤，未闻天语发问。退朝之后，不见召一大臣。”[3]在张居正时代，神宗虽有怠学的念头，但很快便会被纠正。自从“世上已无张居正”后，神宗的怠学情绪日甚一日。他借口身体不适，经常让身边的宦官到内阁传旨辍免朝讲。

万历十四年六月十六日，神宗派文书官刘愷口传：“圣体稍觉中暑，欲调理几日，暂免朝讲。特谕臣等知。钦此！”弄得大学士申时

[1]《万历起居注》第五册，第 55 页。

[2]《万历起居注》第七册，第 450 — 451 页。

[3]《明神宗实录》卷一六一，万历十三年五月丁亥。

行等人措手不及，只得附和道："今当炎暑，气甚郁蒸，诚宜少纾宵旰之勤，用适起居之节。伏望皇上顺乘时令，善养天和，益以葆固精神，茂绥福祉。臣等犬马微忱，不胜瞻恋恳祈之至。谨具题，恭候万安以闻。"[1]经此一弄，神宗找到了应付内阁、辍免朝讲的方法。十六年二月十九日，内臣李浚传上谕："连日火动，声音不清，免朝讲。"申时行等人只得说："此盖春风尚寒，偶有微感，火郁在内，未能宣通。伏望皇上加意燮调，顺时珍护，于凡起居饮膳之类，万分致谨，以臻康豫之休。"[2]此前，神宗还当着申时行等人的面，在文华殿讲读时"召医诊脉"，使申时行等"犬马下情，不胜瞻恋"。但申时行"后侍日讲，仰见天颜和晬，圣体康宁，即不胜欣跃"。[3]显然神宗的病情即使不是装出来的，也是与精神和情绪有关。三月三日，申时行开始反击，指出："臣等先奉圣谕，以圣体偶因动火，暂免朝讲几日。"然而，"连日以来，每文书房官送本到阁，臣等恭问起居，并称万安"，以此揭穿神宗生病的骗局。他提出："臣等不奉天颜半月有余，经筵常朝多从传免，岂圣躬虽已康豫，尚未耐劳，圣志虽切忧勤，犹须静摄？"[4]实际上暗讽神宗装病的行为。十四日，正当申时行等连日以来，"不奉天颜"，"正欲具题恭候间"，神宗派身边的文书官李兴口传圣谕："因动火，夜间睡少，龙音未清，免朝讲几日。"[5]以打消申时行等人的念头。四月二日，到了经筵会讲之日，申时行等"恭候皇上临御经筵"时，神宗又派他的文书官刘恺口传："圣躬尚未全安，以昨日庙享行礼过劳，心体未快，经筵暂免，照旧酒饭。"神宗为了平息讲官之怒，特地声称虽然"经筵暂免"，但"照旧酒饭"，以贿赂他们。申时行等人觉得是"伴食素餐"，但还是"恭诣会极门叩头领宴谢恩"。[6]五月二日，"上将御经筵，偶传免，仍赐宴"。神宗仍然是派

[1] 《万历起居注》第二册，第 679 页。

[2] 《明神宗实录》卷一九五，万历十六年二月壬申。

[3] 《万历起居注》第三册，第 12 — 13 页，北京大学出版社，1988 年。

[4] 《万历起居注》第三册，第 24 — 25 页，北京大学出版社，1988 年。

[5] 《万历起居注》第三册，第 30 页，北京大学出版社，1988 年。

[6] 《万历起居注》第三册，第 32 页，北京大学出版社，1988 年。

文书官李浚口传："今日皇上已起，头目眩晕，圣体酸倦，龙音不清，免经筵，酒饭照常。"申时行等"与同侍班各官叩头领宴"，只得安慰皇上："复闻动火，此殆盛阳之月，气候难调，抑或清燕之中，保和未至"。希望皇上"葆啬元神，节宣动止"。[1]不敢提出讲筵的要求。十七年四月二十二日，文书官刘成口传："圣体酸软，头晕痛，为此传免经筵，说与臣等知，钦此！"这次，申时行不再保持沉默，对神宗明嘲暗讽，指出："窃惟经筵听讲，所以缉熙圣学，入春以来，未蒙临御讲读，侍班诸臣，企望殊切，臣等方欲恳请，兹奉传谕，乃知圣体未康，理宜静摄，臣等不胜瞻恋。"但是，"夫旒纩尊严，宫闱邃密，皇上起居动静非外庭所能测知，然区区犬马之忱，惟愿寡欲以清心，平情以养气，适寢兴之节以顺阴阳之令，防非僻之干以迎天地之和"，这样"朝讲之劳可习"。[2]

万历十七年二月二日，是神宗最后一次出御日讲。此后再未踏入讲堂一步。四月二十六日，大学士王锡爵上疏指出："臣窃见今年二月以来，皇上仅一出朝送潞王殿下，再出行太庙时享，其余常朝日期尽行传免，经筵春讲至今未开。臣等因近侍得以剽闻音旨，若外廷百司，耳目不接，谁能无疑？"神宗也只是"温旨报闻"。[3]十八年五月十一日，日讲官礼部侍郎李长春等"请上临讲"，神宗"报闻"，但未答应。[4]八月十一日，大学士申时行等"请上御经筵日讲"，但"上以圣体未安暂免"。[5]

万历十九年是神宗与申时行为代表的内阁之间，为经筵日讲事纠斗最激烈的一年。君臣之间是斗智斗弱。二月六日，"内传圣体未安，暂辍初七日讲之期"。申时行等人却紧纠不放，指出"经筵以十二日开讲，恭候驾临，并请钦定吉辰，另开日讲"。[6]此事在《起居注》中

[1] 《万历起居注》第三册，第 55 — 56 页，北京大学出版社，1988 年。

[2] 《万历起居注》第三册，第 205 页。

[3] 《明神宗实录》卷二一〇，万历十七年四月壬寅。

[4] 《明神宗实录》卷二二三，万历十八年五月辛亥。

[5] 《明神宗实录》卷二二六，万历十八年八月庚辰。

[6] 《明神宗实录》卷二三二，万历十九年二月癸酉。

所载更详：内阁“择于本月初七日恭请皇上临御日讲”，但文书官刘宣却口传“圣体尚软，圣目未好，不得出讲”。申时行等人便责怪皇上：“臣等愚忠，无非欲仰睹天颜，缉熙圣学，以遂瞻依之愿，以摅启沃之忱。”既然“玉体未耐勤劳，尚须调摄，臣等敢不祗承明命，暂缓开讲之期？”不满之情溢于言表。但申时行等人既失日讲，便紧抓经筵，指出：“再惟经筵开讲原以十二日为始，若数日之内，圣体万安，合无即以是日恭候圣驾临御经筵，以后接续日讲及撰进讲章。惟复钦定吉辰，另开日讲。”[1]当然是没有结果。七日，南京礼科给事中朱维藩也参与其中，提出“乞自今常朝如期临御，经筵日讲随时修举”。但神宗“不报”。[2]十八日，申时行见神宗赖着不出御讲筵，提出“或以经筵之日，接续写进讲章，或钦定吉日，另开日讲”的建议，但“至今旬余未蒙裁夺，今二月且及下旬，讲官无所事事，臣等虽欲责难陈善，其道无由”。他两次提议：“臣等于二十二日经筵之后，即将撰写讲章接续进览，其《孟子》已完，即用《大学衍义》，接撰讲章，以备清燕之观，为缉熙之助。其日讲吉期，另候宸断施行。”[3]二十日，神宗终于派宦官传“圣体未安，经筵可免，讲章写进以备朝夕省览。日讲讲章照旧写进。《孟子》讲完即讲《易经》，其开讲待疾愈择日行”。[4]此事《起居注》所载尤详：由于申时行等人“题请开讲，并乞钦定接讲经书”，于是文书官刘宣口传圣旨：“朕从去年十一月内，圣母万寿节出朝后，今目发红瘾，左膊酸痛，头目不时眩晕，经筵可暂免，讲章写了进来，庶朕朝夕省览。日讲讲章，照旧写了进来。既先生每说《孟子》讲完可讲《易经》，其开讲待朕疾愈择日行。钦此！”申时行等“当即仰遵明谕，传示讲官，如遇经筵日期，先将讲章撰写进览，日讲讲章照旧写进，待《孟子》讲章进完，即以《易

[1] 《万历起居注》第三册，第491—492页。

[2] 《明神宗实录》卷二三二，万历十九年二月甲戌。

[3] 《万历起居注》第三册，第493—494页。

[4] 《明神宗实录》卷二三二，万历十九年二月丁亥。

经》接讲”，他特地指出“臣等违旷天颜，经时累月”，要求皇上“益慎起居之度”，使身体康宁，“庶朝讲之仪不废”。[1]八月一日，礼部奏请经筵御讲、圣旦受朝。但神宗却说：“览奏具见忠爱。但朕尚在调摄，经筵暂免，朝贺候旨行。”[2]十一月十日，玄西廊下火起，延烧连房。十二日，大学士王家屏等借此指责神宗“自顷岁以来，端居天内，警跸稀闻，效庙之祀不亲，朝讲之仪久辍，大小臣工有经年累月不睹天颜者”。[3]

此后，内阁与神宗在经筵日讲上斗智斗勇，一直未歇。以前神宗还装病以博同情，此后则干脆不理。万历二十一年五月十四日，大学士王锡爵等“请讲《诗经》、《孝经》，以诗得性情之正，孝为德教所先，以此进讲，庶乎博而有要，可以羽翼诸经，日新圣学”，但神宗“不报”。[4]二十五年二月二日，大学士赵志皋等请讲读记载“祖宗嘉谟善政”的《明实录》，神宗“不报”。后又下旨说“《诗经》讲完时，请旨别讲他书，不得辄撰讲章”。内阁“再请钦定经书，亦不报”。[5]三月二十一日，赵志皋等请以《性理大全》接续进讲，神宗“不报”。[6]二十五年七月二十六日，赵志皋等奏言：“自恭顺荣庄端静皇贵妃薨逝暂免日讲讲章，今发引事毕，请接续撰进。”但神宗“不报”。[7]二十六年八月四日，礼部题奏：“本月十七日适皇上初度之辰（案指生日），本月十二日又经筵秋讲之始。”本来要制订仪礼的，“但迩来皇上深居静摄”，不出朝讲，“不闻夫启沃，盖数年于兹”。要求皇上“受朝于圣诞”和“御讲于经筵”，但神宗同样“不报”。[8]直到三十六年正月十七日，大学士李廷机、叶向高等仍然抱怨：“年内所请如日

[1]《万历起居注》第三册，第 494 — 495 页。
[2]《明神宗实录》卷二三九，万历十九年八月己亥。
[3]《万历起居注》第三册，第 777 页。
[4]《明神宗实录》卷二六〇，万历二十一年五月丁卯。
[5]《明神宗实录》卷三〇七，万历二十五年二月癸亥。
[6]《明神宗实录》卷三〇八，万历二十五年三月二十一日。
[7]《明神宗实录》卷三一二，万历二十五年七月乙卯。
[8]《明神宗实录》卷三二五，万历二十六年八月丁巳。

讲，如东宫讲读，如选科道、补大僚、起遗佚、补讲读、教习、掌詹、掌院各官，皆系机务职掌，一概未蒙听允，伏望及此新春，慨然批发施行。”神宗照用老套：“不报。”[1]神宗决意将怠学进行到底。

第五节 明末二帝经筵日讲的教学实践

光宗即位只一月便因服红丸而崩逝，此后他的两个儿子先后成为明帝国的皇帝，他们就是熹宗和思宗。二帝在位时，经筵日讲制度仍在继续执行，而且从形式上看，执行得相当不错。

一 熹宗的经筵日讲实践

(一) 经筵日讲经过

熹宗于泰昌元年九月八日登极，十月十六日，便任命詹事府少詹事钱象坤，左春方左庶子孙承宗，右春坊右谕德周炳谟、魏广微，右中允李光元，右赞善李标为日讲官，内阁中书冯键、唐允恭为正字官。是日，大学士方从哲等“以日讲期近，进讲读仪注”，进讲从“《四书》起《大学》，《尚书》起《尧典》，每日讲读。先读《大学》，次读《尚书》”。此外还要进讲《通鉴节要》和《皇明宝训》，“《宝训》一书，乃累朝祖宗家法，合与《通鉴》分日进讲，今昔互证，以资法戒”。同时皇帝还要在晨讲与午讲之间练习书法。“每日定以日出时请皇上蚤膳毕，出御讲读。午膳毕，还宫。”得旨允行。[2]两天后开始日讲。

《熹宗实录》记载十月举行过3次日讲：十八日辛酉、二十一日甲子、二十二日乙丑，“上御文华殿讲读”。并以“日讲初开，赐大学士方从哲等、日讲官钱象坤等、正字官马键等表里有差”。[3]这3次日讲，

[1] 《明神宗实录》卷四四二，万历三十六年正月乙巳。

[2] 《明熹宗实录》卷二，泰昌元年十月己未。

[3] 《明熹宗实录》卷二，泰昌元年十月辛酉、甲子、乙丑。

也是熹宗在泰昌元年举行的所有日讲。

但刚到十一月，熹宗“以天气渐寒，暂免日讲”。十一月四日，大学士方从哲提出异议，指出：“然讲学尤修德致治之本，非可缓图。查先朝旧规：经筵春讲以二月十二日起，五月初二日止；秋讲以八月十二日起，十月初二日止。日讲原无起止。皇祖登极之年，以八月十八日开讲，直至岁终不辍。万历初政，裨益弘多。累朝旧章，所宜遵守。停免之旨，未可预传。若遇风雨骤寒，不妨临时暂免。至于圣节、郊祀，典礼繁重，前后多免数日，庶于进修之中，不失节宣之意。”熹宗回答道：“讲学政治之本，朕已具悉。但文华殿年久未经修饬，九五斋、精一堂损坏不堪。天气渐寒，居止未便。况朕寿节伊迩，冬至将临，岂得焂讲焂辍。还遵前旨行。”时礼科都给事中李若圭等、陕西道御史高弘图各上疏称天气尚未严寒，讲席不宜早撤，但熹宗坚持传免。[1]

天启元年正月九日，大学士孙如游透露“今月十二日初开日讲”，因此他“敢不力疾以侍讲幄！”[2]正月十二日开日讲后，二十八日和三十日，熹宗又两次“御文华殿讲读”[3]，参加日讲。

内阁不仅要求熹宗开日讲，而且将开经筵也提到议事日程。天启元年正月十四日，大学士刘一燝等“请开经筵”。熹宗命礼部“遵旧制择日举行”。于是二十七日“礼部以经筵诹吉，兼进仪注”，并确定讲期为“二月十七日卯时”。经筵前一日，要先告祭奉先殿和光宗皇帝几筵。举行大典前五日，还命司礼监同各官“诣文华殿演礼”，皇上要“诣文华殿左室，展礼先圣先师”。然后要在文华殿内设御座、御案、讲案等，将四书、经书各一本置御案，各一本置讲案。到二月十七日那天，正式举行经筵大典。[4]

[1]《明熹宗实录》卷三，泰昌元年十一月丁丑。

[2]《明熹宗实录》卷五，天启元年正月辛巳。

[3]《明熹宗实录》卷五，天启元年正月庚子、壬寅。

[4]《明熹宗实录》卷五，天启元年正月丙戌、己亥、辛丑。

经筵迫近时，天启元年二月十日，大学士孙如游因遭人弹劾而“复引疾求归”。得旨：“经筵礼重，宜勉出供事。”但刑科给事中陈所志仍然“复讽之去，如游因连疏继请”，皇帝都“未允”。[1]看来经筵大典前，熹宗不想让局势受到干扰。二月十七日己未，熹宗“初开经筵”。仪式完全按照正月二十七日所拟仪注进行。就在本年二月举行经筵的同时，熹宗继续举行日讲活动。据《熹宗实录》记载，本年总计举行过5次经筵，44次日讲。

天启二年举行过3次经筵，19次日讲。

天启三年举行过5次经筵，33次日讲。

天启四年，因为北平图书馆藏红格抄本（即馆本，台本的底本）《熹宗实录》的相关内容散佚，故熹宗的经筵日讲多不明晰。目前所知，有1次经筵和1次日讲。据梁本《明熹宗实录》卷三九载，天启四年二月十二日“丙申，始御经筵”。而日讲载于梁本《明熹宗实录》卷三八：天启四年正月九日“甲子，始日讲”。其他的情况不得而知。据不完全统计，本年总计举行过1次经筵，1次日讲。

天启五年举行过2次经筵，33次日讲。

天启六年举行过2次经筵，20次日讲。

天启七年举行过1次经筵，7次日讲。至少从形式上看，熹宗朝的经筵日讲自始至终都在进行。

通过统计，可知泰昌元年共举行3次日讲；天启元年共举行5次经筵和44次日讲；天启二年共举行过3次经筵和19次日讲；天启三年共举行过5次经筵和33次日讲；天启四年举行过1次经筵和1次日讲；天启五年举行过2次经筵和33次日讲；天启六年举行过2次经筵和20次日讲；天启七年举行过1次经筵和7次日记。据《明熹祖宗实录》记载，熹宗在位时总共举行过19次经筵和160次日讲。当然，这只是史有明载的，有些经筵和日讲活动，可能被漏载，特别是《实录》天启四年

[1]《明熹宗实录》卷六，天启元年二月壬子。

的内容散佚，导致统计上的不完整。但基本上能够看出，天启年间熹宗的经筵日讲活动是一直坚持了下来。这与人们对熹宗的负面评价是相悖的。这似乎又说明，即使一直受到经筵和日讲教育，但若不能深入受教育者的心田，仍然不能起到良好效果。

在熹宗的经筵日讲中，有一项重要的训练就是诵读《四书》和《五经》，而且讲书时每句要读五遍，温书时每句要读三遍，因此需要宦官计算遍数。据丁绍轼《讲筵恭纪诗·陪上讲书》咏曰："貂蝉玉蝀拥龙颜，手捧金钱计数还，陪着玉音三五读，却疑天籁非人间。"他在小注中解释道："是时左班中官手执一小架，架上有金钱。将金钱自架左移掷架右有声，计遍数。每五遍、三遍，中官大声报几遍完。"

天启时的经筵日讲，有一些惯例是从万历年间继承来的。其一，如果年节放假太长，内臣需提前做出讲读的安排。天启三年十二月二十四日，大学士叶向高等疏言："本年十二月二十四日起该放除夕假，连年节、上元假，至新年正月二十方满。臣等查旧例，日讲皆于正月上旬择吉，先开一日，以后仍俟节假满日，照常举行。"熹宗下旨："正月初九日开讲，以后日讲着二月上旬择吉举行。"[1]这是对万历年间惯例的承袭，不同的是，万历后期对日讲日期的择定，徒成具文，往往没有下文，而天启间讲课时间的调整，则获得严格执行。据梁本《明熹宗实录》卷三八载，天启四年春正月九日"甲子，始日讲"，可以说是说到做到。其二，每年年终要将讲过讲章类写进呈。叶向高等题奏："今岁日讲经书讲章，年终当汇进。今将留阁副藁诠次缮写，装潢进呈。"皇帝报闻。[2]这本是万历年间的惯例，在天启间亦得到延续。

熹宗对经筵内容或许不愿深探，但对经筵大典的仪式整齐与否特别在意。天启五年二月八日，上传："经筵东班展书官行礼差错，大不敬，着查将姓名来。"大学士朱延禧回奏："查为翰林院编修黄道周，仰祈宽宥。容臣申饬。"皇帝下旨："黄道周经筵失次，错展经书，事

[1]《明熹宗实录》卷四二，天启三年十二月己酉。

[2]《明熹宗实录》卷四二，天启三年十二月己酉。

属未谙，通籍未久。既卿奏申饬，朕姑且不究。以后还当虔恭将事，勿亵大典。该部院知道！”[1]

与万历年间频繁厚赏讲官不同，天启年间甚少赏赐讲官的记录。据《明熹宗实录》记载，赏赐讲官只有三次。天启五年正月一日，赐辅臣孙承宗等、日讲官黄立极等、正字官周国兴等膳酒有差。[2]四月八日，又赐上述辅臣、讲官和正字等人“扇有差”。[3]六年四月六日，赐阁臣顾秉谦、丁绍轼、黄立极、冯铨，日讲官骆从宇等，正字官周国兴等“砗磲银钉铰扇有差”[4]。其他的赏赐则是讲官们引休致时才给予的。天启二年五月十五日，“日讲官詹事骆从宇再疏引疾乞休。从之，仍赐驰驲给彩段路费”[5]。九月十八日，礼部左侍郎周道登屡疏请告。上许之，以日讲官赐驰驿兼赏路费银二十两，纻丝二表里。[6]另有两次是讲官家中遇丧事回家时，赏赐路费和钱币等。四年三月十一日，日讲官、太子宾客、礼部右侍郎赵秉忠还里改葬，赐金币。[7]六年十一月二十三日，日讲官詹事府詹事王应熊守制归，赐驰驿、路费、表里如例。[8]这一现象出现的原因，可能与当时的政治环境有关，阉党与东林党争斗正酣，有意裁抑文官所致。

（二）经筵日讲内容

熹宗经筵日讲的内容，与其他列帝基本相同。都是以儒家经典和史籍为主要内容。

据现有记载，可知熹宗进讲过《尚书》。泰昌元年十月十八日，日讲官孙承宗为天启皇帝讲《尚书·虞书·尧典》的“曰若稽古帝

[1] 《明熹宗实录》卷五六，天启五年二月丁亥。
[2] 《明熹宗实录》卷五五，天启五年正月庚戌。
[3] 《明熹宗实录》卷五八，天启五年四月乙酉。
[4] 《明熹宗实录》卷七〇，天启六年四月戊寅。
[5] 《明熹宗实录》卷二二，天启二年五月庚戌。
[6] 《明熹宗实录》卷二六，天启二年九月辛亥。
[7] 《明熹宗实录》（梁本）卷四〇，天启四年三月乙丑。
[8] 《明熹宗实录》卷七八，天启六年十一月壬辰。

尧，曰放勋，钦、明、文、思、安安，允恭克让，光被四表，格于上下”一章。二十一日，孙承宗继续讲《尚书·虞书·尧典》的“克明俊德，以亲九族”一章。[1]直到天启三年九月六日，还在进讲《尚书》。据户科给事中陈良训奏：“今日讲筵，进讲帝舜命禹以予违汝弼汝，无面从退有后言。又昨进经筵，讲伊尹告太甲以德惟治，否德乱，与治同道罔不兴，与乱同事罔不亡。乃知圣帝明王，君臣交警，不讳乱亡类如此。皇上临御以来，听言纳谏，何所不容？岂以言语字句之微疵，至动雷霆不测之威怒，即一传布间，举朝不胜震怖，而敢辄拟施行，以成圣明过举乎？伏望圣慈特垂宽宥，或量加罚治，谨拟票进。”不报。[2]六日讲的是《尚书·皋陶谟》，前一日讲的是《尚书·太甲下》。天启六年时，熹宗命令日讲官陈仁锡“以后不要讲《四书》，改讲《书经》”。随后，阁臣遵旨分派陈仁锡准备讲“壁经”（即《尚书》）。[3]孙承宗谈到，他在给天启皇帝讲《尚书》时，“讲至人主君临天下处，皇上耸然拱听”，“至说先皇帝，便忽另乂手，肃然改容”。[4]

陈仁锡曾在天启六年谈到，次年他讲《诗经》的时候准备抨击“山海关军士夺马食为己食，止将一半卖草豆喂养，只因自内及外管马官员念头全不照管马匹”的现状，[5]表明熹宗的日讲可能进讲过《诗》。天启六年三月二十日，大学士顾秉谦等“请将《四书》、《五经》及《通鉴直解》细加检阅，择其显明切要者进讲，以裨圣学，光治道”。熹宗报可。[6]则说明《五经》亦在进讲之列。

熹宗还讲读过《四书》。上引天启六年三月，顾秉谦等“请将《四书》、《五经》及《通鉴直解》细加检阅”时，提到过《四书》。[7]

---

[1] 孙承宗：《高阳集》卷一四，第 29 － 30 页。

[2] 《明熹宗实录》卷三八，天启三年九月癸巳。

[3] 陈仁锡：《陈太史无梦园初集》，载四库禁毁书丛刊影明崇祯六年张一鸣刻本，有集，第 15 页；有集，第 3－8 页。

[4] 孙承宗：《高阳集》，卷一四，第 29 页。

[5] 陈仁锡：《陈太史无梦园初集》，有集，第 15 页。

[6] 《明熹宗实录》卷六九，天启六年三月癸亥。

[7] 《明熹宗实录》卷六九，天启六年三月癸亥。

至少到天启六年，日讲时改讲《论语》。日讲官陈仁锡留下了天启六年《论语・学而》“礼之用，和为贵”、“信近于义”、“君子食无求饱，居无求安”等章的讲章，并准备在次年讲《论语・为政》的“为政以德”等三章。然而，据陈仁锡自述，同年内廷传旨令日讲官陈仁锡“以后不要讲《四书》，改讲《书经》”。[1]这表明，从泰昌元年（1620年）到天启六年（1626年），《四书》部分讲了《大学》、《论语》。

史书的进讲，主要是《通鉴节要》、《皇明宝训》。这两部书都是方从哲为熹宗拟定的教材。但是据陈时龙认为，《通鉴节要》与《皇明宝训》这两种教材是否真的成为天启皇帝日讲时的案头之物，没有直接的证据。

熹宗进讲的史书，有据可稽的是《帝鉴图说》。泰昌元年十月，日讲官孙承宗对宦官王安、高时明私下讨论时，建议进讲《帝鉴图说》，认为“讲《帝鉴图说》，指图画像如民间词话演义之比，俾圣心与臣下日亲日熟，入而后说之，此启沃之要也”。高时明说，既如此，“非复午讲不可”。王安附和道：“甚善，当请修九五斋。”不久，魏忠贤用事，杀王安，罢高时明，孙承宗“亦辍讲帷以去”。[2]天启二年，《帝鉴图说》正式成为熹宗的日讲教材。在该年的六月十九日，“日讲官、吏部左侍郎盛以弘等请以《帝鉴图说》随经书进讲，从之”[3]。天启三年正月十日，礼科给事中彭汝楠上疏“请讲筵增入《资治通鉴》一书”。熹宗回复道：“《通鉴》有裨治理，着讲《帝鉴图说》完日接续进讲。”[4]天启四年丁绍轼任讲官时，熹宗日讲除《四书》与《五经》之外，还插入《帝鉴图说》讲读。陈时龙产生疑问：“究竟是到天启四年（1624年）时《帝鉴图说》取代了《通鉴节要》与《皇明宝训》，还是《通鉴节要》与《皇明宝训》在天启年间压根就没有进讲过？

---

[1] 陈仁锡：《陈太史无梦园初集》，有集，第 15 页；有集，第 3 － 8 页。

[2] 钱谦益：《牧斋初学集》卷四七，《特进光禄大夫左柱国少师兼太子太师兵部尚书中极殿大学士孙公行状》，上海古籍出版社 1985 年，第 1163 页。

[3] 《明熹宗实录》卷二三，天启二年六月甲申。

[4] 《明熹宗实录》卷三〇，天启三年正月辛丑。

尚不可知。”但据上条史料可知，不是《帝鉴图说》取代了《通鉴节要》，而是准备在《帝鉴图说》讲完后，接进《通鉴》（似是节要本）。

陈时龙指出，《帝鉴图说》的进讲，是置于《四书》与《五经》之间进行。丁绍轼记载说：“每讲日，先讲《四书》，次讲《帝鉴图说》，次讲《经》。”这与万历朝的先讲四书五经，再于午讲之时讲史的顺序不相同。所谓的“午讲”，并不过午，而大约是在上午十一时进行的。[1]之前太监高时明认为须恢复午讲才可以讲《帝鉴图说》，表明天启皇帝最初的日讲中似乎没有“午讲”，即意味着日讲通常在十一点左右已经结束。如果天启朝的日讲没有“午讲”，讲《帝鉴图说》就必须把相关内容挤到上午进行，这可能是《帝鉴图说》夹在《四书》、《五经》之间进讲的原因。[2]

熹宗日讲时，还要学习书法，练习写字。丁绍轼记载：“上写字在后殿之东房。”写完后还要让阁臣和讲官们检查和欣赏，当他们夸赞皇帝书法时，熹宗则喜形于色，点头频频。丁绍轼在《讲筵恭纪诗·传旨看字》诗中咏其场景道：“宴罢重呼侍紫宸，龙蛇字画逐时新，共看御墨淋漓处，自愧清朝笔札臣。”并在小注中解释：“上写字在后殿之东房，呼阁臣看字，则出房，御殿之东边，取其朝前天井，为明显之地也。诸臣拥上几前看字，称善，行一拜三叩头礼。撤几，上起身还宫，诸臣打躬而出，诣东阁。”对熹宗习字的场景，另一位讲官孙承宗也有记载，说是“御笔飞动”，引得阁臣们“颇致赞词”，于是熹宗“圣颜喜动点头，稍以语答”。[3]

（三）日讲与理政相结合

除了讲授儒家经典和练习书法外，熹宗的经筵日讲还按旧例在日讲后从事现实政治的讨论和处理。天启元年十月三日，御史温皋谟指

[1] 朱鸿林：《明神宗经筵进讲书考》，第 1368 页，载《华学》九、十辑。

[2] 陈时龙：《天启皇帝日讲考实》，载《故宫学刊》2013 年第 2 辑。

[3] 孙承宗：《高阳集》卷一四，第 31 页。

出:“顷皇上日讲方撤，清问东事，忧形于色。”[1]

然而，熹宗在这方面做得还很不够。他的贪玩，引起了文臣的担忧。天启五年五月二十七日，兵科给事中胡永顺因为“顷者奉旨以天气渐暑，暂停讲读”，而感到忧虑，要求皇帝“临御以后，清谳之会，凡廷臣筹兵筹饷、四方灾伤章奏，一一省览裁决，更细绎从前史官所进讲章，及覆玩索，其于圣聪必有所补矣！况时方溽暑，简摄之法尤宜倍于平常，边有烽烟，修省之时何可恣其暇豫？”[2]不断有文臣向熹宗提出讲学之后与大臣讨论政治的要求。天启五年五月二十二日，工科给事中虞廷陛言:“皇上励精图治，召对大典似宜举行。今望经筵日讲之暇，择举当今要务，面诘一二，令阁辅大臣与讲读等官互相条奏。”熹宗迫于压力，下旨许诺:“召对旧典，次第举行。”[3]天启五年十一月二十七日，吏科都给事中亓诗教奏请“皇上经筵少暇，时与辅臣讲求朝政之得失，咨访人材之邪正”[4]。

(四) 时人对熹宗经筵日讲的看法

对于熹宗的经筵和日讲，当时就有人作过评价。天启元年十二月，大学士叶向高疏言:“我皇上聪明天纵，朝讲时临，真可谓勤政好学之主矣！”熹宗回应说:“朕在宫中每日披阅文书，览诵经史及祖宗训录，兼时事忧劳，何有多暇？”[5]似在向内阁表明，他在宫中也是十分好学的。天启四年二月二日，程注在一份疏中称:“我皇上圣学缉熙，日讲经筵寒暑不辍，未尝厌正心诚意之学。”[6]看来，他们对熹宗勤学还是有目共睹的。

然而，也有人对熹宗时的经筵日讲徒具虚文表示不满。叶向高

[1] 《明熹宗实录》卷一五，天启元年十月庚午。
[2] 《明熹宗实录》卷五九，天启五年五月甲戌。
[3] 《明熹宗实录》卷五九，天启五年五月己巳。
[4] 《明熹宗实录》卷六五，天启五年十一月壬申。
[5] 《明熹宗实录》卷一七，天启元年十二月甲申。
[6] 《明熹宗实录》(梁本) 卷三九，天启四年春二月丙戌。

在上面的那封奏疏中还指出："但今之常朝既是套数具文，无关于政事，而日讲开陈时刻有限，亦恐不能洞悉于义理之精微，古今政治之得失！"因此他提出："愿皇上有所传谕，毋执成心，使臣等得以尽言，而皇上尤于燕闲游豫之时，览观经史，深戒怠荒。"[1]文震孟对经筵日讲徒具形式，无实际意义提出了批评。天启二年，时为翰林院修撰的文震孟上疏指出："经筵日讲临御有期，于学非不讲矣，而讲学之实未见也。史臣进退铺叙文辞，第如蒙师之诵说，无少开悟，则皇上之睿知何自周通？"指出经筵和日讲时"若仅仅尊严若神，上下拱手，精神不振，提醒不灵，恭默之容或久而生倦，跛倚之众亦怠而欲休。经传典谟祗成故事，安取此正笏垂绅，展书簪笔者为也？"他的批评引起熹宗盛怒，下旨："朝仪大典累朝成规，如何辄肆轻亵？比拟傀儡，藐视君臣如戏，文震孟好生可恶！"结果"降二级调外任用"。[2]

二　思宗的经筵日讲实践

（一）崇祯经筵日讲过程

崇祯帝（思宗）于天启七年八月继位，不久就有人提出开经筵的主张。天启七年十月三日，工科都给事中郭兴治言五事："开经筵、勤召对、慎起居、补考选、课职业。"帝是之。[3]是月九日，开始为日讲做准备，补翰林院侍读徐时泰、检讨雷跃龙、李若琳为日讲官。同时大学士黄立极等"请开经筵"，帝命经筵"俟明春，日讲即十六日

[1]《明熹宗实录》卷一七，天启元年十二月甲申。

[2]《明熹宗实录》卷二七，天启二年十月己丑。

[3]《明□宗□皇帝实录》卷二，天启七年十月丙申。按：《崇祯长编》卷二（下），载：天启七年十月戊戌（五日），"工科都给事中郭兴言疏陈五事：开经筵、勤召对、慎起居、补考选、课职业。从之"。较前迟了二日。且前者为郭兴治，后者称郭兴。《明史》作"郭兴治"是，当从之。

始”。[1]另一处记载更为详细：“大学士黄立极等请开经筵及日讲。帝谕以经筵俟明春，日讲命于本月十六日举行。”[2]但两处记载都证明，崇祯帝的日讲是从十月十六日开始的。

天启七年十月十六日，崇祯帝“始日讲，御文华殿。礼部□侍郎孟绍虞、王祚远、□中允孔贞运、翰林院侍讲徐时泰、检讨雷跃龙、李若琳僳直。是日讲《大学》、《尧典》各首节、《帝鉴图说》一则。上退，御便殿，召阁臣、讲官；讲官示以御书。故事：日讲官，一直讲、一直读；读五次，御随读，始讲。是日，免进读。越三日，免讲《帝鉴图说》，改《祖训》、《通鉴》”。[3]这是思宗初开日讲，因此成为记载的焦点之一。《崇祯长编》也有记载：“己酉，御文华殿日讲。讲臣讲《大学》及《尧典》首节与《帝鉴图说》一则。越三日，命以《祖训》、《通鉴》易《图说》。”[4]所述较前为略。三天后，思宗继续参加日讲。十九日“壬戌，上御日讲，毕，召阁臣入便殿。”[5]至十一月八日，思宗“以深冬风寒暂停日讲”。[6]据万历朝的规定，秋讲至十月二日结束，显然崇祯日讲听到十一月八日，算是超过常规了。

崇祯元年正月十二日“甲戌，帝御文华殿讲读”，讲毕，令阁臣、部院大臣与讲官上言时事。[7]二月二日，礼部尚书孟绍虞遵谕条上八事，首条就是“收讲筵之实益”，帝报可。[8]

---

[1] 《明□宗□皇帝实录》卷二，天启七年十月壬寅。按：据《崇祯长编》卷二（下）载，天启七年十月甲辰（十一日），“辅臣黄立极等题补侍读徐时泰、检讨雷跃龙、李若琳充日讲官”。任命的日期似较前文晚了二日。晚明官史无载，私史所载比较纷乱。

[2] 《崇祯长编》卷二（下），天启七年十月辛丑。案辛丑为八日，较前记载迟了一日。记载纷乱是晚明文献的基本特征。

[3] 《明□宗□皇帝实录》卷二，天启七年十月己酉；谈迁：《国榷》卷八八，天启七年十月己酉，清抄本。

[4] 《崇祯长编》卷二（下），天启七年十月己酉。

[5] 《明□宗□皇帝实录》卷二，天启七年十月壬戌；《崇祯长编》卷二（下），天启七年十月壬戌。

[6] 《崇祯长编》卷三，天启七年十一月辛未。

[7] 《崇祯长编》卷五，崇祯元年正月甲戌。

[8] 《崇祯长编》卷六，崇祯元年二月甲午。

可以肯定的是，崇祯帝初御经筵的日期是二月二十一日。前一日，为初开经筵举行了祭告仪式。崇祯元年二月二十日“壬子，以举行经筵，告于列圣帝后、孝纯皇后及熹宗几筵”[1]。次日，便正式举行了经筵大典。二十一日“癸丑，帝御经筵。讲《大学》、《尧典》各一章，赐知经筵官张维贤、施凤来及讲官温体仁等宴，并金币有差”。[2]对此，《崇祯实录》也有相似的记载：二十一日，思宗“始御经筵，赐讲官宴及金帛”。[3]需要辨析的是，《崇祯实录》此前还曾记载正月十九日“癸未，始御经筵”[4]，究竟是十九日始御经筵，还是二十一日，笔者认为当为二月二十一日为是。因为前朝的经筵初开都在二月，绝无正月初开的例子，正月只开日讲。且前引《崇祯长编》的史事甚明，二十日祭告，二十一日开经筵。正月十九日“始御经筵”的记载，应是晚明史事编纂仓促，误植于彼所致。由思宗于二十一日开经筵可知，崇祯朝的经筵日期有时候与以往不同，以前多为逢二举行，但思宗时则有单日举行的例子。崇祯的春讲至五月六日截止，是日，“以盛暑暂免讲读”[5]。

按以往的规定，春讲从二月十二日始，迄五月二日止，秋讲从八月十二日始，迄十月二日止。崇祯元年八月的秋讲，则始于八月六日。八月六日“甲午，帝御讲筵”[6]。与前朝相比，崇祯朝的春讲延长了四天，而秋讲提前了六天时间。九月九日，礼部右侍郎徐光启陈上讲筵事宜，“请日读《宝训》三条，及另辑《会典》”。思宗下旨“以《宝训》不必注解，有疑义特加剖析。《会典》不须另辑”。[7]

崇祯二年二月十二日“戊戌，帝御经筵”[8]。这个时间是合乎此前

[1] 《崇祯长编》卷六，崇祯元年二月壬子。
[2] 《崇祯长编》卷六，崇祯元年二月癸丑。
[3] 《崇祯实录》卷一，崇祯元年二月癸（巳）[丑]。按：本月无癸巳，故应为癸丑。
[4] 《崇祯实录》卷一，崇祯元年正月癸未。
[5] 《崇祯长编》卷九，崇祯元年五月丙寅。
[6] 《崇祯长编》卷一二，崇祯元年八月甲午。
[7] 《崇祯长编》卷一三，崇祯元年九月丙寅。
[8] 《崇祯长编》卷一八，崇祯二年二月戊戌。

春讲起始规定的。看来是及时作了调整。至本月十五日，“辛丑，帝御讲筵开讲”[1]。这里的讲筵开讲，应该指的是日讲。本年春讲何时结束，未见记载。但这年的秋讲的起始，基本上合乎万历所定的规矩。崇祯二年八月一日“癸丑朔，帝御经筵，开讲后即每日讲读”[2]。虽然不是八月十二日开经筵，但也只不过提前了十一天。而其结束，则完全合乎以前的规定：十月二日“癸丑，停经筵”[3]。由于向万历所定的制度靠拢，又引起了一些大臣的担忧，以为思宗不像以前那样勤学了。十月二十六日，四译馆太常寺少卿吕维祺上疏指责“皇上初何尝不讲筵日御，近闻始多传免，进讲渐稀，皇上岂以为君德成就无关启沃乎？此微之当防者”。思宗报闻。

到了崇祯三年正月一日，大学士韩爌等“以旧例正月上旬日讲，请择吉开讲一日，事平举行”。获得思宗的同意。[4]然至正月三十日，大学士李标等“请以二月十一日举经筵”，但“帝命暂免”。[5]怠学之心已现。一般的日讲都是正月即开，但本年至三月十日“始开日讲”[6]。至秋讲之期，工科给事中顾光祖于八月七日上言：“难得者时，保时者几，察几者学。谨叩心沥胆，条奏六事”，首先就是“缉圣学”，指出：“《书》曰‘王人求多闻，时惟建事，学于古训，乃有获’。言人君睿智特达，虽由天纵，而启迪开导，必资学问。今经筵大典，辅臣业请举行。臣愿皇上精选词臣数员，使之分直进讲。上有疑则必问，下有见则必陈，用以开发义理而启沃圣心。又于退讲清燕之时，以所讲经书慎思明辨，何者为修身正心，何者为治国平天下之道。朝夕紬绎，措之躬行，则缉熙光明，而帝王心学可考之而不谬矣。”他还指责思宗“今经筵虽举，率拘常例。皇上之听讲也不终日，曾无反覆问

[1] 《崇祯长编》卷一八，崇祯二年二月辛丑。
[2] 《崇祯长编》卷二五，崇祯二年八月癸丑。
[3] 《崇祯长编》卷二七，崇祯二年十月癸丑。
[4] 《崇祯长编》卷三〇，崇祯三年正月辛巳。
[5] 《崇祯长编》卷三〇，崇祯三年正月庚戌。
[6] 《崇祯长编》卷三二，崇祯三年三月庚寅。

辨之功。儒臣之进讲也有成规，尚乏从容启沃之益。”他建议“经筵之外，莫若于退朝之暇，时御便殿，召进辅臣。或讲学论道，上下古今一切军国之事，悉谋议而审行之”。[1]可能由于李标等人的劝谏，恢复了秋讲。至是年十月二日“丁未，天寒，命暂止经筵”[2]。这正是秋讲截止的日期，思宗一天也不想多讲。而日讲也在不久后停止：十月二十七日，“冬寒，暂停日讲”。[3]万历初的日讲，可以一直延续到十二月，崇祯尚达不到那样的程度。

崇祯四年正月十二日，“丙戌，始开日讲”[4]。但到了五月四日，“诏是日以后暂免日讲”[5]。本年春讲经筵始开不详，但应该停于五月二日[6]。本年秋讲开始于几月几日，亦未见记载，但可以肯定的是，九月中已经开始日讲了。九月二十日，“以日讲官礼部侍郎罗喻义所进讲章，冗泛剿袭，不听辅臣驳正，反凌紊阁规。下部议处”。[7]两天后，罗喻义上奏辩解。[8]让人意想不到的是，思宗竟在秋讲期后，始开经筵。十月二日“壬寅，礼部请以是日开经筵。从之”[9]。十月二日，一般是秋讲结束的日期，而崇祯帝则同意礼部的建议，在此日开办经筵。这可能与当时的时局危机有关，让刚有怠学苗头的崇祯不得不以非常的态度，与大臣们共历经筵，讨论危局。不过日讲稍后便停辍了。十月二十九日，“大学士周延儒请自（二)[三]十后暂免日讲”。皇帝“报可”。[10]

崇祯五年，照例开了春季经筵，结束的日期照例是五月二日。四

[1]《崇祯长编》卷三七，崇祯三年八月甲寅。
[2]《崇祯长编》卷三九，崇祯三年十月丁未。
[3]《崇祯长编》卷三九，崇祯三年十月壬申。
[4]《崇祯长编》卷四二，崇祯四年正月丙戌。
[5]《崇祯长编》卷四六，崇祯四年五月丁丑。
[6]《崇祯长编》卷五八，崇祯五年四月丁酉。
[7]《崇祯长编》卷五〇，崇祯四年九月辛卯。
[8]《崇祯长编》卷五〇，崇祯四年九月癸巳。
[9]《崇祯长编》卷五一，崇祯四年十月壬寅。
[10]《崇祯长编》卷五一，崇祯四年十月己巳。

月三十日，礼部疏请“经筵应照去年五月初二日例暂停”。帝“报可”。[1]

此后，思宗的经筵日讲与危亡的时局紧紧联系在一起。皇帝对经筵日讲的需要超过以往，甚至连日经筵，并要求讲官直言不讳。崇祯七年三月五日，“上御文华殿日讲”[2]。闰八月十一日，“上御文华殿日讲”[3]。九月十二日，日讲官、少詹事文震孟请告退。不允。[4]十月十三日，“上连日御经筵，遇雪不辍”，还告谕讲官尚书韩日缵、姜逢元、侍郎陈子壮、少詹事文震孟、谕德姜曰广、倪元璐、修撰刘若宰“言毋忌讳”。[5]然而，也正因为时事危急，不时传来的坏消息打乱了经筵日讲的正常秩序。崇祯八年二月十二日，“上传免经筵。时凤阳失事报至”。[6]

崇祯十一年二月十二日，“御经筵”[7]。四月十二日，“御经筵毕，召六部诸臣。杨嗣昌述《孟子》‘善战者服上刑’语，盖欲款塞，借之窥上指”。思宗指出：“此昔贤为列国兵争，奈何欲出汉人下策？今后勿复尔尔。”又言湖广巡抚余应桂任将之失。杨嗣昌等人“上章引罪”。[8]不久，思宗重用杨嗣昌，七月一日，命服丧的杨嗣昌在日讲、召见时可“如常服随班”[9]。十四日，思宗召文武大臣和黄道周于平台，还谈到自己的体会：“朕自御经筵后，略知学问无所为而为之谓之天理，有所为而为之谓之人欲。”[10]

一般而言主，崇祯对经筵日讲制度一直比较看重，“春秋开讲后，日日进讲，除上传免外，毋或废者”。对讲官们赏易也比较丰厚，

[1] 《崇祯长编》卷五八，崇祯五年四月丁酉。
[2] 《崇祯实录》卷七，崇祯七年三月辛卯。
[3] 《崇祯实录》卷七，崇祯七年闰八月甲午。
[4] 《崇祯实录》卷七，崇祯七年九月乙丑。
[5] 《崇祯实录》卷七，崇祯七年十月丙申。
[6] 《崇祯实录》卷八，崇祯八年二月癸巳。
[7] 《崇祯实录》卷一一，崇祯十一年二月丙午。
[8] 《崇祯实录》卷一一，崇祯十一年四月乙巳。
[9] 《崇祯实录》卷一一，崇祯十一年七月壬戌。
[10]《崇祯实录》卷一一，崇祯十一年七月（己）［乙］亥。

“立春、端阳、中秋、重阳、冬至、除夕，日讲官每人各内赐酒馔一盒，大小五器，汤饼二器，酒二瓶。圣寿、元旦各内赐银三十万两，进讲之夕，光禄寺每人折供给银一两三钱”。但由于动乱频仍，传免也开始多了起来，“传免皆于隔日薄暮，传旨云：‘明日暂停讲读一日。’虽或连辍十日半月，皆日日传免，但云‘暂停一日’也。”[1]越往后，思宗经筵和日讲的环境越动乱纷呈。讲学很难在一张安静的书桌上进行了。崇祯十四年正月三日，李自成破永宁，杀万安王朱采𨰻。十日“丙戌，御经筵”[2]。但是十五日“辛丑，李自成陷河南，杀福王常洵及前南京兵部尚书吕维祺”。可以说，崇祯帝虽然参加经筵和日讲，但已无法安心地学习经典，一门心思扑在与阁臣和讲官们讨论糟糕的时事上面。七月十二日“丙戌，上御经筵。念锦州事，问兵部近日何无边报？”并说：“兵未离险，朕甚忧之。”[3]虽然时局纷乱，但思宗仍然坚持进行经筵日讲。崇祯十五年二月十日，“庚戌，御经筵”。[4]这是最后一次见载史籍的经筵活动，但思宗并未放弃经筵日讲制度。直到崇祯十七年二月九日，还在“以范景文、邱瑜为经筵讲官”[5]。二月二十六日，思宗还让“户部尚书倪元璐解任，仍归詹事府，专日讲”。[6]。这离三月十九日明朝灭亡、崇祯自缢只有二十一天的时间了。

（二）崇祯经筵日讲内容

明代皇帝的经筵日讲有其固有的制度，在内容上都有相应的规定。但具体到每一个皇帝，所学的内容都有取舍，以及因进度快慢所带来的差异。

思宗所学的内容，虽然不外《四书》、《五经》和史书，但实际上

---

[1] 文秉：《烈皇小识》卷二，第 51 — 52 页，上海书店，1982 年。
[2] 《崇祯实录》卷一四，崇祯十四年春正月丙戌。
[3] 《崇祯实录》卷一四，崇祯十四年七月丙戌。
[4] 《崇祯实录》卷一五，崇祯十五年二月庚戌。
[5] 《崇祯长编》（痛史本）卷二，崇祯十七年二月戊辰。
[6] 《崇祯实录》卷一七，崇祯十七年二月乙酉。

学习了哪些，仍然是一个问题。思宗是从《四书》中的《大学》和《五经》中的《尚书》开始的，这与其他皇帝的经筵日讲顺序没有不同。天启七年十月十六日，崇祯帝最开始进行日讲时，“日讲《大学》、《尧典》各首节、《帝鉴图说》一则”。但思宗觉得自己年龄已不再冲幼，因此“免讲《帝鉴图说》，改《祖训》、《通鉴》”。[1]当时学习的内容，一是《四书》中的《大学》的首章，一是《五经》中《尚书·尧典》的首章，以上两种是晨讲的内容；而午讲则教授《帝鉴图说》，后改为《皇明祖训》和《资治通鉴（节要）》。

此后，基本上是按照上面的顺序，往下讲授。崇祯元年二月二十一日举行经筵仪式时“讲《大学》、《尧典》各一章”[2]。

崇祯三年五月十三日，日讲官、左谕德文震孟上了一份奏疏，透露出当时经筵日讲，《四书》已讲到《论语·八佾》，《五经》则讲到《尚书》的《甘誓》和《五子之歌》。疏中称自己“每当进讲之日”，便根据时事的需要，引用《八佾》中的经典句子：“见边兵不戒，圣心焦劳，综核事功，须挈纲领，刑法虽峻，猜疑渐生，于事未有所济，故于（《论语·八佾》）《君使臣以礼》章，劝皇上培养士气，推心感人，而辨贤奸，筹用舍，尤惓惓焉；见命将出师，莫有定算，功罪未审，赏罚未明，令敌据遵、永十有余旬，瞬息长夏，又将秋高，彼时时可来，我着着无备，棼如乱丝，绝少成绪，故于（《论语·八佾》）《管仲器小》章，引管子言‘兵主不足畏’，则战难胜也，德必当其位，功必当其禄，能必当其官，信小人者失士也；见群小合谋，必欲借边才以翻逆案，虽圣意持之甚坚，而奸党图之愈急，故于（《论语·八佾》）《子语鲁太师乐》章，愿皇上剖晰是非，分别邪正，而曰一音杂而众音皆乱，一小人进而众君子皆废，盖天下容有无才误事之君子，而必无怀忠报国之小人，今以附逆无耻惨杀名贤之吕纯如，且藉

---

[1] 《明□宗□皇帝实录》卷二，天启七年十月己酉；谈迁：《国榷》卷八八，天启七年十月己酉，清抄本。

[2] 《崇祯长编》卷六，崇祯元年二月癸丑。

奥援而思辨雪，消长剥复之关，甚可畏也。”与《四书》同时讲授的是《五经》，当时《五经》讲授的还是《尚书》，已学到了《甘誓》和《五子之歌》。文震孟继续指出：“又见吏部尚书王永光身为六卿之长，独蒙皇上眷注，而假窃威福，倒置用舍，簸弄朝权，擅行私臆，故于（《尚书》）《甘誓》章言：战胜攻取，非独左右之恭命，尤在六卿之得人，而曰用舍不淆于仓卒，则国是定而王灵畅，威福不假于信任，则神气振而敌忾扬，大抵皆为用人之人发也；又见永光无事不专而济之以狠，发念必欺而饰之以朴，机深计巧，投无不中，人皆知卢杞之奸邪，而咸畏林甫之岸谷，故以年例大典而变乱祖制，以考选公典而摈斥清才，举朝震恐，莫敢讼言，臣下雷同，非国之福，故于（《尚书》）《五子之歌》章言：识精明则环而伺者无所售其欺，心纯一则巧于中者无所技其隙，臣知皇上天纵聪明，必洞烛其情，不为所借，然为此语者，则忧治危明之极思耳。”[1]

到了崇祯三年八月，《五经》已讲到《尚书・说命篇》。工科给事中顾光祖在奏请“缉圣学”时，引用了《尚书·说命》“王人求多闻，时惟建事。学于古训，乃有获”的话[2]，则似乎说明当时已学到了《尚书》的《说命篇》。崇祯四年九月，《五经》讲到《尚书・伊训篇》。当时日讲官罗喻义称“臣讲《尚书》‘惟我商王布昭圣武一章’，亦遍及京营之练、大阅之礼”[3]。

《五经》中的《春秋》也成为思宗经筵日讲的内容。崇祯七年十月十三日，文震孟“讲《春秋》，上论及仲子归瑁，震孟对曰：‘此见当时朝政有阙，以是类推，《春秋》之义实有裨于治道。’”[4]

《四书》除了《大学》、《论语》外，还学了《孟子》。崇祯十一年四月十二日，思宗御经筵毕，杨嗣昌引述《孟子》“善战者服上刑”，

[1]《崇祯长编》卷三四，崇祯三年五月壬辰。

[2]《崇祯长编》卷三七，崇祯三年八月甲寅。

[3]《崇祯长编》卷五〇，崇祯四年九月癸巳。

[4]《崇祯实录》卷七，崇祯七年十月丙申。

想与外夷讲和。[1]这表明当时《四书》已讲过《孟子》。

此外，《皇明宝训》也曾作为讲读内容。崇祯元年九月九日，礼部右侍郎徐光启建议讲筵时“请日读《宝训》三条，及另辑《会典》”。思宗命令“以《宝训》不必注解，有疑义特加剖析。《会典》不须另辑”。[2]说明当时皇帝是同意学习《宝训》。

除了四书、五经、史书教材外，讲官还需要提前奏上配套的讲章，解释教材的意思和意义。崇祯四年九月二十日，思宗曾因为日讲官礼部侍郎罗喻义所进讲章“冗泛剿袭，不听辅臣驳正，反凌紊阁规，下部议处”[3]。

崇祯帝讲读的内容，文秉有记载：崇祯朝“经筵开讲，词林诸臣，无不毕至；讲官二人，一讲《论语》，一讲《尚书》，上与讲官各自一桌，资浅者充讲书等官。春讲、秋讲止举行一二次。天厨颇费，弗克给也。日讲则止用讲官六人，一讲《论语》，一讲《中庸》，一讲《尚书》，一讲《通鉴》，余二人轮替。上与讲官共一桌，真不啻天颜咫尺矣。”[4]这里的《通鉴》，或即《通鉴节要》。

（三）日讲与议政紧密结合

此前的皇帝像世宗、神宗和熹宗，在经筵日讲时，常常流于形式，于是不断有大臣上疏要求皇帝“朝讲”，特别是将经筵日讲与议政相结合，在日讲之后，商议国事。但到了崇祯朝，由于内忧外患，思宗每天焦心劳力，费尽心思去应付李自成、张献忠和皇太极的步步紧逼，因此迫切需要在经筵日讲时与阁臣和讲官商讨时事，以前大臣们的那种学政结合的要求，不请自来。这是崇祯朝经筵日讲的一个特色。

天启七年十月十九日，“上御日讲毕，召阁臣入便殿”，拿出督师

[1] 《崇祯实录》卷一一，崇祯十一年四月乙巳。
[2] 《崇祯长编》卷一三，崇祯元年九月丙寅。
[3] 《崇祯长编》卷五〇，崇祯四年九月辛卯。
[4] 文秉：《烈皇小识》卷二，第 51 页，上海书店，1982 年。

王之臣的奏疏，传示他们，指出："王之臣自云赘员，又云虚拘，非内臣牵制之耳！可尽撤各边内臣以敕上。"[1]这是思宗的第二次日讲，就已迫不及待地要讨论边事。崇祯元年正月十二日，"帝御文华殿讲读毕，复令辅臣施凤来等及讲官孟绍虞等侍班于讲幄，召部院大臣至，谕之以月食修省，各令陈言。"[2]崇祯元年三月七日，大学士李国槽条新政十事："一曰励必为之志，二曰务典学之益，于日讲之时，不论古义今事，间举一二，以询讲臣，俾反覆竟所欲言。辅臣侍侧，亦竭其千虑之一，以补讲臣所未备。"[3]这是顺着思宗的思路提出的建议。

崇祯七年三月五日，思宗"御文华殿日讲毕，阁臣退，命再入，问陈奇瑜今安在？"温体仁对曰："闻在延绥。今彼请饷三十万。"思宗指出："已留新饷。"钱士升说："新饷虽留，此时官未尽征，恐难济急。至于难氓，势必资遣方可得生。但期以免死，势终为贼。"思宗"低回久之"，乃谕曰："近来用人拘于资格，乙榜巡抚若以为怪。"[4]闰八月十一日，思宗"御文华殿日讲毕"，仍召阁臣曰："敌出口，宜先招抚难民，援兵可撤者当尽撤之。"王应熊对曰："彼利子女金帛耳。田禾未损，援兵屯驻城西刈禾。牧马民甚苦之。"钱士升亦以为言。[5]

崇祯十一年二月十二日，思宗"御经筵毕，召詹事府翰林院诸臣顾锡畴等二十余人问保举考选，孰为得人？"少詹事黄道周言："树人如树木须养数十年始堪任用。近来人才远不及古，况摧残之后，必须深加培养。"黄道周"既复班"，皇上又询之，他回答说："立朝之才，本乎心术；治边之才，存乎形势。先年督府未讲形势要害，事既不效，辄谓兵饷不足。其实新旧饷约千二百万可养四十万之师。今宁锦三协兵仅十六万，似不烦别求供之用也。"杨廷麟奏言："自温体仁

[1] 《明□宗□皇帝实录》卷二，天启七年十月壬戌。

[2] 《崇祯长编》卷五，崇祯元年正月甲戌。

[3] 《崇祯长编》卷七，崇祯元年三月戊辰。

[4] 《崇祯实录》卷七，崇祯七年三月辛卯。

[5] 《崇祯实录》卷七，崇祯七年闰八月甲午。

荐唐世济，王应熊荐王继章二臣，皆败，荐者无恙，连坐之法先不行于大臣，而欲收保举之效，得乎？”思宗“色动，默然久之”。[1]四月十二日，思宗“御经筵毕，召六部诸臣”商议国事。[2]崇祯十四年七月十二日“丙戌，上御经筵。念锦州事，问兵部近日何无边报？”且曰：“此举得解围，固为胜算，但兵未离险，朕甚忧之。”[3]可见，自始至终，思宗的经筵日讲都与现实政治相联系。日讲成为思宗处理国政的一个重要平台，可以说是做到了讲学与议政合一。

对于崇祯帝，张岱曾指出其“焦于求治，刻于理财，渴于用人，骤于行法，以致十七年之天下三翻四覆，昔改朝更”[4]。沧江漫叟在《东江遗事序》中也指出思宗“急于求治，率于用人，暗于度事”。由于“焦于求治”和“急于求治”，因此在日讲中经常与阁臣和讲官们商议朝政，让他们“言毋忌讳”，看似对讲官们比较尊重。但是，其刚愎自用的性格也在讲堂上表露了出来，有时对讲官怒言向相。崇祯十一年二月，经筵日讲官、詹事府少詹事兼翰林院侍读学士黄道周“幸从经筵之后，得逢召对，冒昧陈言”，但是却惹得思宗大怒。三月，黄道周不得不回奏辩解，说自己“以前十二日从事经筵，亲睹圣主问察之勤，诸臣敢言之盛”，所以才贸然上奏，没想到受到皇帝的切责，“惶怖欲死”。[5]同年春河南孟津人王铎和饶平人黄锦讲课效果不好，引起思宗的不满。经筵讲官王铎讲《聪明睿智》一章，“分疏敬、信、悦字，反语太多，言时事又有白骨如麻等语”。思宗斥其“敷衍数语，支吾了事”，不能发挥精义，结果吓得他“出案前待罪”。[6]这使得讲臣们有时候不敢表达真实的想法和意见。

综上所述，明代皇帝在理性上对经筵日讲制度持欢迎和肯定的态

[1] 《崇祯实录》卷一一，崇祯十一年二月丙午。

[2] 《崇祯实录》卷一一，崇祯十一年四月乙巳。

[3] 《崇祯实录》卷一四，崇祯十四年七月丙戌。

[4] 张岱：《石匮书后集》卷一，《烈帝本纪》，清抄本。

[5] 黄道周：《黄石斋先生文集》卷二《补牍陈言疏》、《遵旨回奏疏》，清康熙五十三年刻本。

[6] 杨士聪：《玉堂荟记》卷二。

度，尽管因人因代有异，基本上还是维持了下来。但在实际上，许多皇帝却常常嫌它麻烦，尤其不喜欢阁臣和讲官借经筵日讲之机，对皇帝的失德怠政和安于游逸说三道四。在明朝皇权强化极致的背景下，经筵日讲日益成为一种庄严的仪式，讲臣与皇帝之间按照仪制举行象征性的讲学活动，甚少有实质上的交流和讨论，正如成化间翰林院编修陈音所言“陛下虽日御经筵，然势分尊严，上下相隔。上虽有所疑而未尝问，下欲有所陈而不得尽”。[1]穆宗也视经筵日讲如具文，只讲形式，不重交流，“时庄皇帝每朝及经筵，默不发一语”，礼科给事中陆树德“谓易上下交为泰，非与公卿辅弼相论难，何以劘君德而酬万几？”上疏极言之，但穆宗“不报”。[2]天启间，讲官孙承宗在与宦官郭明时、王安讨论时，就对经筵日讲的形式和效果指出了批评：“民间家塾讲习，朝夕聚首，促膝相习而熟。今上御讲筵，恭默无一问难。臣下日踧踖而退，何由熟也？”他指出：“常朝奏事，例有口答。今借此仪与公等约。上问某句，讲官通俗细解，起发问难，俾上通晓机务，与臣下日亲日熟。此启沃之要也！”郭明时深表赞同，并提出应该恢复“午讲”制度。王安认为既如此，应当装修九五斋以为场所。但郭明时解释道：“孙公欲致君尧舜，须有茅茨土阶遗意，何必修斋而后讲乎？”[3]孙承宗与郭明时都想建立简单、直接和随意的经筵日讲形式，去掉讲究仪式不重实质的风格。然而，这一努力并未实现。经筵日讲仍然缺乏君臣之间的互动和讨论。可见，明代的经筵日讲往往徒具形式，失去了教育的功能和效果，是该项制度设计时意想不到的根本性缺陷。

[1] 《明宪宗实录》卷七七，成化六年三月辛巳。

[2] 王世贞：《都察院右佥都御史阜南陆公树德神道碑》，载焦竑辑：《国朝献征录》卷六三《都察院十》，明万历四十四年徐象橒曼山馆刻本。

[3] 孙奇逢：《夏峰先生集》卷一〇《司礼监掌印云峰高公墓表》，清道光二十五年大梁书院刻本。

第七章

帝王之师：经筵与日讲讲官的选用

在经筵日讲制度中，除了受教育的皇帝外，施教的讲官也是重要的组成部分。讲官的构成，清一色都是儒臣，是接受儒家经典教育，通过科举制度步入帝国统治集团的儒生。在程朱理学影响下，他们人生的重大目标之一，就是秉持“道高于君”的理学观念，为“帝王之师”，正如贺钦所说“经筵劝讲之官，所谓师友之臣”[1]。帝师指引皇帝前进的方向，启沃圣心，既维护大明王朝的长治久安，又保护百姓的福寿康宁。明朝皇帝的“全部言行都要符合道德的规范，但是道德规范的解释却分属于文官”[2]。黄道周用程颢故事，强调天下士与君主的分庭抗礼，以此表明天下士的独立性与不可侵犯性：“宋臣程颢在经筵讲毕，上叹天下乏才，程颢进曰：‘陛下奈何轻天下士！’举朝动色。上反拱手曰：‘朕岂有此？’”[3]经筵日讲的讲官有广狭两义，广义的指参加经筵和日讲的体制内的所有官员，包括知经筵、同知经筵、侍经筵、经筵讲官、日讲官、展书官、书讲章官等；狭义的指经

[1] 贺钦：《医闾集》卷八《辞职陈言疏》，民国四明丛书本。

[2] 黄仁宇：《万历十五年》，第 94 页，中华书局，1982 年。

[3] 黄道周：《黄石斋先生文集》卷二《遵旨回奏疏》，清康熙五十三年刻本。

筵讲官和日讲讲官，直接给皇帝讲解四书和经史之义的官员，一般为翰林院出身的官员。本章所述讲官，以狭义为主，兼及广义。

第一节　经筵日讲官的地位

经筵日讲官一向被认为是皇帝的老师，即所谓“帝王之师”。不仅儒臣们这样认为，即使是皇帝有时也不得不这样看待。

明代许多皇帝和太子都承认讲官是先生，或直接喊过“先生”。自从英宗正式确立经筵日讲制度以来，就有称呼“先生”的叫法。“正统以来，经筵每日讲毕，上必曰:‘先生每喫酒饭。’阁老与四讲官皆承旨，叩头乃退。”[1]

宪宗在东宫讲读时，以及即位后在经筵日讲中，都亲切地称呼讲官为“先生”。天顺二年，刘珝以右春坊右中允身份“侍东宫讲读”，为当时的太子朱见深做教师。朱见深登极后，刘珝仍然是他的经筵讲官，宪宗对他十分尊敬。“珝在讲筵甚久，受知宪庙，呼为‘东刘先生’，特赐图书”[2]。成化十年，刘珝升吏部左侍郎后，“仍直经筵日讲”。“珝每进讲，直言正论，动数千言，而声吐洪亮，音节顿挫，闻者敬悚。宪宗爱而重之。”[3]可见，宪宗是真心把刘珝当做老师看待的。但是成化二年（1466年），“丙戌，刘主静入阁，遽托中贵献言，今后酒饭以常例赐，毋烦玉音。自是俨然而进，默然而退，君臣之间，舍此无一语接，而‘先生’之称亦不复闻。久而左右无复知讲官之为重，未必不自此始”。[4]“主静”是刘定之的字。他为了拍皇帝的马屁，破坏了儒臣“为帝王师的”梦想，成为儒臣们攻击的对象：“永新刘

[1] 尹直：《謇斋琐缀录》卷四，第1290页，载邓士龙辑：《国朝典故》卷五六，北京大学出版社，1993年。

[2] 焦竑：《熙朝名臣实录》卷一一《太保刘文和公》，明末刻本。

[3] 过庭训：《本朝分省人物考》卷九七《刘珝》，明天启刻本。

[4] 尹直：《謇斋琐缀录》卷四，第1290页，载邓士龙辑：《国朝典故》卷五六，北京大学出版社，1993年。

文安定之，文行灼然，入阁乃不甚惬众望，至嘲同[僚]陈庄靖文，是以君子贵自量也。屡有大拜后，声名损于曩时者，刘亦其一。”[1]不过，此后仍有一些皇帝称呼侍经筵的阁臣和讲读官为“先生”。黄景昉曾为刘定之辩解：“若尹直讥刘云：‘故事：日讲，上必曰：“先生每吃酒饭。”刘请以例赐，毋烦玉音。’按今经筵日讲，见闻天语，何尝因刘废？事属诬柢。”[2]

对经筵和日讲一直重视的孝宗，对经筵和日讲官也十分尊重，视为老师，尊为先生。弘治“初开经筵”，孝宗“初即位，雅重讲幄儒臣，呼‘先生’而不名”。[3]孝宗对待讲官的态度相当宽容和尊敬。“帝平日好亲儒臣。一日经筵，学士刘机进讲‘责难于君谓之恭’二句，上注听久之，俯赐清问，因辨析‘陈’字之义。刘仓卒进讲，语不达意。上谓之曰：‘此即“敷陈王道”之“陈”也。’群臣叩首谢。又问何以不讲末句，答以不敢。上又曰：‘何害？善者可感善心，恶者可惩逸志。自今不必忌讳。’”[4]这次经筵过程，明人涂山另有记载，述其发于生弘治十七年九月。当时孝宗“召大学士刘健等议日讲”。月底复召辅臣入见。孝宗对他们说：“今李荣来说，日讲时刘机讲‘陈善闭邪’，‘陈’字解作‘陈说’，不是。止云‘敷陈其说’，乃可耳。”众人皆应曰：“诺。”刘健奏道：“昨李荣又说以‘善道启沃他，他字不是。’”孝宗“微笑”曰：“‘他’字亦不妨，大抵讲书须要明白透彻，直言无讳，道理皆书上原有的，不是纂出。若不尽说，也无进益。先生辈与翰林院是辅导之职，皆所当言。”在这里，孝宗明确将侍经筵的刘健等阁臣称呼为“先生辈”。谢迁说道：“圣明如此，讲官愈好尽心。”李东阳接话道：“今年圣学缉熙，中外臣民无不仰戴。臣等敢不仰承圣意？”众皆叩头。孝宗又说：“先生辈可传与他，不必

[1] 黄景昉：《国史唯疑》卷四。
[2] 黄景昉：《国史唯疑》卷四。
[3] 过庭训：《本朝分省人物考》卷三六《程敏政》，明天启刻本。
[4] 吕毖：《明朝小史》卷一〇《弘治纪・辨析陈字》，旧抄本。

顾忌。昨所讲，似有顾忌耳。”又告抚慰道：“‘他’字亦不妨。昨因话偶及此意，以为不若启沃之更好。然不必深计也。”这些侍经筵的阁臣“皆复谢而出”。当日“天颜和悦”，孝宗怕“以昨所传未的，恐讲官因此有所观望，故特示详悉如此”。涂山指出：“盖经筵讲章，自数岁以来，始去旧时谀颂之词，加以规谏，未尝少忤。及闻此，谕益知上意所向云。”[1]从这两处记载可见，孝宗对待讲官的态度非常宽容和和蔼，内心十分尊重，甚至直接称他们为“先生辈”。

神宗时，不仅称张居正为先生，而且对某些经筵讲官也尊称为“先生”。礼部右侍郎陶大临“为经筵日讲，首讲《大学》”、“娓娓不已”，“大临每进讲，左右皆目相指，而上亦器重之，数称‘先生’而不名”。[2]

这种将讲官称为“先生”的做法，一直延续到明末。天启年间，日讲官丁绍轼在所撰《讲筵恭纪诗·陪上讲书》称：日讲讲读完毕，熹宗要说一句：“先生每吃酒饭。”遇忌辰之日，赐宴无酒，皇帝则说：“先生们吃汤饭。”另据孙承宗回忆，泰昌元年十月十八日讲书毕，口宣“先生们喫酒饭”，“亦曰：‘与先生们酒饭！’”[3]前面一句是直接对讲官们说的，后一句则似乎是对宦官讲的，也就是说，不管是对讲官本身，还是对其他人，皇帝都要称讲官为“先生”，表明在帝王的意识中，讲官就是他们的老师。

直到崇祯朝，“讲之日，上出御文华殿，阁臣率讲官行五拜三叩头礼毕，内侍举桌安放讫，上宣‘先生们来’，讲官始入，讲毕，上复宣‘先生们吃酒饭’，乃谢恩而退；若遇斋祭之期，则云‘茶饭’。”“遇立春、端阳、中秋、重阳、冬至、除夕，日讲官每人各内赐酒馔一盒，大小五器，汤饼二器，酒二缾。圣寿、元旦各内赐银三十万两，进讲之夕，光禄寺每人折供给银一两三钱。”[4]看来，强势的

[1] 涂山：《明政统宗》卷一八，明万历刻本。

[2] 张岱：《石匮书》卷一六八《陶大临传》，稿本补配清抄本。

[3] 孙承宗：《高阳集》，卷一四，第 29 页。

[4] 文秉：《烈皇小识》卷二，第 51 — 52 页，上海书店，1982 年。

崇祯帝对待讲官，也是当做老师来看的，而且赏赐甚丰。《烈皇小识》记载了思宗礼敬阁臣和讲官的故事：

（崇祯）十五年壬午正月元旦，上御殿朝贺毕，下宝座，南面正立。顾内侍曰："召阁臣来！"阁臣由殿东门入，再奉旨趋至殿簷行叩头，礼毕，跪以俟命。上曰："阁[臣]西班来。"盖以师席待诸辅也。阁臣起立，不知圣意，拟取东西两班。上又曰："阁臣西边班来。"随有一奄下引而前，上宣阁臣来，诸辅趋进。上曰："古来圣帝明王，皆崇师道，今日讲官称'先生'，犹存遗意，卿等即朕师也，敬于正月端冕而求。"圣躬转而西，面向阁臣一揖，曰："经言修身也，尊贤也，敬大臣也，体群臣也。朕之此礼，原不为过。"又曰："自古君臣志同道合，天下未有不平治者。"上谕至此，辞意甚严重。又曰："职掌在部院，主持在朕躬，调和在卿等。"诸阁臣跪伏，谢"菲才不敢当"。上曰："先生正是朕该敬的！"言之再三，随谕："先生起来。"诸辅臣始起，转下叩头。上还宫后，复补赐圣谕一道。时诸勋臣不知所以，亦相率疾趋。上曰："东班去！"[1]

思宗不仅将西班的阁臣（一般都担任过讲官）称为"先生"，而且还对他们施以揖礼，并明确指出"古来圣帝明王，皆崇师道，今日讲官称'先生'，犹存遗意，卿等即朕师也"。显然具有尊师之意。当然也要考虑到，这一拜师行为发生在明朝即将灭亡的前夕，这样才可理解刚愎自用的思宗，何以如此尊重阁臣和讲官了。

除了皇帝对经筵日讲官地位重视外，儒臣们更是以帝王之师自居，万历间林爊充经筵讲官时，"方强仕之年，被遇至文昌贰卿，位次八

[1] 文秉：《烈皇小识》卷七，第196页，上海书店，1982年。

座，俨然以其学为帝者师”。[1]儒臣们无不把讲官的地位视为崇高。弘治六年，太常少卿兼侍讲学士李东阳曾经进言：“讲官官不必高，所贵实任，苟非其人，不宜滥置，既授之任，必重其官。”[2]嘉靖七年谢丕“充经筵日讲官，士林荣之”。当其父谢迁乞休，谢丕“欲请告扶侍南归”，其父止之曰：“日讲，臣子效忠启沃时也。毋苟旷。”[3]可见，在士大夫心中，能够担任经筵日讲官，是一件很荣耀的事。

作为日讲官的李东阳，维护讲官的尊严，上奏强调讲官的特殊地位，指出：“讲筵，不关政务，惟君心为化理之原。经传乃致治之法，其势似缓而实急，其功似浅而实深。”因此讲官的地位非常重要而尊贵。他指出：“经筵为讲道之地，与朝署不同。故凡奏对之时，虽师保大臣必行跪礼，惟讲官拜稽之后，立讲于前，以示优异。此祖宗定制。而古之大儒犹有致讥于坐立之间者，以圣贤之道在故也。”他对“近日讲官小有遗误，遽遭纠劾”的现象表示不满，并依“荷蒙圣恩，特置不问”为据，指出“朝廷优之以讲道之礼，而有司律之以奏事之仪”，这种情况是“自开设经筵以来，未尝有此！”他举例说明：“累朝所定仪注，止有侍仪官、御史二员，序班二员，无所谓纠仪者。先帝临朝极严，奏对之礼，御史等官不敢毫发纵贷。而如大学士陈文、侍讲商良臣等进讲差错，不闻纠劾，朝廷亦不以责纠劾之官”，还指出“先帝念通政司、鸿胪寺奏事繁难，特命一二字差错不必来说。钦遵至今，即是故事。臣愚以为经筵之职较诸通政司所奏、鸿胪所引，事体尤重，而讲读之词，动以千计，繁文倍之。臣请自今进讲一二字差错者，照先帝所降通政、鸿胪恩例，勿得纠劾，以仰承陛下优礼儒臣之盛意”。疏入，孝宗命所司议处以闻。[4]

儒臣对经筵讲官的作用和地位有特别的论述：“夫帷幄侍从之臣，

---

[1] 吴国伦：《甔甀洞稿》卷三九《少冢宰林公赴南都序（代作）》，明万历刻本。

[2] 余继登：《典故纪闻》卷一六《进讲差错不纠劾》，第283页，中华书局，1981年。

[3] 徐九皋：《吏部左侍郎兼翰林院学士赠礼部尚书谢公丕行状》，载焦竑辑：《国朝献征录》卷二六《吏部三》，明万历四十四年徐象橒曼山馆刻本。

[4] 唐鹤征：《皇明辅世编》卷二《李文正东阳》，明崇祯十五年陈睿谟刻本。

日执经史，诵读人主前，非道德仁义、唐虞三代之际不陈，岂不启心沃心哉！而其功业不少概见于世，要以潜孚默夺，使天下阴受其赐，则诵读之功，安可少也！予师和宇先生其人矣！”[1]认为讲官的功劳看起来并不轰轰烈烈，但却可以启沃君心，使天下人“阴受其赐”。

还有人认为讲官较言官的作用更为超前。成化末弘治初，韩鼎上疏论述言官与讲官的关系时，指出讲官养君德，当在前，言官摘君过，应在后：“攻君之过，不若养君之德。谏官言事当在经筵进讲后。”结果“识者以为名言”。[2]

对于担任讲官或任经筵侍仪官，儒臣都视为一生的辉煌，如果一家有多人担任此职，则视为全家的荣耀。洪武间，朱三畏曾以户科给事中身份，“侍奉天门说书”，特写诗“以纪其荣”，弘治间其曾孙朱天昭“以御史尝预其事”。吴宽对朱氏一门两代为皇帝侍经筵深感羡慕，指出：“并以文行列于侍从，获观圣学于视朝之余，信可谓荣矣。”他预言“天昭之子希周弱冠登高科，遂入翰林，执经讲学，在上左右”是早晚的事，并预见“朱氏之荣，所以为不可及也欤”。[3]果如所料，朱希周于弘治十六年升侍读，充经筵讲官，成就了朱氏三代预讲筵的盛业。这就是儒臣对担任讲官的态度，表明了讲官身份地位之高。

在君臣达成共识的前提下，经筵和日讲官的地位，在国家的官僚体系和职官制度中，有了制度性的规定和保障，甚至能够突破制度的规定，破格提拔和升迁。吕原与倪谦都是春坊中允兼翰林院侍读，“直经筵”。景泰初，景帝“命（倪）谦讲《国风》，（吕）原讲《尧典》，皆称旨”。便问他们任何官，二人皆回答是“中允兼侍讲”。景帝认为，中允与侍读品级相同，没有必要兼侍讲，干脆“进二人侍讲学士，兼中允，寻进左春坊大学士”。[4]就因为二人为皇帝讲《诗经》

[1] 黄克缵：《数马集》卷二五《通议大夫詹事府詹事兼翰林院侍读学士经筵日讲官和宇刘先生神道碑》，清刻本。

[2] 过庭训：《本朝分省人物考》卷一〇六《韩鼎》，明天启刻本。

[3] 吴宽：《匏翁家藏集》卷四三《经筵侍班倡和诗序》，四部丛刊景明正德本。

[4] 《明史》卷一七六《吕原传》。

和《尚书》称旨，便直接将他们从侍讲升为侍讲学士。万历七年十二月，皇帝特地告诉内阁“何洛文系讲官考满”，若要升官，应由阁臣等议拟，于是辅臣张居正等题：“臣等查得旧制：凡各衙门官员三、六年考满称职，俱不升迁，俟九年通考称职，事繁衙门升二级，事简衙门升一级。此考满官之通例也。今何洛文系三年任满，虽考得称职，例未应升。”然而，他又特别指出：

> 但本官日侍讲幄，久效勤劳，比之别衙门办一事、效一职者不同，稍加优厚，亦不为过。[1]

有鉴于万历四年十二月，日讲官申时行等曾因“讲读效劳”“各加升级”的例子，这次便决定“将何洛文优加升级，朱赓等量升服色俸级”。并声称这样做可以表现皇帝“崇圣学之美，优礼儒臣之意”。[2]

日讲官虽然官品不高，但在很多事情上，其地位常与内阁、府部大臣并驾齐驱。其一，拥有上疏安慰皇帝的资格。隆庆六年十月十七日，慈庆宫后西连房火灾，“内阁、府、部及日讲等诸臣上疏恭慰，俱报闻”。[3]其二，拥有在节庆赏赐中获得皇帝赏赐的资格。在各种年节、喜庆中，日讲官居然能够与辅臣一起获皇帝的赏赐，尽管所获数额较辅臣为少。隆庆六年十月七日，“赐辅臣及日讲官并正字官貂皮有差”[4]。这里的正字官也是经筵制度中的一部分，是服侍皇帝书法练习并予以指导和改正的官员。万历四年三月十九日，“上赐辅臣及日讲官各银铰、砗磲等扇”[5]。因神宗大婚，娶都督同知王伟长女为皇后，六年二月三日，“赐（张）居正银一百两，纻丝六表里，（吕）调阳、

[1]《万历起居注》第一册，第 777 页。

[2]《万历起居注》第一册，第 776 — 778 页。

[3]《明神宗实录》卷六，隆庆六年十月庚午。

[4]《明神宗实录》卷六，隆庆六年十月庚申。

[5]《明神宗实录》卷四八，万历四年三月壬子。

四维各银八十两，纻丝四表里，讲官申时行等六员各银三十两，纻丝二表里，正字官马继文等二员各银十五两，纻丝一表里”[1]。十七年七月五日，“赐四辅臣及日讲官鲥鱼”[2]。八月五日，“赐四辅臣及日讲官杨梅”[3]。十九年十二月二十日，“以年节，颁赐辅臣银四十两，綵叚二表里，及讲官韩世能等每银二十两，纻丝一表里”[4]。十二月二十四日，“以正旦令节，赐辅臣每二样吊屏二对，大门神二对，判子二对，招财利市二对，福禄狮子二对，笺纸葫芦二对，及讲官韩世能等每吊屏一对，门神一对，判子一对，葫芦一对”。[5]上述的赏赐，只在内阁大臣与讲官、正字之间进行，至于九卿和其他大臣都没有资格参与。

经筵日讲官因为地位特殊，而常常获得挽留。万历十七年三月二十九日，右庶子黄洪宪引疾乞归，“以讲读需人，不许”。[6]二十七年二月一日，日讲官礼部署部事左侍郎余继登“自陈乞罢”，神宗“优诏留之”。[7]二十七年四月八日，大学士沈一贯“乞留日讲官刘元震供职”。此前，“元震自陈留中，引疾求去，辅臣以讲筵乏人，请留之”。[8]三十九年四月七日日讲官吏部右侍郎萧云举四疏求去，“慰以六年考满，着出复职”。[9]四月十五日，“日讲官吏部右侍郎王图屡章求去，诏留之”[10]。此外，当日讲官遭到言官攻击后求去时，常会获得皇帝的袒护和挽留。四十一年九月二日，日讲官吏部左侍郎翁正春“以人言求去。上褒答不允”。[11]

但是，明代也处在皇权强化的极致时期，君主经常打压儒臣的

[1]《万历起居注》第一册，第553页。
[2]《明神宗实录》卷二一三，万历十七年七月庚戌。
[3]《明神宗实录》卷二一四，万历十七年八月庚辰。
[4]《万历起居注》第三册，第808页。
[5]《万历起居注》第三册，第811页。
[6]《明神宗实录》卷二〇九，万历十七年三月丙子。
[7]《明神宗实录》卷三三一，万历二十七年二月辛亥。
[8]《明神宗实录》卷三三三，万历二十七年四月丁巳。
[9]《明神宗实录》卷四八二，万历三十九年四月丙子。
[10]《明神宗实录》卷四八二，万历三十九年四月甲申。
[11]《明神宗实录》卷五一二，万历四十一年九月丁巳。

自信心和帝王之师的自豪感，绝对抵制讲官坐讲的建议，哪怕是在教授皇太子时坐讲的企图也遭到拒绝。因此，明代讲官实际上处在“为帝王师”和“帝王为师”博弈的尴尬境地中。许静认为明清时期经筵在帝王教育中地位发生了转变，“由主导地位沦为次要地位”，“经筵中君臣关系的变化”是从“为帝王师”到“帝王为师”。认为“经筵制度或多或少的具有抑制君权的倾向。这种对君权的抑制倾向势必会与明清以来高度集中的皇权产生矛盾，经筵官理想的‘周公辅成王’的帝王教育模式在皇权面前不堪一击”。[1]宣德时陈祚上疏，要求开经筵，勤圣学，以取代“颇事游猎玩好”的恶习，其中提出进讲真德秀《大学衍义》一书，但宣宗“见疏大怒”，指斥“竖儒谓朕未读《大学》耶！薄朕至此，不可不诛！”结果将陈祚及其家人十余口逮捕入狱。[2]显然，宣宗绝不承认儒臣“为帝王师”的地位，而要实现“帝王为师”的企图。

不过，毕竟讲官面对面地教过皇帝的经史等课，因此对讲官仍然有一种下不去手的感觉。世宗对讲官算是比较严厉的，但也有人认为世宗“待讲臣厚，即吴惠、郭维藩讲章有所规讽，旨令条列，竟亦不之罪也”。对于像廖道南、蔡昂这样“失讲”而“谪判外”的讲官，也“旋召还，孜孜向学”。[3]表明讲官在整个儒臣群体中，仍然算是地位特殊的一群人。

在长期的接触过程中，皇帝有时候甚至对经筵和日讲官产生依赖。有些经筵讲官请假回家时，需获皇帝特批，后者或有依赖心理，而不予批准。嘉靖十年八月，翰林院侍读学士张潮“以展墓请告。上谓其日侍讲读，不许”[4]。是年十二月，张潮“复上疏乞归”。世宗“以潮日侍讲读，谕以前旨，不许”。[5]显然是离不开他。

[1] 许静：《明清经筵制度特点研究》，载《聊城大学学报》2013年第2期。
[2] 《明史》卷一六二《陈祚传》。
[3] 黄景昉：《国史唯疑》卷七。
[4] 《明世宗实录》卷一二九，嘉靖十年八月癸未。
[5] 《明世宗实录》卷一三三，嘉靖十年十二月乙巳。

能够进入文华殿为皇帝讲读的经筵讲官和日讲官，无疑是帝国精英。他们为皇帝承担经筵和日讲的教学，负责“启沃圣心”、“责难陈善”和灌输知识的任务。但是，并非所有经筵和日讲官都实际负有经筵和日讲教学的任务。有的只是挂名而已，有的则因皇帝长期不御经筵和日讲而“在任空过”和“莫效论思”。如万历三十年三月十五日，首辅沈一贯曾说由于神宗既不参加经筵和日讲，又不接受讲章，致使“讲官敖文桢在任空过，莫效论思”[1]。可以说万历十七年二月之后神宗的经筵讲官都是虚设，从未给皇帝讲过经筵；而日讲官也只相当于“写讲章”官，按时进呈讲章，从未给皇帝面对面讲过一次日讲。万历后期，即使“做一天和尚撞一天钟”式的讲章进呈，也因缺乏日讲官而难以维持。万历三十四年三月二十三日，大学士沈一贯、沈鲤、朱赓曾指出：“万历十五年后，讲筵稀御，日讲遂不备官。至于今，止侍郎李廷机一人”，而他“又请告不出，业经三月”。[2]二十六日，大学士沈鲤、朱赓又题称原来“日讲官原设六员，兼讲经史，后以讲筵稀御，乃进讲章二本，寻又以讲官乏人，止进《通鉴》讲章一本”。但不久前，皇上“命兼讲《春秋》日进二本如故”。于是“推择儒臣资望最深者三人，在籍则尚书于慎行，在任则侍郎叶向高、杨道宾并充日讲官，与李廷机分撰经史讲章，总不过四员，视前额已减其二矣”。但是，“于慎行虽得旨，辞本未下，叶向高、杨道宾尚未得旨，今李廷机又杜门不出，自春及夏，并未进讲章一字，求如往时止进一本亦不可得”，他们希望皇上“亟谕李廷机早出”，同时“将于慎行、叶向高、杨道宾并下俞旨，令供事讲筵”。[3]看来，日讲官进呈日讲讲章的虚应故事，也因为日讲官不足而停废。万历十七年二月之后，不管日讲官是满员还是缺员，都不是正常承担教学任务的讲官。这一现象需要特别指出。

[1]《万历起居注》第七册，第401－402页。

[2]《万历起居注》第八册，第521－523页。

[3]《万历起居注》第八册，第530－531页。

第二节　经筵日讲官的兼容

皇帝的经筵日讲官与太子的东宫讲读官、甚至内书堂宦官教习之间具有兼容性，可以交替任命和互相兼任。因为一个好的讲官，是不可多得的宫廷教育专家，肯定要人尽其才。

一　经筵或日讲官与东宫讲读官之间的兼容

经筵日讲官与东宫讲读官相兼，有以下三种情况：

第一，先任东宫讲读官，后任经筵日讲官。

江西宁都人董越在成化间先任东宫讲官，后任经筵讲官。“甲辰（成化二十年），直东宫讲读，丁未（二十三年），充经筵讲官。”[1]另有记载称，董越是成化五年进士及第第三人，授编修，进侍读。“二十年，选侍东宫讲读，充经筵讲官。”孝宗即位，进右春坊右庶子兼侍讲，“升太常寺少卿兼侍讲学士，充日讲官”。[2]崇祯间的方拱乾因为“丰容貌，有威仪，声音清壮，辨析明达”，因此既做过东宫讲官，又做过经筵日讲官，“升詹事府少詹事、东宫讲官，历经筵日讲官”。[3]

这种情况有两种原因：一是太子觉得东宫讲读官讲课效果好，推荐给皇帝，皇帝取为己用。弘治年间，毛澄充东宫讲读官，不仅“声音清切”，而且“义理明畅”。皇太子朱厚照向父亲孝宗夸讲道：“今日讲书毛先生是苏州人，说书却真正明白。”这给孝宗留下了深刻的印象，因此于二年后，即弘治十八年二月，命毛澄“充经筵讲官”。[4]孝宗本想利用这个宫廷教育人才的，可惜三个月后不幸病死，

---

[1] 过庭训：《本朝分省人物考》卷六九《董越》，明天启刻本。

[2] 张元忭：《馆阁漫录》卷八，明不二斋刻本。

[3] 李长祥：《天问阁文集》卷二《和宪先生桐城方公墓志铭》，民国求恕斋丛书本。

[4] 邵宝：《容春堂集》续集卷一四《太子太傅礼部尚书赠少保谥文简毛公行状》，景印文渊阁四库全书本。该文又收入焦竑编：《国朝献征录》卷三四《礼部二》，明万历四十四年徐象樗曼山馆刻本。

无福消受。

二是由于在东宫时讲读效果很好，受到太子的赏识，太子登基后，再将东宫讲读官带入朝中，升为经筵和日讲官。柯潜于天顺初改尚宝司少卿，“充东宫讲读官。宪宗皇帝即位，拜翰林院学士，充经筵官”。成化三年，升詹事府少詹事，兼翰林院学士，“命日侍经筵”。[1]刘珝天顺元年，升春坊右中允，“进讲东宫。凡义理精微、闾阎疾苦与前代治乱之由，皆恳恳言之，无少讳”。宪宗登极后，刘珝“以宫僚旧臣，升太常寺少卿兼侍读”，于成化十年，升吏部左侍郎，“仍直经筵日讲。珝每进讲，直言正论，动数千言，而声吐洪亮，音节顿挫，闻者敬悚”。[2]成化年间，汪谐先任东宫讲读官，后因太子登基成为孝宗皇帝，而后任皇帝的经筵讲官。他在成化时“选侍东宫讲读，诚心启诱，孜孜夙夜。及孝皇帝登极，进少詹兼侍讲学士，充经筵讲官”[3]。另有记载比较详细：汪谐在成化十二年（丙申）满考时，“擢右春坊右谕德”，后进右庶子，“戊戌，侍孝宗讲读于东宫”。孝宗即位后，“以侍从恩擢詹事府少詹事，兼翰林侍讲学士，掌院事”。弘治元年“寻开经筵，承敕充讲官”[4]。显然，他是因为胜任东宫讲读官，得到太子赏识，太子成为皇帝后，而升任皇帝经筵日讲官的。

第二，先任经筵和日讲官，后任东宫讲读官。

倪岳担任经筵讲官的时间是成化十二年，成化十五年讲学东宫，二十年任东宫讲读官，二十二年，又任经筵讲官。他是天顺八年进士。成化乙未“进侍读。明年（十二年）选充经筵讲官”，后丁父忧，十五年“服除还任。适今上为皇太子，讲学春宫”，进学士。“甲辰（二十年），充春宫讲读官。”丙午（二十二年），“擢礼部右侍郎，仍命经筵进讲”。[5]倪岳在皇帝讲官与太子讲官之间来回任职。形成了经筵讲

[1] 陈道：《（弘治）八闽通志》卷七一《人物》，明弘治刻本。
[2] 过庭训：《本朝分省人物考》卷九七《刘珝》，明天启刻本。
[3] 徐象梅：《两浙名贤录》卷三九《才望》，明天启刻本。
[4] 雷礼：《国朝列卿纪》卷一五《汪谐》，明万历徐鉴刻本。
[5] 吴宽：《匏翁家藏集》卷五九《倪文毅公家传》，四部丛刊景明正德本。

官—东宫讲读官—经筵讲官的模式。类似的还有刘机，也是先任皇帝经筵讲官，后任东宫讲读官，然后又任皇帝的经筵日讲官。他于弘治二年任经筵讲官。弘治十一年“戊午，武宗出阁进学，命为讲读官。庚申，转侍读学士。明年（十四年）日侍经筵讲读”。[1]李旻也是先任皇帝讲官，后为东宫讲官，最后又任皇帝的讲官。“弘治改元，充经筵讲官”，后“升左春坊左谕德。庚（子）[申]简侍东宫讲读”。正德丙寅，“改太常少卿，兼侍读，充讲官，赐金带”[2]。刘春在孝宗时“选充经筵展书官”。弘治十二年“选充东宫讲读。三考满，升左春坊左谕德”。武宗时，升吏部左侍郎，“充经筵日讲官”。[3]杨时畅也是先任经筵讲官，后充东宫讲读官。弘治初“升修撰。未几，充经筵讲官”，诏选东宫官属时“改右春坊右赞善，秩满，升左春坊左谕德”。正德改元，“以东宫讲读恩，升太常寺少卿，仍兼侍讲学士”。[4]“东宫讲读恩”一句，说明了杨时畅任春坊赞善和谕德时是做过太子的讲读官的。

然而，有时候皇帝的经筵日讲官，也不能随便调到东宫任宫僚。高拱曾在一份奏疏中称“宫僚必慎择年深老成之人，而侍郎吕调阳等皆是皇上日讲官，不敢动”[5]。当然也就不能调到东宫当讲读官。

第三，经筵和日讲官同时兼任东宫讲读官。

黄谏中进士后，授翰林院编修，历左春坊左中允。景泰时以经筵讲官的身份兼东宫官僚，“为经筵讲官，景帝改册东宫，谏以侍讲擢春坊庶子”[6]。天顺初，改尚宝司丞，兼翰林院编修，“擢尚宝司

[1] 杨廷和：《资政大夫太子少保南京兵部尚书进阶荣禄大夫赠太子太保乐忘刘公机墓志铭》，载焦竑辑：《国朝献征录》卷四二《南京兵部一》，明万历四十四年徐象橒曼山馆刻本。

[2] 过庭训：《本朝分省人物考》卷四三《李旻》，明天启刻本。

[3] 过庭训：《本朝分省人物考》卷一〇八《刘春》，明天启刻本。

[4] 焦竑：《国朝献征录》卷七〇《太常寺南京太常寺·太常寺少卿兼翰林院侍讲学士杨时畅传》，明万历四十四年徐象橒曼山馆刻本。

[5] 徐学聚：《国朝典汇》卷三二《朝端大政》，明天启四年徐与参刻本。

[6] 焦竑：《国朝献征录》卷二〇《翰林院一·黄学士谏传》。

卿，充经筵讲官，音吐明畅，多所规益”[1]。天顺二年三月，礼部进皇太子出阁讲学仪注中有“日讲读官”——“尚宝司卿兼侍讲黄谏”[2]，则说明他既担任过经筵讲官，又担任过东宫日讲读官。根据天顺年的任职时间来看，很可能是同时兼任的。傅瀚成化间也是东宫讲官与皇帝讲官一身二任。“成化间孝宗出阁，命兼司经局校书，左谕德兼检讨，充经筵讲官及东宫讲读官”[3]。成化年间的程敏政，也是既为经筵讲官，又兼东宫讲读官。成化十一年后，“诏侍讲经筵，寻兼皇太子侍讲”。做完东宫侍讲官后，又在孝宗即位后，再任日讲官：“叙进宫臣，迁詹事府少詹事，兼翰林院侍读学士，充日讲官。”弘治“初开经筵，诏侍讲仍日侍文华殿讲读”，“侍经筵久”。[4]张元祯于弘治末“以太常寺卿兼翰林院学士，侍经筵日讲，并侍东宫讲读”。曾上疏“劝经筵讲《太极图》及《西铭》、诸性理书，东宫讲《孝经》、《小学》，孝庙欣然嘉纳”。[5]刘忠也同时担任过经筵讲官和东宫讲读官。“弘治庚戌，升侍讲，孝宗朝充经筵讲官，兼侍皇太子讲读。”[6]王华于弘治元年“充经筵讲官”。弘治九年以右春坊右谕德身份被“命为日讲官”，当皇太子出阁讲学时，“诏选正人辅导，用端国本。公卿多荐公，自是日侍东宫讲读”。[7]他其实同时兼任皇帝的日讲与太子的讲读官。另有记载云，弘治改元，王华“充经筵官”，六年，“升右春坊右谕德，充经筵讲官。尝进劝学疏，上然其言，自是御讲日数。丙辰（九年）三月，特命为日讲官”，四月，“以选正人端国本，公卿会举为东宫辅导。戊午（十一年）三月，又命兼东宫讲读”。[8]这里明确说是兼东宫讲读

[1] 过庭训：《本朝分省人物考》卷一〇六，明天启刻本。

[2] 《明英宗实录》卷二八九，天顺二年三月乙巳。

[3] 雷礼：《国朝列卿纪》卷一六《詹事府詹事行实》，明万历徐鉴刻本。

[4] 过庭训：《本朝分省人物考》卷三六《程敏政》，明天启刻本。

[5] 姜南：《蓉塘诗话》卷四《劝讲太极》，明嘉靖二十二年张国镇刻本。

[6] 许赞：《太保文肃刘公忠神道碑》，载焦竑辑：《国朝献征录》卷一五《内阁四》，明万历四十四年徐象橒曼山馆刻本。

[7] 杨一清：《南京吏部尚书封特进光禄大夫柱国新建伯海日王公华墓志铭》，载焦竑辑《国朝献征录》卷二七《南京吏部》，明万历四十四年徐象橒曼山馆刻本。

[8] 雷礼：《国朝列卿纪》卷二〇《王华》，明万历徐鉴刻本。

官。毛纪也是一位同时兼任经筵讲官和东宫讲读的讲官。弘治九年“升修撰，充经筵讲官，选侍东宫讲读”，武宗即位后，进左春坊谕德兼侍讲，“升侍讲学士，充日讲官”[1]。

可见，皇帝的讲官与太子的讲官之间，有兼容性。不唯如此，有时候，皇帝的讲官还与宦官的讲官之间具有兼容性。

二　经筵或日讲官与内书堂教习之间的兼容

有些皇帝的经筵和日讲官，曾经教授过内书堂的宦官，有的经筵讲官教完皇帝后，又去教授内书堂的宦官学生。既表明了以翰林官为代表的文官在宫廷中来回迁转的官场轨迹，又说明了宫廷教育资源的有效利用。

第一，先任宦官的内书堂教习，后任皇帝的经筵或日讲讲官。

钱溥在正统五年教授内书堂宦官，景泰二年充任皇帝的经筵讲官。他是正统四年进士，“授行在翰林院检讨，命教内书馆”。景泰二年（辛未）丁忧服阕后，“少保高公谷荐充经筵讲官”。[2]至少从正统间始，内书堂的教官有资格担任皇帝的经筵讲官，说明此时内书堂教师的地位已经大大提高。杨守陈先教宦官，后教皇帝。“天顺二年，服阕至京，授翰林编修，预修《大明一统志》，寻被命授徒内侍省，公辞不许”。成化元年，“宪宗皇帝初开经筵，公以选为讲官，赐白金二十两文绮二”，“公在讲筵多所启迪”。[3]刘宣是先做内书堂教官，然后任皇帝经筵讲官的。景泰七年五月，英宗复辟后，命时为翰林院修撰的刘宣等人取代林文等人“于内府授内使书”[4]。天顺“八年，充经筵讲

[1] 严嵩：《明故光禄大夫柱国少保兼太子太保吏部尚书谨身殿大学士赠太保谥文简毛公纪神道碑》，载焦竑辑：《国朝献征录》卷一五《内阁四》，明万历四十四年徐象橒曼山馆刻本。

[2] 王偁：《思轩文集》卷二二《资善大夫南京吏部尚书谥文通钱公行状》，明弘治刻本。

[3] 何乔新：《椒邱文集》卷三〇《嘉议大夫吏部右侍郎兼詹事府丞谥文懿杨公墓志铭》，景印文渊阁四库全书本。

[4] 《明英宗实录》卷二六六《废帝郕戾王附录第八十四》，景泰七年五月癸未。

官”[1]。赵贞吉先任内书堂教官，后任皇帝的日讲官。嘉靖十七年授编修，因为不满世宗沉溺方术，告假回家，嘉靖二十一年前后“起教习内书堂”[2]。因为宦官王翱便在是年“拨司礼监内书房读书，受业于郭东埜、赵大洲、孙继泉先生”[3]。赵大洲就是赵贞吉。隆庆初，赵贞吉因在国子监讲《尚书·大禹谟》效果突出，受到穆宗的赏识，“命充日讲官。贞吉年逾六十，而议论侃直，进止有仪，帝深注意焉”。不久便迁南京礼部尚书。“既行，帝念之，仍留直讲。”[4]张元忭同样是先教内书堂宦官，然后教授皇帝于经筵或日讲上。万历七年“己卯，教习内书堂”[5]，万历十五年“丁亥，起家，用词林。久次超为左春坊左谕德兼翰林侍读，清理武黄。寻充经筵讲官”[6]。时为检讨的姚希孟于天启元年九月与丁乾学、金秉乾、吴士元、倪启祚和杨世芳一起“教习内书堂”[7]。崇祯“二年升左谕德再升右庶子，掌右春坊印信，充日讲官、经筵讲官”[8]。先任内书堂教习，后任皇帝经筵或日讲官的还有陈于陛等人。这是一种普遍的现象。

第二，先任皇帝的经筵或日讲讲官，后任宦官的教习。

吕原正统十二年先值经筵，后于景泰初在文华门庑教授内侍黄赐等七人读书习字。教授宦官差事，本来想让钱溥去的，但遭到钱的拒绝，于是“推举得侍讲吕逢原、倪克让以进”[9]。另据《明史》载：吕原于“正统七年，进士及第，授编修。十二年，与侍讲裴纶等十人同选入东阁肄业，直经筵。景泰初，进侍讲，与同官倪谦授小内侍书于

[1] 过庭训：《本朝分省人物考》卷六五《刘宣》，明天启刻本。

[2] 傅维鳞：《明书》卷一一五《列传三·赵贞吉传》，清畿辅丛书本。

[3] 刘若愚：《酌中志》卷二二《王翱》，清海山仙馆丛书本。

[4] 《明史》卷一九三《赵贞吉传》。

[5] 《明儒学案》卷一五《侍读张阳和先生元忭》。

[6] 王锡爵：《奉直大夫左春坊左谕德兼翰林院侍读阳和张公元忭墓志铭》，载焦竑辑：《国朝献征录》卷一九《詹事府二》，明万历四十四年徐象橒曼山馆刻本。

[7] 《明熹宗实录》卷一四，天启元年九月甲子。

[8] 张国维：《抚吴疏草·姚宫詹请恤疏》，明崇祯刻本。

[9] 尹直：《謇斋琐缀录》卷四，载邓士龙辑：《国朝典故》卷五六，第1288页，北京大学出版社，1993年。

文华殿东庑”[1]。如叶式“正德丁丑（十二年），以书经魁春闱，选庶吉士，授翰林院编修，迁修撰，侍经筵。司教内书堂。”[2]

第三，先任经筵讲官，又任内书堂教官，再任皇帝的经筵或日讲讲官。

张邦奇正德二年担任经筵讲官，“正德丁卯，授检讨，命充经筵官”[3]。嘉靖六年任内书堂教习，自述“赴内书馆，值阴霾，风烈，玉河浪花溅人”，并写《题画内书馆为中监走笔》等诗[4]。嘉靖“丙申，进左侍郎，会翰林院缺长，遂命以原职兼学士，掌院事。寻充日讲，兼讲《大学衍义》”[5]。嘉靖十五年又任日讲官。陈沂嘉靖元年任内书堂教官，四年任经筵讲官。陈沂“既仕，改翰林院庶吉士，除编修，与修《武宗实录》，推内馆教书”，四年《实录》成，进侍讲，“随充经筵讲官，譔讲章，善寓讽劝。上问宰臣，知其名”。[6]王教嘉在靖六年充当经筵展读官后，出任内书堂教官。中进士后，授翰林院编修，嘉靖“丁亥（六年），充经筵展读官，寻教内书堂诸内竖”[7]。十二年“癸巳春三月，充经筵讲官”[8]。袁宗道万历十六年“戊子，授翰林院编修，充经筵展书官。庚寅，奉使册封楚藩，便道省觐，时先生祖母余尚在堂。辛卯（万历十九年），注起居，教习内书堂”，二十五年“丁酉，充文华殿日讲官”。[9]

---

[1] 《明史》卷一七六《吕原传》。

[2] 汤日昭：《(万历）温州府志》卷一一《人物志·叶式传》，明万历刻本。

[3] 过庭训：《本朝分省人物考》卷四八《张邦奇》，明天启刻本。

[4] 张邦奇：《张邦奇集·四友亭集》卷七《七言古体三十二首》，明刻本。

[5] 过庭训：《本朝分省人物考》卷四八《张邦奇》，明天启刻本。

[6] 顾璘:《顾璘诗文全集·凭几集续编》卷二《明故山西行太仆寺卿石亭陈先生墓志铭》，清文渊阁四库全书补配清文津阁四库全书本。

[7] 焦竑辑：《国朝献征录》卷四三《南京兵部二·少司马中川王公教墓志铭》，明万历四十四年徐象橒曼山馆刻本。

[8] 李濂：《嵩渚文集》卷九三《明故嘉议大夫南京兵部右侍郎中川王公行状》，明嘉靖刻本。

[9] 孟祥荣：《新发现的一则公安派研究的重要史料——黄辉〈明右春坊右庶子兼翰林院侍读袁公圹志〉介绍》，载《文献》2004年第1期。

此外，还有同时担任皇帝经筵展书官和内书堂教官的情况。赵志皋“癸酉（万历元年），充经筵展书官，教习内书堂”[1]。但这种情况很少。

三 皇帝讲官与东宫讲读官和内书堂教习之间的兼容

明代还有在宫廷教育的三种形式间担任讲官的现象，既任皇帝的经筵或日讲讲官，又任东宫讲读官，还任内书堂教官。

前述黄谏既担任过东宫讲读官，又担任过经筵讲官，还做过内书堂教官，可以说宫廷教育中的各种教师角色都充任过。据载：黄谏“为经筵讲官，景帝改册东宫，谏以侍讲擢春坊庶子”[2]，表明他在景帝改册东宫前就已为经筵讲官。稍后又担任了内书堂教习，景泰七年五月，英宗复辟后，命万安、刘珝、刘宣等人取代林文、黄谏等人“于内府授内使书”，因为“文等授内使书日久，故以安等代之”[3]，说明在此之前，黄谏等已在内书堂教授宦官很久了。天顺年间，黄谏又担任过经筵讲官，“天顺初，改尚宝司丞，仍兼翰林院编修，久之，擢尚宝司卿，充经筵讲官”。[4]可见，他的宫廷教育轨迹是经筵讲官——东宫侍讲——内书堂教习——经筵讲官。刘珝也是既担任过东宫讲读官，又担任过经筵讲官，还做过内书堂教官的人。景泰七年五月，英宗命时为翰林院修撰的刘珝等人取代林文等人“于内府授内使书”[5]，天顺元年“升春坊右中允，进讲东宫”[6]，孝宗登极后，刘珝担任其经筵讲官，成化十年，刘珝升吏部左侍郎后，“仍直经筵日讲”[7]。

[1] 沈鲤：《亦玉堂稿》卷一〇《明光禄大夫柱国少傅兼太子太傅吏部尚书建极殿大学士赠太傅谥文懿赵公神道碑铭》，景印文渊阁四库全书本。

[2] 焦竑：《国朝献征录》卷二〇《翰林院一·黄学士谏传》。

[3] 《明英宗实录》卷二六六《废帝郕戾王附录第八十四》，景泰七年五月癸未。

[4] 过庭训：《本朝分省人物考》卷一〇六，明天启刻本。

[5] 《明英宗实录》卷二六六《废帝郕戾王附录第八十四》，景泰七年五月癸未。

[6] 何乔远：《名山藏》卷六五《臣林记·刘珝》，明崇祯刻本。

[7] 过庭训：《本朝分省人物考》卷九七《刘珝》，明天启刻本。

马自强于嘉靖三十二年中进士，选庶吉士，“授检讨，久之充经筵讲官”；三十五年左右，教授内书堂宦官；还曾在“东宫为讲读官”[1]。傅珪弘治“九年同考会试，寻为经筵展书官，及教内书馆”[2]。这都是先任经筵官，后任内书堂教习的情况。

担任宦官教习与担任皇帝的讲官或东宫讲读官的感觉是不一样的，前者让人感到自卑，后者则让人感到自豪。虽然某些讲官三种教职都曾担任过，但秩序不同，感觉仍然有异。若先任内书堂教习，后任皇帝或东宫讲官，则让人有上升的感觉，反过来，则有下降的感受。但同为讲官，却能在这三者之间游走，一则说明了仕途起伏和人生冷暖，一则说明了宫廷教育人才充分利用的事实。

第三节　经筵日讲官的选择

经筵讲官和日讲官是明代皇帝经筵日讲教育中，两种最重要的教学官员，是直接面向皇帝授课的一线教师。他们的水平和能力，直接关系到皇帝接受经筵和日讲的兴趣和成效，因此对这些教官的推荐和选择，有着严格的标准[3]。在一般人看来，“在皇帝经筵上值讲，必然是因为在政治、学术、道德诸方面有出类拔萃的表现。值讲者即使还不是卓有成就的实行者，至少也是众所推服、彻底了解国事的思想家。”[4]

经筵讲官的产生过程本身就十分慎重。先由内阁提请选举经筵讲官，皇帝委托知经筵事等重臣主持会议，召集吏部、礼部、翰林院等

[1] 过庭训：《本朝分省人物考》卷一〇四《马自强》，明天启刻本。

[2] 雷礼：《国朝列卿纪》卷二〇《傅珪》，明万历徐鉴刻本。

[3] 关于经筵日讲讲官的选择和作用标准，一般研究明代皇帝经筵日讲者都做过讨论，如吴仕伟《明代宫廷教育研究》（湖南师范大学硕士学位论文，2009年）中专立“经筵讲官的选拔”一小节，但所谈甚略。萧宇青《明朝的经筵制度》（华南师范大学硕士学位论文2007年）第二章第二节“经筵讲官的选拔”中，分别从品德、学识、口才、端行等方面作了一些叙述，较吴文为详，但总体上仍较简略。

[4] 黄仁宇：《万历十五年》，第44页，中华书局，1982年。

部门堂上官（如尚书、侍郎、学士等）参加，“公同推举，具名陈奏”，最后“取自上裁”，由皇帝批准。[1]正统元年，皇帝初御经筵之前，大学士杨士奇、杨荣、杨溥提出“经筵讲读之官，左右侍从之人，必皆选正人用之”，于是英宗命知经筵事、英国公张辅等人主持会议“推举讲读官以闻”[2]。如果是选补经筵日讲官员，则有时候是在内阁提请后，由礼部主持会议，协商推举。景泰三年，东阁大学士高谷因为“经筵每日讲书官”员数颇少，“乞敕礼部同臣等于翰林院、左右春坊并各衙门内，推选……进用二三员”，以裨益圣学”，于是代宗“命礼部会内阁官推举”。礼部便会同内阁等员，“举大理寺右少卿陈询、翰林院侍讲学士兼右春坊右中允吕原、左春坊左中允兼翰林院侍讲杨鼎堪日侍经筵讲书”。最后由皇帝裁决，“命询、鼎侍经筵讲书”。[3]经筵日讲官的补充，也有内阁官员直接题请的。嘉靖十六年八月，经筵日讲官吏部左侍郎兼翰林院学士温仁和、谢丕等，展书官修撰周文烛，各因升任、丁忧等因离职，“所有员缺合当推补”，于是夏言等题奏推荐：“照得今推得吏部左侍郎张邦奇、修撰龚用卿堪补经筵讲书，吏部右侍郎张潮、太常寺少卿兼翰林院侍读学士郭维藩堪补日讲，兼讲《衍义》，编修李学诗、范瑟、检讨李本堪补展书，但张邦奇、张潮未蒙兼职，合无俱令兼翰林院侍讲学士，一同供职。臣等未敢擅便，伏乞圣裁。谨题请旨。”[4]但终都得皇帝“圣裁”。推举的程序既然如此慎重，那么选用的标准也就十分严格。

对经筵日讲官的选用条件，综合起来看，主要是言行端正、学问淹贯、老成识大体。正统元年初开经筵，面临着经筵讲官的选择，大学士杨士奇、杨荣和杨溥根据《尚书》“仆臣正，厥后克正，仆臣谀，厥后自圣。后德惟臣，不德惟臣”的观点，提议“凡经筵讲读

[1] 杨士奇：《请开经筵疏》，载陈子龙编：《明经世文编》卷一五。
[2] 《明英宗实录》卷一四，正统元年二月丙辰。
[3] 《明英宗实录》卷二二二《废帝郕戾王附录》第四十，景泰三年十月戊戌。
[4] 夏言：《夏桂洲文集》卷一五《奏札》，明崇祯十一年吴一璘刻本。

之官，左右侍从之人，必皆选正人用之，君德庶有成”。[1]因此他们提出：“豫择讲官，必得学识平正，言行端谨、老成、达大体者数人供职。”[2]这些讲官应该“问学贯通、言行端正、老成重厚、识达大体”，“如或其人学术不正，立心行己，素无善誉者，不得滥预”，“盖师友之臣，即他日辅导之臣，不可不谨择”。[3]景泰三年十月，东阁大学士高谷根据“经筵每日讲书官”“员数颇少”的情况，提议“推选平素学问老成、操持清白、志存忠孝、庄重不矜”的官员进用二三员。[4]有文臣描述了明代经筵和日讲官员的综合标准是：“选公卿侍从文学之臣，有学术纯正、持己端方、谋深虑远、才识超卓、通达古今、明练治体者一二十人，使之更代入直，恭遇皇上视朝之暇，日御便殿，即召各臣进讲。”[5]有些人甚至要求讲官要像程颐和朱熹那样的人。弘治十二年，吏科给事中吴蕣要求经筵讲官“欲访察仿佛宋儒程颐、朱熹者，不拘常额，擢居斯职”[6]。当然，每位经筵日讲官都有自己的特长，若某方面特别突出，也可能选为帝王之师。

下面分别对经筵讲官和日讲官选择和任用的条件一一叙述和分析。

一　资格与资历

（一）资格

经筵日讲官的选择，不是随意圈定的，而是有章法的，讲资格的。资格就是指被选人是否在特定的衙门工作过。

一般而言，在翰林院、左右春坊任职和曾有翰林院经历的官员有资格入选讲官。景泰三年高谷在提议推举经筵讲官时，便提出“于翰

[1] 《明英宗实录》卷一四，正统元年二月丙辰。

[2] 《明史》卷一四八《杨溥传》。

[3] 杨士奇：《请开经筵疏》，载陈子龙编：《明经世文编》卷一五。

[4] 《明英宗实录》卷二二二《废帝郕戾王附录》第四十，景泰三年十月戊戌。

[5] 孙承泽：《春明梦余录》卷九《文华殿》，第102页，上海古籍出版社，1987年。

[6] 《明孝宗实录》卷一四七，弘治十二年二月辛卯。

林院、左右春坊并各衙门内推选”[1]。有人认为“讲官主要是从翰林院修撰以上的各官以及兼有相应职衔的朝廷各官中挑选。而经筵讲官主要是从大学士、各部尚书、侍郎、詹事及侍读、侍讲、国子祭酒等官中选派”[2]。此话表述不清，未能分清经筵讲官和日讲官的区别。其实，经筵讲官的来源主要是翰林院和其升转机构詹事府、春坊。根据明代官制，翰林院学士“凡经筵日讲，纂修实录、玉牒、史志诸书、编纂六曹章奏，皆奉敕而统承之”。而翰林院“侍读、侍讲，掌讲读经史……经筵充展卷官”。[3]

正统初，经筵讲官全都以翰林院官选任，朝廷对此不以为然，孝恭章太后孙氏批示：“如何不见居外贤良？”将懿旨下付弘文馆，于是刘球等数人“自部属进次经筵”。[4]这件事还有相似的记载：“朝廷缺经筵官，内阁悉于翰林中选。正统初，章后内批云：‘如何不见推举外官？’于是刘球等数人自部属进。”[5]当然，更早的时候，像太祖时代，进授经典的官员也常从山林隐逸之士中推选。后来便重视翰林资格。正统初章后的决定，虽然一度打破了讲官必出翰林的惯例，但是此后仍然重视以翰林院文官或具有翰林院出身、经历的人充任讲官。

唯翰林始任讲官的资格论受到了实践的挑战，有些翰林院官员并不善于讲课，可能更擅长政事，于是朝廷决定将不善讲课而擅长“政事”的翰林官员外放州县，而留下那些善于讲课的“文学”之臣。嘉靖六年，由于翰林院侍读江佃进讲《洪范》“九畴”不称旨。世宗“因命内阁选择翰林诸臣称职者留用，不称者量材除他官”。于是，大学士杨一清等言：“翰林清要之地，诚不可以匪人处之。且文学、政事材各有宜，枉而用之，终无成绩。宋两制儒臣皆尝扬历州县，遂多

[1] 《明英宗实录》卷二二二《废帝郕戾王附录》第四十，景泰三年十月戊戌。

[2] 萧宇青：《明朝的经筵制度》，第23－24页，华南师范大学硕士论文，2009年。

[3] 张廷玉等：《明史》卷七三《职官二》。

[4] 陆釴：《病逸漫记》，第1509页，载邓士龙辑：《国朝典故》卷六七，北京大学出版社，1993年。

[5] 皇甫录：《明纪略》，民国景元明善本丛书十种历代小史本。

名臣。内外均劳，自昔然已。臣请选自讲读以下其学有本原、文能华国及行义无玷者，存留供职，以备讲筵、史局之选。即文学未称而才识疏通、堪理政事者，请下吏部，量才外补。其丁忧在告者，并加选择以为去留。自后经筵日讲，皆精选以完其任，庶不负圣世崇儒右文之意。”[1]

直到嘉靖十一年九月，非翰林官员要想选入讲官，仍然必须首先获得翰林院和宫坊的资格才予考虑。当时大学士方献夫在推举吏部文选司郎中王道、河南道监察御史张珩“令充经筵讲官”时，提出“乞将见任讲读修撰、编修年深者，拔置宫僚，更亟访两京科道部属中有声望者，奏补馆职，以备今日讲臣之选”。世宗下旨将王道、张珩“量升翰林、春坊职事”。[2]显然，世宗时，像部院官和科道官若要选为讲官，必须先“拔置宫僚”或“奏补馆职”，才能任命。宫僚指春坊、詹事府官员，馆职指翰林院（俗称史馆）官。

贺钦于弘治时曾上疏要求“资真儒以讲圣学”和“荐贤才以辅治道”，并推荐“新会县历事监生陈献章，天性高明，学术纯正，诚当世之大贤，宜以非常之礼起之，俾之辅养君德”[3]，这让人觉得贺钦是不拘一格推荐讲官，其实不然，陈献章的身份并非如上述所说仅仅是“新会县历事监生”，他在成化间曾授过翰林院检讨，因为有了翰林身份，再推举陈献章为讲官，便有了理由。另一处记载，贺钦的推荐写的是“检讨陈献章”，而不是“监生”。说明贺钦还是知道任讲官需要的资格。虽然孝宗并未接受其推荐的人选，但贺钦的推荐也并非无的放矢。

除了翰林院、左右春坊的资浅官员有资格担任经筵讲官外，翰林院出身且带有翰苑宫衔的国子监、六部等衙门的卿亚，也具有出任日讲官的资格。

[1]《明世宗实录》卷八一，嘉靖六年十月丙寅。

[2]《明世宗实录》卷一四二，嘉靖十一年九月癸丑。

[3] 过庭训：《本朝分省人物考》卷九八《贺钦》，明天启刻本。

（二）资历

经筵讲官和日讲官的选用，也都讲究资历。有人指出：“讲官的品秩并没有硬性规定，既可以有贵为一品的官员，也可以是五品上下的翰林编修一类的官员。”[1]似乎不讲究资历，其实不然，经筵讲官与日讲官是有区别的，前者资历较浅，而后者资历较深。

相对而言，经筵讲官资历较浅，而日讲官资历较深。也就是说，任经筵讲官，不特别讲究其是否资深；而选日讲官时，就比较重视是否资深了。日讲官一般由资深的翰林官员或从翰林院出去且又带有翰林院官衔的卿亚担任，即“以卿亚陟自翰苑者带衔为之”[2]。翰林院资深官员指翰林院学士、侍讲、侍读、春坊（翰林官的迁转机构）庶子等，卿指九卿，即六部尚书与通政使、大理寺卿和都察院都御史，亚指九卿的副职，如六部侍郎等，这些官员均可担任日讲官。以李长春为例，万历年间，他先“以右春坊右中允充经筵讲官”，然后由左春坊左庶子进国子监祭酒，“再改礼部侍郎，充日讲官”。[3]显然做经筵讲官时，资历较浅，而担任日讲官时，已经是礼部侍郎了。

万历初由于日讲频繁，日讲官不敷使用，于是开创了用翰林院修撰和编修这种低级官员担任日讲官的先例。“故事：日讲以正亚卿充，次亦坊局，莫及史官者。时上方向学，无日不讲，而先辈苦疲，故（沈一）贯以后进充。”[4] 因此，黄景昉认为翰林“资浅史官得教习内书堂，预讲筵，分管诰敕，自万历始”[5]。这里的预讲筵，指的是日讲。

资历中，是否科举出身十分关键。一般而言，经筵讲官和日讲官都必须是科举出身，而且科举成绩突出的人，尤其容易被点中经筵日讲官。

---

[1] 萧宇青：《明朝的经筵制度》，第 24 页，华南师范大学硕士学位论文，2007 年。

[2] 杨廉：《杨文恪公文集》卷二四《赠整庵罗先生序》，明刻本。

[3] 张鼐：《宝日堂初集》卷一五《太子少保礼部尚书棠轩李公传》，明崇祯二年刻本。

[4] 徐象梅：《两浙名贤录》卷一四《辅弼吏部尚书中极殿大学士沈肩吾一贯》，明天启刻本。

[5] 黄景昉：《国史唯疑》卷一二《补遗》。

天顺八年冬“侍经筵”的姚夔，科举成绩就十分优异。正统三年，中举时为解元；七年会试时，为会元。宪宗嗣位后“命侍经筵，赐白金绮宝楮”。[1]曾于天顺八年和成化四年先后担任经筵日讲官和东宫讲读官的柯潜，便具有突出的科举资历。他于“景泰二年进士第一”[2]，“景泰辛未，登甲榜，进对大廷，赐状元及第。数日，授翰林修撰”[3]。身为状元，当然容易被选入讲官。更何况他的外貌条件也很不错。宪、孝两朝担任经筵讲官的谢迁，除了人品端方外，还有一个重大优势，就是科举资历深厚，“成化甲午乡试为第一，乙未会试第三，廷试一甲第一人”[4]。也就是说，他在乡试中做了解元，在廷试中做了状元。“三元”中连夺二元，即使是礼部会试，也名列第三。这样的科考成绩和科举资历，无疑是他多次选为讲官的重要条件。弘治元年李旻被选为孝宗皇帝的经筵官，也是因为科举资历不凡：他是乡试的解元与殿试的状元，“成化庚子乡试第一，甲辰廷对状元及第”，再加上学问好仪表不俗[5]，就成为当然的人选。王教在嘉靖十一年充任经筵讲官的条件，除了体状魁梧外，科举资历也很优越，是嘉靖二年廷试一甲的第二名，即榜眼。[6]

二　德行与修养

（一）德行

德高为师，身正为范，特别是身为帝王师的经筵日讲官员，更是需要德行高洁之人才可担任。如果其人“心术不正，立心行己，素无

[1] 商辂：《资德大夫正治上卿太子少保吏部尚书赠荣禄大夫少保谥文敏姚公夔墓志铭》，载焦竑辑：《国朝献征录》卷二四《吏部一》，明万历四十四年徐象橒曼山馆刻本。
[2] 陈道：《（弘治）八闽通志》卷七一《人物》，明弘治刻本。
[3] 过庭训：《本朝分省人物考》卷七四《柯潜》，明天启刻本。
[4] 过庭训：《本朝分省人物考》卷四九《谢迁》，明天启刻本。
[5] 徐象梅：《两浙名贤录》卷四〇《才望》，明天启刻本。
[6] 李开先：《李中麓闲居集》文卷九《中川王亚卿传》，明刻本。

善誉者，不得滥预”[1]。

道德和品行是经筵讲官选择的重要标准。胡濙对讲官的道德标准作过阐述，指出“圣学者，人君致治之本，必得正人以讲明之”，而“侍讲之官，必择学行醇正之士”，“必求贤良以任之”。他对侍讲周旋品行不端，“掩饰尚书何文渊过恶”进行了声讨，指出“被科道劾其阿党徇私，朋奸罔上之罪”。认为他是“奸邪小人”，会造成“治道日以消”，因此这种人“岂可侍于经筵以备讲论乎？又岂可列之东宫以资辅导乎？”要求“别选贤良以任其事”。[2]从胡濙的奏疏中可见，经筵日讲官的德行最为重要，应该用正人、贤良，而不用奸邪小人。

人品和德行成为经筵讲官的选择标准。天顺前后“侍经筵”的上海华亭人张鎣就人品端方：“襟量夷坦，与人谦让，不事矫饰，不以贵富加人。”[3]

谢迁担任过宪宗和孝宗两朝的经筵讲官。成化乙巳“充经筵讲官”，孝宗即位后，“初开经筵，奉敕为日讲官”[4]。他两朝都担任经筵讲官的重要原因之一，是人品优良，入翰林院后“勤而且谦，为诸元老所重”，“众服迁正直”[5]。

辽东人贺钦弘治中上疏言“今日之务讲学为急，而经筵讲读之官，古所谓师友之臣也，当访求真儒以充，不宜苟以俗儒溷其间终养”，推荐“检讨陈献章，天性高明，学术纯正，诚当世大贤，宜以非常之礼起之，或任内阁参大政，或任经筵辅主德。此为治本。”[6]贺钦在推荐“真儒”和贤才陈献章（1428－1500年）时，还要求“若其贤果如臣言，伏望陛下或任之内阁使参大政，或任之经筵使养君德。臣敢

[1] 陈子龙：《明经世文编》卷二〇八《重经筵以养圣德疏》。

[2] 胡濙:《任贤良以隆治本疏》,载张瀚辑《皇明疏议辑略》卷三七《纠劾》,明嘉靖刻本。

[3] 李东阳：《资德大夫正治上卿太子少保南京兵部尚书谥庄懿张公鎣墓志铭》，载焦竑辑：《国朝献征录》卷四二《南京兵部一》，明万历四十四年徐象橒曼山馆刻本。

[4] 焦竑：《熙朝名臣实录》卷一一《太傅谢文正公》，明末刻本。

[5] 过庭训：《本朝分省人物考》卷四九《谢迁》，明天启刻本。

[6] 邓元锡：《皇明书》卷三五《贺钦》，明万历刻本。

谓不三数年而太平之治可必致也”。贺钦认为陈献章能够担任经筵讲官，是因为他的行为高洁，与世不合：“缘陈献章作止语默，丝毫不苟，而世之乐放纵、恶拘检者多嫉之；陈献章以知而必行为正学，而世之务口耳、尚词章者多嫉之；陈献章安于退处不求闻达，而世之贪利禄好奔竞者多嫉之。”[1]

嘉靖十一年，大学士方献夫疏举吏部文选司郎中王道、河南道监察御史张珩“学行纯正”，“令充经筵讲官”。所谓“学行纯正”，行就是指德行，德行纯正的人才适合担任讲官。[2]

万历间吴达可（1541－1621年）推荐邓以讚为经筵讲官，反映了他对这一重要职位道德标准的认识：“再照政学之规，固当振举，而格心之臣，尤宜广储。今讲筵诸臣固济济多贤，切见翰林院编修邓以讚者，一尘不染，万念皆真，养静丘园，义理之涵濡日粹，潜心坟典，经纶之蕴蓄尤深。臣任江西县令，灼见其贤，今已踰告期，志甘肥遯，若而人者，可使投闲于盛世哉？相应及时取补，以备讲筵之选，庶人才不终于遗弃，而政学不为无助矣！”[3]

（二）修养

外貌是一个重要的条件，但良好的修养和得体的举止也很重要，是选择讲官的条件之一。如果外貌没有长处，但能够注重修饰，举止端庄，仪态大方，也不失为一种弥补。太祖曾为皇太孙挑选经筵讲官，吴沉和揭枢推荐方孝孺可任。太祖先问揭枢：“孝孺孰与汝？”揭枢回答：“十倍于臣。”于是太祖召方孝孺入宫中，“使见皇太子，赐宴，故欹其几以试之，孝孺必正之乃坐。高皇使人觇之，喜谓皇太子‘此庄士也。当老其才以辅汝耳！’”朱元璋故意将桌几放歪，以测试方

---

[1] 贺钦：《医闾集》卷八《辞职陈言疏》，民国四明丛书本。

[2] 《明世宗实录》卷一四二，嘉靖十一年九月癸丑。

[3] 吴达可：《圣治宜新乞勤政学以隆治安疏》，载吴亮辑：《万历疏钞》卷一《圣治类》，明万历三十七年刻本。

孝孺的修养和人品，结果发现他“必正之乃坐”，从而选定他为太孙讲官。建文帝继位后，方孝孺便成为皇帝的经筵讲官。

在程朱理学盛行的明代，个人修养中，“老成”往往是一个重要的方面，也是入选讲官的重要标准。所谓“老成”，就是性格稳重。正德间担任经筵讲官的浙江鄞县人余本，就是一位少年老成，且一生沉稳的人。“公生而颖异，在髫龀，已侃侃如成人。弱冠游乡校，卓尔不群，每候谒上官，众丛杂俚谈，公独敛襟危坐。今刑部侍郎闻公静中、副都御史汪公汝成、王公天宇，时同为诸生，皆雅重公，遂相与缔交焉。母夏孺人殁，公方盛年新娶，居倚庐三年，未尝一窥私室。”因此被“选充经筵日讲官”。[1]王华也为人老成，“故事讲官数人当直者，必先期演习，至上前犹或鳌张失措。先生未尝预习，及进讲，又甚条畅。一日，上已幸讲筵，直讲者忽风眩仆地。众皆遑遽，共推先生代。先生从容就案，展卷敷析，尤极整暇。众咸服其器度”。[2]他的老成沉稳，使他在关键时刻救了场。

老成有时表现为“雍容”和“端庄”。正统元年，陈循兼任经筵官。景泰元年，又同知经筵事。他的个人修养就很不错：“循动止雍容，辞气温雅”，此外才学也不错，“为文援笔立就，意气层迭”。[3]嘉靖七年和十四年，两度担任经筵日讲官的谢丕“每进讲，敷陈剀切而仪观详雅，上为之倾注。自是宠渥日深”[4]。仪观详雅，是一种休养，并非简单的外在状貌。陶大临既担任过太子朱翊钧的东宫讲读官，又担任过神宗的经筵官和日讲官，颇有修养：“及进讲，仪度闲雅。”[5]老成有时表现为稳重，处变不惊。隆庆初，诸大绶担任经筵日讲官时，

[1] 王臬：《迟庵先生集》文集卷七《南湖余先生传》，明刻本。

[2] 陆深：《海日先生行状》，第1396页，载《王阳明全集》卷三八《世德记》，上海古籍出版社，1992年。

[3] 焦竑：《国朝献征录》卷一三《内阁二·前大学士陈循》，明万历四十四年徐象樗曼山馆刻本。

[4] 徐九皋：《吏部左侍郎兼翰林院学士赠礼部尚书谢公丕行状》，载焦竑辑：《国朝献征录》卷二六《吏部三》，明万历四十四年徐象樗曼山馆刻本。

[5] 陶望龄：《陶文简公集》卷一一《世传第六·陶大临》，明天启七年陶履中刻本。

“讲《论语》至朝闻道章，同列难之。公独从容启发，不为讳沮。一日，寺臣侍经帏者某，忽痫发，哮箕豕视，满廷尽愕。公讲迪如故，若不见闻。及出，大学士徐公、李公相顾言曰：‘诸君真讲官，非大有养者曷至是！’”[1]

比较注重修养的人容易选中讲官。而讲官在经筵讲堂上，也需要注重着装，讲究仪态。这样会给皇帝留下好的印象，以后再选讲官也比较容易。杨嗣昌在侍经筵时，属于守孝之期，但他却穿吉服而未着丧服。崇祯十一年，经筵日讲官黄道周在奏疏中指责杨嗣昌“臣前三月在经筵，见其吉服应召，疑已终制，今乃未然”[2]。其实，杨嗣昌是为了在经筵时让皇帝感到舒服，才没有穿丧服，这也是得到崇祯帝允许的。

然而，若讲官不注意修饰和修养，不修边幅，自以为潇洒，就可能引起皇帝的不满和愤怒。“何瑭以进讲蹇涩，衣冠不鲜明，武皇怒，几欲挞之体微损。”[3]像何瑭这样入讲经筵时不修边幅的讲官，不免矫情，受到皇帝的处罚就不奇怪了。“瑾诛，起为修撰。瑭真率恬淡，励志躬行，外无仆从，内无媵妾，所居垣舍，尘溷常积，虽朝衣、朝冠不（上)[尚]鲜明。尝进讲经筵，畏慎过当，宣读蹇涩。武宗尤恶其衣冠，讲罢大怒，传谕庭挞之。得杨廷和曲捄，调开州同知。”[4]看来，像武宗这样的皇帝，对衣冠和仪表还是十分重视的。这其实代表了一种修养。何瑭不修边幅，的确透露出对经筵制度的不敬和对皇帝的不尊重，惹得武宗大怒也就不足为怪了。

三　才学和识见

给皇帝做经筵日讲的教师，不光是德行端方，而且学识也必须渊

---

[1] 张元忭：《吏部右侍郎兼翰林院侍读学士赠礼部尚书山阴诸公大绶行状》，载焦竑辑：《国朝献征录》卷二六《吏部三》，明万历四十四年徐象橒曼山馆刻本。

[2] 黄道周：《黄石斋先生文集》卷二《论杨嗣昌疏》，清康熙五十三年刻本。

[3] 黄景昉：《国史唯疑》卷五。

[4] 何乔远：《名山藏》卷七四《何瑭》。

博通达，能够顺利解答皇帝可能提出的问题。事实上，经筵日讲官员多数出自翰林院，而翰林院向来有为皇帝作文艺和学术的供奉、咨询的传统，因此一般都具有这方面的素质。但经筵和日讲讲官数量有限，地位重要，因此在学识上的更需超过寻常的水平。有人指出："讲官中有文学之臣。有丰富的古代文学、语言学知识。如同三杨、顾鼎臣等。有经世治国之臣，懂经略、政治、军（士）[事]、外（文）[交]，如丘濬、杨一清之类。有史学之臣，鉴古知今，如隆万年间的张居正、高拱之类。即使他们还不是卓有成就的实行者，至少也是众望所归、熟悉国家大事的思想家，学问修养是不可或缺的。"[1]

明代做过皇帝经筵或日讲官员的人，在学识上都有过人之处。方孝孺之所以能够成为建文帝的经筵讲官，与其学识渊博有关。方孝孺，字希直，一字希古，宁海人。"幼精敏绝伦，双眸炯炯，日读书积寸，为文雄迈醇深，乡人呼为小韩子"。洪武十五年，当吴沉、揭枢将他推荐给太祖时，太祖还特地问方孝孺的学问与揭枢相比，谁的更大，揭枢斩钉截铁地说比我强十倍。事实证明，方孝孺的确学识过人，建文帝即位后，令其为翰林博士，进侍讲学士，"侍经筵，备顾问，凡大政，议辄咨孝孺；帝好读书，每有疑即召使讲解；临朝奏事，臣僚面议可否，必命孝孺就扆前批答"。[2]他都能够很好地完成任务。

习嘉言"正统初，预修《宣宗实录》，直讲经筵，赐宝楮白金文绮"。他之所以被选为经筵讲官，其中一个重要的原因就是他十分博学："公为人识优材赡，而温恭典重，未尝少矜于人。虽浑无厓岸，而确然自守，不妄随而苟止也。书无所不读，自经传子史百氏，下至阴阳医卜天文地理之说，横竖钩贯，为文章弘博演迤，若无际涯，而于诗尤长清肆，闲雅可喜。当时求者接踵于户，而公应之恒有余。"[3]

[1] 萧宇青：《明代的经筵制度》，第 24 页，华南师范大学硕士论文，2007 年。
[2] 徐学聚：《国朝典汇》卷二《朝端大政·方孝孺》，明天启四年徐与参刻本。
[3] 萧镃：《习詹事嘉言传》，载焦竑辑：《国朝献征录》卷一八《詹事府一》，明万历四十四年徐象橒曼山馆刻本。

正统间的经筵讲官刘俨“自幼颖敏有大志，读书过目即成诵”，既冠，“其学切于为己，《四书》、《五经》必探其深微，考圣贤言行之实，身体而力行之。为文章必据于理，不事华藻以眩世取名”。礼部会试时受挫，“积学以俟。家居二十六年，学无所不通，郡县诸生受业以成名者多以百计，而公之名盛传于江右”，正统七年中进士，为状元，授翰林修撰，“天下之人慕其名、求其文者足相接于门”。正是由于才学横溢，因此“选入经筵，其进讲必尧舜之道”[1]

丘濬天顺八年出任宪宗的经筵日讲官，除了声音条件外，还有学识上的因素。“少孤力学，天资过人，六岁能诗，弱冠著论”，选庶吉士，授翰林院编修，“自六经诸史、九流笺疏之书、古今词人之诗文，下至医卜老释之说，靡不深究，发之文章，雄浑庞丽，四方求者沓至，碑铭志序记传词赋之作，流布远迩。然非其人，虽以厚币请之，不与”。[2]

成化后期，担任经筵讲官并兼东宫讲读官的张天瑞，之所以担任此密迩天颜的要职，与其有学识学问有绝大关系：“天瑞天资绝人，为诗文数千言，常信笔成篇，不复检窜。对客与闲居无异，其言妙铄古今。他人贮思者恒不及，见者莫不惊服。人或有欲难之者，以四韵律诗，期以限百篇使成，天瑞亦择毫立就，限者复至，俱韵不及。”[3]

嘉靖间湖广沔阳人童承叙出任过经筵讲官。他是个才子，“与茶陵张公治、蒲圻廖公道南号楚三才，而先生尤俊逸不群，试辄冠同馆，而同馆敬服，人人自以为不如也”。“每一属文，笔端风起，如掀雷抉电，又如江河东注”，而“其字画遒逸秀媚，置赵文敏真迹中，莫辨也”。因此得以选任经筵讲官。当“肃皇帝御经筵，先生讲《立政》诸篇，惓惓于用正人、端国本，又声如洪钟，彻殿庭，上喜动颜色，

[1] 王直：《抑庵文后集》卷二四《赠礼部侍郎谥文介刘公神道碑》，景印文渊阁四库全书本。

[2] 过庭训：《本朝分省人物考》卷一一二《丘浚》，明天启刻本。

[3] 焦竑：《国朝献征录》卷一九《詹事府二·左春坊左庶子张天瑞传》，明万历四十四年徐象橒曼山馆刻本。

赐飞鱼服，而中贵人往往走问童先生不休”。[1]

陆深担任经筵展书官、经筵讲官和经筵日讲官，有一个重要的条件，就是诗文和书法特别突出。“深于时翘然特出，与李空同、徐迪功上下其议论，至于字学比于赵松雪。深临书日数百字，过同舍，见髹几，辄纵笔涂写，旁若无人。其品骘古今、商（确)[権]事理、赏析文义、辨识书画古品，谈锋洒然，一座尽倾，天下之士闻其名而慕往，揖其貌，听其论而惊以伏也。”[2]“公颖慧迥异，五六岁能辩字义，诵古诗，稍长，洞究经史，文思警锐。入邑庠，学益宏伟。”[3]“五六岁即能属对，奇语惊人，甫成童，淹贯经史，文词俊拔。”[4]

虽然申时行相貌不凡，但他之所以能够长期担任皇帝的经筵日讲官，还与其才学和识见有关。他“少敏悟过人，所览辄能成诵，为一时偶俪之文，绝出伦辈，郡县及督学使者试，辄冠。嘉靖辛酉举乡试第三，明年廷试，上见所对策词札兼美，亲擢第一”，即中了状元。[5]他“能诗文，善笔札，见者无不亲重之”[6]。

陶大临出任经筵官、日讲官和东宫讲读官的条件，除了相貌和声音外，还有学识。他是个早慧之人：“公生四五岁，即嶷嶷如成人，读书颖记绝人，好慕说古忠臣孝子事。庄敏公奇之，抱之膝上，曰：‘此吾家千里驹也。’”又是嘉靖丙辰科进士中的榜眼，“入对，上亲署其名第一，已忽更第二，而山阴诸公大绶第一”，差一点做了状元。[7]

隆庆元年做过皇帝经筵日讲官的林燫“少有异质，日诵万言”[8]，

[1] 王兆云：《皇明词林人物考》卷六《童士畴》，明万历刻本。

[2] 过庭训：《本朝分省人物考》卷二五《陆深》，明天启刻本。

[3] 许赞：《议大夫詹事府詹事兼翰林院学士赠礼部右侍郎谥文裕陆公深墓表》，载焦竑辑：《国朝献征录》卷一八《詹事府一》，明万历四十四年徐象橒曼山馆刻本。

[4] 夏言：《夏桂洲文集》卷一六《通议大夫詹事府事兼翰林院学士赠礼部右侍郎谥文裕陆公墓志铭》，明崇祯十一年吴一璘刻本。

[5] 过庭训：《本朝分省人物考》卷二四《申时行》，明天启刻本。

[6] 王世贞：《嘉靖以来首辅传》卷八《申时行》，景印文渊阁四库全书本。

[7] 王锡爵：《王文肃公文集》卷五《陶文僖公神道碑》，明万历刻本。

[8] 王兆云：《皇明词林人物考》卷九《林贞恒》，明万历刻本。

“幼而朗秀，读书日恒得数千言”[1]。均表明其幼即聪慧，有才学，因此才能胜任经筵日讲的任务。

四　外貌与声音

作为最高统治者的老师，外在的条件也是必须讲究的。所谓外在条件，包括外貌（身高、长相、风姿、仪度）、声音（嗓音、吐词、口齿）等。

（一）外貌

外貌是指身材高大，五官端正，眼光明亮有神，有一副长而美的胡须等。以貌取人并不仅仅是一般人的毛病，皇帝也常有此习好，甚至胜于常人。代宗曾下令“甄别六馆生，年老貌寝、学艺疏浅者，斥为民”[2]。对生员尚且如此，对讲官的相貌要求就更是讲究了。因此内阁在为皇帝选择经筵讲官和日讲官时，比较重视讲官的外貌条件。邹元标在奏疏中提出“慎择讲官”，称“心术正大、容貌端庄者，始胜其任”[3]。泰昌元年刑科给事中魏应嘉也在疏中提出“请行慎择讲官”，指出“心术正大、容貌端庄、才学该博、音吐宏畅者，始胜其任”[4]。二人都重视“容貌端庄”。事实上，拥有“潘安之貌”的人，做讲官的机会明显高于常人。

朱元璋相貌怪异丑陋，但对讲官们的相貌倒是比较在意。洪武初期，曾任其经筵讲官的刘三吾就是“美须髯，有云鹏海鹤之姿，性资警绝，文藻天纵”[5]。看来是相貌不俗。

[1] 王世贞：《弇州史料》后集卷三《林宗伯传》，明万历四十二年刻本。
[2] 张廷玉等：《明史》卷一六三《刘铉传》。
[3] 张萱：《西园闻见录》卷二九《经筵日讲》，民国哈佛燕京学社印本。
[4] 张萱：《西园闻见录》卷二九《经筵日讲》。
[5] 焦竑：《国朝献征录》卷二〇《翰林院一·翰林学士刘三吾传》，明万历四十四年徐象橒曼山馆刻本。

宣德年间王直担任经筵讲官，其外貌条件比较优越："直伟貌修髯，端谨持重，望之如神仙中人。在翰林三十余年，屡为考官，得人为盛。经筵进讲，辞旨明畅。"[1]

陈文也因为相貌出众，在正统间出任经筵展书官，并侍经筵。身负天下重望的三杨，"目（陈）文仪观伟然，遇之甚厚"。正统十二年，陈文被选为经筵展书官商辂的助手，相对展书，结果英宗对陈文的相貌产生了深刻的印象。英宗复辟后，见商辂，问："曩经筵与卿为偶，长而伟者为谁？其人安在？"商辂回答："陈文。今任云南右布政。"于是英宗将陈文升为广东左布政使，后又"驿召授詹事"，令其"入侍东宫"。[2]

倪岳在天顺以后任经筵官，具有良好的外貌条件："生而神采莹然，玉立山峙，目炯炯，望之如神。"[3]另一处记载称他"体貌丰硕，目光炯炯，望之如神人"。[4]对于倪岳良好的外貌特征，吴宽在为他写家传时，特意揭出："公状魁岸，目光炯炯，袍笏伟然，望之如神，天资明睿，为文敏捷，若不经意。初在翰林，凡考校纂修，绰有余力，每进讲上前，以古义附时事为劝。"[5]天顺前后担任过经筵官的上海华亭人张蓥，是正统进士，天顺年间为刑部尚书，"法意平恕，侍经筵，读进士卷，赐酒馔、楮镪"，之所以能够"侍经筵"，与其长相有颇大关系："公长髯伟干。"[6]

在天顺间担任东宫讲读官、成化间担任经筵讲官的刘珝，之所以

---

[1] 张元忭：《馆阁漫录》卷四，明不二斋刻本。

[2] 雷礼：《国朝列卿纪》卷一一《陈文》，明万历徐鉴刻本；过庭训：《本朝分省人物考》卷六五《陈文》，明天启刻本。按王鏊：《震泽纪闻》卷上《陈文》也载其事，文字稍异。

[3] 邓元锡：《皇明书》卷二三《倪岳》，明万历刻本。

[4] 李东阳：《怀麓堂集》卷八四《文后稿》二四《明故资德大夫正治上卿太子少保吏部尚书赠荣禄大夫少保谥文毅倪公墓志铭》，景印文渊阁四库全书本。

[5] 吴宽：《匏翁家藏集》卷五九《倪文毅公家传》，四部丛刊景明正德本。

[6] 李东阳：《资德大夫正治上卿太子少保南京兵部尚书谥庄懿张公蓥墓志铭》，载焦竑辑《国朝献征录》卷四二《南京兵部一》，明万历四十四年徐象樗曼山馆刻本。

入选御用教师，与其相貌堂堂有关："公美姿容"[1]，"珝丰姿秀伟，望如神仙"[2]，"珝丰姿秀伟，望之如神仙，刚直英迈之气，久而弥甚"[3]。

柯潜之所以能够担任经筵日讲官和东宫讲读官，除了科举资历外，外貌和气质条件也很突出："潜丰神峻整，言动谨饬。是时翰林诸老咸爱重之。"[4]

董越在成二十三年被拣选为经筵讲官，盖因其外貌条件十分突出："越修眉长身。"[5]也就是说，身材高大，眉毛修长，一副美男子的模样。当然他的其他条件也都符合讲官的标准。

成化、弘治两度出任经筵讲官和日讲官的费訚"长身伟貌，论议亹亹，临事通变，慷慨且恭谨自持，人恒以公辅期之"[6]。他的身材高大、相貌堂堂的特点，是他担任经筵日讲官的重要条件。弘治元年，以右庶子兼侍读身份"充经筵日讲官"的陆简，也是"姿貌秀伟，少有俊才"[7]，"公姿貌秀伟，识趣超诣"[8]。他的外貌特点，不仅身材高大，而且比较秀气，与费訚的阳刚相比，偏点阴柔。

前述李旻被选为孝宗经筵官的原因，除了科举资历不凡（解元与状元）外，外貌也是一个不容忽视的因素："为人长身修髯，状貌英伟。"[9]

正德元年和嘉靖六年，贾咏先后出任经筵讲官和日讲官。他的有利的外貌条件是身材高大秀气，"仪观秀伟，长身玉立，识者知为公辅之器"[10]。

[1] 焦竑：《熙朝名臣实录》卷一一《太保刘文和公》，明末刻本。
[2] 何乔远：《名山藏》卷六五《臣林记·刘珝》，明崇祯刻本。
[3] 过庭训：《本朝分省人物考》卷九七《刘珝》，明天启刻本。
[4] 过庭训：《本朝分省人物考》卷七四《柯潜》，明天启刻本。
[5] 张元忭：《馆阁漫录》卷八，明不二斋刻本。
[6] 过庭训：《本朝分省人物考》卷二九《费訚》，明天启刻本。
[7] 廖道南：《殿阁词林记》卷六《詹事兼侍读学士陆简》，景印文渊阁四库全书本。
[8] 李东阳：《怀麓堂集》卷八二《文后稿二十二·明故嘉议大夫詹事府詹事兼翰林院侍读学士赠礼部右侍郎陆公墓志铭》，景印文渊阁四库全书本。
[9] 徐象梅：《两浙名贤录》卷四〇《才望》，明天启刻本。
[10] 雷礼：《国朝列卿纪》卷一二《贾咏》，明万历徐鉴刻本。

虽然以前的皇帝都比较重视讲官的相貌，但都比不上世宗对相貌的偏好。世宗时的讲官，基本上都比较高大和英俊。翟銮在嘉靖元年担任经筵日讲官，也是因为他长得仪表堂堂："世宗初，以选侍经筵日讲，銮长身玉立……上固已目属之。"[1]嘉靖元年，张璧之所以能够选任经筵日讲官，就是因为他长得相貌不凡："世庙龙飞，首开经筵，璧进侍读，每进讲，器貌端肃，仪矩伟然。"嘉靖六年升侍读学士时，仍令其"充经筵日讲官"；十二年五月，复除翰林院侍读学士时，仍"充经筵日讲官"；直到十五年九月，升礼部右侍郎兼学士时"日讲等项照旧"。[2]可见他的相貌特征，让他成为经筵日讲的常任教师。张璁出任过经筵日讲官，除了在"大礼议"之争中支持世宗外，他出色的相貌也使自己担任经筵讲官时多了一条理由。他"生负异质，动止不凡，及长，貌秀伟，美须髯，有大人度"[3]。王世贞形容张璁"貌魁杰，有大志"[4]。

深受世宗喜爱的经筵日讲官顾鼎臣，除了状元的有利条件外，其堂堂相貌，也是他被选为讲官并受到重视的原因。据载，他"长七尺，虬髯虎颧，目炯炯射人"，因此"自其在班行，上固以目属之。及进讲，益称旨"。[5]严嵩也称他"仪状瑰奇，风格峻伟，观者谓为公辅器"。[6]看来，顾鼎臣的相貌之出色，是公认的。曾为经筵讲官的林文俊，嘉靖五年之所以"再充经筵讲官"，是因为"世宗见其玉质矩容，音吐中金石，意属大用"。虽然"权贵挤翰林异己者补外"，但"文俊赖圣眷以免"。他改任北京国子监祭酒后，世宗仍然驾临国学听他讲课，"文俊以《尚书》讲说，世宗甚悦，赐衣二袭"。对世宗来说，听

[1] 王世贞：《嘉靖以来首辅传》卷三《翟銮》，景印文渊阁四库全书本。

[2] 雷礼：《国朝列卿纪》卷一三《张璧》，明万历徐鉴刻本。

[3] 唐鹤征：《皇明辅世编》卷四《张文忠孚敬》，明崇祯十五年陈睿谟刻本。

[4] 王世贞：《张文忠公孚敬传》，载焦竑辑：《国朝献征录》卷一六《内阁五》，明万历四十四年徐象橒曼山馆刻本。

[5] 王兆云：《皇明词林人物考》卷五《顾文康》，明万历刻本。

[6] 严嵩：《光禄大夫柱国少保兼太子太傅礼部尚书武英殿大学士赠太保谥文康顾公鼎臣神道碑》，载焦竑辑《国朝献征录》卷一六《内阁五》，明万历四十四年徐象橒曼山馆刻本。

他的课是一种享受。此外，林文俊还有其他优异的条件："文俊生而颖异，书过目辄成诵，弱冠举正德丁卯乡试第一，辛未登进士，选翰林院庶吉士。"[1]

嘉靖四年任世宗经筵讲官的孙绍祖"白而长身，仪观甚伟"[2]，也是个美男子。

嘉靖五年任日讲官，十一年任经筵讲官的姚涞，有着相貌不凡的有利条件："明达魁岸"，"丰仪峻伟"，"修髯伟干，顾盼烨如，居恒议论，辄以天下为己任"，意气风发。他死后，世宗"尝问髯状元安在？或以卒对。上深为悼惜。特赐祭"。[3]由于姚涞"状貌奇伟，世称巨人"[4]，因此好色的世宗对这位讲官印象深刻。嘉靖六年任经筵展读官，十一年后任经筵讲官的王教也是"器宇恢廓，体状魁梧"[5]。夏言于嘉靖九年九月以侍讲学士的身份"直经筵日讲"。他之所以能够任经筵日讲官，与其外貌有关，其人"眉目疏朗，美须髯"[6]。嘉靖十一年后出任经筵讲官的邢址是"修干伟貌，美须髯"。一日侍经筵，世宗问内侍曰："颀而髯者何官？真御史也！"于是扈跸西山时，便"有锦带袜衣之赐"[7]。

隆庆间担任经筵日讲官的诸大绶，就相貌堂堂，有良好的外在条件："丰姿修伟，步止雍肃……帝每竦意听之"[8]。

前述申时行之所以能够担任经筵讲官，是因为其学识渊深，其实，还有另一个原因，便是他长得很美："美姿容，秀目疏眉，性温茂，

---

[1] 柯维骐：《侍郎掌国子监事林公文俊传》，载焦竑辑：《国朝献征录》卷七三《国子监》，明万历四十四年徐象槢曼山馆刻本。

[2] 焦竑：《国朝献征录》卷一九《詹事府二・右春坊右中允孙君绍祖墓志铭》，明万历四十四年徐象槢曼山馆刻本。

[3] 徐象梅：《两浙名贤录》卷四〇《才望・侍读学士姚维东涞》，明天启刻本。

[4] 赵时春：《浚谷集》文集卷七《学士姚公墓志铭》，明万历八年周鉴刻本。

[5] 李开先：《李中麓闲居集》文卷九《中川王亚卿传》，明刻本。

[6] 《明史》卷一九六《夏言传》。

[7] 过庭训：《本朝分省人物考》卷四〇，明天启刻本。

[8] 张元忭：《吏部右侍郎兼翰林院侍读学士赠礼部尚书山阴诸公大绶行状》，载焦竑辑：《国朝献征录》卷二六《吏部三》，明万历四十四年徐象槢曼山馆刻本。

有体韵而不促惬。”[1]因此才能三值经筵日讲，并在入阁后主持经筵。

直到崇祯时，勤政实干的朱由检也并未放弃对讲官外貌的要求。当时担任经筵日讲官的方拱乾，便是“丰容貌，有威仪，声音清壮，辨析明达”[2]。在对面讲课的讲官，如果相貌堂堂，丰姿修伟，对于听课的君主来说，无疑是一件惬意的事情。

（二）声音

在外在条件中，声音也很重要。因为毕竟是讲官，需要动口发声，只有声音清脆或洪亮，才能让听者入迷，何况听课的人是皇帝，必须选择声音条件好的人为讲官，才能更好地吸引这位特殊的学生。毕竟儒臣在与宦官争夺皇帝的角力中，已经很费力了。明人对此心知肚明，称经筵日讲官只有“才学该博、音吐宏畅者，始胜其任”[3]。

翰林院学士蔺从善，讲着一口河南彰德府磁州声音，与北京口音接近，在明代应该算是中原正音了，加之声音洪亮，因此永乐末“由教职选侍皇太孙”，正统初升翰林院学士后，出任“经筵讲读，语音洪亮，确实无华”。虽然“于学术造诣则疏浅”，但毕竟有良好的声音条件，所以既为太子讲课，又为皇帝讲读。[4]与蔺从善同时担任经筵讲官的储懋，声音条件也很好：“正统改元，命经筵讲官。懋仪观魁伟，音语明畅，讲颇称旨。”[5]正统九年，英宗到国子监，被李时勉的声音所吸引：“帝视学。（李）时勉进讲《尚书》，辞旨清朗。帝悦，赐予有加。”[6]

杨荣在景泰间为经筵讲官，声音条件也十分优越。景泰五年“甲戌，上御文华殿开讲，荣讲《尧典》克明俊德章，敷析明畅，音吐鸿

[1] 王世贞：《嘉靖以来首辅传》卷八《申时行》，景印文渊阁四库全书本。

[2] 李长祥：《天问阁文集》卷二《和宪先生桐城方公墓志铭》，民国求恕斋丛书本。

[3] 张萱：《西园闻见录》卷二九《经筵日讲》。

[4] 《明英宗实录》卷一三八，正统十一年二月辛酉。

[5] 焦竑：《国朝献征录》卷三一《南京户部一·南京户部尚书储懋》，明万历四十四年徐象檑曼山馆刻本。

[6] 张廷玉等：《明史》卷一六三《李时勉传》。

亮”，结果弄得“圣心悦豫”。[1]

高谷之所以能够在正统元年担任经筵日讲官，与其突出的声音条件分不开。他当时由杨士奇等推荐，后者肯定考虑了他的这一优势。事实证明，高谷在侍讲时，“仪度详整，音语明亮，甚称上旨”。[2]

成化年间担任经筵讲官的倪岳，如前所述，每次进讲时，都“音吐洪畅”，使得宪宗频频瞩目观望。

刘珝天顺间为东宫讲读官，成化间又任经筵讲官，除了前述其相貌不俗外，他的声音洪亮、谈吐不凡且有节奏：“善谈论”[3]，“珝每进讲，直言正论，动数千言，而声吐洪亮，音节顿挫，闻者敬悚。宪宗爱而重之。大学士刘定之称为讲官第一。”[4]“珝先以旧宫僚晋官，直经筵日讲，每进讲，反复开导，词气侃侃，刘定之称为讲官第一。帝亦重爱之。”[5]

如果长相不好，但声音条件出色，也是经筵讲官的合适人选。成化时，丘濬“貌不扬，然吐音洪畅，进讲经筵，上每竦听嘉纳”。成化十三年，升翰林学士。特转国子监祭酒，学士刘吉喜曰：“南獠止可为教官耳！”[6]说明他的讲课效果好。另据载：成化三年，进侍讲学士，“经筵尝进讲，吐音洪畅，宪宗竦听甚悦”。[7]其实，作为海南琼州人的丘濬，其口音并不好懂，但由于音质很好，故仍能吸引宪宗。

而像夏言这样声音又好，相貌又不俗的人，更易于被选中为讲官。嘉靖九年夏言值经筵日讲，他不仅“眉目疏朗，美须髯”，而且“音吐弘畅，不操乡音。每进讲，帝必目属，欲大用之”[8]。此事在《名山

[1] 雷礼：《国朝列卿纪》卷九《杨荣》，明万历徐鉴刻本。
[2] 张元忭：《馆阁漫录》卷四，明不二斋刻本。
[3] 焦竑：《熙朝名臣实录》卷一一《太保刘文和公》，明末刻本。
[4] 过庭训：《本朝分省人物考》卷九七《刘珝》，明天启刻本。
[5] 傅恒等：《通鉴辑览》卷一〇六，景印文渊阁四库全书本。
[6] 尹守衡：《皇明史窃》卷六八《丘濬》，明崇祯刻本。
[7] 黄佐：《大学士丘公浚传》，载焦竑辑：《国朝献征录》卷一四《内阁三》，明万历四十四年徐象橒曼山馆刻本。
[8] 《明史》卷一九六《夏言传》。

藏》中也有相似的记载："言眉目疏朗，美须髯，大声音，不操楚语。每进讲，上愈目属之。"也正因为这样的条件，"不二年，擢礼部尚书"。[1]

前述才子童承叙出任经筵讲官，还有一个重要的原因就是声音好听。世宗御经筵时，他讲《尚书·立政》诸篇时"声如洪钟，彻殿庭"，使世宗"喜动颜色"。[2]

诸大绶在隆庆间担任经筵日讲官，不仅因为"丰姿修伟，步止雍肃"，而且因为"吐音朗朗，帝每竦意听之"[3]。

万历年三年充任经筵日讲官的山阴人王家屏，也具有很好的嗓音。他"充经筵日讲官，雅擅经术，善讲解，每进讲，礼度从容，音节洪亮。上每改容听之"[4]。另一处记载说他"开导剀切，音吐浏亮。上为倾听"。[5]

崇祯间担任经筵日讲官的方拱乾，也因为"声音清壮，辨析明达"而受到重用。[6]

可见，经筵日讲官的声音和口音是否洪亮、清晰、动听，是其入选与否的关键因素之一。

当然，也有的讲官因为其他原因入选教职，但却因为嗓音不亮和口音不清，遭到皇帝的抱怨和不满，被迫离开讲台。魏校任经筵讲官，虽然"少英颖绝伦，读书四行俱下"[7]，才学卓著，但却因为口音难懂，被嘉靖皇帝赶下讲台："进讲经筵，时操吴音，上不悦。改太常少卿，

---

[1] 何乔远：《名山藏》卷七三《臣林记·夏言》，明崇祯刻本。

[2] 王兆云：《皇明词林人物考》卷六《童士畴》，明万历刻本。

[3] 张元忭：《吏部右侍郎兼翰林院侍读学士赠礼部尚书山阴诸公大绶行状》，载焦竑辑：《国朝献征录》卷二六《吏部三》，明万历四十四年徐象橒曼山馆刻本。

[4] 过庭训：《本朝分省人物考》卷一〇〇《王家屏》，明天启刻本。

[5] 董复亨：《大学士对南山阴王公墓志铭》，载黄宗羲辑：《明文海》卷四五三《墓文二十五》，清涵芬楼抄本。

[6] 李长祥：《天问阁文集》卷二《和宪先生桐城方公墓志铭》，民国求恕斋丛书本。

[7] 徐中行：《天目集》卷一五《明太常卿赠正议大夫资治尹礼部右侍郎恭简魏公墓碑》，明刻本。

罢归。”[1]崇祯时，“讲《尚书》者乃黄绸（存)[庵]锦，声细而哀，无一字可辨，上不怿而罢。”同任讲官的卫允文认为“黄前辈讲书，恰是哭了一场”。[2]讲官的口音问题不仅出现在皇帝的经筵日讲上，而且也存在于东宫、宗室的讲堂上。光宗为皇长子时出阁讲学，讲官中“一人多吴音，且举止烦急”，朱常洛对内侍抱怨“片语不晓”。[3]

有的经筵日讲官有自知之明，知道自己的口音难懂，主动提出辞去讲官。霍韬是广东南海人，嘉靖六年出任日讲官，“韬自以南音力辞日讲，请撰《古今政要》及《诗书直解》以进，帝褒许之”[4]。而有的讲官，因口音不清遭到冷遇后，却引起与其关系密切的大臣的不满。杨一清曾因黄绾讲话多带吴音，因而不安排他进讲，导致黄绾同乡故友张璁的怨恨。杨一清在给皇帝的奏书中称：“黄绾乃璁同乡故友，虽不同科目，颇有文学，顷为少詹事，补经筵。臣以其吴音，未令进讲。比璁欲用为吏部卿贰，又欲用为南京乡试考官，臣皆沮之，以是怨臣。”[5]张璁此举就有点不顾全大局了。

五　教学经验

经筵和日讲官的选拔当然还是以讲课效果为重要衡量标准，因此教学经验是否丰富，就成为选用讲官的尺度之一。正统元年担任经筵讲官的储懋，除了前述“懋仪观魁伟，音语明畅，讲颇称旨”[6]外，他在担任经筵讲官以前所积累的丰富教学经验，也是被荐的考虑因素。他“以礼经举永乐甲午乡贡，为第二人。明年会试，名在副榜，

[1] 尹守衡：《皇明史窃》卷七五《魏校》，明崇祯刻本。

[2] 杨士聪：《玉堂荟记》卷二。

[3] 朱国祯：《涌幢小品》卷二《讲官互易》，第32页，文化艺术出版社，1998年。

[4] 张廷玉等：《明史》卷一九七《霍韬传》；阮元等：《(道光）广东通志》卷二七八《列传十一・霍韬传》，清道光二年刻本。

[5]《明世宗实录》卷九一，嘉靖七年八月甲子。

[6] 焦竑：《国朝献征录》卷三一《南京户部一・南京户部尚书储懋》，明万历四十四年徐象橒曼山馆刻本。

当得教职”，有人劝他“须举进士受官，始为不负”，但他却说：“吾先人所望于不肖者，恒在于此。”决定继承先人之志，“得台州府儒学训导，施教有方，人赖之，以有造就者甚众”。后擢吏科给事中，掌科事。此前经筵讲官都来自翰林，但章太后要求从其他部门也选用讲官，储懋的教学经验就成为考量的因素。“正统元年，诏公卿选居外贤良，参预经筵讲事，得四人，公预其一，在进讲列。”[1]

李时勉有丰富的教学经验。正统三年，以翰林院学士兼经筵讲官，讲课效果好，令英宗难忘。九年，他已升任国子监祭酒，英宗仍然前往国学听他演讲。先行释菜礼后，步入彝伦堂，这时“祭酒当以经进讲，而先生久病嗽，人疑之。至是升堂，愈敬慎，色温气和。赐坐西南隅，讲《尚书》，阐明帝尧所以亲亲仁民、协和万邦之道。辞旨清远，听者忘倦”[2]。他的这种讲课的风格与效果，在此前的经筵课堂上，必然也为英宗展现过。

成化、弘治间傅瀚担任过经筵日讲官和东宫讲读官，之所以荣膺此任，是因为有丰富的教学经验，在做经筵讲官前，他曾“奉命教内书堂”。也凭这种经验，此后他又“奉命教庶吉士业”。孝宗即位后，又因教学经验而“进直日讲，仪度雍雅，词义恳到，上每为注听焉”。弘治六年，他“再教吉士”，“时东宫出阁讲学，朝廷方慎简宫僚，公用廷荐兼学士掌詹事府事，仍值日讲”。[3]可见，由于其丰富的教学经历和经验，他几乎教授过宫廷中所有应该受教育的成员：皇帝、太子和宦官，以及庶吉士。此外，他还有天资聪颖和学问深湛的有利条件，“自少秀异，读书过目成诵，始就外傅，则往往推究奥义，人多奇之”。于是，他在经筵日讲时，“每进讲，诚意恳切，敷陈详婉，而进止雍

[1] 陈循：《芳洲文集》卷八《故资善大夫南京户部尚书储公墓志铭》，明万历二十一年刻后印本。

[2] 徐咸：《皇明名臣言行录》前集卷八《李时勉忠文公》，明嘉靖刻本。

[3] 李东阳：《怀麓堂集》卷八五《文后稿二五·明故资善大夫礼部尚书赠太子太保谥文穆傅公墓志铭》，景印文渊阁四库全书本。

容，上每注听焉”。[1]可以说取得了很好的成效。

黄澜在正德九年充任经筵讲官。此前，他就有成功的教学经历与经验，“成化庚子乡荐，卒业太学，为祭酒丘文庄公所器，名益重，从游者常数十百人，传录其口授语汇而成帙，名为资讲，传布四方”。加上他“学问渊永，仪度闲雅”，因此成为经筵讲官的当然人选。[2]

赵贞吉也因为讲课效果很好，隆庆二年得以从南京调回，担任礼部尚书兼翰林院学士，继续从事经筵日讲。“初，贞吉以起废，诏日侍讲读。时年六十余，然气壮甚，议论侃侃。辅臣荐其可大用。上心属焉。及迁南京，以吏部右侍郎林燫代。一日，上手诏谕辅臣，调燫南京用，而召贞吉还为讲官。”[3]

教学经验丰富，表现在善于演讲和表达上。这也是选用经筵和日讲官的条件。崇祯时，曾任经筵日讲官的姚希孟“善为言词，娴威仪，法巽并致，每出班，黼扆必为改容，诸前辈咸心仪先生”[4]。讲话幽默，较之善于表达更胜一筹，是担任经筵讲官的良好条件。顺天府涿州人牛纶，景泰进士，改庶吉士，历任翰林院编修、左春坊左赞善、太常少卿兼翰林院侍读。“纶为人滑稽”，说明讲话比较幽默风趣，因此连“充宪庙东宫官并经筵日讲”。[5]

六　综合条件

当然，朝廷在选用经筵讲官和日讲官时，不会简单地考虑某个因素，往往会对备选人员进行全盘考虑，衡量其综合条件。事实上，不少经筵日讲官，各方面条件都很不错，成为当然人选。

[1] 过庭训：《本朝分省人物考》卷六二《傅瀚》，明天启刻本。
[2] 焦竑：《国朝献征录》卷二三《南京翰林院·南京翰林院侍读学士黄公澜传》，明万历四十四年徐象橒曼山馆刻本。
[3] 《明穆宗实录》卷一七，隆庆二年二月辛丑。
[4] 黄道周：《姚现闻墓铭》，载黄宗羲辑《明文海》卷四五〇，清涵芬楼抄本。
[5] 张元忭：《馆阁漫录》卷八，明不二斋刻本。

黄谏在景泰年间和天顺年间都担任过经筵讲官，这与其综合条件突出有关。其一，智力过人，“幼有异质，读书绩文不烦师友程督，日有进诣”。“沉潜有得，老宿莫能窥其际。”其二，科考成绩优异。“正统壬戌，赐进士第三名”，也就是说，他是探花，其三，声音明畅。“充经筵讲官，音吐明畅，多所规益。”[1]其四，书法卓异。“谏为人博学多艺，工隶篆行草而尤长于八分书。”[2]

天顺八年担任宪宗经筵讲官的尹直，也有至少在品德与学识两个方面上的优越条件：“公在家庭孝友天至，居朝廷刚毅自信。天资闿爽，书经目辄成诵，底老不忘，为文章下笔立就，议论曲折，出入古今，成一家言。”因此“上以公经筵进讲称旨，眷公特厚”[3]品德上孝友，学识上记忆好，笔头快，且有见识。

刘珝在天顺间担任东宫讲读官，在成化间担任经筵讲官，除了前述其相貌堂堂和声音优势外，还与其所具有的其他多项条件相关：第一，老成。“初赴乡试，道经临清，值河溢，仆马俱溺，珝独水行半里余，神色自若，咸异之。”[4]第二，进士和庶吉士出身，“正统十三年戊辰进士，改庶吉士，授翰林编修”[5]。第三，文笔好，书法佳，“文章理完而气充，每下笔，滚滚千余言不竭。尤工行草”[6]。第四，为人正直仁孝。“遇人无矫饰。”[7]“为人刚直英迈，秉心不疑，其在吏部，不狥私情，亦不为苛细矫激之行。”成化八年“丁内艰，归庐墓侧，乡人号其里曰仁孝”[8]。“珝事亲孝，母没庐墓，时父昺在，珝昧爽问安毕，复诣墓所。郡守李昂表其里曰仁孝。”可谓“孝以事亲，

[1] 过庭训：《本朝分省人物考》卷一〇六，明天启刻本。

[2] 焦竑：《国朝献征录》卷二〇《翰林院一・黄学士谏传》。

[3] 程楷：《资善大夫太子少保兵部尚书兼翰林院学士谥文和尹公直传》，载焦竑辑：《国朝献征录》卷一四《内阁三》，明万历四十四年徐象橒曼山馆刻本。

[4] 过庭训：《本朝分省人物考》卷九七《刘珝》，明天启刻本。

[5] 焦竑：《熙朝名臣实录》卷一一《太保刘文和公》，明末刻本。

[6] 过庭训：《本朝分省人物考》卷九七《刘珝》，明天启刻本。

[7] 焦竑：《熙朝名臣实录》卷一一《太保刘文和公》，明末刻本。

[8] 何乔远：《名山藏》卷六五《臣林记・刘珝》，明崇祯刻本。

忠以遇主”，[1]“盖其质之所禀者纯，学之所养者正，故居家为孝子，立朝为忠臣”。[2]所以有身教之资。第五，学问好，博学多闻。“生而颖悟”，“书过目辄成诵”[3]。

天顺八年、成化四年柯潜担任经筵日讲官和东宫讲读官，除了上述相貌特色和科举资历外，尚有其他综合优势。第一，聪明博学，学养深厚。“生有奇质，颖异绝人，数岁能作诗。”第二，有丰富的教学经验。他在景泰时便被“荐入经筵”，因此当英宗复辟后，便“命充东宫讲读官”。他还在宪宗嗣位后，以翰林院学士的身份教过庶吉士，“有旨选进士年少质敏者李东阳等十八人，入翰林为庶吉士，命教以古文词学”。后“再奉旨教习庶吉士林瀚等二十四人”。在此前后，他一直在“兼经筵官”和“日侍经筵讲读”。也就是说，他前面的经筵讲授和东宫讲读的经历，为后来的相似经历提供了丰富的教学经验，而他教授庶吉士的经验，又为最后的经筵和日讲教学也提供了经验。这种经验，表现在其口才上，“遇事感发，言论侃侃，扬榷古今，毅然自负，虽在庶僚，已系天下之望”。第三，人品端正，有身教之本。“潜禀气峭直，操行耿介。”他在丁父忧时“寝苫枕块，不脱襟带”，“季弟澍病，亲为调药。比卒，殡殓皆从厚”。“事母戴宜人备极甘脆”，戴宜人卒后，“哭恸绝而复苏。”[4]虽然这些孝友之行，都是在他担任讲官之后，但通过他在父母、季弟死后的行为，足以证明他是孝友之人，这在担任讲官之前，肯定会有所反映，也会受到朝廷的重视。

汪谐于成化时担任孝宗的东宫讲官，也有四个有利的因素。一是其人仪表好，“谐仪度整洁，深衷简言，虑事周悉”[5]；二是其人学问好，三是其人行为有身教之资。“谐博学强记，深沉不泄，有大臣度。

[1] 廖道南：《殿阁词林记》卷四，景印文渊阁四库全书本。
[2] 过庭训：《本朝分省人物考》卷九七《刘珝》，明天启刻本。
[3] 过庭训：《本朝分省人物考》卷九七《刘珝》，明天启刻本。
[4] 过庭训：《本朝分省人物考》卷七十四《柯潜》，明天启刻本。
[5] 过庭训：《本朝分省人物考》卷四二《汪谐》，明天启刻本。

持身整洁如玉界尺，事母极孝。”[1]四是其人有丰富的教学经验，除了“侍孝宗讲读于东宫”外，还曾于丁未年，“奉诏授翰林诸吉士业”。[2]

成化间，徐溥当过经筵官，又领东宫讲读事。之所以能够被选任如此重要的职务，与其品行和才学都有关系。第一，人品好，可作身教。“公居家孝友，事亲能养”，[3]“溥居父母丧，庐墓三年，自奉甚菲。非宾祭未尝杀牲，周恤施予不少靳惜。初入官，即分俸赡族，及在内阁，置义庄千亩，上为蠲役，人颂其义。”[4]第二，为人聪明博学。“溥儿时，裒取经典法言，藏夹袋中。里师疑为玩具，逼观之，乃大惊。”[5]

成化二十三年担任经筵讲官的董越综合条件也令人瞩目：第一，科举资历深厚，中成化五年探花，“成化乙丑及第第三人”[6]。第二，具备身教的条件。刻苦自励，“攻苦力学，虽敝巾垢服，名隐起侪辈间”，孝行卓著，“五岁失怙，为母氏所鞠，比弱冠，极力孝养”，礼让睦宗，“用礼襄事，举先世田业让其兄，睦处宗党，不以贵加人，人无问疏戚贵贱，皆乐与之亲。有讼者怀金以请，笑而却之，亦不怨也”。[7]第三，仪表不凡，学问博洽。“越修眉长身，博洽，善议论。”[8]“博古典，习闻本朝故事。”[9]此外，他还有夜遇老虎的奇遇，“尝教授村中，夜归，荧荧有光前导，比及门，咆哮而去，则虎也”[10]，这在经

[1] 徐象梅：《两浙名贤录》卷三九《才望》，明天启刻本。
[2] 雷礼：《国朝列卿纪》卷一五《汪谐》，明万历徐鉴刻本。
[3] 吴俨：《光禄大夫柱国少师兼太子太师吏部尚书华盖殿大学士赠特进左柱国太师谥文靖徐公溥行状》，载焦竑辑：《国朝献征录》卷一四《内阁三》，明万历四十四年徐象橒曼山馆刻本。
[4] 何乔远：《名山藏》卷六八《臣林记・弘治臣一・徐溥》，明崇祯刻本。
[5] 何乔远：《名山藏》卷六八《臣林记・弘治臣一・徐溥》，明崇祯刻本。
[6] 谢旻：《（康熙）江西通志》卷九四，景印文渊阁四库全书本。
[7] 过庭训：《本朝分省人物考》卷六九《董越》，明天启刻本。
[8] 张元忭：《馆阁漫录》卷八，明不二斋刻本。
[9] 李东阳：《资政大夫南京工部尚书赠太子少保谥文僖董公越墓志铭》，载焦竑辑：《国朝献征录》卷五二《南京工部一》，明万历四十四年徐象橒曼山馆刻本。
[10] 谢旻：《（康熙）江西通志》卷九四，景印文渊阁四库全书本。

筵进讲时，不知是否会成为皇帝追问的一个话题。

前面已经揭示，李旻选为孝宗经筵讲官的原因，是因为科举资历不凡和外貌英武，除此之外，还有两项条件：一是学问渊博，“逸才渊识，倜傥高迈，其学无所不窥，贯穿百氏，浏览艺林，即素称博洽者多推下之”。二是语言表达能力强，“善于谈议，每发言，如倒峡悬河，四座倾听”。[1]这样的人不做讲官，才是屈没人才。

弘治元年担任经筵讲官的王华拥有的条件也很优越。第一，为人聪明博学。据杨一清所撰王华的《墓志铭》称：“公生而警敏，始能言，槐里公口授以诗歌，经耳辄成诵。稍长，读书过目不忘。”第二，人品优秀。“六岁与群儿戏水滨，见一客来濯足，以大醉去，遗所提囊，取视之，数十金也。公度其醒必复来，恐人持去，以投水中，坐守之。少顷，其人果号而至。公迎谓曰：‘求尔金耶？’为指其处，其人喜，以一锭为谢，却不受。”第三，当过教师，有教学经验。浙江宁良“亲造其馆，宾礼之，请为子师。延至祈阳，湖湘之士闻而来从者踵相接。宁处之梅庄别墅，中积书数千卷，日夕讽诵其间”。第四，科举考试成绩优异。“成化庚子，发解浙江第二人，明年辛丑廷试第一甲第一人”，即中状元。第五，声音明畅，表达能力强。“公在讲筵，音吐明畅，词多切直”，“上乐闻之不厌。”[2]

弘治初“耸动群听”的经筵讲官邢让（字逊之，河东襄陵人），之所以能担任是职，也是综合因素考虑的结果。他有以下良好的条件：其一，科举成绩优异，庶吉士出身。“甲子（正统九年）秋试于乡，以《易经》中前列，时年十有八也。”“戊辰（十三年），同登进士，为庶吉士。”第二，有丰富的教育经验。在中举后，曾任教职，并在国子监游学三年。“乙丑（正统十年）辞教职，与余同游胄监者三载。”成化时任国子监祭酒时，“在胄监，表率六馆，训迪诸生，规

[1] 徐象梅：《两浙名贤录》卷四〇《才望》，明天启刻本。

[2] 杨一清：《南京吏部尚书封特进光禄大夫柱国新建伯海日王公华墓志铭》，载焦竑辑：《国朝献征录》卷二七《南京吏部》，明万历四十四年徐象樗曼山馆刻本。

模宏远，有足称者。馆下之士千余人，一唱名，转班之后，悉识其名氏，且知其为某堂某班生也。公之目力，自张中丞而下，盖不多见”。因此，他才在任经筵讲官时，有很好的教学效果：“其在经筵，讲经论道，谆谆切切，足以启沃圣心，耸动群听。”[1]由于作过经筵讲官，因此获得主考南京乡试的机会。

弘治间程敏政担任过皇帝的经筵讲官，“初开经筵，诏侍讲，仍日侍文华殿讲读。上初即位，雅重讲幄儒臣，呼‘先生’而不名。尝因讲罢，赐讲官冠服。敏政得金织绯袍一袭，金带冠履各一，慰劳甚至”。那么程敏政是凭什么条件担任如此荣耀而重要的职位呢？第一，相貌不凡。“敏政秀眉长颀，风神清茂。”第二，博学多闻。“于书无所不读。”第三，文笔优美。“文章为一代宗匠。”“巡抚侍郎罗绮以神童荐之朝。英宗召试出题，命对曰：‘鹏翮高飞抟扶摇之九万。’敏政云：‘龙墀独对陈礼乐之三千。’上首肯之，且喜其拜起如老成人，命赐食，诏馆阁试之。即日赋《圣节》及《瑞雪》诗，并经义各一篇，援笔立就，文采粲然。诸阁老翰长嗟异之。暨进呈，上喜甚，诏读书翰林院，官给廪馔。”第四，口才好，讲课效果明显。其不仅说理深刻，“天禀既高，而又上泝伊洛渊源，深探而精择”，而且表达能力强，“升其堂者屡谈不厌，叩之者不能测其涯涘”。[2]第五，科举考试成绩优异。“举进士，中成化丙戌科第一甲第二人”，即榜眼。[3]

弘治二年、正德四年，李逊学两次当选经筵讲官：“弘治己酉，授检讨，充经筵官。”正德己巳，以少卿兼翰林院侍讲，署詹事府事。秋八月，“开经筵，进讲《虞书》一章”。他之所以能够两度担任御用教师，与其拥有的综合优势分不开：其一，他聪明博学，“自幼聪颖嗜读书”[4]，“儿时奇异，甫长嗜学，器业过人，读书能数行俱下，一

[1] 王恕：《王端毅公文集》卷二《辟雍稿序》，明嘉靖三十一年乔世宁刻本。
[2] 过庭训：《本朝分省人物考》卷三六《程敏政》，明天启刻本。
[3] 过庭训：《本朝分省人物考》卷三六《程敏政》，明天启刻本。
[4] 过庭训：《本朝分省人物考》卷九二《李逊学》，明天启刻本。

览辄不忘”，“博览强记，诸子百家书皆能淹贯，善属文，以理为文，而气以辅之，纬章绘句，人皆乐于讽诵”[1]。其二，有丰富的教学经验，“升浙江按察司佥事，督理学政，教人因材造就，每试封卷置号，手定甲乙，预决中式名列，后悉如其言”。“辛酉（弘治十四年），服阕，改陕西提学……丁卯（正德二年），复提学山东。”这对其第二次入选经筵讲官有加分作用。其三，声音畅达，富有感染力，“开经筵，进讲《虞书》一章，词恳音畅，左右听之耸然”。[2]

弘治、正德间，杨时畅先后担任孝宗和武宗的经筵讲官，还担任过武宗为太子时的东宫讲读官。对他的选任，也是因为他有优异的综合条件。其一，相貌堂堂，“少美丰姿，能问学”[3]，“时畅美风仪”。其二，善于议论，口才很好，虽然他一口陕西咸宁口音，但“善谈论”，仍然吸引了孝宗皇帝和太子朱厚照。其三，知识渊博，尤其是本朝的典故和前辈的故事，“为大臣子，多识国朝典故及前辈遗事”。其三，为人孝友，有身教之资，“居家以孝友闻”。[4]

弘治和正德年间，刘春做过经筵展书官、经筵日讲官和东宫讲读官，之所以选中他来做帝师和太子师傅，应是基于这几种考虑：第一，科举考试成绩优异，他于“成化癸卯举四川乡试第一，丁未举进士，廷对第二”，也就是榜眼。第二，持身谨慎勤勉，有身教的价值，“春在翰林，每以职在论思，手不释卷，坐必夜分，起必五鼓，如未第时”。第三，眼光远大，“凡举动皆为远久计，不务目前”[5]。第四，有教学经验。以翰林院编修身份，于辛亥（弘治四年）“十月，推内书馆教书”。然后于壬子（弘治五年）年，“选充经筵展书官”和庚

[1] 雷礼：《国朝列卿纪》卷一六《李逊学》，明万历徐鉴刻本。

[2] 过庭训：《本朝分省人物考》卷九二《李逊学》，明天启刻本。

[3] 李东阳：《怀麓堂集》卷七九《文后稿十九·明故中宪大夫太常寺少卿兼翰林院侍讲学士杨君墓碑铭》，景印文渊阁四库全书本。

[4] 焦竑：《国朝献征录》卷七〇《太常寺南京太常寺·太常寺少卿兼翰林院侍讲学士杨时畅传》，明万历四十四年徐象橒曼山馆刻本。

[5] 过庭训：《本朝分省人物考》卷一〇八《刘春》，明天启刻本。

申（弘治十三年）九月"选充东宫讲读官"，辛酉（弘治十四年）八月"选充经筵讲官"。[1]"正德初，升学士。丁卯（正德二年），命掌院事。戊辰，命教庶吉士邵锐等。"然后升礼部左侍郎，壬申（正德七年），以阁荐，命不妨部事，充经筵日讲。癸酉，升礼部尚书赐玉带。[2]第五，书法有体，"字画规模，于欧而自成一家，宛如冠冕佩玉，有心画焉"。[3]因此，才选中他为皇家讲官。

弘治九年、正德元年毛纪先后担任经筵讲官和日讲官。他充任讲官应该是凭借良好的条件：第一，科举成绩优异，"弱冠举丙午山东乡试第一，丁未第进士（榜眼）"；第二，学习好，知识渊博，"幼则侍父于杭，笃志力学"，中进士后"入翰林读中秘书"[4]。

弘治间充任经筵讲官的吴县太湖洞庭山人王鏊，综合条件优越：第一，科举成绩优异。"成化甲午（十年）应天乡试第一，乙未（十一年）会试复第一，入奉廷对，置一甲第三。"[5]第二，聪明好学，学问深湛。"自幼颖悟不凡。侍郎叶盛、提学陈选咸以天下士奇之。"[6]在廷试时，制策以"教养"提问，"公举《周书·无逸》、《易》之自强不息以对。大要言保治在勤，勤在教养备，教养备而王道成矣。反复数千言，皆当时利害、人所难言者"。[7]这显然给朝廷留下了深刻的印象。

弘治二年任经筵讲官、十一年任东宫讲读官、十四年任日讲官的顺天府大兴人刘机，之所以能如此连任宫廷教职，也是多方面因素促成的：第一，进士和庶吉士出身。"成化丁酉举乡试，明年第进士，

[1] 雷礼：《国朝列卿纪》卷一六《刘春》，明万历徐鉴刻本。

[2] 雷礼：《国朝列卿纪》卷二七《刘春》，明万历徐鉴刻本。

[3] 雷礼：《国朝列卿纪》卷一六《刘春》，明万历徐鉴刻本。

[4] 严嵩：《明故光禄大夫柱国少保兼太子太保吏部尚书谨身殿大学士赠太保谥文简毛公纪神道碑》，载焦竑辑《国朝献征录》卷一五《内阁四》，明万历四十四年徐象橒曼山馆刻本。

[5] 焦竑：《熙朝名臣实录》卷十一《太傅王文恪公》，明末刻本。

[6] 焦竑：《熙朝名臣实录》卷十一《太傅王文恪公》，明末刻本。

[7] 文征明：《甫田集》卷二八《传二首·太傅王文恪公传》，景印文渊阁四库全书本。

改翰林庶吉士，授检讨。”第二，孝顺。其母张氏卒时“公甫十岁，哀毁如成人”。其父辽东苑马卿刘琏卒于任，“公时为学官弟子，徒步往护丧归，遂卜葬，族人泥于阴阳家言，各以生年与葬期相值，久不克葬。陆礼部渊之来吊问，故族人具道所以，公从屏后趋出，泣拜曰：‘愿以某生年所值月葬父！’陆颔之，乃克葬”。第三，为人稳健深沉，即所谓的“老成”。“稍长就傅，不事嬉戏，老长异之”，正适合儒家建立经筵日讲的初衷，就是要挤压皇帝游乐空间，令其日行正事。[1]

正德元年任经筵日讲官的费宏，固然是“上以春宫旧臣，自擢礼部，皆兼日讲官如初”，同时他优越的条件，也是其成为经筵日讲官的理由：第一，科举成绩优异。“丁未，举进士，为廷试第一人”，即所谓的状元。第二，相貌不俗。其三，聪明博学。“生而秀异，年数岁，书过目辄成诵不忘”，中举后“宏益肆力于学，居常茹淡服素，节缩经费为购书资，淹通载籍，自为一家言”。[2]

尹襄于嘉靖四年出任经筵直讲，其有利条件不少：其一出生名郡。他是江西吉安永新人。此地在明代可是科举中试最多的地区之一，文化积淀丰厚。其二，聪明好学，学问深沉。“生有异质，日记数千言”，“其为学，沉思力诣，多自得者。随所读书有见，辄笔之简端。又病近世异程朱为说者，尝著论辩析，曲中其隐。”在翰林庶吉士学习期间，“阁试屡先群辈”。其三，科举经历突出。“二十举乡试第一”，“正德辛未，予得所试卷，将置魁列，有抑之者数争，弗能得，为梓其文以传。”其四，道德模范。“性醇厚端静，言笑不苟”，“孝友尤笃”，“奔母丧，冒风涛，亟发，舟几覆。事伯兄成都君甚谨，小事必咨而后行。女兄贫，岁分粟遗之，以为常。有里师尝从授句读者，

---

[1] 杨廷和：《资政大夫太子少保南京兵部尚书进阶荣禄大夫赠太子太保乐忘刘公机墓志铭》，载焦竑辑：《国朝献征录》卷四二《南京兵部一》，明万历四十四年徐象橒曼山馆刻本。

[2] 过庭训：《本朝分省人物考》卷六〇《费宏》，明天启刻本。

既没，抚视其二子不衰。”“与人无宿怨，邑豪有惎害者，不与校。既而以事谒，复厚遇之，其人卒愧服。”廉洁奉公，“家居与官府不相闻，亲故请求殆绝。居常不问有无。疾革，假贷为棺敛费”。[1]

嘉靖四年以右春坊右中允兼经筵讲官的孙绍祖，除了前述“白而长身，仪观甚伟”的外貌条件外，还有以下多项有利的条件：其一，进士和庶吉士出身。“辛未，举进士，改庶吉士”。其二，聪明，学问好。“性明敏，见事即了无滞碍”，“幼警敏过人，方七岁时，闻讲《周易》辄能会大义。”“既入翰林，嗜学益笃，博极群书，诗文超轶，自成一家。”其三，为人善良，孝友乐施。其兄死，“即疏请归葬”，“驰往不暇顾路，经广昌，诸边邑警报方急，竞冒险兼程抵家，痛迫若不欲生。其友爱类如此。既襄事，奉母太孺人张入京，携兄所遗孤视如己出。母素性严，君与刘孺人曲为奉承，问所欲而进，务得其欢心”。“伏义好施，友人尝贷金若干，闻其殁往，弟取券焚之。”其四，谈吐不凡，表达能力强。“尤善谈吐，论世符情，论经符理，听者唯唯忘倦。”[2]其五，书法不错。“工书法，为时所尚。”可以说是满足了作为一个经筵讲官的所有条件。应该会有较大的发展，可惜42岁就死了。

姚涞在嘉靖五年、十一年分别担任日讲官和经筵讲官，除了前面提到的相貌奇伟外，还有如下优点：其一，是高干子弟，“兵部尚书镆之子”。第二，早慧，有学识，“七岁就学聪慧强记，能属文”。“涞明达魁岸，其学长于史，务求政要为经济事，不拘拘文辞。尝曰三代而后，汉与外戚共天下，唐与女后、宦官共天下。魏晋以下与膏粱子弟共天下，宋与白面书生共天下，元与族类共天下。我朝皆无之，可谓盛矣。”又论学曰：“大凡论学不可立党，立党则必争，奚能见道？昔者朱陆之辩，虚心求是也；今日之辩朱陆，私心求胜也。言愈多而

---

[1] 董玘：《奉训大夫司经局洗马尹君襄墓志铭》，载焦竑辑：《国朝献征录》卷一九《詹事府二》，明万历四十四年徐象樗曼山馆刻本。

[2] 焦竑：《国朝献征录》卷一九《詹事府二·右春坊右中允孙君绍祖墓志铭》，明万历四十四年徐象樗曼山馆刻本。

道愈晦矣。”他“持论侃侃，听者忘疲”。善于讲论，对于讲课很有好处。第三，经历不俗，“举正德丙子乡试第七人，嘉靖癸未礼部第二人，及廷对，遂魁天下。拜翰林院修撰”，当时他的父亲姚镆从延绥回朝拜工部左侍郎，“父子同诣阙谢，缙绅以为荣”。嘉靖三年“充经筵日讲，丰仪峻伟，陈义诚切。上多嘉纳”。[1]

隆庆末至万历初，许国担任过经筵讲官和日讲官。“神宗践祚，国充经筵日讲，托事献规，上每悚听，手书‘责难陈善’四大字赐之。”[2]他之所以能够当上经筵日讲官，有其优越的条件和过人之处：第一，科举考试成绩优异，庶吉士出身。“辛酉乃举应天乡试第一人”，“乙丑举进士第七人，选翰林院庶吉士。”第二，为人孝顺。“父心镬公卒，逾年而母汪继卒，公痛为诸生，仅以都讲奉二尊人，甫举于乡而不能少缓，以冀一日养，哀毁甚。”第三，学问广博深厚。“公雅意博综，入中秘益颛精。下帷不更僦居，即署中扃键扫轨陈载籍而讨之。工诗律，日赋一章，尤究心经济及朝家故实。后大拜，凡国家大制作皆出公手，阅后进阁试诗文，点窜句字，皆极工妙，则素所稸积也。”[3]

天启、崇祯间，长洲人陈仁锡（字明卿）也多次做过经筵和日讲官。之所以如此，是因为有以下四个有利的条件。其一，进士和庶吉士出身。“是岁壬戌（天启二年），公遂及第，授编修，偕庶常读书东观。”其二，为人孝顺。为庶吉士时“乞归养”，曾泣曰：“吾与母约，即登第，朝夕归，无令倚闾自苦”。“太夫人讣闻，擗踊请归”，哀毁倍之。其三，有教学经验。曾于崇祯“署国子监司业，所教士，修词立诚，道亦甚备”，接着才于“是秋，充经筵日讲官”。第四，博学多问，善于演讲。“公淹通，过目成诵，善持论，新悉森发，听之

[1] 徐象梅：《两浙名贤录》卷四〇《才望·侍读学士姚维东涞》，明天启刻本。

[2] 张岱：《石匮书》卷一七二《许国》，稿本补配清抄本。

[3] 陈懿典：《陈学士先生初集》卷一五《少傅兼太子太师吏部尚书建极殿太学士赠太保谥文穆许公墓表（代）》，明万历刻本。

忘倦。”[1]

七 条件的抉择

综合条件固然是讲官选择的优势，但朝廷有时候会对各项条件进行综合考虑，在众多的条件中——这些条件可能是相互冲突和矛盾的——选择一种作为确定其是否入选的依据。

讲官是人，肯定有人所存在的缺点，不可能十全十美，即使是那些综合条件好的讲官，也存在或多或少的缺点。明廷在选择经筵讲官时，会用其长而弃其短。前述正统间经筵讲官蔺从善造诣疏浅，但却语音洪亮；成化时经筵讲官丘濬其貌不扬，但声音洪畅，因此二人都选为讲官。像万历间的经筵讲官王庭撰就是有名的“酒鬼”，“少能饮酒，不复问升斗”。虽然他嗜酒如命，但是却长相不凡，符合讲官的外貌条件，“公髯而丰下，修干阔步，仪观甚伟”。同时他也符合其他几项条件，如老成持重，“生而敦敏，少如成人”；如科举资历深，是万历八年进士第三名（探花）。[2]因此在万历十八年被“推择为经筵讲官”。

帝王好色，固然对外貌和声音条件好的讲官比较偏爱，但是，外貌和声音条件并非唯一标准，有时候会让位于德行与学识。南昌县人张元祯在孝宗时担任过经筵日讲官和东宫讲读官，他担任这一要职，并不具备经筵讲官的常通条件，特别是外貌上就不合格，因为他长得瘦弱且矮小——“元祯癯然纤弱”[3]，然而，他却不仅担任了这一要职，而且获得了孝宗的赏识，并将书几放低以屈就他：“特置日讲，兼东宫讲读。孝宗雅意向公，为低几就听之。”[4]那么，他担任讲

[1] 黄道周：《黄石斋先生文集》卷一〇《陈祭酒传》，清康熙五十三年刻本。

[2] 冯琦：《翰林修撰莲塘王公庭撰墓表》，载焦竑辑：《国朝献征录》卷二一《翰林院二》明万历四十四年徐象樗曼山馆刻本。

[3] 过庭训：《本朝分省人物考》卷五七《张元祯》，明天启刻本。

[4] 喻均：《江右名贤编》卷上《张元祯》，明万历刻本。

官到底有哪些优越的条件，以至于让孝宗不在意他的外形缺点呢？主要有以下条件：第一，德行纯粹，为人孝顺。“少侍父疾，吁天请代。执丧尽礼，事母色养惟谨。”[1]有身教之资，是受到重视的原因之一。第二，聪明。“生而灵异。五岁出语惊人。宁献王召试韵语，应答如响，有‘心定万事定’之句。王惊赏，称为神童。”[2]天顺庚辰擢进士后，“时诏北人为庶吉士，而南方止三人，江西惟元祯”[3]。“祯生而颖异，五岁能诗。及长，肆力问学，为文雅健奇崛，名满中外。”[4]第三，理学深湛，为世所重。“故事，词垣教养习唐诗晋字韩欧文，而元祯厌以为记诵词章之习，不好也。日取《近思录》及周、程、张、朱全书潜索之。”[5]曾因言不合，居家二十余年，“潜心性理之学，名益高，廷臣疏荐者甚众。有谓气节恬退，富今鲜伦，至有学贯天人之许”。[6]“其学常探讨程朱绪论，一时相与切磋者若胡居仁、陈献章、娄谅、罗伦、陈选辈，人皆以道学目之。”[7]此外，他是进士出身，还做过庶吉士。“天顺中，进士高第，入翰林为庶吉士，读中秘书。”[8]这些都是他克服外貌缺陷而被选中做经筵讲官的原因。崇祯十一年任经筵讲官的左懋第，相貌也不出众：“公身长不满五尺，面赤”，但是他“读书谈天下事，目瞠瞠，颊辅欲动”，弥补了相貌的不足。“会经筵进讲，公与事，以次及公名，上目视之，霁色良久。”[9]

世宗比较好色，注重讲官的长相，但他的讲官中，也有长相欠佳而学问深湛者。如孙承恩就是其一。他是华亭人，有南方口音，且头发稀疏，但却极有识见，弥补了他的外貌缺陷。世宗登极后，他

[1] 邓元锡：《皇明书》卷三五《张元祯》，明万历刻本。
[2] 喻均：《江右名贤编》卷上《张元祯》，明万历刻本。
[3] 邓元锡：《皇明书》卷三五《张元祯》，明万历刻本。
[4] 张元忭：《馆阁漫录》卷九，明不二斋刻本。
[5] 邓元锡：《皇明书》卷三五《张元祯》，明万历刻本。
[6] 过庭训：《本朝分省人物考》卷五七《张元祯》，明天启刻本。
[7] 张元忭：《馆阁漫录》卷九，明不二斋刻本。
[8] 邓元锡：《皇明书》卷三五《张元祯》，明万历刻本。
[9] 姜采：《敬亭集》卷八《文・左侍郎传》，清康熙刻本。

“迁左春坊左中允，充经筵讲官，讲《大学衍义》，有所发明，上悦”。“有所发明”，表明他很有自己的见解。嘉靖十六年后，升南京翰林院侍读学士。世宗久不见孙承恩，便问近侍：“何久不见稀鬓中允？”原来，“讲筵中，惟公头颅少发，上每目属之，而公居宦南中，上不见在侍从之列，故念公而以问近侍也”。于是，借皇太子出生之际，召公为詹事府少詹事兼侍读学士，十九年“时礼部右侍缺，铨可举陆文裕公及公以闻，而诏特用公，仍兼少詹事、侍读学士，充经筵日讲官。有羊酒、白金、文绮之赐”。[1]可见，即使像世宗这样注重外表的皇帝，对讲官的要求，也十分看重其讲课的效果。

当然，讲官的身体状况也应该是入选的考虑因素，但有时候却被忽视。由于明代强化皇权，讲官坐讲的权力被剥夺，只能站着讲课，且时间很长，导致一些讲官体力不支。如光宗朱常洛做皇长子的时候，出阁讲学，讲官中“一人体胖，讲毕，倚柱而喘。（皇长子）目之，大不怿”。[2]这种情况在皇帝的经筵和日讲官中应该也曾遇到。出现这种现象，就属于选择不慎了。还有一种情况是，政敌陷害讲官，明知其人身体不行，还坚持让他担任讲官，令其在皇帝面前失误。浙江鄞县人沈一贯，万历二年以后“充经筵展书官，又充编纂章奏官，而日讲兼经筵之命随下”。当时担任日讲官是苦差事，“时上方向学，无日不讲，而先辈苦疲，故贯以后进充。贯素病羸，求解脱不得易。盖佛者投之以艰，使自仆，而随之以法”。[3]以身体“病羸”的沈一贯担任经筵讲官兼日讲官，是政敌陷害的结果，想让他“自仆”后“随之以法”。可见，在讲官的选择上，身体条件是可以灵活应用的。

---

[1] 何三畏：《云间志略》卷一〇《孙文简毅斋公传》，明天启刻本。

[2] 朱国祯：《涌幢小品》卷二《讲官互易》，第 32 页，文化艺术出版社，1998 年。

[3] 徐象梅：《两浙名贤录》卷一四《辅弼吏部尚书中极殿大学士沈肩吾一贯》，明天启刻本。

第四节　经筵日讲的态度与效果

一　讲官对待经筵日讲的态度

经筵讲官也有职业道德，讲求“讲书职分”。武宗时，李廷相“方进讲，上忽退，游于西苑”。李廷相“竦立至晚，退坐内臣板房，不敢睡”。次日五鼓，随心所欲的武宗“始御经筵”，李廷相准备为皇帝讲课，“众以其久候立倦，或不逮往日”。没想到“及开讲，声音洪亮，理致详明”。武宗“倚听，大喜，即欲传敕取入内阁办事”。于是都督朱宁、朱安等各送贺礼到门，李廷相“以讲书乃职分之事，虽颇称旨，非他有积劳，岂可以常事而当盛宠，因数言而取相位耶？辞之甚恳”。但皇帝不允所辞，他不得已，借助皇帝身边的宦官之力，才辞去阁职。此后，他的“门人如张罗峰、翟石门、严介溪，而夏桂洲则又门人之门人也，皆为内阁大臣，公竟不与焉”。他的亲人中有怪他的，说当时如不固辞，现在早就是阁臣了，但李廷相“笑而不应”。[1]李廷相恪守经筵讲官的本分，对意外的飞黄腾达了不在意，保持了一位帝王之师的本色。

经筵官员对待皇帝的经筵大典极为看重，工作十分认真，许多人都在事前斋戒和沐浴，以致洁诚。弘治年间，知经筵官朱希周侍经筵时态度虔诚：“公侍经筵，每进讲，必先期沐浴，务致诚敬，庶几感格”[2]。至于面对面为皇帝讲授四书、五经和史书的经筵讲官和日讲官，也有不少人都在事前要香汤沐浴，以洁净的面貌面对皇上。武宗时经筵讲官景旸（字伯时）是南京上元人，正德三年中进士第三名（榜眼），授翰林院编修，“为讲官，当进讲，必越宿斋沐，觊有所感悟”[3]。他的这一洁诚行为在其《行略》中也有记载：“除翰林院编修，

[1] 朱国祯：《涌幢小品》卷二《讲书职分》，第 32 页，文化艺术出版社，1998 年。
[2] 瞿景淳：《瞿文懿公集》卷一四《朱恭肃公传》，明万历瞿汝稷刻本。
[3] 徐开任：《明名臣言行录》卷三八《中允景公旸》，清康熙刻本。

时经筵，必越宿斋沐，曰：‘觐君之礼，不敢不慎。’”当时“逆竖刘瑾擅政，陵轹文儒”，但“见公仪度端整，更为尊礼”。[1]景旸进讲前的斋沐，自认为是“觐君之礼”，因为仪容整洁，也在权宦前保护了自己。编修湛若水在嘉靖元年担任经筵讲官，自述“臣又惟经筵至重，自宋以还，人多诮为故事，臣独以为神而明之存乎其人。夫言以宣意，意以致诚，诚以感格，故臣于进讲之前七日斋戒，盖致微诚以上达于宸衷也”。[2]可见，他也像其他讲官一样，经筵之前进行斋戒。他人只是前一日斋沐（越宿斋沐），而湛若水却要斋戒七日，可见其心之诚。神宗时，经筵日讲官陶大临“自念得再侍旃厦，上方冲年，务积精意，默谕潜导，先讲日，斋居定气，如对神明”[3]。“斋居定气”表明态度是很真诚的。

有的讲官在进讲前，要焚香闭户，积诚涤虑。谢迁在孝宗登极、初开经筵时，任日讲官，“上方勤学，迁务积诚以开悟圣聪，每先期辄焚香庄诵，如侍天颜，及当讲，敷畅详明，甚称上意”[4]。嘉靖元年担任经筵讲官的赵永，在经筵进讲之前，都要焚香闭户：“世庙登极，仍命直经筵兼日讲官，每进讲，必先焚香闭户，积诚涤虑，以冀感通。”[5]有的在讲堂上“必庄必习”，很想让自己讲的意思直入圣怀。万历三年，沈一贯任日讲官兼经筵讲官。当他“起补讲官”后，“在经筵，必庄必习，目注圣襟，若欲排彻而入者”。[6]有的则亲录副本，培加慎重。万历间，朱国祚先任展书官，后任经筵日讲官，“至经筵

[1] 顾璘：《景伯时旸行略》，载焦竑辑《国朝献征录》卷七四《南京国子监》，明万历四十四年徐象橒曼山馆刻本。

[2] 湛若水：《湛甘泉先生文集》卷一九《元年八月初二日进讲后疏》，清康熙二十黄楷刻本。

[3] 陶望龄：《陶文简公集》卷一一《世传第六・陶大临》，明天启七年陶履中刻本。

[4] 过庭训：《本朝分省人物考》卷四九《谢迁》，明天启刻本。

[5] 过庭训：《本朝分省人物考》卷一七《赵永》，明天启刻本。

[6] 徐象梅：《两浙名贤录》卷一四《辅弼吏部尚书中极殿大学士沈肩吾一贯》，明天启刻本。

日讲，倍加慎重，亲录副本装潢”[1]。可见，对于“帝王之师”这一神圣的角色，经筵和日讲官员都十分重视，千方百计地想把课讲好，以启沃圣心，懋修圣德。

二　讲官讲课的正面效果

经筵和日讲官都是经过多方考虑、精心挑选而出的，而且上岗前还要经过培训，以提高讲官素质。正统十二年，英宗对礼部尚书胡濙等提出要求：“朝廷人才须要作养方获实用。今命翰林院侍讲等官杜宁、裴纶、刘俨、商辂、江渊、陈文、杨鼎、吕原、刘俊、王玉每日俱在东阁进学作文，仍令学士曹鼐、陈循、马愉严督考试，务期成效。凡会讲时，轮流经筵侍班治事。”[2]因此，一般而言，其讲课效果应无悬念，具有较强的感染力和吸引力，相当精彩，有时令皇帝学生痴痴入迷。然而，也有一些讲官并不称职，是挑选时失于考虑或选择不精所致。这些人讲课效果不佳，时常引起皇帝的反感。

综合而言，经筵讲官和日讲官的讲课效果，基本上达到了该制度所设定的标准和水平。

刘珝讲课效果好，深受宪宗的欢迎。成化十年，刘珝“升吏部左侍郎，仍直经筵日讲。珝每进讲，直言正论，动数千言，而声吐洪亮，音节顿挫，闻者敬悚。宪宗爱而重之。大学士刘定之称为讲官第一”。[3]“珝先以旧宫僚晋官，直经筵日讲，每进讲，反复开导，词气侃侃，刘定之称为讲官第一。帝亦重爱之，入阁后每呼‘东刘先生’。”[4]何乔远也肯定他“直经筵，日讲谠言正论，闻者悚敬”[5]。

[1] 朱国桢：《朱文肃公集·光禄大夫柱国少傅兼太子太傅户部尚书武英殿大学士赠太傅谥文恪养醇朱先生墓志铭》，清抄本。

[2] 《明英宗实录》卷一五〇，正统十二年二月甲寅。

[3] 过庭训：《本朝分省人物考》卷九七《刘珝》，明天启刻本。

[4] 傅恒等：《通鉴辑览》卷一〇六，景印文渊阁四库全书本。

[5] 何乔远：《名山藏》卷六五《臣林记·刘珝》，明崇祯刻本。

傅瀚为孝宗讲授经筵日讲时，课堂效果很好。弘治时，他“进直日讲，仪度雍雅，词义恳到，上每为注听”[1]。他的讲课效果有目共睹，据另一记载称：孝宗嗣位后，“以旧学恩，进太常少卿兼侍读，仍充经筵讲官，兼日讲。每进讲，诚意恳切，敷陈详婉，而进止雍容，上每注听焉”[2]。

徐穆在武宗即位后，任翰林院侍讲，“充经筵讲官，敷说有体”[3]。敷说，就是陈说，讲课时陈述四书、五经和史鉴时，能够有条有理。与其同为经筵讲官的吴一鹏，正德二年“进侍讲，充经筵讲官，音吐洪亮，辞旨清切，左右耸听”。[4]左右耸听，就是连皇帝身边侍经筵的人都听得耸动，足见其讲课义理直达人心。

武宗时，李廷相为讲官，其讲课效果出人意料。他正准备为武宗上课，而随心所欲的武宗却跑到西苑去游玩，等到次日五鼓，才回来参加经筵。当时李廷相已经等了将近一天一夜，人们都以为李“久候心畏而力倦，或不逮往日”，没想到“及开讲，声音洪亮，理致详明。上倚听，大喜，即欲传敕取入内阁办事。”。[5]可见他的经筵丰富和心理素质良好。

嘉靖初，陈寰获杨廷和赏识，“遂荐公经筵讲官”。他在为世宗讲经筵时，“不能效书生戋戋语，其所陈析，洽忽要致，訾亹不厌”。由于讲课效果好，世宗激动地站起来，“目属之”，并对侍立于旁的阁臣说道：“若讲，不当如是耶！”[6]

---

[1] 李东阳：《怀麓堂集》卷八五《文后稿二五・明故资善大夫礼部尚书赠太子太保谥文穆傅公墓志铭》，景印文渊阁四库全书本。

[2] 王鏊：《礼部尚书赠太子太保谥文穆傅公瀚行状》，载焦竑辑：《国朝献征录》卷三三《礼部一》，明万历四十四年徐象樗曼山馆刻本。

[3] 李东阳：《怀麓堂集》卷九〇《文后稿三十・翰林院侍读学士徐君舜和墓志铭》景印文渊阁四库全书本。

[4] 方鹏：《南京吏部尚书白楼吴公一鹏传》，载焦竑辑：《国朝献征录》卷二七《南京吏部》，明万历四十四年徐象樗曼山馆刻本。

[5] 李开先：《李中麓闲居集》文卷一〇《蒲汀李尚书传》，明刻本。

[6] 王世贞：《弇州四部稿》卷八一《文部・陈寰》，明万历刻本。

翟銮“嘉靖初充经筵讲官，以善陈说为世宗所知”。其实他是不赞同世宗“考兴献帝”的，还曾“偕同官疏争”，但却于嘉靖四年“超擢翰林学士，居四月，拜礼部右侍郎”[1]。除了他的人缘好外，与世宗对他在经筵上“善陈说”的表现印象深刻不无关系。

王教的讲课效果，也让世宗十分满意。王教是嘉靖十二年充经筵讲官的，“每进讲，至存养省察之方、君子小人之用舍，必敷析明畅，曲尽悃诚。上为注听”。[2]另一处记载称：“未几，为经筵讲官，每进讲，敷陈明亮，曲尽恳诚，寓启沃焉。上为注听。”[3]

世宗时，孙绍祖以右春坊右中允身份“经筵进讲”时，“必积诚累日，色温气和，开陈恳切，上特嘉纳”。他讲课时“性明敏，见事即了无滞碍，尤善谈吐，论世符情，论经符理，听者唯唯忘倦”。[4]足见其讲课艺术之高。

由于赵永在任经筵讲官时讲课效果很好，因此世宗对他另眼相看。世宗“驾幸太学，赐坐讲《尚书·大禹谟》敷陈剀切，进止雍容，上屡注目。罢讲，圣谕褒奖。翼日，率诸生谢表，上赐敕及彩币二袭，仍赐宴宠异。偶因疾在告，上念讲官无直谏者，遣鸿胪寺赍旨至卧榻，谕起供职。永感恩流涕，力疾入谢”[5]。这次讲课不在经筵讲堂，而在国子监，看来世宗对赵永的课所吸引，故有意赴国子监听其讲学，重温讲筵上的情景。

要论讲课效果之好，无如嘉靖间的讲官温仁和。温仁和字民怀，是四川成都府华阳人。弘治十五年中进士。世宗时曾任经筵讲官，且历时很久。他年少时便“以闳辞博学早名霄汉”，世宗即位后，他与

[1] 万斯同：《明史》卷二八八《翟銮传》，清抄本。

[2] 李濂：《嵩渚文集》卷九三《明故嘉议大夫南京兵部右侍郎中川王公行状》，明嘉靖刻本。

[3] 毛伯温：《毛襄懋文集》卷七《嘉议大夫南京兵部右侍郎王公神道碑》，清乾隆三十七年毛仲愈等刻毛襄懋先生集本。

[4] 焦竑：《国朝献征录》卷一九《詹事府二·右春坊右中允孙君绍祖墓志铭》，明万历四十四年徐象樗曼山馆刻本。

[5] 过庭训：《本朝分省人物考》卷一七《赵永》，明天启刻本。

李时“并被简命，日侍讲幄，德业问望，雄称一时。上所属意惟公，独居少师公（李时）右。”温仁和“其在经筵之日最久”，讲课时“凡所陈说，天文地义，皇基霸轨，古今成败，兴坏之迹，坦然著明，词气深厚，动中黈听”。黈是黄色，这里是与皇帝有关的意思。黈听也作黈聪，是指皇帝的听闻。可见他的讲课效果深深打动了皇帝。温仁和的讲课效果还不仅仅是让世宗感动，更奇特的是，他让旁边侍经筵的大臣、侍卫的武将和服侍的宦官都深深地被打动了，“一时侍经之臣，执戟、垂珰之辈，莫不竦然感动”。因此“论者谓程颐之积诚、范祖禹之按讲，不是过也！”其实，在经筵之外，温仁和“退而与群公卿嘅论时事，公能达权知变，审机喻方，棼错在前，片言指定。若驭八骏之马，驰九轨之涂，而音节毕中，屏翳尽彻也”。[1]这样的口才和表达能力，怎不让听讲的皇帝和身边侍经筵的人感动呢？温仁和的经筵讲课可称讲官的典范。

世宗对经筵日讲官顾鼎臣的讲课感受很深。“及进讲，益称旨。”[2]顾鼎臣进讲范浚《心箴》后，世宗特谕内阁，谈自己学习的体会：“朕因十三日听讲官顾鼎臣解说《心箴》，连日思味其意，甚为正心之助！昨自写一篇，并假为注释。”[3]

王锡爵于隆庆元年“还朝，充经筵讲官”，讲课效果令人满意，故“庄皇帝传谕，有‘讲书明爽切直’之褒”[4]。明爽切直，是讲得很明白清楚，而且切中时弊，直言不讳。这种讲课风格容易吸引皇帝的注意力。

隆庆、万历间东宫讲读和经筵日讲效果突出的讲官，要属马自强，隆庆五年任东宫讲读，神宗即位后任日讲官，万历三年以升吏部尚书

[1] 张衮：《张水南文集》卷四《送礼部尚书兼翰林院学士温公还乡序》，明隆庆刻本。

[2] 王兆云：《皇明词林人物考》卷五《顾文康》，明万历刻本。

[3] 陈继儒：《见闻录》卷二，明宝颜堂秘籍本。

[4] 焦竑：《光禄大夫少保兼太子太保吏部尚书建极殿大学士赠太保谥文肃荆石王先生锡爵行状》，载焦竑辑：《国朝献征录》卷一七《内阁六》，明万历四十四年徐象樗曼山馆刻本。

事繁，免日讲官，但出任经筵讲官。他是陕西同州（今大荔）口音，不带有令人难懂的吴音。当朱翊钧为太子时，“言者请妙简端方士备辅导”，于是升马自强为“宫尹”。当太子“出讲学”时，“遂以公为讲读首臣”。马自强“念上方冲龄，凡所进讲，不为微文奥义，务取目前易省事，款款晓譬，冀有所感动”。加上他“仪度端详，音吐洪畅”，因此小朱翊钧“闻而甚悦，以告穆考；有时讲退于幄后，啧啧叹美。众咸闻之”。等到朱翊钧登极后，擢马自强为“礼部右侍郎，充日讲官”，寻转左侍郎，掌詹事府事。当马自强“丁继母张氏忧”回家后，“上时时念之”，曾对首辅张居正说：“（马）公所讲解易省。”久之，“又特问公服将阕未也？”可见对马自强是很期盼的。服阙后，马自强不管任何官，都“日讲如故”。后来遇上礼部尚书缺员，廷推马自强升任。神宗特地遣中使问阁臣：“尚书兼日讲否？”张居正回答：“讲臣须清心专虑，而礼卿部务烦重，势不得兼。”于是神宗“升公礼部尚书兼翰林院学士”，虽“罢日讲”，但“仍充经筵讲官，盖特命也”。[1]真是舍不得这个难得的好讲官。对马自强的赏赐自然很多，“至于时节燕喜，赐金银寿字及川扇、艾虎等物不胜记”，“而先生所最受上知，出其俦伍，则无如为讲官时”。关于马自强为时为太子的神宗讲课一事，其他的记载也很精彩：“上初在东宫，听先生进讲毕，退至幄后，未解带，连呼好讲者三！幄内外皆闻之。后先生忧归，未久，而上时时问：‘马讲官服阕未？’比推尚书，既点用，下阁臣拟旨，上欲署，辍笔久之，特遣中官至阁，问何以不兼日讲？阁臣俱以故事对，且曰：‘礼卿任重，势自难他兼。必不得已罢日讲，兼经筵可也。于是礼卿兼经筵，自先生始，而中外盖以知上倚向先生，特在官品职事之外矣！”[2]

李长春二十岁时便中隆庆戊辰二甲进士第一名，万历十二年，充

[1] 张四维：《光禄大夫太子太保礼部尚书兼文渊阁大学士赠少保谥文庄马公自强墓志铭》，载焦竑辑：《国朝献征录》卷一七《内阁六》，明万历四十四年徐象橒曼山馆刻本。
[2] 王锡爵：《王文肃公文集》卷六《马文庄公神道碑铭》，明万历刻本。

经筵讲官，由左春坊左庶子进国子监祭酒，改南京工部侍郎、礼部侍郎，再改北京“礼部侍郎，充日讲官”。当他“擢右谕德，侍经筵讲”时，“天子方听夕御讲席，进儒臣说诗书大义”。一日，李长春“称引《蓼莪章》以进，反复恳恻，发于中心，上意戄然，而太宰惕公听之泣下”。可见效果十分突出，不仅让神宗“戄然”惊恐，而且让侍经筵的吏部尚书听得落下眼泪。[1]

申时行的讲课效果也不错。作为吴县人，讲述时本来是带有吴音的，但他却以比喻和分析的特长，弥补了口音的缺陷，达到了很好的效果。“神宗登极，进宫庶，直日讲。自是劝讲者六载，指物譬事，析毫解缕，闻者朗然。上每目属之。”当然，这也与他聪明博学有关：“少敏悟过人，所览辄能成诵，为一时偶俪之文，绝出伦辈，郡县及督学使者试，辄冠。嘉靖辛酉举乡试第三，明年廷试，上见所对策词札兼美，亲擢第一。”[2]

沈鲤无论是东宫讲读还是皇帝的经筵日讲课，都讲得不错。他是归德（今河南商丘）人，口音属于北方语音系统，比较容易听懂。“神宗在东朝，鲤为讲官，尝令诸讲官书扇。鲤书魏卞兰《太子颂》以进。因命说大义，鲤敷陈甚悉。神宗咨美，自是蒙眷。”等到神宗即位后，“用宫寮恩，进编修。旋进左赞善”，并担任经筵日讲官。“鲤每直讲，举止端雅，所陈说又独契帝心。帝数对侍臣称之。”后因“连遭父母丧”回家守制，神宗“数问沈讲官何在？左右以丧对。问服阕期，曰秋仲。命先补讲官俟之”。可见对沈讲官是一日不见，如隔三秋。万历九年沈鲤还朝时，“属当辍讲，特命展一日，示优异焉”。[3]皇帝对经筵日讲，是能拖就拖，能停就停，而像神宗这样期盼沈鲤直接讲课，为此不惜将辍讲之日向后推迟的，的确鲜见。

关于经筵日讲的效果，刘理顺曾有亲历和描述。刘理顺（1582—

[1] 张鼐：《宝日堂初集》卷一五《太子少保礼部尚书棠轩李公传》，明崇祯二年刻本。
[2] 过庭训：《本朝分省人物考》卷二四《申时行》，明天启刻本。
[3] 万斯同：《明史》卷三一〇《沈鲤传》，清抄本。

1644年)，字复礼，号湛六，河南杞县人，崇祯七年甲戌科状元，在崇祯年间担任过右谕德、经筵讲官，兼任东宫讲官。他在给孟绍虞(字闻叔、玄钵，杞县人)的信中说："东宫讲读，非意想所及，多病慵懒，深用为惧。因忆前日金华殿中语，亟取披诵，义正辞明，允属讲者指南，仿之以献，庶几仰裨储德。"[1]刘理顺自称在东宫讲读时，比较慵懒，但想到孟绍虞在"金华殿"(指文华殿)给皇帝讲读时，却"义正辞明"，可称为讲官指南，于是仿照孟绍虞的讲章撰写东宫讲义，希望能够有助于太子道德教育的提升。从他的记述可见，孟绍虞讲课的效果很好，堪为讲官楷模。

综而言之，明代讲官的经筵和日讲的进讲，起到了明显的效果。

第一，启沃圣心，明显提高了某些皇帝的思想觉悟。明代儒臣们反复以儒家的纲常伦理教育和开导皇帝，竟然起到了意想不到的效果。受过经筵日讲教育的明神宗，悟出了唐太宗君臣的行为实有悖于纲常伦理。万历十六年，"经筵毕，上览《贞观政要》，曰：'唐太宗有惭德。臣魏征大节有亏，其勿备经筵。'"[2]事实是，当时正讲《贞观政要》，儒臣们称赞唐太宗的纳谏，和魏徵的直言，以及君臣相得，但当讲官们和侍经筵的阁臣们离开时，神宗让宦官将他们喊住，并传达了皇帝对此二人违背纲常行为的认识，并决定停止《贞观政要》的讲读，而改为《礼记》。其实，明前中期何乔新曾批评唐代的皇帝教育对太宗、玄宗的道德并未有所提升："至于数幸太学讲论经史者，唐之太宗也，然推刃同气，于亲亲之道何如？更日侍读质问疑义者唐之玄宗也，然闺门无礼，于正家之道何若？"[3]成化十一年，侍讲谢铎"入预经筵"，"发明"诚意，指出："诚之者，人之道，谓务虚名而不实用工夫，如汉武帝内多欲而外施仁义，唐太宗外行仁义而内多惭德，便是不诚。又如梁武帝酷好佛法，唐德宗信任卢杞，不能明于治道之

[1] 刘理顺：《刘文烈公全集》卷九《再与孟玄钵书》，清顺治刻康熙印本。
[2] 查继佐：《罪惟录・志》卷一七《经筵总论》，四部丛刊三编景手稿本。
[3] 何乔新：《椒邱文集》卷二《策府・十科摘要・圣学》，景印文渊阁四库全书本。

邪正，人才之贤否，是不能择善也。唐玄宗初年励精图治，几致太平，后乃穷奢极欲，溺于所爱。唐宪宗初年发愤志，平僭乱，后乃好神仙，迎佛骨，有始无终，是不能固执也。”当时“纯皇帝颇有偏好，铎以此讽，反复推说，皆人所难言”[1]。其中“唐太宗外行仁义而内多惭德”显然对后世的神宗有启发。可见，神宗的认识，也达到了善于思考的儒学思想家的高度。

第二，对现实问题的伸论，起到立竿见影的效果。讲官通过经义的陈述，结合现实，指出问题所在，往往能打动皇帝的心，起到明显的效果。弘治初，王鏊“迁侍讲学士，充讲官”。当时“中贵李广导帝游西苑”，王鏊“讲文王不敢盘于游田，反复规切，帝为动容”。讲罢，孝宗对李广道：“讲官指若曹耳！”[2]此事另有记载，说王鏊“在经筵，雅志启沃，每讲至天理人欲之际及君子小人之用舍，必详必恳。上方春出游后苑，左右谏不听。公讲《无逸》，至文王不敢盘于游田，反复规谏。上悚听，为之罢游，仍传饬内侍广‘今日讲官意指尔，尔好为之’云云。”[3]看来，王鏊等讲官针对性很强的进讲，取得了明显的效果。崇祯间沈延嘉任日讲官，其讲课的感染力很强，能起到立竿见影之效。他“充日讲官”时，“廷臣议狱多以刻为能，延嘉讲‘无虐茕独章’，反复切至”。没想到“次日遂下弛刑之旨”。[4]不过，这与思宗“渴于求治”的心态也不无关系。

第三，对现实问题的针砭，引起皇帝的关注与重视。讲官切合实际，针砭时弊，有时候能受到皇帝的重视与赞赏。嘉靖十一年，左谕德江汝壁“充经筵讲官，进讲言论激切，天颜颇属公，益讲不辍”。当时“侍讲诸公卿咸为公惧，（以为）必得罪”。没想到次日，世宗

---

[1] 过庭训：《本朝分省人物考》卷五四《谢铎》，明天启刻本。

[2] 《明史》卷一八一《王鏊传》。

[3] 邵宝：《大明故光禄大夫柱国少傅兼太子太傅户部尚书武英殿大学士致仕赠太傅谥文恪王公墓志铭》，载钱谷辑：《吴都文粹续集》卷四一《坟墓》，清文渊阁四库全书补配清文津阁四库全书本。

[4] 钱维乔：《（乾隆）鄞县志》卷一六《人物・沈一中》，清乾隆五十三年刻本。

“命中使赍白金、文绮以赐”。又听说“进讲之夕，上疏公名于御屏”，显然对他印象深刻。江汝璧“大感泣”，表示：“皇上仁明，同符尧舜，为人臣者当益思报。”[1]此事为人津津乐道：“江汝璧进讲经筵，词旨激切。天颜屡属讲不辍。侍班诸臣咸为惧。是夕，上疏其名御屏。越日，有白金文绮之赐。”[2]

当然，并非所有的讲官讲课都能起到很好的效果，相反，有的讲官的课效果不佳，甚至起到了负面效应。

三　讲官讲课的负面效果

经筵日讲官的讲课效果并非都令人鼓舞，有时也会带来负面效应。有识之士认为，讲官不仅要对皇帝进行教育，而且也要对自己进行教育，才能更好地向皇帝传授知识。天启二年，由于辽东战事吃紧，皇帝“暂停经筵，而言者以为不可，旋复举行，人人称快”，但左副都御史马从吾却提醒大家：“然臣子望其君以讲学，而自己不讲，是欺也。”[3]事实上，却有少数讲官灯烛照人不照己，不注重自身素质的提高，其讲课的效果自然不会好。还有人认识到经筵讲官虽有理论上的优势，但却缺乏实践上的经历。万历六年刑部主事管志道上疏称：“盖翰林明习国家典故，而民务未尝身亲，别衙门扬历中外事情，而经筵未尝习熟”，因此他提出在入阁时“参而用之，正盐梅相资，水火交济之谊”。[4]他其实提出一个重要的问题，就是讲官缺乏行政历练，这必然影响到他们在经筵日讲上结合现实政治发挥时的贴切性和效果。讲官讲课的负面效果有以下四种表现。第四种非讲课本身的问题。

第一，讲读效果不佳，引起皇帝的不满和处罚。

[1] 周仕佐:《少詹事兼翰林院学士江公汝璧圹志》，载焦竑辑《国朝献征录》卷一八《詹事府一》。

[2] 黄景昉:《国史唯疑》卷七。

[3] 《明熹宗实录》卷二六，天启二年九月壬寅。

[4] 张萱:《西园闻见录》卷二六。

虽然讲官是经过挑选产生的，但也有一些讲官选择不当，不称其职，讲课效果不佳，受到皇帝的直接批评和辞退。嘉靖八年八月，祭酒魏校于"经筵进讲《书经》'罪疑惟轻'章"，世宗批曰："桂蕚荐校善解经义，朕昨观其讲章，并未有过人者。且其前后率多谀词，难居近侍。着吏部调南京用。"于是将魏校调离经筵，改为太常少卿。[1]世宗赶走魏校，除了对他的讲章不满外，还对他一口难懂的吴音无法忍受："大学士（张）璁荐升国子祭酒，进讲经筵，时操吴音，上不悦。改太常少卿，罢归。"[2]周道登也因学问疏浅、讲读含混受到皇帝的唾弃。崇祯帝"一日御讲筵"，问阁臣道："'宰相须用读书人'，当作何解？"周道登回答："容臣等到阁中查明回奏。"于是"上始有愠色，继而微笑嘻甚"。崇祯帝又问："阁臣近来诸臣奏内，多有'情面'二字，何谓'情面'？"周道登回答："情面者，面情之谓也。"左右皆匿笑。[3]不久，受到御史田时震等弹劾罢职。

河南孟津人王铎（字觉斯）也因讲课效果不好，受到思宗的痛斥："戊寅（崇祯十一年）春，经筵讲官王铎讲《聪明睿智》一章，分疏敬、信、悦字，反语太多，言时事又有'白骨如麻'等语。讲毕，上怒责数言，谓其敷衍数语，支吾了事，全不能发挥精义云云。铎出案前待罪，良久，上命起来，又忘却谢恩。次日乃上疏谢。"同时讲课的另一讲官、饶平人黄锦（号絅庵）也因声音细弱，惹得皇帝不快："其次讲《尚书》者乃黄絅（存)[庵]，声细而哀，无一字可辩。上不怿而罢。同官卫紫庵胤文语余曰：'黄前辈讲书，恰是哭了一场。'余曰：'正为王前辈讲不称旨，可为痛哭者此也。'"[4]虽然讲官们自身有问题，但崇祯帝对讲官的挑剔是显而易见的。王铎和黄锦之所以能当经筵官，也是经过慎重选择的，二人都出身进士，王铎甚

[1] 徐学聚：《国朝典汇》卷二五《朝端大政・经筵日讲》，明天启四年徐与参刻本。
[2] 尹守衡：《皇明史窃》卷七五《魏校》，明崇祯刻本。
[3] 文秉：《烈皇小识》卷一，第 29 — 30 页，上海书店，1982 年。
[4] 杨士聪：《玉堂荟记》卷二。

至书画俱佳。黄锦之所以“声细而哀”，可能因思宗痛斥王铎时，让他感到了巨大的心理压力，内心惧怕，以致如此。看来，朝廷往往静态地选择讲官，有时候未能考虑到他们面对皇帝时的心理素质和抗压能力。讲官即使各方面条件都不错，但若没有面对皇帝时的镇定和从容，也难以讲好经筵。

有时候，讲官只是偶尔发挥失当，影响到讲课效果，但也难免受到皇帝的抛弃和处罚。嘉靖六年十月，“翰林院侍读汪佃进讲《洪范》‘九畴’不称旨”。世宗“亲讲解其义”，并对辅臣说：“人君能尽伦理以立于上，万姓化于下，伦序明而人道备，福将自至。”于是“以佃讲读迟钝，令吏部改调外任”，同时“因命内阁选择翰林诸臣称职者留用，不称者量材除他官”。寻调汪佃为宁国府通判。[1]其实，汪佃讲课效果一般来说还不错，据其他文献记载：汪佃于“丙戌，充经筵讲官，敷陈启沃，多所称旨，有白金文绮之赐”。有“要人”“谋挤公去”，拟升四川参政。杨一清表示反对：“朝廷日亲经筵，方欲求贤。汪侍读贤者也，岂可使外补乎！”于是仍留为讲官。但是，“十月复入讲《尚书》皇极敷言，公依蔡传，衍义不明，言君臣一伦，盖君道在皇极中。已挤者因密奏云：‘汪佃讲书，无君臣伦，盖讥讪也。且佃乃前礼部尚书俊、吏部侍郎伟之弟云。’如拟落职，通判宁国府。挤者阳以好相送，且窥公，见公谈笑如平日，诸儿诵声不绝，不觉自失，有悔言”。[2]汪佃就属于偶尔发挥失当，给想排挤他的人找到了借口。崇祯元年，徐光启也偶因讲读不明，遭到崇祯的罢黜。“上一日御日讲。讲官徐光启讲《中庸》毕，上忽问曰：‘既云知天地之化育，又云其熟能知之，是同是异？’光启以化育分内知，熟能知分外知。上哂曰：‘知也有内外？’年终，讲官叙劳，内阁题光启以礼部侍郎

---

[1]《明世宗实录》卷八一，嘉靖六年十月丙寅。

[2] 焦竑：《国朝献征录》卷七〇《南京太常寺·南京太常寺少卿汪公佃行状》，明万历四十四年徐象樗曼山馆刻本。

加太子宾客，照旧日讲。上抹去‘照旧日讲’四字。”[1]其实，徐光启是晚明既有传统文化底蕴，又有基督教新知的伟大学者，只是因为解释时皇帝听不懂，便被崇祯帝剥夺日讲的资格。这也可以看出崇祯帝刚愎自用的性格特征。

讲官讲课效果不佳，基本原因是面对皇帝时的紧张所致。万历讲官袁宗道上疏称："黼扆之上，人主高拱穆然，何论神明，而二、三儒臣跼蹐，毋敢失尺寸，执牙签屏息，得毕所肄于前大善矣。"[2]也就是说讲官们能够走完过场就已经是很不错的结果了。加上天启以前日讲官进讲之时讲案上只放经书，不放讲章，仅凭自己的记忆进讲。正如丁绍轼所说："到讲时，几上不置稿本，凭口披宣，不似经筵讲官另一几，几上有稿本也。"[3]因此，讲课时的紧张难以避免，肯定会影响到讲课的效果。

第二，讲课过于直切，不注意接受者的心理承受能力，引起皇帝反弹，效果适得其反。正德元年杨廷和任詹事兼学士时，为武宗讲经筵。根据惯例，"讲书义毕，必献规谏之语"。一日，杨廷和与学士刘忠一起进讲，结合时政，多有发挥。讲罢，武宗十分不满，对刘瑾说："经筵讲书，何故添出许多说话！"刘瑾奏曰："此二人当打发他南京去。"于是将二人升为南京侍郎，其中杨廷和任南京吏部右侍郎，实际上是明升暗降。[4]此事在明尹守衡的《皇明史窃》中，做了"为尊者讳"的处理："(廷和)直讲经筵，稍不当上意，上因语内臣瑾，非有意督过之。瑾遂拟出廷和为南京吏部左侍郎，转南京户部尚书。久之，上不见廷和，问瑾杨学士何在？瑾对："今为南京户部尚书。'上曰：'杨廷和已入东阁矣。户部岂翰林官耶？'明日敕取入阁办事，进户部尚书兼文渊阁大学士，寻加少保兼太子太保。"[5]后一个

[1] 文秉：《烈皇小识》卷一，第36－37页，上海书店，1982年。陈时龙君《天启皇帝日讲考实》(《故宫学刊》2013年第2辑)将此系于崇祯二年，似误。

[2] 袁宗道：《白苏斋类稿》卷八，第1页。

[3] 丁绍轼：《丁文恪公续集》卷六《讲筵恭纪诗·讲书》。

[4] 焦竑：《熙朝名臣实录》卷一二《太保杨文忠公》，明末刻本。

[5] 尹守衡：《皇明史窃》卷六九《杨梁费杨列传第四十七》，明崇祯刻本。

版本，把武宗打扮成杨廷和外放南京的不知情者，其实不然。讲官有时候联系现实过于直切，也会引起皇帝的反感。隆庆元年，吏部侍郎、经筵日讲官林燫“经筵日讲，语多剀切。俄有旨调南，佐南铨者五年。”[1]另一处记载也说：林燫“在讲筵，文贞公（徐阶）居首揆，方倚公自副，而以进讲语直，有所不当。忽中旨调宗伯南”[2]。

明人黄景昉早就发现讲官关键因素是既要讲明问题，又要温润如玉，讲官不是按资排辈，故不能因资格老而过于切直和咄咄逼人：“讲臣以剀明温润为美，旧须简选，不因资序为差。陆深尝称章枫山（章懋）可为经筵官。刘文靖（刘健）不然，虑其平居久，仪度山野。意同是。考经筵面奏事，惟陆深、吕柟二人皆谪外，实非奏事所[致]。魏（较）[校]、汪佃后亦自讲筵外迁”。[3]陆深认为章懋可为经筵讲官，而刘健认为章懋过于“山野”（刚直），不温润，不适合当讲官。果然，陆深本人和吕柟、魏校都因切直而被贬。

第三，在经筵讲堂上争取思想独立的权利，会引起皇帝对讲官不满和惩罚。嘉靖八年，国子监祭酒陆深任经筵讲官，反对内阁裁定讲章，指出“经筵讲章必送内阁裁定，是其意尽出于内阁，而讲官不过口宣之耳。此于大义深有未安，而感孚之道亦甚相远！”他提出：“更请自训诂衍绎之外，凡天下政事举得依经比义，条列陈奏，以仰裨圣学。”这引起了世宗的警惕和不满，指出：“陆深夸诈险恶，敢于欺罔。兹疏首献谀词，岂人臣忠谠事君之道？且其进讲已三日，语多悖谬谄矣。大臣意在行私，吏部参究以闻。”[4]在世宗看来，如果讲章不受内阁控制，“若任己意，必有杂说以乱理学！”[5]于是将陆深谪为福建延平府同知。

崇祯十一年二月，经筵日讲官、詹事府少詹事兼翰林院侍读学士

[1] 王兆云：《皇明词林人物考》卷九《林贞恒》，明万历刻本。

[2] 王世贞：《弇州史料》后集卷三《林宗伯传》，明万历四十二年刻本。

[3] 黄景昉：《国史唯疑》卷五。

[4] 涂山：《明政统宗》卷二三，明万历刻本。

[5] 俞汝楫：《礼部志稿》卷六七《经筵进讲·宣德后历朝进讲》，景印文渊阁四库全书本。

黄道周在经筵讲堂上受到皇帝的鼓励，课后上疏言事，可能因为发挥过多，思想倾向偏离了皇帝准许的轨道，结果遭到崇祯的驳斥与追究。黄道周奏："昨幸从经筵之后，得逢召对，冒昧陈言。臣实创睹，喜惧交迸，神情飞越，不悉所怀，仰荷圣慈覆其荒陋，凡臣所言而未明，明而未达者，容臣一二再剖，以识遭逢。"[1]但是，讲官的诚心上奏，未必会得到皇帝的肯定，有时还会惹得龙心大怒。三月，黄道周便不得不回奏辩解："臣以前十二日从事经筵，亲睹圣主问察之勤，诸臣敢言之盛，以为自虞廷而后，逢此旷典，而条答不明，仰烦天听，私自懊悔，谓学术疏陋，辜负此生，是以终夜篝灯，侵晨陈列，但粗明语意而止，未遑写吁咈之谟，参记注之路也。昨二十三日惊捧明旨：'这袖奏亦未明切……尤属率附偏私……'"黄道周忽遭晴天霹雳，称"臣惶怖欲死，臣最迂愚"。[2]但崇祯不依不饶，黄道周只得再次上疏道歉："臣于前月二十五日奉旨回奏，至本月朔日再奉圣旨：'这回奏语多支饰，殊非奏对之体。黄道周着再回将话来。该部知道。'臣前辜未除，后愆复积，生逢圣主，不能质直，自将学求事君，又蹈迂疏之失。惶遽之下，追寻前草，已自尽焚，不能复忆。惟忆述前代经筵，及当日讲论处，失体甚多，援笔莫措……"[3]被皇帝逼得无处可躲，真是天威难测。

第四，经筵"失仪"，引起皇帝不满。讲官有时候不是因为讲课效果不佳，而仅仅是因为失仪便遭到指责。失仪有时是指经筵或日讲仪式的执行上不够庄重。董玘就有这样的经历。世宗指出："朕日观侍郎董玘讲筵之内、行走之序、行礼先后，俱无逊让之体，即此观之，其心可知。"[4]嘉靖帝的批评立刻引起董玘的不安，并马上知错即改，在皇帝面前立刻变得恭恭敬敬、谦逊有加，才保住了饭碗。世宗

[1] 黄道周：《黄石斋先生文集》卷二《补牍陈言疏》，清康熙五十三年刻本。
[2] 黄道周：《黄石斋先生文集》卷二《遵旨回奏疏》，清康熙五十三年刻本。
[3] 黄道周：《黄石斋先生文集》卷二《遵旨再奏疏》，清康熙五十三年刻本。
[4] 张鼐：《宝日堂杂钞》卷一五〇《经筵进讲始末》，第790页，书目文献出版社，1998年。

后来对阁臣们说："玘自承谕后二三日间似加恭谨，身容退让已知有改，其令安心供职如故。"董玘上疏致谢，世宗则安抚道："尔职司讲读，位列大臣，岂宜失恭让之节？朕未忍斥言，特谕内阁传示，尔当钦体朕意，勉修职业以副任用！"[1]皇帝对经筵讲官如此不留情面，让他们不免有"伴君如伴虎"之感。

失仪有时候是指讲课时咳嗽、失足、迟到和旷课。咳嗽，如嘉靖七年，经筵讲官、左春坊左庶子兼翰林院侍读盛端明在讲课时稍微咳嗽了一下，"台谏希执政意，劾公讲时微咳为失仪，复调为南京尚宝司卿"[2]。另有记载称，是年四月，"上御经筵，左庶子盛端明讲《孟子》，词气迫促，侍班给事中刘世扬等纠奏之。上曰：'讲官须慎选以充。如端明者，诚无益也。'令吏部别用，遂调南京尚宝司卿"。[3]显然，盛端明实际上是因为紧张导致"词气促迫"和"微咳"。失足，如万历间，"邹公元标经筵偶失足，上疑其疏慢"，朱国祚为之解释道："此前廷杖受伤，不能久立也。"[4]

失仪比较严重的情况是讲官迟到和旷课。迟到，如洪武中，"令儒臣更番入直禁中，每日用一员进，讲迟误者论罪。大学士吴沉尝坐进讲迟误被劾"。[5]旷课，如嘉靖十年三月某日，穆孔晖"已赴阙候讲，以阴雨免朝，随众而回。俄闻上御文华殿，亟驰以趋，已不及矣。即上章自劾，明日得旨，改南京尚宝司卿，举朝骇愕"。给事中叶洪上疏挽留："穆某圣代淳儒，留之左右，必足以裨益圣德。"世宗"不报"。穆孔晖则"惟循省自咎，无几微见于颜面。壬辰，转南

[1] 徐学聚：《国朝典汇》卷二五《经筵日讲》。

[2] 孙承恩：《文简集》卷五三《太子太保礼部尚书荣简程斋盛公墓志铭》，景印文渊阁四库全书本。

[3] 徐学聚：《国朝典汇》卷二五《朝端大政·经筵日讲》，明天启四年徐与参刻本。

[4] 朱国桢：《朱文肃公集·光禄大夫柱国少傅兼太子太傅户部尚书武英殿大学士赠太傅谥文恪养醇朱先生墓志铭》，清抄本。

[5] 黄佐：《翰林记》卷九《讲官入直》，景印文渊阁四库全书本。

太仆少卿”。[1]那天失仪的不仅是穆孔晖，还有徐缙和顾鼎臣。三月十日，“吏部左侍郎徐缙、詹事顾鼎臣、左庶子兼翰林院侍读学士穆孔晖，失误日讲，各疏引罪。诏切责宥之，独孔晖以是日轮讲，调为南京尚宝司卿。既而给事中叶洪疏留孔晖，不听”。[2]

对于皇帝借讲课效果不佳处罚讲官的行为，明代儒臣进行了某种程度的抵制。弘治六年闰五月，侍讲学士李东阳认为，讲官“既授之任，必重其官”。指出“近日讲官小有遗误，遽遭纠劾”。这样做是不对的。并以“先帝临朝极严，御史等官奏对不敢毫发纵贷，即如大学士陈文、侍讲周良臣等进讲差错，不闻纠劾，朝廷亦不以责”为例，要求“纠劾之官，请自今凡进讲差错者，勿得纠劾，以仰成陛下优礼儒臣之盛意！”得到批准。[3]然而，在明代皇权强化极致的背景下，皇帝对讲官的处罚，不要说因为讲课不尽人意而处罚他们，就是随意惩处，儒臣们也是无法抗拒的。

第五节　经筵日讲官员的典范

明代有一些经筵和日讲讲官，在经筵日讲和辅导皇帝进学上，尽心尽力，起到了很好的效果，成为讲官楷模。本节从个案上对经筵日讲的官员进行深入剖析。

一　顾鼎臣在经筵上的表现

在明代经筵讲官中，顾鼎臣因其讲课效果奇好而深受皇帝的喜爱和信任，从而成为代表性的人物之一。他既担任过经筵讲官，又充任

---

[1] 王道：《南京太常寺卿赠礼部右侍郎谥文简穆公孔晖墓志铭》，载焦竑辑：《国朝献征录》卷七〇《南京太常寺》，明万历四十四年徐象樗曼山馆刻本。

[2] 《明世宗实录》卷一二三，嘉靖十年三月乙未。

[3] 徐学聚：《国朝典汇》卷二五《朝端大政·经筵日讲》，明天启四年徐与参刻本。

过日讲官，与陆深相比，只有经筵展书官没有做过。

顾鼎臣，字九和，号未斋，南直隶苏州府昆山县人。弘治十四年(1501年)，中应天乡试。十八年中进士，殿试时赐进士及第第一名。因中了状元，直接授官翰林院修撰。孝宗崩逝后，顾鼎臣与修《孝宗实录》，正德四年五月书成，升翰林院侍讲。十一年五月，升左春坊左谕德兼翰林院侍读。正德十六年四月，世宗入继大统，五月即"开文华讲读"，命顾鼎臣"充经筵日讲官，赐银币、孔雀服三袭"。"公在讲筵，音吐宣畅，敷陈启沃，节奏缅缅"，使得"上每倾听"。

嘉靖六年二月，顾鼎臣"复职经筵，日讲仍旧"。十月更定学士制，"公首为翰林院学士掌印，仍充经筵日讲官，分撰诰敕"。[1]因此有人称其"首被知遇，简侍经筵日讲，进学士"[2]。当时世宗"懋崇圣学，日亲儒臣，讨论经史"，顾鼎臣便"进讲宋儒范浚《心箴》，敷陈剀切"，世宗"注听嘉悦"，对辅臣们夸奖道："鼎臣解说《心箴》，朕思味其意，甚为正心之助！"于是世宗"亲洒宸翰，自注释《心箴》，又注视、听、言、动四箴，及制《敬一箴》，敕翰林院、国子监及天下学校，建亭立碑，镌刻五箴以示学者，实鼎臣之讲《心箴》启之也"。[3]顾鼎臣进讲《心箴》是在担任翰林院学士掌印后的次月："十一月，进讲范浚《心箴》，上特谕内阁云：'朕因十三日听讲官顾鼎臣解说《心箴》，连日思味其意，甚为正心之助！昨自写一篇并假为注释。"世宗复谕曰："前日听讲《心箴》，深加爱尚。朕自念上荷天命为人君长，当务学以致知，待粗有领会之时，再注视、听、言、动四箴。"他"后复御制《敬一箴》，命于翰林院、两京国子监建敬一亭，并前五箴俱勒石其中。天下学校准为定制"。[4]

---

[1] 陆深：《俨山集》卷八〇《光禄大夫柱国少保兼太子太傅礼部尚书武英殿大学士赠太保谥文康顾公行状》，清文渊阁四库全书补配清文津阁四库全书本。

[2] 过庭训：《本朝分省人物考》卷二一《顾鼎臣》，明天启刻本。

[3] 过庭训：《本朝分省人物考》卷二一《顾鼎臣》，明天启刻本。

[4] 陆深：《俨山集》卷八〇《光禄大夫柱国少保兼太子太傅礼部尚书武英殿大学士赠太保谥文康顾公行状》，清文渊阁四库全书补配清文津阁四库全书本。

由于顾鼎臣进讲《心箴》深得帝心，因此世宗亲自点名让他进讲《尚书·洪范》。嘉靖七年八月三十日，世宗宣谕辅臣道："朕为《洪范》一书，于帝王为治之大经大法，实为亲切。讲解须委一人，庶得接续贯畅。欲令鼎臣通篇进讲，分段计日，从容讲解，务使尽其所言，以为朕为学求治之助！"九月八日，世宗又对顾鼎臣说，以其所讲《洪范》"尽心指解"，但"复虑词语长多，恐温书之日有所失记，少为删去几句，从容讲说，以发明朕心，使有所得。直解揭帖内可撰写精全，朕得览阅以求旨义，为为治之助！"[1]皇帝直接与讲官商量怎样撰写讲义，则甚为罕见，可见顾鼎臣在世宗心中的位置。这件事情为各处记载津津乐道：过庭训称世宗"令鼎臣分段计日从容论说，必使尽其所言，以为务学求治之耶！复虑词训繁多，命撰次节略以进"[2]。世宗还赏赐顾鼎臣《文献通考》、《四书大全》、《书传大全》各一部。

按惯例，冬月寒冷，例应免讲，但是世宗已被顾鼎臣的课所深深吸引，欲罢不能。闰十月二十日，他下谕道："今以寒月例暂免经筵日讲，但朕以《洪范》未终篇，故未循例暂免。"又说："为学贵终始，亦在乎笃行，不在急迫与徒知也！鼎臣暂免朝参，止入讲殿进讲，庶得从容。朕亦安听，或得于领会矣！"为了听顾鼎臣的课，还免了他的朝参，让他专心讲授《洪范》。直到十一月下旬《洪范》讲完才暂停经筵日讲。是月二十一日，世宗因为顾鼎臣"进讲《洪范》终篇，尽心指陈，升詹事府詹事，仍兼翰林院学士，赐白金、文绮"。又以鼎臣"入仕有年，故特进三品，与他讲官不同，盖特恩云"。世宗对顾鼎臣的《洪范》课赞不绝口，称其"自进讲以来，忠诚剀切，于经传多所发明，甚为朕进学之助！"世宗又以鼎臣"学行素优，侍讲有

---

[1] 陆深：《俨山集》卷八〇《光禄大夫柱国少保兼太子太傅礼部尚书武英殿大学士赠太保谥文康顾公行状》，清文渊阁四库全书补配清文津阁四库全书本。

[2] 过庭训：《本朝分省人物考》卷二一《顾鼎臣》，明天启刻本。

年，启沃良多，勤劳简在，特给赐诰命”。[1]

嘉靖八年十二月，世宗“奉先圣先师神位于文华殿之东室”，行释菜礼后，特命辅臣及顾鼎臣等十臣瞻拜，复召至西室，“亲承天语期勉”，赐茶而退。接着，世宗谕令十臣“各敷陈经义，关切于君德治道者以献”。顾鼎臣“撰述《中庸首章讲义》一篇进呈御览”，大意是说“图治者期臻于圣神功化之极，不安于小康”。受到世宗的赞赏。九年七月，命掌詹事府事。

十年九月，无逸殿建成，顾鼎臣参与了在新殿举行的日讲活动。世宗御殿，“命辅臣及公等坐讲《周书·无逸篇》，赐宴”。十月，升顾鼎臣为礼部右侍郎兼翰林院学士，“仍充经筵日讲官，不妨部事”。十一月历三品俸考满，准荫孙子顾谦亨入监读书。十一年十月，顾鼎臣奉特旨教授庶吉士吕怀等二十一人。旧例，“教庶吉士率用翰林臣二员，独受简命，自公始也”。十二月，升吏部左侍郎，掌詹事府事，兼官职位如故。

十四年，世宗擢顾鼎臣为礼部尚书兼翰林院学士，仍掌詹事府事，教庶吉士。顾具疏恳辞，世宗谕之曰：“朕以卿讲幄旧臣，效劳有年，特加兹秩，专委教读，为国储材。宜从朕命！”于是顾鼎臣就职，“程率训励，模范肃然，冀得真材以称上意”。他生病后，世宗亲自写信给他（赐手札），关怀备至，还曾“手制药一剂赐公”。

十七年八月十七日，世宗命顾鼎臣以太子太保、礼部尚书兼文渊阁大学士入阁，顾鼎臣疏辞，世宗谕曰：“卿讲读旧臣，才学茂著，朕心简在内阁重任，特兹委用，宜尽心辅赞，以副朕意。”他入阁后“上倚任焉”。[2]顾鼎臣因经筵讲课受到世宗的喜爱，而在仕途上十分畅顺。

[1] 陆深：《俨山集》卷八〇《光禄大夫柱国少保兼太子太傅礼部尚书武英殿大学士赠太保谥文康顾公行状》，清文渊阁四库全书补配清文津阁四库全书本。

[2] 陆深：《俨山集》卷八〇《光禄大夫柱国少保兼太子太傅礼部尚书武英殿大学士赠太保谥文康顾公行状》，清文渊阁四库全书补配清文津阁四库全书本。

顾鼎臣死后，给他撰写行状的人，就是在经筵日讲上与其同事的陆深。

二 陆深在经筵和日讲上的努力

世宗时，陆深作为经筵日讲官的典型之一，既当过经筵展书官，又担任过经筵讲官，还充任了日讲官，经历丰富，值得一谈。从中陆深的经历和遭遇中，可以窥探经筵讲官与皇帝、道统与治统的相互关系。他留下的《经筵词》及其自注，则详细记载了明代经筵日讲的各种细节，非常珍贵难得。

（一）陆深的经筵日讲经历

陆深（1477—1544年），字子渊，号俨山。陆家自汉晋以来就是三吴著姓，元末定居于松江府华亭县马桥镇。陆深五、六岁时“即能属对，奇语惊人，甫成童，淹贯经史，文词儁拔”，是一位早慧的士子。[1]另一处记载也说他“颖慧迥异，五六岁能辩字义，诵古诗，稍长，洞究经史，文思警锐。入邑庠，学益宏伟”[2]。弘治十四年（辛酉，1501年）“举南京乡试第一”，成为解元，十八年（乙丑，1505年）中进士，为二甲第八人，也就是整个进士的第十一名，改庶吉士，授翰林院编修。他开始服务经筵是在正德七年（壬申，1512年）夏四月，当时他“补经筵展书官”，是个礼仪性的官员。十三年（戊寅，1518年），他升国子监司业，博搜六书义旨并历代名家书法，编纂成《书辑》。对书法的研究和练习，也是经筵日讲中用得着的基本功力。嘉靖七年八月，他正式担任经筵日讲官。“戊戌（案实是戊子）春，以廷臣荐，

[1] 夏言：《夏桂洲文集》卷一六《通议大夫詹事府事兼翰林院学士赠礼部右侍郎谥文裕陆公墓志铭》，明崇祯十一年吴一璘刻本。

[2] 许赞：《议大夫詹事府詹事兼翰林院学士赠礼部右侍郎谥文裕陆公深墓表》，载焦竑辑：《国朝献征录》卷一八《詹事府一》，明万历四十四年徐象橒曼山馆刻本。

诏起公入备讲读”。当他刚回到北京，就立即升为国子监祭酒，“模范卓然，多士以得师自庆”。[1]

他同时在两个课堂上任教，一是在国子监，给国子生们上课；一是在经筵讲堂上，给世宗皇帝上课。嘉靖七年八月，“是月，充经筵讲官。初讲《尚书·旅獒篇》，终以慎德服远为献。冬十月，复讲《孟子》“王使人瞰夫子”一章，反复论绎，谓尧舜与人同耳。陛下以天纵之圣匹休尧舜，不啻反掌已也。词义忠恳，上并嘉纳。”显然，他在初期给皇帝讲课时，进展比较顺利，得到皇帝的首肯。

但是，在八年三月时，因为在讲章被内阁修改上，与内阁发生了严重的冲突。当时“进讲《孟子》‘伊尹以割烹要汤’一节。故事：讲章先送内阁详定。时太傅桂文襄公蕚初入阁，改窜讲章，多非公本旨。公于文华殿讲毕，即面奏云：‘今日讲章义理多未浃洽，非臣原构。今后合无容臣等各陈愚见？陛下尧舜之主，故敢昧死上闻。’时天颜甚霁，奉允旨而归。”

可是，陆深“自以经筵面奏非故事”而上疏谢罪，大略曰：“陛下临御，千古所无之圣也，经筵面奏，百年所无之典也，臣敢以百年所无之典，奉渎千古所无之圣，冒昧之罪，竟复何逃！”世宗下旨道：“尔昨面奏讲章未当处，朕听未真，特以允奏。今闻讲章不欲内阁阅看，此系旧规，不必更改。如尔果有所见，当别具奏闻，何必专以此为？”陆深谢罪后，诣阙谢恩，归而叹曰：“际遇如此，虽捐躯何惜！”

于是，他“抗疏为陈愚见以裨圣学事，凡千余言”。大略说：“臣子启沃之诚，不过经筵顷刻耳！若讲章悉出内阁之意，而讲官不过口宣之，此于义理深有未安，而交孚相感之道远矣！使讲官之言得尽达于上，则天下之事有公卿行之而不能尽，台谏知之而不敢言，百司庶府负之而不敢达者，皆得依经比义，条列类陈，然后聪明日启，而万

[1] 夏言：《夏桂洲文集》卷一六《通议大夫詹事府事兼翰林院学士赠礼部右侍郎谥文裕陆公墓志铭》，明崇祯十一年吴一璘刻本。

机之得失、四海之休戚，靡不洞达于圣心矣！岂复有壅蔽之患哉！”

但这一次却触犯了世宗的底线，将其疏下吏部参详，并下旨将陆深降级调外，左迁延平府同知。

不过到嘉靖十九年（庚子，1540年），世宗又想到了陆深的直率和真性情，把他提升为日讲官。“二月，上开讲，简公充经筵日讲官，兼讲《大学衍义》。三月，以日讲赐扇。夏四月，赐炙鹅、果饼，此盖优遇日讲异数也。自是赐无虚月”。[1]二十三年（甲辰，1544年）“二月，感脾寒，吐泄渐剧。七月二十五日卒，享年六十有八。讣闻，朝廷念公讲筵旧劳，赐谕祭，赠礼部右侍郎，谥文裕”。[2]陆深从经筵展书官开始，然后担任经筵讲官，最后任日讲官，可以说长期从事经筵和日讲工作，具有丰富的经筵和阅历，对世宗朝的皇帝教育做出了自己的努力。

（二）陆深《经筵词》对经筵日讲的描写

陆深在经筵日讲上的经历，除了他人的记录外，他自己还专门写了《经筵词》二十首加以吟咏和记述。其《经筵词》之一曰：“经筵开自祖宗朝，按月逢旬第二朝，今上春秋偏好学，三千年后见神尧。”他自注道：“国初经筵无定日，至英庙初朝，始著为仪。今用每月初二、十二、二十二日，寒暑及有故，奉旨暂免，多以春二月、秋八月举行。今岁实以七月二十二日，上之勤学也。”虽然一般是二月和八月举行，但陆深任讲官时，却提前到七月二十二日开讲。

《经筵词》之二曰：“编排御览效精诚，白本高头手写成。句读分明圈点罢，隔宵预进讲官名。”他解释道：“凡进讲，先从内阁点题，票示讲官。分撰讲章，送阁下详定。敕房官用高头白手本写成二通，

[1] 以上引文皆出唐锦：《龙江集》卷一二《詹事府詹事兼翰林院学士俨山陆公行状》，明隆庆三年刻本。

[2] 许赞：《议大夫詹事府詹事兼翰林院学士赠礼部右侍郎谥文裕陆公深墓表》，载焦竑辑：《国朝献征录》卷一八《詹事府一》，明万历四十四年徐象橒曼山馆刻本。

讲官预进东阁，用象管朱印成句读科发，隔日进呈，其一在御座展览，其一在讲案供讲。”看来，陆深从事经筵日讲时，朝廷对讲课的内容和讲章已经控制得很严密了。讲什么内容，先由内阁确定，然后通知讲官，分撰讲章后再送内阁详定，表明专制主义的进一步加强。

《经筵词》之三曰：“丝鞭声肃退朝官，名在经筵略整冠，一字班行先出队，中臣扶辇下金銮。”他自注道：“凡经筵，例用勋臣一人知经筵事，内阁或知、或同知经筵事。九卿之长及学士、祭酒等官侍班，詹翰坊局及国子祭酒每二员为讲官，詹事府詹事等官、各部侍郎出由翰林者仍为讲官，翰林春坊每二员为展书官，给事中、御史各二员侍仪，鸿胪寺、锦衣卫堂上官各一员供事，鸣赞一员赞礼，序班四员举案，侯伯一人领将军入直，制敕房官书写讲章，通谓之经筵官，皆得入衔。每当鸣鞭退朝，上将赴经筵，则各从本班略整衣冠，以俟先出。分队作一字行，随驾而南。”概括了经筵官从知经筵、侍班到讲官、展书官以及侍仪、执事、侍卫、写讲章官的全套班子的情况。

《经筵词》之四曰：“金水河头白玉桥，上公宝带侍中貂。逡巡小立瞻龙气，左顺门高御幄飘。”他解释道：“驾过金水中桥，迤递转东。各官俱候桥北，南面小立。望驾升至左顺中门进入，然后度桥循行。每望见御幄迎风驾映日，或时见小伞盖擎蔽朝阳。”介绍了皇帝驾御经筵的路线和仪仗。

《经筵词》之五曰：“文华殿启奉天东，滴翠浮青映碧空。谭艺讲经频设仗，太平天子坐当中。”他自注道：“文华殿在今奉天门之东，比诸殿制稍减而特精雅，用绿色琉璃瓦，左右为两春坊。上之便殿所常御者也。今用为经筵之所，中设御座，龙屏南向。又设御案于御座之东，稍南；设讲案于御案之南，稍东。入殿中门，当槛下白石一方，纯洁，可丈许，抬讲案官置案当其北二三尺地。始赞讲官拜起也。”介绍了文华殿设御座和御案的情况。

《经筵词》之六曰：“百官朝下殿门前，仗马双牵七宝鞭。黄道正中移步辇，侍臣班从赴经筵。”他解释道：“上御奉天门朝罢，百官皆北面拱立，中使齐牵仗马过东。上兴，下御座，乘板轿，由丹陛南下，赴文华。经筵官、执事官皆从。”这里描述了皇帝下朝后赴文华殿进学时的排场。

《经筵词》之七曰：“龙池风掖蔼朝暾，板轿初回转角门。听唱官人来进入，讲章默默又重温。”他解释道：“各执事官于左顺门之南门西，以次相向序立定。时上已御文华，阖中门。各官东行下坡，则板轿已回出向西，循河过小桥北，入角门矣。适启文华中门，内侍唱‘官人每进来’。外门传唱毕，各官始北行，徐由两门以入。是时，轮讲官各默诵所讲之章，敬慎之至也。”这里介绍了皇帝御文华殿进讲时，经筵各官进入殿内时的过程，特别是讲官在进讲之前，对所讲内容默诵于心，足见态度之认真。

《经筵词》之八曰：“殿陛森排剑戟重，金貂玉蟒护真龙。司仪起案双双过，御榻前头取次供。”他自注道：“今驸马都尉游泰带刀入直，立东近壁。诸将军以次侍立，各执金瓜。西亦如之。诸内侍稍北，东西两雁翅以次，亦执瓜侍立。诸司礼太监分东西班，近御案。鸿胪赞曰：‘起案。’序班二员举御案置御前，二员举讲案置御案之南，正中。讲案衣裙用纯黄绮。”讲解了侍卫官、执事官在经筵活动中的角色和作用。

《经筵词》之九曰：“横经几子赭罗裙，小对团龙簇绣云。抬向御前安稳定，黄金镇子两边分。”他作了解释，指出：“御案面衣：青绿团花锦。围裙：赭黄金龙，小团花。序班举案将至御前，司礼二太监自东西来接，举至御前近座。上有金尺二条，用以镇压讲章。”讲述了御案桌面所蒙织物的质地花纹和桌子四围织物的颜色花纹，以及镇纸的质地和长度。

《经筵词》之十曰：“第三厅协两坊官，长跪拈书沤手摊。幸对天颜刚咫尺，礼严不敢举头看。”他自注道：“第三厅，史官厅也。又曰槐厅，即今翰林院正厅之西偏，史官所居是也。两坊，左右春坊也。展书官悉从内阁题定，兼用坊院，近时多以修撰、编修、检讨为之。今廖中允道南、张赞善治仍供展书，新迁故也。每讲《四书》，展书官从东班出；每讲经史，展书官从西班出。进诣御案前跪，出手展讲章。二太监接手摊书，以金尺镇定，然后起。至此则天颜真咫尺矣。屏息以从事，盖人臣荣幸之极，而敬慎亦于此极矣。沤手，香名，太医院每岁制此香，以分馈各官。”这里讲述了展书官的工作和面对皇帝时的促迫感。

《经筵词》之十一曰：“行出班东面照西，胪声高扬叩头齐。参差进讲并肩立，轮著《周书》《孟子》题。”他解释说：“鸿胪赞‘进讲’毕，讲官一员从东班出，一员从西班出，俱诣讲案前稍南北向并立。鸿胪赞‘鞠躬叩头’毕，展书官进诣展书。毕，起立，则东讲官一员进至讲案前，立奏讲某书。毕，稍退。展书官复诣展书。毕，则西讲官一员进至讲案前，立奏讲某经史。毕，稍退，仍并立。鸿胪赞‘鞠躬叩头’毕。故进讲须有参差，而拜起必用比并。故事：先《四书》而后经史，《四书》东而经史西也。”这里叙述了讲《四书》官与讲《五经》官的进讲及礼仪情况，二人进讲有先后，但施礼却并行。

《经筵词》之十二曰：“两行冠佩列金绯，供奉诸臣尽绣衣，步入殿门同磬折，谏官端拱靠南扉。”他注释道：“经筵官分东西侍立，各以执事服大红袍，讲官虽品级不齐，亦皆服之。展书而下官各服青绿锦绣。惟给事中、御史与两侍仪官傍南楹作一行，东西各三人，俱北面立，备观察也。”讲述了经筵官、讲官、展书官的着装服色，以及监察官的站立状态。

《经筵词》之十三曰：“师保公孤尽上行，元勋立近衮龙傍。红云不动炉烟细，听讲《虞书》第几章。”他解释道：“时武定侯郭勋以太保知经筵事，立东班首。西班则内阁一人首立，最近御座。余序次立。再立一行，居后。”讲述了侍班的经筵官中，武官知经筵事立于西班之首，文官知经筵事立于东班之首，与御座位置最为贴近的状态。

《经筵词》之十四曰：“金鹤飘香瑞霭浓，宝垆笼火拥蟠龙。未曾暂免经传旨，不怕严寒报仲冬。”他解释道：“殿中金鹤一双，东西相向立盘中。下有趺架，饰以金朱。以口衔香。香，黑色如细烛状，外国所贡也。其下则以三山小铜屏风障金铜炭炉。两展书官各立其下。每冬则设。是岁十月置闰，节届仲冬，尚未传免。上之好学，可谓无间寒暑，真圣德也。”文中“是岁十月置闰”一语，表明陆深写《经筵词》的时间是嘉靖七年。这段经筵词及其注释介绍了经筵之地一对金鹤和三山铜屏风的设置及摆设状况。

《经筵词》之十五曰：“绿琉璃殿洞重门，黼扆中陈拥至尊。传与太官供酒饭，两班文武尽承恩。”他注释道：“鸿胪出班中跪，赞礼毕，两班官俱转身北向，拱伺玉音‘官人每吃酒饭’，各皆跪承旨。”描写了经筵讲罢、皇帝宣布赐酒饭的情况。

《经筵词》之十六曰：“白玉阑干与案齐，一行殽核尽朝西。珍羞良酝俱名品，指点开囊嘱小奚。”他解释道：“光禄寺设宴于左顺门之北，盖奉天门之东庑也。依品级序坐。盖一行俱面西，珍羞、良酝，二署名。赐宴，惟经筵最精腆。例得带从官、堂吏及家僮辈携囊榼以收馂馀。”讲述了赐酒饭的具体地点、状态和规定。

《经筵词》之十七曰：“姿容沾醉总仙桃，黄阁三公共六曹。步出顺门俱北面，瞻天拜舞不辞劳。”他自注道：“宴毕，出至顺门之南，分班北向叩头谢恩而退。”讲述了众经筵官在宴散时的北向行礼的情况。

《经筵词》之十八曰：“隔宿熏衣问夜阑，斋心转觉副心难。不知言语功多少，到得君身保治安。”他自注谓：“凡进讲，衣冠带履俱熏香，退即以别箧贮之，示不敢亵也。必斋戒，必沐浴，演习讲章，以祈感动一念之诚，殆未易以言语尽也。”这里叙述了讲官进讲前夜焚香熏衣以致洁诚，以及经筵讲毕后将讲课时所穿衣服特别珍藏的情况。

《经筵词》之十九曰：“斋辰服次圣躬劳，浅澹垂衣宝座高。昨日御批传帖下，龙纹重整赭黄袍。”他解释道：“上好学弥笃，每当忌服辍朝之日，即以变服御经筵。诸执事官俱乌纱澹服以从，惟带或用角，或照品，临期取旨。今闰月廿又一日，悼灵皇后发引，传帖经筵官照旧服大红，其余青绿锦绣皆如制。是日，始睹上赭黄袍矣。”这里讲述了嘉靖朝在开经筵遇到忌辰时，着装需改服色的规定，并暗讽了世宗在悼灵皇后发丧之日，在经筵上衣服如常的不尽人情的做法。

《经筵词》之二十曰：“朱衣司礼下东班，风细传言缥缈间。暂倚木天西面望，圣皇亲飨两宫还。”他自注道：“是日将下奉天门，忽司礼一人下东班，向内阁，若有宣示者。始知上将西朝两宫矣。各执事官俱暂入史馆，候驾东还行礼。”[1]讲述了世宗下朝后将拜见两宫太后、各执事官俱暂入史馆以待君还的状况。这与经筵日讲无直接关系。

可见，陆深对经筵日讲是颇为用心的，不仅自身十分投入，而且观察得也很仔细。不仅吟咏其事，而且作了详细的注释，为今日研究明代的经筵日讲制度，提供了珍贵的史料。当然，从以上二十首经筵词来看，多铺陈仪式和排场，很少细述皇帝经筵的具体讲课情况，以及皇帝受教的感受和效果，反映了经筵看重仪式而忽视实效的本质。

三　张居正在经筵教育上的贡献

在明代经筵讲官中，最认真负责、最具有代表性的，莫过于张居正。作为明代著名改革家和政治改革家，张居正的上述身份显然盖过了他作为经筵导师和宫廷教育家的身份。[2]。其实，张居正在经筵教育

[1] 陆深：《俨山集》卷二一《经筵词》，清文渊阁四库全书补配清文津阁四库全书本。又朱国祯：《涌幢小品》卷二《经筵词》，第 27 — 31 页，文化艺术出版社，1998 年。

[2] 目前研究其教育成就和思想的成果，主要有张迁的《张居正教育思想研究》（华中师范大学硕士论文，2005 年）、孔华的《张居正教育改革思想初探》（《池州师专学报》2006 年第 1 期）、尹选波的《论张居正的教育改革》（《广东社会科学》1999 年第 2 期）和徐江莉的《张居正教育观述评》（《鄂州大学学报》1995 年 2 期）等。与本文主题关联度比较大的是尹选波的《培养君德，开导圣学——张居正对万历皇帝朱翊钧的早期教育述论》（《广东社会科学》2007 年第 4 期）和朱子彦的《明万历朝经筵制度述论》（《社会科学战线》2007 年第 2 期）二文，但尹文在史料的应用上有所不足，如缺乏《万历起居注》和《明神宗实录》史料的应用，朱文角度与本文亦有不同。此外，朱鸿林的《明神宗经筵进讲书考》（载《华学》第九、十辑，上海古籍出版社 2008 年，第 1368 — 1378 页）与本篇也有一定的关联，但朱文主要是从神宗所学教材角度探讨，与本文视角有较大差异。

上面有着丰富的经验，取得了巨大的成就，是明代宫廷教育史上的一面旗帜，值得重点探讨和传扬。

（一）强力推动经筵日讲活动

胸怀大志的张居正成为内阁首辅后，面对的是一位冲龄继位的10岁皇帝朱翊钧，他既要处理大明帝国千头万绪的政事，又要对这位幼君进行严格的经筵日讲教育。为此精明强干的他制定了完善的培养计划，并严格执行，使得万历初期（兹指隆庆六年至万历十年）皇帝的经筵和日讲活动最为频繁，经筵教育也达到了明代各朝的最高峰。

张居正利用中国传统的皇帝教育制度——经筵和日讲（本书或合称“讲筵”），对神宗进行启蒙和文化教育。所谓经筵，是指每月逢二（初二、十二、二十二日）举行的三次为皇帝讲授经史的教学活动，也称为“月讲”或“会讲”；所谓日讲，是指除去逢三、六、九上朝之日（初三、初六、初九、十三、十六、十九、二十三、二十六、二十九）外，每日举行的为皇帝讲授经史的教学活动。经筵和日讲都举行一定的仪式，前者盛大而庄严，是皇帝接受儒家教育的象征；后者较为简略，重在皇帝对学习内容的掌握。习惯上，广义的经筵也包括日讲。

张居正担任“知经筵”（主持经筵）官后，为神宗制定了几乎最高的经筵日讲标准。他亲自制定了神宗从事日讲和经筵的仪式，并规定了春季经筵（春讲）和秋季经筵（秋讲）的期限，维持了所谓“一学年，两学期”的学制。万历元年五月二日，神宗出御经筵时，张居正等人提出：“祖宗故事，每年经筵，惟春秋二季开讲，寒暑则免。”他要求“著为定例：每年春讲定以二月十二日起，至五月初二日止，秋讲定以八月十二日起，至十月初二日止”。[1]此后，在春讲和秋讲期间，每月的二、十二、二十二日三天，便举行经筵活动，相沿不替。

---

[1] 《万历起居注》第一册，第74－75页，北京大学出版社，1988年；《明神宗实录》卷一三，万历元年五月辛巳。

而日讲则突出春讲和秋讲的期限，提前举行或延后结束。

一般的"知经筵"多是挂名，而张居正却对经筵和日讲工作认真负责，主持和安排整个经筵日讲活动，还亲自负责讲读仪式的纠察和监督，曾对日讲时负责承办讲官酒饭的光禄寺官员的失职行为，提出纠弹并罚俸一月。[1]张居正甚至直接承担日讲教学任务。万历元年三月四日，"上御文华殿讲读。辅臣张居正进讲《帝鉴图说》汉文帝劳军细柳事"[2]。十月八日，"上御文华殿讲读。是日辅臣张居正进讲《帝鉴图（说）》宋仁宗不喜珠饰事"。[3]张居正对经筵日讲的重视，与他亲历亲为的个人风格相一致。在张居正的影响下，神宗的学习积极性得到极大的提高，经常主动请教。万历三年，神宗在文华殿讲读，"命中官持《论语讲章》指其中所引南容三复白圭一语，出问辅臣：'白圭何诗也？'辅臣张居正回答："此在《大雅·抑戒》中，乃卫武公自箴儆之词"。并略为解说其义。[4]九年六月十日，神宗御文华殿讲读。"旧规：寒暑辍讲。上亹亹学问，虽六月必举。"[5]因为春讲截止于五月二日，而直到六月十日，神宗还在讲读，足见张居正影响力之大。

在张居正的主导下，幼君朱翊钧开始了日复一日，年复一年的经筵日讲学习。笔者对《万历起居注》和《明神宗实录》所载资料作了统计，发现从隆庆六年八月十八日第一次日讲开始，到万历十七年二月二日最后一次日讲截止，神宗参加的经筵是99次，日讲是601次，共计700次。其中张居正在世时（万历十年六月二十日前），举行的经筵是72次，日讲是551次，共623次；分别占到全部经筵的73%，全部日讲的92%，所有经筵日讲的89%。可见，张居正在神宗经筵和日讲活动中起到了巨大作用。神宗在张居正时代参加的经筵和日讲活动，实际的次数远远高于上述数字，因为史料记载不全，如《万历起居注》

[1]《万历起居注》第一册，第236－238页。

[2]《万历起居注》第一册，第59－60页；《明神宗实录》卷一一，万历元年三月甲申。

[3]《万历起居注》第一册，第109－110页；《明神宗实录》卷一八，万历元年十月乙卯。

[4]《万历起居注》第一册，第351－352页。

[5]《明神宗实录》卷一一三，万历九年六月壬寅。

脱万历四年正月至三月的内容，并影响到据此成书的《明神宗实录》，因此这三个月的经筵和日讲次数就缺乏记载。如果史料不缺的话，其次数应该更多。神宗参加的经筵日讲，在明代皇帝中位列首位，这与张居正的强力推动有着不可分割的关系。

（二）制定明确的教育目的和方针，确立先学后政的教育方案

在张居正的指导下，神宗早年经筵日讲，是有目的、有计划和有步骤展开的。张居正对神宗的经筵和日讲十分重视，确立了“成德明治”的教育目的和“学政结合”的教育方针。他非常清楚“经筵日讲皆所以仰成圣德，讲明治道”[1]，因此确立了成圣德、明治道的教育目的。他告诫神宗：“帝王之学，要在讲明义理，知古今治乱安危之所由，不在诵读。”[2]深知讲筵教育的根本目的是培养有“圣德”、善理政的明君。为达此目标，他确立了将进学与理政相结合的教育方针，在讲读中融入政治教育和政事实践的内容，做到讲读结合。万历二年正月十二日，张居正、吕调阳在题奏吏部和都察院奉旨开具的在外廉能官员准备“照旧例宴赏”时，特地指出这一举动，“如臣等前所进《帝鉴图说》中褒奖守令、召试县令诸事载之史册，以为美谈”。[3]以所讲的内容联系现实政治，加以施政教育。六年十二月，张居正等建议乘皇上“圣龄已长”时“正宜及时讲求治理”，“每日早讲之后”，“将各衙门紧要章奏，面奏数本，摘其中紧关情节”，由张居正等“逐一讲说，要见祖宗法度如何，见今事体如何，某事便益合当举行，某事弊坏合当厘正，今当作何处分，应何批答”。如此一来，“皇上既讲明义理，又通达政事”，方便治理天下。[4]

为了使讲学与政事相结合，张居正提出用记载祖宗治国经验的

[1]《万历起居注》第一册，第 6 — 9 页。
[2]《万历起居注》第一册，第 700 — 702 页。
[3]《万历起居注》第一册，第 143 — 144 页。
[4]《万历起居注》第一册，第 700 — 702 页。

《训录类编》作为教材。万历八年十二月，辅臣张居正等认为“远稽古训不若近事之可征，上嘉先王不如家法之易守”[1]，于是命儒臣将累朝《宝训》、《实录》中有关“修德致治”的内容逐一简阅，分类编纂，总计四十款，决定以后每日晨讲毕，请皇帝“恭诣文华殿后殿讲解一二条”，“其诸司章奏有紧要者，即于讲后面奏请裁”，“自可以开发聪明，亦因以练习政事。”[2]九年四月，神宗入文华殿讲读，“辅臣张居正等入至后殿讲《训录》毕，以南科给事中傅作舟疏进览”。[3]先学习《训录类编》，然后处理奏疏，显然是将进学与政事相结合的方针作了贯彻。

张居正还确立“先学后政”的教育方案。

虽然在教育方针上，重视学、政结合，但张居正针对皇帝幼弱、尚未结束启蒙教育的特点，制订了讲读和上朝分开，并把教育置于视朝之上的特殊的教育方案，提出“视朝不如勤学”的主张，堪称张居正创造性的教育实践。一般而言，皇帝驾临奉天门或奉天殿（嘉靖后改为皇极门、皇极殿）处理政事被简称为“朝”，驾临文华殿参加经筵日讲被称为“讲”，故有“朝讲”之说，但到张居正这里，这一秩序被有计划地颠倒，成为讲、朝。隆庆六年八月十日，以张居正为代表的内阁大臣根据小皇帝“日每视朝，朝后又讲，似于圣体太劳”的特殊情况，提出“若论有益于身心，有裨于治道，则视朝不如勤学，尤为务实”的学习方案，决定请“皇上以三、六、九日视朝，其余日俱御文华殿讲读，非大寒大暑不辍。凡视朝之日，即免讲，讲读之日即免朝”。这一方案获得神宗的赞同。[4]在张居正的眼中，此时的神宗与其说是一个君主，毋宁说是一个尚未完成启蒙教育的幼童，只有加大经筵和日讲教育，才能培养出治国安邦的国君。因此其先学后政的

[1]《万历起居注》第二册，第 105 — 106 页，北京大学出版社，1988 年。

[2]《万历起居注》第二册，第 106 — 109 页。

[3]《明神宗实录》卷一一一，万历九年四月辛亥。

[4]《明神宗实录》卷四，隆庆六年八月癸亥。

方案，合乎当时的实际。

（三）精心布置皇帝讲筵的教学方案

对神宗经筵日讲的教学方案的制订和安排，张居正是费了一番心思的。

首先，重视东宫教育与经筵日讲课程的衔接。张居正借鉴刘健等人为武宗制定日讲计划的经验，在拟定的《日讲仪注》中，将神宗在东宫时的教学进度与未来日讲的计划相衔接："伏睹皇上在东宫讲读《大学》至传之五章，《尚书》至《尧典》之终篇，今各于每日接续讲读，先读《大学》十遍，次读《尚书》十遍，讲官各随即进讲。"[1]

其次，张居正制定年度教学计划，并付诸实施。每到年终，都会对本年度的教学计划作回顾和总结。万历六年十二月二十四日，年终将至，一年的计划到了检验的时候。张居正代表内阁自豪地宣布"今年讲读事完！"[2]此时，他还要布置明年的教学安排。九年十二月二十日，他代表内阁宣布"四书课"的《论语》和"史鉴课"的《通鉴》均完成教学计划，并公布了明年的教学方案："今年《论语》讲完，明春应讲上《孟子》起。"《通鉴》讲读基本上完成，"即将《贞观政要》接讲"，"拟于明春即以此书进讲"。[3]万历十年，"五经课"中的《尚书》讲完，张居正安排以《诗经》接替："《书经》去年讲完，今岁应讲《诗经》。此书本人情，该物理，近之可以修身齐家，远之可以治国平天下。于君德治道，裨益不浅。"[4]

再次，编写教材和讲章，为讲读做好充分准备。张居正等阁臣对神宗学习的教材和讲章十分重视。万历三年十二月，"刻完《大学》、《中庸》、《尚书・典谟》、《通鉴》盘古至汉平帝各直解十五册"，除发

[1] 张居正：《张太岳集》卷三七《拟日讲仪注疏》。
[2] 《万历起居注》第一册，第 704 — 705 页。
[3] 《万历起居注》第二册，第 196 — 197 页。
[4] 《明神宗实录》卷一二〇，万历十年正月丁亥。

给张居正、吕调阳和张四维外，“讲官申时行、陈经邦、何洛文、许国、王家屏、沈一贯各一部”[1]，以便备课，为皇帝讲读。八年十二月，张居正等人为了培养神宗经史学习与政治实践相结合的能力，令儒臣“将累朝《宝训》、《实录》副本逐一简阅，分类编摩，总计四十款”，即《训录类编》，内容有创业艰难、励精图治、勤学、敬天、法祖、保民等。[2]张居正还决定将每年讲过的经史的讲章，类写进呈，作为皇帝温讲的教材，同时并交司礼监刊刻，作为下次进讲的参考。万历六年十二月二十四日，辅臣张居正、张四维、申时行题称：“每年终将讲过经书、《通鉴》讲章，类写进呈，以备皇上温习观览。仍发司礼监接续刊板。”[3]于是每年的十二月二十三、四日，便清理本年度所讲经史的讲章，类写进呈。九年十二月二十四日，张居正等奏：“先该臣等题称每年终，将讲过经书、《通鉴》讲章类写进呈”，于是“今查万历九年所讲经书，除《书经》系温讲已经进完外，谨将《论语直解》阳货起至微子止一本，子张起至尧曰止一本，《通鉴》宋太祖起至太宗止一本，宋真宗起至仁宗止一本，宋神宗起至徽宗宣和四年止一本，类写装潢进呈”。[4]

复次，合理安排神宗的教学时间。万历六年十二月二十四日，张居正等根据“皇上登极以来，凡遇朝讲，必戴星而出”的状况，指出“此在临朝则可，若讲书览本，系每日常事，似不必太早”。他们认为皇帝的圣体“与先年童幼时不同，昧爽之际，风露易侵，非保养圣躬之道”，决定“今后皇上出御讲筵，宜以日出为度”，这样才能“经久可行，工夫无间”。[5]

[1] 《万历起居注》第一册，第 372 页。
[2] 《万历起居注》第二册，第 106 — 109 页。
[3] 《万历起居注》第一册，第 705 — 706 页。
[4] 《万历起居注》第二册，第 197 — 198 页。
[5] 《万历起居注》第一册，第 704 — 705 页。

（四）应用各种有效的教学方法

张居正是个重效率的实干家，在皇帝的经筵教育上，也重视讲读效率的提高，为此应用了不少教学方法以达成目的。

其一，重视朗读和背诵等基本功的训练。

对于小皇帝的教育，朗读和背诵是一种必需的方法和途径。张居正比较重视这一方法的应用。他在为神宗制订的日讲仪注中规定“先读《大学》十遍，次读《尚书》十遍”[1]。万历三年七月，神宗到文华殿讲读，让宦官“持《尚书》一帙，至《微子之命》篇用黄纸乙其处”，告诉张居正等人：“上于宫中读书，日夕有程，常二四遍覆背，须精熟乃已。”[2]四年三月，张居正认为唐代张蕴古所撰的《大宝箴》“于君德治道大有关切”，乃撰注解一篇进呈小皇帝。日讲时，神宗“高举《大宝箴》一册，面授居正。居正受册，北面立。上覆诵终篇，不失一字。”[3]不过，张居正也根据皇帝功课的进展，来改变依靠诵读的方法。一日，他发现“见今所讲经书，皇上皆已熟读数过。今后讲官止令照常进讲，不必先读。”[4]

其二，重视循序渐进、逐步提高的方法。

张居正等人遵循教育规律，重视循序渐进的教育方法，指导神宗的学习从低级到高级、从小学到大学逐步提升。万历二年正月四日，辅臣张居正等题奏：“皇上每日日讲经书，以前起止不过四五句，盖以为学工夫当以渐而进，故不敢骤加。今圣学日进，睿质日开，前项经书，似宜稍加增益，但旧规生书俱朗诵十遍。今书程既已稍多，若复取足十遍之数，于圣躬又似太劳，合无以后每日经书起止，比旧量增数句，其诵读生书，止于五遍，温书照旧三遍。盖帝王之学与韦布之学不同，惟在融会其意义，体贴于身心，固不在区区章句间也。”[5]

---

[1] 张居正：《张太岳集》卷三七《拟日讲仪注疏》。

[2]《万历起居注》第一册，第330页。

[3]《明神宗实录》卷四八，万历四年三月丁酉。

[4]《万历起居注》第一册，第700－702页。

[5]《万历起居注》第一册，第142页；《明神宗实录》卷二一，万历二年正月四日庚辰。

起初，张居正为了加强神宗的基本功，教他练习书法，曾说："向者皇上御极之始，方在冲年。臣请每日写仿一张，不独欲学习书写，亦欲借此收敛身心，为讲学之助。"[1]但是，随着神宗书法过关后，张居正开始引导神宗从书法训练的层面，上升到义理学习的层面，实现从"小学"向"大学"的转变，即从文字书法等"艺"的学习，上升到对治国平天下的"道"的体悟。万历二年闰十二月，神宗到文华殿讲读后，召辅臣张居正于暖阁前，亲洒宸翰，大书"弼予一人、永保天命"八字赐给他。张居正却指出："皇上数年以来，留心翰墨。昨仰睹赐臣大书笔力遒劲，体格庄严，虽前代人主善书者，无以复踰矣。"但话锋一转，指出"帝王之学当务其大"，"君德之大不在技艺间"，皇上"宜及时讲求治理，留心政务"[2]六年十二月，神宗在文华殿讲读后练字，张居正等"入侍字"，对皇帝正言书法"实小学之事，非大学之道"，指出"今皇上圣龄已长，圣学日讲，正宜及时讲求治理，从事于圣贤大学之道，学书写字非其所急"，并建议"自来岁为始，停罢写字。每日早讲之后，容臣等将各衙门紧要章奏，面奏数本，摘其中紧关情节，逐一讲说"，根据祖宗法度和事件情形，"某事便益合当举行，某事弊坏合当厘正"，在作何处分、应何批答方面进行训练。又强调说："帝王之学，要在讲明义理，知古今治乱安危之所由，不在诵读！"[3]

其三，注重灌输与启发相贯穿，学习与提问相结合。

张居正既重视知识的灌输，为此亲自给神宗讲解《帝鉴图说》、《训录类编》，又重视对皇帝的启发，培养其问题意识，强调学与问的结合。他要求皇帝"每日各官讲读毕，或圣心于书义有疑，乞即下问，臣等再用俗说讲解，务求明白"[4]。他在推荐《训录类编》时指

[1] 《万历起居注》第一册，第 700 — 702 页。
[2] 《万历起居注》第一册，第 251 — 253 页。
[3] 《万历起居注》第一册，第 700 — 702 页。
[4] 张居正：《张太岳集》卷三七《拟日讲仪注疏》。

出:“如皇上偶有疑难，即望面赐咨询，或臣等窃有见闻，亦得随事献纳。”[1]万历六年十二月，神宗在文华殿讲读时，张居正建议:“今所讲经书……其中或有疑义，皇上不妨面问，令讲官通俗讲解，务期明白，或讲官一时仓卒，辞理未畅，臣等当从旁代对，罄竭其愚。”[2]鼓励神宗提问。

鼓励神宗提问，实际上是培养学生讨论与探求问题的能力，是一种研究性的学习方式。万历二年十月，神宗出御文华殿讲读，“从容与辅臣语及建文皇帝事”，并问道:“闻建文当时逃免，果否？”张居正答道:“国史不载此事。但先朝故老相传，言建文当靖难师入城，即削发披缁，从间道走出，后云游四方，人无知者。”张居正还推荐《圣祖皇陵碑》及《御制文集》让神宗“览而仰法”，“以见创业之艰难，圣谟之弘远”。神宗读后，次日到文华殿讲读时，告诉张居正:“朕览之数遍，不胜感痛！”张居正告诫他:“自古圣人受艰辛苦楚，未有如我圣祖者也。当此流离转徙，至无以糊其口。仁祖及淳皇后去世，皆不能具棺殓，藁葬而已。其困阨一至于此。”“天将命我圣祖拯溺亨屯，故先使备尝艰苦，正孟子所谓‘动心忍性，增益其所不能’者也。”神宗受到感染，说:“朕不敢不勉行法祖！然凡事尚赖先生辅导。”[3]

张居正还结合现实问题引导神宗讨论。万历八年六月，张居正向神宗讲授《论语》中“益者三乐，损者三乐”和“益者三友，损者三友”，认为它“甚有关于君德”，希望皇上“留心省览”[4]十一月，神宗“夜宴宫中，为近侍孙海、客用所惑，杖二内使几毙”，遭到慈圣李太后的严厉训诫。次日，神宗要求张居正“作为辅弼大臣”，“便应谏朕”。张居正指出:“前者恭侍日讲，亦曾举益者三乐，损者三乐，

[1] 《万历起居注》第二册，第 106 — 109 页。
[2] 《万历起居注》第一册，第 700 — 702 页。
[3] 《万历起居注》第一册，第 219 — 223 页
[4] 《明神宗实录》卷一〇一，万历八年六月庚申。

益者三友，损者三友两章书，请皇上加意省览，盖已阴寓讽谏之意。”要求神宗与这些损友划清界限，“如司礼监太监孙德秀、温恭，兵仗局周海，罪状亦不在海、用二人下，宜一体降黜”。[1]

其四，注重温习的方法。

学习不是一蹴而就的，需要“学而时习之”，复习不仅对于强化记忆十分重视，而且对于加深理解文本内容也很关键，因此张居正特别重视“温习”和“温讲”。他规定神宗“每月三、六、九视朝之日，暂免讲读，仍望皇上于宫中有暇，将讲读过经书从容温习”[2]。万历元年正月，当神宗到文华殿讲读时，张居正指出，虽然日讲《大学》及《尚书・舜典》都已完成，但《大学》和《尚书・舜典》“比之他书，最为切要”。此前“讲官进讲皆逐句细解，虽字句文义颇为详尽，然一篇旨趣尚欠发明，恐于圣心未有启发”。他查得日讲旧规“三日一次温讲”，因此建议“待《大学》、《舜典》讲完之日，令讲官陶大临等通前温讲一遍。每章长者分为数条，短者作一次通讲”，只要是“有关于治道君德者，句解之后，再加通讲。若无甚关系者，则不温可也”。[3]同年十二月，神宗视朝时，辅臣张居正和吕调阳题称：“义理必时习而后能悦，学问必温故而后知新。皇上睿明日开，若将讲过经书再加寻绎，则其融会悟入，又必有出旧闻之外者。”于是，他们“将今岁所进讲章，重复较阅，训解未莹者，增改数语，支蔓不切者，即行删除，编成《大学》一本，《虞书》一本，《通鉴》四本，装潢进呈”。希望“皇上万几有暇，时加温习”，庶旧闻不至遗忘，新知日益开豁，其于圣功实为有补”。[4]

此后，形成了惯例，每到年终，便将讲过的经史的讲章分类抄写进呈，以便温习。万历六年十二月二十四日，辅臣张居正、张四维

[1] 《明神宗实录》卷一〇六，万历八年十一月戊寅。

[2] 张居正：《张太岳集》卷三七《拟日讲仪注疏》。

[3] 《万历起居注》第一册，第 15 — 17 页。

[4] 《万历起居注》第一册，第 138 — 139 页。

和申时行题称："每年终将讲过经书、《通鉴》讲章，类写进呈，以备皇上温习观览。仍发司礼监接续刊板。"于是他们将万历六年《论语》，《尚书》、《通鉴》中的部分讲过的内容，"谨类写装潢进呈"。要求"皇上万几之暇，时加观览以求温故知新之益"。[1]九年十二月二十四日，辅臣张居正等又奏："每年终将讲过经书、《通鉴》讲章类写进呈，以备皇上温习观览，仍发司礼监接续刊板。"遂将万历九年所讲经书和史书的讲过的内容"类写装潢进呈"，以便皇上闲暇时观览，以达温故知新之效。[2]看来，温习、温讲和温故知新，是张居正提高神宗讲读效率的重要法宝。

其五，打通课程，一箭双雕。

张居正还注重将诵读与练字相结合，把书法课与经史课相贯通，取得了一箭双雕和事半功倍之效。由于小皇帝讲读头绪太多，为了方便学习，张居正提倡课程贯通。如他将神宗背诵《大宝箴》的诵读训练与神宗学习书法的练习相结合。万历四年三月，在张居正的引导下，神宗"以《大宝箴》为习字影格"，也就是将该文作为练习书法的字体模本；同时又要求神宗背诵，结果"覆诵终篇，不失一字"。[3]这就将书法课与史鉴课（《大宝箴》属于史鉴课《帝鉴图说》中的内容之一）结合起来，方便了神宗学习。张居正还将《尚书·洪范》的讲读与书法练习相结合。万历五年九月，在张居正的指导下，神宗"以《洪范》一篇为帝王治天下大法，讲习既熟，每日作字，遂不用仿。特将《洪范》逐节手书，欲因习字潜玩其义，务期精彻而后已"。而辅臣张居正等人"每侍书，辄又从旁稍为口说"。一日，张居正"指上所书字句，一一仰叩。上应如响，义无不了彻"。[4]这是将书法课与《五经》课结合了起来。这样做，课程没有减少，却简化了学习的头

[1] 《万历起居注》第一册，第 705 — 706 页。
[2] 《万历起居注》第二册，第 197 — 198 页。
[3] 《明神宗实录》卷四八，万历四年三月丁酉。
[4] 《万历起居注》第一册，第 483 — 484 页。

绪，增强了各课之间的联系和贯通。

其六，严厉与鼓励并用的方法。张居正对神宗进行教育时，实行了恩威并用、既严厉又鼓励的方法。小皇帝在讲筵中读《论语》“色勃如也”一句时，将“勃”念成“背”。张居正厉声纠正，使神宗“悚然而惊”，“同列皆失色”。[1]但同时，他对神宗也多有鼓励。宦官曾拿着神宗读过的《尚书》，至《微子之命》篇处用黄纸标出，告诉张居正等人“上于宫中读书，日夕有程，常二四遍覆背，须精熟乃已”。张居正便与讲官“相顾嗟异，以为上好学如此，儒生家所不及！”[2]张居正等人的夸赞，实际上是一种教学激励，为了鼓励小皇帝的读书干劲。

其七，教师与家长相配合的方法。

张居正在对神宗进行经筵教育时，比较重视教师与家长配合的方法。神宗的家长就是他孀居的母亲慈圣李太后。连朝鲜贺登极使朴淳都知道神宗“年尚幼冲，慈殿太后虽不权同听政，而事皆禀裁，实多内赞之力”[3]。这其中也包括太后对神宗的教育。万历六年十二月张居正建议神宗“自来岁为始，停罢写字”，改为每日早讲之后学习处理各衙门紧要章奏。神宗说：“先生每说的是。朕回宫奏知圣母，待来年行。”[4]六天后，神宗来到文华殿讲读时，张居正问他：“臣等昨面奏皇上来春停罢写仿，省览章疏，伏蒙俯允，未知曾奏闻圣母否？”神宗回答：“已奏过圣母，来年行。”[5]看来，张居正在教育神宗上与李太后内外呼应。在李太后看来，张居正是必不可少的好老师。万历五年九月，当张居正父亲死后，李太后指使神宗特准张居正夺情，继

[1] 谷应泰等：《明史纪事本末》卷六一《江陵柄政》，第 959 页，中华书局，1977 年。

[2] 《万历起居注》第一册，第 330 页。

[3] 《宣祖昭敬大王实录》卷七，第 3 页 b，宣祖六年癸酉正月戊戌，京城帝国大学图书馆藏本；又吴晗辑：《朝鲜李朝实录中的中国史料》上编卷二五，第 1505 页，中华书局，1980 年。

[4] 《万历起居注》第一册，第 700 — 702 页。

[5] 《万历起居注》第一册，第 704 页。

续“侍讲读”[1]。十一月，神宗至文华殿讲读时告诉张居正：“朕昨见先生容颜消瘦，回宫奏知圣母，着先生为国保重，不必思家。”[2]话中透露了李太后必欲留住张居正的实情。张居正也就配合这位家长，共同教育皇帝。十二月，张居正在文华殿侍神宗讲读，讨论“《酒诰篇》戒崇饮之说”。张居正反对奢侈纵欲，神宗也附和道：“朕比奉圣母慈训，宫中宴饮一切省减，及元宵灯火，往时犹设，今岁悉罢之。”[3]从这句话中可见，李太后与张居正是一唱一和，相互配合。万历五年十一月，李太后的父亲武清伯李伟“揽纳内库钱粮”，承包京营军士冬衣缝制时偷工减料，“干没官价”，致使“布疋粗恶不堪”，民贫极大。“圣母慈圣皇太后盛怒，宣谕切责伟，复使中官传谕辅臣，若按验得实，即尽法处治，不私外家”。十四日，神宗来到文华殿讲读时，“顾辅臣张居正等言及此事”，张居正对李太后决定严查事件真相的态度表示赞赏，“乃圣母此举至公无私，中外臣民莫不仰诵”。[4]显然，张居正也是在与李太后配合，以教育神宗无论是谁都要遵守王法。八年十一月，神宗“夜宴宫中，为近侍孙海、客用所惑，杖二内使几毙”。慈圣李太后“训戒甚切”。次日张居正教育神宗，也要求他不要与孙海、客用这样的损友交往，特别指出“幸而圣母谆谆教戒，皇上幡然改悔”。[5]朱子彦也注意到“慈圣皇太后为配合张居正的调教，在宫中对神宗更是严加教训”[6]，“使非礼之言不得一闻于耳，邪媟之事不敢一陈于前”，“帝或不读书，即召使长跪”，或有过错，也“召帝长跪，数其过，帝涕泣请改乃止”。神宗对张居正内心极为忌惮，慈圣皇太后动辄恐吓神宗：“使张先生闻，奈何！”[7]看来，在教育皇帝上

[1] 《明神宗实录》卷六七，万历五年九月己卯。

[2] 《万历起居注》第一册，第519页。

[3] 《万历起居注》第一册，第533页。

[4] 《万历起居注》第一册，第530页。

[5] 《明神宗实录》卷一〇六，万历八年十一月戊寅。

[6] 朱子彦：《明万历朝经筵制度述论》，载《社会科学战线》2007年第2期。

[7] 《明史》卷一一四《后妃传》。

面，作为教师的张居正与家长李太后是密切配合的。

（五）用儒家思想贯穿经筵教育

在张居正的眼里，通过提高神宗的“圣学”来培养其“圣德”，是经筵日讲教育的最终目的，因此他特别重视用儒学思想教育神宗，竭力使之成为儒家期待的“尧舜之君”。

张居正通过拜谒孔子来强调儒家思想的崇高地位。隆庆六年十月二日，“上御文华殿讲读毕，出诣左室，观先圣先师，召阁臣入，列举以问，至文王称事亲问安视膳，阁臣肃对。至周公、孔子，问何以旁列，对曰：‘二圣人皆人臣。’”[1]通过引导神宗拜谒先师孔子，培养他对儒家的感情和信仰。对小皇帝的教育，用儒家的重德爱民、重男轻女、重道轻艺、重俭轻奢、重勤轻乐等观念和思想作指导。

其一，提倡重德爱民的观念。儒家提倡仁者爱人，重视民本思想。张居正不断向小皇帝朱翊钧灌输这种理念。神宗曾听“讲官所讲秦始皇销兵事”。秦始皇灭六国后，将六国兵器销毁铸造成铜柱。神宗说：“始皇甚愚，木棍岂不能伤人乎？何以销兵为也？”张居正回答：“为治之道，唯在布德修政以固结民心，乃安宁长久之道，不在事事防范。且天下之患，每有出于所防之外者。秦后来只因几个戍卒倡乱，斩木为兵，揭竿为旗，于是豪杰并起，遂以亡秦。所以说‘天时不如地利，地利不如人和’，唯圣明留意。”神宗曰然。[2]张居正还用太祖朱元璋“及将先逝之年，犹下令劝课农桑，各处里老粮长，有以事至京者，皆亲召见赐食，问以民间疾苦。事事念念，惟在于安民，未尝有一毫受享逸豫之意。深仁厚泽，结于民心者”的例子，教育神宗要爱民如子。[3]

其二，灌输重男轻女的观念。万历元年十月八日，左右宦官对张

---

[1] 《明神宗实录》卷六，隆庆六年十月乙卯。

[2] 《万历起居注》第一册，第 111 页；《明神宗实录》卷一八，万历元年十月乙卯。

[3] 《万历起居注》第一册，第 222 页。

居正等人说："上在宫中唯以看书写字为事，更无他慕，每见史书上王莽及吕太后、武则天、萧太后，即以手指而骂之。"[1]之所以骂吕太后、武则天和萧太后，就是因为她们是女人干政，武则天还夺取皇位，建立大周。小皇帝受到张居正等讲官的影响，因此见到这些女主，便手指而骂之，可谓中毒不浅。

其三，强调重道轻艺的观念。张居正要求神宗不要总是练习书法，并以此沾沾自喜，指出："帝王之学，当务其大。自尧舜以来，至于唐宋所称英贤之主，皆以其修德行政、治世安民，不闻有技艺之巧也。"还列举"汉成帝知音律，能吹萧度曲，六朝梁元帝、陈后主、隋炀帝、宋徽宗、宁宗皆能文章，善画，然皆无救于乱亡"。他告诫神宗："君德之大，不在技艺间也。今皇上圣聪日开，宜及时讲求治理，留心政务，以自古圣帝明王为法，若写字一事，不过假此以收放心，虽殚精费神，直逼钟、王，亦有何益？"兴致勃勃的神宗被泼了一盆冷水，只得说："先生说的是，朕知道了！"[2]

其四，强化重俭轻奢的思想。万历二年闰十二月，神宗驾御文华殿讲读，"从容"问辅臣张居正等："元夕鳌山烟火祖制乎？"试图通过祖制来逼迫张居正同意举行鳌山烟火活动。但张居正却回答："非也。始成化间，以奉母后，然当时谏者不独言官，即如翰林亦有三四人上疏者。嘉靖中尝间举，亦以奉神，非为游观。隆庆以来，乃岁供元夕之娱，糜费无益，是在新政所当节省。"并对神宗进行了教育："今天下民力殚诎，有司计无所出，仅得数十铢，亦输京师，其窘可知。及今无事，时加意撙节，稍稍蓄以待用，不然，臣恐浚民脂膏，不给也。"神宗也只得附和："朕极知民穷如先生言。"于是"明年元夕，罢烟火鳌山"。[3]四年十二月二日，神宗御文华殿讲读，"举御袍示辅臣"，问："此袍何色？"张居正回答是青色。神宗说："紫

[1] 《万历起居注》第一册，第110页；《明神宗实录》卷一八，万历元年十月乙卯。
[2] 《万历起居注》第一册，第251－253页。
[3] 《万历起居注》第一册，第252－254页

也。服久而渝耳。”他本来想让辅臣和讲官夸奖自己节约，但张居正却教育道：“此色既易渝，愿少制。世宗皇帝服不尚华靡，第取其宜久者而用之，每御一袍非敝甚不更，故其享国久长，未必不由于此。窃闻先帝则不然，服一御辄易矣。愿皇上惟以皇祖为法，能节一衣则民数间十人受其衣者，若轻用一衣则民即有数十人受其寒者。不可不念也！”时左右亦盛言“方今民穷至有鬻妻子以应尚供者”。神宗听后“深然之”。[1]张居正还用明太祖“既登大宝，身犹衣浣濯之衣，所得元人水晶宫漏，立命碎之。有以陈友谅所用镂金床进者，即投之于火。孝慈皇后尝为将士补缝衣鞋。闾阎疾苦，小民情状，靡不周知。在位三十余年，克勤克俭，犹如一日”的先进事例，来教育神宗。[2]

其五，树立重勤轻玩的观念。儒家有“业精于勤，荒于嬉”的观念，张居正以此教育神宗。万历四年三月，神宗出御文华殿讲读，辅臣张居正进讲《帝鉴图说》，“至唐玄宗于勤政楼设宴宠幸安禄山事”时，神宗“览其图”，见有“勤政楼”三字，便指出：“楼名甚佳，乃不于此勤理政事，而佚乐宴饮，何也？”张居正指出：“人情靡不有初，鲜克有终。故有始治而终乱，由圣而入狂者。古圣帝明王，兢兢业业，日慎一日，盖虑克终之难也。玄宗不能常持此心，故及于乱。”他还举世宗皇帝嘉靖初年于西苑建无逸殿的事例，称世宗“省耕劝农，欲以知王业艰难，又命儒臣讲《周书·无逸篇》”，然而“至其末年，崇尚焚修，圣驾不复临御殿中，徒用以誊写科书、表背玄像而已。昔时勤民务本气象不复再见”。为了教育神宗勤劳，不事游乐，张居正连皇帝的祖父也拿来做反面教材。对此小皇帝“嘉纳之”。[3]万历九年正月，辅臣张居正曾对神宗“一切嬉游无益之事悉屏去不御”的行为表示赞赏，特别指出“人主一心，乃万化从出之原，亦众欲交攻之会，必使常有所系，然后纵欲之念不萌，而引诱之奸不入”。他竭力

[1] 《明神宗实录》卷五七，万历四年十二月庚申。

[2] 《万历起居注》第一册，第 219 — 223 页。

[3] 《明神宗实录》卷四八，万历四年三月戊戌。

让神宗远离游乐，将皇帝的业余爱好限定在文翰之中，“皇上万几之暇，如披阅古文，欲有所采录，或鉴赏名笔，欲有所题咏”，即让翰林诸臣“撰具草稿，送臣等看定，进呈圣览”。[1]

（六）张居正经筵教育的评价

张居正对神宗的经筵日讲教育，从维护制度本身来讲，是十分成功的，从效果上来看，在一定的时期内也产生了较好的影响。归纳起来，其经筵教育有以下特点：

第一，以改革精神促进经筵日讲。表面上看，经筵日讲只是明王朝的传统制度，无关改革，实则不然，历来皇帝的经筵日讲都很难坚持，而张居正以改革家的勇气和“考成法”的措施，对皇帝的经筵日讲进行了全面的计划、安排和坚决执行，才使得神宗的讲读创造了不仅是明代甚至是整个古代经筵日讲的最高出勤率。

第二，教育目的和方针明确，教学方案细致和适用。为了实现培养神宗“成德明治”的教育目的，张居正制订了学习经史与施政结合的教育方针。又根据神宗年幼的特点，确立了“先学后政”的教育方案，既有整体的教学计划，又有年度考核和总结。

第三，竭尽所能地应用各种教学方法，提高讲读效率。如重视背诵训练和温习方法；注重循序渐进、逐步提高的方法，完成从“小学”到“大学”的转变；注意灌输与启发相贯穿、学习与提问相结合的方法，培养神宗的思考和研究能力；还尝试将相同的学习对象在不同的课程中相贯通，达到事半功倍的效果；张居正甚至应用了教师与家长相配合的方法，来实现对神宗教育的全方位监管和执行。

第四，用儒家经典和思想指导皇帝的经筵日讲，灌输儒学知识和儒家思维。

上述颇具特色的教学措施，带来了良好的学习效果，使神宗在阅

[1] 《明神宗实录》卷一〇八，万历九年正月己卯。

读、背诵、书写、表达、质疑和理解能力上，迅速提高，同时深受儒家思想的熏陶，并能突破固有藩篱，实现自我思索和顿悟。虽然他后来长期不朝，但在宫中却喜爱读书，曾系统阅读过《明实录》[1]。尽管他因立太子问题对文官集团深感不满，但却以“冷战”的形式消极抵抗，未采用激烈的方式解决，应是早年受到儒家教育的结果。

然而，张居正对神宗进行的经筵日讲教育，也存在一些问题和弊端。

第一，经筵教育未能解决儒家思想的矛盾，即理论与实际、理想与现实的脱节。聪明的神宗，在受儒臣教育的同时，发现了儒学体系的矛盾，颠覆他们的历史标准，如对魏征和李世民的忠诚产生怀疑，从而叫停了《贞观政要》的讲读。这种思维训练，导致他日后用以观察和思索张居正的言行不一之处，并最终在倒张运动中，投下了关键性的一票。当神宗发现张居正口中倡导勤俭节约而生活却奢靡浮华后，其所受重节俭轻奢华的观念瞬间崩溃。在他统治的后期，滥派矿监税使，大肆搜刮民财以供挥霍。这是张居正这个教育者所始料不及的。

第二，张居正在对神宗进行讲读教育时，时间安排得太紧，管得太死，缺乏弹性。隆庆六年十二月二十二日，张居正为了让十岁的小皇帝不误日讲，在过年的正月里也硬要插入讲读，奏曰“日讲节假接上元灯假，恐圣功间断，命正月初旬即开讲”[2]。他将时间安排得过于紧凑，未能充分考虑到童年皇帝的接受和承受能力。他是这样安排神宗一天的学习：先进行晨讲，“讲读毕，皇上进暖阁少憩。司礼监将各衙门章奏进上御览”，“皇上若有所咨问，乞即召臣等至御前，将本中事情一一明白敷奏”；“览本后，臣等率领正字官恭侍皇上进字”，“若皇上不进暖阁，臣等即率讲官再进午讲”，讲读《通鉴节要》。讲毕，皇上才能还宫。[3]如此繁重的学习和处理公文任务，工作量太大，

[1] 关于明神宗读书的情况，可参阅朱鸿林《明神宗经筵进讲书考》（《华学》第九、十辑，第1368－1378页，上海古籍出版社，2008年）和谢贵安《明实录研究》（第312页，上海古籍出版社，2013年）。

[2] 《明神宗实录》卷八，隆庆六年十二月甲戌。

[3] 张居正：《张太岳集》卷三七《拟日讲仪注疏》。

使皇帝不胜其烦，这也是导致后来神宗既厌学又厌政的原因。就像弹簧一样，前面压得太紧，后面就反弹得厉害。作为“考成法”强力推行者的张居正，虽然在世时能够保证完成教学任务，但一旦去世就人亡教息。

第三，在教学安排上讳疾忌医。张居正在安排神宗课程时，回避朝代灭亡等史事，不利于幼主树立正确的人生观和历史观。万历九年，辅臣张居正等奏：“今年……惟《通鉴》讲至宋徽宗，虽未全完，然自此以后，皆徽钦北狩，宋室南迁之事。无可以进讲者。查得隆庆五年先帝时讲《通鉴》，亦只至宋徽宗而止。以后即将《贞观政要》接讲。”[1]嘉靖间，讲官讲到《论语》“曾子将死”时便越过不讲。[2]张居正的做法，似受嘉靖间讲官陋习的影响，不能使神宗正确对待历史的兴亡。

总之，张居正对神宗实施的经筵教育，既有成功的经验，也有失败的教训。在儒家勤俭节约和勤劳奋斗等思想教育上，从神宗后期的怠政和奢靡上来看，并未取得持久的效果，但在书法训练、阅读习惯、知识掌握和思维能力的培养上，的确奠定了重要的基础。崇祯二年五月二十二日，礼部左侍郎罗喻义等人在一份给崇祯帝的奏疏中，肯定了张居正经筵教育上的历史功绩：“前大学士张居正作相之日，其培养圣德，则进《帝鉴》等图；其调护圣躬，则请慎起居，节饮食，亲贤讲学；其缉熙圣学，则进《大宝箴》等书注解、直解，类编累朝《实录》、《宝训》；其明习圣政，则请读毕进览文书，阁臣在西厢房祗候……及日讲叙劳……皆辞恩不居。”结果崇祯帝下旨：“旧辅张居正相皇祖十年，肩承劳怨，力振纪纲，饬举废，多有功可纪。虽以夺情及后蒙议，过不掩功，委当垂恤。所请荫赠，所司看议以闻。”[3]算是给了张居正一个公正的评价。

---

[1] 《万历起居注》第二册，第 196 — 197 页。

[2] 徐学聚：《国朝典汇》卷二五《朝端大政·经筵日讲》，明天启四年徐与参刻本。

[3] 《崇祯长编》卷二二，崇祯二年五月丙午。

明代宫廷史研究丛书

主编　李文儒　宋纪蓉　　执行主编　赵中男

明代宫廷教育史

下

谢贵安　谢盛 著

故 宫 出 版 社

故宫博物院学术出版项目
2015年度湖北省社会科学基金资助项目

第八章

望子成龙：明代太子的教育

中原王朝自成周以来，一直实行嫡长子继承制度，凡是正妻所生的长子，无论聪颖还是驽钝，健康或是孱弱，一般情况下都能顺承天意，成为王朝大位的继承者。既然皇太子的册立往往具有不可更改的先天性，那么后天的教育则显得尤为重要。正因如此，明朝的历代统治者都十分重视皇太子的教育问题，召四方名儒讲学，请才俊之士伴读，以期培育出合格的储君和下一个治世明君。由于专制皇权的排他性，皇帝只对太子怀有“望子成龙”的殷切期待。太子教育的唯一目的，是培养合格的皇位继承人。

第一节　东宫教育体系的建立与变异

太子是皇帝的继任者，是国家未来的掌舵者，为了能更有效率的培育太子，明代建立了相对完整的东宫教育体系。然而，这一体系很快随着皇权专制的强化，不断遭到虚置和修正，使其常常名实不符，呈现出复杂性。

一 太子三公三少的设立

明初的东宫教育体系，是以三公三少为主干的。三公是太子太师、太子太傅及太子太保的总称，皆从一品，其职责为“掌以道德，辅导太子而谨护翼之”[1]。三少即太子少师、太子少傅和太子少保，正二品，负有“奉太子，以观三公之道德而教谕”[2]之职。三公三少多为朝中功勋重臣兼任，无定员，无专授。据《续通典》载：“洪武元年，太祖有事亲征，虑太子监国别设宫僚，或生嫌隙，乃以朝臣兼宫职。李善长兼太子太师，徐达兼太子少傅，常遇春兼太子少保。”[3]这说明，从一开始，三公三少都不是专职的东宫辅导和教育官员，而由他官兼任，但当时只要兼任三公三少，都会负责一些东宫教育等务。

由于三公三少并非专职东宫官员，洪武三年十二月，礼部尚书陶凯提出“选人专任东宫官属，罢兼领之职，庶于辅导有所责成”的建议，但受到太祖的回绝：“朕以廷臣有才望勋德者兼东宫官，非无谓也。尝虑廷臣与东宫官属有不相能，遂成嫌隙，或生奸谋，离间骨肉，其祸非细。若江充之事，可为明鉴。朕今立法，令省、台、都督府官兼东宫赞辅之职，父子一体，君臣一心，庶几无相构之患也。”[4]他以国家的中书省、御史台、都督府等官兼任三公、三少之衔，辅佐和教育太子。但是，随着时间的推移，三公、三少不再承担教育太子的任务，而成为大臣的荣衔：“由是东宫师傅止为兼官、加官及赠官”，“自是以后，终明世皆为虚衔，于太子辅导之职无与也。”[5]总的来说，能被任命为三公三少，是一种至高无上的荣耀，是朝廷对其德高望重的肯定，也体现出皇帝极大的信任。它虽名为东宫官僚，实际

[1] 嵇璜等：《续通典》卷三四《职官》，景印文渊阁四库全书本。
[2] 嵇璜等：《续通典》卷三四《职官》，景印文渊阁四库全书本。
[3] 嵇璜等：《续通典》卷三四《职官》，景印文渊阁四库全书本。
[4] 《明太祖实录》卷五九，洪武三年十二月辛巳。
[5] 嵇璜等：《续通典》卷三四《职官》，景印文渊阁四库全书本。

上却并不履行东宫教育职责。

永乐时，继承了洪武朝以朝廷官员兼任东宫宫僚的制度。成祖对徐后解释太祖培养皇太子的机制：“皇考之制，东宫官属率以廷臣兼之任使，一则疑隙不生。今凡宫臣之重者，悉择廷臣贤者兼之。”徐后回答：“此先朝鉴戒往古之失，诚良法也。虽万世当守而行之。”[1]太宗朝继承了以国家官僚兼任东宫官员的制度。其间偶尔也出现过特例，“唯永乐间，成祖幸北京，以姚广孝专为太子少师，留辅太子”[2]。其他的时期，仍是以朝廷官员兼任东宫宫僚。

三公三少虽然不再参与东宫的教育等事务，但仪式上仍与太子讲读有关，即他们仍需出席太子出阁讲学的仪式，参与讲读侍班。《大明会典》载：永乐初定东宫讲读仪中，太子赴文华殿讲读时，“三师三少及詹事府官、鸿胪寺并每科给事一员侍立”[3]。天顺二年定的《初出阁仪》规定：皇太子至文华殿升座后，“师、保等官于丹陛上行四拜礼”[4]。弘治十一年制定的《每日讲读仪》规定：皇太子至文华殿升座后，“三师、三少并宫僚以次序于丹陛上，行四拜礼。毕，从殿左右门入，分班东西立。通事舍人以书案进，内侍展书，侍读官进读，读毕，侍讲官进讲，讲毕，通事舍人撤案。各官叩头退”[5]。果然，是年三月“皇太子出阁讲学”后，孝宗“赐御酒珍膳宴三师、三少并讲读等官于文华殿门外之西耳房”。[6]说明了三公、三少的确在太子讲读时侍班。

明初，三公三少之外，还设置了太子宾客一职，太子宾客也是东宫官，无定员，无专授，多以他官兼任。地位低于三公三少，为正三品，掌调护侍从、规谏等，对东宫教育的责任是间接的。不赘。

---

[1]《明太宗实录》卷六九，永乐五年七月乙卯。

[2] 嵇璜等：《续通典》卷三四《职官》，景印文渊阁四库全书本。

[3] 申时行等：《大明会典》卷二一六。

[4] 申时行等：《大明会典》卷五二《礼部十·东宫出阁讲学·初出阁仪》。

[5] 申时行等：《大明会典》卷五二《礼部十·东宫出阁讲学·每日讲读仪》。

[6]《明孝宗实录》卷一三五，弘治十一年三月己亥。

三公、三少脱离东宫教育体系后，太子的教育以及东宫的运作，一般交由詹事府来总领。

二　詹事府的创设及其作用

洪武初年，朱元璋草创东宫制度，设立了左右詹事、同知詹事院事、副詹事、詹事丞等一系列东宫官职，但并未设立詹事府这一机构。直到洪武二十二年，才始置詹事院。洪武二十五年改为詹事府。

詹事府的创立，改变了洪武初年东宫官职杂散无联的局面，将左右春坊以及司经局并入它的管辖范围，对其进行系统管理。

詹事府设詹事一人，正三品，少詹事二人，正四品。詹事“掌统府坊局之政事，以辅导太子。少詹事佐之”[1]。此外，“凡入侍太子，与坊局翰林官番直进讲《尚书》、《春秋》、《资治通鉴》、《大学衍义》、《贞观政要》诸书。前期纂辑成章进御，然后赴文华殿讲读，讲读毕，率其僚属以朝廷所处分军国重事，及抚谕诸番恩义，陈说于太子。凡朝贺，必先奏朝廷，乃具启本以进。其所属府僚暨坊局官与翰林职互相兼，试士、修书皆与焉”[2]。由此可见，詹事作为詹事府的行政首领，既要统筹东宫的日常事务，又要兼顾太子的教育，可谓责任重大。

此外詹事府还有府丞两人，正六品，录事两人，正九品，通事舍人两人，从九品。这些官员直属于詹事府，负责协助詹事处理事务。詹事府下属机构为两坊一局一厅。

两坊，即左春坊和右春坊。左右春坊官制相同，秩品也一样，但明朝以左为尊，因此，左春坊官地位略高于右春坊官。左春坊下设大学士一人，正五品，“掌太子上奏请，下启笺，及讲读之事，皆审慎

[1] 嵇璜等：《续通典》卷三四《职官》，景印文渊阁四库全书本。
[2] 嵇璜等：《续通典》卷三四《职官》，景印文渊阁四库全书本。

而监省之”[1]。左庶子一人，正五品。主要管理皇子的内务服务以及担任文学侍从。左谕德一人，从五品，职务相当于常侍，可随事讽谏。左中允二人，正六品，其职责也与文学侍从类似。左赞善二人，从六品。在太子宫中掌侍从、讲授，与左谕德类似。

需要指明的是，詹事府左春坊下还设左司直郎二人，从六品，“掌弹劾宫僚，纠举职事”[2]，后不常设。左清纪郎一人，从八品，不常设。其职责与左司直郎大体相同，也负有监察、纠举的重任。凡“文华殿讲读毕，诸臣班退，有独留奏事及私谒者，则共纠之”[3]。由此可见，左司直郎与左清纪郎不但能约束东宫官的言行，更能防备东宫官僚与太子建立过密私人关系的不轨行为。左司谏二人，从九品，不常设。“掌箴诲鉴戒，以拾遗补过，凡有启事于东宫，与司直、清纪执笔纪令旨，规正其伪谬者”[4]。

右春坊官职设置、人数及其职责与左春坊一致。官名悉改左为右，在此不一一赘述。

一局，即为司经局，其下设洗马一人，从五品。校书二人，正九品。正字二人，从九品。

一厅，即为主簿厅，其下设主簿一人，从七品，是詹事府下掌管文书的佐吏。

詹事府的职官设置及人事安排，不仅沿用了前代的东宫制度，还增设了左右春坊清纪郎、左右春坊司谏等职位，教育监察体系较之前代更为完备，这反映了明代最高统治者对太子教育重视的同时，对太子结交大臣所作的防备。

作为负责东宫教育等事务的詹事府，因为皇权的独尊而致其职能虚化和瓦解，成为名义上的东宫宫僚，非内阁题请和皇帝钦点，不能

[1] 嵇璜等：《续通典》卷三四《职官》，景印文渊阁四库全书本。
[2] 嵇璜等：《续通典》卷三四《职官》，景印文渊阁四库全书本。
[3] 嵇璜等：《续通典》卷三四《职官》，景印文渊阁四库全书本。
[4] 嵇璜等：《续通典》卷三四《职官》，景印文渊阁四库全书本。

料理东宫教育等务。不过，内阁在题请东宫讲读和侍班官员时，有时候也特地在詹事春坊官员中挑选，使之名实相符。“东宫讲读、侍班，皆用詹事春坊，如万历四十四年题詹事刘一燝、韩爌二人侍班，及庶子张邦纪等六人讲读，皆坊局官也。”[1]但这只是特例，一般的情况下，东宫讲读官员来源广泛，并不局限于詹事春坊。

三　虚置东宫官职，另选讲读官员

为了避免詹事府官员与太子建立牢固的政治同盟，形成对皇权的威胁，明代皇帝甚至将詹事府也与太子相剥离。詹事府官员虽名义上属于东宫官僚，实际上并不负责太子之事。太子“出阁讲读每点别员，本府坊局仅为翰林官迁转之阶而已”[2]。也就是说，詹事府下属的东宫官员，如詹事、谕德、赞善等，并不实际负责东宫事务包括教育。东宫出阁讲读时，皇帝要另外下诏钦点文官出任东宫讲读官。原有的詹事府及其所属各官，仅仅成为翰林官员考满后迁转的职务和阶梯而已。

有明一朝，东宫官职虽然名义上完整无缺，却大部分时间都与太子事务无关。即使如此，朝廷也很少派有名望的文官担任哪怕是名义上的东宫宫僚，唯有嘉靖十八年，“以陆深为詹事，崔诜为少詹事，王教、罗洪先、华察等为谕德、赞善、洗马，皇甫涍、唐顺之等为司直、司谏，皆天下名儒。自明初宋濂诸人后，宫僚莫盛于此”[3]。但这种现象不仅不常见，而且没有意义。因为他们虽名为东宫官僚，实际上并不负责东宫事务，与太子也无直接的关系。除非皇帝钦点。

为了防止太子与朝臣勾结，明代自洪武以后，便不再让阁臣兼任东宫讲读官。有学子认为，武宗朱厚照在弘治十一年（1498年）三月

[1] 佚名：《明内廷规制考》卷二《东宫亲王讲读》，清借月山房汇抄本。
[2] 嵇璜等：《续通典》卷三四《职官》，景印文渊阁四库全书本。
[3] 嵇璜等：《续通典》卷三四《职官》，景印文渊阁四库全书本。

出阁就学，“他的东宫讲读没有一个是当朝的内阁阁臣。让储君从少年时期就避开内阁老臣的羁绊，以便将来不受其左右，本意也许是希望他能自操权柄，不受权臣的左右，但却成了武宗以后终日游乐，不理朝政的根源”。[1]此论并未言中实质。其实，为了避免太子结成太子党，威胁皇权，很早就不再让中央高官与太子建立联系，自然也不会让内阁阁臣兼任东宫讲读官员。

明代成化以后，东宫出阁讲学时，朝廷挑选东宫辅导官时，便不再“备员”，即詹事府原有的一些不重要官职（如司直以下）不再设置。嘉靖二十三年五月，南京礼科给事中游震得奏请东宫出阁讲学时，指出：“仁宗、宣宗在东宫，皆监国视事，故备诸官属。及宪宗、孝宗皆八九龄，故司直以下皆不备官。今皇太子犹冲年讲读之外，似不必备设，宜渐简正士储之翰林，察其德业修举者，以次推补。”[2]隆庆六年二月二十三日，“以东宫出阁讲学”，大学士高拱等请“选东宫辅导官僚”，会同吏部推举。穆宗有旨：“宜加慎选，不必备员。”于是，高拱等“疏名以闻”，而穆宗“从之”，仍谕高拱、张居正“提调各官讲读”。所选的东宫辅导官僚为：“太子少保礼部尚书兼翰林院学士高仪，吏部左侍郎兼翰林院学士张四维，司经局洗马兼翰林院修撰余有丁，右春坊右赞善兼翰林院编修陈栋充侍班官；詹事府少詹事兼翰林院侍读学士马自强、陶大临，翰林院编修陈经邦、何洛文，检讨沈鲤、张秩充讲读官；检讨沈渊、许国充校书官；制敕房办事大理寺左寺正马继文、徐继申充侍书官。”[3]这些东宫辅导官员，显然已非詹事府名义上的东宫宫僚，而是另旨简选的。从名单中可见，很多詹事府名义上的官职均不“备员”。而备员的东宫宫僚，也多是他官兼任。

直到崇祯十年，东宫官属仍然是由皇帝临时指派给东宫的讲读官，既有詹事府官员，又有翰林院官员，还有六部官员和国子监官

---

[1] 孟蓉：《明代经筵日讲制度述论》，第 26 页，上海师范大学硕士学位论文，2005 年。

[2] 《明世宗实录》卷二八六，嘉靖二十三年五月甲辰。

[3] 《明穆宗实录》卷六六，隆庆六年二月庚戌。

员。崇祯十年十月二十日，“定东宫官属：礼部尚书姜逢元、詹事姚明恭、少詹事王铎、国子祭酒屈可伸侍班，礼部右侍郎方逢年、右谕德项煜、翰林修撰刘理顺、编修吴伟业、杨廷麟、林增志直讲读。”[1]可见，由皇帝临时从各部门钦点东宫讲读官员，是明代既让太子能够受到教育，又不至于与固定的东宫宫僚结成政治同盟的措施，是皇权强化达到极致的重要表现。

需要指出的是，詹事府官员名义上仍是东宫宫僚，与三师、三少一样，在太子讲读仪式举行时，仍然需要出席，即所谓侍班。

第二节 太子出阁讲读的地点与仪式

皇太子的入学年龄，明代规定是八岁。殷士儋指出：“以国家旧制，东宫讲学不出八龄，请以时出阁。”[2]以八岁为标杆，太子的教育实际上分前后两个阶段。第一阶段是皇太子八岁之前，一般在自己居住的东宫接受启蒙教育。隆庆二年二月一日，礼科左给事中张卤奏言：“皇子方在睿龄，外廷讲读事尚有待，惟近侍内臣事易习、言易入，所系尤重，宜敕司礼监慎选各监局人员，必老成公正、通诗书识大体者使在左右，口授书史，陈说民情利弊，动作举止必导以正，他日亲贤讲学，基命成德之助，端在于此！”皇上是之。[3]从此可以看出，太子出阁前接受的教育属于非正式教育，多由身边内臣近侍口授史书，陈说民情利弊，并无一套严格的教育制度，教学的效果依赖于内臣的素养和太子的自觉。然而定性不足的小皇帝很容易受到近侍的诱惑，疏于学习，甚至被引入歧途。第二个阶段是皇太子在八岁以

[1]《崇祯实录》卷一〇，崇祯十年十月甲寅。

[2] 于慎行：《光禄大夫少保兼太子太保礼部尚书武英殿大学士赠太保谥文庄棠川殷公士儋行状》，载焦竑辑：《国朝献征录》卷一七《内阁六》，明万历四十四年徐象橒曼山馆刻本。

[3]《明穆宗实录》卷一七，隆庆二年二月辛巳朔。

后的“出就外傅”[1]，即出阁讲学。这才正式的东宫教育。通过出阁讲学，一来可以远离宦官阉竖，二来能够将皇太子引入正规的教育体系，接受严格的教育。只有这一阶段的教育，才制定专门的仪式。太子出阁讲学的地点有变化，最后定在文华殿东厢房。

一　讲学地点

太子出阁讲学的地点并非固定不变，而是有所变化，只是后期比较固定而已。笔者通过史料辨析，认为前后有四个阶段的变化。

第一，大本堂。洪武时在大本堂，“洪武元年十一月，建大本堂，取古今图书充其中，延四方名儒教太子、诸王，分番夜直，选才俊之士充伴读”。当时在大本堂读书的还有功臣子弟。据黄佐《南廱志》载：“国初设国子博士等官，在内府大本堂，与翰林院官授东宫、亲王以经，功臣子弟徐允恭等皆与焉。仍选生徒之秀者，使伴讲读。”洪武二年，“诸生入伴讲读者，与功臣子弟出就国子学”。[2]他们退出了大本堂，大本堂成为以皇太子为代表的宗室子弟的专有学校。

第二，文华殿正殿举行仪式，后殿与东厢房讲读。随着大本堂的关闭，太子教学的地点，改在文华殿。天顺二年，英宗觉得“东宫读书，当在文华殿”，因此自己“欲避此，往居武英，但早晚朝太后不便”，于是决定“姑以东廊居太子”，即暂时让太子在东厢房读书。他让阁臣定拟讲读仪式。于是礼部奏进东宫讲学仪注，规定太子先在文华后殿接受礼部和鸿胪寺执事官的四拜礼，然后来到文华殿升座，接受三师三少并宫僚的四拜礼，再由“内侍官导太子至后殿，升座，设书案，进讲”。四月，“皇太子初讲学于文华殿”。但是“每日读书习

[1] 出就外傅，外即为太子出阁读书的地点。最初应为大本堂，后来改为文华殿。汪桂海《大本堂考》（《文献》2001 年第 2 期），对太子出阁读书的地点，有详细的考证。

[2] 黄佐《南廱志》卷一五《储养考》上篇《储养生徒之定制》，民国景明嘉靖二十三年刻增修本。

字，常在殿之东厢，即所谓左春坊也”。这是由于英宗退朝后，“必御文华殿阅奏牍，故避居此”。[1]沈德符也称：“文华殿……本殿东西厢则称左右春坊。宪宗再立为太子，讲学文华，以上频御，避居左春坊。”但是，这时还基本上属于文华殿后殿与东厢房相兼的时期。皇上不来文华殿时，便在文华殿后殿举行讲读。据《殿阁词林记》所录《东宫讲读仪》载：“春坊官与翰林院官日分二员讲书，以《尚书》、《春秋》、《通鉴》、《大学衍义》、《贞观政要》等书进讲，须要纂其事之始终，直述大义，辑成篇章，进呈御览毕，然后赴文华殿讲说。”[2]

第三，文华殿正殿举行仪式，正殿内偏东设书案讲读。至弘治十一年三月一日，阁臣徐溥等人所上皇太子出阁讲学仪注规定：“内侍设书案于文华殿内东。礼部、鸿胪寺执事官于后殿行四拜礼，毕，鸿胪寺官请皇太子升文华殿，导引至殿升座，三师三少并宫僚以次序于丹陛上，行四拜礼，从殿左右门入，分班东西立。通事舍人以书案进，内侍展书，侍读官进读。读毕，侍讲官进讲，讲毕，通事舍人撤案。”[3]显然，这时太子讲读不用到后殿或东厢房举行，直接在文华殿内偏东之处开展。此似与孝宗疼爱独子武宗有关。武宗即位后，无子，因此这一规定仅存在于孝宗时期。

第四，文华殿东厢房。嘉靖时，将文华殿旧覆青色琉璃瓦“易以黄瓦”后，太子讲学便改在文华殿东楹（指东厢房），“今上元子，出阁亦在文华殿之东楹，不敢居中”。[4]隆庆六年增定的仪注规定“内侍先设皇太子座于文华殿之东房正中，西向，设书案于座之左”。[5]此后未再改变。万历时，皇太子出阁讲学的地方仍然在文华殿的东厢房（即左春坊）。万历四十四年七月礼部在所奏皇太子出阁讲学仪注中规定：“内侍先设皇太子座于文华殿之东厢房正中，向西，设书案于座

[1] 《明英宗实录》卷二九〇，天顺二年四月乙丑。
[2] 廖道南：《殿阁词林记》卷二〇，景印文渊阁四库全书本。
[3] 《明孝宗实录》卷一三五，弘治十一年三月丁酉。
[4] 沈德符：《万历野获编》补遗卷一《文华殿》。
[5] 郭正域：《皇明典礼志》卷一四《东宫出阁》，明万历四十一年刘汝康刻本。

之左。”[1]关于太子讲读之所，明人尹直在《謇斋琐缀录》中有较详细的记载：“皇朝宫殿最尚简便，自奉天、华盖、谨身三殿外，西则有武英、仁智二殿，皆画史艺士供奉豫游之所。东有文华一殿，储君所御，然上每月三次经筵及每日阅章奏亦御此殿。东宫讲读，则在文华殿东厢房，凡三间，设座于北一间，中开一门，向南。”[2]

此后，郑纪曾建议在文华殿之东再建一座宫殿给皇太子讲读，指出：“我太祖高皇帝亦尝建大本堂于南京，今文华殿系陛下退朝便殿，延询群臣政治、经筵劝讲之所，或非皇太子所宜居。往年春坊讲读去处，又太浅狭，恐非崇重国本之意”，因而建议“望皇帝陛下于文华殿之东，别构宫殿一所，以为皇太子朝夕讲读，并受百官朝贺”。[3]但是，皇帝显然并未接受其建议。太子讲学的地点也未因此改变。

东宫讲读虽然在文华殿的东厢房（左春坊）内，但官员有时候并不细分，而笼统地称在文华殿。如万历间黄洪宪谓：“今宜令东宫日出文华，朝夕与保傅同起居。”[4]这里的文华就是文华殿，其实他指的是文华殿的东厢房，只是不愿费口舌细说罢了。

顺便说一下，太子讲读的时间，是在早朝后先读四书、五经或史书。明代早朝一般是在凌晨四时左右。如慈圣李太后“当朝日，五更至上寝所”，喊道：“帝起，今日早朝。”[5]五更即五鼓，当在今三至五时，上朝当在四时许，上朝若为一个小时的话，早朝退朝应该在五时左右。则皇太子讲读的时间当在今天的五时以后。据万历间任皇长子（后为太子）朱常洛侍班官的李廷机自述，万历二十二年“皇长子出阁，充侍班官，改右春坊右谕德兼侍讲，掌坊事”，“时豫教方勤，秉

[1]《明神宗实录》卷五四七，万历四十四年七月辛巳。

[2] 尹直：《謇斋琐缀录》卷一，1251－1252页，载邓士龙辑：《国朝典故》卷五三，北京大学出版社，1993年。

[3] 郑纪：《东园文集》卷三《进圣功图说以辅养皇储》，清文渊阁四库全书补配清文津阁四库全书本。

[4] 黄洪宪：《碧山学士集》卷二一《拟条陈东宫讲学要务疏》，明万历刻本。

[5] 于慎行：《谷山笔麈》卷二《纪述一》，第16页，中华书局，1984年。

烛讲读，每四鼓呼长安门入，寒暑风雨不辍”。[1]皇长子（太子）老师需四鼓（四更天，今一至三点）入宫，至文华殿做好准备，至迟也在五鼓（五更天，今三至五点）时开始诵读。巳时（今九至十一点）后则讲解《四书》或《五经》内容。晚上还要复习白天所学的功课。

二 讲读仪式

明代皇太子教育的仪式有两种，一种是太子初出阁礼仪，另一种是东宫日常讲学礼仪。

《大明会典》载：“永乐初定东宫讲读仪，春坊官与翰林院官日分二员讲书，以《四书》、《春秋》、《通鉴》、《大学衍义》、《贞观政要》等书进讲，须要纂其事之始终，直述大义，辑成篇章，进呈御览，毕，然后赴文华殿讲说。三师三少及詹事府官，鸿胪寺并每科给事一员侍立。进讲毕，众官齐出。及有召问，亦须前项官员一同进出。如有独退并独员留者，许给事中并鸿胪寺官并司直郎、清纪郎纠劾。”[2]这里所指的初定东宫讲读仪，应该是指日常讲学礼仪，因为据《东宫出阁讲书》载：“出阁之仪至天顺二年始定。”[3]当时的情况，《明英宗实录》也有详细的记载：

> 天顺二年正月，礼部请皇太子出阁读书。上召李贤等谓曰：“东宫读书，当在文华殿。朕欲避此，往居武英，但早晚朝太后不便。姑以东廊居太子。卿可定拟讲读等官。”
>
> 三月乙巳，礼部进东宫讲学仪注，择四月初八日巳时。是日早，礼部鸿胪寺执事官于文华后殿行四拜礼，毕，鸿胪

---

[1] 李廷机：《大学士李先生自状》，载焦竑辑：《国朝献征录》卷一七《内阁六》，明万历四十四年徐象橒曼山馆刻本。

[2] 黄佐：《翰林记》卷一〇《东宫出阁讲书》，景印文渊阁四库全书本。

[3] 黄佐：《翰林记》卷一〇《东宫出阁讲书》，景印文渊阁四库全书本。

请太子升文华殿，执事官导引至殿升座，三师三少并宫僚以次序于丹陛上，行四拜礼，毕，各官以次退出。内侍官导太子至后殿，升座，设书案，进讲。

四月乙丑，皇太子初讲学于文华殿。是后每日读书习字，常在殿之东厢，即所谓左春坊也。上退朝，必御文华殿阅奏牍，故避居此云。[1]

那么为何天顺二年才始定初出阁仪？究其原因，一是由于英宗之前的皇太子出阁年龄都不符合规范，没有举行初出阁仪式的机会和必要：朱标立为太子时已经13岁，惠帝朱允炆15岁才被立为皇太孙。朱棣在册立太子问题上犹豫不决，导致仁宗朱高炽26岁才确立太子地位，宣宗也是26岁才成为太子。而英宗9岁就继承大统，当时还尚未出阁。二是英宗在经历了土木堡之变和夺门之变后，十分珍惜失而复得的权力，也更加强调地位的正统。改元天顺之后，立刻将年满10岁的宪宗再次立为太子，并在天顺二年（1458年）制定初出阁礼仪，以彰显太子出阁的正式性及其地位的合法性。

天顺二年（1458年）始定的东宫初出阁仪，比日常讲读仪要更为正式和繁复。太子出阁之日，太子侍卫像平时一样侍仪，执事等官员到达文华后殿，行四拜礼，礼毕，鸿胪寺官请皇太子升文华殿，执事官引导皇太子升座，太师太保等官立于宫殿的台阶上，行四拜礼，结束后，各官退出，内侍引导皇太子到后殿升座，将书案呈进给皇太子。侍班、侍读侍讲进殿，分班东西站立，内侍将书展开，侍读讲官依次讲读，结束后，叩头退出。

皇太子每日讲读仪则相对简略，不再需要侍卫等官，也省去了师保官四拜之礼。每当早朝之后，皇太子便出阁升座，内侍将书案呈进，侍读、侍讲官入殿，行叩头礼后，分班站立，内侍展书，开始讲

[1] 《明英宗实录》卷二九〇，天顺二年四月乙丑。

读，结束后，各官叩头而退。

弘治十一年（1498年），对太子初出阁仪做了修改。太子出阁讲读那天，内侍要将书案设在文华殿内东边的位置，礼部和鸿胪寺执事官在文华后殿行四拜礼，礼毕后，鸿胪寺官请皇太子由后殿升入文华殿，不久引至殿内书案处升座。三师、三少以及其他东宫官僚，按照次序立于文华殿台阶下，向太子行四拜礼。礼毕后，方能从文华殿左右门进入，分班东西站立。通事舍人向太子呈进讲读所用书案，内侍将书展开，侍读官开始进读，读完后，侍讲官进讲，讲完之后，通事舍人撤案。各官员叩头退下。每日讲读常仪，未作变更，还是沿用前朝的仪式。

隆庆六年（1572年），太子出阁讲读的仪式又发生了一些变化。太子出阁讲读当天早上，侍卫、侍仪如常仪。内侍将皇太子座设在文华殿东厢房的正中西向，将书案设于座位的左侧。礼部、鸿胪寺执事官等候太子出阁，导引至东厢房升座，提调、辅臣以及侍班、讲读等官员，按照次序立于宫殿的台阶前，对太子行四拜礼，礼毕后，各官按次序进入东厢房，分班相向站立。鸿胪寺官赞“起案”，通事舍人就将讲案呈进，内侍将书展开，侍读官进读。读完后，侍讲官进讲。讲完后，通事舍人撤案，命赐酒肴。之后各官叩头退下。每日讲读仪式，与天顺二年所定相同，只是每日各官需要先到文华门外，东西朝向，有序站立，候皇上御经筵日讲完毕，皇太子才出阁升座。另外，东宫初讲时，阁臣需要陪侍五日，之后每月的三日和八日也需到场，先行叩头而出，然后各官员方能进入，各司其职。阁臣参与太子讲读反映了内阁地位的提升。

东宫讲读时，内阁大臣虽然有提调之责，但不一定要始终随侍左右，即侍班。这引起了言官的攻讦。户科给事中曹大野论劾大学士高拱，指出“东宫出阁讲读，乃旷世之盛典，国家之重务”，而高拱“当每日进侍左右，乃止欲三、八日叩头而出，是不以事陛下者事东宫矣！何其无人臣之礼，敢于自尊哉！”但高拱却辩解说：“东宫讲读，阁臣虽有提调之责，而随侍左右，则《会典》未载，礼部未行题请，是前此所无也。臣等既不敢擅自入侍，而心不自安，所以有五日一叩之请。”[1]高拱虽然如此自辨，但实际却反映了东宫讲读仪式相对皇帝经筵日讲来说，并不那么重要的实情。

万历四十四年七月，礼部再次上皇太子出阁讲学仪注：“是日早，锦衣卫陈设仪仗，侍卫内侍先设皇太子座于文华殿之东厢房，正中向西，设书案于座之左，提调辅臣并侍班、侍讲读、侍卫等官各具吉服，先以次入，序立丹墀北向，礼部、鸿胪寺执事官候皇太子出阁，从后殿导至文华殿东室，诣先圣先师牌位前，焚香行四拜礼，仍导引至东厢房，候皇太子升座，各入班。鸿胪寺官赞排班，班齐鞠躬。四拜礼毕，各官以次分班相向立。鸿胪寺官赞起案，通事舍人以讲案进，内使展书，侍读官进读；读毕，侍讲官进讲。讲毕，通事舍人撤案，命赐酒饭，百官叩而退。”[2]可以看出，万历朝太子出阁讲学仪与前代相比基本没有什么变化。

据《明史》载，崇祯十一年，“署礼部事学士顾锡畴言：‘东宫嘉礼告成，累朝锡赉有据。《实录》载，成化十五年，皇太子出阁讲学，六卿皆加保、傅。弘治十年，皇太子出阁讲学，内阁徐溥等四人、尚书马文升等七人，俱加宫保。’崇祯皇帝命酌议行之。”[3]由此可以推断出，此时的太子讲读礼仪也并无太大变化，依然按照前朝旧制行事。

另《天府广记》提到，就在明朝将要灭亡的前两年，即崇祯十五年，阁臣还再一次奏进“东宫讲仪”，一共五条：

> 一、览史以佐经。察旧仪，有读《四书》、读经史之文，似宜于经书外，每摘简要《通鉴》一段进讲。凡治乱邪正、是非之际，详细开陈，庶以古镜今，为益不小。

---

[1] 《明穆宗实录》卷六八，隆庆六年三月己酉、辛亥。

[2] 《明神宗实录》卷五四七，万历四十四年七月辛巳。

[3] 张廷玉等：《明史》卷五五《礼志九·东宫出阁讲学仪》，清乾隆武英殿刻本。

一、省读以进业。旧仪，经书各读十遍为蒙养圣功。伏见皇太子聪颖非常，似可各省为五，以余力用之阅史、作对，既可养气，兼可旁通。

一、对句以致知。相传祖宗朝，讲读毕，皆有对偶之句，由浅渐深，由近及远，比物连类，触发似多。可将旧对佳者集为一帙，恭候东宫时取览观，间作一对，容臣对，与侍班讲读官互相参叩，似亦格致一端。

一、问辨以去疑。闻高皇帝每令儒臣进讲，必令反复讨论，以求义理之极。如讲《洪范》，讲《立政》，讲《攻乎异端》及《心箴》，皆直阐圣真，出自天悟。至肃皇帝听讲，尤多发前贤所未发。皇上精洞古今，同符二祖，计万几之暇，所以谕东宫者，耳提面命，无不周到。而讲官进讲时，间有疑义，东宫亦可时赐诘问，以尽下情。

一、时习以基圣。先臣詹事吴宽言："东宫讲学，自寒暑朔望令节外，一岁之中不过数月，一日之内不过数刻，况其间又多间歇。(即日)[借曰]习读于(外)[内]，不若出就外傅，亲近儒臣，讲习治道，所得为多也。"《商书》言终始典学，《周颂》言日就月将，守成芳躅，举以为时习不厌之助。[1]

对此东宫讲仪，"上褒答"。这时的东宫讲读内容已有变化，重视作对的技能和问辩解疑的能力。

由此看出，崇祯末年，虽然国力衰微内忧外患，但皇上和大臣仍然恪守祖制，十分重视太子教育及其讲仪，并试图有所更新。

[1] 孙承泽：《天府广记》卷二五《詹事府·附载》，清抄本。

第三节　太子教育的内容

明朝对太子进行教育是全方位展开的。从出阁时间这一节点来看，大致可以分为两个部分，即出阁前非正式的东宫启蒙教育以及出阁之后的正式讲学。

出阁之前，太子年龄尚小，注意力不容易集中，暂不能适应文华殿庄严肃穆的学习氛围。因此，太子被安排在太子东宫接受启蒙教育。《礼部志稿》载，礼部尚书费寀拜会勋辅大臣时说道："皇太子既不便出阁，乞命司礼监慎选老成端厚知书内伴，恭伴读书习字，兼演习礼仪。俟睿性渐开，礼节日熟，然后出阁讲读。"[1]如孝宗为太子时，在宫内便由宦官覃吉授课：

> 昔我孝宗敬皇帝之在东宫也，我宪宗纯皇帝择内官覃吉任典玺局，吉为人温雅诚笃，通诗书，识大体，议论方正，每于孝宗前，口授《大学》、《中庸》、《论语》诸书，动作举止悉导以正，暇则开说，五府六部及天下民情、农桑、军务以至诸凡情弊，悉直言之。[2]

由此可见，出阁前的教育内容包含读书、习字、演练礼仪等。教育形式应该比较随意，没有严格的学习计划和教学任务，仅由内臣近侍辅导习字，口授史书，陈说民情，并对太子的行为礼仪予以导正。这种言传身教的教育模式，使太子在日常生活中受到潜移默化影响，为以后出阁读书打下基础。正所谓，"他日亲贤讲学，基命成德之助，端在于此（启蒙教育）"。[3]

---

[1] 俞汝楫:《礼部志稿》卷六七《储宫备考·储教下·东宫冠读》,景印文渊阁四库全书本。
[2] 张卤：《慎选东宫内外官僚以端大本疏》，载贾三近编：《皇明两朝疏抄》卷三，明万历刻本；又载孙旬《皇明疏钞》卷九《储贰》，明万历自刻本。
[3] 徐学聚：《国朝典汇》卷八《朝端大政·东宫》，明天启四年徐与参刻本。

太子出阁之后，就开始在文华殿[1]接受正式教育。《礼部志稿·每日讲读仪》记载了太子出阁讲学的仪式，从中可见其一天的教育内容：

第一，皇太子出阁后首先所学的内容便是《四书》、《五经》或史书，早朝后（今五时左右）先读，巳时（今九至十一时）后则讲。每日早朝告退后，皇太子来到文华殿后殿，"内侍展书，先读《四书》，则东班侍读官向前伴读十数遍"，"次读经书或读史书，则西班侍读官向前伴读，亦如之"。读时"务要字音正当，句读分明"。然后，每天巳时，开始讲解早晨所学的内容："每日巳时，侍班、侍读、侍讲及侍书官，俟皇太子升座毕"，"侍班内侍展书，先讲早所读《四书》，则东班侍讲官进讲一遍，退复原班；次讲早所读经史书，则西班侍讲官进讲亦然"。这时，讲官"务要直言解说，明白易晓"。

第二，学习书法。就在每天巳时开始讲解《四书》、《五经》或史书后，"侍书官向前侍习写字，务要开说笔法，点画端楷"。"凡写字，春夏秋月每日写一百字，冬月每日写五十字"。

第三，学习骑射。"午膳后（是时已回宫），从容游息，或习骑射"。

第四，晚上复习白天所学习的内容。"每日晚，读本日所授书各数遍，至熟而止。"每过三天温习一次。"凡读书三日后一温，须背诵成熟，遇温书日，免授新书。讲官通讲，须晓大义。"[2]

从上可以看出，太子的教育内容十分丰富，有讲读经史、习字、骑射、熟读、背诵等。毋庸置疑，《四书》、经史是最重要的教育内容。在讲经之前，太子不但需将要讲内容反复诵读数十遍，而且要在讲经结束的当晚，将当天所学内容熟读，三天之后还得温习背诵，学习任务很重。在学习的过程中，侍读、讲官被分为了东西两班，东班明确规定讲读《四书》，而西班则"次读经书或史书"。由此我们可以

[1] 洪武初是在大本堂接受教育。参见《大本堂考》，载《文献》2001年第2期。

[2] 俞汝楫：《礼部志稿》卷一《每日讲读仪》。

看出，《四书》成为了优先讲读的必修书目，而其他的经史书籍则置于次要地位，根据需要进行选读。这与明代重视程朱理学有关。

太祖时的太子朱标，讲读的内容见载于《罪惟录》："太子事濂最谨，潜心六经。读《左氏传》，苦诸国之事杂见，濂等以太子意，取诸国次第分系之，题曰《春秋本末》。尝持《豳风图》示濂，曰：'此周家王业所自始，为一言图后。'濂曰：'愿殿下此心朝夕如览图时。'太子跽受教。"[1]濂即为宋濂，是太子的讲官。《六经》为六部儒家经典，始见于《庄子・天运篇》，是指经过孔子整理而传授的六部先秦古籍《诗经》、《尚书》、《仪礼》、《乐经》（后失传）、《周易》、《春秋》。朱元璋要太子朱标"潜心六经"，说明六经在经书讲读之列。《左氏传》，即《春秋左氏传》，是为《春秋》做注解的一部史书。《明史纪事本末》记载："（洪武元年）十一月辛丑，建大本堂，命取古今图籍充其中，延儒臣教授太子、诸王，以起居注魏观侍太子说《书》。上问太子：'近儒臣讲说经史何事？'对曰：'昨讲《汉书》七国叛汉事。'[2]"从中可以看出《汉书》在史书讲读之列。讲官提到《汉书》中的七国叛汉之事，体现了史书的劝诫功能。另外，《大明会典》提到，"永乐二年，令春坊司经局官与翰林院官日分二员讲书，以《尚书》、《春秋》、《通鉴》、《大学衍义》、《贞观政要》等书，直述大义，辑成篇章，进呈御览，然后赴文华殿讲说……"[3]《通鉴》即为《资治通鉴》，是北宋司马光主编的编年体史书，此处似为《通鉴纂要》。《大学衍义》是元明清三朝皇族学习必读之书。《贞观政要》是唐代政论性史书。这些也都成为太子讲学的书目。以上两则材料也反映出，永乐朝基本延续了洪武初年太子讲读书目以儒家经典为主，以带有惩戒功能的史书为辅的教育理念。

永乐二年四月，朱高炽册立为皇太子后，由翰林、春坊分撰《诸

[1] 《罪惟录》列传三《皇太子标传》。

[2] 《明史纪事本末》卷一四《开国规模》。

[3] 申时行等：《大明会典》卷二一六《詹事府》。

经讲义》，送内阁阅过修改后，“呈御览允当，赴东宫进讲。时内阁解缙阅《书》，胡广阅《诗》，金幼孜阅《春秋》，杨士奇阅《易》。一日，侍读学士王达侍皇太子，进讲乾九四爻，举储贰为说。讲毕，皇太子召杨士奇问曰：‘经旨于此恐无储贰之说，达不含讥否？’士奇对曰：‘讲臣非正道不陈，岂敢含讥？此本宋儒胡瑗之说也。’皇太子曰：‘对我言此，常人得此爻，亦举此说乎？’士奇曰：‘殿下此问最好。’乃举程子云‘凡卦六爻，人人有用，圣贤有圣贤用，众人有众人用，君有君用，臣有臣用，无所不通。’又举王昭素对宋太祖之言以对，皇太子悦”。[1]所讲的内容为五经，特别是《周易》。

天顺英宗复辟之后，常常关心太子教育问题，曾问李贤太子讲学应当先读什么书。得到的回答是：“《四书》、经史次第讲读，宜先《大学》、《尚书》。”[2]明代弘治末，张元祯曾以太常寺卿兼翰林院学士，侍经筵日讲，并侍东宫讲读，“上疏劝经筵讲《太极图》及《西铭》、诸性理书，东宫讲《孝经》、《小学》，孝庙欣然嘉纳”[3]。他提议的东宫讲学，增加《孝经》和《小学》的内容，为孝宗接纳。

除了传统的《四书》、《五经》，儒臣也会授命亲自编修一些书籍，供太子观摩学习。史料记载，太祖曾经告诉杨训文等人，东宫讲读“自《六经》、《四书》及先朝谟训外，别命儒臣修纂六曹职掌，今时要务，如财用困乏，民业艰难，武备積隳，士风日卑，及他一切利弊国蠹，分条附见，务令剀切，不必宏深，勒成一书，专备询览。陛下时时考论，观其进否，而稍抗法于左右，必令晓畅而后已，则能明治乱之原，通古今之故，而天下之治可掌运而成”[4]。由此可见，编写的书籍涉及了职官制度、国家大事、民生民情、财政状况、军事情况、社会风气等诸多内容，目的在于让太子全面了解国家的现状和弊病，

[1] 徐学聚：《国朝典汇》卷八《朝端大政·东宫》，明天启四年徐与参刻本。
[2] 李默：《孤树裒谈》卷七，明刻本。
[3] 姜南：《蓉塘诗话》卷四《劝讲太极》，明嘉靖二十二年张国镇刻本。
[4] 黄洪宪：《碧山学士集》卷二一《拟条陈东宫讲学要务疏》，明万历刻本。

吸取古往今来的经验教训，从而掌握治国之道。

此外，东宫藏书处司经局，是太子教学的图书资源。黄道周曾在一份奏疏中，对该局书库情况作过一些叙述：

原任詹事府少詹事兼翰林院侍读学士、今降六级调外臣黄道周谨奏：为奏缴职业事，臣于去岁十月二十六日为司经局颓坏，书库无存，请理库局，钞录宝书，以存典故，并称《五经》书中有鸿篇巨章，宜别为图录，以备留览。十一月初一日奉圣旨："东宫讲读，循序渐进，这所奏经书各种，黄道周职在宫僚，着同詹坊等官精心讲求，汇集成帙，次第进览。司经局为藏书之处，据称历有营缮钱粮，如何任其倾圮，以致书籍无存？并着查奏。该部知道。"

臣奉旨于今已九阅月，更大寒暑。为时不多，职业罔效。臣虽久离局事，而明旨如新，詹坊诸臣同此惕厉，已于今岁六月修理经局书库二所，并诸径厢房。除营缮司汇报外，惟是各种经书，臣与詹坊诸臣集思分猷，多未能竟。

臣所纂《洪范》、《月令》、《儒行》、《缁衣》四种，已先起草，稍有次第，业形之奏牍，欲缮写进呈。而值臣狂瞽曲荷，优容引罪之余，宜自废绌。然臣思古人身蹈不测，尚图纂述以赎殊辜，况臣受命在先，岂得消藏以滋罪戾？譬如蕉萲，终亩之下，则情不忍荒；又如曝芹蜻献之余，则谊不敢蔽。用是冒昧，将臣所纂完《洪范》二册、《月令》二册、《儒行》二册、《缁衣》二册，凡八册四函，先呈进览。臣理宜觅畤人，大书重装，而臣居贫薄，手书双行以省浩费。且去国日近，不敢多营，恋主微情，聊存其鄴。《传》曰："虽有丝麻，不弃菅蒯。"《诗》曰："采葑采菲，无以下体。"臣荷罪愈深，而受知特甚，幸托菅蒯葑菲之言，无当土壤涓埃之实。唯陛下鉴其辛勤，存其憔悴，不以人废，亦问察之心，宁使过存？亦蒭荛之获，文虽无用，尚有明旨之当遵。臣虽不才，不借他途以自进，谨将纂完书本，开列如左：

一函二册《洪范明义》十二卷，次函二册《月令明义》十二卷，三函二册《儒行集传》十八卷，四函二册《缁衣集传》二十三卷。右《洪范》二册，皆言性命立极之道，《月令》二册，皆言政事随时之道，《儒行》二册，皆言知人任使之道，《缁衣》二册，皆言好恶感民之道。臣学问肤浅，缮写粗劣，谨以职业遵旨缴完，为此具本奏闻。[1]

据此可知，司经局曾经倾坏，奉旨修缉，东宫官员分头抄写所藏之书。黄道周负责抄缮《洪范明义》、《月令明义》、《儒行集传》和《缁衣集传》等书。这些书，应是东宫教育的教学参考书，由此可以窥见太子所学内容的某种状况。

焦竑在其《国史经籍志》中专列《制书类》，其中著录了一些东宫教材和参考书。如《储君昭鉴录》二卷，《训东宫务本之训》一卷，《文华宝鉴》□卷，《为善阴骘》十卷，《孝顺事实》十卷，《训东宫外戚事鉴》五卷，《训东宫睿宗皇帝恩纪诗集》等[2]，都是太子教育的内容。

除了讲读书籍，习字也是太子教育的重要内容。太子将来会继承大统，成为一国之君，而皇帝的朱批、诏谕以及赐给大臣们的诗词歌赋，常常需要亲自手写，书法的好坏，可能直接影响他的形象和尊严，因此书法的重要性不言而喻。据《明神宗实录》记载，“春夏秋月，每日写一百字，冬月写五十字。先用红模，俟写熟后用影本。每日内侍捧仿纸送至内阁，辅臣照例圈注，随捧归呈览，以备劝勉。”[3]可见太子的习字练习并不轻松，每一个字都得反复描红，直到熟练掌

[1] 黄道周：《黄石斋先生文集》卷二《奏疏笺揭·进缴书录疏》，清康熙五十三年刻本。

[2] 焦竑：《国史经籍志》卷一《制书类》，明徐象橒刻本。

[3] 《明神宗实录》卷五四七，万历四十四年七月辛巳。

握后才能用影本，而且写好之后还要交付内阁圈注批阅，最后返回到太子手中进行总结，工作量非常之大。此外，皇上也常对太子的书法教育表示关心。天顺二年正月，礼部请皇太子出阁读书，英宗便对李贤说，皇太子学习，“写字亦须用心。朕初习字，侍书者不曾开指下笔法，任意写毕，令其看视，又不校正，以此写字不佳”。[1]希望太子能够弥补自己因缺乏指导而写字不佳的遗憾。由于明代太子教育大力倡导书法教育，明代很多皇帝都写得一手好字，并将习字作为终身的兴趣爱好，常常研习书法家的字帖。明宣宗做太子时便“习古法帖，宸翰妙绝，盖始学赵孟頫，而加以遒劲，真所谓精能之至，出神入化者。”孝宗尤爱沈度的书法，经常在“宫中妙习焉”[2]。可见太子东宫的书法教育影响既深且远。

习武也被列为太子教育的重要内容。明太祖朱元璋以暴力夺得天下，深知武备的重要性。他曾在与大臣的对话中赞扬“周公教成王克诘戎兵，召公教康王张皇六师，此居安虑危，不忘武备”，担心后世君主“生长富贵，昵于安逸，不谙军旅，一有缓急，罔知所措”[3]。因此，太祖在让太子接受文化教育的同时，也不忘对其进行武略的培养。明太宗朱棣通过“靖难之役”，推翻了文弱的建文帝朱允炆，也深刻体会到教育子孙习武的重要。太宗曾对兵部尚书金忠等说：“皇太孙年长有志略，朕令其学问之暇，兼讲武事。其遣人往直隶应天府及江北凤阳、滁、和等府州，北京、山东、山西、陕西、河南、四川、湖广境内，选民间子弟年十七至二十勇健有才艺者，官给路费廪食，送京师，俾充随从。”[4]这里的皇太孙指的是明宣宗朱瞻基。他从小得到祖父朱棣的喜爱，被当做接班人来培养，因此这一段材料可以大体反映皇太子教育的情况。明仁宗朱高炽体弱多病，但在太宗熏陶

[1] 徐学聚：《国朝典汇》卷八《朝端大政・东宫》，明天启四年徐与参刻本。
[2] 黄佐：《翰林记》卷一一，景印文渊阁四库全书本。
[3] 张廷玉等：《明史》卷一一五《兴宗孝康皇帝传》，清乾隆武英殿刻本。
[4] 《明太宗实录》卷一三一，永乐十年八月丙辰。

下，年纪稍长便习射箭，且“发无不中”[1]。明英宗复辟之后，鉴于土木堡之变被俘的经验教训，十分重视太子明宪宗的骑射教育。因此宪宗在东宫讲学之时，“尤便习骑射”。武宗在出阁讲学的间隙，颇好骑射，但孝宗以为“克诘戎兵，张皇六师，亦安不忘危之意，弗之禁也”。[2]

太子每年出阁讲学的总天数不多，仿照皇帝经筵日讲的春讲和秋讲，将一学年分为春秋两学期[3]，且每年节假日都会放假，圣节前后放假九天，中宫殿下千秋令节前后放假五天，皇太子殿下千秋节令放假一天，正月初一开始放假到二十日，花朝放假一天，清明放假一天，端午前后放假三天，七夕放假一天，中秋一天，重阳前后放假三天，冬至前后放假五天，腊八放假一天，除夕之前放假五天，朔后各一天，共计五十七天。而且凡是遇到大风雨雪，隆冬盛暑，还会暂停讲学。东宫讲官吴宽曾在弘治十二年六月上疏皇上时提到“仰惟东宫讲学，寒暑风雨则止，朔望令节则止，一岁不过数月，一月不过数日，一日不过数刻，况又间有推移，时或罢歇”。其言下之意是太子出阁讲学时间太短。但其实太子的教育不会因为出阁讲学的中断而停止。据《国朝典汇》载：

> 三月，皇太子出阁讲学。四月，东宫辍讲，礼科都给事中陆树德言，“自四月至八月为时旷远，除大寒大暑，余日尚宜讲读。”礼部言：“宫中暇日，宜加温绎，不离正业，庶

[1] 张廷玉等：《明史》卷八《仁宗本纪》。

[2] 《明宪宗实录》卷一，弘治十八年四月。

[3] 据笔者目力所及，并未发现有史料明确记载太子讲学分为一学年两学期制，但在徐学聚《国朝典汇》卷九《朝端大政》（明天启四年徐与参刻本）中提到“四月东宫辍讲，礼科都给事中陆树德言，自四月至八月为时旷远，除大寒大暑，余日尚宜讲读。礼部言：“宫中暇日，宜加温绎，不离正业，庶得存养之道、作习之宜。上是之。”皇帝经筵日讲，春讲于二月初旬起至五月初暂止，秋讲定以八月初旬起至十月初暂止。陆树德称“自四月至八月为时旷远”，意思是若四月辍讲，则离秋讲的八月开讲时间太长了，容易荒废太子学业。由此可以推测太子讲学与皇帝讲读一样分为春秋两学期。

得存养之道、作习之宜。”上是之。礼部覆都给事中雒遵等奏：“东宫辍讲之月，除宫中温习外，宜于朔望日，令辅导讲读等官，恭诣文华殿，启请半月内课程疑义，庶养正之功，缉熙无间。”上是之。[1]

这段史料记载的是隆庆六年（1572年）发生的事情。皇太子指的是万历皇帝朱翊钧，时年九岁。按照常理，太子春讲的日期应为二月初旬至五月初。但可能由于穆宗考虑到太子年幼，又是刚出阁不久，难以适应如此紧密的学习节奏，因此四月份便停止讲读。从四月辍讲到八月开讲，共有四个月的时间，但太子却很难享受这漫长的假期，根据礼部官员提议，他还需在宫中温习之前学过的内容，并且每到朔望之日，辅导讲读等官都会来到文华殿，“启请半月内课程疑义”[2]。辍讲之后的学习计划，可能因为父亲穆宗的突然离世而没有实施，但从侧面可以推知，太子迫于身份的压力，是一刻不得清闲的。

即使皇太子完成了讲学课业，并在假期温习熟读经史，也仍然没有达到皇帝的要求。皇帝希望太子能够深刻理解所学知识。洪武元年正月，太祖来到文楼，问身边的太子朱标“近与儒臣讲说经史何事？”太子回答：“昨讲《汉书》七国叛汉事。”太祖遂问“此曲直孰在？”回答道：“曲在七国。”太祖驳斥道：“此讲官一偏之说。宜言景帝为太子时，尝投博局，杀吴王世子以激其怨。及为帝，又听晁错之说，轻意黜削诸侯土地。七国之变，实由于此。若为诸子讲此，则当言藩王必上尊天子，下抚百姓，为国家藩辅，以无挠天下公法。如此，则为太子者知敦睦九族，隆亲亲之恩；为诸子者，知夹辅王室，以尽君臣之义。”[3]由此可见，明太祖希望用历史教育来培养太子的判断能力。洪武十二年三月一日，太祖御华盖殿，问身旁的皇太

[1] 徐学聚：《国朝典汇》卷八《朝端大政》，明天启四年徐与参刻本。
[2] 徐学聚：《国朝典汇》卷八《朝端大政》，明天启四年徐与参刻本。
[3] 《明太祖实录》卷二九，洪武元年春正月丙戌。

子："比日讲习何书？"回答道："昨看《书》，至商周之际。"太祖说："看《书》亦知古人为君之道否？"因谕之曰："君道以事天爱民为重，其本在敬身。人君一言一行，皆上通于天，下系于民，必敬以将之，而后所行无不善也。盖善天必鉴之，不善天亦鉴之。一言而善，四海蒙福，一行不谨，四海罹殃。言行如此，可不敬乎！汝其识之。"[1]这里皇帝希望太子能通过学习儒家经典，体会为君之道的精髓，可谓用心良苦。总之，明代太子的教育内容以儒家经典为主，崇尚商周的圣贤之道，希望以此感化太子，使之成为一个博学多识，又怀有一颗宽仁爱民之心的君主，使朱明江山安如泰山。

第四节 太子教育官员的选择

太子教育官员就是对太子进行教育，辅导其学业的官员。虽然明初建立了三公三少和詹事春坊等官员辅导和教育太子，但为避免太子与大臣勾结篡权，朝廷另选他官担任东宫讲读的官员。太子三公三少成为荣衔，詹事春坊成为翰林官员迁转之地。

太子教育官员有内官和外官之分。内官就是太子出阁前在太子身边进行教导，及太子出阁后陪侍在其身边侍讲的宦官，外官指的是太子出阁之后对其进行教育的翰詹讲官。这些官员担负着教育太子成才的任务，责任相当重大。因此，在选派教育官员的时候会十分慎重，设立较高的门槛。

一 内朝教育官员的选择

太子出阁之前住在宫中，接受内朝官员（即宦官）的教育。由于太子和内官朝夕相处，内朝宦官的品性很容易对小太子产生潜移默化

[1] 《明太祖实录》卷一二三，洪武十二年三月戊辰朔。

的影响。因此，在内官的选择上，人品的优劣是一条重要的参考标准。其人需要品性淳朴，老成持重。司礼监太监李荣便是这样的人。李荣，字茂春，河南洛阳人。景泰年间被选入内廷，侍奉于乾清宫，经天顺、成化、弘治三朝，从无名小卒，到进入司礼监，“进掌监事，凡国家大政皆预参决”。当武宗还是太子时，李荣“兼领进读，夙夜惟谨”。“每入侍讲筵，必先再□祝千岁寿，上眷而怜之”。据大学士李东阳给李荣撰写的墓志铭记载，他“赋性朴厚，入内垂六十年，一心慎密，未尝有过，与人夷坦，未尝念旧恶为报复”[1]。正是他这种朴实厚重的性格，缜密慎重的心思，以及不计前嫌的宽广心胸，赢得了孝宗的信任，放心地将辅导太子的重任交付给他。同样，品格优秀的内官还有覃昌。覃昌，字景隆，广西宜山县人，司礼监掌印太监。正统十二年（1447），因“幼而姿甚美，乃选入内庭”，送内书堂学习。“天顺丁丑，英宗复位，宪宗时在东宫讲学，命公伴读”，因性格老成持重，得到重视。以至于当他想退休的时候，孝宗“重其老成，数勉留之”。[2]

除了良好的品格，内朝教育官员还被要求具备广博的学识。东宫官典玺局郎覃吉就是个博学多识的人。覃吉，广西人，九岁进入内廷。在孝宗被册立为太子后，覃吉被派到其身边，侍候他生活和学习。覃吉“亦一温雅诚笃之士，识大体，通书史，议论方正，虽儒生不能过”。他的记忆力十分出众，“《大学》、《中庸》、《论语》等书，皆其口授”，知识面极广，且明辨是非，“暇则开说五府、六部及天下民情、农桑、军务，以至宦官专权蠹国情弊，悉直言之”。[3]他身为宦官却毫不忌讳地提到宦官专权的危害，如不是学识广博、明辨事理的人，是不可能有如此胸怀的。他也因此得到了太子的尊重。在这些有

[1] 李东阳：《大明故司礼监太监李公墓志铭》，http://blog.sina.com.cn/s/blog_522592330100ylom.html，2011 年 11 月 18 日。

[2] 徐溥：《司礼监太监葵庵覃公昌墓志》，载焦竑辑《国朝献征录》卷一一七《寺人》，明万历四十四年徐象樗曼山馆刻本。

[3] 万斯同：《明史》卷四〇五《宦官传》，清抄本。

学之士的辅导下，太子的进步明显。例如光宗任太子时的讲官王安，“颇通书史”，光宗在他的教导下进步不小，登极之后，“仅一月，而诸善政不胜书”。[1]

有些内朝教育官员不像覃吉那样聪慧博识，记忆过人，但是用兢兢业业的态度，和勤能补拙的精神，得到了皇上的认可。司礼监太监高凤便是如此。高凤，字延威，号梧冈，顺天涿州人，景泰七年进入内书馆学习，官至司礼监太监，曾特命为东宫典玺局丞。天顺年间侍奉太子讲读，“夙夜勤恪，凡讲官所进授，日为温习，起居动止，食饮寝处，因事启沃者，不可胜计”。长此以往的忠于职守，换来的是世人的认可。在他去世以后，他的墓志铭上这样写着：“其尤大者，则储宫之辅翊、内政之枢机。竭志殚力，务求实用。”[2]

这些经过千挑万选的内朝教育官员，具备种种卓越的品质，用言传身教感染太子，使其朝着正确的方向不断发展。

当然，也有一些宦官，引导太子走向逸游之途。如武宗为太子时，刘瑾等人“得侍东宫，以俳弄为太子所悦”[3]。武宗表面上勤与经筵，尊重东宫师傅，暗地里却与刘瑾等人放荡不羁，孝宗和儒臣皆遭欺骗。[4]这是选内朝教育官员不慎所导致的恶果。

二　外朝教育官员的选择

太子出阁之后就开始接受外朝官的正式教育[5]。出阁教育不同于宫中教育，其不止满足于让太子获得知识，更宣示了太子正统的地

[1] 彭孙贻：《明朝纪事本末补编》卷五，涵芬楼秘籍本。

[2] 李东阳：《大明故司礼监太监高公墓志铭》，第 123 页，载赵令扬审订、梁绍杰辑录：《明代宦官碑传录》，香港大学中文系，1997 年。

[3] 谷应泰等：《明史纪事本末》卷四三《刘瑾用事》。

[4] 参见谢贵安：《逐步突围——明武宗娱乐生活的阶段性特征（上）》，载《紫禁城》2010 年第 8 期。

[5] 此时内官仍然能在宫中对太子进行些辅助性教育，但远不及出阁教育正式、有针对性。

位，有着宫中教育所不能比拟的庄重场面。万历四十六年三月，礼部署部事左侍郎何宗彦上疏称："皇长孙年已十四，冠期甚近，虽宫中亦尝读书习字，然非有庄颜正论，追琢德器"[1]，则难以成材。由此说明在群臣心目中，外朝教育显然要重要得多。因此外朝教育官员的选择，不但要求讲官具备更卓越的学识，更正直的人品，还要有不凡的气度、俊朗的仪容和正统的思想观念。

外朝教育官员分为东宫讲读和东宫讲官，后者地位要高于前者。傅瀚是天顺八年（1464年）的进士，选为庶吉士，后任翰林院检讨，孝宗时被提拔为礼部正二品，弘治十三年（1500年）升为礼部尚书。据史料记载，傅瀚于成化"戊戌，兼司经局校书，东宫讲读。丙午秩再满，迁左春坊左谕德兼检讨，充（东宫）讲官。"由此我们可以看出，傅瀚是由东宫讲读升为了东宫讲官。但不管是东宫讲读还是东宫讲官，选拔标准都是非常之高的。

每个士大夫心中都有一个太子讲官的标准，太子少保兵部尚书马文升就在弘治七年正月上疏提出，太子讲官应当是"名实相符、才德老诚、学问该博之士"，而"浮躁浅露、心术不端者"，则"不使之与"。[2]南京广西道监察御史郭纴，于弘治七年六月提出，"师傅讲读之官，必须择取平昔孝行彰闻、忠荩著称、严毅方正、学术无偏者为之"，而"其轻浮浅露、憸邪忌刻之徒，一切勿取"。[3]嘉靖十八年，礼科右给事中钱薇与同事吕应祥、任万里在一份奏疏中，借助古人的观点提出了东宫师傅选择的标准："《礼》有云：'凡三王教世子，必选天下端人正士、孝弟博闻、有道术者辅之。'"并指出"昔成祖论宫僚，以胡广、杨士奇二人为不忝，而仁宗择东宫讲读，尚书蹇义等仅举仪智一人，宣宗以兵部尚书张本兼太子宾客，英宗聘布衣吴与弼为春坊谕德。此诸臣者，考其出身，或以岁贡，或以学官，或自守令，

[1]《明神宗实录》卷五六七，万历四十六年三月。

[2]《明孝宗实录》卷八四，弘治七年正月壬辰。

[3]《明孝宗实录》卷八九，弘武七年六月丙寅。

或从田亩”。因此，选取太子讲官“惟期在得人，故未尝限于所择，亦不必沾沾备官也”。[1]

这些儒生，尽管对太子讲读官的要求略有出入，但是核心标准是不能动摇的，那就是必须遵循儒家思想引导下的伦理纲常，必须符合朝臣心中最典型的，如同先贤般的儒雅士大夫形象。太子官员的选取应当符合如下标准。

第一，忠君爱国。太子的外朝教育官员应是大明王朝忠诚的卫道士，必须具备忠君爱国、尊重祖法、崇尚理学等传统道德品质，以便在授课过程中，将正确的价值观灌输给太子。陶大临就是这样一位讲官。陶大临（1526－1574年），字虞臣，号念斋，浙江会稽人。嘉靖三十五年丙辰科（1556年）榜眼。隆庆六年，“以少詹事兼侍读学士，召侍上讲读于春宫。寻进詹事，仍兼学士如故”。他接受了正统的理学思想，因此他在进讲过程中，将理学思想传授给太子，以“正心、窒欲、法祖”为言。[2]殷士儋“侍裕邸讲读。是时，世皇方精简儒臣为辅导官，士儋念天下治忽所系，每进讲，必斋戒存诚，至君德治道所关及理乱兴亡之际，权奸女宠宦寺外戚之祸，未尝不危切言之，冀有所感动”。[3]

第二，孝道。孝道属于中国传统的道德品质，因此成为太子讲官选择的标准之一。吕应祥在《慎选宫僚疏》中，明确提出太子讲官应该是“必有孝悌之行，而有博闻今古者”。而选择东宫官僚的标准和程序，则应当“先之以孝悌，次之以博闻，有实行显著者，方许疏名，上请点用”。[4]因此，能成为太子讲官的人，通常都是孝行卓著的

[1] 盛枫：《嘉禾征献录》卷一七《太常寺》，清抄本。

[2] 王世贞：《吏部侍郎陶文僖公大临传》，载焦竑辑：《国朝献征录》卷二六《吏部三》，万历四十四年徐象樗曼山馆刻本。

[3] 《明神宗实录》卷一二五，万历十年六月甲午。

[4] 吕应祥：《慎选宫僚疏》，载张卤：《皇明嘉隆疏钞》卷三，明万历刻本。

人。永乐十六年正月癸酉，国子学录王让奉命侍皇太孙[1]说书，明成祖朱棣针对这一任命，说道："朕闻让之孝。"其意对如此孝顺之人担任太子讲官表示满意。生于嘉靖末年的冯有经，也是一个以孝行闻名的太子讲读官。冯有经（1566－1615年），字正子，号源明，浙江四明人，二十三岁考中进士，选为翰林院庶吉士，二十八岁授翰林院编修，三十二岁升为右春坊右中允，三十四岁充东宫讲读官，成为太子老师。他"在坊局九年，繇谕德、洗马历庶子，皆不辍讲读。霜天雪夜，太宜人未尝不夙兴曙戒。公每进讲，念母师之训，静共斋栗，著见于进止之间"[2]。在太子辍讲之后，他"亦引疾侍太夫人养，承欢贞寿，备极深挚，益隐然系朝野之望"。[3]他曾在万历丁酉年（1597年），上疏"言母刘苦节，诏旌表其门为节妇"。"奉太宜人扶府君榇归葬于夏岙之原，哭踊如初丧，感动行路。公疏请庐墓行服三年，上不许"。他的孝行深深感染了太子，太子"恒目属之"，并称赞他道："冯先生孝子也！"[4]此外，孝行卓著的还有林增志。林增志，字任先，浙江瑞安人，崇祯元年考中进士，后升为东宫讲读。他"事母至孝，天性端方"。在他母亲死后"哀毁骨立，几不欲生。三年悲痛如一日"，[5]可以称得上大孝子。

第三，责任感和勤奋精神。作为太子讲官还需具备强烈的责任感和勤奋刻苦的精神。詹事府掌府事、吏部左侍郎、翰林院学士吴宽在《奏请东宫讲学疏》中说道："臣等并以菲才，误充讲读等官，夙夜忧愧，期少副皇上简任之意，而职业不修，廪禄虚费，是臣等之罪也。"

[1] 皇太孙也是皇位的继承人，因此太孙教育与太子教育基本上相同，因此将其归为一类。下同。

[2] 钱谦益：《牧斋初学集》卷六三《神道碑二·慈溪冯氏先茔节孝碑》，四部丛刊景明崇祯本。

[3] 杨守勤：《宁澹斋全集·文集》卷七《奉议大夫左春坊左庶子兼翰林院侍读冯孝子源明先生行状》，明末刻本。

[4] 钱谦益：《牧斋初学集》卷六三《神道碑二·慈溪冯氏先茔节孝碑》，四部丛刊景明崇祯本。

[5] 陈鼎：《留溪外传》卷一八《缁流部·二雪和尚》，清康熙三十七年自刻本。

他觉得教学课时太少，“除大寒大暑之外，止于春秋之时，则是一岁之内不过数月，况当其时，自清晨至于午前即止，则是一日之内不过数刻，其间且有朔望节令及风雨又免”，担心东宫出阁晚了会延误学业，希望太子能够“离近习而亲正人”，“不若此就于外傅，居储副之位，遵祖宗之法，亲近儒臣，讲明治道，不尤愈乎！”并说太子“为天子之元子而有天下之责”[1]。可谓对太子讲读一事尽职尽责，鞠躬尽瘁。同样对待教育勤恳尽责的还有张潆。张潆，成化戊戌进士，后选庶吉士，授翰林院编修，转侍讲。弘治“戊午，充东宫讲读官”。次年，进侍读学士。十八年，升学士。[2]在此前，他入教过内书堂，担任过皇帝的经筵讲官，此时任东宫讲读官，对工作十分负责，“日侍春宫讲读，每进讲必斋戒致敬，敷陈启沃，不忘规正”。他对教育的认真态度，从他担任国子监祭酒后“毅然以师道自任”中可以得到印证，“日坐彝伦堂课诸生进修，虽盛暑不辍”，“谆谆以存心为训”。对学生们说：“为学当求诸心，心之理得，则大本立。著为文章，发为事业，皆举而措之耳！”[3]这些话，他在教育太子时，应该也讲过。后面的这段记载，取自杨廷和为他撰写的神道碑铭：“事先朝为讲官，又日侍今上春宫讲读，每进讲，必斋戒致敬，敷陈启沃，不忘规正。”[4]朱国祚也是一位勤劳有责任感的太子讲官。朱国祚，字兆隆，浙江秀水（今嘉兴）人。万历十一年进士，为状元。他“笃学穷经，旁及典籍，日有课程，焚香，手书端楷，一字误，必更写，昼有所妨，宵灯足焉”。[5]光宗出阁讲学后，李廷机先充侍班官，后任右春坊右谕德兼侍讲，“时豫教方勤，秉烛讲读，每四鼓呼长安门入，寒暑

[1] 吴宽:《匏翁家藏集》《匏翁家藏》卷五七《奏请东宫讲学疏》，四部丛刊景明正德本。
[2] 雷礼:《国朝列卿纪》卷二七《张潆》，明万历徐鉴刻本。
[3] 过庭训:《本朝分省人物考》卷一一〇《张潆》，明天启刻本。
[4] 杨廷和:《资德大夫正治上卿南京兵部尚书参赞机务太子少傅致仕泾川张公潆神道碑铭》，载焦竑辑《国朝献征录》卷四二《南京兵部一》，明万历四十四年徐象檼曼山馆刻本。
[5] 朱国桢:《朱文肃公集·光禄大夫柱国少傅兼太子太傅户部尚书武英殿大学士赠太傅谥文恪养醇朱先生墓志铭》，清抄本。

风雨不辍”[1]，也是个尽心尽责的人。

第四，老成。太子讲读官一般都选择老成持重的人充任。朱元璋曾说过，立东宫官，应当“取廷臣勋德老成兼其职”。孝宗为太子时的讲官陆釴就是这样的人。陆釴，字鼎仪，号静逸，南直隶苏州府昆山人。天顺八年（1464年）进士榜眼。授编修，历修撰、谕德，因沉稳持重而被选为太子讲官，史料记载，“孝陵在东朝，上妙选靖恭持重之士充文华殿讲官，公在选中”。他为人“冲淡沉默，动必绳矩”，就连诗文也“格力高古，尽洗秾艳”[2]，很好地诠释了他低调质朴、不求浮夸的性格特征。

第五，威严。严格的讲读官往往会在太子面前树立一种威严的形象，让太子在学业上不敢懈怠，从而取得更好的学习效果。这一类讲读官往往容易受到皇帝的青睐。洪武初年的太子赞善大夫宋濂便是这样的人。据载，宋濂“辅导东宫，一言一动皆以礼法讽喻，使归于道。每读书至切于政教，及前代兴亡，必拱手扬言曰：君国子民之道当如是，不当如彼。且推人情物理以明其义。皇太子每敛容嘉纳，敬礼未尝少衰。言则必曰‘师父’、‘师父’云。且书‘旧学’二字以赐”。[3]能为太子寻得这样一位良师，太祖自然欣喜无比。他曾诏皇太子，当面夸赞大学士宋濂教书严格，有古人之贤：“曩者先生教吾子以严相训，是为不佞也……昔闻古人，今则亲见之。”[4]前述冯有经也是一名严格的太子讲官。他在为太子讲课时，敢于指斥其不礼貌的行为。他以右春坊右中允身份给东宫讲读时，便曾仗义执言。据载：“庚子，充东宫讲读官。一日讲官进拜，皇太子偶不为起。公奏曰：‘臣等承乏春宫，辅导无状，致殿下失起立之礼，敢请其罪！’光宗改容谢焉。”其结果是，皇太子还对他产生了好感和思念，当他请假

[1] 过庭训：《本朝分省人物考》卷七一《李廷机》，明天启刻本。
[2] 张大复：《昆山人物传》卷五《皇明昆山人物传》。
[3] 黄佐：《翰林记》卷九《大本堂授经》。
[4] 徐学聚：《国朝典汇》卷八《朝端大政・东宫》，明天启四年徐与参刻本。

回家安葬父亲棺柩时，“皇太子临讲，数问冯先生还否？吏部勒限趣就道，乃还职”。[1]由此可见，严师不但不会让人产生反感，反倒会赢得尊重。

第六，博学。博学多识也是太子讲官具备的素质之一。太子讲官大多都是科举出身，成绩出类拔萃，例如太子讲官黄子澄，乡试第二名，会试第一名，廷试第三名，授命为翰林修撰，不久便兼任春坊官，侍东宫讲读。宪宗的东宫讲官孙贤，字舜卿，杞县傅屯人，生于明成祖永乐二十一年，为“景泰甲戌（1454年）进士第一”[2]，授翰林院修撰，英宗天顺初年（1457年）任左中允，成为太子讲官。又如孝宗讲读官罗璟，为天顺八年一甲第三名进士，即探花，成化十四年（1478年）被选为太子讲读。据载，“戊戌，孝宗进学东宫，简侍讲读”[3]。同为孝宗讲读官的张升，科举成绩更是优异，为“成化己丑进士第一人”[4]，“领成化戊子乡荐，明年会试中式，入对大廷……升对称旨，擢第一”[5]。上文提到过的陆釴，科举成绩也异常优秀，他天顺三年考中举人，七年会试，成为会元，廷试为榜眼，与罗璟同一年被选为太子讲读官。这些科举考试的优胜者，都经历过数十年如一日的寒窗苦读，无一不具有广博的学识。金寔（1371－1439年），字用诚，浙江衢州开化人。受到成祖朱棣的赏识，参与《太祖皇帝实录》和《永乐大典》的编撰，曾担任仁宗的东宫讲官，历左春坊左司直。他聪明博学，“自幼颖悟，书过目成诵”，学问深厚笃实，“屏去浮靡，专意经传”，虽然学富五车，却能坚持学习，从不懈怠。他“阅经史日有程限，或有事妨，夜必补之，不以寒暑少废，故诸经子史悉能

[1] 钱谦益：《牧斋初学集》卷六三《神道碑二·慈溪冯氏先茔节孝碑》，四部丛刊景明崇祯本。

[2] 过庭训：《本朝分省人物考》卷八七《孙贤》，明天启刻本。

[3] 李东阳：《怀麓堂集》卷八八《文后稿二十八·明故朝列大夫南京国子监祭酒罗公墓志铭》，景印文渊阁四库全书本。

[4] 焦竑：《国朝献征录》卷三三《礼部一·礼部尚书张升》，明万历四十四年徐象橒曼山馆刻本。

[5] 过庭训：《本朝分省人物考》卷六一《张升》，明天启刻本。

探其赜而知其非”，“为文章春容畅达，理与气俱”。[1]“仁宗皇帝在春宫，初开经筵，选翰林春坊之明经术者，更番入讲，金君与焉。本诸实理，敷说详明，裨益盖多。升左春坊司直郎，授承务郎，每进论治道，必援引经传，多见采纳。屡承手札之褒，兼任稽古纂述之事。”[2]博学多识可见一斑。吴与弼，字子傅（一作子传，似误），号康斋，崇仁县莲塘小陂人，英宗天顺二年担任东宫官左春坊左谕德。吴与弼学问广博纯正，他先天聪颖，后天又十分努力，“弼资禀英异，八九岁时读书乡塾，已嶷然不凡”，19岁时见《伊洛渊源录》后，“日夜玩读”，受到很深的启发，觉得“吾亦可学为圣贤！”于是“去举业，谢人事，独处小楼，尽读四书五经、洛闽诸录，收敛身心，沉潜义理，足不下楼者二年”。[3]孝宗的东宫讲官梁春，聪明博学，“自幼颖异不凡”，“弱冠博学能文”。[4]

第七，口才。由于出阁讲学内容全由讲官口授，因此口才也成了讲官选拔的标准之一。具体说来，讲官应做到声音清晰，义理明确，谈吐不凡。《翰林记》就提到朱棣曾经让尚书蹇义“选廷臣行止端慎、语音明正者以充讲官”[5]。弘治十七年（1504年），毛澄担任东宫讲读官。毛澄，号三江，谥文简，南直太仓人。“甲子，充东宫讲读官，声音清切，义理明畅。时武宗为皇太子，进讲称旨，入言于孝庙曰：‘今日讲书毛先生是苏州人，说书却真正明白。’孝庙甚喜，方中秋设宴，遂撤以赐。”[6]他虽为苏州人，发音却不带乡音，遂受到孝宗的嘉奖。除了发音标准、讲述清晰，义理明确也很重要。隆庆初，沈鲤成

---

[1] 徐象梅：《两浙名贤录》卷二《儒硕·卫府长史金用诚寔》，明天启刻本。

[2] 杨士奇：《东里集·续集》卷三六《故奉议大夫卫府左长史金君墓志铭》，清文渊阁四库全书补配清文津阁四库全书本。

[3] 过庭训：《本朝分省人物考》卷六一《吴与弼》，明天启刻本。

[4] 过庭训：《本朝分省人物考》卷一一〇，明天启刻本。

[5] 黄佐：《翰林记》卷一〇《皇太孙辅导讲读》。

[6] 邵宝：《容春堂集》续集卷一四《太子太傅礼部尚书赠少保谥文简毛公行状》，景印文渊阁四库全书本。该文又收入焦竑辑：《国朝献征录》卷三四《礼部二》，明万历四十四年徐象樗曼山馆刻本。

为东宫讲官。沈鲤，字仲化，归德人。嘉靖四十四年，中进士，改庶吉士，授检讨。“神宗在东朝，鲤为讲官，尝令诸讲官书扇。鲤书魏卞兰《太子颂》以进。因命说大义，鲤敷陈甚悉。神宗咨美，自是蒙眷”。[1]可见作为讲官，拥有能说会道的本领是极其重要的。

第八，仪表。太子讲官要做到内外兼修，不但要具备广博的学识，高尚的道德情操，还需有不俗的仪表和非凡的气度。汪谐为天顺四年进士，改庶吉士，授翰林院编修，官至礼部右侍郎兼学士，曾任太子讲官。他仪表整洁，清爽示人，“仪度整洁”[2]，代表了太子老师的良好形象。嘉靖三十一年，大学士高拱担任时为太子的穆宗的讲读官。高拱字肃卿，号中玄，河南新郑人。嘉靖二十年考中进士，选为庶吉士，授翰林编修，后为太子讲读官据史料记载，高拱“生而状瑰奇”[3]，是个标准的美男子。隆庆六年，马自强担任神宗的东宫讲读官，讲读时“仪度端详，音吐洪畅”，以至于太子“闻而甚悦，以告穆考。有时讲退于幄后，啧啧叹美”。高仪，字子象，钱塘人，与马自强同为神宗的东宫讲读官，他也相貌堂堂，“体貌魁梧”[4]。万历二十二年，范谦被神宗任命为东宫侍班。“初，公侍东宫虔恭谨慎，雅有常度。皇储每改容起敬”[5]。崇祯时，方拱乾因“丰容貌，有威仪，声音清壮，辨析明达”，令思宗十分“竦异”，遂升其为“詹事府少詹事、东宫讲官”。[6]

只有符合了以上这些标准或其中的某项，皇帝和满朝的儒臣们才会放心地将太子交给东宫讲读官去调教，并相信他们能够为大明帝国培养出合格的储君来。

---

[1] 万斯同：《明史》卷三一〇《沈鲤传》，清抄本。

[2] 过庭训：《本朝分省人物考》卷四二《汪谐》，明天启刻本。

[3] 王世贞：《大学士高公拱传》，载焦竑辑：《国朝献征录》卷一七《内阁六》，明万历四十四年徐象橒曼山馆刻本。

[4] 徐象梅:《两浙名贤录》卷一四《辅弼·礼部尚书文渊阁大学士高子象仪》,明天启刻本。

[5] 吴道南：《吴文恪公文集》卷一九《明资政大夫礼部尚书兼翰林院学士赠太子少保范文恪公行状》，明崇祯吴之京刻本。

[6] 李长祥：《天问阁文集》卷二《和宪先生桐城方公墓志铭》，民国求恕斋丛书本。

三　内外教官的关系

大部分内外教官之间的关系比较紧张，有时候到了水火不容的地步。对于外朝教官而言，太子在宫中的教学成效并不重要，但如果与内臣关系过于密切，反倒是一件极其危险的事情。外朝官员（包括教官）多由儒臣担任，这些长期接受正统观念熏陶的士大夫们，通常会站在道德的制高点，以历史上宦官专权的例子来警告太子，必须远离近侍。因而外朝官会通过不断催促太子尽快出阁接受正式教育来达到目的。弘治十二年（1499年）六月，吴宽（1435－1504年）为东宫讲读官，率宫僚上疏要求太子“出就外傅，欲离近习，亲正人”。指出与其“习读于内，终不若就傅于外”结果“上嘉纳”。[1]吴宽言语间透露出对内官教育的轻蔑。万历三十七年七月十五日，东宫讲学尚未重开，王以宁上奏请及时恢复：“题为青宫讲学久旷，恳乞圣明及时举行，以培国本事……惟是深宫之燕闲，必不若讲幄之清严，足以消佚志也。宦寺之唯诺，必不若宫寮之开导，足以扩善端也。伏睹太祖高皇帝之谕台省诸臣有曰：‘朕诸子日知务学，必择端勤文学之臣兼宫寮之职，讲读经史，涵养德性，博通古今，庶可承藉天下国家之重，但人之相与气习易移，与正人处则日习于正，如行康衢，自不为偏歧所惑；与邪人处则日习于邪，如由曲径，往而不返，不觉入荆棘中。’大哉圣谟，真万世鉴！……乘兹暑去凉生，皇太子出阁讲学万难再旷！伏愿圣明计先国本，亟允开讲。”[2]将太子出阁视作与正人处的机会，在宫内则看成与邪人处，下意识地将宫内想象成一个乌烟瘴气、不学无术的地方，完全抹杀了宫内教育的效果。

内官一般在太子年幼时就服侍在旁，与太子有着深厚的情感，这种关系是严苛的外朝官所不具备的。因此有些内朝官便想借此拉拢太

[1] 黄光升：《昭代典则》卷二三，明万历二十八年周日校万卷楼刻本。

[2] 王以宁：《王以宁奏疏》卷一《请东宫讲学疏》，明万历刻本。

子，阻挠太子出阁讲学。弘治十二年六月，“以吴宽为东宫讲读官。宽以成化八年进士第一人，历官翰林、坊詹，侍康陵东宫，宫中侍竖不欲太子近儒臣，数移事间讲读”[1]。这样看来，吴宽等士大夫的担心也不是全无道理。

由于内外官之间的隔阂，以及宦官干政的深刻历史教训，导致内官在朝廷中的声誉极低。有些东宫讲官各方面都符合担任太子师傅的标准，但只要与内官走得近，便会引起士大夫的不满，甚至深以为耻。李泰就是如此。李泰，字文通，顺天香河人。“正统戊辰进士，选庶吉士”，授编修。景泰间，迁左春坊司直郎兼编修，再转右中允。英宗复辟后，改尚宝司丞兼编修。“既而侍东宫讲读，转侍讲。成化改元，升侍讲学士，兼经筵官，寻侍文华日讲。”后升为詹事，兼职如故。卒年才四十三岁，赐祭葬，赠礼部侍郎。根据李泰的这份简历，倒也符合一般士大夫聘任东宫师和帝师的条件，但是，“太监李永昌，泰之伯父也。正统中掌章奏，有宠。泰为其后”。初应乡试时，京尹进录，英宗还特地问左右：“李泰中否？”“见其名，甚喜。”廖道南指出：“予读小说家，见唐有皮思谦者，冒中常侍鱼朝恩之宠，登高科，历显仕，未尝身为其后获居宥密如李泰者也！嗟乎，翰林清要贵重，匪宿儒不可以斯人践斯地！岂非予殿阁师济之辱乎？”并论曰：“曹瞒后腾，思谦冒恩，史局溷处，掖庭奥援。泰也虽才，历试则愆。鸱蹲凤池，有汗斯颜。”[2]不屑之情一目了然。看来，与宦官沾上点边，或由其助力升进者，都会受到正统士大夫们的讥刺和不满。

当然，也有少部分内官能够得到外官的认可，如前文所提到的内官覃吉，就能与外官相安无事，甚至内外配合，相得益彰。孝宗“九岁出阁进学，容仪严整，班行皆肃。圣性聪颖，每背诵所授书，未始错误。讲官进读有误字，辄不继读，待其改读，然后应之。宪宗制《文华大训》，间以进讲，必令左右撤案，降座立听，已乃复坐。凡听

[1] 黄光升：《昭代典则》卷二三，明万历二十八年周日校万卷楼刻本。
[2] 廖道南：《殿阁词林记》卷六《詹事兼侍读学士李泰》，景印文渊阁四库全书本。

讲之际，专心注目，不移视听。讲官有不在直者，必赐问其故以为常。喜作字，点画飞动，有龙翔凤舞之势，顾专门者所不及。时谕教严甚，非祁寒盛暑不辍”。而回到宫中，“典玺覃吉，日夜启导，凡句读字音、礼仪政事及民情世故，皆从容讲说，委曲详尽。上耳熟焉”。在内外官合力辅导下，孝宗“久而圣性坚定，圣学缉熙，中外臣民已预识为太平天子矣！”这算是太子教育中，内外官最和谐的一幕了，也是统治者们制定内外官教育制度的初衷。然而这也要归功于覃吉个人特别出众的素养，身为内官却具有士大夫的学识和眼界，因此能得到外朝讲官们的认同。他甚至站在士大夫的立场，“暇则开说五府、六部及天下民情、农桑、军务，以至宦官专权蠹国情弊，悉直言之”[1]。这是难能可贵的。但像覃吉这样识大体的内官毕竟是少数，因此总的来说，儒臣们对内臣还是持警惕态度的。在这样相互排斥的环境下，教育效果无形中被打了折扣。而内外官之间的相互敌视，导致二者对太子的争夺，有些宦官干脆一不做二不休，通过诱使太子参与游乐来疏离经筵讲官和内阁大臣，使得太子无所适从，或干脆随波逐流，东宫教育招致失败。

第五节　君主对太子教育的态度及影响

君主的态度对太子教育的影响是极其重大的。纵观明朝，有的太子从一出生就备受皇帝宠爱，早早地被立为太子，接受名儒的教导。有的太子则不受待见，甚至连自身地位都受到威胁，出阁教育也被再三拖延。因此明代东宫教育体系虽然完善，但教育效果却千差万别。毕竟，大明王朝是皇帝独裁的人治社会，最高统治者态度上的差异，就会造成完全不同的两种教育结果。

---

[1] 万斯同：《明史》卷四〇五《宦官传》，清抄本。

一 皇帝积极态度下的太子教育

明朝帝王中，支持太子教育的最典型人物是明太祖朱元璋和明成祖朱棣。

太祖朱元璋戎马一生，深知天下得来不易，自然希望朱家的基业能够万世传承。于是，他在太子教育事业上，倾注了极大的热情，展现了自己旺盛的精力。建国之初，将太子读书的地点设在大本堂，将儒家经典和古今史籍放置其中。又在全国范围内搜寻名儒作为太子的老师，命令学士宋濂、待制兼编修王袆、修撰王僎、耆儒陶凯辈轮流守候在太子身边，并召集了一些才俊之士陪太子读书，就连那些功勋大臣的子弟，也被要求携带经书入侍东宫。每次上课要讲的教材，太祖都会亲自过目，还经常宴请太子的老师们，并赋诗相赠。赐宴赋诗之余，太祖也常宣谕太子讲官，以督促他们尽力辅导太子。

洪武元年九月，太祖“以梁贞、王仪为太子宾客，秦镛、卢德明、张昌为太子谕德”，并告诫他们，辅导太子是一个循序渐进的过程，“必先养其德性，使进于高明，于帝王之道、礼乐之教及往古成败之迹、民间稼穑之事，朝夕与之论说，日闻谠言，自无非僻之干，积久以化，他日为政，自然合道”。[1]洪武三年四月，太祖召谕东宫官属，提醒他们要提高道德修养，“先正己而后正人”，在尽心尽力辅导太子之余，还要将古代可以作为镜鉴的史实“采摭其事，编次成集，朝夕览观以广智识”，这样“亦有助于辅导”。[2]

洪武七年正月，朱元璋宣谕太子宫臣，将太子比作“重器”，并说：“人有彝鼎尚知宝爱，太子主器之重，宝爱之者必择端人为辅，朝夕与居，使熟闻善言，不迩诐行，以成其德。若委之便嬖近习，是委重器于途矣。”最后强调道：“汝等日辅太子，讲论诵说，必导之以

[1] 《明太祖实录》卷三五，洪武元年九月乙未。

[2] 《明太祖实录》卷五一，洪武三年四月丙寅。

正，使其道明德立，才器充广，庶几他日克胜重任，以副朕望。”[1]洪武十年十二月，朱元璋又告谕太子太师李善长等人道：“人君聪明，虽自天性，然物理必察识而后知，人情必谙练而后熟。若临事不熟，骤然断决，恐未尽善。既行之后，觉其非而欲改之，妨事已多。前者令皇太子躬奏朝臣启事，练习国政，恐听览之际处置未当。自今政事启于东宫者，卿等二三大臣更为参决可否。”[2]以期在实践中锻炼太子的执政能力。

平日，太祖也常面谕皇太子，提醒他未来所要担负的重任。洪武二年九月，太祖告谕皇太子，说自古以来能心忧天下的君主，“唯创业之君、中兴之王及守成贤君”，平庸的君主“不以天下为忧，反以天下为乐，国亡自此而始”。并解释道，“帝王得国之初，天必授于有德者，然频履忧患而后得之，其得之也难，故其忧之也深！若守成继体之君，常存敬畏，以祖宗忧天下之心为心，则能永受天命。苟生怠慢，危亡必至，可不畏哉！”[3]洪武六年九月，朱元璋“命诸司常事启皇太子”，告诫太子广开言路，开阔视野的重要性。他说自己“起田里，至于今日。凡治军旅理民事，无不尽心恒虑，故尝深念古人为治必广视听，凡言之善者即行之，不善者虽不行亦思绎至再，果不可然后置之。夫虑事贵明，处事贵断，庶几不眩”。而太子“生长宫掖，未涉世故，若局于见闻，则视听不广，且目虽能视，不踰于阈，耳虽能听，不越于庭，而欲天下之务一一当理，难矣！”因此太子应当“亲贤乐善，以广聪明。逆言必求其善，顺言必审其非”。[4]

洪武九年春正月丁巳，太子陪侍太祖，太祖问道：“汝等闻修德进贤之道乎？”太子回复说，“每闻儒臣讲说，知其略矣，未领其要”。太祖便见缝插针地给太子上了一课，说：“藻率杂佩为身之容，

[1]《明太祖实录》卷八七，洪武七年正月乙亥。

[2] 俞汝楫：《礼部志稿》卷六七，景印文渊阁四库全书本。

[3]《明太祖实录》卷四五，洪武二年九月己亥。

[4]《明太祖实录》卷八五，洪武六年九月乙卯。

恭逊温良为德之容，见于外者可以知其内也。古之君子趋跄有节，升降有数，周旋跬步而不违于矩度者，由其德充于内而著乎外也。所以器识高明，而善道日臻，恶行不见，而邪僻益远。己德既修，自然足以服人。贤者汇进，而不肖者自去。能修德进贤，则天下国家未有不治，不知务此者，鲜不取败。夫货财声色为戕德之斧斤，谗佞谄谀乃杜贤之荆棘，当拒之如虎狼，畏之如蛇虺。苟溺于嗜好，则必为其所陷矣。汝等其慎之！”[1]洪武十三年二月，太祖又一次宣谕皇太子和诸王道：“吾持身谨行，汝辈所亲见。吾平日无优伶瞽近之狎，无酣歌夜饮之娱，正宫无自纵之权，妃嫔无宠幸之昵。或有浮词之妇，察其言非，即加诘责，故各自脩饬，无有妒忌。至若朝廷政事，稽于众论，参决可否，惟善是从。或燕闲之际，一人之言尤加审察，故言无偏听，政无阿私。每旦星存而出，日入而休，虑患防危，如履渊冰。苟非有疾，不敢怠惰，以此自持，犹恐不及。故与尔等言之，使知持守之道。”[2]他以切身体会告诉太子，如何才能成为一代明君，保住父辈打下的江山。洪武十六年十二月，太祖告诫皇太子选贤任能的重要性：“纯良之臣，国之宝也，残暴之臣，国之蠹也。”继而提出了纯良之臣和残暴之臣的判定标准，“何谓纯良，处心公忠，临民岂弟，虽材有不逮者，亦不至于伤物，所谓日计不足，月计有余者也。何谓残暴，恣睢击抟，遇事风生，锻炼刑狱，掊克聚敛，虽若快意一时，而所伤甚多”，并举汉代的例子加以说明，“故武帝任张汤而政事衰，光武褒卓茂而王业盛。此事甚明，可为深鉴！”[3]洪武二十四年三月，太祖告诉皇太子及诸王，作为君主“当法天之德也”，并举元朝的例子，“昔元世祖东征西讨，混一华夏，是能勤于政事，至顺帝偷惰荒淫，天厌人离，遂至丧灭”，提醒他们只有“克勤克慎”，才能“永保

[1] 《明太祖实录》卷一〇三，洪武九年正月丁巳。

[2] 《明太祖实录》卷一三〇，洪武十三年二月辛未。

[3] 《明太祖实录》卷一五八，洪武十六年十二月甲午。

基业”。[1]除了告谕太子，太祖也常训示大臣，希望他们更能尽责辅佐太子。太祖曾告诉大臣梁贤等，辅导太子应当“先养其德性，使进于高明，自无非僻之干”。要遵守祖训，“使朝廷、宫闱合为一体，凡东宫起居动息，皆得与闻而裁制之”。[2]

在朱元璋大力支持下，太子教育起到了良好的效果。朱标在《四书》《五经》的熏陶之下，成为一个儒雅仁爱的人。《罪惟录》评价朱标“慈仁，慨然思宽通平易之政”[3]。洪武二十五年（1392年）朱标病逝，朱允炆被立为皇太孙。他与父亲一样，自幼熟读儒家经典，身边的讲官又多文雅和乐的儒士，因此性格温文尔雅，仁慈宽大。洪武二十九年，朱允炆向朱元璋请求修改《大明律》，他“遍考《礼经》，参之历朝刑法，改定洪武律畸重者七十三条，天下莫不颂德焉”[4]。如此善良的人品，都是在讲官们日复一日的劝诫之下逐渐完善的。

明成祖朱棣作为朱元璋的继承者，同样重视太子教育。原本朱棣并不喜欢长子朱高炽，但由于其子朱瞻基聪颖可爱，深得明成祖赏识，因此爱屋及乌，于永乐二年将朱高炽立为太子。朱棣发掘一切具有教育才能的人，充当太子教育官员：“诏简东宫官属，时詹事、春坊、司经局其长贰以廷臣兼之，次简六科中书及太学、郡县学官，升而用之。”[5]尚书蹇义学问广博，能讲会说，被成祖召至御前，授与左春坊左中允。永乐二年四月，朱棣命姚广孝为太子少师。

朱棣还经常面谕太子讲官，肯定他们的成绩，对他们提出期望。周述时任左春坊右谕德兼侍读，朱棣对他说：“汝素厚重，尤资匡弼。太子虽聪明纯谨，然智或未逮，行或过中，必须尽言，庶称朕意。”[6]永乐二年四月，明太祖任命僧录司左善世道衍为太子少师，复其姓

[1] 《明太祖实录》卷二〇八，洪武二十四年三月癸卯。

[2] 黄洪宪：《碧山学士集》卷二一《拟条陈东宫讲学要务疏》。

[3] 查继佐：《罪惟录》《列传》卷三，四部丛刊三编景手稿本。

[4] 张廷玉：《明史》卷四《本纪》，清乾隆武英殿刻本。

[5] 黄佐：《翰林记》卷九《大本堂授经》。

[6] 嵇璜等：《续通典》卷三四《职官》，景印文渊阁四库全书本。

姚，赐名广孝，并语重心长地对他说："卿秉性笃实，学行老成。今建储嗣，简求贤辅，以卿旧人，特授太子少师。夫太子，天下之本，必赖启迪匡正，辅成德器，尚勉尽厥职，副朕眷倚之重！"[1]永乐七年二月，朱棣告谕右春坊大学士黄淮、左谕德杨士奇道："朕命尔等辅东宫监国，东宫天性仁厚，识见端正，尝一日侍侧，朕问讲官今日说何书？对曰：《论语》'君子小人和同章'。因问：'何以君子难进易退，小人易进难退？'对曰：'小人逞才而无耻，君子守道而无欲。'又问：'何以小人之势常胜？'对曰：'此系上之人好恶，如明主在上必君子胜矣。'又问：'明主在上都不用小人乎？'曰'小人果有才不可弃者，须常警饬之，不使有过可也。'朕时甚喜其学问有进。尔等其尽心辅之！"[2]明成祖常担忧太子亲近行为不端的人，因而在每次北巡之前，都会对太子进行训诫，并"广求名儒与之讲学"，命"侍读学士王达、洗马杨溥、修撰梁潜、典籍金寔、郎中叶砥等，分直讲读"。[3]讲学结束之后，"必从容以正心、务德、亲贤、去邪、尚俭、戒逸之言进"[4]，以此来提升太子的思想境界，约束他的言行。

皇太孙也是皇室的继承者，皇太孙的培养与太子培育一脉相承，本质上没有差别。因此成祖对太孙教育格外重视，常在百忙之中宣谕讲官和太孙，关心太孙的教育问题。如永乐六年七月，朱棣命内阁胡广辅佐太孙，对太孙大加赞美，称其"天章日表，玉质龙姿，孝友英明，宽仁大度，年未一纪，体具志宁，动必中规，言必中道，好道之笃，夙夜孜孜，日诵万言，心领要义"。且让太孙处理事务时"辄能裁决得中，斯实宗庙之灵，上天锡庆"。成祖强调："然宏材之建，必由匠石之功，圭瓒之成，必假琢磨之力。"希望胡广"宜协同心志，辅导于成，推广仁义道德之源，开陈二帝三王之治，与太祖高皇帝之

---

[1] 黄佐：《翰林记》卷一〇《皇太孙辅导讲读》，景印文渊阁四库全书本。
[2] 《明太宗实录》卷八八，永乐七年二月戊寅。
[3] 廖道南：《殿阁词林记》卷二〇，景印文渊阁四库全书本。
[4] 黄佐：《翰林记》卷九《大本堂授经》。

大经大法，凡创业守成之难、生民稼穑之事，朝夕讲论，以涵养本源，恢弘智量，充其盛大之器，以为宗社生民之福”。如此，“国家有无穷之休，卿等亦有无穷之闻”。[1]

成祖如此地关心教育，结果与太祖一样，获得良好的回馈。史书记载，“仁宗之为皇太子也，监国视朝之暇，专意文字，手不释卷，被服宽博，大类儒者，畜经籍法书甚富”[2]。仁宗继位后，颁布了一系列措施，迅速展现出励精图治的帝王风貌。据史料记载：“仁宗之初御也，停罢采买，平反冤滥，贡赋各随物产，陂池与民同利，施经带于常朝，录外吏于西省，凡此皆善政也。”[3]仁宗执政虽然短暂，却深入人心。“中外无失政，德泽浃于人心”[4]便是对他最好的评价。仁宗去世之后，他的儿子宣宗继位。宣宗自幼便得祖父成祖宠爱，很早便被视作接班人培养，在教育方面更是受到格外的重视，所受教育与皇太子无异。在祖父的殷切希望和老师们的谆谆教诲下，终成一代明君。在他统治时期，社会经济迅速发展，吏治清明，政治稳固。他与父亲共创了明朝最为繁盛的一段历史，被后世称为“仁宣之治”。这一切都与太子教育有着莫大的关系。

然而，并非所有皇帝支持下的太子教育，都能起到良好的教育效果。武宗就是一个特殊的例子。武宗朱厚照是明孝宗的长子，也是唯一的皇子，因此备受宠爱。两岁便被立为太子，“既冠将就学，孝宗命内阁集九卿选置东宫官属，必惟其人”，“出阁读书，诸儒臣更番入侍”。[5]可见孝宗对太子教育的重视。武宗也似乎不负所望，“早午坐讲筵辄移时，容仪庄重，未尝少肆。讲官退必张拱致恭，若相揖之状。次日掩卷诵所授书甚习”，表现得十分好学。“不数月，翰林、春坊之与讲读者，皆识其姓名。或偶以他故不至，必顾问左右

[1] 黄佐：《翰林记》卷一〇《皇太孙辅导讲读》，景印文渊阁四库全书本。

[2] 黄佐：《翰林记》卷九《大本堂授经》。

[3] 谷应泰等：《明史纪事本末》卷二八。

[4] 龙文彬：《明会要》卷三五《职官七·詹事府》，第614页，中华书局，1956年。

[5] 《明武宗实录》卷一《弁言》。

曰：'某先生今日安在邪？'当辍朝之日，学士有误束花带而入者，又谓左右曰：'是在朝班中，必以失仪为御史所纠矣。'其聪颖类此。"武宗在孝宗面前更是表现得恭敬有礼，"孝宗数幸春坊，阅所业，上率宫僚趋走迎送，闲于礼节，问安视膳，恭谨无违"。[1]令孝宗对他钟爱有加。然而，勤奋好学却是假象，背地里武宗常和宦官们厮混在一起，游乐无度。就是这样一个聪慧过人，又享受着最优越教育资源的太子，最终成为明朝最为顽劣和荒诞的皇帝。

可见，在明代宫廷教育中，施教者的态度，有非常重要的作用，对太子或太孙的教育起到正面和直接的影响。当然，他们也不能完全对受教育者起决定性的作用，最关键的因素还在于受教育者自身接受教育的悟性和意愿。

二　皇帝消极态度下的太子教育

对太子教育持消极态度的则要属世宗和神宗了。世宗朱厚熜的消极首先表现在册立太子朱载垕的问题上。世宗长子早夭，世宗已于嘉靖十八年（1539年）立次子朱载壡为太子，但嘉靖三十一年（1552年）朱载壡因病去世，年仅十七岁。按照常理，已被分封为裕王的皇三子朱载垕应被立为太子。但太子朱载壡的去世对世宗打击很大，再加上听信方士陶仲文"二龙不相见"的迷信说法，便迟迟不立太子。"时储位久虚，帝惑陶仲文二龙不相见之说，益讳言建储，（欧阳）德上疏恳请，会有诏二王出邸就婚，德以裕王储贰不当出外，疏言：'曩太祖以父婚子诸王皆处禁中，宣宗、孝宗以兄婚弟始出外府，今事与太祖同，请从初制。'帝不许。德又言：'《会典》醮词，主器则曰承宗，分藩则曰承家，今裕王当何从？'帝不悦。"[2]嘉靖三十一年，礼科给事中章适上疏说道："二王年当志学，冠礼已成，宜及时出阁讲

[1]《明武宗实录》卷一《弁言》。

[2] 万斯同：《明史》卷二七四《欧阳德传》，清抄本。

读。”礼部请从适言。世宗说道：“此事朕与卿等计令举行，何待适言？朕方以彼渎扰当治，何乃借之！”[1]严厉地拒绝了礼部的提请。

世宗执意不立太子，对裕王朱载垕来说是个沉重的心理压力，因为他的弟弟皇四子景王朱载圳也觊觎着太子之位。《神宗实录》记载了裕王之子神宗皇帝朱翊钧，在回忆父亲时说道：“皇考与景王名封比肩，故人心猜疑。”[2]“人心猜疑”反映了当时的状态，不难想象，围绕着裕王和景王所形成的两大派系，为了皇位而展开激烈的明争暗斗的情景。本来藩王的教育质量和教育档次都不及太子，而在这样人心惶惶的环境下，裕王想全身心地投入学习，是十分困难的。

除了对立太子一事持消极态度，世宗对政事也逐渐丧失兴趣。他听信道士的歪理邪说，专注于修仙得道，消极怠政。特别是“壬寅宫变”之后，他便移居西苑万寿宫，二十多年不回大内。据《明史》记载：“帝自二十年遭宫婢之变，即移居西苑，日求长生，乃至郊庙不亲，朝讲尽废，君臣旷焉不相接。”但唯独道士陶仲文“得时时进见。见辄赐坐，称之为师而不名”。世宗“心知臣下必议已，常蓄怒以待。每下诏旨，必多愤疾之辞。廷臣益莫知所措”。而“匪人如顾可学、盛端明、朱隆禧辈，咸得缘是以进”。趋炎附势的人从中得益，正义之士却遭到打击，“夏言以不冠香叶冠，积他衅至死，而严嵩以虔奉焚修，异眷者二十年”。以至于“朝无正人，士鲜谠论”，这一切“皆由帝好神仙致之也”[3]。世宗对修仙炼丹近乎痴迷，既不愿上朝，也不参加经筵日讲，对皇子的教育问题自然疏于关心，对“储贰”裕王朱载垕的教育起到了消极的影响。虽然后来世宗答应了二王出阁讲读的请求并“择吉而行”，但长期不立裕王为太子，不对他实行太子教育，对这位“储贰”的影响是不利的。

太子教育争议最大的，要属万历时期神宗长子朱常洛的教育问

[1] 《明世宗实录》卷三八三，嘉靖三十一年三月戊戌。

[2] 《明神宗实录》卷五〇九，万历四十一年六月己丑。

[3] 万斯同：《明史》卷四〇四《佞幸传》，清抄本。

题。神宗十分宠爱朱常洵的母亲郑贵妃，想废长立幼，将皇三子朱常洵立为太子，因此将立太子一事再三拖延。据《明史》卷一二〇《诸王五》记载："福恭王常洵，神宗第三子。初，王皇后无子，王妃生长子，是为光宗，常洵次之，母郑贵妃最幸，帝久不立太子，中外疑贵妃谋立己子，交章言其事，窜谪相踵，而言者不止，帝深厌苦之。"在大臣们锲而不舍的坚持下，神宗于万历二十二年，令皇长子朱常洛出阁讲学。"甲午，诏简东宫（案：当时并未立太子，此东宫是俗称）讲读官，遴者仅六人，（焦）竑与焉。即毅然以辅导自任，尝讲次，值鸟飞鸣过之，偶移睿览，即肃立辍讲。东宫敛容以听，然后复讲。"[1]但这次出阁讲学，不到一年就被神宗下令停辍。在大臣们的继续施压下，万历二十九年（1601年）"始立光宗为太子，而封常洵福王"。给福王朱常洵婚费银三十万两，营洛阳邸第二十八万两，是常制的十倍。按照规定，皇子封藩之后理应尽早就藩，而福王"至四十二年始令就藩"，拖了十三年之久。在这段时间内，群臣"请王之藩者数十百奏"，神宗皆"不报"。福王临行前"出宫门召还数四，期以三岁一入朝"。[2]神宗对他的宠爱可见一斑。

虽然长子朱常洛被立为太子，但是他却长期未能接受太子教育。一是因为朱常洵虽被立为福王，但神宗却不让他就藩，似有改立的可能。二是神宗对太子出阁讲学一事表现得十分消极，一拖再拖，使太子陷入有名无实的境地。本来朱常洛在被册立为太子之前，曾以皇长子身份出阁讲学。但学习不到一年，便遭停辍。万历三十年二月，皇太子举行大婚后虽然"增选东宫讲读官"[3]，但是到了万历三十二年，讲学却突然取消。据史料记载，"圣旨皇太子讲学暂免，待大学士沈一贯等进阁照常讲学"。[4]这次辍讲竟然无休无止地持续了下去，再次

---

[1] 过庭训：《本朝分省人物考》卷一三《焦竑》，明天启刻本。

[2] 张廷玉等：《明史》卷一二〇《福恭王常洵传》，清乾隆武英殿刻本。

[3] 高汝栻：《皇明续纪三朝法传全录》卷六，明崇祯九年刻本。

[4] 《明神宗实录》卷三九五，万历三十二年四月甲申。

出阁讲学遥遥无期。这一举动自然引来了朝臣的不满。时任礼部侍郎的吴道南多次上疏请皇太子出讲，认为“储讲不宜久旷，讲官不宜久缺”，“自古明盛之朝，忠爱之臣，未尝不以天下之本系于太子，太子之善在于选左右专教谕，亦以国家有道之长，实赖有此，不则未有不荒逸废坠者”，并感叹“东宫辍讲五年于兹矣，讲读官竟无一补”。[1]万历四十年五月，南京给事中晏文辉上疏道：“皇家三礼未行，天下万民仰望，请皇太子讲学、福王之国、瑞王成婚。”[2]同年九月，礼部左侍郎翁正春等上疏说道：“第一要务无如皇太子讲学，乃一辍八年，百疏不报，或以睿质天成，宫中不废讲习。臣恐貂珰未必周、召，讽诵未必典谟，即使旮御皆正，终不若前（凝）[疑]后丞之观摩；燕居皆学，终不若抽关启钥之耸悟。况转盼秋老，又复冬初，乞即举行，并点用阁臣所推侍班、讲读等官。”神宗“不报”。[3]万历四十一年九月，大学士叶向高又提及太子讲学和福王之国二事。神宗回复道：“卿屡请皇太子讲学，但今秋天气暴寒，其点用阁臣补大僚诸事，朕次第简发。福王之国，前谕已着明春举行，何乃大小臣工不能仰体上意，过为渎扰，岂成政体？”命他“安心赞襄，不必再陈”。[4]尽管福王朱常洵于万历四十二年（1614年）就藩洛阳，神宗却仍然没打算让太子朱常洛出阁讲学。每当朝臣上疏请太子出阁讲学，神宗或是用各种理由拒绝，或是完全不予理会。万历四十二年九月，方从哲上疏“请储宫讲学”，神宗以“天气暴寒，皇太子体质清脆”为词婉拒。[5]就在福王之国的同一年，神宗母亲李太后逝世，这也成为太子不能讲学的绝佳借口。史料记载，万历四十三年五月，大学士方从哲奏请“皇太子讲学诚当今急务”，神宗回应道：“此等大事朕岂不知？近因

[1] 吴道南：《吴文恪公文集》卷一三《南宫奏草・请皇太子出讲亟补讲读官疏》，明崇祯吴之京刻本。

[2] 《明神宗实录》卷四九五，万历四十年五月己酉。

[3] 《明神宗实录》卷四九九，万历四十年九月乙巳。

[4] 《明神宗实录》卷五一二，万历四十一年九月甲子。

[5] 《明神宗实录》卷五百二十四，万历四十二年九月癸亥。

圣母之服不便举行。”并指身着袍带道：“你每看我所穿何服？”[1]到了万历四十四年四月，方从哲再次上疏请皇太子讲学。神宗又以“天气炎暄”为理由，要求“八月秋爽举行”。[2]见到神宗松口，礼科给事中余懋孳便乘机进言：“皇长孙出阁讲学一事，臣等请之五年，礼部请之百疏，乃纶音杳然，臣窃惑之。乞诹吉日与储讲一并举行。”希望一并解决太子出阁讲学之事，然而神宗“不报”。[3]七月，礼部制定太子出阁讲学仪注，不久又上出阁仪注未尽事宜。终于等到八月，神宗再也没有理由拖延，只好命“詹事府詹事刘一燝、少詹事韩爌为侍班官，右庶子张邦纪、赵师圣，左谕德公鼐，右谕德龚三益、薛三省、杨守勤为讲读官”。开讲当天，皇太子“睿仪雍容、玉色温晬，进执事诸臣及赐酒馔，皆呼先生，进对进仿，敏妙合法，中外大悦”，然而好景不长，“仅开讲一次于是复辍”。[4]九月，方从哲上疏道：“皇太子讲学，前月奉有重阳后择吉来行之旨。今秋气澄清，诹吉以请。”神宗“以天气渐寒，谕令明春议举”。[5]之后朝臣又多次上疏请求皇太子出阁讲学，神宗依然用各种理由拖延，直到万历四十八年（1620年）神宗逝世，太子竟然都没有再开讲过。

本来，太子接受教育是天经地义之事，但由于出阁讲学赋予的政治意义高于学习本身，甚至上升到了“争国本”的层面，因此，朱常洛的太子讲学便历尽磨难。他的求学在朝臣与神宗的角逐之间时废时停。从万历三十二年（1604年）到万历四十八年（1620年）的16年间，太子仅仅出阁讲学过一次。万历四十四年（1616年）七月，礼部在奏疏中提到：“皇太子年龄日茂，功业日深，正古人入大学之时，不止区区章句之末。查旧年辍讲之初，《四书》尚未讲完，《尚书》、《礼

---

[1] 高汝栻：《皇明续纪三朝法传全录》卷八，明崇祯九年刻本。
[2] 《明神宗实录》卷五四四，万历四十四年四月壬戌。
[3] 《明神宗实录》卷五四六，万历四十四年六月壬寅。
[4] 《明神宗实录》卷五四八，万历四十四年八月壬寅。
[5] 《明神宗实录》卷五四九，万历四十四年九月癸未。

记》间日轮讲，今宜从未讲之处接续讲起。”[1]十二年前尚未讲完的课程，十二年后才接着讲授，不禁令人感慨系之。十二年，是一轮生肖的时段，前面所学的内容早就忘得一干二净了。这样停辍无常的教学，肯定不会起到应有的教育效果。

当然，或许有人会说，太子朱常洛在宫中也能接受文化宦官的教育，但无论是教学氛围还是师资力量，都无法与出阁讲学相比。出阁讲学是在文华殿东厢房，由从全国优选出来的人才担任教官，无论才能、学问还是视野和见识，都远比困处深宫的宦官要强。

总而言之，明代太子教育虽历经变化但最终形成了较为完善的体系。从太子三公三少的职责，一变为詹事府春坊官员的任务，再变为特旨诏选的东宫讲读官员的责任，最终建构了合理有序的东宫教育制度。太子讲读官员的选择也形成了有效的惯例，从声音外貌到内在品质，都有相应的标准。太子的讲学内容和教材，也都与皇帝的经筵日讲相差无几，不外《四书》、《五经》和史鉴书，反映明代意识形态的一致性和思想的高度统一。不同的是，太子一般比较年幼和年轻，因此对于书法、作对等基本功比较重视。由于太子教育有其特殊性，因此皇帝对太子教育的控制十分严密。太祖时曾建构完善的东宫官制，又一度让国家中央机关的高官辅助太子以培养其治国能力，但皇权专制的本质使皇帝很快对太子的教育产生警惕，怕官员与太子结党营私，形成“太子党”，对皇权构成威胁，于是将东宫官制虚置，东宫讲官特旨简选，不让太子兼管国家机构官员，并严格禁止太子讲读官与太子单独接触。太子教育因此打上了明代皇权强化的时代烙印。皇帝是大明帝国唯一的裁决者，对太子教育的态度直接关系到太子教育的成败得失。明代太子教育的成效有高有低，有优有劣，既取决于太子自身的悟性和意愿，也取决于皇帝的重视与忽略。

---

[1] 《明神宗实录》卷五四七，万历四十四年七月戊戌。

第九章

画虎类犬：明代皇家宗室子弟教育

明代皇家宗室子弟，是指朱元璋家族所有朱姓子孙。由于上章已探讨了太子的教育，因此这里的宗室子弟，便不包括皇太子。[1]明太祖规定除嫡长子为皇太子外，其余皇子皆封亲王（宗王）。洪武二年，定封建诸王之制，但亲王成年后才“之国”就藩，此前都居住京城，先是住在皇宫中接受启蒙教育，然后在八岁到十五岁时出居京邸，直到就藩前，一直接受正式的教育，称之为“出阁读书”。根据明人记载得知，“国朝亲王受封未之国者，当出阁读书”[2]。亲王的儿子，也就是皇帝的孙子，也在宫廷教育之列。明人重视诸王的教育，胡忻指出应该“讲学亲儒”的“宁独皇太子，即诸王他年各有藩屏之寄，均当督之问学，修度明礼，庶称盘石宗乎！”[3]尽管明代皇帝竭力想将自己的儿子都培养成龙虎，但由于皇权专制制度只允许其中的一人

---

[1] 关于明代皇家宗室子弟教育，刘庆宇在《明清宗室教育比较研究》（辽宁师范大学中国古代史专业硕士学位论文，2005 年）中有过叙述，但由于明清兼治，故明代部分太过简略。

[2] 尹直：《謇斋琐缀录》卷七，载邓士龙辑：《国朝典故》卷五九，第 1335 页，北京大学出版社，1993 年；又李默：《孤树裒谈》卷九，明刻本。

[3] 胡忻：《欲焚草》卷三《请开经筵暨皇太子讲学疏》，清康熙四十二年胡恒升刻本。

（一般为嫡长子）成为龙，其他的亲王都受到严密的防范，最终成为金笼中的金丝鸟，不能出封地城池一步，导致完全丧失人生理想和抱负。虽然朝廷设官对他们进行道德伦理和文化的教育，仍然无法阻止亲王及其子孙们在城中府内迅速腐化堕落，除了一部分人取得文化成就外，大部人成为社会的寄生虫，产生了画虎不成反类犬的效果。

第一节　朱明宗室子弟教育机构

明代宗室子弟最早的启蒙教育是在皇宫内由宦官进行的。因为，皇子教育包括两个环节，一是内侍口授，二是外庭讲读。对这两个阶段之间的差异，人们关注得并不多。隆庆二年正月因皇子年幼，穆宗不同意册立为太子，这时礼科给事中张卤奏言："皇子方在睿龄，外庭讲读事尚有待。惟内侍之臣所系尤重，宜敕司礼监慎选左右，口授书史，陈说民情利害，动作举止必导以正，他日亲贤讲学，基命成德之助，端在于此。"穆宗"是其言"。[1]据张卤所言，可知在"外庭讲读"之前，还有一个"内侍口授书史"的阶段，由司礼监选择宦官担任教员。这些宦官除了口授书史外，还要陈说民情利害，并对皇子的动作举止加以规正和引导。自从其举行了冠礼后，就进入了出阁讲学的阶段，由国家正式设机构对这些宗室子弟进行教育。

由国家设立的明代宗室教育的机构及其场所屡有变化，依次出现了大本堂、各王府、书堂和宗学等形式。每一个机构在举行教育时，都设计了一套相应的讲学礼仪。

一　大本堂

明代皇子宫廷教育的处所，最开始在南京宫城东侧大本堂。大

[1] 徐学聚：《国朝典汇》卷八《朝端大政·东宫》，明天启四年徐与参刻本。

本堂虽然是太子读书之所，但同时也是诸王子和功臣子弟的读书之处[1]，太子、诸王和功臣子弟在一处读书，不分彼此，表明当时等级观念尚不森严。据《明实录》记载，洪武元年，“上建大本堂”，不仅“取古今图书充其中”，而且“延四方名儒教太子、诸王，分番夜直，选才俊之士充伴读”。《明史·李希颜传》记载，李希颜在大本堂授课时要求很严格，诸皇子稍有冒犯或偷懒，便用戒尺惩罚。孙奇逢《中州人物考》卷五载：“希颜，郏县人，隐于夹谷，学以伊洛为宗，从游者甚众。初，太祖为诸王子择师，用廷臣荐，手自为书，征至京师，命诣大本堂授经。其教法严毅，虽诸王子有弗若教者，尝以管击其额。帝抚而怒，孝慈高皇后从容问曰：‘恶乃以尧舜训尔子邪？’帝笑而不罪。”

皇子在读书时，还与功臣子弟一起上学，如徐达之子徐允恭、常遇春之子常茂、康茂才之子康铎等。黄佐《储养考》指出：“国初设国子博士等官，在内府大本堂与翰林院官授东宫、亲王以经，功臣子弟徐允恭等皆与焉。仍选生徒之秀者，使伴讲读。”吴元年，设祭酒等官，虽在国子学，“仍入内府授经如故”。[2]说明国子学的祭酒等官入宫中为皇子讲授经书，属于兼职。黄佐还记述道，洪武元年，“令公侯伯初承袭年幼者，郑国公常茂、蕲春侯康铎等入大本堂读书，时秦晋等六王皆在。上或亲与祭酒学士燕饮，每优待之，崇师道也。其后祭酒、司业为经筵讲官，及侍东宫讲读，盖始于此”。兼职讲授大本堂的国子学祭酒魏观曾写诗作了描述：“旌旗旖旎集中衢，日上金桥剑佩趋。双阙云中开凤扇，六王天上捧龙舆。成均被命仍敷教，大本承恩复说书。殊渥无涯嗟未报，几回退食重踟蹰。郑国蕲侯弟子群，储闱时得奉殷勤。宫花细浥研朱露，禁柳微溅洒墨云。御气日从

[1] 胡吉勋指出：“洪武初期大本堂讲经阶段，在大本堂读书的，不只有皇太子，诸王子也与太子一块读书。”载赵中男等：《明代宫廷典制史》，第417页，紫禁城出版社，2010年。

[2] 黄佐：《南廱志》卷一五《储养考》上篇《储养生徒之定制》，民国景明嘉靖二十三年刻增修本。

双阙望，书声时彻九重闻。楚王可是推仁爱，临帖常容半席分。”[1]楚王当是指朱桢，也在大本堂读书。在大本堂读书的还有吴王。王僎于“洪武初，以故官召至授翰林修撰兼编修官，命于大本堂授吴王经，迁待制”[2]。黄佐对这种太子、王子、功臣子弟一起读书的现象还比较认可，指出：“诚使今之公侯伯未管事与未袭而为勋卫者，入则侍东宫讲读，出则赴监读书，习射而明礼乐焉，是即师氏、保氏教国子之宿卫王宫者，出又为大司成以兼教选俊之士也。于教学两得之矣。谁谓圣祖之制不可复邪？”[3]

但是，这种“混搭”的大本堂读书模式，不久便为更规范而严格的宫廷教育制度所取代。胡吉勋指出，“太子讲读的场所，不久之后就由大本堂改为文华殿，原本随太子一块在大本堂读书的诸位亲王则各往自己的居府就读”。[4]

二　各王府

大本堂解散后，诸王及其子孙的教育便在各王府内进行。明廷规定诸王讲官“选部曹或进士改授翰林官充之”[5]，藩王之国后，这些讲官便随之就藩，成为王府长史。掌管王府的长史，以及纪善、教授等官员也常在各王府内为宗王讲学。督促宗王及其子弟就学是长史的重要职责，而王府“教授，掌以德义迪王，校勘经籍。凡宗室年十岁以上，入宗学，教授与纪善为之师”[6]。明代不少名臣和学者都曾被征为王府官或为诸王、宗室讲学，如晋王朱棡曾“学文于宋濂，学书

[1] 黄佐：《南廱志》卷一五《储养考》上篇《储养生徒之定制》，民国景明嘉靖二十三年刻增修本。

[2] 《明太祖实录》卷一〇〇，洪武八年七月辛未。

[3] 黄佐：《南廱志》卷一五《储养考》上篇《储养生徒之定制》，民国景明嘉靖二十三年刻增修本。

[4] 赵中男等：《明代宫廷典制史》，第418页，紫禁城出版社，2010年。

[5] 《明史》卷五五《礼志九·诸王读书仪》。

[6] 《明史》卷七五《职官志四》。

于杜环”[1]。而秦王朱公锡“闻吴人汤潜名能诗，请为教授，传声律之学”[2]。又如，方孝孺就职汉中府教授时被蜀王朱椿聘为世子傅。洪武二十五年前后，“蜀献王闻其贤，聘为世子师。公每见，必陈说道德。王喜甚，讲经论文无虚日，为名其读书之庐曰正学”[3]。而李梦阳因其父李正为周府教授，与周王府来往甚密，亦对周王多有指教。周府世子师刘淳（1329—1425年），字文中，号菊庄。河南南阳人。洪武末为原武训导，周王橚聘为世子师。“自幼颖敏不群，甫能言，闻长老谈论，能解语意轻重。长嗜学问，博物洽闻，凡天文地理、阴阳医卜、诸子百家，无所不窥。居家孝友，工诗善属文。洪武二十五年，因荐为原武县学训导，辞职后居祥符。”“维时周藩方辟东书堂，延访耆宿为世子师。会有荐先生学行者，乃礼聘就塾。先生每进讲，必先忠孝礼义，俾王远声色货利，以无干训典。世子、庶子守先生之诲，咸知饬检，无骄纵气。壬午，右长史阙，王疏荐于朝，允之。先生之为右长史也，数有论谏，如毁塌房酒务，罢舍贫私惠，减省朴刑，一切越礼度者咸更之。持正匡辅不遗余力。虽游衍燕闲，弗忘规讽。如中和亭、熙春堂、兰雪轩、虚白斋，悉为箴铭，欲王知所警惕。”[4]他所教的世子，便是朱有炖，是朱元璋第五子周定王朱橚长子。在刘淳的教育下，朱有炖博学多能、才智超群，且以仁孝著称。此外，杨士奇、周忱、雷霖等亦曾为王府官[5]。其结果使藩王府中“修学好古，则河间比肩；巾箱写经，则衡阳接席”[6]，出现了不少人才。秦简王朱诚泳嗣位后，在汤潜名的教育下，“日赋一诗，积三十年。王醇雅有简押，博通群书，布衣蔬食，延揽文儒，竟日谈论不倦。护仪子弟得入

[1] 《明会要》卷四《帝系四·诸王》。

[2] 陈田：《明诗纪事》甲签卷二，清陈氏听诗斋刻本。

[3] 郑晓：《文学博士方公孝孺传侍讲学士》，载焦竑辑：《国朝献征录》卷二〇《翰林院一》，明万历四十四年徐象橒曼山馆刻本。

[4] 李濂：《周府长史刘先生淳传》，载焦竑辑：《国朝献征录》卷一〇《五藩府僚》，明万历四十四年徐象橒曼山馆刻本。

[5] 《明会要·职官一二》卷四〇。

[6] 叶德辉：《书林清话》卷五《明时诸藩府刻书之盛》，第120页，中华书局，1957年。

黉宫，自王始也”[1]。至正德年间，由于接连发生了朱寘鐇和朱宸濠之乱，朝廷开始加强对宗室进行教育。“正德十四年，令吏部于各王府、长史、纪善、伴读、教授等官，务择学行优长堪为师范者除授；凡世子、众子、长子、将军、中尉等年未弱冠者，各随资质严立课程、教养如法，不得虚应故事，抚按提学等官访其贤否勤惰以闻。”[2]但是，这种教育形式，与万历年间形成的宗学，还是有一定的区别。

三　书堂

已受封的藩王通过“之国”，各在封国接受教育，但新皇帝的子孙（亲王及其世子、庶子等）则仍需要在宫中接受教育，于是，自永乐以来，选择翰林官二员，轮流每天给亲王讲读。讲读的地点是书堂。英宗天顺以后，皇子或亲王读书的地点，有明确记载。据《皇明典礼志·亲王读书》载：“书堂在皇极门右房，讲官以部臣或进士改翰林官充之。”[3]天顺以后，则用新进士任翰林检讨充任亲王教官。《明史》卷五五《礼志·诸王读书仪》所载最详：

> 书堂在皇极门右厢。讲官选部曹或进士改授翰林官充之。天顺二年定，初入书堂，其日早，王至右顺门之北书堂，面东，中坐。提督讲读并讲读官行四拜礼。内官捧书展于案上，就案左坐。讲读官进立于案右。伴读十遍，叩头退。每日讲读，清晨，王至书堂，讲读官行叩头礼，伴读十遍，出。饭后，复诣堂伴看写字。讲书毕，仍叩头退。[4]

以上诸王读书仪，在万历六年（1578年）时，被首辅张居正作了

[1] 陈田：《明诗纪事》甲签卷二，清陈氏听诗斋刻本。
[2] 俞汝楫：《礼部志稿》卷一六《宗学》，景印文渊阁四库全书本。
[3] 郭正域：《皇明典礼志》卷一四《亲王读书》，明万历四十一年刘汝康刻本。
[4] 《明史》卷五五《礼志九·诸王读书仪》。

修改：

> 万历六年定，书堂设中座，书案在左，写字案在右。辅臣率讲读侍书官候于门外。王入书堂，传令旨“先生进”。辅臣率各官入，四拜，分班侍立。讲读官以次授书各十遍讫，令旨“先生吃酒饭”，各官出，王暂入堂南间少憩。辅臣各率官入。令旨“先生进”，遂入，分班侍立。侍书官看写字，讲读以次进讲毕，各官一拜出。[1]

这次的仪式是，书堂正中设王的座位，左边置书案，右边放写字的案几。辅臣率讲读官和侍书官候于门外。王先进入书堂，传令“先生进”，辅臣再率领各官进入，行四拜礼后分班侍立。讲读官按顺序，将应读之书讲读十遍。然后，王说：“先生吃酒饭”，于是各官退出吃饭。王则暂入书堂南边的房间，稍事休息。然后，王呼唤已吃完饭后并候于门外的辅臣和各官进来。各位官员进入后仍分班侍立，侍书官陪侍王子练习书法，讲读官则以次进讲。最后，各官一拜而出。此事在《翰林记》卷一〇、《殿阁词林记》卷二〇和朱勤美《王国典礼》卷一中均有记载。《王国典礼》记载：对于宗王的讲读仪式，“辅臣止侍看三日。三日后，讲读、侍书官径自如仪授书、讲书、看写字，辅臣不预”。对于宗王的节假日，记载亦详：“每年假日圣节前后，通九日，千秋节九日，正旦初一日至二十日，花朝一日，清明一日，端午前后通三日，七夕一日，中秋一日，重阳前后通三日，冬至前后通五日，腊八一日，除夕前五日，每月朔望各一日，遇大风雨暂免，遇大寒、大暑，该住歇时，请旨定夺。”[2]

神宗有立郑贵妃之子朱常洵之意，故长期不立太子，其诸皇子均在一起受教育。据郑戚畹《辨冤续言序》称：“圣主建极明伦，敦仁

[1] 《明史》卷五五《礼志九・诸王读书仪》。

[2] 朱勤美：《王国典礼》卷一《讲读》，明刻增修本。

洽爱，日召皇长子、皇三子、皇五子朝夕膝下，课业程学，耳提面命，父子熙熙，兄弟怡怡，天伦至爱，超越千古。”[1]这里用了模糊的语言，说神宗关心诸皇子的“课业程学”，授课地点根据制度，应该是在皇极门外西庑中的书堂，但从召至“膝下”来看，应该在神宗的住所乾清宫或毓德宫。

崇祯末年，永王和定王出阁讲学时的地点，仍然是在皇极门外西庑中的上十间中，据载：

> 皇极门外两庑四十八间，除旷八间外，实四十间，东二十间为实录、玉牒、起居诸馆，及东阁会坐公揖处；西二十间，上十间为诸王馆，下十间则会典诸馆也。
>
> 定王书堂在西第六间，为读书处，第五间悬先师孔子画像，四配侍侧，盖摹吴道子笔。及永王出阁，因移定王第四间，而永王在第六间。王初出阁，向先师行四拜叩头礼，以后则行一拜三叩头，皆内官赞礼。
>
> 第三间、第七间为二王退居处，案上置《四书》、《书经》、白文及《集注》、《大学章句或问》、《洪武正韵》、《海篇直音》诸书，皆红绫壳。[2]

定王、永王讲学的出讲仪式，与天顺和万历间相比，有些改动：

> 每遇出讲，则王从皇极门之左宏政门出，红板凳用较尉八人，青罗小伞二柄，与至尊同，而随侍内珰六人，皆金带也。王至皇极门下舆，趋过西，复上舆，至书堂陛下出舆。阁臣率讲读侍书官立于门右，一躬，候王入书堂，至先师前行礼。毕，出坐堂中，王命“先生们来”。一躬，即分班入

[1] 刘若愚：《酌中志》卷一《忧危竑议前纪第一》。

[2] 佚名：《明内廷规制考》卷二，清借月山房汇抄本。

> 门。内阁臣左立，余各官稍退，分左右立，一躬，出班。初开馆，行四拜礼，以后行一拜礼，不叩头也。读《四书》、《书经》各五遍，讲《四书》、《书经》各二遍，王命“先生们吃酒饭”，即出用酒饭。毕，再入侍王写仿。阁臣至案前，环观王亲写十字。余俟诸臣退后写足送阁。阁臣批圈，毕，进呈。[1]

诸王读书仪有点类似太子的东宫讲学之仪，讲学内容包括讲读《四书》和《尚书》，以及书法训练，讲毕也赐讲官酒饭。但太子东宫讲学之官皆翰林和春坊的官员，而亲王讲学的官员，则都是选新进士为检讨，或国子助教等官为待诏，以担任讲读，以两房两殿中书充侍书，地位要较东宫讲官为低。而且无侍卫侍仪。

四　宗学

至万历年间，朝廷又在各王府设立了宗学，对“世子、长子、众子、将军、中尉”十岁以上且“年未弱冠者”进行统一教授，教师由“王府长史、纪善、伴读、教授等官择学行优长者除授”。学习的内容是《皇明祖训》、《孝顺事实》、《为善阴骘》、《四书》、《五经》、《通鉴》、《性理大全》等。[2]宗学教育是为了宗室子弟参加科举考试作准备，与亲王受学的书堂教育并不相同。

第二节　皇长子、皇太孙或皇长孙的培养

在宗室教育中，皇长子、皇太孙或皇长孙的教育最为皇帝所看重。实际上，无论是太祖朱元璋还是太宗朱棣，都十分重视长皇子和

[1] 佚名：《明内廷规制考》卷二，清借月山房汇抄本。

[2] 《明史》卷六九《选举志一》。

长孙的培养。太祖对皇长孙朱允炆的培养应该是相当重视的，但由于朱棣“靖难”夺权后，将太祖对朱允炆的教育和培养的事实芟夷殆尽，因此现在留下的材料很少，只有太宗教导和培养皇太孙的史料充斥史书。

朱棣很喜欢皇长孙朱瞻基，曾以东宫官僚兼任长孙的辅导官，十分重视对爱孙的培养。永乐五年四月辛卯，“皇长孙出阁就学”，太宗召太子少师姚广孝、翰林院侍诏鲁瑄、郑礼等谕之曰：“人之学问，常以先入之言为主。朕长孙天资明睿，尔等宜尽心开导。凡经史所载孝弟仁义，与夫帝王大训，可以经纶天下者，日与讲究，浸渍之久，涵养之深，则德性纯而器识广，他日所资甚大。不必如儒生绎章句、工文辞为能也。”姚广孝等稽首受命。太祖赐金织罗衣各一袭，命大官给日暮酒馔。[1]甲午，召前礼部仪制司郎兼右春坊右赞善李继鼎至，复以为右赞善命侍皇长孙说书。[2]六年七月，命内阁胡广等辅导皇长孙，要求他们向皇长孙“推广仁义道德之源，开陈二帝三王之治，与太祖高皇帝之大经大法，凡创业守成之难，生民稼穑之事，朝夕讲论以涵养本源，恢弘智量，充其盛大之器以为宗社生民之福，国家有无穷之休”[3]。

八年二月辛丑，太宗亲征蒙古时，命户部尚书夏原吉辅导皇长孙，并敕原吉道：“朕长孙虽幼龄，而克勤学问，正当涵养德性，充其大器。尔其勉尽乃心，朝夕辅导，俾智识益广，道德有成，将绍承有赖。尔亦与有光荣。钦哉！”赐原吉米二十石，钞一千贯，仍命兼行在吏户兵三部事。[4]

九年十一月，太宗在御奉天殿上正式“立皇太子嫡长子为皇太孙”，并在华盖殿举行冠礼。[5]从这天开始，朱瞻基不再是皇长孙，而

[1]《明太宗实录》卷六六，永乐五年四月辛卯。

[2] 郭正域：《皇明典礼志》卷一四《皇长孙读书》，明万历四十一年刘汝康刻本。

[3] 廖道南：《殿阁词林记》卷二〇《嗣辅》，景印文渊阁四库全书本。

[4]《明太宗实录》卷一〇一，永乐八年二月辛丑。

[5] 徐学聚：《国朝典汇》卷八《朝端大政·东宫》，明天启四年徐与参刻本。

是皇太孙了，拥有了合法继承皇位的可能，是继皇太子之后的第二顺序继承人。对他的教育，以储君的要求来实施。十年十月，“命皇太孙演武于方山”。[1]

十一年二月，太宗巡幸北京，让皇太孙跟从。而让尚书蹇义、黄淮、谕德杨士奇及洗马杨溥辅皇太子朱高炽在南京监国。也就是说，太宗将皇太孙带在身边就近培养。五月，太宗命礼部侍郎仪智“侍皇太孙讲读”。此前，他曾让吏部、翰林院“简择老成正大儒者侍皇太孙”。蹇义和杨士奇共举仪智。获得太宗的赞许，“遂令侍皇太孙授经焉”。不久，仪智“以年老，荐其同乡训导戴纶，即擢为礼科给事中，侍从授经”。[2]

十二年三月，太宗车驾从北京出发征讨蒙古，仍让“皇太孙从行”。他觉得“朕长孙聪明英锐，勇智过人”，今天为了肃清沙漠，令其“侍行”，“俾知用兵出奇之法，亦使躬历行阵，见将士之劳苦，知征伐之不易”。并要求学士胡广、庶子杨荣、谕德金幼孜每日营中闲暇时，“以经史于长孙前讲说”，试图在培养太孙上做到“文事武备，不可偏废”。[3]三月戊戌，驻跸宣府，太宗坐帐中，对侍侧的皇太孙“从容语以前代得失事及君臣相与保全之艰”。皇太孙所对皆合太宗之意，令太宗欣喜不已，说“人必务学，乃能增长智识”，通过与长孙的交谈，发现他所对“悉有权度，非寻常意见所及，亦其比来学问进矣”。侍臣叩首贺道：“太孙殿下资识超越，他日必为太平天子。宗社生民之福也！”太宗说：“朕尝命东宫官属协心辅之，尔等皆须尽诚。”[4]对太孙的培养，动用东宫的师傅，足见太宗对太孙的厚爱。四月丁卯，车驾从清水源出发，“皇太孙从行”。太宗骑在马上“指示山川险易及将士之勤劳”。太孙领悟道：“圣躬跋涉远外者，无非欲驱此

[1] 《明太宗实录》卷一三三，永乐十年冬十月丁卯。

[2] 徐学聚：《国朝典汇》卷八《朝端大政・东宫》，明天启四年徐与参刻本。

[3] 《明太宗实录》卷一四九，永乐十二年三月庚寅。

[4] 《明太宗实录》卷一四九，永乐十二年三月戊戌。

除此虏于遐荒绝漠，令一迹不敢近塞下，使子孙臣民长享太平之福耳！”让太宗深切感受到“孙之语，吾之心也！”[1]五月癸酉朔，驻跸杨林茂，阅武之暇的太宗对侍侧的皇大孙“语及创业守成之难”，教导他说：“前代帝王多有生长深宫，狃于富贵安逸，不通古今，不识民难，于经国之务，瞢然弗究，而至于亡者。”对此他自己是“常以之为戒”！并要求“将来有嗣统之责”的太孙，“须勉力学问，于凡天下之事不可不周知，人之艰难不可以不涉历”，以便“心胸开豁”，把握时机，以“不负祖宗之付托”，并“福泽被及下人”。[2]

十七年八月癸未，太宗敕皇太孙曰：“尔年已长，正宜读书明理以成大器。自古帝皇莫不以读书明理为本，未有不读书明理而能齐家治国平天下者。尔克勤学问，他日用之不穷，宗社得以永安，平天下皆蒙福泽。尔勉之哉！”[3]十二月丁亥，他又敕谕皇太孙道：“立身之道，莫先于孝弟忠信，四者之行，立于身，推而可达之于国家、天下。尔为朕嫡长孙，必以此体之于身，明君臣之义，笃父子之亲，厚兄弟之爱，尽长幼之序，信以服众，仁以抚下，恕以待物，非正言不发，非正道不履，亲仁贤，远邪佞，节嗜欲，戒荒淫，振纲纪，别淑慝，明赏罚，使人心悦而诚服，则天地祖宗鉴悦，天下之人皆想望风采，仰尔之贤德，传尔之令名，将为国家神器之主，系宗社悠久之托，为天下生民之福。尔其勉之！”他还对皇太孙出郊围猎时，对于害民的军人惩之以法，使田里皆安，毫发无犯的行为表示赞赏，说：“人传尔之善至于北京，朕闻之甚喜，此可验尔勤学之效矣。”并强调“兵民相须抚恤惟均”。强调“今日行一善，尔虽不自觉，而善名自然播之，天下将有不令而从，不言而信者矣”，因此告诫他“自今更宜夙夜勤励，读书明理，以广其智识”，这样便可“德成业就，为天下

[1]《明太宗实录》卷一五〇，永乐十二年四月丁卯。
[2]《明太宗实录》卷一五一，永乐十二年五月癸酉朔。
[3]《明太宗实录》卷二一五，永乐十七年八月癸未。

所瞻仰”。[1]像朱棣这样对皇长孙用心培养的帝王，真是少见，与世宗“二龙不相见”、对于皇长子、皇孙避之唯恐不及的行为相比，太宗真可谓尽力培养孙子的称职祖父。

然而，自太祖和太宗之后，明代皇帝对皇长孙的教育，就不太上心了。倒是大臣们不断逼迫皇帝对皇长子、长孙要进行培养。嘉靖帝在宫中斋戒，对皇长子和皇子的教育漠不关心。嘉靖二十五年正月二十六日，周冕上书要求皇长子裕王朱载垕和皇子景王同时举行冠礼和出阁讲学仪："至于裕王、景王冠读礼，亦并举行，而所以为之择师儒以辅之者，亦必极一时之选。如此，则圣功可养，国本可端，本支百世，宜君宜王，亿万年有道之长，端在是矣！"然而，两天后世宗便下诏对周冕进行严厉谴责和贬斥："这典礼原自上出，非外事建白。周冕这厮轻妄擅渎，且从宽降杂职，极边处用。再有这等，加治！该衙门知道。"[2]但迫于越来越多的压力，世宗不得不对皇长子和皇子的讲读作出安排。嘉靖三十二年二月，世宗在谕大学士严嵩等人时，对皇长子裕王以及景王的学习加以关怀："二王讲读，朕闻昨秋止将《尚书》过口二三，岂成学业？还要自书入经，先读《大学》，熟记彻讲，方还以《中庸》等接读（将）［讲］去。卿等点字若何？昔仰荷皇考恩教于至慈之中，朕不用力，今日何事克善？兹不令力学，可不又误矣！"严嵩等人回答："皇上追念皇考训恩，欲令二王殿下及时力学，臣等不胜钦仰！臣等切惟先书入经，乃古昔圣贤教人为学次第，臣等昨秋所进书程，据旧仪以《大学》与《尚书》，每日并读并讲，兹谨当遵论而行。殿下所书字仿，臣等每日圈点笔画，端楷日有进益。臣等又惟皇上圣资本由天纵，而皇考慈教兼至，是以圣学夙成，动为世则。今殿下正当务学之年，蒙皇上恩教之切，睿质涵养自然日就月将而益进乎高明矣！"[3]这里，世宗对皇长子裕王以及

[1]《明太宗实录》卷二一九，永乐十七年十二月丁亥。

[2] 周冕：《出阁讲学以养圣功疏》，载张卤辑：《皇明嘉隆疏钞》卷三，明万历刻本。

[3]《明世宗实录》卷三九四，嘉靖三十二年二月丁卯。

景王的讲学进程和具体内容都作了关切。是年四月，礼部对二王的讲读日期，在常规之外作了变通："二王讲读旧规，开以二月、八月初旬，辍以五月、十一月初旬。今有闰三月，请于四月辍讲，不为例。"同时要求"内侍书官每日启王温肄[1]，仍日书百字送内阁圈注。讲读等官每半月恭诣各府启请，因致劝学之意[2]，如王更欲授书进讲及质问疑义字法，各官亦得自效。诏可"。[3]这种安排，可见皇长子裕王和景王的讲读，与皇帝的经筵、太子的东宫讲读有类似之处，也分春讲和秋讲，寒暑停讲，在学习经书之余，也练习书法。从文意中体味，皇长子裕王与景王可能是在书堂上课，这样才会有相同的授课进程，世宗才会对讲《尚书》的进展提出疑义，同时从"讲读等官每半月恭诣各府启请"来看，除了书堂讲读外，讲官每隔半月还要到各王府去"启请"，"如王更欲授书进讲及质问疑义字法，各官亦得自效"，则说明他们去的目的是为二王开"小灶"，如果二王愿意的话，还可以解释疑难和指点书法技巧。

万历时，神宗由于偏爱其宠妃郑贵妃的儿子朱常洵，对其皇长子朱常洛的教育是能拖就拖，大臣们上了无数的奏章，要求皇长子出阁讲学，但都被搁置不理。直到万历二十九年（1601年）大臣们和慈圣太后逼神宗立长子为太子后，他还对太子的出外就读（到文华殿讲读）拖着不办，可以说负气绝情到了极点。

第三节　诸王教育与宗学制度

诸王包括亲王、郡王等宗室子弟，亲王是除太子外的所有皇帝的儿子，郡王则是亲王的儿子，皇帝的孙子。明代宗王教育前后不同，

---

[1]"肄"字，《实录》作"隶"，非，《国朝典汇》卷八《朝端大政·东宫》作"肄"，是，今从之。

[2]"启请"二字，《实录作》"起居"，非，今从《国朝典汇》。其下"因致劝学之意"《实录》无，今从《国朝典汇》补。

[3]《明世宗实录》卷三九七，嘉靖三十二年四月戊寅。

教学地点也分处不同的地方，大致说来，有大本堂教育、藩王府分散教育、宗学教育、宫内未就藩的亲王书堂教育。

明代宫廷中很早便实施对诸王的教育，当时让他们与太子一起在大本堂接受教育。在这一时期，皇子、皇孙乃至功臣子弟都在一起读书。太祖对子孙言传身教时，也是一起进行，不分太子和庶子。吴元年十月，太祖派次子朱樉与世子朱标一起“往临濠谒陵墓”。让他们像周成王那样“早闻无逸之训，知稼穑之艰难”。[1]洪武二年四月，太祖“命博士孔克仁等授诸子经，功臣子弟亦令入学”，“诸子”是朱元璋的诸子，后来都封为王。太祖意味深长地对孔克仁等讲官说道：“人有精金，必求良冶而范之；有美玉，必求良工而琢之。至于子弟，有美质不求明师教之，岂爱子弟不如金玉邪？盖师所以模范学者，使之成器，因其材力，各俾造就。朕诸子将有天下国家之责，功臣子弟将有职任之寄。教之之道，当以正心为本，心正则万事皆理矣。苟导之不以其正，为众欲所攻，其害不可胜言。卿等宜辅以实学，毋徒效文士记诵词章而已。”[2]根据“朕诸子将有天下国家之责”一语，可知朱元璋对其皇子的期望是很高的；同时也可见太祖比较重视对皇子皇孙实际能力的培养。洪武中，太祖曾召秦、晋、燕、周四世子入侍。一日，令燕世子朱高炽“阅皇城卫卒”，因为他“还奏迟”，所以太祖问为何来迟，燕世子回答：“旦寒甚，卫士方食，俟食既乃阅，以故迟。”太祖喜曰：“善！孺子知恤下人乎！”又令阅奏疏，燕世子“独取言及民瘼者上白太祖”，太祖喜曰：“见生长深宫，乃亦知民间有疾苦事乎！”曾问尧九年水、汤七年旱，当时百姓奚所恃？燕世子回答：“恃圣人有恤民之政耳！”太祖又称善。[3]燕世子经过朱元璋的培养，积累了一些治国料民经验，后来做了皇帝，是为仁宗。洪武元年十二月，朱元璋退朝回宫，指着宫中空地对皇太子和诸王说，虽然这

[1]《明太祖实录》卷二六，吴元年冬十月乙丑。

[2]《明太祖实录》卷四一，洪武二年夏四月己巳。

[3] 徐学聚：《国朝典汇》卷八《朝端大政·东宫》，明天启四年徐与参刻本。

些地方可以建亭馆台榭作为游观之所，但今天却将它种上蔬菜，就是为了不劳民伤财。以前商纣崇饰宫室结果身死国灭。汉文帝虽然想建露台，但因惜百金之费而作罢，结果当时民安国富。告诉他们“夫奢俭不同，治乱悬判”。八年冬十月壬子，“上命皇太子、秦王、晋王、楚王、靖江王出游中都，以讲武事”。并“诏太子赞善大夫宋濂、秦府长史林温、晋府长史朱右、楚府长史朱廉、靖江王长史赵埙等从”。[1]显然也是将太子与诸皇子一起进行培养的，重点培养他们的政治观察能力和军事能力。

然而，自大本堂解散后，诸王及其子孙的教育便在各王府内进行。王府虽然不在宫廷之内，但其受学的对象与皇帝有密切的关系，因此也属于广义的宫廷教育。一些王府为了教育子孙，也延请名士担任教官。蜀府一度招聘了当世大儒方孝孺入幕执教；秦府惠王专门延请著名诗人汤潜名教授嫡子朱诚泳声律之学。这种王府教育，后来发展为宗学。

至嘉靖时，各王府的教育局面有了变革的动议，朝廷开始考虑在各王府设立宗学，教授日益增多的宗室子弟。当时，为了解决宗室繁衍太多，虚糜禄米，无所事事，打架斗殴问题，朝廷要求“议处宗藩”，于是嘉靖四十二年，南陵王朱睦楧条上建议，其中包括“请立宗学以崇德教”和“设科选以励人材”。次年，武冈王朱显槐复上书条陈藩政，“请设宗学，择立宗正、宗表督课，亲、郡王以下子弟十岁入学，月米一石，三载督学使者考绩，其中程序者全录之，五试不中科则黜之，给以本禄三之一”。后来颁宗藩条例，“多采睦楧、显槐二王议”。[2]

上述建议，在万历年间正式获得采纳。据《大明会典》载：

> 万历十年题准：凡宗室之子年十岁以上，俱入宗学。其

[1] 《明太祖实录》卷一〇一，洪武八年冬十月壬子。

[2] 秦蕙田：《五礼通考》卷一四四《嘉礼十七》，景印文渊阁四库全书本。

> 师即以本府教授、纪善等官选取学行俱优者充之。若宗生众多，则分置数师，或于宗室中推举一人为宗正，主领其事。令各生诵习《皇明祖训》、《孝顺事实》、《为善阴骘》等书。至于《四书》、《五经》、史鉴、《性理》亦相兼讲读。俟年至十五，许照例请封，先给禄米三分之一，仍习学五年，验有进益，亲王方与奏请出学，支本等全禄（嘉靖四十四年例）。另城者该府郡王或管理府事者奏请，其有放纵不循礼守法者，学师具启各该亲、郡王，小则径自训责，大则参奏降革[1]。

这段史实，《明史》也有记载，与此大同小异，后面补充了“寻复增宗副二人。子弟入学者，每岁就提学官考试，衣冠一如生员。已复令一体乡试，许得中式。其后宗学浸多，颇有致身两榜、起家翰林者”数语。[2]

宗学制度的建立，也有郑世子朱载堉的功劳，他于万历二十二年“请宗室皆得儒服就试”[3]，第二年便开“宗室不仕之禁”。宗学之设，是为了适应宗室子弟增多、禄米不继而通过教育改变其命运的有效措施。

宗学是各王府按照朝廷的要求设立的，但也有一些王府未设宗学，为了解决这些王府的教育问题，万历二十二年，山西巡抚魏允贞“请于无宗学王府立宗约，令长史、教授群聚宗室，择有齿德者为表率，每月定期讲解圣谕、《大明律》并有关伦理诸书”[4]。

大本堂解散后，太子地位日益尊崇，单独在文华殿接受讲读教育，其他亲王和皇孙们一般不得到文华殿受教。但也有例外，当太宗

[1] 申时行等:《大明会典》卷五七《礼部十五》;王圻:《续文献通考》卷六一《学校考》，明万历三十年松江府刻本。

[2] 《明史》卷六九《选举志一》。

[3] 《明史》卷一一九《诸王传四》。

[4] 《明神宗实录》卷二七〇，万历二十二年二月癸酉。

北巡北京时，留守南京的皇太子朱高炽，便让自己的儿子们（诸皇孙）到自己读书的文华后殿（太子读书处）接受教育。永乐九年九月，“皇太子命杨荣等侍诸皇孙读书文华后殿”，他特地对诸皇孙说：“此皇祖近臣，汝辈当加礼敬。”又对杨荣等说道：“他日学成，即汝训迪力也。”[1]

在诸藩王分散教育后，宫中实际上保留了对未就藩的亲王的宫廷教育制度，设书堂以为教学之地。英宗天顺三年确定诸王读书仪，“每日讲读，清晨，王至书堂，讲读官行叩头礼，伴读十遍，出饭后复诣堂伴看写字，讲书毕，仍叩头退”[2]。傅维鳞的《明书·诸王讲读书仪》指出：“凡诸王年应讲读，书堂在皇极门右厢房，侍读讲官选部属或进士改授翰林院官衔充之，讲读行礼如皇太子仪，但无侍卫侍仪。侍班官每日捧字仿送内阁圈注，皇太子及诸王呼侍读、侍讲为先生而不名。每年假日：圣节前后九日，千秋节九日，正旦初一至二十，花朝、清明各一日，端午三日，七夕、中秋各一日，重阳三日，冬至前后五日，腊八一日，除夕前五日。凡风雨大寒暑则免，必请旨定夺。皇太子、诸王同。”[3]亲王的书堂教育，较太子的文华殿教育档次要低，因此当教学人才不够时，便优先保证东宫教育，而从新进士中选用教官以教亲王。天顺中，“是时，亲王讲读例用翰林官二员，适员乏，（李）贤请以新进士中选用，遂为例。”[4]因为“自永乐以来，必择翰林官二员轮日讲读”，所以到了此时，“德、秀等王当出阁，英庙谕李文达（贤）公慎选讲读官。文达以亲王四位，用官八员，翰林几去半矣，乃覆对翰林官少，请于新进士内选人物俊伟、语音正当、学问优长者，授以检讨之职，分任讲读。时得雷霖、刘诚等充选，遂

[1] 廖道南：《殿阁词林记》卷二〇《嗣辅》，景印文渊阁四库全书本。

[2] 《明史》卷五五《礼志九·诸王读书仪》。

[3] 傅维鳞：《明书》卷五七《礼仪志二·讲读》，清畿辅丛书本。

[4] 查继佐：《罪惟录·志》卷一七《经筵总论》，四部丛刊三编景手稿本。

为定例”[1]。至于东宫讲读官，则是从有经验的翰林中选择的。除了讲读官二人从新进士中选取外，亲王讲学还配备有侍书官二员，从中书舍人和举人、监生内选用；待诏二员，从教官中升用。[2]

直至明崇祯年间，亲王仍然在书堂接受教育。崇祯十五年正月，皇子定王出阁讲学。十六年八月，永王出阁讲学，“皆命吏部选新进士为简讨、国子助教等官，为待诏充讲读，以两房两殿中书充侍书”，讲学之所，为皇极门西庑中的“上十间，为诸王馆”，“定王书堂在西第六间，为读书处”，“及永王出阁，因移定王第四间，而永王在第六间”。[3]讲学内容有《四书》和《尚书》讲读，以及书法训练。

但是，偶尔也有机会，诸王及其世子能到东宫接受教育。天顺四年，由于英宗复辟不久，急于得到诸藩王们的支持，因此将郑王府世子和泾阳王召至北京宫中，陪太子朱见深（后来的宪宗）在东宫中讲读，让刘吉为他们讲学：“郑世子及泾阳王以事召至，命侍讲读，朝廷知公可用。时宪宗为皇太子，因命侍讲读于青宫。”[4]但这种情况并不常见。

此外，明代有的藩王和宗室还在封国中创办学校，对宗室子弟进行教育。蜀府朱让栩“创义学”[5]，秦简王朱诚泳在西安继承鲁斋书院的传统，易址“建正学书院，又旁建小学，择军校子弟秀慧者，延儒生教之，亲临课试。王府护卫得入学，自诚泳始”[6]。这就将宗室教育推及护卫子弟。因不属宫廷教育，故置之不论。

---

[1] 尹直:《謇斋琐缀录》卷七,载邓士龙辑:《国朝典故》卷五九,北京大学出版社 1993 年,第 1335 页；又李默：《孤树裒谈》卷九，明刻本。

[2] 申时行：《大明会典》卷五《选官・王府官》。

[3] 佚名：《明内廷规制考》卷二，清借月山房汇抄本。

[4] 徐溥：《谦斋文录》卷四，清文渊阁四库全书补配清文津阁四库全书本。

[5] 张廷玉等：《明史》卷一一七《诸王二》。

[6] 张廷玉等：《明史》卷一一六《诸王一》。

第四节　宗室教育的官员与内容

一　诸王师傅和受教时的伴读

明代皇族宗室教育的官员，前后有较大的变化。早期诸王都生活在宫中，与太子一起在大本堂接受教育，当时的官员都是朝廷统一选择的。“明初，特重师傅。既命宋濂教太子，而诸王傅亦慎其选。彦良与陈南宾等皆宿儒老生，而李希颜与驸马都尉胡观、傅徐宗实，尤以严见惮”。其中所说的桂彦良、陈南宾等“宿儒老生”等都是当时的名师，在教学时都比较严格，李希颜“太祖手书征之，至京，为诸王师。规范严峻，诸王有不率教者，或击其额”。[1]

但大本堂解散后，诸王教育出现不同的情况，教师也随之发生变化：

第一，皇长子、皇太孙、皇长孙等受到朝廷的重视，任教的教官都经过精心挑选。

太宗曾命吏部、翰林院“简择老成正大儒者侍皇太孙讲读”，于是蹇义和杨士奇共举仪智，但他知名度不高，“众鲜知之”，加上年老，故“议尚未决”。太子提出异议：“往者曾举李继鼎，大误，后悔不及。智甚端正，但觉老矣。”杨士奇道出了选择仪智的标准：“智虽老，然起家学官，道理明，执守正，精神不衰，廷臣老成未见其比。”太宗也认为此人“识朝廷大体，能直言不阿”。遂召礼部、翰林诸臣谕曰：“仪智甚好，朕知之矣。令侍太孙讲读。”同时又“令右赞善陈济等充讲官，教谕林长懋、张英、陈山、戴伦等授给事中，使侍太孙”。不久俱授春坊左右中允。[2]

皇太孙或皇长孙，甚至用东宫的师傅和官员来培养。太宗曾于永乐六年命内阁胡广等辅导皇长孙，敕曰：“卿等皆茂简德艺，职辅东

[1] 张廷玉等：《明史》卷一三七《桂彦良附李希颜传》，第3949页。
[2] 廖道南：《殿阁词林记》卷二〇《嗣辅》，景印文渊阁四库全书本。

宫，东宫之子必资兼弼，宜协同心志，辅导于成。”[1]

第二，当朝皇帝的儿子（一般为亲王）继续留在朝廷书堂内学习，其任用的教师是翰林院官员。

书堂教育选择翰林官二员每日轮流讲读，后来因为缺乏翰林官员，天顺时李贤请从新进士中选用，遂为惯例。其实，除了翰林二员为讲官外，还有伴读、侍书等员随侍。嘉靖三十一年八月，“命翰林院编修高拱等充二王讲读等官。裕王府侍讲：拱与检讨陈以勤；伴读：改国子监助教尹乐舜、郑守德，俱翰林院侍诏；侍书：中书舍人吴昂、吴应凤。景王府讲官：翰林院检讨孙世芳、林濂；伴读：改国子监助教潘静深、邢台县学教谕李秀，俱翰林院侍诏；侍书：中书舍人丛恕、吴自成。”[2]三十七年九月，“升翰林院侍诏尹乐舜、郑守德、潘静深、李秀为礼部主事，仍兼原职，给事二王府”。[3]

嘉靖三十二年，翰林院修撰林爀（号宗伯）任景恭王讲读官，“景王出阁，充讲官”。当时严嵩专权，其子严世蕃府邸与林爀相邻，想兼并林府以广宅第，便要挟林爀：“王之国，讲官当迁长史。”意思是如果屈从，则免予之国的命运，但“公正色拒之”。[4]林爀任教景王之事，王世贞所载更详：“久之，选侍景恭王讲读，以检讨满九载，擢修撰。”“故事：诸王当就邸，必选进士中明经老儒侍讲读，之国则为国僚佐。时裕王当为储未定，而景恭王宠王也。上偕为妙选翰林臣，辍史职以往，而宗伯与焉。宗伯既素饶经术，雍容进止，不爽尺寸，王恒目属之。分宜故知宗伯，然以荣禄公不善事之，故渐左，而其子世蕃与宗伯邻，谓其宅可并也。属王且之国，风宗伯使纳宅。宗伯谢曰：‘宅受之大人，不敢弃也。’已而谓人：‘吾不惜宅。惜所与耳！’世蕃恚，使吏部以之国故事请。分宜意犹豫曰：‘史官侍王

[1] 廖道南：《殿阁词林记》卷二〇《嗣辅》，景印文渊阁四库全书本。

[2] 《明世宗实录》卷三八八，嘉靖三十一年八月甲子。

[3] 《明世宗实录》卷四六四，嘉靖三十七年九月戊子。

[4] 王兆云：《皇明词林人物考》卷九《林贞恒》，明万历刻本。

邸，岂亦故事耶？’文贞公（指徐阶）时副揆，力为怂恿，得毋从之国。”[1]从上述史料中可见，亲王未之国时，朝廷为选择翰林臣侍讲读，如果之国，则随之同去，为藩国的王府官。随王之国藩府，被认为是一件悲惨的事，因此林燫受到了要挟，好在因徐阶的解救，终未被严嵩罚为藩府佐僚。

第三，皇帝的兄弟（藩王），会于“之国”后分散到各自藩王府去接受教育，讲官一般是王府的官员，如左右相、长史、教授等[2]。

洪武三年，太祖置王国相府，设左、右相（正二品），左、右傅各一人（从二品），左相、傅主武，右相、傅主文，多以勋臣充任，出则为将，入则为相；并设置参军府、典签司、咨议官、王府教授等。洪武九年改参军为长史，罢除王国傅府；十三年又罢除王国相府，升长史司为正五品，置左、右长史，“掌王府之政讼，辅相规讽以匡王失，率府僚各供乃事，而总其庶务焉。凡请名、请封、请婚、请恩泽，及陈谢、进献表启、书疏，长史为王奏上。若王有过，则诘长史。曾经过犯之人，毋得选用是职”。[3]长史司下辖典簿、审理、典膳、奉祠、典乐、典宝、良医、典仪、工正等所，及纪善、伴读、教授等人，专职辅导藩王。同时规定宗室年十岁以上，由教授和纪善为之授课教导。其中王相、王傅、长史、教授、纪善等官“俱遴选才识老成之人以充其任”[4]。洪武九年，以户部侍郎汤檠为秦府右傅、致仕湖广参政陶凯为晋府右相，户部侍郎陈显为晋府右傅，燕府左傅费愚为燕府左相，河南参政陈昧为燕府右相，佥都督丘广为左傅，户部郎中王务本为右傅，广西护卫指挥佥事董勋为靖江府左相，浙江参政李质为右相，飞熊卫指挥佥事徐礼为左傅，户部尚书李泰为右傅[5]，这

[1] 王世贞：《弇州史料》后集卷三《林宗伯传》，明万历四十二年刻本。

[2] 关于王府官员选用及其变化，参见顾锦春：《明代宗室犯罪》，第 23 — 24 页，华东师范大学硕士学位论文，2007 年。

[3] 《明史》卷七五《职官四》。

[4] 马文升：《马端肃奏议》卷六《选辅导豫防闲以保全宗室事》。

[5] 《明太祖实录》卷一〇三，洪武九年春正月甲戌。

些王国的相和傅都是当时的名士。燕王府的讲官中，有一位周文，擅长于《周易》的讲授。太宗曾对胡广等人追述过："朕守藩时，王府官亦有二三人知《易》者，然皆不若周文切实。但所言亦有拘滞处。"[1]看来，他对于王府教官周文在《周易》上的精通和善教念念不忘。

出于激励王府官员积极性的考虑，太祖规定王府官吏与朝廷官员可以相互任用[2]，王府官员政绩突出者可以选入朝廷，委以重任，这无疑激励了长史等官恪尽职守，"府中巨细事务悉处置停当"，"辅导之方甚严"，致使"各王读书乐善，保守其国，而称贤王者甚多；纵欲败度而被黜罚者间有"[3]。太祖对这些王府相、傅等官在教育诸王上有很高的要求。洪武六年，太祖告谕秦府右相文原吉等人："用贤所以辅德，朕为诸子择贤以为之辅，尔等居左右，宜朝夕规诲以成其德。人情于大事或能谨之，而常忽于细微，夫细行不谨，大德必亏，姑息小过，大患必至……设王有所违失，尔若曰：'所失者小，可勿言也。'则是其大失将至，候其大失然后规救之，有所弗及矣。夫善虽小可以成名，恶虽小可以亡身。凡历代贤王著名方册，其臣亦皆贤者，故能同济其美，尔等职在辅导，宜尽心所事。"[4]

从永乐朝开始，亲王出阁止选进士中老成有学者授翰林院检讨，及就封即拜长史。"其后诸王府长史刘淳、董子庄、赵季通、杨翥、金实、萧用道、宋子环之属，皆有名。"[5]长史还要求"曾经过犯之人，毋得选用是职"[6]。这说明藩王师傅只有德才兼备的饱学之士方可担任。但是，太宗出于防范藩王篡夺朝廷之权的意图，很快就对王府官制进行了改革，直接冲击到王府的教育官员。其措施有：

其一，将王府官与朝廷官之间可以互相除授，改为"官王府者，

---

[1] 徐学聚：《国朝典汇》卷二五《朝端大政·经筵日讲》，明天启四年徐与参刻本。
[2] 《明史》卷七五《职官四》。
[3] 马文升：《马端肃奏议》卷六《选辅导豫防闲以保全宗室事》。
[4] 《明太祖实录》卷八五，洪武六年九月壬戌。
[5] 张廷玉等：《明史》卷一三七《桂彦良附陈南宾传》，第3950页。
[6] 张廷玉等：《明史》卷七五《职官志四·王府长史司》，第1837页。

不得为京朝官”[1]，怕的是藩王与调入朝廷的京官相互勾结，通同作乱。宣宗朝以后不得互相除授的制度最终确立，官员一旦被选为王府官员，“率老死王国，终其身弗齿于有司铨衡”[2]，并“终身不得他迁”，每当被宣布担任王府官职时，便“如长流安置，举家哀恸”[3]。弘治时，岐王等出阁，朝廷按例“除辅导等官”，礼部尚书耿裕“除庚戌进士六人为检讨，候出府，授长史”，被选中之人皆“不乐此选，共约诣部堂，哗然辩论，不肯就职，极言偏私，选推不当”[4]。双方“互呼为畜生”。官员们为避免担任王府之职，“虽皆受重谴不顾也”[5]。这导致王府教官的地位也随之一落千丈。

其二，藩府官员朝廷故意任用“阘茸、耄昏者”，“阘茸则授之，耄昏则置之”[6]，还“以劣转者居之”[7]，目的就是要防止有才之士为王府所用，威胁中央安全。结果“有以监生援纳提举升长史者；又有以吏书因贿致富，援纳监儒及教职，劣升王官，寅缘保举作长史者”，这些监生“俱系膏粱子弟，又且文理不通，时务欠达”[8]；审理官“多由郡佐县令升迁，近来粟监亦得滥厕，与阘茸之长史扶同逐利”[9]；更有甚者，“富室子弟贪俸薪之岁给，利考覈之不去，持三四百金入都市，阅户工部事例，纳银内帑，一得冠服”，充任王府官僚，“恃势作威，官居白首”。[10]

其三，朝廷规定宗藩不得自置王府官员。太祖时，各王府可以保举贤能之士充任王官，燕王曾奏请姚广孝为燕府傅。[11]但永宣后，王

[1] 袁袠：《世纬》卷上《遴傅》。
[2] 袁袠：《世纬》卷上《遴傅》。
[3] 沈德符：《万历野获编》卷四《藩国随封官》，第 113 页。
[4] 陈洪谟：《治世余闻》上篇卷一。
[5] 沈德符：《万历野获编》卷四《藩国随封官》，第 113 页。
[6] 袁袠：《世纬》卷上《遴傅》。
[7] 《明神宗实录》卷五二四，万历四十二年九月丙寅。
[8] 《宗藩条例》卷下《慎简官僚》。
[9] 《明神宗实录》卷五二四，万历四十二年九月丙寅。
[10]《宗藩条例》卷下《藩僚考察》。
[11] 谷应泰等：《明史纪事本末》卷一六《燕王起兵》。

府官员完全由朝廷任命。宣德三年，“辽王贵烚奏举前荆州府学教授陈绍先端重有学，乞除本府纪善；永兴王志墣奏举陇西县学教谕冯益通经，乞除教授”。宣宗传谕行在吏部臣曰：“王欲亲近儒者，讲论经史以资辅导，此意良嘉。其从之。”但是吏部却予以拒绝：“选才授官出自朝廷，王岂可自择！”宣宗说：“朕推诚以待宗室，不必校此。”这才准奏。[1]天顺六年，晋王朱钟铉举升晋府承奉副张泰等二十人为承奉正等官，遭到宪宗严词切责[2]。

王府原来设有伴读。洪武间在大本堂教育太子诸王时，便设有伴读，“延四方名儒教太子、诸王，分番夜直，选才俊之士充伴读”[3]。但据《明太祖实录》卷一三九载，洪武十四年十月丙辰“革王府伴读”。不过，伴读后来又恢复了。正德末，“令吏部于各王府、长史、纪善、伴读、教授等官，务择学行优长堪为师范者除授”[4]。此后伴读一直未废。

第四，宗学设立后，教师由王府官中选授。

当万历年间宗学建立后，宗学的教师一般是“于王府长史、纪善、伴读、教授等官择学行优长者除授”。若宗子众多时，便“分置数师，或于宗室中推举一人为宗正，领其事”。[5]

总之，王府的教官比较复杂，变动也大，其王府相、史等官，都兼有教育之责。

二　宗室教育的学期与内容

宗室教育受皇帝经筵日讲的影响，也形成了“一学年，两学期”制。嘉靖三十二年四月三日，礼部奏言：“二王讲读旧规，开以二月、

[1] 《明宣宗实录》卷四四，宣德三年六月辛卯。
[2] 《明宪宗实录》卷六，天顺六年六月甲辰。
[3] 廖道南：《殿阁词林记》卷二〇，景印文渊阁四库全书本。
[4] 俞汝楫：《礼部志稿》卷一六《宗学》，景印文渊阁四库全书本。
[5] 《明史》卷六九《选举志一》。

八月初旬，辍以五月、十一月初旬。今有闰三月，请于四月辍讲，不为例。”[1]看来，宗室教育是有“旧规”的，旧规规定二月、八月初旬开讲，五月、十一月初旬辍讲。与皇帝经筵制度相比，十一月初旬的辍讲显然推迟了一月。嘉靖三十二年裕王和景王出阁讲学时，正赶上闰三月，于是决定春讲提前到四月结束，实际上仍然是三个月的学习时间。至万历六年规定：“令春讲定以二月初旬起，至五月初旬暂止；秋讲定以八月初旬起，至十月中暂止。”[2]

诸王和宗室讲授的内容是《四书》、《五经》、史书、祖训、法律、书法和具体仪式等。

亲王出阁学习的内容大致跟皇太子相同，“王每日所读书，《大学》一本，《书经》一本，授书务要字样真正，讲书直说大意，务要通晓。先一日进讲章，三日一温书，就温讲，仍进讲章。写字先用影本，以后写熟对帖自写”，所写的字“每日轮一内侍官捧仿纸送内阁圈注”。而内阁大臣负责总体事宜，“凡亲王出阁读书，内阁官提调检讨等官讲读，拟定经书起止，所习仿字，每日送看”[3]。嘉靖三十二年，礼部奏上拟定的裕、景二王的讲读内容是：“内侍书官每日启王温肄，仍日书百字送内阁圈注。讲读等官每半月恭诣各府起居，如王更欲授书进讲及质问疑义、字法，各官亦得自效。”得到世宗的准许。[4]可见书法学习和经史进讲，是宗室诸王学习的重要内容。

《四书》是明代最重要的宫廷教育教材，之后便是《五经》。朱棣在燕王府时，曾学习过《五经》中的《周易》。永乐四年，太宗对胡广等人追忆道：“朕守藩时，王府官亦有二三人知《易》者，然皆不若周文切实。但所言亦有拘滞处，盖《易》道在变通，不失其正。古人随时从道之说，最得要领，唯在虚心以玩之耳！”又说：“为学

---

[1] 《明世宗实录》卷三九七，嘉靖三十二年四月戊寅。

[2] 朱勤美：《王国典礼》卷一《讲读》，明刻增修本。

[3] 申时行等：《大明会典》卷五二《礼部十·诸王读书仪》。

[4] 《明世宗实录》卷三九七，嘉靖三十二年四月戊寅。

不可不知《易》，只‘内君子、外小人’一语，人君用之，功效不小。”[1]看来，他对在燕府受到的《周易》教育印象深刻。

《四书》、《五经》和书法外，皇子和宗室子弟学习的内容还包括律令、御制大诰、《存心录》、《祖训录》以及往古帝王成败之迹和民间稼穑之事等。据焦竑《国史经籍志》的《制书类》介绍，明代编纂了一系列训诫诸王的教材和参考书。如《皇明祖训》一卷，《祖训条章》一卷，《昭鉴录》五卷，《训亲藩纪非录》一卷，《谕周齐潭鲁永鉴录》一卷，《训亲藩资世通训》一卷，《大诰》一卷，《大诰续编》一卷，《大诰三编》一卷，《臣戒录》一卷，《彰善瘅恶录》三卷，《瘅恶续录》一卷，《逆臣录》五卷，《忠义录》一卷，《谕吏昭示奸党录》二卷，《永鉴录》二卷，《训诸藩志戒录》二卷。[2]

除了上述内容之外，诸王宗室还需要学习和掌握奏疏撰写格式、朝觐规范、祭祀礼仪等，也由相应的王府官员教授。

总之，明代皇室子弟教育具有复杂性和阶段性的特点。复杂性表现在对象复杂，层次不一，机构有异。一般而言，皇子皇孙的教育中，可能成为储君之选的皇长子、皇太孙和皇长孙的教育最为重要；教育机构则有大本堂、书堂、王府宗学等形式。阶段性表现在，明代皇子宗王的教育，前后呈现完全不同的风格。早期的皇帝重在锻炼皇室子孙们的实际能力，后期则以宫中书堂和王府宗学为代表的课堂教育取代执政能力的培养。明廷对皇家宗室子弟的教育，投入了很多优质教育资源，产出的效果却并不理想。尽管明代皇帝试图将自己的儿子都培养成龙虎，但由于皇权专制制度只允许其中的一人（嫡长子）成为龙，其他的亲王及其子孙便都受到严密的防范，沦为金笼中的驯犬，丧失了人生理想和抱负，迅速腐化堕落，大部分成为社会的寄生虫，明代宗室教育产生了画虎不成反类犬的效果。

---

[1] 徐学聚：《国朝典汇》卷二五《朝端大政·经筵日讲》，明天启四年徐与参刻本。

[2] 焦竑：《国史经籍志》卷一《制书类》，明徐象橒刻本。

第十章

严明内教：明代后妃宫女与公主的教育

除了对皇族的男性成员进行教育外，明朝还对宫中的女性如后妃、宫女和公主等进行了一定程度的教育。当然，后妃不仅是教育的接受者，而且也是施教者，对年幼的皇子甚至成年的皇帝进行过不同程度和不同形式的教育。本章既阐述明代对宫中女性的教育，也探讨后妃的教育主体角色。明代后妃宫女和公主的教育，由于史料的分散和缺乏，研究者较少，目前似只有吴仕伟、陈宝良等人有较深入的探讨[1]，但篇幅都不太大。本章则在广泛搜集史料的基础上，对此问题尽可能作更深入和系统的研究。

---

[1] 对明代宫廷后妃宫女和公主有所探讨的成果，有吴仕伟的《明代宫廷教育研究》（湖南师范大学中国古代史专业硕士学位论文，2009 年）第三章“明代的宫廷女性教育”，约 4300 字；另有丁伟忠的《明代的妇女教育》（《中国典籍与文化》1994 年第 3 期）、蔡锋的（《对古代皇宫贵族女性文化教育的考察》，载《妇女研究论丛》2004 年第 3 期）和陈宝良的（《明代的妇女教育及其转向》载《社会科学辑刊》2009 年第 6 期）部分涉及这一问题的研究，其中以陈文较为深入和厚实。

第一节 后妃的施教角色与活动

明代后妃不仅是被动的受教者，而且也是主动的施教者，在宫廷教育中居有一定的地位。后妃的施教活动，主要是由德高望重的皇后和太后来承担，有人指出："明朝皇帝的家教则一般由皇太后掌管。而良好的家教对明代皇帝素质的提高有不容忽视的作用。"[1]一般的宫女谅无此施教的机会和能力。此外，受皇帝宠幸的后妃，也会利用特殊的身份，对皇帝和其他人实施一些教育活动。

在施教的后妃中，明初的马皇后应该是最典型的一位。她经常忙于对上至皇帝，下至皇子、六宫进行教育，"劝上亲贤务学，随事几谏，讲求古训，谕告六宫，孜孜不倦"[2]。马皇后重视对太子、诸王的教育，她"虽爱之甚笃"，但"勉令务学，谆切恳至"，曾教导他们："汝父尊临万国，身致太平，亦由学以聚之。尔小子当思继继绳绳，以不辱所生。"[3]当她临终时，朱元璋问她有什么遗言，她答道："陛下当求贤纳谏，明政教以致雍熙，教育诸子使进德修业。"[4]事实上，马皇后具备了从事教育的素质和资本。据《实录》载："后自少贞静端一，孝敬慈惠，聪明出人意表，尤好诗书"，有较为深厚的文化底蕴，特别是在与朱元璋一起打天下的实践中，积累了丰富的经验和智慧，有实施教育的资格。她的教育对象，除了太子、皇子、后妃、公主、宫女外，还对最高统治者朱元璋展开教育。马皇后教育的形式，除了直接陈说劝解外，还用情景回忆等方式劝诫。朱元璋"尝盛怒，有谴谪"，马皇后"度不能解，衣微时所服衣，取糗糒置怀中，出置上前"，对他说："主忘昔日之贫贱耶？此主昔所尝食也。"太祖"为恻然"。[5]马皇后还推荐《小学》作为正规的教育皇子驸马等人的教

[1] 吴仕伟：《明代宫廷教育研究》，第 18 页，湖南师范大学硕士学位论文，2009 年。
[2] 《明太祖实录》卷一四七，洪武十五年八月丙戌。
[3] 《明太祖实录》卷一四七，洪武十五年八月丙戌。
[4] 《明太祖实录》卷一四七，洪武十五年八月丙戌。
[5] 邓元锡：《皇明书》卷一一《后妃内纪》，明万历刻本。

材。一次她令女史“诵《小学》书，注意听之”，然后向朱元璋提出：“《小学》书言易晓，事易行，于人道无所不备。真圣人之教法！盍表章之？”太祖回答：“然。吾已令亲王、驸马、太学生咸讲读之矣。”她的大部分教育都是非正规的，是通过言传身教和婉言劝谏实施的。“后慈以接下，亲戚勋旧之家无不得其欢心，命妇入朝不以尊贵临之，延接如家人礼”。[1]有人指出，“她更多的是以自己的言行举止为后宫众殡妃们树立模范作用”，“明代诸后皆以其为楷模，争相仿效”。[2]

马皇后还注重用历史经验来教育妃嫔宫女和皇子公主。一日，她召集女史清江范孺人等问道：“自汉唐以来，何后最贤？家法何代最正？”范孺人答道：“惟赵宋诸后多贤，家法最正。”马皇后“于是命女史录其家法贤行，每令诵而听之”，对皇子公主说：“不徒为吾今日法，子孙帝王后妃皆当省览。此可以为万世法也。”有皇子提出质疑：“宋朝过于仁厚。”马皇后反诘道：“过于仁厚，不犹愈于刻薄乎！吾子孙苟能以仁厚为本，至于三代不难矣。仁厚虽过，何害于人之国哉？”马皇后“闻女史论西汉窦太后好黄老”，就问女史：“黄老何如？”女史答曰：“清静无为为本。若绝仁弃义，民复孝慈是也。”马皇后回答：“不然。孝慈即仁义事也。讵有绝仁义而为孝慈哉？仁义乃为治之本，乃曰绝而弃之，非理也。”她的这些见识，对于她教育皇子起到了积极的作用。马皇后还教育太子、诸王道：“吾闻女史言，邓禹为将不妄杀人，故其女为后。吾家世忠厚，至吾父虽无禹之功，然平生急于汝辈，异日有人民社稷之寄。尤必积累忠厚，乃可长世。切不可自恃而不务德，谓事有偶然也。汝切识之！”[3]

除了马皇后外，后世的后妃对皇子、皇帝等也进行过有效的教育。朱棣的皇后仁孝文皇后徐氏，中山王徐达长女。朱棣即帝位后，徐氏“正位中宫”，她对太子和诸王的教育十分重视。当初，立皇太

[1] 《明太祖实录》卷一四七，洪武十五年八月丙戌。

[2] 徐斌：《明代后妃制度初探》，第 22—23 页，天津师范大学中国古代史专业明清史方向硕士学位论文，2008 年。

[3] 《明太祖实录》卷一四七，洪武十五年八月丙戌。

子，封汉、赵二王时，她指出：“太子国家之本，诸王藩屏所资，愿择老成端正之士辅养德器。”成祖表示：“此朕所注意也。”她又说：“长子仁厚，足为令器，不辱祖宗矣。二子三子，陛下宜早教之。惟陛下留意。”成祖回答：“吾亦知之。”徐后临终前，告诫皇太子道：“吾之长子孝仁淳厚，当夙夜恪勤，敬事君父，勿以吾故过哀毁，以伤君父之心。吾素菲薄无德，及人身殁之日，丧务从简省，毋妨臣民……呜呼，主器之任，在尔匪轻，敬以事上，仁以抚下，肃以正家，恩以睦亲。尔念之！”并对皇长孙朱瞻基也作了临终教育：“尔将来有宗社之寄，大平之任，宜励学笃志。”徐后临终时要求成祖做到“子孙成之以学”。

徐后的教育特点，一是对于不同的对象，实施不同的教育内容和宗旨。针对太子、诸王、妃嫔、外戚作了各自相应的教育，“晨夕与皇太子、诸王言惟孝亲恤民，与妃嫔以下言惟恭敬和睦，与亲戚言惟奉法循理”。她“闻外家稍有纵肆，召至责之，有谦慎者时加赐赉为劝”。二是通过言传身教感化他人，“言动以礼，喜怒不形。下人有过，教之使改，亦靡不畏服焉”。“后识达治道，言必师古，性不喜华饰，自御俭素，宫闱之内化之。”[1]徐后的教育，对以后的后妃产生了影响。

慈圣李太后对年幼的神宗要求十分严格，“太后教帝颇严。帝或不读书，即召使长跪。每御讲筵入，左右掖帝坐，尝令效讲臣进讲于前。遇朝期，五更至帝寝所，呼曰：‘帝起’，敕取水为盥面，挈之登辇以出。帝事太后惟谨，而诸内臣奉太后旨者，往往挟持太过。帝尝在西城曲宴被酒，令内侍歌新声，辞不能，取剑击之。左右劝解，乃戏割其发。翼日，太后闻，传语居正具疏切谏，令为帝草罪己御札。又召帝长跪，数其过。帝涕泣请改乃已”。[2]。慈圣太后还通过在文华殿题匾来教育神宗要做明主圣君。据沈德符称：“今文华殿后殿所悬扁凡十二字，每行二字，共分六行，其文曰：‘学二帝三王治天下大

[1]《明太宗实录》卷六九，永乐五年秋七月乙卯。

[2]《明史》卷一一四《后妃二·孝定李太后传》，第3535页。

经大法。’乃慈圣御笔。”[1]李太后对小皇帝的严厉教育，促进了万历前期的改革和富强局面，受到史书的赞誉，称李太后“性严明。万历初政，委任张居正，综核名实，几于富强，后之力居多”[2]。

而神宗的宠妃郑贵妃在重刊《闺范》序中，自述欲对其他嫔妃和宫女、民妇进行教育。她说：“尤思正己宜正人，治家宜治国，欲推广是心，公诸天下，求其明白简易、足为民法者，近得吕氏坤《闺范》一书。是书也，前列《四书》、《五经》，旁及诸子百家，上溯唐虞三代，下迄汉宋，我朝贤后、哲妃、贞妇、烈女不一而足，嘉言善行照耀简编，清风高节争光日月，真所谓扶持纲常，砥砺名节，羽翼王化者是也。然且一人绘一图，一图序一事，一事附一赞，事核言直，理明辞约，真闺壶之箴鉴也。”于是重刻颁布，以对宫中女性和民女进行教育。[3]

有些后妃在施教时，并不满足于言传身教或取他书以教，而是直接撰写女教教材，对宫内女眷和宫女进行文化和道德教育。朱棣的皇后仁孝文皇后徐氏，“尝采《女宪》、《女诫》作《内训》二十篇，又类编古人嘉言善行，作《劝善书》，颁行天下”。[4]《实录》则称：“后观《女宪》、《女戒》诸书，其取义作《内训》二十篇，居常志存内典，复采儒、释、道嘉言善行类编之，名《劝善书》。”[5]“这些文字旨在推行针对女性的教育，并倡导修德劝善。这些典籍都专门涉及妇女伦理道德教育，详尽具体地规定妇女立身处世、待人接物、言行举止等道德准则，从而引导妇女合乎礼法的一切行为”[6]。世宗母亲章圣太后蒋氏，也撰写了《女训》，并由皇后亲自向妃嫔讲授。嘉靖八年九月“刊《高皇后传》、文皇后《内训》、章圣皇太后《女训》于天下，

[1] 沈德符：《万历野获编》卷三《宫闱·母后圣制》。
[2] 《明史》卷一一四《后妃二》。
[3] 刘若愚：《酌中志》卷一《忧危竑议前纪第一》。
[4] 《明史》卷一一三《后妃传一》。
[5] 《明太宗实录》卷六九，永乐五年秋七月乙卯。
[6] 徐斌：《明代后妃制度初探》，天津师范大学硕士学位论文 2008 年，第 24 页。

命皇后授妃嫔宫中，使翰林官诗《诗》、《书》、《内则》之言以备闺门谣诵，顺行阴之，时端妇教之本焉”[1]。是年十月，“桂萼因章圣皇太后御制《女训》一书上推行之序，下部议，以萼所陈胎教之仪、诸母之择、子师之慎所以为天下根本之虑，为圣子神孙修德养身之助，其关系甚大，宜书诸御屏，或训诸宫阃，以为先事之备。其《女训》之学、瞽蒙之教、媒氏之正，又所以推其教于天下者，宜崇阴教以敦女习。但瞽蒙人只许记古诗及《女训》等书以劝诱风俗，不得记诵淫词，婚姻遵祖训，严禁指腹结襟之弊”。[2]通过直接撰写女学教材，对宫中女眷和社会妇女进行女德等方面的教育。

此外，王府的王妃也对宗室子孙进行文化教育。秦康王朱志𡐤的王妃陈氏，对秦府王孙朱诚泳（1458－1498年）进行幼教，结果将他培养成宗室中的著名诗人。陈氏与秦康王生下儿子惠王朱公锡。朱公锡的儿子朱诚泳受到了祖母的重视。像明代许多祖母教育孙子一样，陈氏对朱诚泳进行了悉心教育，将他培养成材。据《列朝诗集》载：“王年十岁，康王妃陈教以小学，日记唐诗一章。”后来惠王又请汤潜名继续教授，终于将朱诚泳培养成诗人。[3]这说明，明代后妃的教育，常常是初期的蒙教。兴王府蒋妃对兴王世子朱厚熜进行过严格的教育，产生了深刻的影响。当15岁的朱厚熜入京继帝位后，针对慈寿太后和内阁辅臣杨廷和等欲让其以太子身份继位、从东华门入宫城等要求所采取的一系列有理有节的行为，就是蒋妃教育的结果。正德十六年四月，朱厚熜对阁臣提出要求，让远在藩府的母亲蒋氏来京，于是遣司礼太监秦文等捧笺诣安陆，奉迎蒋氏。“初，上在途，思离圣母，辄涕泣。故登极三日，即有是命。”礼部奏请奉迎蒋氏“用王妃仪仗”，朱厚熜则“命锦衣卫治母后驾仪”。八月，蒋氏至通州，闻朝议，说：“安得以我子为人之子乎！”不肯入京。朱厚熜“涕泣，启

[1] 何乔远：《名山藏》卷二三《典谟记·世宗肃皇帝》，明崇祯刻本。
[2] 高汝栻:《皇明法传录嘉隆纪》卷二，明崇祯九年刻本；沈国元:《皇明从信录》卷二九。
[3] 陈田：《明诗纪事》甲签卷二上《秦简王诚泳四首》，清陈氏听诗斋刻本。

慈寿皇太后，愿避位恭奉圣母归藩。群臣惶怖，遂用皇太后礼”。[1]从蒋妃与朱厚熜的话中可见，两人的态度是一致的，显然是蒋妃对朱厚熜进行了相应的教育。正是蒋妃的教育和训导，使得朱厚熜在“大礼议”中获得胜利。

明代皇后的教育，经常以一种“母仪天下”的模范教育方式展现，通过自己的言传身教，让天下人妇女特别是身边的妃嫔宫女学习和受到教育。朱元璋的皇后马氏和朱棣的皇后徐氏，便是母仪天下的“国母”，对宫中妇女和宫外命妇都起到了以身作则的示范和教育作用。世宗的孝洁皇后也是如此。嘉靖十五年九月，礼部尚书夏言指出：“皇后奉主宗祀，赞理内治，已及七年，懿行纯德，足以母仪天下。”[2]在夏言等人看来，孝洁皇后是“懿行纯德，足以母仪天下”的“国母”，对天下妇女有教育和楷模作用。其实，在信息不发达的明代，皇后的懿行，最可能的教育对象，就是宫中的那些妃嫔和宫女，然后是那些经常入宫参见皇后的命妇们。

当然，明代后妃、宫女和公主，作为男性社会的弱势群体，并无太多的话语权，因此对他人施教的行为毕竟有限，即使施教，也是用男性观点和话语进行教育，更多的时候，她们是作为受教育者的身份存在的。大明王朝为了维护男性帝王权力，对这些后妃宫女和公主进行了长期的、多方面的制度性和非制度性的教育，建立和设置了相应的机构和教员。

第二节　明代后妃宫女的教育机构与制度

一　宫中女性教育机构及其教员

明廷在后妃宫女人数日益滋多的情况下，“立纲陈纪，首严内

[1] 徐学聚：《国朝典汇》卷九《朝端大政・后妃》，明天启四年徐与参刻本。
[2] 徐学聚：《国朝典汇》卷九《朝端大政・后妃》，明天启四年徐与参刻本。

教”[1]，建立和设置了明宫女性的教育机构和教官。这个教育机构，没有特定的名称，姑称之为“宫内女校”。有地点和教员。地点在宫内并无疑义，但具体在什么地方，已不可考。教员则由三四名或五六名宦官担任，由司礼监秉笔太监提督。所教内容，则为识字课本、女训教材和儒家经典。据刘若愚称：

> 宫内教书，选二十四衙门多读书、善楷书、有德行、无势力者任之。三四员、五六员不拘，穿□□，不妨原衙门原职衔，而随御司房或管柜子关赏，亦洊升玉带骑马，仍命一秉笔提督之。所教宫女，读《百家姓》、《千字文》、《孝经》、《女训》、《女诫》、《内则》、《诗》、《大学》、《中庸》、《论语》等书。学规最严，能通者则升女秀才，升女史，或升宫正，司六局掌印。凡圣母及后妃礼仪等事，则女秀才为引礼、赞礼官也。[2]

可见，宫女的教育机构，有教员，有“学规”，起到的是培养人才的功能，在此“毕业”的宫女，可以升任女秀才、女史和宫正等职。受过女校教育并由此升职的女官，有比较崇高的地位。嘉靖九年，举行亲蚕礼，皇后对参加仪式的命妇、宫人赏赐酒饭时，把女秀才作为第一等，位列命妇之上。[3]有人认为这是“对宫中女性读书者的优礼”[4]。

由宦官担任宫内女校的教员，最初始于永乐年间。李诩称：“永乐末年，诏天下学官考绩不称者，许净身入宫训女官辈。时有十余人，王振在其中。”[5]宦官教授宫女，相沿成制。明人秦元方《熹庙拾

[1] 《明史》卷一一三《后妃传序》。

[2] 刘若愚：《酌中志》卷一六《宫内教书》。

[3] 《明史》卷四九《礼志》。

[4] 蔡锋：《对古代皇宫贵族女性文化教育的考察》，载《妇女研究论丛》2004年第3期。

[5] 李诩：《戒庵老人漫笔》卷二《教职净身》，第67页，中华书局，1982年。

遗杂咏》中也有记载：“选高年有学内官，教宫女《女训》、《女孝经》等书。教成者，升女秀才、女史官，六局掌印。”并作诗描述：“十五青娥诵孝经，娇多字句未分明。纤腰不忍教板着，夜雨街头唱太平。”[1]后两句是描写犯法的宫女提灯巡夜喊“天下太平”一事，而前两句描写的正是宫女学习和受教育的情景。教授宫女的宦官，一般是内书堂（内馆）毕业的学生，正德九年在内书堂学习过的宦官赵芬，在读书期间便“潜心经史，究致用之学”，正是有了这样的学问基础，所以当神宗登极后，诏赵芬“教宫内经书”，而“公一意毕心”[2]。宦官王翱也是在内书堂学习后，逐步升任太监，“万历辛巳（九年，1581年），奉旨慈宁宫教书”[3]。

在教习宫女的宦官后面，会有一位提督其事的大太监。神宗时，宦官张宏就是其中之一。张宏字德夫，别号容斋，广东新宁人，“为人踽踽廉谨，澹泊无他嗜，雅嗜书，公务之暇，手不停披，能通诸史，言尤明习法令故事，引臧否切中事情”。历任司设监太监、内官监太监，掌银作局印，又掌惜薪司局印，乾清宫管事。隆庆初，守备南京，“时时从学士大夫游，挥麈谭古今，意萧如也”。神宗时，“召入司礼监秉笔”，“皇太后手辑《女训》教六宫，则简公督教事”。[4]他被简选出来，负责督导宦官教宫女事宜。

以宦官担任宫女教员的最早时间在永乐末年，应该比女官教授宫女的时间稍晚。明初担任宫女授课教师的，多是年高知书的女官，其中有一些女官是从宫外请来的知识女性。当时，在民间女教的教员被称为“女傅”、“女师”与“姆师”，她们常被征召入宫，负责宫中女性的教育。如洪武初年的广东女子陈瑞贞“善书数，知文义，后宫多

[1]　秦元方：《熹庙拾遗杂咏》，旧抄本。

[2]　刘效祖：《皇明御用监太监西漳赵公墓志铭》，http://blog.sina.com.cn/s/blog_522592330100zdo2.html，2012 年 1 月 8 日。

[3]　刘若愚：《酌中志》卷二二《王翱》。

[4]　王家屏：《司礼监太监张公宏墓表》，载焦竑辑：《国朝献征录》卷一一七《寺人》，明万历四十四年徐象橒曼山馆刻本。

师事之，称女君子，亦曰女太史”[1]。再如曾给马皇后讲解过“黄老之学”要旨的范孺人也是从宫外来的女史。还有福建晋江人翁庆之女，曾被仁孝皇后召入宫中，成为“女师”。[2]她们虽然也是征选入宫，但有其自身特点。明代选入后宫的秀女包括三类：一是为成年天子、太子及皇子们所选的配偶，即后妃殡妾。一是在宫中供洒扫、凭驱使的宫娥婢女，是内宫中的最下层的劳动者；三是通文墨、备使令的管理人员，即宫廷女官，她们由于有一定的品秩和职事而处于后妃之下、宫娥之上，属于宫内中间阶层。一般说来，前两类的选取对象是民间端庄貌美的良家少女；后者则不拘于此，首要的条件是必须知书达理、聪慧机灵，从许多记载中看，她们中有很大部分是民间的无夫之妇。[3]皇帝曾敕谕浙江、江西、福建等地的镇守太监，“宫中原设六尚女官，以纪内事，须识字妇人充任。近年多放还家，及老疾不任事者，缺人任用。敕至，即密记良家女子年十五以上，无夫妇人年四十以下，能读书写字，并诸晓算法者五十人”送入宫中。[4]女史应该是属于第三类。从马皇后的施教活动一节中可见，女史多承担对后妃和宫女的历史教育。有人认为，明初女官的发达，是因为明太祖限制宦官干政的结果，将原本由宦官掌握的宫中文书记录，诸如财帛登录，宝玺、图籍掌管，书记功过等事务全都交给了女官。因而，对有一定文化程度的女官的需求大增，这些无疑都促进了宫中女学的发达与更加完备。[5]在此背景下，作为宫中教员的女史便应运而生。然而，自从明太宗和宣宗以后，重视宦官的作用，并实施对宦官的内书堂教育，教官中宦官的比例便越来越大，后期就完全看不到女官教书的记载了。

将女眷交给正常的文人士大夫教育，皇帝是不放心的。因此，未

---

[1] 屈大均：《女官传》，第 106 页，载《屈大均全集（三）》，人民文学出版社，1996 年。

[2] 谈迁：《枣林杂俎》义集《彤管·翁氏女女师》，第 274 页，中华书局，2006 年。

[3] 参见刘惠敏《明代女官制度作用分析》（《商丘师范学院学报》2006 年第 3 期），但刘文此段叙述显然因袭自王云《明代女官制度探析》（《齐鲁学刊》1997 年第 1 期）一文。

[4] 沈德符：《万历野获编》补遗卷一《采女官》。

[5] 蔡锋：《对古代皇宫贵族女性文化教育的考察》，《妇女研究论丛》2004 年第 3 期。

见有文官教授后妃宫女的记载。只有“廪廪期有以自树，日聚徒讲求世务人才”的状元、翰林院修撰张元忭，在万历元年，“请进讲《列女传》于两宫，以修二南之化，不报”[1]。“不报”二字，可谓意味深长。当时皇帝不到十岁，因此“不报”也反映了李太后对外臣防嫌的心思。

二　宫中女性教育制度与授课礼仪

早在洪武时期，太祖便制定了对后妃嫔嫱进行教育的制度，特地下令编纂了相关的教科书《女诫》。这时的教育，主要是为了约束后妃和宫女，让她们恪守妇道。据《国朝典汇》记载：

> （洪武元年）三月，上命翰林儒臣修《女诫》，谓学士朱升等曰：“治天下者，修身为本，正家为先。正家之道，始于谨夫妇。后妃虽母仪天下，然不可使预政事。至于嫔嫱之属，不过备执事，侍巾栉，若宠之太过，则骄恣犯分，上下失序。历代宫闱，政由内出，鲜不为祸乱。夫内嬖惑人，甚于鸩毒。惟明主能察于未然，其他未有不为所惑者。卿等为我纂述《女戒》及古贤妃事可为法者，使后世子孙知所持守。”[2]

这段记载中，一作《女诫》，一作《女戒》，检索其他相关文献，既有作“女诫”，也有作“女戒”的。笔者认为，无论此处的书名是《女诫》还是《女戒》，都既有对后世子孙作教育的“女戒”含义，亦有对后妃嫔嫱作教育的“女诫”含义。对于子孙，告诉他们要以女宠干政为戒，对于后妃，告诫她们不要幻想干政。因此，朱元璋下令编纂《女诫》（《女戒》）的教科书，实际上具有对后妃嫔嫱进行教育

[1] 沈佳：《明儒言行录》卷八《张元忭》，景印文渊阁四库全书本。
[2] 徐学聚：《国朝典汇》卷九《朝端大政·后妃》，明天启四年徐与参刻本。

的意图和功能。为了强化这种功能，洪武五年六月，“上命工部造红牌，镌戒谕后妃之词，悬于宫中。其牌用铁，饰字以金，其词不可考也”。[1]

为了适应宫中妇女文化水平低的现实，朝廷令翰林院臣将各书中所载的有关女教的内容，用诗的形式加以叙述，以方便宫中女性咏诵，从而获得相应的教育：“嘉靖九年十月，礼部奉世宗圣谕，欲令翰林院撮诸书关女教者，撰为诗言进呈，以备宫中诵咏。”又要求：“仁孝文皇后《内训》、圣母章圣皇太后《女训》，行翰林院官每日撰直解三章，仍引经传及《高皇后传》内事实，每章不过百字，以便女官记诵。”[2]为了讲授上述内容，朝廷还制定了皇后讲《女训》的仪式：

> 初六日，皇后率妃、夫人诣圣母前听讲，毕，女官仍歌翰林院新撰诗一章。臣等又惟宫壸邃密，宜令内阁类编二训章旨，令讲读官通撰直解总集进呈，女官按期讲解。又古礼弦歌《周南》、《召南》之诗，不用钟磬，乃房中之乐，后夫人讽诵以事其君子者，宜令宫中女官将二南之诗，被之管弦，以备宫中宴乐。斥去一应俗乐。其于闱德宫仪，尤有裨益。授书行钦天监择吉，前一日，女官设圣母宝座于宫中，设授《女训》案于宝座傍。是日，女官侍卫如常仪。皇后具礼服，女官导诣圣母前四拜，女官赞授训举案，女官举授《女训》案于御座前，赞跪，皇后跪。赞恭听训命，赞兴，赞四拜。举案女官举案，皇后随案还宫。次日，圣后诣圣母前谢恩。[3]

---

[1] 徐学聚：《国朝典汇》卷九《朝端大政·后妃》，明天启四年徐与参刻本。

[2] 郭正域:《皇明典礼志》卷二〇《皇后讲女训仪》，明万历四十一年刘汝康刻本；俞汝楫:《礼部志稿》卷九五，景印文渊阁四库全书本。

[3] 郭正域:《皇明典礼志》卷二〇《皇后讲女训仪》，明万历四十一年刘汝康刻本；俞汝楫:《礼部志稿》卷九五，景印文渊阁四库全书本。

嘉靖时的授课礼仪和制度，实际上是世宗为了讨好其生母蒋太后而推行的。据《名山藏》载："九年，颁章圣太后《女训》天下，上命诵习自宫中始，翰林院更撰《内则新诗》，合歌二南以兴天下之妇教。是时，皇后日率妃、夫人听讲太后前。"[1]

世宗朝还通过制定礼仪，对宫中的妇女实行教育。如嘉靖三十二年正月礼部拟上二王婚礼仪注，其中便有以礼仪教育二王及王妃之意："今二王率妃诣上前行礼后，宜于各母妃前行礼，以章妇顺。"[2]让王妃在母妃前行礼，以学习妇顺的道德。

嘉靖时期对宫女实行教育的制度，并未坚持下来。万历二年十月二十二日，神宗在文华殿讲读完后，向辅臣建议宫中的宫女和内官都应该读书。据《实录》载：

> 癸亥，上御文华殿讲读。上谕辅臣："今宫中宫女、内官俱令读书。"辅臣张居正对言："读书最好，人能通古今，知义理，自然不越于规矩。但此中须有激劝之方。访其肯读书学者，遇有差遣，或各衙门有管事缺，即拔用之，则人知奋励。他日人才，亦如此出矣。"报闻。[3]

根据张居正的回答，可知万历时期对宫女和宦官的读书教育，并非普遍地推行，而是选择其中"肯读书学者"，令其学习，然后遇有机会予以提拔重用，以资激励。

综上，明代宫中女性的教育，在不同的时期建立了一定的制度和规则，但这些制度和规则处在不断地变化与重建之中，并非一以贯之，始终如一。

需要指出的是，在宫中女性受教育者中，皇后、妃嫔、宫女受教

---

[1] 何乔远：《名山藏》卷三二《坤则记·世宗废后张氏》，明崇祯刻本。

[2] 徐学聚：《国朝典汇》卷九《朝端大政·后妃》，明天启四年徐与参刻本。

[3] 《明神宗实录》卷三〇，万历二年十月癸亥；《万历起居注》第一册，第224页。

育皆有记载可资考证，只有公主的教育未见史料，但我们不能排除公主受教育的可能。因为明代处在妇女教育发展的新阶段，“在一些士大夫家庭，妇女识字相当普及”，“明代的妇女教育体系已相当完备”[1]，一般的世家大族都对家中的女儿实施教育，因此作为最大家族的明代皇家，不可能不对自己的公主实施教育。明代公主最早接受启蒙教育的年龄应该是与当时民间的女性受教育的时间大致相似。据陈宝良称，按照明代的惯例，女子最初启蒙的年龄，一般是6岁、8岁，这主要是因为在当时民间流传着“男忌双，女忌只”的说法[2]，所以女子入学无不选择在双岁之时。如明人庞尚鹏在家训中就规定，“女子年六岁诵《女诫》，不许出闺门”[3]。这种情况也应该发生在宫中。据合理推测，当公主在宫中由其生母或养母负责教养时，这些后妃或其身边的宫女成为公主的教师。

世家大族对自己的女儿实施教育的情况，较为普遍，现列举数例以为公主受教育的旁证。英宗五年（1461年）出嫁的张孺人，正德十六年（1521年）去世，与其夫结婚六十年，她本是“德州守讳钺女，闲女工，少读《女训》，通其凡器”[4]。洛川刘判润的妻子廉孺人（1447－1516年）“为少女，又慧绝，持《女训》，故廉公甚爱之。年十九，往适刘公”[5]。华亭人杨鸣皋的妻子（1479－1548年）就让女儿读《女训》，“课诸子读书，无废业，命诸女持《女训》，以待公之归”[6]。刑部侍郎傅孟春的母亲贞节刘太恭人（1509－1580年）也曾接受过《女训》的教育。据其墓志铭载：“太恭人性慈仁，幼通《女训》诸书，故晓畅大体。”[7]吴太公之妻、主客郎中吴伯玉之母宋太君，

[1] 陈宝良：《明代的妇女教育及其转向》，载《社会科学辑刊》2009 年第 6 期。

[2] 陈继儒：《群碎录》，《陈眉公杂著十五种》本。

[3] 庞尚鹏：《庞氏家训》，《岭南遗书》本。

[4] 崔铣：《洹词》卷三《歙县教谕赠监察御史潘公暨配孺人张氏墓志铭》，景印文渊阁四库全书本。

[5] 何景明：《大复集》卷三六《刘孺人廉氏墓志铭》，明嘉靖刻本。

[6] 何良俊：《何翰林集》卷二六《绍兴府知事诚庵杨公行状》，明嘉靖四十四年刻本。

[7] 敖文祯：《薜荔山房藏稿》卷八《明故贞节傅母刘太恭人墓志铭》，明万历牛应元刻本。

“乔木世家，夙闲《女训》，稽古贤母行事”。嘉靖时嫁给吴太公。[1]还有烈女周辉，是五河县令周应文女儿，“生而慧，七岁知《女训》，许归里人张耀”[2]。还有李氏孺人的父亲，在南京做官，“有二女子，教之诵《女训》，习妇事，长即李氏”。[3]由此可见，明代世家大族都对自己的女儿进行了一定程度的教育和培养。

据此推论，皇家的公主，不可能不实施道德和文化等方面的教育。只是由于史书忙于记载后妃和宫女的教育，对公主的教育记载不免于忽视，才出现了文献不足征的情况。

第三节　明代后妃宫女与公主教育的内容

一　教育内容与教材

明代宫廷女性的教育内容，比较广泛，一般包含宫廷礼仪、道德、才艺、婚育等许多方面。根据明代吕坤所作《四礼翼》可知，妇女礼教被视为当时的四礼之一，是规范家庭伦理的基本礼仪。下面就明代宫廷女性教育内容加以叙述。

其一，宫廷礼仪。明代后妃宫女和公主，在宫中面临着繁多的宫廷礼仪教育。宫中规矩多，不同身份的宫中女性会按照自己的身份进行相应的礼仪训练。后妃和宫女，面临的宫中礼仪教育任务相当多，从朝见命妇、敬事夫君、言谈举止等方面，都有相应的礼仪规范，需要进行练习和学习。像民间所有妇女教育一样，朝廷对公主会进行“女子礼”和“妇人礼”两个阶段的教育。女子礼仪教育是妇道的预习，教少女如何嫁作他人之妇，从口腹、从命、节俭、职业、卑逊、言语、衣服、佩饰、雅素、书史、女容、勤励、性情等方面规范未婚

[1] 董其昌：《容台集》文集卷九《吴母封安人卫太君行状》，明崇祯三年董庭刻本。
[2] 邓元锡：《皇明书》卷四五，明万历刻本。
[3] 何景明：《大复集》卷三七《封征仕郎中书舍人先考梅溪公行状》，明嘉靖刻本。

公主的行为。然后对宫女进行“妇人礼”的教育，从拜跪、居室、无遂、内谮等方面规范宫女的行为。当然，明代公主与一般民女毕竟不完全相同，公主在接受嫁给驸马的礼仪和规范的同时，也会接受如何保持皇家尊严的礼仪和规范的教育。

其二，妇德教育。陈宝良指出：“传统中国的女子教育，大多以‘女德’教育为先导，无论是宫中女子，还是民间的大家闺秀，概莫例外。以宫中皇后所作的女教书为例，其中对妇女德性、修身的规范，往往放在最为重要的地位。”事实的确如此。永乐朝，仁孝文皇后徐氏在《内训》中论妇女德性云：“贞静幽闲，端庄诚一，女子之德性也。孝敬仁明，慈和柔顺，德性备矣。”[1]明末儒士王相的母亲刘氏所作的《女范捷录》中，将“后德”、“母仪”、“孝行”、“贞烈”等论述女德的篇目置于全面10篇内容中的前几位。

其三，才艺教育。就是对宫廷女性歌、舞、琴、棋、书、画等技能和文学、历史等知识的培养和教育。这些才艺，有些是在宫外时便已练成，有些则是入宫后培养而成。明宫后妃一般会接受历史教育，内容包括贤后、贤妃等。如明太祖朱元璋的皇后马氏就向范孺人问古今贤后的故事。在谈到西汉窦太后时，马皇后问道：“黄老者何教，而太后好之？”范孺人答道：“黄老者，清静无所为。不必为仁义，而民自孝慈，是其教也。”马皇后又问：“孝慈即仁义也，世有舍仁义为孝慈者哉？”[2]

其四，婚育教育。一般都是对后妃、宫女和公主怀孕、产子和教育婴幼儿知识的普及教育。但这些教育的情况，史书记载多付阙如。

以上教育内容，集中呈现在“女教书”中。明代妇女教育使用的教材一般称为“女教书”，对于女教书，目前已有学者作过一些探讨[3]，

[1] 《大明仁孝皇后内训》之《德性》、《修身》，明永乐内府刻本。

[2] 毛奇龄：《胜朝彤史拾遗记》，《中国香艳全书》第一册，团结出版社2005年，第458页。

[3] 关于明代女教书的体例、内容及刊刻、流传过程，王光宜《明代女教书研究》（台湾师范大学硕士学位论文1999年）、《明代女教书的体例与内容简介》（载台湾《明代研究通讯》1999年第2期）以及陈宝良《明代的妇女教育及其转向》（《社会科学辑刊》2009年第6期）等已有探讨。

但本书集中在明代宫廷妇女使用的女教书及其相应的教育内容上面。

关于宫廷妇女教材的分类，陈宝良作过梳理，认为分为三类[1]：

第一类是皇帝亲自让臣下修撰的书籍，亦即所谓的赐撰女教书，如明太祖所颁发的《女诫》、明成祖所颁发的《古今列女传》，即是此类著作。明太祖朱元璋建立大明帝国以后，有鉴于前代宫内后妃干政，于是就专门立纲陈纪，首先所重视的就是“内教”。洪武元年（1368年），下令让儒臣修《女诫》。朱升等在接到此谕之后，编录《女诫》一书，上呈太祖。此书不仅成为宫廷妇女接受教育的基本教材，而且受到文人士大夫的重视，事实上已经成为天下妇女的基本教科书。永乐元年（1403年）十二月，解缙奉明成祖之命，修撰《古今列女传》一书，分三卷。书成之后，成祖亲自为此书撰写了序文，并下令刊印，赐给百官[2]。

第二类是一些后妃为了迎合皇帝的旨意，更为体现自己“母仪天下”的职责，也撰写了一些教育妇女的书籍，如仁孝皇后的《内训》即属此类。明太祖之后孝慈高皇后马氏，勤于内治，有暇就讲求古训。据史料记载，她曾经告诫六宫，“以宋多贤后，命女史录其家法，朝夕省览”[3]。当然，所录这些关于宋代贤后的故事，并不仅仅限于她自己诵读，其读者面必然及于整个后宫的后妃、宫女。《明史·艺文志》收录高皇后所著《内训》一卷。[4]另有《内训》一书，为永乐朝仁孝皇后徐氏所撰。仁孝皇后正是有鉴于内教之书的“徒有其名”，才有志重新修撰关于内教的书籍。仁孝皇后《内训》一书，基本继承了马皇后垂教之法。书的内容包括德性、修身、慎言、谨行、勤励、警戒、节俭、积善、迁善、崇圣训、景贤范、事父母等20篇。书成之后，当时并未直接上呈明成祖。至永乐五年，才由皇太子进呈。成祖

[1] 以下三类的划分来自陈宝良《明代的妇女教育及其转向》（《社会科学辑刊》2009年第6期）一文。

[2] 徐学聚：《国朝典汇》卷二二《编辑诸书》，《北京大学图书馆藏善本丛书》。

[3] 《明史》卷一一三《后妃传》，第3503－3506页，中华书局，1974年。

[4] 《明史》卷九六《艺文志》，第2373页，中华书局，1974年。

阅后，为之怆然，下令刊刻，并将此书赐给群臣，“俾教于家”[1]。章圣皇太后蒋氏撰有《女训》一书。蒋氏是世宗之母。此书有明代楚王正心书院刻本，署名为“兴献皇后蒋氏”。此书计有闺训、修德、受命、夫妇、孝舅姑、敬夫、爱妾、慈幼、妊子、教子、慎静、节俭12篇。嘉靖九年，明世宗下令，将《女训》一书颁发天下。[2]万历年间，慈圣皇太后李氏撰述《女鉴》一书。李氏为明神宗的生母。《女鉴》一书，尤为详明典要，并由明神宗亲自撰写了序言。据《明史·艺文志》著录，此书为一卷[3]。

第三类是一些臣下撰写的教育妇女的书籍，或向皇帝进献，或教育自己家族中的妇女。万历十八年（1590年），吕坤撰成《闺范》四卷，初次刊行于太原。此书首卷述“嘉言”，辑自《六经》及《女戒》、《女训》等；后三卷类列“善行”，计女子、夫妇为一卷，妇人为一卷，母道以及姊妹、姒娣、姑嫂、嫡妾、婢子之道共一卷。《闺范》一书，先有山西衙署刻版，随后陆续出现了嘉兴版、苏州版、南京版、徽州版，不但成为“缙绅相赠寄”的礼品，而且引起了书商的重视，贩卖四方，最后成为“闺门至宝”。万历年间，郑贵妃撰序并重刻之《闺范》，改标其书名为《闺范图说》，并新增顺天节烈妇17人，多为万历时人，且多属权贵势家，而又俱系以“吕氏赞曰”四字[4]。

吴仕伟则认为后妃们学习的内容主要包括三个层次：第一是带有民间脱盲和启蒙性质的书籍，如《百家姓》、《千字文》，内容比较浅显易懂，适合那些没有文化基础的女性学习。第二是儒家经典读本，如《诗》、《大学》、《中庸》、《论语》，内容相对高深，适合具有一定文化素质的女子。第三是妇德方面的著作，如《列女传》、《女训》、

[1] 《明太宗实录》卷七三，永乐五年十一月乙丑。

[2] 《明史》卷一一五《睿宗献皇帝》附《献皇后》，第3553页，中华书局，1974年。

[3] 沈德符：《万历野获编》卷三《母后圣制》，第71页，中华书局，1997年；《明史》卷九六《艺文志》，第2373页，中华书局，1974年。

[4] 郑涵编：《吕坤年谱》，第47－48、84页，中州古籍出版社，1985年。

《女诫》、《女孝经》、《女论语》、《内训》、《礼记·内则》等女教经典，不管文化程度如何，都必须学习，以培养封建礼教观念[1]。

对于宫廷妇女所用的女教书，有学者做过勾勒：开国伊始，太祖便命翰林朱升编修《女诫》，作为教育宫中女子的读本。成祖称帝后不久，命大学士解缙编《古今列女传》，其皇后徐氏“尝采《女宪》、《女诫》作《内训》一十篇，又类编古人嘉言善行，作《劝善篇》，颁行天下”[2]。之后，又有世宗生母蒋太后的《女训》、神宗生母李太后的《女鉴》等。这些教材都由女官在宫内定期讲授。[3]

明代宫中女性所受教育的女教书，在当朝便流行较广，产生了比较广泛的影响。正德嘉靖年间的晁瑮（1511—1575年）在所撰《晁氏宝文堂书目》著录的书中，便收录了《内训》、《女训》、《大明高皇氏传》等书。[4]

明中后期的焦竑在《国史经籍志》中专列《制书类》，收录了朝廷颁布的一些女教书：《皇明祖训》一卷，《祖训条章》一卷，《孝慈录》一卷，《为善阴骘》十卷，《孝顺事实》十卷，《尚书》二卷，《外戚传》二卷，《东宫外戚事鉴》五卷，其中的“中宫御制”又列举了一些太后和皇后所撰的女教书：高皇后《内训》一卷，仁孝皇后《劝善书》二十卷，《诗集》一卷，《贞烈事实》二卷，章圣皇太后《女训》一卷，慈圣皇太后《女鉴》一卷。此外，在“敕修”中，列举了胡广《直注古今列女传》三卷等。[5]

明代宫廷教育的教材和参考书，一般都由司礼监掌管的内府刻书处刊刻发行。晚明宦官刘若愚（1584—？）在列举司礼监经厂库内所藏“祖宗累朝传遗秘书典籍”时，提到了一些女教书，如《列女传》三本，一百三十五页；仁孝皇后《劝善书》十本，八百七十六

---

[1] 吴仕伟：《明代宫廷教育研究》，第51页，湖南师范大学硕士论文，2009年。

[2] 《明史》卷一一三《后妃传》。

[3] 程彩霞：《明代后妃制度的政治文化解读》，载《山东社会科学》2006年第12期。

[4] 晁瑮：《晁氏宝文堂书目》，明抄本。

[5] 焦竑：《国史经籍志》卷一《制书类》，明徐象橒刻本。

页，《高皇后传》一本，四十七页；《女训》一本，四十九页；《内训》一本，五十页；《皇明祖训》一本，五十页，郑氏《女孝经》一本，四十二页；曹大家《女（训）[诫]》一本，十六页；《女诫直解》一本，四十八页；《内则诗》一本，六十二页；《内令》一本，十二页；《外戚事鉴》一本，六十八页；慈圣皇太后《女鉴》一本，六十九页等。[1]这些教材，也是专门针对宫中妇女所编纂的课本。

上述宫中女性教育中，后妃因史料较多，事迹得以凸显，而公主因为史料稀缺，因此事迹罕见，但这并不意味着公主就不接受教育。在焦竑所撰《国史经籍志》的《制书类》一目中，专门著录了明代朝廷敕撰的有关公主教育的教科书或参考书。如“命孔克坚撰《列女传》三卷，《历代公主录》二卷”，以上二书，便是针对公主教育编纂而成的。

此外，还有针对驸马进行教育的参考书，如焦竑著录的皇帝敕撰书“《大明主壻》一卷”。嘉靖六年，选家世清白、资性明敏的谢诏为世宗亲妹永淳公主的驸马，礼部尚书吴一鹏担心谢诏“一旦骤致富贵，恐昧骄盈之戒”，要求“请于尚主礼成后，责其讲明居处伦义，写习仿书，讲解小学，记诵故事”，对他进行教育，并“令十日一赴部稽考”。对谢诏的“左右使令，皆择民间谨厚者充之，不惟为永淳长公主图万世之安，尤足为勋戚之劝”。世宗针对他的建议谕阁臣道：“前日礼部言驸马要十日一赴部稽考，其所读书、写字，欲解讲以开心志，深为有益，但大臣戚里十日一赴部考，恐未为可。朕闻我太祖时，凡幼小功臣之子并驸马，每与官师各一人，令其授书教礼，当以此为法令。公主乃我皇考亲女，为朕亲妹，驸马都尉谢诏作国家亲臣，焉可使之不读书知礼乎？朕欲选一儒臣，与诏为师，待其成婚后二十日，令其师教习经书，每三日授《大学》一篇，凡三十日温习一次，三日写仿一张，盖写字乃正心之功，就令解讲明白。还写敕一

[1] 刘若愚：《酌中志》卷一八《内板经书纪略》。

道，令谢诏体朕是心，恭诚指问，务使其知忠孝仁义、礼仪事物之类，未知为可与否？与卿等计较来行。”于是大学士杨一清等“传旨谕礼部奉行，乃升国子监助教金克存为礼部仪制司主事，授诏经书，仍听部提调稽考，论积叙迁”。[1]让驸马谢诏接受《四书》教育的要求一直在实行。嘉靖十三年五月，礼部上奏：“驸马谢诏原奉谕（满）[讲]习《大学》，今已卒业，更请钦定一经，仍讲读《四书》，习古人字法及诗句。”世宗下旨：“令诏先读《易经》，余如所拟教之。”[2]这是甚为罕见的驸马教育的记载，附记于公主教育之下。

明代宫廷女性教育所用的课本，一直在宫中和民间流传和使用。

二 明廷与后妃所撰女教书

明代宫廷女性教育所用的教材，有些是朝廷敕修，有的则是后妃所撰。后妃所撰女教书，沈德符在《母后圣制》篇中有概括：“本朝仁孝皇后著《内训》，又有《女诫》，至章圣皇太后，又有《女训》，今俱刻之内府，颁在宇内。今上圣母慈圣皇太后所撰述《女鉴》一书，尤为详明典要。主上亲洒宸翰序之，真宫闱中盛事也。”[3]下面对这些女教书作一考述。

明代专门为宫廷妇女所修的第一部女教书，是洪武元年敕撰的《女戒》（一作《女诫》），编纂者是朱升等人。据沈德符在《修女戒》篇中记载：“洪武元年三月朔，命翰林儒臣修女戒”，太祖对学士朱升等说：“后妃虽母仪天下，然不可使预政事。至于嫔嫱之属，不过备职事，侍巾栉，若宠之太过，以骄恣犯分，观历代宫闱，政由内出，鲜有不为祸乱者。卿等为我纂述女戒及古贤妃事可为法者，使子孙知所持守。”沈德符指出：“上之立法，直追三代，故列圣以来，不第后

[1] 《明世宗实录》卷七九，嘉靖六年八月戊辰。

[2] 《明世宗实录》卷一六三，嘉靖十三年五月庚辰。

[3] 沈德符：《万历野获编》卷三《宫闱·母后圣制》。

妃专司阴教，即以英庙及今上冲圣御宇，长乐居尊，惟保护皇躬，未曾预闻一政诒，谋远矣。使宋祖以此示戒，则元祐时宣仁后之谤何自而兴。”[1]看来，《女诫》一书，主要是教育后妃不要干政，是一种政治性的说教。其修纂主体，是男性，充满着男权话语霸权。

第二部女教书，是太祖马皇后命女史编撰的贤后史集。马皇后一日召集女史范孺人咨问：“自唐宋以来，何后最贤，家法何代最正？”范女史答道：“惟赵宋诸后多贤，家法最正。”于是马皇后“命录其家法贤行”，每令女史诵而听之，且谓：“不徒为吾今日法，子孙帝王后妃皆当省览，此可以为万世法也。”[2]但此书的名字并未见诸记载，因此一般的目录书中也未著录，但是，明中后期的焦竑在《国史经籍志》中专列《制书类》专门列举了一些太后和皇后所撰的女教书，其中便有“高皇后《内训》一卷”[3]，这部书可能是马皇后令范孺人所撰之书，其搜集的贤后言行，可能是作为《内训》的内容。因此，马皇后的这部书可能存在过，并且对太祖朝的后妃有一定的教育作用。

第三部女教书是成祖仁孝徐皇后的《内训》，是明代宫廷女教的基本教材。徐皇后是中山王徐达的长女，永乐二年（1404年）编纂此书。她在《内训·原序》中称：

> 吾幼承父母之教，诵诗书之典，职谨女事。蒙先人积善余庆，夙被妃庭之选，事我孝慈高皇后，朝夕侍朝。高皇后教诸子妇礼法惟谨，吾恭奉仪范，日聆教言，祇敬佩服，不敢有违。肃事今皇上叁十余年，一遵先志，以行政教。吾思备位中宫，愧德弗似，歉于率下，无以佐皇上内治之美，以忝高皇后之训。
>
> 常观史传，求古贤妇贞女，虽称德性之懿，亦未有不由

[1] 沈德符：《万历野获编》卷三《宫闱·修女戒》。

[2] 朱瞻基：《五伦书》卷二三《君道二十二》，明正统十二年内府刻本。

[3] 焦竑：《国史经籍志》卷一《制书类》，明徐象樗刻本。

于教而成者。然古者教必有方，男子八岁而入小学，女子十年而听姆教。小学之书无传，晦菴朱子爰编辑成书，为小学之教者，始有所入。独女教未有全书，世惟取范晔《后汉书·曹大家女戒》为训，恒病其略，有所谓《女宪》、《女则》，皆徒有其名耳。近世始有女教之书盛行，大要撮《曲礼·内则》之言，与《周南》、《召南》诗之小序，及传记而为之者。仰惟我高皇后教训之言，卓越往昔，足以垂法万世。吾耳熟而心藏之，乃于永乐二年冬，用述高皇后之教以广之，为《内训》二十篇，以教宫壸。夫人之所以克圣者，莫严于养其德性，以修其身，故首之以德性，而次之以修身，而修身莫切于谨言行，故次之以慎言、谨行，推而至于勤励、警戒，而又次之以节俭。人之所以获久长之庆者，莫加于积善，所以无过者，莫加于迁善。又次之以积善、迁善之数者，皆身之要，而所以取法者，则必守我高皇后之教也。故继之以崇圣训，远而取法于古，故次之以景贤范，上而至于事父母、事君、事舅姑、奉祭祀，又推而至于母仪、睦亲、慈幼、逮下，而终之于待外戚。顾以言辞浅陋，不足以发扬深旨，而其条目亦粗备矣。观者于此不必泥于言，而但取于意，其于治内之道，或有裨于万一云。

永乐三年正月望日序

从中可见，她十分重视女教的作用。其《内训》在此前诸多女教书基础上编纂而成，故有集大成性质。全书分为德性、修身、慎言、谨行、勤励、节俭、警戒、积善、迁善、崇圣训、景贤范、事父母、事君、事舅姑、奉祭祀、母仪、睦亲、慈幼、逮下、待外戚共二十章。不仅从养德修身、谨言慎行、勤劳节俭、改过迁善、效法贤女等方面系统地阐述了女子道德教育、道德修养问题，而且分别就如何调节、处理与父母、君主、舅姑、子女、外戚的关系提出了具体的准则。其内容涉及儒家的伦理纲常等一些基本原则和礼仪规范，较之以往女教文献更加周详完备。永乐五年（1407年），徐皇后死后，明成祖因追怀她，便将此书颁布臣民，自此在社会上广泛流行。由于《内训》内容翔实、见解深刻，因此对当时和后世的女教产生了较为深远的影响，[1]不仅成为宫廷女性的教科书，而且成为全天下妇女的教材。

第四部女教书，是章圣皇太后蒋氏的《女训》。章圣太后是世宗的生母，为了对宫内外妇女进行教育，撰著了《女诫》一书。历史上以《女训》为名的书很多，著名的是东汉班昭的《女训》，因为班昭嫁给了曹家，因此也称曹大姑（或曹大家），前揭内府刊本曹大家《女（训）[诫]》就是这本书。但章圣太后的《女训》，是在明代背景下撰写的当代女教书。沈德符在《颁行女训》篇中指出：

> 世宗以章圣太后所著《女训》一卷示辅臣，其首即献帝为之序，次即太后自序，为目十有二。已，复以《慈孝高皇传》及仁文皇后《内训》同示，欲与《女训》并刊行。辅臣张璁赞美，请上御制跋语于后。已奉旨允行矣。
>
> 次辅桂萼复献谀，谓："《女训》一书，臣拜观详味，知天启中兴，圣贤继出，胚胎于此矣。宜仿古胎教姙子，及月将二南诗、古诗编成简明说词，选哲妇十余人，以备轮直。凡中宫图画、花鸟寓目之物，尤当一一拣择。又令两京布政司府州县各修官女学，设庙奉先代女师之神，傍有廊，为习女工之所。中一堂，为听教之堂。选行义父老掌其事。每年十月开学，十二月止。其教蒙瞽之人，以《女训》一书，教令讲解背诵，量与俸给。提学官岁考阅之。又欲选大家有家法之人为媒氏，凡女七岁以上入学习《女训》者，书其年月名籍，令之收掌，国有大嘉礼，按籍而取之，则太子必得圣

[1] 吴仕伟:《明代宫廷教育研究》，第52－53页，湖南师范大学硕士学位论文，2009年。

女，诸王及士大夫家亦有士行之女配矣。”次年之春，萼即以病去位，寻卒于家。

近年重刊《吕氏闺范》，翊坤宫郑妃作序，拟其书仁孝后之《女诫》、章圣后之《女训》，说者遂有僭偪之疑。致启大狱，贻祸迄今。未解是时不知何人视草，不识忌讳乃尔！[1]

沈德符所记，是浓缩了的过程。据《国朝典汇》记载，章圣太后编纂《女训》的详情是这样的。嘉靖九年八月，“诏谕刊布圣母章圣皇太后《女训》”。这时，张璁进言：“皇上发下《女训》一卷，首贯以献皇御制序，次以圣母自序之文，为目凡十有二，宜刊布以示中外，更乞亲洒宸翰，序之卷末，以垂永久。”世宗从之。不久，“复以《孝慈皇后传》、文皇后《内训》欲同《女训》颁布”，张璁“亦请御制后跋”。世宗解释为何颁布《女训》的原因：“朕惟时俗大不古若，况女子至为难教，欲正其本，当自宫中始。凡当行事，宜会议以闻。”[2]

礼部配合这次教育活动，建议将《女训》等书进行“直解”，编成通俗读物颁示。是年十月乙未，礼部奏言：“宫中一应事宜，合令翰林院撮诸书关女教者，撰为诗，必明白易晓，允《内训》、《女训》，每月撰成直解，各三章，仍引经传及《高皇后传》内事实，引证每章不过百余字，以便女官记诵。[每月][3]初六日，皇后率妃、夫人诣圣母前听讲。十六日、二十六日，皇后率妃、夫人于坤宁宫中进讲，一古礼弦歌《周南》、《召南》之诗，不用钟磬，乃房中之乐，后妃、夫人之所讽诵，以事其君子者，宜令宫中女官，将二南之诗被之管弦以备

[1] 沈德符：《万历野获编》卷三《宫闱·颁行女戒》。
[2] 徐学聚：《国朝典汇》卷九《朝端大政·后妃》，明天启四年徐与参刻本。
[3] 徐学聚：《国朝典汇》卷九《朝端大政·后妃》中有“每月”二字。

宫中宴乐。斥去一应俗乐，其于阃德宫仪，尤有裨益。”[1]《两朝宪章录》的这段记载，《国朝典汇》简化成：“宫中事宜，合令翰林院撮诸书关女教者，撰为诗，必明白易晓。《内训》、《女训》，宜撰成直解，证以《高皇后传》内事实，令女官记诵，每月皇后率妃、夫人诣圣母前听讲一次，于坤宁宫进讲二次。仍令女官将二南之诗被之管弦，以备宫中宴乐。一切俗乐，悉行斥去。”虽然语言简练，但意思不完整，礼部本意是说将经传和《高皇后传》内的事实用来佐证《内训》和《女训》的直解，但典汇却仅仅说成是用《高皇后传》的事实。至于具体进讲的日子，《典汇》皆略去。

十月壬辰，大学士桂萼亦因《女训》一书，奏上推行之序，提出行之宫中者三事，即“胎教之仪，诸母之择，子师之慎”；又提出行之天下者三事，即“女训之学，朦瞽之教，媒氏之正”。事下部议，言：“宫中三事，宜书御屏，为宫阃先事之备。其行之天下者[2]，宜令天下各崇阴教以敦女习，不许蒙瞽记诵淫词，簧鼓人心。止将《女训》等书劝诱风俗。婚姻一遵祖训，严禁指腹结襟之弊。”世宗亲制圣母《女训》序，内有“王后姜班”之句，张璁疑“姜班”字讹，疏问，世宗解释道：“卿以姜为太姜，更作姜任取太任。朕所用姜班，乃以周宣后姜氏及汉班婕妤耳。夫宣王以姜后脱珥之贤，克自励，称中兴主。汉君欲与班婕妤同辇，班曰：‘明君之侧，当有贤臣，未闻同妾媵居一辇，使主上失德。’乃止。夫此二人，足以为贤矣。使今后世能学此二人，等而上之，庶可求姜任之至也。朕望于今后者如此，初未敢以太姜、太任望之。未审果否若何？卿其再详议来，更录

[1] 吴瑞登：《两朝宪章录》卷五，明万历刻本。按：吴仕伟在《明代宫廷教育研究》第52页中指出：“从文献史料看，明代对宫人的授课时间有所规定，并不像后世的学校那样每天都授课。明廷定制：每月逢六这一天，由女宫教进讲三次，皇后率妃、夫人及宫女在坤宁宫听讲，并作听课笔记。”这是一种以偏概全的说法。每月逢六对宫女进行三次教育，仅限于嘉靖时对章圣蒋太后的《女训》的学习，其他均无此规定。

[2] 《两朝宪章录》卷五下有“但恐聚女子而教于一家，或有群居之忧”二句，而此《国朝典汇》无之。

可耳。”张璁连称不如，“遂用之”。[1]

关于章圣太后撰写《女训》一事，何乔远也有记载：“献皇后姓蒋，都城蒋教女。弘治五年，册为兴王妃，事王恭顺，相纳忠言，日诵诗书。尝制《女训》十二篇。”并引用了太后的序辞：“人子事亲，训在孝经；人臣事君，训在忠经。妇之事夫，可无训哉？汉曹大家《女诫》，人病其简略，所以发丰生之难，有所谓《女宪》、《女则》，徒有其名耳。近世始有《女教》之书，大要撮《曲礼》、《内则》之言，周、召二南之旨，文理奥妙，妇人女子恐未能通。吾自选入内庭，荣配睿主，上受太皇太后暨皇太后、皇太妃睿母之教，服膺懿德。厥后随侍之国，内政多豫，爰采古人教旨，为《女训》十二篇，虽不足追配忠、孝二经，聊比女师之言。”下面是《女训》各篇的具体内容，共1266字。全文如下：

闺训第一：夫女，坤也，生则设帨门右，明其女也，三日卧之床下，明卑弱也，七岁不与男子同席，十岁闺门不出，习柔顺恭听，从麻任绩，养蚕治丝，组紃絛缨，供衣服也。洁明酒浆，亲执笾豆，理葅菜，具肉醢，供祭祀也。内言不出，外言不入，昼动待姆，夜行待烛，见男子必拥面，见父母必致敬，口不失啸，手不妄指，此皆繇女师之教而成安静柔嘉之德也。

修德第二：为妇者上事宗庙，下继后世，不为不重也，身不修无以成德，德不养无以立身，贞静幽闲，端庄诚一以成德也，居正行端以修身也，德者身主，身者家本，养德而后为贞女，修身而后能配君子。是故性欲孝敬仁明，情欲慈和柔顺，居以柔和，动繇礼义。美璞无瑕，可谓至宝，贞女纯德，可配京室。五彩盛服，不足为华，贞顺率道，乃可为德。

[1] 徐学聚：《国朝典汇》卷九《朝端大政·后妃》，明天启四年徐与参刻本。

受命第三：女子，坤道也。在家从父母，奠雁之际，父母亲授之夫，戒曰必敬必戒，无违夫子，孝敬舅姑，和睦族党，庄以持身，慈以待下，俭以处家，丰以待宾，有妾必爱，有子必教，以敬奉祭，以诚待人。女子慎多言，妇道戒嫉妒，违父母之教，是谓不孝。

夫妇第四：夫妇之道，初合二姓之好，中笃采征之诚，上事宗庙，下继后世，合体同尊卑，故圣王重之也。夫乾也，妇坤也。妇从人，夫御妇，夫妇气和，如鼓瑟琴，明可以隆家道，幽可以格鬼神。

孝舅姑第五：女子未嫁，孝父母，既嫁，孝舅姑。舅姑、父母，一也。鸡初鸣，盥漱整妆，佩其服用，以适舅姑之所。下气怡声，问衣燠寒，坐敬侍立，行敬扶持，痒痾疾痛，则敬抑搔，毋敢怠命，毋敢专事，毋敢私财。敬甘旨之奉，谨服用之度，乐其心，顺其志，妇职也。舅姑有大事，居丧以礼，或夫征役远行，竭力致养，舅姑逝世，致力葬之，则妇孝尽矣。

敬夫第六：夫乾，妇坤，乾天，坤地，以地承天，敬事其夫。尧女不以虞舜贱而不敬，桓女不以鲍宣贫而不畏。事有巨细，不禀不敢行，财无多寡，不命不敢用。有过则微言婉谏，有疾则尝药跪进，毋敢反目晨鸣，端庄诚一以事君子。上可以奉祭祀、孝舅姑，下可以继子孙而资贤于后代也。

爱妾第七：妾者，接也。接见君子者也，嗣续寡息，井臼乏操，夫则求妾。妻不揣己念家，乃妒不纳，不知妾亦人子，妾之有子，固即我子。夫爱其妾，我亦爱之。妾受我爱，必躬勤致敬，谦卑自牧，以事主母而侍左右，充门和气，不祯祥乎？

慈下第八：人有亲疏，恩有殊等，常训戒之曰：晨昏勤慎，执事有恪，勿言上人非，勿论上人事，勿为酗争悖逆，致不康宁。既不姑息，煦爱为慈德矣。详其寒暖，察其饥饱，有疾给之汤药，力疲慰以安逸，故甘瓠累于樛木，庶草繁于深泽也。

妊子第九：古者，妇人妊子，寝不侧，坐不偏，立不跛，行不邪，目不乱视，耳不淫听，口无傲言，心无杂虑。诵周、召二南之诗，道仁义礼智之故，故生子形容端正，才貌过人。繇灵台皎洁，清明在躬也。是故柔顺贞静，温良庄敬，乐乎和平，无乖戾也；存乎宽洪，无忌嫉也；殷乎仁慈，无残害也；执礼秉彝，无纵越也；祇率死训，无愆违也。若此者，不惟以正其身也，亦所以卫身而佑其子。

教子第十：子能食饭，教以右手，能言，教以速应。六岁教以数方名，七岁教以别男女，八岁教入小学，十五岁教入大学，古之道也。纵其奢侈，狥其骄傲，衣服过华丽，饮食极甘美，奢侈败家，骄傲亡身矣；华丽溺志，甘美踰分矣。太任胎教，故有文王；孟母迁教，故有陬轲。凡生子者，有诸母之贤者，可择为子师，无诸母之贤者，可勉为子教也。不特教男，女亦可焉。

慎静第十一：妇德莫大乎端己，端己莫重乎慎静。动举如对舅姑，闺房如临傅姆。富贵惧骄盈，贫贱惧放失。念虑有常，动静无乖。良妇之静德，贞女之慎行也。

节俭第十二：古者后妃补衮，絺绤无斁，非四海不足以供，俭足宝也。天地生物，自有限量，人所以助天，何况妇人，安坐闺阁，无男子四方之役，敢费物用，撙节爱养，毋或奢华，以上化下，以内表外，不特人化其德，神明佑之，必有其寿焉。

何乔远在引用其全文后，又记载道："九年，以太后所著《女训》，与《高皇后传》、文皇后《内训》颁布天下，令翰林官撮诗书关内教者，撰为诗书，诵咏之宫中，而后四布中外，以兴天下之内教。”[1]

章圣太后《女训》颁布后，王教曾应制和诗。王教，字庸之，祥符人，嘉靖二年中进士后，“天游艺苑，摅其问学，发为文章，其应制和敬一亭有诗，瑞雪有赋，灵鹊白鹿有颂，雩坛有乐章，中宫有《女训》，两宫皇太后有致语，他如《伊尹辩》、《读史问答》、《春王正月或问》，《五经河图洛书论》，拟古乐府汉魏诗，足扬治世之休，文运之盛。公著述多不存稿”。[2]

《女训》颁布后，士大夫们开始奉承，撰诗应和。廖道南撰《应制〈女训〉诗四章》，其一曰：“丕显成周盛，咸称太姒贤。忧勤能启祚，巽顺自承乾。赫赫先徽嗣，绵绵后叶传。关睢歌懿德，风化永昭宣。”其二曰：“于赫螽斯茂，还歌麟趾仁。庆钟千载瑞，和布一元春。历数同天夕，光华并日新。愿师文母圣，坤德仰无垠。”其三曰：“采葛临幽谷，兴言劝女工。鸟鸣当永日，翟服被熏风。念彼蚕桑苦，怜兹机杼功。重惟王业本，莫谓长深宫。”其四曰：“樛木垂阴密，葛藤延蔓多。乾坤舒化日，江海沐恩波。福履开昌胤，祯祥纳至和。华封同此祝，万国听讴歌。”[3]

明嘉靖时参加乡试的茅坤（1512－1601年）在其策论《君后》中，列举皇家圣制时，提到了章圣皇后的《内训》。他说：“及读我朝七圣以来，其所以听治于外而敷为王言之大者，则高祖有祖训焉，有教民榜焉，太宗有《五伦书》焉（案《五伦书》实是宣宗纂），有《为善阴骘》焉，有《孝顺事实》焉。皇上又有敬一之箴，五箴之注焉。所以章定保之谟，而体化召顺于上者，是固以备天下之阳教矣。其所以听治于内而敷为母仪之训者，则高皇后有《女传》焉，仁孝皇后有《内训》焉，章圣皇后有《女训》十三章焉，所以章幅帏之

[1] 何乔远：《名山藏》卷三四《开圣记·献皇后》，明崇祯刻本。
[2] 李开先：《李中麓闲居集》文卷九《中川王亚卿传》，明刻本。
[3] 廖道南：《楚纪》卷五六《穆风外纪后篇》，明嘉靖二十五年何城李桂刻本。

化，而迎气导和于下者，是固以明天下之妇顺矣，是故创业者弘燕翼之谋，守成者丕日清之典，宫戚无与政之嫌，嫔嫱无当夕之宠，天下之所以家传人诵，以歌舞于阴阳之理者，固与《卷阿》之美相比同矣。”[1]

万历时期，张居正将兴献帝朱祐杬的言论“分类裒辑”成《宝谟纪》一书，“并录献皇后之《女训》附载于后，用彰我二圣贻燕之泽于无穷”[2]。世宗母亲章圣太后所撰的《女训》，对明代的妇女德行产生了较为广泛的影响。朱瑄之女、顾鼎臣之妻朱氏，出身于昆山望族，“自幼沉静端庄，寡言笑，稍长，善女红，闻《小学》故事，能了了记忆。父母钟爱之，为择嘉婿”。世宗继位后，“首擢公侍讲幄，夫人夙夜警戒，愿公以诚意格君心，有古鸡鸣之风。上举行亲蚕礼，夫人侍中宫采桑西苑，及岁时朝谒两宫，容止凝重，诸命妇敬而则之”。“上尝以《高皇后传》、《内训》、《女训》赐公，夫人宝藏之，口命诸孙庄诵数行，至传曰‘不可忘者勤俭，不可恃者富贵’，乃叹曰：‘天子家尚如此警戒，尔曹可不勉诸！’”[3]这里的《女训》，与《高皇后传》、《内训》相提并论，显然是指章圣太后的《女训》。此后，这部《女训》仍然风行于民间。浙江秀水人陈宜典的母亲王宜人（1535－1562年），生于嘉靖十四年，“生而聪敏端静，幼即善承外王父母意，通《内则》、《女训》，处兄嫂弟妹间无不曲当其心。年十八，归先府君。时府君方日从师友讲习，篝灯佐读，宜人之力为多”[4]。万历年间顾龙桢（字翼卿，别号骧宇）的妻子“黄孺人，少习《女训》，俭而庄，异居，勤馈遗，迎养，精鲜腆”[5]。万历三十九年去世的金母刘太安人，是彭城人，“生而端慧孝恭，幼通《内则》、《女训》，年十

[1] 茅坤：《茅鹿门文集》卷三四《策·君后（乡试）》，明万历刻本。

[2] 张居正：《张太岳集》卷一〇《宝谟纪》。

[3] 顾梦圭：《疣赘录》卷三《杂著·叔祖母朱夫人行状》，清雍正七年顾怀劬刻本。

[4] 陈懿典：《陈学士先生初集》卷一七《先考赠奉直大夫右春坊右谕德梅冈府君暨先妣王宜人盛宜人行略》，明万历刻本。

[5] 陈仁锡：《陈太史无梦园初集》驻集二《侍御顾公暨配黄孺人合葬传》。

五归封承德郎南京工部都水司主事某"[1]。万历四十年，年已80岁的曹母徐太夫人，"生于名阀，通《内则》、《女训》"[2]。晚明时，妇女有习《女训》者。李邦华（1574－1644年）在《类举节烈疏》中指出，当时"妇人夙娴《女训》，则高明富贵之家，宜多有之"[3]。这些女性所学习的里的《女训》，有可能是指章圣皇太后所撰的《女训》。明末八十余岁的吴太君，出生在"肃皇之末年"，即嘉靖末，"恭读章圣皇太后《女训》十有二篇，上与圣经贤传争辉金玉，大哉王言，日于是训动遵静思，夫人可齐敬姜之美，士人妻获子舆之贤。以余观于太君，生斯岳麓，又及见是训之颁，考其行于十二者，勿之有缺也。故太君之德之能，虽天道明于上，人事修于下，盖亦时会所钟，幸遇肃皇太平之恩，而又幸服章圣宫阃之教，故八十年间，始约终章，国家嘉乃节，而子孙以闻于当世，岂偶然哉！"[4]显然是位受过章圣太后女教的民间妇女。

第五部女教书，是神宗生母慈圣李太后编撰的《女鉴》，刻之内府，颁行宇内。黄洪宪代神宗为慈圣李太后《女鉴》所作的序称："朕惟祖宗家法之善，超轶往古。高皇帝《宝训》有曰：治天下者，修身为本，正家为先。正家之道始于谨夫妇，故自孝慈高皇后佐运开基，肇修《女诫》，嗣后有仁孝《内训》、章圣《女训》，嘉言懿行，载在皇史，垂法后裔，至章明也。"而"我圣母慈圣宣文皇太后""又念后妃内助，关君德匪轻，乃捃摭古传，择其善可法者四十人，恶可戒者十四人，辑为《女鉴》，略如辅臣所进《帝鉴图》意，亲序首简，授后妃使诵习焉"。显然，李太后所撰《女鉴》，是将古书中的贤良后妃和为恶后妃的史事，纂集而成的历史读物，加上了劝诫之言和道德说教。神宗序中又称："朕拜命庄读，退而扬言曰：'都念哉，此万世

[1] 陈懿典：《陈学士先生初集》卷一六，《金母刘太安人行状》，明万历刻本。
[2] 陈懿典：《陈学士先生初集》卷六《寿曹母徐太夫人八十叙》，明万历刻本。
[3] 李邦华：《李忠肃先生集》卷二《按浙疏略》，清乾隆七年徐大坤刻本。
[4] 文德翼：《求是堂文集》卷九《吴太君八袠序》，明末刻本。

后妃之炯鉴也！’夫自古王者，统承宗庙，理御家邦，必资后德以赞内治，故宫闱政肃，则函夏承风，房闼鞶扰，则四海鼎沸，古今得失之林，昭然可睹矣！”他又夸赞李太后：“我圣母皇太后，德协坤元，动遵图史，崇俭饬躬，右贤左戚，母仪壸范，视简狄而下无少让焉。”又称述此书的意义：“后妃奉兹法鉴，庶几夙夜以嗣明德，俾化始宫闱，风行海宇，上自公卿大夫夫人命妇，下至士庶人妻，靡不宜家宜室，登于泰和，实万世无疆之休哉！”[1]《女鉴》问世后，在焦竑所撰的《国史经籍志·中宫御制》中曾作著录。沈德符撰《母后圣制》篇作了介绍：“本朝仁孝皇后著《内训》，又有《女诫》，至章圣皇太后又有《女训》，今俱刻之内府，颁在宇内。今上圣母慈圣皇太后所撰述《女鉴》一书，尤为详明典要。主上亲洒宸翰序之，真宫阃中盛事也。”[2]

这五部宫中制作的女教书，首先是对宫中的后妃、宫女和公主进行教育的教科书，同时也向全社会辐射，特别是像世宗皇帝用行政手段推行其母《女训》那样，更会使这些女教书流布民间，影响社会。

三　郑贵妃借《闺范图说》欲达废幼立长目的

女教书固然是对明代妇女包括宫中女性进行教育的课本，但在某些后妃的眼中，却可以用来作为政治斗争的工具。神宗郑贵妃就曾利用吕坤所撰的《闺范图说》，试图开展废幼立长的阴谋。

据刘若愚介绍，神宗在万几之暇博览载籍，“每谕司礼监臣及乾清宫管事牌子，各于坊间寻买新书进览，凡竺典、丹经、医卜、小说、画像、曲本，靡不购及”。太监陈矩对“所进之书，必册册过眼，如《人锐阳秋》、《闺范图说》、《仙佛奇踪》等类，每岁之中何止进数次，所进何止数十部！”这其中便有《闺范图说》，“神庙曾将《闺

[1] 黄洪宪：《碧山学士集》卷二〇《拟御制女鉴序进呈》，明万历刻本。
[2] 沈德符：《万历野获编》卷三《母后圣制》。

范图说》一部赐郑贵妃，于万历乙未（二十三年）秋，贵妃捐赀重刊”。[1]

郑贵妃在重刊《闺范》时，写了一篇《序》：指出“闺门者万化之原，自古圣帝明王咸慎重之”。因此自己“尤思正己宜正人，治家宜治国”，想“求其明白简易、足为民法”的一部闺范教材推广，“近得吕氏坤《闺范》一书。是书也，前列《四书》、《五经》，旁及诸子百家，上溯唐虞三代，下迄汉宋，我朝贤后、哲妃、贞妇、烈女不一而足，嘉言善行照耀简编，清风高节争光日月，真所谓扶持纲常，砥砺名节，羽翼王化者是也。然且一人绘一图，一图序一事，一事附一赞，事核言直，理明辞约，真闺壶之箴鉴也。然虽不敢上拟仁孝之《女诫》，章圣之《女训》，藉令继是编而并传，亦庶乎继述之一事也。独惜传播未广，激劝有遗，愿出宫资，命官重梓，颁布中外，永作法程。嗟嗟，予昔观《河南饥民图》，则捐金赈济；今观《闺范图》，则用广教言，无非欲民不失其教与养耳！斯世斯民，有能观感兴起，毅然以往哲自励，则是图之刻，不为徒矣”。[2]

至万历二十六年秋，科臣戴士衡撰《闺鉴图说跋》一篇，标曰“忧危竑议”，指斥吕坤“假托此书，以包藏祸心”，是帮助郑贵妃将其与成祖仁孝徐皇后的《女诫》、世宗母章圣蒋太后的《女训》和神宗母慈圣李太后的《女鉴》相提并论，以正统后妃自居，目的是想通过子以母贵，来为立自己的儿子朱常洵（福王）为太子制造舆论。神宗将戴士衡薄惩示戒。

此时，一个自称“燕山朱东吉”的人又为《闺范图说》写了一篇跋文，被称为《忧危竑议》，在京师广为流传。“朱东吉”实为化名，意思是朱家东宫太子大吉。此文采用问答体形式，通过议论历代嫡庶废立事件，影射郑贵妃废长立幼，声称吕坤在《闺范图说》中首载汉明德马皇后，马后由贵人进位中宫，因此是在奉承郑贵妃，而郑贵妃

[1] 刘若愚：《酌中志》卷一《忧危竑议前纪第一》。

[2] 刘若愚：《酌中志》卷一《忧危竑议前纪第一》。

重刊此书，意图为己子夺太子位制造舆论。又分析说：吕坤疏言天下忧危，无事不言，唯独不及立皇太子事，实际上是“近乡情怯”的反映，并指责吕坤与外戚郑承恩、户部侍郎张养蒙、山西巡抚魏允贞等九人结党，依附郑贵妃。《闺范图说跋》（即《忧危竑议》）称：“东吉得《闺（鉴）［范］图说》，读之叹曰：吕先生为此书也，虽无易储之谋，不幸有其迹矣。”“或曰：序中又引先朝《女诫》、《女训》，彼乃母后临子，儒臣纂编，兹相比拟，得毋不伦？曰尊称不极，恐取信不笃，但求内教宏宣，又何计较及此！或曰古今贤贵妃多矣，胡《图说》独取汉明德一后，明德贤行多矣，胡《图说》首载由贵人进位中宫！曰吕先生自辨精矣，明德无子，故以取之，若进中宫，偶然相类，彼诚何心哉！且彼时大内被灾，中宫减膳，以妃进后事机将成，吕乘此时进，亦值其会耳。”又说：“当世名人若张公养蒙、刘公道亨、魏公允贞、郑公承恩、邓公光祚、洪公其道、程公绍、白公所知、薛公亨，皆称吕所见极高，所举极当，咸举《春秋》大义子以母贵之说，共建社稷奇勋。”[1]

这件事情关系甚重，因此郑贵妃伯父郑承恩（亦称郑戚畹）不得不于万历二十六年仲夏出面解释，特地撰写了《辨冤续言序》，指出神宗“日召皇长子、皇三子、皇五子朝夕膝下，课业程学，耳提面命，父子熙熙，兄弟怡怡，天伦至爱，超越千古”，并不存在郑贵妃想利用《闺范图说》来达到废长立幼和“易储谋逆”的目的，而“樊（樊玉衡，全椒知县，上疏反对郑贵妃）、戴二公，乃敢构此离间之谋，造刻飞书，谋危社稷，暗投中外”的行为，是“病狂丧心”、“利令智昏”。并辩解道：“贵妃重刻《闺范》，实由皇上所赐，承流宣化，靡敢僭越”，并指责“今跋中乃云‘置太后、中宫于何地？’此其意不离间三宫，构成奇祸，不止也！”他说“跋中乃直云吕坤所进”，其实“吕坤刻《闺范》在于万历十八年十月戊子日，贵妃重刻在于二十三年七月十五日，大内之灾在于二十四年三月初九日，先后不同，

[1] 刘若愚：《酌中志》卷一《忧危竑议前纪第一》。

岁月亦异”，完全不存在戴跋中所说的吕坤与郑贵妃合谋废长立幼的可能。[1]

本案中的主要当事人吕坤，不得不多次上疏表明心迹并作辩解。他上了一份《辩明心迹疏》，指出：“臣自予告以来，杜门不与外事，忽于二月十五日，传闻吏科给事中戴士衡因论吏部郎中白所知，谓臣假托《闺范图说》，包藏祸心，夫假托，大奸也，包藏祸心，大罪也，臣安敢无辞？”辩解说：“先是，万历十八年，臣为按察使时，刻《闺范》四册，明女教也。后来翻刻渐多，流布渐广，臣安敢逆知其传之所必至哉？不意戚里郑承恩复刻《闺范图说》一部，惟时士衡口语臣亦有闻，即欲辩明，叹以先发。今士衡为臣发端，臣之幸也，臣请为皇上陈之。”下面是他的具体解释：

> 士衡谓承恩之刻《闺范》也，出臣以进，意在逢迎，臣实有此书，承恩实有此刻，士衡之疑本无足怪，乃疑臣则太深矣。昔刘向作《列女传》献之汉廷，成帝叹赏。臣之为《闺范》也，前述经传皆贤圣法言，后列贞淑皆古今善行，体依刘向，意本《关雎》。臣若有所希冀，当自明白进呈，何所回护，何所忌嫌？舍彼正大光明之途，而犯此疑猜危险之迹乎？夫有夤缘之行者，必有亲密之人，皇上试召大小贵戚、左右近侍一一面问，臣与何人往来，何人知厚？承恩虽刻臣书，曾否与臣识面？即臣欺皇上，能欺都市之耳目与常随之班皂乎？皇上天纵英明，宫闱天堑严肃，是书也，由臣入不由臣入，皇上必知之，左右必知之。果进不由臣，承恩虽刻臣书，臣何与焉？且臣之《闺范》引汉事，皆本之《汉书》，采唐人一，宗之唐史，一人无所牵合，一事无所附会，在朝诸臣、在市诸书，皆可检对，有何成心？况臣刻于

[1] 刘若愚：《酌中志》卷一《忧危竑议前纪第一》。

六年之前，承恩刻于六年之后，岂能预（必）[之]？事可公诸天下，心可质诸鬼神。士衡虽疑臣心，臣何恤焉！夫宗社远猷，国本大计，臣一念忠，亦不敢后于诸臣。天日所鉴！

臣昔巡抚山西，复命之时，曾有一疏，羽翼皇储。大学士王锡爵为臣危之，欲令再更。通政使以鸣珂为臣言之，始得封进。赖皇上乾坤弘度，止于留中。士衡试一检阅，倘亦谅臣心非祸心，而不为同志者辱乎，胡可横加以不道之恶名也？伏乞皇上洞察缘因，《闺范图说》之刻果否由臣假托，仍乞敕下九卿科道，将臣所刻《闺范》与承恩所刻《闺范图说》一一检查，有无包藏祸心，并查《图说》新增节妇十七人，臣曾否与闻，果否作赞，但有一字干涉，臣愿甘显戮，以为钻刺无耻者之戒！[1]

神宗下圣旨道："这事情不必渎辩。该部院知道。"

然而，吕坤并不放心，又上《辩忧危竑议疏》"恳乞圣明严审确实，以消隐祸"，称"本年三月内，臣因戴士衡参臣假托《闺范图说》，包藏祸心，具本奏辩。奉圣旨：'这事情不必渎辩，该部院知道。钦此！'"但没想到"又于七月初传有《忧危竑议》一书，臣读罢叹曰：'此士衡所谓包藏祸心者乎！'使臣有此事耶，是为祸谋，岂但祸心；使臣无此事耶，包藏祸心者不在臣矣！"他辩解道："明德马后，汉明帝之元配也。汉法：册后不自民间，先选良家子以充后庭，如八子、七子、夫人、贵人、娙娥、容华之类，值册立时，则选众所推服者一人为后，马明德册自贵人，《汉书》所载也。自有《汉书》以来，凡女训诸书，莫不录其为人，莫不具其发迹。"又说自己的"《闺范》刻于山西，岂期流传大内。当是时，既无所迎合而增其所无，又何所回避而削其所有乎？录马明德便谓迎合，如《闺范》所

[1] 吕坤：《去伪斋文集》卷二《辩明心迹疏》，清康熙三十三年吕慎多刻本。

录楚樊姬、徐贤妃之直谏，班婕妤之辞辇，卫宗二顺以有子之妾而尊嫡，奈何又不以为规劝耶？”又说“‘朱东吉’与‘或人’，止两人耳，刻书者必知，恳乞皇上敕下厂卫严缉两人，下三法司严刑鞫审”。但神宗依然是大事化小：“这奏辩事情，朕前已洞悉奸诬。有旨处分了，该部知道。”[1]

事情闹到这个份上，神宗不得不出面灭火。万历二十六年五月十五日具奏后，奉圣旨：“《闺范图说》是朕付与皇贵妃所看。朕因见其书中大略与《女鉴》一书词旨仿佛，以备朝夕览阅。戴士衡等这厮每以私恨之仇结党造书，妄指宫禁，干挠大典，惑世诬人，好生可恶！此事朕已洞知，不必深辨。钦此！”[2]

由于受到极大的舆论压力，郑承恩不得不再次出面，请求将皇长子立为太子，以撇清郑家欲立朱常洵的图谋，“恳乞圣慈亟举东宫冠婚大典，以消群疑，以隆万世治安”。“今皇长子年已十有七龄，睿智天成，仁孝恭敬，以其时考之，则青宫宜毓，冠婚宜举，即此亟行。”同时他不也忘对攻击者进行反击：“如科臣戴士衡参论吕坤本内则曰：假托《闺范图说》包藏祸心。臣一见斯言，几致惊死。夫《闺范图说》乃皇贵妃颁自内府，仰承圣母徽音之懿，上体皇上刑于之化，重加再序，以彰风教。其年月日时，自不相同。士衡岂目不知书，安得直指为吕坤者哉？第机虽微，露语尚含糊无已，则士衡知奸谋未遂，乃结交权奸，又造刻《忧危竑议》一书，内云《闺范图说跋》暗投士大夫传播中外，言虽讥坤，语实非圣。其词深，其言激，无非欲离间我皇上父子、夫妇、兄弟之天伦，煽惑人心，谋危社稷，种成后日之隐祸，以收一己之奇功耳！”他特别指出：“士衡跋中又说臣与张养蒙、刘道亨、魏允贞、邓光祚、洪其道、程绍、白所知、薛亨、吕坤、承恩共十人，咸举《春秋》大义子以母贵之说，共建社稷奇勋，盟约既定，羽翼已成。臣请详言之。夫此十人，乡贯不

[1] 吕坤：《去伪斋文集》卷二《辩忧危竑议疏》，清康熙三十三年吕慎多刻本。
[2] 刘若愚：《酌中志》卷二，清海山仙馆丛书本。

同，科第不一，官守不齐，臣又一人未曾识面，胡能歃盟定约，相聚一时，期会一处，以掩人之耳目哉？今九人现在，皇上可召问之，则其事之有无，自难掩饰。”他还指责“全椒知县樊玉衡疏内，直指皇上为不慈，皇长子为不孝，皇贵妃为不智”的议论是“漫无忌惮”的“诽谤之言”，要求皇上“早建皇长子东宫，速举冠昏之典，仍望皇上追问戴士衡、樊玉衡造书主意，与主使党恶之人，其处分一惟圣裁”。[1]

由郑贵妃刻吕坤《闺范》引起的这场巨大风波，意外地推动了皇长子朱常洛被立为太子的步伐。万历二十九年十月，皇帝立皇长子朱常洛为皇太子、三子朱常洵为福王、五子朱常浩为瑞王、六子朱常润为惠王、七子朱常瀛为桂王。这个事件，沈德符称之为“戊戌谤书”，指出：“吕新吾司寇初刻《闺范》一书，行京师未久，而皇贵妃重刻之，且为之序。光艳照一时，朝士争购置案头，亦渐有滃訾，而无敢昌言者。吏科给事中戴士衡首发大难，参吕包藏祸心，有敬宗、林甫之谋，而前任御史、今全椒知县樊玉衡者继之，举朝骇愕，盖以首篇明德马后进封一事，不免稍碍眼耳，其时有为《图说》跋者，又专攻吕司寇，其语深文，且杂引在事知名大臣数人以实之。”沈德符认为此事与吕坤与沈孝思（继山）争权有关，“前二年，吕与秀水沈继山争为少宰，俱不得，而沈独见逐。沈与新建（即张位，江西新建人）素厚，吕遂疑新建为沈报复”。沈德符还说“书本名《闺范》，易名《闺鉴》，亦不知出自何人？今《闺范》改本，人间尚行”[2]。“但《图说》第一段明德马后居首者，今已删去不存，不知何故？”[3]

虽然皇长子已立为太子，但是事情并未因此平息。至万历三十一年（癸卯）冬，复有“妖书”标名曰《续忧危竑议》，“暗行传布，激动圣怒，朝野震惊”。刘若愚称“《闺范图说》实系先臣矩自坊间购

[1] 刘若愚：《酌中志》卷一《忧危竑议前纪第一》。

[2] 沈德符：《万历野获编》补遗卷三《戊戌谤书》。

[3] 《万历野获编》补遗卷三《重刊闺范序》。

进，与吕（坤）无与”，陈矩称“外廷疑揣”是为了“朋挤异己，虽诬及宫闱，所不惜也”。[1]

《续忧然竑议》一事，沈德符在《万历野获编》中有记载，称万历三十一年十一月十二日，提督东厂太监陈矩奏称：“办事蒋臣等访得《国本攸关》刊书一本，封进圣览。《国本攸关》本书用缸连纸刷印，皮面上签是此四字，无边栏。‘续忧危竑议’本书第一张第一行是此五字。”内容是用问答形式，在“或”与“郑福成”之间展开：郑福成认为今天下处在“厝火积薪之时”，是因为“储宫有未安”，有可能“他日改易”，改立福王为太子，“大率母爱者子抱。郑贵妃之专权，回天转日，何难哉？”称朱赓与“文则有王公世扬、孙公玮、李公汶、张公养志，武则有王公之桢、陈公汝忠、王公名世、王公承恩、郑公国贤”等人合力，“而又有郑贵妃主之于内”，称“此之谓十乱”。沈德符称此“妖书”立意踵前《图说跋》而作，故名《续忧危竑议》，所云“郑福成者，则指郑贵妃与福王所谋必成”。[2]此“妖书”后来被认为是皦生光所作。

深受中伤的吕坤再一次上书自辩，在《辩闺范书》中解释道：“万历庚寅，余为山西观察使，观《列女传》，去其可惩，择其可法者，作《闺范》一书，为类三十一，得人百十七，令女中仪读之，日二事，不得其解，辄掩卷卧。一日，命画工图其像，意态情形，宛然逼真。女见像而问其事，因事而解其辞，日读数十事不倦也。且一一能道，又为人解说，不数月而成诵。余乃刻之署中，其传渐广。既而有嘉兴板、苏州板、南京板、徽州板，缙绅相赠寄，书商辄四（粥）[鬻]，而此书遂为闺门至宝矣。初不意书之见重于世至此也！”这本书“内臣购诸市以进，上览而悦之，赐皇贵妃。贵妃刻诸家。奁缘者附以顺天节烈妇十七人”。他认为这新增的十七人，实际上破坏了自己的体例：“予传各有类，而此十七人皆节烈，余传皆昔贤，而此十

[1] 刘若愚：《酌中志》卷一《忧危竑议前纪第一》。

[2] 沈德符：《万历野获编》补遗卷三《续忧危竑议附》。

七人多万历时人，且多贵势家，又每系以‘吕氏赞曰’四字，尤为伪妄。有识自能辩之”。此新增十七人的本子流传后，“仇我者得以造其谗，不识我者莫不骇其事。而三二达者，则坦然无疑矣”。他声称自己决非私自将这部书进之皇宫，“大内何等深严！圣主聪明天纵，宁有《闺范》入宫而不一问者乎？皇贵妃又不掩匿而敢公然刻之，又叙其所从来，曰得之吕氏坤者乎？”之所以会闹出此事，是因为“时值余上《忧危疏》，而造言仇口，遂刻《忧危竑议》一书，流布京师，而戴掌科始有包藏祸心之疏”。戴疏一上，“郑承恩惧，乃以《竑议》进奉。圣旨曰：‘《闺范图说》是朕赐与皇贵妃所看。朕因见其书中大略与《女鉴》一书辞旨仿佛，以备朝夕览阅。戴士衡等这厮每以私恨之仇，结党造书，妄指宫禁，干挠大典，惑世诬人，此事朕已洞知，不必深辩！’又吏部、都察院接出圣谕：‘晓谕官员人等知悉：樊玉衡、戴士衡假以建言，报复私仇，妄指宫禁，干挠典礼，惑世诬人，捏造书词惑人，好生可恶。本当拏问，严究重治，姑着革了职，发烟瘴地方，永远充军，遇赦不宥。该部院知道。’又内阁接出圣谕：‘览再揭奏，具见恭谨详慎之意。《闺范》一书，乃朕赐与宫中，朝夕览阅，因其书理与《女鉴》相符，使以为劝勉之规云云。且樊玉衡假以建言，要名沽誉，原本亦不必发示，及戴士衡等，但此二畜结党造言，干挠大典，妄指宫禁，惑世诬人，上干天和，中伤善类，若不重处，何以警戒将来？已有旨了。特此谕知。’”吕坤说：“时被诬诸人，皆有辩疏，各得明旨。此《闺范》之始末也。”他反诘道：“夫天下刻《闺范》，天下无词，何独内刻便造许多妖言？向非皇上明白声说此事，何以自明？”[1]

一部闺范的教育课本，被卷入声势浩大、连续不断的政治斗争中，的确超出了初作者吕坤的意料之外。郑贵妃重刊《闺范》，不能说她就没有借此上位的意图，也不能说她没有借此废长立幼的图谋。

---

[1] 吕坤：《去伪斋文集》卷二《辩闺范疏》，清康熙三十三年吕慎多刻本。

教育历来是国家大事，借课本来达到自己的政治目的，历代有之，不独郑贵妃为然。

第四节 明代宫廷女性教育的原因与特点

一 明代宫廷女性教育实施的原因

明代推行宫廷女性的教育政策，实行程度较高的教育措施，有各种原因和目的。

自东汉班昭在《女戒》中提出“妇德不必明才绝异也”（意谓女人并不需杰出的才能来彰显德行）后，歧视妇女教育的观念就一直盛行。到了晚明，陈继儒（眉公）便提出：“女子通文识字，而能明大义者，固为贤德，然不可多得；其它便喜看曲本小说，挑动邪心，甚至舞文弄法，做出无丑事，反不如不识字，守拙安分之为愈也。”他指出：“女子无才便是德。”其实，这句话并不是陈继儒自己提出的，而是被他收录在《安得长者言》一书中，因此这句话应该是他引录的“长者”的观点。然而，就在“宋明理学”和程朱之学盛行的背景下，明代宫廷妇女的教育却得以展开，的确有些让人诧异。这就不免令人对其兴起的原因产生兴趣。

那么明代宫廷女性教育为何逆风而行，得以大行其道呢？

首先，最主要的原因是，宋明理学虽然不赞成对妇女进行文化教育，却并不反对对她们展开道德教育，而明代宫廷的女性教育，基本内容恰恰就是道德教育。如太祖命朱升编修的《女诫》，孝慈高皇帝马氏的《内训》、仁孝皇后徐氏的《内训》和《劝善书》，章圣太后蒋氏的《女训》和慈圣太后李氏的《女鉴》，都主要提倡妇女的妇德教育。而欲进行妇德教育，又不得不让嫔妃宫女们看书识字，学习文化课，以便能读懂和领会上述妇教之书，因此又促进了文化的教育。

其次，要想入选宫中并得到皇帝的宠爱，都需要接受良好的教育。明代朝廷选秀程序中，越往后越重视文化和素质的考核，因此一些民间家庭要想送女儿入宫，必须预先进行文化素质乃至琴棋书画等艺术的教育，这也造成了明代宫廷女性文化素质的提高。她们入宫后，其言传身教和个人魅力，必定会对宫中其他妇女产生影响，促进了宫中女性文化教育的发展。另一方面，入宫后的嫔妃和宫女，为了得到皇帝的宠爱，让自己在后宫佳丽众多的情况下脱颖而出，也必须学习文化知识和艺术技能。[1]郑贵妃就是因为好读书，有魅力，才终身得到神宗的宠爱。

再次，是因为宫廷服务体系结构改变所致。朱元璋建国后，有鉴于前代宦官干政和专权的教训，建立和完善了女官制度，管理后宫事务，分割宦官的事权。明代女官机构共设六局一司，“局曰尚宫、尚仪、尚服、尚食、尚寝、尚功，司曰宫正，秩皆正六品。每局领四司，其属二十有四，而尚宫总行六局之事。戒令责罚，则宫正掌之”。[2]同时朱元璋又规定宦官不得识字，只供驭使，以杜干政之源。于是，由女官取代宦官，负责掌握宫中文书记录诸如财帛登录、宝玺和图籍掌管、书记功过等事务。女官一般选自有文化的宫女，因此对宫女进行文化教育，就有现实的需要。据《酌中志》记载：“所教宫女读《百家姓》、《千字文》、《孝经》、《女训》、《女诫》、《内则》、《诗》、《大学》、《中庸》、《论语》等书”，凡是学习合格者，能够升任女官，“能通者升女秀才，升女史，或升宫正司、六局掌印”。[3]史梦兰为此专作宫词称：“别敕教书选内司，双蛾学画待年时。女经一卷粗能记，红袖灯前细问师。”[4]嘉靖九年，皇后在举行亲蚕礼仪时，对参加的所有命妇、宫人赐赏酒饭，而把女秀才作为第一等，列于供事命妇之上。[5]这对于宫女文化课的学习有巨大的促进作用。明代中后

[1] 参见吴仕伟：《明代宫廷教育研究》，第49－51页。
[2] 张廷玉等：《明史》卷一一三《后妃传序》，第3503－3504页，中华书局，1974年。
[3] 刘若愚：《酌中志》卷一六《内府衙门职掌·宫内教书》。
[4] 史梦兰：《全史宫词》卷二〇，清咸丰六年刻本。
[5] 沈德符：《万历野获编补遗》卷一《宫闱》，第806页，中华书局，1959年。

期，宦官势力急剧膨胀，女官职掌逐渐为宦官取而代之，但隆庆年间穆宗仍然谕礼部遵循祖制“设六尚，以备内治。其选民间淑女十一岁至十六岁者三百人”[1]。直至天启年间，仍有女秀才、女史、宫正六局之设，因此对宫女实施文化教育也就得以保留。[2]

复次，明代社会文化教育水平的整体提高，也是宫中女性教育得以发展的重要原因。宫廷与民间在文化教育上，并无不可逾越的鸿沟，而是互有交流和影响的。这可从下面的叙述中得到证明。

二　特点：从宫外影响到宫内

后妃作为的皇室成员，并不具有先天性，而多是选秀和娶进的结果。在入宫之前，他们的教育多是在民间获得的。这是后妃宫女教育的一大特点。因此，后妃的教育并非全然来自宫廷，而是在宫外就曾接受过良好的教育，并把这种民间教育带入宫中，对宫中女性的教育起到了示范的作用。

宫廷教育与民间教育有着密切的联系，可以说是互相影响。如前所述，明代皇帝的祖训和后妃所撰的女教书，不仅向宫中发布，而且向天下传播，成为全社会的教科书；然而，另一方面，民间教育对宫廷教育也产生了影响，这不仅是因为宫廷教育是社会教育的一个缩影，而且是因为宫廷教师都来自民间，无论是经筵讲官、东宫讲读，还是宫廷女师、姆师和女史，都来自宫外。更有力的证据是，许多后妃宫女在入宫前，已在民间受过一定程度的教育，入宫后，对宫廷女教产生了直接的推动作用。

与太祖出身于纯粹的农民、未受过教育不同，孝慈马皇后从小就受过教育。其父马公“喜施赒人”，显然是有一定家产的人，因此对马皇后的教育看得很重。“后自少贞静端一，孝敬慈惠，聪明出人意

[1] 龙文彬：《明会要》卷二《帝系二・宫官》，第 35 页，中华书局，1956 年。

[2] 参见吴仕伟：《明代宫廷教育研究》，第 49－51 页。

表，尤好诗书。”[1]正因为她此前的教育背景，使她入主后宫后对宫中女眷乃至皇帝的教育，都做出了重大贡献。太祖的贵妃孙氏，是陈州人，元末动乱，父母俱亡，被元帅马世熊妻抚育，太祖“闻妃有容德，纳焉”。孙贵妃“言动中度，如古贤女”，“佐皇后内治，宫壶肃然”。[2]显然也是在入宫前受到马世熊妻的良好教育，入宫后又受到高皇后的熏陶。

成祖仁孝皇后徐氏，是中山王徐达的长女，濠州钟离人。生于元至正二十二年（1362年），在嫁给燕王之前，受过良好的教育，读书史可以过目不忘。她自己也说：“幼承父母之教，诵《诗》、《书》之典。”[3]徐达对夫人称赞女儿道：“此女天禀非常，宜以经史充其知识。”决定对徐氏进行经史知识的教育，结果“后于书一览辄成诵不忘”，甚至“姆师咸惊异之”，“由是博通载籍”。女儿“每览昔人言行之懿，未尝不一再以思”，感叹道：“古人书之册，固欲后来者仿而行之也。”太祖听说徐达有贤女，向徐达为四子燕王求婚，这才嫁入皇家。洪武九年正月，册为燕王妃。恭勤妇道，为高皇后深所爱重，尝曰：“燕王妃所行足以仪范宫闱。”徐氏的这种素质，是在她入宫前教育培养而成的。成祖的贵妃王氏，“有贤德，事上及仁孝皇后恭谨始终。处宫闱之内，肃雍有礼，蔼然和厚，综理庶事，丝毫不紊，甚为上所重。上晚年有疾，间或急怒，宫人惧谴，妃委曲调护，盖自皇太子、亲王、公主以下，皆倚赖焉”。[4]她的这种素质，应该也是在入宫前受到教育和培养的结果，部分是受到仁孝皇后的影响。

仁宗的贵妃权氏，是朝鲜人，永乐七年册为贤妃。“时朝鲜数贡

[1] 《明太祖实录》卷一四七，洪武十五年八月丙戌。

[2] 何乔远：《名山藏》卷三二《坤则记·后宫附》，明崇祯刻本。

[3] 仁孝皇后：《内训·原序》。

[4] 《明太宗实录》卷二二七，永乐十八年七月丙子。案：徐斌在《明代后妃制度初探》（南开大学硕士学位论文，2008 年）第 23 页中，将此段史料断章取义为：“仁孝皇后恭谨始终，处宫闱之内，肃雍有礼、蔼然和厚，综理庶事，丝毫不紊，甚为上所重。”以此作为仁孝皇后徐氏品德的佐证，实误。

女子充后宫，独妃秾粹，善吹玉箫。上怜爱之，命其父永均为光禄卿。”[1]权妃善吹玉箫的艺术才能和文化素养，应该是在入宫前就被朝鲜政府调教和训练好的，是朝鲜艺术教育的结晶。

宣宗的嫔妃郭爱，字善理，凤阳人，在入宫前受过良好的教育，“贤而文，宣宗闻之，召入宫”，但入宫仅二旬便香消玉殒了。临终前数日，“书楚声以自哀”，即用楚辞来表达，其辞曰：“修短有数兮，不足较也。生而如梦兮，死则觉也。先吾亲而归兮，独惭乎予之孝也。心凄凄而不能已兮，是则可悼也！”[2]她的文化教育，也是在宫外完成的。

除了孝慈高皇后、仁孝徐皇后这样出身名门的皇后以及上述外国朝贡和皇帝特召者外，其他的后妃往往都是明廷选秀出来的。明代选秀女时，要考她们的书（书法）、画（绘画）、诗（作诗）、算（算术），从中挑出3位最佳人选。[3]看来，后妃们在选入宫前，就必须要有一定的文化教育，入宫后，这种教育和熏陶应该不会停止。神宗的贵妃郑氏在重刊《闺范》序中自称：“尝闻闺门者，万化之原，自古圣帝明王咸慎重之。予赋性不敏，幼承母师之训，时诵《诗》、《书》之言。”[4]所谓“幼承母师之训”和“时诵《读》、《书》之言”，显然也是在宫外受到过很好的教育，特别是其文化知识相当丰富，有学者认为郑贵妃爱读书，因此深受也爱读书的神宗的终身宠爱。

熹宗的皇后张嫣，便是选秀的成果。选秀时考核的文化素质，是她在家中接受教育的结果。纪昀《明懿安皇后外传》记载：“懿安皇后，张氏，熹宗哲皇帝之配也。讳嫣，字祖娥，小字宝珠。河南祥符县人。”张嫣实际上是个弃婴，其养父张国纪，是明诸生。“家贫甚，晨起为人征租”，万历三十五年十月初六日，“见弃女于道旁，卧霜雪

[1] 何乔远：《名山藏》卷三二《坤则记·后宫附》，明崇祯刻本。
[2] 何乔远：《名山藏》卷三二《坤则记·后宫附》，明崇祯刻本。
[3] 参见王伟凯：《明代后妃的选配与编制》，载《紫禁城》1995年第3期。
[4] 刘若愚：《酌中志》卷一《忧危竑议前纪第一》。

中。不死亦不啼。怪而视之”，抱回“育之于家”。张嫣“幼而贞静”，“无事则独处一室，习女红、观书史”。年十三四，窈窕端丽，绝世无双。天启元年，熹宗将举行大婚，先期选年龄在13－16岁的天下淑女，其父母亲送去。由内监选女，“每百人以齿序立，内监循视之曰：某稍长，某稍短，某稍肥，某稍瘠，皆扶去之。”淘汰一千人。第二天，“诸女分立如前。内监访视耳目、口鼻、发肤、腰领、肩背，有一不合法相者去之。又使自诵籍姓年岁，听其声之稍雄、稍窳、稍浊、稍吃者皆去之”，又淘汰二千人。第三天，“内监各执量器，量女之手足，量毕，复使周行数十步，以观其丰度。去其腕稍短，趾稍钜者，举止稍轻躁者”，又淘汰千人。留下的仅有千人，“皆召入宫，备宫人之选”，派遣老宫娥将这些入围秀女“引至密室，探其乳，嗅其腋，扪其肌理”，再淘汰七百人，“入选者仅三百人，皆得为宫人之长”。在宫一月，“熟察其性情言论，而汇评其人之刚柔愚智贤否”，最后入选的仅五十人，“皆得为妃嫔”。当时司礼秉笔太监刘克敬“总理选婚事”，每见张嫣，“辄额（首）［手］称叹，选冠其曹，引见神庙昭姬刘氏。昭姬方摄太后宝，亲召五十人与之款语，试以书算诗画诸艺，得三人为最上选。后及王氏、段氏也”。显然，选秀女的程序十分复杂，除了从外貌、声音上考察外，越往后，越重视文化的考核，如言论、愚智贤否、书法、算数、诗歌和绘画，这些都是在父母家中受到的良好教育。入宫后，皇后张嫣仍然显示出她在宫外养成的良好的素质，“后性好读书习字，书法端劲，学颜鲁公。尝择宫人之秀慧者，日诵唐宋小词，孤灯长夜，罗侍左右，课其勤惰。其能习者则微语之曰：‘学生子宜谢师傅矣。’”当贪玩的熹宗“召后泛小舟于西苑，手操篙橹，来去便捷，欲博后之一粲”时，而“后顾正言规谏，谓宜省览章奏，时御讲筵，以亲正士，勿以群小得蔽宸聪”。熹宗高兴地说：“汝吾师也。”居然“勉自刻励”，但“未浃月，盘游如故”。熹宗还“携房中药至后宫，后取而投诸井，极言圣体清弱，宜为宗社自爱”。魏忠贤“又导帝陈百戏以为乐，帝召后共观之，有演剧稍涉淫媟者，后变色拂衣而起，后常常称病不往。帝又召后同御内操。帝自将宦官三百人，旗帜绘龙列左，使后将宫人三百人，旗帜绘凤列右。后既至，称病先归”。张后在宫中“虽盛暑必整襟端坐。不佩芳泽，不傅粉黛”。[1]显然是一位受过良好教育、品艺兼优的皇后。

崇祯帝的皇后周氏，也是入宫前便受到过良好的教育。其父周奎聘陈仁锡为家庭教师。陈仁锡见到当时年少的周皇后时，对她容貌大为惊奇，对周奎说：“君女天下贵人，使以《通鉴》教之。”结果“后于此书最详贯”。周皇后对《通鉴》的周悉，便得力于入宫前陈仁锡的教育。崇祯帝的田贵妃“工写生，尝作《群芳图》进上，上留之御几，时展玩焉”。[2]这种绘画技能也是在宫外时学习的结果。入宫后，由于生活圈子狭小，田贵妃可能将更多的精力投入到对宫廷花园中花卉的写生和创作之中，将以前学到的技能尽情发挥，是可以预料的。

可以做这样的结论：明代宫廷中的后妃，有许多都事先接受了宫外的民间教育，有时候民间教育决定了她们是否能够进入宫廷成为后妃。一旦入主后宫，她们又会将这种教育的素质和结果，以身体力行的方式，向其他妃嫔和宫女展示。明代宫廷教育与民间教育之间，并无明显的鸿沟，宫廷妇女教育得以展开和提高，与民间和社会的教育有相对密切的联系。

总之，明代宫廷中的妇女，既有作为教师对其他宫中女性诲人不倦者，也有作为学生而对学习孜孜不倦者。这种宫中妇女教育的繁荣景象，既有明代社会整体教育发展的背景，又有政府的宫中政策调整的推动，也有后妃宫女本身出于固宠的需要，众多因素导致了明代宫廷女性教育的发展，也是在传统社会漠视妇女教育的土壤中，结出的特殊的果实。

---

[1] 纪昀著、孙致中等校点：《明懿安皇后外传》，载《纪晓岚文集》（三）集外 7 卷，河北教育出版社，1991 年。

[2] 佚名：《烬宫遗录》卷上，适园丛书本。

第十一章

化宦成儒：明代宫廷中的宦官教育

明朝开创者太祖朱元璋，鉴于历史上宦官专权之弊，决心限制宦官的权力，竭力避免其干政，甚至规定“内臣不许读书识字”[1]。但到了明代中后期，宦官专权却愈演愈烈，产生了太祖意料不到的相反后果。这一后果实际上已埋伏在朱元璋设计的政策之中。太祖为了绝对集权，排斥外朝文官专权，废中书省，设内阁，部分重要事务由宦官负责，洪武十七年、二十八年定内府诸司职掌，内官监“通掌内史名籍”，司礼监掌“御前勘合”，“凡掌文籍，以通书算小内使为之”。[2]这就不得不“对小内使进行文化教育”[3]。后代皇帝尤觉不足，于是解除宦官专权之禁，用宦官来制约文官，让司礼监太监代皇帝批阅奏章，为此不惜专门开设宫内宦官学校——内书堂，对宦官进行文化和道德教育，正如神宗对辅臣所说的那样：“今宫中宫女、内官，俱令读书。”[4]此外，对宫女的教育，需要有文化的宦官承担，“宫内教

[1] 张廷玉等：《明史》卷三〇四《宦官传一》，第 7766 页，中华书局，1974 年。

[2] 王世贞：《弇山堂别集》卷九〇《中官考一》。

[3] 方志远：《论明代宦官的知识化问题》，载《江西师范大学学报》1989 年第 3 期。

[4] 《明神宗实录》卷三〇，万历二年十月癸亥。

书选二十四衙门多读书、善楷书、有德行、无势力者任之”[1]，如此一来，自然推动了宦官教育的发展。宦官教育是明代宫廷教育的一大特色，为其他朝代所罕见。

第一节 明代宦官教育机构——内书堂

宦官接受教育，自古而然。据顾炎武称，“巷伯能诗，列于《小雅》，史游《急就》，著在《艺文》，古固有之”。据其文意，则巷伯和史游都是宦官，都有知识，显然接受了教育。顾炎武还指出，“汉和熹，邓后诏中官近臣于东观受读经传，以教授宫人。秦苻坚选奄人及女隶有聪识者，置博士，授经”。又说：“昔隋蔡允恭为起居舍人，帝遣教宫人，允恭耻之，数称疾。宋贾昌朝为侍讲，以编修资善堂书籍为名，而实教授内侍。谏官吴育奏罢之。”则有明确记载的宦官教育的史实，发生在东汉、前秦、隋、宋诸代，不过，隋、宋时的文人耻于教授宦官。至明初，“太祖深惩前代宦寺之弊，命内官不许识字。永乐以后，此令不行。宣德中乃有内书堂之设。《实录》宣德元年七月，以刘翀为行在翰林院修撰，专授小内使书。四年十月，命行在礼部尚书兼谨身殿大学士陈山专授小内使书。《实录》言山为人寡学急利而昧大体，上薄之。其致仕归，恩礼一无所及。则其授小内使书，亦贱者之事也”。可见明初防范宦官专权，禁止他们接受教育。但宣德以后，情况大变，“以宣庙之纳谏求言，而廷臣未有论及此者，驯致秉笔之奄，其尊侔于内阁，而大权旁落，不可复收，得非内书堂阶之厉乎！”[2]内书堂的设置，对于宦官接受教育、提高文化起了关键性的作用。

明代宦官教育的机构是内书堂，欧阳琛指出：“明内府的内书堂，

[1] 刘若愚：《酌中志》卷一六《内府衙门职掌·宫内教书》。

[2] 顾炎武著，黄汝成集释：《日知录集释》卷九《宦官》，第344页，岳麓书社，1996年。

隶属于司礼监，是一所专门培养幼年内侍的学校。”[1]关于内书堂，目前已有一些研究成果[2]。根据这些成果以及笔者新搜集的史料，本章拟对内书堂作比较完整的的勾勒和进一步的探讨。

关于内书堂的名称，据梁绍杰研究指出，有内书馆、内馆、书馆、司礼监内书馆、禁中学馆、内中馆、内府书堂、书堂、内书堂、司礼监书堂等十种不同的说法。其中以称“内书馆”的占最多数，历时最长。很明显，“内书馆”是明朝内廷宦官教育组织的正称，“内馆”及“书馆”即内书馆的简称，而“内中馆”、“禁中学馆”则为强调其处所的别称。因为这个组织隶属司礼监，所以又称“司礼监内书馆”。“司礼监书堂”一称中的“书堂”，即过去我们比较熟悉的“内书堂”的省称；“内府书堂”一名的“内府”，是明人对司礼监的习称，两名其实相同。由“司礼监内书馆”和“司礼监书堂”两种称谓并行，可进一步推定“内书馆”与“内书堂”异名同实。[3]赖其深入细致的排比和归纳，我们得以对内书堂的名称有清晰的认识和掌握。

一　内书堂出现的时间

明太祖规定宦官不得识字，那么对宦官进行文化教育的内书堂究竟是何时出现的？目前有三种不同的说法。

第一种说法是，内书堂出现于永乐时期。认为内书堂是明成祖永乐年间所开设。这一观点是由梁绍杰提出的，他指出：“明朝宦官教育组织，早在成祖时期已经设立，并为仁宗沿袭，而非始于宣宗。宣宗

[1] 欧阳琛：《明内府内书堂考略——兼论明司礼监和内阁共理朝政》，载《江西师范大学学报》，1990 年第 2 期。

[2] 王伟凯、郭文明：《明代的宫廷教育——内书堂读书》，载《紫禁城》1994 年第 3 期；梁绍杰：《明代宦官教育机构的名称和初设时间新证》，载《史学集刊》1996 年第 3 期；高志忠：《明代宫廷内书堂教育与知识型宦官》，载《兰州学刊》2011 年第 10 期；潘才高升：《明代内书堂考论》，福建师范大学硕士论文 2012 年；高志忠：《明宫知识型宦官小考》，载《历史档案》2013 年第 3 期。

[3] 梁绍杰：《明代宦官教育机构的名称和初设时间新证》，载《史学集刊》1996 年第 3 期。

在内廷设内书堂，并非创举，而是秉承乃祖成法。”同时他也承认，成祖时虽然设内书堂，但当时他的事业主要是靖难和北征等武功，其麾下的宦官亦以扈从征伐、勇战沙场著称。因此，将内书堂制度发扬而光大的是宣宗。宣宗是明朝一代文治的主要奠基者，“为了配合由武到文的过度，宣宗在外廷完善内阁政治的同时，也相应地发展内廷宦官教育，提高宦官的文化素养，藉以培养适应新政治形势需要的心腹”。如此看来，“宣宗统治时期的内廷教育制度，虽然因袭成祖，但别具意义”。梁氏列举的例子有二，一是阮浪的墓表，一是梁端的藏铭。

永乐年间出现内书堂的记载，见李贤（1408－1467年）为太监阮浪写的墓表中，称阮浪“甫十余岁，特俊爽，被选入掖庭，太宗见而奇之，冀成其才，命读书于内馆”[1]。这里的内馆就是内书馆，也就是内书堂。陈学霖据此指出，永乐年间已有教育宦官的安排[2]。

仁宗时，继承了太宗时的内书馆（内书堂）制度。据钱溥（1408－1439年）所撰《明故南京司礼监左监丞梁公寿藏铭》载：“公性梁氏，名端，字玄中。其先系安南国谅江府平河县人。生于永乐四年。既长，十有□岁，时天朝兵南下，取公来归。至永乐十八年，公年十四，奉太宗皇帝教，取赴京师。洪熙元年，选入内书馆读书。”[3]仁宗继位不足一年，除了想迁都回南京外，其他制度无暇更张，包括内书堂教育制度。

以上事例说明，内书堂之设，并非始于宣德或正统，而是早在永乐时便设置了，仁宗时仍然在承继这一制度。因此，笔者赞同梁氏的观点，认为明代教育宦官的内书堂制度始于永乐时期，仁宗时期仍在继续。

第二种说法是，内书堂出现于宣德时期，是比较流行的说法。明

[1] 李贤：《御用监左少监赠御用监太监阮公浪墓表》，载焦竑辑：《国朝献征录》卷一一七《寺人》。

[2] 陈学霖：《阮浪传》，载 L.C.Goodrich & Chaoying Fang, ed., *Dictionary of Ming Biography*. (New York and London: Columbia University Press.1976), 691－692.

[3] 北京图书馆编：《北京图书馆藏中国历代石刻拓本汇编》第 53 册（明），第 28 页，中州古籍出版社，1990 年。

清两代的人一般都认为内书堂创设于宣德时期。这主要是受《明宣宗实录》所记载的两则史事的影响。其一为卷一九载，宣德元年秋七月甲午，“改行在刑部陕西清吏司主事刘翀为行在翰林院修撰。翀，永乐中为给事中，尝侍上讲读。有言翀之兄尝被刑，翀不宜侍近，遂改交阯九真州判官。翀会父丧归，上即位，翀服阕来朝，以为刑部主事。至是，礼部侍郎张瑛荐其才，遂改修撰，仍给主事禄，令专授小内使书”。其二为卷五九载，宣德四年冬十月庚寅，“命行在户部尚书兼谨身殿大学士陈山专授小内使书”。说明，当时已开始对小宦官进行教育。

于是，不断有人据此认为，宣德年间始开内书堂。晚明宦官刘若愚称：“内书堂读书，自宣德年间创建，始命大学士陈山教授之。后以词臣任之。”[1]黄凤翔在《教内书堂记》中也说“宣德中，谨身殿大学士陈山由内阁出教小内使书，虽云轻其人，然先朝亦已重其事”。明佚名在《明内廷规制考》中也曾有类似的说法：“内书堂教习内官，始于宣庙，初以大学士陈山入，后皆以编、简矣。”[2]孙承泽（1593－1675年）在《春明梦余录》中也因袭此说：“内书堂教习内官，始于宣庙。初以大学士陈山，后皆以编、检矣。”[3]顾炎武（1613－1682年）在《日知录》中指出：“我太祖深惩前代宦寺之弊，命内官不许识字。永乐以后，此令不行。宣德中，乃有内书堂之设。”并用注释的形式，引用了《宣宗实录》中的那两段史料。还特别指出：“《实录》言山为人寡学急利而昧大体，上薄之。其致仕归，恩礼一无所及，则其授小内使书，亦贱者之事也。”[4]《明史·宦官传》也载：“初，太祖制，内臣不许读书识字。后宣宗设内书堂，选小内侍，令大学士陈山教习之，遂为定制。”[5]同书又称：“宣德四年，特设内书堂，命大学士陈

[1] 刘若愚：《酌中志》卷一六《内府衙门职掌》。

[2] 佚名：《明内廷规制考》卷三，清借月山房汇抄本。

[3] 孙承泽著，王剑英点校：《春明梦余录》卷六《内官监》。

[4] 顾炎武著，黄汝诚集释:《日知录集释》卷九《宦官》，第 344 页，岳麓书社，1994 年。

[5] 张廷玉等：《明史》卷三〇四《宦官一》，第 7766 页，中华书局，1974 年。

山专授小内使书，而太祖不许识字读书之制，由此而废。”[1]

清人陈鹤（约1810年前后在世）的《明纪》沿用此说：“（宣德元年秋七月癸巳）初，太祖制中官不许读书识字。成祖时，始令听选教官入内教习，至是立内书堂，改刑部主事刘翀为翰林修撰，专授小内使书，其后增至四五百人，翰林官四人教习，于是始通文墨，掌章奏，与外庭交结往来矣。”[2]龙文彬（1824－1893年）同样持宣德说：“宣德元年七月，始立内书堂，改刑部主事刘翀为翰林修撰，专授小内使书。其后大学士陈山、修撰朱祚俱专是职。选内使年十岁上下者二三百人读书其中，后增至四五百人，翰林官四人教习以为常。此通文墨之始。”[3]

清人傅恒（约1720－1770年）等虽然提到永乐时已有“听选教官入内教习”的情况，但仍然认为内书堂之设，实起于宣德时期：“（宣德元年秋七月），始立内书堂。洪武中，设内官监典簿掌文籍，以通书算小内使为之。又设尚宝监，掌玉宝图书，皆仅识字，不明其义。及永乐时，始令听选教官入内教习。至是，开书堂于内府，改刑部主事刘翀为翰林修撰，专授小内使书。其后大学士陈山、修撰朱祚俱专是职。选内使年十岁上下者二三百人读书其中，后增至四五百人，翰林官四人教习以为常。于是内官始通文墨，掌章奏，照阁票批朱，与外庭交结往来矣。”[4]清人韦谦恒也相信内书堂是宣宗时设置的，他在《题明宣宗画二首》之一的《鼠》中咏道：“禁林初辟内书堂，鼠辈纷纷迹已彰，何事眼中余五伎，写生偏为赐中珰。”并自注：“宣宗自题云：宣德三年戊申，武英殿御制，赐太监郭弼。”[5]清人于敏中也按断道：“明自宣宗始设内书堂，选词臣课读小内监使文墨，掌章奏，得

[1] 《明史》卷七四《职官三・司礼监》。

[2] 陈鹤：《明纪》卷一二《宣宗纪》，清同治十年江苏书局刻本。

[3] 龙文彬：《明会要》卷三九《职官十一》，清光绪十三年永怀堂刻本。

[4] 傅恒等：《通鉴辑览》卷一〇三《宣宗皇帝》，景印文渊阁四库全书本。

[5] 韦谦恒：《传经堂诗钞》卷五《题明宣宗画二首》，清乾隆刻本。

与外廷往来，致启阉竖干政之渐。贻谋不善，遂酿成一代厉阶。”[1]

认为内书堂初设于宣德时期，是最流行的说法，但这一观点已为阮浪墓表等记载的事实所否定。方志远认为：“内书堂设立的具体时间并不十分重要。重要的是，从宣德始，明政府对小内使的培养已走向制度化，在内廷任教官的，已不是一般儒士，而是取得进士资格并在翰林院供职的高级知识分子，他们不再需要净身，而是以外廷官员的身份公开出任内廷教职。”[2]

第三种说法是，内书堂出现于正统时期。认为内书堂始设于正统年间，由宦官王振（？－1449）所设。黄瑜（1426－1497年）《双槐岁钞》载：“永乐中，令听选学官入教小内侍。正统初，太监王振开设书堂，择翰林检讨钱溥、吏部主事宋琰轮日入直，名为内府教书，实则与国初异矣。宣德初，九真判官刘翀服阕来朝，以旧学之臣改主事，寻改行在修撰。会大学士陈山离间赵邸，上疏薄之，命解内阁机务，与翀同教内侍之秀慧者，开席于文华殿东庑。后益以主事王一宁、给事中朱应、康振。时有司以神童瑞安任道逊荐于朝，年才十二，上面试其书，嘉叹，俾即文华殿绩学。未几，出为国子。乙卯春三月，英庙改一宁为行在修撰，应、振俱检讨，未几应卒，翀与振皆擢佥事去，独一宁累迁少宗伯兼学士入阁，盖受业者之力也。景泰时选小内侍黄赐、覃昌等七人，俾中允倪谦、吕原教之，亦于文华殿东庑，天顺后罢之。惟于内府书堂专命翰林官往教，遂为定例。”[3]陆容（1436－1494年）也认为内书堂是王振于正统年间所开办：“洪武中，内官仅能识字，不知义理。永乐中，始令吏部听选教官入内教书。正统初，太监王振于内府开设书堂，选翰林检讨、正字等官入教，于是内官多聪慧知文义者。”[4]虽然提到了“永乐中，始令吏部听选教官入

[1] 于敏中：《日下旧闻考》卷三九，景印文渊阁四库全书本。
[2] 方志远：《论明代宦官的知识化问题》，载《江西师范大学学报》1989年第3期。
[3] 黄瑜：《双槐岁钞》卷五《内府教书》，第84页，中华书局，1999年。
[4] 陆容：《菽园杂记》卷四，第41页，中华书局，1985年。

内教书”，但并未点明是教宦官还是宫女，却明确指出是王振开办了内书堂。

明末清初查继佐也持此说：“自王振请立内书堂，选翰林检讨、正字官入教幼阉，俾通文义，渐致干预。”[1]清人彭孙贻也认为内书堂是正统间王振所立：“正统时有王振者，尝侍书于潜邸，粗通文学。及上嗣服，颇虚己听之，而立内书堂，以教习诸奄竖，振意也。”[2]

明吴宽（1435－1504年）在为祝颢写的神道碑中也指出，正统时“大珰”选颢入内书堂任教。正统己未，祝颢登进士，“时诏大珰察进士中有声者四人，教内书堂小竖，衍邀公入阁下。公初未知其故，比至，乃将试以诗而去留之。公不应而出”[3]。吴宽并没有讲明是何时设立的内书堂，只是说当时正在招收教授内书堂的教官，但他的记载让人联想到正统年间设立内书堂的可能。

其实，正如梁绍杰所述，内书堂早在永乐年间就已建立，当时不叫内书堂，而叫内书馆或简称内馆，宣德时，强化了这一制度，并有了内书堂的名称。正统时，太监王振举足轻重的地位促进了内书堂制度的发展和成型。

二　内书堂的地点与内部设置

宦官授课的地点，历史上曾有变化，宣德、景泰和嘉靖初曾三度在文华殿东庑，正统以后大多数的时间则固定在皇城内司礼监的院子内。据刘若愚《酌中志》卷一七《大内规制纪略》载：“祖宗旧制：司礼监第一层门向西，与新房门一样，门之内稍南，有松树十余株者，内书堂也。先师位供安，向南，其楹联曰：‘学未到孔圣门墙，

[1] 查继佐：《罪惟录》卷二七《职官志》，四部丛刊三编景手稿本。

[2] 彭孙贻：《明朝纪事本末补编》卷五，涵芬楼秘籍本。

[3] 吴宽：《匏翁家藏集》卷第七七《明故太中大夫资治少尹山西等处承宣布政使司右参政致仕祝公神道碑铭》，四部丛刊景明正德本。又张萱：《西园闻见录》卷一二。

须努力趱行几步；做不尽家庭事业，且开怀丢在一边。’圣人位之北一间，则教读书词林先生所憩之所也。内书堂稍北曰崇圣堂，掌印公公、秉笔随堂公到任，入门先礼之。”晚明吕毖在《明宫史》中记载了内书堂的方位：

> 皇城内自北安门里街，东曰黄瓦东门，门之东，街南曰尚衣监，街北曰司设监，再东曰酒醋麪局，曰内织染局，曰皮房纸房，曰针工局、巾帽局，曰火药局，即兵仗局之军器库也。再东稍南，曰内府供用库，曰番经厂，曰道经厂，曰司苑局，曰钟鼓司，再南曰新房，曰都知监，曰司礼监。司礼监第一层门向西与新房之门一样，门之内稍南有松树十余株者，内书堂也……内书堂稍北曰崇圣堂，再北向南者则二层门矣，入此门再东朝南者，斯本监公厅之大门也。[1]

据其记载可知，司礼监院门向西，进门稍南就是内书堂，堂西向，院中有十余株松树。北出内书堂，穿二层门后，就是司礼监的办公衙署。关于内书堂的地址，清人傅维鳞干脆将它与司礼监连起来介绍：“皇城内，自北安门里街，东曰黄瓦东门，门之东街……再东稍南曰大内供用库，曰番经厂，曰汉经厂，曰司苑局，曰钟鼓司，再南曰新房，曰都知监，曰司礼监，曰内书堂，稍北曰崇圣堂。”[2]清人吴长元也明确称“明司礼监廨后有松树者，即内书堂也”[3]。

关于内书堂内部设置，堂南一室里面供放着先师孔子的牌位和像，两边楹柱上贴着一对楹联。除了这间安放孔子牌位的房间外，其北还有一间，是内书堂教书的翰林教官休憩之所。再后面则是厨房。据《明宫史》记载：

[1] 吕毖：《明宫史》卷一，景印文渊阁四库全书本。
[2] 傅维鳞：《明书》卷八四《营建志·宫殿及禁城内规制》，清畿辅丛书本。
[3] 吴长元：《宸垣识略》卷三，清乾隆池北草堂刻本。

先师位供安，向南，其楹联曰："学未到孔圣门墙，须努力儹行几步；了不尽家庭事业，且开怀丢在一边。"圣人位之北一间，则内书堂教书词林先生讲憩之所也。厨房设在后，凡米肉食料俱取办于光禄寺[1]。

内书堂稍北，还有一堂，叫崇圣堂，也供孔子像，是司礼监太监礼拜孔子的地方。此崇圣堂并非内书堂的组成部分。晚明杨士聪（1597－1648年）对内书堂的内部构造与布置也有记述："余尝教习内书堂，西向约十余间，其南一室奉先圣，其北一室亦奉先圣，于南则拜，于北则揖，不知何所取义。夫设圣像于教习内竖之堂，已非所宜，况相去咫尺，而设二处，不亦渎乎？所当议撤者也。"[2]虽然杨士聪认为内书堂没有必要设孔子像（《酌中志》、《明宫史》称是"位"，即牌位），但根据内书堂的设计，则知当时的目的仍然是以"化宦"为方向，达到令宦官儒家化的目标。

三 内书堂的隶属关系及其变化

宦官学校的隶属关系，据现有史料来看，曾有变化，宣德、景泰嘉靖初三度设置于文华殿东庑，似乎隶属于东宫典玺局，正统以后，绝大多数时间隶属于司礼监。吴仕伟认为"在行政关系上，内书堂开始为内官监的下属机构，后隶属于宦官首脑机关司礼监"。[3]这一说法不完全准确，因为没有史料证明，内书堂隶属过内官监。

梁绍杰曾觉得，宦官在内书堂学习与在文华殿东庑学习不同，后者招收的学生都是漂亮的宦官，教授者是大学士，认为这可能是宦官

[1] 吕毖：《明宫史》卷一，景印文渊阁四库全书本。此记载来源于刘若愚《酌中志》卷一七《大内规制纪略》。

[2] 杨士聪：《玉堂荟记》卷二。

[3] 吴仕伟：《明代宫廷教育研究》，第 59 页，湖南师范大学硕士学位论文，2009 年。

的分阶教育[1]，拟另撰文加以论述，但后竟未见其发表，可能已经放弃。如何解释这一现象，迄未见论著涉及。笔者将宦官学校的各种记载作排比后，有了一个新的发现：即宦官学校置于文华殿东庑的时间，都是王振当道之前或“去王振化”的时代，而将宦官学校固定在司礼监内书堂与王振有关，证明了王振对内书堂归属司礼监并提高其地位起到了关键的作用。与此相反，将宦官学校设置文华殿东庑，是儒臣们在景泰时期“去王振化”所产生的结果。

永乐和洪熙时有内书堂之设（阮浪、梁端之例），但无地点和隶属机构的记载。宣德时，内书堂的地点，有记载表明在文华殿东庑。正统时，王振担任司礼监太监，正式确立内书堂归司礼监掌管，并移至司礼监院中稍南环绕松树的房舍中。但景泰上台后，在清算王振势力时，虚化司礼监所管的内书堂，在文华殿东庑另办亲信宦官的“特训班”。天顺间，英宗复辟后，恢复王振的名誉，将内书堂复迁回司礼监，再次由司礼监掌管。从此以后，内书堂的地点和隶属机构再也没有改变过。

“永乐中，令听选学官入教小内侍。”[2]永乐时阮浪和洪熙时梁端曾在内书堂学习过，证明当时确有内书堂之设，但究竟内书堂设在何处，又隶属哪个机构，并无任何记载。

宣德时，内书堂的地点，有记载表明在文华殿东庑。宣德初，九真判官刘翀以旧学之臣改行在修撰，正赶上大学士陈山离间赵邸，宣宗“疏薄之，命解内阁机务，与翀同教内侍之秀慧者，开席于文华殿东庑”，“时有司以神童瑞安任道逊荐于朝，年才十二，上面试其书，嘉叹，俾即文华殿绩学。”[3]

正统时，宦官王振专权，担任司礼监太监，正式确立了将内书堂

[1] 梁绍杰:《明代宦官教育机构的名称和初设时间新证》,载《史学集刊》1996 年第 3 期。
[2] 徐溥：《司礼监太监葵庵覃公昌墓志》，载焦竑辑：《国朝献征录》卷一一七《寺人》，明万历四十四年徐象樗曼山馆刻本。
[3] 黄瑜：《双槐岁钞》卷五《内府教书》，第 84 页，中华书局，1999 年。

归司礼监掌管的制度，并设内书堂于司礼监。“正统初，太监王振开设书堂，择翰林检讨钱溥、吏部主事宋琰轮日入直，名为内府教书，实则与国初异矣”[1]。陆容《菽园杂记》“正统初，太监王振于内府开设书堂”的记载，也是这一事件的反映。“开设”实际上是指在司礼监开设，并不是指创立这一制度。由于他本人是读书人出身，为了控制宦官教育，便将此前一直存在的内书堂改隶司礼监提督，此后基本上一直都没有改变。正统十二年“岭表兵扰”时，谭昌被掠至京师，因为“幼而姿甚美，乃选入内庭，被旨与（弟）旺同学书馆”[2]。另一位宦官房懋（1441－1513年）也曾在正统间读书于司礼监的内书堂：“公年五岁，为舅氏所育，以俊逸简入内庭。正统己丑□也。越三载，诏选司礼监内书馆读书，授学于翰林院学士。”[3]梁绍杰指出，正统无己丑，此或为乙丑（正统十年）之误。也就是说，房懋在正统十三年进入司礼监内书堂读书，则此前内书堂已经属于司礼监。由于王振的影响，从英宗正统以后，内书堂正式改属于宦官二十四衙门中权力最大的司礼监。

但代宗上台后，在清算王振势力时，采取了“去王振化”的政策，在司礼监所辖的内书堂之外，特地在文华殿东庑设代宗亲信宦官的“特训班”。谭昌从广西被掠至京，路途遥远，抵达时估计也到了正统十三年，入内书堂学习几年后，“已而公复被拔进学于文华殿之东庑”[4]，这时应该已到了景泰年间。谭昌在正统年间王振当权时已入内书堂（书馆）学习，景泰后重新被选入文华殿东庑学习，则说明受到了新的统治者的重视。谭昌后来一直做到司礼监太监的位置。据尹

[1] 黄瑜：《双槐岁钞》卷五《内府教书》，第 84 页，中华书局，1999 年。

[2] 徐溥：《司礼监太监葵庵覃公昌墓志》，载焦竑辑：《国朝献征录》卷一一七《寺人》，明万历四十四年徐象樗曼山馆刻本。

[3] 佚名：《明故司设监太监房公墓志铭》，载北京图书馆编：《北京图书馆藏中国历代石刻拓本汇编》第 54 册（明），第 2 页，中州古籍出版社，1990 年。

[4] 徐溥：《司礼监太监葵庵覃公昌墓志》，载焦竑辑：《国朝献征录》卷一一七《寺人》，明万历四十四年徐象樗曼山馆刻本。

直回忆，“景泰间选内侍黄赐等七人于文华门庑读书习字以备用，欲取翰林二人教之”。当时太监王忱、舒良本想推荐曾经在内书堂学习过的老师钱溥去任教，但钱溥觉得对自己没好处，却之，于是“王、舒乃传命内阁，推举得侍讲吕逢原、倪克让以进”。[1]另据《明史》卷一七六《吕原传》载：吕原于“景泰初，进侍讲，与同官倪谦授小内侍书于文华殿东庑”。与此同时，司礼监内书堂仍然存在。如宦官郑旺（字德懋），“生有美质，以景泰庚午（元年）被选入内庭，勤慎自将，若老成人，遂命进学司礼监书堂，从故学士永新刘文安公讲习，课试恒先诸生。”[2]这段史料证明，景泰年间也有司礼监内书堂存在。不过，这里的“司礼监书堂”，地位已大不如从前。被景泰帝看重的小宦官，将会送文华殿东庑读书。

由于代宗监国和即位时的“去王振化”和“去宦官化”的推动，朝廷在文华殿东庑另设宦官教育机构，招生规模大幅度缩减，只选四、五人（一说七人）入内受教。据载：“景泰初……（吕原）充经筵讲官。辛未进侍讲。壬申（景泰三年）夏，以右春坊右中允兼侍讲。时选内侍之秀异者四五人，进学于文华殿之侧，命原与左中允兼侍读倪谦教之。秋九月，上自临视，命二人讲。倪讲《国风》，原讲《尧典》。讲罢，问二人何官？各以实对。又问几品？皆曰正六品。上曰：二官同品，安得相兼？命取官制视之，乃命原同倪谦俱进侍讲学士，仍兼中允。”[3]

天顺间，英宗复辟后，恢复王振的名誉，重新重视司礼监的内书堂。据黄瑜称，景泰时选小内侍教授于文华殿东庑的制度，“天顺后罢之。惟于内府书堂专命翰林官往教，遂为定例”[4]。宦官陈永安（字一宁）在天顺年间入读的内书堂就属司礼监掌管，据载：“公，字一

[1] 尹直：《謇斋琐缀录》卷四，载邓士龙辑：《国朝典故》卷五六，第1288页，北京大学出版社，1993年。

[2] 程敏政：《篁墩集》卷二〇《太监郑公寿藏记》，明正德二年刻本。

[3] 雷礼：《国朝列卿纪》卷一一《吕原》，明万历徐鉴刻本。

[4] 黄瑜：《双槐岁钞》卷五《内府教书》，第84页，中华书局，1999年。

宁，涿郡人，景泰中入内廷。英宗初，以俊秀送司礼监书堂，从故阁老保斋先生刘文安公、眉山先生万文康公读书习字，以聪颖得名，同舍多不及。”[1]这里的“英宗初”接“景泰中”之后，应该是指英宗复辟之初，即天顺初年，此时陈永安以“以俊秀送司礼监书堂”，表明此时内书堂仍由司礼监管辖。在宦官韦胡（1453－1503年）的墓志铭中这一变化也有反映：“公自天顺癸未（七年，1463年）选入内府司礼监书堂肄业。”[2]

随着宪宗对成化三年阉割入宫的汪直的逐渐宠幸，内书堂由司礼监提督太监掌管的制度更是变得十分牢固。

成化后期，宦官王佑在司礼监下属的内书堂接受过教育：“成化丁未（二十三年，1487年），被选入内廷，又选入司礼监书堂，受翰林儒臣业。”[3]

正德间，翰林院庶吉士陈绍先（字汝宗）曾奉命到司礼监内书堂教书，据崔铣为其所作的墓志铭称：他在弘治十七年举乡试第一，十八年登进士，改翰林庶吉士，正德“己巳授检讨。癸酉（正德八年），奉诏司礼监书堂教书”[4]。正德八年，司礼监内书堂被火焚毁，十二月，予以重建。据《明武宗实录》卷一〇七载，正德八年十二月庚申，“重造司礼监书堂，以毁于火也”。次年乾清宫又遭受火灾，“大学士杨廷和等请停止一应工作及减免各处织造，命所司条陈缓急以闻。工部谓：司礼监书堂、东朝房、东厂公廨及京通仓廒，仍宜修理。”[5]看来，当时的司礼监内书堂仍然在重建中，而且被当做不能停建的必要项目，说明武宗时期，宦官集团的势力之大。至于隆庆、万

[1] 程敏政：《篁墩集》卷三六《太监陈公荣贺序》，明正德二年刻本。

[2] 张天骏：《明故内官监右少监韦公墓志铭》，载北京图书馆编：《北京图书馆藏中国历代石刻拓本汇编》第53册（明），第93页，中州古籍出版社，1990年。

[3] 杨一清：《明故御马监太监王公墓志铭》，载赵令扬审订、梁绍杰辑录：《明代宦官碑传录》，第140页，香港大学中文系，1997年。

[4] 崔铣：《洹词》卷二《孙汝宗墓志铭》，景印文渊阁四库全书本。

[5] 《明武宗实录》卷一〇九，正德九年二月丙申。

历以后，司礼监下辖内书堂的证据就越来越多，因不胜枚举，姑略之。

内书堂属于司礼监后，由司礼监的提督太监掌管，除了提督外，还有掌司、司房和学长负责具体管理。司房是从学长中选能写字的人担任；学长是由“有势力者”六人或八人担任。提督、掌司、司房和学长对宦官学生进行严格的管理，甚至进行严酷的体罚。

根据晚明宦官刘若愚的介绍：“司礼监提督一员，秩在监官之上，于本衙门居住，职掌古今书籍、名画、册叶、手卷、笔墨、砚、绫纱、绢布、纸札，各有库贮之。选监工之老成勤敏者掌其锁钥。所属掌官四员或六员佐理之，并内书堂亦属之。”[1]看来，内书堂正是由司礼监提督管理的。嘉靖十八年前后，司礼监太监宋兴（1490－1546年）曾提督内书堂。据其墓志铭载：“司礼监太监宋公廷起以清慎文雅，受知今上，督内书馆事。予方滥竽馆中教席，与公有寅恭之谊。”他曾于正德元年（1506年）入内书堂读书。嘉靖庚子任司礼监左监丞，“辛丑，命提督本监经厂并内书馆事。壬寅，升太监”。[2]

《明史》卷七四《职官三·司礼监》载：“提督太监一员，掌印太监一员，秉笔太监、随堂太监、书籍名画等库掌司、内书堂掌司、六科郎掌司、典簿无定员。”清初万斯同在《明史》中介绍司礼监时，称：“提督太监一员，掌印太监一员，秉笔太监、随堂太监、书籍名画等库掌司、内书堂掌司、六科廊掌司、司典簿无定员。”[3]里面提到具体负责内书堂的宦官称掌司，这与刘若愚提到的“本监提督总其纲，掌司分其劳，学长司其细”[4]正相吻合。

至于具体管理内书堂宦官读书、对违规违法小宦官进行处罚的是司房和学长。刘若愚对此有详细的记载：

---

[1] 刘若愚：《酌中志》卷一六《内府衙门职掌》。

[2] 谢少南：《大明故东厂总督前司礼内官监太监宋公墓志铭》，载赵令扬审订、梁绍杰辑录：《明代宦官碑传录》，第173页，香港大学中文系，1997年。

[3] 万斯同：《明史》卷七〇《职官志下》，清抄本。

[4] 刘若愚：《酌中志》卷一六《内府衙门职掌》。

派年长有势力者六人或八人，为学长，选稍能写字者为司房，凡背书不过、写字不堪或损污书仿，犯规有罪者，词林老师批数目，付提督责之。其余小事，轻则学长用界方打，重则于圣人前罚跪，再重扳着几炷香，扳着者向圣人前直立弯腰，以两手扳着两脚，不许体屈，屈则界方乱打如雨，或一炷香、半炷香，其人必眼胀头眩，昏晕僵仆，甚而呕吐成疾者。此最酷、最不近理之法也。凡强凌弱、众暴寡、长欺幼者，每贿托学长，借公法以报私怨，此第一陋套，所宜痛革者也。[1]

在明佚名所撰《明内廷规制考》中也记载了这种体罚形式：“其罚典轻则以界方捶手，重则于圣人前罚跪，再重则扳着几炷香，扳着者向圣人前直立弯腰，用两手扳住两脚，不许股屈，屈则界方雨下。”[2]可与上述《酌中志》所载相印证。曾在内书堂任教的黄凤翔也叙述了内书堂的学长体罚的制度：“故事：书堂有学长，主课程，纠过事。每升堂揖罢，则掣签背书。背书罢，则命长短骈语，随其长幼酬对课程，弗办者例扑之。学长职操棰，受扑者恬不为楚也。乃学长亦时纠其不率者曰：‘某历位，某喧哗。’每受扑则呼謈，如郭舍人意。学长或高下其手，抑或以不率，故督过特重也。”[3]这种体罚并非晚明独有，而是长期以来实行的制度。据生活在嘉万年间的李诩（1506－1593年）叙述，小内官在书堂中每人“日背书、批仿，责罚尚二百七八十人，甚劳。若轻而留衣者，当面行杖，重者褫衣露体，则发人他处责之。每十人或十五人跪彼，以次受责”。[4]孙承泽在《内书堂》一篇中，也复述道：“教习内官始于宣庙，初以大学士陈山，

[1] 刘若愚：《酌中志》卷一六《内府衙门职掌》。

[2] 佚名：《明内廷规制考》卷三，清借月山房汇抄本。

[3] 黄凤翔：《田亭草》卷七《教内书堂记》，明万历四十年刻本。

[4] 李诩：《戒庵老人漫笔》卷二《授书中贵》，第46页，中华书局，1982年。

后皆以编、检矣，然不施夏楚，其权反在学长，其罚典轻则以界方捶手，重则于圣人前罚跪，再重则扳着几炷香，扳着者向圣人直立弯腰，用两手扳住两脚，不许股屈，屈则界方雨下。”[1]看他的意思，是说翰林教师对内书堂的学生只负责授课，不负责责罚（不施夏楚，夏楚即荆条，责罚学生的工具），而管理权反在学长手里。

内书堂的严格是很闻名的，只有灵台所设的教授年幼宦官天文历法知识的学堂，才能与之一拼。据明代吕毖称：“灵台掌印太监一员，近侍佥书数员，看时刻近侍三十余员，学习数十员。凡遇收选宫人，则拨三四十名年幼者，读《步天歌》、阴阳杂法、天官星历等书，习写算、观星气，轮流上台以候测变，畀呈禀掌印，具呈司礼监掌印据实奏闻。其占候书曰《观象玩占》，曰《流星撮要》等书，皆抄誊授受，不敢传布于外，世虽有抄本《玩占》，多差讹不全，未足信也。其教法极严，比司礼监书堂之学较胜云。每年历样造历，系灵台、钦天监公同经管。”[2]

内书堂由司礼监掌管是有原因的。据载：“内臣二十四衙门，惟司礼监非读书不任，而掌印称内相，其体如外阁臣而权任过之。”[3]刘若愚介绍道：“司礼监，掌印太监一员，秉笔、随堂太监八九员，或四五员。设有象牙小牌一面，长寸余。每日申时交接轮流，该正凡每日奏文书，自御笔亲批数本外，皆众太监分批，遵照阁中票来字样，用朱笔楷书批之，间有偏旁偶讹者，亦不妨略为改正。最有宠者一人，以秉笔掌东厂。掌印秩尊视元辅，掌东厂权重视总宪兼次辅，其次秉笔随堂如众辅焉。”[4]正因为司礼监需要文化和知识，因此必须要对宦官进行培养和教育，于是就设置内书堂以承担培养内廷人才的任务。

从属于最有势力的宦官机构，使内书堂获得了较多的资源。内书

[1] 孙承泽：《春明梦余录》卷六《内书堂》。
[2] 吕毖：《明宫史》卷二《灵台》，景印文渊阁四库全书本。
[3] 史玄：《旧京遗事》，第 11 页，北京古籍出版社，1986 年。
[4] 刘若愚：《酌中志》卷一六《内府衙门职掌》。

堂还安排有从医的差役人员。据《大明会典·太医院》载：“万历二年议定应差员役，遇有九年差拨，先尽内殿考出二等医士，次及二等冠带医士年深者，又次及内殿考出三等医士，如缺少人多，即与挨拨内府书堂等差，候有九年差缺，仍与改拨，其余医丁子弟新充医生，及新考纳银冠带医士，止许挨拨内书堂及边关等差，遇有九年差缺，俱不准拨。”[1]明人在“议处医官”时谓“司礼监内书堂供事医士，六年办满，该内监题请本部覆授吏目”[2]。内书堂设置医士，应该是防备教官和学生突发疾病。周同（字一之）“授太医院医士……改调护内馆诸中贵人”[3]，即是一例。医务人员的安排，也说明了内书堂的重要和其上级主管部门司礼监的权威。

四　内书堂的招收分配与学制、作息制度

内书堂既然作为一教育机构，就一定有其规章和制度。根据现有史料来看，内书堂的规制还比较完善。晚明史玄记载，内书堂从接受学生、学生敬献老师束脩、到课本和教育内容，都有一套明确的规定：“内书堂，宣德中创建，以教内臣读书。选年十岁上下者充补，始自大学士陈山为之师。今以翰林词臣教习不列衔官名者治之也。每学生一名，各具白蜡、手帕、龙挂香以为束脩之敬。所读之书，故事给《百家姓》、《千字文》及《孝经》、《大学》、《中庸》、《论语》、《孟子》，写字给刷印《千家诗》、《神童诗》影本，盖略取识字，不甚(倍)[悖]于高皇之制，垂世守焉。自内臣起立文书房，秉笔出差要有章奏。内书堂学生皆有私书自读，原给官书具文尔矣。”[4]下面，将分别对内书堂的各种规制进行缕述和探讨。

---

[1] 申时行等 :《大明会典》卷二二四《太医院》。

[2] 李默 :《吏部职掌·议处医官》，明万历刻本。

[3] 王世贞 :《弇州四部稿》卷九一《文部·周一之墓志铭》，明万历刻本。

[4] 史玄 :《旧京遗事》卷一。

内书堂制度定型后，对于招收学生、学费、作息（包括节假日）等都制订了相应的规章制度。

（一）内书堂的招生制度

内书堂招收学生的数目前后多有变化。明中期，招收约400－500人。李诩（1506－1593年）曾听陈沂说“翰林教小内官，在书堂中，有四五百人，学士五人轮，五日一转”[1]。陈沂（字鲁南）在内书堂教书的时间，应该是嘉靖元年前后，据文征明称，嘉靖四年，他与同官陈侍讲鲁南等人“为西苑之游”，因为“先是，鲁南教内书堂，识守苑官王满”，因此得以成行[2]。说明正德至嘉靖时期，内书堂招收的宦官学生应该是四五百人。

明中期偏晚，内书堂读书的学生一度达到800－900人，为读书人数最多的时期。故宫博物院收藏的《司礼授书》是《徐显卿宦迹图册》中的一幅，绘于万历十六年（1588年），描画了万历初年翰林徐显卿为小宦官授课的场景，并有徐显卿亲笔所写的诗和诗序。据诗序称，隆庆壬申（六年）、万历癸酉（元年）、甲戌（二年）、丙子（四年），“余教习内书堂。时初选中官以千计，读书者过半，合旧选者共八九百人……八九百人分布迎接。”这因为当时宦官人数剧增，因此需要受教育的宦官也就较多。据《明神宗实录》载，隆庆六年九月甲申工部题奏，称南北二京内官、内使人等，自隆庆五年九月至六年八月，“实在一万二千七百二十九员名”，但至万历元年四月，又“选净身男子三千二百五十名，分拨各监局应役”。六年七月“以内府乏人应役，着司礼监差官会同礼部，拣选堪用的三千五百七十名应用”。十一年二月，选用2000人；十六年十一月，选用2000人；二十九年四月，选用4500人。清乾隆帝认为“盖由冯保居中用事，吹嘘引进，

[1] 李诩：《戒庵老人漫笔》卷二《授书中贵》，第46页，中华书局，1982年。

[2] 文征明：《甫田集》卷一〇《西苑诗十首》，景印文渊阁四库全书本。

使党类复致蔓延”[1]。《司礼授书》中徐显卿称神宗刚继位不久，就选用上千名阉人入宫，使内书堂的人数大大超过平常年份，是值得重视的记载。[2]

晚明时，内书堂招收的小宦官是200－300人，人数有所减少。刘若愚谓：“凡奉旨收入官人（即宦官），选年十岁上下者二三百人，拨内书堂读书。”[3]吕毖在《明宫史》中也过录了《酌中志》的记载：“凡奉旨收入官人选年十岁上下者二三百人，拨内书堂读书。”[4]《烬宫遗录》亦谓“凡奉旨点收宫人选年十岁上下者二三百人，拨内书堂读书”[5]。黄凤翔在《教内书堂记》中，则明确指出入内书堂学习的宦官年龄弱冠（20岁）以下、总角（7、12、13岁，说法不同）以上：“内书堂者，奄人自弱冠而下，总角而上，遴其颖慧者，习诵读，工楷法”，并不仅限于十岁上下。在实际的操作过程中，年龄条件可能更加灵活。这些宦官来自何处，黄凤翔称“奄主之诸监局，有禄秩者所役属若干人，咸抡简以充居”。[6]也就是说，来自宦官二十四衙门各监局下面所属的宦官，每监局挑选若干人入内书堂读书。

当前一届内书堂学生毕业后，司礼监又奏请从宦官二十四衙门中各抽调宦官再入内书堂学习，开始新一轮培养。刘若愚称：“凡内书房官人已拨散将完，无人读书，该监题知于二十四衙门官占官，下及监工，改读书以补之。”[7]周而复始。

内书堂招收学生时，学生需缴纳一定的物品作为象征性的学费。内书堂由官方提供基本费用，师生在馆的伙食也由政府提供，“凡米

[1] 夏燮：《明通鉴》卷六七《神宗显皇帝》引《通鉴纲目三编御批》，万历六年七月。

[2] 以上参见一知：《〈司礼授书〉所反映的明代内书堂》，载《中国文物报》2009年6月17日第7版。

[3] 刘若愚：《酌中志》卷一六《内府衙门职掌》。

[4] 吕毖：《明宫史》卷二，景印文渊阁四库全书本。

[5] 佚名：《烬宫遗录》卷上，民国适园丛书刊小琅嬛校稽瑞楼本。

[6] 黄凤翔：《田亭草》卷七《教内书堂记》，明万历四十年刻本。

[7] 刘若愚：《酌中志》卷一六《内书堂读书》。

肉食料俱取办于光禄寺”[1]，因此入读内书堂的小宦官们的学费基本上免费的。但是，他们还需由其个人向翰林院来的教官进献“束脩”，作为学费的补充。这些束脩主要是白蜡、手帕、龙挂香等。作为内书堂的毕业生，刘若愚记载了当时的束脩情况：“择日拜圣人，请词林众老师，初则从长安右门入，北安门出，后则由北安门出入。每学生一名，亦各具白蜡、手帕、龙挂香以为束修。”[2]《烬宫遗录》也记载了当时宦官学生向翰林老师敬献学费的情况：“凡奉旨点收宫人选年十岁上下者二三百人，拨内书堂读书，择日拜先圣，请词林众老师从北安门出入，每名各具白蜡、手帕、龙挂香以为贽。”[3]史梦兰作诗咏其事：“蜡帕龙香作束修，内书堂里课蒙求。按名拨向监司去，绣服谁先换斗牛。”[4]清人吴长元指出：“凡教内书堂，用史官四员，赴书堂日，诸生约四十余人。自学士陈山始，以后词臣任之，每学生一名各具白蜡、手帕、龙挂香以为束修。”并引用查嗣瑮《杂咏诗》“黄封内膳传供给，白蜡名香抵束脩。辛苦何须识丁字，生儿弥月即封侯”[5]加以说明。以上记载均说明当时的内书堂宦官学生，需向翰林院老师提供“束脩”，作为个人上交的学费，但这只是整个办学费用的象征性补充而已。有些小宦官的束脩，是由大太监提供的。如都知监太监崔保，就对宦官中的“贫难者四时束修，皆为代出”[6]。

（二）内书堂的分配制度

内书堂还制定了相应的分配制度。学成后，入读内书堂的小宦官们会分配到需要文化的内廷岗位上。据刘若愚称：“凡各衙门缺写字

---

[1] 吕毖：《明宫史》卷一，景印文渊阁四库全书本。

[2] 刘若愚：《酌中志》卷一六《内府衙门职掌》。

[3] 佚名：《烬宫遗录》卷上，民国适园丛书刊小琅嬛校稽瑞楼本。

[4] 史梦兰：《全史宫词》卷二〇，清咸丰六年刻本。

[5] 吴长元：《宸垣识略》卷三，清乾隆池北草堂刻本。

[6] 张升：《大明都知监太监崔公寿藏碑》，载赵令扬审订、梁绍杰辑录：《明代宦官碑传录》，第 87 页，香港大学中文系，1997 年。

者，即具印信本奏讨，奉旨拨若干名，即挨名给散。”[1]从内书堂毕业出去的宦官，称为正途，其他的途径则被视为次一等的出身。刘若愚谓“自内书堂奉旨派拨者，名曰正途，其次或乞恩奏保改升者，亚焉。”吕毖也声称：“自内书堂奉旨拨派名曰正途，其次或乞恩奏保改升者，亚焉。”[2]上引史梦兰的宫词的后两句就是咏述内书堂宦官出路的：“蜡帕龙香作束修，内书堂里课蒙求。按名拨向监司去，绣服谁先换斗牛。”拨到各监司后，因为有了一定的文化和知识，因此上升的空间比较大，可能做成大太监，据史梦兰自己解释“自太监而上方敢穿斗牛补”[3]。正如文官出自进士为正途一样，宦官出自内书堂的为正途。这些内书堂的宦官升迁较快，司礼监的提督、秉笔、掌印等太监往往都具有内书堂的出身，因此刘若愚感叹道：“如欲君德昭明、左右得人，须先振刷内书堂起；欲章疏不泄漏、权不旁落，须有好明白印公。”[4]

有人对明代内书堂毕业的宦官的流向，作过一些分析，指出：第一是到文书房供职，明代中后期的司礼监秉笔太监和掌印太监多有这样的经历。分在司礼监或文书房，被视为“内翰”和“清流”。第二是到宫内教书，做宫女们的老师。第三是到宦官二十四衙门中做一般性的文字工作，起初是“写字”，然后逐步升为掌司、典薄、佥书等。[5]

（三）内书堂的学制

无史料直接记载内书堂的学制情况，笔者从仅有的零星史料考证后发现，内书堂并无固定的学制，内书堂的学习时限从3年至10年不等。

---

[1] 刘若愚：《酌中志》卷一六《内书堂读书》。

[2] 吕毖：《明宫史》卷二，景印文渊阁四库全书本。

[3] 史梦兰：《全史宫词》卷二〇，清咸丰六年刻本。

[4] 刘若愚：《酌中志》卷一六《内府衙门职掌》。

[5] 潘才高升:《明代内书堂考论》第五节《内书堂“学生”的出路问题》，第25－26页，福建师范大学硕士学位论文，2012年。

在内书堂学习3年的有8例：梁端“洪熙元年（1424年），选入内书馆读书。公天性聪敏，动止端谨，博通书史，知古今大义。宣德二年（1427年）七月，内选入司礼监历事，年方十六。”[1]高凤“公自入内庭，景泰丙子（七年，1456年）始受学内书馆。天顺戊寅（二年，1458年），英宗命领司礼书札”。[2]董让“景泰丙子（七年，1456年），选充掖庭内侍，内馆肄业。喜读书，尤喜书法。公自幼敏慧有智识，盖亦天性然也。天顺戊寅（二年，1458年），选入司礼监书办。”[3]房懋正统十三年（1448年），“诏选司礼监内书馆读书，授学于翰林院学士……景泰庚午（元年，1450年），进阶长随”[4]。王佑“成化丁未（二十三年，1487年），被选入内庭，又选入司礼监书堂，受翰林儒臣业。今少师致仕西涯李先生实尝教之，业用有成。庚子（案无庚子，当为庚戌，弘治三年，1490年），供事六科廊”[5]。孙彬“弘治十四年（1501年）二月，选入内庭，为已故掌司礼监萧公名下，见其天资明敏，气宇不凡，随入内书馆读书。弘治十六年（1503年）冬，遂得司礼监写字”[6]。郑真“嘉靖丙申（十五年，1536年），选内书馆，受诸翰林师，业以进修，得名。戊戌（十七年，1538年），因奏擢司礼监六科廊记室”[7]。冯保自述道：“臣嘉靖十五年蒙选入内中馆（即内书堂）读书，

[1] 钱溥：《明故南京司礼监左监丞梁公寿藏铭》，载赵令扬审订、梁绍杰辑录：《明代宦官碑传录》，第83页，香港大学中文系，1997年。

[2] 李东阳：《大明故司礼监太监高公墓志铭》，载赵令扬审订、梁绍杰辑录：《明代宦官碑传录》，第123页，香港大学中文系，1997年。

[3] 李旻：《明故江西镇守御用监太监董公墓志铭》，载赵令扬审订、梁绍杰辑录：《明代宦官碑传录》，第125页，香港大学中文系，1997年。

[4] 佚名（或为杨廷和）：《明故司设监太监房公墓志铭》，载赵令扬审订、梁绍杰辑录：《明代宦官碑传录》，第127页，香港大学中文系，1997年。

[5] 杨一清：《明故御马监太监王公墓志铭》，载赵令扬审订、梁绍杰辑录：《明代宦官碑传录》，第140页，香港大学中文系，1997年。

[6] 刘栋：《明故内官监太监孙公墓志铭》，载赵令扬审订、梁绍杰辑录：《明代宦官碑传录》，第169页，香港大学中文系，1997年。

[7] 徐阶：《皇明司礼监管监事太监郑公墓志铭》，http://blog.sina.com.cn/s/blog_522592330100z9nk.html，2011年12月17日。

十七年钦诏拨司礼监六科廊写字”[1]，在内书堂学习了两到三年。以上是在内书堂学习三年的例子，由于入馆的月份不同，故有的可能还不满三年。

在内书堂学4年的有4例：莫英成化“二年（1466年），选入内书馆读书。六年（1470年），拨供用库书写”[2]。辛寿“弘治辛酉（十四，1501）年，选入禁庭……选内书馆，从翰林儒臣读书，手不释卷，学通古今，精晓儒业，善习楷法。历四载，孝皇宾天，武皇嗣登大宝。正德丙寅（元年，1506年），任司礼监理笔札之事”[3]。这里既然说是“历四载”，则说明入内书堂的时间应该较入禁庭的时间晚一年，即公元1502年。赵举“正德丙子冬十一月，奉诏选入内庭，肄业内官监。戊寅（十三年，1518年）秋七月，选内书馆读书，翰林诸先生典教事者，前后凡十数，皆器重焉。嘉靖改元（1522年），今上登临大宝，中外百执事，咸遴选以充。”[4]王安于万历六年（1578年）选入内书堂，后拨至冯保名下。[5]冯保在万历十年（1582年）十月遭籍没，王安拨至司礼监当在此之前，那么他在内书堂的时间自然不会超过四年。

在内书堂学习5年的有3例：罗照“景泰庚午，简入内庭。辛未（二年1451年），选送内馆读书。丙子（七年，1456年），入司设监书办”[6]。陈逵“于癸巳（九年，1473年）被选读书内堂，日有开益。戊戌（十四年，1478年），孝宗皇帝在青宫缉熙问学，公又以端谨被简随侍，朝夕讲读”[7]。席良“正德庚午（五年，1510年），选入内庭，服

[1] 王世贞：《弇山堂别集》卷一〇〇《中官考十一》。

[2] 湘源：《皇明总督京通等处粮储内官监太监白石莫公神道碑铭》，http://blog.sina.com.cn/s/blog_522592330100ze77.html，2012 年 1 月 12 日。

[3] 陈洪：《明故内官监太监辛公墓志铭》，http://blog.sina.com.cn/s/blog_522592330100z7n2.html，2011 年 12 月 19 日。

[4] 徐阶：《明故司礼监管文书内官监太监静庵赵公墓志铭》，http://blog.sina.com.cn/s/blog_522592330100z9uz.html，2011 年 12 月 21 日。

[5] 刘若愚：《酌中志》卷九《正监蒙难纪略》。

[6] 佚名：《明故司设监太监罗公墓表》，载赵令扬审订、梁绍杰辑录：《明代宦官碑传录》，第 131 页，香港大学中文系，1997 年。

[7] 刘春：《东川刘文简公集》卷一九《明故司设监太监陈公墓表》，明嘉靖三十三年刻本。

属司礼监太监简庵张公为名下。有抚育教之，就选内馆，从翰林儒臣读书，手不释卷，学古通今，精识儒业，善习楷法。历五载，乙亥（十年，1515年），擢尚宝监理笔札之事"[1]。

在内书堂学习8年的有1例：韩锡"成化癸卯（十九年，1483年）入内府，在廷职臣嘉公资质明敏，送内馆从翰林院儒臣读书；日勤于学，时与教事者器之。暨孝宗敬皇帝辛亥（弘治四年，1491年），选内府供用库书办"[2]。

在内书堂学习9年的有1例：王瑀"天顺八年（1464年），入送司礼监学业。公性聪明，精于其事，同辈推让之，遂为褒善公所喜。成化九年（1473年），奏改监工"[3]。

在内书堂学习10年的有2例：韦眀"自天顺癸未（七年，1463年）选入内府司礼监书堂肄业。成化癸巳（九年，1473年），奏拨内织染局书办"[4]。朱宝"嘉靖改元（1522年），受业内书馆。时大学士未斋顾公及诸内翰皆重公，喜其学□□□，公益克勤不辍。嘉靖壬辰（十一年，1532年），复拨司礼监六科廊书办"[5]。

从以上统计可见，入内书堂学习三年左右的居多。方志远倾向于学制三年的说法："如以每届学员300人，学习时间3年计，从宣德至崇祯的200年里，除去某些时间的变故，经内书堂培养的内使应在10万人以上。"[6]但是，根据现有史料，虽然三年的情况比较多，但也有四至十年的情况，因此内书堂的学制以三年为主，具有较大的弹性。

---

[1] 陈宏：《明故御马监监丞席公墓志铭》，http://blog.sina.com.cn/s/blog_522592330100z2bv.html，2011年12月11日。

[2] 毕鸾：《明故内官监太监韩公墓志铭》，第162页，载赵令扬审订、梁绍杰辑录：《明代宦官碑传录》，香港大学中文系，1997年。

[3] 石琉：《明故惜薪司右司副王公墓志铭》，http://blog.sina.com.cn/s/blog_522592330100yvgn.html，2011年11月29日。

[4] 张天骏：《明故内官监右少监韦公墓志铭》，第133页，载赵令扬审订、梁绍杰辑录：《明代宦官碑传录》，香港大学中文系，1997年。

[5] 张文宪：《明故内官监太监谦斋朱公墓志铭》，第184页，载赵令扬审订、梁绍杰辑录：《明代宦官碑传录》，香港大学中文系，1997年。

[6] 方志远：《论明代宦官的知识化问题》，载《江西师范大学学报》1989年第3期。

（四）内书堂的作息制度和讲课仪式

内书堂制定了作息制度和节假日放假制度。白天，翰林院的教官从北安门进入皇宫，来到内书堂。学生们先拜圣人牌位，然后向老师行礼，之后再进行正式的课堂学习。

翰林教师初到内书堂教书时，先到北室对孔子牌位和像跪拜，再到南室对孔子像作揖；在南室，新旧教师对拜，然后接受全体宦官学生的礼拜；最后，新师进入内书堂正堂。据《词林典故》记载："北书堂祀有圣人，师肃而入，学长喝礼。新任者四拜讫，出过书堂南，亦祀有圣人，师仍肃而入，止揖不拜。新旧师傅仍东西序立交拜，旧者东。交拜讫，诸生拜于堂下，师向下斜立，受二还二。拜讫，转北到内书堂，列坐号书。毕，设宴，宴毕，由厚载门出。"[1]

内书堂的上课程序是，首先举行"揖礼"。即教师向孔子像揖拜，宦官学生向老师揖拜。其次举行"公会"，即师生见面后签名签到。"司簿一人执簿于阶下，赞公会一声，置簿于几上，候师画会毕，学长、掌班以次进画。司簿仍执簿于阶下，赞公会毕一声，学长、掌班一躬，掌班卷班散。"故宫博物院藏《徐显卿宦迹图》册中《司礼授书》部分，有人分析其画面描绘的内容，是在内书堂大厅举行"公会"的场景：徐显卿身穿红色常服（修撰，从六品，补子纹样为鹭鸶），端坐在大厅长桌后，桌上摆着打开的"公会簿"。十多位"学长"站在门内两侧，十多位"掌班"站在门外两侧。院子里，古木葱茏，众多小太监整齐排列。厅上院中，小太监们都拱手肃立。[2]然后依次进行背书、看字纸（书法练习）、讲书、对课（练习对偶对仗和对对联），最后是歌诗，练习写诗歌。自此，一天的教学任务得以完成。"教师出，轮二人随行，送师至厚载门外，一躬而别。"[3]

[1] 张位、于慎行：《词林典故》，第 278 页，载四库存目丛书史部第 258 册，齐鲁书社，1996 年。

[2] 以上参见一知：《〈司礼授书〉所反映的明代内书堂》，《中国文物报》2009 年 6 月 17 日第 7 版。

[3] 张位、于慎行：《词林典故》，第 278－279 页，载四库存目丛书史部第 258 册，齐鲁书社，1996 年。

每天傍晚放学时，还要举行一定的仪式，学生出书堂要遵循一定的秩序。“其每日暮放学，则排班题诗，不过云淡风轻之类。按春夏秋冬随景而以腔韵，题毕，方摆列鱼贯而行，有不知而搀越者，必群打诟辱之。别衙门官遇学生排班行走，必拱手端立让过，即司礼老公遇之亦然。”[1]《烬宫遗录》亦载：“每日暮临散，则排班题诗，不过云淡风轻之类，按春夏秋冬随景腔韵而已。”[2]

课堂随着老师暂离，而出现一些轻松的场面。有的小宦官乘老师不在，穿戴其官服戏耍。有一位名叫姜淮的小宦学员，“值殷太史士儋教书，偶不在室，淮戴其纱帽，束其带，正在室中摇摆作势，殷猝至，淮不知带插横解法，殷不怿”。姜淮说：“师父还系玉带哩，此银带何足贵？”殷士儋听后“笑而释之”。[3]偶尔也有小宦官上课时贪睡，放学后被误锁在教室里的情况。刘若愚在《内书堂读书》记述道：“嘉靖年间读书官人有年少贪睡者，散学时人叫不起，遂锁在内。”睡到半夜，“闻有呼殿声，仪卫甚众云：‘圣人到，搜得此官人。’圣人曰：‘既得见我，可谓有受教之分，视有何书，取来我亲教之。’不意案有《大统历》一册，乃指诵一周。至天明，向人言如此，试令背诵，一字不差。”[4]其实，半夜所见，实是梦中情景。此事清人将之写成小说。《坚瓠集》载：“嘉靖间，有学生昼睡，祭酒锁之空室。夜半闻呼殿声，云‘圣人到’，书生习见帝驾，亦不为异。既到，非天子，乃宣圣也。书生跪曰：‘某以愚钝，求圣人开示。’圣人曰：‘有书可取来，我亲教之。’索案上止存大统历日，为书生指诵一遍而去。天明，书生向同学言之，众未信。试令背历，终本不差，遂大聪明，过目成诵。”[5]

内书堂规定节假日和每月初一、十五，都要停课放假一天，“凡

[1] 刘若愚：《酌中志》卷一六《内书堂读书》。
[2] 佚名：《烬宫遗录》卷上，民国适园丛书刊小琅嬛校稽瑞楼本。
[3] 刘若愚：《酌中志》卷一六《内书堂读书》。
[4] 刘若愚：《酌中志》卷一六《内书堂读书》。
[5] 褚人获：《坚瓠集》秘集卷一《宣圣授历》，清康熙刻本。

读书官人，遇令节朔望，亦放学一日”[1]。

五　内书堂的教学内容与功课

内书堂的学生是小宦官，学习内容也是针对他们的特点和未来承担的工作而设计的。主要功课是背书、号书（在书上做标记）、判仿（仿照内阁票拟，代皇帝批红），判仿需要发给每人一大张印刷的仿影以便练习。总之其教学内容是课本的背诵和应用文的练习。

关于内书堂学生的学习内容，《词林典故》有记载：

> 一、背书。随签多少，以次进背，有功者登记，无功者朴罚。毕，师进书房用饭。
>
> 一、看字纸（即练习书法）。候师饭毕，将书生纸写累在一处，师逐张看过，有功者登记，无功者朴罚。
>
> 一、讲书。先一日，遣人领训义。学长、掌班轮流讲书者预先诵过数周，候次日看纸毕，师至书堂坐定，布讲席于圣像前，学长、掌班序立，诸生拱立于本案，学长一人赞诸生用心听书。该讲者一人进朗诵训义一周。一揖而退。又一人赞，又一人诵如前仪。揖而退。
>
> 一、对课（即练习对偶对仗，学写对联）。自二月十五日起至九月终止，日色渐长，背书后各领对，至看纸时一并送看。
>
> 一、歌诗。讲书毕，诸生序立，歌诗二章。[2]

小宦官入内书堂后，由书堂颁发课本，如《百家姓》、《千字文》、

---

[1] 刘若愚：《酌中志》卷一六《内书堂读书》。

[2] 张位、于慎行：《词林典故》，第278－279页，载四库存目丛书史部第258册，齐鲁书社，1996年。

《孝经》、《大学》、《中庸》、《论语》、《孟子》、《千家诗》、《神童诗》等以供学习。据刘若愚记道："至书堂之日，每给内令一册《百家姓》、《千字文》、《孝经》、《大学》、《中庸》、《论语》、《孟子》、《千家诗》、《神童诗》之类，次第给之，又每给刷印仿影一大张。其功课背书、号书、判仿，然判仿止标日子，号书不点句也。凡有志官人，各另有私书自读。其原给官书故事而已。"[1]黄凤翔曾对内书堂读书的小宦官们说："若辈所诵读，不过《语》、《孟》、《学》、《庸》。"[2]

在内书堂学习的内容，还有《内令》，可能是有关宦官需要遵守的规定和法令。据明代佚名在《烬宫遗录》中称"给《内令》一册并《千家诗》诸书"[3]。

课堂外，有志向的宦官，另有自己私下确定的读书目标和课外读物。

关于宦官善恶的史鉴书，一直是内书堂教育的重要教材。一些内书堂的翰林教官和非该书堂的士大夫，相继编纂过一些有关宦官善恶的史书，对宦官开展直接的教育。沈德符指出："古来史册自范蔚宗始纪宦者传，后代述史者因之，然未有特作一书者。惟唐末致仕枢密使严遵美有《南北司治乱志》，遵美于阉宦中号贤者。"但此书并非宦官专史，因为当时"呼朝士为南司，而宦者为北司"。因此，他认为《貂珰史鉴》是第一部宦官史著作。[4]其实，沈德符所说并不准确。就明代而言，较早出现的宦官史著作是王畿在嘉靖年间所撰的《中官中鉴录》（简称《中鉴录》）[5]。

黄虞稷《千顷堂书目》卷九著录了"王畿《中官中鉴录》七卷"，

[1] 刘若愚：《酌中志》卷一六《内府衙门职掌》。

[2] 黄凤翔：《田亭草》卷七《教内书堂记》，明万历四十年刻本。

[3] 佚名：《烬宫遗录》卷上，民国适园丛书刊小琅嬛校稽瑞楼本。

[4] 沈德符：《万历野获编》补遗卷一《纪述内臣》，第 822 页，中华书局，1959 年。

[5] 《中鉴录》，一些地方的记载误作《忠鉴录》，于是有人以讹传讹，如吴仕伟《明代宫廷教育研究》第 59 页称："《忠鉴录》，它收集了历代奉公守法的宦官的事迹，以为明代宦官效法的楷模。"潘才高升《明代内书堂考论》福建师范大学 2012 年硕士论文第 18 页因袭了这句话。其实，"中鉴"是指中官（内官、宦官）借鉴的书。

应该是嘉靖间撰成的。

王畿（1498－1583年）字汝中，号龙溪，浙江山阴（今绍兴）人，王守仁弟子。他并未做过内书堂教官，但却主动编纂了这么一部具有史鉴性质的宦官史著作。王畿写好后，还赠送了一本给耿定向。耿定向（1524－1597年），字在伦。湖广黄安人。嘉靖三十五年（1556年）进士，初授行人，任御史，调南京，督理学政。隆庆初，为大理右寺丞。高拱擅权，被贬为横州判官。后迁衡州推官。万历年间任福建巡抚，官至户部尚书。据耿定向写给徐用检（字克贤，号鲁源）的信中称："顷承贵乡龙溪翁见惠《中鉴录》一部，云缘为阳和殿撰。近教内书堂，编者念此翁身处江湖，不忘廊庙矣。"这里讲王畿"身处江湖"，说明此书作于嘉靖十三年以前，因为王畿是嘉靖十三年中的进士，此后便是政府官员，身处江湖只能是在中进士之前。也说明王畿写此书时，并未当过内书堂教官。由于未经历过内书堂的教书活动，因此对宦官的判断往往持先入之见，"中语似多峻厉，不中肯綮者，往在都邸侧闻"。耿定向认为"此辈实是中有贤喆，或博雅攻古文词，或亦好砥砺名行，或抱逸趣，慕玄学佛者，不为无人"。耿定向希望徐用检能对此书作些润色："丈倘有闲，更为润色，寄去阳和，于世道或亦有补。更得存翁阁老一商，尤佳念。存翁当国久，此辈情状得之最深，其语必中肯綮也。"他觉得，这种关于宦官的书，最好不要署名："编中须隐编者姓氏为得。"[1]

《中鉴录》在万历六年时，被内书堂教官张元忭作了"条解"。"奉旨教习内书堂，君曰：'若曹星近皇位，不可去，可使习为善。勃貂、管苏非人乎！'乃取《中鉴录》自为条解，又作《训忠诸吟》令歌之。"[2]

嘉靖三十一年，时任翰林院编修的临汾人亢思谦（字子益），被

[1] 耿定向：《耿天台先生文集》卷五《书牍·与徐鲁源》，明万历二十六年刘元卿刻本。

[2] 王锡爵：《奉直大夫左春坊左谕德兼翰林院侍读阳和张公元忭墓志铭》，载焦竑辑：《国朝献征录》卷一九《詹事府二》，明万历四十四年徐象橒曼山馆刻本。

任命为内书堂教官，也编纂了一部自汉以来反映宦官善恶事迹的史籍，作为内书堂的教材。壬子年，“居顷之，命教内书堂，窃叹曰：‘中贵人不患无材艺，患不知大义耳。’则摘汉以来宦者可法、可戒，谆谆谕之，闻者感动”。[1]但这只是一部讲义，并未整理成册，更未刊刻印行。

隆庆间，黄凤翔与罗万化、赵志皋三位入教内书堂的教员一起，将历代宦官中的榜样编成一书，发给就学的小宦官们。黄凤翔指出：“余因忆往哲所称奄宦自东汉迄后唐，惟数吕强、张承业两人，其称许太狭，俾供事掖庭，豫参帷幄者，视为殊躅，不足鼓其向善之心。即两汉时，如黄门令史游之勤款纳忠，多所补益；钩盾令郑众之一心王室，不事豪党；中常侍良贺之清俭退厚，不敢荐士；济阴丁肃、下邳徐衍、南阳郭耽、汝阳李巡、北海赵佑之清忠恬寂，靡争威权；小黄门甘陵吴伉之博达奉公，从容寺舍，所可称者，奚啻吕强一人而已？迨于唐季，凶奄之煽祸极矣。然而强立持正，排挤邪党，则有如俱文珍；奋身定难，让功辞赏，则有如马存亮；痛嫉侪类，退隐青城，则有如严遵美；仗义矢节，饮泣平贼，则有如杨复光。皆庶几疾风劲草，狂澜砥柱，奚待至后唐乃称一张承业也！”于是，他“乃谋诸罗、赵二君，稍攟摭节略汇次名籍，命书史编录成帙，以示诸小奄。命时时习读，间呼而问之，亦有能津津颂说者。”[2]黄凤翔、罗万化和赵志皋合编的这部宦官史，直接作为教材在课堂上讲授过。

万历二十年，四川佥事张世则编纂了一部宦官史著作《貂珰史鉴》，虽然作者不是内书堂教官，但却被礼部推荐为内书堂的教科书。为此，礼部覆奏：“四川佥事张世则奏进《貂珰史鉴》，曰评，曰考，曰论，为箴，为赞，为诗，善可为法，身享令名，国亦受福，读之令人慕；恶可为戒，国将受害，身先诛夷，读之令人畏。夫祖制，貂珰

[1] 王祖嫡：《师竹堂集》卷二〇《通奉大夫四川布政使司左布政使水阳亢先生行状》，明天启刻本。

[2] 黄凤翔：《田亭草》卷七《教内书堂记》，明万历四十年刻本。

识字有禁，宣德以后始立内书堂，教以《(忠)[中]鉴录》，世则所进，宜俱定为课程，庶几口诵心维，可以迁善改过。虽然近侍熟觇好恶，在人主善听之耳。我朝金英以一言定储位，覃吉以正学辅东宫，则听之得也；如王振之误国，刘瑾之惑主，其恶至今恨之，则听之失也。皇上幸览而留意焉。”上嘉纳之。[1]沈德符叙述说：“近日今上二十年，四川佥事张世则上所撰《貂珰史鉴》，则专指中贵人，盖采掇载籍，而有评有考有论，又为赞为箴为诗，其中备列善恶。”神宗下其奏章于礼部，“部覆极称许之，谓内书堂宜进世则所进，与《(忠)[中]鉴录》同立课程，使其口诵心维，可以迁善改过”。神宗“命留览，但不闻发付史局，人间亦无刻本，恐遂湮没不传，可惜可叹”。[2]

其实，这部书在明末清初还在流传，据黄虞稷《千顷堂书目》卷九，便载有“张世明《貂珰史鉴》四卷”。“世明”实当作“世则”。此外，还著录有《中贵芳模》一卷，未录作者姓名。《书目》又著录了“李贵《思齐录》”，自注称“集古宦寺可法者，以训内书堂中官”。

万历四十四年中状元并授翰林院修撰的钱士升（1574－1652年），在给侯恪（1592－1634年）的一封信中声称：“近闻有内书堂之命，此事殊有关系。迩来以故事应之，弟谓祖宗立法，欲使若辈识诗书，知义理，而董之以词臣，所谓宫中、府中相为一体也。窃以为古来宦竖可为法戒者，宜汇为一书，令小珰童而习之，豮豕（即去势的猪——笔者）之牙，尤易为力。年兄以为何如？”[3]但未见实施。其实，类似的著作已经不断问世。

除了用文字编纂史鉴性宦官史外，内书堂的教官还针对小宦官年幼、文化低的特点，将历代优秀的宦官绘成图录。周如砥（1550－1615年）字季平，号砺斋，山东即墨人。万历十七中进士，选庶吉士，读中秘书。万历十九年（1591年）授检讨，万历二十九年掌国子

[1] 《明神宗实录》卷二五〇，万历二十年七月癸酉。

[2] 沈德符：《万历野获编》补遗卷一《纪述内臣》，第822页，中华书局，1959年。

[3] 钱士升：《赐余堂集》卷六《与侯木庵》，清乾隆四年钱佳刻本。

监司业，万历三十九年升祭酒。期间历任太子学官右赞善、左赞善、右中允、左中允、左谕德、右谕德、右庶子及经筵学士等职。“先是，教习内书堂，人多故事视之。公谓左右瞀御不可不慎其端，以语焦弱侯，弱侯然之。乃取历代宦官行谊之可法者，绘图录以成帙，曰《中学始肄》。上览其书，大称赏。”[1]他教习内书堂的时间，按常理推算，应该是万历十九年授翰林院检讨以后，这部《中学始肄》可能就成于此时。

明朝还将内书堂提供给宦官学生的课本和教材，印刷出来，由司礼监的经厂库收藏。刘若愚在《内板经书纪略》中指出：“祖宗设内书堂，原欲于此陶铸真才，冀得实用。按：《古文真宝》、《古文精粹》二书，皆出于老学究所选。累臣欲求大方，于明白上水头古文选为入门，再将宏肆上水头古文选为极则，起自《檀弓》、《左》、《国》、《史》、《汉》、诸子，共什七八；唐、宋什二三，为一种。再将洪武以来程墨垂世之稿，亦选出一半为入门，一半为极则，亦为一种。四者同成二帙，以范后之内臣。奏知圣主，发司礼监刊行，用示永久。不知得遂志否也。”这些内书堂教育宦官的课本和参考教材，都由司礼监刊行，但效果如何，刘若愚也不得而知。他还指出：“皇城中内相（案指司礼监太监）学问，读《四书》、《书经》、《诗经》，看《性理》、《通鉴节要》、《千家诗》、《唐贤三体诗》，习书柬活套，习作对联，再加以《古文真宝》、《古文精粹》，尽之矣。十分聪明有志者，看《大学衍义》、《贞观政要》、《圣学心法》、《纲目》，尽之矣。《说苑》、《新序》，亦间及之。《五经大全》、《文献通考》，涉猎者亦寡也。此皆内府有板之书也。”内相读的这些书，有些是内书堂所教的课程，有的则是属于课外读物，但不是所有的太监都读了这些书。刘若愚还指出：“先年有读《等韵》、《海篇》部头，以便检查难字。凡有不知典故难字，必自己搜查，不惮疲苦。至于《周礼》、《左传》、《国语》、

[1] 吴道南：《吴文恪公文集》卷一七《明朝列大夫国子监祭酒砺斋周公墓志铭》，明崇祯吴之京刻本。

《国策》、《史》、《汉》，一则内府无板，一则绳于陋习，概不好焉。盖缘心气骄满，勉强拱高，而无虚己受善之风也。《三国志通俗演义》、《韵府群玉》，皆乐看爱买者也。除古本、抄本杂书不能开遍外，按现今有板者谱列于后，即内府之经书则例也。”[1]看来，太监们不太喜欢历史书，而偏爱历史小说和工具书。“内相”们的读书口味和文化水平，都受到在内书堂教育的影响。

刘若愚还列举了司礼监经厂库收藏的内府刻印的图书，这些图书中有不少都是内书堂的教材或课外读物。如：《诗传大全》（十二本、九百九页）、《书经大全》（十本、七百六十三页）、《春秋大全》（十八本、一千四百五十九页）、《礼记大全》（十八本、一千二百九十九页）、《书传》（六本、五百八十三页）、《诗传》（六本、六百三十五页）、《春秋传》（四本、一千零六十一页）、《礼记》（八本、一千六十一页）、《四书大全》（二十本、一千五百八十九页）、《四书集注》（十本、八百二十页）、《性理大全》（三十本、二千一百六十九页）、《资治通鉴纲目》（四十本、四千一百页）、《续资治通鉴纲目》（十四本、一千一百二十二页）、《少微通鉴节要》（廿本、四千四百廿八页）、《通鉴节要续编》（二十本、一千六百八十三页）、《文献通考》（一百本、一万八百三十六页）、《历代通鉴纂要》（六十本、三千六百三十页）、《大学衍义》（二十本、一千三百八十二页）、《大学衍义补》（四十本、三千六百页）、《韵府群玉》（十本、一千四十页）、《经史海篇直音》（五本、五百十二页）、《广韵》（二本、二百五十五页）、《玉篇》（二本、三百十五页）、《四书白文》（六本、三百十二页）、《诗学大成》（十四本、一千页）、《三国志通俗演义》（廿四本、一千一百五十页）、《贞观政要》（八本、三百七十页）、《圣学心法》（四本、三百十五页）、《唐贤三体诗》（二本、一百七十二页）、《古文精粹》（二本、二百五十六页）、《尚书》、《孝经》、《大学》、《中庸》（五本、三

[1] 刘若愚：《酌中志》卷一八《内板经书纪略》。

百三十六页）、《古文真宝》（四本、三百九十一页）、《皇明祖训》（一本、五十页）、《孝经大义》（一本、四十二页）、《大学》（一本、三十六页）、《千字文》（一本、十七页）、《孝经》（一本、十六页）、《中庸》（一本、五十六页）、《刘向说苑》（五本、三百二十五页）、《千家诗》（一本、四十四页）、《四书杂字》（一本、十二页）、《三字经》（一本、二十二页）、《孝经直解》（一本、三十六页）、《四书直解》（二十五本、一千零四十二页）、《书经直解》（十三本、八百二十页）、《通鉴直解》（二十五本、一千四十二页）、《刘向新序》（三本、一百四十二页）、《洪武正韵玉键》（二本、一百三十页）等。[1]以上的书籍都是司礼监刊刻的，有的属于内书堂的课本，有的则属于内书堂的课外读物，有的则属于毕业后太监们的读物，反映了当时宦官不同阶段受教育的水平。

上述书中，有《大学衍义》，此书能作为内书堂宦官学员的参考书，应该与弘治年是胡世宁的建议有关系。他指出《大学衍义》“此书其间所言辨人材、察民情、严内治、教戚属之四者，在今日尤为切要。伏愿圣明于此，更加详玩。至于近臣外戚，亦宜颁赐，使皆讲习，则彼自知忠谨之得福，各畏骄盈之得祸，可以长保富贵于无穷，而祸乱不生，刑罚弗及”[2]。但此书也只是宦官中“十分聪明有志者”才阅读的典籍。

除了以上内容外，内书堂的课堂教学也有随机问答的情况，黄凤翔对此曾有记录。当时翰林教官与内书堂的小宦官之间，有师生关系，宦官称之为“师傅”和“师父”。小宦官有天真烂漫的一面，上课时想难到老师。黄凤翔见学长体罚小宦官，“闻而哂之”。旁边的小宦官拱绕而问之：“师傅何哂也？”黄凤翔应之曰：“吾列官史局，而日作童子师，是故哂耳！第令若辈熟文义，达理道，它日为国家作好事，则吾之哂乃为喜已。”小宦官“局蹐而去”。几天后，黄凤翔

[1] 刘若愚：《酌中志》卷一八《内板经书纪略》。

[2] 胡世宁：《胡端敏奏议》卷一《应诏陈言疏》，景印文渊阁四库全书本。

“进课业罢，诸小奄争摘奇字来问”，他意料是“大奄阴主之，欲穷余所不知”，于是“稍为解释一二”，并对他们说：“若辈所诵读，不过《语》、《孟》、《学》、《庸》，达者□中外奏疏，此其中曾无奇难字，即令扬雄为若辈师，无益也。”从此以后“奇字之问绝矣”。[1]

由于内书堂小宦官人数众多，教学内容繁杂，工作量很大，因此翰林教官深感疲劳。陈沂曾任内书堂教职，称：“翰林教小内官，在书堂中，有四五百人，学士五人轮，五日一转。每人至，日背书、批仿，责罚尚二百七八十人，甚劳。”[2]

第二节 内书堂教育的目的和态度

明朝内书堂教育的目的与态度，君臣之间有比较明显的差异。皇帝对内书堂教育目的和意义的认识是很清楚的，就是为了培养有知识的内官，分外朝之权，强化皇权专制。而对直接奉命入教内书堂的儒臣来讲，其目的是为了拯救宦官的灵魂，停止他们利用在皇帝身边的条件进谄乱政，同时为皇帝培养近身的文化顾问。为了克服对宦官的厌恶心理，翰林教师们用“有教无类”的方针鼓励自己，如景旸“及教内书馆，叹曰：‘君子无弃人，矧此辈为近君者邪！’每引时事谕之于正”。[3]儒臣宫廷教育的目的之一，就是为帝王之师，正帝王之非，那么帝王身边的内侍，最容易影响帝王的行为，当然也是儒臣教育的目的之一。

一 内书堂教育的目的

内书堂教育制度建立的目的，在君主看来，主要培养能够分外廷

---

[1] 黄凤翔：《田亭草》卷七《教内书堂记》，明万历四十年刻本。

[2] 李诩：《戒庵老人漫笔》卷二《授书中贵》，第 46 页，中华书局，1982 年。

[3] 徐开任：《明名臣言行录》卷三八《中允景公旸》，清康熙刻本。

文官之权，帮助皇帝加强集权的内官人才；而在文人士大夫看来，则是为了培养能够具有帝国正统意识形态——儒家思想的人才，既能维护皇权，又能与外朝儒臣观念保持一致。

第一，培养皇帝身边的忠臣，维持皇帝的正确和国家的稳定。士大夫们认为，重视内书堂的教育，可以从皇帝的身边培养忠臣，效果比培养一般的文人士大夫要好。陆深曾在内书堂教过宦官，对于此中的意义有独到的见解："念予往岁以翰林编修官奉命教内书堂，每见生徒中少年敬谨者，必加礼之，且致厚望，以为此皆他日圣天子心膂之寄，与吾辈外庭体貌之臣殊，盖君父之心虽出一致，而远迩势分，终不若亲且密者之易于纳忠也。"[1]所以教好宦官，比外朝官更易于让皇帝接受劝谏和忠言。万历年间，状元出身的翰林院修撰张元忭"及奉旨教习内书堂"时，领悟道："若曹星近皇位，不可去，可使习为善。勃貂、管苏非人乎？"既然这些宦官与皇帝十分切近，因此应该将他们培养成勃貂、管苏那样的忠臣善人。于是"取《中鉴录》，自为条解，又作《训忠诸吟》，令歌之"。[2]这些士大夫认为，宦官是皇帝身边的近臣，内书堂教育的目的就是为了教育好这些宦官，让他们在皇帝身边进忠言，以纠正皇帝的过错，有利于政治的清明。

第二，拯救宦官灵魂，防止灾祸发生。儒臣在为皇帝培养近密忠臣的同时，极力防止宦官变成佞臣和奸臣。因此他们试图通过内书堂的教育，达到拯救宦官和防止祸乱的目的。由于对宦官的人格持怀疑的态度，儒臣们往往不是从正面肯定宦官及其教育的作用，而是从反面去考虑问题。他们认为宦官是皇帝的近臣，对他们进行良好的内书堂教育，可以拯救他们的灵魂，纠正他们的错误，减低对国家的危害。黄洪宪在"甲戌，补内书堂，授中贵人书"的时候，认识到"是且在天子股掌间，为祸福不细"，觉得宦官教育具有降低灾祸发生的

[1] 陆深：《俨山集》卷七二，清文渊阁四库全书补配清文津阁四库全书本。
[2] 沈佳：《明儒言行录》卷八《张元忭》，景印文渊阁四库全书本。

目的，于是“数举古今宦侍为鉴戒，词色甚庄”。[1]山东即墨人周如砥“教习内书堂，人多故事视之”。他却“谓左右晉御，不可不慎其端”，并将这一想法告诉了焦竑，“以语焦弱侯，弱侯然之”。于是他“取历代宦官行谊之可法者，绘图录以成帙，曰《中学始肄》”。皇帝“览其书，大称赏”。[2]

第三，培养皇帝身边的知识人才，以备其顾问和咨询。翰林臣为内书堂教学的定位是，内书堂教育重在学习文化知识和本朝典章制度，备皇帝顾问。本来这是翰林院儒臣们的职能，但是明代皇帝长期不朝，想见一面都难，因此翰林儒臣入教内书堂后，便将这一功能转递给宦官学生，因为后者能够与皇帝朝夕相处。嘉靖二十一年前后，入司礼监内书堂教书的翰林官员郭朴、赵贞吉和孙升曾对包括王翱在内的宦官学生们说：

> 尔诸生系内史，不必学举业文章，惟讲明经史书鉴及本朝典制，以备圣主顾问。有余力，学作对与诗可也。[3]

“不必学举业文章”，是内书堂教育区别于一般儒生教育的重要特点。对于内书堂学生的要求，只在于弄明经史和本朝典章制度，以备皇帝随时问询，以及适应宦官衙门文件草拟和处理的需要。

第四，培养能够与外朝官思想一致、易于沟通的内官。儒臣在培养宦官时，不仅为皇帝培养人才，还为自己培养易于沟通的内朝官员。钱士升（1574－1652年）在给侯恪的一封信中指出：“近闻有内书堂之命，此事殊有关系。迩来以故事应之，弟谓祖宗立法，欲使若辈识诗书，知义理，而董之以词臣，所谓宫中、府中相为一体也。”

[1] 王锡爵：《王文肃公文集》卷五《少詹葵阳黄公神道碑》，明万历刻本。

[2] 吴道南：《吴文恪公文集》卷一七《明朝列大夫国子监祭酒砺斋周公墓志铭》，明崇祯吴之京刻本。

[3] 刘若愚：《酌中志》卷二二《王翱》。

为了达到这一目的，他准备将“古来宦竖可为法戒者，宜汇为一书，令小珰童而习之，豮豕（去势的猪）之牙，尤易为力”。[1]通过教育，使宦官具有大局观。

二 士大夫对内书堂教育的积极态度

皇帝对内书堂教育是相当重视的。自永乐以后，便冲破太祖的禁忌，在宫内设教育机构，对宦官进行道德和文化的培养。神宗对内书堂教育也十分重视。由于立郑贵妃之子朱常洵为太子的目的受阻，神宗与内阁进行了长期的大冷战。万历三十九年六月初一日，叶向高在《催发阁中题奏揭》中抱怨，说国家的很多事情上奏到皇帝那里后，都搁置不行，唯有教习内书堂等事的题请，得到了皇帝的回音。他指出：“照得阁臣职掌，虽在于票拟，然而詹事府、左右春坊、司经局、翰林院及制敕、诰敕两房之事皆属焉。故印信缺则须题掌，宫僚缺则须题补，资俸应升者须与题升，事务当行者须与题行。自祖宗设立此官以来，皆是如此。顷十余年间，颇多寝格，然亦未有一概不行如今日者。臣查自前岁冬月至今，凡推转各官，只一南京掌翰林院孙如游得旨，此外并未蒙允一人。其各项事务，只近日题请管理诰敕、教习内书堂得旨，此外并未蒙允一事。”[2]神宗搁置了许多国家的重要事务，唯独对教习内书堂和管理诰敕二事积极推行，反映他对宦官教育的重视。

既然明代君主已离不开宦官的辅政，那么明代儒臣只得接受这一现实，从国家政治兴衰的角度，看待内书堂教育的意义，积极主动地从事内书堂的教育工作。徐阶像其他儒臣一样，不得不接受宦官作为明朝政治机体不可分割的组成部分的现实，认为与其盲目排斥宦官，还不如通过内书堂制度将宦官教育成才，不致为害社稷，甚至有益国

[1] 钱士升：《赐余堂集》卷六《与侯木庵》，清乾隆四年钱佳刻本。

[2] 叶向高：《纶扉奏草》卷一三《催发阁中题奏揭》，明刻本。

家。嘉靖六年，徐阶守制回京、奉命入教内书堂时，面临着两种选择：一是沿袭旧习，敷衍了事，一是改变现状，主动教育。据载：

入都复故官，寻奉命授中贵人书。故授书者宴入早出，一切以苟简文具而已。公曰："毋易此曹。此曹能偾天下事。"于是寅而入，申而出，课业必讙，约礼详说，毋不欣欣倾听。时上严，亡所假贷，中人为流言，以不如正德时饶者。公谓正德时何可得？若曹晚，不能悉旧事，今虽严，宽于宪、孝朝多矣。且正德以饶，故贵人亡不用侈坐法。若曹不睹宪、孝朝，诸冢茔甲第相望耶！"咸拱手曰："命之矣。"[1]

徐阶一改此前"授书者宴入早出，一切以苟简文具而已"的状态，认为不能轻视这些宦官学生，若不教育，这些宦官将来会败坏天下大事。思想认识深刻了，行为上就有了很大的变化，"于是寅而入，申而出，课业必讙，约礼详说"，而小宦官们"毋不欣欣倾听"。当时世宗皇帝等人严苛，"亡所假贷"，宦官们认为不如正德时宽大。徐阶则指出，现在虽严，却比宪、孝两朝宽大多了，宪孝时坟冢累累。虽然正德时宽大，但"贵人亡不用侈坐法"。结果众宦官学者拱手称服。

李春芳嘉靖二十九年入教内书堂时，对教授宦官的工作也持积极的态度："公以为此曹它日且貂珰，立天子左右，宜及今令稍知理法，习畏谨，斯所谓童牛之牿也。度所能行，为立约程，日而课督之，不为假一时。受书中贵人率严惮李先生。"[2]李春芳的这种对待宦官教育的积极态度，也得到了很多人的赞许，他们在为李春芳写传时，对此事大书特书，如过庭训载："会授书内馆，故事多文具，以此辈日侍上左右，而惰游解嫚，渐以成习，即一旦筦事，奈何？乃立科条教督

[1] 王世贞：《弇州史料》后集卷九《名贤故实·徐文贞公状略》，明万历四十二年刻本。
[2] 王家屏：《明故光禄大夫柱国少师兼太子太师吏部尚书中极殿大学士赠太师谥文定石鹿李公暨配一品夫人徐氏状》，载李春芳：《贻安堂集》卷一〇，明万历十七年李戴刻本。

之，掖庭永巷，一时焕然。”[1]著名学者焦竑，对于宦官教育的认识比较清醒。他“(受)[授]书中贵，往第为具文耳，竑曰：‘此辈今之刑余，异日天子之昵近也。’乃取古寺人垂芳遗诫教之，中贵皆湔雪自喜。”[2]正是由于对宦官教育的重要性有深刻认识，所以徐阶能够积极主动地从事内书堂教育。

由于对内书堂教育持积极主动的态度，因此部分儒臣对接受过内书堂教育的宦官产生了新的认识，怀有好感，愿意倾注感情给予正面肯定乃至赞颂。

人们从先验立场出发，认为宦官是生理有缺陷、心理极变态的污秽之人。但一些翰林儒臣入教内书堂，与那些宦官学员面对面接触后，发现他们很多时候也具有正常的人性，有可亲可敬的一面，特别是他们刻苦自励、勤奋好学的一面，让这些翰林文臣心怀敬意。雷礼曾为“自髫年入皇城绩学内书馆”的太监贾堪写过一篇《庆贾西崖录荫序》，称贾堪在内书堂受过教育后“即有巨人志”，值司礼监后，“日研坟史，娱词翰，杰然自见其才”，此后“管敕旨、参典仪，井井有章”。显然，在内书堂接受过翰林儒臣教育的这位宦官，是受到士大夫们认可的。雷礼称赞贾堪“一使关中，再使汴梁，所在矜节行，亢正论，识者知其志在报国，不徒以富贵荣身”，又称他守备诸陵，“独能忧深虑远，戢奸细、消虏萌，视之膺封疆之责、而偷景待僵者为何如也！”他特地指出士大夫喜欢贾堪“守备于外，冒风霜，出入荆棘中”的作为，“予辈喜公此举，足为世劝，因叙以诒之，且以励封疆之臣”。[3]正是因为对宦官有正面的接触，这些士大夫才真正了解了宦官这个特殊群体的喜好、情感和生活，发现他们因为受过内书堂的教育，在意识形态和生活情趣上，都竭力与士大夫们保持一致，因

[1] 过庭训：《本朝分省人物考》卷一三《李春芳》，明天启刻本。

[2] 过庭训:《本朝分省人物考》卷一三《焦竑》，明天启刻本；又徐开任:《明名臣言行录》卷七四《修撰焦文端公竑》，清康熙刻本。

[3] 雷礼：《镡墟堂摘稿》卷五《庆贾西崖录荫序》，明刻本。

此便愿意为宦官题写序跋、行状和墓志铭，给予实事求是的正面肯定，乃至赞颂和讴歌。

翰臣们认识到内书堂教育的意义，并以积极主动的态度从事此项教育，于是影响到后人的观察和态度，将此项工作也视为光荣之举。罗万化在为内书堂教员张元忭所写的墓表中，称赞他教授内书堂的经历："充内书堂教习，昭鉴训忠，期埏埴正人以备仆御之选，盖有古大臣之思焉！"有内书堂教育经历的人，感到荣耀，后人在叙述这段经历时，充满羡慕，给予大书特书。杨廷和在为已故南京兵部尚书张潆所撰的神道碑铭中，历数其一生所经历过的辉煌事迹："公勤于职业，在翰林尝授书内馆，纂修《宪庙实录》，同考会试者二，主考顺天乡试，知贡举及廷试受卷提调者各一，皆以精敏为同事所推服。"[1]其中就有在翰林院教授内书堂的经历。大明国史《明实录》在书写严讷的生平时，也特别提到他教授内书堂的经历："讷，直隶常熟县人，由嘉靖辛丑（二十年）进士改庶吉士，授编修，同考礼闱，教习内书堂，纂修《大明会典》，主试应天，历侍读、太常寺少卿、掌院事、吏礼二部侍郎，晋二部尚书，加太子太保兼武英殿大学士，总裁《兴都志》。"[2]这里将严讷教习内书堂与其他重大业绩相提并论，反映修纂实录的史官对教授内书堂经历的正确肯定和重视，也说明在部分士大夫心中，教授内书堂实际上地位是很高的。

三　士大夫对内书堂教育的消极态度

然而，终明之世，受正统儒家思想教育的文人士大夫，对于宦官及其教育一事，一般持否定态度。早在隋代，就有士大夫对教习宦

[1] 杨廷和：《资德大夫正治上卿南京兵部尚书参赞机务太子少傅致仕泾川张公潆神道碑铭》，载焦竑辑：《国朝献征录》卷四二《南京兵部一》，明万历四十四年徐象橒曼山馆刻本。

[2] 《明神宗实录》卷一五六，万历十二年十二月壬戌。

官感到羞耻："昔隋蔡允恭为起居舍人，帝遣教宫人，允恭耻之，数称疾。"宋代也是如此："宋贾昌朝为侍讲，以编修资善堂书籍为名，而实教授内侍，谏官吴育奏罢之"。[1]明代文臣很多情况下也持相同立场，反映出士大夫与宦官之间的鸿沟难以真正跨越。

第一，鄙视入教内书堂的行为，认为不是高雅的工作，而拒绝入内工作。

明代士大夫常从宦官生理缺陷和心理扭曲上，论证宦官不是正常人类，从而对宦官产生鄙视。明朝福建闽县人黄泽，永乐十年进士，擢河南左参政，调湖广。当宣宗下诏求言时，黄泽上疏言十事。其中一事是"远嬖幸"："刑余之人，其情幽阴，其虑险谲。大奸似忠，大诈似信，大巧似愚，一与之亲，如饮醇酒，不知其醉，如噬甘腊，不知其毒。宠之甚易，远之甚难，是以古者宦寺不使典兵干政，所以防患于未萌也。涓涓弗塞，将为江河。此辈宜一切疏远，勿使用事。汉唐已事，彰彰可监。"鲁曾煜据此认为："当成祖时，宦官稍稍用事，宣宗寖以亲幸，（黄）泽于十事中，此为尤切。帝虽嘉叹，不能用也。其后设内书堂，而中人多通书晓文义。宦寺之盛，自宣宗始。"[2]对宦官的天生厌恶，导致士大夫对选入内书堂教育深感不快，不愿接受这一工作。

祝颢在正统四年以优异成绩"登进士高等"后，英宗特地让太监"察进士中有声者四人教内书堂小竖，衍邀公入阁下，公初未知其故，比至，乃将试以诗而去留之。公不应而出"。[3]这件事，为明代文人士大夫反复宣扬。明人丁元荐指出："祝黄门颢……初举进士，入左顺门，一巨珰以旨召公及其同年四人，入内馆，出诗目而试之。问其故，曰：'上知若等名，姑为一诗，欲使习中贵人书也。'公不一应

---

[1] 顾炎武：《日知录》卷九《宦官》，第 344 页，岳麓书社，1996 年。

[2] 鲁曾煜：《(乾隆) 福州府志》卷四九，清乾隆十九年刊本。

[3] 吴宽：《匏翁家藏集》卷七七《明故太中大夫资治少尹山西等处承宣布政使司右参政致仕祝公神道碑铭》，四部丛刊景明正德本。

出。”[1]王世贞对此事也津津乐道：“吴文定公志其墓，谓公初举进士，一日，入左顺门，而巨珰以旨召公及其同年四人入内馆，出诗目而试之。问其故，曰：‘上知若等名，姑为一诗，欲使勒习中贵人书也。’公不应，竟出为给事。”王世贞赞曰：“诸生不试难于出，内馆不诗难于屈！”[2]这件事成了文人气节的表现，也成为祝颢家族史上的光荣一页。晚明文震孟在《姑苏名贤小纪》中叙述祝允明历史时，还特地将其祖上的这件光荣史也写了出来：“祝先生允明，字希哲，长洲人，生而枝指，故自号枝山，又称枝指生。先生祖参政公（灏)[颢]，所在有政绩。正统初举进士，一日，入左掖门，而巨珰以旨召公及其同年四人入内馆，出诗目试之。问其故，曰：‘上知若等名，姑试一诗，欲召入词林耳。’公不应，竟出。”[3]

杨守陈对于教授宦官，也认为是一件羞耻之事。当王献（字惟臣）回乡守制时，有人为之暗中运作，准备让王献起复教授内书堂，杨守臣写信劝他不要为了教授宦官而起复，指出当“有朝命起复，仍典内馆之教”时，“人之欣羡而傒轩从之至者众”，但此时王献不应该打破守制的礼制而去教授宦官，因为“近日陈太史缉熙能守礼不起，罗太史廷魁能昌言李相之非”，“陈有修史之命，李当内阁之任，其事皆重于教内馆者”，但他们都能够遵礼守制不予起复，因此王献更不该起复去内书堂教宦官！杨守陈现身说法，称他自己当初被逼去教宦官时，心情很复杂：

> 向者，内馆之命，仆初闻骇叹，以为污辱，亟欲辞避！徐而思之，文武仆御，罔匪正人，汉世侍郎亦用儒者，今俾貂珰之徒蚤服诗书礼乐之诲，意犹近古，兹本祖宗之制，有司遵用久矣。正如宋之奉祠，虽道学诸儒不能不就也，故勉

[1] 丁元荐：《西山日记》卷下，清康熙二十八年先醒斋刻本。

[2] 王世贞：《弇州史料》后集卷二三《祝颢》，明万历四十二年刻本。

[3] 文震孟：《姑苏名贤小纪》卷上《祝京兆先生》，明万历刻清顺治重修本。

> 而受命，然心恒不屑而无间可脱。今始得以满考为辞，而力脱焉。若蝉蜕于污浊，若鱼泳于清泠，若仙子之谪降尘凡者，复归于清都紫微之天也。执事能复为仆之所不屑者耶！

杨守陈分析道，若王献起复，会赶上史事告成，将从从五品升到正五品，如果终制的话，则错过这次机会，但杨守陈劝他："从五之与正五，才半级耳。比而得禽王良所羞、千驷万钟，奚加于我！矧区区半级，曷足顾耶？"他还说王献"初以童子擢高科，登翰苑，学丰而才达，负令望于天下，今一起则众议丛之，大节既亏，他美莫赎；一不起则令望益扬，台鼎之陟，有不难者"。[1]在他的劝说和舆论的压力下，王献最终放弃了起复的机会，要求乞终制。毋庸置疑，大多数文人士大夫认为翰林词臣教内书堂是件羞耻的事。万历四十年十月甲申，御史李邦华陈奏法祖用人十事，其中之一便是"词臣不当教习内书堂"[2]，虽然神宗因离不开宦官而对此建议不予理睬，但大多数的文人士大夫则都有不想教授宦官的想法。

第二，虽然被迫入教内书堂，但瞧不起教过的宦官学生，或者消极怠工。

顾清就瞧不起自己教授的宦官学生。张萱在记述顾清教授内书堂时，谓"尝教内书堂不洁生徒，不使与弟子相接，尝曰：'此辈而秽物，远之犹恐其污，况近之也。'余姚谢文正公每称其有守"[3]。不洁生徒，在孙承恩为顾清写的墓志铭中是"不结生徒"[4]，根据上下文意，张萱所写的"不洁生徒"更符合顾清的本意。顾清实际上就有这样的意识，不让自己的儒生弟子与宦官生徒相结识，认为宦官生徒

[1] 杨守陈：《杨文懿公文集》卷一五《东观稿·与王惟臣书》，明弘治十二年杨茂仁刻本；张萱：《西园闻见录》卷一。

[2] 陈鹤：《明纪》卷四七，清同治十年江苏书局刻本。

[3] 张萱：《西园闻见录》卷一二。

[4] 孙承恩：《文简集》卷五四《故南京礼部尚书顾文僖公墓志铭》，景印文渊阁四库全书本。

是“秽物”，能“污”人。崔铣曾经在北京教授过内书堂的宦官，后来擢南京国子监祭酒，结果引起了分配到南京的以前的宦官弟子争相来谒：“先内书堂中以待受教者，厚币来谒，悉却之”，崔铣推却的不仅是厚币，其实是不想与这些“不洁生徒”来往。[1]有些士大夫受命入内书堂教授宦官后，极不情愿，消极怠工，迟到早退。徐阶之前，有不少翰林教师是如此，“故授书者宴入早出，一切以苟简文具而已”[2]。

不仅内书堂教师鄙视宦官学生，一些文人士大夫在叙述相关历史时也蔑视这些学生。王世贞叙述陈山教育内书堂一事时称：“宣德元年，以户侍、谨身殿学入，四年以户书、殿学出教内竖。”[3]用“出教内竖”来表达对宦官教育和宦官学生的鄙夷。

第三，蔑视翰林臣入内书堂教书并为宦官立传立碑的行为。

晚明张自烈在《书罗圭峰集后》，对入教过内书堂又为宦官写过墓志铭的罗玘，给予了严厉的指责和抨击：

世皆谓圭峰博学、矜气节，余意定国本、却濠馈、引义责李西涯，颇有足称者，集所载庆挽赠送诸作，罕裨名教，而谀墓尤甚。圭峰尝为故内官白江、傅容、御马监李罗撰志铭，言奉御王恭乞铭，白江者号知文，方教内官时爱公，出诸生右，何辞之夸也！明兴，太祖鉴汉唐奄祸，不令读书、预政，翰林教之于内侍监，盖自宣庙始，非祖法也。圭峰博稽掌故，宜不为内侍铭，铭宜微文风刺，昭示令典，使后世知任奄宦非制。今诸志铭具在，文过其质，恶在其为肃哉！

宣德中，令吏部于听选教官中择其人入教内侍，命大学士户部尚书陈山等授小内使书。正统初，内府开设书堂，选

[1] 黄佐：《南廱志》卷二十一列传三《崔铣》，民国景明嘉靖二十三年刻增修本。
[2] 王世贞：《弇州史料》后集卷九《名贤故实·徐文贞公状略》，明万历四十二年刻本。
[3] 王世贞：《弇山堂别集》卷四五《内阁辅臣年表叙》。

翰林简讨等官教习，复用修撰、编修等官二员，渐增至四员。景泰中，命倪谦、吕原教小内官黄赐等七人于文华殿东庑，皆与祖法相戾。故识字秉笔，流害浸甚。圭峰教内官时不自知其非，此后世史官不能无遗议也。自记。[1]

落款是"崇祯甲申（十七年）秋寓上饶书"，这是在明朝灭亡的背景下，对宦官专权导致亡国的历史惨痛教训的反思结果，并由此对罗玘对宦官的"谀墓"表示谴责。

据此知，部分明人认为罗玘对宦官有感情、无深刻认识，是个糊涂人，但罗玘其实对宦官也不屑，暗里称他们为"内竖"，自谓"予入教内竖"[2]，以表明他与其他士大夫立场相一致。罗的态度，反映了当时士大夫对宦官的两种印象，一是传统的不良的阉竖印象，一是现实中拥有大权、活生生的形象。就后者而言，部分儒臣为宦官撰墓志铭，为其大唱赞歌，除了因为平生有交往外，还因为对宦官的权力崇拜所致。

由于上述的认识，一些儒生撰写某些具有内书堂教习经历的人的生平时，觉得是一件不能提及的耻辱之事，而刻意在文中删除其痕迹。明正德嘉靖时人黄佐（1490－1566年）在其《南廱志》的《崔铣》传记中，叙述崔铣教授内书堂宦官的经历：崔铣擢南京国子祭酒后，"先内书堂中以待受教者，厚币来谒，悉却之"[3]。但这件事，在万历天启时人过庭训（?－1628年）所撰《本朝分省人物考》中被删去，而其他的字句则基本相同。[4]足可说明这些文人对宦官教育的不佳印象。陶大临教过内书堂的经历，陶望龄《陶文简公集》卷一一《世传第六・陶大临》（明天启七年陶履中刻本）中避而不谈，张岱

[1] 张自烈：《芑山诗文集》卷二一《杂著二・书罗圭峰集后》，清初刻本。
[2] 罗玘：《送光禄韩君归姑苏序》，载贺复征编：《文章辨体汇选》卷三四三，清文渊阁四库全书补配清文津阁四库全书本。
[3] 黄佐：《南廱志》卷二十一列传三《崔铣》，民国景明嘉靖二十三年刻增修本。
[4] 过庭训：《本朝分省人物考》卷八九《崔铣》，明天启刻本。

在《石匮书》卷一六八《陶大临传》(稿本补配清钞本)中，也只字不提，只有王锡爵在他写的《陶文僖公神道碑》(载《王文肃公文集》卷五，明万历刻本)中提到此事，说明当时大多数人认为此事不是一件值得夸耀的事。

第四，从祖宗之制的角度，抨击内书堂制度违背祖制，导致祸国殃民，贻害天下。

弘治元年七月监察御史曹璘猛烈地抨击道："择近习者，谓私自净身，自祖宗朝以来累有禁令。今自宫求进者尤多，乞严断以绝之。且内官内使近又特设书馆，命翰林词臣教之。词臣多缘此而显擢，内官亦假儒术以文奸。乞罢内官之倚任，革内馆之教书，一遵成宪，出宸断，亲近儒臣，以求治道。"孝宗回答道："内馆教书设立已久，如何废之？"指出本拟"治以不谨之罪"，但"姑置不问"。[1]曹璘虽然没有达到目的，但表明了部分士大夫对宦官教育的否定态度。

东林党人魏大中(1575－1625年)，也认为内书堂制度，使宦官掌握了文化，从而掌握了权力，祸害天下。他在甲子年(天启四年，1624年)十月十三日所写《答霍韵衢》的信中指出："年兄虑阉祸之日深，若弟之被祸犹其浅也，祸在教阉，使祸天下者，祸固不尽在阉。"[2]意思是宦官之祸并不可怕，怕的是教授宦官文化的内书堂制度，使宦官能够祸害天下。

顾炎武《日知录》对明代内书堂教育制度也持批评的态度，认为宣宗设立内书堂的举措带来了恶劣影响："我太祖深惩前代宦寺之弊，命内官不许识字。永乐以后，此令不行。宣德中乃有内书堂之设……以宣庙之纳谏求言，而廷臣未有论及此者，驯致秉笔之奄，其尊侔于内阁，而大权旁落不可复收，得非内书堂阶之厉乎！"[3]这些士大夫的态度十分鲜明，对内书堂教授宦官的制度提出质疑和反思。

[1] 《明孝宗实录》卷一六，弘治元年七月甲戌。
[2] 魏大中：《藏密斋集》卷二三书《牍・答霍韵衢(陕西学院)》，明崇祯刻本。
[3] 顾炎武著，黄汝诚集释:《日知录集释》卷九《宦官》，第344页，岳麓书社，1994年。

明王朝“从建国之初，就把司礼监的权力，从形式到实际职能都迅速提高到与外廷首脑的内阁对等的地位，将其纳入中枢体制之中”[1]，以制衡阁权，因此提高宦官的知识水平在所难免。明代内书堂之设，便促进了宦官的知识化进程，“它适应并加速了宣德以后宦官的全面参政，也使明代的政治制度带有明显的双轨制特色”[2]，既任用儒臣担任外朝官，又任用知识化的宦官担任内朝官，分别处理皇帝的诏书敕令的拟写和批阅环节，避免皇权被某一环节所滥用。但由于皇帝懒理政事，仍然难以完全避免严嵩似的内阁专权和魏忠贤似的宦官专权。不过，动摇皇帝合法地位的威胁，却是实实在在的消除了。

第三节　内书堂教育的功能

明朝内书堂制度延续了二百余年，如果没有效果肯定是行之不远的。它的效果在实践中已作出了肯定的回答。内书堂教育使明朝在利用“家奴”宦官来分外朝士大夫之权时，提高了这些楔入政治机体中的宦官的文化水平，不至于使宦官执政劣质化，行政效率低下化，从而危害大明王朝的安全和稳固。为了让宦官与士大夫的观念相接轨，朝廷在建立内书堂制度时，从内容到形式基本上是按照士大夫们教育子弟的私塾模式设计的。正如欧阳琛所描述的那样，在熟习儒家经书的基础上，再涉猎“正史”，诵读诗文。将纲常伦理与“祖宗法度”融汇其中。其后，在这部分文化较高的中官里边，逐渐养成了一种追求外廷士大夫文化生活与情趣的风尚。文化的培养与熏陶，对于这些出身微贱，生理上遭到残害，同时却身饰貂珰，口衔天宪，经常要同外廷大臣们来往周旋的中官们，无疑会在精神与心理上起着一种补偿

[1] 欧阳琛：《明内府内书堂考略——兼论明司礼监和内阁共理朝政》，载《江西师范大学学报》1990 年第 2 期。

[2] 方志远：《论明代宦官的知识化问题》，载《江西师范大学学报》1989 年第 3 期。

与平衡的作用。[1]当然，内书堂教学和教育的效果因人而异，也会形成积极与消极的不同倾向。

一 化宦成儒

内书堂教育制度所起到重要功能，就是使宦官“儒臣化”，使宦官获得儒家修齐治平的教育和熏陶，在个人修为和辅助皇帝治国理民上，产生正面效果。

宦官陈永安在景泰末天顺初被英宗“以俊秀送司礼监书堂，从故阁老保斋先生刘文安公、眉山先生万文康公读书习字，以聪颖得名，同舍多不及”。但是陈永安“不以自足，读书勤字益工，尤善鉴别古法书名画，词林诸公多爱敬之”。程敏政说“予在词林识公，每史馆之暇与朋辈造焉，啜茶观画，听琴对弈，恒至终日。知其远到之器也”，表明陈永安的生活方式已经高雅化，即儒雅化。因此当陈永安升职后，请求程敏政写一篇贺序，程对于“诸公之请，辞弗获而书以授之，俾为庆之张本”[2]。表明文人士大夫愿与陈永安这样的宦官来往。

萧敬在英宗初“由内书堂为长随”，受到翰林儒臣的教育，思想和立场与廷臣有一致之处。武宗即位之初，“嬖阉人刘瑾等八人狎游亡度”，萧敬谏曰：“梓宫在殡，钟鼓之声日闻于外，谓天下何？”但是刘瑾不听。当时外廷皆闻武宗有所幸八人，而莫知其名，萧敬“潜书一纸，使小竖致诸刘健”。刘健要求武宗处理八人，刘瑾等八人说：“此必萧敬（报告）也。”共谮毁之。“杨一清为相，敬尝以帝命至阁，事有得失，一清托敬附奏，数以语侵敬，敬不为动。”萧敬在文化修养和生活作风上，亦与士大夫相似，“又工诗及草书，善鼓琴，温恭下士，好施与，而未闻其有奢僭事。每见诸近幸田园地宅半京师，辄

[1] 欧阳琛：《明内府内书堂考略——兼论明司礼监和内阁共理朝政》，载《江西师范大学学报》1990 年第 2 期。

[2] 程敏政：《篁墩集》卷三六《太监陈公荣贺序》，明正德二年刻本。

叹曰：‘此岂我辈福哉！’则其贤亦有不可掩者”。[1]

宦官黎义于成化二年被宪宗送入内书堂学习时才10岁，比较容易受到翰林儒臣的教育，“恭俭好学，退直之暇，手不释卷，涉猎经史，明大义”。[2]赖恩成化时7岁便入内书堂学习，受到了儒家的正统教育，“正德丁卯，逆瑾日张，公守正弗阿”，在文化上也有很大的提高，“公所著复有汉赋十篇，琴谱隶韵等书，皆梓行于时”。[3]韩锡于成化十九年选入内府，“在庭职臣嘉公资质明敏，送内馆，从翰林儒臣读书。日勤于学，时与教事者器之”，当时他只有7岁，比较容易接受内书堂所教授的观念、学问和德育，致其“语和而庄，其行谨而易，不骄不吝，不肆不伐，不食不鄙，爱与仕夫。平居则手不释卷。就养萧公，每以孝闻。”[4]“爱与仕夫”，就是爱与士大夫们交往。

莫英在成化年间进入内书堂学习，受到了儒家伦理观念的浓厚影响。当时“梁氏之子斥去其父，父自家来也，英谕以父子之恩，不喻，出己资归之”。他担任要职时，拒不受贿，“宪宗时，人或怀惠，遗以数千金”，他推却不受，说：“吾日饭一盂耳，于吾何有？”宪宗“使之访仙术，则谏”；又“使之建延寿塔，则欲止之”。他“暇则焚香，好读书，至忠义事，则义气益激发”。对于其弟和其侄，倾注友爱和关注：“友爱其弟豪，至友也，食亦食，出亦归，弗归弗食”；告诫其弟莫雄之遗孤违仁与莫豪之子违礼道：“余生也不辰，亏厥身为若人，惟名教之辜。惟尔二人，其谨就乃师友，力乃学，其乃有光于余。尔之弗学，惟余弗光，惟尔之辜，尔辜则浮于余。”于是违仁和违礼二侄“游交于贤士大夫之间，屹有立志”。他们二人“退然

[1] 万斯同：《明史》卷四〇五《宦官传・萧敬》，清抄本。

[2] 白钺：《大明御马监太监黎公墓碑铭》，第138页，载赵令扬审订、梁绍杰辑录：《明代宦官碑传录》，香港大学中文系，1997年。

[3] 张邦奇：《张邦奇集・靡悔轩集》卷六《奉敕提督浙江市舶司事太监赖公墓志铭》，明刻本。

[4] 毕鸾：《明故内官监太监韩公墓志铭》，第162－163页，载赵令扬审订、梁绍杰辑录：《明代宦官碑传录》，香港大学中文系，1997年。

而如士夫，入而让行，行而循墙，分庭而升，坐执主位，甚礼”。莫英在管事上亦如儒家之清官，曾监上林和旁仓，“及去上林，人遮道留之；死之日，旁仓之人，若失父母然”。[1]而户部尚书湘源在为莫英写的《白石莫公神道碑铭》中亦称莫英“（谟）［模］范儒雅，动静庄谨”，“出入禁闼，绝无失德”，当宪宗“访求神仙，则以非义谏阻，终不与议”。当宪宗将“番僧以术召入，则谏曰：‘恐遗笑四方，启衅后人。’”孝宗“欲建延寿塔于崇文关外，命公经度其事，则谏曰：‘此非盛世事。’后台阁亦如公言，以谏乃寝”。莫英还“御属吏以礼。公律己甚严，有感德者馈金数千，却不纳，曰：‘日用惟三餐，将焉用是！’莫英“督仓秋毫不染，人每呼为莫青天”。他对侄子们说：“我不幸戾于名教，汝辈宜苦学，以光门弟。常坐待三鼓，诸侄读罢，令坐卧榻前，谆谆以修身理家为训，毕乃就寝。”[2]显然，并非某一个士大夫称赞莫英，而是不少的人都赞许他，说明莫英已被儒臣们所普遍接受。

魏文质被宪宗选中，“命词臣教之。公方七岁，勤敏有矩度”，有孝道，“公父全蚤殁，迎养母李氏于京邸。及卒，请假归葬，厚膺恤典。赠父为后军都督府都督同知、母一品夫人，赐葬赙，追封三代考妣，诚殊典也”，这是儒臣追求的光宗耀祖，作为宦官的魏文质都学来了。“丙子，武宗北巡，公于行间无所索取，有诏闻诸司簿册，惟公秋毫无染。”武宗借故平宁王朱宸濠之乱，“统驭六师，驻跸南都”，迁延不回，魏文质恻然曰：“第须还京，告庙及太皇太后，会勋戚文武重臣，审鞫明正，不致滥及。”当南都百官跪请还京、武宗震怒之时，魏文质泣恳奏曰：“此皆忠臣为天下社稷计，不可不听。”使武宗“霁威温慰，始获班师”。[3]他起到了儒臣想起而没有起到的作用，是一个儒臣化的内臣。

[1] 佚名：《白石主人传》，http://blog.sina.com.cn/s/blog_522592330100z5c9.html，2011 年 12 月 15 日。

[2] 湘源：《白石莫公神道碑铭》，http://blog.sina.com.cn/s/blog_522592330100ze77.html，2012 年 1 月 12 日。

[3] 夏言：《皇明故司礼监太监魏公墓志铭》，http://blog.sina.com.cn/s/blog_522592330100zc7m.html，2011 年 12 月 31 日。

宦官辛寿弘治十四年“选内书馆，从翰林儒臣读书，手不释卷，学通古今，精晓儒业，善习楷法”，“能通古今，精翰墨”；他的品德也被熏陶：“为人性量宽宏，凡内贵之中，守礼尚德，其贤以哉。持心洁白”，“忠诚应侍皇上山陵，仁孝奉侍父母本官，慈爱施于名下及兄弟侄男并继业之孙，自古今能尽此者备矣，而人咸与之。”[1]

冯保嘉靖十五年也进入内书堂学习，受到过儒家思想的教育。因此在教育小皇帝神宗上，时常与张居正和李太后保持一致。当神宗“与小内竖戏”时，一看见冯保进来，“辄正襟危坐”。宦官孙海、客用“屡诱帝夜游别宫，小衣窄袖，走马持刀，又数进奇巧之物，帝深宠幸”，冯保告诉李太后，太后“召帝切责。帝长跪受教，惶惧甚”。冯保“属居正草帝罪己手诏，令颁示阁臣”。冯保对小皇帝的护佑，显然是用儒家“君子无逸”的观念作指导。当“内阁产白莲，翰林院有双白燕，居正以进”时，冯保派人对张居正说：“主上冲年，不可以异物启玩好。”冯保“又能约束其子弟，不敢肆恶，都人亦以是称之”。冯保的作为，是按儒家意识形态指引的，因此神宗也屡赐牙章曰“光明正大”，曰“尔惟盐梅”，曰“汝作舟楫”，曰“鱼水相逢”，曰“风云际会”，所以待之甚隆。内书堂的书法课训练，使冯保擅长书法：“保善琴能书”。[2]同时冯保也出现了儒雅化的倾向，“笃好琴书雅歌投壶，有儒者风”[3]。稍晚一些的司礼监太监陈矩，经过内书堂教育后，“学术醇正，每向人曰，‘我只守八个字，曰祖宗法度，圣贤道理’”。并“好聚蓄书画玩好”，“抚琴歌诗”。[4]可见内书堂教育无论是对宦官品德还是技能的教育，都有可用之处。

王翱在嘉靖二十一年“拨司礼监内书房读书，受业于郭东埜、赵太洲、孙继泉先生”时才11岁，乖巧可人，三位老师“咸器重之”，

---

[1] 陈洪：《明故内官监太监辛公墓志铭》，http://blog.sina.com.cn/s/blog_522592330100z7n2.html，2011年12月19日。

[2] 张廷玉等：《明史》卷三〇五《宦官二·冯保》。

[3] 刘若愚：《酌中志》卷五《三朝典礼之臣纪略》。

[4] 刘若愚：《酌中志》卷七《先监遗事纪略》。

使王翱在品德和技能乃至生活方式上都与儒臣们相贯通。他于万历九年“迁居于西安门北，得从容与士大夫唱和吟诗。侍母孝，待弟良，翔友于之爱，为内廷所少”。王翱“为人悲歌倜傥，博学自豪，视富贵若电光石火焉”。其《咏笼雀诗》云：“曾入皇家大网罗，樊笼久困奈愁何。徒于禁苑随花柳，无复郊原伴黍禾。秋暮每惊归梦远，春深空送好音多。圣恩未遂衔环报，羽翮年来渐折磨。”“翱与维，前后皆有诗名”，“刊《禁砌蛩吟稿》、《郁东集》行于世。”[1]其爱好诗文，与士大夫来往唱和，以及孝悌、友爱等品德，都是儒家思想熏陶的结晶，与内书堂教育有直接的关系。

晚明时的司礼监太监王安，也是一位受到良好教育的良宦。来自北直隶雄县的王安，“初选入内书堂”，受到过翰林儒臣的教育，因此被神宗选为“皇长子伴读”，当郑贵妃“有易树谋”时，王安“以旧侍左右维护之”。[2]“万历中，有王安者，事光宗潜邸。时神庙于册立、谕教俱迟，重廷臣诤请者相次斥谴，无虑数十员。安颇通书史，习古今兴替之数，每每从中调护。册立于辛丑，至乙卯始开讲，兼建东宫谕教官属，废斥诸臣，有羽翼劳，安嘿嘿相引重。”[3]光宗即位后，因为给事中周朝瑞请蠲金花银两而欲杖之，“安力谏得止”。当光宗后死，李选侍占居乾清宫，“与内侍李进忠谋垂帘称制”时，王安遂与外朝的儒臣们结合，“以密揭发其谋”，于是给事中杨琏约诸大臣入谒皇太子，成功拥立熹宗，而将李选侍移往他处。“当是时，安之功为多。熹宗手书‘辅朕为仁明之主’七字赐之。”王安也因此受到外朝儒臣的重视。“安好附正人，素为群阉所严惮”，后被魏忠贤谋贬而害之。“其后奸党遂以移宫事指东林诸人为交通近侍”。[4]实际上反映了王安在思想感情上与儒臣们的相通。这无疑是受教内书堂的结果。

[1] 刘若愚：《酌中志》卷二二《王翱》。

[2] 万斯同：《明史》卷四〇六《宦官传·王安》，清抄本。

[3] 彭孙贻：《明朝纪事本末补编》卷五，涵芬楼秘籍本。

[4] 万斯同：《明史》卷四〇六《宦官传·王安》，清抄本。

二　快捷通道

内书堂制度建立的目的，就是为了培养宦官高级人才。这在一点上，其效果十分明显。

明朝皇帝深知内书堂的作用与价值，“如欲内廷有真正忠实才品，必先将内书堂振刷，优选聪明、稳重、慈善之人，加意训教，以储十余年或二三十年之后大用，可也”。[1]政府将内书堂读书视为宦官进阶之正途，因此内书堂教育成为宦官仕途的快车道：“抡置内馆受书。故事，受书禁中，号掖庭上选，得为显官。”[2]宦官入内书堂后，虽然会受到严酷的体罚，但相对于可能获得的政治前途来说，付出是值得的。当他们还在内书堂读书，放学后排队回舍时，已经受到外面的宦官们的重视：“别衙门官遇（内书堂）学生排班行走，必拱手端立让过，即司礼老公，遇之亦然。”[3]从内书堂毕业后，宦官们的政治前途更是平坦光明。

由于需要知识化宦官，因此内书堂出身的宦官们，便有机会拨充内府各衙门的“写字”。“写字”是从事文字工作的宦官，负责起稿、抄写和誊黄等任务。“写字”使宦官摆脱了劳作使役的杂工命运，成为宦官中的“干部”身份。“凡各衙门缺写字者，即具印信本奏讨，奉旨拨给若干名，挨名给散。”[4]如果拨付司礼监任职，则地位更高，升迁也更快。内书堂毕业生中，分到司礼监文书房供职，则算进入了机要部门。文书房“掌通政使司每日封进本章，并会极门京官所上封本及在内各衙门本、天下各藩府本”[5]。文书房宦官相当于机要秘书，司礼太监借皇帝之名向内阁布政令通过文书房来进行。一般而言，要想升入司礼监，必须具有文书房工作的经历。据《明史》记载：“凡升入

[1] 刘若愚：《酌中志》卷一六《内府衙门职掌・司礼监》。
[2] 于慎行：《穀城山馆文集》卷一八《汝府承奉春泉李公墓志铭》，明万历于纬刻本。
[3] 刘若愚：《酌中志》卷一六《内府衙门职掌・内书堂读书》。
[4] 刘若愚：《酌中志》卷一六《内府衙门职掌・内书堂读书》。
[5] 刘若愚：《酌中志》卷一六《内府衙门职掌・文书房》。

司礼者，必由文书房出，如外廷之詹、翰也。”[1]有内书堂出身和文书房经历的宦官，最终可能进入大明王朝的中枢机构司礼监秉笔和掌印。

高凤“景泰丙子（七年，1456年）始受学内书馆。天顺戊寅，英宗命领司礼书札”。成化二十一年，迁内官监右少监，辛亥，迁左少监。弘治十一年，进司礼为太监。十八年，武宗登极，“命视监事，掌机密，委任隆重，累辞弗许。一时新政，裨益居多”。[2]宋兴正德元年进入内庭，武宗“令读书内书馆，学业骎起，为同辈冠。司礼六科廊缺员，当事者特疏进公，时称得人”。丁丑，进奉御。嘉靖乙酉，擢典簿，掌理章奏及朝见礼仪。丁亥，升司礼监右监丞。辛卯，转左。丙申，升右少监。庚子，转左。壬寅，升为太监。[3]乙巳春，调内官监太监。冯保在嘉靖十五年选入内书堂读书，十七年拨至司礼监六科廊写字，三十二年转入内书房，三十九年升司礼监秉笔太监、管文书房事。至隆庆初，以秉笔太监提督东厂，六年掌司礼监印，直至万历十年被黜。[4]田义嘉靖二十一年（1452年）入宫，“简送内书堂讲书。隆庆中，迁六科廊掌司”。万历甲戌，“拔置文书房管事，出入纶命及百司封章惟毖。累迁内官监太监”，己丑，特召入司礼监随堂办事，寻管本监事，总理中外文书。丙申，掌司礼监印，兼掌酒醋面局印。[5]万历司礼太监陈矩8岁时于嘉靖二十六年选入内书堂读书，后拨至司礼监秉笔太监高忠名下写字，万历十年任典簿，二十六年任秉笔太监兼掌东厂，三十三年掌东厂并兼司礼监掌印。[6]方志远在比较了冯保和陈矩的经历后，指出他们“都有一个由幼阉入内书堂，拨司礼

[1] 张廷玉等：《明史》卷七四《职官志三・宦官》。

[2] 李东阳：《大明故司礼监太监高公墓志铭》，第123页，载赵令扬审订、梁绍杰辑录：《明代宦官碑传录》，香港大学中文系，1997年。

[3] 谢少南：《大明故东厂总督前司礼内官监太监宋公墓志铭》，第173页，载赵令扬审订、梁绍杰辑录：《明代宦官碑传录》，香港大学中文系，1997年。

[4] 王世贞：《弇山堂别集》卷一〇〇《宦官一一》。

[5] 沈一贯：《乾清宫近侍司礼监掌印兼掌酒醋面局印总督礼仪司礼监太监渭川田公墓表碑铭》，第196页，载赵令扬审订、梁绍杰辑录：《明代宦官碑传录》，香港大学中文系，1997年。

[6] 刘若愚：《酌中志》卷七《先监遗事纪略》。

监写字，然后逐渐升为秉笔、掌印的经历，明中后期的司礼监秉笔，尤其是掌印太监，除个别例外，一般均有这样的经历”[1]。

如果无内书堂的身份，则很难进掌内廷中枢司礼监。有人认为魏忠贤“目不识丁”[2]，却成了司礼监的秉笔太监兼掌东厂。这实在是误解。因为魏忠贤正是内书堂的“大龄学生”，功课不好，才被人称为“不谙文字”，进而被误解为“不识字”、“目不识丁”和文盲。后将辨析，兹不赘述。须知，明代如果没有内书堂的经历，想执掌司礼监是很难的。

此外，内书堂毕业后，另一坦途是伴读太子，然后从龙升迁。陈良正统十四年26岁时进入宫中，“英宗命翰林儒臣教之。已而命入司礼监文书房供事。英宗复辟，授奉御，为皇太子伴读。未几，改局右副使，转内官监左少监”。宪宗继位后，“以公旧臣，仍令给侍左右”，升内官监太监。[3]覃昌也是如此。正统时，覃昌被掳送宫中，与其弟覃旺“同学书馆”，英宗复辟后，“宪宗时在东宫讲学，命公伴读。甲申，宪宗嗣位，擢奉御，再擢针工局右副使，管局事。成化乙酉，始进司礼监右少监。乙巳，命掌本监印”[4]。赖恩六岁入内庭，“宪庙简入内馆禀学词臣”，十三岁时“伴读春宫”，孝宗登极后，“遂入司礼监，历升奉御、监丞、少监以至太监”[5]。

内侍在宦官衙门中的升迁，入文书房和伴读东宫是两条捷径，但这两条道路都必须具有内书堂学习的经历，否则很难胜任这两份工作。因此，内书堂学习和教育，对于宦官的升迁和进步，有决定性的意义。

---

[1] 方志远：《论明代宦官的知识化问题》，载《江西师范大学学报》1989 年第 3 期。

[2] 吴仕伟称“天启年间的魏忠贤就目不识丁，而危害尤巨”，见其《明代宫廷教育研究》，第 65 页，湖南师范大学硕士学位论文，2009 年。

[3] 刘武臣：《明故内官监太监陈公墓志铭》，第 104 页，载赵令扬审订、梁绍杰辑录：《明代宦官碑传录》，香港大学中文系，1997 年。

[4] 徐溥：《司礼监太监葵庵覃公昌墓志》，载焦竑辑：《国朝献征录》卷一一七《寺人》，明万历四十四年徐象樗曼山馆刻本。

[5] 张邦奇：《张邦奇集·靡悔轩集》卷六《奉敕提督浙江市舶司事太监赖公墓志铭》，明刻本。

当然，宦官最终是否受宠，才是升擢迟速、专权与否的关键。这是由明代皇权集中制本质所决定的。

三 内书堂教育效应的扩散

内书堂教育奠定了宦官的知识和文化水平，造成了讲求学问和知识的内廷风气，产生了书堂教育的扩散效果。一个表现是，“到了明代后期，太监的升迁，甚至也要经过考试”[1]。据《明宫史》卷二记载：“凡御前面考，随堂秉笔。自崇祯元年冬钦出‘事君能致其身’题，考郑太监之惠、曹太监化淳中式始，至十二年夏李太监承芳署司礼监印时，其名下顾三聘者，亟欲升迁，遂密托己之名下王建鼎代作选于众时文一篇，被巡绰发其状，李遂不得已，奏知圣上，立将三聘责毙，降建鼎净军，发南海子看守墙铺，其年秋季褫职逮狱。”另一个表现是，即使没有接受过书堂教育的宦官，也受书堂教育带来的风气的熏染，学习儒家思想，接受儒家观念。

有不少内官，虽然没有证据证明他们接受过内书堂的教育，但在大批受过内书堂教育的“文化宦官”的影响下，也逐步儒臣化，受到儒臣观念和方式的影响。崔保，字永昌，河间盐山人。永乐癸卯入宫，历仕仁宗、宣宗、英宗和代宗诸朝，“喜延儒雅教化子弟，门堂奥塾，无不吟诵之声。时移坐中庭，亲为诸幼总角。礼度有乖，亦或出正救之言。诸生凛凛然，相劝以力。贫者四时束脩，皆为代出。居庸郡庠既废，乃以便宜措置材木，修盖社学一所，伦堂斋闽、垣级庐舍皆具。后复请为郡庠建先圣庙，极严整。又于永安城构禅庵一所。每病者，给与医药；贫而有丧者，给与棺木。见人之急难□拯之，老者矜之，孤者恤之，如恐不及”[2]。永乐五年入宫、成化间去世的交阯

[1] 胡吉勋：《内书堂教育》，第 444 页，载赵中男等著：《明代宫廷典制史》第九章第四节，紫禁城出版社，2010 年。

[2] 张升：《大明都知监太监崔公寿藏碑》，第 87 页，载赵令扬审订、梁绍杰辑录：《明代宦官碑传录》，香港大学中文系，1997 年。

人陈瑾，虽未见入内书堂的记载，但却“读书明理，识见高远。居中七十余年，历事列圣，竭尽忠诚，始终不二。且志尚清虚，澹然自适，凝重寡言，不易喜怒。其立心操行，俯仰无愧，诚为有道有德、福寿兼隆者也”[1]。

苏瑾（1478－1532年），号玄清，云南腾冲人，成化二十一年入宫，后随兴献王之国安陆州，嘉靖时升为司设监太监。在宦官文人化的时代，他的秉性和生活方式都有些文人化：“不喜浮华，虽贵显，而心甘雅澹。好读书，犹笃志老庄之学。生平无所嗜，惟善是乐。”在生活方式上：“尝于私第之侧构轩一楹，环以云根花卉，题曰凝翠，以为燕居之所，因又以为别号焉。”[2]未见其入内书堂受学的记载，但这并不影响他受到儒臣的影响。

生活在正统至弘治间的宁英，虽然没有入内书堂学习的证据，但在宦官知识化的背景下，也受到了影响：“所居惟经史图书，暇目参究古今得失及嘉言善行，靡不讲贯，人莫不服其贤。”其德行亦受到儒家的影响：“礼义是尚，诗书是崇。”[3]钱义与宁英一样，虽然没有到内书堂学习过，但在当时大的氛围中，也酷爱读书学习，“有暇，辄取儒书读诵。或有诮之者，答曰：‘不犹愈于闲坐乎？’”“凡古今奇异器物，名公书画，人所不识者，一目悉知其详，且能品题其高下。”[4]

孝宗时入宫的宦官姜林也是其中之一。姜林“喜读书，乐亲文士。日临楷书一纸，暇则鼓琴自娱，欿然儒素，见者不知其为中贵也”。也很孝顺，“迎母京邸，供养周备。母卒，哭之甚哀”。[5]

---

[1] 李永通：《明故内官监太监陈公墓志铭》，第74页，载赵令扬审订、梁绍杰辑录：《明代宦官碑传录》，香港大学中文系，1997年。

[2] 欧阳铎：《明故司设监太监苏公墓志铭》，第164－165页，载赵令扬审订、梁绍杰辑录：《明代宦官碑传录》，香港大学中文系，1997年。

[3] 万安：《明故尚膳监太监宁公墓志铭》，http://blog.sina.com.cn/s/blog_522592330100ymk6.html，2011年11月19日。

[4] 万安：《大明御用监太监钱公墓志铭》，第110页，载赵令扬审订、梁绍杰辑录：《明代宦官碑传录》，香港大学中文系，1997年。

[5] 李时：《明故御马监太监姜公墓志铭》，第152页，载赵令扬审订、梁绍杰辑录：《明代宦官碑传录》，香港大学中文系，1997年。

世宗时的宦官鲍忠（非嘉靖四十一年入内书堂、活跃在万历年间的鲍忠），虽无入内书堂学习的记载，但却受到当时内书堂教育氛围的影响，据《酌中志》卷二二称鲍忠“多学善书”，“每坐大石上，拾树叶而写诗，清风徐起，飘扬山谷，以自娱乐”。“世庙雅尚文学，久乏当意者，适有亲近大臣祭陵回，以忠姓名学行奏荐，特蒙召升秉笔、掌印”。嘉靖二十七年（1548）二月，“司礼监太监鲍忠病故”。[1]此鲍忠的趣味，与文人无异，显系当时文化宦官的做派，反映了内书堂教育成果的扩散效应。

第四节 宦官的传带教育

明代宦官除了内书堂作为其主要的教育形式外，还有非正规的传带教育。这种教育不属于课堂教育，而是言传身教和手把手的教育。

幼阉入宫后，一般都要为他配备一个或多个太监作为传带的老师。据曾在内书堂教过书的黄凤翔称：这些宦官“恒各自有师，其旦暮课业，一如塾师例，而请董以词臣者，重之也”[2]。显然，在内书堂之外，小宦官们是“各自有师”的。今人欧阳琛根据《酌中志》卷七《先监遗事纪略》、卷九《正监蒙难纪略》和卷一四《客魏始末纪略》的记载，认为《酌中志》提到内书堂学童中的“有志官人，各另有私书自读”一事，颇值得注意。明代内廷的“中官规矩”是：入宫内侍，特别是年幼聪敏的小内侍，即派拨与司礼监一位资深位高的太监“名下”，此太监即为小内侍的“本管”。同时，还另派一太监为其“照管”，小内侍呼之为“照管老叔”。“本管之于名下，照管之于姪子，犹座主之视门生，亦若父子焉”。因此，本管与照管的太监对名下小内侍常严加督责，并尽力提携，在内官中就形成一种权位接替的

[1] 范守已：《皇明肃皇外史》卷二八“嘉靖二十七年”，清宣统津寄庐抄本。

[2] 黄凤翔：《田亭草》卷七《教内书堂记》，明万历四十年刻本。

特殊关系。[1]笔者则认为，太监与小内侍的这种关系，其实还是一种传带的教育关系。

李质（字守正），广东高州府化州人，天顺间被掳入宫，“付御用监太监廖□讳恭名下。年既长，所为尽能识大体，字法日影颜、柳，虽急速亦不草率。读书自分程，即日应事，复即□□，夜分方就[寝]，由是隐然名动内庭。”“内官监太监李公溥、御马监太监李公岑，皆名下，教育抚成之也。马公达、滕公祥、陈公□，亦名下。”[2]宦官辛寿在弘治十四年选入禁庭，“服司礼监太监扶公安名下，有抚育爱之，选内书馆，从翰林儒臣读书”[3]，是在入内书堂前，已归于司礼监太监扶安的名下“抚育”。内官监太监孙彬名下也有一些宦官徒弟，当孙彬死后，“其名下奏奉钦差内织染局副使孙君经辈”，持其行状，要求名臣写墓志铭。除了孙经外，还有一些名下徒：“公不独自治，而又善于训迪。是以公之名下若孙君经、车君钦、马君莡、乔君德、何君道、齐君忠、郭君朝、蒋君堂、何君奉、孙辈张君才、胡君英、王君保，咸能踵公之芳躅。”而孙彬在年轻时，也有太监老师传带：“弘治十四年二月，选入内庭，为已故掌司礼监萧公名下，见其天资明敏，气宇不凡，随入内书馆读书。”[4]郑真“年甫弱冠，选入内庭，系隶司礼监秉笔太监张公钦名下”，后“张公奄逝，又奏派本监秉笔温公祥名下，育养同前”。嘉靖丙申，“选内书馆，受诸翰林师”，说明他在入内书堂之前，已在太监张钦和温祥名下作过传带教育。郑真死后，“公名下赵公臣辈具疏”，则说明他成了太监后，名下又有宦

---

[1] 欧阳琛：《明内府内书堂考略——兼论明司礼监和内阁共理朝政》，载《江西师范大学学报》1990 年第 2 期。

[2] 齐之鸾：《明故神宫监太监李公墓志铭》，第 136 页，载赵令扬审订、梁绍杰辑录：《明代宦官碑传录》，香港大学中文系，1997 年。

[3] 陈洪：《明故内官监太监辛公墓志铭》，http://blog.sina.com.cn/s/blog_522592330100z7n2.html，2011 年 12 月 19 日。

[4] 刘栋：《明故内官监太监孙公墓志铭》，第 169 页，载赵令扬审订、梁绍杰辑录《明代宦官碑传录》，香港大学中文系，1997 年。

官被他传带和“育养”。[1]嘉靖时内官监太监朱宝“名下孟成等”[2]，应该是其传带的徒弟。晚明的司礼监掌印太监王安，“万历六年选入皇城内书堂读书，拨司礼监，为掌印冯太监保名下”，而“已故秉笔曾任承天监守备太监杜茂照管”，杜茂是陕西人，“耿介好学，监少之时，读书习仿，多玩嬉不勤苦，杜将监坐于櫈上，用绳缚监股于桌之两脚，或书仿不中程，即以夏楚从事，其严督如此”。[3]为了让小宦官王安“读书习仿”，将他按在凳子上，将两条大腿捆绑在桌子两脚上，如果还不认真，则要用荆条责打。显然是一种体罚式的教育。

有的宦官学习的内容，溢出翰林教师所授之外，多从其他宦官那里学来。如景泰末天顺初陈永安除了在内书堂向刘定之、万安等人从事“读书习字”外，还向御用监的宦官学习琴艺。“久之，送御用监学琴，而公不以自足，读书勤字益工，尤善鉴别古法书名画，词林诸公多爱敬之。”[4]弹琴和鉴别古书画，决非从翰林教师那里习得，而是从其他宦官处学到，属于传带或手把手的教育。

司礼监内书堂是宦官正规学习的场馆，但据记载，有的宦官还在其他宦官衙门如司设监“肄业”，如正德时小宦官赵举“奉诏选入内庭，肄业内官监”。然后于十三年七月“选内书馆读书”[5]，说明他在从事正规教育之前，已经在内官监太监名下学习并肄业了。这种学习，当然是一种师徒间的传带教育。

这种传带教育，传授的知识面很广，并不限于文化、技能，可能还包括在宫内尔虞我诈的趋利避害和攀援上升之术，可能包括与士大夫的关系，和对皇帝心思的揣摩和逢迎。许多内书堂上不宜讲授的内容，都是在传带教育中得到传授和习得。

[1] 徐阶：《皇明司礼监管监事太监郑公墓志铭》，http://blog.sina.com.cn/s/blog_522592330100z9nk.html，2011 年 12 月 17 日。

[2] 北京图书馆编：《北京图书馆藏中国历代石刻拓本汇编》第 56 册（明），第 152 页，中州古籍出版社，1990 年。

[3] 刘若愚：《酌中志》卷九《正监蒙难纪略》。

[4] 程敏政：《篁墩集》卷三六《太监陈公荣贺序》，明正德二年刻本。

[5] 徐阶：《明故司礼监管文书内官监太监静庵赵公墓志铭》，http://blog.sina.com.cn/s/blog_522592330100z9uz.html，2011 年 12 月 21 日。

第十二章

特殊师生：内书堂教师与学员

内书堂制度是宦官教育的基本制度，是明廷为强化皇权、用家奴制衡外廷的一个极其重要的举措，其意义超乎寻常。对于内书堂的翰林教师与宦官学员，虽有不少学者进行过考订，但无论是考订的人数还是规模，都还比较有限。本章重点对内书堂的师与生进行考证，以强化对内书堂基本史实的了解和认识。

第一节　内书堂教师地位与构成

一　内书堂教师的地位

传统社会中，知识、文化和教育自然掌握在儒家和儒臣手中，为了将这些知识和文化传授到宦官手中，明廷给予这些来自翰林院的儒臣以崇高的地位和礼遇。

第一，所受礼遇尊崇。

在人们看来，翰林官员是很清雅的文官，与被视为龌龊之人的宦官相比，二者似有天壤之别。但在朱明王朝极力扩张皇权的背景下，大肆提高宦官的地位和权利，用以与外朝官相制衡，使得宦官与翰林官员的地位实际上已没有根本性的差别，甚至翰林官员的升迁，还常得力于他们在内书堂教授的宦官学生的提拔和推升。

当然，由于入教内书堂，使得翰林官员与宦官学生之间，有了一种师生之谊，增强了感情联系的纽带。宦官虽然在明代现实中的力量很强大，上升很快，但由于生理的缺陷和历史传统的贬抑，因此有一种自卑感，能够与翰林官员建立师生关系，也是他们乐此不疲的事情。因此，在内书堂教书的翰林官员，所受礼遇就比较尊崇。

晚明杨士聪（1597－1648年）对翰林官员在内书堂所受的礼遇有记载："凡入内书堂，其司礼掌印俱投侍生帖，盖国家设词林衙门虽冷，体貌则崇，自史官已然，彼亦不以为异也。"[1]清雅的翰林臣，到污浊而权重的司礼监任教，受到了后者的隆重欢迎。

翰林教官到内书堂讲课时，握有实权的司礼监，以隆重的仪式接待这些来自"玉堂"的老师。据隆庆末年至万历初年担任内书堂教习的徐显卿（1537－602年）在《司礼授书》的诗序中记述：

> 隆庆壬申、万历癸酉、甲戌、丙子，余教习内书堂。时初选中官以千计，读书者过半，合旧选者共八九百人。余与成监吾、王忠铭、王对南、陈玉垒共五人，轮入授书。始被命，又定到任之日。八九百人分布迎接。内书堂在后宰门，齐出而南，至承运库公署；又南，进东华门，至会极门；又南，出左腋门，至六科廊；又南，出承天门，至西长安门，络绎拱候。有前导者，有后随者，有从旁邀入詹事朝房少憩设饭者。从此廿年，绝不见如此，何也？

其所写诗也反映了内书堂迎接翰林官员时的盛大状况："惟帝有

[1] 杨士聪：《玉堂荟记》卷二。

奔走，使令给起居。内事资赞导，不妨习诗书。太史视其成，深入承明庐。珰貂不敢仰，千辈肃肃趋。”

有人称，当时的北京皇城，除了宫城紫禁城、西苑、景山外，还有填充在周围的宦官各衙门，其中司礼监衙门及其院内所设的内书堂就位于北安门（明代又称后宰门、厚载门）内东南、景山东北处。徐显卿的诗序，叙述了时任内书堂教官的本届五位教师翰林院修撰成宪、王弘诲、翰林院编修徐显卿、陈于陛和王家屏，受到宦官迎接的盛大场景。徐显卿等五人到内书堂上任时，内书堂的小宦官们一路上分批、分站恭候迎接，从内书堂出发，沿景山东街，至承运库公署（北池子）为一站；进东华门，入紫禁城，到会极门为一站；又南出午门东侧的左掖门，到端门内的“六科廊”为一站；又南出承天门（清天安门），来到西长安门（又称长安右门，今人民大会堂北门附近），迎接翰林老师。首先请老师们在端门内的朝房（即西版房）吃饭，然后陪同他们按原路返回内书堂。徐显卿在诗序中感叹道：“从此廿年，绝不见如此。”隆庆六年之后近20年里，再也没有举行隆重迎接老师的仪式。[1]关于迎接老师一事，明末太监刘若愚在《酌中志》卷一六也有记载：“择日拜圣人，请词林众老师。初则从长安右门入，北安门出；后则由北安门出入。”迎接新教师上任时，是从长安右门入，由北安出入；以后上课时就直接由北安门出入。

像徐显卿一样，黄凤翔也经历过的这种隆重的迎接老师的仪式和礼遇。他于隆庆二年担任内书堂教师，后来写了一篇《教内书堂记》，详细记载其经历云：“余辈既拜命，则大奄先期递请牍，候卜吉命日，乃庀几席，以待至期。余辈由厚载门入，大奄遣中奄主之，率诸小奄肃衣巾趋迓。既登堂，前致词曰：‘司礼监某公方侍上左右，不获陪几席，谨遣某代。’主者貌博硕，仪度委蛇甚都，盖大奄所特简也。致词毕肃。余辈南向立，主东向立，诸小奄北向立，四拜成礼。”讲

[1] 以上参见一知：《〈司礼授书〉所反映的明代内书堂》，载《中国文物报》2009年6月17日第7版。

毕宴散，“力辞归，主者不能强也，率诸小奄揖送而别”。[1]

在徐显卿同年进士张位和于慎行所撰的《词林典故》中也记载了翰林官员在教授内书堂时所受到的礼遇。该书《教内书堂》称：“凡教内书堂，用史官四员。到任前一日，书堂有帖来请。请之日，早饭后，诸生约四十人，于承天门外排班迎接。师于西版房会齐，易吉服，肃而入。故事，新任者，摆饭于端门内相所。饭讫，自左掖门由会极门转东河边，投司礼秉笔者七人或八九人帖，用红纸，长帖写‘书堂侍生某顿首拜’。每人各送帕二方为贽，用红纸盖面，仍写‘书堂侍生某’。提督书堂一人帖，亦投帕一封。合之共用九封，宁可备而不用。单红侍生、友生帖各备二十幅。投帖讫，到内书堂。”授完课后，“设宴，宴毕，由厚载门出”。据此记载，则知翰林教师上任途中，要向司礼监大太监们投“侍生帖”。然而，据严嵩称：“司礼执笔者九人居河滨，各亲往，具贽帕投刺。”[2]又据前引杨士聪《玉堂荟记》卷二称：“凡入内书堂，其司礼掌印，俱投侍生帖。”则司礼监掌印太监要向翰林老师投“侍生帖”。一知认为，两种说法并不矛盾。沈德符《万历野获编》卷九“相公投刺司礼”条云：“先人以史官教习内书堂，冯（保）逐而张诚代之矣。其往还俱单红帖，彼此称‘侍生’。”沈德符父沈自邠系万历十五年时任内书堂教习，与司礼监掌印太监张诚来往，彼此投“单红帖”，互称“侍生”。证明翰林教师与司礼监掌印或秉笔太监是以对等礼节互相投“侍生帖”。[3]

翰林讲官不仅在迎送时受到宦官们的礼遇，而且在讲授时，也受到学生们的拜谒。据《词林典故》载：新旧翰林官员交拜后，“诸生拜于堂下，师向下斜立，受二还二”。其实，这个拜揖过程比较复杂：“揖礼。师将至门，诸生悉于阶下排班，学长一人候于大门外，一躬，引入。候师揖圣像毕，转立，学长先揖，揖毕，赞大班者，赞鞠躬，

[1] 黄凤翔：《田亭草》卷七《教内书堂记》，明万历四十年刻本。

[2] 严嵩：《钤山堂集》卷二七《杂记·内馆志》。

[3] 一知：《〈司礼授书〉所反映的明代内书堂》，载《中国文物报》2009年6月17日第7版。

揖，诸生齐揖，赞平身。礼毕，学长引至公座旁，掌班十人齐揖。师进书房，一茶。”揖礼结束后，举行公会（即见面，签到），公会时，翰林教习又受到礼敬：“公会。茶毕少顷，司房一人请公会，师出座定，学长、掌班序进侍立。学长于门内，掌班于门外，候师起坐，排班一揖，分班对揖。”公会毕，“学长、掌班一躬，掌班卷班散，至书堂催促背书，学长仍前侍立”。放学前，是“歌诗”时间，“歌毕，候师起坐揖圣像，诸生出于阶下排班，一揖谢，教师出，轮二人随行，送师至厚载门外，一躬而别”。[1]整个过程，翰林教官都受到很好的礼遇。

第二，所受待遇较为优厚。

翰林官员在内书堂教书时，还受到很好的招待。

其一，新任翰林教习赴任时，司礼监要“摆饭于端门内相所”，“内相”是指司礼监要官，与外相（内阁辅臣）相对。据一知解释，“端门内相所”原来是宦官机构司礼监的六科廊衙门，成化时，翰林学士王献“掌院，始奏闻，复取内侍之署”（廖道南《殿阁词林记》卷一一“朝房”），将端门内宦官机构六科廊的办公用房也作为翰林朝房。“设饭于端门内相所”，是在翰林朝房设宴。翰林是清水衙门，设宴的自然是最有权力的司礼监了。

其二，进入内书堂后，宦官要给翰林教官献茶和管酒饭。“揖礼”完后，“师进书房，一茶”，“茶毕少顷”才举行公会。

其三，指导宦官学生“背书”后，“师进书房用饭”。翰林官员授课毕，离开内书堂前，司礼监要为之“设宴，宴毕，由厚载门出”。对于讲毕后的设宴，黄凤翔有较详的记述：“退，乃布筵陈肴核，主者奉觞设匕箸，诸小奄趋跄前后。时主宾初会，席相距远，问答寥寥，第举觞以目而已。然主者每觞必罄，而时时浮白示客。余辈私相语曰：‘此其形貌瑰磊足浇者，将谬拟量于百觚，我辈第应以酒礼

[1] 张位、于慎行：《词林典故》，第278－279页，载四库存目丛书史部第258册，齐鲁书社，1996年。

耳。'既撤席，奉巨觥称祝，余辞以疾堇，为之濡唇。二君各尽一觥，力辞归。主者不能强也。率诸小奄揖送而别。"[1]

其四，除了收到方帕作贽礼（束脩）外，翰林院教官"旧在书堂者，人送红纸二十张，又云白柬一百，墨二笏"。[2]

除此之外，翰林教官还能得到在内府供职时的特殊供应。据尹直（1427－1511年）称："凡翰林官内府供职，日给光禄黄封，内膳有常制。景泰中，以水旱故，省三之一，以渐省过半。然有承命内馆教书者，则两给之，或兼纂修时又倍焉。成化间，直当教书，辞其常例，止给其一。第欲存羊识礼，故未并辞之。"[3]黄封是黄封酒，在内书堂教书的翰林，可以得到更多的黄封和内膳。

总之，用翰林词臣作为内书堂的教师，提高了内书堂的地位，而内书堂的上级机关司礼监，也十分重视翰林官员的教习。"兹事实大，奄主之诸监局，有禄秩者所役属若干人，咸抡简以充居，恒各自有师，其旦暮课业，一如塾师例，而请董以词臣者，重之也。彼亦自为重也。"[4]

二　内书堂教师的构成与变化

内书堂教师构成并非一成不变，而呈阶段性的变化。明人李邦华对内书堂教师的来历与变化过程作了叙述，指出：

> 翰林教习内书堂非制。臣考高皇帝朝，内官不过仅识数字，不谙文理，时未有教习专官也。

[1] 黄凤翔：《田亭草》卷七《教内书堂记》，明万历四十年刻本。
[2] 张位、于慎行：《词林典故》，第278页，载四库存目丛书史部第258册，齐鲁书社，1996年。
[3] 尹直：《謇斋琐缀录》卷四，第1288页，载邓士龙辑：《国朝典故》卷五六，北京大学出版社，1993年。
[4] 黄凤翔：《田亭草》卷七《教内书堂记》，明万历四十年刻本。

永乐间，始以听选教授颁其职，亦未尝用翰林也。

及英庙幼冲，王振擅国，阴蓄异志，乃以翰林检讨官任之[1]。

事实正是如此。内书堂形成初期，教员并未用翰林词臣执教；从英宗开始，迄于崇祯，则主要是用翰林臣（翰林院官员，如编修、修撰等）做教官。不过，李邦华未注意到崇祯晚期曾一度改用宦官教习内书堂的事实。下面，就内书堂教师的构成及其变化作一勾勒。

第一，内书堂形成初期，教员并未用翰林词臣（翰林院官员，如编修、修撰等）执教。

永乐时，曾要求将不称职的教官阉割后，入宫为教官。但并未说是教宫女，还是教宦官。当时的内馆学生宦官阮浪，无记载说明是由何人何职执教的。仁宗时，选入内书馆读书的宦官梁端，也未留下受教何人何职的文字。宣宗时，宣德元年七月，改行在刑部陕西清吏司主事刘翀为行在翰林院修撰，“仍给主事禄，令专授小内使书”[2]。虽然他是翰林词臣，但却“仍给主事禄”，并非纯粹的翰林官员。宣德四年十月专授小内使书的陈山，是行在户部尚书兼谨身殿大学士，更非翰林院官员。

第二，从英宗开始，迄于崇祯，则主要是用翰林臣做教官。

英宗时，宦官王振专权，为了提高宦官的知识水平和政治地位，将内书堂教书加以完善和制度化，并用声名清雅的翰林院词臣担任教师[3]。前揭陆容《菽园杂记》曾说，正统初，太监王振于内府开设书堂，选翰林检讨、正字等官入教。事实证明，当时出任内书堂教习的，绝大多数是翰林院官员，如翰林待诏陈赞、翰林编修萧镃、翰林

[1] 李邦华:《李忠肃先生集》卷一《西台疏草·请法祖制用人疏》,清乾隆七年徐大坤刻本。

[2] 《明宣宗实录》卷一九，宣德元年七月甲午。

[3] 吴仕伟《明代宫廷教育研究》第 61 页认为“大约从景泰朝起，内书堂的学业教育始由翰林院专门负责，以编修、检讨、修撰乃至讲读官为教习”，此说不确。专用翰林词臣从英宗时的王振开始。

检讨钱溥等。刘若愚称：内书堂读书，“始命大学士陈山教授之，后以词臣任之”[1]。明佚名在《明内廷规制考》中声称“后皆以编簡”执教[2]，编是编修，简是检讨，避崇祯帝朱由检的讳，改为“简”字。二者皆是翰林院的官职。清初孙承泽则直接说内书堂的教师“后皆以编检”。在此阶段，入教内书堂的翰林词臣的资历要求也出现前后不同的变化。以隆庆二年为界，此前选派翰林官员到内书堂教习宦官，都是以资深的翰林院官员出任，他们常有十余年翰林的经历。清人褚人获称：“明大内设内书堂，小内侍读书处也。师用翰林五品为之。”[3]五品是翰林资深官员，说的是以前的状况。自隆庆二年始，在老谋深算的徐阶建议下，改用资浅的翰林官员入教内书堂。关于这个转折点，黄景昉认为是万历年间，声称翰林“资浅史官得教习内书堂，预讲筵，分管诰敕，自万历始”[4]。说得比较广泛和模糊。其实，就用资浅翰林官员入内书堂教习宦官一事而言，应该是在隆庆二年。曾入内书堂教过宦官的黄凤翔，在其《教内书堂记》中明确指出：“往时内书堂教习皆累资十年以上者，至华亭徐文贞公，特用资浅者为之，自乙丑（嘉靖四十四年）先辈始。”“乙丑先辈”是指嘉靖四十四年中进士的沈鲤等人，他们与隆庆二年中进士的后辈一起，于隆庆二年被任命为内书堂教习。这两届进士都属于资浅翰林。徐阶的意图，是避免提督内书堂的资深宦官与资深的翰林官员建立政治联盟，防止前者在科举考试等方面的请托，资浅的翰林官员没有这些权力，也就不会出现这些问题。[5]像黄凤翔，就受这种政策转变的影响。他在隆庆二年中进士，殿试中被钦点为榜眼，授翰林院编修后不足四月，便奉命到内书堂教授宦官。

第三，崇祯晚期，曾一度改用宦官教习内书堂。

---

[1] 刘若愚：《酌中志》卷一六《内府衙门职掌》。

[2] 佚名：《明内廷规制考》卷三，清借月山房汇抄本。

[3] 褚人获：《坚瓠集》秘集卷一《宣圣授历》，清康熙刻本。

[4] 黄景昉：《国史唯疑》卷一二《补遗》。

[5] 黄凤翔：《田亭草》卷七《教内书堂记》，明万历四十年刻本。

刘若愚在《酌中志》卷一六称内书堂教官自陈山之后“以词臣任之”，但吕毖在引述这段文字时却改为“命大学士陈山教授之，后以内臣任焉”[1]。到底是以翰林臣教习内书堂，还是以内臣做教习？笔者以为刘若愚所说的是普遍的情况，即英宗迄崇祯时的情况，当是以翰林院的“词臣”做教师，内臣并不担任教官，而是负责提督，即管理。而吕毖称“以内臣任焉”，是受到当时所处环境的影响。吕毖所处的崇祯时期，一度将内书堂的翰林词臣，用宦官来代替，以教授内书堂的宦官学生。据《烬宫遗录》载：

> 每日暮临散，则排班题诗，不过云淡风轻之类，按春夏秋冬随景腔韵而已。上以其亵词臣，更用内臣之有年学者掌焉。[2]

显然，崇祯帝觉得内书堂的小太监们作的诗太过于浅陋，认为用翰林词臣来教他们是亵渎了这些高雅的文官，于是改为有资历和学问的内臣“掌焉”，虽然没有直接说是教授，实际上就是这个意思。因为内书堂一直由司礼监太监提督，由掌司太监管理，因此这里称“更用”，就是改用，则说明是改用“内臣”来取代“词臣”教授，以免亵渎文臣。

内书堂教师的人数也多有变化。永乐、洪熙和宣德时，并不固定，常为一人或二人。隆万时，是由五人担任。据黄凤翔称，隆庆末至万历初有五位翰林官员轮流入讲内书堂：“而董以词林官五人，直日递进，皆内阁揭请得命也。”[3]万历二十五年正月，曾任命翰林院编修顾天埈、刘孔当、检讨刘生中、李腾芳四人教习内书堂。至天启元年九月时，朝廷竟然任命翰林院检讨丁乾学、金秉乾、吴士元、姚希

---

[1] 吕毖：《明宫史》卷二，景印文渊阁四库全书本。

[2] 佚名：《烬宫遗录》卷上，民国适园丛书刊小琅嬛校稽瑞楼本。

[3] 黄凤翔：《田亭草》卷七《教内书堂记》，明万历四十年刻本。

孟、倪启祚、杨世芳六人教习内书堂。

翰林教师在内书堂的任期，没有一定的明确规定，有长有短。正德至景泰时，林文、刘定之、周宏谟、黄谏曾经因为在内书堂任职太久，代宗让万安等人替代他们。景泰七年五月，帝命左春坊左庶子兼翰林院侍讲林文、右春坊右庶子兼侍讲刘定之、侍讲周宏谟、左春坊左中允兼编修黄谏俱于史馆纂修《宋元通鉴》，而“右春坊右中允兼编修万安、右赞善兼编修岳正、修撰刘翊、刘宣俱于内府授内使书，以文等授内使书日久，故以安等代之也”。[1]由于任期不定，更换无常，因此有些时候，内书堂会换十余个翰林教师。如小宦官于正德十三年七月“选内书馆读书，翰林诸先生典教事者，前后凡十数”[2]。当然，这是比较极端的例子。

入内书堂的翰林臣的辉煌经历，说明朝廷很重视宦官的文化教育。据吴仕伟《明代宫廷教育研究》第61页称：“这些被选任教习的翰林官员，大都是一甲进士或庶吉士，可谓是当时知识分子中的精英。其中还不乏名士，如陆深、钱溥、倪谦、焦竑等，足见明代皇帝对教习人选的重视。”但吴仕伟在论述时，孤立分析这些翰林官员教授内书堂的活动，未将这些官员的其他活动一并纳入考察。实际上，这些翰林词臣并不仅仅是做了内书堂的教习，他们还常常兼任太子东宫的讲官和皇帝经筵讲官。

根据上述史料，笔者还发现，内书堂教师有不少都是在服阕起复时担任的，有过渡和临时之意。服丧在家的官员，失去权力和官位近三年，只要起复，便顾不得是否美差，教授内书堂也在所不辞。这反映出内书堂教官在一般士大夫心中，仍然是一件不太光彩的差事。

---

[1] 《明英宗实录》卷二六六《废帝郕戾王附录第八十四》，景泰七年五月癸未。

[2] 徐阶：《明故司礼监管文书内官监太监静庵赵公墓志铭》，http://blog.sina.com.cn/s/blog_522592330100z9uz.html，2011 年 12 月 21 日。

第二节　内书堂的宦官学员

内书堂制度确立后，成为宦官重要的进身之阶，“凡升司礼者，必由文书房出，如外廷之翰、詹”[1]，因此宦官纷纷进入内书堂学习。以每届三四百人规模来看，明代内书堂培养的学员数量是很多的。方志远估计整个明代内书堂累计培养出了“十万弟子”[2]。高志忠列举了22人[3]，做出了初步的尝试。然而，究竟有多少宦官受过内书堂教育，限于史料，已不可能全部弄清，内书堂的学员姓名亦无法全部考证出来，只能根据现有记载，尽力作一些钩沉。

永乐年间，阮浪（？－1452年），入内书堂读书。当时称为“内馆”。据李贤为其所撰墓表称，阮浪“甫十余岁，特俊爽，被选入掖庭，太宗见而奇之，冀成其才，命读书于内馆”[4]。

除了阮浪外，永乐间与阮浪一起入内书堂学习的交童宦官还有范弘、王瑾、阮安等。“永乐中，英国公张辅以交童之美秀者还，选为奄，弘及王瑾、阮安、阮浪等与焉。占对娴雅，成祖爱之，教令读书，涉经史，善笔札，侍仁宗东宫。”其中范弘“宣德初，为更名，累迁司礼太监，偕英受免死诏，又偕英及御用太监王瑾同赐银记。正统时，英宗眷弘，尝目之曰蓬莱吉士。十四年从征，殁于土木”。“而王瑾至景泰时始卒。”[5]“教令读书”，虽然没有提读书的地方和机构，但据前引阮浪墓表，可知是在“内馆”，即内书馆，也就是内书堂。

上述阮浪、范弘、王瑾、阮安四人，都是张辅征安时带回的交童（交阯儿童），阉割后成为小宦官，入内书堂学习后拨宫内各处差使。

[1]《明史》卷七四《职官志三·宦官·文书房》。

[2] 方志远：《论明代宦官的知识化问题》，载《江西师范大学学报》1989年第3期。

[3] 高志忠：《明代宫廷内书堂教育与知识型宦官》，载《兰州学刊》2011年第10期。

[4] 李贤：《御用监左少监赠御用监太监阮公浪墓表》，载焦竑辑：《国朝献征录》卷一一七《寺人》。

[5]《明史》卷三〇四《宦官范弘传》。按张辅于永乐四年七月受命讨安南，五年献俘京师。又叶盛：《水东日记》载：“太监陈芜，交阯人，永乐丁亥（五年）入内府。”陈芜赐姓名曰王瑾。

据成化弘治时人陆容《菽园杂记》卷二称，入内书堂的小宦官只有“军前奄”（战争中俘获者）：“然此辈惟军前奄入内府者，得选送内书堂读书。”但宦官明初多来自边疆地区，是明军与少数民族或周边国家交战的俘虏，中后期多自来北直隶（即今河北）地区，属于自阉，入内书堂者不再“惟军前奄”。

关于王振的出身，有两种不同的说法，一说他是以学官自宫入内廷教书，另一说相反，称他从小选入内书堂读书。《实录》载，王振在永乐时以幼童入宫，选侍仁宗，而“教以诗书，玉成令器”。[1]《明史》卷三一四《宦官一・王振传》载：“王振，蔚州人。少选入内书堂。侍英宗东宫，为局郎。”另据万斯同称：“王振，山西蔚州人，少选入内书堂读书。侍英宗于东宫，为局郎，以黠慧得幸。帝即位，命掌司礼监，呼为先生而不名。”[2]根据此说，则王振亦属于内书堂学生。

洪熙元年（1425年），时年19岁的宦官梁端（1406－1494年）入内书堂读书。据载：“公姓梁氏，名端，字玄中，其先系安南国谅江府平河县人。生于永乐四年，既长，十有□岁，时天朝兵南下，取公来归。至永乐十八年，公年十四，奉太宗皇帝敕取赴京师。洪熙元年，选入内书馆读书。公天性聪敏，动止端谨，博通书史，知古今大义。宣德二年七月内选入司礼监。”[3]

宣德六年（1431年）以后，宦官樊坚（1419－1482年）选入内书堂学习。据丘濬（1421－1495年）所撰《明故司设监太监樊公墓志铭》载：“公年甫十三，即入禁掖，时宣德辛亥（六年）岁也。寻以俊选，读书禁中学馆。”[4]

[1] 《明英宗实录》卷一三七，正统十一年正月庚辰。

[2] 万斯同：《明史》卷四〇五《宦官传・王振传》，清抄本。

[3] 钱溥：《明故南京司礼监左监丞梁公寿藏铭》，载端方：《陶斋臧石记》卷四四，清宣统元年石印本。

[4] 北京图书馆编：《北京图书馆藏中国历代石刻拓本汇编》第52册（明），第170页，中州古籍出版社，1990年。

宣德间，高通（1417－1479年）在商辂所撰的《明故内官监太监高公墓志铭》中有记载："公讳通，字大用，姓高氏……永乐辛丑，公以俊秀自陕右进皇城，时甫四岁……逮奉宣宗章皇帝，夙夜勤慎，□□设内馆，命□臣翰林□□授诲，以至成□。英宗睿皇帝即位，知公有出类才能。"[1]显然是在宣宗时入内馆（即内书堂）读书的。

正统十三年（1448年），时年7岁的小宦官房懋（1441－1513年）选入司礼监内书堂学习。佚名《明故司设监太监房公墓志铭》载："公讳懋，字时勉，勉斋其别号也。始居澶渊"，"公年五岁，为舅氏所育，以俊逸简入内庭，正统（己)[乙]丑（十年）□也。越三载，诏选司礼监内书馆读书，授学于翰林院学士。公天资明敏，过目成诵，端庄沉静，动止老成，识者知其非凡才也。景泰庚午，进阶长随。至成化丁亥，累官至司设监太监。"[2]

正统十四年（1449年），时年26岁的宦官陈良（1423－1508年）进入内书堂读书。这个年龄在内书堂中读书，已经是比较大的学员了。据刘武臣所撰《明故内官监太监陈公墓志铭》称："公讳良，字仲善，姓陈氏，号崖庵，福建之长乐人……正统己巳（十四年），公时年二十有六，用有司荐，入内府。英宗命翰林儒臣教之。已而命入司礼监文书房供事。英宗复辟，授奉御，为皇太子伴读。"宪宗继位后"以公旧臣，仍令给侍左右"。升内官监太监[3]。

正统年间，宦官王诚入内书堂受教，他的老师有王一宁。据《英宗实录》载："命（王一宁）入内阁预机务，以中官王诚辈尝（授)[受]业焉，报其私恩也。"[4]根据王一宁的经历，可能在正统年间入内书

[1] 商辂：《明故内官监太监高公墓志铭》，http://blog.sina.com.cn/s/blog_522592330100yj5d.html，2011年11月13日。

[2] 北京图书馆编：《北京图书馆藏中国历代石刻拓本汇编》第54册（明），第2页，中州古籍出版社，1990年。

[3] 刘武臣：《明故内官监太监陈公墓志铭》，第104页，载赵令扬审订、梁绍杰辑录：《明代宦官碑传录》，香港大学中文系，1997年。

[4] 《明英宗实录》卷二一八《郕戾王附录第三十六》，景泰三年七月壬寅。

堂执教，王诚在那时成为其学生。景泰时王诚深受代宗的器重，英宗复辟后被诛。

正统年间，髫年的小宦官萧敬（1438－1528年）入内书堂学习。杨一清（1454－1530年）在《司礼监太监梅东萧敬墓表》载：“公自髫年给侍内庭，选入司礼监书馆肆业，业日以进。天顺初年，授长随。”[1]萧敬出生于正统三年，几岁时便入馆读书。其人，字尧恭，福建南平人。“英宗初，由内书堂为长随，入侍便殿”[2]。

正统间，宦官傅容（1436－1511年）选入内书堂读书。据其墓道碑载：“公讳容，字体仁，松庵其号也。春秋七十五，广之顺德人。”“世名家。公以选入内。内书馆者制，馆阁诸贤莅焉，以肄中贵人之幼秀出者也，例不以群凡众。又以选入，入日有动誉，英宗，知擢奉御，掌文书。宪宗嗣，擢纪事奉御，侍悼恭位，下教官人禁中，转局郎，侍春宫。孝宗弘治初，进司礼监太监。”[3]其墓志铭曰：“以选入掖庭，肄内馆业，有器干，英宗擢奉御，掌文书。”[4]

景泰年间，覃昌（1433－1495年）和其弟覃旺都在内书堂读书，当时可能另选内书堂少数学生至文华殿东庑特训，覃昌是其中之一。徐溥（1428－1499年）在《司礼监太监葵庵覃公昌墓志》载：“正统丁卯（十二年），岭表其扰，公避乱山谷间。及事平，兄弟辈俱先亡，独遗公与弟旺及季妹莲而已，时悉送诣京师。公时年幼而姿甚美，乃选入内庭，被旨与旺同学书馆。”[5]事平后，覃昌被送入京师，选择入内书堂学习时，已是景泰年间了。黄瑜指出：“景泰时选小内侍黄赐、覃昌等七人，俾中允倪谦、吕原教之，亦于文华殿东庑，天顺后罢

---

[1] 杨一清：《司礼监太监梅东萧敬墓表》，载焦竑辑：《国朝献征录》卷一一七《寺人》。

[2] 万斯同：《明史》卷四〇五《宦官传·萧敬》，清抄本。

[3] 罗玘：《圭峰集》卷一四《故南京守备司礼监太监傅公墓道碑》，清文渊阁四库全书补配清文津阁四库全书本。

[4] 罗玘：《圭峰集》卷一六《故南京守备司礼监太监傅公墓志铭》，清文渊阁四库全书补配清文津阁四库全书本。

[5] 徐溥：《司礼监太监葵庵覃公昌墓志》，载载焦竑辑：《国朝献征录》卷一七七《寺人》。

之。惟于内府书堂专命翰林官往教，遂为定例。”[1]

景泰年间，黄赐与覃昌一起入文华殿东庑学习。黄赐，福建延平（今福建南平）人，官至司礼监太监。后与大太监汪直不睦，被贬为南京守备。

景泰时，宦官郑旺（字德懋）“生有美质，以景泰庚午（元年）被选入内庭，勤慎自将，若老成人，遂命进学司礼监书堂，从故学士永新刘文安公讲习，课试恒先诸生。”[2]

景泰二年（1451年），宦官罗照（？－1498年）选送内书堂读书，接受教育。据佚名所撰《明故司设监太监罗公墓志铭》载：“公讳照，姓罗氏，世为广东广州府顺德县大梁村人”，“景泰庚午（元年）简入内庭。辛未（二年）选送内馆读书。”[3]

景泰二年（1451年），宦官何琛入内书堂读书。当时的翰林教师是刘定之（谥文安）等人。何琛，广州顺德县仕版村人。“公生而俊颖，以景泰庚午被选入内庭，一年即奉命赐学内馆，从故学士永信刘文安公，通经史大义，讲授课习，同辈鲜及。丙子，选长随，值英宗皇帝复位，以公淳谨，召随侍乾清宫。”[4]

景泰七年（1456年），时年26岁的宦官董让（1430－1506年）选入内书堂读书。据李旻撰《明故江西镇守御用监太监董公墓志铭》载：“公姓董氏，讳让，字克谦，先浙之秀水人。”“景泰丙子（七年），选充掖庭内侍，内馆肆业。喜读书，尤喜书法。”[5]

景泰七年（1456年），时年17岁的宦官高凤（1439－1512年）入内书堂学习。据李东阳为其所撰的墓志铭称：“公讳凤，字廷威，号梧

[1] 黄瑜：《双槐岁钞》卷五《内府教书》，第84页，中华书局，1999年。

[2] 程敏政：《篁墩集》卷二〇《太监郑公寿藏记》，明正德二年刻本。

[3] 北京图书馆编：《北京图书馆藏中国历代石刻拓本汇编》第53册（明），第64页，中州古籍出版社，1990年。

[4] 程敏政：《篁墩集》卷二一《太监何公寿藏记》，明正德二年刻本。

[5] 北京图书馆编：《北京图书馆藏中国历代石刻拓本汇编》第53册（明），第124页，中州古籍出版社，1990年。

冈，世居顺天之涿州”，“公自入内庭，景泰丙子（七年）始受学内书馆。”后官至司礼监太监[1]。

景泰七年五月以后，宦官陈永安也被复辟后的英宗送入内书堂学习。据载：“公，字一宁，涿郡人，景泰中入内廷，英宗初以俊秀送司礼监书堂，从故阁老保斋先生刘文安公、眉山先生万文康公读书习字，以聪颖得名，同舍多不及。”[2]当时他的内书堂老师是刘定之和万安，据考证，万安是在景泰七年五月奉命入内书堂，可知陈永安至迟在此时已入内书堂学习。

天顺七年（1463年），时方11岁的小宦官韦岫（1452－1503年）选入司礼监内书堂读书。据张天骏《明故内官监右少监韦公墓志铭》载：“公姓韦氏，讳岫，字克明，世居广西平乐府贺县桂岭乡，东水巨族，自幼天性敏达，器识不凡，父母、乡人，咸爱重之。公自天顺癸未（七年）选入内府司礼监书堂肄业。成化癸巳，奏拨内织染局书办。”[3]

天顺八年以前，典玺局局丞王纶曾入内书堂读书，老师是钱溥：“天顺八年，典玺局局丞王纶事上于春宫……侍读学士钱溥教内书馆，纶尝受业焉。”[4]

天顺八年（1464年），时方7岁的宦官赖恩（1469－1526年）被宪宗选入内书堂学习。恩字天锡，号非丘子，福建长乐人，祖籍上杭。“六岁（1463年）入[中阙]，宪庙简入内馆禀学词臣。年十三，赐牌帽，伴读春宫。孝庙登极，遂入司礼监，历升奉御、监丞、少监以至太监”。[5]宪宗于天顺八年一月继位，因此赖恩最早应该是天顺八年一

[1] 李东阳：《大明故司礼监太监高公墓志铭》，载赵令扬审订、梁绍杰辑录：《明代宦官碑传录》，第123页，香港大学中文系，1997年。

[2] 程敏政：《篁墩集》卷三六《太监陈公荣贺序》，明正德二年刻本。

[3] 北京图书馆编：《北京图书馆藏中国历代石刻拓本汇编》第53册（明），第93页，中州古籍出版社，1990年。

[4] 王世贞：《弇山堂别集》卷九二《中官考三》。

[5] 张邦奇：《张邦奇集・靡悔轩集》卷六《奉敕提督浙江市舶司事太监赖公墓志铭》，明刻本。

月入内书堂学习的。

天顺八年（1464年），时年23岁的王瑀（1441－1506年）送入司礼监内书堂学习。据石珤所撰墓志铭称："公姓王，讳瑀，别号道贵，其先本顺天府东安县人……及长，以俊秀被选入内庭。天顺八年，入送司礼监学业。公性聪明，精于其事，同辈推让之，遂为褒善公所喜。"[1]

天顺末成化初，梁宣（1451－1496年）入内书堂读书。据李东阳为其所撰墓志铭载："公讳宣，其先世为广西人，府曰平乐，县曰贺，乡曰开山。天顺癸未（七年，1463年，12岁），公被选入禁庭。时尚幼，莫详其父母名氏。顾天性孝谨，语及辄呜咽不自胜。寻以材质简入内书馆，命翰林儒臣教以经训、书法，辄能诵习，侪辈有胥侮狎者必谨避之。师傅老长咸加器许曰：'是其所就，非汩汩居人后者。'积数年，当成化甲午（十年，1474年，23岁），入御用监书办，勤慎自效。"后任内官监太监。李东阳"尝侍宫坊讲读，知公名，谓于其存没之际，国家令典可以考见，不可以无纪，乃为作铭"。[2]

成化二年（1466年），时年16岁的宦官莫英（1450－1518年）入内书堂读书。据蒋冕所撰神道碑铭载："公讳英，字国器，号白石主人，广之肇庆恩平人。""天顺五年，公年十二，家人偶网获巨鱼，公窃其美者，往省姑，病于沙冈"，苗人叛，"成化改元，官兵平苗，有司概执公诬为幼[男]献于朝。二年，选入内书馆读书"。因为有了这样的经历，因此升迁很快，"六年，拨供用库书写。十二年，除奉御。十五年，进本库右副使。十六年，进大使。十七年，改升内官监右少监，循升太监"。[3]清阮元在其传记中称："莫英，字国器，肇庆恩平

[1] 石珤：《明故惜薪司右司副王公墓志铭》，http://blog.sina.com.cn/s/blog_522592330100yvgn.html，2011年11月29日。

[2] 李东阳：《明故内官监太监梁公墓志铭》，http://blog.sina.com.cn/s/blog_522592330100z237.html，2011年12月9日。

[3] 蒋冕：《皇明总督京通等处粮储内官监太监白石莫公神道碑铭》，http://www.douban.com/group/topic/32070074/，2012年8月19日。

人。少时父母命省其姑，于沙冈为流贼劫去。官兵得之，遂诬为幼男进用，入内书馆。”也强调了他在内书堂的学习经历。[1]

成化二年（1466年），年方10岁的黎义（1456－1505年）被宪宗送入内书堂学习。据白钺所撰的墓碑铭称：“公讳义，世家广东……皆隐德弗耀。公自幼即颖敏凝重，父母爱之，期以大门户。成化丙戌（二年），选入内庭。[宪]庙奇公秀伟，俾习□□。甲辰，擢直乾清宫。”[2]“俾习□□”，应该是“俾习内馆”或“俾习书馆”、“俾习书堂”，即在内书堂学习。

成化九年（1473年），时年18岁的宦官陈逵（1455－1514年）入内书堂读书。逵，字达道，广西马平县人，“初姓熙，天顺间入内庭，改姓陈，故今以为氏。其讳逵，字达道，生而资性敏慧。在成化时，宪宗皇帝慎简读书者，盖欲重任于将来。公于癸巳（九年，1473年）被选读书内堂，日有开益”[3]。

成化十五年（1479年），时已18岁的宦官魏文质（1461－1539年）被宪宗选中，令翰林官员教之。据夏言所撰墓志铭述称：“公，陕西平凉府隆德县弼隆里人，字文质，别号药庵，世以耕作为业，属邻寇惊逸，官军得公。于其状貌，遂得充掖廷。成化己亥（十五年），宪庙择聪颖内侍，命词臣教之。公方七岁，勤敏有矩度，先君器重之。自后选入乾清宫”，历升内官监左少监、御马监太监，入掌乾清宫事，提督尚衣等监局[4]。

成化十九年（1483年），时年7岁的小宦官韩锡（1476－1542年）选入内书堂读书。据正统七年进士毕鸾所撰的《明故内官监太监韩公墓志铭》载：“公讳锡，天庆其字也，姓韩氏。其先本朝鲜人。成化

---

[1] 阮元 :《(道光）广东通志》卷三二七《莫英传》，清道光二年刻本。

[2] 白钺:《大明御马监太监黎公墓碑铭》，载赵令扬审订、梁绍杰辑:《明代宦官碑传录》，第 137 页，香港大学中文系，1997 年。

[3] 刘春:《东川刘文简公集》卷一九《明故司设监太监陈公墓表》，明嘉靖三十三年刻本。

[4] 夏言 :《皇明故司礼监太监魏公墓志铭》，http://blog.sina.com.cn/s/blog_522592330100zc7m.html，2011 年 12 月 31 日。

癸卯（十九年）入内府，在庭职臣嘉公资质明敏，送内馆从翰林儒臣读书。日勤于学，时与教事者器之。”[1]

成化二十三年（1487年），时年25岁的王佑（1462－1515年）选入司礼监内书堂读书。据杨一清《明故御马监太监王公墓志铭）载：“公讳佑，字天用。世为陕之西安府咸宁县人。”“成化丁未（二十三年），被选入内廷，又选入司礼监书堂，受翰林儒臣业。今少师致仕西涯李先生实尝教之，业用有成。庚子，供事六科廊，克勤职务，时有赏赉。”[2]与其他小宦官相比，王佑入馆读书的年龄已经相当大了。

弘治二年至十八年之间（1489－1505年），宦官王恭在内书堂学习。他的老师是罗玘。正德元年五月六日，王恭的“如父”51岁的内官监太监白江病死，时为奉御的王恭与左监丞郑玺一起为其营葬。王恭以学生的身份，向内书堂的旧时老师罗玘求铭。罗玘介绍道：“恭号知文，予教内馆时，爱之出诸生上尔。乃丐予铭公铭，已又丐碑其墓之隧。夫恭也，岂以予文足征于后也欤！”于是他便为白江写了墓道碑铭。[3]王恭又向罗玘求墓志铭，于是罗玘也遂了他的愿：“（郑）玺、（王）恭德公如父，而悲公遽尔陨弃，丐铭。恭，予教内馆时生也，其知所向往者。”[4]王恭在内书堂学习的时间，应该是在弘治二至十八年之间。

弘治十四年（1501年），时年14岁的小宦官孙彬（1487－1538年）进入内书堂学习。据正德六年进士刘栋所撰墓志铭载：“公讳彬，字尚中，号质庵，裔出直隶保定府蠡巨族。弘治十四年二月选入内庭，为已故掌司礼监太监萧公名下。见其天资明敏，气宇不凡，随入内书

---

[1] 毕鸾：《明故内官监太监韩公墓志铭》，第162页，载赵令扬审订、梁绍杰辑录：《明代宦官碑传录》，香港大学中文系，1997年。

[2] 杨一清：《明故御马监太监王公墓志铭》，第140页，载赵令扬审订、梁绍杰辑：《明代宦官碑传录》，香港大学中文系，1997年。

[3] 罗玘：《圭峰集》卷一三《故内官监太监白公墓道碑》，清文渊阁四库全书补配清文津阁四库全书本。

[4] 罗玘：《圭峰集》卷一七《故内官监太监白公墓志铭》，清文渊阁四库全书补配清文津阁四库全书本。

馆读书。弘治十六年冬，遂得司礼监写字。后于正德二年进乾清宫近侍。历升内官监太监。”[1]

弘治十四年（1501年），时年17岁的辛寿（1484－1547年）选入内书堂学习。据陈洪所撰墓志铭称：“公讳寿，字子仁，天峰其号也。祖贯山东东昌府濮州朝城县丈八里人……弘治辛酉（十四年），选入禁庭，服司礼监太监扶公安名下，有抚育爱之，选内书馆，从翰林儒臣读书，手不释卷，学通古今，精晓儒业，善习楷法。历四载，孝皇宾天，武皇嗣登大宝。正德丙寅，任司礼监理笔札之事。”[2]

弘治十四年以后，宦官阎绶入宫，后入内书堂学习。据萧海《明故署惜薪司事官西峰阎公（绶）之墓志铭》载：“弘治辛酉，入掖庭，寻被选读书司礼监内书馆，从内翰诸名公讲学，明经史大义，兼通词翰文理”。“暇即染翰观书，吟咏适情，怡然自若，是以令终。”[3]

弘治十七年（1504年），时年13岁的小宦官乔宇（1491－1549年），被送入内书堂学习。据弘治十八年进士顾可学所撰《明故钦差提督巡察光禄寺尚膳监太监乔公墓志铭》载：“其先世亦大家。钦拨司礼监太监刘公辅之名下也……当髫年，获遇孝宗皇帝。岁甲子（十七年），送入内书馆读书。其才华奋发，不伍于同。”“见其艺学精敏，超出侪辈，人咸以翰林誉之”。[4]

正德元年（1506年），时年16岁的年轻宦官宋兴（1490－1546年）入内书堂读书。据谢少南所撰其墓志铭载：“公名兴，廷起其字也，别号瀛海。世为河间肃宁巨族……正德丙寅（元年），选入内庭，在

[1] 刘栋：《明故内官监太监孙公墓志铭》，第168－169页，载赵令扬审订、梁绍杰辑：《明代宦官碑传录》，香港大学中文系，1997年。

[2] 陈洪：《明故内官监太监辛公墓志铭》，http://blog.sina.com.cn/s/blog_522592330100z7n2.html，2011年12月19日。

[3] 中国文物研究所、北京石刻艺术博物馆编：《新中国出土墓志·北京（壹）》，第235页，文物出版社，2003年。

[4] 顾可学：《明故钦差提督巡察光禄寺尚膳监太监乔公墓志铭》，第175页，载赵令扬审订、梁绍杰辑：《明代宦官碑传录》，香港大学中文系，1997年。

群众中，武皇帝特爱之，令读书内书馆。学业骎起，为同辈冠。”[1]

正德五年（1510年），时年15岁的年轻宦官席良（1495－1547年）选入内书堂学习。据陈宏撰《明故御马监监丞席公墓志铭》称：“公讳良，字惟善，乐庵其号也，祖贯真定府晋州饶阳县西城社荆堂村人……正德庚午（五年，1510年），选入内庭，服属司礼监太监简庵张公为名下。有抚育教之，就选内馆，从翰林儒臣读书，手不释卷，学古通今，精识儒业，善习楷法。”[2]

正德九年（1514年），时年仅6岁的赵芬（1508－1582年）被武宗看中，令入内书堂学习和培养。据刘效祖为其所撰的墓志铭述道：“西漳公者，姓赵氏，讳芬，字兰谷，西漳其别号也，世为真定之赵州人。公生而颖敏，有日者谓公阴贵佐命，父母遂因而成之。当正德之九年（1514年），公甫七岁矣，暨选入。毅庙奇其貌，俾内馆读书。公即潜心经史，究致用之学，不效他人狥口耳也。后供事于御用监，乃一一悉心，盖期不负所学矣。”万历元年“教宫内经书”。[3]

正德十三年（1518年）以前，临汾刘太监，年轻时也在内书堂学习过。罗玘（1447－1519年）在他编写的一部《临汾刘氏族谱》后面作了跋，指出：“公幼肄内馆，有伟名。既亲肘腋，出殿边陲，以文饰治，故一时天子之股肱侍从之臣，与方州外大诸侯、四方逢掖之士，篇章之唱酬，功业之纪述，斯编之序赞，彪乎炳乎，穷日之目力而莫能究也！”[4]但是，这位刘太监究竟何名，何时入内书堂读书，都无从查考。罗玘出生于正统十二年，死于正德十三年，则刘太监入内书堂学习的时间，应该在罗玘卒之前，不迟于正德十三年。

[1] 谢少南：《大明故东厂总督前司礼内官监太监宋公墓志铭》，第173页，载赵令扬审订、梁绍杰辑：《明代宦官碑传录》，香港大学中文系，1997年。

[2] 陈宏：《明故御马监监丞席公墓志铭》，http://blog.sina.com.cn/s/blog_522592330100z2bv.html，2011年12月11日。

[3] 刘效祖：《皇明御用监太监西漳赵公墓志铭》，http://blog.sina.com.cn/s/blog_522592330100zdo2.html，2012年1月8日。

[4] 罗玘：《圭峰集》卷二十一《杂录·跋临汾刘氏族谱后》，清文渊阁四库全书补配清文津阁四库全书本。

正德十三年（1518年），宦官王逊在内书堂受过教，当时陆深是教官，曾教过此人。唐锦为其写的行状称陆深正德“戊寅（十三年）奉简命入内书堂，训中官肄习”[1]。陆深自己又明确指出，内官监太监王公逊“匍匐过余”，为已故的太监董智“乞铭其墓”，而陆深“念予往岁以翰林编修官奉命教内书堂”，“而王公又予之旧馆人也，义不容恝，乃志之”[2]。

正德十三年（1518年），时年14岁的小宦官赵举（1504－1564年）入内书堂读书。据徐阶所撰墓志铭载：“公赵姓，讳举，字克明，别号静庵，直隶保定府新城县人……正德丙子冬十一月，奉诏选入内庭，肄业内官监。戊寅（十三年）秋七月，选内书馆读书，翰林诸先生典教事者，前后凡十数，皆器重焉。嘉靖改元，今上登临大宝，中外百执事，咸遴选以充。春三月，公首以选入本监六科廊精微科，掌国之六礼诸文移。”[3]

正德十五年（1520年）十二月，老太监于经被罚入小宦官学习的内书堂，从事羞辱性的学习。据载：“太监于经者，得幸豹房，诱上以财利创开各处皇店，榷敛商货，后复随驾巡幸，不离左右。上感疾以来，食饮多不当意，经狎宠应对，时有触犯。上怒曰：‘此竖愚戆至是！其置内书馆，令翰林官约束之。每日自晨至夕，必常在馆，俟其知悔，出言能慎，乃以闻。’时经已年老，且不识字，至则俛首与诸内竖齿，自是疏斥，不复得见上矣。”[4]谈迁在《国榷》卷五一中径谓：正德十五年十二月己酉，“太监于经狎宠，触上怒，锢之内书馆，受翰林官约束，自是疏外”。

正德年间，黄锦也入内书堂受过学。后来成为世宗心腹宦官的

[1] 唐锦：《龙江集》卷一二《詹事府詹事兼翰林院学士俨山陆公行状》，明隆庆三年刻本。

[2] 陆深：《俨山集》卷七二《司设监太监董公墓志铭》，清文渊阁四库全书补配清文津阁四库全书本。

[3] 徐阶：《明故司礼监管文书内官监太监静庵赵公墓志铭》，http://blog.sina.com.cn/s/blog_522592330100z9uz.html，2011年12月11日。

[4] 《明武宗实录》卷一九四，正德十五年十二月己酉。

他，“正德初，选入禁庭，又选读书于内馆”。他曾“选授兴府伴读”，是从龙之臣，累升御用、尚膳、司设、内官和司礼监诸监太监，世宗“御下严明，中贵人鲜克当意，独于公信任不衰，至呼为黄伴而不名”[1]。

正德至嘉靖间，太监贾堪（号西崖），也曾入内书堂读书。嘉靖三十四年，时为天寿山守备的贾堪抓获蒙古俺答黄台吉所遣的间谍麻廷游、乔钺等，“诏荫堪弟侄一人为锦衣卫所镇抚”[2]，士大夫雷礼还专门为他写了一篇《庆贾西崖录荫序》，称贾堪“公自髫年入皇城绩学内书馆，即有巨人志，未几，直司礼监，日研坟史，娱词翰，杰然自见其才。久之，荷圣明知拔，屡进太监，不出纶馆，前后筦敕支、参典仪，井井有章，膺殊锡命，服日益加焉”。显然，在内书堂接受过翰林儒臣教育的这位宦官，是受到士大夫们认可的[3]。

嘉靖元年六月（1522年），董智入内书堂学习。后来成为司设监太监的董智，据载：“字克知，别号明斋，家世湖广武岗州人。正德九年秋九月入大内，遂选近侍乾清宫。今上龙飞，改元嘉靖。夏六月，选入司礼监，从学内书堂。”[4]

嘉靖元年（1522年），宦官朱宝（？－1567年）入内书堂接受教育。据嘉靖二年进士张文宪所撰《明故内官监太监谦斋朱公墓志铭》载：“公姓朱氏，讳宝，谦斋其别号也，世为广东人，祖父咸□，隐德弗仕。公生而器宇□厚，髫年颖悟，甚为父母钟爱之。正德甲戌（九年）选入内应。本年九月内，复选进乾清宫近侍。嘉靖改元，受业内书馆。时大学士未斋顾公□（笔者案，此当为顾鼎臣）诸内翰皆重公，喜其学□□□，公益克勤不辍。嘉靖壬辰，复拨司礼监六科廊

[1] 徐阶：《司礼监太监兼督东厂黄公锦神道碑》，第5152页，载焦竑辑：《国朝献征录》卷一一七《寺人》。

[2] 《明世宗实录》卷四二三，嘉靖三十四年六月乙酉。

[3] 雷礼：《镡墟堂摘稿》卷五《庆贾西崖录荫序》，明刻本。

[4] 陆深：《俨山集》卷七二《司设监太监董公墓志铭》，清文渊阁四库全书补配清文津阁四库全书本。

书办。”[1]

嘉靖十五年（1536年），后来成为张居正改革时政治盟友的太监冯保（？—1583年）入内书堂学习。万历初司礼监太监冯保奏：“臣嘉靖十五年蒙选入内中馆读书。”[2]据《明史·宦官传一》载：“冯保，深州人。嘉靖中，为司礼秉笔太监。”隆庆元年，因大学士高拱先后推荐陈洪和孟冲为司礼监掌印，引起冯保不满，乃与张居正合谋，将高拱逐出朝廷。

嘉靖十五年（1536年），时年19岁的宦官郑真（1517—1577年）选入内书堂学习。据徐阶在《皇明司礼监管监事太监郑公墓志铭》中记述：“郑公讳真，字惟诚，别号化庄，世为河南开封府阳武县巨族。公大父礼，耕织传家。父显，为人重义，时有乡评称善，遂笃生公。公雅重不群，年甫弱冠，选入内庭，系隶司礼监秉笔太监张公钦名下，识公气宇作养异众。时张公奄逝，又奏派本监秉笔温公祥名下，育养同前。嘉靖丙申（十五年，1536年），选内书馆，受诸翰林师业，以进修得名。戊戌，因奏擢司礼监六科廊记室。”[3]

嘉靖十六年至三十二年之间（1537—1553年），赵宪曾入内书堂受过教，其老师之一便是翰林院编修尹台。据尹台自称，内官监太监樊英在深泽县西建“庙既成，樊公属太监郝公宗介、余内馆人御书赵公宪，索余文记之”[4]。

嘉靖二十一年，11岁多的宦官王翺选入司礼监内书堂读书。据《酌中志》称“王翺，字鹏起，号村东，原籍南直句容人。永乐时迁北直通州，嘉靖壬寅（二十一年）选入，时年十一岁，拨司礼监内

[1] 北京图书馆编：《北京图书馆藏中国历代石刻拓本汇编》第56册（明），第152页，中州古籍出版社，1990年。

[2] 王世贞：《弇山堂别集》卷一〇〇《宦官一一》。

[3] 徐阶：《皇明司礼监管监事太监郑公墓志铭》，http://blog.sina.com.cn/s/blog_522592330100z9nk.html，2011年12月17日。

[4] 尹台：《洞麓堂集》卷四《深泽县西关王庙记》，景印文渊阁四库全书本。

书房读书”[1]。清人指出王翺“嘉靖中选入司礼监读书，历御马监右监丞”[2]。这里的“司礼监读书”，就是在司礼监内书堂学习。

嘉靖二十一年（1542年），时年8岁的小宦官田义（1534－1605年）被选入内书堂学习。据沈一贯所撰其墓表碑铭载：“公讳义，别号渭川，陕西华阴人也。儿时聪慧岐嶷，器局过人。嘉靖壬寅（二十一年），给事宫掖，简送内书堂讲书。隆庆中，迁六科廊掌司。”[3]

嘉靖二十六年（1547年），时方14岁的小宦官李鏻（1534－1585年）选入内书堂读书。鏻，字尔健，号春泉，直隶顺天府大兴人。“嘉靖丁未（二十六年），诏选名家子入内所司，以公名上，抡置内馆受书。故事，受书禁中，号掖庭上选，得为显官。公以是稍迁奉御。”[4]

嘉靖二十六年（1547年）以后，宦官陈矩入内书堂读书。据李庭机《明故掌司礼监太监麟冈陈公神道碑》载：“公自嘉靖丁未（二十六年）入内庭，于内书堂读书……公之通晓书指，能助讲读开发，如此类甚多。”[5]

嘉靖三十二年（1553年），宦官栗旺入内书堂学习。据王世贞述：“玉洲子者，栗其姓，旺其名，希颜其字，河间之任丘人也。尝自号玉洲。诸公卿与游者，咸称玉洲子云。”“当世宗朝之癸丑（三十二年），玉洲子甫十八而以选入内廷，事故太监梁公某为嫡长，而梁则故司礼太监黄公之嫡长也。黄公得玉洲子而奇之，每出入殿陛，延见僚属，皆挟以从。玉洲子既朗俊而又善为容，唯诺之余，澹辞琅琅，见者咸目属之矣。俄复以选，入内书堂，师事故翰林某公，益以博洽

[1] 刘若愚：《酌中志》卷二二，清海山仙馆丛书本。

[2] 朱彝尊：《静志居诗话》卷二三《中涓》，清嘉庆扶荔山房刻本。

[3] 沈一贯：《乾清宫近侍司礼监掌印兼掌酒醋面局印总督礼仪司礼监太监渭川田公墓表碑铭》，第196页，载赵令扬审订、梁绍杰辑：《明代宦官碑传录》，香港大学中文系，1997年。

[4] 于慎行：《穀城山馆文集》卷一八《汝府承奉春泉李公墓志铭》，明万历于纬刻本。

[5] 梁绍杰：《明代宦官碑传录》，第83页，香港大学中文系，1997年。

称。累迁至某监太监。”[1]

嘉靖四十一年（1562年），时年11岁的小宦官张升（1551－1621年），入内书堂读书。据李诚《皇明乾清宫牌子尚衣监太监慧庵张公墓志铭》载：“公讳升，慧庵其别号也。家世诗礼，代出名豪。彼时也祥云光阁，及降公焉。公生而岐嶷，长而颖悟。即业孔、孟，博古识今。诚硕彦之士也。会嘉靖壬戌（四十一年），春曹拜命，开选忠贤，而公入瞉青钱售之焉，蜚内书馆读书。”[2]

嘉靖四十一年，宦官鲍忠（？－1548年）入内书堂读书。据《明代宦官碑传录》所录《鲍忠墓（致和延寿洞）门额北侧铭文》曰：“嘉靖四十一年进内书堂，隆庆年选司礼监精微科，万历二十二年钦定伴读。”

万历六年（1578年），宦官王安进入内书堂读书。刘若愚称：“故司礼监掌印太监王公讳安，字允逸，号宁宇，直隶保定府雄县人。万历六年选入皇城内书堂读书，拨司礼监，为掌印冯太监保名下。”[3]二十二年，王安由陈矩推荐给皇帝，受命为皇长子伴读。光宗立，王安被提升为司礼监秉笔太监。泰昌元年，光宗崩逝，王安助廷臣顺利实施了对把持皇长子的李选侍的移宫行动。天启元年五月，被提名掌管司礼监，但受到手下太监魏忠贤和熹宗乳母客的排挤，被降充南海子净军，遭到谋杀。据万斯同《明史》载：“王安，字允逸，北直雄县人。初选入内书堂，司礼太监冯保门下也。保籍没后，安以年幼，为张宏所庇，得免斥。万历二十二年（1594年），太监陈矩荐之于神宗，命为皇长子伴读。”[4]

万历十一年（1583年），时年15岁的小太监高时明（1569－1644年）入内书堂学习。高时明，初名升，号云峰，道号复初，顺天府永

---

[1] 王世贞：《弇州山人四部续稿》卷七〇《文部·玉洲子传》，景印文渊阁四库全书本。

[2] 北京图书馆编：《北京图书馆藏中国历代石刻拓本汇编》第59册（明），第128页，中州古籍出版社，1990年。

[3] 刘若愚：《酌中志》卷九《正监蒙难纪略》。

[4] 万斯同：《明史》卷四〇六《宦官传·王安》，清抄本。

清县信安镇人。“生于隆庆己巳十二月十二日，万历癸未（十一年）年十五选入内廷，隶大司礼张成名下，读书博览，遇事明决，拔内书堂。”[1]

万历二十六年（1598年），时年30岁的高龄学员魏忠贤，和另一宦官刘朝，也进入了内书堂读书，成为沈潅等人的学生。是年正月，时为翰林院检讨的沈潅，与叶向高、董其昌、冯有经、林尧俞和韩爌一起教授内书堂。“故事，词臣教习内书堂，所教内竖执弟子礼。李进忠、刘朝皆潅弟子。李进忠者，魏忠贤始名也。”[2]魏忠贤（1568－1627年），原名魏四，入宫后曾改名李进忠，出任秉笔太监后，改名忠贤，字完吾，北直隶肃宁（今河北沧州肃宁县）人。魏忠贤在内书堂接受过教育，并非像有些记载所说的那样是文盲，只是由于30岁才入内书堂学习，接受能力有限，功课可能不及格，所以“不谙文字”[3]。这只是说他文字功夫较差，但并非完全没有文化。最早说魏忠贤“不识字”的是《罪惟录》：“魏逆故不识字，蛊毒最深。”[4]但万斯同《明史》卷四〇六《王体乾传》中只说魏忠贤“不谙文字”，到了张廷玉《明史》中便沿袭《罪惟录》的说法，改为“不识字”。其卷三〇五《魏忠贤传》称：“中贤寻自惜薪司迁司礼秉笔太监，兼提督宝和三店。忠贤不识字，例不当入司礼，以客氏故，得之。”又同卷《王体乾传》称：“忠贤不识字，体乾与永贞等为之谋主。”[5]他总揽朝政时，王体乾和李永贞等心腹将“中外章奏重大者密钤寸纸白忠贤，

[1] 孙奇逢：《夏峰先生集》卷一〇《司礼监掌印云峰高公墓表》，清道光二十五年大梁书院刻本。

[2] 《明史》卷二一八《沈潅传》。

[3] 万斯同：《明史》卷四〇六《王体乾传》：“忠贤虽总揽朝政，而不谙文字，体乾居内直房，日夜引李永贞辈为忠贤谋主。”

[4] 查继佐：《罪惟录》列传卷二九《宦寺列传总论》，四部丛刊三编景手稿本。

[5] 方志远据此称“魏忠贤本人不识字，故只能掌东厂而不能为司礼监掌印”，见方志远：《论明代宦官的知识化问题》，载《江西师范大学学报》1989 年第 3 期；吴仕伟称“天启年间的魏忠贤就目不识丁”，见吴仕伟：《明代宫廷教育研究》，第 65 页，湖南师范大学硕士学位论文，2009 年。

又为讲解大意”[1]，这不能证明魏忠贤没有文化，只是他比较懒或善用人而已。

万历二十九年（1601年），时年17岁的刘若愚（1584－？）入内书堂读书。万斯同《明史》卷四〇六《宦官传》载：“刘若愚，直隶延庆州人，矩门下也。幼自宫，选入内书堂，好学工书。”刘若愚自称原名刘时敏，南直定远人。其家世袭延庆卫指挥佥事，父亲刘应祺官至辽阳协镇副总兵。刘若愚十六岁时，因感梦而自宫，万历二十九年，被选入宫，隶司礼太监陈矩名下。天启间受魏忠贤心腹司礼监秉笔太监李永贞指派，管理内直房文书。崇祯二年，魏忠贤败，刘若愚因高攀龙等七人被诬致死一案，被处斩监候，乃效司马迁之志，发愤著书，撰成《酌中志》一书。这得力于他在内书堂所受到的教育。

万历末，王体乾也做过内书堂学生。据清万斯同《明史》载：“王体乾，昌平州人，魏忠贤党也。为人白皙而肥，工谀佞以悦人，外和柔而内深阻。初选入内书堂，升文书房。光宗即位，充东宫典玺局，掌御用监。天启初，为尚膳太监……忠贤虽总揽朝政，而不谙文字。体乾居内直房，日夜引李永贞辈为忠贤谋主，中外章奏重大者密钤寸纸白忠贤，又为讲解大意，然后下所司。”[2]

明代尚有内书堂的非宦官就读，朱奎就是其中之一。朱奎，字文征，号鹤坡，松江华亭人。“年十二，以奇童奉诏入内馆读书，师翰林诸公，授《春秋》经，而褒贬大旨皆明于胸中。甫弱冠，进游国学。景泰纪元庚午，拜中书舍人……天顺癸未，转尚（书）［宝］司丞”[3]。林瀚为其写的神道碑称，朱奎家世并不显赫，只是因为他的父亲、顺天府丞朱孔旸“当永乐宣德、正统中，以楷书擅名一时”，而朱奎“幼侍左右，遂默悟笔法，而得于心”，所以“年十二，以奇童

[1] 万斯同：《明史》卷四〇六《宦官传·王体乾》，清抄本。

[2] 万斯同：《明史》卷四〇六《宦官传·王体乾》，清抄本。

[3] 过庭训：《本朝分省人物考》卷二五《朱奎》，明天启刻本。

奉诏入内馆读书”。[1]这里的内馆，就是内书馆，也就是内书堂。据《实录》载，“翰林侍读学士钱溥，以尝奉命教内书馆，（宦官王）纶尝受学焉。时尚宝司丞朱奎以幼童陪读馆中，相亲昵，俱交厚。”[2]可见，内书堂中还有神童就读。

据笔者的考证，内书堂宦官学生有迹可寻的有62人，这与其十万之众相比，仅仅是个零头，但都是迄今为止考证出来的最多的宦官学生人数。通过以上对内书堂宦官学生的考述，发现内书堂宦官的教育有一个明显的特点，即不按年龄分层和分级施教，从6岁到30岁都有，年龄相差如此之大的学生在一起上课，理解能力不一，接受程序不同，效果自然难以完全达到。这样安排，显然不太符合教育规律。据上所考，得知入内书堂受教的宦官学生，不少人后来都做了各监太监，当然十万之众的学生，不可能每人都做高层太监，但高层太监基本上必须需有内书堂出身，则已为史实所证明。

[1] 林瀚:《嘉议大夫大理寺卿鹤坡朱公奎神道碑》，载焦竑辑:《国朝献征录》卷二二《翰林院三》，明万历四十四年徐象橒曼山馆刻本。

[2] 《明宪宗实录》卷一，天顺八年正月壬午。

第十三章

经史讲章：明代宫廷教育的内容与教科书

明代宫廷教育的内容与教科书之间，是内容与形式的关系。一般而言，教科书是教育内容的载体，但是，也有一些宫廷教育内容（如帝王谋略、驭臣术、皇子的性教育等），只可意会，不可言传，或者只可言传，不可见诸文字，因此是没有教科书的。与教科书相配套的，是讲章或讲义，是讲官根据自己的理解，对教科书进行讲解的教学辅助性文字。

明朝宫廷教育的内容，既有统一性，也有复杂性。统一性表现在，无论皇帝、后妃、太子、宗室、宦官，他们的教学内容都是儒家思想，在明代有其时代性特征，即以程朱理学为代表的儒家思想；复杂性表现在，根据皇帝、后妃、太子、宗室、宦官等不同的对象，又根据这些对象的不同特征，如年龄、性别和生理差异等，制定不同的教学内容。

下面，对宫廷教育的不同内容如《四书》、《五经》、史鉴、文学、艺术等进行叙述和探讨。

第一节 《四书》与《五经》

对于明代宫廷教育的内容，特别是《四书》、《五经》的讲授，学界有人做过讨论。朱鸿林在《明神宗经筵进讲书考》中，就对明神宗时经筵日讲所讲授的《四书》、《五经》等书籍作过考述。[1]

明代的儒学呈现出时代性特征，便是程朱理学，特别重视《四书》，而《五经》则置诸《四书》之后。在皇帝的经筵日讲中，也是先《四书》而后《五经》。明人黄佐专门撰写《讲读合用书籍》一篇，叙述了明代经筵日讲所用教科书的情况。他指出太祖“于凡经史百家之书无不贯通，然每自博求约，惟务得其要”，“尝令儒臣进讲《四书》，以《大学》为先，《五经》以《尚书》为先，今经筵因之”。[2]《四书》和《五经》的讲授，主要是培养帝王圣德和仁政，其实质则是培养帝王怎样通过笼络人心来实现王朝长治久安的统治之术，正如张鼐所说“帝王修齐治平之道，尽在经史”[3]。

一　《四书》

《四书》即《大学》、《中庸》、《论语》和《孟子》的合称，是宋明时代超过《五经》的“新儒学”的重要经典，是宋明理学的时代表征。南宋朱熹撰《四书章句集注》，使《四书》打上了程朱理学的深刻烙印，并在明代风行，成为科举考试和经筵日讲的必备内容。

明代从初期到末期，皇帝、太子、宗室、宦官等教育的内容中都特别重视《四书》。明初，洪武三年二月，太祖在东阁接受了学士宋濂、待制王祎所进讲的《大学》传之十章。宣德二年三月，宣宗在文

[1] 朱鸿林：《明神宗经筵进讲书考》，第 1369 页，载《华学》第九、十辑，上海古籍出版社，2008 年。

[2] 黄佐：《翰林记》卷九，载《讲读合用书籍》，景印文渊阁四库全书本。

[3] 张鼐：《宝日堂杂钞》卷一五〇《经筵进讲始末》，第 791 页，书目文献出版社，1998 年。

华殿听翰林儒臣讲《孟子·离娄章》。弘治元年正月贺钦强调皇帝教育的内容是“圣王之学”，也就是《大学》所讲的道理。《大学》“经作于孔子，传出于曾氏，程子表章而发明之，朱子序次而补注之，西山真氏又从而推衍其义，实以经史，无不备焉，载之策简，昭然明白，固无俟于后人之赘言，而亦陛下已尝讲读之书矣”。[1]可见《四书》中的《大学》为经筵所重视。

明代中期，世宗即位，初开讲筵，刘龙任经筵讲官与日讲官，讲授《四书》。嘉靖元年八月翰林院编修湛若水称自己：“于本月初二日经筵进讲《大学》‘是故君子先慎乎德’一章，其言虽多，不过止本‘慎德’二字。臣所讲章其词虽多，不过止在‘体认天理’四字，至为简易易行。夫‘体认天理’即所谓‘慎德’也。《大学》一书之指，全在于此，与前所言帝王之学同一揆也。故臣讲至此，抑扬其词以致恳切之意。”[2]嘉靖四年时刘龙讲到了《孟子》。“乙酉，服阕，复以原职升左侍郎，日讲如故。一日讲《孟子》诚者天之道毕，圣心嘉悦”，不久降谕内阁云：“龙谓‘迩者，黄河清，为至诚能动之验’，而开朕‘谦以履盛，约以持盈’，其意甚好。’”[3]八年，世宗在文华殿奉祭先圣先师后，“命各为讲章以进”。经筵讲官许诰“衍《中庸》喜怒哀乐章以进入讲。上谓诰欲以一人之情通天下之情，所言良是”。[4]嘉靖时，廖道南自述其教授《四书》中《论语》和《孟子》的经历：嘉靖九年八月初四日“进讲日讲《论语》君子思不出其位章，俱蒙恩赐酒饭”。十一年二月初三日，“轮臣道南同张潮进讲经筵《孟子》圣人践形章”，“明日进讲日讲《论语》上好礼则民易使章”。十九日“进讲日讲《论语》修己以敬”章。八月初三日，“臣道南同吴惠进讲经筵

[1] 贺钦：《医闾集》卷八《辞职陈言疏》，民国四明丛书本。
[2] 湛若水：《湛甘泉先生文集》卷一九《元年八月初二日进讲后疏》，清康熙二十黄楷刻本。
[3] 李默：《资政大夫南京兵部尚书参赞机务致仕赠太子太保谥文安紫岩刘公龙墓志铭》，载焦竑辑：《国朝献征录》卷四二《南京兵部一》，明万历四十四年徐象樗曼山馆刻本。
[4] 王兆云：《皇明词林人物考》卷四《许廷美·许廷纶》，明万历刻本。

《孟子》大舜袗衣鼓琴”章。十一月，与许成名进讲“《论语》修己以敬”章。十三年九月十二日，“轮臣道南进讲经筵《孟子》经正则庶民兴章，内引陶安论邪说害道，上嘉纳，赐《五经》、《四书》及《文献通考》”。[1]神宗时，其经筵日讲中，《四书》的讲授记载得十分详细。这里仅以陶大临授课为例加以补充。陶大临“在经筵为日讲……上虽在冲幼，圣质不世出，公思所以启翼之者，首讲《大学》谓明明德，如磨鉴不虞昏，新民如澣衣不虞污，止至善，如赴家，不虞远，是在于性真未凿时，扩充善端而已。公所陈说，每至谨天戒，法祖，孝亲，恤民隐，慎用舍，广咨访，缓工役，饬边政，谆谆乎有味言之也”[2]。

明代晚期，熹宗的经筵日讲中，也不少了《四书》的内容。泰昌元年十月，在方从哲等人所上《讲读仪注》中规定：“《四书》起《大学》，《尚书》起《尧典》。每日讲读，先读《大学》，次读《尚书》。”[3]天启六年，皇帝日讲中的《四书》部分已改讲《论语》。日讲官陈仁锡留下了天启六年《论语·学而》“礼之用，和为贵”、“信近于义”、“君子食无求饱，居无求安”等章的讲章，并准备在次年讲《论语·为政》的“为政以德”等三章。不过，当年皇帝下旨：“南直陈讲官以后不要讲《四书》，改讲《书经》。”于是，命陈仁锡准备讲“壁经”（即《尚书》）。[4]可见，从泰昌元年到天启六年，《四书》部分讲了《大学》、《论语》。[5]直到崇祯时期，皇帝的经筵日讲内容中都离不了《四书》。如崇祯元年二月，思宗御经筵时便讲了《大学》。

[1] 廖道南：《楚纪》卷六〇《景则外纪后篇·感遇》，明嘉靖二十五年何城李桂刻本。

[2] 王世贞：《吏部侍郎陶文僖公大临传》，载焦竑辑：《国朝献征录》卷二六《吏部三》明万历四十四年徐象橒曼山馆刻本。

[3] 《明熹宗实录》，卷二，泰昌元年十月己未。

[4] 陈仁锡：《陈太史无梦园初集》，有集，第 15 页；有集，第 3－8 页。

[5] 陈时龙：《天启皇帝日讲考实》，载《故宫学刊》2013 年第 2 辑。

二 《五经》

《五经》是指《尚书》、《诗经》、《礼经》、《易经》、《春秋》，在明代皇帝、太子、宦官等各种宫廷教育中，都是必不可少的教学内容和教科书。

早在明初，太祖曾听许存仁讲过《尚书·洪范篇》。洪武十六年，太祖在谨身殿还听东阁大学士吴沉等进讲《尚书·周书》“国则罔有立政用憸人”。天顺八年，尹直给宪宗讲《尚书》：“癸巳三月，经筵讲《洪范》，末引宋仁宗与王洙问答语，及太祖与刘三吾论《洪范》事，讽上亲儒臣、访治道，上感悟。”[1]成化八年八月，吴宽曾介绍了宪宗学习《五经》的经历：“今天子且御经筵，近儒臣，于《易》、《诗》、《书》、《春秋》、《礼》、《乐》之文”都曾遍习，“其间可劝可阻，可因可革，凡可以为治道助者”，讲官陈音（师召）“宜执经以劝讲其上，不可一日辍也”[2]。《乐经》早已失传，这里只是连及之，非实指。杨守陈为宪宗进讲经筵，“必传经义以纳忠诲。一日讲《书·说命篇》有曰：‘明君图治，尝患其臣不言。忠臣进言，惟恐其君不行。臣不言则君徒负聪明而罔闻乎治要，君不行则臣徒费辞说而无补乎上德。臣言之而君行之，若高宗、傅说，可以为万世法矣。’于《武成篇》有曰：‘《鲁论》称舜无为而治，《周书》称武王垂拱而天下治，是则帝王之治，皆不劳而佚也。然后世人主有欲悉耳目所娱，穷心志所乐，而深拱禁中，委政内侍者，乃召望夷之祸，有以朝事付宰相，边事付诸将，而高居无为，惟宠嬖艳者，乃启禄山之变。是何也？盖舜所以无为者，由其封山浚川以至举相去凶，无一不尽其道。武之所以垂拱者，由其列爵分土以至崇德报功，无一不究其心。皆尝忧劳而有为，乃始佚乐而无为也！后世人主则孟子所谓“安其危而利

[1] 程楷：《资善大夫太子少保兵部尚书兼翰林院学士谥文和尹公直传》，载焦竑辑：《国朝献征录》卷一四《内阁三》，明万历四十四年徐象橒曼山馆刻本。

[2] 吴宽：《匏翁家藏集》卷四〇《送陈编修师召南归展墓序》，四部丛刊景明正德本。

其菑，乐其所以亡者耳！”圣狂治乱之异，非以此欤！’上敛容听之。大臣退班，相语曰：‘真讲官也！’”[1]

明代中期，宫廷教育中，《五经》仍是必不可缺的内容。嘉靖时，方献夫“因日讲《尚书·洪范》”而上疏详解《洪范》的意义。[2]顾鼎臣受世宗的亲点，也讲过《尚书·洪范》。当西苑无逸殿建成后，世宗又“命鼎臣坐讲《周书·无逸篇》”[3]。经筵讲官张衮亲历了世宗听讲《尚书》和《诗经》的过程：“无逸殿成，命大学士李时、翟銮为讲官，左右设红几杌子各一，令坐讲《书·无逸》、《诗·豳风》。余时以讲官序立在傍。讲毕，驾驻豳风亭，大锡燕丁廷庑下，百乐具奏，声闻九天。沾醉归来，如在天上。”[4]嘉靖十年，世宗“开讲无逸殿，宴豳风亭”，参与讲课的有许诰。明日，许诰“以《无逸篇》中宗受命敷之讲义以进，谓“民者天之心，天心不离乎民。中宗以天命度其身，以身治其民，所谓钦重天道，永保天命也”。世宗“善其说”，擢其为吏部右侍郎[5]。

廖道南担任讲官时，为世宗讲授《五经》。嘉靖九年三月，廖道南“同许成名进讲《书经·洛诰》”，八月初二日，他又“同顾鼎臣进讲经筵《书经·无逸章》”。十一年二月初三日，“轮臣道南同张潮进讲经筵”，讲的内容是《书经·召诰篇》。十九日，进讲“《书经》‘天显民祗’章”。八月初三日，廖道南“同吴惠进讲经筵”“《书经》‘顾畏民碞’章”，次日“进讲日讲《书经》‘朕子怀德’章”。十一月，廖道南“同许成名进讲《书经·洛诰》”以及“《书经·伊训》”，又“轮进日讲‘高宗谅阴章’”。“次日直日讲，臣复引《尚书·说命篇》云：‘其惟不言，言乃雍。’又云：‘薨帝赉予良弼，其代予言。’

[1] 王偁：《思轩文集》卷一三《吏部右侍郎兼詹事府丞赠礼部尚书谥文懿杨公神道碑铭》，明弘治刻本。

[2] 《明世宗实录》卷九四，嘉靖七年闰十月丙子。

[3] 过庭训：《本朝分省人物考》卷二一《顾鼎臣》，明天启刻本。

[4] 张衮：《张水南文集》卷八《豫撰圹记并铭》，明隆庆刻本。

[5] 王兆云：《皇明词林人物考》卷四《许廷美·许廷纶》，明万历刻本。

即兹以观古之人君，心纯乎孝，故宅忧而不暇于有言；古之人臣心纯乎忠，故摄政而不嫌于代言。然必有高宗之圣，而后能容傅说之言。必有傅说之言，而后克辅高宗之德。不然，则莽、操、懿、温之俦，又将以冢宰借口于千万世矣。此又人君听言所当知也。”讲毕，世宗“命吃酒饭于文华殿东廊。司礼太监鲍忠陪宴”[1]。

明代晚期，在皇帝的经筵日讲中，《五经》也是不可或缺的重要内容。泰昌元年十月，方从哲等人所上《讲读仪注》，明确规定熹宗日讲《五经》部分时，自《尚书·尧典》篇讲起。是月十八日，日讲官孙承宗即为熹宗讲授《尚书·虞书·尧典》的“曰若稽古帝尧，曰放勋，钦、明、文、思、安安，允恭克让，光被四表，格于上下”一章。二十一日，孙承宗继续讲《尚书·虞书·尧典》的“克明俊德以亲九族”一章。[2]天启六年陈仁锡声称他明年讲《诗经》时，意欲痛斥“山海关军士夺马食为己食”的腐败现象[3]。是年，皇帝要求陈仁锡“以后不要讲《四书》，改讲《书经》”，于是便改讲“壁经”（即《尚书》）[4]。至于《春秋经》，一般的皇帝经筵都讲不到这里，但天启时，“帝以有裨治乱，令择人进讲”。后来，名臣文震孟充任讲官。“及进讲，果称帝旨。”[5]崇祯时，思宗初御文华殿参加日讲时，讲官首讲《尧典》。崇祯七年，文震孟还为思宗讲过《春秋》。

《五经》是儒家最基本的经典，在明代程朱理学风行的背景下，则屈居于《四书》之下。不过，仍然是大明帝国须臾不可暂离的教学内容和教材。

《四书》与《五经》，是儒家阐述修、齐、治、平之道的基本文献和经典，明代宫廷教育以其为基本内容，是为了维护大明王朝的人伦秩序。对皇帝及其继承人来说，则是为了学习统治之术和治国之道。

---

[1] 廖道南：《楚纪》卷六〇《景则外纪后篇·感遇》，明嘉靖二十五年何城李桂刻本。

[2] 孙承宗：《高阳集》，卷一四，第 29－30 页。

[3] 陈仁锡：《陈太史无梦园初集》，有集，第 15 页。

[4] 陈仁锡：《陈太史无梦园初集》，有集，第 15 页；有集，第 3－8 页。

[5] 张廷玉等：《明史》卷二五一《文震孟传》。

第二节　唐宋明儒学名典

一　唐宋儒学名著

明代宫廷教育，在不同的皇帝和不同的讲官那里，会有一些比较特殊的内容和教材出现。唐宋儒家的一些名篇和名著，会成为经筵日讲等宫廷教育的讲授内容。唐代儒学著作比较少见，迄今所见似只有张蕴古的《大宝箴》；而宋儒的著作，为明代宫廷教育所用为多，因为这是宋明理学的时代，对宋儒的论著极力推崇自不难理解。

（一）《大宝箴》、《心箴》

《大宝箴》是贞观二年（628年），由时任幽州总管府记室兼直中书省的张蕴古向太宗奏呈的，共626个字。此篇是针对君主的行为而作，有规劝和鉴戒作用。其词略云："今来古往，俯察仰观，惟辟作福，为君实难。"为什么做君主很难呢，因为"宅普天之下，处王公之上，任土贡其所有，具僚和其所唱。是故恐惧之心日弛，邪僻之情转放。岂知事起乎所忽，祸生乎无妄"。因此，君主应该"归罪于己，推恩于民。大明无偏照，至公无私亲。故以一人治天下，不以天下奉一人。礼以禁其奢，乐以防其佚"。特别强调"勿内荒于色，勿外荒于禽；勿贵难得之货，勿听亡国之音。内荒伐人性，外荒荡人心；难得之物侈，亡国之声淫。勿谓我尊而傲贤侮士，勿谓我智而拒谏矜己"。要求君主"众弃而后加刑，众悦而后命赏。弱其强而治其乱，伸其屈而直其枉"。这当然是一篇绝佳的君学教材。

明万历四年，张居正认为《大宝箴》"于君德治道大有关切"，乃撰注解一篇进呈皇帝作为经筵日讲时的教材。于是，神宗"召居正等前，上起立，高举《大宝箴》一册，面授居正。居正受册，北面立"。神宗"覆诵终篇，不失一字"。诵毕，张居正"乃前进讲"，神宗"皆洞其微旨。所引琼宫瑶台、糟丘酒池、开罗启祝、授琴命诗等事，能悉知其颠末”。讲到“周文小心”时，神宗说：“小心当是兢兢业业之意。”至“纵心乎湛然之域”一条，上曰：“此不过言人当虚心虚事耳。”居正因举手贺曰：“只虚心二字，足蔽此条之议矣。夫人心之所以不虚者，私意混杂故耳。诚能涵养此心，除去私欲，如明镜止水，则好恶刑赏，无不公平，而万事理矣。”神宗曰：“然。”特赐张居正银八宝二十两，并赐吕调阳、张四维各十两，讲官以下有差。[1]不久，张居正为神宗讲课时，指出世宗皇帝嘉靖初年“于西苑建无逸殿，省耕劝农，欲以知王业艰难，又命儒臣讲《周书・无逸篇》”，但至其末年，则“崇尚焚修，圣驾不复临御殿”，“昔时勤民务本气象不复再见，而治平之业亦寝不如初”，“以是知克终之难”。他特地指出：“昨讲《大宝箴》云‘民怀其始，未保其终’，亦是此义。”神宗“嘉纳之”[2]。《大宝箴》的学习仅见于神宗初年。

《心箴》是宋南范浚（1102－1150年）所撰箴言。范浚字茂明，兰溪香溪人。不慕功名，终生在香溪讲学授徒。《心箴》共96字，曰：“茫茫堪舆，俯仰无垠。人于其间，眇然有身。是身之微，太仓稊米。参为三才，曰惟心耳。往古来今，孰无此心？心为形役，乃禽乃兽。惟口耳目，手足动静。投间抵隙，为厥心病。一心之微，众欲攻之。其与存者，呜呼几希！君子存诚，克念克敬，天君泰然，百体从令。”太祖时，便曾令文渊阁大学士朱善进读《心箴》，学习后，太祖还大发议论，称“人常持此心不为物欲所蔽，则至公无私，自无物我之累”[3]至嘉靖初，世宗再一次学习了《心箴》。当时经筵日讲官顾鼎臣“因进讲宋儒范浚《心箴》，敷陈剀切”，世宗“注听嘉悦”，对辅臣称赞道：‘鼎臣解说心箴，朕思味其意，甚为正心之助！’于是亲自注释《心箴》，又注视、听、言、动四箴，及制《敬一箴》”[4]。其他皇帝

[1] 《明神宗实录》卷四八，万历四年三月丁酉。

[2] 《明神宗实录》卷四八，万历四年三月戊戌。

[3] 黄佐：《翰林记》卷九《御前讲读》，景印文渊阁四库全书本。

[4] 过庭训：《本朝分省人物考》卷二一《顾鼎臣》，明天启刻本。

则未见学习《心箴》的记载。

（二）《太极图说》、《西铭》

《太极图说》是宋代周敦颐为其《太极图》写的一篇249字的说明文字，认为“太极”是宇宙的本原，人和万物都是由于阴阳二气和金木火土五行相生相克构成的，对人的价值特别推崇，认为“惟人也，得其秀而最灵”。而在人群中，又特别重视圣人的价值，认为“圣人定之以中正仁义而主静，立人极焉”。

《西铭》是宋儒张载所撰的理学名著，原是《正蒙·乾称篇》中的一部分，后独立成篇。其中心思想是以乾坤、天地、父母（含男女，夫妇及家庭）为一体，以乾坤确立起感通之德能，阐明此德能从自身向家庭展开，并推及天下的原因。

此二书，是张元祯向明孝宗提议作为经筵教材的。弘治十六年，张元祯任太常寺卿兼翰林院学士“仍侍经筵日讲，并侍东宫讲读”。十七年，掌詹事府事，“上疏劝经筵宜讲《太极图》、《西铭》，东宫兼讲《孝经》、《小学》”。孝宗欣然嘉纳，“亟索《太极图》以观”，大惊曰“天生斯人以开朕也。”[1]关于张元祯建议用《太极图》（案应当为《太极图说》）和《西铭》作为讲教材一事，《皇明书》所载尤详：

> 元祯曰：“帝王所以隆治，化同天地者，其说散见于《五经》、《四书》，求其直指根源，提挈要领，使一览即知其概，则莫如周子《太极图》、张子《西铭》、程子《定性书》、朱子《敬斋箴》尤为切要。皇上万几之暇，焚香默坐，静养天和，则主静主敬之说，亦既有本而得其要矣。日讲之时，复令内阁将此诸书命臣等进讲，细绎熟，复优游厌饫，于圣学少裨万一。东宫讲，乞将《小学》、《诗经》劝讲。”上索

[1] 雷礼：《国朝列卿纪》卷一六《张元祯》，明万历徐鉴刻本。

《太极》、《西铭》二书，观则大喜曰："天生斯人，以开朕也。"[1]

从"上索《太极》、《西铭》二书，观则大喜"可见，孝宗学习过此二书，可能也短暂地将此作为经筵日讲的教材，但这并未形成制度，故仅仅出现在有关张元祯的记载上。明人黄佐专门撰写《讲读合用书籍》一篇，叙述了明代经筵日讲所用教科书的情况，里面涉及了张元祯推荐《太极图》和《西铭》二书："弘治中，学士张元祯上疏劝经筵讲《太极图》、《西铭》以及诸《性理》书，东宫则用《孝经》、《小学》，孝宗欣然嘉纳，亟索《太极图》以观，曰：'天生斯人以开朕也。'然今犹未果用云。"从"今犹未果用"可知，在黄佐生活的嘉靖年代，朝廷并未将此二书作为经筵日讲的教材。

（三）《大学衍义》

《大学衍义》是南宋理学名家真德秀所撰之名著。真德秀，号西山，浦城人，官至户部尚书，是朱子学术思想最典型的承传者。其《大学衍义》为元、明、清三代宫廷教育必读之书，共43卷，因《大学》之义而推衍议论，以格物、致知、诚意、正心、平天下为用，阐述君主为治之道。是书首列《帝王为治之序》和《帝王为学之本》；次分《格物致知之要》、《诚意正心之要》、《修身之要》、《齐家之要》四大纲，每纲又各系以目，共分四纲十二目，目下又分细目。《格物致知》纲分"明道本"、"辨人材"、"审治体"、"察民情"四目；《诚意正心》纲分"崇敬畏"、"戒逸欲"二目；《修身》纲分"谨言行"、"正威仪"二目；《齐家》纲分"重妃匹"、"严内治"、"定国本"、"教戚属"四目。每目下先引用经文，再旁征史事，参以先儒之论，并以己意发明之。强调"人君一身实天下国家之本"。主张诚意正心必以

[1] 邓元锡：《皇明书》卷三五《张元祯》，明万历刻本。

“敬”为首，指出“敬”为“一心之主宰，万善之本原”。该书为程朱理学的经典之作，故在明代经筵日讲中受到特别的重视。

早在太祖时，便对《大学衍义》另眼相看，将之作为东宫和宗室教育的教材。太祖还曾问宋濂：“帝王之学何书最要？”宋濂请读《大学衍义》。太祖“览而悦之，令左右大书，揭之两庑之壁，时时睐观之”。[1]洪武十七年四月，太祖对侍臣说：“朕观《大学衍义》一书，有益于治道者多矣。每披阅，便有警省，故令儒臣日与太子、诸王讲说，使鉴古验今，穷其得失。大抵其书先经后史，要领分明，使人观之容易而悟，真有国之龟鉴也！”[2]

永乐间，仁宗时在东宫，“闻杨士奇言《大学衍义》可读，即召典籍取阅”，读毕，大喜道：“此为治之条例也。”因命翻刻，以赐诸子。黄佐解释道：“故今经筵以《大学衍义》进读。”[3]此事另有记载，谓永乐七年，“命侍东宫讲学。士奇撰《易本义要旨》以进，皇太子悦，赐名《周易直指》，因阅真氏《文章正宗》，谕士奇曰：‘德秀学术纯正如此！’对曰：‘德秀所著《大学衍义》，为君者不可不知，为臣者不可不知，君臣不知此义，为治皆苟而已。’”[4]当时向仁宗推荐《大学衍义》的还有杨溥（谥文定），“文定当仁庙喜真氏学术、欧阳奏议，遂以《衍义》进讲”[5]。

宣德六年二月，巡按江西御史陈祚曾上疏要求宣宗在经筵讲读时用宋代真德秀的《大学衍义》作讲义。陈祚是吴县人，永乐中由庶吉士任河南右参议。宣德时任巡按江西监察御史，“驰疏劝上经筵进讲《大学衍义》”，大略言：“帝王之学在于明理，明理在于读书知要。陛下备有圣质，惜经筵之典未甚兴举，讲学之功少有程度，于圣贤精微之蕴，古今治乱之由，岂能周知而洞察乎？宋儒真德秀《大学衍义》

[1] 黄佐：《翰林记》卷九，《讲读合用书籍》，景印文渊阁四库全书本。
[2] 《明太祖实录》卷一六一，洪武十七年四月庚午。
[3] 黄佐：《翰林记》卷九，《讲读合用书籍》，景印文渊阁四库全书本。
[4] 廖道南：《殿阁词林记》卷一《华盖殿大学士杨士奇》，景印文渊阁四库全书本。
[5] 周之夔：《弃草文集》卷一《祝姚昆斗先生序（代）》，明崇祯木犀馆刻本。

一书，其言明白恳切，凡圣贤之格言，古今之实迹，无所不载。陛下欲致太平，舍此书不可。愿于据朝之暇，命儒臣讲说，非有大故不可间歇，使知孰为忠贤之可亲，孰为邪佞之可远；古今若何而治，若何而乱；政事若何而得，若何而失。必能开广聪明，增光德业，而忠贤以道义辅上德者愈见于信任，邪佞以奇巧荡上心者自见于疏远，天下之民受福无穷矣。”但他的建议并未获得皇帝的赞许，“上览疏，怒其中含讥讽，差官校逮系至京，并其父母妻子家属下锦衣卫狱，禁锢者数年”。[1]宣宗大怒，是因为疏中“有‘以嗜欲邪佞’等语，若有所指者，疑焉”。但“他日以问侍臣，或叩首为婉词以对，且谓祚缘于忠爱，所发无他。上意稍解。先是，有旨械公赴京并籍其家，比至，竟不忍加刑，特系之狱。英宗即位，察公忠直，复其官，尽还其家属。”[2]

虽然宣宗很反感大臣提议学习《大学衍义》，但仍有不少文臣奏请将该书列为经筵教材。英宗时，叶盛（1420－1474年）上奏介绍道：“臣闻宋儒真德秀有言：‘《大学》一书，圣学之渊源，治道之根柢，而君天下者之律令格例也。为人君者不可以不知《大学》，为人臣者不可以不知《大学》。’故尝推衍其义，作为《大学衍义》一书。其间帝王为治之序，为学之本，道术人材，治体民情，靡不备具，以致崇敬畏，戒逸欲，谨言行，正威仪，重妃匹，严内治，定国本，教戚属，大纲细目，本经援史，参以先儒之格言，益以忠爱之正论。凡人君所当知之理，所当为之事，尽在此书。字字蓍龟，言言药石。后虽有作，无以加矣。百世不惑，至今传焉。”他觉得此书适应于皇帝讲读：“况其卷帙简少，易于岁月用功，非如群经诸史，一时难以遍读。”鉴于“道无终穷，学无止法”，以及“皇上春秋鼎盛，正养德进

[1] 沈国元:《皇明从信录》卷一七，辛亥宣德六年二月，明末刻本。又陈建《皇明通纪集要》卷一七（明崇祯刻本）所载略同。

[2] 吴宽:《福建按察司佥事陈公祚墓表》，载焦竑辑:《国朝献征录》卷九〇《福建一》，明万历四十四年徐象橒曼山馆刻本。

学之时”的情况，他建议：“上项书籍，所当留意。臣愚欲乞皇上于每月经筵，及每日早儒臣进讲《五经》、《四书》、《资治通鉴》之外，再于每日午朝之后未申之间，裁决政事之余，不问寒暑，定立日程，择端良纯实文学近臣，更番入直，仍兼同师保重臣入侍左右，进讲此书。一堂之上，难疑答问，终卷之日，周而复始。心领而神会之，身体而力行之。或措诸事，或警诸心，或谨其始，或图其终。其于圣躬治道，必有裨补。”[1]

成化初，张宁也建议将《大学衍义》作为经筵教材。宁字靖之，浙江海盐人。景泰五年进士，授礼科给事中。“宪皇嗣位，首劝经筵进讲《大学衍义》”[2]。另载：“宪宗即位，乞经筵进讲《大学衍义》。”[3]

弘治初年，贺钦提出修身治国之道“其详载于《大学衍义》及御制《性理大全》等书，乞命经筵讲官一一详说”[4]。十八年二月，胡世宁在上疏时提出“勤学问”的主张，阐述了《大学衍义》的重要意义：“我祖宗列圣皆日御经筵，讲读经史，至于《大学衍义》一书，我太祖高皇帝因问宋濂，知其为帝王为学之要，特命大书揭于两庑之壁，时睇观之。暨我仁宗昭皇帝亦喜此书，曰：‘此为治之条例，监戒不可无因。’留一部朝夕自阅。”他建议孝宗“监于成宪，特取此书时加省览”，“固不必徒费精神而泛读天下之书”。又指出“此书其间所言辨人材、察民情、严内治、教戚属之四者，在今日尤为切要。伏愿圣明于此更加详玩”。[5]“至于近臣外戚，亦宜颁赐，使皆讲习，则彼自知忠谨之得福，各畏骄盈之得祸，可以长保富贵于无穷，而祸乱不生，刑罚弗及，仰全陛下亲爱保恤之恩，是亦天下万世之幸

[1] 叶盛：《叶文庄公奏议・边奏存稿》卷五，明崇祯赐书楼刻本。

[2] 焦竑：《国朝献征录》卷九一《福建二・汀州府知府张公宁传（太学志）》，明万历四十四年徐象樗曼山馆刻本。

[3] 吴亮：《万历疏钞》卷三六《谥恤类》，明万历三十七年刻本。

[4] 贺钦：《医闾集》卷八《辞职陈言疏》，民国四明丛书本。

[5] 胡世宁：《胡端敏奏议》卷一《应诏陈言疏》，景印文渊阁四库全书本。

也。惟圣明采纳幸甚！”[1]弘治十五年，工科给事中陶谐进言：“经史繁多，难于遍览，惟宋儒真德秀《大学衍义》一书简而明，约而尽，乃治道之指南，请以是书一置经筵，以备进读，一置宫禁，以备退览，庶益弘盛德大业于无穷。”孝宗有旨：“令礼部看议以闻。”礼部答复：“《衍义》一书，已命儒臣于经筵进讲，今谐复以为言，诚以治天下之大本大端，莫要于此！伏乞圣明俯纳其言，益勤圣学，不独外而经筵，虽内而宫禁，亦置一编，用备观览，则圣德愈宏，治道益隆矣！”孝宗“纳之”。[2]从礼部回答来看，当时已经将《大学衍义》作为经筵教材了。

但《大学衍义》作为教材并不是制度性的，因此嘉靖时，仍不断有人提议将是书再作经筵教材。张衮在嘉靖初年“得召入为翰林编修，隶职史馆，续修《大明会典》，校刊《大学衍义》”[3]。胡守中建议将《大学衍义》当做经筵教材：“且更请《大学衍义》，一置经筵以备进讲，一置宫禁以备退览，指物譬事无虑数百言。”上嘉纳。[4]

嘉靖六年五月，大学士杨一清等“奏进讲《大学衍义》，每月以三、八日，轮讲官二员进讲”[5]。此前，世宗要求内阁将经书、《通鉴》撮其有关君德政事与修省之道的内容，“直录其义，以赞其所未晓”。但杨一清“以经书渊微，《通鉴》浩繁，有难一一研究，宜将《大学衍义》日轮一官，讲拆其大义，参以时事，明白敷陈，则经书格言，《通鉴》要旨，尽在此书，而治国平天下之道，举而措之不难矣！”世宗于是正式将《大学衍义》列为经筵教材，让“贾咏等日轮一员进讲”。对于杨一清的这一建议，大学士谢迁给予了很高的评价：“盖其经筵之上，讲究《大学衍义》，而于求谏不咈，改过不吝，古圣君能

[1] 胡世宁：《胡端敏奏议》卷一《应诏陈言疏》，景印文渊阁四库全书本。

[2] 俞汝楫：《礼部志稿》卷六七《圣学备考·圣览·进览〈大学衍义〉》，景印文渊阁四库全书本。

[3] 张衮：《张水南文集》卷八《豫撰圹记并铭》，明隆庆刻本。

[4] 焦竑：《国朝献征录》卷四〇《兵部三·胡守中传》，明万历四十四年徐象樗曼山馆刻本。

[5] 廖道南：《楚纪》卷六〇《景则外纪后篇·感遇》，明嘉靖二十五年何城李桂刻本。

成其德者必深有当乎其心耳。甚哉，经筵有益于君德！而一清造就之功，不可诬也。”[1]

从此《大学衍义》成为经筵课程，并专门制定了“讲《大学衍义》仪”，规定“每月初三、初八、十三、十八、二十三、二十八日用经筵日讲官二员进讲。内阁学士一员侍班。讲毕赐茶、赐酒饭。俱如日讲仪。”[2]九年三月，廖道南同许成名进讲《大学衍义》。八月初三日，廖道南同顾鼎臣“进讲《大学衍义》唐高宗立武昭仪、许敬宗阿旨章”。十一年二月初四日，轮臣道南同张潮“进讲《大学衍义》裴耀卿、李林甫劝帝西华章”。十八日，“进讲《大学衍义》李林甫奏野无留才章”。八月初五日，廖道南同吴惠进讲“日讲《书经》朕子怀德章”。初八日，“进讲《大学衍义》奸臣李林甫章”。十一月，廖道南同许成名进讲《大学衍义》十九章。五月初三日，廖道南同林文俊“进讲《大学衍义》颜真卿论元载奸邪章，内引陆贽两情兀弊之说”。二十八日，廖道南同蔡昂“进讲《大学衍义》卢杞奸邪章，略云：臣考杞之本传，其刚愎蠹政、柔险贼物，不独于张镒为然。观其忌杨焱势位相逼，则窜之南荒，李揆誉望素隆，则遣之西域，颜真卿忠贞独立，则置之贼锋，杜佑才猷充裕，则贬之外郡。其他如诬郑詹，陷崔宁，沮杜希全之议，激李光之变，误国大矣！德宗偏听生奸，独任成乱，卒至藩镇跋扈，中原陆沉，谓之何哉！”十八日，“轮臣道南进讲《大学衍义》李逢吉奸邪章”，略云：“臣考逢吉本传，险谲多端，妬嫉尤甚。初裴度有淮蔡之功，李德裕有台辅之望，始因元稹与度不协则乘其隙而攻之，于是度、稹俱罢，而藩镇之祸益炽。继因牛僧孺与德裕争胜，则鼓其谗而构之，于是牛李相怨而朋党之祸益深。当是时，李绅在翰林与李德裕、元稹号为三俊，而韩愈才名德望为一代儒宗，逢吉视英贤如寇仇，纳奸回如心腹，内结宦寺王守澄，外引贱臣郑注，又令其从子李训交通赂贿，肆挟威权，贬

[1] 吴瑞登：《两朝宪章录》卷三，明万历刻本。

[2] 申时行、赵用贤等：《大明会典》卷五二《礼部十・讲大学衍义仪》。

李绅为端州司马，而并拜训、注为翰林学士。穆宗虽知诘问，弗正其罪于前，敬宗为所蛊惑，益滋其患于后，谓之何哉！我皇祖尝论唐事为之叹息，谕刘三吾曰：‘人主聪明，不可使有壅蔽耳目，聋瞽俱无所达矣！’三吾对曰：‘人君博采众论，任用贤能，则视听广而聪明无所蔽。若信任憸邪，隔绝贤路，则视听偏而聪明为所蔽矣。’孚敬闻之大怒。至七月初三日彗星出参宿九斿，遍历五车、三柱、天舡、大陵、王良、阁道，上临讲筵，时顾鼎臣不到，席春构诬，孚敬遂面奏臣道南及蔡昂不行代讲，遽谪臣道南于徽州，阴嗾汪鋐密伺而中之伤，以复前日莽、操、懿、温之怨。臣道南趑趄，不敢之任。”九月十三日，廖道南“进讲《大学衍义》江充巫蛊章”，略云：“夫充以鬼蜮之资，负枭雄之性，始焉亡命诣阙，告赵太子阴事，而遂其离构之谋，既而揣知皇子弗陵已生，据将失宠，而肆其倾危之计。于是狱起巫蛊，祸流宫闱，鼓谗飞谤，图快媒孽之私愤，不知启衅匿奸动摇宗社之大本矣！石德身为少傅，职在辅翼，平居不能直言极谏以养太子于德义，临难又教之矫制称兵以陷太子于颠沛，视荀息之于奚齐，蒙恬之于扶苏，殆有愧焉！闻者愈不安，而倾挤不可解矣。”十四年五月初三日，“轮臣道南进讲《大学衍义》寺人柳章”[1]。

万历十五年三月，左佥都御史魏时亮建议皇帝在在宫中学习《大学衍义》。十六年二月阁臣和给事中陈璧先后推荐进讲《大学衍义》。二十三年四月，赵志皋等题奏进讲《大学衍义》，终于获得神宗同意：“着进讲《大学衍义》。”[2] 但所谓的“进讲”不过是由讲官定时进呈讲章而已。二十八年十二月，赵志皋、沈一贯“进自万历二十七年起所撰讲章《大学衍义》四本”以备皇帝省览[3]。二十九年敖文祯“再侍讲筵，时所讲者为《大学衍义》、《资治通鉴》二书，先生撮其要，为

[1] 廖道南：《楚纪》卷六〇《景则外纪后篇·感遇》，明嘉靖二十五年何城李桂刻本。
[2] 《万历起居注》第五册，第 105 页。
[3] 《明神宗实录》卷三五四，万历二十八年十二月壬辰。

上精言之，旁引博喻，庶几上有所感动”[1]。至三十年闰二月，讲官进《大学衍义》讲章将完，三月六日进讲完毕。此后则未见《大学衍义》的进讲记载。

此外，《近思录》曾被皇帝纳入阅读范围。《近思录》是朱熹、吕祖谦二人将周敦颐、张载、程颢和程颐北宋四子著作精要，按照朱、吕二人的理解和学术体系，编纂而成的理学名著。共有622条，分为14卷，分别是道体、为学、致知、存养、克己、家道、出处、治体、制度、政事、教学、警戒、异端和圣贤。阐述了宇宙生成和世界本体，孔颜乐处和圣人气象，格物穷理，正心诚意，修身复礼，齐家正伦，治国平天下的儒家学说和理论，以及古代圣王的礼法制度，同时排斥异端以辨明圣贤道统，堪称理学思想的全面阐释，形成儒家思想发展的成熟的理论形态。朱熹取名《近思录》的用意是，将此书当做学习四子著作的阶梯，四子著作又为学习《六经》的阶梯，以正“厌卑近而骛高远”之失。《近思录》未见有纳入经筵和日讲的记载。只是万历元年朝鲜使臣在向李朝朝廷报告时，提到皇帝读过此书。该使臣说：神宗“圣资英睿，自四岁已能读书……《四书》及《近思录》、《性理大全》皆已毕读。”[2]这或许是神宗在宫中所学的内容，而在经筵日讲中并未出现。

二　朱明祖宗编纂或垂训之书

明代皇帝的教科书，自然少不了祖宗们的著作和训谟。黄佐认为“《衍义》、《政要》二书固可备乙夜之观，然祖训条章尤不可违也”[3]。这代表了人们对祖训作为宫廷教育内容的看法。在明代经筵史上，

[1] 敖文祯：《薜荔山房藏稿》卷一〇，载门人方从哲撰：《墓表》，明万历牛应元刻本。

[2] 朝鲜《宣祖昭敬大王实录》卷七，宣祖六年癸酉正月戊戌，京城帝国大学图书馆藏本，第3页b；又吴晗辑：《朝鲜李朝实录中的中国史料》上编卷二五，第1505页，中华书局，1980年。

[3] 黄佐：《翰林记》卷九，《讲读合用书籍》，景印文渊阁四库全书本。

《皇明祖训》、《圣学心法》、《五伦书》和《训录类编》等书，都曾以教科书或教学参考书的面貌出现过。

《皇明祖训》是明太祖朱元璋主持编撰的训诫录，是为巩固朱明皇权而对其后世子孙的训诫。初名《祖训录》。洪武二年始编，六年成书时朱元璋为之作序，并命礼部刊印。九年和二十八年两次修订，最后更名为《皇明祖训》，并将首章的《箴戒》改称《祖训首章》。全书共分十三部分：第一是祖训首章，包括禁用酷刑、禁立丞相、对皇亲国戚犯法的处置，对四方各国的处理方针，以及敬天法祖等。第二是持守，推崇持身之道，尤重节俭。第三是严祭祀。第四是谨出入，告诫后嗣君主勿轻易出宫。第五是慎国政，称帝王应该多备耳目，并规定士大夫和庶民等不得枉议大臣。第六是礼仪，包括祭祀、奉使王府、进贺表笺、亲王朝觐、亲王在国等礼仪。还包括太祖为东宫及亲王府各拟名二十字，由子孙顺序使用。第七是法律，对太子、亲王等人的处理要求。第八是内令，规定皇后不得干政。第九是内官。第十是职制，述封爵的程序和规格，以及宗人府及王府官的设置等。第十一是兵卫，包括守镇兵和防卫兵，规定遇警并从王调遣。第十二是营缮，规定诸王宫室规制。第十三是供用，包括朝觐时的供用和每岁常用。该书堪称朱明“家法”。

洪武六年五月一日，《祖训录》成。太祖亲为之序，强调自己为什么要编纂此书，因为“自古国家建立法制，皆在始受命之君”，“创业之初，备尝艰苦，阅人既多，历事亦熟，比之生长深宫之主未谙世故，及僻处山林之士自矜己长者，甚相远矣！”他称自己正是有资格制定祖训的人，“朕幼而孤贫，长值兵乱”，后“剿除强敌，统一海宇”。对于“人之情伪亦颇知之”，因此“以所见所行与群臣定为国法”。在制定国法之外，“复为《祖训录》一编，立为定法大书，揭于西庑，朝夕观览，以求至当”。他还要求“凡我子孙，钦承朕命，无作聪明，乱我已成之法，一字不可改易”。于是颁赐诸王，且录于谨身殿东庑、乾清宫东壁，仍令诸王书于王宫正殿内东壁，以时观省。

朱元璋对身边的侍臣说："朕著《祖训录》所以垂训子孙，朕更历世故，创业艰难，常虑子孙不知所守，故为此书，日夜以思，具悉周至，绎六年始克成编。后世子孙守之则永保天禄，苟作聪明乱旧章，是违祖训矣。"他还要求"后世子孙，当思敬守祖法"[1]。

《皇明祖训》作为经筵日讲的教材，甚少见于记载。但它肯定是宫廷教育中重要的参考书。隆庆时，殷士儋"又请进讲《祖训》、《昭鉴》诸书及《大学衍义》、《贞观政要》"，穆宗"皆称善，从之"。[2]说明朝廷至少在隆庆时接受了殷士儋的建议，将《皇明祖训》作为讲读的内容。

《圣学心法》为明成祖朱棣所撰。前有永乐七年御制序，称以君道、父道、臣道、子道揭其纲，其下分而为目。所采皆经史子集之文，每条后各有附注。据《明太宗实录》载，永乐七年二月甲戌，太宗向翰林学士胡广等人出示一书，说："朕因闲暇，采录圣贤之言，今已成书。卿等试观之，有不善，更为朕言。"胡广等观览毕，奏曰："帝王之要，备载此书，请刊印以赐。"于是太宗命其书为《圣学心法》，命司礼监刊行。黄佐认为"《性理》诸书，固当进讲，然《圣学心法》不可废也"[3]。看来《圣学心法》被人认为宜作经筵进讲之书。晚明时宦官以是书为学习对象。刘若愚称宦官中"十分聪明有志者，看《大学衍义》、《贞观政要》、《圣学心法》、《纲目》，尽之矣"[4]。

《五伦书》标明为宣宗编撰，共62卷，详论五伦之道。第1卷是五伦总论，第2－23卷是为君之道，第24－53卷是为臣之道，第54－55卷是为父之道，第56－58卷是人子之道，第59卷是夫妇之道，第60卷是兄弟之道，第61－62卷是朋友之道。正统十二年内府刊刻时，卷首

[1]《明太祖实录》卷八二，洪武六年五月壬寅朔。

[2] 于慎行：《光禄大夫少保兼太子太保礼部尚书武英殿大学士赠太保谥文庄棠川殷公士儋行状》，载焦竑辑《国朝献征录》卷一七《内阁六》，明万历四十四年徐象橒曼山馆刻本。

[3] 黄佐：《翰林记》卷九，《讲读合用书籍》，景印文渊阁四库全书本。

[4] 刘若愚：《酌中志》卷一八《内板经书纪略》。

有明英宗御制序文。在晚明刘若愚的《酌中志》中所录内府刻本中有《五伦书》，共“六十二本、一千七百一页”[1]，显然如此大部头的著作，也不可能成为经筵日讲的教材，而是作为参考书出现的。

天启初，方从哲为熹宗拟定的史书教材也有《皇明宝训》：“臣等即率讲官再进午讲《通鉴节要》，讲官务将前代得失兴亡事实直解明白。其《皇上宝训》（当为《皇明宝训》之误）一书乃累朝祖宗家法，合与《通鉴》分日进讲，今昔互证，以资法戒。”结果是“得旨允行”。[2]说明熹宗采纳了方从哲的建议。但据陈时龙考证，未见讲读《皇明宝训》的直接记录。但是，至少说明当时的人认识到此书在宫廷教育中的作用。

《皇明宝训》是明朝历代皇帝的言论汇编，与《实录》同时修纂进呈。据陈时龙考证，方从哲曾为天启皇帝的经筵日讲拟定了《皇明宝训》作为教材。但是，《皇明宝训》是否真的成为天启皇帝日讲时的案头之物，没有直接的证据。虽然可能未作经筵日讲的教材，但《皇明宝训》还是被熹宗作为宫中自学的内容。天启元年十二月，熹宗在回答叶向高时声称“朕在宫中每日披阅文书，览诵经史及祖宗《训》、《录》”[3]。祖宗《训》、《录》是指《皇明宝训》和《大明实录》。

《训录类编》[4]是万历间将《皇明宝训》和《大明实录》的相关内容分类编纂的书籍，作为神宗皇帝的进讲教材。这种点子最早是江汝璧提出的。江汝璧是正德十五年进士，庶吉士散馆后授翰林编修，“会敕校累朝《训》、《录》，欲取列圣嘉言善政并名臣奏章可以训后而行之今者，汇聚成帙，勒成一书上进”[5]。江汝璧虽然有此打算，但并

---

[1] 刘若愚：《酌中志》卷一八《内板经书纪略》。

[2] 《明熹宗实录》卷二，泰昌元年十月己未。

[3] 《明熹宗实录》卷一七，天启元年十二月甲申。

[4] 吴仕伟《明代宫廷教育研究》（湖南师范大学硕士学位论文 2009 年）在“经筵进讲的内容”一小节中将此书称为《谟训类编》，非是。

[5] 周仕佐：《少詹事兼翰林院学士江公汝璧圹志》，载焦竑辑《国朝献征录》卷一八《詹事府一》。

未明确提出是为经筵日讲做准备，而且也未动手修纂。万历八年，辅臣张居正等因为太祖、成祖和后嗣列帝的“奎章睿谟，则载之《宝训》，神功骏烈，则纪之《实录》”，要求儒臣“将累朝《宝训》、《实录》副本逐一简阅，分类编摩，总计四十款”，即创业艰难、励精图治、勤学、敬天、法祖、保民、谨祭祀、崇孝敬、端好尚、慎起居、戒游佚、正宫闱、教储贰、睦宗藩、亲贤臣、去奸邪、纳谏、理财、守法、敬戒、务实、正纪纲、审官、久任、重守令、驭近习、待外戚、重农、兴教化、明赏罚、信诏令、谨名分、却贡献、慎赏赉、敦节俭、慎刑狱、褒功德、屏异端、饬武备、御夷狄。[1]计划“明岁开讲以后，每晨讲毕，臣等恭诣文华殿后殿讲解一二条，粗述大指”。[2]午讲《训录类编》于万历八年三月十一日正式开始：“上御文华殿讲读。是日，辅臣初以《训录类编》进讲。”[3]该书似于万历十五年三月以前停讲。此后未见进讲记载。另据载，万历初年，张居正“奏属儒臣纂辑累朝《宝训》、《实录》，分类成书，以经筵之暇进讲。一日，上御文华殿讲《训录（类编）》毕，公偕辅臣四维、时行，持南京给事中傅作舟疏进览……”[4]亦证明当时是实实在在地进讲过此书。关于《训录类编》进讲之事，详见神宗经筵实践部分。

除了祖宗编纂或垂训之书外，明朝当代儒臣所编著的儒学名典，也成为宫廷教育的教材或参考书。

三　明代儒学名典

明代是宋明理学发展的时期。除了宋代理学著述外，明代的理学著作也成为经筵日讲或宫廷教育的内容和教材。其中有《性理大全》

[1] 《明神宗实录》卷一〇七，万历八年十二月甲辰。

[2] 《万历起居注》第二册，第106－109页。

[3] 《万历起居注》第二册，第141页。

[4] 周圣楷：《楚宝》卷三《大臣·张居正》，明崇祯十四年刻本。

和《大学衍义补》等。

(一)《性理大学》

《性理大全》是明代胡广等人奉敕编纂的宋代理学家论著的汇编，与《五经四书大全》一起纂辑，永乐十三年九月编成，共70卷，成祖朱棣亲自撰序。全书共采宋儒之说共120家。前25卷收入周敦颐《太极图说》、《通书》，张载《西铭》、《正蒙》，邵雍《皇极经世书》，朱熹《易学启蒙》、《家礼》，蔡元定《律吕新书》和蔡忱《洪范皇极内篇》。从第二十六卷以后，分十三个专题，如理气、鬼神、性理、道统、圣贤、诸儒、为学、诸子、历代、君道、治道、诗、文等，每一专题下又分成130多个小类，逐条采录宋儒言论，只标姓名，不注书名。性理大全虽然汇辑的是宋儒的理学言论，但却是按照明人的体系和需要纂辑成的，故具有明人的理学视野。

《性理大全》未见有纳入经筵和日讲的记载。在明人黄佐所写《讲读合用书籍》中，称“窃谓《性理》诸书，固当进讲，然《圣学心法》不可废也”[1]。建议将《性理大全》用作经筵讲读的书籍。万历元年朝鲜使臣在向李朝朝廷报告时，提到皇帝读过此书。该使臣说：神宗“圣资英睿，自四岁已能读书……《四书》及《近思录》、《性理大全》皆已毕读”。[2]这或许是神宗在宫中所学的内容，而在经筵日讲中并未出现。明代宦官的教育中，《性理大全》也是其中应读的书籍。在晚明刘若愚的《酌中志》中所录内府刻本中有《性理大全》，而且明确指出“皇城中内相（指太监）学问，读《四书》、《书经》，《诗经》、看《性理》、《通鉴节要》……”[3]可见，《性理大全》也是太监学习的应读之书。

---

[1] 黄佐：《翰林记》卷九，《讲读合用书籍》，景印文渊阁四库全书本。

[2] 朝鲜《宣祖昭敬大王实录》卷七，宣祖六年癸酉正月戊戌，京城帝国大学图书馆藏本，第3页b；又吴晗辑：《朝鲜李朝实录中的中国史料》上编卷二五，第1505页，中华书局，1980年。

[3] 刘若愚：《酌中志》卷一八《内板经书纪略》。

(二)《大学衍义补》

明儒的理学名著成为宫廷教育内容的，还有《大学衍义补》。该书是发展《大学衍义》精义并弥补其不足而撰成的宫廷教育参考书。

《大学衍义补》是明代丘濬在成化、弘治年间任经筵讲官时，费时十年编纂的教材，是补充《大学衍义》的教学用书。真德秀的《大学衍义》主要阐述格物、致知、诚意、正心、修身、齐家等“内圣”之道，而对于“治国平天下”的“外王”之道则付之缺如。丘濬于是博采六经诸史百家之文，加按语抒发己见，撰成《大学衍义补》，于成化二十三年十一月奏上。全书164卷（其中目录3卷，卷首1卷），共140余万字。卷首是《审几微》，补述“诚意正心之要”。正文分“正朝廷”、“正百官”、“固邦本”、“制国用”、“明礼乐”、“秩祭祀”、“崇教化”、“备规制”、“慎刑宪”、“严武备”、“驭夷狄”、“成功化”十二章。如果说《大学衍义》是“主于理”的话，那么《大学衍义补》则是“主于事”，对于历代政治、铨选、礼乐、风俗、星象、历法、刑宪、盐铁、贡赋、运输、武备、边情等兼收并蓄，使“外王”有了足资借鉴的内容，儒家的“帝王之学”成为完备的体系。

丘濬于天顺“八年，宪宗登极”后，“充经筵讲官”。成化元年，升侍讲。十六年，以国子监祭酒加礼部右侍郎，仍掌国子监事，“复谓西山真氏《大学衍义》有资治道，而于治国平天下之事缺焉，乃采经传子史有及于治国平天下者，附以己见，作《大学衍义补》。至孝宗嗣位之初，其书适成，乃表上之。上览之甚喜，赐白金纻丝，特升礼部尚书掌詹事府事，且命录其副，付书坊刊行”。[1]此事另有记载：丘濬采经传子史有及于治国平天下的内容，“附以己见，而其大要则尤在于审几微以成天下之务，故又首补诚意正心之要，曰《审几微》，自为一卷。“余自‘正朝廷’以迄‘成功化’，凡一百六十卷，名之

[1] 过庭训：《本朝分省人物考》卷一一二《丘浚》，明天启刻本。

曰《大学衍义补》”。当他进上孝宗后，后者“览之，甚喜”，批答曰：“卿所纂书考据精详，论述赅博，有裨政治。朕甚嘉之。”于是“赐白金二十两，纻丝二表里”[1]。因此，该书最早的版本就是弘治初的内府刻本。万历时，将之再版，神宗亲为作序。天启四年，南京国子监祭酒唐大章请求将《大学衍义补》作为经筵日讲的课目，获得批准。崇祯元年，给事中宋鸣梧奏请是书加以修订和补充，得到思宗允许。[2]但似乎并未列入经筵教材。直到崇祯十二年冬，左懋第还上疏肯求思宗将之列为经筵课本。他先阐述此书的意义和价值：“追忆皇上前谕旨，有‘诚正功疏，治平罔效’之语，圣学粹精，将使治统、道统合而为一，因思《大学衍义补》一书，宋臣真德秀衍之，先臣邱濬补之，内有诚正之要、治平之要，而又各有条目，凡安中国驭四夷之道罔不备，五经诸史之言罔不该。太祖高皇帝尝大书殿壁，列圣屡令讲之经筵，天下治道实在此书，其中意义适符圣虑。”然后乞求“皇上将此书特加御览，选而行之，或令儒臣经筵进讲，于圣学、圣治未必无补”。并从操作性上，强调此书的意义：“皇上天纵圣人，何书不读，而臣以此书言者，皇上万几之暇，博观易劳而精思不倦，则臣区区之愚也。”[3]

晚明刘若愚的《酌中志》所录内府刻本中，便有《大学衍义补》，一套“四十本、三千六百页”[4]。如此大部头的著作，不可能成为经筵日讲的教材，但可以作为明代宫廷教育的参考书。事实上，包括宪宗和神宗在内的皇帝都读过此书。

湛若水曾“仿《大学衍义补》作《格物通》以进”[5]，但并未列入经筵教材。

[1] 黄佐：《大学士丘公浚传》，载焦竑辑《国朝献征录》卷一四《内阁三》，明万历四十四年徐象橒曼山馆刻本；过庭训：《本朝分省人物考》卷一一二《丘浚》，明天启刻本。

[2] 谈迁：《国榷》卷八九，第 176－177 页，中华书局 1958 年。

[3] 左懋第：《萝石山房文钞》卷一《应诏陈言疏》，清乾隆四十六年左尧勋刻本。

[4] 刘若愚：《酌中志》卷一八《内板经书纪略》。

[5] 尹守衡：《皇明史窃》卷七五，明崇祯刻本。

明代儒臣在进讲儒学经典时，提出过注意的事项。嘉靖八年，翰林院侍讲学士许诰建议："孔门授受专在治情，后儒倡为静坐养性之说，言愈多而义愈晦。自今讲筵顾问请无及此。"又建议："各经注疏互有得失，宜令儒臣直陈所见，以求千古之是，不当牵于师说，反略圣经。"还提出："进讲经书，务明大旨，凡诸家小道，一切屏绝，然后有益于治。"世宗"嘉纳之"。[1]从这些建议可见，某些儒臣是想让讲经活动变得更为纯粹，直指经书之本原和大旨，不被师说所绊，不为枝节所牵，不滑向静坐养性的道家和佛家的流弊，是想维护原始儒家的精神，而不为宋明理学之流弊所困。

第三节　史鉴诸书

在明代宫廷教育中，除了《四书》、《五经》和儒学著述作为教材和参考书外，史学著作也是宫廷教育中的必备教材和参考书，特别是具有鉴戒意义的史鉴类著作，更是直接成为皇帝的经筵日讲教材。

一　君鉴系列

（一）《贞观政要》

在明代经筵日讲中，唐代的《贞观政要》被明确列为讲课的内容和教材。《贞观政要》由唐代吴兢所撰政论性史书，约成书于唐开元八、九年之间。共10卷。以记言为主，记述了贞观年间唐太宗李世民与臣下魏征、房玄龄、杜如晦、王珪等人关于治国理民的对话、大臣们的谏议和谏疏，以及其他政治、经济等方面的重大措施。塑造了唐太宗纳谏和魏征等人尽忠直言的形象。在明人黄佐所写《讲读合用书籍》中，述称"今经筵以《大学衍义》进读。后又兼读《贞观政

[1]《明世宗实录》卷九七，嘉靖八年正月丁未。

要》”[1]。

《贞观政要》作为经筵内容，最早见于宣德二年十二月，当时侍臣进讲《贞观政要》，宣宗还发了一通议论，称“唐太宗致治之美，庶几成、康，实本乎此”。[2]正统以后，日讲的内容“间取典谟训诰及《贞观政要》、《通鉴纲目》、《大学衍义》等书，日命讲说二三篇，考验历代帝王兴衰治乱存亡之由，以为殷鉴。”[3]孝宗时也在继续讲授《贞观政要》，但到弘治十四年十月时，孝宗提出“将《贞观政要》暂且停讲”，而改讲《周易》。由于刘健的反对，仍然继续将此书作为经筵内容。[4]直到神宗时，仍然以《贞观政要》作为经筵日讲的内容。到万历十六二月，神宗在讲读《贞观政要》后，指出“唐太宗有惭德。臣魏征大节有亏，其勿备经筵”[5]。该书遭到停讲。

(二)《历代君鉴》

《历代君鉴》是代宗朱祁钰主持编纂的为皇帝治国提供借鉴的史籍。由修撰官林文等文臣于景泰四年（1453年）编撰而成，书成后署名却是代宗皇帝。由于代宗因突然事变（土木堡之变）意外当上皇帝，此前未受过太子教育和皇帝经筵日讲教育，因此上台后决意为自己编写一部怎样当好皇帝的教科书，便纂成了《历代君鉴》，共50卷。每卷记载历史上皇帝的代表性事迹，从历代史传中摘抄纂辑而成。每位皇帝事迹之前，特意标上“善可为法”字样。事迹之后，用“史臣赞曰”、“史臣论曰”形式表达史家对这些皇帝的评论。

此书虽由林文具体负责，但参加的人却有许多。钱溥在景泰二年与修《君鉴》：“少保高公谷荐充经筵讲官，上《御寇安邦疏》，命修《君鉴》，与学士萧公镃书论不当取宋高宗为法。”“《君鉴》成，赐

[1] 黄佐：《翰林记》卷九，《讲读合用书籍》，景印文渊阁四库全书本。

[2] 俞汝楫：《礼部志稿》卷六七《经筵进讲·宣德后历朝进讲》，景印文渊阁四库全书本。

[3] 《明孝宗实录》卷七，成化二十三年十一月丁巳。

[4] 《明孝宗实录》卷一八〇，弘治十四年十月甲戌。

[5] 查继佐：《罪惟录》志卷一七《经筵总论》，四部丛刊三编景手稿本。

彩段银两。”[1]此后他又于天顺年间任东宫讲读，可能会将《君鉴》的内容和精义向未来的君主作灌输。刘俨景泰“四年，与修《君鉴书》，有白金、文绮之赉”。[2]吕原充经筵官后于“癸酉，与修《历代君鉴》”[3]。柯潜在景泰时“用荐入经筵”，“预修《历代君鉴》书成，赐白金、文绮”。[4]然后任宪宗的经筵官和日讲官。

《历代君鉴》纂成后，在景泰年间应该做过经筵日讲的教材，至少代宗在宫中读过。但其后的君主是否将此书作为教材，未见记载。像钱溥这种与修《君鉴》的作者又任教官，应该会自然地将《君鉴》中的事例向皇帝或太子讲述。

(三)《帝鉴图说》

《帝鉴图说》可以说是图画版的《历代君鉴》，是万历初张居正针对皇帝年幼的状况而主持编纂的看图明理的经筵日讲教材。该书在神宗朝进讲的情况，详见前述“神宗经筵日讲的教学实践”，兹不赘述。

《帝鉴图说》并非仅为神宗时的教材。熹宗即位时仅十四五岁，也适宜使用此通俗的教材。泰昌元年（1620年）十月，日讲官孙承宗与宦官王安、高时明私下议论时，建议用《帝鉴图说》教授熹宗，说：“讲《帝鉴图说》，指图画像如民间词话演义之比，俾圣心与臣下日亲日熟，入而后说之，此启沃之要也。”高时明说：“非复午讲不可。”王安道：“甚善，当请修九五斋。”不久，“逆奄魏忠贤用事，杀安，罢时明，公亦辍讲帷以去”。[5]

天启二年（1622年）六月，日讲官盛以弘“请以《帝鉴图说》随

[1] 王㒜：《思轩文集》卷二二《资善大夫南京吏部尚书谥文通钱公行状》，明弘治刻本。

[2] 李贤：《中顺大夫太常寺卿兼翰林院侍读掌院事赠礼部左侍郎谥文介刘公俨墓碑》，载焦竑辑《国朝献征录》卷二〇《翰林院一》，明万历四十四年徐象橒曼山馆刻本。

[3] 李贤：《直内阁翰林院学士奉政大夫赠礼部左侍郎谥文懿吕公原神道碑铭》，载焦竑辑：《国朝献征录》卷一三《内阁二》，明万历四十四年徐象橒曼山馆刻本。

[4] 过庭训：《本朝分省人物考》卷七四《柯潜》，明天启刻本。

[5] 钱谦益：《牧斋初学集》卷四七《特进光禄大夫左柱国少师兼太子太师兵部尚书中极殿大学士孙公行状》，第1163页，上海古籍出版社1985，年。

经书进讲”，从之。[1]《帝鉴图说》由此正式成为熹宗的日讲教材。据刘蔷考证，《帝鉴图说》有天启二年刻本，卷首有王体乾、魏进忠、宋晋、梁栋、张文元等太监署名的叙。[2]熹宗日讲所用的《帝鉴图说》，可能就是魏忠贤等人“奉旨重刊”的天启刻本。熹宗时进讲《帝鉴图说》，是在《四书》与《五经》之间进行的。当时的日讲官丁绍轼称：“每讲日，先讲《四书》，次讲《帝鉴图说》，次讲《经》。”这与一般先讲《四书》、《五经》，午讲时再讲史书的次序不一样。陈时龙发现，天启时没有午讲，因此要讲《帝鉴图说》，就必须挤进晨讲，于是导致《帝鉴图说》夹在《四书》、《五经》之间进讲现象的发生[3]。

二　《通鉴》系列

（一）《通鉴纲目》

《通鉴纲目》是朱熹与其弟子赵师渊纂修的带有理学色彩的史鉴读物，属于纲目体，其特别是表岁以首年，因年以著统，大书以提要，分注以备言，把历史叙述与历史评论结合了起来。[4]在明代程朱理学盛行的背景下，《通鉴纲目》一度成为经筵日讲的内容。

正统以后，日讲的内容“间取典谟训诰及《贞观政要》、《通鉴纲目》、《大学衍义》等书，日命讲说二三篇，考验历代帝王兴衰治乱存亡之由，以为殷鉴”[5]。天顺八年，尹直担任宪宗的经筵讲官，宪宗“忆公请续修《通鉴纲目》进读”，左右侍臣指出：“尹某尝言此书亦有误处。”宪宗“验其实，乃合校正差讹，尽削集览、发明、考异、

[1] 《明熹宗实录》卷二三，天启二年六月甲申。

[2] 刘蔷：《〈帝鉴图说〉及其版本丛谈》，载《北方论丛》2000年第5期。

[3] 陈时龙：《天启皇帝日讲考实》，《故宫学刊》2013年第2辑。

[4] 谢贵安：《中国史学史》，第216页，武汉大学出版社，2012年。

[5] 《明孝宗实录》卷七，成化二十三年十一月丁巳。

正误诸说”，皇上“经览，称善，遂命以校本刻之梓”[1]。谢铎建议将《通鉴纲目》用作教材，上奏称：“《纲目》一书，帝王龟鉴。陛下命重加考定，必将进讲经筵，为致治资也。”[2]成化元年，南京刑科给事中王徽也向宪宗提出，经筵日讲应该讲授史书，建议讲《通鉴纲目》，获得接纳。“宪宗皇帝初临朝，公率同官言五事，大略谓：古昔得失载于前史，乞经筵兼讲《通鉴纲目》，无所隐讳，朝夕取为法戒。”宪宗“皆嘉纳之”。[3]黄佐在《讲读合用书籍》中声称：“诸史旧皆进讲，今则惟用朱子《通鉴纲目》，若东宫则兼用《文华大训》等书。”[4]可见《通鉴纲目》在英宗和宪宗时曾作为经筵讲读的内容和教材。但此后未见经筵讲读此书的记载。正德十六年七月，南京山东道御史董云汉条陈十事，其中一事是“勤圣学”：“请先《六经》、《四书》、《大学衍义》及《祖训》诸书，次《通鉴纲目》，其诸子书及诗文不必进览。”世宗“采其切己者，余下所司议之”。[5]但此后仍无以《通鉴纲目》为讲读内容的记载，可见未获采纳。

在校正《通鉴纲目》错误的同时，朝廷开始续修《纲目》。该书始修于成化九年（1473年），成于十三年（1477年）。杨守陈任经筵讲官，成化八年“壬辰，迁侍讲学士，校正《通鉴纲目》，赐楮币五百贯。预修《宋元通鉴纲目》未成，闻母太孺人丧，上念公侍从久，特旨遣官谕祭”。[6]罗璟于成化八年“壬辰，同考礼部，奉命校《通鉴纲目》。癸巳（九年，1473年），修《续纲目》。甲午，充经筵官。丁酉

[1] 程楷：《资善大夫太子少保兵部尚书兼翰林院学士谥文和尹公直传》，载焦竑辑：《国朝献征录》卷一四《内阁三》，明万历四十四年徐象樗曼山馆刻本。

[2] 张廷玉等：《明史》卷一六三《谢铎传》，第4431页，中华书局，1974年。

[3] 储巏：《陕西布政使司右参议王公徽墓志铭》，载焦竑辑：《国朝献征录》卷九四《陕西》，明万历四十四年徐象樗曼山馆刻本。

[4] 黄佐：《翰林记》卷九，《讲读合用书籍》，景印文渊阁四库全书本。

[5] 《明世宗实录》卷四，正德十六年七月甲寅。

[6] 王偀：《思轩文集》卷一三《吏部右侍郎兼詹事府丞赠礼部尚书谥文懿杨公神道碑铭》，明弘治刻本。

书成，擢司经洗马。戊戌，孝宗进学东宫，简侍讲读”。[1]程敏政在成化年间任翰林院编修时同修《英宗实录》，参与校勘《资治通鉴纲目》，“寻同修《续资治通鉴纲目》，如石守信、王审琦不预陈桥之谋，韩通、李筠、李重进书死节，开宝八年李煜降，始罢分注，书正统，张世杰死之下始书宋亡之类，皆出其手。书成，迁左春坊左谕德，且以宋艺祖、太宗授受大事也，当时史臣不能详记，遂启千古之疑。乃取宋李焘《宋史长编》、元史臣欧阳玄等《宋史·本纪》以为正，而考订发挥之余，黜陈桱、胡一桂之缪，别著《宋纪受终考》三卷”[2]。汪谐在成化年间担任史学教科书《续资治通鉴纲目》的编写，成化“九年，升右春坊右谕德，修《续资治通鉴纲目》”[3]。曾参与修撰《君鉴》的刘俨，“时议续《宋元（通）鉴纲目》，而众说纷纭。公力欲师朱子，然终不果志。书成，赐文绮以旌其劳”[4]。是书成于成化十三年（丁酉）。黎淳于“丁酉，修《资治通鉴纲目》成，迁詹事府少詹事兼翰林侍读”[5]，可证。《宋元通鉴纲目》之修纂，显然是为了经筵日讲做准备的，不过该书未见讲读于经筵日讲的记载，则说明为经筵准备的教材，往往比实际讲读内容要广泛得多。

（二）《通鉴纂要》

经筵日讲中取代《通鉴纲目》的是《通鉴纂要》（即《历代资治通鉴纂要》）。

《历代通鉴纂要》明正德二年内府所刻，题为李东阳、刘机撰。其实该书修于弘治后期，大约在弘治十六年左右。江澜于弘治十五年

[1] 李东阳：《朝列大夫南京国子监祭酒罗公璟墓志铭》，载焦竑辑：《国朝献征录》卷七四《南京国子监》，明万历四十四年徐象橒曼山馆刻本。

[2] 过庭训：《本朝分省人物考》卷三六《程敏政》，明天启刻本。

[3] 过庭训：《本朝分省人物考》卷四二《汪谐》，明天启刻本。

[4] 王直：《抑庵文后集》卷二四《赠礼部侍郎谥文介刘公神道碑》，景印文渊阁四库全书本。

[5] 雷礼：《国朝列卿纪》卷一八《黎淳》，明万历徐鉴刻本。

修《会典》成，升学士，赐宴并楮币千缗，“未几，修《通鉴纂要》，一以春秋纲目为准，凡切于治道人才者，论断精确”[1]。卒于弘治十七年八月的左春坊左庶子张天瑞，“与修《资治通鉴纂要》”。[2]则此书当在弘治十七年以前所修。弘治十六年朱希周“升侍读，充经筵讲官”，“是后预修《资治通鉴纂要》，修《孝庙实录》”[3]。弘治十六年白钺也参与纂修了《历代通鉴纂要》。对于参写这本宫廷教材，白钺是非常合适的人选，因为他在弘治十二年“充经筵讲官”，又于十五年“今上在春宫”时，“充讲读官”，有丰富的教学经验，同时于弘治十六年又修成《大明会典》，有撰著史书的经验，所以“寻修《历代通鉴纂要》，公与焉”。此后，正德二年后，武宗还将这部书赐给了他：“赐《纂要》。”[4]弘治时，吴宽在史事上多有成就，“修《宪庙实录》，兼校正，修《大明会典》，充副总裁，比修《历代通鉴纂要》，亦如之”[5]。弘治十六年“修《历代通鉴纂要》，又召（张元祯）为副总裁”。徐穆任侍读后“与修《历代通鉴纂要》。宋元论断多出其手”[6]。费宏以父母忧归家服丧，“服将阕，特命给驿北上，同修《通鉴纂要》”[7]。王华任詹事府少詹事兼学士，掌院事，“与编纂《通鉴纂要》”[8]。弘治十七年，吴一鹏以编修的身份参与了《资治通鉴纂要》的编纂，但被误记

[1] 雷礼：《国朝列卿纪》卷二九《江澜》，明万历徐鉴刻本。

[2] 焦竑：《国朝献征录》卷一九《詹事府二·左春坊左庶子张天瑞传》，明万历四十四年徐象樗曼山馆刻本。

[3] 张衮：《公希周墓志铭》，载焦竑辑：《国朝献征录》卷二七《南京吏部》，明万历四十四年徐象樗曼山馆刻本。

[4] 李东阳：《掌府事尚书资政大夫太子少保礼部尚书翰林院学士掌詹事府事赠太子太保谥文裕白公钺墓志铭》，载焦竑辑：《国朝献征录》卷一八《詹事府一》。

[5] 李东阳：《明故资善大夫礼部尚书兼翰林院学士掌詹事府事加赠太子太保谥文定吴公墓志铭》，载钱谷辑：《吴都文粹续集》卷四一《坟墓》，清文渊阁四库全书补配清文津阁四库全书本。

[6] 焦竑：《国朝献征录》卷二〇《翰林院一·侍读学士徐穆传》，明万历四十四年徐象樗曼山馆刻本。

[7] 李开先：《李中麓闲居集》文卷九《湖东费相国传》，明刻本。

[8] 杨一清：《南京吏部尚书封特进光禄大夫柱国新建伯海日王公华墓志铭》，载焦竑辑：《国朝献征录》卷二七《南京吏部》，明万历四十四年徐象樗曼山馆刻本。

成《通鉴节要》："甲子，服阕，复除编修，纂《资治通鉴节要》及修《玉牒》。"[1]刘春于弘治十六与修《通鉴纂要》：癸亥"五月，诏选修《通鉴纂要》"[2]。此书成于正德二年。刘春等与修"《通鉴纂要》成，例增秩，逆瑾初得志，方延诸史官一至其家，春合众议，不往，遂被廷诘。以书成字画浓淡不匀，夺月俸，官遂以不进"[3]。《通鉴纂要》是明人所修的经筵日讲教材，隆庆以后被《通鉴节要》所取代。

（三）《通鉴节要》

《通鉴节要》，应该是宋人江贽所编定的《资治通鉴节要》。该书自元代以来很受统治者们的推崇，颇为流行，在明代则于弘治二年（1489年）和正德九年（1514年）两度经司礼监刊刻印行[4]。

隆庆六年（1572年），神宗继位后，午讲制度开始推行，有讲读《通鉴节要》的安排。详见前述"神宗经筵日讲的教学实践"部分。天启时，方从哲为熹宗拟定的史书教材有《通鉴节要》等："臣等即率讲官再进午讲《通鉴节要》，讲官务将前代得失兴亡事实直解明白。其《皇上宝训》（当为《皇明宝训》之误）一书乃累朝祖宗家法，合与《通鉴》分日进讲，今昔互证，以资法戒。"[5]此《通鉴》即《通鉴节要》。在为神宗和熹宗制定的经筵日讲的仪注中，《通鉴节要》都是法定的正式内容和教材。

（四）《通鉴直解》

《资治通鉴直解》（即《通鉴直解》），是明代所纂皇帝学史的教材，一般认为是张居正等人为年幼的神宗量身定做的宫内读本。不

[1] 方鹏：《南京吏部尚书白楼吴公一鹏传》，载焦竑辑：《国朝献征录》卷二七《南京吏部》，明万历四十四年徐象樗曼山馆刻本。

[2] 雷礼：《国朝列卿纪》卷一六《刘春》，明万历徐鉴刻本。

[3] 雷礼：《国朝列卿纪》卷一六《刘春》，明万历徐鉴刻本。

[4] 左桂秋：《明代通鉴学研究》，第18、31页，山东大学博士论文，2006年。

[5] 《明熹宗实录》卷二，泰昌元年十月己未。

过，此前永乐朝已有官修的《通鉴直解》。习嘉言永乐十六年中进士后，“授编修，预修《通鉴直解》”。宣德元年，修太宗、仁宗两朝《实录》及《君臣故事》。[1]另据《澹生堂藏书目》载，知冯琦曾撰“《通鉴直解》十一卷，二册”[2]。冯琦是万历五年进士，显然也不是张居正主持的《通鉴直解》的编纂者。因为张居正的这部《通鉴直解》是隆庆六年下半年开始，至万历元年十二月止，给小皇帝日讲《资治通鉴》时的讲稿，初为二十五卷，后陆续增至二十八卷。据黄虞稷《千顷堂书目》卷四载：“张居正《通鉴直解》二十五卷，万历初年讲筵所编进。”又丁仁的《八千卷楼书目》卷四《史部》载：“《通鉴直解》二十八卷，明张居正撰，明刊本。”但张居正的《通鉴直解》是否参考过习嘉言的同名书，则不得而知。

《通鉴直解》以《资治通鉴》为主，以《通鉴外纪》、《续资治通鉴》、《宋元通鉴》等为辅，选取一些重要史事，以通俗易懂的语言进行讲解，同时渗入张居正等人对历代王朝兴衰的评价和见解。

冯琦的《通鉴直解》可能也是在讲《通鉴纂要》时自己写的讲义。该书至今仍保留在其《宗伯集》（万历刻本）卷三一至卷四七之中。如卷三一《日讲通鉴直解》载：“三年，秦大败楚师于丹阳，虏屈自，遂取汉中。楚复袭秦，又大败于蓝田。韩魏袭楚，楚割两城以和于秦。”下面是冯琦的直解：“按御敌之策和战两端而已。和于战胜之后则强，和于战败之后则弱。战出于万全则胜，战逞于一击则败……”其卷四七《日讲通鉴直解》则讲的是建安七年，曹操在官渡之战后复至官渡以及袁绍卒的史实。直解至此而终。显然冯琦只负责这一阶段的日讲。

张居正的《通鉴直解》，在天启年间仍然作为教材在经筵日讲中使用。泰昌元年九月十一日，熹宗即位伊始，刑科魏应嘉上奏称：“臣愚谓每当讲期，愿以《皇明祖训》、《帝鉴图说》、二典三谟、《通

[1] 过庭训：《本朝分省人物考》卷六二《习经》，明天启刻本。

[2] 祁承㸁：《澹生堂藏书目》，清宋氏漫堂抄本。

鉴直解》诸书，或三条，或五条，讲官平平解说，细细剖明，于以主张意识，疏通闻见，日讲日熟，豁然贯通。”[1]此建议应该是获得了接纳。大学士施凤来上揭帖后，奉有圣旨：“览奏所进经书讲章，并御前见安思危诸本、《通鉴直解》，朕不时披阅，具见卿等辅导朕学，启沃朕心，足昭忠爱。恳切至意，知道了。”[2]皇帝对于《通鉴直解》等“不时披阅”，起到了教育的作用。

此外，明代皇帝中有人可能学习过《左传》。万历元年朝鲜使臣在向李朝朝廷报告时，提到神宗皇帝读过此书。该使臣说，神宗“自近日始讲《左传》”。[3]《圣政记》也曾一度成为经筵日讲的内容。正统初，王谦试中书舍人，“初开经筵，命书《圣政记》，赐宝钞三千贯”。[4]王谦字益夫，号东斋，南直隶常州晋陵人。其父王彦昭，曾为燕世子伴读。宣德五年，王谦由宛平县庠生入国子监读书。七年，“以能书选入文渊阁，日给光禄酒馔”。他是一位善书的中书舍人，《圣政记》由他书写，但非他所撰。抄写《圣政记》的目的，显然是为了在经筵日讲的课堂上使用。《圣政记》是敕修之作，最初由太祖令宋濂修撰，共一卷；到永乐时续成三卷。[5]是歌颂洪武和永乐两朝政治清明的当代史书，其中记载了不少清官廉吏的事迹。将此作为经筵教材，显然是英宗等皇帝想缅怀祖宗创业时的功烈，激励自己守成有道。

第四节　文学与艺术教育

一　文学与戏剧

文学和戏剧也是明代宫廷教育中的重要内容。

---

[1] 沈国元：《两朝从信录》卷二，明崇祯刻本。

[2] 金日升：《颂天胪笔》卷一《谕旨》，明崇祯二年刻本。

[3] 吴晗辑:《朝鲜李朝实录中的中国史料》上编卷二五，第1505页，中华书局，1980年。

[4] 王偰：《思轩文集》卷二〇《夔府知府致仕王公墓志铭》，明弘治刻本。

[5] 焦竑：《国史经籍志》卷一《制书类・敕修》，明徐象橒刻本。

明代宫廷教育并不仅仅是《四书》、《五经》和史鉴书，在正式或非正式的教育和学习中，还包括一些文学作品，如集部著作。永乐七年以后，皇太子朱高炽“阅《欧阳修文集》，喜其奏议恳切，令赞善陈济校正”，他还对杨士奇说道：“为文不本大道，斯无用之文；为臣不能正言，斯不忠之臣。如欧阳子，无忝矣。庐陵有君子，尔其勉之！”[1]至于诸王教育中，不少宗室诸王都延请文学名家，教授文学，培养了朱载堉、朱诚泳、朱权等一批文学优赡的宗室子弟。秦简王朱诚泳留有《经进小鸣稿》，宁献王朱权写有《明宫词》等文学名著。

宦官教育中，文学也是一个不可或缺的内容。前述内书堂教育时，已说明宦官教育制度中明确规定有练习写诗的内容。此外，宦官们多读《古文真宝》、《古文精粹》二书，“皆出于老学究所选。累臣欲求大方，于明白上水头古文选为入门，再将宏肆上水头古文选为极则”二书。虽然选编了不少经史文章，但主要是从文学角度着眼的。据刘若愚称，宦官们还学习“《千家诗》、《唐贤三体诗》，习书柬活套，习作对联，再加以《古文真宝》、《古文精粹》，尽之矣”[2]。

据刘若愚《酌中志》载，内府（指司礼监）刻印的书中，有不少都属于文学书籍，是供宫廷中各阶层教育之用的教材或参考书。如《唐贤三体诗》、《李白诗》、《选诗补注》、《唐诗鼓吹》、《恩纪含春堂诗》、《击壤集》等。

在明代宫廷非制度性的教育内容中，还包括戏剧。作为文化水平不高的朱元璋，接受教育的途径之一是看戏，特别是南戏。浙江永嘉人高明，避乱四明时，惜蔡伯喈被谤，乃作《琵琶记》为之昭雪，“用清丽之词，一洗作者之陋”。朱元璋登极后，有人将《琵琶记》进呈给他，他笑曰：“《五经》、《四书》，布帛菽粟也，家家皆有；高明《琵琶记》如山珍海错，贵富家不可无。”于是“日令优人进演”。[3]在

[1] 廖道南：《殿阁词林记》卷一《华盖殿大学士杨士奇》，景印文渊阁四库全书本。

[2] 刘若愚：《酌中志》卷一八《内板经书纪略》。

[3] 徐渭：《南词叙录》，民国六年董氏刻读曲丛刊本。

这里，太祖甚至将南戏当做山珍海味，而《四书》、《五经》只相当于布帛菽粟。通过南戏的观赏，朱元璋的情操和认识得到了熏陶和提高。

在太祖的示范下，明代宫廷观赏戏剧成风，既娱乐了身心，也得到了教育，无疑是一种寓教于乐的形式。

明代万历年间吏部侍郎赵用贤的儿子赵琦美在其《脉望馆书目》中著录了藏图书近5000种，并整理出《脉望馆钞校本古今杂剧》，是中国古代最大的一部戏曲总集，共保存元明两代的杂剧242种，从中考证出明代的无名氏宫廷杂剧73种。最主要的是历史杂剧，演绎了从春秋到明代的历史故事。其中春秋故事有4种：《吴起敌秦挂帅印》、《后七国乐毅图齐》、《田穰苴伐晋兴齐》、《十八国临潼斗宝》；西汉故事有2种：《韩元帅暗度陈仓》、《运机谋随何骗英布》；东汉故事有5种：《汉姚期大战邳仝》、《邓禹定计捉彭宠》、《云台门聚二十八将》、《寇子翼定时捉将》、《马援挝打聚兽牌》；三国故事最多，有12种：《张翼德单战吕布》、《周公瑾得志娶小乔》、《关云长大破蚩尤》、《阳平关五马破曹》、《莽张飞大闹石榴园》、《关云长单刀劈四寇》、《寿亭侯怒斩关平》、《走凤雏庞统掠四郡》、《曹操夜走陈仓路》、《刘关张桃园三结义》、《张翼德三出小沛》、《张翼德大破杏林庄》；六朝故事1种：《陶渊明东篱赏菊》；唐朝故事10种：《徐茂公智降秦叔宝》、《长安城四马投唐》、《立功勋庆赏端阳》、《贤达妇龙门隐秀》、《招凉亭贾岛破风诗》、《魏征改诏风云会》、《众僚友喜赏浣花溪》、《十八学士登瀛洲》、《尉迟恭鞭打单雄信》、《唐李靖阴山破虏》；五代故事2种：《李嗣源复夺紫泥宣》、《压关楼叠挂午时牌》；宋朝故事8种：《存仁心曹彬下江南》、《焦光赞活拿萧天佑》、《穆陵关上打韩通》、《张于湖误宿女真观》、《宋大将岳飞精忠》、《八大王开诏救忠臣》、《赵匡胤打董达》、《杨六郎调兵破天阵》；明朝故事1种：《奉天命三宝下西洋》。

上述明代宫廷杂剧中历史剧共有48部。郑莉指出：这些历史剧“是按照再现历史上汉民族英雄人物辉煌业绩之意图进行创作的”。创作者“把他们的目光对准汉民族历史上那些开创基业，力挽狂澜，扬名四海的英雄人物，作品选材集中于春秋战国、西汉、东汉、三国、唐、宋等新旧时代交替之际以及本朝郑和下西洋等故事，却没有涉及北朝、西夏、辽、金、元等少数民族建立的政权，并且作者着重宣扬的是汉民族的正统文化和道德观念，这集中的指向性实际上是对带领汉族人民推翻元蒙帝国统治，重建汉家大一统的新兴明王朝的歌颂”。

此外，还有一部分是神仙道化剧，以神仙故事为题材，或者以神仙为剧中主要角色的一类戏剧。又可以分为两类：一是度脱剧。神仙向凡人说法，使他解脱，引导他入仙道，这就是度脱剧。这类度脱剧由元代有神观与人生悲剧结合而成的“普通的宗教意识”，进而发展成宗教说教的“理论化的宗教意识”。二是降魔剧。也叫“神怪剧”，是以神仙与危害人间或天庭的妖魔鬼怪斗法为内容的神仙道化剧。突出了“善”的神与“恶”的魔之间的尖锐对立。不论妖魔鬼怪的法力如何强大，也始终无法逃脱法力高强的神仙的制裁。

还有一部分是宫廷庆赏剧，基本上都是为宫廷祝寿、贺节和宴饮佐樽而作，属于待诏应制、歌功颂德的东西。通常的情节是人间帝王以孝治天下，或者皇太后虔心修道，致使风调雨顺、国泰民安，并感化了诸神下凡，亲自为“当今圣上”或“圣母”贺节祝寿。

明代宫廷杂剧除了对皇帝、太子、后妃、宫女有教化作用外，对宗室诸王及其子弟也有教育功能，并产生了一些人才。如宁献王朱权、周定王朱橚、宪王朱有炖和郑世子朱载堉便通晓戏曲和音律。朱权撰有《冲漠子独步大罗夫》和《文君私奔相如》两种杂剧。周宪王朱有炖创作了大量的杂剧，现有31种保存于《诚斋乐府》中。

明代宫廷杂剧繁荣的原因，郑莉指出：第一，朱元璋的平民出身使其重视不被视为正统文学的小说戏曲。低微出身的他做了天子后，将其所喜爱的大众性、民间性的戏曲带入宫中，并影响后世子孙。第二，明初统治者对礼乐的重视也间接地造成了宫廷杂剧的繁荣。初克金陵时，就立典乐官。“其明年置雅乐，以供郊社之祭。吴元年……命自今朝贺，不用女乐，先是命选道童充乐舞生，至是始集。又置教坊司，掌宴会大乐。”[1]到朱棣登基以后，对制礼作乐来粉饰太平颇为重视，一时间，朝野上下，颂美之音大炽，宫廷演剧的兴盛也自此而始。明代各地方搜集各地节孝忠义的故事，编纂为杂剧传奇，或者选择原有的描写忠孝节义的旧本，由里甲至州府至藩国至京师一级一级往上呈献有司，再由朝廷教坊司进行选择、修订、成为定本，配上弦索，再一级一级往下传播，从而达到教化的目的[2]。

二 音乐与绘画

明代宫廷教育中，非制度性的教育还包括音乐、绘画教育。

皇帝的音乐教育，由于史料的缺乏，使人们对此问题难以详细而深入地了解。但是，像宣宗这样的音乐素养和技能皆佳的皇帝，肯定有人对他进行过音乐教育和训练。宣宗对音乐有较高的造诣，擅长弹奏乐器，经常在便殿或花园休闲时自己演奏箫管，曾在《朝回偶作》诗中讲述自己退朝后演奏古琴的情形：“紫阁云霞晓霁，碧窗花木春深。图翫先天妙理，琴操太古遗音。”在《花前鼓琴》诗中描述道：“紫禁烟花覆御阶，冰弦相对兴悠哉。清音时逐香风起，疏影偏依玉柱来。春鸟交飞疑凤舞，池鱼几度跃萍开。云和一曲今千载，笑倚东风泛酒杯。”在《竹轩弹琴》中描述他在环境幽美的竹轩中弹琴自娱的情况：“南轩坐对竹萧森，拂轸闲调绿绮琴。一曲猗兰弹未彻，清风相答翠鸾吟。”在《夏日书怀》中叙述在凉亭上拂弹丝竹的情景：“拂拭吴丝与峄桐，小凉亭上奏薰风。满怀拍拍阳和意，散在乾坤六合中。”在《晚凉》中自述晚上纳凉时，弹琴自乐的情形：“闲暇琴书足自娱，每从周孔泝唐虞。晚来弹到南薰曲，不但怡情咏舞雩。”他的这些弹奏技巧，应是受到宫廷乐师教学和训练的结果。明代宗室子

[1] 张廷玉等：《明史》卷六一《乐志》。

[2] 郑莉：《明代宫廷杂剧研究——以〈脉望馆钞校本古今杂剧〉为中心》，华东师范大学硕士学位论文，2008 年。

弟也受到良好的音乐教育。朱权就撰有《太和正音谱》和琴谱《神奇秘谱》等。郑世子朱载堉解决了音乐上的旋宫理论和统一音高标准，发明了十二平均律，运用到乐器制作上面，还绘制了内容丰富的舞谱。著有《乐律全书》、《律吕正论》、《音义》、《瑟铭解说》等音乐著作。景泰七年选入内庭的宦官董让从内书堂肄业后，“天顺戊寅（二年，1458年），选入司礼监书办，进御用监学琴”[1]。看来宦官也接受音乐教育。

绘画也是明代宫廷的非制度性教育内容，但却是皇帝爱好者痴痴学习的艺术形式。

明代于慎行称：“人主好文章书画，虽以政理无裨，然较之声色狗马，雅俗不同，且从事文墨，亦可以陶冶性灵，简嗜好省嗜欲，未必非养神进德之助。”[2]在明代皇帝绘画中，以宣宗皇帝的水平最高，因此他肯定接受过专门的绘画教育和训练。

宣宗从宫廷画师那里学习绘画技巧。他曾作《观画》诗表达自己因观赏画师作画而逸兴遄飞的感受：“丹青绝艺近来稀，看画还令逸兴飞。自是良工用心苦，须从妙处识天机。”宣宗用自己从宫廷画师那里学来的技巧，对着皇家园林中的猿、羊、狸、鼠、鱼等动物的形态、动势进行描摹和创作，画了不少生动的动物画幅。如赏给太监袁琦的《五花马图》和《白燕图》，图中“燕上柳叶飘洒，用粉分筋，柳干颤掣”，画法是学南唐李后主的金错刀法。[3]题有“宣德六年御笔赐太监吴诚”字样的《金栈鼠茹图》，图中为一金制圆桩，锁一老鼠，老鼠正啃食一个硕大的茄子。《子母鸡图》，上面有宣宗御笔“赐内监王进”，和“斜阳欲没影荒淡，细草乱茁青猗猗”的题句。宣宗还画了一幅《松云荷雀图》赐给赵王朱高燧，图中画有“莲房小鸟

[1] 李旻：《明故江西镇守御用监太监董公墓志铭》，载赵令扬审订、梁绍杰辑录：《明代宦官碑传录》，第125页，香港大学中文系，1997年。

[2] 于慎行：《谷山笔麈》卷七《典籍》，第81页，中华书局，1984年。

[3] 李诩：《戒庵老人漫笔》卷一，第7页，中华书局，1982年。

如生，湖石水草俱得真趣”。宣宗还常将画作赐给大臣，如《牧牛图》是赐赠杨荣之作，图中平原草长、春流汗漫之态，与牧童嬉戏、牛犊闲逸之状，都刻画入神。再如《文禽图》、《非熊图》、《鱼游春水图》等画作，则赠给了夏原吉。宣宗的动物画还有《三羊开泰图》、《鼠瓜图》、《黑兔图》、《戏猿图》、《黑猿取果图》、《花石狸奴图》等。可以说，明代宫廷画师对宣宗实施了必要的美术教育，才使得这位文武双全的皇帝，在绘画艺术上取得了不凡的成就。

除皇帝外，明宗室也以绘画作为学习的内容。清人彭蕴璨《历代画史汇传》载有明宗室画家46人，其中朱多爥、朱谋垚、朱厚熿、朱庆聚等都以擅长绘画出名，明末清初的宗室朱耷和道济更是画名卓著。

三 书法

书法由于牵涉到批阅奏疏，因此被明廷安排进了经筵日讲的教育体系之中，成为法定的教育内容，既是明代太子出阁讲学的重要教学内容，也是皇帝在参加经筵日讲时的一项教育内容。职是之故，明代皇帝的书法多有不俗的表现，有的甚至达到了较高的艺术境地。

黄佐指出：“习书虽六学之一艺，然事属经筵，颁为帝制，亦不可以为末务。”他叙述：“太宗喜楷书，时典籍沈度书法丰润，上深爱之，每有大制作，必命度誊写。”其弟沈粲“亦起自书办，累官侍读”。自此“沈字盛行于朝”。[1]沈度（1357－1434年）曾是太宗和宣宗的书法老师，对这二位皇帝的书法教育起到了重要的作用。沈度字民则，松江华亭人。曾任翰林侍讲学士。太祖时因罪被贬云南，成祖朱棣即位后，下令选拔书法高手，征沈度入朝为官。沈度擅篆、隶、楷、行等书体，字婉丽飘逸，雍容矩度，结体平正，笔致光洁，朱棣称他为“我朝王羲之”[2]。也有人认为成祖“习书，尚未以度字为式”。

[1] 黄佐：《翰林记》卷一〇《习书》。

[2] 李绍文：《皇明世说新语》卷六《巧艺》，明万历刻本。

不仅太宗书法受其指点，宣宗的书法也受到其影响，其书“学颜清臣（真卿），而微带沈度姿态”[1]。除了学习沈度外，宣宗还揣摩和学习古人的书法艺术，经常观赏和学习宫中收藏的古人法帖，曾表白道：“朕几务之余，游心载籍，及遍观古人翰墨，有契于怀”。宣宗“自冲龄习古法帖，宸翰妙绝，盖始学赵孟頫，而加以遒劲，真所谓精能之至，出神入化者。”[2]他后来喜欢的是王羲之和颜真卿的手迹，时常观摩玩赏。在学习前人书法的同时，宣宗还不断琢磨和创新，渐渐形成了自己的书法见解和艺术风格。宣德二年（1427年），在给侍书蒋晖的《论书句》中，宣宗对书法的运笔方式和草书等发表了自己的看法。他常挥毫书写具有个人风格的书法条幅，在节日和盛会之际，赏赐给大臣杨荣、杨溥、杨士奇、黄淮、蹇义、夏原吉等人。

正统年间，经筵日讲制度正式确立，书法训练成为内容之一。英宗自述：“朕初习字，侍书者不曾开指下笔法，任意写去，及写毕，令其看视，又不校正，以此写字不佳。”[3]孝宗皇帝经筵之外，“尤嗜故学士沈度之书，日临数过”[4]。黄佐称：“孝宗亦爱沈度书，宫中妙习焉。尝求其后官之，物色得其孙世隆，授之中书舍人，故今朝廷制诰犹用沈体云。”[5]

此后凡是年幼的皇帝即位，经筵日讲中都会安排书法练习。书法教育一直延续到神宗时。后来张居正认为小皇帝书法练习已佳，便在日讲课中取消了书法练习。但熹宗即位时才15岁，因此书法又成为其日讲中的一项内容。丁绍轼做讲官时记述熹宗写字在后殿之东房。每当大臣们夸奖其书法好时，熹宗都会喜不自禁。

明宗室的教育内容也少不了书法。因为学习有方和注重练习，朱

---

[1] 沈德符：《万历野获编》补遗卷一《宣宗御笔》。

[2] 黄佐：《翰林记》卷一〇《习书》。

[3] 李贤：《天顺日录》，明嘉靖十二年刻明良集本。

[4] 王鏊：《讲学篇》，载贺复征编《文章辨体汇选》卷一一〇，清文渊阁四库全书补配清文津阁四库全书本。

[5] 黄佐：《翰林记》卷一〇《习书》。

多烒、朱多熿、朱统锳等宗室子弟在书法上皆取得不俗的成就。

第五节 教育内容的统一性与针对性

明代宫廷教育内容既具有统一性，又具有针对性，具有二者结合的特点。统一性表明大明帝国意识形态的独断性和唯一性，即所有的教育都以程朱理学为其基本的内容，以《四书》、《五经》为基本教材；然而，由于教育对象的复杂性，又导致明代宫廷教育具有针对性，会根据受教育者不同的层次和年龄等作微调，选择与之相匹配的内容和教材作为学习对象。

一 教育的统一性与针对性的关系

由于奉程朱理学为国家意识形态，因此大明帝国的宫廷教育皆以程朱理学为基本内容，从而具有统一性特征。程朱理学的代表文本《四书》、《五经》，成为明代宫廷教育中普遍使用的教科书。无论皇帝、太子、诸王还是宦官，都将这些经典作为讲读的内容。朱鸿林发现："神宗在经筵内外所读之书，其实和内廷宦官在内书堂所受正式教育中所读之书基本一样。"[1]另一方面，明代宫廷教育中，也根据受教育的特点，制定针对性的教育内容。

就每一个皇帝而言，在他所受教育中，也往往具有统一性和针对性相间的问题。如神宗既读了统一的《四书》、《五经》，也读了根据其个人特点而选择的文学和医药等书。他学习过具有普遍性的教材和著作，"《四书》、《五经》、《资治通鉴》、《贞观政要》、《大学衍义》等经筵经典读物，他都曾经听讲和阅读过解说……像《四书》和《书经》还曾一再进读"。同时，"他的阅读兴趣也泛及文学、文字、医

[1] 朱鸿林：《明神宗经筵进讲书考》，载《华学》第九、十辑，第1734页，上海古籍出版社，2008年。

药之类书籍”[1]。从神宗的阅读范围来看，他的教育既有统一性的影响，也有针对性的表现。读《四书》、《五经》、《资治通鉴》、《贞观政要》、《大学衍义》是统一性的反映，而读的“文学、文字、医药之类书籍”，则反映了其教育的针对性特色。读医药书，与神宗身体不好有关，所谓久病成医是也。

宦官教育中的统一性，表现在他们授课内容也是以《四书》、《五经》为主，教师也是教授过皇帝、太子和诸王的儒臣。朱鸿林指出：“这样，皇帝和宦官都有着同样出身和训练的老师，他们的所学所习因而基本相同。学养好的太监，其书本、文字知识无疑足以胜任皇帝的宫中教师，而事实上他们也多是皇帝的启蒙老师。由此可见，皇帝和内官在地位上有云泥之别，但在文化学习上却是一体的。”[2]他还指出：“宦官所读之书，凡神宗在经筵、日讲讲读的都在其中。其余也多和他在内廷学习的相同。宦官初学的启蒙书籍，也就是他启蒙时所读的书籍。内书堂学生同样学习诵诗题诗，甚至作诗。刘若愚说‘题诗’正是他们每日放学前的例行节目。内书堂的老师也是来自词林的优秀文官。”[3]表现出宦官教育与皇帝教育的统一性。宦官教育的针对性则表现在，他们还学习《内令》等书。这是针对其宦官身份而实施的法规教育。

明代宫廷教育的统一性内容，还表现在工具书的相同上面。宫廷教育的组成，除了教科书外，还有辅助性的工具书。如太祖时编纂的《洪武正韵》，就是较早的宫廷教育的工具书。在刘若愚《酌中志》所载内府刻本中，有《古字便览》、《四书杂字》、《洪武正韵玉键》、《广韵》、《玉篇》、《韵府群玉》、《诗韵释义》、《四书白文》、《诗学大成》、《尔雅·埤雅》、《许氏说文》等，便是为宫中各阶层教育准备的工具书。此外，还有《四书五经字学要览》等书。

[1] 朱鸿林：《明神宗经筵进讲书考》，载《华学》第九、十辑，第1734页。
[2] 朱鸿林：《明神宗经筵进讲书考》，载《华学》第九、十辑，第1735页。
[3] 此段引自朱鸿林：《明神宗经筵进讲书考》，载《华学》第九、十辑，第1735页。

天启三年二月，国子监祭酒蔡毅中进《四书五经字学要览》。他在疏中指出：“一字有韵有音有义，有点画之从，而五方之音万有不同……天下学士大夫以及博士弟子溺于见闻，狃于习俗，于音韵、意义、点画犹不知正韵之宗，摛词一章错误盈幅，盖缘庠序不以课程，科场不以轻重，童而习之，白首纷如耳！臣自舞象时即攻此业，每读书，于每字必求其义，考其音韵，清其点画，积久成帙。”现在他“叨侍经筵，叨司国子，则正字典文，臣之职也。乃集《四书五经字学要览》，为皇上经筵日讲之供，又集注《字学会编》以训诸生，仿《周礼》保氏教国子六书之法，且备词臣进讲之资，盖君执要、臣职详之意也。其《四书》、《五经》字有当辨音韵，当解意义，有当从之点画一定，不可易矣。然字有一形而数音者，一音而数义者，不容不加分合，如辟字一也，分读则有八音；慊字一也，分读则有三音；恶字一也，分读则有四音；数字一也，分读则有五音；齐字一也，分读则有六音。集在《会编》者，经书悉以音韵配义，拆而分之，比而合之，纤毫必备。在《要览》则止于各字各注一音，其分音不载，各音各著一义，分义不载。正文小注疑难备收，似无遗漏。总之，欲圣目目一览即见，不烦翻阅。此愚臣一得之见，以愚益圣之心也。若《等韵》、《篆隶》、《说文》、《韵略》诸书，臣虽日加考究，而于正学无补，若近年《五经直音》难字有纪，而有音无义。近日归德沈氏、关中刘氏、江阴王氏《四书难字》有纪，而有音无韵，有韵无义，且三分未有总收，偏而不全，博而寡要。臣有蓬心焉。兹谨以《四书五经字学要览》八卷，随疏上进。其《会编》字多，一时缮写难完，臣已捐俸镂刻未就，容再进呈。伏乞我皇上诵读之时，不弃《要览》，俯赐电观，或可少省繁文，有裨圣学之万一”。结果熹宗下旨：“奏进《字学要览》，有裨考证。原本留览，仍旧刊板布行。该部知道。”不久刊印完毕，恭进成书。蔡毅中又上奏道：“臣毅中前奏进《经书字学》遵旨送稿礼部，移咨工部，发工价八十两送监刊行。臣日甘疏水，悉损俸薪。今刊板始完，谨以《要览》、《会编》并续进《广规》，肃印恭装一部，上呈御览。二十部供皇上颁示经筵日讲诸臣讲读之用。计《要览经书》八卷，共字七万二千五百有奇，《会编经书》八卷，共字一十五万一百有奇，《广规》三卷，共字一万九千四百有奇。”他还指出：“臣在成均，日诵高皇帝监规，皆执中之训而衍其义，为《广规》三卷，皆僭窃发明。一中之学，以收百千万字学之本源耳。恭惟我皇上登极以来，时开经筵，时亲日讲，好学不倦，字字究心，言言考证，万几之理，敦孝明伦，亲贤纳谏，一一皆执中之用，真上接十六字之传，绍二帝三王之统，得高皇帝规训之心法矣！”又说：“臣进字言字，故复申之谨，以《要览》、《会编》、《广规》共三百九十九卷，二十一套，随疏上进。臣不胜惓惓待命之至！”熹宗下圣旨：“览奏进刻成《字学广规》并陈典训要指，知道了。书俱留览，还另装青帙的，径给讲读及正字官各一部，不必具本。该部知道。”[1]《四书五经字学要览》不仅是皇帝经筵日讲的工具书，还可以作为所有学习《四书》、《五经》者的工具书。

宦官教育也离不开工具书。据刘若愚称，宦官中“先年有读《等韵》、《海篇》部头，以便检查难字。凡有不知典故难字，必自己搜查，不惮疲苦”[2]。可见，工具书是属于教育统一性的内容。

而针对性教育，往往是依据不同阶层和年龄所开展的特殊内容。

二　皇帝的针对性教育内容

尽管明朝宫廷教育强调统一性，无论是皇帝、太子、诸王还是宦官，都要学习《四书》、《五经》，然而教育毕竟一项复杂的事业，必须针对不同层次、年龄乃至性别，选择不同的教育内容和教材，方能奏效。

对于皇帝来说，一般都强调帝王之学的规范性和统一性，所学内

[1] 沈国元：《两朝从信录》卷一七《癸亥（天启三年）》，明崇祯刻本。
[2] 刘若愚：《酌中志》卷一八《内板经书纪略》。

容和教材都是相同的，但是，由于皇帝年龄不同，在位时间不一，因此在教育上也出现了针对性的内容。如世宗皇帝，他的经筵日讲便出现了迎合其崇道喜好的《河图》、《洛书》内容。嘉靖时，《河图》、《洛书》一度成为经筵进讲的教材。据《易》载："河出图，洛出书，圣人则之。"相传，伏羲时有龙马从黄河跃出，其身刻有一六居下，二七居上，三八居左，四九居右之数字，即所谓"河图"。伏羲依照河图演为八卦。又相传，大禹治水时，有神龟从洛河爬出，背上数字排列为戴九履一，左三右七，二四为肩，六八为足，五居中央。即所谓"洛书"。但是，河洛图式早已失传，明代所接触的《河图》、《洛书》，可能是宋人所托。嘉靖八年，翰林院侍讲学士许诰奏请："《河图》、《洛书》，万世文字之祖，宜同《五经》、《四书》进讲，以明斯道之本原。"世宗"嘉纳之"。[1]既然世宗"嘉纳之"，则此二书有可能短暂地在经筵日讲中讲授过。《河图》、《洛书》在世宗时成为进讲内容，则具有很强的针对性。

神宗皇帝进讲内容除了《四书》、《五经》外，还出现了针对其年龄特征的教育内容，如《帝鉴图说》。张居正主持并命令日讲官陶大临、马自强等编写了看图明理的历史启蒙教材《帝鉴图说》，为年方10岁的神宗讲读。陶大临在神宗即位后，"迁礼部侍郎，充经筵日讲官……又偕同官辑《帝鉴图说》上之"[2]。该书分为上下两篇，将历代帝王择其善可为法者八十一事，恶可为戒者三十六事绘成图画，用浅显文字解释，图文并茂，是针对神宗年龄的特点设计的教材。"此教材图画生动，文字浅显，利于幼主接受"[3]。幼君可以"视其善者，取以为师，从之如不及，视其恶者，用以为戒，畏之如探汤。每兴一念，每行一事，即稽古以验今，因人而自考"。[4]

---

[1] 《明世宗实录》卷九七，嘉靖八年正月丁未。

[2] 陶望龄：《陶文简公集》卷一一《世传第六・陶大临》，明天启七年陶履中刻本。

[3] 朱子彦：《明万历朝经筵制度述论》，载《社会科学战线》2007 年第 2 期。

[4] 张居正：《张太岳集》卷三八《进帝鉴图说疏》。

三　太子的针对性教育内容

明代太子教育除了统一性外，也有更为丰富的针对性内容。

一是针对太子年幼的特点，进行启蒙教育。明人吕毖《明朝小史》载，神宗为太子，在隆庆六年三月出阁读书时，曾回答过辅臣的询问，说是时“方读《三字经》”[1]在皇帝教育中，很少讲授《孝经》和《小学》的，而太子往往年幼，学习《小学》符合其年龄特征，且其作为子嗣，讲授《孝经》可以令其尊敬父皇，因此，弘治间张元祯上疏提出经筵讲读时，“东宫则用《孝经》、《小学》”，孝宗欣然嘉纳。[2]《小学》旧题朱熹撰，实际上是朱熹与其弟子刘清之合编的启蒙读物。该书的发凡起例出于朱熹，类次编定时刘清之出力甚多。对于《小学》一书的功用，朱熹曾有阐述：“后生初学，且看《小学》书，是做人底样子。”[3]《小学》全书六卷，分内外两篇。内篇下分四纲目，分别是立教、明伦、敬身和鉴古。外篇分嘉言和善行两部分。《小学》最主要的思想是明伦。立教是为明伦，敬身亦为明伦。所谓明伦便是明父子之亲、君臣之义、夫妇之别、长幼之序和朋友之信。《小学》是适合年少的太子学习，因此是宫廷教育中具有针对性的内容。

郑纪曾为太子教育进献《圣功图说》，他考虑到“《五经》、《四书》深远难通，古人有献《千秋金鉴录》者，有献《赞道赋》者，有举《承华要略》者，皆非幼年易晓，臣故采前代并圣朝储君童冠、受学、践阼等事，凡百条，每条摘其事实，画图于前，又录其出处，断论于后，谨撰笺文一通，附写卷首，取《易》蒙以养正圣功之义，名曰《圣功图》，装潢成帙，上进皇帝陛下，伏望睿览采择，倘少有裨益。乞宣付东宫讲官，以补讲读万分之一，庶几皇太子见此图画，必

[1] 转引自樊树志《万历传》，第7页，人民出版社，1993年。

[2] 黄佐：《翰林记》卷九，《讲读合用书籍》，景印文渊阁四库全书本。

[3] 张伯行：《续近思录》卷一一《教学》，清正谊堂全书本。

乐观而易晓，讲官因此图画可以指示而解说，见迹以求义，假粗而见精，日濡月染，则古今之嘉言善行，尽在皇太子之胸中，然后次第以及经书、子、史以广其见闻，则教法立矣。”[1]虽然未见采纳，但引起了霍韬等人的效仿。嘉靖十八年闰七月，南京礼部尚书霍韬、吏部郎中邹守益，也针对“皇太子幼未出阁，未可以文辞陈说”的情况，“共为《圣功图》一册上之”。该册绘图十三事：一曰文王为世子问安；二曰视膳，愿皇太子大孝，师文王也；三曰文王世子齿胄，愿其有古圣王谦德也；四曰汉桓荣授经，见东汉犹存古风也；五曰神尧茅茨土阶；六曰大禹菲饮食，恶衣服，愿皇太子崇俭也；七曰大禹卑宫室，力沟洫；八曰周王稼穑艰难，愿皇太子啬身勤民，默契古帝王心法也；九曰周室后妃蚕织，愿皇太子知绮绣之难得；十曰宫中隙地种蔬，知我圣祖之同符尧禹也；十一曰西苑稼耕；十二曰西苑蚕桑，愿皇太子家法即成周家法，是《关雎》、《麟趾》之风也；十三曰商高宗访道。[2]霍韬等人要求“皇上少垂圣览，如谓臣等所绘图册或有少裨东宫作圣之资，敕下内侍谨厚人员，将臣等所绘图册时进皇太子观玩，未用讲解文义，且观图象得意，契悟自深，俞于讲说之烦也”。他们还要求“特赐内侍人员，时进东宫睿览”。[3]但是世宗指出：“图册中语多回隐，实假公以行谤讪，无人臣礼。下礼部参奏。”结果，“诏宥韬等罪。册疏报寝”。[4]虽然没有成功，但他们在编绘《圣功图》时，已经知道要针对太子年幼的特点，绘图以为教材，至少在宫廷教育思想上，突出了针对性的特点。

二是针对太子的身份，编纂一些相应的教材。明朝太子的教育，历代均编有不同的教材。王祖嫡指：“至于日讲之书，已有规制，似难别议。但孝莫大于法祖，德莫美于纳谏，斯虽二者，固可以该众美

[1] 郑纪：《东园文集》卷三《进圣功图说以辅养皇储》，清文渊阁四库全书补配清文津阁四库全书本。
[2] 徐学聚：《国朝典汇》卷八《朝端大政・东宫》，明天启四年徐与参刻本。
[3] 霍韬:《感恩献愚少裨东宫圣学疏》，载贾三近编《皇明两朝疏抄》卷三，明万历刻本。
[4] 徐学聚：《国朝典汇》卷八《朝端大政・东宫》，明天启四年徐与参刻本。

也。如我太祖之《储君昭鉴录》，成祖之《文华宝鉴》，宣宗之《帝训》，宪宗之《文华大训》，及我世宗之《钦天敬一》诸书，咸切于身心治理之术，是不可不反复而诵绎焉者。”[1]

成祖针对太子教育的特点，组织编纂了《文华宝鉴》作为教科书。永乐元年，成祖朱棣“命侍臣辑自古以来嘉言善行、有益于国太子者为书，以授长子”，并对长子朱高炽说：“昔尧试舜，自慎徽五典，至纳于大麓，历试诸艰，乃命以位。舜生长民间，躬亲稼穑，尧尚试之如此。朕命令长子守北京，亲庶务，虽吏案奏牍，皆躬阅之，以知为臣之难，他日庶可为人君也。朕少时尝居凤阳，民间细事无不究知。后受命镇北方，经绝塞，冒霜雪，与士卒同甘苦，其他所未经历者，则博考于载籍，每览昔人言行可自警省者，读之不能释手。书读所以有益于人，然人资禀有强弱，泛而不切，亦未有益。故欲令尔等辑此教之，先定其尺度权衡，使中有所主也。”[2]此书便是后来的《文华宝鉴》。永乐二年，“《文华宝鉴》成。先是，命侍臣辑自古以来嘉言善行有益于太子者为书，以授太子。至是书成，名《文华宝鉴》”。成祖御奉天门，召皇太子将书授之，告诫道：“修己治人之要，具于此书。昔尧舜相传，惟曰允执厥中。帝王之道，贵乎知要，知要便是为治。尔其勉之！”皇太子朱高炽“拜受而退”。成祖对翰林学士兼右春坊大学士解缙等说：“朕皇考训戒太子，尝采经传格言为书，名《储君昭鉴录》。朕此书稍充广之，益以皇考圣谟大训，以为子孙帝王万世之法。诚能守此，足为贤君。昔秦始皇教太子以法律，晋元帝授太子以韩非书，帝王之道，废而不讲，此所以乱亡。朕此书皆大经大法，卿等兼辅东宫，从容闲暇亦当以此为说。庶几成其德业，他日不失为守成令主。”[3]其实，“皇考”太祖所纂并非针对太子的书，名字也不是《储君昭鉴录》，而是针对诸王的《昭鉴录》。成祖命侍臣

[1] 王祖嫡：《师竹堂集》卷二九《拟陈东宫讲学要务疏》，明天启刻本。

[2] 《明太宗实录》卷二四，永乐元年冬十月己未。

[3] 《明太宗实录》卷三〇，永乐二年夏四月甲申。

所编之书，是专门针对太子教育而编纂的，命名为《文华宝鉴》，是因为皇太子的经筵讲学是在文华殿中举行的缘故。

明成祖在教育太子和皇长孙时，还针对性地纂成《务本之训》作为参考书。永乐八年，“《务本之训》成。时上以皇长孙生长深宫，欲其知稼穑之艰难，因巡幸北京以侍行，使历观民情风俗及田野农桑勤劳之事，而知国用所需，皆出于此。为民上者，宜加悯恤。且举太祖高皇帝创业之难，及往古圣贤之君、昏乱之主兴亡得失可为鉴戒者，以致饬励之意。书成名《务本之训》云”[1]。永乐十五年，成祖又将此书赐给太子朱高炽和皇长孙朱瞻基：“赐皇太子《务本之训》，复赐敕谕曰：‘往者朕以侍行，欲其周知民事，遂作书教之，名《务本之训》，此书于帝王修齐治平之道粗备，且皆切实之言。今别录赐汝，闲暇能沉潜玩味，触类而长，大有益矣。’别赐皇太孙此书，赐敕曰：‘尔将来嗣有宗社人民之寄。今闲暇宜与儒臣讲明而服膺之，庶几克称他日太平之望。’[2]

成化时，朝廷又针对皇太子的教育，编纂《文华大训》作教材。刘吉曾于景泰元年任经筵官，天顺四年，为郑世子、泾阳王讲读，并任太子朱见深的讲读官，成化三年任经筵日讲官，有丰富的教学经历，后与修东宫教材《文华大训》：“上以今上在青宫，命儒臣修《文华大训》以资讲读，书成，进太子太保兼武英殿大学士，尚书如故。”[3]成化十二年担任经筵讲官，十五年又讲学东宫的倪岳也与修《文华大训》：“服除还任，适今上（孝宗）为皇太子，讲学春宫；诏辑《文华大训》，内阁大臣首以公名上。壬寅书成，进学士。”成化“甲辰（二十年），充春宫讲读官”。[4]既担任过太子朱见深东宫讲读

---

[1] 《明太宗帝实录》卷一〇九，永乐八年冬十月癸卯。

[2] 《明太宗实录》卷一九一，永乐十五年秋七月乙亥。

[3] 徐溥：《特进光禄大夫柱国少师兼太子太师吏部尚书华盖殿大学士赠太师谥文穆刘公吉神道碑》，载焦竑辑：《国朝献征录》卷一四《内阁三》，明万历四十四年徐象橒曼山馆刻本。

[4] 吴宽：《匏翁家藏集》卷五九《倪文毅公家传》，四部丛刊景明正德本。

官、又做过宪宗皇帝经筵讲官的宫廷教师刘珝，参与编纂过教材《文华大训》。成化十八年，“修《文华大训》成，加太子太保，进阶光禄大夫、柱国”。[1]杨守陈于成化十八年“今上出阁”时，“侍讲读，《文华大训》成，升詹事府少詹事兼侍讲学士，赐楮币千贯”。[2]另载，杨守陈做皇太子东宫讲读官时，“孝宗出阁，被选日侍讲读，会《文华大训》成，升詹事府少詹事兼翰林侍讲学士。《大训》篇目多本《大学衍义》，独事涉中人者，悉不以书。守陈曰：‘是何以为训？’撮其贤否得失之故，分注一条，议者不能夺。”[3]《文华大训》不仅编纂成书，而且还实实在在地施诸东宫教育。黄景昉叙述道：“方孝庙在东宫，讲官周经进讲《文华大训》，每起立拱听。”[4]

明代还针对诸王年幼的特点，编写图画性的教材。洪武元年四月，太祖“命画古孝行及身所经历艰难起家战伐之事为图，以示子孙”。并解释道：‘朕家本业农，祖父皆长者，世承忠厚，积善余庆以及于朕。今图此者，使后世观之，知王业艰难也。”向这些生长深宫的后世子孙“示之以此，使朝夕览观，庶有所警”。[5]

明朝还有专门针对诸王身份所编的教育文本《昭鉴录》。隆庆时，殷士儋“请进讲《祖训》、《昭鉴》诸书及《大学衍义》、《贞观政要》，上皆称善，从之”[6]，则说明当时《昭鉴录》被采纳为经筵日讲的进讲教材。《昭鉴录》共11卷。明初，太祖命礼部尚书陶凯摘录汉唐以下藩王善恶之事，编纂成书，以作鉴戒。后由秦王傅文原吉、翰林编修王僎、国子博士李叔元、助教朱复、录事蒋子杰等续修。洪武六年书

[1] 过庭训：《本朝分省人物考》卷九七《刘珝》，明天启刻本。

[2] 王僎：《思轩文集》卷一三《吏部右侍郎兼詹事府丞赠礼部尚书谥文懿杨公神道碑铭》，明弘治刻本。

[3] 过庭训：《本朝分省人物考》卷四七《杨守陈》，明天启刻本。

[4] 黄景昉：《国史唯疑》卷四。

[5] 《明太祖实录》卷三一，洪武元年四月戊申。

[6] 于慎行：《光禄大夫少保兼太子太保礼部尚书武英殿大学士赠太保谥文庄棠川殷公士儋行状》，载焦竑辑：《国朝献征录》卷一七《内阁六》，明万历四十四年徐象橒曼山馆刻本。

成，太子赞善宋濂为之作序。进呈后，朱元璋赐名《昭鉴录》，并颁赐宗室诸王，以警戒其行为。除了隆庆时在经筵日讲上一度讲读外，该书还应该是诸王教育的参考书。

四 宦官的针对性教育内容

在宦官教育中，针对性更加明显。内书堂的课程，包括三个部分：一是当时士子们所诵读的《大学》、《论语》、《中庸》和《孟子》，即《四书》，这些与一般的官学私塾相同，属于统一性的教学内容。二是社会上通行的儿童启蒙读物，如《百家姓》、《千字文》、《神童诗》、《千家诗》、《孝经》等书，这些内容对内书堂的小宦官来讲，具有针对性，但与全国儿童教育相比，并无不同，因此又具有统一性。三是小内侍的专业读物，也属于宦官教育的针对性的内容。主要有：《内令》，包括明太祖、成祖以来历朝皇帝对宦官的诫谕；《中鉴录》，收集了历代奉公守法的宦官的事迹，以为宦官的楷模；《貂珰史鉴》，是万历二十四年四川按察佥事张世则编纂的史书，备列历代宦官之善恶，有评，有考，有论，礼部建议将其作为内书堂的必读教材，以为“善可为法，身享令名，国亦受福，读之令人慕；恶可为戒，国将受害，身先诛夷，读之令人畏”[1]；“判仿”，是培养小内侍对廷臣所上章奏进行批答，对阁臣的票拟进行批红，为其进入司礼监作准备[2]。

宦官教育的针对性不止上述内容。不同志向的宦官，还根据自己的需要，制定了不同的阅读书目和学习范围，强化了教育的针对性。正如刘若愚所说，“凡有志官人，各另有私书自读，其原给官书，故事而已”。刘若愚又列举和评论他们所读范围道：“皇城中内相学问，读《四书》、《书经》、《诗经》，看《性理》、《通鉴节要》、《千家诗》、

[1] 《明神宗实录》卷二五〇，万历二十七年七月癸酉。

[2] 关于宦官教育，吴仕伟《明代宫廷教育研究》（第 59－60 页，湖南师范大学硕士学位论文，2009 年）亦有叙述，可参阅。

《唐贤三体诗》，习书柬活套，习作对联，再加以《古文真宝》、《古文精粹》，尽之矣。十分聪明有志者，看《大学衍义》、《贞观政要》、《圣学心法》、《纲目》，尽之矣。《说苑》、《新序》，亦间及之。《五经大全》、《文献通考》，涉猎者亦寡也。此内府有板之书也。先年有读《字韵》、《海篇》部头，以便检查难字。凡有不知典故难字，必自己蒐查，不惮疲苦。至于《周礼》、《左传》、《国语》、《史》、《汉》，一则内府无板，一则绳于陋习，概不好焉。盖缘心气骄满，勉强拱高，而无虚己受善之风也。《三国志通俗演义》、《韵府群玉》，皆乐看受买者也。”[1]

除上述各阶层外，明代宫廷教育中的后妃教育，也有针对性的内容。据刘若愚《酌中志》在《内板经书纪略》中介绍，当时司礼监刊刻的书中，有不少都属于针对后妃的特点而编纂的教科书或参考书。如《列女传》、仁孝皇后《劝善书》、《高皇后传》、《女训》、《内训》、《郑氏女孝经》、曹大家《女（训)[诫]》、《女诫直解》、《内则诗》、《外戚事鉴》、慈圣皇太后《女鉴》等，皆具有很强的针对性，并不适宜于其他阶层和性别教育之用。

第六节　讲章

上述宫廷教育的内容和教材、参考书，大都是靠讲官讲解的。讲官在进讲前，一般都要撰写讲章（即讲义）。讲官的讲章在进讲前，皆需内阁审核，然后才能进讲。有些讲官对内阁的修改并不满意，甚至抵触，因此他们有时候将未经修改的讲章或讲义，保留下来，自己收入或子孙编入其文集中。因此，从讲官们留下的文集中，可以找到不少经筵讲章或讲义，这些讲章可以反映讲官真实的想法，而与内阁修改后的讲章相区别。对此问题的研究，似只有朱鸿林的《高拱经

[1] 刘若愚：《酌中志》卷一八。

筵内外的经说异同》[1]和《申时行的经筵讲章》[2]向燕南《〈大学衍议补〉的撰述特点和思想分析》[3]等作过探讨，研究的空间还很大。

在经筵日讲制度正式确立之前，实际上已在实践着这一制度，并有讲官撰写过讲义和讲章。在该制度正式建立后，撰写经筵日讲讲章的情况变得十分普遍。王锡衮（1598－1647年）“方署吏部印，又为讲官，每于事隙，撰讲章以进。是时上或连数日御讲，王不废部务，每日撰讲，肄习精熟，至于不遑寝食”。[4]可见对撰写讲章的热忱。

关于经筵讲章的内容与格式，有人做过论述：“今制：经筵进讲章，首列训诂，次陈大义，而以规讽终焉。欲易晓故，篇首多用俗语，与此类所载者夐异，似为有益。”[5]黄佐指出“援古为证，勿用浮辞，尤讲章之定式”[6]。

明代讲义或讲章，从名称上来看，分为两种情况，一是直接叫讲义或讲章，一是叫直解。从对象来看，也分为两种情况，一是给皇太子写的东宫讲义，一是给皇帝写的经筵讲章。

一　东宫教学讲义

有记载证明，明代最早的讲义，是为皇太子东宫讲学准备的。永乐间，叶砥（1342－1421年）任东宫讲读，“其言于上者，必尧舜周孔之道，非是不以陈”。“平生为文甚多，号《坦斋集》，今所存者《南行稿》、《退朝稿》、《芝山稿》、《经进稿》及《经筵讲义》”。[7]永乐

[1] 朱鸿林：《高拱经筵内外的经说异同》，第127－138页，载曾一民编：《林天蔚教授纪念文集》，台北文史哲出版社，2009年。

[2] 朱鸿林：《申时行的经筵讲章》，第509－533页，载《屈万里先生百岁诞辰国际学术研讨会论文集》，台北“国家”图书馆，2006年。

[3] 向燕南：《〈大学衍议补〉的撰述特点和思想分析》，载《北京社会科学》2002年第2期。

[4] 杨士聪：《玉堂荟记》卷三。

[5] 朱荃宰：《文通》卷一二《说书》，明天启刻本。

[6] 黄佐：《翰林记》卷九《御前讲论经文·讲章》，景印文渊阁四库全书本。

[7] 王直：《抑庵文后集》卷三三《知府叶公墓志铭》，景印文渊阁四库全书本。

间杨士奇也曾撰有东宫讲义。杨士奇“简入文渊阁，进侍讲，兼春坊左中允，转左谕德”，“永乐二年，撰《文华殿讲义》”。七年，“命侍东宫讲学士奇撰《易本义要旨》以进，皇太子悦，赐名《周易直指》”[1]。

永乐二年四月册立世子朱高炽为皇太子。“七月，命翰林、春坊分撰《诸经讲义》，送内阁阅过，有未当处，悉与改正，然后呈御览允当，赴东宫进讲”。当时“内阁解缙阅《书》，胡广阅《诗》，金幼孜阅《春秋》，杨士奇阅《易》”。看来，内阁审阅讲官的讲义，历史悠久[2]。

王直也负责为东宫撰写经筵讲义。宣宗为皇太子，慎选宫僚，首升王直为右春坊右庶子仍兼侍读学士，“凡经筵讲义及文武群臣诰敕，皆以属直。又兼记注，至于圣政、圣训之当书者，皆录之以备纂述”[3]。据另书载，“洪熙初，进侍读学士。宣宗为皇太子，进右春坊右庶子，仍兼侍读学士。”“凡经筵讲义、制诰，皆以属直，兼司记注，圣政、圣训悉录备纂。”[4]

据祁承爜《澹生堂藏书目》所载，知程敏政撰有《青宫讲义》四卷一册，显然是东宫教学讲义。

焦竑在万历二十二年做了东宫讲读官后，编纂了一些教材，“所著有《东宫讲义》、《解易筌》、《禹贡解》”等[5]。这些应该就是为太子撰写的讲义。他还专门为太子教育撰著了《养正图解》。“取典籍中可备劝戒者，绘图演之，名《养正图解》，神宗详加省览，温旨慰藉。”[6]明代东宫讲读官为太子教学所撰的东宫讲义，对太子理解教材的意思起到了良好的辅助作用。

---

[1] 廖道南：《殿阁词林记》卷一《华盖殿大学士杨士奇》，景印文渊阁四库全书本。
[2] 徐学聚：《国朝典汇》卷八《朝端大政·东宫》，明天启四年徐与参刻本。
[3] 过庭训：《本朝分省人物考》卷六三《王直》，明天启刻本。
[4] 项笃寿：《今献备遗》卷一三《王直》，景印文渊阁四库全书本。
[5] 徐开任：《明名臣言行录》卷七四《修撰焦文端公竑》，清康熙刻本。
[6] 过庭训：《本朝分省人物考》卷一三《焦竑》明天启刻本。

二 皇帝教学讲章

黄佐认为“进讲以讲章进呈，始于太宗朝”。永乐二年八月，学士解缙等进呈《大学·正心诚意》讲章，太宗“览之至再”[1]。

从英宗开始，明廷正式建立经筵日讲制度，立专官为皇帝讲读，讲官们在讲课之前，都要进行“备课”，撰写讲课的讲章。弘治元年，右春坊右庶子兼翰林院侍讲王臣在回忆这段历史时，充满感情：“正统、景泰间，经筵起止日期，并所撰讲章，具在内阁，历历可考。迨至成化年间，自始至终未尝肯废。”[2]“其后讲官将进呈讲章，先期送内阁看定封进，遂为例。然流弊多，繁词颂美渐失初意”。但孝宗鼓励经筵讲官讲真话，“经筵讲章，自数岁以来，始去旧时谀颂之习，加以规谏，未尝少忤”。[3]有些讲官对内阁审查后任意修改十分不满。世宗时，陆深为讲官，一日讲罢，面奏曰：“今日讲章非臣原撰，乃经阁臣改窜者。陛下有尧舜之资，当令诸臣各陈所见，则圣德日新！”[4]

正统元年，吴讷（1372－1457年）任英宗讲官时，将自己所辑《小学集解》抄录后进呈英宗。[5]该书可视作经筵讲章。吴讷字敏德，号思庵。江苏常熟双溪人。永乐间，因谙医学被举荐至京，任宫廷顾问。洪熙元年，任监察御史。宣德间，先后任浙江、贵州巡按、南京左副都御史。“正统初，上方御经筵，即集解《小学》，挎条为举要以进。”[6]英宗四年，告老返里。

[1] 黄佐：《翰林记》卷九《御前讲论经文·讲章》，景印文渊阁四库全书本。
[2] 《明孝宗实录》卷一三，弘治元年四月壬戌。
[3] 黄佐：《翰林记》卷九《御前讲论经文·讲章》，景印文渊阁四库全书本。
[4] 李绍文：《皇明世说新语》卷三，明万历刻本。
[5] 《明史》卷一五八《吴讷传》。
[6] 钱溥：《南京都察院左副都御史谥文恪吴公讷神道碑》，载焦竑辑：《国朝献征录》卷六四《南京都察院》，明万历四十四年徐象橒曼山馆刻本。

景泰、天顺间，彭华从事经筵教学活动，撰写了讲章。他是江西安福人，景泰甲戌进士，官至吏部侍郎，入内阁。其著作被选编成《彭文思公文集》，杨廉曾为之写跋，指出："抑公是集，首载经筵讲章，其所陈皆格心之论。"[1]

孝宗时，张元祯为经筵日讲作过充分的准备，撰著了多种讲章："所述《易书诗春秋要语》、《四书集要》、《太极图说要》、《纲目、近思录、家语解》，皆未脱槁。"[2]

嘉靖初期，徐缙担任经筵讲官。他的遗作被人作了整理，"凡古今诗合序记、碑铭、颂赞、传说、杂著及《经筵讲章》，总若干首，勒为几卷，题曰《徐文敏公集》云。"[3]其中《经筵讲章》便是他在经筵做讲官时备课的讲义。六年（1527年）霍韬担任经筵日讲官，"韬自以南音力辞日讲，请撰《古今政要》及《诗书直解》以进，帝褒许之"。[4]七年四月，詹事霍韬言："臣先辞免日讲，欲以余力撰述古今治乱，以为圣学之助。今甫阅八月，修辑未备，仍乞辞免新命，庶得专力以成初志。"因荐举前修撰康海、检讨王九思、副使李梦阳、魏校、知州颜木及侍郎何瑭自代，不允。[5]霍韬利用撰写讲义的机会，讨好世宗。八年（1529年）魏校担任经筵讲官，"所著有《大学指归》、《六书精蕴》等书"[6]。稍后，程文德（1497－1559年）撰写了《无逸殿讲章》。他字舜敷，浙江永康人。登嘉靖八年进士，廷试为榜眼，"授翰林院编修，充经筵日讲官，进《无逸殿讲章》，大意与《伊训》、《说命》相表里"。[7]世宗时，顾"鼎臣撰《中庸首章讲义》以进，推言人君致治，期臻圣神功化之极，不可安于小康。上称善"[8]。

[1] 杨廉：《杨文恪公文集》卷三八《书彭文思公文集后》，明刻本。
[2] 邓元锡：《皇明书》卷三五《张元祯》，明万历刻本。
[3] 皇甫汸：《皇甫司勋集》卷三六《徐文敏公集序》，景印文渊阁四库全书本。
[4] 阮元：《（道光）广东通志》卷二七八《列传十一·霍韬传》，清道光二年刻本。
[5] 《明世宗实录》卷八七，嘉靖七年四月甲寅。
[6] 涂山：《明政统宗》卷二五，明万历刻本。
[7] 徐象梅：《两浙名贤录》卷二五《谠直·翰林院学士程舜敷文德》，明天启刻本。
[8] 过庭训：《本朝分省人物考》卷二一《顾鼎臣》，明天启刻本。

隆庆初，诸大绶任经筵日讲官时“所著《经史讲义》，凡涉理乱几微，必剀切详尽，言人所不敢言”[1]。同时人林爊充任经筵日讲官，“侍经邸，进讲有《四书直解》，诵四诗有《诗说》”[2]。

万历间张居正撰写了《四书集注直解》和《书经直解》等，是为神宗讲读《尚书》和《四书》时的所作的讲章。担任经筵讲官的于慎行，其著作中就有经筵讲章：“所著自梓集外，有《读史漫抄》、《经筵讲章》、《兖州志》、《笔麈》、《史摘》若干种。”[3]讲官的讲章有些是在夜晚灯下撰写的。万历三十六年（戊申，1608年），杨道宾以左侍郎署部事，担任经筵日讲官。“戊申，充经筵日讲，记注起居。旦入视曹事，暮归撰讲章，引古切今，于成败得失之际，未尝不反复申诫，冀有感悟。”[4]李廷机撰成《春秋日讲章》等书[5]。万历年间，余继登“直讲经筵。寻进右中允，充日讲官。时讲筵久辍，侍臣无所纳忠。继登与同官冯琦共进《通鉴讲义》，傅以时政缺失”[6]。

天启间，大学士施凤来进呈所撰讲章，熹宗下圣旨道：“览奏，所进经书讲章，并御前见安思危诸本、《通鉴直解》，朕不时披阅，具见卿等辅导朕学、启沃朕心，足昭忠爱。恳切至意，知道了。”[7]天启六年，陈仁锡（1578－1634年）任经筵日讲官；崇祯初年，再补经筵。他十分重视经筵的教材建设。“及公既遇矣，职在编纂，益取史家言商榷古今理乱兴亡之故，无不洞如观火。读《资治通鉴》曰：‘美哉，辨忠邪、审治忽，箴谏深切，其启沃之资乎！’于是有《通

---

[1] 张元忭：《吏部右侍郎兼翰林院侍读学士赠礼部尚书山阴诸公大绶行状》，载焦竑辑：《国朝献征录》卷二六《吏部三》，明万历四十四年徐象櫄曼山馆刻本。

[2] 王世贞：《弇州史料》后集卷三《林宗伯传》，明万历四十二年刻本。

[3] 叶向高：《苍霞续草》卷一〇《太子少保礼部尚书兼东阁大学士赠太子太保谥文定于公墓志铭》，明万历刻本。

[4] 叶向高：《苍霞续草》卷一一《通议大夫礼部左侍郎兼翰林院侍读学士赠礼部尚书谥文恪荆岩杨公暨元配翁氏合葬墓志铭》，明万历刻本。

[5] 《明神宗实录》卷五七四，万历四十六年九月壬辰。

[6] 张廷玉等：《明史》卷二一六《余继登传》。

[7] 金日升：《颂天胪笔》卷一《谕旨》明崇祯二年刻本。

鉴论校》、《纲目会纪》二编，一时传者纸贵。既晋经筵，会魏忠贤专国命时，事日非。公进讲之下，惓惓以博谋广询、进贤远奸为言。其党闻而恶之。”“一日，读西山氏《大学衍义》，好之。已读文庄公《补义》，犹病其漏也，间取时务之要，续补之，于是有《衍义合刻》，有《皇明衍义刻》，而公复輾然曰：‘详于古而略于今，艳记载之空言而忽祖宗之成宪，非所以昭法守也！’于是仿二氏之意，为《皇明世法》一编，纪高皇以后累朝创守鸿模，于天德王道之间，炳如也。”[1]天启后期，陈仁锡任日讲官时，也撰写过讲章，收录在其《陈太史无梦园初集》中[2]。

根据明人祁承爜《澹生堂藏书目》所载，得知明代讲官撰写了不少经筵讲章和讲义。计有商辂《商文毅经筵讲义》一卷，陈循《陈芳洲经筵讲义》一卷，李东阳《李文正讲读录》四卷一册，《彭文思经筵讲义》一卷，廖道南《廖学士讲幄集》二卷，程敏政《程篁墩经筵讲义》四卷一册，湛若水《湛甘泉经筵讲义》一卷，《陆治斋经筵讲义》二卷，崔铣《崔仲凫经筵讲义》一卷，费宏《费文宪经筵讲义》一卷，夏言《夏文愍经筵讲义》一卷，严嵩《严介溪经筵讲章》一卷，赵贞吉《赵文肃经筵讲义》一卷，高拱《高文襄经筵讲义》二卷一册，徐阶《徐文贞经筵讲义》一卷，冯琦《冯宗伯经筵讲义》一卷一册，又《通鉴直解》十一卷二册。祁承爜指出：“已上俱见本集。”也就是说，这些讲义都收录在他们各自的文集中。《澹生堂藏书目》还著录有：张位《张洪阳经筵讲义》二卷一册和《国学讲章》一卷一册。祁承爜指出：“俱见闲云馆。”即这两种讲义或讲章都来自张位的文集《闲云馆集钞》。《澹生堂藏书目》还著录有张鼐《雍训》一卷一册，殷士儋《经筵经史直解》六卷四册。[3]将经筵讲章收入文集，在明代有特殊的意义。陈时龙指出：“在明人观念中，制诰或经筵日

[1] 刘宗周：《刘蕺山集》卷一五《大司成芝台陈公传》，景印文渊阁四库全书本。

[2] 陈仁锡：《陈太史无梦园初集》，有集，第 3－15 页。

[3] 祁承爜：《澹生堂藏书目》，清宋氏漫堂抄本。

讲之讲章，往往构成一个人刊刻文集的充分理由。如果一个人撰有制诰或经筵日讲文字，其文集的刊印在晚明出版泛滥的情形下方不显得多余。”“大凡参与经筵或日讲的儒臣，常会在其文集中留下相关记载，而明人实际上还汇辑过《经筵讲章》之类的书籍。”[1]汇辑讲章指的是万历二十一年，福建巡按陈子贞集录神宗登基以来经筵讲官所进讲章若干篇，刊刻成书，由许孚远为之作《经筵讲章序》，此序录在其《敬和堂集》（《四库全书存目丛书》本）卷一中。另黄虞稷《千顷堂书目》中有“黄道周《洪范明义》四卷。崇祯十年，道周为经筵日讲官、左春坊左谕德、掌司经局事时编纂进呈”[2]。

这里有一个问题需要考订，即日讲何时始有讲章。据载：“故事，经筵有二案，而日讲则止一御案，第以经书置案上，讲官指书口讲，无讲章也。”崇祯年间，由于讲官韩四维讲习时经常遗忘，于是思宗下令：“日讲可照经筵例，亦置讲章，朕有所疑，可据以问难，而讲官亦不至遗忘。”“此后遂用讲章在御前，讲官用牙签指讲云。”[3]于是有人认为，日讲有讲章崇祯时才。笔者认为，早在崇祯之前，日讲都是有讲章的，日讲讲章也必须预呈内阁审查。《词林典故》载：“凡日讲……讲章撰完，先送中堂看定，先一日讲呈。”[4]日讲讲章在进讲两天前送内阁审查，还要在进讲前一天由内阁送皇帝审阅。《词林典故》为万历间人所撰，故可证万历以前日讲已有讲章。万历四十六年去世的李廷机生前撰有《春秋日讲章》，则亦可证明日讲讲章至少在万历以前即已出现，而非崇祯时才有。

---

[1] 陈时龙：《天启皇帝日讲考实》，载《故宫学刊》2013 年第 2 辑。

[2] 黄虞稷：《千顷堂书目》卷一，景印文渊阁四库全书本。

[3] 李清：《三垣笔记·附识（中）·日置讲章》，第 208—209 页，中华书局，1982 年。

[4] 张位、于慎行：《词林典故》，第 264—266 页，载四库存目丛书史部第 258 册，齐鲁书社，1996 年。

第十四章

盘根错节：明代宫廷教育中的社会关系

中国古代奉行天、地、君、亲、师崇拜的观念，对天地、君主、父母和师长都十分尊重，因此宫廷教育中结成的师生关系，便成为一种特殊的社会关系，不仅在感情上产生亲近感，而且在政治上也构成利益共同体。皇帝在位时，对于自己的经筵日讲老师，优礼有加。新君继位时出现的“一朝天子一朝臣”的局面，首先表现在新君将东宫的师傅直接带入国家政治舞台的中心，成为自己的左膀右臂。翰林官员虽然反感担任宦官的内书堂教师，但一旦入选，又有机会与未来权倾一时的太监建立以师生为纽带的政治同盟关系，从而走上仕途的终南捷径。因此，宫廷教育中结成的这些特殊关系，足以影响官员的个人仕途和国家的政治格局。虽然本章所谈大都是宫廷教育中的各种师生关系，但其关系已漫延到政治、伦理、社会交往等各个层面。

第一节 师傅与皇帝的特殊师生关系

皇帝的师傅是经筵讲官。经筵日讲制度是中国传统社会君主专制制度与儒家意识形态整合的结果。“私天下”的君主利用经筵制度，改善专制统治，以达到长治久安的目的；而具有“公天下”意识的儒家通过经筵日讲制度，实现“道高于君”的理想，达到劝导君主实施仁政的目的。君主与儒臣既是同路人，又是同床异梦者，因此其关系显得十分复杂。在现实的政治层面，师傅与皇帝在与其他政治集团的竞争和斗争中，又常常结成同盟关系，相互依靠，相互支援。由于长期尊师重道氛围的熏陶，君主自觉和不自觉地接受了与讲官形成的师生关系，对身为己师的儒臣颇为尊重，给予极厚的待遇和极高的礼遇，某种程度上也显示了皇帝赏罚由己的现实权力：只要是与“朕躬”的利益有关，都会得到良好的结局。关于老师与皇帝弟子的关系，有人做过简略的探讨[1]。本节则在史料上有更多的搜集，并在论述上更为丰富。

一　皇帝对讲官的丰厚赏赉

受尊师重道的影响，皇帝对师傅不吝赏赉。所赏既有品服，也有钱物。

皇帝对讲官老师赏赉的品服，往往超过讲官本身的品级。嘉靖十六年，鉴于文武官服色花样互用和混用的情况，礼部奏请严加禁止，“除本等品级及特赐者，毋得僭分自恣”，关于“大红纻丝纱罗，惟四品以上官及在京九卿、翰林院、詹事府、春坊、司经局、尚宝司、光禄寺、鸿胪寺五品堂上官、经筵讲官”可用，其余“俱青绿锦绣”。[2]可见，经筵讲官可穿与四品以上或在京五品以上的官员才可服用的大红纻丝纱罗。这是一种特殊的荣誉。柯潜于成化四年二月“侍经筵讲读”，到十二月，“赐经筵儒臣七人袭衣、冠履时”，他已回家奔

[1] 萧宇青：《明朝的经筵制度》第三章“经筵讲官与皇帝的关系”，华南师范大学硕士学位论文，2007年。

[2] 《明世宗实录》卷一九八，嘉靖十六年三月乙巳。

丧，朝廷特地“即其家赐之”。[1]成化间，王献担任经筵日讲官后，两次获赐品服：“庚寅，命充经筵日讲官，赐大红金织袭衣、束带、冠履。辛卯，再赐大红罗衣一袭。升翰林学士。癸巳，赐金带”，他的这种待遇不同寻常，“本朝学士非典密务侍日讲者，皆不与，是赐盖异数也”[2]。王献的字是惟臣，“王惟臣、彭彦实进日讲未久，适遇赐，虽仍绯袍，而带止素玳瑁耳。时疑文通不欲并己，说许太监临期易之。成化癸巳夏四月，复赐王、彭以素香带”。[3]看来在赐服色上尚有波折。王华在弘治间“充经筵讲官”，丙辰年“命为日讲官”，获得了“赐金带、四品服”的荣誉。[4]程敏政在“孝庙践祚”后“充日讲官”，“尝因讲罢，赐讲官冠服。敏政得金织绯袍一袭，金带、冠履各一，慰劳甚至”[5]。尹直指出：“宣德以来，阁老及经筵日讲官间赐冠服，必绯袍、金带，无问品秩。”[6]以上是对讲官赏赐代表荣誉和地位的品服。

至于物质赏赐，讲官有特殊的待遇：“经筵赐金，天子以劳史臣，百司庶府不得与焉。”[7]对于皇帝赏赐讲官钱物，明人认为是应得的“束脩”。张懋修称“自宋人专以束脩为脯馈，至于经筵进讲，乃为鄙语曰：‘圣人教人亦须束脩。’至人主赐讲读以束帛甚厚，同事者耻之，有不肯拜赐者。今之经师学究动以束修为词，责徒之厚薄。”[8]

---

[1] 吴希贤：《中顺大夫詹事府少詹事兼翰林院学士竹岩柯公行状》，附录于柯潜《竹岩集》卷一八，清雍正十一年柯潮刻本。

[2] 王偀：《思轩文集》卷一九《通议大夫太常寺卿兼翰林院侍读学士赠礼部左侍郎王公墓志铭》，明弘治刻本。

[3] 尹直：《謇斋琐缀录》卷一，第1250页，载邓士龙辑：《国朝典故》卷五三，北京大学出版社，1993年。

[4] 杨一清：《南京吏部尚书封特进光禄大夫柱国新建伯海日王公华墓志铭》，载焦竑辑《国朝献征录》卷二七《南京吏部》，明万历四十四年徐象橒曼山馆刻本。

[5] 过庭训：《本朝分省人物考》卷三六《程敏政》，明天启刻本。

[6] 尹直：《謇斋琐缀录》，第1250页，载邓士龙辑：《国朝典故》卷五三，北京大学出版社，1993年。

[7] 邢大道：《白云巢集》卷一九《上宫尹刘复斋先生书》，明万历四十五年刻补修本。

[8] 张懋修：《墨卿谈乘》卷二经书《束脩两解》，明刻本。

看来宋人认为经筵赏赐是束脩，明前期人不以为然，但中后期人则将赏赐视为束脩，以突出讲官作为皇帝的老师身份，并为此斤斤计较。

明代皇帝赐给讲官的钱物，有货币如金银、制钱等，有食物，肉类如鱼、鹅，时鲜如藕、笋、枇杷、杨梅等，有日用品如扇等。

黄佐在《经筵恩赉》中对经筵赏赐叙述较详："正统初，经筵始开，锡宴于礼部。知经筵官赏白金八十两，宝钞四千贯，文绮四表里。同知经筵及讲官赏白金五十两，宝钞二千贯，文绮四表里。侍班官赏白金三十两，宝钞三千贯，文绮二表里。余皆赏宝钞有差。"第二天，经筵官员具表称谢，其辞曰："万几有暇，恒亲御于经筵，多闻是求，肆详延于儒雅。臣等荷丝纶之饬励，继宴锡之骈蕃。于缉熙殚厥心，允协周成之德；念终始典于学，敬陈商说之篇。"不久"讲官各赐厢［金］玳瑁香带、大红织金纱罗袭衣、冠履皆具，虽修撰与焉"。景泰间，恩赉不可考。天顺八年八月，"宪宗御经筵，讲官学士柯潜等赐金三十两，宝钞三千贯，文绮二表里，而庶子侍讲徐溥、侍读倪岳、编修彭华等与焉"。成化四年十二月，"赐经筵儒臣七人袭衣冠履。时柯潜已闻父丧，上命即其家赐之"。十四年四月十一日，"皇太子御左春坊进讲《大学》首章，退宴文华门"。十二日，"上御经筵，进讲《中庸》二十章，退宴左顺门，宠锡稠叠，词林诧以为前此所未有"。孝宗时，尤重经筵，"多有匪颁之赉"。学士程敏政记其事云："弘治元年三月十二日初开经筵，赐宴白金及宝镪。"正德元年，开经筵，"赐宴及白金、彩币有差"。继黄佐之后，廖道南在《殿阁词林记》中作了一些补充：嘉靖五年正月以后，"每遇经筵日讲，召讲官顾鼎臣、谢丕及臣道南、蔡昂，赐赉无算。臣道南悉记以诗。《赐枇杷菓诗》云：'炎日殊珍出尚方，赐来犹染御园香。珠丸云篚承优渥，玉液霞罂敢自尝。赋拟上林风韵别，贡缘南国露华芳。翠笼函赐同袍士，蕙圃兰皋倍宠光。'《赐鲥鱼诗》云：'暑雨经旬湿不开，雪鳞冰舰自南来。御庖珍馔传中使，讲幄金盘出上裁。荐鲔未须歌寝庙，钓鳌何必羡蓬莱？素餐忝窃惭无补，鱼藻空怀绝代才。'《赐鲜笋诗》云：‘端居玉署槐阴细，拜赐金门竹笋新，仙苑青霄分凤族，御题彤管浃龙鳞。娟娟秀色犹含雨，袅袅柔芳尚带春。却忆潇湘千亩地，野人持赠未为珍。’《赐鲜藕诗》云：‘承明供奉罗珍馔，中使仍传赐藕鲜。捧出禁垣三锡宠，荐来家庙寸衷虔。润含天上金茎露，清挹峰头玉井莲。自是龙池有仙种，江南风物敢争先。’《赐讲官大带诗》云：‘南郊禋荐劳明主，上界仙班重讲臣。宝带颁从三接昼，玉堂先领一阳春。光逾照乘连城价，宠倍通天绝域珍。揣分敢云稽古力，立朝端委报君身。’”[1]

《大明会典》详载了赏赐讲官制钱物数量：“凡经筵初开，知经筵、同知经筵并侍班官，各赐银五十两、彩币四表里、钞五千贯；通政、大理侍班官并讲书官，各银三十两、彩币二表里、钞三千贯；展书官各银二十两、彩币一表里；侍仪并写讲章官，各银十两、纻丝一表里，俱钞一千贯；大汉将军各绢一疋；仍特赐阁臣蟒衣一袭，日讲官各大红织金罗衣一袭，或冠带无常。”[2]该书又载：“凡每旬轮赐日讲官烧鹅、麦饼。”[3]“大臣及日讲经筵官或别赐牙边扇并彩绦、艾虎等物”，“凡各处岁进时鲜，如鲍鱼、笋、藕、枇杷、杨梅之类，赐文武大臣及日讲官，各以品级为等。”[4]尹直称“正统以来，四月下旬经筵讲毕，赐诸执事宫扇，各人一握，皆上亲授之”[5]。皇帝还对请假回家的讲官，有另外的赏赐。《大明会典》卷一一〇“给假”载：“凡日讲官以省亲、省墓等项给假，例赐白金、彩币、钞锭。”

下面按时间顺序，逐一缕述历代讲官获赏赐情况。

早在宣德年间，儒臣进讲《春秋》后，便曾获赏过茶和水果。臧懋循曾选编了一篇撰于宣德三年的《拟儒臣进讲〈春秋〉上谕以圣贤忧世之心因命赐讲官坐及茶果谢表》的文章，内称：“申命儒绅对扬

[1] 廖道南：《殿阁词林记》卷一五《恩赉》，景印文渊阁四库全书本。

[2] 申时行等：《大明会典》卷一一〇《给赐》。

[3] 申时行等：《大明会典》卷二一七《光禄寺》。

[4] 申时行等：《大明会典》卷一一〇《节令》。

[5] 尹直：《謇斋琐缀录》卷一《翰林故事》。

秘阁，谓帝王之治本于学，而经筵为五学最先，圣贤之情见乎词，而《春秋》则一辞莫赞，敷陈古训，献纳新知”，由于讲读《春秋》，宣宗“念臣侍久，假胡床而赐坐，出仙液以分珍。玉案近依，瑞霭接香炉共惹；珠帘不隔，清风随茗椀俱生。紫笋月团，润寒蝉之噪吻；葡萄卢橘，充鼷鼠之枯肠”[1]。看来，所赐之物有茶、紫笋、葡萄和卢柑。

英宗和代宗时期，虽然政权更换频繁，但对讲官的赏赐却一直未变。正统年间，凡经筵刚开的时候，“知经筵、同知经筵并侍班官各赐银五十两，彩币四表里，钞五千贯；通政、大理侍班官并讲书官各银三十两，彩币二表里，钞三千贯；展书官各银二十两，彩币一表里；侍仪并写讲章官各银十两，纻丝一表里，俱钞一千贯。”仍特赐“阁臣蟒衣一袭，日讲官各大红织金罗衣一袭，或冠带无常。”[2]景泰五年，杨荣为代宗“讲《尧典》克明俊德章，敷析明畅，音吐鸿亮。圣心悦豫，赐白金五十两，彩币四表里，钞二百锭，即宴于礼部，寻复赐金织纱罗袭衣、金（箱）［厢］玳瑁香带各一”[3]。

宪宗时，对讲官的赏赐也比较丰厚。天顺八年，宪宗即位后“御经筵”，敕令柯潜“兼经筵官，仍赐白金三十两，宝镪三千贯，文绮二表里”。成化四年，命柯潜“日侍经筵讲读。自辛巳迄戊子，凡遇午节，辄赐牙骨聚扇，上有御制《清暑歌》、《解愠歌》及诸家绘画、金织扇袋、五色圆寿丝缕、虎头绦画、艾虎”。[4]徐溥做宪宗经筵讲官时，也获得赏赐。成化十三年丁内艰时，“赐白金、楮币及祭葬”[5]。他七十岁时，以疾上疏请辞，帝不许，“命医诊视。遣中使赐羊、酒、

[1] 臧懋循编：《负苞堂文选》卷一《拟儒臣进讲〈春秋〉上谕以圣贤忧世之心因命赐讲官坐及茶果谢表》，明天启元年臧尔炳刻本。

[2] 申时行等：《大明会典》卷一一〇。

[3] 雷礼：《国朝列卿纪》卷九《杨荣》，明万历徐鉴刻本。

[4] 王倎：《思轩文集》卷一〇《詹事府少詹事兼翰林院学士柯公传》，明弘治刻本。

[5] 吴俨：《光禄大夫柱国少师兼太子太师吏部尚书华盖殿大学士赠特进左柱国太师谥文靖徐公溥行状》，载焦竑辑：《国朝献征录》卷一四《内阁三》，明万历四十四年徐象橒曼山馆刻本。

楮币”。[1]成化间彭华“充经筵日讲官，有袭衣、冠带、韈履之赐。自是时节颁赐鲜品及端午牙扇与诸大臣等，岁以为常”。后进侍读学士掌詹事府事，“癸巳，赐罗衣一袭，金厢玳瑁束带、韈履及新刊《贞观政要》，皆慰日讲之劳也”[2]。

弘治间“尤重经筵，多有匪颁之赉”。学士程敏政详记其事：弘治元年三月十二日，初开经筵，赐宴及白金、宝镪。十三日，文华后殿早进读《尚书》、《孟子》，及午乃进讲《大学衍义》以为常。读毕赐宴，讲毕赐茶，上皆呼“先生”而不指名道姓。四月二十八日以后，屡赐桃、杏、郁李、莲房、筥上黄封、鲜笋、青梅、枇杷、杨梅、雪梨、鲜藕。五月二十九日以后屡赐，或题“上林苑监进乾清宫”八字，或题“上林苑海子进乾清宫”九字，或题“司马苑局进乾清宫茶房上用”十一字。程敏政等具表称谢，且记之以诗，有曰“黄封进带乾清字，朱实平分上苑香”。七月二十日，文华后殿条讲，皇上示意中官赐讲官冠带、靴袍。程敏政获赐织金云雁绯袍一袭，有副金带一条，及乌纱帽、皂靴。面谢讫，皇上对讲官说：“先生辛苦。”讲官共同答道：“此皆职分当为。”顿首而退，程敏政写诗记之：“日上罘罳晓色深，湛恩稠迭驾亲临。对衣红濯天机锦，束带黄分内帑金。久幸清班容宦履，渐惭华发点朝簪。经生启沃寻常事，消得君王念苦辛。”[3]皇帝频赐讲官钱财后，讲官需上表称谢。弘治元年儒臣撰写的一篇《拟上御文华殿讲臣进讲〈大学衍义〉礼毕赐茶谢表》，就是讲官心情的表达。[4]王恕在其自述中介绍了自己在侍经筵时的贡献和受到的赏赐。弘治六年，他有关“暑月暂止经筵”之奏请，是“圣

---

[1] 李东阳：《怀麓堂集》卷八四《文后稿》二四《明故光禄大夫柱国少师兼太子太师吏部尚书华盖殿大学士赠特进左柱国太师谥文靖徐公墓志铭》，景印文渊阁四库全书本。

[2] 倪岳：《青溪漫稿》卷二一《大明故太子少保礼部尚书兼翰林学士赠资政大夫太子少傅谥文思彭公神道碑》，清武林往哲遗著本。

[3] 焦竑：《玉堂丛语》卷三《讲读》，第 74 页，中华书局 1981 年。

[4] 臧懋循编：《负苞堂文选》卷一《拟上御文华殿讲臣进讲〈大学衍义〉礼毕赐茶谢表》，明天启元年臧尔炳刻本。

明从谏如流之明验”。说自己获得的赏赐是：“初开经筵，赐文绮衣四袭，银一锭，重五十两，钞五千贯；又赐宴，司礼太监侍。”“经筵又赐酒饭，引选官员亦有酒饭。”[1]李逊学在弘治、正德间皆因担任讲官而受到赏赐。弘治二年“授检讨，充经筵官”，正德四年八月，以少卿兼翰林院侍讲，“开经筵，进讲《虞书》一章”，十二年五月，以尚书兼翰林院学士，“上恩遇日隆，前后屡赐玉带、蟒衣及文绮、宝镪诸物”。[2]他所受赏赐，不少时候是因为身为讲官之故。

武宗、世宗和隆庆时，皇帝对自己老师的赏赐依然不断。李东阳等人在武宗朝初开经筵时获得赏赐和赐宴，他在谢表中称“白金彩币，式颁九府之藏；鹤酝鸾羞，兼赐八珍之品”[3]。陆深在嘉靖七年担任经筵讲官，后因故被贬。十九年二月，“上开讲，简公充经筵日讲官，兼讲《大学衍义》。三月，以日讲赐扇。夏四月，赐炙鹅、果饼，此盖优遇日讲异数也。自是赐无虚月”。[4]嘉靖十二年三月初一日，夏言在《谢赐奠告先圣先师祭品表》中指出：“忝遇皇上躬诣文华殿以经筵开讲，奠告先圣先师。是日伏蒙圣恩，以和羹、脯盐、酒果颁赐及臣者。”[5]还有曾经做过经筵日讲官，但后来升职后，并未明确其讲官的身份，但仍然给赐甚丰。嘉靖十九年，礼部右侍郎孙承恩先为少詹事，“充经筵日讲官。上尝颁赐饼馔，至是复给承恩。以未奉明旨带衔，而仍与讲官之赐，于心不安，具疏辞免。上不允，命兼官日讲如故”[6]。世宗时，郭维藩曾任经筵讲官，“进讲《大学衍义》，上甚嘉悦，赐金币、宝镪”[7]。隆庆五年五月十四日，掌詹事府事吏部左侍郎兼翰林院学士吕调阳三年考满，上遣内臣赐钞锭、羊酒，以日讲官加

[1] 王恕：《王端毅公文集》卷六《附录·石渠老人履历略》，明嘉靖三十一年乔世宁刻本。
[2] 过庭训：《本朝分省人物考》卷九二《李逊学》，明天启刻本。
[3] 李东阳：《怀麓堂集》卷六九《初开经筵谢宴赉表》，景印文渊阁四库全书本。
[4] 唐锦：《龙江集》卷一二《詹事府詹事兼翰林院学士俨山陆公行状》，明隆庆三年刻本。
[5] 夏言：《夏桂洲文集》卷一〇《谢赐奠告先圣先师祭品表》，明崇祯十一年吴一璘刻本。
[6] 《明世宗实录》卷二四〇，嘉靖十九年八月己卯。
[7] 吴国伦：《甔甀洞稿》卷三四《明中宪大夫太常寺少卿兼翰林院侍读学士价夫郭先生暨配胡宜人合葬墓志铭（代作）》，明万历刻本。

恩之故[1]。

万历间，讲官所获赏赐仍然不薄。万历初，陶大临虽然任礼部和吏部右侍郎，但“经筵日讲如故”，“公虽出入两曹，然侍上燕处，讲对之日多，曹务稍参综一二大纲而已”。陶大临“以鸿硕首领讲幄”，“供奉再朞，赐宴者再，赐金、绯、彩衣者十一，赐白金者九，赐宝钞者三，赐万寿金字者二，赐宝金仙者三，赐云鹤、锦鸡服色者各一，其他夏扇、冬貂、簪缕、符篆、器物之类不可胜记，盖中外隐然指目公旦夕且大用矣。一日有传讲吏失报期会，公仓皇喘汗趋朝，为暴风所中，遂成疾。上闻，遣中使问安，赐酒馔蔬菜。未几薨，上嗟悼良久，复遣中使视殓赐丧具”。[2]万历年间，王思任拟撰了一篇谢表，是关于经筵日讲官获赐新春早茶的内容，称：“春开万馥之先，茶乃六清之冠，功堪悦志，食书载在神农，妙至轻身，新录传于弘景。”[3]申时行所获皇帝的赏赐很多，虽然不是万历皇帝的五个蒙师之一，但他“所担任的功课最多，任课时间也至久”。神宗“很少有哪一个月忘记了对申先生钦赐礼物。这些礼物有时没有什么经济价值，而纯系出于关怀，诸如鲤鱼二尾，枇杷一篮，折扇一把，菖蒲数支之类；但有些礼物则含有金钱报酬的意义，例如白银数十两，彩缎若干匹。不论属于哪一类，这都足以视为至高的荣誉，史官也必郑重其事，载于史册”[4]。

明末的天启、崇祯间，虽然明帝国千疮百孔、江河日下，但对讲官的赏赐并不马虎。陈仁锡两度任经筵日讲官，受到很多赏赐。“母殁，痛含敛不逮，庐于墓所者三年，尝出前后经筵所赐镪及八年余俸，置庄田若干亩，赡族最后，又推以及姻友”[5]。他把经筵日讲时所

[1] 《明穆宗实录》卷五七，隆庆五年五月乙亥。
[2] 王锡爵：《王文肃公文集》卷五《陶文僖公神道碑》，明万历刻本。
[3] 王思任：《谑庵文饭小品》卷一《拟上以所司进新春早茶赐饮经筵日讲官谢表》，清顺治刻本。
[4] 黄仁宇：《万历十五年》第二章《首辅申时行》，第 44 页，中华书局 1982 年。
[5] 刘宗周：《刘蕺山集》卷一五《大司成芝台陈公传》，景印文渊阁四库全书本。

获赏赐拿出来做了宗族慈善事业。崇祯元年二月二十一日癸丑，帝御经筵。讲《大学》、《尧典》各一章，赐知经筵官张维贤、施凤来及讲官温体仁等宴，并金币有差[1]。

明代经筵讲官受赐恩赏有一个特点，就是最初担任经筵讲官的官员受到重视，而补任讲官的人会受到某种程度的忽视，这与参与修纂史书的官员正相反。王鏊指出："翰林院故事：经筵初开，讲读侍从官皆有白金、文绮之赐。史成进御，亦进秩加赏。或纂修功多，及书成，以事故去，则不沾恩数，或先以事故去，不效劳勚，偶值书成，亦得沾恩数，故有'经筵头，修书尾'之说"。[2]张萱也总结道："今制有'经筵头，修书尾'之说，谓经筵初开，在事者俱被恩赏，若继进者不与也；修书之初无恩赏，书成进御，恩赏方行，然每修一书，常至十余年始能完进。其中虽有纂修之劳，而先或物故及迁别官者，皆不追叙。惟据进书时见在诸臣，恩赏及之而已。"[3]费宏在修《宪庙实录》时，总裁杨文懿"倚翁独重"。但书将成，费宏"以疾请归"，人皆"惜其不沾恩"。"盖修书事不论前劳，临时进呈无名者，则不得与。所谓'经筵头、修书尾'也。"[4]与修书赏赐相反，参与经筵日讲的官员，最初任命者所获升赏最重，而补任经筵日讲者所获较受忽视。此外，讲官受赏，宦官有时候会插手其间。天顺年间，英宗初御经筵，"万循吉、李文通为学士，孙舜卿、刘叔温、牛大经为少卿，两不相下。当赐衣时，牛太监右其侄，故三少卿皆赐金带绯袍，而万、李则赐青罗袍以抑之，然带犹金也"[5]。

站在君主的立场上，其对讲官的赏赐，是君对臣、上对下的恩赏。这种恩赏有时候被脉脉温情所掩盖，有时则赤裸裸地表现出帝王

[1] 《崇祯长编》卷六，崇祯元年二月癸丑。

[2] 王鏊：《震泽长语》卷上，清指海本。

[3] 张萱：《疑耀》卷七《纂修恩赏》，明万历三十六年刻本。

[4] 李开先：《李中麓闲居集》文卷九《湖东费相国传》，明刻本。

[5] 尹直：《謇斋琐缀录》，第 1250 页，载邓士龙辑：《国朝典故》卷五六，北京大学出版社，1993 年。

的霸气，其对讲官羞辱显而易见。景泰元年二月，“初开经筵。上每临讲握，辄命中官掷金钱于地，任讲官遍拾之，号恩典”。[1]宣德五年修《太宗实录》成，“帝幸史馆，撒金钱赐诸学士”。众史臣“皆俯取”，只有侍读学士李时勉“独正立”。宣宗见其凌然不可侵犯，“出余钱赐之”。[2]以上两例表明，皇帝赏赐讲官或史官并不总是顾惜师生关系，往往是从君臣关系看待的。

二　皇帝委讲官以美差

在赏赐讲官之余，皇帝还给讲官提供各种美差，如主持乡试和会试，册封宗室等。

主持会试，可以录取许多门生，增加在官僚集团中的势力，因此皇帝将此美差，常常赏给自己的老师。徐溥做经筵讲官，就被皇帝多次委以美差。成化十一年，“典礼部会试”。十七年，“再典会试”。[3]杨时畅于弘治初以修撰身份“充经筵讲官”，因此获得了“同考礼部会试”的机会。[4]刘机曾任孝宗的经筵日讲官，弘治十八年，“充廷试读卷官。故事：内阁臣分读一甲三人卷，时大学士谢公以子嫌避不与，公代之。人以为荣”[5]。虽然他当时还不是阁臣，但却代谢迁任职，当然会“人以为荣”了。柯潜在任经筵日讲官时，除了受到朝廷的赏赐和升擢外，还被委以主持乡试、会试的美差。他在景泰二年中

---

[1] 龙文彬：《明会要》卷一四《礼九》，第224页，中华书局，1956年。

[2] 张廷玉等：《明史》卷一六二《李时勉传》。

[3] 吴俨：《光禄大夫柱国少师兼太子太师吏部尚书华盖殿大学士赠特进左柱国太师谥文靖徐公溥行状》，载焦竑辑：《国朝献征录》卷一四《内阁三》，明万历四十四年徐象橒曼山馆刻本。

[4] 焦竑：《国朝献征录》卷七〇《太常寺南京太常寺·太常寺少卿兼翰林院侍讲学士杨时畅传》，明万历四十四年徐象橒曼山馆刻本。

[5] 杨廷和：《资政大夫太子少保南京兵部尚书进阶荣禄大夫赠太子太保乐忘刘公机墓志铭》，载焦竑辑：《国朝献征录》卷四二《南京兵部一》，明万历四十四年徐象橒曼山馆刻本。

状元，授修撰，“寻用荐入经筵”。五年，“典应天乡试，舟泊淮扬，有鬻私者暮夜投潜，以所赂遗置舟中。潜怒，执付有司，治以法。是科场屋肃然，咸称得人”。英宗复辟后，授尚宝少卿，仍兼讲官如故。天顺四年春，“命偕吕学士原考会试”。七年“复命偕陈学士文考会试，会场屋火罢”。宪宗即位后，柯潜仍“兼经筵官”，成化元年八月，“考顺天乡试”。[1]柯潜为代宗、英宗和宪宗三帝之讲官，因此获得了主持两次乡试和两次会试的机会，算是讲官的殊荣了。

册封宗藩，也是一种荣耀。不仅市恩于皇亲，而且可以获得藩王的赏赐，也是皇帝给讲官的一种美差。陈沂在嘉靖四年“随充经筵讲官，撰讲章，善寓讽劝”。世宗“问宰臣，知其名”。五年，“持节册封楚王”。[2]隆庆间，殷士儋“日侍讲读”，当他升为礼部尚书后，便不再兼讲官，穆宗见不到他的面，但怀念他的课，“会册封四妃，以公充副使，赉金币”。[3] 陈仁锡在天启和崇祯时，皆担任过讲官。天启二年中进士后，授编修，“既入，补日讲官”，崇祯三年秋，“充经筵日讲官，事两朝，再为讲官”，四年，刚刚“分考礼闱”结束，便于“秋册封周藩”。[4]通过这些美差，皇帝表达出对老师的照顾。当然，有些主持乡会试、担任册封之类的翰林官员，并非都是日讲官。对此，不宜过于夸大。

三　皇帝待讲官以隆重礼遇

皇帝对经筵日讲官常常表示关怀，给予崇高的礼遇，包括对讲官

[1] 过庭训：《本朝分省人物考》卷七四《柯潜》，明天启刻本。

[2] 顾璘：《山西行太仆寺卿陈先生沂墓志铭》，载焦竑辑：《国朝献征录》卷一〇四《行太仆寺苑马寺盐运司》，明万历四十四年徐象橒曼山馆刻本。

[3] 于慎行：《光禄大夫少保兼太子太保礼部尚书武英殿大学士赠太保谥文庄棠川殷公士儋行状》，载焦竑辑：《国朝献征录》卷一七《内阁六》，明万历四十四年徐象橒曼山馆刻本。

[4] 黄道周：《黄石斋先生文集》卷一〇《陈祭酒传》，清康熙五十三年刻本。

尊称先生、端士等，经筵日讲后的赐筵，关心讲官的工作环境和生活条件，让御医为讲官看病，让身边宦官去探视讲官，以及赐予驰驿方便等。下面逐一分述。

第一，皇帝对讲官称“先生”，还称“善人”、“端士”等。洪武年间，讲官汪睿“敦实娴静，不妄言笑，及进讲，遇事辄言，帝尝以‘善人’呼之”[1]。万历间，日讲官王家屏“敷奏剀挚，帝尝敛容受，称为端士。”[2]。称先生前已详述，不赘。

第二，经筵讲读后赐宴。明代制度规定，“经筵日讲、东宫讲读俱赐酒饭”。[3]无论是经筵还是日讲，皇帝都要赐宴讲官，所赐酒食由鸿胪寺备办。据《大明会典》卷一一四《经筵酒饭》载，经筵餐桌上，“每卓细茶食四楪，馓子一楪，果子五楪，按酒五般，点心一楪，攒菜一楪，汤三品，菜四色，饭一分，酒六钟。”同卷《日讲酒饭》载：“每卓按酒五般，汤三品，菜四色，饭一分，酒五钟，随卓酒一瓶。”

第三，关心讲官的工作环境和生活条件。这主要针对像张居正这样重要的经筵官员而行。张居正值讲之时有疾，神宗到文华殿后阁，亲自调配椒汤派人送给他服用。盛夏讲读时候，神宗先立于张居正讲课所站的地方，命宦官在殿角摇扇，亲自测试是否凉爽。寒冬进讲时，神宗在地上铺块地毯，就怕张居正所站之处过冷。“一日，江陵在直庐感病。上御文华后阁，亲调椒汤，使使赐之。又盛暑御讲，上先就相君立处，令内使摇扇殿角，试其凉暄。隆冬进讲，以毡一片铺丹地上，恐相君立处寒也。”[4]在关心讲官讲课环境的同时，神宗避免因自己的享受而影响到讲官的心情。“上一日御讲，一中官旁侍，窃摇扇。上忽目之，还宫，召而杖之。曰：‘诸先生在旁，见尔摇扇，以为我无家法也。尔不畏诸先生见耶！’”[5]此前，孝宗比较重视讲官

[1] 张廷玉等：《明史》卷一三七《汪睿传》。
[2] 张廷玉等：《明史》卷二一七《王家屏传》。
[3] 郭正域：《皇明典礼志》卷三《续定大宴仪》，明万历四十一年刘汝康刻本。
[4] 于慎行：《谷山笔麈》卷二《记述一》。
[5] 于慎行：《谷山笔麈》卷二《记述一》。

张元祯的工作环境和条件。弘治初，张元祯“至则进学士，充经筵日讲官，帝甚倾向。元祯体清癯，长不逾中人，帝特设低几听之”[1]。

第四，当讲官病时，皇帝令御医治疗，并派宦官探视。宪宗时，徐溥做经筵讲官，孝宗时他又侍经筵。七十岁时，他以疾上疏请辞，孝宗不许，“命医诊视”。弘治十一年，皇太子出阁进学，他“领东宫讲读事”。当他“得目眚”时，孝宗“命医遣使如前”。[2]陶大临先任太子朱翊钧的东宫侍读，万历初又任皇帝的经筵日讲官。他“之侍讲闱也，天子器重之，数称先生而不名。众以为且大拜。而及其病，遣中贵人问痊否，赐羊、豕、酒、粲、瓜、蔬等物，殁而复遣中贵人临护丧，赙白金、米布、宝钞、香烛，俱视执政恩数，其谕祭至葬，赠大宗伯”[3]。

第五，赐讲官驰驿回家办事。明代像其他王朝一样，建立了四通八达的官方交通系统，在交通要道建立驿站，负责向官差的高官提供饮食、住宿和车马服务。允许讲官驰驿，便是准许其使用官办驿站的食宿交通设施。嘉靖元年三月，左谕德顾鼎臣乞假省墓，世宗慷慨“许之，命驰驿归，以日讲恩也”。[4]九月，翰林院侍读徐缙守制回籍，“援讲读例，乞给驿以归”。世宗“许之”。[5]九年正月，翰林院侍读谢丕以母病请假，世宗不仅允许其请假，而且“以丕系日讲官，给驿以归”。[6]隆庆二年二月十日，吏部左侍郎兼翰林院学士潘晟上疏请假还乡。穆宗“以晟日侍讲读，特赐驰驿”。[7]十月十七日，左春坊左谕德兼翰林院侍读张四维乞假归省，“上以四维日侍讲读，命驰驿去”。[8]

---

[1] 张廷玉等：《明史》卷一八四《张元祯传》。

[2] 李东阳：《怀麓堂集》卷八四《文后稿》二四《明故光禄大夫柱国少师兼太子太师吏部尚书华盖殿大学士赠特进左柱国太师谥文靖徐公墓志铭》，景印文渊阁四库全书本。

[3] 王世贞：《吏部侍郎陶文僖公大临传》，载焦竑辑：《国朝献征录》卷二六《吏部三》明万历四十四年徐象橒曼山馆刻本。

[4] 《明世宗实录》卷一二，嘉靖元年三月戊申。

[5] 《明世宗实录》卷一八，嘉靖元年九月甲辰。

[6] 《明世宗实录》卷一〇九，嘉靖九年正月丙辰。

[7] 《明穆宗实录》卷一七，隆庆二年二月庚寅。

[8] 《明穆宗实录》卷二五，隆庆二年十月壬辰。

到隆庆五年十月，时任吏部左侍郎的张四维“再疏求去”，穆宗“许之，以日讲加恩，令驰驿以归”。[1]天启三年十月十五日，“日讲官、礼部右侍郎周炳谟具疏引疾，赐驰驿及银币以归”。[2]还有的讲官，不仅自己获得驰驿临葬的特权，还为其子请假，以佐丧事，也获得皇帝的批准。嘉靖四年十月，世宗诏给礼部左侍郎李时故父李棨、母边氏祭葬，仍赠棨如其子官，并给诰命，“令时驰驿临葬”。李时遂为其子刑部主事李垣请假，以佐丧事。世宗也“许之，以讲读效劳故也”。[3]可见，为皇帝讲读，所受的礼遇是十分隆盛的。

四　皇帝对讲官的有意升擢

能够当上皇帝的老师是儒臣们难得的人生际遇，是踏上“位极人臣”的首辅宝位的必要阶梯。尽管并非所有经筵讲官都可能终获高位，但首辅却由于皇帝的感情偏好而在旧日老师中间挑选。事实上，一旦担任了皇帝的经筵讲官，其仕途往往要顺畅得多，有些是在考满之后获得重要位置，有的则是超擢和跃升。

太祖时，“儒士汪仲鲁讲《西伯戡黎》篇称旨，擢左春坊左司直郎”[4]。正统元年，曹鼐充任经筵讲官，有了这种经历，升擢很快。五年，“以杨荣、杨士奇荐，入直文渊阁，参预机务”。杨荣死后，杨士奇常病不视事，“阁务多决于鼐”。英宗“以为贤，进翰林学士。十年进吏部左侍郎兼学士”。[5]陈文因为做过皇帝的老师，受到重视，获得升擢。“文在正统间尝进讲经筵，及上初复位，询文何在，欲召用之，不果”。天顺元年十二月，“吏部请升文及贞”，于是英宗特准“升云南右布政使陈文为广东左布政使，福建都转运使严贞为云南右

[1] 《明穆宗实录》卷六二，隆庆五年十月丁巳。

[2] 《明熹宗实录》卷三九，天启三年十月壬申。

[3] 《明世宗实录》卷五六，嘉靖四年十月丙申。

[4] 尹守衡：《皇明史窃》卷一一《经筵》，明崇祯刻本。

[5] 张廷玉等：《明史》卷一六七《曹鼐传》。

布政使”。[1]刘吉因为多次担任皇帝的经筵讲官或东宫讲读官，而升擢快捷，居官显赫。景泰元年刘吉“充经筵官”，升修撰。天顺四年，“郑世子及泾阳王以事召至，命侍讲读，朝廷知公可用。时宪宗为皇太子，因命侍讲读于青宫”。七年，丁内艰，未几修《英宗实录》，起复，至，“以公旧宫僚，进侍读”。成化三年，升侍读学士，“仍充经筵官，日侍讲读，赐金带等物，人以为荣”。五年，“擢礼部右侍郎”，八年，“转左侍郎”。十一年，“始诏以本官兼学士入文渊阁参预机务”。十三年，“拜礼部尚书，仍兼学士。明年加太子太保兼文渊阁大学士”。后又进太子太保，兼武英殿大学士，尚书如故。寻进阶光禄大夫，勋柱国。二十年，转户部尚书兼谨身殿大学士。二十二年，进少保兼太子太傅。孝宗即位后，再进少傅兼太子太师，吏部尚书、大学士如故，知经筵事，又加少师兼华盖殿大学士，秩一品，降敕奖谕，勋加特进兼大学士俸。[2]成化十二年大学士商辂等题奏，言“太常寺卿兼侍读刘珝，日侍经筵，进讲经史，其劳与少詹事兼侍读学士柯潜、李泰同，但翊以三品而兼翰林属官，会揖之际甚为不便，宜于所兼侍读之下加‘学士’二字”，从之。[3]陆简因为先侍太子讲读东宫，太子（宪宗）登基后，又充任经筵日讲官，因此升擢迅速。“今上在春宫，侍讲读”，弘治元年，征陆简入修《实录》，“至则以侍从旧劳升右庶子兼侍读，充经筵讲官，寻命日直便殿讲读”[4]。弘治七年，“上念公等侍从之劳，特升公詹事府詹事兼翰林院侍读学士，眷注方隆，而公寿不少逮”。[5]他因任皇帝经筵讲官和日讲官而获得特别提升一事，其他的记载也津津乐道：“甲寅，以日讲劳，特升詹事，

---

[1] 张元忭：《馆阁漫录》卷四，明不二斋刻本。

[2] 徐溥：《谦斋文录》卷四《故特进光禄大夫柱国少师兼太子太师吏部尚书华盖殿大学士致仕赠太师谥文穆刘公神道碑铭》，清文渊阁四库全书补配清文津阁四库全书本。

[3] 黄佐：《翰林记》卷九《经筵恩赉》，景印文渊阁四库全书本。

[4] 李东阳：《嘉议大夫詹事府詹事兼翰林院侍读学士赠礼部右侍郎冶斋陆公简墓志铭》，载焦竑辑：《国朝献征录》卷一八《詹事府一》，明万历四十四年徐象橒曼山馆刻本。

[5] 程敏政：《篁墩集》卷四一《故嘉议大夫詹事府詹事兼翰林院侍读学士赠礼部右侍郎陆公行状》，明正德二年刻本。

兼侍读学士。”[1]孝宗竭力提拔陆简，但他却因身体不佳，次年死去，不然其前途不可限量。弘治年间，讲官谢迁“进讲，敷词详切，帝数称善。进少詹事兼侍讲学士”[2]。

嘉靖初，翟銮“充经筵讲官，以善陈说为世宗所知”。虽然在世宗“欲考兴献帝”的“礼议”之争中，翟銮“偕同官疏争”，但由于是世宗的老师，因此在《武宗实录》撰成后，“超擢翰林学士，居四月，拜礼部右侍郎”。[3]上升速度非常之快。当他升为翰林院学士后，“甫十日，而推南京吏部右侍郎”，世宗“忽心动”，指出：“是安可使之南？”不让他远离自己到南京去，而让他主考顺天乡试，擢为礼部右侍郎。“仍日讲，上所以慰赐，往往同尚书。”[4]嘉靖六年春，廷推阁臣，“帝意在张孚敬，弗与也。因命再推，遂及銮。帝踰次用之。杨一清以銮望轻，请用前所推者吴一鹏、罗钦顺。帝不许，命銮以吏部左侍郎兼学士入直文渊阁，寻赐银章一，曰清谨学士”。翟銮入阁后，既不得罪旧臣杨一清、费宏、谢迁，也不得罪新贵张孚敬、桂萼，“嘿自守而已”。张孚敬和桂萼皆用所赐银章密封言事，翟銮虽有银章，“独无所言”。世宗质问他时，翟銮顿首谢曰：“陛下明圣，臣将顺不暇，何献替之有？”世宗“益爱之”。后来，杨一清、张孚敬和桂萼并以人言罢相，“銮顾得留，独秉政者两月”。[5]在世宗的心中，翟銮的地位并无张、桂二人重，但由于是自己的老师，因此仍然比较偏向他。顾鼎臣侍世宗经筵，获得提升。大学士杨一清曾说，“皇上以进讲之劳，给赐日讲官六员服色各一袭，又以顾鼎臣效劳独多，升詹事仍兼学士”。顾鼎臣以讲官经历得以超耀，曾引起吏科给事中刘世杨的反对，在杨一清的坚持下，嘉靖帝还是把顾鼎臣升为詹事[6]。

---

[1] 李东阳：《怀麓堂集》卷八二《文后稿二十二·明故嘉议大夫詹事府詹事兼翰林院侍读学士赠礼部右侍郎陆公墓志铭》，景印文渊阁四库全书本。

[2] 张廷玉等：《明史》卷一八一《谢迁传》。

[3] 万斯同：《明史》卷二八八《翟銮传》，清抄本。

[4] 王世贞：《嘉靖以来首辅传》卷三《翟銮》，景印文渊阁四库全书本。

[5] 万斯同：《明史》卷二八八《翟銮传》，清抄本。

[6] 杨一清：《杨一清集》，《密谕录》卷五《政论上》，第1017页，中华书局，2001年。

隆庆间，殷士儋因为日侍讲读，给穆宗留下了深刻印象。当他升为礼部尚书后，不再参与讲读活动，穆宗问原因，回答是专职的缘故。皇帝“念公讲读数年，犹未带玉”，于是谕内阁：“讲官士儋久效勤劳，加恩一阶，进太子太保。”[1]

熹宗嗣位之初，孙承宗以左庶子充日讲官。帝每听承宗讲，辄曰“心开”，故眷注特隆。天启元年，进少詹事。当时沈阳、辽阳相继失守，中外汹汹。御史方震孺上疏请求罢免兵部尚书崔景荣，以孙承宗代替。廷臣也都因为孙承宗懂军事，推为兵部添设侍郎，主持辽东战事。但“帝不欲承宗离讲筵，疏再上不许。（天启）二年，擢礼部右侍郎，协理詹事府”[2]。皇帝因舍不得讲官离开，而升其为京官，留在身边。与孙承宗一起升官的，还有其他日讲官员。二年正月十五日，“叙日讲劳”，“升詹事府詹事兼翰林院侍读学士钱象坤、少詹事兼翰林院侍读学士孙承宗俱礼部右侍郎，兼官如故”。钱象坤仍署掌翰林院事。其他的日讲官，如左庶子骆从宇、左谕德周炳谟、魏广微俱升少詹事兼翰林院侍读学士，右谕德李光元为右庶子兼侍读。[3]十二月十九日，加礼部右侍郎钱象坤太子宾客，升少詹事来宗道为礼部右侍郎兼翰林院侍读学士，协理詹事府事，“以其日讲劳深也”。[4]三年十一月十日，“以大庆覃恩，日讲官郑以伟、钱象坤各加礼部尚书兼学士，协理詹事府事，宫衔照旧”。其他的日讲官赵秉忠加太子宾客，与二品服俸，成基命升少詹事兼侍读学士，姜逢元、王祚远各升左谕德兼侍讲，正字张邦经改光禄寺少卿，加从三品服俸，傅应星升礼部仪制司员外，王赞升工部虞衡司员外，各兼官照旧。俱给予应得诰命。[5]五年正月二十九日，“以日讲叙劳，加礼部右侍郎兼侍读学士成

[1] 于慎行：《光禄大夫少保兼太子太保礼部尚书武英殿大学士赠太保谥文庄棠川殷公士儋行状》，载焦竑辑：《国朝献征录》卷一七《内阁六》，明万历四十四年徐象橒曼山馆刻本。

[2] 张廷玉等：《明史》卷二五〇《孙承宗传》。

[3] 《明熹宗实录》卷一八，天启二年正月辛亥。

[4] 《明熹宗实录》卷二九，天启二年十二月庚辰。

[5] 《明熹宗实录》卷四一，天启三年十一月丙寅。

基命太子宾客”[1]。李国樯于天启六年“晋左庶子，充经筵日讲官。次讲《尚书》，每借经发明世政以广圣聪，仰承注简”。但他在被荐入阁的考核中，仅仅排名第八，但是熹宗下旨升擢，“遂奉特旨，由詹事学士升礼部尚书兼东阁大学士，入阁办事”。他“念珰患方张，未可向迩，再疏沥辞甚恳”。但是熹宗“以旧学特简，不允”[2]。

明朝末年，经筵官和日讲官，仍然受到皇帝的重用，仕途较畅。崇祯元年十二月二十八日，升徐光启太子宾客，孔贞运、何吾驺、金秉乾俱詹事府少詹事，丁进为左庶子，“以日讲劳也”。[3]三年七月二日，升资深翰臣徐光启为礼部尚书兼翰林院学士，王应熊为礼部右侍郎兼翰林院侍讲学士，林釬为詹事府詹事兼翰林院侍读学士，协理詹事府事。“其日讲官、詹事府少詹兼翰林院侍读学士何吾驺，讲读已周一年，仍以原官量加三品服俸；正字官、礼部仪制司郎中加从三品俸、四品服于继鳟，礼部仪制司员外朱国诏，供事勤劳，继鳟以原官加正三品俸，仍四品服，朱国诏加礼部仪制司郎中，其鸿胪寺起案官诸希夔、何文举，听吏部核叙。”[4]五年十二月十日，大学士周延儒等“以日讲官向有年终叙劳加升之例”，拟礼部右侍郎掌翰林院事姜逢元升礼部尚书，协理詹事府事；礼部左侍郎王应熊加二品服，詹事府詹事、协理府事何吾驺升礼部右侍郎，照旧管事；左春坊左谕德、管司经局印方逢年升右春坊右庶子，仍管司经局；礼部尚书、协理詹事府事李康先秩已正卿，而端恬恪慎，供事日久，且已近考满，应加太子少保。崇祯帝“从之”。[5]可见，从明初至明末，讲官的仕途都较他官为顺畅。

[1]《明熹宗实录》卷五五，天启五年正月戊寅。

[2] 孙承宗：《高阳集》卷一七《明光禄大夫左柱国少师兼太子太师吏部尚书中极殿大学士赠太保谥文敏李公暨元配一品夫人陈氏继配一品夫人赵氏合葬墓志铭》，清初刻嘉庆补修本。

[3]《崇祯长编》卷一六，崇祯元年十二月甲寅。

[4]《崇祯长编》卷三六，崇祯三年七月己卯。

[5]《崇祯长编》卷六六，崇祯五年十二月癸酉。

皇帝的老师所受待遇超出常官。不仅“日讲官向有年终叙劳加升之例”，而且讲官退休前还要升一级。如嘉靖七年十月，南京礼部右侍郎顾清以疾乞致仕。“上以清历事先朝，讲读年久，特令升南京礼部尚书致仕。”[1]天启三年九月二十日，南京礼部尚书周应宾“引疾求罢，疏凡五上”，熹宗“诏许之，仍以两朝日讲勤劳，特加太子太保，以予春酬”。[2]然而，也有因为皇帝不愿失去讲官，而令后者失去晋升更高职位的机会。除前面所提到的孙承宗外，天顺八年尹直也曾有类似情况。尹直时任宪宗的经筵讲官，“上以公经筵进讲称旨，眷公特厚，及密旨令内阁选堪任学士者以进。公既与名，且有礼部侍郎之拟。上不欲公出翰林，遂止，命为讲学。”[3]宪宗因尹直讲课称旨，当尹直面临翰林学士和礼部侍郎的选任时，宪宗否定了他选任侍郎的机会，而令其担任翰林院学士。侍郎是正三品官，而学士只是正五品官。因为皇帝的“厚爱”，而使尹直失去了更高的位置。当然，这只是比较极端的例子。讲官最终会因皇帝的喜爱而荣升高位。正因为如此，官员们都以能够参与经筵日讲、成为皇帝的老师作为自己的重要追求。

五　皇帝对讲官的庇护

皇帝不仅提拔自己的老师，而且有时还为他们提供庇护，免其罪过和处罚。

嘉靖六年三月，科道官以“考察拾遗”，劾奏侍郎胡瓒、刘龙、赵永、张璁、童瑞、蒋曙、闵楷、韩荆，尚书张璳，都御史陈凤梧、王翊、林琦、傅习、毕昭，右通政党承志，卿崔杰、安金，司业吴

---

[1] 《明世宗实录》卷九三，嘉靖七年十月壬子。

[2] 《明熹宗实录》卷三八，天启三年九月丁未。

[3] 程楷：《资善大夫太子少保兵部尚书兼翰林院学士谥文和尹公直传》，载焦竑辑：《国朝献征录》卷一四《内阁三》，明万历四十四年徐象橒曼山馆刻本。

惠，中允边宪，编修廖道南，郎中张拱辰、李浙、陈赏、边仲，锦衣卫经历彭应轸。世宗说：“瓒佐理邦储，龙日侍讲读，璁忠诚端直，瑞勤诚尽职，俱留用。崮、凤梧、永、琦、杰、承志，令致仕。其余吏部会都察院详议以闻。”[1]其中对于刘龙的处理，世宗直接指出他因“日侍讲读”留用。十年正月，御史胡明善弹劾吏部左侍郎董玘闻父丧讯后，拖延奔丧，以图升职。世宗下令胡明善详陈董玘的罪状，又令都察院核实董玘“闻丧延缓事”。胡明善指出：“玘闻父丧已久，因吏部尚书缺，匿不发丧，久之始行”。世宗“以玘忠孝大节有亏，法当论治，第念其日讲有年，姑与冠带闲住”。这时，都察院也上奏称“其闻丧延缓事俱有迹”。世宗“以玘已革职，姑免究”。[2]匿父丧不奔，在传统社会是大罪，但世宗因其“日讲有年”，仅让其免职闲居，而且给予冠带，可以着官服在当地显摆。十九年十一月，南京给事中杨雷、御史王德纯弹劾兵部尚书张瓒、刑部尚书钱如京、礼部尚书温仁和。张瓒等人各上疏自劾。世宗下旨：“近日三边大捷，瓒运筹本兵，多效劳勚。如京新改刑曹，仁和讲读旧臣，俱令照旧供职。”世宗还“以雷与德纯冒昧论奏，切责而宥之”。[3]其中温仁和，世宗竟然因他是“讲读旧臣”而令照旧供职，并斥责了弹劾者。

隆庆元年七月一日，巡按直隶御史艾可久弹劾礼部左侍郎潘晟“贪冒不职”，潘晟上疏辩解，并乞退休。穆宗“以其所论无事实，留侍讲读如故”。[4]五年四月四日，河东巡盐御史郜永春疏言：“盐法之坏在大商专利，势要根据，以故不行。”因指“吏部右侍郎张四维父为大商”，张“四维为势要”，请“罢四维”。张四维“自辩其父未尝为河东运司商人，亦无他子弟，永春奏不实”，要求“避位候勘以自明”。穆宗则说：“四维日侍讲读，素称清谨，令供职如旧。”张四维

[1]《明世宗实录》卷七四，嘉靖六年三月壬寅。
[2]《明世宗实录》卷一二一，嘉靖十年正月丙午。
[3]《明世宗实录》卷二四三，嘉靖十九年十一月甲辰。
[4]《明穆宗实录》卷一〇，隆庆元年七月甲寅。

再请行勘，穆宗“不许”。[1]这是明显偏袒自己的老师，连查都不许查。

崇祯元年八月十七日，礼科给事中胡承顺弹劾贵州总督张鹤鸣“恃逆珰为奥援，妄希封拜”，吏部侍郎王祚远“倚魏广微之门人，急谋入相，媚忠贤”，并请“严处”。但思宗下旨却说：“鹤鸣已准致仕，祚远系日讲官，姑不究。”[2]就因为是自己的日讲官，便可以不予追究其往日投靠阉党的罪过。五年八月五日，礼部以武生“中式评文”失详，请将主考官少詹事姚希孟罚俸半年，请告谕德姚明恭起补日罚俸一年，房考官原任中书李日烨起补日降俸一级，吏部办事进士吕化舜授官日实降一级，倖中俞世灏斥革问杖，高岱斥革问徒。但礼部又特地指出：“希孟见在日讲，启沃著劳，或念亲臣，免其罚治，是又皇上法外之恩也。”思宗“命世灏、岱如议遣行。希孟等四人另议”。[3]但此事被温体仁紧纠不放。十七日，处分正式生效，“以武生中式一案，詹事姚希孟、在告谕德姚明恭、原任中书李日烨俱降二级调用，吏部办事进士吕化舜降三级用”。“初，温体仁恶希孟数于讲筵正议，欲因此事挤之，而以冒籍咎在外帘，不能连及，乃票旨责以覆试及覆试卷上，遂毛举其疵，以为闱中评文失详之罪，遂并明恭等降调工部侍郎。”[4]虽然姚希孟未能免罚，但从礼部的处理意见可知，当时的官员都知道要对皇帝的日讲官网开一面。

六 及于其身的与祭封赠

皇帝对讲官的恩惠，并非仅仅施及其生前，而且在讲官死后，也会念及其讲读之恩，给予赐祭葬和封赠官职、品级。“故事，侍从、日讲、辅导等官，身没之后，类得优以殊恩，荣以美谥。”[5]

[1] 《明穆宗实录》卷五六，隆庆五年四月乙未。

[2] 《崇祯长编》卷一二，崇祯元年八月乙巳。

[3] 《崇祯长编》卷六二，崇祯五年八月庚午。

[4] 《崇祯长编》卷六二，崇祯五年八月壬午。

[5] 王守仁：《王阳明全集》，第1019页，上海古籍出版社，1992年。

(一) 与祭

皇帝下诏祭臣子谓“谕祭”。谕祭是指天子下旨祭死去的臣下，并让人撰写祭文，在祭祀时念诵。谕祭的同时必须“与祭”，与祭就是给予祭祀的经费。祭从一坛起，坛越多级别越高。比与祭级别更高的恩赐是“赐葬”，二者费用不同，故等级有异。与祭费用较少，皇帝重视的程度较低，而赐葬花销较多，皇帝重视的程度较高。皇帝对自己喜欢的讲官，不仅与祭，而且赐葬。

明帝对待自己的老师，在丧礼上多有优待。据《大明会典》载，弘治十年所定条例规定：“四品、五品文官，以侍从、春宫、军功等项应沾恤典者，礼部临时具由，取自上裁。其他一切杂途，尽行停止。”嘉靖二十三年修改后的条例称：“遇有前项陈请，仍先移文翰林院、兵部核实，如军功必躬履行阵，侍从必日侍讲读，春宫必亲奉出阁，开陈有劳，方与具由题请。若止曾受官、未经实效勤劳者，不准。”[1]这次修改条例，《明世宗实录》记载最详：先是，礼科都给事中周采等奏称：“国家优恤臣下祭葬赠谥，载诸令甲。今陈乞援附章奏纷纭，请下礼部通查《会典》条格，及前后事例，著为画一之法。”疏下礼部，议言：“言侍臣者必尝日侍讲读，言军功者必尝躬履行阵，给半葬者必原其年劳之异同，请特恩者必论其途径之邪正，与例不可拘，法当报罢者，条列上请，惟圣明裁定。”其中建议：“三品、四品父母止授五品以下，封者不赐祭，其称特恩，非日侍讲读、亲履行阵及春宫官亲奉出阁开陈有劳者，不得概与。一切杂途皆报罢。”疏上，世宗“如议”。[2]隆庆三年更定的条例规定：“其特恩所加祭葬，大约于本等品级内量加一等。如无祭者，给与祭一坛；无葬者，给与半葬；应半葬者，给与全葬。如讲读官，则五品本身有祭，四品本身父母得拟祭葬，三品祭得及其妻……或有讲读年久、启沃功多、军旅身歼、勋劳懋著者，恤典自宜加厚。礼部临时议拟，奏请定夺。”[3]

[1] 申时行等：《大明会典》卷一〇一《礼部五十九·丧礼六·恩恤》。

[2] 《明世宗实录》卷二九三，嘉靖二十三年十二月甲戌。

[3] 申时行等：《大明会典》卷一〇一《礼部五十九·丧礼六·恩恤》。

下面，对皇帝与祭讲官的例子，略加胪列。

弘治十八年七月，致仕南京太常少卿牛纶卒，即位伊始的武宗决定“与祭一坛，以尝充宪庙东宫官并经筵日讲故也”[1]。嘉靖五年四月，翰林院侍读学士唐皋卒，“上以其讲读效劳，特与祭一坛”。[2]嘉靖五年，经筵直讲官尹襄病死，“上念讲臣，特命有司谕祭。前此五品非学士不予祭，盖其异数也”。[3]据《实录》载，六年四月“赐故洗马尹襄祭一坛，以襄侍讲经筵故也”[4]。十八年，在武宗时期担任经筵讲官且敢于直言的陈霁去世，“上念公先朝旧学，赐祭，命有司治葬事，盖特恩也”[5]。二十二年十月，左春坊左庶子兼侍讲董承叙卒。“上以承叙侍讲经筵，特赐祭一坛”。[6]二十三年，讲官陆深“讣闻，朝廷念公讲筵旧劳，赐谕祭”，还赠礼部右侍郎，谥文裕。[7]隆庆四年十一月，南京礼部右侍郎孙铤去世。他在隆庆间历任左中允、左谕德、国子监祭酒，升南京礼部右侍郎，未任而卒。“以经筵讲官，特赐祭一坛。”[8]天启元年五月，礼部复议原任日讲官翰林院修撰焦竑恤典，“照例与祭一坛，以讲读多年加祭一坛”，此外还赠右春坊右谕德，荫一子入监读书。[9]十二月，予原任日讲官詹事府少詹事黄辉“祭葬如例”。[10]同月，“赐原任国子监祭酒日讲官萧良有祭葬，仍加祭一坛”。[11]二年九月，赐原任翰林院侍读学士、赠礼部右侍郎吴中行祭

[1] 张元忭：《馆阁漫录》卷八，明不二斋刻本。

[2] 《明世宗实录》卷六三，嘉靖五年四月己未。

[3] 董玘：《奉训大夫司经局洗马尹君襄墓志铭》，载焦竑辑《国朝献征录》卷一九《詹事府二》，明万历四十四年徐象橒曼山馆刻本。

[4] 《明世宗实录》卷七五，嘉靖六年四月己未。

[5] 张邦奇：《张邦奇集·靡悔轩集》卷六《明故国子监祭酒进阶中宪大夫苇川陈公墓志铭》，明刻本。

[6] 《明世宗实录》卷二七九，嘉靖二十二年十月己亥。

[7] 许赞：《议大夫詹事府詹事兼翰林院学士赠礼部右侍郎谥文裕陆公深墓表》，载焦竑辑：《国朝献征录》卷一八《詹事府一》，明万历四十四年徐象橒曼山馆刻本。

[8] 《明穆宗实录》卷五一，隆庆四年十一月癸巳。

[9] 《明熹宗实录》卷一〇，天启元年五月壬子。

[10] 《明熹宗实录》卷一七，天启元年十二月辛未。

[11] 《明熹宗实录》卷一七，天启元年十二月戊子。

一坛，“嘉其直谏，且旌日讲之劳也”。[1]崇祯元年九月，应天巡按李待问为故太子宾客、礼部右侍郎兼翰林院侍读学士周炳谟请恤。周炳谟“天启初为经筵日讲”，告归。天启五年卒，“抚臣称其招忌权珰，抽簪早作，食贫砥节，贞操可嘉，乞加优恤”。[2]三年五月，予故礼部右侍郎张邦纪祭一坛，减半造葬，“以日讲有劳，加祭一坛”。[3]四年六月，予日讲官、礼部尚书李腾芳祭葬。定例祭九坛，外仍加祭一坛[4]。

（二）赐葬

丧葬费用较高，故若得皇帝赐葬，则表示恩典更高。成化间刘震曾任经筵展书官，弘治元年擢右谕德管国子监司业事，为视学的孝宗讲《易》，“词义明畅，上为耸听。翌日被赐袭衣，仍敕宴于礼部，人以为荣遇”。后升南京国子监祭酒。死后，其子刘翘“告哀于朝：公官四品，于法当得谕祭”。孝宗“知公居官得师道，特命工部令有司造坟安葬，盖异数也”。[5]本是其子只是请求谕祭，但孝宗却赐葬，就是因为他做过经筵展书官，且为皇帝讲过《易经》的缘故。刘龙在弘治、正德、嘉靖间数度任经筵讲官和日讲官。后致仕卒，其子宗人府经历刘承爵、乡进士刘承恩“始克以恤典诣阙自言状”，世宗览状后恻然说道：“是朕直讲亲臣也！其亟赐祭葬。”于是“官营葬，仍赠太子太保，谥文安。盖有司失不以请，而圣天子笃于旧学如此云！”[6]

嘉靖十六年六月，南京吏部右侍郎林文俊死后，朝廷“赐祭葬如例”。他在孝宗时“充经筵讲官”。历两京国子监祭酒，升南京礼部

[1] 《明熹宗实录》卷二六，天启二年九月戊申。

[2] 《崇祯长编》卷一三，崇祯元年九月己巳。

[3] 《崇祯长编》卷三四，崇祯三年五月壬寅。

[4] 《崇祯长编》卷四七，崇祯四年六月甲寅。

[5] 吴宽：《朝议大夫南京国子祭酒刘公震墓碑》，载焦竑辑：《国朝献征录》卷七四《南京国子监》，明万历四十四年徐象樗曼山馆刻本。

[6] 李默：《资政大夫南京兵部尚书参赞机务致仕赠太子太保谥文安紫岩刘公龙墓志铭》，载焦竑辑：《国朝献征录》卷四二《南京兵部一》，明万历四十四年徐象樗曼山馆刻本。

右侍郎，改吏部，卒于官。“上以文俊有编摩、讲读之劳，故恤典特厚”。[1]十一月，赐故太常寺少卿兼翰林院侍读学士郭维藩祭葬。他曾“充经筵讲官”，改侍读学士，“充讲《大学衍义》官”。至是卒，世宗“念其讲读劳，故特恩赐葬”。[2]郭维藩的赐祭葬，是特恩。其他史籍多予揭示。据方志载，郭在嘉靖年间“进侍读学士，充经筵日讲官”，会病卒，“上念讲幄积劳，特赐葬祭，盖异数云”。[3]他死后，“讣闻，上悼之，赐谕祭，敕有司营葬事”。[4]十八年十二月，赐故致仕南京太常寺卿穆孔晖祭葬，“上念其讲读劳，故恤典从厚”[5]。四十三年三月，原任南京光禄寺卿张衮卒，曾“充经筵讲官并日讲《大学衍义》”。掌国子监祭酒事时，因诸生失仪左迁，寻升光禄寺卿致仕，卒于家。“上追念其经筵、史局效劳，特赐祭一坛，给全葬。”[6]

韩世能在万历二十六年死后，其长子韩逢禧“走京师以恤请”。神宗“念公经幄臣，命礼官致祭，给水衡钱，治窀穸”。[7]所谓水衡钱，是指皇帝的内帑银，用自己的私房钱给韩讲官修建墓葬，足见皇帝对该老师的感情之深。姚弘谟于万历十七年二月在家中去世，“守臣以闻，令甲：三品未满考，予葬半”。但是，神宗“以公经幄臣，谕祭、营葬皆全给”，还特赠礼部尚书。[8]

陈仁锡在天启和崇祯间两任经筵日讲官，死后，崇祯“念讲幄旧劳，赐祭葬”[9]。天启二年三月，江西吉水县举人刘同升为其父原任

[1] 《明世宗实录》卷二〇一，嘉靖十六年六月甲子。

[2] 《明世宗实录》卷二〇六，嘉靖十六年十一月己卯。

[3] 曹金：《（万历）开封府志》卷一八，明万历十三年刻本。

[4] 吴国伦：《甔甀洞稿》卷三四《明中宪大夫太常寺少卿兼翰林院侍读学士价夫郭先生暨配胡宜人合葬墓志铭（代作）》，明万历刻本。

[5] 《明世宗实录》卷二三二，嘉靖十八年十二月甲戌。

[6] 《明世宗实录》卷五三二，嘉靖四十三年三月戊申。

[7] 申时行：《赐闲堂集》卷二四《通议大夫礼部左侍郎兼翰林院侍读学士韩公墓志》，明万历刻本。

[8] 申时行：《赐闲堂集》卷二五《通议大夫吏部左侍郎兼翰林院侍读学士赠礼部尚书姚公墓志铭》，明万历刻本。

[9] 刘宗周：《刘蕺山集》卷一五《大司成芝台陈公传》，景印文渊阁四库全书本。

国子监祭酒、经筵日讲官刘应秋并母杨氏请恤。部覆“给与祭葬”。[1]二年六月，赐原任少詹事兼翰林院侍读学士、讲读官赵师圣祭一坛，“造葬如例”。[2]八月，赠少詹事庄天合为礼部右侍郎，荫□子中书舍人。后复加祭一坛，“仍给全葬，以其讲读劳深也”。[3]五年七月，予原任詹事府少詹事兼翰林院侍读学士黄洪宪祭一坛，“仍给全葬，以酬讲读之劳”，因礼部尚书林尧俞为之请恤，故有是命。[4]崇祯三年六月，予故礼部左侍郎萧命官祭一坛，“减半造坟，以讲筵旧劳，仍加祭一坛”。[5]

从以上例子可见，明代皇帝对其讲官之丧，不仅与谕，甚至赐葬，恩渥甚厚。

（三）赠官

皇帝的经筵讲官死后，往往会得到超过他本来官职和级别的赠官。嘉靖十六年，曾有“讲读之劳”的南京吏部右侍郎林文俊死后，“赠南京吏部尚书”[6]。杨道宾在万历间先后担任东宫讲官和经筵日讲官。万历三十六年春，时任礼部左侍郎的他“有事斋宫，礼未成，以疾掖归邸”，竟逝。“公时直经帷，受知遇，又甚得士大夫心，咸望其旦夕柄用，而奄忽至此，莫不悲之！”神宗“采群议，赠公礼部尚书，谥文恪，遣使护丧营葬，饬终之典视常有加”。[7]礼部左侍郎为正三品官，赠为礼部尚书后，则为正二品，可谓生荣死哀了。致仕少师申时行于万历四十二年秋“竟以讣闻”，神宗“震悼良久”后下令：“是朕旧学之臣，宜赠太师。是辅朕十有四载，德博而化，天下安于

[1]《明熹宗实录》卷二〇，天启二年三月戊戌。

[2]《明熹宗实录》卷二三，天启二年六月丁亥。

[3]《明熹宗实录》卷二五，天启二年八月壬申。

[4]《明熹宗实录》卷六一，天启五年七月己巳。

[5]《崇祯长编》卷三五，崇祯三年六月癸亥。

[6]《明世宗实录》卷二〇一，嘉靖十六年六月甲子。

[7] 叶向高：《苍霞续草》卷一一《通议大夫礼部左侍郎兼翰林院侍读学士赠礼部尚书谥文恪荆岩杨公暨元配翁氏合葬墓志铭》，明万历刻本。

覆盂，宜谥文定。”[1]少师是从一品，而太师则是正一品。天启二年九月一日，加赠原任礼部尚书曾朝节为太子少傅，荫一子中书舍人习字出身，“以其讲读劳深也”。[2]九月十四日，“赠原任大学士高仪为太保，荫其孙兆麟中书舍人，以系两朝日讲、顾命重臣也”。[3]五年三月十一日，“录原任左春坊左赞善顾绍芳日讲劳，赠左春坊左庶子，荫一子入监读书”。[4]崇祯三年八月十二日，礼部右侍郎张邦纪“以讲读旧劳，赠礼部尚书”，荫一子入监读书。[5]从正三品升为正二品，表达了思宗对讲官的尊重。

中国是官本位的国家，亡故的讲官因讲读恩而获得更高级别的赠官，对其家族和后人来讲，都是十分荣耀的。

七　扩及亲属的恩荫

讲官获得的荣誉和利益，不仅限于其自身，而且扩及其父母和子孙。这种利益包括赠给父母的官品和诰命，赐赠父母甚至妻子的祭葬，荫及子孙的官生和官职等。

（一）赐父母诰命和官职

正德六年六月，礼部左侍郎毛纪乞追赠先母赵氏，“如吏部左侍郎兼翰林院学士曹鼐、礼部右侍郎谢一夔故事”。吏部复议，认为毛纪“年劳履历与二人相类，且春宫讲读、经筵日讲，比之他司不同”。于是武宗下旨：“纪既有讲读旧劳，许追赠，不为例。”[6]嘉靖四年九

---

[1] 黄汝亨：《寓林集》卷一六《特进光禄大夫左柱国少师兼太子太师吏部尚书中极殿大学士赠太师谥文定申公墓表》，明天启四年刻本。

[2] 《明熹宗实录》卷二六，天启二年九月甲午。

[3] 《明熹宗实录》卷二六，天启二年九月丁未。

[4] 《明熹宗实录》卷五七，天启五年三月己未。

[5] 《崇祯长编》卷三七，崇祯三年庚午八月己未。

[6] 张元忭：《馆阁漫录》卷九，明不二斋刻。

月，詹事府詹事兼翰林院学士董玘以父母年老，照例请给父母诰命，“上念玘讲读效劳，并自应得诰命，俱与之”。[1]王珂嘉靖五年中进士，授中书舍人，典诰敕。“时天子励意唐虞，日御经筵，诹治理，辅臣祇惟圣学之重，恪选吉人共事左右，公实与焉”。由于其父王馨只做过鲁山教谕，而王珂做过经筵日讲官，因此其父获“赠征仕郎、中书舍人”。[2]十五年五月，礼部尚书（按：实为右侍郎）谢丕以母老年预请应得诰命。“上念丕讲读勤劳，特许之”。[3]另据载：“先是，礼部右侍郎谢丕以母老请先给应得诰命。上以丕日效讲读劳，许之”。十一月，“至是，升吏部左侍郎兼翰林院学士掌院事，以前诰尚未关领，复请改给”，世宗“特旨允之”。[4]

除了应得诰命和赠官外，有时候甚至破例赐讲官父母诰命和官职。嘉靖元年七月癸酉，礼部右侍郎刘龙父亲刑部员外郎刘凤仪、母张业，因弟刘夔任给事中考满时，曾赠五品。刘龙历官中允、学士时，“俱限于例不重给”。当他升任侍郎时，“会母忧，乃自陈讲读旧劳，请得赠其父母如今官”。世宗“诏特允之。寻许赐其母张谕祭，俱不为例”。[5]按例，刘龙的父母因为其弟弟任给事中考满时，已赠为五品官，不能重复赠官了，但刘龙做了礼部右侍郎后，“自陈讲读劳”，请将其父母赠为右侍郎官，穆宗竟然破例批准，并赐其母祭坛。嘉靖四年四月，赐吏部右侍郎温仁和父母诰命。“时仁和未及考满，以日讲例陈乞。”世宗说：“仁和效劳久，特从其请。”已而吏部讲“宜逮其祖父母”，世宗“命与之”。[6]不仅破未考满之例赐其父母诰命，而且上及其祖父母，皇帝也同意了。七年五月，升礼部左侍郎

[1] 《明世宗实录》卷五五，嘉靖四年九月甲申。

[2] 张四维：《条麓堂集》卷二七《征仕郎中书舍人止一王公墓志铭》，明万历二十三年张泰征刻本。

[3] 《明世宗实录》卷一八七，嘉靖十五年五月丁卯。

[4] 《明世宗实录》卷一九三，嘉靖十五年十一月辛巳。

[5] 《明世宗实录》卷一六，嘉靖元年七月癸酉。

[6] 《明世宗实录》卷五〇，嘉靖四年四月乙卯。

刘龙为南京礼部尚书，“时龙历三品俸，将满三年，陈乞诰命”。世宗“以龙讲读旧劳，特俞所请，给与诰命”，还荫一子入监读书。[1]七年闰十月，吏部右侍郎徐缙“三品未满考，援温仁和、董玘例乞诰命”。世宗“以其讲读效劳，特准与之”。[2]八年五月，詹事府詹事兼翰林院学士顾鼎臣“未及秩满，比例请给诰命”。世宗“以其日讲效劳，特许之”。[3]万历十六年，冯琦“升礼部右侍郎，闻父病笃，缘经筵旧劳，以乞恩封并乞回籍”，世宗“允之，特赐银二十两，驰传归省。归甫八日而父病不能起”。每泣语人曰：“圣恩浩大，此八日之养，胜于三公九鼎也。”[4]这些都是破例赠讲官父母官职的事例。

（二）赐讲官父母的祭葬

年久资深的讲官还能蒙受特恩，在祭葬方面能荣及父母、妻子。据载：“讲读官五品本身有祭，四品及父母，三品及妻。军功四品得祭葬，三品未满及父母。讲读年久、启沃功多、军旅身歼、勋劳茂著者，恩恤加厚，临期请旨。”[5]这段是从实录中改写来的。据《明穆宗实录》载，隆庆三年十二月二十五日，礼部议上恤典条例：“一、文官祭葬有无隆杀之等，悉遵《会典》。其特恩，如侍从必日侍讲读，军功必躬履行阵，春宫官必亲奉出阁，开陈有劳者，悉遵嘉靖中题允事例。其祭葬大约于本等品级内，量加一等。无祭者，给与祭一坛。无葬者，给与半葬。应半葬者，给与全葬。如讲读官则五品本身有祭，四品本身父母得拟祭葬，三品祭得及其妻。军功则四品本身得拟祭葬，三品未满得及其父母。加恩成例，各有等差，不得超越资次，妄生希觊。其或有讲读年久、启沃功多、军旅身歼、勋劳茂著者，恩恤自宜加厚。本部临时议拟，请自上裁。其余不许一概援引陈乞。”

---

[1] 《明世宗实录》卷八八，嘉靖七年五月丁丑。

[2] 《明世宗实录》卷九四，嘉靖七年闰十月壬午。

[3] 《明世宗实录》卷一〇一，嘉靖八年五月癸卯。

[4] 徐开任：《明名臣言行录》卷七四《冯琦》，清康熙刻本。

[5] 张廷玉等：《明史》卷六〇《礼志十四・赐祭葬》。

又载："如不因考满，而蒙诏授封者，非系讲读、军功，仍不准给。"穆宗"俱从之"。[1]这对于讲官而言是莫大的荣耀。

皇帝为了奖励经筵日讲官，还赐讲官已故父母妻子祭葬。柯潜于成化四年侍经筵讲读，不久其父少卿丧，"既而有司为少卿公请祭，公陈情且乞营葬，或谓公乞葬于礼非宜"，柯潜说："人子患不能厚葬其亲，吾尽吾心而已。得请与否，非所较也！幸而获请，虽死且不朽。"世宗"念公经筵劳，并与之葬，盖异数也"。"时母太宜人在堂。庚寅正月，太宜人属疾卒，朝廷遣官谕祭"。[2]弘治间，黄珣充任经筵讲官，十四年，升南京祭酒，尚未上任，丁继母忧。孝宗"念经幄旧臣，特遣官为营葬事及谕祭"。[3]十六年二月，封詹事府少詹事兼翰林院侍读学士、前光化县知县王公卒，其子吏部右侍郎王鏊"闻丧去位"。孝宗说："兹朕经筵日讲官也，宜有以慰其哀。"乃命有司谕祭及"造坟安葬"，"皆视三品礼"。王鏊"感激谢恩"[4]。

嘉靖七年十二月，翰林院侍读学士张璧以父丧守制回籍，"比例陈乞祭葬"。世宗"以其日讲效劳，特许之"，仍令给驿归。[5]十一年十一月，赐侍读学士许成名父许茂"祭一坛"，"以成名讲读效劳，从其请也"。[6]十三年五月，吏部右侍郎张潮乞母刘氏祭葬。礼部议"刘氏未授三品封，于例不合"，但世宗"以潮讲读效劳，特赐祭一坛"。[7]十四年五月，赐礼部右侍郎黄绾母鲍氏祭葬，并赐其父黄俌祭一坛，"以纂修讲读劳也"。[8]十五年八月，翰林院侍讲学士廖道南

[1] 《明穆宗实录》卷四〇，隆庆三年十二月癸亥。

[2] 吴希贤：《中顺大夫詹事府少詹事兼翰林院学士竹岩柯公行状》，附录于柯潜《竹岩集》卷一八，清雍正十一年柯潮刻本。

[3] 过庭训：《本朝分省人物考》卷四九《黄珣》，明天启刻本。

[4] 吴宽：《匏翁家藏集》卷六四《封詹事府少詹事兼翰林院侍读学士前光化县知县王公墓志铭》，四部丛刊景明正德本。

[5] 《明世宗实录》卷九六，嘉靖七年十二月己卯。

[6] 《明世宗实录》卷一四四，嘉靖十一年十一月己巳。

[7] 《明世宗实录》卷一六三，嘉靖十三年五月戊寅。

[8] 《明世宗实录》卷一七五，嘉靖十四年五月癸酉。

以母丧乞祭葬，“上以其日侍讲读，特许之”，仍命给传归。[1]十二月，赐右春坊右谕德王用宾父、故河南怀庆府知府王懋祭葬。“用宾侍经筵有年，初闻懋讣，予诏祭一坛。至是复以葬请。上念其讲读劳，特许之。”[2]十六年四月，吏部左侍郎兼翰林院学士谢丕言：“臣母陆氏蒙旌表节妇，封太淑人，以就养卒于京。乞赐恩恤。”世宗“念丕日侍讲读，准赐祭葬，并祭其父”。还嘉其母节，给钞三千锭，令谢丕驰驿归。[3]五月，太常寺卿管国子监祭酒事许成名“奏乞母淑人贾氏恤典”。世宗“以成名讲读效劳，准与葬祭”，仍令驰驿归。[4]十二月，翰林院侍讲学士廖道南“乞其父祭葬”。世宗“以其日讲效劳，许之”。[5]十八年九月，赐吏部左侍郎兼翰林院学士张潮母刘氏葬，“以讲读劳也”。[6]二十四年五月，赐南京国子监祭酒伦以训母区氏祭一坛，并祭其父。“以训经筵讲读援例陈请也”。[7]天启元年七月五日，礼部覆日讲官李标母恤典，准与祭一坛。伊父李五伦列名并祭。[8]天启五年二月，日讲官、礼部左侍郎黄士俊丁忧，为母请恤。熹宗下旨：“黄士俊日讲勤劳，恤典炤例，给与伊母刘氏祭一坛，造坟安葬；嫡母何氏并祭，祔葬，仍加祭一坛。”同时还赐路费银二十两、纻丝二表里，可驰驿而行。[9]崇祯四年八月，思宗以孔贞运“讲读著劳，命照例与其父祭葬，并其母姚氏并祭祔葬，仍加祭一坛”。[10]

皇帝还破例赐予讲官父母祭葬。嘉靖十五年正月，赐致仕国子监祭酒王激母故封恭人张氏祭一坛，葬给半价。“初部议张氏受四品封，

[1]《明世宗实录》卷一九〇，嘉靖十五年八月戊戌。
[2]《明世宗实录》卷一九四，嘉靖十五年十二月己亥。
[3]《明世宗实录》卷一九九，嘉靖十六年四月癸亥。
[4]《明世宗实录》卷二〇〇，嘉靖十六年五月丙午。
[5]《明世宗实录》卷二〇七，嘉靖十六年十二月己未。
[6]《明世宗实录》卷二二九，嘉靖十八年九月乙巳。
[7]《明世宗实录》卷二九九，嘉靖二十四年五月己巳。
[8]《明熹宗实录》卷一二，天启元年七月甲辰。
[9]《明熹宗实录》卷五六，天启五年二月丁亥。
[10]《崇祯长编》卷四九，崇祯四年八月乙巳。

祭当与，无葬例”，但世宗“以激曾侍讲经筵，特与之”。[1]十二月，赐致仕国子监祭酒王激父祭一坛，葬给半价。先是，激母死，“乞祭葬”，世宗“以激尝与经筵，特予之”。至是，父亦卒，复以为请，故有是命。[2]张衮曾于嘉靖间“充经筵展书官，晋讲官”。其母“太宜人之讣至”，他“衔哀疏乞”，世宗“未尝下之部议”，便直接批答道："张衮讲读，效有勤劳，伊母准照例与祭葬。"[3]明末，由于农民军攻城掠地，于是经筵日讲官请求将父母墓葬迁移，也获得皇帝的批准。崇祯十七年正月十一日，"献贼陷袁州。二月二十四日，日讲官林增志疏请迁葬，许之"[4]。这也算是对老师的一种特恩了。

明代皇帝甚至为讲官亡妻与祭。嘉靖八年十月，詹事霍韬"初以妻丧请告，上不许，念韬有讲读纂修劳，特赐其妻祭一坛，遣官营葬"。霍韬再疏辞，世宗说："念尔忠诚为国，故不拘常例，特加尔妻恤典。今既恳辞，尤见谦慎，特准所辞。"[5]隆庆元年六月，吏部左侍郎兼翰林院学士殷士儋"以妻丧请假还乡，因乞恤典"。世宗"念其讲读旧劳，特赐驰驿，给路费银钞，仍赐其妻祭一坛，所司治葬"[6]。天启三年八月，日讲官礼部右侍郎来宗道以妻丧请假，诏赐驿及银币以归，"仍予应得恤典"。[7]崇祯元年五月十九日，"予原任礼部尚书翁正春及妻林氏祭二坛，加祭一坛并葬，复以经筵功，再加祭一坛"[8]。

（三）荫讲官子孙官生和官职

恩荫是宗法专制社会的特有制度。讲官作为皇帝的老师，也享有这种专制所带来的利益，便是荫及子孙，令子孙得以成为官生（如入

[1]《明世宗实录》卷一八三，嘉靖十五年正月辛巳。
[2]《明世宗实录》卷一九四，嘉靖十五年十二月己亥。
[3] 张衮：《张水南文集》卷八《豫撰圹记并铭》，明隆庆刻本。
[4]《崇祯长编》（痛史本）卷二，崇祯十七年正月癸未。
[5]《明世宗实录》卷一〇六，嘉靖八年十月乙亥。
[6]《明穆宗实录》卷九，隆庆元年六月丁亥。
[7]《明熹宗实录》卷三七，天启三年八月甲申。
[8]《崇祯长编》卷九，崇祯元年五月己卯。

国子监读书）和官员。皇帝优待讲官，规定可恩荫其子孙。宣德后，曾经任侍讲官者，往往荫子或孙“于中书习字三年出身”。如宣德七年，致仕少保武英殿大学士黄淮，奏准“子采于翰林院进其书学”。三年后，英宗嗣位，“官采为中书舍人”。[1]此后，故少师华盖殿大学士杨士奇之孙杨星、故少师谨身殿大学士杨荣之孙杨士俊，亦分别“以乞恩写诰满三年”和“援例于中书舍人处习字满三年”，擢为中书舍人。[2]也有荫子入监者。如正统八年，“翰林学士兰从善既致仕，请以其孙蕃为国子监生，上念其侍从岁久，特许之”。[3]

弘治前，经筵讲官荫叙往往是随意而为，并没有常制可依。弘治十年六月，礼部奏准“官非三品、曾侍从春宫讲读辅导有功者，殁后，子孙乞恩入监，本部议请上裁”。[4]弘治五年，刘春选充经筵展书官，十三年，选充东宫讲读官，十四年，选充经筵讲官。[5]正德七年，以礼部左侍郎充经筵日讲官。八年，升礼部尚书，赐玉带。[6]至正德十六年七月，世宗即位之初，“荫礼部尚书刘春子延年为中书舍人，仍补荫一人入监读书。春尝二品满考，又为经筵讲官，东宫讲读者数年，其子主事彭年援例以请，故有是命”[7]。

嘉靖十六年十二月，荫大学士贾咏孙贾暚为国子生。至嘉靖二十三年六月，又“授原任大学士贾咏孙暚为中书舍人”。贾暚先荫国子生，至是及选期，贾咏“援累朝讲读恩例，乞改授”。世宗“诏特许之”。[8]嘉靖三十一年十二月，故户部尚书兼翰林院学士李廷相子官生

[1] 《明宣宗实录》卷九七，宣德七年十二月癸卯；《明英宗实录》卷一七九，正统十四年六月辛亥。

[2] 《明英宗实录》卷二三九，景泰五年三月丁丑；卷三〇〇，天顺三年二月己未。

[3] 《明英宗实录》卷一〇六，正统八年秋七月丙寅。

[4] 《明孝宗实录》卷一二六，弘治十年六月壬辰。

[5] 雷礼：《国朝列卿纪》卷一六《刘春》，明万历徐鉴刻本。

[6] 雷礼：《国朝列卿纪》卷二七《刘春》，明万历徐鉴刻本。

[7] 《明世宗实录》卷四，正德十六年七月乙丑。

[8] 《明世宗实录》卷二〇七，嘉靖十六年十二月丁未；《明世宗实录》卷二八七，嘉靖二十三年六月甲戌。

李孝元，以听选至京，“陈其父讲读劳，且言祖瓒亦户部尚书，荫其子廷柱，未仕卒，乞并叙”。礼部回复：“请免孝元候选，即为铨补。”世宗“许之”。[1]

万历十二年“定例，三品日讲官，虽未考满，一子入监”。[2]《大明会典》载，“万历十二年题准三品官日讲年久，开陈有劳者，虽未考满，许荫一子送监读书”。[3]万历二十四年六月十五日，“宫詹学士刘公直卿卒于家。其弟太学生虞龙至京疏奏”。神宗“念宫詹讲读劳，特敕所司谕祭葬，荫其子国子生，视卿臣礼有加焉”[4]。

天启元年六月，赠原任日讲官左庶子袁宗道为少詹事，“荫一子入监读书”[5]。至七月五日实施，“荫日讲官左庶子袁宗道子祈年国子生”。[6]元年十一月，荫原任日讲官詹事府少詹事张邦纪子张永祚入监读书。[7]十二月十七日，荫原任日讲官吏部左侍郎萧云举子萧鸿襄入监读书。二十八日，荫原任日讲官礼部尚书郭正域子郭昭封入监读书。[8]二年八月，“赠少詹事庄天合为礼部右侍郎，荫子中书舍人，以其讲读劳深也”。[9]因为庄天合在万历中曾经“侍讲筵、晋宫僚，以端谨受知于光宗”[10]，故荫及后人。十二月十八日，荫日讲官左谕德龚三益子龚九鼎“入监读书”。[11]三年五月三日，赠原任日讲官、礼部左侍郎兼翰林院侍读学士张一桂礼部尚书，“荫一子国子生”。是因其孙、生员张志瑄请求的缘故。[12]闰十月二十七日，荫原任日讲官庄天合之

[1] 《明世宗实录》卷三九二，嘉靖三十一年十二月辛亥。

[2] 张廷玉等：《明史》卷六九《选举一》。

[3] 申时行等：《大明会典》卷六《吏部五》。

[4] 王家屏：《詹事府詹事兼翰林院侍读学士刘公虞夔墓志铭》，载焦竑辑《国朝献征录》卷一八《詹事府一》，明万历四十四年徐象橒曼山馆刻本。

[5] 《明熹宗实录》卷一一，天启元年六月辛卯。

[6] 《明熹宗实录》卷一二，天启元年七月甲辰。

[7] 《明熹宗实录》卷一六，天启元年十一月乙巳。

[8] 《明熹宗实录》卷一七，天启元年十二月甲申、乙未。

[9] 《明熹宗实录》卷二五，天启二年八月癸巳。

[10] 夏力恕等：《湖广通志》卷五〇《乡贤志》，景印文渊阁四库全书本，第533册，第99页。

[11] 《明熹宗实录》卷二九，天启二年十二月己卯。

[12] 《明熹宗实录》卷三四，天启三年五月壬辰。

子庄以临为中书舍人。[1]五年十一月二十九日，吏部覆原任日讲官黄洪宪孙黄寅锡承荫，许之。[2]崇祯四年五月十八日，赠故日讲官礼部尚书萧云举为太子太傅，荫一子入监读书[3]。

由上可见，经筵日讲官作为皇帝老师，不仅惠及己身，而且还荫及子孙。需要指出的是，决定经筵讲官实际恩荫状况的，除援例之外，还取决于皇帝的喜爱程度以及其此后在官场上的进步与否。

讲官死后的恩荫甚至常有破例的情况。嘉靖二十三年五月，荫故南京都察院右都御史何瑭孙何咨为国子生。“瑭历三品、二品俱未考满，特以经筵、纂修叙劳予之。”[4]三十二年十月，荫故少保兼太子太保礼部尚书翰林院学士费采子费懋升为国子生。初，“采秩满已荫长子懋学”，至是，“懋升复以其父侍讲读、赞直，援汪鋐事例陈乞”。世宗“以采在直效劳，特允之，不为例”[5]。

破例恩荫，还包括合并恩荫的情况。李默介绍了“并叙恩荫”的例子。嘉靖三十一年，已故户部尚书李廷相之子李孝元奏称：“由父侍郎考满恩荫入监，已经上选。查父先任学士，充经筵日讲，例有恩荫。及祖户部尚书李瓒荫孙李廷柱，未曾授职病故，例该补荫，本家并无以次人丁，乞将前项恩典并叙，免其候选年月，收选授职。”礼部覆准，同意“并叙”。[6]这种合并恩荫，其中牵扯到李廷相“先任学士，充经筵日讲，便有恩荫”，所以才被礼部答应得如此爽快。

破例恩荫，还表现在跨代恩荫。即对经筵讲官的荫封，有时候跨越几代人。隆庆四年，广州府番禺县儒学生员梁钦奏称：其祖梁储殚勤夙夜，颇效微劳。正德十六年还前往奉迎世宗皇帝嗣登大宝，寻以老病致仕，嘉靖六年病故，“缘臣祖大学士一品九年考满，及侍武宗

[1] 《明熹宗实录》卷四〇，天启三年闰十月癸丑。

[2] 《明熹宗实录》卷六五，天启五年十一月甲戌。

[3] 《崇祯长编》卷四六，崇祯四年五月辛卯。

[4] 《明世宗实录》卷二八六，嘉靖二十三年五月甲辰。

[5] 《明世宗实录》卷四〇三，嘉靖三十二年十月壬寅。

[6] 李默：《吏部职掌·大臣恩荫》，明万历刻本。

皇帝东宫讲读，俱未请荫”，因此梁钦的父亲廪膳生员梁次掜于嘉靖十五年二月请求恩荫，准荫中书舍人，但随即病故。“伏查吏部见行事例，凡大臣荫子未仕而故者，许补荫一人”，所以梁钦要求“相应补荫”。四月二十三日吏部题请，二十五日圣旨准其恩荫。[1]七月二十二日，令梁钦荫补为中书舍人[2]。可见，侍太子东宫讲读之功，甚至隔很多代都可以获得恩荫。

然而，讲官后人的恩荫陈请，也有被拒绝的情况。嘉靖四十四年四月，故太常寺卿兼翰林院侍读周诏孙周传，进睿宗皇帝所赐诏及御书“与物同春”等字，“兼援两朝讲读事例，奏乞补荫”。世宗诏令周传以皇考御笔留藏天府，赐传银币，“仍命吏部查其应否补荫以闻”。但吏部言：“（周）诏殁后已两承恩荫。传兄儒，授官身故，与未仕不同。于例不合。”未予批准。[3]

八　恩赏备至

其实，皇帝对经筵讲官的恩赏，有时是多管齐下，荣宠备至，让讲官极尽荣华。在皇帝看来，尊老师也就是尊自己，故不惜重赀。

前面提到的徐溥，担任宪宗经筵讲官，获得厚赐，其母死后，宪宗“赐白金楮币及祭葬”[4]，祭葬是惠及其亡母的。他还被皇帝委以美差。成化乙未，“典礼部会试”。辛丑年，“再典会试”。[5]他七十岁时以疾上疏请辞，皇帝不许，还“命医诊视。遣中使赐羊酒楮币，仍令

[1] 高拱：《高文襄公集》卷二〇《掌铨题稿・题大学士梁储孙补荫疏》，明万历刻本。

[2] 高拱：《高文襄公集》卷二〇《掌铨题稿・再题大学士梁储孙补荫疏》，明万历刻本。

[3] 《明世宗实录》卷五四五，嘉靖四十四年四月丙子。

[4] 吴俨：《光禄大夫柱国少师兼太子太师吏部尚书华盖殿大学士赠特进左柱国太师谥文靖徐公溥行状》，载焦竑辑《国朝献征录》卷一四《内阁三》，明万历四十四年徐象樗曼山馆刻本。

[5] 吴俨：《光禄大夫柱国少师兼太子太师吏部尚书华盖殿大学士赠特进左柱国太师谥文靖徐公溥行状》，载焦竑辑：《国朝献征录》卷一四《内阁三》，明万历四十四年徐象樗曼山馆刻本。

风雨大寒暑免朝”。得眼病后，皇帝“命医遣使如前”，最后终于允许他告老还乡，并“赐敕给驿，遣官护送还乡，令有司月给米五石，岁给舆隶八人，仍赐袭衣、金楮，特官其孙文焕为中书舍人。公卿而下赋赠祖饯，皆叹羡不能置”。[1]陆釴在孝宗为太子时便任东宫讲读，孝宗即位后，“充经筵讲官，又进日讲，累荷白金、文绮、楮镪之赐”。[2]得病后，“给驿归”，卒于家。讣闻，“诏赐葬祭，官其子中书舍人”[3]。可以说是赏钱物、赐驰驿、赐祭葬和荫子孙，无所不备，真是生荣死哀。

程敏政于成化十一年“诏侍讲经筵，寻兼皇太子侍讲”。二十二年秋，“主考南京乡试”，孝宗践祚后，“叙进宫臣，迁詹事府少詹事，兼翰林院侍读学士，充日讲官”。孝宗初开经筵，诏程敏政仍日侍文华殿讲读。孝宗称呼他为“先生”而不直呼其名。讲罢，“赐讲官冠服。敏政得金织绯袍一袭，金带、冠、履各一，慰劳甚至”。[4]程敏政因为是皇帝讲官，既被委以主考乡试的美差，又升擢官职，获赐冠服，受到称呼“先生”的尊敬。

王华做过孝宗的经筵讲官，弘治九年“命为日讲官”，不仅获得了“赐金带、四品服”的荣誉，还在“罢讲”后由皇帝“遣中官赐尚食”，并让他主持顺天和应天的乡试，获得了招收门生的机会，“戊午，命主顺天乡试，辛酉再主乡试应天，得士为多”。十五年，迁翰林学士，食从四品禄。又迁詹事府少詹事兼学士，掌院事，迁礼部右侍郎，累官南京吏部尚书。[5]可见王华因为做过皇帝的经筵讲官、日讲官和东宫讲读官，而获得许多荣誉和利益。虽然如此，但由于受李

[1] 李东阳：《怀麓堂集》卷八四《文后稿》二四《明故光禄大夫柱国少师兼太子太师吏部尚书华盖殿大学士赠特进左柱国太师谥文靖徐公墓志铭》，景印文渊阁四库全书本。

[2] 李东阳：《怀麓堂集》卷四三《明故中顺大夫太常寺少卿兼翰林院侍读陆公行状》，景印文渊阁四库全书本。

[3] 王鏊：《（正德）姑苏志》卷五二《陆釴》，景印文渊阁四库全书本。

[4] 过庭训：《本朝分省人物考》卷三六《程敏政》，明天启刻本。

[5] 杨一清：《南京吏部尚书封特进光禄大夫柱国新建伯海日王公华墓志铭》，载焦竑辑：《国朝献征录》卷二七《南京吏部》，明万历四十四年徐象樗曼山馆刻本。

杰乞恩案的牵连，被迫致仕，王华的名誉受到很大的损害，因此王守仁在其父病故后，要求对乃父任经筵官、日讲官和东宫讲读官等重要经历和功劳加以表彰：“臣父以一甲进士授官翰林院修撰，历升春坊谕德、翰林院学士、詹事府少詹事、礼部侍郎、南京吏部尚书，其间充经筵官、经筵讲官、日讲官，又选充东宫辅导官、东宫讲读官，与修《宪庙实录》及《大明会典》《通鉴纂要》等书，积劳久而被遇深矣。”特别提出：“故事：侍从、日讲、辅导等官，身没之后，类得优以殊恩，荣以美谥。而臣父独以无实之谤，不附权奸之义，生被诬抑，而没有余耻，此臣之所以割心痛骨，不得不从陛下而求一表暴者也！”[1]从王守仁的奏疏中可见，做经筵日讲官和东宫辅导官，在死后应获得一些殊恩和美谥。

柯潜在任经筵日讲官时，也受到朝廷的丰厚赏赐和升擢。景泰三年，升右春坊右中允兼修撰。英宗继位后，授尚宝少卿，奉命与学士吕原考会试。又充东宫讲读官。“寻给诰命，进阶奉直大夫。”又奉命与学士陈文一起主考会试。宪宗即位后，“以随侍恩，升翰林院学士”。宪宗“御经筵”时，敕令柯潜“兼经筵官，仍赐白镪、文绮”。成化元年八月，又让柯潜“考顺天乡试”，寻命掌翰林院印。成化四年“命日侍经筵讲读”。自天顺三年至成化四年，凡遇午节，辄赐牙骨聚扇，上有御制《清暑歌》、《解愠歌》及诸家绘画，以及金织扇袋、五色圆寿丝缕、虎头绦画、艾虎；还派人到他家赐经筵儒臣该得的袭衣和冠履，更给他父亲祭葬。[2]以柯潜的这种东宫和皇帝师傅的经历和条件，应该会在政治上有大的施展，可惜连遭父丧、弟丧和母丧，致使身心摧残，病逝于丁忧期间。柯潜“虽以圣贤之学，日启沃圣心，而平生蕴抱未及少施于天下，故其殁也，士大夫多伤之”[3]。可见，在士大夫眼中，拥有皇帝老师的身份，应该会有更大的舞台和更

---

[1] 王守仁:《阳明先生道学钞·平濠书》卷六《乞恩表扬先德疏》,明万历琥林继锦堂刻本；又《王阳明全集》，第 1018 — 1019 页，上海古籍出版社，1992 年。

[2] 过庭训：《本朝分省人物考》卷七四《柯潜》，明天启刻本。

[3] 过庭训：《本朝分省人物考》卷七四《柯潜》，明天启刻本。

高的职位。

曾任经筵讲官的穆孔晖，嘉靖十八年八月以疾终于家，“讣闻，士林惊叹，上悼念经幄儒臣，诏赠礼部右侍郎，谥文简，遣官谕祭兼营葬事，盖备数也”[1]。所谓备数，是指既赠官，又赐谥，既谕祭，又营葬。前述万历初的经筵日讲官陶大临死后，“上嗟悼良久，复遣中使视殓赐丧具”，并“赠礼部尚书，荫一子，仍给驿归其丧，遣官谕祭营葬，赐谥文僖”，有人认为其“哀荣宠数近代所未有”。[2]许国当上经筵日讲官后，获得了许多荣誉和利益。隆庆时“充日讲官”。万历元年，“兼充经筵讲官”。至秋便“升右春坊右赞善”。第二年秋，“升俸一级”。当时神宗“日御经筵”，陶大临“竭诚启沃”，并主持科举考试，丙子秋，主“顺天乡试”。后竟升为少傅兼太子太师、建极殿大学士。死时，“上震悼，辍视朝一日，赐祭十二坛，遣官以水衡金钱营兆域，与配汪夫人合葬时，仍赐祭二坛，议赠，赠太保，议谥，谥文穆，荫一子中书舍人”。[3]方从哲的座师敖文祯死后，也是赠官、赐祭葬，哀荣备至：“吾师龙华先生之卒也，天子以讲幄臣，悼恤特至，诏宗伯祭以少牢，太宰赠官，秩司空，给少府金钱治兆域，使使者乘传营葬事。”[4]天启元年五月十一日，礼部覆原任日讲官、翰林院修撰焦竑恤典，照例与祭一坛，以讲读多年加祭一坛，仍赠右春坊右谕德，荫一子入监读书。[5]可见对待日讲官焦竑的恩恤，是多头并举，既与祭，又赠官，复荫子。

总之，由于经筵日讲官是皇帝的老师，与皇帝接触频繁，交往密切，获得皇帝的关注甚至喜爱，因此所受封赏恩赐十分丰富。也有人对经筵日讲这种人所争趋的职位持无所谓的态度。刘宇亮字蓬玹，中

[1] 王道：《南京太常寺卿赠礼部右侍郎谥文简穆公孔晖墓志铭》，载焦竑辑：《国朝献征录》卷七〇《南京太常寺》，明万历四十四年徐象橒曼山馆刻本。

[2] 王锡爵：《王文肃公文集》卷五《陶文僖公神道碑》，明万历刻本。

[3] 陈懿典：《陈学士先生初集》卷一五《少傅兼太子太师吏部尚书建极殿太学士赠太保谥文穆许公墓表（代）》，明万历刻本。

[4] 方从哲：《墓表》，载敖文祯《薜荔山房藏稿》卷一〇，明万历牛应元刻本。

[5] 《明熹宗实录》卷一〇，天启元年五月壬子。

万历四十七年进士，选庶吉士，“平生倜傥好奇，以经济显，又素慕里中张魏公之为人，凡馆中经筵日讲以及起居注、诰敕撰文等事，一切不与，同官皆笑之”。他“闲居无事，率子弟童仆角射，或亲与格斗以习武事”。虽然如此，但仍“累官大学士，为首揆”。崇祯十一年后罢归。[1]因此，并非只有讲官才有出路。不过，如果与皇帝有师生之谊，仕途无疑会更顺畅一些。

对文官加恩泛滥的状况，引起了有识之士的反思。嘉靖七年六月，霍韬上疏指出：“今翰[林]修书亦以升官，日讲亦以荫子，御史纪功亦以受赏，巡抚儿男亦荫武职，冒滥如此，何以服武臣之心！”认为“夫爵禄者，古帝王所以鼓舞天下，以趍事赴功者也。惜与为吝，过与为滥”。但世宗“优诏褒答不允”。[2]重文轻武是明朝的国策，何况是对皇帝自己老师的恩赐封赏，不会因为武将的不满而受到丝毫影响。

九　天威难测，伴君如虎

皇帝与讲官既是师生关系，也是君臣关系。皇帝既以讲官是老师而赏赐丰厚，也以讲官是臣子而时刻警惕。把讲官当做老师时，恩赏备至，不仅恩宠其本人，而且扩及其父母和子孙；把讲官当做臣子时，对其威罚并施，以雷霆之怒责其过失，以逆鳞之感而斥其忠心，让讲官常觉天威难测，顿生伴君如虎之叹。讲官在皇帝面前遭到责罚，有以下五种情况：

第一，劝谏拂意。

经筵制度规定，讲官应在讲经时结合现实，规劝皇帝。日讲虽重在讲解经义，但在实践中，渐趋结合时事，加以发挥。对于大度或有为的皇帝，这些针对现实的讲解无疑是苦口之良药，但逆耳之忠言，

[1]　黄廷桂等：《(雍正）四川通志》卷九上，景印文渊阁四库全书本。

[2]　《明世宗实录》卷八九，嘉靖七年六月癸丑。

对那些平庸或荒唐的皇帝来说，便难以接受，从而加以打压。正统六年，讲官刘球针对王振乱政、凌折廷臣的情况，上疏言十事，称："天降灾谴，多感于刑罚之不中。"英宗不听，放纵王振将之逮捕，死于狱中。[1]弘治元年，御史曹璘上疏指出"经筵虽御，徒为具文，方举辄休，暂行遽罢"，斥其"一日暴之，十日寒之"，要求皇帝日御讲殿与儒臣论议时政，"帝得疏，不喜，降旨谯让"。[2]正德三年，开经筵时，少詹事杨廷和、学士刘忠照例在讲解书义后，献讽谏之语。讲罢，顽劣的武宗对刘瑾说："经筵讲书耳，何添出许多说话？"刘瑾进言将"此二人当打发南京去"，于是添注二人为南京侍郎。"虽若升之，实远之也。"[3]正德七年前后，余本"选充经筵日讲官"。当时"遇权奸用事，势张甚，莫敢谁何"，而余本则慨然说："焉有侍从臣而可喑默不言乎？"于是"独上疏指切蠹弊，再上，皆不报"，对余本不予理睬。余本觉得："吾其可以冒荣尸官乎？"于是"乞补外，除广东按察司提学副使"。[4]正德八年四月，"修撰何瑭以经筵进讲忤旨，谪开州同知"[5]。嘉靖时，世宗"以侍读汪佃进讲《洪范》'九畴'不称旨，令吏部改调外任"[6]。

第二，触犯忌讳。

经筵和日讲课堂上，有许多忌讳不能触犯。如不能讲人的死亡和朝代灭亡，也不能用一些忌讳之语。崇祯十一年春，经筵讲官王铎讲《中庸》"聪明睿知"一章，"分疏敬、信、悦字，反语太多，言时事又有'白骨如麻'等语"。讲毕，思宗"怒责数言，谓其敷衍数语，支吾了事，全不能发挥经义"。王铎"出案前待罪良久"，帝命起来，铎又忘却谢恩。次日乃上疏谢罪。[7]崇祯年间，帝御经筵，杨嗣昌奏

[1] 张廷玉等：《明史》卷九六《刘球传》。
[2] 张廷玉等：《明史》卷一八〇《曹璘传》。
[3] 陈洪谟：《继世纪闻》卷一，第76－77页，中华书局，1985年。
[4] 王臬：《迟庵先生集》文集卷七《南湖余先生传》，明刻本。
[5] 徐学聚：《国朝典汇》卷二五《经筵日讲》。
[6] 焦竑：《玉堂丛语》卷八《忿捐》，第278页，中华书局1981年。
[7] 杨士聪：《玉堂荟记》卷二。

对有“善战服上刑”等语。帝怫然，诘之：“今天下一统，非战国兵争比。小丑跳梁，不能伸大司马九伐之法，奈何为是言？”杨嗣昌惭愧无地。[1]

第三，讲课过失。

讲官固然有切近天颜的便利，容易受到皇帝的照顾，但若露出破绽，引起皇帝反感，则会产生相反的结果。天启三年正月，廷推内阁大学士，“首原任礼部尚书孙慎行，日讲官、礼部左侍郎盛以弘次之”，但熹宗“俱不点用”，于是辅臣叶向高等上奏：“从来大臣点用，皆炤名次……而首推二臣并不蒙点，揆之人情政体，殊为未妥……在慎行或以前在礼曹，条议有所触忤；以弘日侍讲读，居官清慎，何为而并置之？伏望详察，于二臣内再点一员，庶于旧章不致尽失，而烦言可省。”熹宗却说：“既言名次，何必请点？”指出之所以不点用二人，孙慎行是因为辩红丸不公，至于“盛以弘现在讲幄，但语言弗爽，难以佐理。俟另行擢用！”叶向高等再疏争之，上拒不听。[2]“语言不爽”，熹宗的意思就是讲不清楚。直到天启五年六月二日，熹宗还对此难以释怀：“盛以弘进讲不清，钻谋入阁！”[3]不管如何，盛以弘讲课让熹宗有“语言不爽”和“进讲不清”的感觉，是其自己的失误。天启五年九月十四日，“削原任日讲官周道登籍”。当时，辅臣推荐周道登升任礼部尚书，充实录副总裁，但熹宗指出：“《实录》关系万世信史，何得滥用匪人？周道登呈身门户，岂堪清要？著革职为民，仍追夺诰命。”[4]有人认为他是受到了魏忠贤的排斥。但事实上，他却是个不学无术之人。崇祯初年入阁，侍经筵日讲时，奏对荒唐，传为笑谈。崇祯二年被劾罢去。

第四，经筵失仪。

有些经筵讲官，课堂偶有失仪，便遭到皇帝的斥责。“邹公元标

[1] 张廷玉等：《明史》卷二五二《杨嗣昌传》。

[2] 《明熹宗实录》卷三〇，天启三年正月己酉。

[3] 《明熹宗实录》卷六〇，天启五年六月戊寅。

[4] 《明熹宗实录》卷六三，天启五年九月己未。

经筵偶失足，上疑其疏慢”，这时，素与邹元标有“旧怨”朱国祚解释道：“此前廷杖受伤，不能久立也。”[1]朱国祚因此被称为“崇节义，惜才贤，不记旧怨”。同时也反映出思宗皇帝对于讲官失仪的不满。

第五，朋党之患。

有些讲官，被皇帝斥为朋党而削其教职。天启二年八月，右春坊右谕德兼翰林院侍讲姜逢元补经筵讲官。[2]然而，六年三月二十三日，当“大学士顾秉谦等题少詹事姜逢元充日讲官”时，熹宗下旨：“姜逢元呈身门户，久滥清华，岂宜复列讲筵侍从？着冠带闲住。”[3]

然而，经筵讲官是追求尊严的文人士大夫，被皇帝斥黜，便很难在经筵上从容面对皇帝，宁愿辞职，也不愿重回经筵讲堂。杨廷麟就是如此。杨廷麟于崇祯四年中进士，改庶吉士，授翰林院编修，与黄道周交情最好。十年“充经筵说书，随事规正”，思宗“感动，有‘忠厚正直之臣’之谕”。黄道周得罪思宗时，牵连到杨廷璘，“逮廷麟暨海内知名士十数人”。杨廷麟被投入刑部大牢，后得旨释放。首辅周延儒“甚重麟，欲引麟复翰林原官”，但杨廷麟说：“还我旧职，将复与经筵。进退必宜以道，被罪入乃遂得官，纵上不我鄙，天下其谓我何？世有肆筵，召客而束缚以来者乎？”遂辞职出京[4]。表现出文人的气节。

上述史实说明，讲官与皇帝看似师生，实则君臣，皇帝经常以君临臣，训斥讲课的老师，使师生关系完全颠倒。有时候，经筵讲官得罪了年幼的皇帝，后者一旦长大成人，便覆手为雨，将昔日的讲官打翻在地。张居正知经筵时，严格教育小皇帝神宗，曾厉声纠正神宗的读音错误。万历七年神宗因与宦官张鲸游玩时行为不检，遭到李太后训斥，并让张居正为神宗草写罪己诏，由此埋下日后的祸根。张居正

[1] 朱国桢：《朱文肃公集·光禄大夫柱国少傅兼太子太傅户部尚书武英殿大学士赠太傅谥文恪养醇朱先生墓志铭》，清抄本。

[2] 《明熹宗实录》卷二五，天启二年八月甲戌。

[3] 《明熹宗实录》卷六九，天启六年三月丙寅。

[4] 秦镛：《(崇祯）清江县志》卷九《艺文志·杨文正公传彭士望》，明崇祯刻本。

死后，神宗亲政，下令抄张居正之家。昔日恩师，今日罪臣。君主专制制度的严酷和无情，令人唏嘘。

第二节　东宫师傅与太子的特殊关系

东宫师傅（讲读官）与太子的关系，与经筵讲官与皇帝的关系比较起来，更加特殊。太子虽然是储君，但在他即位之前，也是皇帝时刻提防的对象。正是太子才最有可能威胁到皇帝的宝座。在这种背景下，充当东宫的讲读官，也会受到皇帝的警惕和监视。在明代东宫讲读仪式中，禁止东宫讲读官单独与太子见面。太子与其讲读官，都有一种被压抑的感觉，外在的压力，让他们的心更加相通，感情也更加深厚。一旦太子顺利登基，成为皇帝，东宫讲读官就会因“从龙”而迅速升擢。

一　东宫讲读官的升擢

与太子感情深厚的东宫讲读官会因为新君的即位，而受到快速的提升，从明初至明末，甚少例外。洪武十五年，董伦征为春坊赞善大夫，“事懿文皇太子”，负责东宫教育，当时太孙建文帝也从其学习。懿文太子死后，董伦出为河南左参议。“建文初，眷念旧学，屡问伦。左右多言伦可用。召拜礼部侍郎兼翰林院学士，与方孝孺入内阁，侍经筵。”[1]孙贤“天顺初，改左春坊左中允，侍东宫讲读。上（宪宗）即位，进太常少卿兼翰林侍读”[2]。王僎天顺四年“充东宫太子讲读官”，当时的太子是朱见深。秩满迁侍讲，宪宗登极，“录侍从劳，擢左春坊左庶子，仍兼侍讲”，又让王僎充经筵讲官，“复赐金币”[3]。另

[1]　项笃寿：《今献备遗》卷五《董伦》，景印文渊阁四库全书本。

[2]　《明宪宗实录》卷一七二，成化十三年十一月己丑。

[3]　黄佐：《南吏部尚书王公僎传》，载焦竑辑：《国朝献征录》卷二七《南京吏部》，明万历四十四年徐象樗曼山馆刻本。

据《国朝列卿记》载：王㒜在宪宗践祚后，“以侍从恩，擢左春坊左庶子，仍旧职”[1]。

宪宗时身为太子朱祐樘（孝宗）的东宫讲读官，在孝宗即位后，都获得了“从龙”之恩，提拔迅捷。江西新喻人傅瀚，当“成化间孝宗出阁，命兼司经局校书，左谕德兼检讨，充经筵讲官及东宫讲读官”[2]，“日侍今上（孝宗）于春宫，迁左谕德兼检讨，充经筵讲读官及东宫讲官。今上嗣位，以旧学恩，进太常少卿兼侍读，仍允经筵讲官，兼日讲”[3]。又升礼部左侍郎。[4]弘治十二年，“时东宫出阁讲学，朝廷方慎简宫僚，公用廷荐兼学士掌詹事府事，仍值日讲”[5]。这里的东宫太子是武宗。次年，傅瀚升礼部尚书。弘治十五年去世。傅瀚前后两任东宫讲官，第一次获得较快的升擢，第二次则因他过早去世，否则当武宗即位后，他还会继续获得提拔。张升为成化五年状元，授翰林修撰，“后以皇太子出阁，特改左春坊左赞善，充东宫讲读官”。秩满，升右春坊右谕德。“孝宗即位，以从龙恩，进左庶子兼翰林侍读。故事，特改宫僚者，例转数阶而升。”[6]成化时，陆简因为侍讲东宫，而成为太子的人：“今上在春宫，侍讲读。”太子即位，是为孝宗。弘治元年，孝宗诏修《宪庙实录》，陆简“被征”，“至则以侍从旧劳升右庶子兼侍读，充经筵讲官，寻命日直便殿讲读”。[7]吴宽在成化八年连中会元和状元，授翰林院修撰，被留在东宫做朱祐樘

---

[1] 雷礼：《国朝列卿纪》卷二七，明万历徐鉴刻本。

[2] 雷礼：《国朝列卿纪》卷一六《詹事府詹事行实》，明万历徐鉴刻本。

[3] 王鏊：《礼部尚书赠太子太保谥文穆傅公瀚行状》，载焦竑辑：《国朝献征录》卷三三《礼部一》，明万历四十四年徐象橒曼山馆刻本。

[4] 李东阳：《怀麓堂集》卷八五《文后稿二五·明故资善大夫礼部尚书赠太子太保谥文穆傅公墓志铭》，景印文渊阁四库全书本。

[5] 李东阳：《怀麓堂集》卷八五《文后稿二五·明故资善大夫礼部尚书赠太子太保谥文穆傅公墓志铭》，景印文渊阁四库全书本。

[6] 焦竑：《国朝献征录》卷三三《礼部一·礼部尚书张升》，明万历四十四年徐象橒曼山馆刻本。

[7] 李东阳：《嘉议大夫詹事府詹事兼翰林院侍读学士赠礼部右侍郎冶斋陆公简墓志铭》，载焦竑辑《国朝献征录》卷一八《詹事府一》，明万历四十四年徐象橒曼山馆刻本。

的老师。孝宗即位后，吴宽受到重用。弘治十六年，升为礼部尚书。他以年高多病为由告老回乡，都被孝宗挽留，最后竟病逝于任上。倪岳于成化十一年进侍读，丁忧服阕后，“适今上为皇太子，讲学春宫，诏辑《文华大训》，内阁大臣首以公名上”。书成后，进学士。二十年“充春宫讲读官”。[1]此后，他的仕途就十分坦荡，“累官翰林学士、礼部右侍郎转左，进礼部尚书，改南京吏部尚书，加太子少保。弘治十二年，改南京兵部尚书参赞机务”，十三年，“召为吏部尚书”[2]。李东阳于成化二十年“选侍东宫讲读”，孝宗嗣位，“以从龙恩迁左春坊左庶子，仍兼侍讲学士”。[3]与李东阳同时任东宫讲读的还有董越，他也在成化二十年“直东宫讲读”。二十三年又“充经筵讲官”，孝宗即位后，“寻以登极恩进右庶子兼侍讲”。[4]成化时“孝宗出阁”，杨守陈“被选日侍讲读”。由于他名重一时，吏部曾拟推国子祭酒，在廷大臣一致认为他堪任吏部侍郎，宜入内阁，“皆不果用”。直到“孝宗登极，加恩旧僚，始擢吏部右侍郎”。起初“当道犹拟南京，上览疏，取笔涂‘南京’二字，其被眷知如此”[5]。另有记载称：“孝宗嗣位，宫僚悉迁秩，执政拟守陈南京吏部右侍郎，帝举笔去‘南京’字。左右言刘宣见为右侍郎，帝乃改宣左，而以守陈代之。”[6]汪谐于成化“十三年，升右庶子，侍上于东宫讲读。上登极，升少詹事，兼侍讲学士，充经筵讲官”。[7]与汪谐大约同时担任东宫讲读官的还有陆釴，他在成化十四年任东宫讲读官。“今上皇帝在储宫，公用遴简侍

[1] 吴宽：《匏翁家藏集》卷五九《倪文毅公家传》，四部丛刊景明正德本。

[2] 雷礼：《国朝列卿纪》卷五〇，明万历徐鉴刻本。

[3] 杨一清：《特进光禄大夫左柱国少师兼太子太师吏部尚书华盖殿大学士赠太师谥文正李公东阳墓志铭》，载焦竑辑：《国朝献征录》卷一四《内阁三》，明万历四十四年徐象槾曼山馆刻本。

[4] 李东阳：《资政大夫南京工部尚书赠太子少保谥文僖董公越墓志铭》，载焦竑辑：《国朝献征录》卷五二《南京工部一》，明万历四十四年徐象槾曼山馆刻本。

[5] 过庭训：《本朝分省人物考》卷四七《杨守陈》，明天启刻本。

[6] 张廷玉等：《明史》卷一八四《杨守陈传》，中华书局 1974 年，第 4875 页。

[7] 过庭训：《本朝分省人物考》卷四二《汪谐》，明天启刻本。

讲读”，因为“敷纳详悬，仪度庄饬”，给太子留下了深刻印象。以后陆釴每次值讲，太子都要注目。一次陆釴请了病假，太子特予问候。孝宗即位后“以恩擢太常寺少卿兼翰林侍读”。[1]谢迁担太子朱祐樘的东宫官僚和讲读官，“孝宗毓德春宫，慎简侍从，首及迁。乙巳，充经筵讲官”。后“孝宗登极，推恩宫僚，升左春坊左庶子兼翰林院侍读，仍加俸一级”[2]。

孝宗时任武宗东宫讲读官的翰詹官员，武宗即位后不少都获得提升。刘忠弘治三年升侍讲，“孝宗朝充经筵讲官，兼侍皇太子讲读”。“武宗嗣位，以东宫讲读劳，升学士”[3]。此前他只是从五品的侍读学士，“始自侍讲进侍读学士，武宗即位，以故东宫讲读，进翰林学士，掌院事”。[4]翰林学士则是正五品官员。后任少保兼太子太保吏部尚书谨身殿大学士毛纪，曾于孝宗间“侍东宫讲读”，“武宗登极，以讲读恩升春坊谕德，赐四品服”。[5]弘治十年江澜“简充东宫讲官，日惟靖恭辅导”。武宗嗣位，“以从龙恩，擢詹事府少詹事，仍兼学士”，同时得以充任皇帝的经筵讲官。[6]费宏曾任太子朱厚照的东宫讲读官，武宗即位后，“升礼部侍郎，力辞不允”。根据“故事，九卿之长皆得侍经筵”。武宗“以春宫旧臣，自擢礼部，皆兼日讲官如初。寻复赐玉带，皆异数也”。此外，还让他在“会试天下士”时“知贡举”。正德六年“以廷荐，奉旨兼文渊阁大学士入阁供事”。[7]毛澄曾在弘治十六年以右春坊右谕德的身份，“充东宫讲读官”，深受太子赏识。“武

[1] 李东阳：《怀麓堂集》卷四三《明故中顺大夫太常寺少卿兼翰林院侍读陆公行状》，景印文渊阁四库全书本。

[2] 过庭训：《本朝分省人物考》卷四九《谢迁》，明天启刻本。

[3] 许赞：《太保文肃刘公忠神道碑》，载焦竑辑：《国朝献征录》卷一五《内阁四》，明万历四十四年徐象橒曼山馆刻本。

[4] 何乔远：《名山藏》卷七〇《臣林记·刘忠》，明崇祯刻本。

[5] 《明世宗实录》卷三〇〇，嘉靖二十四年六月丁酉。

[6] 雷礼：《国朝列卿纪》卷二九《江澜》，明万历徐鉴刻本。

[7] 过庭训：《本朝分省人物考》卷六〇《费宏》，明天启刻本。

宗登极，推恩宫僚，升左春坊左庶子兼翰林侍读。”[1]武卫在武宗身为太子时，为东宫讲读。正德元年四月，时为翰林院学士的武卫“养病归，援例乞驰驿”。武宗“许之，念卫侍春宫讲读尝有劳，升太常寺少卿，仍兼旧职”。[2]刘春在弘治十二年时“选充东宫讲读。三考满，升左春坊左谕德”。“武宗御极，升学士。后“升吏部右侍郎，转左，充经筵日讲官”，升礼部尚书。[3]杨时畅在“诏选东宫官属”时，吏部尚书马文升“以时畅荐，改右春坊右赞善，秩满，升左春坊左谕德”。正德改元后，杨时畅“以东宫讲读恩，升太常寺少卿，仍兼侍讲学士”。但可惜他“寻卒”，否则以他的这种东宫讲读的经历，应该有更大的发展。“有干济才，未及用而卒”[4]。

世宗时任皇长子裕王府（相当于东宫）讲读官的官员，在穆宗即位后，也沾上从龙恩而获得提升。高拱、张居正、高仪等，都是如此。隆庆元年二月九日，穆宗“以登极加恩提调讲读及侍从藩邸诸臣，升少师兼太子太师吏部尚书建极殿大学士徐阶子中书舍人瑛为尚宝司少卿；加太子太保吏部尚书武英殿大学士李春芳、郭朴俱少保，旧讲官礼部尚书兼文渊阁大学士高拱为少保兼太子太保，武英殿大学士吏部左侍郎兼翰林院学士掌詹事府事陈以勤为礼部尚书兼文渊阁大学士，礼部右侍郎兼翰林院学士张居正为吏部左侍郎兼东阁大学士，俱内阁办事；翰林院侍读学士殷士儋为礼部右侍郎兼翰林院学士，升光禄寺少卿王凝为太常寺少卿掌尚宝司事，户部员外郎尹乐舜为光禄寺少卿，礼部员外郎刘奋庸为尚宝司卿，礼部主事吴自峒为尚宝司少卿，侍书制敕房办事中书舍人周维藩为光禄寺寺丞，鸿胪寺主簿吴自

[1] 邵宝：《容春堂集》续集卷一四《太子太傅礼部尚书赠少保谥文简毛公行状》，景印文渊阁四库全书本。该文又收入焦竑编：《国朝献征录》卷三四《礼部二》，明万历四十四年徐象橒曼山馆刻本。

[2] 《明武宗实录》卷一二，正德元年四月戊辰。

[3] 过庭训：《本朝分省人物考》卷一〇八《刘春》，明天启刻本。

[4] 焦竑：《国朝献征录》卷七〇《太常寺南京太常寺·太常寺少卿兼翰林院侍讲学士杨时畅传》，明万历四十四年徐象橒曼山馆刻本。

成为本寺右寺丞”。而“阶、春芳、朴、拱、以勤、居正、士儋皆具疏辞免恩命”。穆宗“各加褒勉，不允辞”。[1]其中提到的翰林院侍读学士殷士儋，在嘉靖四十一年出任裕王府讲读。“穆庙即位，以讲读旧臣，擢学士，掌院，寻升礼部右侍郎，充经筵日讲，改吏部，充《世庙实录》副总裁。俄晋礼部尚书，加太子太保，奉特简，改文渊阁大学士。未几，以封贡功，加少保、武英殿大学士。”[2]

像穆宗所做的那样，神宗在继位后，也加恩自己的东宫讲读旧官。隆庆六年八月四日，神宗即位伊始加恩：“故恩特隆：东宫讲读等官马自强、陶大临俱升礼部右侍郎，余有丁、陈经邦、何雒文、沈鲤、张秩、沈渊、许国等及正字马继文、徐继申各升一级。”[3]

其中的马自强，隆庆五年，升詹事府少詹事兼翰林院侍读学士，寻掌院事。“是时上在东朝，言者请妙简端方士备辅导，故迁公宫尹。”六年，“上出讲学，遂以公为讲读首臣”。神宗“登极，擢礼部右侍郎，充日讲官，寻转左，掌詹事府事”[4]。

其中的沈鲤，就因曾侍东宫讲读而获得迅速提升。“神宗在东宫，鲤为讲官。”太子“尝令诸讲官书扇”，沈鲤“书魏卞兰《太子颂》以进，因命陈清大义甚悉”。时为太子的神宗“咨美，遂蒙眷”。比即位，沈鲤“用宫寮恩，进编修。旋进左赞善”。明年秋，“擢侍讲学士，再迁礼部右侍郎。寻改吏部，进左侍郎”。万历十二年冬，“拜礼部尚书。去六品甫二年，至正卿”。因为沈鲤“素负物望，时论不以为骤”。久之，加太子少保。[5]其实，他升迁迅速，与曾任太子讲读官有密切关系。

比较特殊的是高仪。他在隆庆间任东宫讲读官，但他的升擢并非

[1] 《明穆宗实录》卷四，隆庆元年二月乙未。

[2] 《明神宗实录》卷一二五，万历十年六月甲午。

[3] 《明神宗实录》卷四，隆庆六年八月丁巳。

[4] 张四维：《光禄大夫太子太保礼部尚书兼文渊阁大学士赠少保谥文庄马公自强墓志铭》，载焦竑辑：《国朝献征录》卷一七《内阁六》，明万历四十四年徐象橒曼山馆刻本。

[5] 《明史》卷一一七《沈鲤传》。

因神宗即位后的从龙恩，而是在神宗即位前，穆宗于病重之际所做的人事安排。隆庆六年四月戊辰，“以礼部尚书高仪兼文渊阁大学士预机务。仪归二年，用高拱荐，命以故官侍东宫讲读，掌詹事府。至是遂入阁”[1]。这项任命，离穆宗病死前一月做出的，意在紧急安排顾命大臣，让神宗的东宫讲读官入阁，在他即位后予以辅助，以保持朝政的平稳。高仪以太子讲官而临危受命担任阁臣的情况，是比较少见的。

神宗时担任皇长子朱常洛（后始封太子，即光宗）的讲读官，因为神宗对长子的不重视，以及对儒臣的仇恨，地位迅速下滑。万历初期，张居正掌权，经筵官的地位和待遇是相当高的，但是到了万历后期，皇太子出阁讲学时，东宫经筵官的待遇明显下降，万历二十二年以后给皇长子讲学，皇帝已不赐宴，讲官们只得自带饭菜，而且天子也不再另赐他物。讲官刘曰宁曾对朱国桢调笑：“我辈初做秀才时，馆谷每岁束脩不下五六十金，又受人非常供养。今为皇帝家馆师，岁刚得三十金，自食其食。每五鼓起身，步行数里，黎明讲书，备极劳苦。”[2]为皇帝的长子讲学，每年仅得银子三十两，还要自带饭盒，远不及民间塾师的待遇，岂非咄咄怪事！经筵官待遇的下降从另一个侧面反映出万历后期对于经筵制度的忽视以及神宗宠幸郑贵妃而导致皇长子常洛的失宠。正可谓是“城门失火，殃及池鱼”。然而，光宗并未忘记那些在他受难时跟着他一起倒霉的东宫讲官。万历四十八年（即泰昌元年）八月，光宗即位后，谕吏部：“向东宫讲读官，着查现任者，即予优擢。其在籍者，速与起用。已故者，题与赠恤，以示讲幄旧恩。”[3]泰昌元年八月十七日，选用阁臣后，光宗特谕内阁：“其东宫讲读等官，效有勤劳，应加恩典，查例奏请。”[4]当光宗在郑贵妃和福王的压迫下，处境艰难，孤苦无依，那些陪伴他的讲读官成为他

[1] 夏燮：《明通鉴》卷六五《穆宗》，清同治刻本。

[2] 朱国桢：《涌幢小品》卷一《出阁》。

[3] 文秉：《先拨志始》卷上，清写刻本。

[4] 沈国元：《两朝从信录》卷一《庚申》，明崇祯刻本。

的精神依靠。现在做了皇帝，自然要对他们表示感谢，给予报答。可惜，他只做了一月皇帝，便因误服红丸而崩逝，无法提升和照顾他的东宫讲臣了。

二　东宫讲读官的丰厚赏赐

东宫讲读官不仅提升很快，而且也能够获得丰厚的赏赐。弘治十五年，孝宗赏赐大学士刘健、李东阳、谢迁各玉带一，东大红织金衣三袭，詹事等官吴宽等各带一，东大红衣三袭，三品以下各视品级递加服色。这次赏赐的原因是“以东宫讲读劳也”[1]。

刘春在弘治十二年“选充东宫讲读”。十七年，因为父母都已七十岁，他“再乞归省，命给驿行，且赐道里费”。武宗登基后，“上念青宫旧劳，特赐金镶玳瑁带一，又赐御制盘龙回文十二轴”。后升礼部尚书，丁内艰归，“以经筵日讲东宫讲读劳，赐祭葬，遣礼部经纪其事，仍给驿以行”。服除后，“仍荫第三子延年国子监读书”。[2]关于刘春因担任东宫讲读官而受到赏赐和恩荫的情况，《国朝列卿记》卷一六有很详细的记载：“（弘治十三年）九月，选充东宫讲读官，有翰林、春坊两班，会春坊班员缺，欲改宫寮，以将九载，遂以修撰班春坊，直日讲读……（十四年）十一月，以东宫讲读恩，赐大红织金云雁罗段纱一，蓝绢一，玳瑁带一连合……（十六年）九月以东宫长发，赐大红柏枝丝罗二表里，花银二十两……（正德元年）九月，上念青宫旧劳，特赐金镶玳瑁带一，又赐御制盘龙回文十二轴……春在翰林二十余年……凡儒臣荣遇如经筵讲官、东宫讲读及日讲，皆遍历之。”[3]可见，太子的东宫师傅，与太子（后来的皇帝）之间，有着割舍不断的情缘，赏赐甚厚。

---

[1] 徐学聚：《国朝典汇》卷二八《朝端大政》，明天启四年徐与参刻本。

[2] 过庭训：《本朝分省人物考》卷一〇八《刘春》，明天启刻本。

[3] 雷礼：《国朝列卿纪》卷一六《刘春》，明万历徐鉴刻本。

殷士儋在嘉靖四十一年出任裕王府讲读，“穆考即位，以公讲读劳，宣赐白金、文绮”。其母翟夫人病死北京后，“上以公讲读旧劳，特赐祭葬。公以六月上书送丧东归，诏赐乘传并赉白金、文绮为道里费”。[1]

隆庆六年，陆树德任礼科都给事中，“皇太子将出阁，公疏所以资睿学者，而未归之身教。语剀而精当”。“俄而太子出阁，公以侍班拜金币赐”。[2]陆树德仅仅是侍皇太子班的官员，也因此获赐金币。

与经筵日讲官一样，东宫讲读官在讲读毕也要赐宴。“进士恩荣宴、殿试读卷执事等官、经筵日讲、东宫讲读俱赐酒饭”。[3]

三　皇帝或太子对东宫讲读官的庇护

皇太子受教育时，年龄一般比较幼小，对东宫师傅有一种情感依赖。而东宫师傅也尽可能地给太子提供力所能及的保护。杨士奇于“永乐二年选宫僚”，为左中允。五年，进左谕德。侍讲杨荣任，“太子立，进右谕德”。杨溥于“永乐初，侍皇太子为洗马”，三杨皆为仁宗东宫宫僚。身为太子的仁宗，既受成祖猜忌和防范，又受兄弟朱高煦、朱高燧的侵害，太子之位几乎不保，幸亏三杨等东宫宫僚的全力保护，才得顺利继位[4]。毛纪身为武宗在东宫时的讲读官，对武宗的利益十分在意，生怕他的皇位不稳，因此利用师生关系劝谏武宗。“以储嗣未建，疏乞早定大计”，“钱宁等数导上巡幸，会逆濠之乱，倡亲征议。”毛纪等“力言不可，免冠伏地泣，诸司皆泣”。武宗“降

[1]　于慎行：《光禄大夫少保兼太子太保礼部尚书武英殿大学士赠太保谥文庄棠川殷公士儋行状》，载焦竑辑：《国朝献征录》卷一七《内阁六》，明万历四十四年徐象樗曼山馆刻本。

[2]　王世贞：《都察院右佥都御史阜南陆公树德神道碑》，载焦竑辑：《国朝献征录》卷六三《都察院十》，明万历四十四年徐象樗曼山馆刻本。

[3]　郭正域：《皇明典礼志》卷三《续定大宴仪》，明万历四十一年刘汝康刻本。

[4]　张廷玉等：《明史》卷一四八《三杨传论》，第4131－4145页，中华书局，1974年。

手敕，欲出师，自称威武之号”。毛纪奏言：“人君为天下主，不宜自贬下同臣庶。”虽然毛纪一再忤逆武宗，但武宗也深知这位东宫讲读官是为自己好，并不怪罪，“三载考满，加少保武英殿大学士”[1]。正因为太子与师傅之间的这种浓厚感情，因此当东宫讲读官遭受委屈和处罚时，常会受到太子或由太子即位的皇帝的庇护。

洪武十三年，胡惟庸“谋反案”牵扯到东宫老师宋濂的长孙宋慎，按明律父祖连坐，时已71岁的宋濂也被押解至南京。太祖欲杀之，朝臣皆不敢劝。太子朱标便出面哭谏：“臣愚戆，无他师，幸陛下哀矜贷其死。”太祖大怒道：“候汝为天子而宥之。”太子便投水自杀，被救起[2]。马皇后谏曰：“民间请一先生，尚有始终不忘待师之礼。宋濂亲教太子、诸王，岂宜若是恝！况濂致仕在家，必不知情，乞赦其死。”太祖“意解”。宋濂终得免死，流放茂州[3]。

隆庆元年四月五日，兵科都给事中欧阳一敬一再上疏弹劾大学士高拱“屡经论列，不思引咎自陈，反指言官为党，欲威制朝绅，专擅国柄，亟宜斥罢”。穆宗“以拱昔侍藩邸讲读年久，端谨无过，令拱安心供职”。高拱也出来奏辩说：“一敬必欲去臣，臣一日不去，其攻击一日不已。惟上裁察。”穆宗“复优诏留之”[4]。在穆宗的庇护下，高拱安然无恙。

湖广江夏人郭正域，万历十一年中进士，选庶吉士，授编修，“与修撰唐文献同为皇长子讲官”。二人“皆三迁至庶子，不离讲帷”。郭正域等不愿与宦官结交，“每讲毕，诸内侍出相揖，惟二人不交一言”。同时，郭正域还不与其为庶吉士时的老师沈一贯来往，埋下了被迫害的伏笔。三十年，郭正域“征拜詹事，复为东宫讲官。旋擢礼

[1] 严嵩：《明故光禄大夫柱国少保兼太子太保吏部尚书谨身殿大学士赠太保谥文简毛公纪神道碑》，载焦竑辑：《国朝献征录》卷一五《内阁四》，明万历四十四年徐象橒曼山馆刻本。

[2] 傅维鳞：《明书》卷八六《皇子诸王宗室记一》。

[3] 徐学聚：《国朝典汇》卷八《朝端大政・东宫》，明天启四年徐与参刻本。

[4] 《明穆宗实录》卷七，隆庆元年四月庚寅。

部右侍郎，掌翰林院”。“初，正域之入馆也，沈一贯为教习师。后服阕授编修，不执弟子礼，一贯不能无望。至是，一贯为首辅，沈鲤次之。正域与鲤善，而心薄一贯”，沈一贯便以妖书陷害郭正域，当时“光宗在东宫，数语近侍曰：‘何为欲杀我好讲官？’诸人闻之皆惧”。[1]光宗当时是太子，听说自己的老师郭正域的处境后，表达了强烈的不满，这才保护了郭正域。这说明太子或后来的皇帝，对东宫师傅是有感情的，关键时候能够挺身而出予以保护。

四　皇帝对东宫讲读官的荫恤

东宫讲读官死后，会因讲读之劳而获赠官、与祭、赐葬，甚至推恩及于父母和子孙。明代东宫讲读官得到的特殊利益和荣誉，大致有如下几种：

第一，东宫讲读官本身获得祭葬和赠官。

刘春于成化二十三年中榜眼，授翰林院编修，“弘治四年升修撰，充东宫讲读官”，历升礼部尚书兼翰林院学士，在内阁专管诰敕，掌詹事府事。正德十六年六月卒，即位伊始的世宗“录春宫讲读劳，加祭二坛，赠太子太保，谥文简”。[2]这里的加祭赠官，并非是世宗对自己的东宫老师施恩，而是按制度，对所有任过此职的东宫讲读官赐祭封赠。嘉靖六年四月，赐故太常寺少卿赵铭祭一坛，仍命有司治葬，“以铭尝侍潜邸讲读也”。[3]隆庆二年七月十日，赠故太常寺卿管国子监祭酒事胡正蒙礼部右侍郎，“录上在潜邸时讲读旧劳也”。[4]东宫讲官冯有经死后，得到皇帝的赠官：“天启元年，有诏追录光宗皇帝东宫旧学，赠故左春坊左庶子兼翰林院侍读冯公为礼部右侍郎，予祭葬”。[5]

---

[1] 《明史》卷二二六《郭正域传》。

[2] 《明世宗实录》卷三，正德十六年六月癸未。

[3] 《明世宗实录》卷七五，嘉靖六年四月乙卯。

[4] 《明穆宗实录》卷二二，隆庆二年七月丁巳。

[5] 钱谦益：《牧斋初学集》卷六三《神道碑二·慈溪冯氏先茔节孝碑》，四部丛刊景明崇祯本。

第二，推恩父母、妻子。

李东阳于成化二十年“选侍东宫讲读”，当“父卒，解官守制”时，宪宗“赐祭一坛。五品父例无祭，实自公始”。[1]毛澄在弘治十六年充东宫讲读官，深受太子武宗赏识。武宗登极后，“推恩宫僚”，升其官职，上两宫徽号时，“遂加赠考如公官，加封母太宜人，妻宜人”。[2]嘉靖八年七月，赐光禄寺卿吴大田“母林氏祭葬。大田以藩邸讲读有劳，故从其请”。[3]十四年五月，赐礼部右侍郎黄绾“母鲍氏祭葬，并赐其父黄俌祭一坛，以纂修讲读劳也”。[4]万历五年二月七日，予原任右赞善沈鲤之父沈杜“祭一坛”，“照廖道南例造葬”，“以鲤为东宫日讲三载效劳故也”。[5]

第三，荫及子孙。

东宫讲读官所获恩赐，还包括对子孙进行庇荫。刘珝做过太子宪宗的老师，成化十九年，宪宗荫补其刚刚八岁的儿子刘鈗为中书舍人：“刘鈗，字汝忠，寿光人，文和公珝第四子。成化癸卯，上念珝在东宫讲读之功，荫补中书舍人，时鈗八岁，召至文华殿，起拜如成人。圣心嘉爱，时召见，门阈限高，邃庵杨公常提携过之。”[6]成化二十一年，故少詹事兼国子祭酒司马恂的孙子司马公鞹“以恂常侍东宫讲读，乞恩荫叙”，宪宗“诏于中书科习字三年，照例出身”。[7]正德元年，“令东宫讲读旧臣子孙乞恩荫叙者，备查祖父年劳已及三年，

[1] 杨一清：《特进光禄大夫左柱国少师兼太子太师吏部尚书华盖殿大学士赠太师谥文正李公东阳墓志铭》，载焦竑辑：《国朝献征录》卷一四《内阁三》，明万历四十四年徐象樗曼山馆刻本。

[2] 邵宝：《容春堂集》续集卷一四《太子太傅礼部尚书赠少保谥文简毛公行状》，景印文渊阁四库全书本。该文又收入焦竑编：《国朝献征录》卷三四《礼部二》，明万历四十四年徐象樗曼山馆刻本。

[3] 《明世宗实录》卷一〇三，嘉靖八年七月丙辰。

[4] 《明世宗实录》卷一七五，嘉靖十四年五月癸酉。

[5] 《明神宗实录》卷五九，万历五年二月乙丑。

[6] 冯惟讷：《（嘉靖）青州府志》卷一五，明嘉靖刻本。

[7] 《明宪宗实录》卷二六七，成化二十一年六月己亥。

送中书舍人习字出身，未及三年，送国子监读书”[1]。此条例缘自温氏的陈请。正德元年正月，故南京工部尚书董越妻温氏，“以其夫尝侍先帝讲读于东宫者三年，奏乞如例录其孙韩为中书舍人”。事下吏部详议，言：“越讲读年劳浅，可如侍读学士江朝宗之子宁例，送国子监读书。”武宗下旨令再查江朝宗年劳。“盖朝宗侍东宫甫踰年，与越殊。”于是武宗决定：“荫子乃东宫讲读恩典，越讲读既三年，韩准送中书舍人习字出身。其未及三年者，如宁例。”[2]正德二年闰正月，“录故司经局洗马杨杰子毓坤于中书舍人，习字出身。杰，旧东宫讲读官也”[3]。至八年规定：“令东宫侍班官三年者，荫一子送监读书。”[4]将恩荫扩及讲读官以外的侍班官了。嘉靖三年十二月，升光禄寺寺丞陈庠为太常寺少卿致仕，给传以归。“仍荫其子入监读书，以潜邸讲读功也。”[5]嘉靖七年八月，光禄寺少卿蔡亨引疾乞休。“亨起兴府伴读，侍上潜邸十余年。诏以讲读旧劳，升太常寺少卿致仕，赐驰驿还，仍荫一子入监读书。”[6]十四年六月，荫大学士谢迁儿子谢豆为中书舍人。旧例：“东宫讲读官荫叙，听其身后子孙自陈，不许生前为子孙陈乞。其讲读三年者，送中书舍人，习字出身；未及三年者，送监读书。”这时谢豆“援东宫事例陈乞，且称父迁讲读最久，故有是命”。[7]二十二年十一月，荫故少师兼太子太师吏部尚书华盖殿大学士李东阳孙李仲为中书舍人，“以侍孝庙东宫讲读恩也”。[8]二十八年七月，荫故太子少保吏部尚书倪岳孙倪民悦为国子生，“以侍孝宗东宫讲读恩也”[9]。这已经荫及孙辈了。隆庆二年七月十日，荫胡正蒙“子

[1] 申时行等：《大明会典》卷六《吏部五》。

[2] 《明武宗实录》卷九，正德元年春、正月甲辰。

[3] 张元忭：《馆阁漫录》卷九，明不二斋刻本。

[4] 申时行等：《大明会典》卷六《吏部五》。

[5] 《明世宗实录》卷四六，嘉靖三年十二月辛丑。

[6] 《明世宗实录》卷九一，嘉靖七年八月乙巳。

[7] 《明世宗实录》卷一七六，嘉靖十四年六月辛亥。

[8] 《明世宗实录》卷二八〇，嘉靖二十二年十一月己巳。

[9] 《明世宗实录》卷三五〇，嘉靖二十八年七月辛未。

承烈为国子监生”，“录上在潜邸时讲读旧劳也”。[1]焦竑曾任光宗在东宫时的讲读官，“比光宗皇帝御宇，始诏推东宫讲读旧恩，升叙录用，而先生已先一年逝矣！今上皇帝（熹宗）善承先志，乃特议予赠恤荫子一人”。[2]东宫讲官冯有经死后，正遇天启元年“有诏追录光宗皇帝东宫旧学”，于是他也“荫一子”。[3]

关于明代东宫讲读官恩荫子孙一事，明代李默在其《吏部职掌·大臣恩荫》中有归纳：“一、东宫讲读官子孙乞恩，准中书舍人送习字出身者，系成化年间特恩。成化二十一年，少詹事刘铉男刘榮，比太仆寺少卿吴谦男吴荣例，弘治六年少詹事柯潜男柯宗文比祭酒司马恂男司马公鞞例，俱准送中书科习字出身。十七年，侍讲学士江朝宗男江宁比例陈乞，奉圣旨：‘江宁准送国子监读书，今后东宫讲读官子孙陈乞荫叙，还查年劳深浅来说。’正德元年尚书董越孙董韩比例陈乞，奉圣旨：‘董越讲读既已三年，董韩准送中书舍人，习字出身，未及三年的照江宁例送监读书。’”又载：“一、东宫讲读官听其身后子孙自陈本部，查其年劳浅深，照例荫叙，生前不许为子乞恩。侍班官虽无讲读之功，但既蒙简充侍从，亦与有劳，合无量加斟酌，三年者荫一子为国子生，未及三年者，不许援例干请。查得弘治十七年，该已故翰林院侍读学士江朝宗男江宁比例奏荫中书舍人，本部题奉孝宗皇帝圣旨：‘江宁准送国子监读书，今后东宫讲读官子孙陈乞荫叙，你每还查他年劳深浅斟酌来说，钦此！’正德元年，该已故南京工部尚书董（钺）［越］妻温氏奏，要将孙男董韩送中书舍人习字出身。该本部查得董（钺）［越］讲读止是三年，欲将董韩送监读书，题奉武宗皇帝圣旨：‘荫子系东宫讲读恩典，董钺讲读既已三年，他孙男董韩准照例送中书舍人习字出身，未及三年的照江宁例送监读书。钦

[1] 《明穆宗实录》卷二二，隆庆二年七月丁巳。
[2] 顾起元：《遯园漫稿》庚申《翰林院修撰澹园先生焦公墓表》，明刻本。
[3] 钱谦益：《牧斋初学集》卷六三《神道碑二·慈溪冯氏先茔节孝碑》，四部丛刊景明崇祯本。

此！’”[1]可见，明代对东宫讲读官和侍班官子孙的恩荫也是比较重视的。这无疑提高了东宫讲读官的地位。

五 东宫讲读官的恩荣并臻

前面是分类叙述东宫讲读官们所受的各项恩赐，其实，东宫讲读官常常是各项恩荣交互备至，不仅获得升擢和赏赐，得到各种主考乡会试等美差的机会，而且获得与祭、赐葬、赠官，并扩及其父母妻子，恩荫子孙。梁储由于做过朱祐樘（孝宗）和朱厚照（武宗）两任太子的东宫讲读官，因此升得很快，得到了机会也很多。梁储“侍孝庙东宫讲读。弘治中，以洗马侍武庙东宫讲读”。所以任翰林院学士、吏部尚书兼学士。刘瑾诛后，“召还吏部兼文渊阁大学士，参预机务。其月，遂加少保兼太子太保，进武英殿大学士”。[2]他还多次得到了主持考试的机会。成化二十二年“兼司经局校书，侍孝庙于东宫，日进讲读。丁未充会试同考官”，弘治“壬子主考顺天乡试，复侍武宗东宫讲读。戊午，主试应天”。辛酉“再主试顺天。壬戌奉诏教庶吉士”。[3]这就使大批的新晋官员纳入到“门生”之列，成为自己的弟子。

正因为东宫讲读官获利丰厚，因此有不少人谋获此职，千方百计地想得到这一职位。

罗璟于成化间值经筵，进洗马，“孝宗为太子，出阁，简侍读讲”。丁母忧，服阕将归，这时“侍讲王臣谋侍东宫讲读，恐璟服阕且至”，官复原职，于是与彭华和尹直二人商议对策。彭华和尹直曾因罗璟与吏部尚书尹旻的儿子侍读尹龙是连襟，想通过罗璟的关系，与尹龙和他的父亲尹旻拉上关系，但罗璟却拒绝了二人的请求，产生了心结，于是，彭华与尹直便接受了王臣的建议，利用李孜省的关

[1] 李默：《吏部职掌·大臣恩荫》，明万历刻本。
[2] 尹守衡：《皇明史窃》卷六九《梁储》，明崇祯刻本。
[3] 焦竑：《熙朝名臣实录》卷一二《太师梁文康公》，明末刻本。

系，诬蔑罗璟是尹旻的死党。当时正在商议尹旻的罪状，在此背景下，便将即将服阕复任的罗璟，外放为南京礼部员外郎。据载："璟与侍讲尹龙同娶于孔氏，学士彭华、尹直欲因璟以交于龙、吏部尚书旻。璟性坦直，持议必以正，遂固拒之。二人由是衔璟"，"以时方议旻罪，令李孜省密奏于帝，指璟为旻党"，"会吏部奏还璟故宫僚，遂责部悬缺，令对状，而调璟南京礼部员外郎。"但按旧例"坊局官不入常选，缺不当补，华等特借是倾璟，时论为不平"。[1]这一事件比较惹人注目，因此有多处记载："成化二十二年九月，调洗马罗璟为南京礼部员外郎，以璟与尹旻子侍讲尹龙有旧，故责及之，然亦由其乡人欲谋侍东宫讲读，而璟适至，嘱李孜省为之也。"[2]

世宗时，只要推举东宫讲读官，便有许多人谋求此职，甚至不惜行贿。嘉靖十八年十二月，礼科右给事中钱薇言："所选宫僚不宜仍用奔竞之徒，乞斥去贪邪辅臣，以肃人心，改命在廷会推孝悌博闻、德行显著者上请，毋令内阁滥题，以重国本、端辅导。"但糊涂的世宗却答复："既云所选非人，又不明言，何奸如之！"令削藉。[3]此事在《嘉禾征献录》中所载更详："内阁选宫僚多徇私，为给事中周琉劾罢。"钱薇偕同官吕应祥、任万里上言：指出："《礼》有云：'凡三王教世子，必选天下端人正士、孝弟博闻、有道术者辅之。'昔成祖论宫僚，以胡广、杨士奇二人为不忝，而仁宗择东宫讲读，尚书蹇义等仅举仪智一人，宣宗以兵部尚书张本兼太子宾客，英宗聘布衣吴与弼为春坊谕德。此诸臣者，考其出身，或以岁贡，或以学官，或自守令，或从田亩，盖惟期在得人，故未尝限于所择，亦不必沾沾备官也。"他们对当前的东宫讲读官以贿而得表达了不满：

今宫僚方补，论劾纷至，陛下复敕吏部补，万一再选之

[1] 万斯同：《明史》卷二三三《罗璟传》，清抄本。
[2] 徐学聚：《国朝典汇》五八《吏部》，明天启四年徐与参刻本。
[3] 高汝栻：《皇明法传录嘉隆纪》卷三，明崇祯九年刻本。

> 后，众心难服，甲可乙否，仍至人言传播四方，有碍观听。且琉等所论行贿昭然，各有指实，以贿进者，宁复顾廉耻、惜名节！辅臣以贿进人，不顾国本，大负圣恩，此非细故。伏愿首斥贪辅以肃人心，然后集内阁、九卿公举孝弟博闻、实行显著者，疏名上请。[1]

但是，皇帝不报。钱薇又批鳞上事，竟被削籍。

穆宗隆庆初年，高拱也在东宫讲官上按插私人，他“渐疏江陵，事皆专决，不复有所咨问，而江陵亦自疑，诸为间者益复以蜚语相煽，两家遂如水火”。据载：

> 辛未，今上在东宫，议以明春出阁讲学。时申文定公（即申时行）、王文肃公（即王锡爵）为左右中允，公（高拱）皆题升谕德，以文定公为穆宗日讲官，而文肃公掌南院去。东宫讲读、校书，悉以门生充补。江陵数举以告诸人曰：“两中允见为宫僚不用，而用其私人者，何也？”公为愧悔而恨江陵。[2]

高拱深知，掌握了太子的教育权，便掌握了未来的皇帝，因此用其两门生充任东宫的讲读和校书官，结果受到张居正的责难。

正因为东宫讲读官人所争为，因此当某些士大夫主动辞让东宫讲官之职，要求推荐有德行的人担任时，竟然受到高层的怀疑，认为是骄矜博名。崇祯间编修杨廷麟就是辞让东宫讲官的人，在上疏中指出：“臣蒙恩旨以充东宫讲读官。臣惟青宫妙选，儒者至荣。臣得与供事，竭此愚诚，实出万幸！”但是，他“退而思之”，觉得应该“得清刚谠直、博学多闻之士，以充斯选”，自己则碌碌无为，材质疏

[1] 盛枫：《嘉禾征献录》卷一七《太常寺》，清抄本。
[2] 张萱：《西园闻见录》卷二八《宰相下》。

浅，担任此职深觉惭愧。于是他举荐司经局掌局事、左春坊左谕德兼翰林院侍读黄道周代替自己，称黄道周“学术贞醇，品行端洁”，“爱国之忠出于诚恳”，“守身乐贫，书史之外室无长物，又博览群书，究心经务”，是真德秀和胡安国之类的大儒，如果让黄道周“得与讲读之列，必有正言正事之效”，而自己与他相比，“万不逮一”。因此，杨廷麟提出“准臣辞免，愿以臣所任别简道周，必能进仁义、陈尧舜以无负皇上慎选至意”。然而，“疏入，内阁忿，出一揭，谓‘其博让贤之名，而使臣等冒蔽贤之愆’，且并诋道周”。这时，给事中冯元飙上疏为杨廷麟辩解，指出：“公卿能让，其下皆让，是以风俗醇美，寇攘不作”，“日者皇上敦重元良，盛典肇举，而东宫讲读官杨廷麟等疏请推良自代，及于坊臣黄道周者。”他也认为黄道周“嫉恶已甚，至清无徒，环召以来，闭户却扫，一时之人，非不重之、敬之，特以道周数忤执政，引嫌裹足，罕至其门”。而阁臣张至发等人却“大不快于言者，而并迁怒于道周”。他指出：“夫宫僚济济，岂尽讲读？道周即不与选，而阁臣所选者亦既有项煜、杨廷麟其人，在二臣为阁臣所选，而能以让贤自异，不肯苟悦于阁臣。自臣而观，选者亦可以无愧。臣所惜者，皇上方欲惩贪，而有一清者，大臣又指以为偏；皇上方欲抑竞，而有一让者，大臣又指以为矫。”他要求皇帝特敕阁臣“涤虑蠲私，一更往辙，以清让为必可法，以偏矫为必可取”[1]。奏疏却未得到皇帝的答复。冯元飙求去，思宗又予挽留。然而，像杨廷麟这样辞让东宫讲读官的人少，而争当宫僚的人多，反映了太子老师的荣誉和地位为世所重的倾向。

六　下场凄凉的东宫师傅

然而，东宫师傅也有不走运的情况，有的甚至下场凄凉。“伴君

[1] 孙承泽：《天府广记》卷二五《詹事府附载》，清抄本；又孙承泽：《春明梦余录》卷三三《詹事府》。

如伴虎”的情况，也在太子师傅身上发生。宣宗即位后，进擢东宫旧僚，以庶子陈山为户部侍郎，洗马张瑛为礼部侍郎，戴纶为兵部侍郎，中允徐永达为鸿胪寺卿，赞善蔺从善、王让为翰林院侍讲，惟中允林长懋出为郁林州知州，不久派遣戴纶出镇更偏远的交阯。戴伦与林长懋是因为强谏皇太孙学习武事而遭到贬斥的。成祖“欲太孙讲习武事，于学问之暇，命岁时出猎”。而戴纶与长懋“不知本文庙意，素强谏不少诡随”。凡皇长孙（长孙，即宣宗）“有愆违，多闻于文庙，以故二人最为上所不乐，而陈山、张瑛以每事顺旨被宠”。宣宗即位后，便将戴伦与林长懋贬至远疆。不久，林长懋奏称自己是东宫宫臣，要求回京担任言官。结果“坐怨望，下锦衣卫狱，并出其弟刑部主事遵节为庆远府通判”，又勒令“扳指纶，诬以罪，械纶至京师”，宣宗“亲诘纶所奏，纶抗声辨论激切。上怒，棰之，竟死焉”。林长懋“坐禁系者十年，正统初始赦出之，仍守郁林州”。这次冤案株连甚广，“纶诸父河南知府希贤、太仆卿希文，其亲族被逮，大小男妇百余口家产籍没，希文幼子被宣[宗]赐名怀恩。成化中，为司礼太监”[1]。东宫宫僚处在皇帝与储君的夹缝中，偏向哪方都会带来杀身之祸，这是专制独裁制度的残酷性体现。

景泰年间，在代宗强制推行下，原太子英宗之子朱见深被废，代宗立己子朱见济为太子，并宗为朱见济配备了东宫宫僚和教育官员。然而，景泰四年十一月，皇太子见济因病卒。“夺门之变”后，英宗复辟，结果东宫宫僚俱改调别职。天顺元年正月，“令翰林院官有带东宫官衔者，俱改别职，以景泰易储故也”。[2]对这些东宫宫僚无疑是一个沉重的打击。

刘珝天顺二年以右春坊右中允“侍东宫讲读”。宪宗即位后，本来仕途很顺，历升太常寺少卿兼侍读、吏部左侍郎兼翰林院学士，进入内阁，又升户部尚书，加太子太保、文渊阁大学士、光禄大夫、柱

[1] 徐学聚：《国朝典汇》卷八《朝端大政八・东宫》，明天启四年徐与参刻本。
[2] 徐学聚：《国朝典汇》卷八《朝端大政・东宫》，明天启四年徐与参刻本。

国。[1]虽然刘珝具有身为朱见深东宫讲读官和宪宗经筵讲官的优越条件和地位，但由于涉及宪宗皇帝的宠妃万贵妃的利益，也难免被逼退休的命运。万安因自称万贵妃的宗侄而受到宠爱，但刘珝却与万安发生冲突。刘珝“为人刚直英迈”，“直前果断，无所顾忌”。“与万安同事，时时对客骂安负国，为所衔”，诬陷他“嗜酒贪财好色”等罪状，逼迫刘珝乞休，断送了其政治前程[2]。

曾在成化间充任太子朱祐樘东宫讲读官的李杰，在孝宗登极后，曾以东宫讲读劳“稍迁左春坊左庶子，学士如故”。此后，李杰的仕途就很不顺畅。“既而《宪庙实录》成，与先生同职纂修者，迁少詹事或太常少卿仍兼学士，惟先生迁南京国子祭酒以去。虽燕赉加禄之礼不缺焉，然出入远近之间，礼意不侔矣。”评论者认为“当道厌人好直，故用意沮尼于其中，岂其然乎？”[3]虽然他是遭遇“当道”大臣阻抑，而背后则未必没有孝宗的意思。李杰在什么地方得罪了孝宗，虽无记载，亦可推见。

第三节　翰臣与内书堂宦官的师生关系

在宫廷教育体制中，翰林文臣与宦官之间的师生关系具有特殊性。这是因为堪称“冰炭共器”的两种性质不同的官员，处在同一个书堂内，形成教与学的依存状态，不得不结成师生关系。翰林院被称为玉堂，翰林官被称之为清要之员，拥有良好的文雅清誉，一般都比较清高，而宦官则被视为身心残缺的污浊奸佞之官，为人所不齿。有人对名望崇高的翰林官竟然成为宦官的教习感到愤愤不平：“夫驸马，天子之馆甥也，所用教习，不过春官曹郎止耳。词臣备皇上论思，任东宫讲幄，道甚尊，体甚崇，乃仅以充刑余之师傅，亦何大爇？况苟

[1] 廖道南：《殿阁词林记》卷四，景印文渊阁四库全书本。
[2] 何乔远：《名山藏》卷六五《臣林记・刘珝》，明崇祯刻本。
[3] 梁储：《郁洲遗稿》卷七《明故资善大夫礼部尚书致仕赠太子少保石城李公墓志铭》，清文渊阁四库全书补配清文津阁四库全书本。

非其人，更贻国家无穷之祸，是安可不亟为饬厘乎！”[1]然而，大明王朝的宫廷教育制度，却将外朝翰臣与内朝宦官强行联结一体，使之产生了特殊的关系，引发了许多奇妙的效果。

一　内朝学生对外朝老师仕途的帮助

明宣德以后，设内书堂，令翰臣教授宦官，从此翰臣与内侍的接触有了制度性的保障。黄凤翔《教内书堂记》指出：“宣德中，谨身殿大学士陈山由内阁出教小内使书，虽云轻其人，然先朝亦已重其事矣。故诸奄之传宣诏命，往来内阁，无论品秩崇卑，皆称相君曰‘师傅’。所由来日久。”[2]文官成了内官的老师，甚至许多事情还得求助宦官的帮助，明代的政治格局为之一变。

内书堂的教学经历，对于翰林教师和宦官学生来讲，都是一种特殊的机缘，方便他们之间因师生关系结成政治同盟。明人李邦华对这种政治同盟关系有深切的洞察，指出：正统间王振专权，以翰林检讨官教习内书堂，是想“藉其声名，资其藻采”，这是“奸雄之长虑，不轨之秘谋”。而“当其教习之日，彼此各在闲曹，情孚意洽，相识不忘。一二十年后，词林通显，浸与执政，内珰循资渐近天颜，于是不约而同，互相朋比，表里交通，盗弄福威矣”。[3]

由于翰林臣的培养，从内书堂肄业的宦官升擢迅速。这些人分为两类：一类如范弘、王振等，是在内书堂培养后入侍东宫，后以“从龙”恩入掌司礼；另一类如冯保、王体乾，则是从内书堂派拨司礼监的六科廊写字，经升入文书房，再擢升为秉笔以至掌印太监的。沈德符《万历野获编》补遗卷一“内官定制”条中就说：司礼监的“秉笔与管文书房则职同次相，其僚佐及小内使俱以内翰自命，若外之词

[1]　李邦华：《李忠肃先生集》卷一《西台疏草·请法祖制用人疏》，清乾隆七年徐大坤刻本。
[2]　黄凤翔：《田亭草》卷七《教内书堂记》，明万历四十年刻本。
[3]　李邦华：《李忠肃先生集》卷一《西台疏草·请法祖制用人疏》，清乾隆七年徐大坤刻本。

林”。进入内书堂读书遂为内侍跻身司礼监——内廷最高权位的主要阶梯。[1]从内书堂毕业的宦官，可入文书房供职，再入宦司礼监任职，一旦担任司礼监太监，就拥有内阁辅臣一样的权力。明代，在很大程度上内廷司礼监的权力是高于外朝阁权的。经过内书堂学习，内官不仅“始通文墨”，而且“遂与外廷交接往来”[2]。在宦官的帮助下，曾教习过内书堂的文臣升擢异常，或得以保全。下面分四种情况予以分析。

第一，与宦官建立师生关系，有助于翰臣迅速升擢。

翰林院的文臣，由于有内书堂教书的经历，与知识性宦官建立了师生关系，从而得到皇帝身边人的襄助，仕途上升较他人为快。宋琰，字廷圭，是浙江奉化县人。永乐十三年中进士，改翰林庶吉士，授中书舍人。宣德初，升行在礼部主事，转吏部考功主事，“入内府授内使书。太监王振重之”。正因为有了内书堂教授宦官的经历，因此升擢迅速，正统中，升河南右参政。景泰四年，入为太仆寺卿，迁兵部右侍郎，“以中官受业者之力也”。[3]

景泰间，“选内侍黄赐等七人于文华门庑读书习字以备用，欲取翰林二人教之”。当时太监王忱、舒良“以尝从钱原溥学，方示之意”。但钱溥“不悟”，抱怨道：“万千好处不玉成我，又何以此见属？”王、舒二人“乃传命内阁，推举得侍讲吕逢原、倪克让以进”。不逾月，吕、倪二人“俱升侍讲学士，时被顾问，赏赍优渥”，结果“钱始后悔”。[4]钱溥由于政治短视，错失终南捷径。

潘晟早年在内书堂教书时，遇见了其宦官学生冯宝。他利用与冯保的关系，在张居正临死前，要求张向皇帝推荐自己。“居正度不起，荐前礼部尚书潘晟及尚书梁梦龙、侍郎余有丁、许国、陈经邦，

[1] 欧阳琛：《明内府内书堂考略——兼论明司礼监和内阁共理朝政》，载《江西师范大学学报》1990 年第 2 期。

[2] 夏燮：《明通鉴》，第 803 页，中华书局，1959 年。

[3] 《明英宗实录》卷二八〇，天顺元年七月乙丑。

[4] 尹直：《謇斋琐缀录》卷四，第 1288 页，载邓士龙辑：《国朝典故》卷五六，北京大学出版社，1993 年。

已，复荐尚书徐学谟、曾省吾、张学颜、侍郎王篆等可大用。帝为黏御屏。”为什么张居正首荐潘晟呢？这是因为“晟，冯保所受书者也，强居正荐之”。[1]这背后自然有其学生冯保的运作。

第二，与宦官建立师生关系后，内书堂教师甚至会被太监力举入阁。

宦官通过将自己的老师援揽入阁，以达到相互利用的目的。欧阳琛指出，对于明代翰林词臣的升迁机会，《明史·选举志二》有“非翰林不入内阁”的概括。然而必须指出的是，在这些进入内阁的少数翰林官员中，又以曾任内书堂教习的人为多。他从《明实录》、《酌中志》、明人笔记及《明史》列传等文献中，查得各朝任内书堂教习的官员69人，其中后来入阁的19人，几占教习总人数的五分之二。从王振用事的正统年间到崇祯十七年（1644年）明亡，共208年，期间先后入阁155人，占了10%以上。说明大臣入阁虽有其复杂的政治社会背景，“然日处皇帝左右并参预决策的司礼太监，对此常常起着决定性作用”。[2]又据张治安考证，明代由宦官援引入阁者二十二人。[3]似乎可以证明杨士聪《玉堂荟记》所说的“自古小人进身，未有不自中珰导之者”[4]。还有人通过卫建林《明代宦官政治》中所载阁臣出身内书堂教习的数据推断，内书堂教习与内阁大学士的比例当为1/3到1/5之间。[5]虽然这一统计并不准确，但却说明了内书堂教习成为阁臣的可能性是比较大的。其原因很简单，明代分掌皇权的司礼监太监基本上出身内书堂，当他们拥有大权后，便对自己的老师极力拥戴，直至其进入内阁。

在史书记载中，可以发现出身内书堂的宦官官援引老师入阁的记载。景泰初，王一宁入阁，便是其内书堂学生王诚极力帮助的结果。

[1] 《明史》卷二一三《张居正传》。

[2] 欧阳琛：《明内府内书堂考略——兼论明司礼监和内阁共理朝政》，载《江西师范大学学报》1990年第2期。

[3] 张治安：《明代政治制度研究》，第246页，台北联经出版事业股份有限公司，1992年。

[4] 杨士聪：《玉堂荟记》卷一。

[5] 潘才高升：《明代内书堂考论》第二章第三节《内书堂的老师》，第21－23页，福建师范大学硕士学位论文，2012年。

王一宁在正统间曾入教内书堂。后进翰林院侍讲、礼部右侍郎。十四年，督湖广军饷时，“被劾召还”。然而，“景泰元年，以中官王诚曾受学，力荐，命以礼部左侍郎兼翰林院学士入阁”。[1]本来受到处分的王一宁，在仕途下滑时，遇到以前的内书堂学生宦官王诚的竭力推举，不降反升，直接进入内阁。

嘉靖四十一年至四十五年之间曾教习过内书堂的殷士儋，隆庆元年擢侍读学士，掌翰林院事，进礼、吏部右侍郎，二年春，拜礼部尚书，掌詹事府事，但与裕邸旧僚相比，仍然感到不足：“始士儋与陈以勤、高拱、张居正并为裕邸僚，三人皆柄用，士儋仍尚书，不能无望。拱素善张四维，欲引共政，而恶士儋不亲己，不为援。”在这种形势下，殷士儋“遂藉太监陈洪力，取中旨入阁”。[2]他之所以能够借助陈洪之力直接进入内阁，是因为他曾教习内书堂，与内官有密切的关系和丰富的人脉资源。即使陈洪不是他的学生，那么陈洪身边的宦官肯定有殷士儋的学生，通过这层关系，便打开了通向权力顶峰的大门。其实，陈洪还是高拱推荐做的司礼监掌印太监，即使如此，陈洪还是帮助了高拱的对手殷士儋。这可视为师生关系所起到的特殊作用。

天启朝，沈漼在其内书堂学生李进忠（即魏进忠或魏忠贤）和刘朝的帮助下，得以入阁。作为内书堂老师的沈漼，与宦官学生李进忠和刘朝，结成了政治同盟关系。光宗即位后，沈漼为礼部尚书兼东阁大学士。熹宗天启元年七月，正式入阁，连晋太子太保文渊阁大学士、少保武英殿大学士。“沈漼尝教习内书堂，进忠及刘朝皆执弟子礼。漼既入阁，密结二人。”当时魏进忠“劝帝选武阉练火器为内操”。沈漼与为投其所好，乃奏言：“辽左用兵亟，臣谨于东阳、义乌、扬州、淮安募材官勇士二百余，请以备用。”魏进忠“以合于内操之说，大喜。诏所募士锦衣卫训练材官授游击以下官”。不久，王昺奉诏募兵，上疏称愿得帷幄重臣主其事。引起惠世扬、周朝瑞、魏

[1] 雷礼：《国朝列卿纪》卷一〇《王一宁》，明万历徐鉴刻本。

[2] 张廷玉等：《明史》卷一九三《殷士儋传》。

大中、左光斗等人的反对，上疏“劾淮阳托募兵，阴籍通内朝等内操，淮使门客诱之，帚疏疑出淮教。阉人、戚畹、奸辅，内外弄兵，此肘腋之祸也”。沈潅见状，疏辨求罢，惠世扬等再疏，“尽发其贿交进忠、朝及卢受、客氏并侵其私人邵辅忠、徐大化”，虽然“语过激，夺疏首世扬俸”，但“时宵小屏黜殆尽”。徐“大化等首附进忠，欲因以倾东林，而叶向高、韩爌辅政，邹元标、赵南星、王纪、高攀龙等皆居大僚，光斗、大中及黄尊素在言路，皆力持清议。进忠未克逞”。[1]与东林党斗败后的沈潅只得致仕回乡，两年后死去。虽然沈潅与其宦官学生魏忠贤、刘朝结成政治同盟，因天启初年东林党人得势，终以失败告终，但他确实是因宦官之力，才进入内阁的。

第三，某些内书堂教习出身的文臣，虽无直接证据证明受到宦官的举荐，但其迅速上升、终入内阁的经历，还是让人猜到其背后宦官因素所起的作用。

景泰七年五月任命为内书堂教习的翰林词臣四人，其中万安、岳正、刘珝等三人先后入阁。[2]

翟銮政治上比较保守，反对世宗皇帝“考”其生父，但他的仕途却未受到大的影响。因为他在正德四年以后“入教内书堂”，嘉靖初又做过世宗的老师，所以嘉靖四年《武宗实录》修成后，他“超擢翰林学士，居四月，拜礼部右侍郎”。做过世宗的老师，固然是其仕途的保证，但做过宦官们的老师，也使其仕途得到“内助”。据记载，翟銮“为人和易，好滑稽，务自卑抑，多交游公卿间，家在辇下，易通中贵人，而中贵人之尝出门下者，又交口誉之”。[3]看来，翟銮由于当过皇帝和宦官的老师，得到了两方面的支持，虽然内阁首辅杨一清等人反对，翟銮还是顺利入阁，并一度成为唯一的阁臣。

隆庆六年六月，成宪、王弘诲、徐显卿、陈于陛、王家屏五人

---

[1] 陈鹤：《明纪》卷五〇《熹宗纪一》，清同治十年江苏书局刻本。

[2] 《明英宗实录》卷二六六《郕戾王附录》卷八四，景泰七年五月癸未。

[3] 万斯同：《明史》卷二八八《翟銮传》，清抄本。

担任内书堂老师。成宪和王弘诲是嘉靖四十四年（1565 年）进士、庶吉士，时任翰林院修撰；徐显卿、陈于陛和王家屏三人是隆庆二年（1568年）进士、庶吉士，时任翰林院编修。这五位宦官老师，由进士而为庶吉士，由庶吉士而为翰林，都是比较优秀的人才，加上教书内书堂的经历，获得了知识宦官的政治资源，因此除成宪仕途淹滞（仅官至陕西学政）外，其他四位都仕途较顺。王弘诲万历十七年任南京礼部尚书；王家屏万历十二年任吏部左侍郎兼东阁大学士；陈于陛万历二十一年任礼部尚书，二十三年任东阁大学士、文渊阁大学士；徐显卿万历间官至吏部侍郎。五人中，四人都居侍郎以上的要职，其中王家屏、陈于陛还是内阁大学士。

万历二十六年正月任命的内书堂教习韩爌、朱国祯、沈漼三人，后来全都入阁。万历三十九年四月任命的教习六人中，有钱象坤、徐光启、李标、来宗道等四人先后入阁。[1]

第四，因宦官的帮助，被卷入政治斗争中的内书堂教习，化险为夷，终得保全。

钱溥对与宦官的关系及其作用，产生了从不以为然到深信不疑的转变。这位松江华亭人，生而颖敏，博闻善记，正统四年参加会试获第四名，廷试第五名，到吏部“观政”实习。正统五年，英宗皇帝在文华殿，召他试写蔷薇露诗，因为称旨，即日授行在翰林院检讨，“命教内书馆”。十一年，服阙复任后，辞去内书馆教职，进东阁修书。景泰二年充经筵讲官。[2] 当时正值朝廷“去王振化”的时候，新君准备培植自己的宦官势力，选内侍黄赐等七人到文华门庑房读书习字以备升用，打算选两名翰林官员去教习。当时太监王忱和舒良是正统间钱溥在内书堂教习时的学生，便首先想到了钱溥，但钱溥对此不以为然，还抱怨说：“万千好处不玉成我，又何以此见属？”王、舒二太监只好推荐侍讲吕逢原和倪克让，结果不到一月，吕、倪二人都

[1] 《明神宗实录》卷四八二，万历三十九年四月丁酉。

[2] 王偀：《思轩文集》卷二二《资善大夫南京吏部尚书谥文通钱公行状》，明弘治刻本。

升为侍讲学士，时被顾问，赏赉优渥，钱溥这才感到后悔。[1]从此开始重视与其内书堂的宦官学生交好。

天顺八年正月，英宗病重，典玺局局丞王纶曾服侍太子朱见深（即宪宗）于东宫，“事多专擅，一时群小希进用、觊后福者，多与交通”，这给翰林侍读学士钱溥也带来了希望。因为钱溥“尝奉命教内书馆，纶尝受学焉”。在钱溥教授内书堂时，后来担任尚宝司丞的朱奎当时“以幼童陪读馆中，相亲昵，俱交厚”。现在，“先帝不豫，溥意纶必典机务，预有入阁之喜，密遣奎通纶于禁中”。于是王纶“因偕奎造溥家，执弟子礼，坐溥上坐，饮至晡而去”。这事让钱溥的邻居内阁学士陈文知道了。英宗崩后，朱奎将晋州知州邹和所写的信交给了王纶，有人猜测这是钱溥“密草”的“遗诏”。王纶认为自己“以例当柄用，骄矜恣肆”，引起了司礼监太监牛玉的警惕，“恐其轧己”，决定与侄子春坊赞善牛纶和与钱溥“有隙”的中允刘珝一起，伺机扳倒王纶。等到英宗大殓时，王纶“衰服袭貂裘，于外观望”，宪宗“见而恶之”。牛玉见状，乘机“数其过恶，劝上执下狱，又嗾人发其交通事”，将王纶与钱溥相互勾结，准备暗中分配权力的事情揭出。宪宗大怒，“并逮溥等，法司依律拟斩，以赦例特从轻典”，结果王纶“降内使，发南京闲住”，钱溥“降顺德县知县”，朱奎降为“盐课副提举和云南澜沧卫经历”。凡平日与王纶“交通者，因纶词供及，皆降调外任”，于是兵部右侍郎韩雍降浙江左参政，顺天府尹王福降两浙盐运使，治中丘晟调福州府同知，通政司右参议赵昂调瑞州府同知。南宁伯毛荣、都督马良谪广西，都督冯宗、刘聚谪广东，各听本处总兵官调遣杀贼。锦衣卫掌卫事都指挥同知门达、指挥同知郭英、陈纲、指挥佥事吕贵，俱调贵州边卫。门达调都匀，郭英调安南，陈纲调赤水，吕贵调平越，皆带俸差操。[2]堪比一场大政变所带

[1] 尹直：《謇斋琐缀录》卷四，第 1288 页，载邓士龙辑：《国朝典故》卷五六，北京大学出版社，1993 年。

[2] 《明宪宗实录》卷一，天顺八年正月壬午。

来的震荡。

此事在王鏊《守溪笔记》“钱溥”条中也有记载，细节有所不同，称与陈文告发有关：“（钱）溥之居与陈文邻也，尝教内竖后显来谒，必邀文与共饮。天顺末，英庙不豫，中外危疑，内侍王纶，溥之所教，伴读东宫，一日来谒，文意必召己，竟不召，乃使人微洞之。纶言：‘上不豫，东宫未纳妃如何？’溥言：‘当以遗诏行事。’已而内阁草遗诏，大学士李贤当笔，文起夺其笔曰：‘无庸，已有草之者矣！’遂言溥、纶定计，将退贤以溥代之，退兵部尚书某以韩雍代之。故俱及于败。”欧阳琛认为“这是牛玉和首辅李贤反对王纶、钱溥夺权的一场斗争”[1]。

半年后，这场政治争斗发生了戏剧性的逆转。宪宗以破坏朝廷大婚的罪名将牛玉关入狱中，旋谪南京孝陵种菜。与其有牵连的文武官员多被罢斥，甚至首辅李贤也遭到言官的弹劾，斥其“党恶欺君”。而钱溥则被从贬所召回，官复原职。关于钱溥官复原职一事，有人称是“皇上一日御经筵，阅讲臣，惟以先生不在为问，遂下问吏部，取先生以归，复旧官”。但是，内阁供奉谢伯宽指出，这种说法“失实”，“盖原溥常在内堂教读书，今之近侍若怀恩辈多出其讲下，其出，以附王伦，其入，以附（怀）公之力也。若如此说，则泯皇上之明，没怀公之德矣”。[2]看来，是其另外的宦官学生怀恩为其平反，将其召回的。从这些记载来看，钱溥是因学生宦官的力量，才得以化险为夷，真是败也宦官，成也宦官。

二　翰臣与内侍单纯的师生关系

除了政治同盟外，内书堂的翰林老师与宦官学生之间，也建立了

[1] 欧阳琛：《明内府内书堂考略——兼论明司礼监和内阁共理朝政》，载《江西师范大学学报》1990 年第 2 期。

[2] 李默：《孤树裒谈》卷七，明刻本。

一种单纯的师生关系。中国传统伦理社会中，师生关系是一种拟血缘关系，类似父子关系。所谓“一日为师，终身为父”。一旦建立了师生关系，即使没有政治利益，翰臣老师与宦官学生之间，也会相互帮助。王世贞在《觚不觚录》中谓“江陵相公谒司礼冯珰，投晚生帖”，沈德符称“此语最为孟浪，予不敢信”，指出“冯保势虽张，然一唯江陵指麾，所以胶漆如一人者，仅以通慈圣一路耳。何至自卑如此！”并根据“先人（沈自邠）以史官教习内书堂，冯逐而张诚代之矣。其往还俱单红帖，彼此称侍生”的情况，认为内书堂的老师与司礼监太监之间互称“侍生”，而不是说老师对太监自称“晚生”。[1]至于内书堂教师与宦官学生之间，则不是互称“侍生”，而是宦官称翰臣为老师。内书堂教官钱溥在夜宴中，就被其权势显赫、担任典玺局局丞的宦官学生王纶，以弟子事奉老师的礼节，奉为上座。一次，王“纶因偕（朱）奎造溥家，执弟子礼，坐溥上坐，饮至晡而去”[2]。

正是由于这种较为纯粹的师生关系，使得内书堂的翰臣教师和内侍学生，得以互相帮忙。明代清高的文人尽管瞧不起宦官，不愿为宦官撰墓志，但碍于师生之谊，便不得不操笔为之。司设监太监董智于嘉靖十九年二月六日卒后，与其关系很好的内官监太监王逊找到自己在内书堂学习时的老师陆深，请写墓志。据陆深回忆：当时王逊“匍匐过余，乞铭其墓。予不敢当，辞至再，而请益勤”。陆深“念予往岁以翰林编修官奉命教内书堂，每见生徒中少年敬谨者，必加礼之”，“今生徒之柄用者，往往不忘予为师范，而王公又予之旧馆人也。义不容恝，乃志之”。[3]陆深因王逊是自己的“旧馆人”，这才提笔为王

[1] 沈德符：《万历野获编》卷九。

[2] 《明宪宗实录》卷一，天顺八年正月壬午。有人称：“王纶到钱溥家，钱溥反执弟子礼，王纶坐溥上坐饮，至晡而去。此事显示了士人对宦官势力的屈从。”（见胡吉勋：《明代宫廷典制史》第九章第四节《内书堂教育》，紫禁城出版社，2010 年，第 445 页）案：此乃解读之误。执弟子礼的分明是王纶；“坐溥上坐”，前一个“坐“字是使动用法，该句的意思是“使溥坐于上座”。

[3] 陆深：《俨山集》卷七二《司设监太监董公墓志铭》，清文渊阁四库全书补配清文津阁四库全书本。

逊的朋友写了墓志。

宦官学生则利用职务之便，为内书堂老师大开方便之门。这些方便并无特殊的政治目的，多为表达对老师的敬意和尊师之情。如在宦官的帮助下，教习宦官的老师可以获得游览宫苑的机会。宦官掌宫苑启闭，乃借手中的权力，将昔日内书堂的老师请来游玩。嘉靖四年(1525年)，曾在内书堂任过教的陈沂，在宦官王满的邀请下，游览西苑，而陈沂认为机会难得，又携文徵明一起游览西苑。事后，文徵明称："嘉靖乙酉春，同官陈侍讲鲁南、马修撰仲房、王编修绳武偕余为西苑之游。先是，鲁南教内书堂，识守苑官王满，是日实导余三人行，因得尽历诸胜。既归，随所记忆，为诗十篇，窃念神宫秘府，迥出天上，非人间所得窥视，而吾徒际会清时，列官禁近，遂得以其暇日游衍其中。"[1]文徵明游西苑写有诗十首，被其后人文洪收入集中。从内容看来，主要游了万岁山、太液池、琼华岛、承光殿、龙舟浦、芭蕉园、乐成殿、南台、兔园和平台。[2]

有时候，内书堂的翰臣与内侍之间，仅仅存在一种师生情分，并无任何利害关系。成化弘治间，莆田涵江人陈音，"初简入内书堂教书，从游幼宦今亦有职守南都者，咸事公以父礼"。当他疾革时，"守备太监陈、蒋二公争为需材，值近百金酬之"，但他"不受"。[3]他平素就瞧不起宦官，当司礼太监黄赐母亲死时，廷臣皆往吊唁，但翰林官员不往。侍讲徐琼与众商议是否参加，陈音大怒道："天子侍从臣，相率拜内竖之室，若清议何！"[4]虽然他瞧不起宦官，但他的宦官学生陈、蒋二人还是准备为他料理后事，说明只是一种对老师的敬仰之情，并无利益交换关系。

万历间，殷士儋与姜淮之间也有一种深厚的师生情谊。小宦官姜

[1] 文征明：《甫田集》卷一〇《游西山诗》，景印文渊阁四库全书本。

[2] 文洪：《文氏五家集》卷六《太史诗集·西苑诗》，景印文渊阁四库全书本。

[3] 郑纪：《东园文集》卷一二《奉议大夫南京太常寺卿愧斋陈公行状》，清文渊阁四库全书补配清文津阁四库全书本。

[4] 《明史》卷一八四《陈音传》。

淮在内书堂读书，“值殷太史士儋教书，偶不在室”，姜淮“戴其纱帽，束其带，正在室中摇摆作势”，不想“殷猝至，淮不知带插横解法”，弄得“殷不怿”。姜淮连忙说：“师父还系玉带哩，此银带何足贵！”殷士儋见其天真可爱，“笑而释之。归寓，向夫人备道相笑”。万历初，殷士儋“入相”，其东玉夫人“尚忆淮名，白殷托冯太监保察之”，得知其“见任御马监奉御，随令（姜淮）赴殷寓拜见师母”。殷士儋是山东历城人，“罢相致仕时，淮送至天津始回”。[1]宦官学生姜淮与内书堂老师殷勤士儋的师生情谊，在清人小说中另有传奇般的记载：“历城殷士儋，嘉靖丁未进士，选庶吉士，任编修，在内书堂充教读。一日如厕，将冠带卸于几，学生姜淮冠其纱帽，束其银带，如先生摇摆状。殷猝至，淮急除冠解带，折断带簧，畏殷责，跪曰：‘先生免责。后日当以玉带赔偿。’殷喜而释之。淮意渠祖有玉带可赔也。后隆庆四年，殷果入相，赐玉带。文官赐玉为殊恩，童言竟成佳谶。”[2]自始至终，殷士儋与姜淮之间，都是一种单纯的师生关系。有人认为“内书堂教师殷士儋在自己为相后，还把弟子姜淮举荐给冯保”[3]，是误读史料的结果。

三 政治洁癖者的坎坷命运

宦官得势的时代，常常以高官厚禄来诱惑内书堂的儒师，与之合作者，升擢迅速，对之拒绝者，仕途坎坷。明代就有一些具有政治洁癖的官员，对与宦官交往保持距离，敬而远之。钱溥卷进王纶事件被贬顺德知县一事，余继登在叙述后称“此可为士君子妄交之戒”[4]。反映了一般士大夫对结交宦官的态度。然而，在政治实践中，刻意远离

[1] 刘若愚：《酌中志》卷一六《内书堂读书》。
[2] 褚人获：《坚瓠集》九集卷四《童言成谶》，清康熙刻本。
[3] 高志忠：《明代宫廷内书堂教育与知识型宦官》，载《兰州学刊》2011 年第 10 期。
[4] 余继登：《典故纪闻》卷一四。

宦官学生帮助的翰林老师，常常仕途坎坷。

浙江鄞县人杨守陈，生性恬澹，“泊然自处，未尝求进”。权臣“有重其贤欲拔之者，使所亲喻意”，但杨守陈“谢却之”，对来人说：“吾犹嫠妇也。守节三十年，今老矣，岂白首而改节耶！”这种态度也表现在他对待其内书堂的宦官学生身上。杨守陈“尝被命教内竖，多为近侍”。这种人脉资源，“与守陈同事者率因之取宠贵”，但是杨守陈“独无所资藉”。担任五品官达十六年之久。弘治二年十月，杨守陈死在吏部右侍郎任上，死后才赠礼部尚书官。[1]

冯有经在万历十九年授编修，受命教习内书堂的宦官，本来可获得政治资源，但他却与他们保持距离。“教内书堂，往中贵有以精镠轮奂之美为饵者，先生长虑屏远之”。后转右春坊右中允，二十八年充东宫讲读。[2]他在坊局九年，由谕德、洗马历庶子，后闲居家中。[3]冯有经本可以仕途更顺、官位更高，因为拒绝宦官的帮助，是其不能显贵的重要原因之一。

同样具有政治洁癖的沈鲤，因不愿与其宦官学生来往而一度仕途淹滞。他原本有良好的政治资本，可以让自己的仕途一帆风顺。隆庆时曾教习过内书堂，后又任神宗在东宫时的讲官，受到神宗的重视。然而，他却拒绝与宦官合作。当他“初官翰林”时，“中官黄锦缘同乡以币交，拒不纳”；而在“教习内书堂，侍讲筵”时，“皆数与巨挡接，未常与交”，“及官愈高，益无所假借”。藩府有所请托时，“贿中贵居间，礼臣不敢违，辄如志”，但是到了沈鲤这里，“一切格之”。中贵“皆大怨，数以事间于帝”。神宗“断不能无疑，累加诘责，且夺其俸”，于是沈鲤“有去志”。后来，神宗因其曾为东宫师傅，“有意大用鲤”，只是觉得“沈尚书不晓人意”。这时，“有老宫人从子为

---

[1] 雷礼：《皇明大政纪》卷一七，明万历刻本。

[2] 杨守勤：《宁澹斋全集·文集》卷七《奉议大夫左春坊左庶子兼翰林院侍读冯孝子源明先生行状》，明末刻本。

[3] 钱谦益：《牧斋初学集》卷六三《慈溪冯氏先茔节孝碑》，四部丛刊景明崇祯本。

内竖者，走告鲤”，同时“司礼张诚亦属鲤乡人内竖廖某密告之”，但沈鲤“并拒之”，对他们说：“禁中语，非所敢闻！”这些宦官“皆恚而去”。万历十六年，沈鲤引疾乞归后，群臣“累推内阁及吏部尚书”，神宗“皆不用”，致其在家赋闲长达13年之久。直到万历二十九年赵志皋死后，沈一贯独为阁臣，神宗才召沈鲤“以故官兼东阁大学士，入参机务”。这时他已经是70岁的老人了，且遭到沈一贯的排挤。神宗对他们失去信任，让二人同时致仕。[1]可见，沈鲤由于过于洁身自好，拒绝宦官们的帮助，因此仕途比较坎坷，且50多岁便赋闲在家，浪费了在官场看来是最宝贵的13年的年华。

稍后的浙江会稽人钱象坤也因拒绝与宦官们合作，而仕途不畅。他在万历二十九年中进士后，改庶吉士，授检讨，后任谕德，转庶子。三十九年四月，与翰林院编修汪煇、简讨徐光启、来宗道、张鼐、李标等人一起“俱内府司礼监书堂教书”。[2]这本来是一种政治资源，但他却有意回避。“朝廷党祸初兴，象坤漠然孤立，绝无依附。以亲老侍养，十年中强半家居”。泰昌改元，钱象坤“官少詹事直讲，直讲毕，见中官王安与执政议事即趋出。安使人延之，坚不入”。天启六年，廷推南京礼部尚书，因不附魏忠贤，被指为缪昌期党，落职闲住。崇祯二年以礼部尚书入阁，但两年后因人诬陷，辞职还乡，十年后卒于家。他出任过内书堂教习，又在担任皇帝的经筵日讲官时与侍经筵的宦官王安等为同事，但却敬而远之，失去了许多上升的机会。

四　内书堂宦官学生与外廷的良好关系

在内书堂接受过教育的宦官，很多人受到了儒家伦理思想的影响，常与外廷朝臣相互配合，力图使皇帝归于正道。

萧敬就是其中之一。他字尧恭，福建南平人。英宗初，“由内书

[1] 《明史》卷二一七《沈鲤传》。

[2] 《明神宗实录》卷四八二，万历三十九年四月丁酉。

堂为长随，入侍便殿。适帝劳赐近臣金镪填集，敬执簿握筭，登答无少差谬，帝以为有心计，颇倚任之。会端午节，帝阅骑射宫中，呼敬前曰：‘知尔能文，亦晓武事否耶？’敬顿首受命，据鞍三发皆中，遂大有宠，擢御用监左监丞，赐蟒玉珍器。寻升太监，奉使荆襄，以清约闻”。宪宗时，萧敬任内官监太监，又进司礼监佥书。孝宗弘治二年，“司礼员缺，左右皆言老成练事无如敬者，复使掌司礼，与机务”，受到皇帝的重视。十八年，“遂与阁臣刘健等与闻顾命”。当时武宗初即位，刘瑾等八人引导皇帝“狎游亡度”，萧敬谏道：“梓宫在殡，钟鼓之声日闻于外，谓天下何？”但刘瑾等人不听。“时外廷皆闻帝有所幸八人，而莫知其名，敬潜书一纸，使小竖致诸刘健。”刘健向武宗斥责“八虎”之胡作非为，武帝怒，问谁给的“八虎”之名，刘健“无以对”。刘瑾等八人说：“此必萧敬也。”共谮毁之，但也不起效果。杨一清为相，“敬尝以帝命至阁，事有得失，一清托敬附奏，数以语侵敬，敬不为动”。世宗入立，萧敬年八十余，尚侍左右。终年九十一岁，“丧葬之仪同于勋戚，皆异数也”。萧敬历事五朝，“多所匡正，俨然内廷重臣，同辈悉不敢与齿”。萧敬是个典型的文人化宦官，“工诗及草书，善鼓琴，温恭下士，好施与，而未闻其有奢僭事。每见诸近幸田园地宅半京师，辄叹曰：‘此岂我辈福哉！’则其贤亦有不可掩者”。[1]

晚明时的王安，字允逸，北直隶雄县人。“初选入内书堂”，受到了儒家思想的教育，在朝中所作所为，常常合于外朝儒臣之道。万历二十二年，太监陈矩推荐他“为皇长子伴读”。当时储位未定，物议纷纷，廷臣争国本者多被谴，“独安以旧侍左右维护之”。光宗即位后，王安因“潜邸恩”，甚受眷顾，劝光宗“起用直臣邹元标、王德完等。于初政大有裨益”。光宗死后，李选侍居乾清宫，与内侍李进忠（魏忠贤）阴谋垂帘称制。王安“以密揭发其谋”，给事中杨琏

[1] 万斯同：《明史》卷四〇五《宦官传·萧敬》，清抄本。

知道后，即日约诸大臣入谒皇太子，李选侍将他们拦在暖阁中，王安“以计给选侍，抱太子以出，与诸大臣拥之”为帝。熹宗手书“辅朕为仁明之主”七字赐给王安。王安遂为内廷重臣，掌司礼监，但被魏忠贤等人所陷，降充南海子净军，遭到缢杀。“安好附正人，素为群阉所严惮。”[1]“好附正人”，说明他的思想观念与外朝士大夫们相一致，是内书堂教育的结果。

第四节　诸王与师傅、伴读与同学

一　诸王与王府师傅的关系

明朝诸王与老师的关系，相对来说比较简单。因为诸王一般失去了进入帝国决策中心的机会，诸王的老师也很少因此骤然升迁。相反，一旦随藩王之国，王府长史和讲读官就很难有翻身的机会。

尹直指出：“国朝亲王受封未之国者，当出阁读书。自永乐以来，必择翰林官二员轮日讲读。迨之国日，遂改升长史以从，故预者多不悦。”宣德中，周忱自刑部主事升越府长史，“郁郁不乐”。未过多久，“越国绝，遂升侍郎，巡抚南畿”。只是因为越王死后无嗣，周忱才得以解脱。天顺初，德、秀等王当出阁讲学，英宗让李贤“慎选讲读官”。李贤“以亲王四位，用官八员，翰林几去半”，于是提出，因为翰林官少，“请于新进士内选人物俊伟、语音正当、学问优长者，授以检讨之职，分任讲读”。当时选中雷霖、刘诚等担任，遂为定例。选新进士教授亲王讲读，也反映了诸王老师地位低下的状况。弘治初，有进士十人“被选为亲王讲读官”，他们“相率诣吏部，请照例九年考满别升”。时吏部尚书耿好问斥之道：“你每都要做大官？”十位亲王讲读官回答道：“大官亦是进士做！”耿好问骂道：“小畜生轻

[1] 万斯同：《明史》卷四〇六《宦官传·王安》，清抄本。

薄。”十讲读官以“老畜生”回击，“哗然相讦”。耿好问怒，“参奏为首者革职，余皆降调外任”。[1]这反映了诸王讲读官的地位之低。

有些藩王讲读官，虽然后来有了较高的名望和地位，则并非做藩王讲官所致，而是另有更高、更重要的教育经历。姚友直曾在永乐中担任过皇孙朱瞻基和蕲王的宫廷教师。他是浙江萧山人，洪武二十七年的进士，授中书舍人，累升司经局洗马。永乐中，“宣庙为皇孙时，奉命授书，并授蕲献王。凡所顾问，必以止对。王以宾礼待之”。不久，升左春坊左庶子。由于他在藩王教育上的经验，因此当“滕王建国云南，升云南左参政，掌长史司事”。滕王薨后，姚友直因事至京，“宣庙嘉念旧劳，擢太常寺卿”。正统三年卒，朝廷“遣官赐祭，命有司给舟车归其丧，营葬”。[2]他的升迁，并非因为他做过蕲王和滕王的老师，而是兼任过皇孙朱瞻基老师的缘故。而后者后来做了大明的皇帝。

浙江衢州人金寔，虽然担任了卫府左长史，负责讲授卫王经书等文化课，但他的尊显，也是因为当过东宫讲官，当太子朱高炽登基后，他受到了尊重，被召入西苑，编纂典籍，以备皇帝顾问。金寔在永乐间“特选为东宫讲官。时仁宗皇帝在储位，恩眷累加”。丁外艰服阕后，升左春坊左司直郎，“日侍经筵，讲说详明，致有良佐之褒”。仁宗登极后，“妙简宫僚之贤者辅导诸王，乃授卫府左长史，阶奉议大夫，诰赠其考如厥官，妣为宜人。是岁，复召入西掖，纂述《先王格言》以备顾问”。[3]他既做过东宫讲官，又担任卫府左长史，其中的重要工作便是教育卫王。另据载：洪熙时，“升儒林郎，奉命授卫王经。洪熙中，升卫府左长史。是时上笃意诸子学问，简宫臣十数人为之辅，其文学之嬾、操存之正，金君其首也。金君既感恩遇，

---

[1] 尹直：《謇斋琐缀录》卷七，载邓士龙辑：《国朝典故》卷五九，第1335页；又李默：《孤树裒谈》卷九，明刻本。

[2] 《明英宗实录》卷三八，正统三年春正月甲午。

[3] 杨荣：《长史金君用诚墓表》，载程敏政编：《明文衡》卷九三，四部丛刊景明本。

又重卫王纯厚喜学，于解析经史开谕义理，孳孳尽诚”。至于卫王的“服食起处”，他“率进善言”，卫王“皆欣然从之，而敬礼愈厚”。[1]

更有少数藩府老师，由于藩王或其后代偶然登基，而改变了命运。据载：“正统中，仪铭、杨翥为郕府讲读官，后郕王嗣位，以从龙官至宫保、尚书。”[2]当时杨士奇“推郕府讲读官”时，“欲举侍郎仪铭，恐铭见憾，乃以故人侍讲杨翥同举”。后郕王登基为帝，仪铭等“皆从龙起，官至宫保、尚书”。尹直感叹“人之升沉，固自有定，岂人之所能为哉？”[3]易辉曾担任过封在湖广安陆州的兴王府的讲读官，而在兴府世子朱厚熜当上皇帝后，迅速升擢，做了太仆寺少卿，但时运不济，嘉靖元年四月便因病去。死后，世宗下令“赐太仆寺少卿易辉谕祭一坛，以兴藩讲读旧臣故也”。[4]兴府长史袁宗皋也是如此，在世宗入京继位后，擢任吏部左侍郎兼翰林院学士，旋升礼部尚书兼文渊阁大学士，成为内阁大臣，不久因病去世。长史虽非专职王府教育官员，但负责部分教育任务。然而，有少数王府教官虽有“从龙”高升可能，但却力推有才能的人担任，表现出了高风亮节。杨翥曾做过郕王朱祁钰的长史，任南京某部尚书。朱祁钰继位后，杨翥自南京来朝，“帝幼尝从翥受经，恩礼优异”，于是从容谓杨翥：“朕欲益置相，未决也。先生亦未思之乎？”杨翥顿首言：“必欲异代才，臣浅陋不知也。以目中所见，亡踰刘祭酒（铉）者。”[5]从这段史料可见，由于杨翥在皇帝年幼时教过他，因此想增加内阁成员，让杨翥出任。看来，师生关系形成了一种政治上的信任关系。杨翥也为代宗负责，辞免阁臣，而举才能之士代之。然而，另有记载称，景泰三年五

[1] 杨士奇：《东里集·续集》卷三六《故奉议大夫卫府左长史金君墓志铭》，清文渊阁四库全书补配清文津阁四库全书本。

[2] 佚名：《明内廷规制考》卷二《东宫亲王讲读》，清借月山房汇抄本。

[3] 尹直：《謇斋琐缀录》卷七，载邓士龙辑：《国朝典故》卷五九，第 1335 页；又李默：《孤树裒谈》卷九，明刻本。

[4] 《明世宗实录》卷一三，嘉靖元年四月丁亥。

[5] 邓元锡：《皇明书》卷二一《名臣上》，明万历刻本。

月初二，诏立皇子见济为皇太子，生母杭氏为皇后。废英宗皇后汪氏，居别宫。改封上皇英宗的皇太子朱见深为沂王，次子朱见清为乐王，朱见淳为许王，“命廷臣俱兼宫僚”。代宗想通过让廷臣俱兼东宫宫僚，来强化新太子朱见济的合法性。“上既册怀愍（指朱见济）为太子，尚书杨翥以潜邸旧人，自吴入贺”。佥事陈祚一见，对他说：“异哉！公之此行，吾谓公当谏也，奚贺为？”杨翥“无以应”。[1]此段记载，是说杨翥是来贺立太子，说明他与郕王利益攸关。也正是为了代宗朝的大计，他在入阁问题上，自己辞免，而推荐才学之士。

世宗时裕王府的王府讲官，也因裕王的登极而大获升擢和柄用。此前，世宗由于迷信方士之胡言，迟迟不立太子，并拖延两位皇子的出阁时间。在廷臣一再施压下，才让两位皇子出阁读书。嘉靖三十一年八月，命翰林院编修高拱等人“充二王讲读等官”。其中担任裕王府侍讲的是高拱和检讨陈以勤；担任伴读的是从国子监助教改任翰林院待诏的尹乐舜和郑守德，担任侍书的是中书舍人吴昂和吴应凤。同时任命的景王府讲官是翰林院检讨孙世芳和林濂；伴读是从国子监助教改任翰林待诏的潘静深，和从邢台县学教谕改任待诏的李秀；侍书是中书舍人丛恕和吴自成。[2]三十七年九月，升翰林院侍诏尹乐舜、郑守德、潘静深、李秀为礼部主事，“仍兼原职，给事二王府”。[3]但同人不同命，由于裕王后来当了皇帝，因此其讲读官员多任显职[4]，如高拱和陈以勤后来便当上了穆宗时的内阁辅臣，其中高拱还当上首辅。至于任景王府讲读官的孙世芳和林濂等，就没有如此显贵。

[1] 陈建：《皇明通纪法传全录》卷二一《景泰三年》，明崇祯九年刻本。

[2] 《明世宗实录》卷三八八，嘉靖三十一年八月甲子。

[3] 《明世宗实录》卷四六四，嘉靖三十七年九月戊子。

[4] 朱鸿林在《高拱与明穆宗的经筵讲读初探》（载《中国史研究》1999 年第 1 期，第 136 — 137 页）中指出：“穆宗即位后，从前裕邸的讲官和侍从诸臣，都获得加官和重要的升迁。”

二　伴读与同学

宫廷教育中，不免存在着同学关系。同学关系是拟血缘关系中，比较亲切而可靠的关系。身为同学，不仅有一种亲近的感情，而且常常在政治上互相支持，易于建立政治同盟。同学中，有一种官设的角色，叫“伴读”。伴读就是在书堂学习时，为避免太子、诸王学习时孤单或怠学，而引进一些年龄相仿、学习优异的同学，营造学习时的良好环境和氛围。因此，伴读与其所伴对象之间，也会建立一种亲切而牢固的关系。

明代宫廷教育体系中，普通建立了伴读制度。从皇太子到诸王在接受教育时，都有伴读陪伴。甚至在内书堂的宦官接受教育时，也有非宦官的陪读。

明初在大本堂教授太子、诸王和功臣子弟时，便设有伴读。据载：“国初设国子博士等官，在内府大本堂，与翰林院官授东宫、亲王以经，功臣子弟徐允恭等皆与焉。仍选生徒之秀者，使伴讲读。”洪武二年，“诸生入伴讲读者，与功臣子弟出就国子学”。[1]伴读便退出了大本堂。

大本堂结束后，皇太子讲读之所移至文华殿东厢房，并由宦官为其伴读。正统十四年，宦官陈良26岁时“用有司荐，入内府。英宗命翰林儒臣教之”。由于有了良好的教育背景，因此“命入司礼监文书房供事”。英宗复辟后，授其为奉御，“为皇太子伴读”。英宗死后，“皇太子嗣统，是为宪宗。宪宗以公旧臣，仍令给侍左右”。陈良“理宫掖，事有条绪”，宪宗“悦，益宠任之”。[2]与陈良同为宪宗伴读的宦官，还有覃昌。“天顺丁丑，英宗复位，宪宗时在东宫讲学，命

---

[1] 黄佐《南廱志》卷一五《储养考》上篇《储养生徒之定制》，民国景明嘉靖二十三年刻增修本。

[2] 刘武臣：《明故内官监太监陈公墓志铭》，载赵令扬审订、梁绍杰辑录：《明代宦官碑传录》，第104页，香港大学中文系，1997年。

公伴读。”正是由于与太子朱见深这种同学关系，因此在宪宗继位后，地位迅速上升，先擢奉御，成化元年，“始进司礼监右少监”。二十一年，“命掌本监印”。[1]宪宗时，宦官莫英曾经被推荐为东宫伴读。“荐至御司房，则辞；推东官伴读，则又辞；取六局官，则又辞。”[2]莫英也曾被推举为东宫伴读，“以公文学端谨，推为东宫伴读，固辞不赴。”[3]莫英辞而未任。王安也曾经担任过皇长子、皇太子朱常洛的伴读。王安万历六年选入皇城内书堂读书，拨司礼监掌印太监冯太监保名下，由秉笔太监杜茂照管，杜茂对王安教育严格，当时王安年少，“读书习仿，多玩嬉不勤苦”，杜茂“将监（指王安）坐于櫈上，用绳缚监股于桌之两脚，或书仿不中程，即以夏楚从事，其严督如此”。“神庙二十年后，廉知监学问优博，性孤介，又有先监矩密荐，遂于光庙未膺册立之前，御点为皇长子伴读。”万历二十九年春，皇长子移居慈庆宫，从此母子睽隔不相见，惟王安“拥护保卫之功为多”。是年十月十五日，光宗册立为太子，神宗钦点“邹义、王安、李实等伴读”[4]。

大本堂关闭后，诸王子弟的教育移至各王府。王府子弟在学习时，也设有伴读。洪武至建文年间，王彦昭曾任燕王世子的伴读。王彦昭是王思明的儿子、王谦的父亲。据载：“（王谦）祖思明，江浙行省左丞，国初召辅皇储，擢右傅，从太宗皇帝之国于燕。卒谥康懿。考彦昭，能背诵《四书》，为燕世子伴读。”[5]从这段记载来看，王彦昭的父亲王思明先后任太子朱标的东宫辅导官和燕王朱棣的王府官员，王彦昭随父亲到北平，因为聪颖，会背诵《四书》，因此进入燕

[1] 徐溥：《司礼监太监葵庵覃公昌墓志》，载焦竑辑《国朝献征录》卷一一七《寺人》，明万历四十四年徐象橒曼山馆刻本。

[2] 阮元：《（道光）广东通志》卷三二七《莫英传》，清道光二年刻本。

[3] 蒋冕：《皇明总督京通等处粮储内官监太监白石莫公神道碑铭》，http://www.douban.com/group/topic/32070074/，2012 年 8 月 19 日。

[4] 刘若愚：《酌中志》卷九《正监蒙难纪略》。

[5] 王偀：《思轩文集》卷二〇《夔府知府致仕王公墓志铭》，明弘治刻本。

王世子的书堂做伴读。兴王府也设有伴读。周诏是直隶长洲县人，成化间“以乡举授教谕，补兴府伴读”。正德十六年四月世宗即位，周诏受到新皇帝的重用，不久便“升少詹事兼翰林侍读，充日讲官”。周诏“以老乞致仕，不允，命升太常卿，仍兼侍读，日讲如故”。十二月己亥竟因病去世，世宗“命赐祭葬如例”。[1]

内书堂读书的宦官，还有非宦官的同学——“陪读”，朱奎就是其中之一。朱奎字文徵，南直隶华亭县人。父亲朱孔易因为书法好，官至顺天府丞。朱奎“年十二，奉旨受学内书馆”，与内书堂的小内侍成为同学。后补国子生。景泰中，授中书舍人，直文华殿，累升尚宝卿。[2]天顺八年正月，英宗病重时，典玺局局丞宦官王纶的地位炙手可热，他密谋让内书堂时的老师钱溥入阁。钱溥教授内书堂时，朱奎当时“以幼童陪读馆中，相亲昵，俱交厚”，与王纶是同学。这时，钱溥意料王纶“必典机务”，自己“预有入阁之喜，密遣奎通纶于禁中”。于是王纶“因偕奎造溥家，执弟子礼，坐溥上坐，饮至晡而去”。事败后，老师钱溥降为顺德县知县，宦官学生王纶发往南京闲住，其同学尚宝司丞朱奎降为广东盐课副提举。[3]因为与王纶的同学关系，朱奎便卷进了一场政治大决斗中。与朱奎类似的还有龙暹。龙暹字景升，江西宜春县人。“初以奇童荐，肄业内书馆，入国学卒业”，授中书舍人，入值内阁制敕房办事，历升礼部员外郎、太常少卿，进卿，加从二品俸，仍兼制敕房办事。弘治十二年卒。[4]他“肄业内书馆”的经历，使他有了许多宦官同学，这些人后来升为内廷要职，因此他在仕途上走得比较顺畅。

太子、诸王与伴读，宦官与陪读之间，形成了一种特殊的同学关系，不仅拥有同学之情，而且彼此拥有了人脉资源。

---

[1] 《明世宗实录》卷九，正德十六年十二月己亥。
[2] 《明孝宗实录》卷一一一，弘治九年闰三月乙亥。
[3] 《明宪宗实录》卷一，天顺八年正月壬午。
[4] 《明孝宗实录》卷一五一，弘治十二年六月己亥。

第五节 宫廷教育中社会关系对明代政局的影响

一 一朝天子一朝臣

作为最高统治者的大明皇帝本是全国臣民的总代表，应该遵循唯才是举，任人唯贤的原则，建立公平正义的官僚体系。但事实上，在很多情况下，明代皇帝都依据个人的好恶在政治上构建个人小圈子。这种小圈子，很多时候是以东宫或经筵日讲中的师生关系为基本框架。而这种以师生关系为基础的人事格局，却成了大明帝国堂而皇之的政治框架和决策体制。明朝的外廷决策机构就是内阁。朱子彦指出：内阁人才的选拔极为重要，“除了廷推的意见之外，皇帝个人的决断是最为关键的，而在复杂的朝廷政治斗争中，能让皇帝充分信任的阁臣候选人当然是非帝师莫属了。”[1]可见，明代宫廷教育中的师生关系，足以影响明代的整个政治格局。

朱鸿林指出：“穆宗即位后，从前裕邸的讲官和侍从诸臣，都获得加官和重要的升迁。”他列举事实称，隆庆元年二月，除了加恩于大学士徐阶、李春芳、郭朴之外，高拱被升为武英殿大学士；陈以勤和张居正分别被升为礼部尚书兼文渊阁大学士和吏部左侍郎兼东阁大学士，均入内阁办事；翰林院侍读学士殷士儋则被升为礼部右侍郎兼翰林院学士。他们仍然参与穆宗的经筵讲读活动，而高拱更在“提调讲读”的大臣之列。当时任命的其他经筵官和日讲官，还有带翰林院官衔的各级文官赵贞吉、林树声、潘晟、殷士儋、吕调阳、吕旻、王希烈、诸大绶、丁士美、孙铤、张四维、林士章、陈栋，以及国子监祭酒林燫十四人。各人之中，大学士徐阶、李春芳、郭朴、高拱、陈以勤、张居正五人和潘晟、殷士儋、诸大绶、张四维四人“日侍讲

[1] 朱子彦：《明万历朝经筵制度述论》，载《社会科学战线》2007年第2期。

读”，而后者四人是名副其实的日讲官。以后隆庆一朝续任的日讲官有林燫、吕调阳、丁士美、申时行、王希烈五人。他们除了申时行之外，都是原班的经筵官。[1]其中高拱更是深刻地影响到穆宗的政策。高拱“尝授经天子，天子改容而师事之。比参大政，发谋揆策，受如流水。其著者，肃皇帝凭玉几而受顾命，天下莫不闻”[2]。

正是由于皇帝即位后，信任自己在东宫时的讲读官，导致“一朝天子一朝臣”局面的出现。这种局面，有时带来新政的气象，有时则导致政策缺乏连续性。

二　讲官安排上的人事斗争

在讲官的安排上，充满着权力斗争。崇祯时，周延儒执政，在选择经筵日讲讲官时，任用自己信任的刘平允。当时轮到《春秋》的讲授，相对比较好讲。“《春秋》讲章，与他经颇异，多不用进规，每讲仅一条，甚至意义少者，寥寥数言而毕。但以一人专讲，不复更替为劳。”宜兴人周延儒“柄政时，越次而用刘允平若宰”，导致“乙丑诸公甚不平”。所谓乙丑诸公，是指天启五年录取的进士。但是，“宜兴师不顾也”。结果刘允平“讲官三年，叙升至谕德，反在乙丑诸公之前”。崇祯六年冬，刘允平“渐有柄用消息，或云因为讲官而用力于内也”。这引起了乙丑诸公极大的不满，开始对刘允平实施打击。“一日早朝，有遗匿名单于左掖门内者，多言闺门及乡党间事，尽不堪道。一时閧传，刘不自安，因乞假归。无几，即以病卒”。杨士聪称“此可为词林躁进者之戒”。[3]实则反映了讲官重要地位引起的官场内斗。

---

[1] 朱鸿林：《高拱与明穆宗的经筵讲读初探》，载《中国史研究》1999 年第 1 期。

[2] 张居正：《张太岳集》卷七《门生为师相中玄高公六十寿序》，第 91 页，上海古籍出版社，1984 年。

[3] 杨士聪：《玉堂荟记》卷三。

崇祯年间，经筵讲官、少詹事姚公希孟也是先遭到暗算，后遭到阻击。他“在讲筵为上（思宗）所识，每讲毕归班，上未尝不目送也。众咸谓大拜可期”。正赶上“适有枚卜之旨”，推荐官员。首辅周延儒“所以阻拦后辈者不遗余力”。当会推时，众人推荐姚希孟，吏部尚书闵洪学对人们说：“首揆不欲。”众复面恳周延儒，延儒表面上“急相引重”，但“众再诣冢宰”问询时，吏部尚书（冢宰）“坚以首揆为辞”。众人于是促成左都御史（总宪）陈于廷同吏部尚书闵洪学一起往见周延儒。延儒“令门役两次延见，先冢宰，而后总宪”。吏部尚书闵洪学出来后对人们说：“首揆终不欲也。”最后，温体仁直接出面，指出姚希孟崇祯三年主持顺天乡试时，有两个冒籍武生反而被录取，应该负责，岂可推荐？这时，御史迟大成特上《资浅望重》一疏，为姚希孟和姜曰广等鸣冤。后来周延儒“以是有歉于心，岁终置讲筵诸臣不叙，而单疏特题少詹公，升正詹以谢过”。[1]围绕着经筵讲官姚希孟升职一事，周延儒和温体仁等坚决阻击，最后在巨大压力下才不得松口。但不久，温体仁又借科场案，将姚希孟从詹事又降为少詹事，掌南京翰林院。悲观失望的姚希孟不久称病归家，二年后卒。

当党争激烈，东林党斗不过阉党时，他们把希望寄托在信王朱由检出阁讲读上。天启四年，御史中丞杨涟“率廷臣排击逆阉，胜负未分，微闻阉与妖姆表里为奸，有龙漦燕啄之事”。杨涟“首发之，未着也”。熹宗“富于春秋，罕思后图”。这时，姚希孟秋天入都，道经锡山时，拜访叶向高，“相顾舟中，搤腕时事”，告别时，叶向高对姚希孟说：“公行矣。好语诸公，宜思其大者，请信邸出阁讲学，此今日本计也！”姚希孟听后，“谨识之”。[2]他们把为信王讲读当做扳倒阉党的唯一机会。

---

[1] 文秉：《烈皇小识》卷三，第 67 页，上海书店出版社，1982 年。

[2] 姚希孟：《棘门集》卷一《嘉议大夫南京工部右侍郎闲适叶公神道碑》，明崇祯张叔籁等刻清閟全集本。

三　官场险恶，讲官遭受排挤

经筵和日讲官的处境也有堪忧之时，他们不仅受到其皇帝学生的威胁，很多时候也受到宦官和儒臣同僚的排挤，处在朝不保夕之中。张升在正德元年“侍经筵”，不仅赐白金彩币，而且赐坐，但却遭到宦官的排挤，刘瑾窃柄，“恶其不附己，挤之，遂勒令致仕”。卒于家。[1]陈仁锡担任经筵日讲官受到皇帝的重视，但遭到宦官的打击。天启时陈仁锡“补日讲官，每进讲，多所规正，珰甚衔之，以公负重望，不敢自绝”。“会珰父子给铁券，欲得公诰词，再遣人趣公”，但陈仁锡“坚不可”。于是，貂珰借孙文豸“妖言乱朝政”之狱，诬陈仁锡参与，结果“削籍归”。直到崇祯时才得以平反。[2]

儒臣同僚之间的倾轧，也使讲官地位不稳。经筵讲官虽然常常受到皇帝的宠爱和重视，但也时时受到同僚的嫉妒和排挤。张元祯就曾经遭到妒忌。他“受知孝宗，获殊遇，前席听讲，而忌者浸众，附和者丑诋之亦甚”。尚书林俊叹道：“先生登仕籍四十有七年，在朝不满二考，而诋之躁竞，无乃入宫见妬，抑峣峣其易缺耶！”郑晓悲叹道：“毁誉何常，朝玄暮黄！”[3]正德、嘉靖间，温仁和先后充任经筵讲官和日讲官，世宗“以经筵旧臣，常有意大用之，眷待甚渥，竟以不合于执政见阻”。[4]经筵讲官虽然切近天颜，但却容易遭到人们的排挤和陷害。嘉靖年间，吏部侍郎林燫“直经筵日讲，会讲讲语切直，为谗者所中，忽中旨调南”[5]。倪元璐在崇祯间“充日讲官”，“雅负时望，位渐通显”，皇帝“意向之”，但“深为（温）体仁所忌”。一日，思宗“手书其名下阁，令以履历进，体仁益恐”，唆使诚意伯刘孔昭弹劾倪元璐，说他的妻子陈氏尚在，却让妾王氏冒充继配获封，败礼

[1] 过庭训：《本朝分省人物考》卷六一《张升》，明天启刻本。
[2] 黄道周：《黄石斋先生文集》卷一〇《陈祭酒传》，清康熙五十三年刻本。
[3] 邓元锡：《皇明书》卷三五《张元祯》，明万历刻本。
[4] 《明世宗实录》卷二七六，嘉靖二十二年七月戊辰。
[5] 《明世宗实录》卷一〇四，嘉靖八年九月癸巳。

乱法，虽然很多人都证实他的妻子陈氏因过被休，继娶王氏非妾，但仍然被诬而“落职闲住”。十五年九月，崇祯帝下诏起复倪元璐为兵部右侍郎兼侍读学士，十六年五月，“超拜户部尚书兼翰林院学士，仍充日讲官”，但受到首辅陈演等人的嫉妒和攻讦，被剥夺了行政权力，十七年二月，“命以原官专直日讲”。[1]可见官场险恶，即使是皇帝的老师，也不免身陷其中。

四 讲官攻击政敌的机会

经筵讲官则利用讲读的机会，影射或攻击自己的政敌。嘉靖间，廖道南与张璁不睦，甚至相互攻讦。廖道南利用担任经筵日讲的机会，对地位显赫的议礼新贵张璁（改名孚敬）进行了讽刺、影射和攻击。

嘉靖十一年，廖道南进讲《大学衍义》中的“李林甫奏野无留才”和“奸臣李林甫章”，又进讲《论语》修己以敬、《书经》伊训等章，“触忤孚敬”，张璁有不悦之色。“会汪鋐为孚敬奥援，升吏部尚书”，廖道南直日讲时，复引《尚书·说命篇》，然后引申道：“即兹以观古之人君，心纯乎孝，故宅忧而不暇于有言，古之人臣心纯乎忠，故摄政而不嫌于代言。然必有高宗之圣，而后能容傅说之言。必有傅说之言，而后克辅高宗之德。不然，则莽、操、懿、温之俦，又将以冢宰借口于千万世矣。此又人君听言所当知也。”讲毕，世宗“命吃酒饭于文华殿东廊。司礼太监鲍忠陪宴”。汪鋐谢恩毕，张孚敬挑明：“今日讲官廖道南内引莽、操、懿、温，正欲中伤汪冢宰也。”汪鋐“闻之，变色而去”。十二年五月初三日，廖道南同林文俊进讲《大学衍义》“颜真卿论元载奸邪”章，内引陆贽“两情兀弊”之说，“孚敬愈怒”。六月十八日，廖道南进讲《大学衍义》“李逢吉奸

[1] 《明史》二六五《倪元璐传》。

邪”章，略云：“臣考逢吉本传，险谲多端，妬嫉尤甚”又引明太祖的话“视听偏而聪明为所蔽”。张孚敬“闻之大怒”。至七月初三日，世宗参加讲筵，“时顾鼎臣不到，席春构诬，孚敬遂面奏臣道南及蔡昂不行代讲，遽谪臣道南于徽州，阴嗾汪鋐密伺而中之伤，以复前日莽、操、懿、温之怨”。然而，十三年正月，世宗祭祀社稷坛时，见旧讲官只有五员陪祀，俯询侍臣，才知廖道南已被贬，于是下旨辅臣：“廖道南、蔡昂本无大过，处之太重。今当取回复职，卿等作何处哉？”于是，张孚敬“即荐伊甥祭酒王激一十四员顶补讲官名缺，实不欲其复秩也”。但是世宗亲批道：“见今侍从缺人，廖道南、蔡昂着取回复职，照旧供事。”四月一日，廖道南道经钱塘，“闻邸报，星驰赴阙”。九月十二日，廖道南进讲经筵《孟子》“经正则庶民兴”章，内引明人陶安论邪说害道，世宗嘉纳。次日，廖道南进讲《大学衍义》“江充巫蛊”章，指出江充“图快媒孽之私愤，不知启衅匿奸，动摇宗社之大本矣”！张孚敬等人“闻者愈不安，而倾挤不可解矣”。[1]

综合本章而言，由于宫廷教育的机缘，翰臣讲官与身为学生的皇帝、太子和宦官等结成了特殊的师生关系，在宫中和朝堂构成了盘根错节的拟血缘关系和社会关系网络，相互支撑，荣辱与共。皇帝、太子和宦官利用自己的老师出任要职，为自己掌权和开道，讲官也因此得受重赏和快速升擢，内阁阁臣不少就出身于皇帝、太子和宦官的老师[2]。明代政治史因此打上了宫廷教育的深刻烙印。

---

[1] 廖道南：《楚纪》卷六〇《景则外纪后篇·感遇》，明嘉靖二十五年何城李桂刻本。

[2] 参见杨业进：《明代经筵制度与内阁》，《故宫博物院院刊》1990年第2期；欧阳琛：《明内府内书堂考略——兼论明司礼监与内阁共理朝政》，《江西师范大学学报》1990年第2期。

第十五章

成败得失：明代宫廷教育的历史评价

明代宫廷教育是对最高权力核心宫廷中各阶层人员进行道德、文化和政治素质培养的教育体系，自明初迄于明末，一直运行不辍，对明代上至皇帝，中至后妃、太子、诸王，下至宦官、宫女的“宫廷中人”的教育，起到了重要的作用，促进了权力中心的文化素质的提高，以及大明王朝的有序运行，有其成功之处；然而，这一制度也存在着许多弊端，如流于形式和时断时续，独尊儒学而排斥异端等。在此，本章将尽量对明代宫廷教育的成败得失作一客观的分析和评论。

第一节　经筵日讲制度的价值与成就

明代经筵日讲制度自洪武时开始实践，经正统正式确立，直至崇祯末，运行长达270余年之久。在“经筵有益于君德”[1]和“经筵所以正君心而隆圣学”[2]的信念下，经筵日讲被明朝坚持了下来，起到了提升道德和增广学问的作用。

---

[1] 吴瑞登：《两朝宪章录》卷三，明万历刻本。

[2] 《明孝宗实录》卷一四七，弘治十二年二月辛卯。

明代儒臣将经筵日讲与上朝治事视为国家存亡的两种主要因素："一曰讲学所以镜往而戒来，一曰视朝所以竭情而尽下。"[1]明人将经筵制度视为神圣，经筵举行时，遇决囚等杀伐之气很重的活动时，这些活动都要改期举行。嘉靖十一年四月，御史阮微、杨行中"先后奉命监决重囚，以次日值经筵，复命后期"，此后世宗"仍谕鸿胪寺：凡复命，值当避忌者，得更日。著为令"。[2]如果皇帝能够举行经筵，大小臣工和闾巷小民都深受鼓舞。隆庆五年三月初八日，穆宗"御文华殿日讲"时，"一时大小臣工莫不举手加额，欣欣然有喜色而相庆"，称之为"二十年来未有之盛事也！"当时"虽闾巷小民亦皆同声祝愿，播为美谈"。[3]可见明人对经筵日讲非常重视。对于明人如此看重的经筵日讲制度，如何恰如其分的评价是个难题。下面对其价值与意义试作分析。

第一，培养君主德学素养，确保明王朝长治久安。

经筵日讲制度不是一个简单的教育制度，而是一种国家政治制度与意识形态的架构机制。通过经筵日讲，明帝国的专制制度与儒学意识形态严密地结合了起来，儒学意识形态赖皇帝专制制度的保护得以确立其主体地位，而君主专制制度也赖程朱理学的纲常观念得以确保其至尊地位。

针对皇帝举办的经筵日讲教育，在一定程度上培养了君主的道德和素养，使君主专制制度下的皇帝，在权力至高无上的情况下，仍然受到来自儒家仁政和礼制的教育和熏陶，不至于完全走上胡作非为和为所欲为的邪路。

正因为如此，明代儒臣们认为经筵日讲制度的建立与执行是培养"圣德"的第一要紧之事。弘治元年，王恕就认识到"讲学固帝王之首务，不可一时少有间断"，但他"因侍经筵，暑汗浃背"，怕皇帝圣

[1] 张辅之：《太仆奏议》卷一《请御朝讲疏》，明天启刻本。

[2] 《明世宗实录》卷一三七，嘉靖十一年四月癸卯。

[3] 张国彦：《进召对录疏》，载张卤辑：《皇明嘉隆疏钞》卷五，明万历刻本。

体“因暑致疾”，于是上疏请求暂停经筵日讲，结果引起了轩然大波。儒臣们在驳斥其暂停经筵日讲的主张时，阐明了经筵日讲对于圣德教育的紧要意义。大理寺办事进士董杰强调：“帝王人节，莫先于讲学，讲学莫要于经筵。经筵者，自古圣主贤君之所不废，而每日一小讲，每旬一大讲。又我祖宗之良法美制也！”[1]而监察御史汤鼐指出：“经筵乃讲学第一事。今侍从之官既量加禄秩，经筵之官复通赐镪币，仍降敕勉以启沃。自每日一小讲，每旬一大讲之后，士民皆喜闻乐道以为圣明之事。”内阁大学士刘吉等也特别指出：“经筵讲学乃君上修德第一事。自古帝王崇儒敬道，必致重于斯。洪惟我朝列圣尤为慎重。初经筵时，预告祖宗，又敕儒臣充讲读官。至开讲之日，君臣上下莫不斋明盛服，致敬进讲，专心审听。凡此非徒为文具观美也，实臣下藉此以尽其启沃之忱，君上资此以得其培养之益也！”[2]大学士张居正强调“自古帝王虽具神圣之资，尤以务学为急”，“祖宗列圣加意典学，经筵日讲具有成宪”。[3]“以务学为急”的观念也就是承认经筵为第一要紧事。

经筵讲学为第一要紧事，说明它在与政治实践的比较中，处于优先的地位。与君主在执政实践中获得经验相比，经筵日讲可以让君主从理论上得到提高，举一反三，执一应万。吴节认为，“经筵讲学以养主德，资虽齐圣，不废问学，道可默契，亦须讲说”，因为“殿廷奏对，一事止及一事之本末”，是治标，而“惟经筵之开，其所陈说者皆帝王圣贤正心、诚意、修身、治国、平天下之实学，通此可以达彼，执一可以应万”，是治本。故他强调“朝廷之要，莫先于此”。[4]

经筵讲学之为首务，还表现在：对于那些在太子教育期间时间荒废的君主来讲，经筵日讲是制度性教育的唯一机会。天启时刑科给事

[1] 《明孝宗实录》卷一四，弘治元年五月丁亥、壬辰。

[2] 《明孝宗实录》卷六〇，弘治五年二月庚申。

[3] 《明神宗实录》卷四，隆庆六年八月辛酉。

[4] 吴节：《吴竹坡先生文集》卷一《再陈十事疏》，清雍正三年吴琦刻本。

中刘弘化指出："皇上出阁蚤废，频遭国恤，所恃以开发圣虑者，只有讲筵一线，而日讲尤为密切，盖齐治均平之理，赖学问为阐发，非草草故事也。"[1]

除了通过《四书》、《五经》对皇帝的道德进行提升外，经筵日讲还通过史学、书法、文学、艺术等教育，增长皇帝的见识，提高其学术和审美水平，培养其综合素质。神宗在首辅张居正的严格教育下，养成了学习和读书的习惯，学问大有长进，书法也颇见功力，有人指出"主上早岁励精，真可只千古矣"[2]。对其书法的评价是："今上自髫年即工八法。如赐江陵吴门诸公堂扁，已极伟丽。其后渐入神化"，其"运笔之妙，有颜、柳所不逮者"。[3]朱鸿林也发现，神宗在讲书范围上，远超明代的所有皇帝。明人认为，只要坚持举行经筵日讲，皇帝就能圣德日修，学问渐广，治绩灿然，仁德广施，国家便会长治久安。孝宗承认"经筵讲学，古今美事"[4]。

今天看来，经筵日讲的作用虽然没有儒臣们夸张的那样强，意义没有他们强调的那样大，但仍然是一个非常有价值的教育制度，在历史上起到的作用不可忽视。它将最强悍的君主专制制度与比较温和的意识形态儒家思想相结合，把程朱理学的观念灌输给每一位皇帝，让他们在修齐治平中，贯彻民本思想，实施仁政。尽管明代皇帝的作为并未完全达到经筵日讲制度设定时的预期目标，但经筵日讲制度仍然在特定的历史条件下，起到了制约君主行为、修正明朝航向的作用。中国传统社会正常的王朝寿命约三百年，明朝持续了276年，达到了一个正常王朝的寿命，这一结果与经筵日讲制度所起的正面作用不无关系。

第二，经筵日讲制度提高了儒臣的地位，做讲官成为儒臣的崇高

[1] 《明熹宗实录》卷二五，天启二年八月癸酉。
[2] 沈德符：《万历野获编》卷二《列朝·冲圣日讲》，第65页，中华书局，1959年。
[3] 沈德符：《万历野获编》卷二《列朝·今上御笔》，第63页，中华书局，1959年。
[4] 《明孝宗实录》卷一五，弘治元年六月乙未。

职业。

经筵日讲制度的建立，使讲官成为“帝王之师”，某种程度上实行了儒臣“道高于君”的理想，提高了儒臣在明代政治版图中的地位。万历十六年闰六月四日，申时行等奏称：“窃思讲明治道，启沃圣心，乃臣等等职业之最大者。”[1]

讲官拥有帝师的身份，因此在经筵日讲中，敢于高举道旗，直接纠正皇帝的错误和非礼行为。崇祯时，文震孟“在讲筵，最严正”，当时大臣多遭逮系，文震孟讲《鲁论》“君使臣以礼”一章时，“反复规讽”，崇祯“即降旨出尚书乔允升、侍郎胡世赏于狱”。一次经筵时，“帝尝足加于膝，（文震孟）适讲《五子之歌》，至‘为人上者，奈何不敬’，以目视帝足。帝即袖掩之，徐为引下。”当时人称他为“真讲官”。[2]此事在文震孟后代文秉的著作中也有记载：“一日，上御讲筵，足加于台楞上，意有惰容。先臣适进讲《尚书》，讲至‘为人上者，奈何不敬？’因以目视御膝。上即以袍袖隐之，徐徐放下。”[3]文震孟的底气，便是“帝王之师”的身份和“道高于君”的理念。

由于经筵日讲官地位很高，因此在差遣官员时，不敢随便调动讲官。隆庆六年，户科给事中曹大野弹劾高拱“大不忠”，其中称高拱亲开贿赂之门，副使董文采馈以六百金即升为河南参政，吏部侍郎张四维馈以八百金，即取为东宫侍班官。[4]但是高拱自辩解道，自己在举荐官员时，不敢随便调动皇帝的日讲官，才升董文采和张四维的，“而侍郎吕调阳皆是皇上日讲官，不敢动”。[5]

既然经筵日讲地位很高，那么儒臣入侍经筵讲读，无疑是受到重用的标志，具有很高的荣誉。如果嫉恨一个人，害他的方法就是不让对方参与经筵。李东阳是天顺八年进士，入翰林为庶吉士。成化

[1] 《万历起居注》第三册，第 70 — 71 页。
[2] 张廷玉等：《明史》卷二五一《文震孟传》，第 6497 页，中华书局，1974 年。
[3] 文秉：《烈皇小识》卷二，第 51 页，上海书店，1982 年。
[4] 《明穆宗实录》卷六八，隆庆六年三月己酉。
[5] 《明穆宗实录》卷六八，隆庆六年三月辛亥。

元年授编修，历迁春坊左庶子兼侍讲学士，升太常少卿，掌翰林院事，按他的资历，早就该担任经筵日讲官，“然有忌之者，数年不得与经筵”[1]。此事引起众人的不平，称“东阳在翰林以文学名，前辈或忌之，迁侍讲学士，数年始与经筵”[2]。世宗时，士大夫们对议礼新贵不满，也是不让他们担任经筵日讲官：“初张、桂虽骤遇，词林鄙之。业以詹事兼学士贵显矣。一应实录、经筵、日讲、主试、教习诸典礼，皆摈弗使与。”[3]说明在人们的心中，经筵是很重要的活动。由于经筵日讲地位重要，竞争者众，要混到经筵讲官的地位并不容易。李廷相正德十五年授翰林院编修，正德四年“刘瑾败，仍复原职，升右春坊右中允兼修撰，积六年始升侍讲学士。今有不数年即为讲读者。公尝言：‘久任乃官人之法。吾在史馆十八年，始得展书。’”[4]反映出做经筵展书官不易，那么担任讲官就更加不易了。

经筵地位神圣无比，讲官既因此荣耀，也以此负累。如果受到弹劾，就必须提出辞呈，以免“亵讲筵之体”。万历十二年二月二十五日，四川道试御史徐申参奏国子监祭酒范应期。文书官传旨：“范应期系何人荐起？今被论，应坐荐者。”大学士申时行等奏：“范应期原以乙丑进士，任修撰，历中允、谕德。丁忧起补原官，随该科道官拾遗纠论，奉旨调南京别衙门用。参访舆论，咸为本官出自翰林，曾侍讲读，偶被指摘，多出风闻。宜与翰林官一体挨次升转。历查先后，原无荐举之人。今徐申所论，即前时科道所论之事，别无大过。但本官已经论列，难以表率师儒，应令致仕，或降调南京别衙门用。”上乃准范应期致仕。[5]可见，经筵讲官若遇弹劾，则“难以表率师儒”，不得不致仕。崇祯四年五月，日讲官、左春坊左谕德文震孟遭到吕纯如的弹劾，在“上疏剖晰”的同时“兼请罢斥，以无亵讲筵之体”。

[1] 尹守衡：《皇明史窃》卷六八《李东阳》，明崇祯刻本。

[2] 《明武宗实录》卷一三九，正德十一年七月己亥。

[3] 黄景昉：《国史唯疑》卷六。

[4] 李开先：《李中麓闲居集》文卷一〇《蒲汀李尚书传》，明刻本。

[5] 《明神宗实录》卷一四六，万历十二年二月壬申。

但崇祯帝以公论自明，命其照旧供职。[1]

可见，经筵日讲制度的建立，既在教育皇帝上发挥了作用，也在提高讲官和儒臣地位上产生了功用，同时也对讲官素质提出了更高的要求。

第三，经筵日讲制造了儒臣接近皇帝的更多机会，为与宦官争夺皇帝提供了条件。

经筵和日讲制度的意义并不局限于宫廷教育，而是具有直接的政治意义。那就是提供君臣之间更多的直接会面机会，在经筵讲论之时或之余，讨论时局，处理政事，劝说皇帝亲贤远佞，形成了“讲官于讲书后得言时政阙失及陈论所见”[2]的风气和惯例。

明代强化君主集权后，由内阁和司礼监作为其左膀右臂，处理公务，皇帝经常不上朝，不露面，在宫中与宦官、宫妾、道士、僧人厮混一起。因此争取更多与皇帝会面的机会，商谈政治，让皇帝远离宦官宫妾的诱惑，是儒臣们的迫切心愿。弘治初，侍读学士王鏊针对的宦官李广诱导孝宗日游西苑、荒废政事一事，利用担任讲官的机会，在讲读中以“文王不敢盘于游田，反覆规切”，结果，“帝为动容”，课后对李广说：“讲官指若曹耳。”[3]于是孝宗罢游，将更多的时间，用以处理政事。王华“尝为经筵讲官，时内侍李广方贵幸，时讲《大学衍义》至唐李辅国结张后表里用事，众以为事颇涉嫌，欲讳之，公朗然诵说，无稍避忌，左右皆吐舌。上乐闻之，不厌，罢讲，遣中宫赐食”[4]。此事陆深记载尤详：

内侍李广方贵幸，尝于文华殿讲《大学衍义》，至唐李辅国与张后表里用事，诸学士欲讳不敢言，先生特诵说朗

---

[1] 《崇祯长编》卷四六，崇祯四年五月丁酉。

[2] 黄佐：《翰林记》卷九《讲官陈论》，第118页，辽宁教育出版社，2003年。

[3] 张廷玉等：《明史》卷一八一《王鏊传》，第4825页，中华书局，1974年。

[4] 张萱：《西园闻见录》卷二九《经筵日讲》。

然，开讽明切。左右闻者皆缩头吐舌，而上乐闻不厌。明日罢讲，命中官赐食。中官密语先生云："连日先生讲书明白，圣心甚喜，甚加眷念。"先生自庆知遇，益用剀切。上亦精勤弥励。[1]

在讲官的启沃下，孝宗便将主要精力放在政事上。弘治十年三月，孝宗参加经筵后，"命司礼太监韦恭至内阁，召阁臣徐溥、刘健、李东阳、谢迁至文华殿。上命左右取群臣章奏付溥等看详，相与拟定批词，以次陈奏"。孝宗"或更定二三字，或删去一二句。批毕发出"。中有山西巡抚及礼部诸疏，皆从容顾问，拟议停当，然后批答。赐茶而退。对于此事，李东阳印象深刻，指出："自天顺末至今三十余年间，尝召内阁，不过一二语。是日经筵罢，有此召，因得以窥天质之明睿、庙算之周详，庶几都俞吁咈之气象云"[2]。

通过经筵和日讲，儒臣有更多的时间与皇帝相会，商议国是，避免皇帝被宦官和宫妾拉向逸游的泥淖，而置国事于不顾。正德元年，经筵讲官王瓒"进讲《论语》举直错诸枉章，举宦官、宫妾以讽，微指逆瑾也。瑾怒，捏旨诘责，赖有解之者得释"[3]。刘忠在给武宗讲课时，也常借题发挥："正德二年，刘瑾用事，日导帝游戏，乱祖宗旧章。忠上言戒逸游、崇正学数事。已因进讲，与杨廷和附经义规帝阙失，而指斥近幸尤切。"但是武宗却显得不耐烦，对刘瑾说："经筵讲书耳，浮词何为？"于是刘瑾让吏部尚书许进将刘忠"出之南京"。[4]世宗即位之初，太监张锐、于经论死，但有人上言进金银能够赎罪，经筵讲官杨慎便借进讲《尚书·舜典》"金作赎刑"章的机会，指出："圣人设赎刑，乃施于小过，俾民自新。若元恶大奸，无可赎之

[1] 陆深：《海日先生行状》，第1396页，载《王阳明全集》卷三八《世德记》，上海古籍出版社，1992年。

[2] 徐学聚：《国朝典汇》卷二六《朝端大政·召对》，明天启四年徐与参刻本。

[3] 汤日昭：《(万历) 温州府志》卷一一《人物志·王瓒》，明万历刻本。

[4] 万斯同：《明史》卷二四八《刘忠传》，清抄本。

理。”[1]以劝阻世宗不能赦免二宦官的罪责。万历初，讲官林爊“每入讲，辄据传疏开列古义，已复敷引时事，抗首而请，多规讽辞。上亦敛容嘉纳之。顾时时语侵近幸人，近幸人目公矣”[2]。天启时，陈仁锡为熹宗讲《论语》“礼之用和为贵”一章时，在讲章的最后指出：“倘大处勉遵典礼，若于出入起居至微至细的所在稍逞便安，那乘机巧中的将规矩来放松了，初亦觉有暱就之乐，渐渐心志摇惑，精神懒散，反有许多烦恼不受用处，何等样不和。若是无大无小，亲贤士大夫如此，对宦官、宫妾亦如此，坐一个身子在礼法中，一毫情欲来不得，似乎拘束得紧，久之安习，身子自然悦豫。”[3]告诫皇帝要警佞臣、宦官和宫妾对自己的心志摇惑。黄道周“在熹宗时为史官，已任史事者踰年矣。一日，侍经筵，以正色持大体，忤魏忠贤，乞还山”。天启五年，告归[4]。

除了借接近皇帝的机会，劝说皇帝远离宦官外，讲官还利用接近皇帝的机会，劝皇帝远离奸佞之臣。嘉靖间王教“久在讲筵，雍容凝重，进退有仪，班行属目，及进讲至存养省察之方、君子小人消长之机，反复陈说，必尽其诚”。世宗“为之注听”。[5]天启二年，熹宗下诏停止经筵日讲，给事中周朝瑞上疏力争：“主上冲龄，志意未定，独赖朝讲不辍，诸臣得一觐天颜，共白指鹿之奸。今常朝已渐传免，倘并讲筵废之，九阍既隔，无谒见时，司马门之报格不入，吕大防之贬不及知，国家大事去矣。”会礼部亦以为言，乃命日讲如故。[6]在周朝瑞看来，讲臣只有与皇帝在经筵日讲上见面，才能向皇帝揭露奸臣，指陈国家大计。崇祯时，讲官文震孟在《讲筵已辍疏》中自

[1] 张廷玉等：《明史》卷一九二《杨慎传》。

[2] 吴国伦：《甔甀洞稿》卷三九《少冢宰林公赴南都序（代作）》，明万历刻本。

[3] 陈仁锡：《陈太史无梦园初集》，有集，第3－7页。

[4] 黄道周：《黄石斋先生文集》卷一《自明试务疏》之思注，清康熙五十三年刻本。

[5] 焦竑辑：《国朝献征录》卷四三《南京兵部二・少司马中川王公教墓志铭》，明万历四十四年徐象橒曼山馆刻本。

[6] 张廷玉等：《明史》卷二四四《周朝瑞传》。

述："见群小合谋，必欲借边才以翻逆案，故于《子语·鲁太师乐》章，愿皇上剖晰是非，辨别邪正，而曰一音杂，众音皆乱；一小人进，而众君子皆废。今有平生无耻，惨杀名贤之吕纯如，且藉奥援而必辨雪矣。犹蒙皇上眷注，消长剥复之间，甚可畏也。又见吏部尚书王永光，身为六卿之长，而假窃威福，擅行私臆，故于《甘誓》章，言'战胜攻取，左右之共命，不假于信任，尤在六卿之得人，而曰用舍不淆于仓卒，则国是定而王灵畅，非独威福，则神气振而敌忧惕。'大抵皆为用人之人发也。又见永光机深计巧，投无不中，故以年例大典，而变乱祖制，考选公典，而摈斥清才，举朝震畏，莫敢讼言。故于《五子之歌》章，言'识精明，则环而伺者无所售其欺，心纯一，则巧于中者无所投其隙。'"[1]通过经筵日讲的机会，劝谏皇帝分清是非，认清奸佞。正所谓"天下事宰相当言，宰相不得言则台谏言之，台谏不敢言则经筵言之"。[2]

第四，理论结合实际，解决现实问题。

经筵制度比较重视经义与现实的结合。日讲最初只重经义的解释，但后来也向结合实际方向发展，甚至比经筵更注重结合现实问题进行伸论。讲官们借讲课之际，结合现实问题，促进了政治、经济、军事、文化等诸方面问题的解决。宪宗时，徐溥"在经筵，敷陈明达，进止从容，凡有规箴，多见嘉纳"[3]。弘治时，程敏政"侍经筵久，每进讲篇终，必有规谏，讽切深至。上每欣然听纳"[4]。张升"每侍讲经筵，闲雅详明，于篇终必有规讽，至理乱邪正之际，未尝不反复为上诵之，以资启沃"[5]。正德间，伦文叙"进讲舜有臣五人而天下治，多规讽语"[6]。嘉靖间，经筵讲官龚用卿"直经筵，每进讲，志存

[1] 文秉：《烈皇小识》卷二，第62页，上海书店出版社，1982年。
[2] 黄佐：《翰林记》卷九《开经筵》，第115页，辽宁教育出版社，2003年。
[3] 何乔远：《名山藏》卷六八《臣林记·弘治臣一·徐溥》，明崇祯刻本。
[4] 过庭训：《本朝分省人物考》卷三六《程敏政》，明天启刻本。
[5] 过庭训：《本朝分省人物考》卷六一《张升》，明天启刻本。
[6] 过庭训：《本朝分省人物考》卷一一一《伦文叙》，明天启刻本。

规讽”[1]。隆庆元年，王希烈任经筵和日讲官，“公次当讲，盟心积诚，几有所感悟。所进讲章，因事寓规讽，反复剀切，上动容耸听”[2]。隆庆时，吕调阳“日侍穆宗经筵，每讲……往往缘傅经传，列古义，以为时政规上，亦时时嘉悦之”[3]。万历间，陶大临“为经筵日讲，首讲《大学》，谓明明德如磨鉴，不虞昏，新民如澣衣，不虞污，止至善如赴家，不虞远。公所陈说，每至谨天戒、法祖孝亲、恤民隐、慎用舍、广咨访、缓工役、饬边政，娓娓不已。大临每进讲，左右皆目相指，而上亦器重之”[4]。天启间，陈仁锡“充经筵日讲官”，“所敷陈皆本于心得，切于时务，不事训诂”[5]。崇祯初，孟绍虞任经筵讲官时，“公以巨奸未殄，每进讲，引古帝王明断寓讽，上敛容称善”[6]。倪元璐崇祯十七年二月在经筵，“讲乐只之章”，“因敷陈生财大道”。神宗怀疑他是讽谏，就说：“今边饷匮绌，压欠最多。生众为疾，作何理会？”倪元璐从容回答：“皇上圣明，不妨经权互用。臣儒者，只知因民之情，藏富于国耳。”他“既不慑，亦不引谢”。翌日，“上御暖阁，召辅臣谕曰：‘从来经筵有问难而无诘责。昨日偶尔，朕之过也。’盖犹惮公”。此前，倪元璐“初在讲筵，上方勤政，留意启沃。每值公直讲，必前席倾听。而乌程（温体仁）、宜兴（周延儒）互有犄摭，瑕疵炯然。公于讲筵，直箴政府营私忘公。上怒，以手摩书，仰面倚几坐。公抒词益朗。顷之，上乃稍前就案，卒霁容受焉。故前后讲臣，如文、陈、黄、李，体备九德，未即先公者也”[7]。下面分类介绍明代经筵讲官在讲解经史时结合现实进行阐发的情况。

通过讲读，劝谏皇帝切勿胡作非为，而应勤劳政事。李廷相在经

[1] 过庭训：《本朝分省人物考》卷七〇《龚用卿》，明天启刻本。

[2] 孙继皋：《宗伯集》卷八《通议大夫吏部左侍郎兼翰林院侍读学士掌詹事府事赠礼部尚书谥文裕王公墓志铭》，景印文渊阁四库全书本。

[3] 过庭训：《本朝分省人物考》卷一一三《吕调阳》，明天启刻本。

[4] 张岱：《石匮书》卷一六八《陶大临传》，稿本补配清抄本。

[5] 黄道周：《黄石斋先生文集》卷一〇《陈祭酒传》，清康熙五十三年刻本。

[6] 张自烈：《芑山诗文集》卷一七《传二·明资政大夫孟公绍虞传》，清初刻本。

[7] 黄道周：《黄石斋先生文集》卷一二《倪文正公墓志》，清康熙五十三年刻本。

筵日讲时，将讲章内容与现实结合，讽谏皇帝："武宗游猎无度，财用耗费。廷相经筵讲《百姓足章》，剀切详晰，上为感动，亟称曰：'真学士！'"[1]正德九年，经筵讲官黄澜"进讲《论语》、《尚书》。每讲末，必含规讽，有戒佚游、远佞人等语。康陵改容嘉纳"[2]。武宗时，讲官陈霁充经筵讲官，"上经帏稀御，恳请至再，疏皆留中。比直讲，则因文敷义，极言视朝稀晚，游幸频仍，群阉乱政，西僧蛊惑。国本未定，四方多警，皆人所不敢言者"。[3]万历间，讲官刘虞夔"侍上讲幄，依经演义，就事陈规，每蕲于感悟。尝说《诗·夜如何章》，反复发明人主忧勤之念，上为动容，嘉其称职"[4]。

通过讲读，推动吏治整饬。万历二年，张居正讲"致理之道，莫急于安民，生民之要，惟在于核吏治。前代令主，欲兴道致治，未有不加意于此者"，借此要求皇帝整顿吏治。神宗因此于每年正月亲自接见"朝觐廉能官"，要求他们"替朕爱养百姓"。[5]崇祯十一年，当思宗在经筵中问保举考选何者为得人时，经筵官杨廷麟回答道："保举当严举主，如唐世济、王维章乃温体仁、王应熊所荐。今二臣皆败，而举主不问。是连坐之法先不行于大臣，欲收保举效得乎？"[6]崇祯帝为之动容，之后采取了某些弥补措施。

整顿吏治，必须整顿官风。嘉靖十一年，日讲官郭维藩进讲，"言去操切更张之弊，务惇厚博大之体"，引起世宗的重视，让阁臣问他如何补救，于是郭维藩疏言："今者士风渐漓，一切好更张以取声誉，以诪张为变通，安静为迂腐，严急为才干，宽厚为无能，好恶任情，不以为耻，如此则俗薄而政庞，非细故也。宜申饬臣工崇本实，

[1] 徐学聚：《国朝典汇》卷八七《户部》，明天启四年徐与参刻本。
[2] 焦竑：《国朝献征录》卷二三《南京翰林院·南京翰林院侍读学士黄公澜传》，明万历四十四年徐象橒曼山馆刻本。
[3] 张邦奇：《张邦奇集·靡悔轩集》卷六《明故国子监祭酒进阶中宪大夫苇川陈公墓志铭》，明刻本。
[4] 过庭训：《本朝分省人物考》卷一〇一《刘虞夔》，明天启刻本。
[5]《万历起居注》第一册，第146页，北京大学出版社，1988年。
[6] 张廷玉等：《明史》卷二七八《杨廷麟传》。

修职业，乞于各衙门条陈之言，择其筹虑深长、事可经久者，方赐施行，毋狥操切之论，求人过甚，立法太严，庶几养成惇大之俗。”郭维藩的疏奏“颇有所指切”，但世宗“亦不罪”。[1]

通过讲读，向皇帝举荐有才之士。崇祯十一年，乘思宗御经筵，问用人之道的机会，经筵官黄景昉指出：“近日考选不公，推官成勇、朱天麟廉能素著，乃不得预清华选。”于是朱勇等“亦俱改官”。[2]讲官向思宗推荐朱天麟，致其受到重用一事，另有记载。朱天麟中进士后“授饶州推官，有惠政，考选入都，贫不能赂，拟授部曹。帝御经筵，讲官并为称屈。及临轩亲试，乃改为翰林编修”。[3]讲官与皇帝实为师生，朝夕相对，前者的意见对后者比较容易产生作用。

通过讲读，解救被冤大臣。成化年间，刘珝“自以宫僚旧臣，遇事无所回护。员外郎林俊以劾梁芳、继晓下狱，珝于帝前解之”[4]。天启间，“给事中论织造，语侵中贵，诏予杖，阁臣救不得”，经筵官钱象坤“语叶向高讲筵面奏之，乃免。当时行立枷法，惨甚。象坤白之帝，多所宽释”。[5]崇祯十一年，讲官黄景昉在经筵日讲时向思宗指出：“刑部尚书郑三俊四朝元老，至清无俦，不当久系狱。”结果“三俊旋获释”。[6]

通过讲读，解决外戚违法问题。万历三年三月四日，张居正讲光武帝“赏强项令”。皇上久久赞叹，并说“彼公主也，尚不能私庇一奴如此，外戚家何可不守法令？”[7]这为万历五年，李太后父亲武清伯李伟“揽纳内库钱粮”，承包京营军士冬衣缝制时偷工减料之违法行为的解决，奠定了思想基础。

[1] 《明世宗实录》卷一四二，嘉靖十一年九月丁巳。
[2] 张廷玉等：《明史》卷二五一《黄景昉传》。
[3] 张廷玉等：《明史》卷二七九《朱天麟传》。
[4] 张廷玉等：《明史》卷一六八《刘珝传》。
[5] 张廷玉等：《明史》卷二五一《钱象坤传》。
[6] 张廷玉等：《明史》卷二五一《黄景昉传》。
[7] 《万历起居注》第一册，第279页，北京大学出版社，1988年。

通过讲读，解决刑法问题。陈仁锡讲《论语》“为政以德”章，要请皇帝“亟清锦衣镇抚冤狱”；讲《论语》“道之以政”章则要向皇帝陈述“朝廷省刑罚，士大夫存廉耻，天下太平”的道理。[1]

通过讲读，解决水利、省费等经济问题。王锡衮“方署吏部印，又为讲官”，“因讲纳忠，往往而有”。一日讲“禹吾无间然矣”一节，“进规处略去各项，独重沟洫，言江南水利极其详尽。其于东南财赋之地，裨益良多”。[2]嘉靖间，吴惠“在经筵日讲，进学士。尝讲毕，劝上省无益之费，停得已之役，以惠生民。次日，上令辅臣问旨，公一一具上，大见开纳”。[3]此事发生在嘉靖十一年，时为日讲官的侍读学士吴惠“言省无益之费，停得已之役”，引起世宗思考，让阁臣问吴惠“有可补捄时宜者”，于是吴惠疏言：“方今民穷财竭而宫殿兴作不已，采木烧砖大为川广苏常之患，此宜停罢。”[4]万历初，神宗“御便殿，召公入讲，至《大学》生财有大道，因劝上汰冗节浮，语涉陗直”。神宗“默然久之，徐欲用其言”。[5]万历七年，神宗后宫开支渐趋奢靡，诏出太仓钱银购买珠宝。张居正趁神宗经筵日讲时，出言官所上《灾伤疏》给神宗过目，指出国库入不敷出，请皇上“加意撙节，于宫中一切用度、服御、赏赉、布施裁省禁止”[6]。神宗于是向灾区发放赈贷，并将宫中浮费裁减大半。此事在《楚宝》中所载尤详：一日，神宗御文华殿讲《训录类编》毕，张居正“偕辅臣四维、时行，持南京给事中傅作舟疏进览”，并指出：“大江南北大饥，或相聚为盗，大可忧，即如《训》、《录》所载，元末之乱亦起于此。乞将积逋尽赐蠲贷，而责各官发赎锾仓谷，以惠穷民。”神宗“俞允”。张居正又说：“今天下至困矣，即上幸履蹈节俭，臣愚犹过计，以为大司

[1] 陈仁锡：《陈太史无梦园初集》，有集，第 15 页。

[2] 杨士聪：《玉堂荟记》卷三。

[3] 胡文学：《甬上耆旧诗》卷一四《太常寺卿吴公惠》，景印文渊阁四库全书本。

[4] 《明世宗实录》卷一四二，嘉靖十一年九月丁巳。

[5] 吴国伦：《甔甀洞稿》卷三九《少冢宰林公赴南都序（代作）》，明万历刻本。

[6] 印鸾章：《明鉴》卷一一“张居正上肃雍殿箴”。

农所入不足佐缓急，近者宫中赐赉动至巨万，辄引常例，夫所谓例者，今年偶一行之，明年即指为故事陈乞耳。非祖宗旧制也！至于布施一事，尤当禁止。与滥施缁流以求福利，孰与蠲赋与民以活亿兆元元之命其功尤大？”神宗“为感动”。[1]朱赓“充经筵讲官”时，“一日，闻宫中娱情花石，因讲《宋史》花石纲，极言群小骚夺，害民甚大”。神宗下课后告诫左右：“讲官言可畏。”[2]

通过讲读，劝说皇帝重视武备，解决选拔武将、整顿军纪问题。万历元年三月四日，张居正反复开说汉文帝劳军细柳之事，指出天下虽安，忘战必危。如今天下承平日久，武备废弛，武将受制于文官“不啻奴隶”，望今后皇上“留意武备，将官忠勇可用者稍假权柄，使得以展布，庶几临敌号令严整，士卒用命”。皇帝“然之”。[3]万历间吴中行为日讲官，讲《诗经》“蠢尔荆蛮、大邦为雠”时，其讲章末尾便说：“今分阃则元戎挂印，督府则重臣秉旄，将帅非不隆也，塞北守降王之盟，滇南奏献俘之捷，蛮夷非不威也。第无虞既久，积弊难除。试以武科弓马，非万人之敌；取于世胄纨袴，乏一筹之能。大将非以干请而得，在在倖门，善地以贿赂而行，人人债帅，苞苴日盛，介胄风靡。寡谋启侮，则轻率而损国威；巨猾营私，则贪残而剥军饷。严苛责之律，势不得不掩覆以称功，操中制之权，情不得不夤缘以求庇。养之不豫，任之不专，匪朝夕矣。”[4]陈仁锡借讲《诗》的机会，抨击“山海关军士夺马食为己食，止将一半卖草豆喂养，只因自内及外管马官员念头全不照管马匹”的现状。[5]

崇祯年间，讲官文震孟上《讲筵已辍疏》，特地指出自己在经筵日讲时，针对现实问题讲解《论语・八佾》：“帝王之学，与经生学士不同，必以经术经世，乃为实用。窃见虏骑内犯，圣心焦劳，综数事

[1] 周圣楷：《楚宝》卷三《大臣・张居正》，明崇祯十四年刻本。

[2] 过庭训：《本朝分省人物考》卷五一《朱赓》，明天启刻本。

[3] 《明神宗实录》卷一一，万历元年三月甲申。

[4] 吴中行：《赐余堂集》卷二《讲章》。

[5] 陈仁锡：《陈太史无梦园初集》，有集，第15页。

功，须挚纲领；刑法虽峻，猜疑渐启，于事未有济也，故于《君使臣以礼》章，劝皇上培养士气，推心感人，而辨贤奸，酌用舍尤倦倦焉。见命将出师，莫有定算，功罪未审，赏罚未明。今虏距遵永，十有余旬，瞬息长夏，又将秋高，彼时时可来，我着着无备，弈如繁丝，绝少成绪。故于《管仲器小》章，引管子言‘兵主不足畏，则战难胜也。德必当其位，功必当其禄，信小人者失亡也。’”[1]由此可见，经筵讲官常常利用讲课的机会，以及与皇帝的师生关系，对皇帝进言，解决现实中的各种问题。

总之，经筵日讲本制度对于明朝政治的正常运作，起到了一定的作用。

第五，经筵日讲本是对皇帝进行教育，但侍班的大臣同时受到了教育，则是该制产生的一个意外作用。

皇帝在举行经筵日讲时，大臣和其他一些相关的官员都要“侍班”和“执事”，为皇帝经筵日讲服务。但有些侍班的臣子，在听讲官讲课时，自觉或不自觉地听了进去，受到了经筵的影响。天启三年六月五日，赵南星在一封奏疏中叙述道：“臣叨侍经筵，听中允姜逢元之讲《尚书》（《益稷》），有味乎其言也。舜之戒群臣曰：‘汝无面从，退有后言。’舜虑其行之偶有未当，群臣或不敢面诤，而有后言。后言者，非敢于私议也，惟相与叹息，圣人不宜有此。”他听到这段讲解后，留下了深刻印象。此前，进士薛邦瑞为其祖父薛蕙请谥，吏部验封司员外郎徐大相（徐大相，字觉斯，江西安义人）同意了他的请求，但遭到熹宗的反对，将徐大相连降三级，放逐外地。都御史赵南星便在疏救时，应用了自己在经筵课堂上听来的典故，指出：“今大相之降官，群臣多向臣叹息者，臣以年老大臣，若随人叹息而不以告陛下，是不忠之臣也，安所用之？”三天后，熹宗下旨：“已有旨了。该部知道。”[2]将徐大相从降三秩，改为降二秩。

---

[1] 文秉：《烈皇小识》卷二，第52页，上海书店出版社，1982年。

[2] 赵南星：《赵忠毅公诗文集》卷一九《救徐验封疏》，明崇祯十一年范景文等刻本。

经筵日讲作为明朝皇帝的教育制度，对皇帝道德、学问、政治等各方面素质的提高无疑起到了重要作用，甚至对讲课儒臣的地位提升，侍班臣子的知识输入，均起到正面的作用，其功绩不可磨灭。当然，经筵日讲制度日久生玩，产生了一些弊端和缺陷，在宫廷教育上出现了一些负面作用，需要清理和纠偏。

第二节 经筵日讲制度的弊端与缺陷

前面揭示了明代经筵日讲制度的价值、成就和正面作用。不过，明代经筵日讲制度看似完善，其实也存在着不少缺陷和弊端。下面逐一分析。

第一，治统压制道统，儒家理想难以贯彻。

明代经筵日讲中，常现出皇帝师心自用，讲官诚惶诚的局面。讲官与皇帝虽名为师生，但皇权无处不在的威势，使得讲官在讲课时如履薄冰。世宗“以讲官董玘行立无让之体，令辅臣谕之”，使得“玘自是见上屏息”，而“上谓其知改，令供职”。世宗还自作聪明，代替讲官，自己讲解，体现出变“为帝王师”为“帝王为师”的明显意图。就在叱责董玘不久，世宗觉得“侍读汪佃讲《洪范》九畴不称旨”，“亲讲解其义”，自鸣得意地对辅臣说：“人君尽伦理于上，万姓化于下，伦序明而道大备，福将自至。”并“以佃讲读迟钝，令吏部改调外任”，不仅如此，还进一步命内阁“选择翰林诸臣称职者留用，不称者量材除他官”。[1]这体现了君主对儒臣、治统对道统的明显压制。

经筵和讲官本来是儒家实现道高于君而设计的制度，目的是为了向皇帝宣传儒家的仁政和伦常，但由于皇帝或其亲信大臣把持经筵，甚至修改讲章，使得讲官无法宣讲传统的政治主张，出现“道不行于

[1] 俞汝楫:《礼部志稿》卷六七《经筵进讲·宣德后历朝进讲》，景印文渊阁四库全书本。

朝”的局面。穆孔晖是王守仁的学生，在担任经筵讲官时，很想将心学思想灌输给皇帝和其他朝臣，但是却并未达到应有的效果，叹曰：“鉴照妍媸，而妍媸弗著于鉴，心应事物，而事物弗著于心，如鸟游空自来自去。”他“不以文字华藻给口耳之求，然经筵启沃，朋辈往复，往往疏往哲之奥言，明群生之理性，令闻者耸听，玩者心开”。特别是“至上（皇帝）前反复开谕，务详于君子小人之际，其心冀以自尽，而要人忌之日甚。虽踞师席，晋清卿，非不尊显，而道不行于朝”。[1]

明代经筵日讲废除了坐讲制度，导致讲官与皇帝的上下暌隔，等级森严，难以交流。明人茅元仪就指出，明初有赐食制度，君臣坐食欢谈。但自洪武二十六年，礼部以百官朝参赐食供亿为难请罢赐之后，“费虽省，而自此上下渐隔矣”。此前赐食时，“公侯一品官坐于门内，二品至四品及翰林院等官坐于门外，其余五品以下于丹墀内，文东武西，重行列坐。今不惟赐食不可得，并坐礼亦废矣。除幸学坐听讲外，即经筵日讲亦无坐次，此岂祖宗之意耶！”[2]

第二，讲章审查，箝制言论。

经筵日讲的内容，被朝廷预先控制。明廷规定，讲课的讲义和内容要经过内阁的审定，讲臣们对此限制议论的做法竭力反抗，但却碰得头破血流。

据明朝制度规定，经筵和日讲的讲章讲义，均要预呈内阁审查。其经筵讲章，需要呈审，“凡大经筵，讲官二，预呈讲章于内阁”[3]；“讲章皆预呈阁臣转付中书，缮录正副各二纸，隔日进司礼监官奏知”[4]。隆庆时“定（经筵）讲章于前两日先进呈览”。[5]每次进讲前，

[1] 焦竑：《焦氏澹园续集》卷一《穆玄庵先生集序》，明万历三十九年朱汝鳌刻本。
[2] 茅元仪：《暇老斋杂记》卷一〇，清光绪李文田家抄本。
[3] 查继佐：《罪惟录·志》卷一七《经筵志》，四部丛刊三编景手稿本。
[4] 佚名：《明内廷规制考》卷二《讲筵》，清借月山房汇抄本。
[5] 申时行等：《大明会典》卷五二《礼部十·经筵》。

“先从内阁点题，票示讲官，分撰讲章，送阁下详定”[1]。其日讲讲章也必须预呈内阁审查。《词林典故》载：“凡日讲……讲章撰完，先送中堂看定，先一日进呈。”[2]日讲讲章在进讲两天前送内阁审查，还要在进讲前一天由内阁送皇帝审阅。据陈时龙称，经筵讲章提前两天进呈，日讲的讲章是“先二日送稿内阁”和“先一日进稿”。也就是说，提前两天将讲章送内阁，再提前一天送到皇帝处。提前两天送内阁的目的，也是让内阁对讲章的内容进行审查。阁臣如果认为讲章有问题，可令讲官修改。内阁改稿比较随意。天启间丁绍轼说：“每讲末定附时政，与书旨可互相发明，蹇谔之谈，由乎其人。先二日送稿内阁，内阁或少加增减，而不改时常多。”[3]遇到认真的内阁辅臣，则审查就十分严格。

有些讲官对内阁审查讲章很不满意。嘉靖六年，左春坊左庶子兼翰林院侍读盛端明充经筵讲官，“故事：讲官进说，多藉之以规切时政阙失。后执政恐触讳，辄先窜定讲官所著说，遂以相沿。祭酒俨山陆公深进说，因面奏，上以其轻率，少不然之。于是陆以戆去位。至公进说，亦不遵执政所更也。台谏希执政意，劾公讲时微咳为失仪，复调为南京尚宝司卿”。[4] 文中提到的陆深，对内阁审查讲章不满一事，出现在盛端明之后，是孙承恩叙事时，将二者揉在一起。

陆深拒改讲章，为此付出了沉重的代价。此事多处都有记载：陆深“入备讲读，遂升祭酒。一日，经筵进讲，内阁阅其讲章，辄加窜易。深讲毕，面奏云：‘今日讲章非臣原撰，乞自今容讲臣得尽其愚。’上虽可之，而经筵面奏，非故事。深出，上疏谢罪。上复批答以讲章内阁阅看系旧规，不必更改。若有所见，当别具闻。深感激，

[1] 朱国祯：《涌幢小品》卷二《经筵词》，第 27 页，文化艺术出版社，1998 年。
[2] 张位、于慎行：《词林典故》，第 264－266 页，载四库存目丛书史部第 258 册，齐鲁书社，1996 年。
[3] 丁绍轼：《丁文恪公续集》卷六《讲筵恭纪诗・讲附时政》。
[4] 孙承恩：《文简集》卷五三《太子太保礼部尚书荣简程斋盛公墓志铭》，景印文渊阁四库全书本。

条奏有关圣学事，凡千余言上之。当路益忌之。疏下吏部，左迁延平府同知”。[1]另据《明世宗实录》卷九九载，嘉靖八年三月三日，“上御经筵，国子监祭酒陆深讲《孟子》。讲罢，深奏讲章为内阁所改。时鸿胪方赞行礼，上不悉闻其语，命之退。深退，上疏请罪。上始知之，曰：‘此旧规也。汝有所见，当别疏具闻。’已而桂萼言：‘深讲章乃臣所改正者，请以深原稿录上，不没其善。’上曰：‘讲章由内阁看进，始得明畅。若任己意为之，必有杂说以阻乱理学者。复当如旧！’”八日，国子监祭酒陆深言：“臣昨以越礼，幸皇上不加谴责，俯赐慰词，是诱臣使言也。请尽言之：‘夫经筵讲章必送内阁裁定，是其意尽出于阁臣，而讲官不过口宣之耳。此于大义深有未安，而感孚之道亦甚相远！幸容臣等各陈所见，因以观臣等之浅深，更请自训诂衍译之外，凡天下政事举得依经比义，条列类陈，以仰裨圣学。’”这时世宗已经很不高兴了，指出：“陆深夸诈险恶，敢于欺罔。兹疏首献谀词，岂人臣说忠事君之道！且其进讲已三[日]，语多悖谬，谄美大臣，意在行私。吏部参究以闻！”吏部言陆深不敬当罪，世宗下诏“降一级调外任”，遂谪福建延平府同知。[2]

这次内阁改讲章事件，是针对桂萼的。当时陆深“进讲《孟子》‘伊尹以割烹要汤’一节”，根据旧例，“讲章先送内阁详定”。时太傅桂萼初入阁，“改窜讲章，多非公本旨”。陆深“于文华殿讲毕”，即面奏云：“今日讲章义理多未浃洽，非臣原构。今后合无容臣等各陈愚见？陛下尧舜之主，故敢昧死上闻。”当时世宗“天颜甚霁”，陆深“奉允旨而归”，但“自以经筵面奏非故事，因上疏谢罪”，大略是：“陛下临御，千古所无之圣也，经筵面奏，百年所无之典也。臣敢以百年所无之典，奉渎千古所无之圣，冒昧之罪，竟复何逃！”世宗下旨：“尔昨面奏讲章未当处，朕听未真，特以允奏。今闻讲章不欲内阁阅看，此系旧规，不必更改。如尔果有所见，当别具奏闻，何

[1] 过庭训：《本朝分省人物考》卷二五《陆深》，明天启刻本。
[2] 《明世宗实录》卷九九，嘉靖八年三月戊戌、癸卯。

必专以此为？”陆深于是诣阙谢恩，归而叹曰：“际遇如此，虽捐躯何惜！”遂抗疏《为陈愚见以裨圣学事》，凡千余言。大略云：“臣子启沃之诚，不过经筵顷刻耳！若讲章悉出内阁之意，而讲官不过口宣之，此于义理深有未安，而交孚相感之道远矣！使讲官之言得尽达于上，则天下之事有公卿行之而不能尽，台谏知之而不敢言，百司庶府负之而不敢达者，皆得依经比义，条列类陈，然后聪明日启，而万机之得失、四海之休戚，靡不洞达于圣心矣！岂复有壅蔽之患哉！”疏下吏部参详，结果世宗下旨：“降级调外，左迁延平府同知。”[1]关于陆深被贬谪外地的原因，对张璁、桂萼不满的夏言，明确指出是“当路益忌之，疏下吏部，竟左迁延平府同知”[2]。其实，上述记载都在为尊者讳。严惩陆深的就是世宗本人。世宗读完陆深的奏章后，亲口说：“陆深夸诈险恶，敢于欺罔。兹疏首献谀词，岂人臣忠谠事君之道？且其进讲已三日，语多悖谬谄矣。大臣意在行私，吏部参究以闻！”吏部于是“言深不敬当罪”，世宗“诏降一等，调外任”。[3]焦竑指出：“我朝经筵日讲，非徒辩析经史为观美也，谓当旁及时务，以匡不逮。而近世面奏惟两人：嘉靖甲申，修撰吕柟言：五月十二日献陵忌辰，是日讲筵，君臣不宜华服；己丑夏，祭酒陆深言：讲官讲章不宜辅臣改窜，使得自尽其愚，因以观学术邪正。”[4]然而两人的下场都不好，吕柟被谪解州判官，陆深被贬延平同知。

像陆深一样，魏校也反对内阁改纂讲章。他“迁太常寺少卿，寻改国子祭酒，充经筵讲官。故事：经筵进讲，先呈讲章于政府，而公不然。永嘉（指首辅张璁）不悦，且忌之，遽改太常寺少卿”[5]，并于嘉靖九年七月致仕。另一处记载称：魏校“少英颖绝伦，读书四行俱

[1] 唐锦：《龙江集》卷一二《詹事府詹事兼翰林院学士俨山陆公行状》，明隆庆三年刻本。

[2] 夏言：《夏桂洲文集》卷一六《通议大夫詹事府事兼翰林院学士赠礼部右侍郎谥文裕陆公墓志铭》，明崇祯十一年吴一璘刻本。

[3] 涂山：《明政统宗》卷二三，明万历刻本。

[4] 焦竑：《焦氏笔乘》卷三，第81页，上海古籍出版社，1986年。

[5] 张大复：《昆山人物传》卷六《魏校》，明刻清雍正二年重修本。

下”，因为桂萼的推荐，转大理少卿、国子祭酒，“及充经筵，相国（指张璁）滋不悦”。因为按旧例，“讲章先裁于相国”，而魏校对此“不赞一词”，于是张璁唆使世宗将他调离讲官位置，改太常少卿。[1]魏校的反抗，也付出了代价。

天启间，李康先对内阁审稿也不以为然。他于天启六年七月与陈仁锡充日讲官，声称“讲官讲章宜径达御览，阁臣不必改易”[2]。

其实，讲章提前两天呈交内阁审阅，内阁还要提前一天进呈皇帝审批。嘉靖八年十月，讲官刘龙进《孟子》“至诚”章。世宗批云：“龙于至诚能动，乃云‘迩者黄河清是至诚之验’，未免近谀，但其末云‘谦以履盈，约以保泰’，此二句却好。”这里的批字，就是在审阅讲章时的批示。十二年五月，讲官廖道南轮讲《论语》“高宗谅阴”以下三章，吏部尚书汪鋐“恳祈张孚敬改题，以其有君薨句也”，但是“道南执不改”。张璁便将讲章上呈皇帝。世宗作了批示：“旧者，徐缙讲孟敬子撤去二节，‘人之将死’不讲。夫死生，人道之常，何讳之有？如卿等言，则忠谠之论，何由得闻？还着照旧讲。”[3]这证明，日讲前一日，的确要由内阁将讲章上呈皇帝批阅。皇帝通过审批，对讲章的内容的思想倾向进行把关。八年十月，讲官伦以训进《论语》“阳货”章，世宗批云：“以训讲哀矜云是‘慈悲怜悯’。夫‘慈悲’二字，是释氏之教也。朕所传者二帝三王之道，所习者孔孟之学也，非释氏之教也！”这就对伦以训偏离官方意识形态儒家而倾向佛家的思想苗头，进行了管控。

据杨士聪记载：“癸未（崇祯十五年，1642年）九月，经筵进讲，（《论语》）‘君子有九思’一节，余先期□□章送阁，进规处有‘圣不自圣’一语，井研（指内阁大学士陈演）使中书来曰：‘此语上所最

[1] 徐中行：《天目集》卷一五《明太常卿赠正议大夫资治尹礼部右侍郎恭简魏公墓碑》，明刻本。

[2] 孙承泽：《春明梦余录》卷九《文华殿》。

[3] 以上所引皆出徐学聚：《国朝典汇》卷二五《朝端大政·经筵日讲》，明天启四年徐与参刻本。

厌，宜改之。’余即易以别语。因思尧兢舜业，古来帝王忧勤不已，无非不自圣之一念，何至以为厌也。此语可厌，则讲书亦可厌矣。区区小臣，不敢谬执己见，井研恐不得辞其责。”陈演之所以知道皇帝的喜厌，是因为他善于勾结宦官，从而窥见皇帝的好恶。讲官被皇帝和阁臣所摆布，已违背了对君心进行启沃的宗旨。杨士聪又载：“辛未（崇祯四年，1631年）罗萸江喻义，送讲章于阁，乌程（指温体仁）令改不肯，遂至疏参，言旧例惟经筵进规多于正讲，日讲则正讲多、进规少，今喻义以日讲而用经筵之例，驳改不听，自媿不能表率后进云云。乃下部议处。部议云，圣聪天纵，而喻义哓哓多言，遂以闲住处之。夫讲章岂有二例，况多少之间，惟视文义尽否，又非有一定之限也。乌程（温体仁）不过借题以处罗耳，乃如部议，天纵不须多言，安用讲书为也。一忮一谀，后来讲官无所措手矣。”[1]此事有更简洁的记载：崇祯三年，“旧讲官罗喻义呈讲章于政府。温体仁令改，不从，体仁怒”。[2]内阁通过讲章的修改，来整治不听话的讲官，加强思想控制。

除了内阁改讲章外，晚明时宦官也插手控制讲章。泰昌元年十月，孙承宗任熹宗日讲官，内阁“戒讲官讲章宜简要，讲毕勿多献替”，名义上“恐上倦弗能省”，实际上另有所图。孙承宗则反驳道：“主上幼冲，在我辈六七措大，开导圣聪，讲章须详明切直，博引曲譬。若讲官听中堂为芟改，中堂又视中人为忌讳，则讲筵为无人矣。中堂当择讲官，不当择讲章。与其择讲章，宁去讲官可也。”结果“讲章乃得勿改”。[3]捍卫了讲官撰写讲章和自由发挥的权力。

也有些讲官，绕开讲章审查，直接发挥，令审查制度形同虚设。孙承宗在给熹宗进讲《尚书·尧典》之“克明俊德章”，“既毕，乃疏

[1] 杨士聪：《玉堂荟记》卷三。

[2] 龙文彬：《明会要》卷一四《礼九》，第229页，中华书局，1956年。

[3] 钱谦益：《牧斋初学集》卷四七，《特进光禄大夫左柱国少师兼太子太师兵部尚书中极殿大学士孙公行状》，第1162页，上海古籍出版社，1985年。

解以亲九族高、曾、祖、父、子、孙、曾、玄之详”，并反复开谕熹宗道：“帝尧德为圣人，尊为天子，决不敢自恃说自家是天子极尊重了，便轻疏一家骨肉，所以要亲爱九族，处置得所。我皇上内有宫眷戚畹，外有宗室亲藩，皆九族之支属，须要同其好恶，共其富贵。凡先遗眷属，仁至义尽，无使骄恣，无俾怨恫以伤亲睦。”熹宗“端凝拱听”，退后诧异：“昨日如何不做在讲章里？”太监王安回答：“讲官于讲章外，临时发明耳。”王安对讲官的这种做法“殊不怿也”。[1]看来摆脱控制也会引起不满。

第三，经筵进讲多颂美而少劝诫，多忌讳而少直言。

在皇权专制制度下，经筵日讲的内容多颂美而少劝诫。正如王臣指出的那样“进讲之词，劝诫少而颂美多”。认为此非古人辅导养德之意。[2]王立道（1510－1547年）在嘉靖十四年殿试的策论中也指出经筵日讲多陈善而少责难：“文学侍从之臣，本以论说古今兴衰之大要，非以备数讲论而已也。而其所及陈于陛下之前者，不过经筵之讲章，而讲章之所及，又多陈善之词，而不皆责难之语，论于古者详而及于今者略，得无犹有所惮而未尽乎？”[3]

与此相应，经筵日讲官员在讲课时多忌讳而少直言，回避个人死亡和朝代灭亡的内容。王臣借宋人赵抃在谏垣所提出的“经筵侍讲者，讲吉不讲凶，讲治不讲乱；侍读者，读得不读失，读存不读亡”，指出明代亦然，并称这样做“甚非所以广聪明之义”。[4]

讲存不讲亡的现象普遍存在。郑一鹏批评经筵日讲多所忌讳：“夫治乱存亡，备在史书，为万世人君鉴戒。今讲官讲治不讲乱，讲

[1] 钱谦益：《牧斋初学集》卷四七《特进光禄大夫左柱国少师兼太子太师兵部尚书中极殿大学士孙公行状》。

[2] 《明孝宗实录》卷一三，弘治元年四月壬戌。

[3] 王立道：《具茨集》文集卷一《殿试策一道》，清文渊阁四库全书补配清文津阁四库全书本。

[4] 《明孝宗实录》卷一三，弘治元年四月壬戌。

存不讲亡，人主何所儆省？”[1]张居正在安排神宗日讲时，对于《通鉴节要》中的“徽钦北狩，宋室南迁之事”等，认为“无可以进讲者”。[2]

讲生不讲死的现象也较常见。嘉靖初，“讲官顾鼎臣讲《孟子》咸丘蒙章，至‘放勋殂落’语，侍臣皆惊。顾徐云：‘尧是时已百有二十岁矣。’众心始安。”[3]因为放勋（即尧）死亡是个忌讳，应该回避，所以当顾鼎臣公然讲解这个句字，令侍班诸臣十分惊诧，但当顾鼎臣说此时放勋已有一百二十岁，算是白喜事，大家才放下心来。嘉靖六年十月乙丑日讲，内容是《论语·泰伯篇第八》，但至“曾子有疾”时，讲官避讳死亡，越过不讲。世宗对诸臣说：“今日讲《论语》，又越了一篇。朕知以为曾子将死之事，故不讲。”世宗倒是豁达，称“生死人之常，何可忌之？如不可讲也，照前写来。若只忌其不佳，还当补讲”。嘉靖十一年十一月，廖道南“轮进日讲‘高宗谅阴章’”，该章中有“君薨”，于是汪鋐“力请孚敬改题”。但廖道南坚执不改，张孚敬遂进揭帖云：“明日轮该道南进讲，臣等见得其中有薨听冢宰等语，理合曲避，彼乃执拗不从，其罪诚不容诛矣！”但世宗批答道：“夫死生，人道之常，献纳，讲臣之职。旧日徐缙讲‘孟敬子’章，撤去二节不讲。如卿等言，则忠谠何由得闻？还着道南照旧进讲。”[4]明人指出，经筵之时，“将死之言，臣子避忌，诚不敢道于君父之前”。[5]这一忌讳在崇祯时仍然存在。据杨士聪揭露：讲官“一日讲《春秋》，越过‘宰咺来归仲子之赗’一条”，崇祯其人“不喜忌讳”，便问讲官“何为遗此不讲”？杨士聪解释讲官“其实讳赗字耳”。赗是送财物助人办丧事的意思，故讲官忌讳而不讲。杨士聪还指出当时的讲官讲《论语》“至‘子疾病’二章，从来不以进讲”，崇

[1] 郑一鹏：《重经筵以养圣德疏》，载贾三近编：《皇明两朝疏抄》卷三《圣学类》。
[2] 《万历起居注》第二册，第196—197页。
[3] 焦竑：《玉堂丛语》卷一《言语》，第32页，中华书局，1981年。
[4] 廖道南：《楚纪》卷六〇《景则外纪后篇·感遇》，明嘉靖二十五年何城李桂刻本。
[5] 吴瑞登：《两朝宪章录》卷三，明万历刻本。

祯“皆令补进”。其时王锡衮“为讲官，乃以天字立义，言圣与天通，无论死生疾病，无往非天。故曰‘吾谁欺，欺天乎？’议论尽有关系。”杨士聪指出：“进讲须诵本文，末节‘死于臣之手’及‘死于道路’是何等语？旃厦之上，无故宣此不祥之言，似亦非所宜也。”[1]虽然杨士聪在批评讲官语多忌讳，但从他最后的议论来看，他其实也不能摆脱忌讲死亡观念的影响。这种忌讳的做法，会使经典和史书的讲读变得残缺不全，更使有关生死的人生观和兴亡的历史观等问题无法讨论，会造成皇帝的人格缺陷，像生活在真空和温室一般。

第四，经筵日讲往往重形式而轻实效。

经筵大典庄严肃穆，但繁琐细碎，流于形式化；日讲虽然较经筵形式简略，但也有固定的仪注，因此无论是经筵还是日讲，君臣之间难以充分交流，在皇帝的教育上常常难以起到实效。

正统元年经筵初开时，考功郎中李茂弘批评经筵日讲官照本宣科，虚应故事：“可忧者，君臣之情不通。今经筵进讲，不过应故事以粉饰太平，而暌隔蒙蔽，未必无意外之虞也。”[2]王鏊批评经筵日讲制度徒具形式，指出：“讲之日，夙具讲章，至期讲讫，纶音赐宴，俨然而退，上下之情未见其亲且密也。”“至于日讲，可谓亲矣，然体分犹过于严，上有疑焉未尝问也，下有见焉未尝献也。”[3]嘉万间叶春及（1532－1595年）也批评明代的经筵盛陈威仪，徒具形式，而没有实质性的交流：“且经筵者，岂非国家之盛典哉！御史在前，执法在后，剑戟环列，弓矢森罗，数武而行，宿构而诵，惴惴然恐失尺寸而错行墨，尚安能有所献纳于法度之外哉！至于日讲，仪虽稍略，心亦未孚，即臣下有踧踖之形，而主上之不免严惮，可知矣。”他认为

[1] 杨士聪：《玉堂荟记》卷三。

[2] 傅维鳞：《明书》卷八《英宗睿皇帝本纪》，第 96 页，载《丛书集成初编》第 3929 册，中华书局，1985 年。

[3] 王鏊：《讲学篇》，载贺复征编《文章辨体汇选》卷一一〇，清文渊阁四库全书补配清文津阁四库全书本。

这与上古君臣亲密无间的交流形式相比，相差太远。[1]郑一鹏也抨击道："今经筵讲读数行，俨然而退，情意略不相接，而望辅养之益，不亦难哉！"[2]嘉靖六年，陆粲（1494－1551年）上疏对经筵和日讲的弊病提出批评："至于经筵，月惟三御，寒暑又皆间歇。惟日讲最为亲近，然接对不过数刻，情意不交。"建议"每日视朝罢，退御便殿，接见群臣，商（确)[榷]政事"，"请如洪熙时开弘文阁，慎简天下博闻有道之士，置诸近侍，更番入直。听政之暇，从容下问，讲经史，论治道，涵养渐磨"。[3]张瀚指责经筵徒具形式时说："公卿入侍经筵，始得近睹龙颜。然侍立移时，惟祗聆讲读，间闻天语，仅一唯喏而退。"[4]文震孟在天启二年上《勤政讲学疏》，指出经筵日讲"若仅尊严如神，上下拱手，经传典谟徒循故事，安取此正笏垂绅、展书簪笔者为？"[5] 他犀利地直言："经筵日讲，临御有期，于学非不讲矣，而讲学之实未见也。史臣进退，铺叙文辞，第如蒙师诵说，无少开悟。"[6]

经筵和日讲过于仪式化，中规中矩，君臣难以交流，这种情况早在北宋时便曾出现。程颐指出："间日一开经筵，讲读数行，群官列侍，俨然而退，情意略不相接，如此而责辅养之功，不亦难乎？"他指出经筵教育是为了让皇帝与高雅的儒臣们相处，以受到良好的教育和影响，否则会与素质低的宦官过从甚密，而受到不良影响："大抵与近习处久熟则生亵慢，与贤士大夫处久熟则生爱敬，此所以养成圣德，为宗社生灵之福。天下之事，无急于此！"[7]这种观念也影响到明代儒臣，他们也强调经筵日讲应产生君臣交流的实效，以避免皇帝

[1] 叶春及：《石洞集》卷一《广圣知》，清文渊阁四库全书补配清文津阁四库全书本。

[2] 郑一鹏：《重经筵以养圣德疏》，载贾三近编《皇明两朝疏抄》卷三《圣学类》。

[3] 黄佐：《贞山先生给事中陆公粲墓表》，载焦竑辑：《国朝献征录》卷八六《科都给事中南京六科给事中》，明万历四十四年徐象樗曼山馆刻本。

[4] 张瀚：《松窗梦语》卷二，第31页，中华书局，1985年。

[5] 张廷玉等：《明史》卷二五一《文震孟传》。

[6] 《明熹宗实录》卷二七，天启二年十月己丑。

[7] 冯琦：《经济类编》卷二《圣学·程颐论经筵事》，景印文渊阁四库全书本。

受到宦官的更多影响。文震孟指出："祖宗之朝，君臣相对如家人父子，军国重事、闾阎隐微，无不咨询，无不洞达，故虽深居九重而情形毕照，怀奸挟术既无窦可以自藏，左右近习亦无缘可以蒙蔽。"[1]对现实中经筵日讲制度重形式而轻实效的现象表达了不满。

由于经筵和日讲徒具形式，没有实际的意义，有些经筵讲官最期待的就是讲后的赐宴。曾任经筵讲官的大学士杨士聪，对经筵的实际效果曾有讥讽。他记载道："（崇祯）丙子二月十二日，经筵届期，诸臣俱候于文华门外，而大雪不止，至午后，上不出，传免。午门外设宴已久，遂一并撤去。"宴席一撤，侍经筵众官深感失望，杨士聪"当时展书，颇惮其难"，戏语同官曰："经筵进讲，不过老生常谈！何如将此宴便赐诸人，岂不省事。"旁边一太监深表赞同："此位老先生讲的是，大该如此，只是赐宴即与经了筵的一样。"结果"同官皆笑"。一位侍班官员看到众官济济时，嘲讽道："怪得雪中如此早来，原来今日该吃经筵！"[2]圣神的经筵大典，在当时参加经筵侍班的官员心中，就是为了那餐丰盛的赐宴！

第五，经筵日讲的讲期具有不确定性。

经筵日讲的教育对象不是一般的生员，而是特殊的学生——拥有绝对权力的帝王，弱势的帝师与强势的学生之间角力时，天秤往往倾向于后者。当皇帝学生怠学厌读后，上课的时间往往无法保证，经筵日讲制度的脆弱性也就暴露无遗。有人指出："周洪漠、丘濬、刘吉等又经筵之领袖者也，皆坐视陛下逸豫而废讲学之功，略无一人进言。"[3]他们即使进言，也往往无济于事。弘治元年右春坊右庶子王臣指出经筵日讲不能坚持，"学矣而不专不勤，所谓一日暴之，十日寒之，断不可也"，"一遇寒暑，即令停止，动经数月，讲读之臣无由进见"。襄阳人御史曹璘也上疏指出："经筵虽御，徒为具文。方

[1] 张萱：《西园闻见录》卷二九。

[2] 杨士聪：《玉堂荟记》卷二。

[3] 张萱：《西园闻见录》卷二九《经筵日讲》。

举辄休，暂行遽罢，所谓‘一日暴之，十日寒之’者。”[1]王鏊在《讲学篇》中也批评明代经筵日讲制度的脆弱性，指出：“一岁之间，寒暑皆歇，春秋月分，日不过三，三日之间，风雨则免，政事有妨则免。”“而今也阔略如是，暴之之日少，寒之之日多，傅之之人寡，咻之之人多。未见其能得也。”[2]批评经筵制度不断缩水。弘治八年十二月，首辅徐溥等人上奏，批评“今讲筵早休，日讲久旷”。[3]孝宗在经筵上做得还是比较好的，但也出现了如此之多的批评。后世的皇帝对经筵日讲更是懈怠。郑一鹏指出：“孝宗皇帝御经筵至十二月方才传免，近年率以十月传免。”[4]武宗“开讲以来不时传旨暂免，计一月有余，进讲之数才得九日而已”。[5]神宗也经常不御讲筵，曾“命罢《贞观政要》，而讲《礼记》”，“然自《贞观政要》罢后，次年四月遂不复御文华”[6]。万历十五年以后，神宗“传谕内阁，暂免经筵，随即罢日讲”。申时行“请免日讲，仍进讲章，以备观览。自后为故事，讲筵遂永罢”。[7]神宗“日讲则不拘期，一切礼仪视经筵俱减杀，谨侍班阁部大臣与词林讲官及侍书等官等供事。然圣体稍劳，则不御之日居多，值日词臣依例进讲章，以备乙览而已”[8]。进讲章而不面见讲官，使经筵日讲这种面对面的教育，变成了效果无法控制的“函授”。

第七，部分讲官素质庸劣，不称其职。

虽然经筵讲官和日讲官是千挑百选出的优秀儒臣，但由于选拔机制的问题和官员的庇护，导致部分讲官素质仍然庸劣，甚至十分低下。

[1] 张廷玉等：《明史》卷一八〇，《曹璘传》。

[2] 王鏊：《讲学篇》，载贺复征编：《文章辨体汇选》卷一一〇，清文渊阁四库全书补配清文津阁四库全书本。

[3] 张廷玉等：《明史》卷一八一《徐溥传》。

[4] 郑一鹏：《重经筵以养圣德疏》，载贾三近编：《皇明两朝疏抄》卷三《圣学类》。

[5] 刘健：《讲学疏》，载陈子龙等辑《明经世文编》卷五三。

[6] 沈德符：《万历野获编》卷二《冲圣日讲》，第 64 页，中华书局，1959 年。

[7] 龙文彬：《明会要》卷一四《礼九》，第 227 页，中华书局，1956 年。

[8] 沈德符：《万历野获编》卷二《贞观政要》，第 64 页，中华书局，1959 年。

一是有些讲官心理素质不佳。成化弘治年间的部分讲官，心理素质差，见到皇帝紧张不堪。“故事：讲官数人当直者，必先期演习，至上前犹或盩张失措。”[1]弘治年间，一日经筵，学士刘机“进讲‘责难于君谓之恭’二句”，孝宗“注听久之，俯赐清问，因辨析‘陈’字之义”。刘机“仓卒进讲，语不逮意”。孝宗指出：“此即敷陈王道之陈也。”孝宗又问刘机“何以不讲末句”，刘机“答以不敢”。孝宗说：“何害！善者可感善心，恶者可惩逸志。自今不必忌讳！”[2]当然，这种心理素质经过锻炼是可以提高的。

二是有些讲官有身体缺陷，导致无法胜任讲读工作。有的讲官身体素质欠佳，讲课时甚至昏倒在地：“一日，上已幸讲筵，直讲者忽风眩仆地。众皆遑遽。”[3]有些讲官近视，当时又缺乏眼镜，因此在指导皇帝讲读时，看不清楚，闹出笑话。根据制度，“日讲（讲官）与上共凭一几，置讲章其上，以牙签倒读，非预诵精熟，往往致误，短视者尤苦之”。何吾驺（广东香山人）为讲官时，“讲《尚书》至‘弗虑胡获、弗为胡成’，冥然不记，遂不能终讲”。第二天只好上疏谢罪。崇祯十五年冬末，韩四维“自少司成加中允为讲官，旧本短视，牙签所指，多非其处，讲未及半，偶有遗忘，不能复措一语而罢。又数日，复然，乃自陈怔忡健忘。于是，准辞日讲。”[4]

三是有些讲官学问浅薄，水平低下。崇祯年间，思宗一日御讲筵，问：“宰相须用读书人，当作何解？”周道登对曰：“容臣等到阁中查明回奏。”思宗始有愠色，继而微笑嘻甚，又问：“近来诸臣奏内，多有‘情面’二字，何谓情面？”周道登对曰：“情面者，面情

[1] 陆深：《海日先生行状》，第1396页，载《王阳明全集》卷三八《世德记》，上海古籍出版社，1992年。

[2] 焦竑：《玉堂丛语》卷三《讲读》，第74页，中华书局，1981年。

[3] 陆深：《海日先生行状》，第1396页，载《王阳明全集》卷三八《世德记》，上海古籍出版社，1992年。

[4] 杨士聪：《玉堂荟记》卷三。

之谓也。”结果“左右皆匿笑”。[1]这种讲官属于混入讲官队伍中的庸劣之辈。

四是有些讲官讲课技能不强，水平不高。他们在进讲时出现偏差，导致皇帝决策失误。王锡衮担任吏部尚书时，“又为讲官”，“因讲纳忠”，一日讲“禹吾无间然矣”一节，“通规处略去各项，独重沟洫，言江南水利极其详尽。其于东南财赋之地，裨益良多。”但是，杨士聪认为，王锡衮的进言有失褊狭，因为“河北水旱，非沟洫所能救”，老讲江南的沟洫而忘了河北的水旱，“忧国者不当如是”[2]。有些讲官在讲课时，不讲大义，专事训诂。杨廉在给张元祯（号东白）的信中，曾描述过他所见过的经筵情况，对讲官训释文义过于细碎感到不满，对于讲官在经筵将毕时的规谏既不切题又过于严厉也有反感：“廉尝叨侍经筵，见讲官训释文义，细碎可厌，至于将毕，规讽太甚，且不切题。”他建议讲官劝讲应用程颐和真德秀的方法和著作：“故尝妄谓：今日劝讲，宜用伊川讲颜子不改其乐，及君祭先饭章法，不然止用真西山《大学衍义》点掇念过，提出大旨，庶几有益。或谓《衍义》多指言奸邪憸佞之情状，恐伤触人，殊不知范淳未谓不道，著名字尽说不妨。况先儒已成之书，则又何害？如此者，执事以为何如？”[3]万历年间，杨起元在一封信中，对当时的经筵日讲专务训诂，不讲大义作了贬刺，指出：“今之为说者又曰：经筵日讲，皆论道之事也。嗟夫，此安足以论道哉！此不过训解文义，而加之以谀词，隐讽相杂以成章耳。且其任轻矣。古之论道者，乃公孤也，岂今之讲官哉！讲官之职既轻，而不得伸其词说。公孤之位又尊，而不肯吐其言词，而谓论道之事止于经筵日讲之间，亦过矣！”[4]

讲官出现的这种水平庸下的情况，与内阁某些大学士忌妒人才有

[1] 文秉：《烈皇小识》卷一，第 29 页，上海书店出版社，1982 年。

[2] 杨士聪：《玉堂荟记》卷三。

[3] 杨廉：《杨文恪公文集》卷四十七《奉张东白》，明刻本。

[4] 杨起元：《杨复所先生家藏文集》卷七《书・王荆师》，明崇祯杨见晙等刻本。

关。明代经筵讲官的荐举和任免由内阁大学士决定，“凡经筵，钦命内阁大学士知经筵事或同知经筵事，班俱在尚书、都御史上”[1]，“然讲官推举实出内阁，吏、礼二部承其旨意而已”[2]。于是有些内阁大学士便将有些才学之士匿而不举。明帝经筵一般不讲《春秋》，但天启“帝以有裨治乱，令择人进讲。震孟，《春秋》名家，为体仁所忌，隐不举。次辅钱士升指及之，体仁佯惊曰：‘几失此人！’遂以其名上。及进讲，果称帝旨”[3]。文震孟还算幸运的，应该还有不少类似文震孟这样的才学之士，因为阁臣的忌妒而遭到遗弃。

经筵日讲官员的缺陷，并非明代经筵日讲制度失败的主要原因。曾担任熹宗日讲官的孙承宗就明确指出：“君德成就责经筵，亦须内阁与司礼有人，不能独责讲官。天启中之经筵，独视内臣之贤否以为隆污，则良可愧也！”[4]

总而言之，明代皇帝的经筵日讲制度，虽然取得了一定的成效，但仍然存在着不少弊端。内容局限性强，主要灌输的是儒家思想和程朱理学，出现了黄仁宇所指出的明朝立国“以道德伦理为根本”[5]的偏颇，对于诸子百家的其他思想和学说早已弃之脑后，对于世界局势的变化也毫不关注，经筵日讲中从未涉及世界地理和西方传教士输入的西学内容，致使皇帝的世界观和宇宙观十分狭隘，他们仍然沉浸在天朝上国的美梦中不愿醒来，错失了解、洞察和领导世界潮流的机会。某些时候皇帝的决策（如闭关锁国、滥派矿监税使等）甚至与世界潮流背道而驰。这些都是经筵日讲制度固化、形式化和僵化所造成的严重后果。

当然，对经筵日讲制度的弊端也不能过于夸大。其实，经筵日讲

---

[1] 申时行等：《大明会典》卷二二一《翰林院》。

[2] 龙文彬：《明会要》卷一四《礼九》，第228页，中华书局，1956年。

[3] 张廷玉等：《明史》卷二五一《文震孟传》。

[4] 钱谦益：《牧斋初学集》卷四七《特进光禄大夫左柱国少师兼太子太师兵部尚书中极殿大学士孙公行状》。

[5] 黄仁宇：《万历十五年》，第100页，中华书局，1982年。

并非皇帝唯一的教育机会，对皇帝的负面影响并不像儒臣们所说得那么大。儒臣过于强调经筵日讲的重要性，实际上是想与皇帝多接触。他们一再强调皇帝不御经筵就是拒绝接受教育，事实并非如此。某些皇帝虽没有参加经筵日讲，但不表明就没有学习。万历十五年十二月二十三日，大学士申时行等言："今岁自开讲一次之后，未蒙再御。虽燕闲温习或不废于深宫，而开导敷陈则久疏于广厦。"[1]虽然在指责皇帝不坚持讲筵，但也不得不承认，皇帝不御经筵并不意味他们不在深宫温习。以神宗为例，他在万历十七年二月以后就再未出御讲筵，但并未就此放弃学习，而是通过"函授"（即进呈讲章）的形式学习经史。事实上，二十余年不上朝、独处深宫的神宗，打发漫长而寂寥日子的内容之一就是读书。据前揭朱鸿林的研究表明，神宗是明代帝王中为数不多的喜爱读书的皇帝。

第三节 皇太子教育的成败得失

大明帝国对太子教育十分重视，获得了许多成功的经验，也留下了一些教训。本书第九章已详述了太子的教育体系、教育地点、内容、东宫师傅等问题，此处专门对太子教育的成败得失作一简略的总结。

一 太子教育的经验

明代太子教育是储君教育，关涉国本，因此上至皇帝，下至大臣都十分重视。从道德、政治、经济、文化、法律乃至骑射等方面展开教育，基本上培养了大明帝国合格的接班人。

第一，教育内容切实而重要。明廷对太子实行儒家的仁政、重

[1] 《明神宗实录》卷一九三，万历十五年十二月丁丑。

民、修德、进贤、法制等教育。要求太子像仁君那样施仁政于下民，自己则须知稼穑之艰难，体民间之疾苦，约束自己的行为，不至于荒怠淫逸。朱元璋曾要求世子（继位前的长子）“贵而不骄，逸而知劳，知周万物，心体众情，斯为人上之道！”[1]重民也是太子教育的重要功课。太宗文皇帝“尝召皇太孙遍览农具，欲知小民稼穑艰难，其教养储君之道，固已符周而迈汉”[2]。东宫教育还教导太子修德进贤。太祖要求太子等懂得修德进贤之道，指出“己德既修，自然足以服人。贤者汇进，而不肖者自去。能修德进贤，则天下国家未有不治，不知务此者，鲜不取败”。[3]嘉靖间，殷士儋出任裕王府讲读时，对“君德治道所关，或理乱兴亡之际，及权奸、女宠、宦寺、外戚之祸”，讲得十分激切。[4]重视对太子实行法制教育。成祖曾对太子朱高炽审覆重囚作出评判，称太子重惜人命，要注意掌握尺度，用刑贵在得中，过犹不及。东宫的这些教育内容，都符合现实的需要，可谓有的放矢。

第二，教育方法多有可取之处。太子教育重视教学计划和课程安排的有序性和合理性。天顺二年正月，礼部请皇太子出阁读书，英宗问李贤等人皇太子“先读何书？”李贤回答说：“《四书》、经、史次第讲读，宜先《大学》、《尚书》。”英宗指出：“《书经》有难读者。”李贤讲明了自己的安排：“如二典、三谟、《太甲》、《伊训》、《说命》诸篇，明白易晓，可先讲读。”[5]这是明代重视教学计划，注意教学内容先易后难、由浅入深的典型事例。明人已懂得根据太子年幼的实际情况，编纂图文并茂的教材，循序渐进、由浅入深。郑纪根据皇太

[1] 《明太祖实录》卷二四，吴元年八月丙寅。

[2] 郑纪：《东园文集》卷三《进圣功图说以辅养皇储》，清文渊阁四库全书补配清文津阁四库全书本。

[3] 《明太祖实录》卷一〇三，洪武九年春正月丁巳。

[4] 于慎行：《光禄大夫少保兼太子太保礼部尚书武英殿大学士赠太保谥文庄棠川殷公士儋行状》，载焦竑辑：《国朝献征录》卷一七《内阁六》，明万历四十四年徐象橒曼山馆刻本。

[5] 徐学聚：《国朝典汇》卷八《朝端大政・东宫》，明天启四年徐与参刻本。

子年幼、“《五经》、《四书》深远难通”的实情，编纂了《圣功图》，要求给东宫讲官，认为皇太子见此图画，必乐观而易晓，“见迹以求义”，然后“次第以及经书、子、史以广其见闻，则教法立”。[1]这种方法，至今仍有价值。

第三，教学效果多有可观。一是培养了一批开明之君，为明代政治稳定、经济发展提供了治理人才。这一效果在明代前期尤其明显。建文帝朱允炆在东宫师傅的培养下，“天资仁厚。践阼之初，亲贤好学”，“尝因病晏朝，尹昌隆进谏，即深自引咎，宣其疏于中外。又除军卫单丁，减苏、松重赋，皆惠民之大者”。[2]仁宗朱高炽经过“三杨”等东宫师傅的精心培养，“端重沉静，言动有经”，“好学问，从儒臣讲论不辍”，“在位一载，用人行政，善不胜书”。[3]宣宗为皇长孙、皇太子时，均获得很好的培植，素质很高，“闲暇常引儒臣商论理道，喜学不厌”[4]，“即位以后，吏称其职，政得其平，纲纪修明，仓庾充羡，闾阎乐业，岁不能灾。盖明兴至是历年六十，民气渐舒，蒸然有治平之象矣。若乃强藩猝起，旋即削平，扫荡边尘，狡寇震慑，帝之英姿睿略，庶几克绳祖武者欤！”[5]政治和武功之外，他在文化上也十分突出，既是诗人，也是书画家。孝宗也受到了优质的东宫教育，因此“独能恭俭有制，勤政爱民，兢兢于保泰持盈之道，用使朝序清宁，民物康阜”。[6]二是培养了皇太子懂礼貌、重师道的品行。武宗虽然即位后在太监刘瑾等诱导下，行为乖张，但在东宫就学时，却受到了良好的品德教育，“早午坐讲筵辄移时，容仪庄重，未尝少肆”。讲官告退时，太子“必张拱致恭，若相揖之状”。对于讲读

[1] 郑纪：《东园文集》卷三《进圣功图说以辅养皇储》，清文渊阁四库全书补配清文津阁四库全书本。

[2] 张廷玉等：《明史》卷四《惠帝本纪》。

[3] 张廷玉等：《明史》卷八《仁宗本纪》。

[4] 《明宣宗实录》卷一一五，宣德十年春正月丁酉。

[5] 张廷玉等：《明史》卷九《宣宗本纪》。

[6] 张廷玉等：《明史》卷一五《孝宗本纪》。

的老师偶以他故不来的，必问左右。对讲官则称“先生”。[1]这是东宫教育的实际结果。

二　太子教育的教训

然而，另一方面，明代太子教育又存在不少缺陷。

第一，东宫教育体制变化无常。明代虽然设立三师三少，但并非东宫教育专官，常由勋戚大臣兼任，或干脆成为阁臣权贵的加官和赠官。为东宫教育专设的詹事府，其所属宫僚名为太子属官，后来成为翰林院官员的迁转之地和进身之阶，也与太子教育无关。每次太子出阁，教育官员往往由内阁临时题请，皇帝钦命，而且这些东宫讲读官经常迁转无常。这对年幼的太子希望有一个稳定的师生关系和情感寄托来说，是不小的打击，会影响其学习的热情和效率。这种弊端产生的根本原因，在于皇帝意欲建立绝对专制独裁的体制所致。为了防备太子与宫僚建立感情联系，形成太子党，威胁皇权，因此虚置三师三少和詹事府官员，临时任命他处官员兼事东宫讲读，导致东宫教育随意性强。

第二，东宫讲读制度僵化刻板，难以持久。东宫讲读过分重视仪式和固定程式，学习内容与成年皇帝、宦官乃至儒生们并无二致，都是《四书》、《五经》和史书，“凡一切坊间芜杂之书，悉屏去之”[2]，并未针对太子的年龄特征进行有效的教育，过分强调了思想意识的一致性，因此效果不佳。在讲读时，常常照本宣科，师生之间甚少交流。据少詹事杨守陈上《讲学勤政疏》称：“臣昔忝宫僚，伏睹陛下俨然端拱，朗诵经书，未尝降一睿问，以第究圣贤之奥旨，儒臣肃然进退，略陈训诂，未尝进一详说，以备极帝王之全道，理欲危微之

---

[1]《明武宗实录》卷一《弁言》。

[2]《明穆宗实录》卷六四，隆庆五年十二月己亥。

辨，何自而明？知行精一之功，曷从而尽？”[1]虽然在讲读仪式中规定午膳后回宫游憩和骑射，但更规定晚上还要温习白天所讲功课。第二天天蒙蒙亮又得出阁讲读。李廷机在万历年间“累官宫坊，侍皇太子讲学。每四鼓入长安门，寒暑风雨不辍”。[2]四鼓，即四更天，相当于现在的凌晨一至三点。即使入宫后要做准备，至迟也得五鼓开始讲读，相当于今天的三至五点。对于儿童来说，实是一种身体和精神上的折磨。由于制度规定太死，弹性太小，导致其操作性减弱，遇到现实的严峻挑战。太子经常借故不来上学。弘治时吴宽指出：“东宫讲学，除大寒大暑之外，止于春秋之时，则是一岁之内不过数月，况当其时，自清晨至于午前即止，则是一日之内不过数刻，其间且有朔望节令及风雨又免。”[3]一些疼爱幼子的皇帝，甚至尽量拖延太子出阁讲学的时间。如孝宗对其独子朱厚照便心疼有加，虽然虚岁八岁时让太子出阁讲学，但很快便宣告停辍。詹事吴宽上疏力争，不听。弘治十五年，吏部尚书马文升奏“请皇太子照皇上御经筵故事，每月三次，初六、十六、二十六，出御文华殿”，令“东宫讲读等官侍班读书，庶皇太子收敛身心”。仍不听。[4]此时太子已经12岁了。穆宗也心疼幼子朱翊钧，本来八岁就应入学，但他拖了近两年时间，快十岁才勉强同意大臣们的请求，让太子出阁讲学。

第三，有些皇帝迟迟不立太子，导致东宫教育无法按时开展。所谓皮之不存，毛将焉附。东宫教育制度受制于皇权的威势。世宗迟迟不立太子，直到嘉靖十八年，才立朱载壡为太子，离规定的八岁入学已晚了三年。朱载壡死后，世宗又长期不立长子裕王为太子，仅以藩王身份入继大统，导致裕王终身未能接受东宫教育。神宗因钟意于郑贵妃之子朱常洵，而长期不立长子朱常洛为太子，导致东宫教学无法

[1] 黄光升：《昭代典则》卷二二《初开经筵》，明万历二十八年周日校万卷楼刻本。
[2] 李清馥：《闽中理学渊源考》卷七一《文节李九我先生廷机》，景印文渊阁四库全书本。
[3] 吴宽：《匏翁家藏集》卷五七《奏请东宫讲学疏》，四部丛刊景明正德本。
[4] 龙文彬：《明会要》卷一四《礼九·东宫出阁讲学》，第231页，中华书局，1956年。

进行。神宗不仅不立他为太子，而且不让他出阁读书。直到万历二十二年，朱常洛已经13岁了才准许出阁读书，二十九年才被册立为太子。三十二年停辍东宫讲读，三十七年，叶向高上疏请令东宫讲学。四十四年，皇太子已经辍讲12年之久，在群臣的强烈劝谏下，始命举行，但仅一讲而辍。

第四，东宫讲读刻意强化储君的君主意识，忽视尊师重道。由于明廷极力强化皇权，因此对皇太子的权威也坚持维护，导致师道尊严受到挑战。隆庆六年正月十四日，御史张克家等言："教太子之道，莫先于尊师重傅。宜下礼官考古世子齿学之制，兼准《大明集礼》，裁定礼仪。毋袭近日常规，俾不失古意。"因引宋儒程颐坐讲之说为请。上览之，怒曰："东宫讲读礼仪，祖宗自有成规。克家等乃敢辄议变更，殊为狂肆！"乃命降克家二级，调外任，余各夺俸二年。[1]因此有皇太子对东宫讲读官不尊重。冯有经万历二十八年"充东宫讲读官。一日讲官进拜，皇太子偶不为起"。冯有经奏道："臣等承乏春宫，辅导无状，致殿下失起立之礼，敢请其罪！"太子"光宗改容谢焉"。[2]

由于以上的问题，导致东宫教育存在效果多不佳的现象，中后期太子的培养多不太成功，导致较多昏君暗主的形成，如英宗、宪宗、武宗、神宗、熹宗等。他们要么文化素质偏低，要么执政能力低下，造成了社会动荡和政局不稳。

总而言之，明代东宫教育是明朝不可或缺的教育制度，基本上行之有效，特别是前期太子的培养多有可观，中后期差强人意，甚至不如人意。但是，东宫教育制度的缺陷，并非该制度本身能够解决，而是大环境所致。只要皇帝专制制度一天存在，东宫教育体制就处在尴

[1]《明穆宗实录》卷六五，隆庆六年正月辛未。

[2] 钱谦益：《牧斋初学集》卷六三《神道碑二・慈溪冯氏先茔节孝碑》，四部丛刊景明崇祯本。

尬之中，它的各种弊端也就无法克服。

皇太子事关“国本”，且属唯一，因此其教育问题一直受到朝廷重视。与皇太子具有相同血缘的诸王及其子孙，皆属支藩，人数众多，其教育问题朝廷常常无暇顾及，因此其教育弊端较太子有过之而无不及。

第四节 朱明宗室子弟教育的正反效果

明廷对皇家宗室子弟的教育，本意是想达到望子成虎，为皇帝藩屏的目的，也的确培养了一批文化人才，但是，由于皇帝极权制度对他们的限制，使他们虽然受到良好的教育，却丧失了人生的理想和意义，因此腐败堕落，产生画虎类犬的不佳效果。对此问题，一些学者作过研究[1]，本节在综合前人成果的基础上，对明朝宗室教育的成败得失作一梳理和探讨。

明代皇族宗室教育，取得了一定的成果，培养了一些人才，有的甚至闻名全国。

第一，收藏图书，传播文化。

明代有效的宫廷教育，培养了宗室子弟们的文化素养，形成了藏书的风尚，促进了图书事业和文化的发展。据张凤霞、张鑫研究认：“明代宗室的藏书不仅分布地域广阔，而且收藏数量巨大，善本、精刻书籍众多；更为引人注目的是，藩王宗室由藏书到刻书再到自我创作，在明代私人藏书体系中形成了独树一帜的文化现象。”[2]

---

[1] 都樾：《明代宗室的文化成就及其影响》，载《学术论坛》1997 年第 3 期；杨世谷：《历代明君教子治国的历史借鉴》，载《山东省青年管理干部学院学报》2005 年第 3 期；雷炳炎：《明代宗室的倾轧与争斗述论》，载《衡阳师范学院学报》2009 年第 4 期；雷炳炎：《论祖训对明代宗室犯罪判罚的影响》，载《求索》2011 年第 11 期；张凤霞、张鑫：《明代宗室藏书文化述论》，载《东岳论丛》2010 年第 7 期；吴仕伟：《明代宫廷教育研究》，湖南师范大学中国古代史专业硕士学位论文，2009 年。

[2] 张凤霞、张鑫：《明代宗室藏书文化述论》，载《东岳论丛》2010 年第 7 期。

亲王之国时，朝廷赏赐藩王大量的图书典籍，有经、史、子、集（包括词曲）等。据载："亲王之国，必以词曲一千七百本赐之。"[1]洪武初年，朱元璋曾大量赏赐藩王图书。弘治间，孝宗赐晋王朱知烊《五经》、《四书》、《性理大全》等书[2]。沈宪王朱胤栘"上疏乞内府诸书"，世宗"诏以《五经》、《四书》赐之"[3]。于是藩王建藏书楼阁以贮书，周王朱橚便建造"御书楼"，专门供奉皇帝所赐图书，结果促进了王府建造藏书楼的事业。周府、晋府、宁府、辽府、郑府、秦府、衡府、徽府等建造了一定规模的藏书楼。尤其是周府六世孙镇国中尉朱睦㮮购买了大量的善本和珍籍，一次便将两大藏书家江都葛氏和章丘李氏的全部藏书购入囊中，藏于扩建后的书库，并编成《万卷堂书目》，其中经部有680种书，6120卷，史部有930种，18000卷，子部有1200种，6070卷，集部有1500种，12560卷，人称"开封周邸图书文物之盛甲他藩"[4]。晋府与周府相比，也不逊色。晋府藏书"比河间无愧色"[5]。河间是指汉代大藏书家河间王刘德。宁府自建藩的朱权开始，便重视搜集图书，"凡群书有秘本，莫不刊布国中"[6]。其六世孙朱多煴与从兄朱多熌亦"杜门却扫，多购异书，校雠以为乐"[7]。七世孙朱谋玮"贯串经史，博览群籍"[8]，珍藏数万卷珍奇图书，被誉为"家藏与天府埒"[9]。辽府光泽荣王朱宠瀼，秦府简王朱诚泳、定王朱惟焯，郑府庐江王朱见楠，衡府朱厚熜、朱载玺，徽府朱见沛等都藏书万卷以上。

[1] 李开先：《李中麓闲居集·文》卷六《张小山小令后序》，载《四库全书存目丛书》集部第92册，齐鲁书社，1997年。
[2] 《明孝宗实录》卷二〇八，弘治十七年二月甲寅。
[3] 钱谦益：《列朝诗集小传》，第10页，上海古籍出版社，1983年。
[4] 张廷玉等：《明史》卷二六七《高名衡传》，第6884页，中华书局，1974年。
[5] 叶昌炽：《藏书纪事诗》，第29页，中华书局，1991年。
[6] 钱谦益：《列朝诗集小传》，第7页，上海古籍出版社，1983年。
[7] 张廷玉等：《明史》卷一一七《诸王传二》，第3597页，中华书局，1974年。
[8] 钱谦益：《列朝诗集小传》，第778页，上海古籍出版社，1983年版。
[9] 钱谦益：《牧斋有学集》卷二六《黄氏千顷（斋）[堂]藏书记》，四部丛刊景清康熙本。

除了赏赐、购买外，明代宗藩还自刻图书。据周弘祖在其《古今书刻》中统计，有15处宗室藩府从事自刻书籍，种类达142种。黄虞稷《千倾堂书目》称刻书的王府达31个，刻书244种；张秀民称有43个王府中的93人，刻了359种图书[1]。其中，弋阳王府刻书56种、蜀府38种、楚府26种。晋府宝贤堂、赵府居敬堂、徽府崇德书院、鲁府敏学书院等都是当时的刻书机构，保证了图书品质。晋府在嘉靖间自刻的《唐文萃》和《宋文鉴》，吉府万历间刻的《二十二家子书》，益府崇祯间刻的《茶谱》21种，均是大型图书，堪称精品。潘承弼和顾廷龙称赞道："明时藩邸王孙袭祖宗余荫，优游文史，雕椠之业，迈轶前朝。"[2]

第二，爱好文学，有所成就。

明代宗室教育的结果，是宗室子弟大都具有文化素质和文学修养。据清人陈田在《明诗纪事》中统计，明代宗室中86人具有传世诗文集102种，其中秦简王朱诚泳诗名最盛，其"日赋一诗，积三十年"，成《经进小鸣稿》十卷，其"诗古体清浅而质朴，近体谐婉可诵，七绝尤为擅场"。如《秋夜诗》云："霁月满窗明似昼，梧桐如雨下空庭。"又云："空庭久坐不成寐，明月满阶砧杵声。"又《山行诗》云："啼鸟无声僧入定，半岩风落紫藤花。"人称"皆风骨戌削，往往有晚唐格意。尔时馆阁之中，转无此清音矣"。[3]宁献王朱权所著《明宫词》为世所重，其六世孙朱多爌、朱多熕、朱多炡、朱多颎、朱多煃都有一定的诗名，其中瑞昌中尉朱多熕诗名卓著。王世贞称："每读足下一番诗，辄一番奇进，炼字琢句，皆从苦心得之，纵入醋瓮中，不受淹浸。"又称："每得公一番诗，辄复一番奇进，才情融美，格意朗畅，朱邸中乃复有斯人哉！"[4]唐藩的朱弥钳著有《谦光堂诗

[1] 张秀民：《中国印刷史》，第208页，上海人民出版社，1989年。

[2] 潘承弼、顾廷龙：《明代版本图书初编》卷四，台北文海出版社，1971年。

[3] 陈田：《明诗纪事》甲签卷二。

[4] 王世贞：《弇州山人四部续稿》卷一七二《文部·答宗良》，景印文渊阁四库全书本。

集》八卷，“颇见才气”。楚藩朱翊鉽等三兄弟创办“花萼诗社”，成《广燕堂集》二十四卷。此外，朱显槐、朱有炖、朱厚煜、朱颐墉、朱颐善等人都获得了一些文名或诗名。

受过良好教育的明宗室，不仅自己从事文学创作，而且还能从事文学评论。宁藩中尉朱谋玮所撰的《诗故》十卷，据《四库全书总目提要》称，“是书以小序首句为主，略同苏辙《诗传》之例，参用旧说以考证之”。宁王朱权则撰有《词品》一卷，对词作进行文艺评论。

第三，从事艺术，赢得名声。

明代宫廷教育，一直重视书法，因此培养了一些宗室书画家。清代彭蕴璨《历代画史汇传》所载明宗室画家有46人，其中朱多爔、朱谋瑶、朱厚熿、朱庆聚等都以擅长绘画出名。这种艺术素养影响到明末清初的宗室朱耷和道济。书法上，明宗室朱多炡、朱多熿、朱统鍥等也颇有造诣。除了书画创作外，宁藩朱谋垔补撰的《书史会要》和撰著的《画史会要》，“采上古迄明能书、画人姓名、事迹辑为二编”，“宋、元、明诸画家，颇赖以考见始末，故御定《佩文斋书画谱·画家传》中多引以为据，亦谈丹青者所不可遽废也”[1]。明宗室在剧曲和音乐艺术上也出现了一些人才。通晓音律和戏曲的人中，有突出才干的人数宁献王朱权、周定王朱橚、宪王朱有炖和郑世子朱载堉。朱权不仅撰有《太和正音谱》、《务头韵》、《琼林》、《雅韵》四种戏曲和音律的研究之作，而且还创作了一些戏曲作品，流传下来的有《冲漠子独步大罗天》和《文君私奔相如》两种杂剧。他还撰有《神奇秘谱》的琴谱。周定王朱橚曾撰《元宫词》，透露出元杂剧创作中的冲突以及南北曲彼此影响互相促进的情况。其子宪王朱有炖是当时为数不多的杂剧创作者，存世作品31种，收集于《诚斋乐府》中。明人称其作“虽警拔稍逊古人，而调入弦索，稳叶流丽，犹有金、元风范”[2]。李梦阳在《汴中元宵绝句》曾形容道：“中山孺子倚新妆，赵女燕姬

[1] 永瑢等：《四库全书总目》卷一一三《子部二十三》，清乾隆武英殿刻本。

[2] 沈德符：《顾曲杂言·填词名手》，清学海类编本。

总擅场。齐唱宪王新乐府，金梁桥外月如霜。”[1]牛恒在其《周藩王宫词》中也描述道：“夜来行乐雁池头，侍女分行来烛游。唱彻宪王新乐府，不知明月上樊楼。”[2]郑世子朱载堉发明了十二平均律，解决了音乐上的旋宫理论和统一音高标准，并运用到乐器制作上面，还绘制了内容丰富的舞谱。著有《乐律全书》、《律吕正论》、《音义》、《瑟铭解说》。

第四，编纂史书，留下著作。

明宗室还在史学方面有所成就。宁王朱权所著《汉唐秘史》，是将汉唐史事类编成书。他的另一部著作《通鉴博论》三卷，是奉太祖之敕而作，洪武二十九年九月奏上，“前二卷论历代史事大略，后一卷仿史家年表，名之为天运记”。[3]此外，晋王朱棡亲自编纂了最早且最系统的《宁夏志》，“覃精博通”的周藩朱睦㮮，著有《谥苑》、《圣典》、《河南通志》、《开封郡志》、《明帝世系》等八种史书。其《谥苑》的上卷，辑古谥法十二家，有一半是从王圻《续文献通考》中辑来，另一半“则睦㮮增辑”，下卷“列明代王侯以下，至于守令之谥”。[4]周藩朱勤美著《王国典礼》八卷，“采辑宗藩成例，勒为一书，分圣训等凡三十类”[5]。其他如潞王朱常淓辑《古今宗藩懿行考》：“采皆历代宗臣之贤者，自周迄明，凡百余人，各著事迹梗概，加以评论。”[6]鲁藩朱常漑著《改元考》，“专考历代年号，迄明嘉靖，自正统以及伪偏安无不载”[7]。另著有史书《明朝典故辑遗》。朱谋玮所著《邃古论》也是一部史学著作。新乐王朱载玺，纂集诸藩行实，刊行于世，又撰《洪武圣政颂》和《皇明政要》等书。

---

[1] 李梦阳:《空同集》卷三六《七言绝句》,清文渊阁四库全书补配清文津阁四库全书本。

[2] 朱彝尊：《明诗综》卷四七，景印文渊阁四库全书本。

[3] 永瑢等:《四库全书总目》卷八九《史部四十五·通鉴博论提要》，清乾隆武英殿刻本。

[4] 永瑢等：《四库全书总目》卷八三《史部三十九·谥苑提要》，清乾隆武英殿刻本。

[5] 永瑢等:《四库全书总目》卷八三《史部三十九·王国典礼提要》，清乾隆武英殿刻本。

[6] 永瑢等：《四库全书总目》卷六二《史部十八·古今宗藩懿行考提要》，清乾隆武英殿刻本。

[7] 永瑢等：《四库全书总目》卷八三《史部三十九·改元考提要》。

由以上可见，受过良好教育的明代宗室，在文化艺术上还是取得了一些成就。但是，这种成就不宜估计得过高。原因如下：

第一，综观明代宗室成就，其实集中在几个有一定传统的藩府中[1]，而取得较大成就者，又集中几位著名的宗室身上，如宁府的朱权、朱谋玮等，朱谋玮除以上提到的成就外，还在经学上著有《骈雅》七卷和《易象通》等书。再如周府的定王朱橚、宪王朱有炖、中尉朱睦㮮等。朱橚除上述成就外，还著有《救荒本草》、《普济方》等医药著作；朱睦㮮又撰有《五经稽疑》、《授经图传》等经学著作。又如郑府的郑世子朱载堉，除了音乐戏剧上的造诣外，还在数学和天文学上取得了辉煌的成就，著有《万年历备考》、《嘉量算经》、《圆方勾股图解》、《算经秬秠详考》。还如蜀王府朱椿等，“椿以下四世七王，几百五十年，皆好学能文”。可以说，几个有传统的王府才出现了一些宗室人才，产生了一些文化成果。

第二，上述宗室的文化成就，有些并不突出，甚至多有讹误。如朱权在史学上的代表成果《汉唐秘史》，其实是一部通俗读物，是“以刘三吾等洪武间进讲汉唐事，类次成编，故词多通俗”，而且“择焉弗精，多取委巷之谈”。[2]其《通鉴博论》三卷，“上中二卷所云外记者，刘恕、陈桱之书也；正纪者，司马光之书也”。下卷涉及明代史事，却又为太祖避讳，将韩林儿被沉瓜步委过于廖永忠，并声称“大明恶永忠之不义，后赐死”。纪昀等称之为“于义殊乖”。[3]朱睦㮮的《谥苑》，一部分是根据舛漏百出的王圻《续文献通考》撰成，“尤为失考”。对于《唐会要》中的谥法篇，“漏而不收，亦为疏略”。下卷在列述明代谥号时，“不及鲍应鳌书之赅备，又颇舛误”。如“徐溥谥文靖，而曰文穆；顾鼎臣谥文康，而曰文简；乔宇谥庄简，而曰

[1] 都樾在《明代宗室的文化成就及其影响》（《学术论坛》1997 年第 3 期）中指出，宗室成就具有所谓的“府系性”，明代宗室以“府”为基本组成单位，宗室人才相对集中于某些王府中。

[2] 永瑢等：《四库全书总目》卷五二《史部八·汉唐秘史提要》，清乾隆武英殿刻本。

[3] 永瑢等：《四库全书总目》卷八九《史部四十五·通鉴博论提要》，清乾隆武英殿刻本。

端简；马昂谥恭襄，而曰忠襄；墨麟谥荣毅，而曰文毅”。因此该书“不尽可据”。[1]

其实，朱明宗室子弟的教育，虽然朝廷十分看重，但由于纨绔子弟的本质，使他们在学习上并不上心，教育的投入与结果之间，有较大的落差。宗室子弟占有很多优质的教育资源，明代宫廷教育涵盖了对亲王和宗藩的道德及文化教育，意图培养羽翼朝廷的宗室藩屏，然而，在很多情况下，这种教育的效果并不理想，相反还产生了许多消极作用。

《皇明祖训》是明代宫廷教育的重要内容之一，其中有关藩王可以清君侧、铲除朝中奸佞的规定，让一些宗藩找到了犯上作乱、反抗朝廷的借口。靖难之役时，朱棣声辩“其六事皆予遵承祖训而行于皇考之世者，何图今日反以为罪？”[2]汉王朱高煦反叛时也声言遵照祖训，“斥二、三大臣为奸臣，而指夏原吉为首，并索诛之”[3]。正德时，庆府安化王朱寘鐇反叛时，也“声罪发难，志清君侧”[4]，宁王朱宸濠造反时也以遵循祖训和奉太后之诏为由，“起兵讨贼”[5]。皇明祖训最核心的思想便是维护朱明王朝的江山永固，但其效果却并不理想，不断有宗室借祖训举行叛乱。

宫廷教育中，强调君臣父子之序，让诸宗室各安其位，但这一教育目标却常常遥不可及，有些宗室为争夺爵位大打出手。景泰三年，晋府宁化懿简王死后，因无嫡子，庶长子镇国将军朱美壤以序当袭王爵，但是“庶第三子镇国将军美埢及四子镇国将军美坊阴欲夺之，因共诬构美壤出于乐妇焦氏，且生于外，非父遗体”；同时构陷“美壤与宫人淫秽事尝觉，父懿简王曲为掩饰”。还列举“美壤居父丧，欲烝其庶母吴氏，为吴氏所詈辱”，以及“擅减父祭礼，征有司价银不

[1] 永瑢等：《四库全书总目》卷八三《史部三十九·谥苑提要》，清乾隆武英殿刻本。
[2] 《明太宗实录》卷七，（建文）二年二月癸亥。
[3] 《明宣宗实录》卷二〇，宣德元年八月壬戌朔。
[4] 谷应泰等：《明史纪事本末》卷四四《寘鐇之叛》。
[5] 《明史》卷二八九《忠义一》。

法”等事。朱美壤上疏陈诉：“母焦氏乃伯晋定王赐父宫人，已之生状封次，有宗牒可据。”事下都察院，查实是朱美垎诬陷，“乃劾美垎及美坊谋夺兄王爵，因而妄构兄罪，谬彰父过，请俱依祖训区处”。代宗要求“巡抚等官勘其余状，并治其画谋佐使者”，同时警告美垎、美坊“痛改前过”，否则以“祖宗之法”处之。[1]正德时，晋府交城王府辅国将军朱奇澶，图谋继嗣不成，乃率府中子弟、叔侄和仪宾50余人，“遮击当继嗣者镇国将军奇洴及其母刘夫人，因围绕其府，绝其薪水”。[2]夺爵之事，屡屡发生，表明宫廷伦理教育的失败。

关于宗室犯罪问题，有学者作过概括：“明代中期以后，宗藩问题突出地表现为宗禄问题和宗室犯罪，宗禄逋欠直接引发宗藩与明王朝的对立，是导致宗室犯罪的重要诱因。当然，宗室犯罪也表现为宗室的僭越，宗室的违制婚娶与乱伦败度，宗室擅离封禁、越奏等。但在藩府之中，宗室内部彼此因为名位、利益而钩心斗角，相互倾害，甚至父子反目，同宗相残的情形，也属司空见惯。”[3]有人则从宫廷教育的角度作过解释和概括：“随着明代中、后期帝王们对皇子教育的长期忽视，亲王的正常教育越来越得不到保障。而明宣宗时开始的愈来愈严厉的藩禁政策使尚未就藩的亲王们丧失了学习的积极性。因为推行严厉的藩禁政策，明代中、后期亲王成年到封国就藩后就长期被限制在一城一地之中，失去了明初那样为国效力的机会，成为坐享宗禄的寄生虫。他们的素质随之每况愈下。因而像崇祯时福王朱常洵这等贪婪成性、为祸地方的藩王明中、后期并不少见。在这种情况下，明代的亲王教育遂在中、后期逐步形式化，不可避免地走向了衰落。”[4]

---

[1]《明英宗实录》卷二一四《郕戾王附录第三十二》，景泰三年三月乙巳。

[2]《明武宗实录》卷一一一，正德九年五月己卯。

[3] 雷炳炎：《明代宗室的倾轧与争斗述论》，载《衡阳师范学院学报》2009年第4期。

[4] 吴仕伟：《明代宫廷教育研究》，第49页，湖南师范大学中国古代史专业硕士学位论文，2009年。

第五节 明代后妃宫女教育的效果

经过民间和宫中的系统学习，明代后妃宫女乃至公主受到很好的教育，品德、技能和文化都到明显的提高。

第一，明代后妃的宫廷教育，使她们有了较高的政治觉悟和操守，对明代政治产生了很大的影响。明代宫廷对女性的教育，不仅使明代后妃群体本身的素质有了提高，而且对明代的政局也产生了深远的作用和影响。她们对皇帝进行训导（太后劝儿孙）或者劝谏（皇后劝皇帝），不同程度上影响皇帝的决策。如太祖马皇后、成祖徐皇后都以自己特殊的身份，对当政者不当的行为进行适当的规劝；诚孝张太后、慈圣李太后则主要是训导、辅佐当时还处于年幼的皇帝，应付当时复杂的朝政，稳定当时危急的政局。有的后妃在皇位更替等关键时刻，做出适当的决策，确保了明朝政局的稳定，维护了皇权的延续。如：诚孝张皇后辅佐宣宗、英宗继承大统；又如孝定李太后辅佐神宗入主大统，还解决了立光宗为太子等朝野关注的问题。[1]

第二，明代后妃的宫廷教育，提高了她们的道德修养，并由她们施诸宫中，影响了其他宫中女性。神宗郑贵妃在重刊《闺范》序中自称接受过太后和皇后等人的教育："尝闻闺门者，万化之原，自古圣帝明王咸慎重之"，自十五岁"备九嫔之选"后"侍御少暇，则敬捧我慈圣皇太后《女鉴》庄诵效法，夙夜兢兢。且时聆我皇上谆谆诲以《帝鉴图说》，与凡劝诫诸书，庶几勉修厥德，以肃宫闱"。[2]就个人私欲来说，郑贵妃想让其子朱常洵登上太子之位，在大臣们的反对之下，一直未能实行，除了外在的压力外，郑贵妃个人的克制和修养也未尝没有一定的作用。明代皇帝集权臻于极致，皇帝想做的事情，一定能够办成。当时神宗对郑贵妃是言听计从，郑氏若真想让其子当上

[1] 参见徐斌：《明代后妃制度初探》，第 33 — 34 页，天津师范大学硕士学位论文 2008 年。

[2] 刘若愚：《酌中志》卷一《忧危竑议前纪第一》；沈德符：《万历野获编补遗》卷三《重刊闺范序》，第 874 页，中华书局，1959 年。

太子，未必不能办成，然而，在所谓“国本”问题上，朱常洵却终未做成太子。这其中应该有郑贵妃自我克制的因素，也就是说，她受到的宫廷教育，对她自我约束和“克己复礼”，还是起到了一些影响。

第三，明代后妃的宫廷教育，培养了她们的文化素质。永乐时的嫔妃王可綵“有文学，能诗，殆宋昭容之流”[1]。嘉靖时，世宗会集群臣出游，常常“制古乐府，五、七言绝句各一”，命令大臣作诗，并让随行宫女评定诗歌高下，于是出现了“诗成总是宫娥品”、“分付宫娥评甲乙”的宫词。[2]神宗时，慈圣李太后“惟观书史，课宫人俱读书写字”[3]。熹宗时，皇后张嫣喜欢读书史，并教宫娥读诗词：“中宫午夜亲书史，自写唐词教翠娥。”[4]在宫中，形成了一种教育风气和文化氛围。

第四，入宫前的民间教育和入宫后的宫廷教育，培养了不少后妃的艺术才能。例如：明成祖的权妃善吹箫；明宣宗郭嫔和明世宗王贵妃诗作凄婉动人；明宪宗邵妃“知书，有容色”[5]；明武宗马姬不仅颇善骑射，还懂得龟兹的语言和音乐，“解胡乐，能通达语”[6]；明穆宗李贵妃善写飞白大字；明思宗田贵妃擅长书法，“幼习钟、王楷法”，善于临摹，“凡书画卷轴，帝每谕妃签题之”。[7]有些人是在宫外学习到的基本技能，但入宫后，受到宫廷文化和教育的进一步影响，其技能又得到较大的提升。

此外，对明代宫中妇女进行的教育，甚至外溢到民间，产生了更大的影响。朱元璋时期敕撰的妇女教科书《女诫》，也在民间流行。生于万历三年十月、卒于天启二年八月的张参将夫人赵淑女人，“于

[1] 朱权等：《明宫词》，第230页，北京古籍出版社，1987年。
[2] 朱权等：《明宫词》，第259页，北京古籍出版社，1987年。
[3] 朱权等：《明宫词》，第273页，北京古籍出版社，1987年。
[4] 朱权等：《明宫词》，第277页，北京古籍出版社，1987年。
[5] 张廷玉等：《明史》卷一一三《后妃·孝惠邵太后传》，第3524页。
[6] 朱权等：《明宫词》，第143页，北京古籍出版社，1987年。
[7] 朱权等：《明宫词》，北京古籍出版社，1987年，第92页。

《闺范》、《女诫》诸集，手持口诵，旁及经史，辄能说其大义”[1]。陈二妹，字瑞贞，广东番禺陈仲裕之女。七岁时，其父亲就替她聘请了“女师”，读《孝经》、《内则》、《列女传》、《女诫》等书。[2]《明季北略》卷十一“陆贞女”条载：“大司马完学女孙，少颖异，十龄手录《女诫》及《列女传》，心向往之。”而且赋诗明志：“夫妇一生今夕终，道义千秋今日始”。这里的《女诫》可能是东汉班昭的《女诫》，也可能是朱元璋时期编纂的《女诫》。若是后者，则说明明代宫廷女教课本影响深远。

然而，明代后妃宫女的教育也有负面效果。由于整个时代大背景的影响，明廷对宫中女性实施的教育，主要是束缚性教育，在“夫为妻纲”的指导下，教导宫中女性怎样服侍君主和丈夫。在“女子无才便是德”的“愚女主义”观念指导下，对宫中妇女的教育是比较浅显的，从未鼓励她们在文化上争创一流，敢为人先。这是传统社会重男轻女观念的必然反映。

第六节 明代宦官教育的正反效果

在明代宦官承担部分重要皇权的背景下，化宦成儒，对宦官进行儒学教育，提高其文化水平，以保证大明王朝在政治和政策上不至于偏离航道，是十分必要的。这些教育的努力，的确起到了良好的成效，然而也有不尽人意之处。对明代宦官教育进行评价，需从正反两方面开展。

一 良好效果

明代文官通过不懈的努力，在内书堂传授《四书》、《五经》和史

[1] 马世奇：《澹宁居文集》卷五《张参将暨配赵淑人志铭》，清乾隆二十一年刻本。
[2] 屈大均：《女官传》，第911页，载《中国香艳全书》第2册，团结出版社，2005年。

书等内容，在生活中与宦官学生交往，使得不少宦官近朱者赤，变得温文尔雅，从思想到行为上都向儒臣靠拢，接受了儒家修齐治平的政治理想，并身体力行，使得大明王朝的政策继续沿着儒家的既定路线制定和执行。

景泰时宦官郑旺"进学司礼监书堂"，跟从永新人、著名的儒臣刘定之"讲习"，考试成绩名列前茅，"课试恒先诸生"，"久之，通经史大义，词翰并工，而于暇日兼业武事"。由于学习优异并行为谨慎，弘治元年，孝宗"知公素谨畏，复御马监左少监。又以公富文学，命教书乾清宫内书堂"。[1]宦官陈良正统十四年（26岁）入内书堂受教，打下了良好的文化功底："诸凡奏疏，皆自起稿草，不假于人。酷好诗律，信意写出，多斐然成篇，可赋咏也。"培养了优良品质："然其性尚谦退，不以此自多，故同列敬而爱之。出入禁闼五十余年，小心慎密，未尝有过。"[2]

王佑成化二十三年"选入司礼监书堂，受翰林儒臣业。今少师致仕西涯李先生实尝教之，业用有成"。李西涯就是著名的儒臣李东阳，得到李东阳的教育，思想和行为上便很容易被儒臣化了。王佑成曾经说："臣之事君，鞠躬尽瘁，毙而后已，庶几无愧。"又曰："吾侪荷国渥恩，常禄之外，有所妄取，非忠也。"因此他"自始授官，驯至贵显，有廉名"。[3]显然思想意识与儒臣们并无二致。后来做了内官监太监的孙彬，在年幼时（弘治十四年）也"入内书馆读书"。他"能敏而好学，不耻下问，而又善于楷书，上览而悦之"。[4]宦官赵举，在正德间受过内书堂的专业教育，"公在文书，多与士大夫接"，徐阶

[1] 程敏政：《篁墩集》卷二〇《太监郑公寿藏记》，明正德二年刻本。

[2] 刘武臣：《明故内官监太监陈公墓志铭》，第104页，载赵令扬审订、梁绍杰辑录：《明代宦官碑传录》，香港大学中文系，1997年。

[3] 杨一清：《明故御马监太监王公墓志铭》，第140－141页，载赵令扬审订、梁绍杰辑：《明代宦官碑传录》，香港大学中文系，1997年。

[4] 刘栋：《明故内官监太监孙公墓志铭》，第169页，载赵令扬审订、梁绍杰辑录：《明代宦官碑传录》，香港大学中文系，1997年。

“以内直尤数见”之，觉得赵举“勤正有礼”，“于言必审而后发。虽甚怒，不轻有所诋訾；即甚喜，亦不苟然诺”。[1]连徐阶这样的名臣都接受了赵举，说明他已经与士大夫们观念相同、情意相恰了。

嘉靖二十六年入内书堂学习的宦官李镂，当时只有14岁，在听翰林儒臣讲课时，容易接受儒家文化的影响，“为人和柔修礼，好文工书，被服儒雅，诸左貂所玩弄，一切屏绝。又出自内馆，诸用事贵人皆其故等，夷习公操行，无不折节下之。有所请，辄听公。又好游贤豪长者，结欢造请，唯恐不及。长安诸大夫，亦无不誉公者。以是名声益进，诸藩府侍臣莫能望也”。[2]从李镂“被服儒雅，诸左貂所玩弄，一切屏绝”来看，他已经被儒臣化了。

神宗时，太监郭时明“拔内书堂”，接受过翰林老师的教育，“居恒以成就君德自任”。郭时明“善书”，崇祯帝“命题乾清宫匾额”，他题以“敬天法祖”四字。题的楹联是：“人心惟危，道心惟微；惟精惟一，允执厥中”，崇祯“御笔以忠纯二字旌之”。郭时明不仅道德观念与儒臣相通，就是在对皇权该不该由宦官分掌上，也与正统士大夫相一致：“一日，御批令票拟章奏，公俯伏奏曰：‘天下大事，阁臣五六员尚不能了。臣备员内廷，纵有才，票拟之权，岂可假内官之手！皆从中出，恐万世后有累圣德。’上不听，令之出。公竟日不食。上为感悟，召令毁票。”一次，上郊天，“御马监奏请皇上阅驾试马走骇”，崇祯帝问“马宜看否？”郭时明奏道：“臣闻圣人有言：‘禘自既灌而往者，吾不欲观之矣。’况未灌乎！”崇祯叱曰：“偏是你有这些话说！”后郭时明因病辞职，杜门不问朝政，“读书写字，与门下后进谈忠节义礼，自范范人，毫无所苟。”当李自成攻陷北京时，“公先一日令人备棺于东堂，至日，正衣冠，拜天辞阙，大书于壁云‘司礼监掌印太监高时明率名下李继善等阖门死节。三月十九日辰时书。’

[1] 徐阶：《明故司礼监管文书内官监太监静庵赵公墓志铭》，http://blog.sina.com.cn/s/blog_522592330100z9uz.html，2011年12月21日。

[2] 于慎行：《穀城山馆文集》卷一八《汝府承奉春泉李公墓志铭》。

书毕，卧棺中。名下辈绕膝泣留，厉声叱曰：‘一盖棺，吾即归去。’名下十人李继善、贾彝伦、马文科、郝纯仁、徐养民、宋辅宸、马鲸、张行素、李廷弼、王家栋十人者俱缢死，举火焚堂，棺尸俱为灰烬”。孙奇逢感动不已，说：“余当读史传，至汉之吕强、唐之张承业，未尝不咨嗟叹赏，以为士大夫之所难。今公之烈烈而死也，则益难矣！”[1]

对于宦官教育所取得的良好效果，一些士大夫看在眼里，记在心上，从而作出中肯的评价。耿定向在《与徐鲁源》的信中指出，王畿所撰《中鉴录》一书前面的题词中，有“若呈之御览自应如是，若令此辈省观，须婉曲，令睹者欣然慕、惕然悚可也”的话，耿认为，这部书“中语似多峻厉，不中肯綮者，往在都邸侧闻”。他告诉徐用检（鲁源）：“此辈实是中有贤喆，或博雅攻古文词，或亦好砥砺名行，或抱逸趣，慕玄学佛者，不为无人。吾党尚有媿之者，而贤者往往自生分别心，左矣。”他“曾闻有掌科疏中，目此辈为刑余者。此辈恚曰：‘外士绅何读书少？不深考也！自汉以前，吾辈诚刑余。自肉刑除后，皆自净自献者，乃亦自为刑余，岂不谬哉！’”耿定向觉得“如此云云，亦大有理”。[2]内书堂教育制度对于宦官文化水平的大幅度提高是客观的现实，对于宦官的儒臣化起到了实际效果。

二　不良效果

然而，内书堂制度并非没有缺陷，自会产生不良的结果。内书堂教育只是一种工具，用之于正道，则发挥正面作用，用之于邪道，则产生负面效应。

尽管内书堂教学内容中有大量儒家经典，但并非所有在内书堂学

[1] 孙奇逢：《夏峰先生集》卷一〇《司礼监掌印云峰高公墓表》，清道光二十五年大梁书院刻本。

[2] 耿定向：《耿天台先生文集》卷五《书牍·与徐鲁源》，明万历二十六年刘元卿刻本。

习过的宦官都能够接受和领悟儒家的思想，教育的光辉理想在权力的黑暗现实面前，往往不堪一击，教育的作用在权力诱惑面前显得十分脆弱。有不少宦官虽然接受了内书堂教育，仍然依附权宦，为虎作伥。王体乾就是这样的人。他是“魏忠贤党也。为人白皙而肥，工谀佞以悦人，外和柔而内深阻”。他利用在内书堂学习的技能，助纣为虐。“忠贤虽总揽朝政，而不谙文字。体乾居内直房，日夜引李永贞辈为忠贤谋主，中外章奏重大者密钤寸纸白忠贤，又为讲解大意，然后下所司。至御前口奏，必伺帝酣醉玩弄时，引忠贤辈急进。帝望而可之如响焉。遇票红文书及改票动请御笔，则体乾独奏，虽忠贤亦拱默听之，又意所不快，事拂公论者，一切以中旨内降行之，外廷有所执奏，辄请留中，盛以白封置御前，故其恶尤出忠贤上。”[1]

查继佐则从宏观上否定内书堂教育的效果。他认为宦官问题“始于特遣馆臣入[教]初阉，然则因缘根蒂，岂止文移往来而已。设使不解文义，即宠尊不能矫五指以行诸文书，亦未易悉以遂其舞弄”。虽然“魏逆故不识字，蛊毒最深，则识字者子之，日夜关通，居然博闻强记”。他认为“历朝诸奄中或不无端谨勤劳，然使此辈见德不可，见功尤不可，而况见不德无功而见为有功，其可乎！总自典兵最甚，以至经理仓场，提督营造、珠池、银矿、市舶、织染，无不预。迨其后也，力导蒙尘勿罪，手缳故君不问，煽诱淫佚、历堕元子不恤，矫箝传奉、尽屠义类不顾，二百八十年兴安、覃吉等不过数指，其若云奇、王承恩，则又祖训之所不敢望者哉！”[2]虽然击中了宦官因受教育而带来的弊端，但不无意气之见。

内书堂教育的消极效果，刘若愚有比较清醒的认为：“其实事久弊生，冥顽贪诈，或粗犷凶猾，总非作养人才良法也。”指出“至逆贤时，此制大坏无余，殊可叹也”。他认为如果要办好内书堂，“欲痛改前辙，只在圣主右文主持于上，好印公提督掌司振饬于下，不吝

[1] 万斯同：《明史》卷四〇六《宦官传・王体乾》，清抄本。
[2] 查继佐：《罪惟录》列传卷二九《宦寺列传总论》，四部丛刊三编景手稿本。

教，不惮烦，词林老师激劝于外，不倚势、有良心学长、晓事年长应之于中，不三五年，即有成效，十年内外国家自享真才之用”，主要是看当政者是否重视，“顾惟在位者加意何如耳！”[1]

三　清人对内书堂教育的评价

由于清廷采用了限制宦官干政的措施，废除明代宦官二十四衙门，用内务府管理宫内事务，基本上遏止了宦官专权，因此清人对明代内书堂教授宦官的制度持否定的态度。

第一，从太祖的“祖宗之制”角度，反对内书堂教育制度，认为它加速了宦官的发展与权力的扩张。清人卢秉钧在《红杏山房闻见随笔》中过录了《日知录》的结论，指出：“明太祖深鉴前代之蔽，令内官不许识字。永乐以后，此令渐不行。至宣德乃有内书堂之设，去祖制远矣。”又说：“以宣庙之纳谏求言，当时廷臣并未有论及此者。其后有王、刘、魏奄等之祸，得非内书堂阶之厉乎！”[2]袭用了顾炎武的观点。清人汪有典指出：“自古未有变乱祖宗之制，而其国不覆亡者也。明太祖惩前代之失，于内官特加厉禁，法至善也。至永乐则大变其制。祖训中人……不许识字、预政与外官交结，则有内书堂之设，令大学士授小内使书矣。驯致秉笔之阉，乘机专政。王爵天宪，悉出其口，生杀予夺，任己爱憎，大权旁落，宰相皆其私人矣。”他直斥：“凶家害国祸始作俑，永乐之罪！”[3]清人何焯在“开国六十年”时作《有感书事》诗，咏道：“古不近刑人，汉唐由篡乱，明祖禁识字，厉阶始靖难，立功仍出镇，迴与埽除判，吁嗟再世耳，家法遂轻变。既著良异微，可追胡莫谏，内书堂继设，秉笔权俄擅。”[4]也

[1] 刘若愚：《酌中志》卷一六《内书堂读书》。

[2] 卢秉钧：《红杏山房闻见随笔》卷二五，清光绪十八年卢氏家塾刻本。

[3] 汪有典：《明忠义别传》卷二四，清道光墨花斋活字本。

[4] 何焯：《义门先生集》卷一一《诗・有感书事》，清道光三十年姑苏刻本。

是从祖制角度，批评成祖变乱成法，导致内书堂制度的出现，并由此带来司礼监专权的后果。清人凌扬藻在《内书堂》一文中指出："宣德初立内书堂，以刘翀为修撰，授内使书。此时设有援旧制以沮之者，纵未必即见听纳，亦或少知敛戢，而皆坐视不言，则大臣之无远识也。自是王振、刘瑾相继并起东厂、司礼，稍膺上眷者，辄凌轹九卿，了无顾忌。城狐社鼠凭依者固，而大权一落，不可复收，原其始则皆内书堂阶之厉耳。"[1]清人孙宝瑄在《忘山庐日记·癸巳年十一月》中记道："晡，阅《明纪》。初太祖不令中官读书识字，又曰内官但备使令，无多人。又曰勿令有功，有功则骄恣。至成祖时，即令中官将兵，而听选教官入内教习。及宣帝立，遂建内书堂，改刑部主事刘翀专授小内使书，复增至四五百人。翰林官四人教习。于是始通文墨，掌章奏，竟有擅传旨者。古今事前后相反，往往如此。"[2]

第二，从内官与外臣相勾结的角度，质疑内书堂教育制度，认为它提供了便利，建立了一种外臣与内官的师生关系和裙带关系，导致宦官干政。清代的《历代职官表》评论道："谨案，自古儒学之臣，或以文章备顾问，或以笔札司纪载，莫不簪毫珥管，出入承明，与他曹之端治案牍者较为地近而职清，故历代以来最称华选……至明初设翰林院，以综其事，次于部院诸司，永乐中置内阁，特选翰林官入直，以预机务。嗣后登纶扉者必起家翰苑，其余迁转，亦视他曹为优异……其甚者每选翰林官入内书堂教小内侍，俾得与宦竖交结夤缘，籍其奥援，视为终南捷径，于国体官常所关尤巨。"[3]清人刘统勋等指出："开内书堂，令刘翀为修撰，专授小内使书目。内使之职止于供给使令，即令读书，亦不过教之识字，记姓名，略解大义而已。特开书堂，聚至四五百人，已不免重视其事，且令大学士、翰林等官专以授书为务，尤紊职守，而亵班联。若辈因此遂得与外僚日相习熟，实

[1] 凌扬藻：《蠡勺编》卷一六《内书堂》，清岭南遗书本。

[2] 孙宝瑄：《忘山庐日记·癸巳年十一月》，抄本。

[3] 《历代职官表》卷二三。

开衅缘交结之渐。宣宗于内使传旨，必令覆奏始行，非不留心防制。乃必欲其深通文墨，甚至掌奏批朱，悉假内竖之手，实不解其何所取义。至正统初，即有司礼秉笔之事，贻害遂不可胜言，岂非立法之不善耶！”[1]清修《明史·宦官传》也指出：“明自宣宗始设内书堂，选词臣课读小内监，使通文墨掌章奏，得与外廷往来，致启阉竖干政之渐，贻谋不善，遂酿成一代厉阶。”[2]

第三，从内书堂的培养效果上，否定该制度的意义。清人认为，内书堂导致宦官专权，因此应对该制度进行否定。清高宗对内书堂制度提出了严厉的批评：“太监职在供给使令，就使读书，不过教之略识字体，何必派选科目人员与之讲授，令其通晓文义乎？在前明阉竖擅政，司礼秉笔，为所欲为，因使若辈通文，便其自利之计，甚至选词臣课读，交结营私。此等秕政，朕每深非而痛斥之。我朝宫府肃清，太监等从不令干预政事，即不识字何碍？或伊等间有登记档册之处，但能粗辨字画足矣。”[3]清人徐宝善写了两首诗，一首是《内书堂》，直斥该制度祸国殃民：“振瑾势滔天，貂珰祸弥烈。伊谁覆九鼎，宣德始牙蘖。寺人给使令，匪云望明哲。占毕胡为者，内使书堂设。释菜拜先生，居然弟子列。横流始涓涓，其溃安可遏。灼火始焰焰，其燎胡可灭。一朝文翰通，诗书薮奸孽。”另一首是《内府营》，顺带也将内书堂制度作了抨击：“宣德内书堂，宦官习文字；嘉靖内府营，宦官晓武事。前年俺答侵燕京，大臣养寇如饲鹰。天子不敢坐斋阁，守陴四面陈。”[4]

朱彝尊则从宦官在文学上成绩平平，论证内书堂教育制度的失败。他在《静志居诗话》中，专列《中涓》一目，介绍宦官王翱诗时，称：“字鹏起，顺天通州人。嘉靖中选入司礼监读书，历御马监

[1] 刘统勋：《评鉴阐要》卷一一《明·宣宗》，景印文渊阁四库全书本。

[2] 《明史》卷三〇四《宦官传一》。

[3] 方师浚：《蕉轩随录》卷一二《太监读书》。

[4] 徐宝善：《壶园诗钞选》卷一《担笈集》，清道光刻本。

右监丞，有《禁砌蛩吟》、《监丞集》。”介绍张维时道：“张维，字四维，霸州人。隆庆初选入伴读东宫，历乾清宫管事、御马监太监，提督内忠勇营，有《苍雪斋稾》。”[1]然而他在序言中却对明代宦官的教育作了整体否定：“明制设内书堂以教小内侍，用史官四员主之，从学者约四十人。其后拨入读书者，多至三百人，所以教之者有方矣。而三百年来，此辈善诗文者盖寡。予为搜访，仅得六人焉。此外若杨友、吕宪、戴义、李学辈，虽间有诗句流传，多不成章，虽欲广之而未得也。”他看中的六人是龚辇、张瑄、傅伦、王翱、张维和孙隆，除此之外，一无所得，基本上否定了明代内书堂教育的成就。其实，朱彝尊是从诗歌的水平上来评论的，而明代内书堂教育的实质，只是培养皇帝身边的刀笔吏，并不是培养文学家。

第七节　经筵推崇儒学而排斥异端

明代宫廷教育的最大弊端是，极力推行独断的国家意识形态，排斥异端思想。明帝国对儒家思想和宋明理学竭力维护和推崇，而对其他思想意识则持批判和排斥立场。长此以往，形成了意识形态的固化现象。当有些皇帝偶尔改信其他思想和教派时，便引起了帝国意识形态代表儒臣们的极力反对。

成化间，傅瀚充经筵讲官和东宫讲读官，对方士李孜省及其思想加以排斥，“时方士李孜省为通政使，得侍经筵。瀚进讲，极言汰冗官，李衔之，不为动”[2]。所谓汰冗官，便是排斥以李孜省为首的道教官员。刘春“在翰林以文字为职，经筵劝讲屡进规讽，会有斥异端之语连上，孝皇亦为之色动”[3]。

嘉靖八年正月，侍讲学士许诰上疏指出，要保持经筵日讲时儒

[1] 朱彝尊：《静志居诗话》卷二三《中涓》，清嘉庆扶荔山房刻本。
[2] 雷礼：《国朝列卿纪》卷一六《傅瀚》，明万历徐鉴刻本。
[3] 雷礼：《国朝列卿纪》卷一六《刘春》，明万历徐鉴刻本。

学内容的纯正性，认为“孔门授受，专在治情，后儒倡为静坐养性之说，言愈多而义愈晦。目今讲筵顾问，请无及此”。这实际上是对儒学借鉴禅宗静坐和顿悟之学表达不满。他还特别指出：“进讲经书，务明大旨，凡诸家小道，一切屏绝，然后有益于治。”对此排斥异端的建议，世宗“嘉纳之”。[1]

世宗对讲官讲章中倾向佛教的思想提出批评。八年十月，讲官伦以训进《论语》“阳货”章，世宗在其讲章上亲笔写下批语：“以训讲哀矜云是‘慈悲怜悯’。夫‘慈悲’二字，是释氏之教也。朕所传者二帝三王之道，所习者孔孟之学也，非释氏之教也！”[2]世宗此语，目的很明显，在于强化儒学的正统地位，排斥佛教等异端思想。

然而，世宗排佛却佞道，好道术，任用道士为官，引起了儒臣们的激烈反对。嘉靖二十年，河南道御史杨爵上疏，对世宗不御经筵、亲近儒臣提出了批评：“数年以来，朝仪间阙，经筵不御，大小臣工朝参辞谢，未得一睹天颜，敷奏复遣，未得一聆天语。臣恐人心日怠，中外涣散，此朝讲不亲，足以失人心而致危乱也！”然后进一步指出，原因在于道士惑乱圣心：“方士执左道以惑众，圣王所必诛者。今乃金紫赤绂于羽流，假此妖诞邪妄之术，列诸法禁森严之地，而藉以为圣躬之福，何哉！贻四方之笑，取百世之讥，于圣德国体所损不小！此信用方术足以失人心而致危乱也！”世宗览书后“怒甚，命锦衣卫逮送镇抚司拷讯。已镇抚司上其状，请送法司拟罪。诏禁系卫狱。是时中外颇以言为讳，而爵所论皆人所不敢言者，时议以为说”。[3]世宗亲近道士，崇奉道教，不无可议，但儒臣必欲皇帝只御讲筵，亲儒臣，则不免过于僵化。黄仁宇指出：“本朝的立国以伦理道德为根本，以文官集团为支柱，一切行政技术完全在平衡的状态里维

[1] 徐学聚：《国朝典汇》卷二五《朝端大政·经筵日讲》，明天启四年徐与参刻本。
[2] 徐学聚：《国朝典汇》卷二五《朝端大政·经筵日讲》，明天启四年徐与参刻本。
[3] 《明世宗实录》卷二四六，嘉靖二十年二月丙寅。

持现状而产生。”[1]一遇复杂而变动的情况，缺乏新思维的文官往往束手无策。因此，儒家思想的独尊地位，在当时较大程度上阻碍了人的觉醒和社会的发展。

加入教会并取名“保禄”的徐光启，是中国传统士大夫中较早接受欧洲基督教教义的知识分子，对西方的科学技术有深刻的认识，曾与利玛窦一起合译过《几何原本》。他的这些新的知识，本可以在经筵日讲的时候向皇帝讲授，但囿于经筵日讲制度的固有窠臼，只能讲儒家经典而不能讲其他所谓异端思想，因此使中国最高层错失了解西方文化和科技的机会，使中国渐渐失去了相对于西方的优势。徐光启讲《中庸》毕，崇祯帝突然提问：“既云知天地之化育，又云其熟能知之，是同是异？”徐光启“以化育分内知，熟能知分外知”的回答，遭到崇祯的嘲笑：“知也有内外？”结果年终讲官叙劳时，内阁本来题请徐光启以礼部侍郎加太子宾客，照旧日讲，但崇祯帝毫不犹豫地“抹去‘照旧日讲’四字”[2]。徐光启的回答，或在认识论上与传统儒学不同，崇祯帝完全可以求同存异，他却直接撤销了徐光启讲课的资格，使经筵讲堂上依然充斥着业已沉沦的儒家程朱理学的陈词滥调。

综合本章所述，明代宫廷教育制度从皇帝经筵日讲，到太子东宫讲读，宗王子弟教育，后妃宫女的内教，再到宦官内书堂教学，都比较完备而有序，教学效果比较明显，培养了大明王朝一代代有知识、有文化的统治者，对明朝社会的正常运转起到了良好的作用。同时也要看到，明代宫廷教育存在着制度僵化、教学内容单一、重儒学而排异端、教育资源优异而效率常常偏低等一系列问题。对于明代宫廷教育的评价，既要看到它的成绩，也要认清它的缺陷，既可从中总结其宝贵的经验，也需汲取其应有的教训。

---

[1] 黄仁宇：《万历十五年》，第 100 页，中华书局，1982 年。

[2] 文秉：《烈皇小识》卷一，第 36 — 37 页，上海书店，1982 年。

结语

明代宫廷教育史既是一部明朝上层社会的文化史，又是一部特殊的政治史，同时也是一部朱明皇族、后妃宫女、宦官内臣和相关文人士大夫的社会史。

明代宫廷教育史的最主要内容，是针对皇帝所展开的终身教育，为达此目的，明朝沿用并改进了经筵和日讲制度。经筵包括初讲（皇帝继位后首次举行的经筵大典，最为隆重）和会讲（每月三次，每旬一次），每年分春讲和秋讲，形成了所谓的“一学年两学期”制。日讲则是日常的讲读，次数较经筵为多，大致遵循“一学年两学期”制，但在具体的日期上，经常提前或延后。在明代皇帝的经筵和日讲实践中，以孝宗皇帝自觉性最强，以武宗皇帝自觉性最差。神宗皇帝在首辅张居正的带动下，前期勤奋好学，中后期则开始怠学直至辍学。熹宗皇帝在位七年，一直都未中断经筵日讲的学习，但只注重经筵日讲的形式，未能学习和领会到所学内容的实质。儒家教育意在灌输“尊君重民”思想，而熹宗却大权旁落，导致阉宦当道，民不聊生。崇祯帝虽然频御经筵，勤学好问，甚至密切地与讲官讨论时事，但由于他刚愎自用，苛责讲官，学习和讨论的实效不大，故于救亡图存无补。综合而言，经筵和日讲制度对明代皇帝的教育还是起到了正面的作用，历时276年的明朝达到了中国一个正常王朝的寿命，与此不无关系。

太子教育与皇帝教育一样，均属于帝王之学的范畴。明代对太子教育既重视，又防范。重视表现在，皇帝为太子挑选优秀的老师，在文华殿东廊开办课堂，为之举办经筵日讲；防范表现在，皇帝不为太子建立专门的东宫辅导官僚，而是在太子出阁讲学时，临时指派翰詹官员出任讲读官员。这些东宫教师，除讲课外，不得私自与太子接触，以免结成“太子党”，威胁皇帝的地位。明代太子教育一般比较行之有效，如太祖对太子朱标、太宗对皇太孙朱瞻基的培养，都成为皇储教育的榜样。但是，有时则推行得不太理想。如武宗身为太子接受教育时，显得乖巧听话，但一旦大权在握，就将进学抛诸脑后。世宗因“二龙不相见”的观念，对皇长子裕王朱载垕漠然视之，神宗因不喜欢皇长子朱常洛且有改立郑贵妃之子朱常洵之意，二帝都迟迟不立皇太子，忽视对太子进行及时教育，使得明中后期的太子教育受到严重影响。

朱明王朝对宗室子弟的要求，自然不像对太子那样望子成龙，而期盼他们能够成虎成豹，因此在教育上也未敢放松。明前期曾让诸王与太子一起在大本堂中读书，后期则在各藩国中实施教育。尚未“之国”的未成年亲王们，则在宫中接受翰林儒臣的教育。明朝的宗室教育虽然在一些特定的藩府和某些宗室身上获得成功，出现了一些音乐家、文学家（诗人、戏曲家）和科学家，但也因制度性的缺陷在大多数的宗室身上缺乏成效。藩府中的宗室常常腐化堕落，犯罪率高，使宗室教育出现了“画虎不成反类犬”的效果。

后妃和宫女的教育，为明代宫廷教育增添了亮点，部分改变了“女子无才便是德”的观念。早期的后妃和宫女教育由女师（或女傅）承担，永乐以后则由受过教育的多名宦担任教师。所教内容，为识字课本、女训教材和儒家经典。明代有地位的后妃形成了撰写女教书并对其他后妃和宫女实施教育的传统，太祖马皇后、太宗徐皇后、献皇帝蒋太后等都是如此。可以推想，公主作为皇帝的女儿，在出嫁前，应该是接受过宫廷教育的，但限于史料稀缺，只能做合理推测。

明代最有特色的宫廷教育，是对宦官开展的制度化教育。虽然朱元璋强调只能让宦官干杂役，不能让他们接受系统的文化教育，然而由于他亲自制定的强化皇权的政策，导致皇帝的“家奴”宦官得到意外的重视，特别是朱棣靠宦官通报消息篡位成功后，就开始对宦官进行培训并加以倚重。正统间，由于宦官王振受到英宗的信任，正式将此前便已实行的内书堂制度加以强化，纳入司礼监管辖，对宦官进行大规模、有系统的文化教育。教官来自于翰林院官员，这些学识渊博的文官甚至为皇帝、太子和宗室教过课。宦官的教育，从文化层面上看，是为了改造宦官，化宦成儒；从政治层面上看，则是适应代理皇帝处理公文之需，以分内阁之权。官宦教育的制度化，是明代皇权强化的必然结果。

上述宫廷成员的教育，是由最具文化水平、经由全国的科举考试选拔出来的文官来执行。他们一般都具有翰林院的经历或官衔，堪称所有宫廷教育（除后妃宫女和公主外）对象的当然老师。他们虽然身为臣子，但在对皇帝或太子进行教育时，仍然秉持“为帝王之师”的观念。他们坚信“道高于君”，而自己正是“道”的化身，有时不免对皇帝或太子产生居高临下的心态。然而，明代皇权臻于极致，在制度上绝不承认经筵讲官的优越地位，拒绝接受大臣们提出的坐讲要求，不过，在人情充斥的社会氛围中，在经筵讲堂上，皇帝或太子又不得不称呼讲官为“先生”。

宫廷是中国社会的权力中心，充斥着尔虞我诈和刀光剑影，各政治力量为了自己的利益，利用宫廷教育所形成的“拟血缘”关系——师生关系，结成各种政治同盟，使宫廷教育中出现了盘根错节的关系网络。皇帝提拔自己的经筵老师担任内阁首辅或阁臣，为自己掌控朝廷；太子一旦继位称帝，便将东宫师傅带入朝廷，出现“一朝天子一朝臣”的局面；宦官为了控制外朝，或暗中助力，或直接提升自己在内书堂时的老师担任要职，使一部看似文雅的宫廷教育史，同时也变成了一部精彩的宫廷政治史，或复杂的社会关系史。

明代宫廷教育的效果或不尽如人意，但围绕它形成的宫廷教育思想，却成为中国教育史上的宝贵财富。明代儒家为了推动皇帝、太子、宗室的教育，提出了许多有建设性的教育观念，如提出“格正君心”、“懋修圣德”的教育目的说，认为宫廷教育的核心是培养皇帝或太子、宗室的道德；提出“虽云天笃其资，实由学得其大”的教育价值说，认为皇帝或太子虽然天资聪颖，但也需要后天教育才能成就事业；提出“帝王之学”不同于“韦布之学”的观点，强调皇帝或太子教育具有重视大道、不拘细节的特殊性；提出“隆师好问者，君道之所当尽”的尊师重道说，树立讲官身为帝王之师的尊严；提出“知行合一”、“学体治用”的学习与实践关系说，强调宫廷教育与政治实践相统一的理念。明代的宫廷教育活动虽然已随历史烟云而飘散，但所形成的光辉的教育学说和理念，却长存于不朽的中华文化之中，传承至今，永不磨灭。

参考文献

一　史料

《明实录》，台北“中央研究院”历史语言研究所，1962年。

《明□宗□皇帝实录》，台北“中央研究院”历史语言研究所，1962年。

《崇祯实录》，台北“中央研究院”历史语言研究所，1962年。

《崇祯长编》，台北“中央研究院”历史语言研究所，1962年。

《崇祯长编》（痛史本），台北“中央研究院”历史语言研究所，1962年。

《万历起居注》第一至八册，北京大学出版社，1988年。

[朝鲜]《宣祖昭敬大王实录》，京城帝国大学图书馆藏本。

吴晗辑：《朝鲜李朝实录中的中国史料》，中华书局，1980年。

北京图书馆编：《北京图书馆藏中国历代石刻拓本汇编》，中州古籍出版社，1990年。

中国文物研究所、北京石刻艺术博物馆编：《新中国出土墓志·北京》，文物出版社，2003年。

赵令扬审订、梁绍杰辑录：《明代宦官碑传录》，香港大学中文系，1997年。

张德信、毛佩琦编：《洪武御制全书》，黄山书社，1995年。

（东汉）班固：《汉书》，中华书局，1962年。

（北齐）魏收：《魏书》，中华书局，1974年。

（五代后晋）刘昫：《旧唐书》，中华书局，1975年。
（北宋）欧阳修、宋祁等：《新唐书》，中华书局，1975年。
（北宋）王溥：《唐会要》，中华书局，1955年。
（北宋）蔡襄：《端明集》，宋刻本。
（北宋）晁说之：《晁氏客语》，宋百川学海本。
（北宋）晁说之：《嵩山文集》，四部丛刊续编景旧抄本。
（北宋）宋庠：《元宪集》，中华书局，1985年。
（北宋）宋祁：《景文集》，丛书集成初编本。
（北宋）叶梦得：《石林燕语》，中华书局，1984年。
（南宋）蔡绦：《铁围山丛谈》，中华书局，1983年。
（南宋）李心传：《建炎以来系年要录》，景印文渊阁四库全书本，台湾商务印书馆，1986年，下同。
（南宋）李焘：《续资治通鉴长编》，景印文渊阁四库全书本。
（南宋）蔡戡：《定斋集》，清光绪常州先哲遗书本。
（元）马端临：《文献通考》，清浙江书局本。
（元）脱脱等：《宋史》，中华书局，1977年。
（元）脱脱等：《金史》，中华书局，1975年。
（元末明初）权衡：《庚申外史》，《宝颜堂秘籍》本，文明书局，1922年。
（元）苏天爵：《滋溪文稿》，上海书店出版社，1994年。
（明）宋濂等：《元史》，中华书局，1997年。
（明）屠叔方：《建文朝野汇编》，明万历刻本。
（明）许相卿：《革朝志》，明刻本。
（明）黄光升：《昭代典则》，明万历二十八年周日校万卷楼刻本。
（明）陈建：《皇明通纪法传全录》，明崇祯九年刻本。
（明）陈建：《皇明通纪集要》，明崇祯刻本。
（明）王世贞：《明朝通纪会纂》，清初刻本。
（明）吴瑞登：《两朝宪章录》，明万历刻本。
（明）沈国元：《两朝从信录》，明崇祯刻本。

（明）雷礼：《皇明大政纪》，明万历刻本。
（明）高汝栻：《皇明法传录嘉隆纪》，明崇祯九年刻本。
（明）高汝栻：《皇明续纪三朝法传全录》，明崇祯九年刻本。
（明）沈国元：《皇明从信录》，明末刻本。
（明）皇甫录：《明纪略》，民国景元明善本丛书十种历代小史本。
（明）邓元锡：《皇明书》，明万历刻本。
（明）雷礼：《国朝列卿纪》，明万历徐鉴刻本。
（明）尹守衡：《皇明史窃》，明崇祯刻本。
（明）郑晓：《吾学编》，明隆庆元年郑履淳刻本。
（明）何乔远：《名山藏》，明崇祯刻本。
（明）涂山：《明政统宗》，明万历刻本。
（明）吕毖：《明朝小史》，旧抄本。
（明）范守己：《皇明肃皇外史》，清宣统津寄庐抄本。
（明）计六奇：《明季北略》，清都城琉璃厂半松居士活字印本。
（明）计六奇：《明季南略》，国学基本丛书本，商务印书馆，1936年。
（明）朱勤美：《王国典礼》，明刻增修本。
（明）徐学聚：《国朝典汇》，明天启四年徐与参刻本。
（明）俞汝楫：《礼部志稿》，景印文渊阁四库全书本。
（明）郭正域：《皇明典礼志》，明万历四十一年刘汝康刻本。
（明）申时行等：《大明会典》，明万历内府刻本。
（明）佚名：《明内廷规制考》，清借月山房汇钞本。
（明）黄佐：《翰林记》，景印文渊阁四库全书本。
（明）廖道南：《殿阁词林记》，景印文渊阁四库全书本。
（明）张位、于慎行：《词林典故》，四库存目丛书史部第258册，齐鲁书社，1996年。
（明）王圻：《续文献通考》，明万历三十年松江府刻本。
（明）史玄：《旧京遗事》，北京古籍出版社，1986年。
（明）李默：《吏部职掌》，明万历刻本。

（明）黄佐:《南廱志》，民国景明嘉靖二十三年刻增修本。
（明）马麟:《续纂淮关统志》，清乾隆刻嘉庆光绪间递修本。
（明）焦竑辑:《国朝献征录》，明万历四十四年徐象橒曼山馆刻本。
（明）焦竑:《熙朝名臣实录》，明末刻本。
（明）过庭训:《本朝分省人物考》，明天启刻本。
（明）文震孟:《姑苏名贤小纪》，明万历刻清顺治重修本。
（明）郑岳:《莆阳文献列传》，明万历刻本。
（明）周圣楷:《楚宝》，明崇祯十四年刻本。
（明）张大复:《昆山人物传》，明刻清雍正二年重修本。
（明）王兆云:《皇明词林人物考》，明万历刻本。
（明）王世贞:《嘉靖以来首辅传》，景印文渊阁四库全书本。
（明）唐鹤征:《皇明辅世编》，明崇祯十五年陈睿谟刻本。
（明）项笃寿:《今献备遗》，景印文渊阁四库全书本。
（明）徐象梅:《两浙名贤录》，明天启刻本。
（明）徐咸:《皇明名臣言行录》，明嘉靖刻本。
（明）徐开任:《明名臣言行录》，清康熙刻本。
（明）喻均:《江右名贤编》，明万历刻本。
（明）沈佳:《明儒言行录》，景印文渊阁四库全书本。
（明）周汝登:《王门宗旨》，明万历刻本。
（明）王守仁:《阳明先生道学钞》，明万历琥林继锦堂刻本。
（明）庞尚鹏:《庞氏家训》，《岭南遗书》本。
（明）陈继儒:《群碎录》，《陈眉公杂著十五种》本。
（明）张朝瑞:《皇明贡举考》，明万历刻本。
（明）顾鼎臣:《明状元图考》，汉阳叶氏平安馆藏本。
（明）张弘道:《明三元考》，明刻本。
（明）章潢:《图书编》，景印文渊阁四库全书本。
（明）焦竑:《国史经籍志》，明徐象橒刻本。
（明）晁瑮:《晁氏宝文堂书目》，明钞本。

（明）祁承爜:《澹生堂藏书目》，清宋氏漫堂抄本。
（明）沈德符:《万历野获编》，中华书局，1959年。
（明）王世贞:《弇州史料》，明万历四十二年刻本。
（明）邓士龙辑:《国朝典故》，北京大学出版社，1993年。
（明）张元忭:《馆阁漫录》，明不二斋刻本。
（明）陈洪谟:《继世纪闻》，中华书局，1985年。
（明）陈洪谟:《治世余闻》，中华书局，1985年。
（明）张瀚:《松窗梦语》，中华书局，1985年。
（明）夏浚:《月川类草》，清抄本。
（明）佚名:《烬宫遗录》，民国适园丛书刊小琅嬛校稽瑞楼本。
（明）杨士聪:《玉堂荟记》，民国嘉业堂丛书本，吴兴刘氏1918年版。
（明）朱国祯:《涌幢小品》，文化艺术出版社，1998年。
（明）金日升:《颂天胪笔》，明崇祯二年刻本。
（明）黄景昉:《国史唯疑》，上海古籍出版社，2002年。
（明）于慎行:《谷山笔麈》，中华书局，1984年。
（明）焦竑:《玉堂丛语》，中华书局，1981年。
（明）李清:《三垣笔记》，中华书局，1982年。
（明）陈继儒:《见闻录》，明宝颜堂秘籍本。
（明）余继登:《典故纪闻》，中华书局，1981年。
（明）刘若愚:《酌中志》，清海山仙馆丛书本。
（明）陆釴:《病逸漫记》，《丛书集成新编》第87册，台湾新文丰出版公司，1985年。
（明）张萱:《西园闻见录》，民国哈佛燕京学社印本，《续修四库全书》第1168册，上海古籍出版社，2002年。
（明）张鼐:《宝日堂杂钞》，书目文献出版社，1998年。
（明）廖道南:《楚纪》，明嘉靖二十五年何城李桂刻本。
（明）盛枫:《嘉禾征献录》，清抄本。
（明）姚舜牧:《来恩堂草》，明刻本。

（明）王世贞：《弇山堂别集》，景印文渊阁四库全书本。

（明）李默：《孤树裒谈》，明刻本。

（明）徐溥：《谦斋文录》，清文渊阁四库全书补配清文津阁四库全书本。

（明）袁袠：《世纬》，清知不足斋丛书本。

（明）李诩：《戒庵老人漫笔》，中华书局，1982年。

（明）黄瑜：《双槐岁钞》，中华书局，1999年。

（明）陆容：《菽园杂记》，中华书局，1985年。

（明）茅元仪：《暇老斋杂记》，清光绪李文田家钞本。

（明）崔铣：《洹词》，景印文渊阁四库全书本。

（明）顾梦圭：《疣赘录》，清雍正七年顾怀劬刻本。

（明）黄凤翔：《田亭草》，明万历四十年刻本。

（明）丁元荐：《西山日记》，清康熙二十八年先醒斋刻本。

（明）李贤：《天顺日录》，明嘉靖十二年刻明良集本。

（明）孙继芳：《矶园稗史》，涵芬楼秘籍景旧抄本。

（明）王世贞：《弇州山人四部续稿》，景印文渊阁四库全书本。

（明）王鏊：《震泽长语》，清指海本。

（明）李绍文：《皇明世说新语》，明万历刻本。

（明）焦竑：《焦氏笔乘》，上海古籍出版社，1986年。

（明）张萱：《疑耀》，明万历三十六年刻本。

（明）邢大道：《白云巢集》，明万历四十五年刻补修本。

（明）张懋修：《墨卿谈乘》，明刻本。

（明）顾起元：《雪堂随笔》，明天启七年刻本。

（明）卢上铭：《辟雍纪事》，明崇祯刻本。

（明）王思任：《谑庵文饭小品》，清顺治刻本。

（明）沈德符：《顾曲杂言》，清学海类编本。

（明）朱荃宰：《文通》，明天启刻本。

（明）叶盛：《叶文庄公奏议》，明崇祯赐书楼刻本。

（明）马文升：《端肃奏议》，景印文渊阁四库全书本。

（明）杨一清：《关中奏议》，景印文渊阁四库全书本。
（明）胡世宁：《胡端敏奏议》，景印文渊阁四库全书本。
（明）胡直：《衡庐精舍藏稿》，景印文渊阁四库全书本。
（明）张辅之：《太仆奏议》，明天启刻本。
（明）邹元标：《邹忠介公奏疏》，明崇祯十四年林铨刻本。
（明）许弘纲：《群玉山房疏草》，清康熙百城楼刻本。
（明）朱吾弼编：《皇明留台奏议》，明万历三十三年刻本。
（明）胡忻：《欲焚草》，清康熙四十二年胡恒升刻本。
（明）王以宁：《王以宁奏疏》，明万历刻本。
（明）张国维：《抚吴疏草》，明崇祯刻本。
（明）左懋第：《萝石山房文钞》，清乾隆四十六年左尧勋刻本。
（明）张瀚辑：《皇明疏议辑略》，明嘉靖刻本。
（明）贾三近编：《皇明两朝疏抄》，明万历刻本。
（明）张卤辑：《皇明嘉隆疏钞》，明万历刻本。
（明）吴亮辑：《万历疏钞》，明万历三十七年刻本。
（明）程敏政辑：《明文衡》，四部丛刊景明本。
（明）钱谷辑：《吴都文粹续集》，清文渊阁四库全书补配清文津阁四库全书本。
（明）臧懋循编：《负苞堂文选》，明天启元年臧尔炳刻本。
（明）万表编：《皇明经济文录》，明嘉靖刻本。
（明）冯琦编：《经济类编》，景印文渊阁四库全书本。
（明）黄训编：《名臣经济录》，景印文渊阁四库全书本。
（明）陈子龙等编：《明经世文编》，明崇祯平露堂刻本。
（明）陈子龙等编：《明经世文编》，中华书局1962年。
（明）贺复征辑：《文章辨体汇选》，清文渊阁四库全书补配清文津阁四库全书本。
（明）李贤等：《明一统志》，景印文渊阁四库全书本。
（明）王鏊：《（正德）姑苏志》，景印文渊阁四库全书本。

（明）夏良胜:《(正德）建昌府志》，明正德刻本。
（明）秦镛:《(崇祯）清江县志》，明崇祯刻本。
（明）陈道:《(弘治）八闽通志》，明弘治刻本。
（明）汤日昭:《(万历）温州府志》，明万历刻本。
（明）余之祯:《(万历）吉安府志》，明万历十三年刻本。
（明）章潢:《(万历）新修南昌府志》，明万历十六年刻本。
（明）冯惟讷:《(嘉靖）青州府志》，明嘉靖刻本。
（明）樊深:《(嘉靖）河间府志》，明嘉靖刻本。
（明）蔡懋昭:《(隆庆）赵州志》，明隆庆刻本。
（明）刘松:《(隆庆）临江府志》，明隆庆刻本。
（明）何三畏:《云间志略》，明天启刻本。
（明）曹金:《(万历）开封府志》，明万历十三年刻本。
（明）陈舜仁:《(万历）应天府志》，明万历刻增修本。
（明）朱瞻基:《五伦书》，明正统十二年内府刻本。
（明）王叔英:《静学文集》，民国嘉业堂丛书本
（明）杨士奇:《东里集》，清文渊阁四库全书补配清文津阁四库全书本。
（明）余学夔:《北轩集》，乾隆三十四年余沛章等刻本。
（明）李时勉:《古廉文集》，景印文渊阁四库全书本。
（明）王直:《抑庵文集》，清文渊阁四库全书补配清文津阁四库全书本。
（明）王直:《抑庵文后集》，景印文渊阁四库全书本。
（明）陈循:《芳洲文集》，明万历二十一年刻后印本。
（明）王恕:《王端毅公文集》，明嘉靖三十一年乔世宁刻本。
（明）倪岳:《青溪漫稿》，清武林往哲遗著本。
（明）程敏政:《篁墩集》，明正德二年刻本。
（明）李东阳:《怀麓堂集》，景印文渊阁四库全书本。
（明）罗玘:《圭峰集》，清文渊阁四库全书补配清文津阁四库全书本。
（明）邵宝:《容春堂集》，景印文渊阁四库全书本。
（明）文洪:《文氏五家集》，景印文渊阁四库全书本。

（明）吴节：《吴竹坡先生文集》，清雍正三年吴琦刻本。
（明）王偀：《思轩文集》，明弘治刻本。
（明）柯潜：《竹岩集》，清雍正十一年柯潮刻本。
（明）杨守陈：《杨文懿公文集》，明弘治十二年杨茂仁刻本。
（明）何乔新：《椒邱文集》，景印文渊阁四库全书本。
（明）吴宽：《匏翁家藏集》，四部丛刊景明正德本。
（明）贺钦：《医闾集》，民国四明丛书本。
（明）郑纪：《东园文集》，清文渊阁四库全书补配清文津阁四库全书本。
（明）谢迁：《归田稿》，清文渊阁四库全书补配清文津阁四库全书本。
（明）王鏊：《震泽集》，景印文渊阁四库全书本。
（明）梁储：《郁洲遗稿》，清文渊阁四库全书补配清文津阁四库全书本。
（明）刘忠：《野亭刘公遗稿》，明崇祯刻本。
（明）杨廉：《杨文恪公文集》，明刻本。
（明）顾清：《东江家藏集》，景印文渊阁四库全书本。
（明）杨一清：《杨一清集》，中华书局，2001年。
（明）刘春：《东川刘文简公集》，明嘉靖三十三年刻本。
（明）湛若水：《湛甘泉先生文集》，清康熙二十年黄楷刻本。
（明）费宏：《费文宪公摘稿》，明嘉靖刻本。
（明）王九思：《渼陂集》，明嘉靖刻崇祯补修本。
（明）文征明：《甫田集》，景印文渊阁四库全书本。
（明）王守仁：《王阳明全集》，上海古籍出版社，1992年。
（明）李梦阳：《空同集》，清文渊阁四库全书补配清文津阁四库全书本。
（明）唐锦：《龙江集》，明隆庆三年刻本。
（明）顾璘：《顾璘诗文全集》，清文渊阁四库全书补配清文津阁四库全书本。
（明）陆深：《俨山集》，清文渊阁四库全书补配清文津阁四库全书本。
（明）吕楠：《泾野先生文集》，明万历刻本。
（明）胡缵宗：《鸟鼠山人小集》，明嘉靖刻本。

（明）严嵩：《钤山堂集》，明嘉靖二十四年刻增修本。
（明）毛伯温：《毛襄懋文集》，清乾隆三十七年毛仲愈等刻毛襄懋先生集本。
（明）夏言：《夏桂洲文集》，明崇祯十一年吴一璘刻本。
（明）何景明：《大复集》，明嘉靖刻本。
（明）张邦奇：《张邦奇集》，明刻本。
（明）李濂：《嵩渚文集》，明嘉靖刻本。
（明）程文德：《程文恭公遗稿》，明万历十二年程光裕刻本。
（明）皇甫汸：《皇甫司勋集》，景印文渊阁四库全书本。
（明）薛应旂：《方山先生文录》，明嘉靖东吴书林刻本。
（明）李开先：《李中麓闲居集》，《四库全书存目丛书》集部第92册，齐鲁书社，1997年。
（明）徐阶：《世经堂集》，明万历间徐氏刻本。
（明）雷礼：《镡墟堂摘稿》，明刻本。
（明）何良俊：《何翰林集》，明嘉靖四十四年刻本。
（明）瞿景淳：《瞿文懿公集》，明万历瞿汝稷刻本。
（明）赵时春：《浚谷集》，明万历八年周鉴刻本。
（明）王立道：《具茨集》，清文渊阁四库全书补配清文津阁四库全书本。
（明）吴中行：《赐余堂集》，常州先哲遗书后编本。
（明）李春芳：《贻安堂集》，明万历十七年李戴刻本。
（明）郭朴：《郭文简公文集》，清康熙十三年思齐轩刻增修本。
（明）茅坤：《茅鹿门文集》，明万历刻本。
（明）高拱：《高文襄公集》，明万历刻本。
（明）徐中行：《天目集》，明刻本。
（明）耿定向：《耿天台先生文集》，明万历二十六年刘元卿刻本。
（明）吴国伦：《甔甀洞稿》，明万历刻本。
（明）赵志皋：《赵文懿公文集》，明崇祯赵世溥刻本。
（明）王臬：《迟庵先生集》，明刻本。

（明）张居正：《张太岳集》，上海古籍出版社，1984年。
（明）张四维：《条麓堂集》，明万历二十三年张泰征刻本。
（明）王世贞：《弇州四部稿》，明万历刻本。
（明）张凤翼：《处实堂集》，明万历刻本。
（明）王祖嫡：《师竹堂集》，明天启刻本。
（明）沈一贯：《喙鸣诗文集》，明刻本。
（明）沈鲤：《亦玉堂稿》，景印文渊阁四库全书本。
（明）叶春及：《石洞集》，清文渊阁四库全书补配清文津阁四库全书本。
（明）王锡爵：《王文肃公文集》，明万历刻本。
（明）申时行：《赐闲堂集》，明万历刻本。
（明）王世懋：《王奉常集》，明万历刻本。
（明）吕坤：《去伪斋文集》，清康熙三十三年吕慎多刻本。
（明）焦竑：《焦氏澹园续集》，明万历三十九年朱汝鳌刻本。
（明）黄洪宪：《碧山学士集》，明万历刻本。
（明）敖文祯：《薜荔山房藏稿》，明万历牛应元刻本。
（明）于慎行：《穀城山馆文集》，明万历于纬刻本。
（明）杨起元：《杨复所先生家藏文集》，明崇祯杨见晙等刻本。
（明）孙继皋：《宗伯集》，景印文渊阁四库全书本。
（明）赵南星：《赵忠毅公诗文集》，明崇祯十一年范景文等刻本。
（明）黄克缵：《数马集》，清刻本。
（明）尹台：《洞麓堂集》，景印文渊阁四库全书本。
（明）董其昌：《容台集》，明崇祯三年董庭刻本。
（明）冯从吾：《少墟集》，景印文渊阁四库全书本。
（明）冯琦：《宗伯集》，明万历刻本。
（明）黄汝亨：《寓林集》，明天启四年刻本。
（明）朱国桢：《朱文肃公集》，清抄本。
（明）叶向高：《纶扉奏草》，明刻本。
（明）叶向高：《苍霞续草》，明万历刻本。

（明）张鼐：《宝日堂初集》，明崇祯二年刻本。
（明）袁宗道：《白苏斋类稿》，上海古籍出版社，2007年。
（明）张衮：《张水南文集》，明隆庆刻本。
（明）陶望龄：《陶文简公集》，明天启七年陶履中刻本。
（明）孙承宗：《高阳集》，清初刻嘉庆补修本。
（明）赵维寰：《雪庐焚余稿》，明崇祯刻本。
（明）顾起元：《遯园漫稿》，明刻本。
（明）杨守勤：《宁澹斋全集》，明末刻本。
（明）李邦华：《李忠肃先生集》，清乾隆七年徐大坤刻本。
（明）钱士升：《赐余堂集》，清乾隆四年钱佳刻本。
（明）魏大中：《藏密斋集》，明崇祯刻本。
（明）刘宗周：《刘蕺山集》，景印文渊阁四库全书本。
（明）姚希孟：《棘门集》，明清閟全集本。
（明）丁绍轼：《丁文恪公续集》，北京大学图书馆藏明刻本。
（明）吴道南：《吴文恪公文集》，明崇祯吴之京刻本。
（明）熊明遇：《文直行书诗文》，清顺治十七年熊人霖刻本。
（明）陈仁锡：《陈太史无梦园初集》，《四库禁毁书丛刊》集部第59册，北京出版社，1997—1999年。
（明）王禹声：《续震泽纪闻》，明末刻本。
（明）刘理顺：《刘文烈公全集》，清顺治刻康熙印本。
（明）黄道周：《黄石斋先生文集》，清康熙五十三年刻本。
（明）周之夔：《弃草文集》，明崇祯木犀馆刻本。
（明）张自烈：《芑山诗文集》，清初刻本。
（明）陈懿典：《陈学士先生初集》，明万历刻本。
（明）马世奇：《澹宁居文集》，清乾隆二十一年刻本。
（明）姜采：《敬亭集》，清康熙刻本。
（明）文德翼：《求是堂文集》，明末刻本。
（明）秦元方：《熹庙拾遗杂咏》，旧抄本。

(明) 赵汉:《渐斋诗草》，明嘉靖三十四年刻本。

(明) 姜南:《蓉塘诗话》，明嘉靖二十二年张国镇刻本。

(明) 朱权等:《明宫词》，北京古籍出版社1987年。

(明) 叶昌炽:《藏书纪事诗》，中华书局1991年。

(明) 徐渭:《南词叙录》，民国六年董氏刻读曲丛刊本。

(明末清初) 查继佐:《罪惟录》，四部丛刊三编景手稿本。

(明末清初) 谈迁:《国榷》，中华书局，1958年。

(明末清初) 张岱:《石匮书》，稿本补配清抄本。

(明末清初) 张岱:《石匮书后集》，清抄本。

(明末清初) 文秉:《烈皇小识》，上海书店，1982年。

(明末清初) 吕毖:《明宫史》，景印文渊阁四库全书本。

(明末清初) 温睿临:《南疆逸史》，清傅氏长恩阁抄本。

(明末清初) 屈大均:《明四朝成仁录》，民国景广东丛书本。

(明末清初) 屈大均:《女官传》，《中国香艳全书》第2册，团结出版社，2005年。

(明末清初) 顾炎武:《日知录》，岳麓书社，1996年。

(明末清初) 黄宗羲:《明儒学案》，中华书局，1985年。

(明末清初) 黄宗羲辑:《明文海》，清涵芬楼抄本。

(明末清初) 孙承泽:《春明梦余录》，上海古籍出版社，1987年。

(明末清初) 孙承泽:《天府广记》，清抄本。

(明末清初) 谈迁:《枣林杂俎》，中华书局，2006年。

(明末清初) 文秉:《先拨志始》，清写刻本。

(明末清初) 黄虞稷:《千顷堂书目》，景印文渊阁四库全书本。

(明末清初) 李长祥:《天问阁文集》，民国求恕斋丛书本。

(明末清初) 钱谦益:《牧斋有学集》，四部丛刊景清康熙本。

(明末清初) 钱谦益:《牧斋初学集》，上海古籍出版社，1985年。

(明末清初) 孙承恩:《文简集》，景印文渊阁四库全书本。

(明末清初) 孙奇逢:《夏峰先生集》，清道光二十五年大梁书院刻本。

（明末清初）屈大均著，欧初、王贵忱编：《屈大均全集》，人民文学出版社，1996年。
（明末清初）姜绍书：《无声诗史》，清康熙观妙斋刻本。
（明末清初）钱谦益：《列朝诗集小传》，上海古籍出版社，1983年。
（清）嵇璜等：《续通典》，景印文渊阁四库全书本。
（清）谷应泰等：《明史纪事本末》，中华书局，1977年。
（清）彭孙贻：《明朝纪事本末补编》，涵芬楼秘籍本。
（清）万斯同：《明史》，清抄本。
（清）张廷玉等：《明史》，清乾隆武英殿刻本。
（清）张廷玉等：《明史》，中华书局，1974年。
（清）傅维鳞：《明书》，畿辅丛书本，《丛书集成新编》第118册，台湾新文丰出版公司，1985年。
（清）龙文彬：《明会要》，中华书局，1956年。
（清）陈鹤：《明纪》，清同治十年江苏书局刻本。
（清）夏燮：《明通鉴》，中华书局，1959年。
（清）印鸾章：《明鉴》，上海书店，1984年。
（清）傅恒等：《通鉴辑览》，景印文渊阁四库全书本。
（清）王先谦辑：《东华续录》，清光绪十年长沙王氏刻本。
（清）徐松辑：《宋会要辑稿》，中华书局，1957年。
（清）秦蕙田：《五礼通考》，景印文渊阁四库全书本。
（清）李清馥：《闽中理学渊源考》，景印文渊阁四库全书本。
（清）汪有典：《明忠义别传》，清道光墨花斋活字本。
（清）邵廷采：《东南纪事》，邵武徐氏刻本。
（清）刘统勋：《评鉴阐要》，景印文渊阁四库全书本。
（清）陈鼎：《留溪外传》，清康熙三十七年自刻本。
（清）毛奇龄：《胜朝彤史拾遗记》，《中国香艳全书》第一册，团结出版社，2005年。
（清）赵翼：《廿二史札记》，中华书局，1984年。

（清）于敏中：《日下旧闻考》，景印文渊阁四库全书本。
（清）谢旻：《（康熙）江西通志》，景印文渊阁四库全书本。
（清）黄廷桂：《（雍正）四川通志》，景印文渊阁四库全书本。
（清）赵宏恩：《（乾隆）江南通志》，景印文渊阁四库全书本。
（清）鲁曾煜：《（乾隆）福州府志》，清乾隆十九年刊本。
（清）钱维乔：《（乾隆）鄞县志》，清乾隆五十三年刻本。
（清）夏力恕等：《湖广通志》，景印文渊阁四库全书本。
（清）穆彰阿等：《（嘉庆）大清一统志》，四部丛刊续编景旧抄本。
（清）阮元等：《（道光）广东通志》，清道光二年刻本。
（清）陈澧：《（光绪）香山县志》，清光绪刻本。
（清）永瑢、纪昀等：《四库全书总目》，清乾隆武英殿刻本。
（清）叶德辉：《书林清话》，中华书局，1957年。
（清）卢秉钧：《红杏山房闻见随笔》，清光绪十八年卢氏家塾刻本。
（清）凌扬藻：《蠡勺编》，清岭南遗书本。
（清）孙宝瑄：《忘山庐日记》，抄本。
（清）方师浚：《蕉轩随录》，中华书局，1995年。
（清）吴长元：《宸垣识略》，北京古籍出版社，1983年。
（清）全祖望：《续耆旧》，清槎湖草堂抄本。
（清）端方：《陶斋藏石记》，清宣统元年石印本。
（清）张伯行：《续近思录》，清正谊堂全书本。
（清）纪昀著、孙致中等校点：《纪晓岚文集》，河北教育出版社，1991年。
（清）何焯：《义门先生集》，清道光三十年姑苏刻本。
（清）陈田：《明诗纪事》，清陈氏听诗斋刻本。
（清）朱彝尊：《明诗综》，景印文渊阁四库全书本。
（清）朱彝尊：《静志居诗话》，清嘉庆扶荔山房刻本。
（清）胡文学：《甬上耆旧诗》，景印文渊阁四库全书本。
（清）韦谦恒：《传经堂诗钞》，清乾隆刻本。
（清）徐宝善：《壶园诗钞选》，清道光刻本。

（清）罗惇衍：《集义轩咏史诗钞》，清光绪元年刻本。
（清）史梦兰：《全史宫词》，清咸丰六年刻本。
（清）褚人获：《坚瓠集》，清康熙刻本。
（民国）赵尔巽等：《清史稿》，中华书局，1976年。

二　专著

潘承弼、顾廷龙：《明代版本图书初编》，台北文海出版社，1971年。
[美]黄仁宇：《万历十五年》，中华书局，1982年。
郑涵编：《吕坤年谱》，中州古籍出版社，1985年。
温功义：《明代宦官与宫廷》，重庆出版社，1989年。
张秀民：《中国印刷史》，上海人民出版社，1989年。
毕诚、王培华：《东宫文华——中国宫廷教育》，云南人民出版社，1992年。
张治安：《明代政治制度研究》，台北联经出版事业股份有限公司，1992年。
雷良波：《中国女子教育史》，武汉出版社，1993年。
樊树志：《万历传》，人民出版社，1993年。
熊贤君：《雕龙刻凤盼成器——皇子教育》，华中理工大学出版社，1994年。
谢贵安：《君王游乐万机轻——皇室娱乐》，华中理工大学出版社，1994年。
谢贵安：《中国史学史》，武汉大学出版社，2012年。
谢贵安：《明实录研究》，上海古籍出版社，2013年。
陈学恂、周德昌等：《中国教育史研究·明清分卷》，华东师范大学出版社，1995年。
白钢：《中国政治制度通史·明代卷》，人民出版社，1996年。
卫建林：《明代宦官政治》（增订本），花山文艺出版社，1998年。
朱子彦：《后宫制度研究》，华东师范大学出版社，1998年。
李国钧、王炳照主编，吴宣德著：《中国教育制度通史》第六卷《明代卷》，山东教育出版社，2000年。

何伟帜:《明初的宦官政治》(增订本),香港文星图书有限公司,2002年。
孟森:《明史讲义》,上海古籍出版社,2002年。
南炳文、汤纲:《明史》(上、下册),上海人民出版社,2003年。
杨启樵:《明清皇室与方术》,上海书店出版社,2004年。
陈宝良:《明代社会生活史》,中国社会科学出版社,2004年。
余华青:《中国宦官制度史》,上海人民出版社,2006年。
杨新主编:《明清肖像画》,上海科学技术出版社,2008年。
赵中男等:《明代宫廷典制史》,紫禁城出版社,2010年。
孟凡人:《明代宫廷建筑史》,紫禁城出版社,2010年。

三　论文

[美]陈学霖:《阮浪传》,载L.C.Goodrich & Chaoying Fang, ed., Dictionary of Ming Biography. (New York and London: Columbia University Press.1976), 691－692.
方志远:《论明代宦官的知识化问题》,《江西师范大学学报》1989年第3期。
勾利军、汪润元:《明初分封藩王的原因与历史作用》,《河南师范大学学报》1989年第3期。
赵映林:《明代的宦官学校——内书堂》,《文史杂志》1989年第6期。
欧阳琛:《明内府内书堂考略——兼论明司礼监和内阁共理朝政》,《江西师范大学学报》,1990年第2期。
杨业进:《明代经筵制度与内阁》,《故宫博物院院刊》1990年第2期。
胡凡:《明代的宫廷教育》,《江汉论坛》1990年第7期。
王风雷:《元代的经筵》,《内蒙古大学学报》1993年第2期。
谢贵安:《朱元璋偶像崇拜与政策走向》,《安徽史学》1993年第2期。
谢贵安:《明代的〈汉书〉经典化与刘邦神圣化的现象、原因与影响》,《长江大学学报》2008年第2期。
谢贵安:《论儒臣与宦官对明代皇帝娱乐的影响及较量》,《故宫博物院院刊》2008年第6期。

谢贵安:《逐步突围——明武宗娱乐生活的阶段性特征(上)》,《紫禁城》2010年第8期。

谢贵安:《明代皇室子弟教育初论》,《长白学刊》2014年第4期。

谢贵安:《明代宫廷教育思想初论》,《求是学刊》2015年第2期。

谢贵安:《明熹宗经筵日讲述论》,《学习与探索》2015年第10期。

张帆:《中国古代经筵初探》,《中国史研究》1993年第3期。

王伟凯、郭文明:《明代的宫廷教育——内书堂读书》,《紫禁城》1994年第3期。

王伟凯:《明代后妃的选配与编制》,《紫禁城》1995年第3期。

丁伟忠:《明代的妇女教育》,《中国典籍与文化》1994年第3期。

徐江莉:《张居正教育观述评》,《鄂州大学学报》1995年2期。

张英聘:《略述明代的经筵日讲官》,《邢台师专学报》1995年第4期;

张英聘:《试论明代的经筵制度》,《明史研究》第5辑,黄山书社,1997年。

(中国台湾)宋秉仁:《明代的经筵日讲》,《史耘》1996年第2期。

(中国香港)梁绍杰:《明代宦官教育机构的名称和初设时间新证》,《史学集刊》1996年第3期。

张德信:《朱元璋诗文刍论》,《北方论丛》1996年第4期。

金燕:《约束皇权——简论中国封建统治集团对皇帝的培养与约束》,《安顺师专学报》1995年第3期;又《青海民族学院学报》,1997年第1期。

王云:《明代女官制度探析》,《齐鲁学刊》1997年第1期。

都樾:《明代宗室的文化成就及其影响》,《学术论坛》1997年第3期。

许振兴:《宋代〈三朝宝训〉篇目考》,《古籍整理研究学刊》1998年第4、5期合刊。

孙力楠:《论明代翰林院》,《东北师范大学学报》1998年第6期。

李小林:《杨继礼及其〈皇明后纪妃嫔传〉》,《烟台师范学院学报》1999年第1期。

李小林:《简析杨继礼〈皇明后纪妃嫔传〉的史料价值》,《第七届明史国际学术讨论会论文集》1999年5月。

周世范：《论帝王教育的特殊性与一般规律》，《海南大学学报》1999年第1期。

周世范：《论帝王教育与国家兴衰》，《西北大学学报》1999年第1期。

南炳文：《二十世纪的中国明史研究》，《历史研究》1999年第2期。

尹选波：《论张居正的教育改革》，《广东社会科学》1999年第2期。

尹选波：《培养君德，开导圣学——张居正对万历皇帝朱翊钧的早期教育述论》，《广东社会科学》2007年第4期。

（中国台湾）王光宜：《明代女教书的体例与内容简介》，台湾《明代研究通讯》1999年第2期。

姜凤歧：《试论朱元璋对太子的教育》，《辽宁师范大学学报》2000年第2期。

刘蔷：《〈帝鉴图说〉及其版本丛谈》，《北方论丛》2000年第5期。

[日]樱井俊郎：《万历初期的经筵日讲与〈历代帝鉴图说〉》，《大阪府立大学纪要·人文社会科学》第49卷，2001年。

汪桂海：《大本堂考》，《文献》2001年第2期。

汪桂海：《明初大本堂考》，《光明日报》2001年8月21日第B 0 3版《历史》。

向燕南：《〈大学衍义补〉的撰述特点和思想分析》，《北京社会科学》2002年第2期。

孟祥荣：《新发现的一则公安派研究的重要史料——黄辉〈明右春坊右庶子兼翰林院侍读袁公圹志〉介绍》，《文献》2004年第1期。

（中国香港）朱鸿林：《明太祖的经史讲论情形》，《中国文化研究所学报》第45期，2005年。

（中国香港）朱鸿林：《申时行的经筵讲章》，载《屈万里先生百岁诞辰国际学术研讨会论文集》，台北"国家"图书馆，2006年。

（中国香港）朱鸿林：《明神宗经筵进讲书考》，载《华学》第九、十辑，上海古籍出版社，2008年。

（中国香港）朱鸿林：《嘉靖皇帝与其经筵讲官的互动》，载David Robinson, ed., Zhu Honglin, *The Jiajing Emperor's Interaction with His Lecturers in Culture, Courtiers, and Competition: The Ming Court (1368-1644)*. (Cambridge, Mass:

Harvard University Asia Center, 2008), 186—230.

(中国香港)朱鸿林:《高拱与明穆宗的经筵讲读初探》,《中国史研究》2009年第1期。

(中国香港)朱鸿林:《洪武朝的东宫官制与教育》,第95—142页,载王成勉编:《中华文化的传承与创新:纪念牟复礼教授论文集》,香港中文大学出版社,2009年。

(中国香港)朱鸿林:《高拱经筵内外的经说异同》,载曾一民编:《林天蔚教授纪念文集》,第127—138页,台北文史哲出版社,2009年。

陈祖武:《从经筵讲论看乾隆时期的朱子学》,《朱子学会议论文集》,台湾2002年6月。

马瑞:《明代的藩封制度》,《史学月刊》2003年第11期。

蔡锋:《对古代皇宫贵族女性文化教育的考察》,《妇女研究论丛》2004年第3期。

杨世谷:《历代明君教子治国的历史借鉴》,《山东省青年管理干部学院学报》2005年第3期。

杨丽丽:《一位明代翰林官员的工作履历——〈徐显卿宦迹图〉图像解析》,《故宫博物院院刊》2005年第4期。

孔华:《张居正教育改革思想初探》,《池州师专学报》2006年第1期。

吴琦、唐金英:《明代翰林院的政治功能》,《华中师范大学学报》2006年第1期。

吴琦、赵秀丽:《明代皇帝及储君教育的缺失》,《淮阴师范学院学报》2007年第6期。

刘惠敏:《明代女官制度作用分析》,《商丘师范学院学报》2006年第3期。

李大鸣:《万历皇帝的一张“课表”》,《紫禁城》2006年第6期。

程彩霞:《明代后妃制度的政治文化解读》,《山东社会科学》2006年第12期。

朱子彦:《明万历朝经筵制度述论》,《社会科学战线》2007年第2期。

朱子彦:《论张居正与万历朝的经筵制度》,《张居正国际学术研讨会论文》,2012年6月。

国风：《中国历史上的“侍讲侍读”与“经筵进讲”》，《光明日报》2007年6月29日第9版。
陈东：《清代经筵制度沿革》，《齐鲁文化研究》第6辑，山东文艺出版社，2007年12月。
郑海燕：《文华殿与清代经筵礼仪制度》，《中国紫禁城学会论文集》第5辑下，紫禁城出版社，2007年10月。
史革新：《清代经筵、日讲制度探源》，《寻根》2008年第1期。
陈东：《中国古代经筵概论》，《齐鲁学刊》2008年第1期。
吴仕伟：《略论明代宫廷的宦官教育》，《昆明学院学报》2009年第2期。
陈东：《清代经筵制度》，《孔子研究》2009年第3期。
一知：《〈司礼授书〉所反映的明代内书堂》，《中国文物报》2009年6月17日第7版。
雷炳炎：《明代宗室的倾轧与争斗述论》，《衡阳师范学院学报》2009年第4期。
雷炳炎：《论祖训对明代宗室犯罪判罚的影响》，《求索》2011年第11期。
陈宝良：《明代的妇女教育及其转向》，《社会科学辑刊》2009年第6期。
邹贺、陈峰：《中国古代经筵制度沿革考论》，《求索》2009年第9期。
胡丹：《明代宦官研究：成果、困境与思考》，《中国史研究动态》2010年第2期。
刘志琴：《张居正的君主教育何以失败》，《博览群书》2010年第3期。
廖峰：《顾鼎臣中庸首章经筵解读》，《唐山师范学院学报》2010年第3期。
张凤霞、张鑫：《明代宗室藏书文化述论》，《东岳论丛》2010年第7期。
连文萍：《明神宗与〈诗经〉讲习》，《国文学报》第49期，2011年6月。
高志忠：《明代宫廷内书堂教育与知识型宦官》，《兰州学刊》2011年第10期。
高志忠：《明宫知识型宦官小考》，《历史档案》2013年第3期。
晁中辰：《明“经筵”与“日讲”制度考异》，《东岳论丛》2012年第7期。
文琦：《明代经筵制度新论》，《广东技术师范学院学报》2012年第8期。
魏彦红：《宋代经筵研究综述》，《河北师范大学学报》（教育科学版）

2012年第10期。
许静：《明清经筵制度特点研究》，《聊城大学学报》2013年第2期。
陈时龙：《天启皇帝日讲考实》，《故宫学刊》2013年第2辑。
包诗卿：《明代宦官教育新析》，《史学月刊》2013年10期。
唐华荣：《明代经筵制度化成因新论》，《现代企业教育》2015年第2期。

四　未刊学位论文

（中国台湾）王光宜：《明代女教书研究》，"国立"台湾师范大学历史研究所硕士论文，1999年。
邹海清：《明代的经筵制度及其中的君臣关系》，武汉大学学士论文，2001年。
蔡波：《明清经筵制度研究》，武汉大学硕士论文，2002年。
孟蓉：《明代经筵日讲制度述论》，上海师范大学硕士学位论文，2005年。
刘庆宇：《明清宗室教育比较研究》，辽宁师范大学硕士学位论文，2005年。
张迁：《张居正教育思想研究》，华中师范大学硕士论文，2005年。
姜鹏：《北宋经筵与宋学的兴起》，复旦大学历史系博士论文，2006年。
左桂秋：《明代通鉴学研究》，山东大学博士学位论文，2006年。
陈东：《清代经筵制度研究》，山东大学博士学位论文，2006年。
萧宇青：《明朝的经筵制度》，华南师范大学硕士论文，2007年。
孔华：《明代历史教育研究》，安徽师范大学硕士学位论文，2007年。
顾锦春：《明代宗室犯罪》，华东师范大学硕士学位论文，2007年。
徐斌：《明代后妃制度初探》，天津师范大学硕士学位论文，2008年。
郑莉：《明代宫廷杂剧研究——以〈脉望馆钞校本古今杂剧〉为中心》，华东师范大学硕士学位论文，2008年。
吴仕伟：《明代宫廷教育研究》，湖南师范大学硕士学位论文，2009年。
张圣苏：《明代文化宦官初探》，江西师范大学硕士学位论文，2011年。

潘才高升:《明代内书堂考论》,福建师范大学硕士论文,2012年。
吴兆丰:《“有教无类”:中晚明士大夫对宦官态度的转变及其行动的意义》,香港中文大学博士学位论文,2012 年。
唐华荣:《明代皇帝学习制度》,山东大学硕士学位论文,2014年。

后记

《明代宫廷教育史》终于杀青了。说起此书撰写的缘由，还有一段曲折的故事。

2006年夏，我参加由黑龙江大学和牡丹江师院联合举办的“明清以降东北亚区域历史演进”学术研讨会，会后赴俄国海参崴考察时，总有一位同会代表陪伴左右，他就是赵中男先生。会议结束后，因为回程票出了点状况，需要换票，时间紧迫，我心急火燎地赶到哈尔滨火车站，对于能否换票成功充满悲观。赵中男不顾北京代表们正准备结伴回京的形势压力，一个人陪我来到火车站，帮我成功换到了直达武汉的车票。当时我对赵中男并不特别熟悉，感激之余，不免心生疑惑：此人何以会如此热心地帮助一个相识未深的人？后来才知道，赵中男正有预谋地张弓以待，等待“天下英雄尽入吾彀中”。作为故宫博物院有抱负的学者，他酝酿着组织一套“明代宫廷史研究”丛书，正寻找他所认可的专家，而我在不知不觉中“中了招”。后来，得知他是东北人时，我算是醒悟了过来：东北人过去以狩猎为生，个个都是优秀猎手，而2006年的那个夏天，我幸运地成为东北人的“猎物”，掉进了赵中男布置好的温柔的“陷阱”。至今，我都十分享受掉进这个“陷阱”的过程和那种愉悦的感觉，从不后悔。

此后，“猎人”赵中男成了中男兄，一直鼓励我从事明代宫廷史的研究。我之所以能入中男兄的法眼，也算事出有因。早在1994年，我就在华中理工大学出版社出版了《皇室娱乐》一书，并从20世纪80年代以来一直从事《明实录》的研究。《明实录》所记的正是皇帝的历史，与明代宫廷史密切相关。在2001、2002年，我还分别指导了武汉大学邹海涛的本科毕业论文《明代的经筵制度及其中的君臣关系》和蔡波的硕士学位论文《明清经筵制度研究》。正是由于这样的学术经历，才被中男兄锁定目标并“一箭命中”。在他的邀约和相助下，我参写了他主撰的《明代宫廷典制史》，并在《紫禁城》上连续发表了20篇明代宫廷娱乐史的系列文章（部分与谢盛合作），在《故宫博物院院刊》上发表了两篇明代宫廷史的研究论文。这些年来我在研究《明实录》的同时，还对其他历代实录作了探讨。2013年6月2日，我刚刚校完“实录研究书系”四种（《中国已佚实录研究》、《宋实录研究》、《明实录研究》和《清实录研究》）的校样，便在中男兄盛情邀约和大力鼓动下，开始了新书《明代宫廷教育史》的研究与撰写。当时，我是很想停下来，好好休息一下的，但“再狡猾的狐狸也斗不过好猎手”！在中男兄多次的“威逼利诱”下，不得已披挂上阵，用我两年的艰难时光，换来了这部宫廷史著的诞生。

虽然中男兄对我寄望甚厚，但我深知已是强弩之末。为了更快更好地完成“组织”交给的任务，我只好引进史学后劲、武汉大学历史学院博士生谢盛，一起撰写该书。经过两年的合作和磨合，排除各种困难，最终顺利撰成了这部76万字的《明代宫廷教育史》。撰写过程中，中男兄即提出了一些有益的建议。成稿后，他又以丛书组织者的眼光和资深编辑的经验，在很短的时间内对全稿作了合理的删节，使全书风格统一而分量适中。

书稿杀青，再次若有所悟。不得不佩服中男兄当年挖“陷阱”时的深谋远虑：掉进来的不是一位而是两个，不是一茬人而是两代人！在这温柔的“陷阱”中，究竟会激起多少学术挣扎，产生多少宫廷史成果？或许只有身陷阱洞，才可洞见玄机。

谢贵安
2015年5月20日于武昌珞珈山麓、东湖之滨

图书在版编目(CIP)数据

明代宫廷教育史 / 谢贵安,谢盛著.—北京：故宫出版社，2015.11
（明代宫廷史研究丛书）
ISBN 978-7-5134-0812-7

Ⅰ.①明… Ⅱ.①谢… ②谢… Ⅲ.①宫廷—教育史—中国—明代 Ⅳ.①G529

中国版本图书馆CIP数据核字(2015)第245027号

明代宫廷教育史

著　　者：谢贵安　谢　盛
出 版 人：王亚民
责任编辑：王志伟　刘瑞溪
装帧设计：李　猛
设计制作：杜英敏
出版发行：故宫出版社
地址：北京市东城区景山前街4号　邮编：100009
电话：010-85007808　010-85007816　传真：010-65129479
网址：www.culturefc.cn　邮箱：ggcb@culturefc.cn
印　　刷：北京永诚印刷有限公司
开　　本：787毫米×1092毫米　1/16
印　　张：56.25
字　　数：800千字
版　　次：2015年11月第1版
2015年11月第1次印刷
印　　数：1~2,000册
书　　号：ISBN 978-7-5134-0812-7
定　　价：96.00元（全两册）